초 보 자 를 위 한

Java
Programming

아이디어
구현 중심

이병승 지음

정보문화사
Information Publishing Group

초보자를 위한
자바 프로그래밍

초판 1쇄 인쇄 | 2015년 8월 10일
초판 1쇄 발행 | 2015년 8월 14일

지 은 이 | 이병승
발 행 인 | 이상만
발 행 처 | 정보문화사

책임편집 | 최동진
편집진행 | 오운용

주   소 | 서울시 종로구 대학로 12길 38 (정보빌딩)
전   화 | (02)3673-0037(편집부) / (02)3673-0114(代)
팩   스 | (02)3673-0260
등   록 | 1993년 8월 20일 제1-1013호
홈페이지 | www.infopub.co.kr

I S B N | 978-89-5674-642-5

필자가 자바를 사용한 지는 약 7년 정도 되었다. 그런데 자바를 사용하면서 드는 의문은 자바에 관련된 대부분의 책 표지에는 자바를 쉽게 할 수 있을 것 같이 쓰여 있는데 막상 책을 사서 처음부터 끝까지 공부를 하더라도 자기 스스로 간단한 애플리케이션 정도도 만들지 못한다는 것이다.

책을 사서 처음부터 끝까지 학습을 했는데 왜 학습한 사람이 원하는 애플리케이션을 만들지 못하는가? 왜 그것을 당연한 것으로 받아들여야 할까? 책을 사서 공부를 한다는 것의 의미는 그 책을 열심히 공부하면 자기 스스로 생각한 아이디어의 앱을 개발하는 방법이나 과정 정도는 알아야 하는 것이 아닌가?

이 책을 사서 보고, 저 책 사서 봐도 프로그램의 기획부터 개발까지는 오랜 시간이 걸린다. 그런데 오랜 시간을 거친 후 지금에 와서 생각해보면 프로그램을 처음부터 끝까지 쉽게 개발하는 과정이 있는데 왜 이전의 책들은 그렇게 쓰여 있지 않았는지 의문이 든다.

따라서 필자가 다른 자바 책을 읽어보고 나름대로 분석해본 결과, 다른 자바 관련 책은 말 그대로 개발자 위주로 책이 쓰여져 있어서 대부분 자바에서의 메모리 구조나 CPU와 같은 하드웨어적 기능이나 운영 체제와 연동하는 기능 등에 대해 자세히 설명하고 있지만, 그런 지식을 처음 자바를 배우는 사람이 당장 알아야 하는 것은 아니라는 사실을 알게 되었다.

그리고 시중에 나와 있는 국내 자바 서적이나 IT 관련 서적은 외국의 서적을 모델로 하여 만들어졌기 때문에 대부분 자바의 API의 기능 설명 위주로 구성되어 있다. 그래서 나는 이 책의 목표를 기술적 관점이 아닌 실제 입문자의 입장에서 가능한 한 쉽게 자신의 아이디어를 자바로 구현할 수 있도록 하는 데 두었다. 즉, 기술적인 부분은 최소화하고 우리가 실제 자신이 생각한 기능을 구현하는 방법을 중심으로 자바를 학습해 나간다. 지금 당장 입문자에게 자바의 JVM의 구성 요소와 각 구성 요소가 어떤 식으로 연동하여 동작하는지와 같은 세부적인 지식은 중요하지 않다. 그리고 하드웨어나 통신 기술의 발달로 인해 기술적인 것은 사용자가 점점 신경을 쓰지 않아도 되는 방향으로 나아가고 있다. 따라서 이 책에서는 개발자가 기술적인 기능을 학습하기보다는 원하는 기능을 쉽게 구현하는 데 초점을 두어 구성하였다. 그리고 책의 컨셉은 '아이디어 구현 중심 자바'로 정했다.

필자는 이 책을 통해 자바는 결코 어려운 것이 아니라는 사실을 독자들에게 알려주고 싶다. 그리고 다른 사람들이 필자와 같은 시행착오를 거치지 않고 빠른 시간 내에 좀더 쉽게 수준 높은 프로그램을 만들 수 있도록 하고 싶다. 모든 위대한 발견이나 발명은 이전 다른 사람들의 업적 위에 이루어진 것이 아닌가? 필자 또한 후배들이 프로그래머의 길을 좀 더 편하게 걸어갈 수 있도록 함으로써 각자 더욱 높은 수준의 프로그래밍의 장을 열어주었으면 하는 바람을 갖고 있다.

현재의 프로그래밍은 창의성이 중요하다. 기존에 만들어진 탑 위에 자신의 독자적인 탑을 쌓는 것이 중요하다. 새로운 것을 창조하기 위해서는 기존의 지식이나 기능을 쉽고 빠르게 학습해야 한다.

이 책은 크게 세 부분으로 나뉜다.

첫 번째 단계는 프로그래밍 기초 과정이다. 모든 일이 그렇듯이 프로그래밍을 하려면 먼저 기초가 튼튼해야 한다. 자바라는 프로그래밍 언어 또한 아무것도 없는 상태에서 불쑥 튀어나온 것이 아니다. 자바 이전의 언어, 특히 C언어의 영향을 많이 받았다. 따라서 자바라는 객체 지향 언어를 잘하기 위해서는 우선 기존 프로그래밍 언어의 발전 과정과 프로그램 언어의 특징을 잘 알아야 한다. 그리고 자바 또한 기존 언어에서 사용하는 개념이나 기능을 그대로 이어받아 사용하기 때문에 가장 먼저 프로그래밍 언어의 기본적인 특징이나 기능을 학습할 필요가 있다.

그 기본 과정은 앞의 1장에서 4장까지 다룬다. 1장에서 4장까지는 모든 프로그래밍 언어에서 나오는 내용이다. 자바도 기존의 고급 언어인 C언어에서 영향을 받았으므로 이 기본 과정은 예외일 수 없다. 결론부터 말하면 1장에서 4장까지의 내용이 가장 기본적이고, 중요하다. 그 다음 과정을 잘하려면 우선 기본 개념이 바로 서 있어야 한다.

그 다음 단계에서는 자바의 객체 지향 개념에 대해 배운다. 앞에서 언급한 것처럼 자바가 나오기 이전에 여러 프로그래밍 언어가 쓰이고 있었다. 그 대표적인 언어가 C언어이다. C언어는 지금도 쓰이고 있다. 그런데 C언어는 컴퓨터의 수행 과정을 흉내 낸 절차적 언어이다. 이러한 절차적 언어를 사용하는 데 있어 차츰 여러 가지 불편한 점이 나타났다. 대표적인 것이 재사용성이다.

지금의 응용 프로그램은 초기에 비해 규모도 커지고 개발 기간도 많이 걸린다. 따라서 자연스럽게 기존에 사용한 기능을 재사용하는 방법을 모색하게 되었다. 그리고 좀 더 인간적인 관점에서 프로그램을 하고자 하는 시도가 계속된 이후 객체 지향 언어가 도입되었다. 그중 현재 가장 많이 사용되는 객체 지향 언어가 바로 '자바'다. 이처럼 자바는 기존 기능의 재사용성, 설계의 용이성, 관리의 편리성 등의 이유로 많이 쓰이고 있다. 이 단계에서는 재사용성 및 프로그래밍 설계와 관련된 객체 지향 개념에 대해 학습한다. 자바를 처음 접하는 사람은 다소 생소한 개념이 나오지만 반복해서 학습을 하다 보면 더욱 자연스럽고, 쉽게 프로그래밍에 입문할 수 있다는 사실을 깨닫게 될 것이다.

마지막 단계에서는 자바에서 미리 만들어 제공하는 API의 기능을 각 장별로 학습한다. 자바가 나온 지가 약 20년이 넘었기 때문에 이전에 자바로 프로그래밍을 하면서 다른 프로그램에서 많이 사용하는 기능을 미리 자바에서 클래스로 만들어 제공한다. 이를 API(Application Program Interface)라고도 한다. 이 단계의 과정은 사실 다른 언어에서도 지원한다. 그러나 자바는 앞에서 말한 바와 같이 객체 지향 언어이므로 이 모든 API 기능이 객체 지향 개념을 적용하여 제공되고 있다. 따라서 자바의 API를 잘 사용하려면 앞의 객체 지향 개념을 잘 숙지해야 한다. 당연히 객체 지향 개념을 잘 숙지하려면 프로그램의 기본 개념을 우선 잘 알고 숙달시켜야 한다. 따라서 자바는 앞의 내용이나 기능이 뒷부분의 기초가 된다.

필자는 자바의 기능이나 개념을 쉽게 이해한다. 많이 접하고 구현하다 보니 숙달이 된 것이다. 그러나 필자의 자바 스킬이 자바를 공부한 시간에 비례하여 선형적으로 증가했다고는 보지 않는다.

스킬의 향상은 시간에 대해 계단식으로 상승한다. 처음 앞부분의 내용을 공부하면 스킬이 노력에 비례하여 어느 정도 선형적으로 증가하는데, 뒤의 내용으로 갈수록 스킬의 성장이 더디다. 그렇다가 어느 순간 의미를 알게 되고 나서 스킬이 급격히 향상된다. 그리고 나서 또다시 스킬의 성장이 더디게 진행된다. 그런 식으로 시간이 지나면서 성장에 소요되는 시간이 점점 줄어들어 어느 정도 지나면 이제 거의 선형적으로 스킬이 상승한다. 따라서 입문자는 처음부터 안 된다고 포기하거나 낙담할 필요가 없다. 곰처럼 계속 반복하다 보면 어느새 자연히 알게 된다.

자바 학습에 있어서 가장 중요한 점은 5번 정도 계속 모르는 부분을 반복하여 코딩해보는 것이다. 이런 식으로 연습하다 보면 저절로 알게 된다. 머릿속으로 이해를 한다 하더라도 이틀만 복습하지 않으면 원래대로 돌아간다. 가장 중요한 것은 배운 후에는 반드시 직접 코딩을 해봐야 한다는 것이다. 그래야만 진정으로 자신의 지식이 되는 것이다.

필자가 이 책을 쓰는 목적은 단순히 각 장별로 자바의 기능을 학습하자는 것이 아니다. 각 장을 학습해 나가는 과정을 통해 독자들 스스로 프로그램을 직접 설계 및 개발하는 방법을 알도록 하는 것이다. 따라서 각 장별로 학습을 한 후에는 동영상을 통해 실습 예제를 직접 학습한다. 즉, 프로그램이 어떤 식으로 개발되는지를 실제 경험을 통해 체득하도록 하는 것이다. 이때 가장 중요한 것은 스스로 프로그램을 개발할 수 있는 역량을 갖추는 것이다.

이 책을 읽고 나면 프로그래머에게 가장 중요한 것은 현실에 존재하지 않는 객체를 찾거나 만들어 내는 것이고, 그것을 프로그래밍화하는 것이 진정한 객체 지향 프로그래밍이라는 사실을 깨닫게 될 것이다.

마지막으로 이 책이 세상에 나오기까지 많은 도움을 주신 정보문화사 관계자 여러분에게 감사의 말을 전한다.

2015. 8.
저자 이병승

이 책은 총 19개의 장(Chapter)으로 나누어져 있으며, 자바 입문자들이 쉽게 이해할 수 있도록 실습에 필요한 예제를 가득 수록하였습니다. 또한, 실습에 필요한 내용 이론 중심을 빠짐없이 설명하고 있어 단계별로 학습할 수 있습니다.

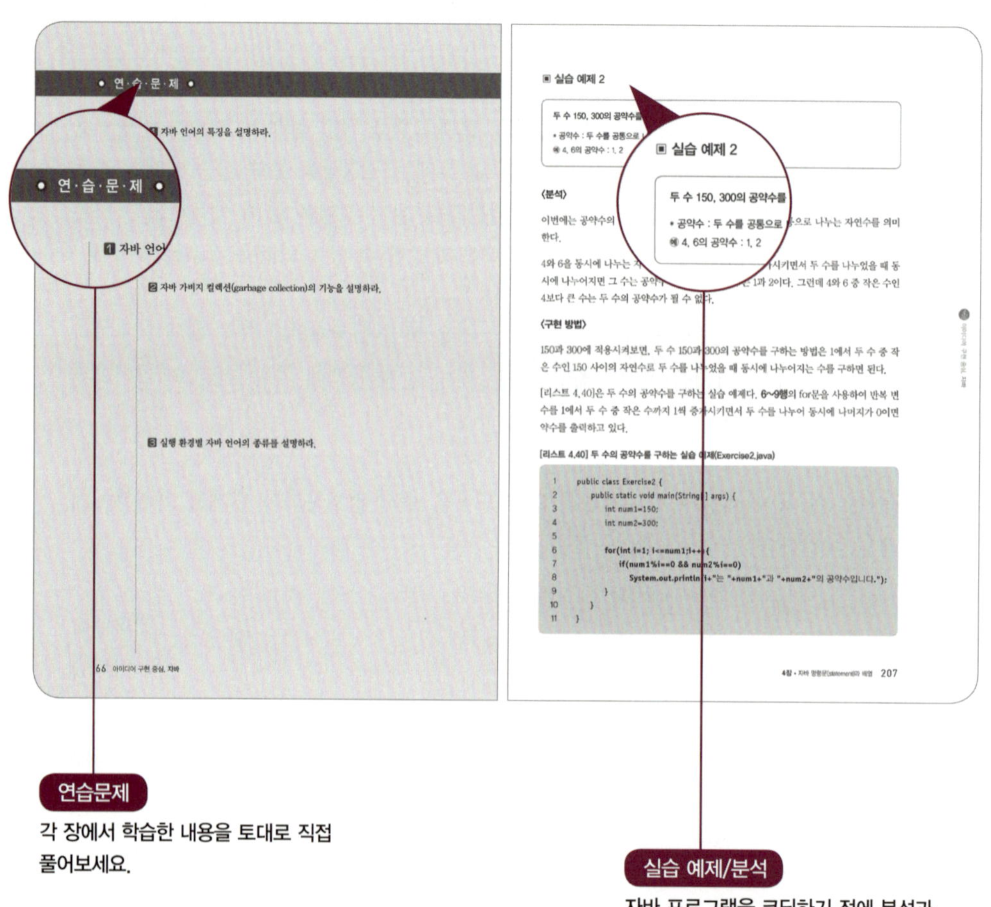

연습문제

각 장에서 학습한 내용을 토대로 직접 풀어보세요.

실습 예제/분석

자바 프로그램을 코딩하기 전에 분석과 구현 방법을 설계하는 계단식 방법으로 정리하였습니다.

프로그램의 흐름을 한 눈에 쉽게 파악할 수
있게 표현하였습니다.

순서도(플로차트)

본문에 미처 담지 못한 필자만의
노하우를 정리하였습니다.

Tip

내용을 학습하다가 이해가 되지
않는다면, 동영상 강의를 통해
학습의 효과를 높이세요.

QR코드

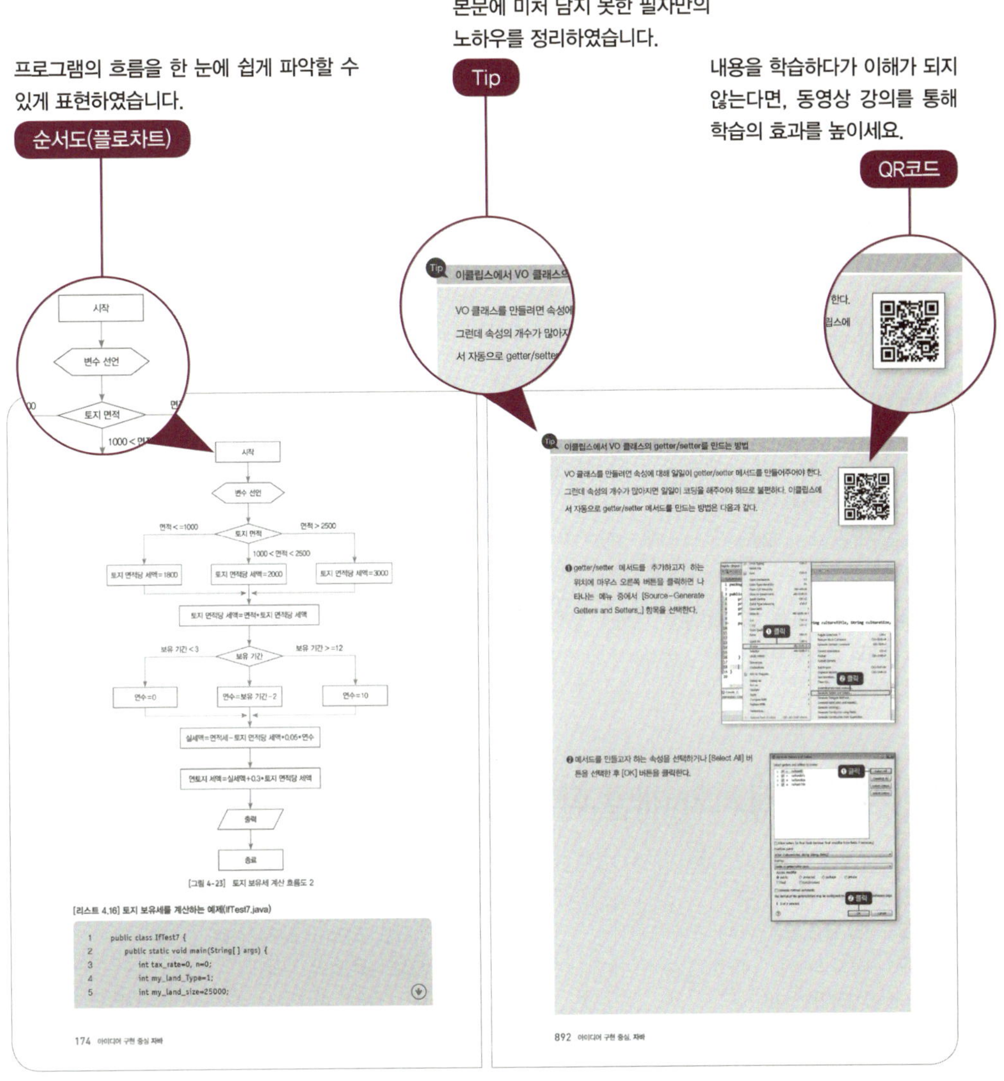

[그림 4-23] 토지 보유세 계산 흐름도 2

[리스트 4.16] 토지 보유세를 계산하는 예제(IfTest7.java)

```
1   public class IfTest7 {
2       public static void main(String[ ] args) {
3           int tax_rate=0, n=0;
4           int my_land_Type=1;
5           int my_land_size=25000;
```

174 아이디어 구현 중심 자바

892 아이디어 구현 중심 자바

3장_자바 프로그래밍의 기본 문법

4장_자바 명령문(statement)과 배열

5장_ 클래스 기본

6장_ 클래스 고급(상속)

7장 _ 클래스 고급(추상 클래스)

8장 _ 유틸리티(Utility) 클래스

12장_ 자바 I/O

13장_ 네트워크

14장_ 추가 기능

컴퓨터를 있게 한 사람들

찰스 배비지(Charles Babbage, 1791. 12. 26.~1871. 10. 18.)는 영국의 수학자, 철학자, 발명가, 기계 공학자로서 '프로그램이 가능한 컴퓨터' 개념의 시초자이며, '컴퓨터의 아버지'로 불린다.

배비지는 기계식 컴퓨터를 최초로 개발한 인물로 평가받고 있으며, 그의 개발 이후 더욱 복잡한 형태의 기계식 컴퓨터들이 등장하게 되었다. 배비지가 생전에 남긴 수많은 업적은 당대 최고의 박식가로 인정받게 하기에 충분했다.

19세기 당시의 예산과 기술의 부족으로 완성되지 못한 배비지의 기계식 계산기의 일부는 런던 과학박물관에 소장되어 있다. 1991년에는 배비지가 설계한 차분기관이 완성되었으며, 성공적으로 작동하였다. 이는 19세기 당시 배비지의 설계가 유효한 것임을 입증한 것이다. 2000년에는 차분기관의 인쇄기 재현에 성공하였는데, 이 인쇄기는 19세기에 설계된 기계 장치 수준에서는 상당히 섬세한 것으로 여겨지고 있다.

(출처 : 위키백과)

0장

컴퓨터의 구조

우리는 일상적으로 데스크톱 컴퓨터나 노트북 컴퓨터에서 여러 가지 프로그램을 사용하고 있다. 우리가 말하는 컴퓨터는 자바나 C언어로 만든 프로그램을 실행하는 기반을 제공한다. 즉, 소프트웨어가 실행되는 하드웨어이다.

우리가 프로그램(소프트웨어)을 실행한다는 의미는 프로그래머가 미리 만들어 놓은 명령어를 CPU가 읽어 들인 후 그 명령어대로 컴퓨터의 하드웨어를 작동시키는 과정이다. 따라서 우리가 소프트웨어를 잘 개발하려면 반드시 그 소프트웨어가 실행 되는 하드웨어나 운영체제에 대해서 어느 정도 알고 있어야 한다.

이 장에서는 소프트웨어의 정의와 분류에 대해 알아본다. 그 다음 우리가 사용하고 있는 소프트웨어를 개발하는 프로그래밍에 대해 알아보고, 일반적인 프로그래밍 과정에 대해서도 알아본다.

1 컴퓨터 하드웨어 시스템의 구조

2 컴퓨터 하드웨어 구성 요소의 기능

3 컴퓨터 프로그램의 실행 원리 및 과정

4 소프트웨어의 정의와 역할

5 컴퓨터의 데이터 표현 방법과 처리 과정

6 프로그래밍의 정의와 프로그래밍 언어의 종류 및 특징

7 프로그램 개발 과정

우리가 매일 사용하는 컴퓨터의 내부는 어떻게 생겼을까? 프로그래밍은 컴퓨터에게 원하는 작업을 시키는 과정이기 때문에 하드웨어에 대한 기본 상식이 있어야 한다. 가장 기본적인 하드웨어 상식에 대해 알아보자.

[그림 0-1]은 우리가 일상적으로 사용하는 데스크톱 컴퓨터나 노트북 컴퓨터의 전형적인 하드웨어 구조를 나타낸 것이다.

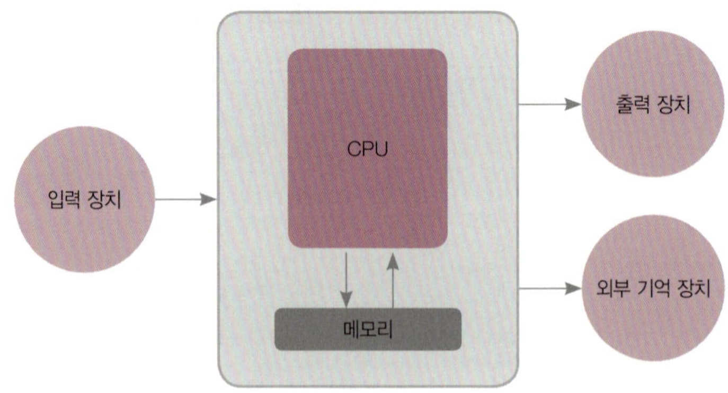

[그림 0-1] 하드웨어 구조

첫 번째 컴퓨터 하드웨어 요소는 '**중앙처리장치(CPU)**'다. CPU는 사람의 두뇌 역할을 한다. 사람이 어떤 행위를 하려면 가장 먼저 사람의 두뇌에서 다른 기관에 지시를 해야만 한다. 이와 마찬가지로 CPU도 사람의 지시(명령)를 받아 컴퓨터의 기관(하드웨어)에 명령을 한다. CPU의 명령을 받은 다른 하드웨어는 그 명령대로 작업을 수행한다. 이 밖에도 주 메모리(main memory)가 있는데, 메모리는 CPU가 작업 수행을 할 때 필요한 명령어나 데이터를 저장하는 역할을 한다.

CPU에게 어떤 작업을 명령하는 주체는 '사람'이다. 우리가 컴퓨터 프로그램을 사용하려면, 가장 먼저 컴퓨터의 하드 디스크에 해당 프로그램을 설치해야 한다. 우리가 하드 디스크에 설치한 프로그램은 CPU가 읽어 들여 실행하는 명령어의 집합이다. 예를 들어 컴퓨터에서 워드 작업을 하기 위해 워드프로세서 프로그램을 실행시키면 CPU는 하드 디스크에 설치된 프로그램을 하나씩 읽어 들여 프로그램을 실행한다. 그런데 실제로 우리가 프로그램을 실행시키면 CPU가 읽어 들여 바로 실행하는 것이 아니라 일단 하드 디스크에 미리 설치되어 있는 프로그램이 메모리에 먼저 적재(load)된다. 프로그램을 CPU가 바로 읽어 들여 실행하면 프로그램의 용량이 너무 크기 때문에 일단 메모리에 적재한 후 순차적으로 프로그램의 명령어를 읽어 들여 실행하는 것이다. 이때 CPU가 프로그램의 명령어를 실행하면서 부수적으로 필요한 데이터도 생성되는데, 그 데이터 역시 메모리에 저장된 후에 CPU에 의해 이용된다.

따라서 메모리는 CPU가 실행하는 프로그램이나 데이터를 저장하는 '**저장소**'의 역할을 한다. 그런데 이 메모리에 저장되는 프로그램이나 데이터는 영구적으로 보존되는 것이 아니라 PC를 껐다가 켰을 때 모두 사라져 버린다. 이를 가리켜 '**휘발성 메모리**'라고 한다.

두 번째 컴퓨터 하드웨어 요소는 '**입력 장치**'다. 우리는 컴퓨터를 사용하면서 프로그램과 상호작용을 하기 위해 키보드나 마우스와 같은 하드웨어를 사용한다. 이러한 도구들이 바로 입력 장치다. 워드 작업 시에는 키보드로 원하는 텍스트를 입력하고 그래픽 작업 시에는 마우스로 사용자의 정보나 명령어를 입력한다. 입력 장치는 컴퓨터와 사용자 간에 상호작용이 이루어지게 하는 매개체다.

세 번째 컴퓨터 하드웨어 요소는 '출력 장치'다. 예를 들어 우리가 컴퓨터에 어떤 작업을 시키면 컴퓨터는 그 작업의 결과나 상태를 사용자에게 보여준다. 가장 일반적인 출력 장치는 모니터이다. 워드 작업을 하면 사용자가 입력한 텍스트나 작업 상태를 모니터 화면에 표시해준다. 그 밖의 출력 장치로는 프린터, 스피커 등이 있다.

마지막 컴퓨터 하드웨어 요소는 '**외부 저장 장치**(secondary memory)'다. 우리가 워드 작업을 한 후에 작업한 내용을 저장하면 하드 디스크에 파일 형태로 저장된다. 다음 날 이 파일을 열어보면 전날에 작업한 내용이 그대로 나타난다. 이처럼 외부 저장 장치는 우리가 컴퓨터 프로그램에서 작업한 결과나 상태를 영구적으로 저장하는 데 사용하는 장치다. 그중 대표적인 것이 '**하드 디스크**'이다. 이 밖에도 CD-ROM, USB 등이 있다. 외부 저장 장치에 저장되는 데이터는 앞에서 언급한 메인 메모리와 달리 영구적으로 저장된다. 즉 '**비휘발성(nonvolatile) 메모리**'다.

[그림 0-2]는 우리가 실제 사용하고 있는 컴퓨터의 하드웨어 사양을 나타낸 것이다. 저자는 CPU 2.8GHz 인텔 펜티엄 4 프로세서를 사용한다. 그리고 주 메모리는 4GB RAM을 사용한다. 입력 장치로는 키보드를 사용한다. 그리고 출력 장치로는 19인치 모니터를 사용한다. 보조 기억 장치로는 하드 디스크와 DVD/CD-RW를 사용한다. 이와 마찬가지로 우리가 사용하는 컴퓨터 역시 앞에서 언급한 하드웨어 구조를 이루고 있다.

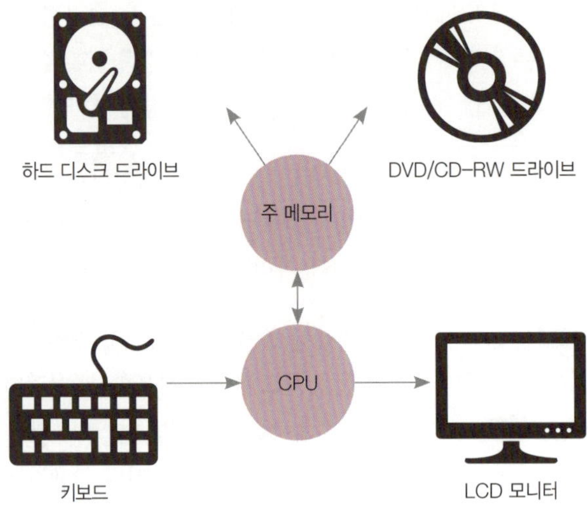

[그림 0-2] 일반 데스크톱 컴퓨터의 하드웨어 구성

[그림 0-3]은 실제 컴퓨터 하드웨어의 구조를 나타낸 것이다. 데스크톱 컴퓨터의 케이스를 분리해보면 앞에서 학습한 컴퓨터 하드웨어 구성 요소들이 메인보드 위에 존재한다는 것을 알 수 있다. 각 하드웨어는 메인보드 내부에 있는 선을 통해 연결되어 있기 때문에 데이터를 주고받을 수 있는 것이다.

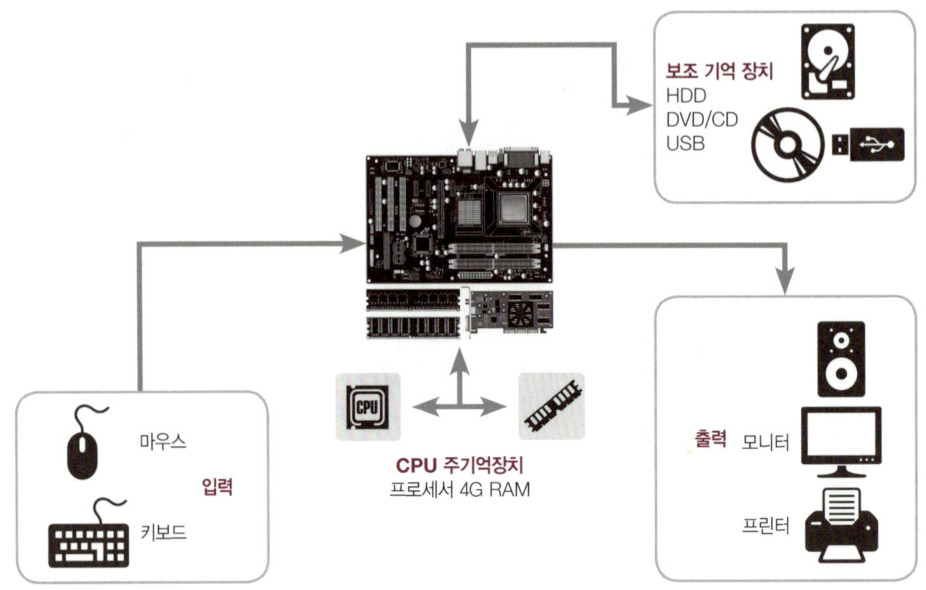

[그림 0-3] 실제 데스크톱의 하드웨어 구조

컴퓨터 하드웨어 구성 요소의 기능

이번에는 컴퓨터 하드웨어의 구조를 이루고 있는 각 구성 요소의 구체적인 역할에 대해 알아보자. 가장 먼저 컴퓨터의 두뇌 역할을 하는 CPU에 대해 알아보자.

2.1 중앙 처리 장치

중앙 처리 장치(CPU: Central Processing Unit)는 컴퓨터에서 프로그램의 명령어를 수행하는 컴퓨터의 두뇌와 같은 역할을 한다. [그림 0-4]는 컴퓨터 중앙 처리 장치의 구조를 나타낸 것이다. 중앙 처리 장치의 기능은 크게 세 부분으로 나눌 수 있다.

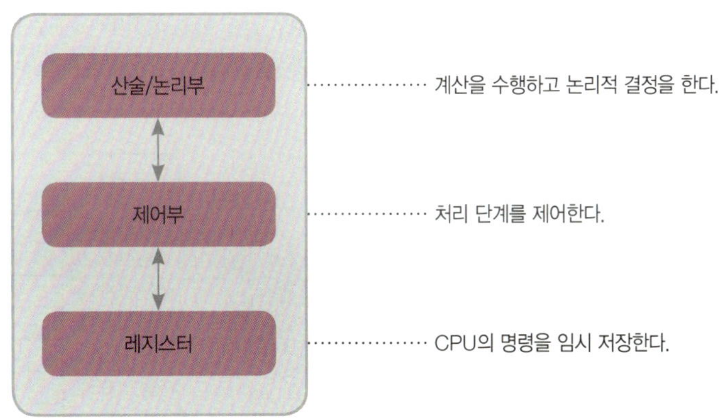

[그림 0-4] 중앙 처리 장치의 구조

첫 번째 기능은 '**산술/논리부**'다. 이 곳에서 명령어의 명령에 따라 계산을 하거나 논리적인 결정을 내린 후 각 하드웨어에 명령을 전달한다.

두 번째 기능은 '**제어부**'다. CPU는 명령어를 한 번에 수행하는 것이 아니라 여러 단계로 나누어 수행하는데, 그 각 단계를 제어하는 부분이 '제어부'다.

세 번째 기능은 '**레스지터**'이다. 레지스터는 'CPU 내의 임시 저장 장소'라고 보면 된다. 앞에서 CPU가 명령을 수행하면 메모리에서 명령어를 하나씩 가지고 와서 수행한다고 했는데, 실제로는 여러 명령어를 한꺼번에 가지고 와서 레지스터에 저장해 놓은 후에 수행한다.

2.2 주 메모리

주 메모리는 'RAM'이라고도 하며, 컴퓨터가 작업을 수행하는 동안 작업에 수행하는 데 필요한 명령어와 데이터를 저장하는 역할을 한다. [그림 0-5]는 메모리의 내부 구조를 나타낸 것이다. 주 메모리의 내부는 데이터를 저장할 수 있는 **셀**(cell)로 이루어져 있다. 그런데 이 각 셀에는 아파트의 호수와 같은 고유 번호, 즉 '**주소**(address)'가 할당되어 있다. 프로그램이 실행되고 CPU가 프로그램을 주 메모리에 로드한 후 실행할 명령어를 읽어 올 때는 임의의 셀에서 읽어 오는 것이 아니라 각 셀에 있는 주소를 이용하여 자신의 원하는 정보를 읽어 오는 것이다. 데이터를 저장할 때에도 주소를 이용하여 원하는 셀에 저장한다.

이는 택배 배달원이 아파트에 물품을 배달하는 것과 같은 원리다. 택배 배달원이 물품을 고객에게 전달하려면 고객이 살고 있는 아파트 동과 호수를 찾아야만 한다.

이와 같이 CPU도 메모리에 저장된 명령어나 데이터를 가지고 오거나 저장할 때 메모리의 주소를 이용한다. 주소를 이용하여 셀에서 데이터를 저장, 인출하는 원리는 매우 중요한 개념이다. 이는 자바나 C언어에도 자주 사용하는 개념이므로 반드시 기억해두어야 한다.

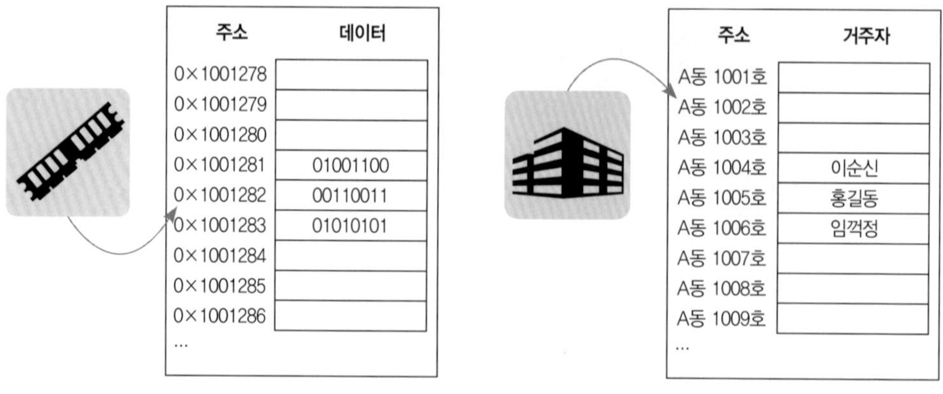

[그림 0-5] 메모리의 내부 구조

2.3 보조 저장 장치

보조 저장 장치(secondary memory)는 **'보조 기억(메모리) 장치'**라고도 하며, 컴퓨터가 작업을 수행하는 동안 이에 필요한 명령어와 데이터를 영구적으로 저장하는 역할을 한다. 보조 저장 장치의 종류에는 하드 디스크, CD-RW, DVD, USB 메모리 등이 있다. 앞에서 배운 주 메모리 장치와 다른 점은 주 메모리 장치에 저장된 명령어나 데이터는 보존되지 않는 반면, 보조 저장 장치에 저장된 데이터는 영구 보존된다는 것이다. 예를 들어 컴퓨터에서 워드 작업을 한 후 [저장] 버튼을 누르면 하드 디스크라는 보조 저장 장치에 저장되는데, 컴퓨터를 껐다가 다시 켠 후에 다시 읽어 들이면 저장한 데이터가 그대로 나타나는 것과 같은 이치다.

주 메모리와 보조 저장 장치의 또 다른 차이점은 주 메모리는 컴퓨터 실행 중에 사용되는 메모리이기 때문에 CPU에 접근하여 데이터를 읽고 쓰는 속도가 보조 저장 장치에 비해 매우 빠르다는 것이다. 반면, 데이터를 저장할 수 있는 용량 면에서는 보조 저장 장치가 훨씬 크다. 보조 저장 장치의 하나인 하드 디스크와 주 메모리에 해당하는 RAM의 용량을 비교해보더라도 이를 쉽게 알 수 있다.

2.4 입출력 장치

컴퓨터를 사용한다는 것은 컴퓨터의 프로그램과 사용하는 사람과의 상호작용을 의미한다. 간단한 워드 작업만 하더라도 사용자가 자신이 원하는 텍스트를 입력하면 컴퓨터가 화면에 표시해준다. 일상생활에서 사용하는 컴퓨터는 거의 대부분 사용자와 상호작용을 하면서 자신의 기능을 수행한다. 이와 같이 컴퓨터와 사용자가 상호작용을 하는 데 사용되는 장치를 **'입출력 장치(input/output device)'**라고 한다. 사용자가 컴퓨터에 데이터나 명령을 입력하는 장치에는 **키보드**, **마우스**가 있고, 컴퓨터가 처리한 결과 또는 상태를 표시하거나 출력해주는 장치에는 **모니터**, **스피커**, **프린터** 등이 있다.

컴퓨터 프로그램의 실행 원리 및 과정

지금 우리가 사용하고 있는 컴퓨터의 실행 방식은 '**폰 노이만 방식**'이다. 이는 '**폰 노이만**'이라는 공학자가 최초로 주장한 컴퓨터 실행 방식이다. 폰노이만 방식이란, 컴퓨터가 실행할 프로그램을 미리 하드 디스크나 다른 보조 저장 장치에 저장해 놓고(설치해 놓고), 프로그램 실행 시 프로그램을 주 메모리에 로드하여 CPU가 주 메모리에 있는 명령어를 순차적으로 실행하는 방식을 말한다. [그림 0-6]은 컴퓨터 하드웨어에서 프로그램이 실행되는 과정을 나타낸 것이다.

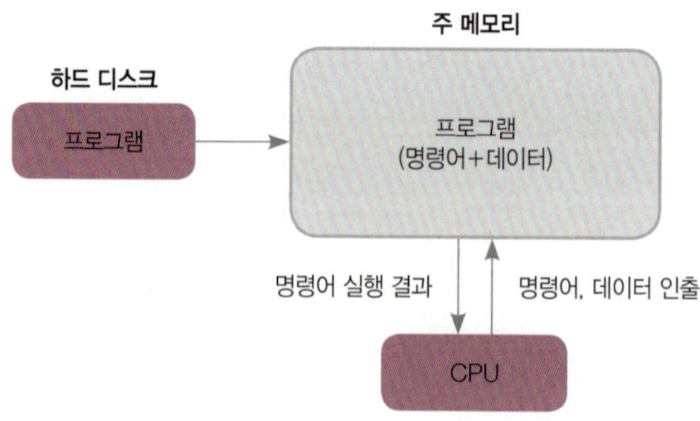

[그림 0-6] 컴퓨터 하드웨어에서 프로그램이 실행되는 과정

예를 들어 워드프로세서를 사용한다고 가정해보자. 일단 우리가 워드프로세서를 사용하려면 컴퓨터 하드 디스크에 MS 워드를 설치해야 한다. 이 프로그램을 실행하면 CPU가 자신이 실행할 MS 워드의 명령어를 하드 디스크로부터 읽어 들여 주 메모리에 적재한다. 그런 다음, 메모리에서 명령어를 읽어 들여(인출하여) 명령어를 분석한 후 적당한 기능을 수행시키고, 다시 새로운 명령어를 주 메모리에서 읽어 들여 작업을 다시 수행한다. 이것이 바로 우리가 실행시킨 프로그램을 컴퓨터가 실행하는 과정이다.

'폰 노이만 방식'을 다른 말로 '**프로그램 내장 방식(stored program)**'이라고 한다. 프로그램 내장 방식 또한 CPU가 실행할 명령어와 데이터를 가지고 있는 프로그램을 미리 하드 디스크와 같은 저장 장치에 설치한 후, 프로그램을 주 메모리로 읽어 들여 실행하는 방식을 사용하므로, 결국 '폰 노이만 방식'과 '프로그램 내장 방식'은 같은 의미라고 할 수 있다.

이번에는 CPU의 입장에서 프로그램 실행 과정을 살펴보자. 앞에서 프로그램을 컴퓨터에서 실행하는 것은 '미리 설치된 프로그램을 CPU가 읽어 들인 후 각 장치에 이 명령을 수행하도록 하는 과정'이라고 설명했다.

[그림 0-7]은 CPU의 입장에서 본 프로그램 실행 과정을 나타낸 것이다. CPU는 메모리에 적재된 프로그램(명령어와 데이터로 구성)을 순차적으로 읽어 들여 명령어를 실행하는데, 이 과정을 세 단계로 나누어 실행한다.

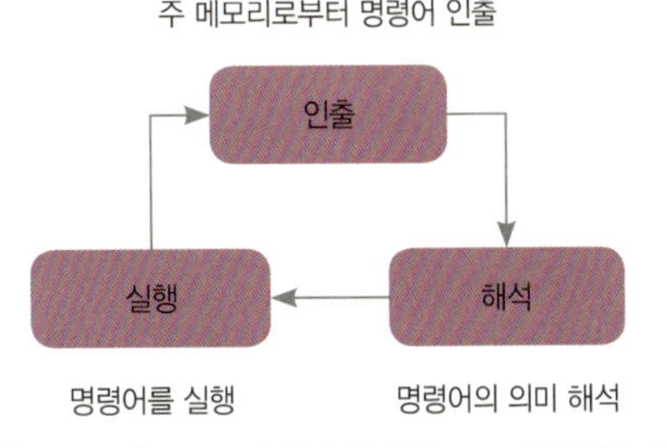

[그림 0-7] CPU의 입장에서 본 프로그램 실행 과정

첫 번째 단계는 '**인출(fetch)**'로, CPU가 자신이 수행할 명령어를 메모리에서 가지고 오는 과정이다. 두 번째 단계는 '**해석(decode)**'으로, 가지고 온 명령어를 수행하기 전에 어떤 명령어인지를 분석하는 과정이다. 그리고 세 번째 단계는 '**실행(execute)**'으로, 해석한 명령어를 목적에 맞게 실행하는 과정이다. 즉, 우리가 프로그램을 실행하면 CPU는 이와 같은 세 단계를 반복적으로 수행하는 것이다.

결론적으로, 컴퓨터의 CPU는 자기 스스로는 아무 일도 하지 못한다. 결국 CPU에서 어떤 작업을 하라고 지시하는 것은 프로그램인 것이다. 프로그램은 명령어와 데이터로 이루어져 있다. 우리가 자바나 C언어 등을 배우는 이유도 CPU가 목적에 맞는 작업을 수행할 수 있는 명령어를 만들기 위한 것이다.

04 / 소프트웨어의 정의와 역할

앞에서 프로그램 실행 시에 컴퓨터 하드웨어가 동작하는 과정을 살펴보았다. 결국 컴퓨터는 프로그램, 즉 명령어가 시키는 대로 기기가 동작하도록 하는 것이다. 이번에는 실제 하드웨어에 작업을 지시하는 소프트웨어에 대해 알아보자.

4.1 소프트웨어의 정의

소프트웨어(software)란, 컴퓨터 하드웨어의 기능을 통제하여 원하는 결과나 기능을 얻도록 하는 명령어의 집합을 말한다. 우리가 MS 워드와 같은 편집기를 사용하기 위해 프로그램을 실행하면 컴퓨터는 우리가 이 프로그램을 사용할 수 있도록 워드에 관련된 기능과 키보드로 입력한 글을 화면에 표시해준다. 이처럼 사용자가 원하는 기능을 컴퓨터가 수행하는 것은 MS 워드라는 소프트웨어, 즉 명령어를 CPU가 읽어 들여 그 명령어대로 다른 하드웨어를 동작시킨 결과다.

4.2 소프트웨어의 종류

소프트웨어는 크게 '**시스템 소프트웨어**(system software)'와 '**응용 소프트웨어**(application software)'로 나눌 수 있다. 시스템 소프트웨어는 다시 컴퓨터 하드웨어 시스템의 효율적인 운영과 관리를 목적으로 하는 소프트웨어(⑩ 운영체제), 다른 소프트웨어를 개발하는 데 사용되는 소프트웨어(⑩ 컴파일러, 디버거, 메모리 관리 프로그램), 운영체제 관리를 보완해주는 소프트웨어(⑩ 메모리 관리 프로그램, 압축/해제 프로그램 등)로 나눌 수 있다. **응용 소프트웨어는 시스템 소프트웨어가 아닌 거의 대부분의 소프트웨어를 말하며, 일반적으로 '프로그램**(program)'**이라고 부른다**(⑩ 문서 작성 프로그램, 그래픽 소프트웨어, 데이터 관리 소프트웨어, 스프레트시트 등).

일반적으로 소프트웨어라고 하면 응용 소프트웨어를 가리키는 경우가 많은데, 실제 초기의 소프트웨어는 하드웨어를 제어하거나 관리하는 용도로 사용되었다. 그런데 지금의 소프트웨어 비율로 보면 시스템 소프트웨어보다 응용 소프트웨어의 비율이 월등히 높다. 또 프로그램과 소프트웨어는 거의 같은 의미로 사용하는데, 프로그램은 대체로 응용 소프트웨어를 가리키는 말로 사용된다.

[그림 0-8]은 컴퓨터에서 사용되는 소프트웨어의 종류를 나타낸 것이다. 컴퓨터 하드웨어를 기준으로 하드웨어를 관리하고 제어하는 대표적인 시스템 소프트웨어가 리눅스나 윈도우같은 운영체제(operating system)이다. 실제로 우리가 컴퓨터를 사용하여 프로그램을 실행하면 운영체제를 통해 사용자의 지시가 하드웨어로 전달되어 실행된다. 그리고 시스템 소프트웨어 위에 응용 소프트웨어가 존재한다. 즉, 응용 소프트웨어는 독립적으로 실행되는 것이 아니라 항상 운영체제를 통해 컴퓨터 하드웨어에서 실행되는 것이다. 다시 말해서, 우리가 MS 워드를 사용하여 글을 입력하면 MS 워드는 다시 운영체제와 연동하여 하드웨어에 원하는 기능을 수행시키는 것이다.

따라서 응용 소프트웨어는 운영체제와 밀접한 관계를 가지면서 동작한다. 이러한 특징은 프로그래밍에서도 그대로 나타난다. 결국 우리가 프로그래밍 언어를 배워서 만들고자 하는 것도 응용 소프트웨어, 즉 '**프로그램**'이다.

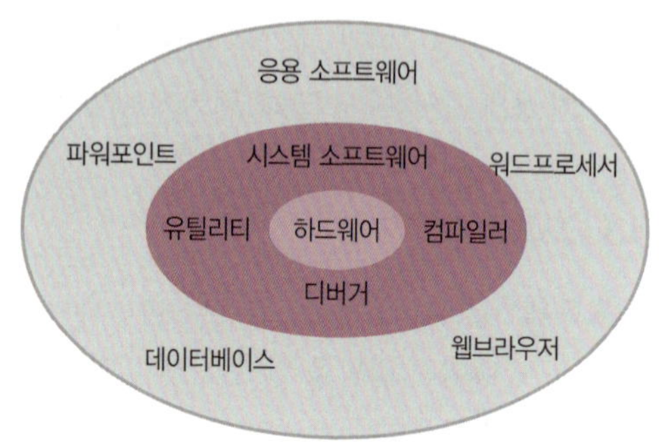

[그림 0-8] 소프트웨어의 종류

컴퓨터의 데이터 표현 방법과 처리 과정

사람은 생활하면서 여러 가지 종류의 데이터를 얻는다. 사람이 인식할 수 있는 데이터의 종류는 여러 가지다. 즉 숫자도 될 수 있고, 문자도 될 수 있다. 그리고 여러 가지 소리나 모양도 데이터로 인식할 수 있다. 그러나 컴퓨터는 사람과 달리 모든 데이터를 0과 1로만 인식한다. **즉, 컴퓨터에서는 모든 데이터를 0과 1로 이루어진 2진수로만 처리한다.**

우리가 컴퓨터가 실행 중인 계산기에 10진수를 입력하면 모니터에는 10진수가 표시되지만, 컴퓨터 내부적으로는 입력한 숫자를 2진수로 변경하여 계산한다. 그리고 계산된 결과값을 화면에 표시할 때에만 10진수로 변환하여 표시한다. 컴퓨터는 숫자뿐만 아니라 문자, 문자열, 이미지 등의 모든 데이터를 2진수로 변환하여 처리한다. 우리가 워드 작업을 한 후, 작업한 내용을 파일로 저장하면 모든 텍스트가 2진수로 변환되어 저장된다. 그리고 이 파일을 열면 2진수가 다시 문자로 변환되어 나타나는 것이다. 그리고 앞에서 프로그램 실행 시에 CPU는 주 메모리에서 명령어를 읽어 들여 명령을 실행한다고 했는데, **이 CPU가 읽어 들이는 명령어도 역시 2진수(2진 코드)로 이루어져 있다.** 이처럼 컴퓨터에서 처리되는 명령어와 데이터는 모든 2진수로 이루어져 있다. **결론적으로 컴퓨터의 CPU는 2진수의 명령어와 데이터만 인식한다.**

[표 0-1]은 컴퓨터에서 사용되는 2진수의 단위를 나타낸 것이다.

[표 0-1] 컴퓨터에서 사용되는 2진수의 단위

단위	기호	2^n 바이트	10진수
킬로바이트	KB	2^{10}	1,024
메가바이트	MB	2^{20}	1,048,576
기가바이트	GB	2^{30}	1,073,741,824
테라바이트	TB	2^{40}	1,099,511,627,776

프로그래밍의 정의와 프로그래밍 언어의 종류 및 특징

우리가 프로그램을 사용할 수 있는 이유는 누군가가 프로그램을 만들었기 때문이다. 이번에는 컴퓨터에서 실행되는 프로그램을 만드는 과정에 대해 알아보자. 여기서 프로그래밍이란, 컴퓨터에게 사용자가 원하는 작업을 시키는 명령어를 작성하는 과정을 말한다. 앞에서 프로그램이라는 것은 결국 'CPU가 실행하는 명령어의 집합'이라고 했다. **우리가 프로그래밍을 한다는 것은 컴퓨터, 즉 CPU에게 우리가 원하는 작업을 하도록 하는 명령문을 만드는 과정이다.** 이러한 작업을 하는 사람을 '**프로그래머(programmer)**'라고 한다. 프로그래머는 컴퓨터가 인식할 수 있는 명령어를 미리 숙지한 후, 이 명령어를 이용하여 자신의 목적에 맞는 기능을 수행할 수 있도록 명령어를 작성한다. 이렇게 프로그래머가 컴퓨터에게 작업을 시킬 수 있도록 지시하는 규칙 또는 문법이 프로그래밍 언어이고, 이 언어로 작성한 코드를 소스라고 부른다.

우리가 다른 사람에게 부탁을 하거나 어떤 요구를 하려면 상대방이 알아들을 수 있는 언어를 문법에 맞게 구사해야만 한다. 이와 마찬가지로 사람이 컴퓨터에게 어떤 일을 지시하려면 컴퓨터가 인식할 수 있는 규칙과 문법에 맞게 명령문을 작성하여 실행해야만 한다.

6.1 프로그래밍 언어의 종류

컴퓨터에게 작업을 시키는 프로그램을 작성하는 프로그래밍 언어는 발전 단계에 따라 **기계어, 어셈블리어, 고급 언어**로 분류할 수 있다. 컴퓨터가 처음 나왔을 때 컴퓨터에게 어떤 작업을 시키기 위해서는 컴퓨터, 즉 CPU가 이해할 수 있는 2진 명령어를 컴퓨터를 다루는 사람이 직접 명령문을 작성한 후 컴퓨터에 입력해야만 했다. 이러한 종류의 언어를 '**기계어**'라고 한다. 즉, 기계인 CPU가 인식할 수 있는 명령문을 사람이 직접 입력하는 것이다.

컴퓨터가 처음 나온 초기에는 컴퓨터를 다루는 사람이 소수의 전문가밖에 없었기 때문에 이들만이 프로그래밍을 할 수 있었다. 그러나 당연히 사람은 기계가 아니므로, 기계가 인식하는 2진 코드를 사람이 직접 프로그래밍한다는 것은 아무리 전문가라 하더라도 한계가 있었다. 또 기계 중심으로 작성을 해야 했기 때문에 오류도 많이 발생했다. 이러한 문제점을 보완하기 위하여 등장한 프로그래밍 언어가 바로 '**어셈블리어**'이다.

기계어는 CPU가 수행하는 명령어가 모두 0과 1로 이루어진 2진 명령어다. '1000 0001'은 0001의 데이터를 누산기에 저장하라는 명령어다. 즉 '1000'이 CPU가 데이터를 누산기에 저장하라는 명령어 코드인 것이다. 기계어는 이런 방식으로 사람이 직접 CPU가 수행하는 2

진 명령 코드를 작성하여 프로그램을 만드는 것이다. 프로그래머 입장에서 기계어 명령코드 '1000'이 '누산기에 데이터를 저장하라'라는 말인지를 쉽게 인식할 수 없다. 이와 달리 어셈블리어에서는 명령어를 영어 단어를 사용하여 표시한다. 'LOAD Y'는 'Y의 값을 누산기에 저장하라'는 의미다. 프로그래머의 입장에서는 기계어로 2진코드를 사용할 때보다 훨씬 가독성이 좋다. 어셈블리어는 기계어에 비해 사람이 좀 더 쉽게 프로그램을 작성할 수 있다.

그러나 컴퓨터가 발전하면서 수행해야 하는 프로그램의 양이 점점 증가하여 어셈블리어로 작성하는 것도 한계에 이르렀다. 이러한 이유 때문에 나온 프로그래밍 언어가 **'고급 언어'**다. **고급 언어란, 사람이 사람에게 어떤 지시나 명령을 하는 것처럼 사람이 컴퓨터에게 일을 시킬 때에도 사람이 사용하는 언어를 기반으로 작업하는 방식이다.**

사람은 서로 사람이 사용하는 언어를 기반으로 의사소통을 한다. 컴퓨터에 대해서도 사람이 사용하는 언어 규칙을 기반으로 컴퓨터가 수행하는 작업을 만들자는 것이다. 그러면 2진 코드 등과 같은 복잡한 개념을 모르더라도 프로그래밍이 가능하다. 이러한 이유 때문에 나온 언어가 '고급 언어' 또는 '상위 언어'다. 대표적인 고급 언어로는 **'C언어'**와 **'자바'**가 있다. 현재의 모든 언어는 고급 언어에 속한다. 즉, 고급 언어란 사람이 사용하는 언어(영어)를 기반으로 프로그래밍하는 방식이다.

물론 아직까지 사람의 일상적인 언어를 인식하여 완벽하게 원하는 기능을 수행하는 컴퓨터는 없지만, 사람의 언어를 기반으로 프로그램을 작성하면 기존의 프로그래밍 방식보다 훨씬 많이, 그리고 쉽게 프로그램을 만들 수 있다. 즉, 프로그래머가 컴퓨터의 하드웨어나 운영체제에 대해 세부적으로 알고 있지 않더라도 원하는 프로그램을 작성할 수 있다. 현재 사용되고 있는 대표적인 고급 언어는 C언어와 C++, 그리고 자바다.

```
저급 언어의 종류와 특징

• 기계어
  – 2진수 코드로 CPU 종류마다 고유의 기계어가 존재

  명령어      데이터
  1001        0001            0001 위치값을 누산기에 저장하라.
  1100        0010            누산기에 0010 위치값을 더하라.
  1010        0011            누산기값을 0011 위치에 저장하라.

• 어셈블리어
  – 기계어의 2진수 코드를 기호화 코드(mnemonics)로 대치한 것

  명령어      데이터
  LOAD        Y               Y값을 누산기에 저장하라.
  ADD         Z               누산기에 Z값을 더하라.
  STORE       X               누산기값을 X에 저장하라.
```

다음은 초기에 사용된 고급 언어들이다. 고급 언어로서 본격적으로 사용되고 있는 언어는 '포트란(FORTRAN)'이다. 그리고 기업에서 많이 사용되고 있는 언어는 '코볼(COBOL)'이다. 베이직(BASIC)은 컴파일 과정이 필요 없는 인터프리터(interpretor) 언어다.

```
초기 고급 언어의 종류

• FORTRAN(FORmula TRANslation)
  – 1957년에 IBM의 John Backus가 개발한 최초의 고급 언어
  – 과학 계산용 언어로, 프로그램을 단순화된 영어 단어와 수학 공식으로 표현
• COBOL(COmmon Business Oriented Language)
  – 1960년초에 개발된 사무용 프로그램을 개발하기 위한 언어
  – COBOL로 작성된 많은 급여, 회계 및 기타 업무용 소프트웨어는 지금도 많이 사용됨.
• BASIC(Beginner's All-purpose Symbolic Instruction Code)
  – 초보자가 배우기 쉬운 프로그래밍 언어로 개발
  – 원래 학생들에게 프로그래밍 언어를 가르치기 위해 개발
  – 컴파일 과정 없이 작성한 소스를 바로 실행할 수 있다.
```

다음은 현재 가장 많이 사용되고 있는 고급 언어를 나타낸 것이다. C언어는 원래 'UNIX'라는 운영체제를 개발하기 위해 사용된 언어다. C언어는 저급 언어의 특징도 있고, 고급 언어의 특징도 있기 때문에 지금도 많이 사용되고 있다. C++는 객체 지향 언어다. 일반적으로 C언어는 '절차 지향 언어'라고 한다. 이는 컴퓨터가 처리하는 방식을 흉내 내어 프로그래밍을 하는 방식이다.

C++는 컴퓨터의 입장이 아닌 사람의 입장에서 프로그래밍을 하는 **객체 지향 언어**다. 그리고 인터넷이 등장하면서 본격적인 객체 지향 언어인 **자바(java)**가 사용되게 되었다. 자바는 완전한 객체 지향 언어다.

현재 가장 많이 사용되고 있는 고급 언어의 종류

- **C언어**
  - AT&T 벨 연구소의 Dennis Ritchie가 개발한 시스템 프로그래밍용 언어
  - 1970년대 'UNIX'라는 운영체제를 개발하기 위하여 사용된 언어
  - 고급 언어이면서도 저급 언어(하드웨어에 가까운 언어)의 특성을 가지고 있음.
- **C++**
  - AT&T 벨 연구소의 B. Stroustrup에 의해 개발
  - C언어의 기능을 확장하여 만든 객체 지향 프로그래밍 언어
- **Java**
  - 1990년대에 선 마이크로시스템 사의 James Gosling이 개발
  - 인터넷 환경을 위해 개발된 객체 지향 언어로, 운영체제에 독립적 코드 실행을 지원

프로그래밍 언어는 결국 **'사람이 얼마나 편리하게 사용할 수 있느냐?'**라는 관점에서 발전해 왔다. 컴퓨터에서 어떤 기능을 수행하는 프로그램을 만들고자 할 때 프로그래머의 입장에서 고급 언어를 사용하여 만들면 좀 더 편리하게 만들 수 있다. 그런데 저급 언어는 불편하고, 고급 언어는 무조건 좋은 것이 아니다. 우리가 고급 언어, 즉 사람이 사용하는 언어에 가까운 언어로 프로그램을 작성하고 난 후에 실행하면 반대로 기계(CPU)의 입장에서 실행하기 위해 작성한 소스를 2진 코드로 변환하는 과정을 거쳐야 한다. 그리고 같은 기능을 수행할 때 변환된 2진 코드는 실제 기계어로 작성된 코드보다 수행하는 명령어의 수가 훨씬 많아진다. **즉, 사람이 고급 언어로 프로그램을 작성하면 편리한 대신 수행 과정이 길어지고, 수행 속도도 상대적으로 떨어진다.** 이처럼 각각의 언어마다 장단점이 존재한다. 그런데 지금은 하드웨어의 성능이 좋아져서 대부분의 경우 고급 언어를 사용하여 프로그래밍을 한다. 예외적으로 시스템에 관련된 기능이나 속도가 관련된 경우에는 저급 언어로 작성하기도 한다.

6.2 컴파일러(Compiler)

컴퓨터를 실행시키면 CPU는 메모리에 적재된 프로그램(명령어)을 읽어 와서 기능을 수행한다. 그런데 이 명령어는 2진수로 이루어진 2진 코드이다. 기계어는 CPU가 인식하는 2진 코드를 이용하여 프로그래밍하는 것이다. 그렇기 때문에 작성한 후 바로 CPU가 읽어 들여 실행할 수 있다. 문제는 고급 언어로 만들어진 프로그램이다. 고급 언어로 프로그래밍한다는

것은 프로그램을 기계, 즉 CPU의 관점이 아닌 사람 관점에서 작성한다는 것을 의미한다. 따라서 작성된 프로그램 소스를 CPU에서 실행시키면 당연히 실행되지 않는다. CPU는 2진 코드만 인식하기 때문이다. 결국, 고급 언어 프로그래밍 과정에서는 반드시 프로그래머가 작성한 소스 코드를 또다시 CPU가 인식할 수 있는 2진 코드로 변경해주는 과정이 필요하다. 이 과정을 '**컴파일링**(Compiling)'이라고 한다.

[그림 0-9]는 실제 고급 언어로 작성된 프로그램이 실행되는 과정을 나타낸 것이다. 프로그래머가 작성한 소스 프로그램을 일단 컴파일러로 컴파일하여 2진 실행 코드를 만든다. 그런 다음, 실행하면 CPU가 2진 코드를 읽어 와서 2진 코드의 지시대로 컴퓨터를 동작시키는 것이다. 우리가 실제로 사용하고 있는 MS 워드와 같은 프로그램은 이런 식으로 프로그래머가 개발한 소스를 컴파일한 후 생성되는 2진 코드이다. 이 2진 코드를 미리 하드 디스크에 설치시켜 놓고 필요할 때 실행하여 사용하는 것이다. 따라서 기본적으로 고급 언어로 프로그래밍하는 경우에는 컴파일 과정이 필요하다.

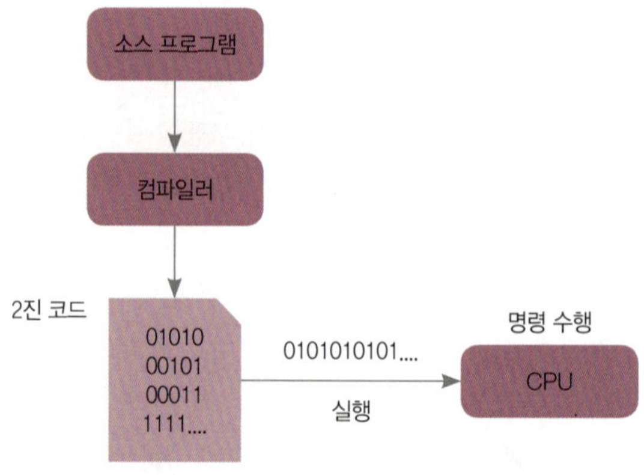

[그림 0-9] 작성된 프로그램이 실행되는 과정

07 / 프로그램 개발 과정
JAVA

[그림 0-10]은 일반적인 프로그래밍 과정을 나타낸 것이다. 모든 프로그램은 일반 프로그래머가 고급 언어를 기반으로 문법에 맞게 소스를 작성한 후에 파일에 저장한다. 그리고 앞에서 언급한 것처럼 2진 코드로 변환을 하는 컴파일 과정을 거친다. 그런 다음에 실행하면 CPU가 2진 코드를 읽어 들여 실행한다.

각각의 단계에서 오류가 발생하면 전 단계로 가서 수정을 한 후에 다시 컴파일을 하고, 오류를 수정한 2진 코드를 생성한 후 다시 실행하여 올바로 실행되는지를 체크한다.

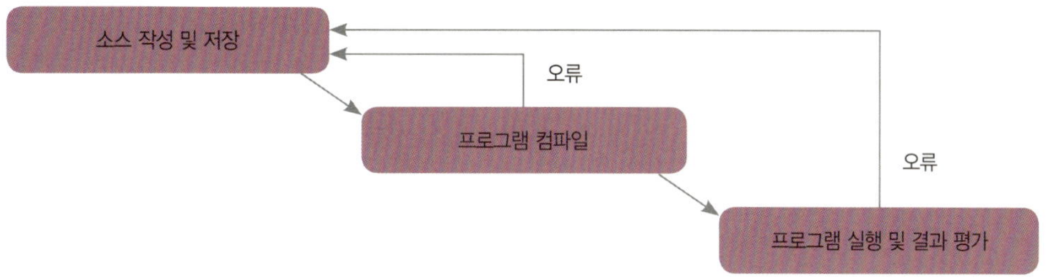

[그림 0-10] 일반적인 프로그래밍 과정

다음은 프로그램 개발 과정에 필요한 소프트웨어 도구들을 나타낸 것이다. 일단 소스를 작성할 때에는 텍스트 편집기가 사용된다. 컴파일할 때 필요한 것이 컴파일러다. 그리고 원하는 기능이 수행되지 않을 때에 버그를 찾아내는 디버거(debugger)와 인터프리터 언어에서 필요한 인터프리터 등의 소프트웨어가 프로그램을 개발할 때 필요하다. 이전에는 이렇게 프로그램 개발 단계에서 각각의 필요한 소프트웨어를 따로 사용했는데, 현재는 프로그래밍의 각 단계에 필요한 기능을 모두 제공하는 **통합 개발 환경(IDE)**에서 대부분 개발한다. 그러므로 개발자가 일일이 필요한 소프트웨어를 찾아 사용할 필요가 없다. 개발자는 IDE에서 소스를 작성하고 실행하면 모든 과정을 한꺼번에 처리해준다. 통합 개발 환경은 여러 가지 종류가 있지만, 자바 프로그래밍은 대부분 **이클립스(eclipse)**에서 개발한다. 그리고 윈도우 운영체제 계열은 대부분 **비주얼 스튜디오(visual studio)**에서 개발한다.

> **프로그램 개발 과정을 돕기 위한 소프트웨어 도구**
>
> - 편집기, 컴파일러, 디버거, 인터프리터 등
> - 이들을 통합하여 제공하는 통합 개발 환경(IDE), Integrated Development Environment
>   예 eclipse, visual Studio

7.1 오류의 종류

프로그램 소스의 양이 점점 많아짐에 따라 프로그래밍 과정에서 발생하는 여러 가지 문제점, 즉 오류(error)도 많아지고 있다.

첫째, **컴파일 오류(complie error)**가 있다. 현재는 모든 프로그램을 고급 언어 기반으로 작성한다. 그런데 고급 언어는 사람의 언어(영어)를 기반으로 소스를 작성하는 것이다. 그런데 사람의 언어를 100% 인식하는 컴파일러는 아직 없기 때문에 소스 프로그램을 작성하더라도 컴파일러가 인식할 수 있도록 컴파일러가 정한 문법이나 규칙에 맞게 작성해야 한다. 그렇지 않으면 컴파일러는 무슨 의미인지 알 수 없기 때문에 **문법 오류(컴파일 오류)**를 발생시킨다. 오류가 발생하면 컴파일 오류를 수정한 후에 다시 컴파일을 시도해야 한다.

둘째, **논리 오류(logical error)**가 있다. 우리가 학생의 시험 성적을 입력받아 모니터에 성적을 출력해주는 프로그램을 만들었다고 가정해보자. 만약, 어떤 학생이 89점을 받았는데 이를 그대로 입력한 후 출력하면 컴퓨터가 정상적으로 동작하지만, 130점이라고 입력하면 컴퓨터가 그대로 출력한다. 컴퓨터의 입장에서 볼 때 숫자를 입력받아 화면에 출력했으므로 정상적으로 동작한 것이다. 하지만 사용자의 입장에서 볼 때 시험 점수는 0에서 100 사이의 숫자이어야 하는데, 130점이 나오면 논리적으로 맞지 않는 것이다. 이처럼 컴파일러 문법에는 이상이 없지만, 사용자의 입장에서 볼 때 논리적으로 타당하지 않은 결과나 데이터를 나타내는 경우를 '논리 오류'라고 한다. 이를 다른 말로 '버그(bug)'라고도 한다. 프로그래밍을 하면 반드시 이러한 논리 오류나 버그나 존재하는데, 이를 고치는 것은 컴파일 오류 때보다 훨씬 많은 시간이 걸린다. 그런데 지금의 IDE에서는 이러한 논리적 오류를 해결하는 기능도 제공하고 있다.

셋째, **실행 시간 오류(run-time error)**이다. 이 오류는 프로그램은 정상적으로 수행을 하는데 프로그램 외적인 요인에 의해 오류가 발생하는 경우다. 예를 들어, 인터넷에서 파일을 다운로드하고 있는데, 파일의 용량이 너무 커서 하드 디스크 저장 공간이 부족한 경우에는 프로그램 자체의 기능과는 아무 상관없이 실행 중에 외적 요인에 의해 오류가 발생한다. 이러한 오류를 '실행 중 오류'라고 한다. 물론 실행 시간 오류는 프로그램과 직접적인 관련은 없지만, 프로그램의 입장에서는 좋지 않은 것이기 때문에 프로그램 실행 시에는 항상 외적인 요인을 충분히 고려한 후에 프로그램을 사용해야 한다.

지금까지 프로그램 개발이나 실행 시에 발생할 수 있는 오류와 자바를 비롯한 모든 프로그래밍 과정에서 공통적으로 적용되는 여러 가지 개념이나 기반 지식을 살펴보았다. 실습을 해보면 알게 되겠지만, 결국 프로그래밍이라는 것은 앞에서 언급한 개발 환경이나 기능의 사용 방법을 학습하여 자기가 원할 때 사용하는 과정인 것이다. 프로그래밍에 입문하려는 사람은 적어도 이 정도의 지식은 가지고 있어야 수월하게 학습에 임할 수 있다. 더 나아가 관련된 기반 지식을 더 학습하면 장기적으로 더 좋은 프로그래밍 결과를 얻을 수 있다.

1 컴퓨터 하드웨어의 구성 요소는?

2 중앙 처리 장치의 기능을 설명하라.

3 메모리의 기능과 구조를 설명하라.

4 소프트웨어의 종류를 설명하라.

5 프로그래밍 언어의 종류를 발전 과정별로 설명하라.

6 고급 언어의 종류를 설명하라.

 컴퓨터를 있게 한 사람들

러브레이스 백작부인 어거스타 에이다 킹(Augusta Ada King, Countess of Lovelace, 1815. 12. 10.~1852. 11. 27.)은 영국 시인 조지 고든 바이런의 딸로, 세계 최초의 프로그래머로 알려져 있다. 출생명은 '어거스타 에이다 바이런', 대중적으로는 '에이다 바이런', 혹은 '에이다 러브레이스라'는 이름으로 불린다.

과학만능주의가 팽배하던 19세기를 살다간 귀족 여성으로서 이학적(理學的)인 관심과 타고난 지능을 바탕으로 초기 컴퓨터 과학에 인상적인 발자취를 남겼다. 에이다는 찰스 배비지의 연구에 대한 좋은 이해자이자, 협력자였고, 배비지가 고안한 해석기관의 공동 작업자로 널리 알려져 있다.

해석기관에서 처리될 목적으로 작성된 알고리즘이 최초의 컴퓨터 프로그램으로 인정되었던 바 '세계 최초의 프로그래머'라는 수식어가 붙는다. 해석기관을 단순한 계산기 또는 수치 처리 장치로만 생각하던 당대의 과학자들과 달리 훨씬 다양한 목적으로 활용될 수 있는 가능성에 주목하여 현대 컴퓨터의 출현을 예측하였다.

프로그래밍 언어에서 사용되는 중요한 개념인 루프, GOTO문, IF문과 같은 제어문의 개념을 소개하였다. 그녀는 서브루틴에 관한 개념도 고안하였는데, 이는 1948년 모리스 윌키스가 개발한 최초 어셈블리어의 개념으로 추가된다. 에이다 프로그래밍 언어는 그녀의 이름을 따서 만들어진 프로그래밍 언어다.

(출처 : 위키백과)

1장

자바의 정의와 개발 환경 설정

자바가 나온 지 20여 년이 지났다. 자바 기술 또한 발전을 거듭하였고, 또 여러 분야에 쓰이고 있다. 이 장에서는 자바 언어의 일반적인 특징에 대해 알아본다. 그리고 현재 쓰이고 있는 자바 기술의 종류에 대해서도 알아본다. 그런 다음, 우리가 배울 Java SE를 실습할 환경을 설정한다. 이 장을 학습하고 나면 자바의 전반적인 특징과 자바를 개발할 때 필요한 환경 설정 방법을 알 수 있다.

1 자바 언어의 특징

2 실행 환경별 자바 기술

3 Java SE 개발 환경 설정

자바 언어의 특징

일반적인 자바 언어의 특징은 다음과 같다.

> **자바 언어의 특징**
>
> - 자바는 고급 프로그래밍 언어다.
> - 컴파일 언어다.
> - 객체 지향 언어다.
> - 플랫폼(platform) 독립 언어다.
> - 메모리 관리(gabage collection)를 자동으로 해준다.
> - 동시 작업을 할 수 있는 멀티 스레드 기능을 지원한다.

첫째, 고급 프로그래밍 언어다.

앞 장에서 언급한 것처럼 컴퓨터에게 사람이 원하는 작업을 시키는 명령어의 집합인 프로그래밍 언어를 이용하여 프로그램을 작성한다. 그런데 초기에는 사람이 직접 CPU가 바로 인식할 수 있는 2진 명령어(2진 코드)를 작성했는데, 최근에는 자바처럼 일단 사람이 사용하는 언어를 기반으로 소스를 먼저 작성한 후, 다음 단계로 이 소스를 컴파일하여 CPU가 인식할 수 있는 2진 실행 파일로 변환하고, 이를 컴퓨터가 실행하는 과정으로 프로그래밍을 한다.

둘째, 컴파일 언어다.

프로그래밍 언어의 발전 단계에서 프로그래밍 초기에는 프로그래머가 실제 CPU가 인식하는 명령어 코드를 직접 작성하여 컴퓨터에 작업을 시켰다. 그런데 이 방법은 여러 모로 불편했기 때문에 C언어나 자바와 같은 고급 언어가 나오게 되었다. 즉, 프로그램을 사람이 사용하는 언어 기반으로 작성하자는 것이었다. 물론 아직까지 100% 사람의 언어를 인식하여 실행하는 컴퓨터는 없다. 그러나 대체로 사람이 사용하는 언어(영어 문법)를 이용하여 프로그램을 작성하면 작성자의 입장에서 이전보다는 훨씬 가독성이 좋아지고, 프로그래밍하기도 수월해진다. 그런데 이때 작성된 사람이 사용하는 언어 기반의 프로그램(소스 프로그램)을 실행하면 CPU가 인식하지 못한다. CPU는 2진 코드만 인식하기 때문이다. 따라서 사람이 작업한 소스를 CPU가 인식해서 사람이 원하는 대로 동작할 수 있도록 동일한 기능을 하는 2진 명령어로 변환해주어야 한다. 이 과정이 바로 '**컴파일링(compiling)**'이다. 자바도 고급 언어이므로 실행하기 위해서는 반드시 컴파일링 과정을 거쳐야 한다. 그리고 자바의 소스를 컴파일하면 자바는 '**바이트 코드(bytecode)**'를 생성한다. 우리가 자바 프로그램을 실행한다는 것은 실제 이 컴파일된 바이트 코드를 실행하는 것이다.

셋째, 객체 지향 언어다.

프로그래머의 입장에서 사람이 사용하는 언어를 기반으로 프로그래밍하는 방법으로 등장한 것이 자바와 같은 고급 언어다. 그런데 자바가 나오기 전에도 여러 가지 다른 고급 언어가 사용되고 있었다. 가장 대표적인 것이 C언어다. 이 C언어는 지금도 많이 사용된다. 그런데 이 C언어와 같은 고급 언어를 '**절차적 언어**' 또는 '**3세대 언어**'라고 하는 이유는 같은 고급 언어임에도 불구하고 컴퓨터가 작업하는 방법을 흉내 내어 프로그래밍하는 언어이기 때문이다. 컴퓨터가 일을 처리하는 방법, 즉 데이터를 입력받아 처리한 후 출력하는 방식대로 프로그래밍도 입력, 처리, 출력의 세 가지 단계를 거쳐 프로그래밍된다. 절차, 즉 차례대로 명령어를 수행하여 프로그래밍하자는 것이다. 따라서 컴퓨터의 처리 방식을 프로그래밍에 적용했기 때문에 프로그래머도 프로그램을 작성하려면 컴퓨터의 여러 가지 기능이나 개념에 대해 어느 정도는 알고 있어야 한다.

그러나 자바는 객체 지향 언어다. 객체 지향 언어는 C언어처럼 컴퓨터의 입장에서 프로그래밍하자는 것이 아니라 주체, 즉 사람의 입장에서 프로그래밍하자는 것이다. 절차 지향 언어는 컴퓨터의 입장에서 프로그래밍을 하기 때문에 프로그래머가 컴퓨터의 여러 가지 개념이나 기능과 밀접하게 관련되어 있다.

자바는 객체 지향 언어이기 때문에 주체, 즉 사람의 입장에서 프로그램을 작성한다. 따라서 개발자가 컴퓨터의 기능에 관계하지 않고, 자신이 만드는 프로그램에만 집중하여 개발할 수 있다.

넷째, 플랫폼(platform) 독립 언어다.

우리는 문서 작업을 할 때 윈도우 환경에서 MS 워드와 같은 툴을 사용하여 작업을 한다. 그런데 리눅스 환경에서 작업한 문서를 열어보면 문서의 내용이 올바르게 나타나지 않는다. 당연히 MS 워드 문서는 윈도우 환경에서 작성되었기 때문에 윈도우 운영체제에서만 제대로 표시된다. 리눅스는 운영체제가 다르므로 윈도우 체제에서 만들어진 프로그램이나 파일을 인식할 수 없다.

그런데 우리가 윈도우 환경에서 자바로 프로그램을 만들면 리눅스 환경에서도 문서를 열어볼 수 있다. 이 실행 파일을 리눅스나 유닉스에서 실행하면 아무 이상 없이 실행된다. 즉, **자바는 플랫폼, 즉 운영체제에 상관없이 프로그램을 한 번만 만들어 놓으면 어떤 플랫폼에서도 동일하게 사용할 수 있다.** 프로그래머의 입장에서는 다른 언어처럼 같은 기능을 하는 프로그램을 운영체제마다 일일이 다시 만들어줄 필요 없이 한 번만 만들어 놓으면 어떤 운영체제에서도 정상적으로 실행할 수 있기 때문에 무척 편리하다. 이렇게 됨으로써 개발 시 비용이나 시간이 훨씬 단축되고, 또 운영 중에 유지보수하는 노력도 훨씬 줄어든다. 최근 들어 자바를 이용한 프로그램들이 많이 개발되고 있는 것은 바로 이 때문이다.

다섯째, 메모리 관리(garbage collection)를 자동으로 해준다.

자바가 고급 언어이자, 객체 지향 언어라는 말은 '**개발자가 그만큼 하드웨어나 운영체제의 세부적인 기능을 몰라도 프로그래밍을 할 수 있다**'라는 의미다. 예를 들어 자바 이전의 고급 언어인 C언어로 우리가 프로그램을 개발한다고 가정했을 때, 프로그램 실행 중에 동적으로 메모리를 사용할 경우에는 개발자가 일일이 메모리를 할당하여 사용한 후에 메모리를 해제하는 기능을 구현해주어야 한다. 하지만 자바는 이러한 시스템에 관련된 기능을 자바 자체 내에서 자동으로 알아서 처리해준다. 즉, 개발자는 자신이 구현하고자 하는 프로그램의 기능에만 신경을 쓰면 되는 것이다.

이렇게 함으로써 자바로 개발하는 개발자는 훨씬 수월하게 자신의 프로그램을 개발할 수 있게 되는 것이다. 자바를 이용한 프로그램을 쉽고 빠르게 개발할 수 있는 이유는 응용 프로그램을 개발하는 개발자가 가능한 한 자신이 개발하는 기능 구현에만 관계하고, 다른 부수적인 기능에는 관계하지 않도록 하기 때문이다. 자바에서는 프로그래밍에서 많이 사용하는 기능이 대부분 만들어져 있다. 개발자는 이 기능들을 어떻게 사용하는지를 학습한 후에 자신이 필요할 때 사용하면 되는 것이다. 모든 현대적 언어는 이런 식으로 개발자에게 필요한 기능을 자동으로 수행해주거나 필요한 기능을 미리 만들어 제공한다.

여섯째, 동시 작업을 할 수 있는 멀티 스레드 기능을 지원한다.

이전의 고급 언어인 C언어에서는 작업을 순서에 따라 절차적으로 수행한다. 즉, 하나의 작업이 끝나면 다음 작업이 수행된다. 그런데 사람이 집에서 요리를 하면서 빨래도 하는 것처럼 자바는 스레드(thread)를 이용하여 여러 가지 작업을 동시에 수행할 수 있다. 따라서 작업을 훨씬 빠르게 수행할 수 있다.

자바는 여러 가지 종류의 하드웨어에서 실행되는 프로그램을 만드는 언어로 사용되고 있다. 다음은 자바 기술의 종류를 나타낸 것이다.

> **자바 기술의 종류**
>
> - Java SE(Java Standard Edition): 일반 PC의 응용 프로그램 개발용 자바 기술
> - Java EE(Java Enterprise Edition): 서버에서 실행하면서 클라이언트의 요청을 수행하는 자바 기술(예 servlet, jsp, ejb 등)
> - Java ME(Java Micro Edition): 소규모 장치에서 실행되는 응용 프로그램 개발용 자바 기술(예 휴대 전화, 셋톱박스 등)

첫째, Java SE다. Java SE는 최초로 나온 자바 기술로, 데스크톱이나 노트북에서 응용 프로그램을 개발할 때 사용한다.

둘째, Java EE다. 이는 인터넷 환경에서 주로 서버의 기능을 수행하기 위해 사용하는 자바 기술이다. JSP와 같은 웹프로그래밍을 할 때 사용한다.

셋째, Java ME다. 이는 소규모 기기용 프로그램을 만들 때 사용하는 기술이다. 지금은 많이 사용하지 않지만, 휴대 전화에서 사용되는 응용 프로그램이나 셋톱박스에서 사용되는 프로그램을 개발하는 데 사용된다. 지금은 '**안드로이드(android)**'라는 또 다른 자바 기반 언어 때문에 많이 사용되지 않는다. 그리고 '안드로이드'라는 모바일 운영체제에서 실행되는 프로그램을 개발하는 언어도 자바를 기반으로 하고 있다. 이처럼 지금의 자바는 사용되는 기기별로 프로그램을 개발할 수 있도록 기술의 종류가 나뉘어 있다.

그런데 위의 자바 기술 중에 가장 기본적이고 중요한 기술이 바로 우리가 학습할 '**Java SE**'다. 각각의 자바 기술은 서로 따로 만들어져 사용되는 것이 아니라 일단 Java SE를 기반으로 각 환경에 맞는 기능을 추가하여 사용한다. 즉, Java SE에 사용되는 기능은 모두 다른 자바 기술에도 그대로 사용되고, 또 다른 자바 기술을 사용하기 위해서는 Java SE 개발 환경부터 설치한 후에 사용해야 한다.

[그림 1–1]은 자바 기술 분포를 나타낸 것이다. Java SE를 기준으로 했을 때 서버용 자바 기술인 Java EE는 모든 Java SE 기술을 필요로 한다.

또한 Java ME도 대부분의 Java SE 기술을 필요로 한다. 안드로이드 프로그래밍 역시 Java SE를 기반으로 안드로이드의 기능이 추가된 형태이다.

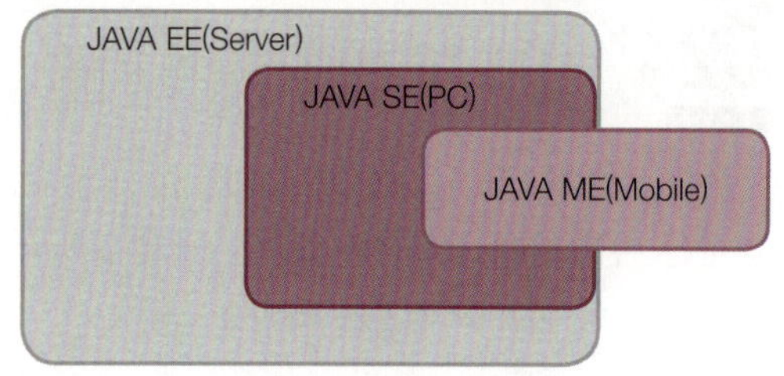

[그림 1-1] 자바 기술 분포

03 Java SE 개발 환경 설정

우리가 학습할 자바 기술은 Java SE다. 이번에는 Java SE를 실습하고 프로그램을 개발할 환경을 설치해본다. 다음은 Java SE 개발 환경 설치 과정을 나타낸 것이다. 가장 먼저 JDK(Java Development Kit), 즉 일종의 자바 프로그램 개발 도구를 오라클 홈페이지(http://java.oracle.com)에서 다운로드하여 설치한다. 그리고 환경 변수 설정 및 API 문서를 추가한다. 그런 다음, 문서 편집기 프로그램인 EditPlus를 설치하고, 통합 개발 환경인 이클립스를 홈페이지(www.eclipse.com)에서 다운로드하여 설치한다. 다음을 보면서 차례대로 따라해보자.

Java SE 개발 환경 구축 과정

1. JDK(Java Development Kit)를 설치한다.
- SDK(Software Development Kit)라고도 한다.
- http://java.oracle.com에서 다운로드한다.

2. 환경 변수 설정하기
- PATH, CLASSPATH를 설정한다.

3. API 문서의 위치를 즐겨찾기에 추가하기
- HTML로 되어 있는 API 문서를 웹브라우저의 즐겨찾기에 추가한다.

4. EditPlus 설치하기
- 문서 편집기로 사용하는 EditPlus를 홈페이지(www.editplus.co.kr)에서 다운로드하여 설치한다.

5. Eclipse 설치하기
- 이클립스를 홈페이지(www.eclipse.org)에서 다운로드하여 설치한다.

3.1 JDK 다운로드하기

먼저 JDK를 다운로드하기 위해 오라클 홈페이지에 접속한다. 자바는
1990년대 선 마이크로 시스템이라는 네트워크 회사에서 만들었는데, 현
재는 오라클(Oracle)이라는 회사에 합병되었기 때문에 오라클 홈페이지
(http://www.oracle.com)에서 다운로드해야 한다. 자세한 진행 과정
은 QR 코드로 동영상을 보면서 따라해보기 바란다.

❶ 웹사이트(http://www.oracle.com)에 접속한 후 화면 상단의 메뉴 중에서 [Down loads-
Popular Downloads-Java for Developers] 항목을 선택한다.

❷ JDK 버튼을 클릭하면 나타나는 라이선스 사용 동의를 클릭하고, 자신의 운영체제에 맞는 JDK를 선택한다(필자의 OS는 윈도우 7이므로 jdk-8u25-windows-x64.exe를 클릭하였다).

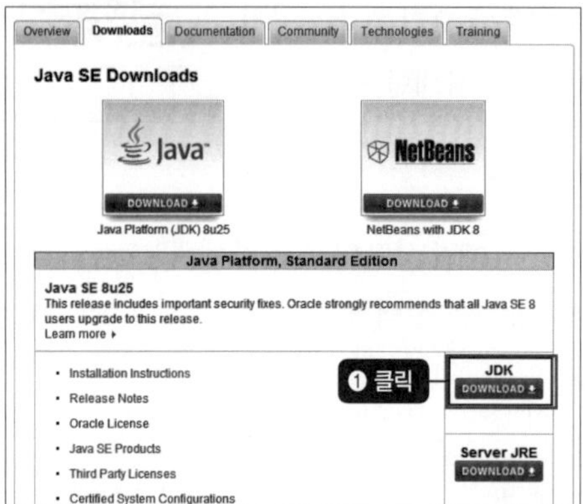

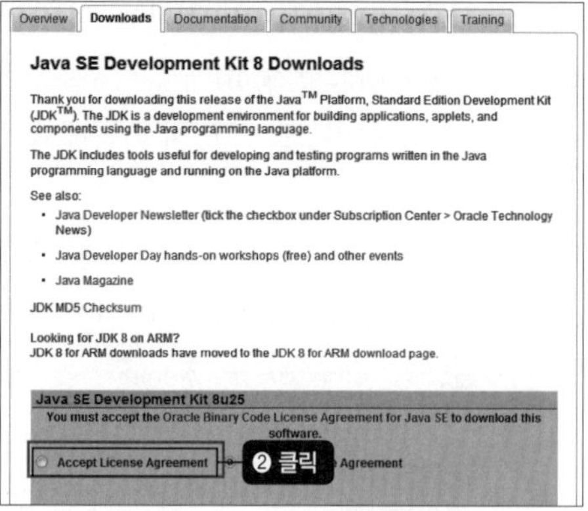

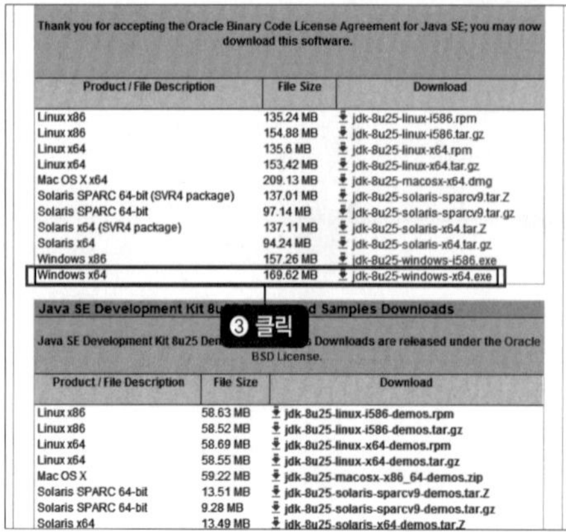

❸ [다운로드] 팝업 창이 나타나면 [저장] 버튼을 클릭한 후 로컬 PC의 폴더에 다운로드한다.

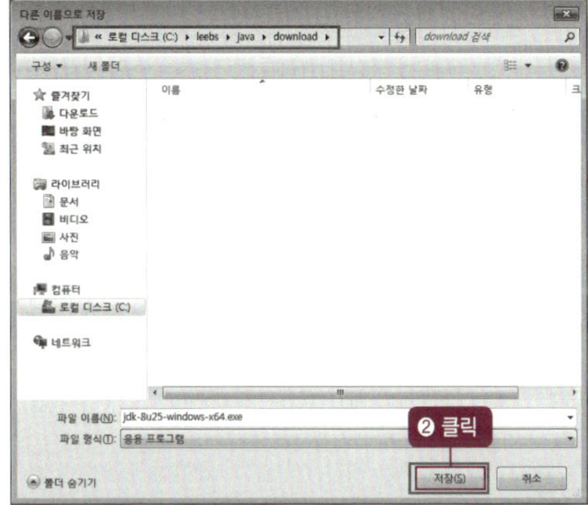

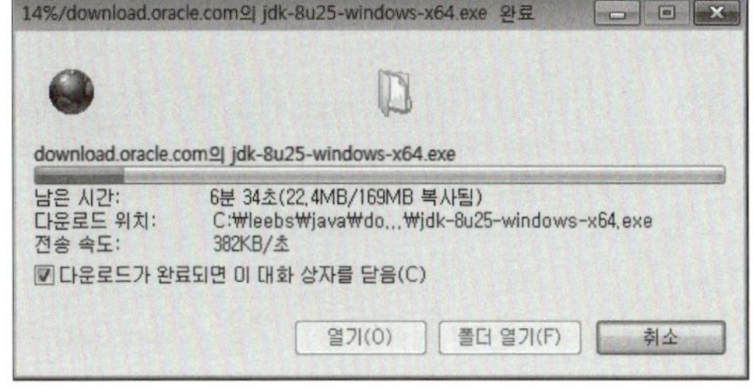

❹ 다운로드가 완료되면 다음 그림처럼 로컬 폴더에 JDK 실행 파일이 존재하는지 확인한다.

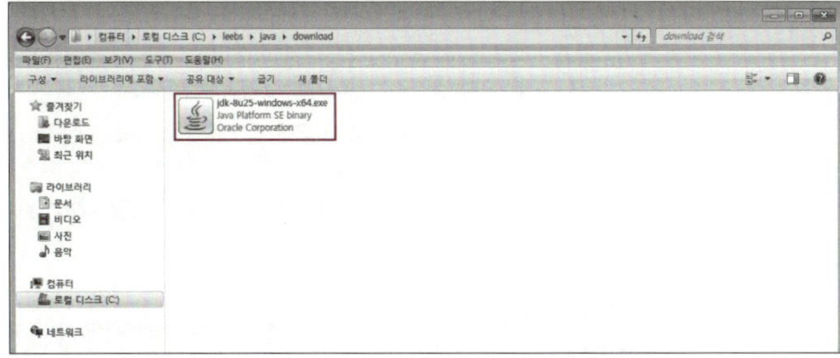

3.2 JDK 설치하기

이제 JDK를 로컬 PC에 설치한다. JDK 실행 파일을 클릭하여 설치하면 'JDK를 설치할 폴더를 지정하라'는 메시지가 나타난다. 여기서는 JDK에서 지정해주는 기본 폴더, 즉 C:\Program Files\Java\jdk1.8.0_25 폴더에 설치한다.

❶ 다운로드한 JDK 실행 파일을 더블클릭하여 설치한다.

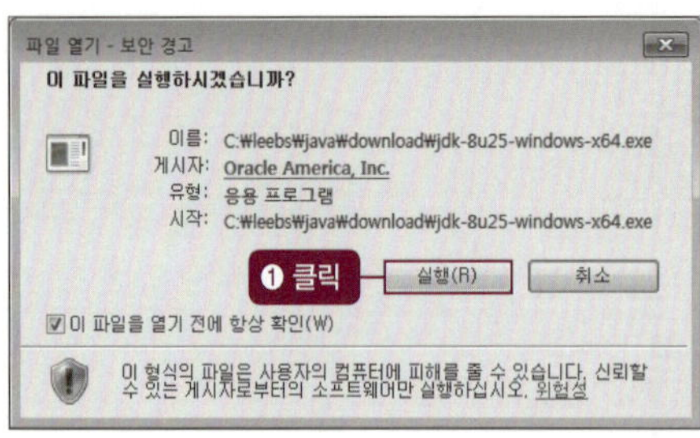

❷ JDK 설치 폴더 지정 시 JDK가 지정하는 폴더에 설치한다. 설치가 완료되면 [Close] 버튼을 눌러 설치를 종료한다.

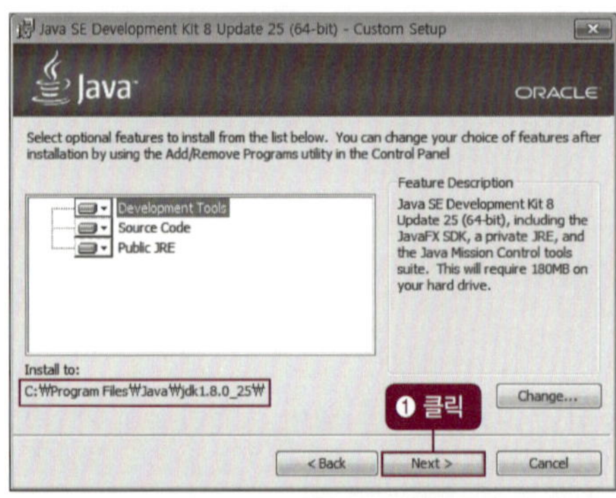

❸ 윈도우 탐색기로 JDK를 설치한 폴더를 확인하면 JDK와 JRE 폴더가 존재하는 것을 알 수 있다.

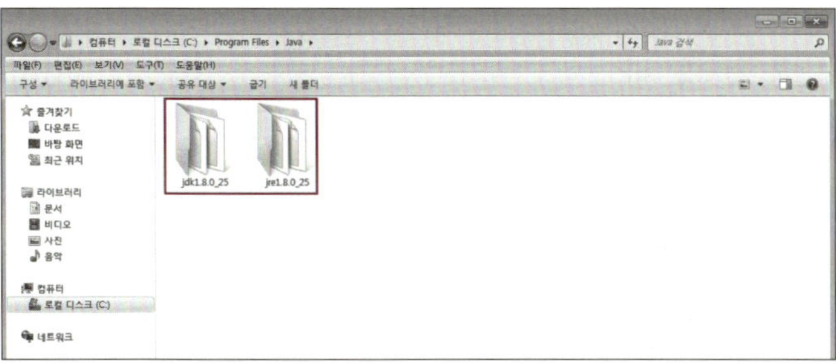

3.3 JDK 환경 변수 설정

JDK를 설치했으므로 이제 도스 콘솔(console)에서 실습할 수 있도록 환경 변수를 설정해야 한다. 가장 먼저 첫 번째 단계에서 탐색기를 이용하여 JDK를 설치한 폴더로 이동한 후 다음을 보면서 차례대로 따라해보자.

❶ 윈도우 탐색기를 열어 JDK를 설치한 폴더([bin] 폴더)로 이동한다.

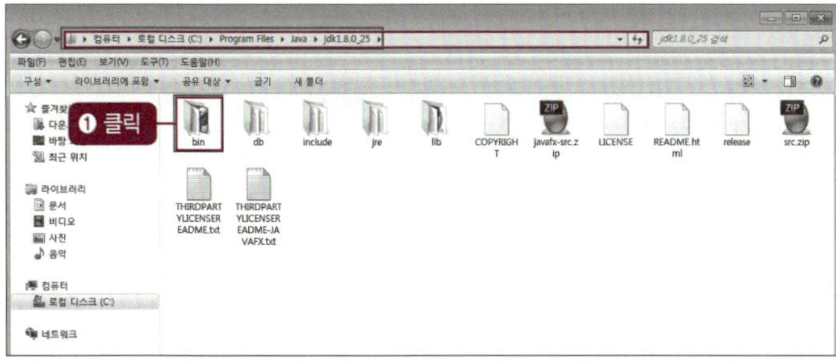

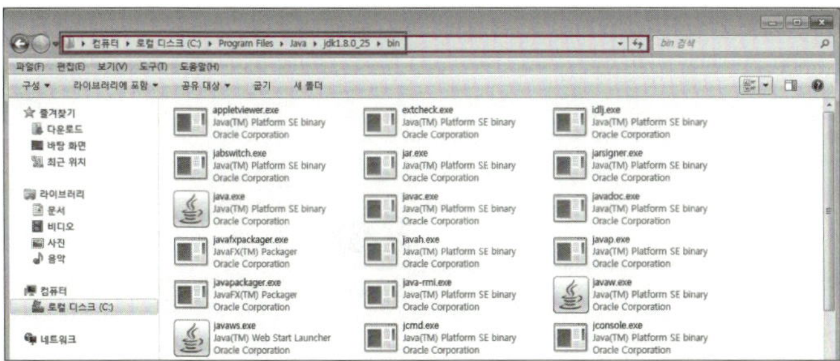

❷ 윈도우 탐색기에서 [bin] 폴더까지의 경로를 Ctrl+C를 눌러 복사한 후 [컴퓨터]에 마우스 오른쪽 버튼을 클릭하면 나타나는 바로가기 메뉴 중에서 [속성]을 선택한다.

❸ [시스템] 창이 나타나면 왼쪽의 [고급 시스템 설정]을 클릭한다.

❹ [시스템 속성] 대화상자에서 [고급] 탭을 선택한 후 [환경 변수] 버튼을 클릭한다.

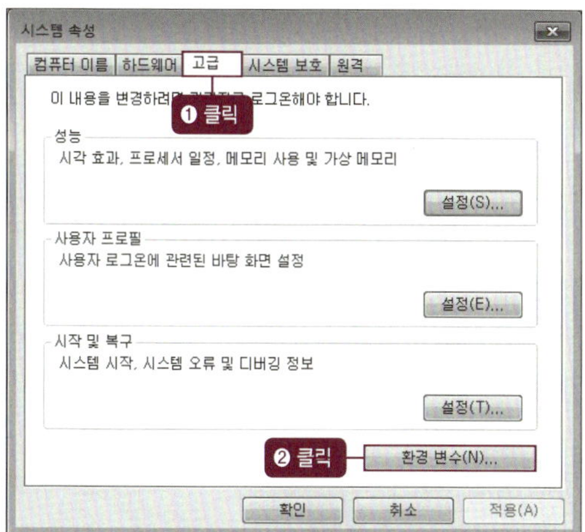

❺ [환경 변수] 대화상자에서 'Path' 변수 항목을 클릭한다.

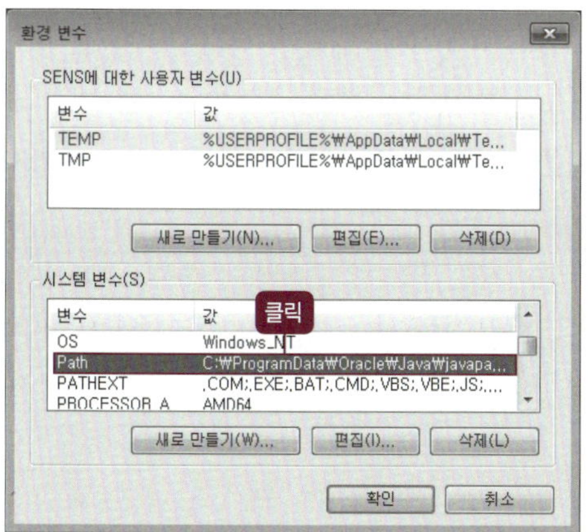

❻ [시스템 변수 편집] 대화상자에서 '변수값' 항목란의 맨 끝으로 커서를 이동하여 앞에서 복
사한 JDK 경로를 Ctrl + V 를 눌러 붙여넣기한 후 [확인] 버튼을 클릭한다. 참고로 기존 경
로 설정과 구분하기 위해 반드시 ";"을 입력한 후 복사한 JDK 경로를 붙여넣기해야 한다.

❼ [환경 변수] 대화상자에서 [확인] 버튼을 클릭하고 [시스템 속성] 대화상자에서 [확인] 버튼을 클릭한다.

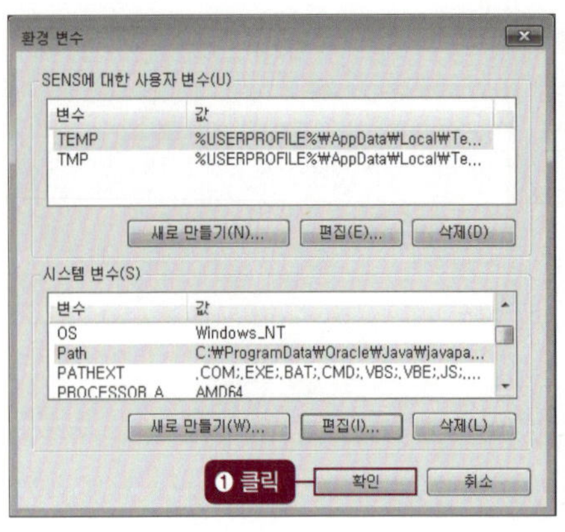
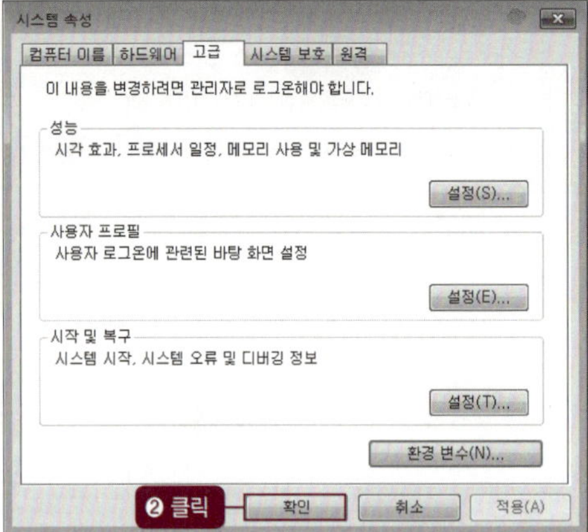

앞에서 환경 변수가 바르게 설정되었는지 도스 콘솔에서 확인해보자. 환경 변수가 정상적으로 설정된 경우에는 설치한 JDK 버전 정보가 출력되고, 그렇지 않은 경우에는 오류 메시지가 출력된다. 오류 메시지가 출력되면 환경 변수 설정 과정을 거쳐 다시 설정하면 된다. **대부분 환경 변수 설정 시 오류는 path 변수에 경로를 복사할 때 ";"을 빠뜨리기 때문에 발생하는 경우가 많으므로 주의해야 한다.**

❶ [윈도우] 버튼을 클릭한 후 [프로그램 및 파일 검색] 창에 'cmd'라고 입력하고 Enter 를 누른다.

❷ [Command] 창이 나타나면 'javac −version' 명령어를 입력한 후 Enter를 누른다.

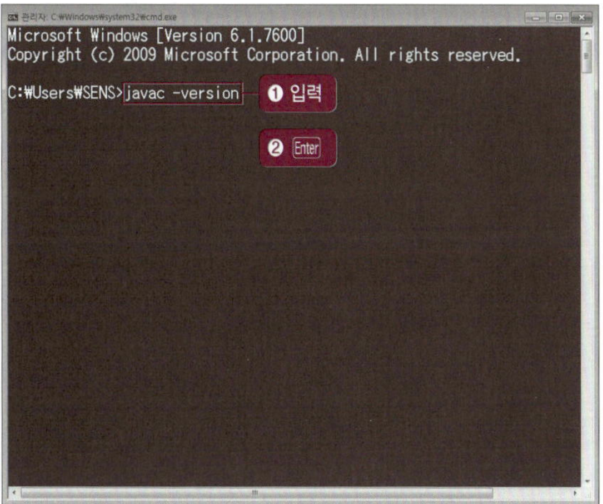

❸ 다음 그림처럼 정상적으로 환경 변수가 설정된 경우에는 JDK 버전 정보가 출력되며, 환경 변수를 잘못 설정된 경우에는 오류 메시지가 출력된다.

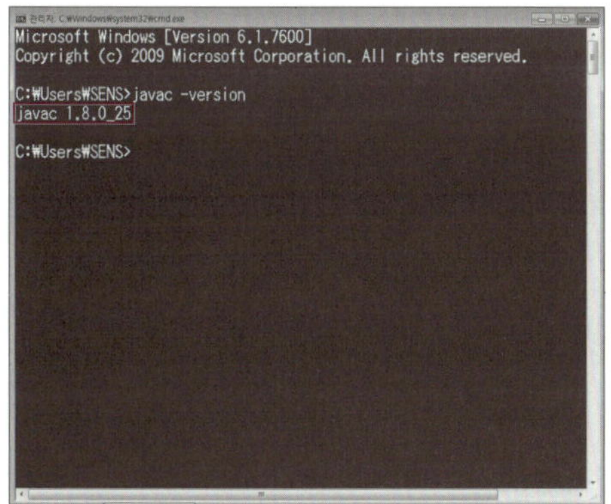

▲ 환경 변수가 정상적으로 설정된 경우

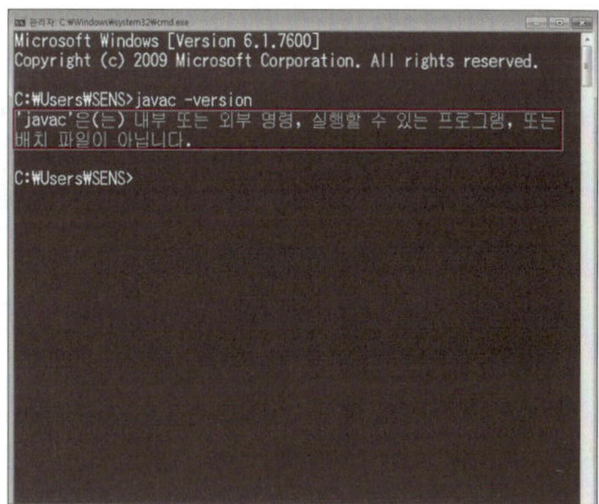

▲ 환경 변수가 잘못 설정된 경우

3.4 Java SE API 문서 설치하기

이제 뒤에서 학습할 Java SE에 관련된 기능을 설명해 놓은 API 문서를 설치해보자. 자바는 자주 사용하는 많은 기능을 미리 만들어 놓고 라이브러리 형태로 제공하는데, 그것이 바로 API(Application Program Interface)이다. 사용자는 필요할 때마다 API를 참고하여 기능을 사용하면 되는 것이다. 다음 장에서 자바의 기능을 학습할 때 API 문서를 참고하여 기능의 사용 방법을 익히기 때문에 미리 설치해두는 것이 좋다. 오른쪽의 QR 코드를 이용하여 동영상을 따라해보기 바란다.

❶ 웹사이트(http://www.oracle.com)에 접속한 후 화면 상단의 메뉴 중에서 [Downloads-Popular Downloads-Java for Developers] 항목을 선택한다.

❷ [Documentation] 탭을 클릭한다.

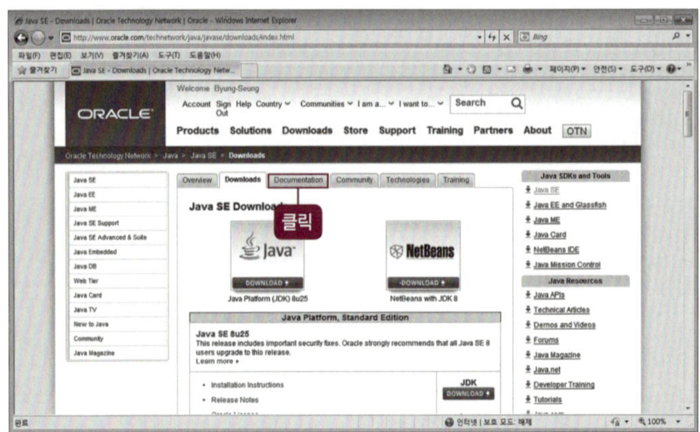

❸ 'Java SE Technical Documentation' 이미지를 클릭하면 나타나는 화면에서 'Java SE API Documentation'을 클릭한다.

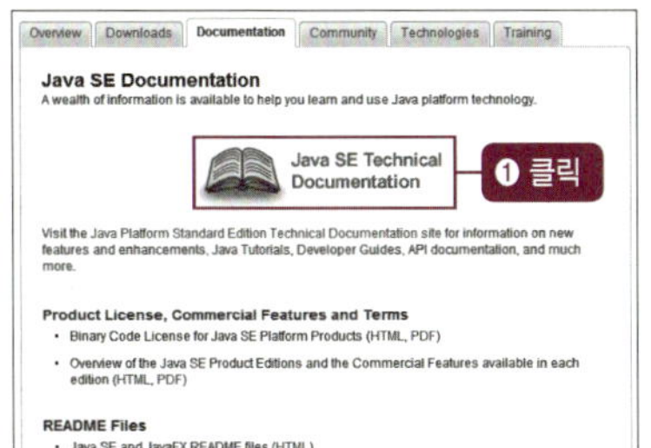

❹ Java SE의 여러 가지 기능이 설명되어 있는 API 문서가 나타난다.

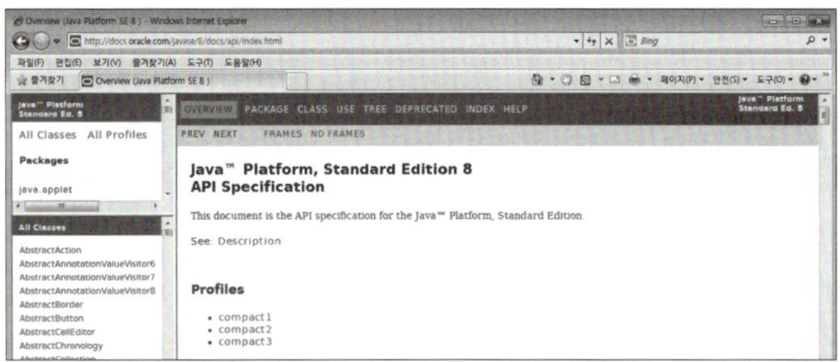

❺ API 문서 위치를 웹브라우저의 '즐겨찾기'에 추가한다.

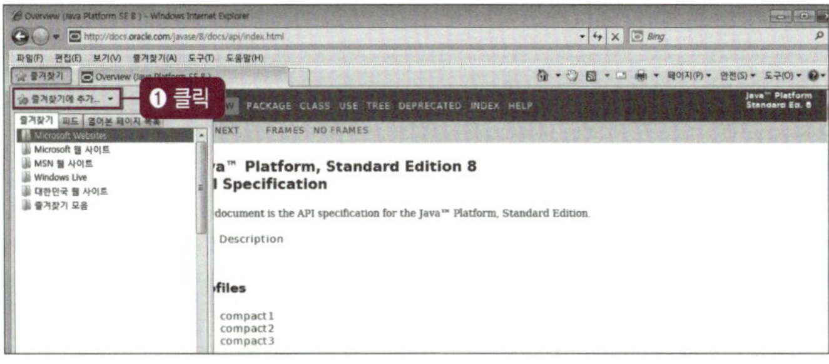

❻ 문서 참조 시 클릭하여 API 문서로 이동한다.

3.5 에디트플러스(editplus) 설치하기

프로그래밍을 할 때에는 여러 가지 문서 편집기를 사용하여 문서를 다루는 일이 많다. 이 책에서는 에디트 플러스를 사용하여 작업한다.

에디트 플러스를 정상적으로 다운로드한 후에는 탐색기로 다운로드한 위치로 이동하여 설치 파일을 클릭한다. 설치가 완료된 후 [윈도우] 버튼을 클릭하면 에디트 플러스 아이콘이 나타난다. 이 아이콘을 클릭하여 등록 절차를 마치면 에디트플러스가 실행된다. 등록 시에 아무것도 입력하지 않으면 평가판을 한 달 동안 무료로 사용할 수 있다.

❶ 웹사이트(http://www.editplus.com)에 접속한 후 [Download] 탭을 클릭하여 에디트플러스를 다운로드한다.

❷ 윈도우 7 또는 8인 경우에는 64bit용으로 다운로드한다. 여기서는 'Download 64-bit (from editplus.com)'을 선택하였다.

❸ 다운로드한 파일을 더블클릭하여 설치한 후 [Accept] 버튼을 클릭한다.

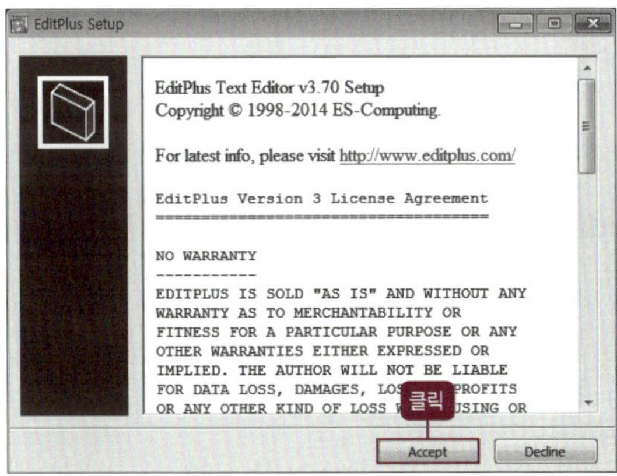

❹ [언어 선택] 창이 나타나면 [한글] 옵션을 선택한 후 [확인] 버튼을 클릭한다. 프로그램을
설치할 경로가 나타나면 지정한 위치를 그대로 둔 상태에서 [복사 시작] 버튼을 클릭한다.

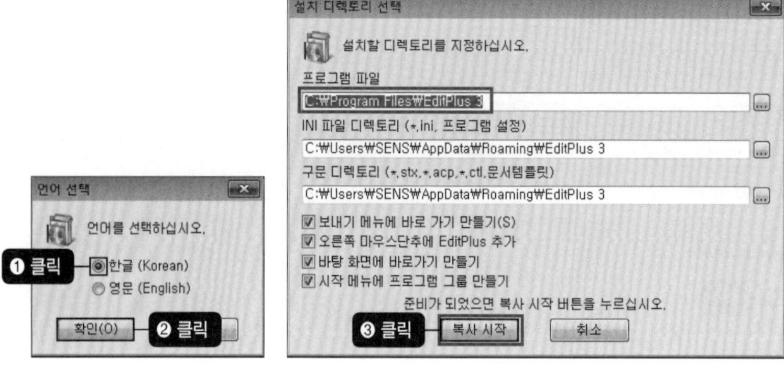

❺ 설치가 완료되면 [윈도우] 버튼을 클릭한 후 [EditPlus 3] 아이콘을 클릭하여 실행한다.

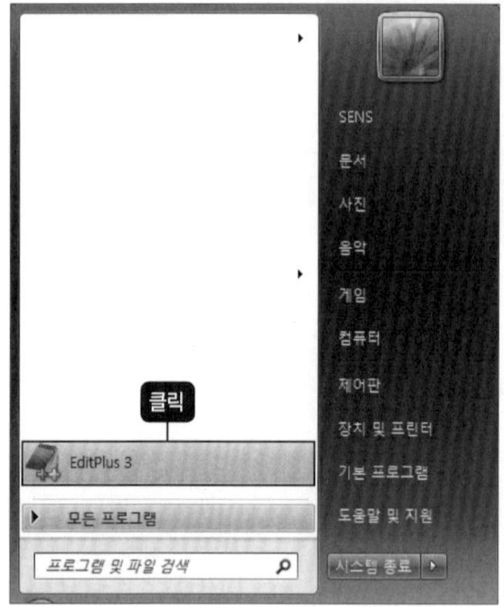

❻ [사용권 계약서] 창이 나타나면 [예] 버튼을 클릭한다. 그런 다음, [등록 코드 입력] 창에서
'사용자 이름'과 '등록 코드' 입력 없이 [평가하기] 버튼을 클릭하면 평가판을 한 달 동안 사
용할 수 있다.

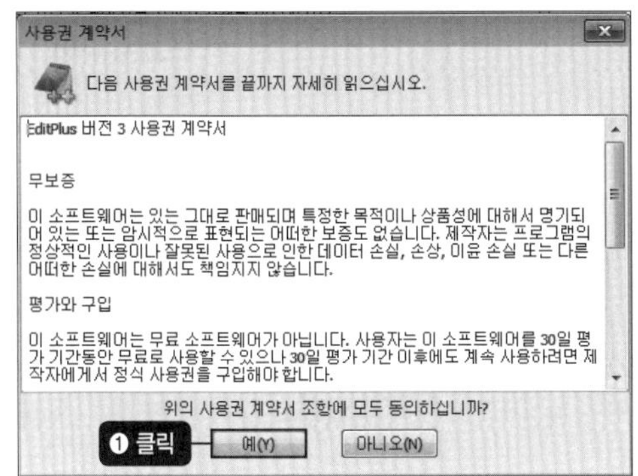
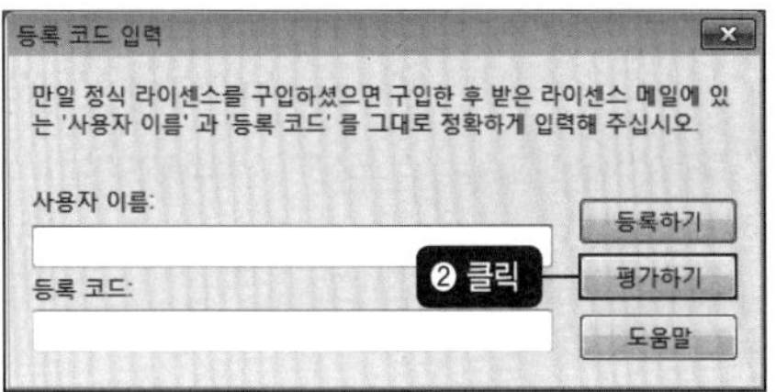

❼ 설치와 등록이 완료되면 에디트 플러스를 실행한다.

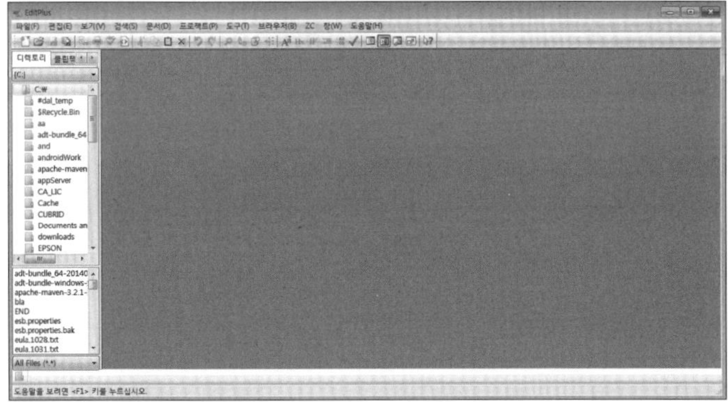

3.6 이클립스 설치하기

이제 자바 통합 개발 환경인 이클립스(Eclipse)를 다운로드하여 설치할 차례이다. 이클립스는 통합 개발 환경이므로 우리가 학습하는 Java SE 뿐만 아니라 Java EE, 안드로이드도 이클립스에서 개발할 수 있다. 오른쪽 QR 코드를 참고하여 따라하기 바란다.

❶ 이클립스 홈페이지(http://www.eclipse.org)에 접속한 후 [Download] 버튼을 클릭하고 여러 이클립스 중에서 운영체제에 맞는 JavaSE 개발용 이클립스를 다운로드한다. 여기서는 'Windows 64Bit'를 선택하였다.

❷ 파일을 다운로드하여 원하는 폴더 위치에 저장한다.

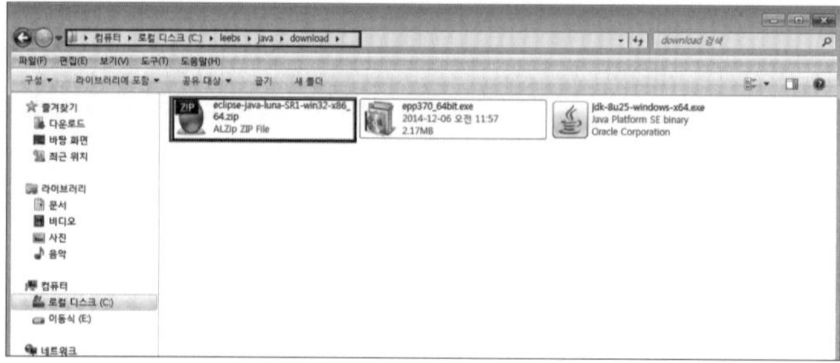

그럼 이제 본격적으로 이클립스를 설치한다. 원하는 폴더에 압축을 풀면 압축 파일과 이름이 같은 폴더가 하나 생성된다. 이클립스는 다른 윈도우 프로그램처럼 셋업 파일을 이용하여 설치하는 것이 아니라 압축을 풀면 폴더 안에 이미 실행 파일이 존재한다. 압축을 푼 폴더에 들어가 보면 eclipse.exe라는 실행 파일이 존재하는 것을 알 수 있다.

❶ 압축 파일에 마우스 오른쪽 버튼을 클릭하여 압축을 푼다.

❷ eclipse.exe가 위치한 폴더로 이동하여 더블클릭한다. 이클립스는 자바로 만들어져 있기 때문에 이클립스를 실행하기 전에 반드시 자바 JDK와 JRE를 설치해야 한다. 'eclipse. exe'를 더블클릭한다.

❸ 이클립스에서 사용하는 프로젝트가 저장되는 'Workspace 폴더'를 지정해준다.

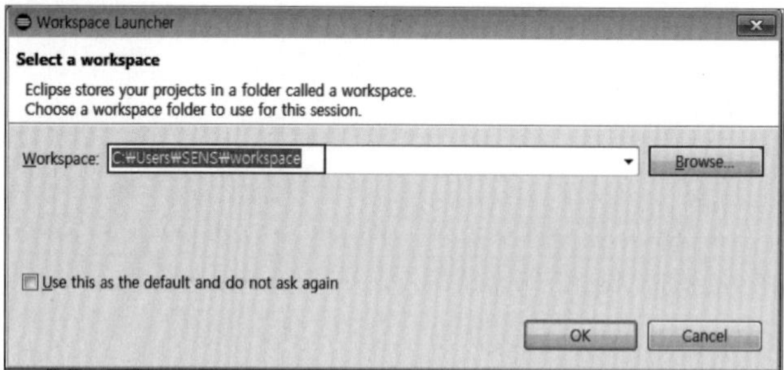

❹ C 드라이브를 선택한 후 [새 폴더 만들기] 버튼을 클릭한다.

❺ 새 폴더의 이름을 'myjava'로 변경한다.

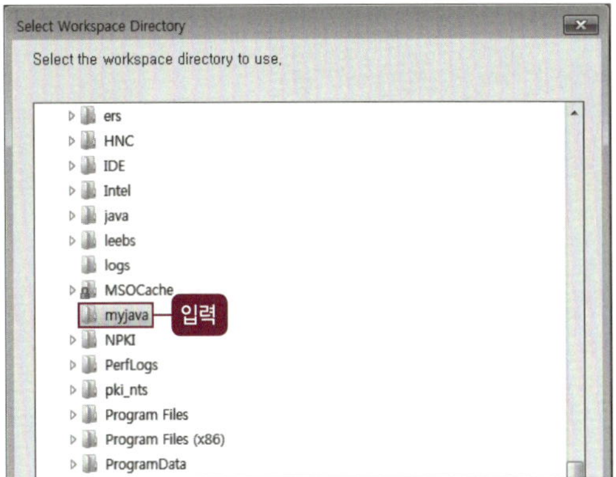

❻ [myjava] 폴더를 선택한 후 다시 [새 폴더 만들기] 버튼을 클릭하여 하위에 새 폴더를 만든 후 이름을 'workspace'로 변경한다.

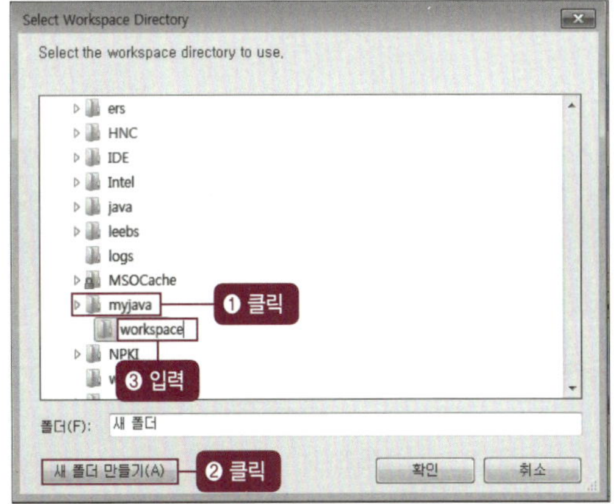

❼ [Browse] 버튼을 클릭하여 이클립스 프로젝트가 저장될 workspace를 지정한 후 [OK] 버튼을 클릭한다.

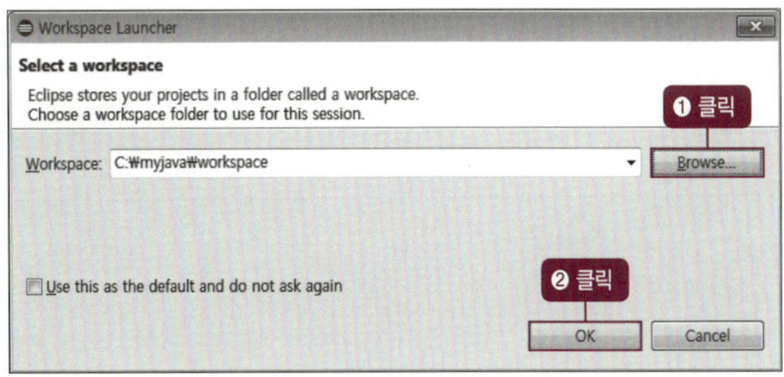

❽ 이클립스가 처음 실행되면 Welcome 페이지가 나타난다. [종료] 버튼을 누른다.

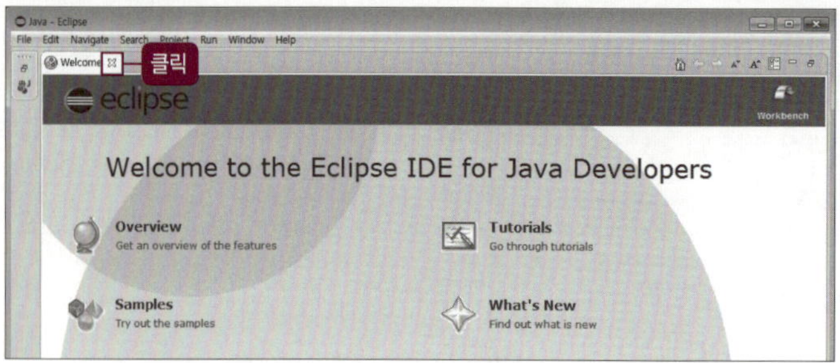

❾ 이클립스가 실행된다.

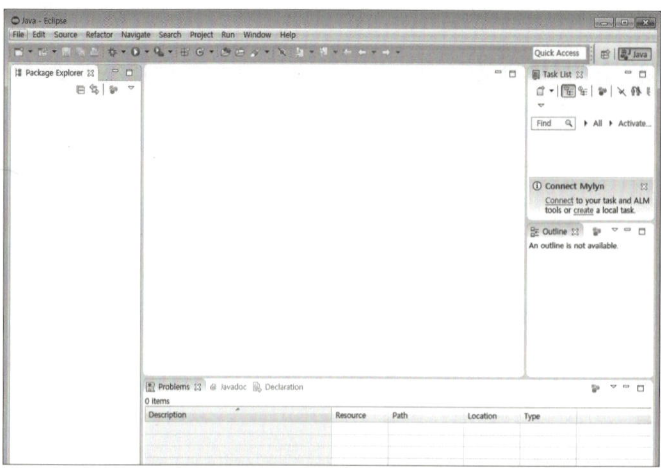

이클립스 설치 시 발생하는 오류 해결하기

이클립스는 자바로 만들어져 있기 때문에 윈도우에 이클립스를 설치하여 사용하면 가끔 실행 오류가 발생한다. 다음은 발생하는 실행 오류와 그 해결 방법이다.

압축을 푼 후 이클립스를 실행하면 다음과 같은 오류 메시지가 나타나면서 이클립스 실행이 중단되는 경우가 있다. 그 이유는 java 실행 시 필요한 JRE 관련 파일들을 못 찾았기 때문이다. 이 경우에는 이클립스 실행 파일이 있는 폴더로 이동한 후 eclipse.ini라는 파일을 에디트 플러스나 다른 문서 편집기로 열고 이클립스 실행 시에 참조할 JRE의 위치 정보를 추가해주면 된다.

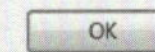

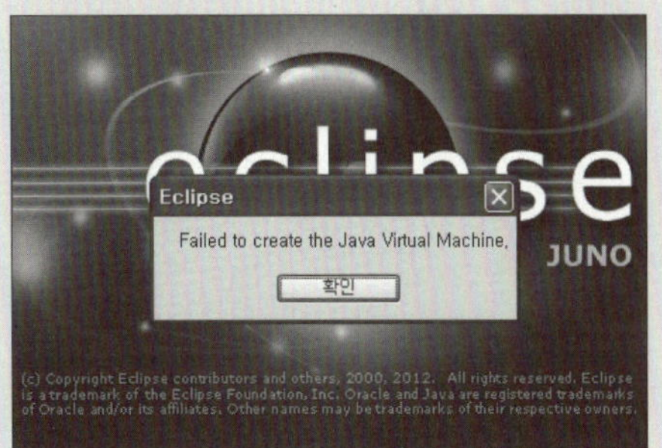

❶ 윈도우 탐색기로 이클립스 실행 파일이 있
는 위치로 이동한다.

❷ 문서 편집기를 이용하여 eclipse.ini 파일을
연다.

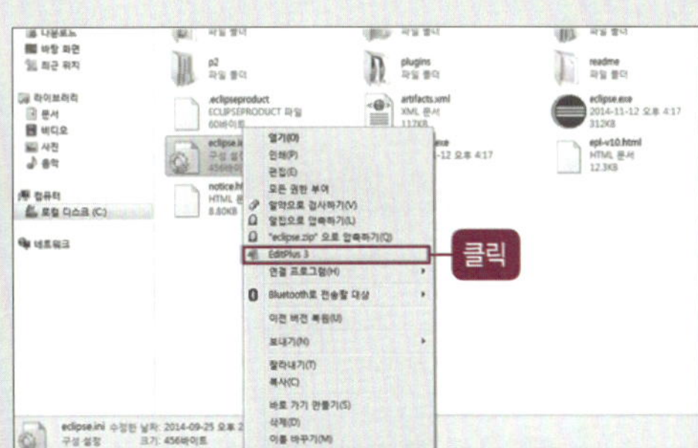

❸ 실제 JDK가 설치된 위치를 지정한다.

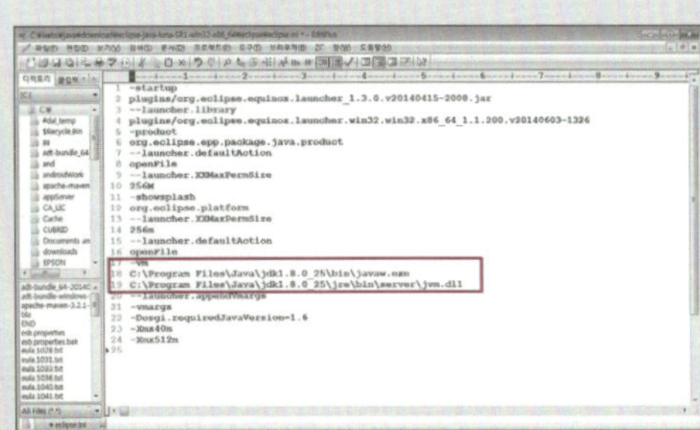

1 자바 언어의 특징을 설명하라.

2 자바 가비지 컬렉션(garbage collection)의 기능을 설명하라.

3 실행 환경별 자바 언어의 종류를 설명하라.

4 컴파일러와 컴파일링 언어에 대해서 설명하라.

5 java SE 설치 시 ,환경 변수 설정 과정을 설명하라.

6 java 통합 개발 환경으로는 이클립스가 많이 사용된다. 다른 java 통합 개발 환경을 알아보고 특징을 설명하라.

컴퓨터를 있게 한 사람들

폰 노이만(John Louis von Neumann, 1903. 12. 28.~1957. 2. 8.)은 헝가리 출신 미국인 수학자다. 무신론자였으나, 나중에 로마 가톨릭 교회 신자가 되었다. 양자 역학, 함수 해석학, 집합론, 위상수학, 컴퓨터 과학, 수치해석, 경제학, 통계학 등 여러 학문 분야에 걸쳐 다양한 업적을 남겼다. 특히, 연산자 이론을 양자역학에 접목시켰고, 맨해튼 계획과 프린스턴 고등연구소에 참여하였으며, 게임 이론과 세포 자동자의 개념을 공동 개발한 것으로 알려져 있다.

(출처 : 위키백과)

2장

JDK의 구성 요소 및 역할

1장에서 자바 실습을 위한 환경을 설정해 보았다. 이번 장에서는 1장에서 설치한 JDK의 구성 요소와 각 구성 요소의 역할에 대해 알아본다. JDK의 구성 요소와 동작 원리를 알아보기 위해 우선 간단한 자바 프로그래밍 과정을 통해 자바의 소스가 어떻게 작성되고 컴파일되며 실행되는지를 에디터와 DOS 환경에서 실습해 본다. 물론 현재는 이렇게 일일이 파일을 만들어 DOS 환경에서 실행하는 방식으로는 실제 프로그램이 개발되지 않는다. 그러나 우리가 JDK의 원리를 이해하기 위해서는 한 번 정도는 에디터 환경에서 실습해 보아야 한다.

1 HelloWorld 실습 예제를 통한 자바 컴파일 과정 및 실행 방법

2 Hello World.java 예제를 통한 자바 이해

3 JDK(Java Development Kit) 구성 요소와 기능

4 컴파일 언어와 인터프리터 언어

HelloWorld 실습 예제를 통한 자바 컴파일 과정 및 실행 방법

다음은 에디터를 이용한 도스에서 자바의 실습 순서를 나타낸 것이다. 먼저 에디터 플러스를 이용하여 자바 파일을 1개 생성한 후 적당한 폴더에 저장한다.

"HelloWorld" 메시지 출력 실습 순서

1. 원하는 폴더에 "HelloWorld.java" 이름으로 저장한다.
2. EditPlus에서 HelloWorld.java 소스 코드를 입력한다.
3. HelloWorld.java 파일을 컴파일한다.
4. HelloWolrd.class 파일을 실행한다.
5. "Hello World" 메시지 출력을 확인한다.

---

❶ EditPlus를 실행한 후 [새 파일] 아이콘을 클릭한다.

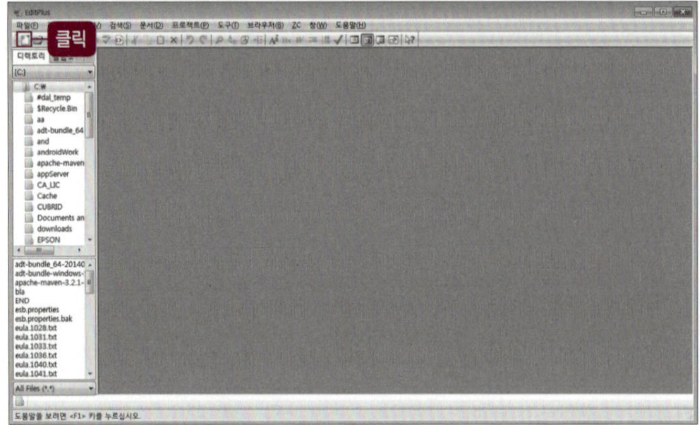

❷ [보통 문서]를 클릭한다.

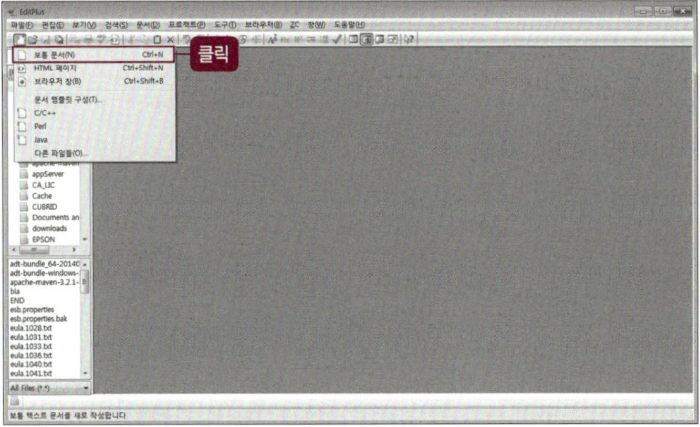

❸ [저장] 버튼을 클릭한다.

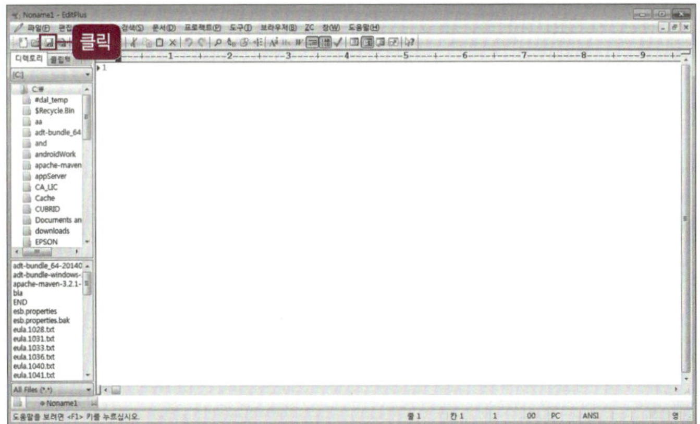

❹ 자신의 폴더 위치로 이동한 후 [새 폴더]를 클릭하여 폴더를 생성하고 폴더 이름을
‘javatest’라고 변경한다.

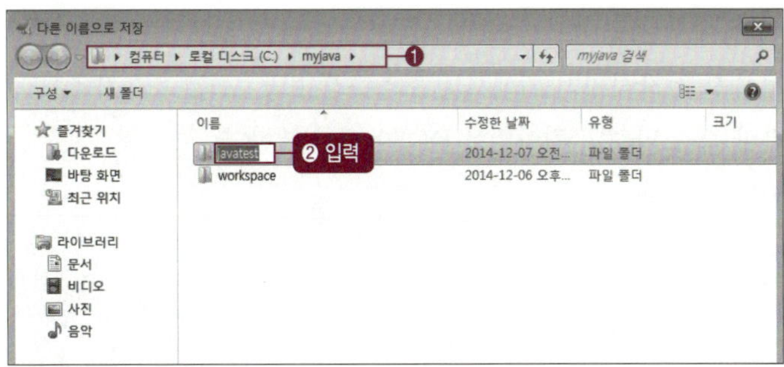

❺ [javatest] 폴더로 이동한 후 파일 이름을 "HelloWorld.java"로 입력하고 [저장] 버튼을 클릭한다.

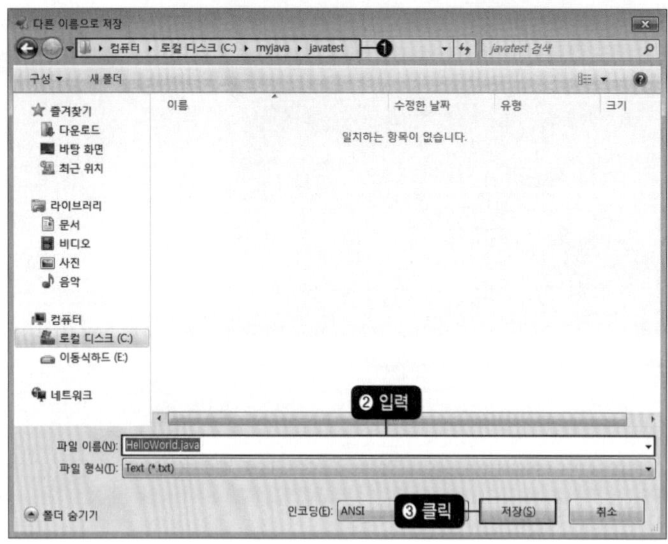

이제 [리스트 2.1]의 자바 명령문을 HelloWorld.java 파일에 작성한다.

[리스트 2.1] HelloWorld.java

```
1    public class HelloWorld {
2        public static void main(String[ ] args) {
3            System.out.println("Hello World")
4        }
5    }
```

다음 단계에서는 우리가 작성한 소스를 컴파일해야 한다. 앞에서 언급했듯이 우리가 에디터로 작성한 소스는 사람의 입장에서 컴퓨터에게 작업을 시키기 위한 명령문이다. 그런데 우리가 작성한 명령문대로 컴퓨터를 동작시키기 위해서는 소스를 2진 명령어로 변환해주는 컴파일 과정을 거쳐야 한다. 자바 소스 파일의 컴파일은 DOS에서 실행한다.

❶ DOS 창을 띄우기 위해 [윈도우] 단추를 클릭한 후 탐색 창에 "cmd"를 입력하고 Enter 를 누른다.

❷ 폴더 변경 도스 명령어인 cd를 이용해서 HelloWorld.java 파일이 저장되어 있는 폴더 (c:\\myjava\javatest)로 이동한다.

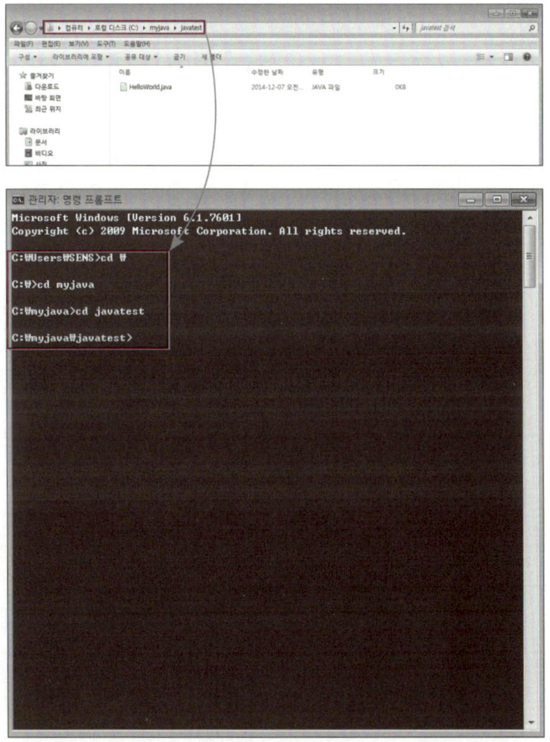

❸ dir 명령어로 폴더에 자신이 작성한 HelloWorld.java 파일이 있는지 확인한다.

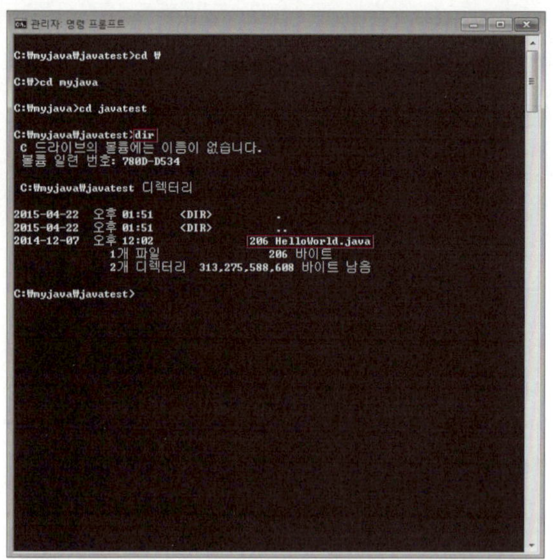

DOS 창에서 소스 파일의 위치로 이동했으므로 컴파일을 해야 한다. 다음은 자바 파일을 컴파일하는 방법과 컴파일 형식을 나타낸 것이다. 자바 파일을 컴파일할 때는 항상 자바 파일이 'javac' 명령어 다음에 위치해야 한다. [그림 2-1]은 실제 작성한 HelloWorld.java를 컴파일하는 과정을 나타낸 것이다. 아무 오류 없이 컴파일되면 HelloWorld.class 파일이 생성됨을 알 수 있다.

java 파일을 컴파일하는 방법

• javac.exe 명령어를 이용하여 컴파일한다.

컴파일 형식

• javac 파일명.java

⑩ javac HelloWorld.java

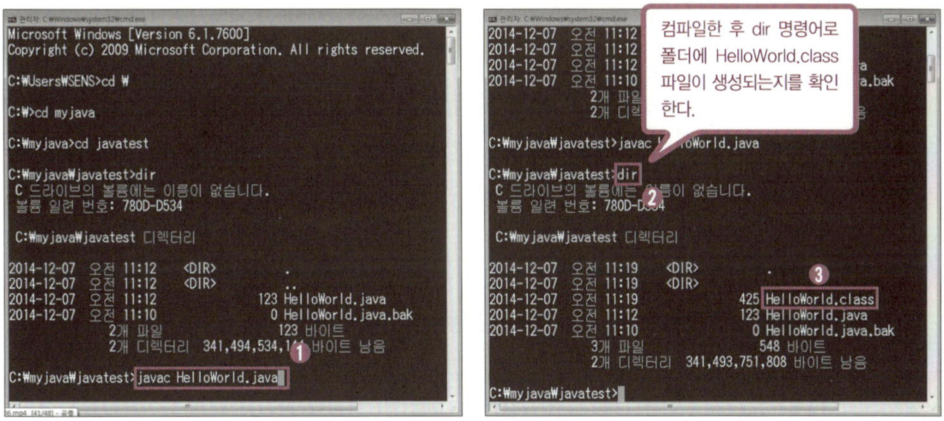

[그림 2-1] 의 figure text:

[그림 2-1] DOS에서 HelloWorld.java 컴파일 과정

컴파일을 했으므로 CPU가 직접 실행할 수 있는 클래스 파일이 생성되었다. 그럼 이 클래스 파일을 이용하여 자바 프로그램을 실행시킨다. 다음은 자바 클래스 파일을 실행시키는 방법을 나타낸 것이다.

자바 클래스 파일을 실행시키는 방법

• java.exe 명령어를 이용하여 클래스 파일을 실행한다.

실행 형식

• java 파일명.class(예) java HelloWorld)

'java' 명령어 다음에 클래스 파일의 이름이 오면 그 클래스 파일을 실행시키라는 의미다. [그림 2-2]는 실제 HelloWorld.class 파일을 도스에서 실행하는 과정을 나타낸 것이다.

[그림 2-2] DOS에서 HelloWorld.class 실행하기

지금까지 자바 소스를 작성한 후 컴파일, 그리고 컴파일된 클래스 파일을 실행하는 예제를 실습해보았다. 그런데 컴파일이나 실행 시 "javac", "java"라는 명령어를 사용하여 실습했다. DOS 창에서 명령어를 실행하려면 그 명령어가 해당 위치의 폴더에 존재해야 한다. 하지만 폴더에는 그런 명령어가 존재하지 않았는데도 실행되었다. [그림 2-3]을 보면 그 이유를 알 수 있다. 만약, 환경 변수에 자바 실행 파일의 위치를 설정하지 않고 java.exe를 실행하면 오류 메시지가 나타난다.

[그림 2-3] 환경 변수를 설정한 후 자바 실행 파일 사용하기

HelloWorld.java 예제를 통한 자바 이해

이번에는 앞에서 실습한 HelloWorld.java 실습 예제 소스를 이용하여 자바 명령문 작성 시 주의해야 할 점에 대해 알아보자. 다음은 자바 명령문 작성 시 주의해야 할 점을 나타낸 것이다.

> **자바 명령문 작성 시 주의해야 할 점**
> • 클래스명과 파일명은 반드시 일치해야 한다.
> • 파일의 확장자는 반드시 java로 끝나야 한다.
> • 자바 소스 작성 시 클래스명의 첫 글자는 반드시 대문자이어야 한다.
> • 자바 프로그램의 시작점은 main 메서드이어야 한다.
> 예 −public static void main(String[ ] args)
> • 하나의 명령문은 반드시 ";"으로 마쳐야 한다.

첫째, 먼저 클래스명과 파일명은 반드시 일치해야 한다. [그림 2−4]와 [그림 2−5]는 자바 파일 이름과 클래스명이 같은 경우와 다른 경우의 컴파일 결과를 나타낸 것이다.

[리스트 2.2] HelloWorld.java

```
1    Public class HelloWorld{
2        Public static void main (String[] args){
3            System.out.println("Hello World");
4        }
5    }
```

[그림 2-4] 클래스명과 파일명이 일치하는 경우

[리스트 2.3]의 1행에서는 클래스명 HelloWorld1이 파일명 HelloWorld와 일치하지 않는다. 그리고 [그림 2-5]처럼 컴파일을 수행하면 오류 메시지가 출력된다.

[리스트 2.3] HelloWorld.java

```
1       Public class HelloWorld1{
2           Public static void main (String[ ] args) {
3               System.out.println("Hello World");
4           }
5       }
```

```
C:\myjava\javatest>javac HelloWorld.java
HelloWorld.java:1: error: class HelloWorld1 is public, should be
ile named HelloWorld1.java
public class HelloWorld1{
       ^
1 error

C:\myjava\javatest>
```


[그림 2-5] 클래스명과 파일명이 일치하지 않는 경우

둘째, 확장자는 반드시 java로 끝나야 한다. 그렇지 않으면 컴파일 시 자바 파일을 인식하지 못해 컴파일되지 않는다.

```
2014-11-12   오후 05:49   <DIR>          .
2014-11-12   오후 05:49   <DIR>          ..
2014-11-12   오후 09:19              427 HelloWorld.class
2014-11-12   오후 09:21              124 HelloWorld.java
2014-11-12   오후 05:45              123 HelloWorld.java.bak
              3개 파일              674 바이트
              2개 디렉터리   374,425,817,088 바이트 남음
```

[그림 2-6] 자바 파일의 확장명

셋째, 자바 소스 작성 시 클래스명의 첫 글자는 반드시 대문자이어야 한다.

[리스트 2.4] HelloWorld.java


```
1       Public class HelloWorld {
2           Public static void main (String[ ] args) {
3               System.out.println("Hello World");
4           }
5       }
```

넷째, 자바 프로그램의 시작점은 main 메서드이다.

자바 프로그램의 시작점은 main 메서드이어야 하므로 다음처럼 main 메서드의 형식을 일치시켜 소스를 작성해야 한다.

> **java main 메서드 형식**
>
> ```
> public static void main(String[ ] args);
> ```

[리스트 2.5]처럼 main 메서드의 'm'을 'M'으로 작성하여 컴파일한 후에 실행하면 [그림 2-7]처럼 실행 중 오류가 발생한다.

[리스트 2.5] HelloWorld.java

```
1    Public class HelloWorld{
2        Public static void Main (String[] args) {
3            System.out.println("Hello World");
4        }
5    }
```


[그림 2-7] main 메서드 형식이 다른 경우

다섯째, 자바에서 하나의 명령문은 항상 마지막에 ";"으로 마쳐야 한다. 만약, 명령문 뒤에 ";"을 넣지 않으면 문법 오류가 발생한다.

[리스트 2.6] HelloWorld.java

```
1    public class HelloWorld {
2        public static void main (String[ ] args {
3            System.out.println("Hello World")
4        }
5    }
```

[그림 2-8]   명령문 뒤에 ";"을 넣지 않았을 경우

[그림 2-9]는 다른 명령문을 추가하여 실행한 경우다. [리스트 2.7]에는 '안녕하세요' 메시지를 출력하는 명령문이 추가되었다. 항상 명령문의 마지막에는 그 명령문이 종료된다는 것을 컴파일러에게 알려주는 역할을 하는 ";"을 입력해야 한다.

[리스트 2.7] HelloWorld.java

```
1    public class HelloWorld{
2        public static void main (String[] args {
3            System.out.println("Hello World");
4            System.out.println("안녕하세요");
5        }
6    }
```


[그림 2-9]   다른 명령문을 추가하여 실행한 경우

마지막으로 자바에서 콘솔로 문자열 메시지를 출력하는 기능은 System.out.println()이라는 메서드가 수행한다. println() 메서드는 인자로 전달되는 문자열을 출력한 줄을 바꾸어 다른 문자열을 출력하는 기능이다. 만약, 출력한 문자열의 뒤에 붙여서 출력하고 싶을 때에는 print() 메서드를 사용하면 된다.

[리스트 2.8] HelloWorld.java

```
1    public class HelloWorld{
2        public static void main (String[] args ){
3            System.out.println("Hello World");
4            System.out.print("안녕하세요.");
5            System.out.print("자바 프로그래밍입니다.");
6        }
7    }
```

[그림 2-10] print( ) 메서드 사용 방법

03 JDK(Java Development Kit) 구성 요소와 기능

이번에는 자바 실습 전에 설치한 JDK의 개념과 구성 요소, 그리고 어떻게 자바 프로그램 실행 시 JDK가 사용되는지 알아보자. 결론부터 말하면, 우리가 소스 프로그램을 문법과 규칙에 맞게 작성하여 실행하면 JDK가 모두 알아서 실행해준다는 것이다. 초보자의 입장에서 본다면, 이 부분의 내용이 어려울 수 있지만, 당장 프로그래밍하는 데는 직접적인 관련이 없기 때문에 이해를 하도록 노력하면 된다. 그리고 카페의 동영상을 통해 반복 학습을 하여 이해하면 된다.

우선 JDK의 구성 요소에 대해 알아보자. JDK는 'Java Development Kit'의 약자로, '**자바 프로그램 개발 도구**'라고 해석할 수 있다.

다음은 JDK의 구성 요소를 나타낸 것이다. JDK는 '**JRE(Java Runtime Environment)**'와 '**자바 프로그램 개발 도구**'로 이루어져 있다. JRE는 'Java Runtime Environment'의 약자로, '자바 프로그램 실행 환경'이라고 해석할 수 있다. 즉, 우리가 컴파일하고 개발한 클래스를 실제 실행할 때 JRE가 실행되어 클래스가 원활하게 실행되도록 해주는 역할을 한다. 자세한 것은 뒤에서 언급한다.

> **JDK의 구성 요소**
>
> • JRE(Java Runtime Environment)
> • Java 개발 도구(Tool)

Java 개발 도구는 실제 자바 프로그램을 개발하는 데 필요한 여러 가지 실행 파일을 말한다. 앞의 "Hello World" 실습 예제에서 소스를 작성한 후 javac.exe와 java.exe를 사용하여 컴파일과 실행한 것을 기억할 것이다. 이처럼 JDK에서는 프로그래머가 자바 프로그램을 개발할 수 있는 여러 가지 실행 파일을 제공하는데, 이것이 바로 '**Java 개발 도구**'다.

이와 반대로 프로그래머가 개발한 자바 프로그램을 그냥 사용하는 사람은 JDK가 아니라 JRE만 있으면 된다.

[그림 2-11]은 웹브라우저에서의 자바 JDK 다운로드 페이지를 나타낸 것이다. 그런데 JDK 옆을 보면 JRE 다운로드 항목이 있다. 즉, 개발자가 아닌 프로그램 사용자가 자바 프로그램을 실행만 할 경우에는 JRE만 설치하면 된다. 예를 들어, 우리가 사용하는 이클립스 역시 자바로 만들어진 프로그램이다. 따라서 이클립스만 실행하려면 JRE만 있으면 된다.

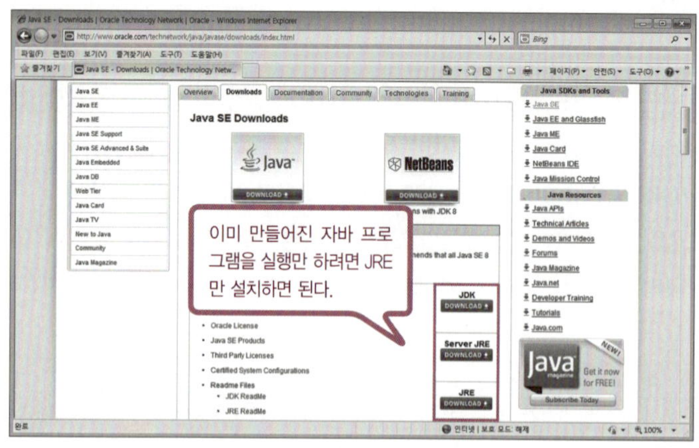

[그림 2-11] JDK와 JRE의 차이점

지금까지 JDK의 구성 요소와 그 역할에 대해 알아보았다. 그런데 앞에서 JDK를 자바 개발 도구라고 했는데 JDK 내부에 별도로 JRE가 존재하는 이유는 무엇일까? [그림 2-12]는 JDK 폴더에 있는 JRE 폴더를 보여주고 있다. 다시 말해 JDK는 자체적으로 개발자가 개발한 프로그램을 실행할 수 있는 JRE, 즉 실행 환경을 갖추고 있는 것이다. 따라서 개발자는 JDK로 자바 프로그램을 개발한 후, 개발한 자바 프로그램이 계획한 대로 잘 실행되는지를 알아봐야 한다. 이 때문에 JDK는 개발 도구(Tool)와 실행 환경(JRE)으로 구성되어 있다.

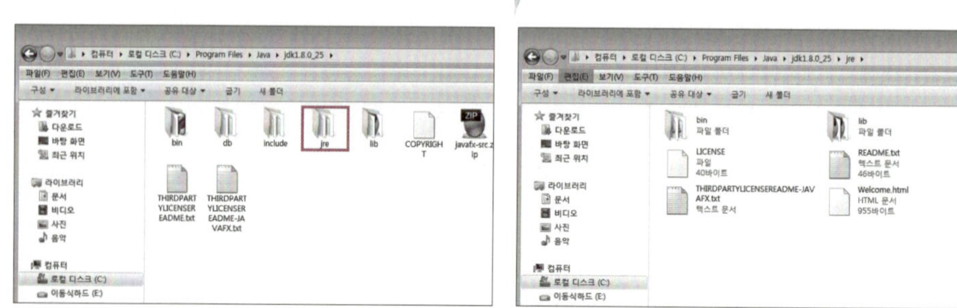

[그림 2-12] JDK 내의 JRE 위치

[그림 2-13]은 자바에서 제공하는 여러 가지 개발 도구다. 모두 실행 파일 형태로 존재한다. 앞에서 사용한 javax.exe, java.exe와 함께 문서를 만드는 기능, 압축 파일을 만드는 기능, 다국어 기능, 아스키 코드 만드는 기능 등을 실행 파일 형태로 제공한다. 즉, 개발에 필요한 기능을 도구처럼 제공하는 것이다. 따라서 자바 프로그램을 사용하기만 하는 사용자들이 개발 도구를 설치할 필요가 없다.

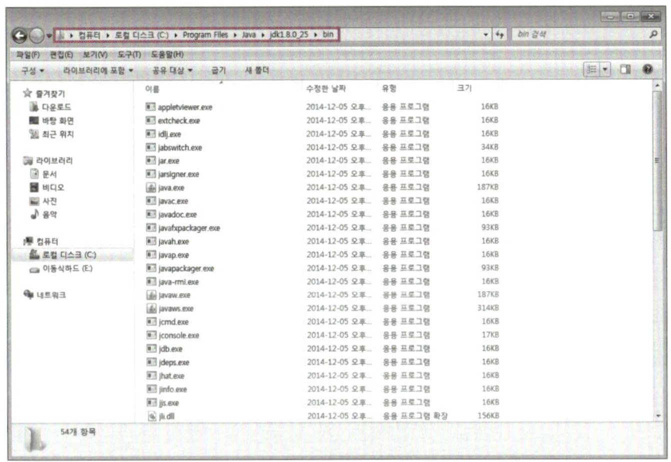

[그림 2-13] JDK 개발 도구 기능을 하는 여러 가지 실행 파일

[그림 2-14]는 JDK의 세부 구조를 나타낸 것이다. JDK는 개발 도구(Tool)와 실행 환경(JRE)으로 이루어져 있고 JRE는 다시 API(Application Programming Interface)와 JVM(Java Virtual Machine)으로 이루어져 있다.

[그림 2-14] JDK의 세부 구조

3.1 JRE(Java Runtime Environment)의 구성 요소

JRE의 구성 요소는 다음과 같다.

JVM은 'Java Virtual Machine'의 약자로, '**자바 실행 가상 기계(가상의 CPU)**'라고 해석한다. 즉, 자바 프로그램 실행 시 자바 프로그램을 실행하는 가상의 CPU라는 의미다. 우리가 아는 CPU는 실제 하드웨어의 CPU이고, 프로그램을 2진 코드의 형태로 실행한다. 가상의 CPU는 자바의 class 파일(bytecode)을 실행하는 일종의 해석기(interpreter)이다.

실제 우리가 java.exe를 이용하여 클래스 파일을 실행하면 실제 클래스 파일이 실행되는 것이 아니라 JVM이 실행되는 것이다. 그리고 이 JVM이 지정한 16비트 바이트 코드로 이루어진 클래스 파일을 읽어 들여 2진 코드로 변환한 후 운영체제로 전달하면 최종적으로 CPU가 받아 실행하는 것이다. 즉, 자바는 실행 시 JVM이라는 해석기를 한 번 거쳐 실행한다. 자바를 JVM으로 실행하는 이유는 뒤에서 언급한다. [그림 2-15]는 앞에서 실습한 "HelloWorld" 메시지 출력 예제가 실제 JRE에서 실행되는 과정을 나타낸 것이다.

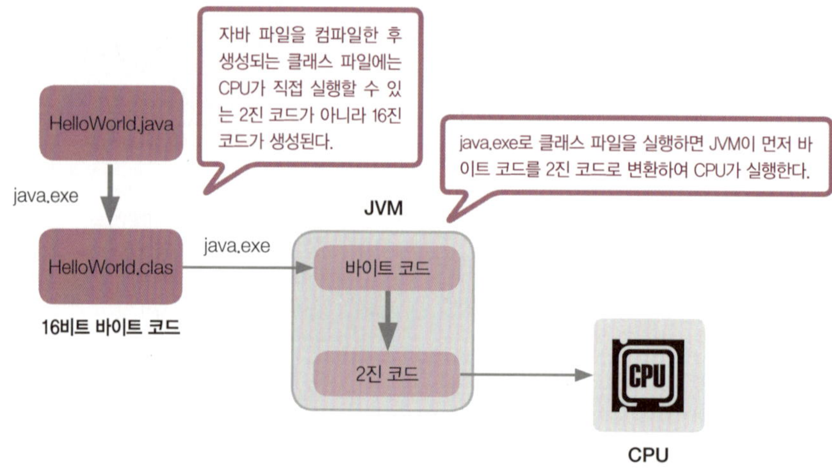

[그림 2-15] JRE 실행 과정

JRE의 또 다른 구성 요소는 API이다. API는 'Application Programming Interface'의 약자로, 자바에서 미리 만들어 제공하는 기능(클래스)이라고 생각하면 된다. 예를 들어 "Hello World"를 출력하는 예제에서 도스에 "Hello World"를 출력하기 위해 'System.out.println()'이라는 메서드를 사용했다. 이 기능은 우리가 직접 만든 것이 아니라 자바에서 콘솔로 출력하기 위한 기능을 클래스로 제공한 것을 우리가 사용한 것이다. [그림 2-16]은 일반적인 자바 프로그램의 구성을 보여준다. 자바 프로그램은 JDK에서 제공하는 API를 기본으로 하여 이 JDK API를 조합한 후 필요한 기능을 수행하는 모듈을 만들어 자바 프로그램에서 각각의 기능을 수행한다. 그리고 단독으로 JDK API를 사용하기도 한다. 이처럼 API라는 것은 프로그래밍 중에 개발자가 많이 사용하는 기능을 설치된 IDK에서 미리 만들어 제공하는 클래스이다.

우리가 **'자바로 프로그래밍 한다'**라고 했을 때, 이는 자바에서 제공하는 API의 사용법을 익힌 후 원하는 기능을 소스로 작성하여 실행하는 과정을 의미한다. 각 API의 기능은 뒤에서 차례대로 배운다.

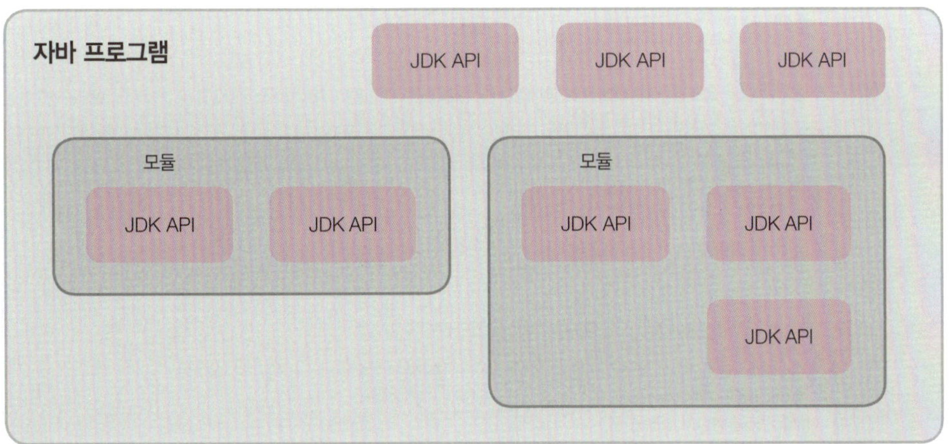

[그림 2-16] 일반적인 자바 프로그램의 구성

[그림 2-17]은 JDK가 제공하는 API의 위치다. rt.jar 파일 형태의 압축 파일로 제공된다. 다른 압축 해제 프로그램으로 열어보면 각 기능별로 자바에서 제공하는 API를 볼 수 있다.

[그림 2-18]에서 java 폴더를 펼쳐보면 여러 가지 폴더가 나타나는데, 이를 '**패키지**'라고 부른다. 각각의 폴더에는 자바에서 가장 많이 사용하는 클래스가 제공된다.

각 폴더는 자바의 기본 기능을 나타내는 것으로, 그 기능은 8장부터 차례대로 학습한다.

참고로 java SE의 API는 자바 소스를 공개하고 있다. [그림 2-19]를 보면 src.zip 형태로 API와 관련된 소스가 제공되는 것을 알 수 있다. 압축을 해제하면 각 API의 자바 소스를 볼 수 있다.

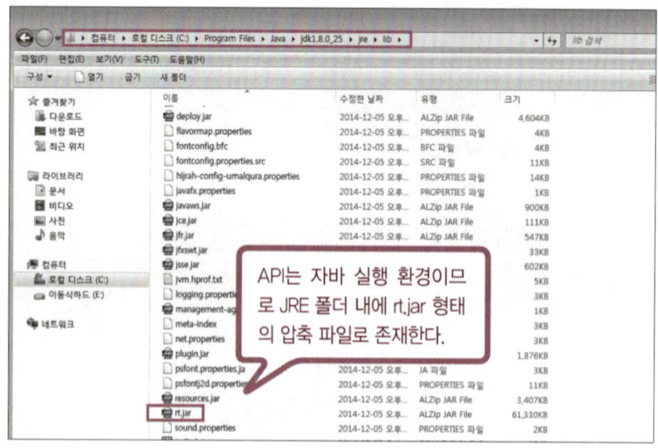

[**그림 2-17**] API의 위치

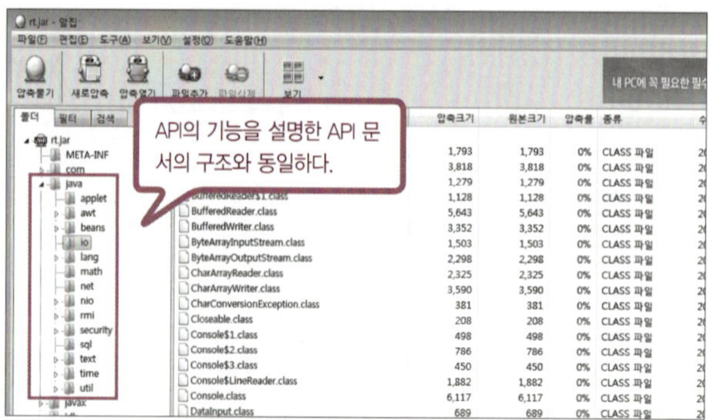

[**그림 2-18**] API 구조

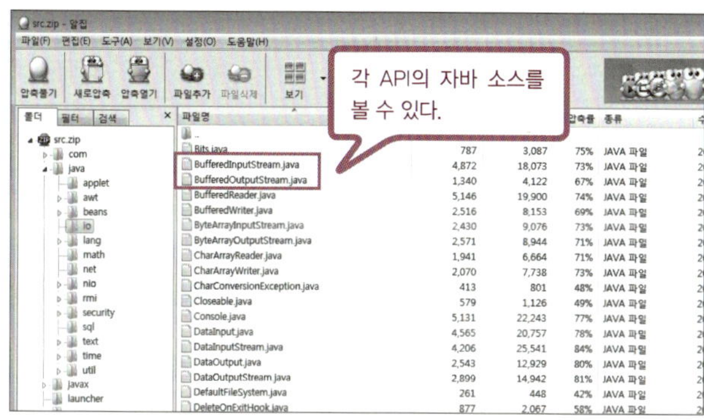

[그림 2-19] API 자바 소스 위치

자바 프로그램의 실행 과정을 살펴보자. 일단 소스로 작성한 후 컴파일하면 소스에 API가 있는 경우, 이 API를 참고하여 API 클래스를 포함한 자바 클래스 파일로 변환된다. 그리고 클래스를 실행하면 JVM이 실행되어 이 클래스(bytecode) 파일을 읽어 들이고, 운영체제가 인식하는 2진 코드로 변환한 후 최종적으로 CPU에 전달하여 원하는 기능을 실행한다.

컴파일 언어와 인터프리터 언어

앞에서 자바 프로그램을 실행하면 CPU가 직접 클래스 파일을 실행하는 것이 아니라 일단 해석기에 해당하는 JVM이 먼저 실행된 후 클래스 파일을 읽어 들여 2진 코드로 변환하고 운영체제로 전달한 다음, 다시 CPU로 전달하여 실행한다고 했다.

이번에는 왜 자바가 해석기를 이용하여 실행하는지에 대해 알아보자. 그 이유를 알아보기 전에 먼저 고급 프로그래밍 언어의 종류에 대해 알아볼 필요가 있다.

[그림 2-20]은 일반적인 프로그래밍 실행 과정을 나타낸 것이다. 이와 같은 언어의 예로는 C언어, java 등이 있다.

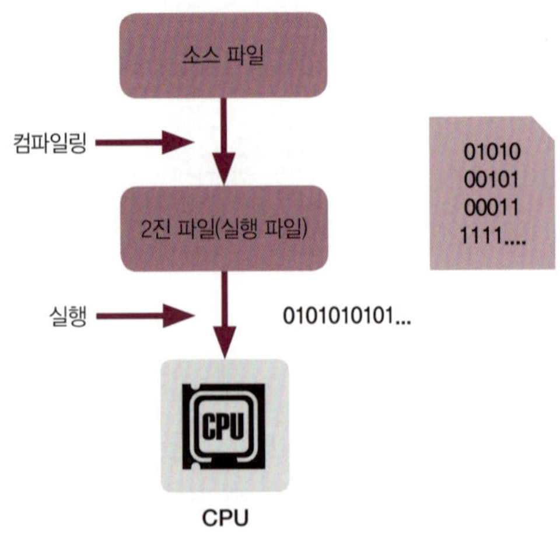

[그림 2-20] 일반적인 고급 언어 실행 과정

[그림 2-21]은 다른 종류의 고급 언어인 인터프리터 언어의 실행 과정을 나타낸 것이다. 인터프리터 언어가 컴파일 언어와 다른 점은 컴파일 과정이 없다는 것이다.

인터프리터 언어의 실행 과정을 살펴보자. 인터프리터 언어는 프로그래머가 소스를 작성하여 실행하면 컴파일을 하는 것이 아니라 일종의 프로그램인 **해석기**를 실행시킨다. 그리고 그 해석기는 작성한 소스를 읽어 들여 CPU가 인식할 수 있는 2진 코드로 변환한 후 CPU에 전달하고, 이를 CPU가 실행한다.

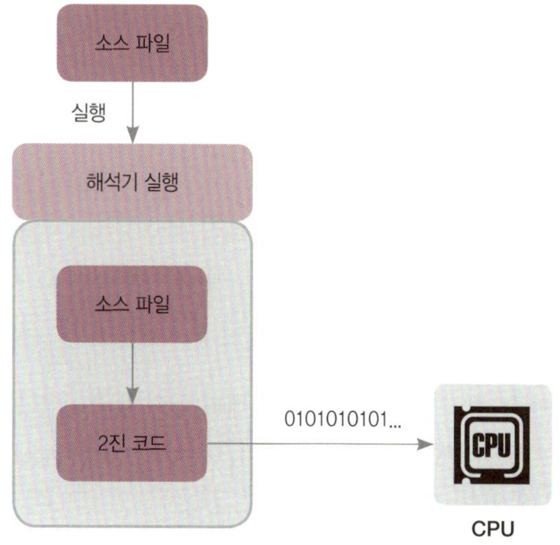

[그림 2-21] 인터프리터 언어 실행 과정

다음은 컴파일 언어와 인터프리터 언어의 차이점을 나타낸 것이다. 중요한 차이점은 컴파일 언어는 실행 파일이 만들어지고, 인터프리터 언어는 만들어지지 않는다는 것이다.

고급 언어의 종류와 특징

- **컴파일 언어**
  - 소스 코드를 작성한다.
  - 컴파일 프로그램을 이용하여 컴파일한다.
  - 실행 파일이 만들어진다.
  - 실행 파일을 실행시킨다.
  - 속도가 빠르다.
  - C++, Visual C++,Object C,Java 등이 있다.
- **인터프리터 언어**
  - 소스 파일을 해석 엔진 프로그램(Interprter)을 이용해 소스 파일을 한 줄씩 실행한다.
  - 실행 파일이 만들어지지 않는다.
  - 속도가 느리다.
  - java, 자바스크립트 등이 있다.

그리고 컴파일 언어로 만들어진 프로그램을 실행시키면 중간에 해석하는 과정이 없기 때문에 실행 속도가 빠르다. 그런데 인터프리터 언어로 만들어진 프로그램을 실행시키면 중간에 인터프리터가 해석하는 과정을 거쳐야 하기 때문에 실행 속도가 느리다. 대표적인 언어로는 인터프리터 언어가 웹프로그래밍에서 많이 사용하는 **자바스크립트**를 들 수 있다. 그런데 위를 보면 자바는 컴파일 언어에도 포함되어 있고, 인터프리터 언어에도 포함되어 있다는 것을 알 수 있다.

앞에서 실습했듯이 자바는 컴파일 과정을 거치는 컴파일 언어다. 그리고 실행 시에 클래스 파일을 CPU가 바로 읽어 들여 실행하는 것이 아니라 JVM이라는 일종의 해석기를 실행시켜 클래스 파일을 해석한 후 2진 코드를 CPU에 전달하여 실행하기 때문에 인터프리터 언어라고도 할 수 있다.

[그림 2-22]는 **'왜 자바는 컴파일 언어와 인터프리터 언어의 특징을 동시에 가지는가?'**에 대한 이유를 나타낸 것이다. 자바를 실행하면 인터프리터에 해당하는 JVM이 먼저 실행된다. JVM은 클래스 파일을 읽어 들여 JVM이 동작하는 운영체제와 CPU에서 실행할 수 있는 명령어로 변환하고, 이를 CPU에 전달하여 실행한다. 즉, 각 운영체제에 JVM이 설치되어 있으면 어떤 자바 클래스 파일도 각 운영체제에 맞도록 2진 코드로 변환할 수 있으므로 자바 프로그램을 한 번만 만들어 놓으면 어떤 운영체제에서도 실행할 수 있다. 즉, 자바는 한 번만 만들어 놓으면 운영체제에 상관없이 모든 동작이 가능하다는 것이다.

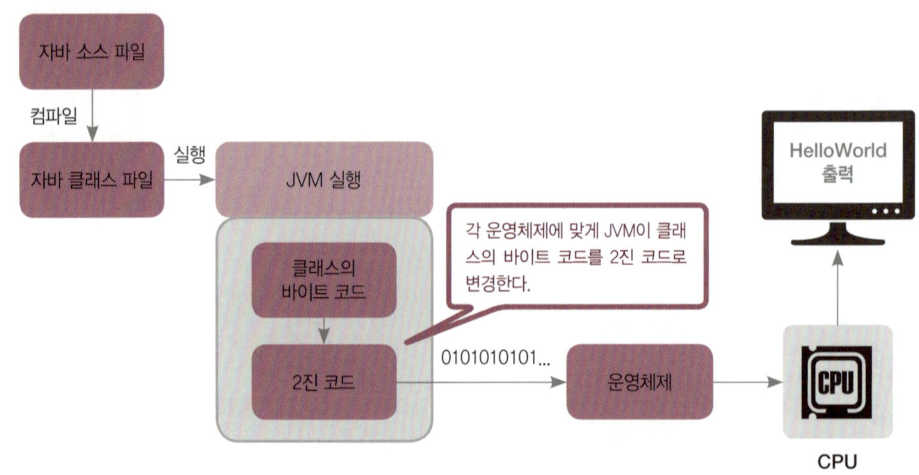

[그림 2-22] 자바 소스 실행 과정

[그림 2-23]은 우리가 앞에서 실습한 "HelloWorld" 메시지 출력 예제를 윈도우와 리눅스 운영체제에서 동작시키는 과정을 나타낸 것이다. 윈도우 운영체제에서 컴파일된 자바 클래스 파일을 리눅스 운영체제에서 그대로 실행시켜도 똑같은 메시지가 출력된다. 당연히 클래스 파일 실행 전에 자바 실행 환경이 설치되어 있어야 한다.

[그림 2-24]는 오라클 홈페이지에서 각 운영체제에 해당하는 JDK를 다운로드하는 화면을 나타낸 것이다. 예를 들어, 우리는 윈도우 환경에 맞는 JDK를 설치하여 "HelloWorld.java"를 컴파일한 후 "HelloWorld.class" 파일을 생성하여 윈도우 운영체제에서 실행했다. 우리가 만든 "HelloWorld.class"를 그대로 리눅스용 JDK가 설치된 리눅스 환경에 전달하여 실행하면 윈도우 운영체제에서와 동일하게 동작한다. 즉, 운영체제와 독립적으로 동작한다. 이것이 자바의 가장 중요한 특징이다.

요즘 스마트폰에서 많이 사용하는 카카오톡을 예로 들어보자. 카카오톡은 안드로이드 운영체제에서도 사용되고, iOS 운영체제에서도 사용된다. 그런데 일반 사용자는 이 두 운영체제에서 실행되는 프로그램이 같은 프로그램인 것으로 알고 있다. 화면 구조나 기능이 동일하기 때문이다. 하지만 실제로 운영체제가 다르면 실행 명령어도 다르기 때문에 각 운영체제에 관련된 개발팀이 따로 만드는 것이다.

그런데 일반 사용자가 생각하더라도 이는 비효율적이다. 같은 기능을 가지고 있는 프로그램을 운영체제가 다르다는 이유로 일일이 따로 만들면 개발 인력이 많이 필요하고, 유지보수도 불편하다. 그런데 자바는 그럴 필요가 없다. 예를 들어 개발과 테스트는 사용자 환경이 편리한 윈도우 환경에서 하고, 실제 사용자들에게 서비스를 하는 단계에서는 그 소스를 그대로 리눅스나 유닉스에 올려 서비스를 하면 훨씬 편리하고 간편하다. 당연히 각 운영체제에는 해당 운영체제에 대한 JRE가 설치되어 있어야 한다. 즉, 운영체제와 관계없이 하나의 소스만 신경 쓰면 되는 것이다. 실제 자바를 사용하는 서버 프로그래밍은 이러한 방식으로 개발된다.

객체 지향 언어는 자바 외에도 많다. 그럼에도 불구하고 자바를 많이 사용하는 이유는 바로 한 번 만들면 어떤 운영체제에서도 사용할 수 있기 때문이다. 다른 분야도 그렇지만 IT 쪽도 가능하면 비용이 적게 드는 것을 선호한다.

앞에서 인터프리터 언어는 해석기를 한 번 거치므로 속도가 상대적으로 느린 단점이 있다고 했다. 자바가 나온 초기에는 속도가 느리다는 이유로 외면을 받았다. 하지만 시간이 흐르면서 컴퓨터의 하드웨어 성능이 점점 좋아졌기 때문에 자바의 느린 속도는 이제 별 문제가 되지 않는다. 즉, 프로그래밍하기 쉽고 유지보수도 쉬운 자바가 각광을 받게 된 것이다.

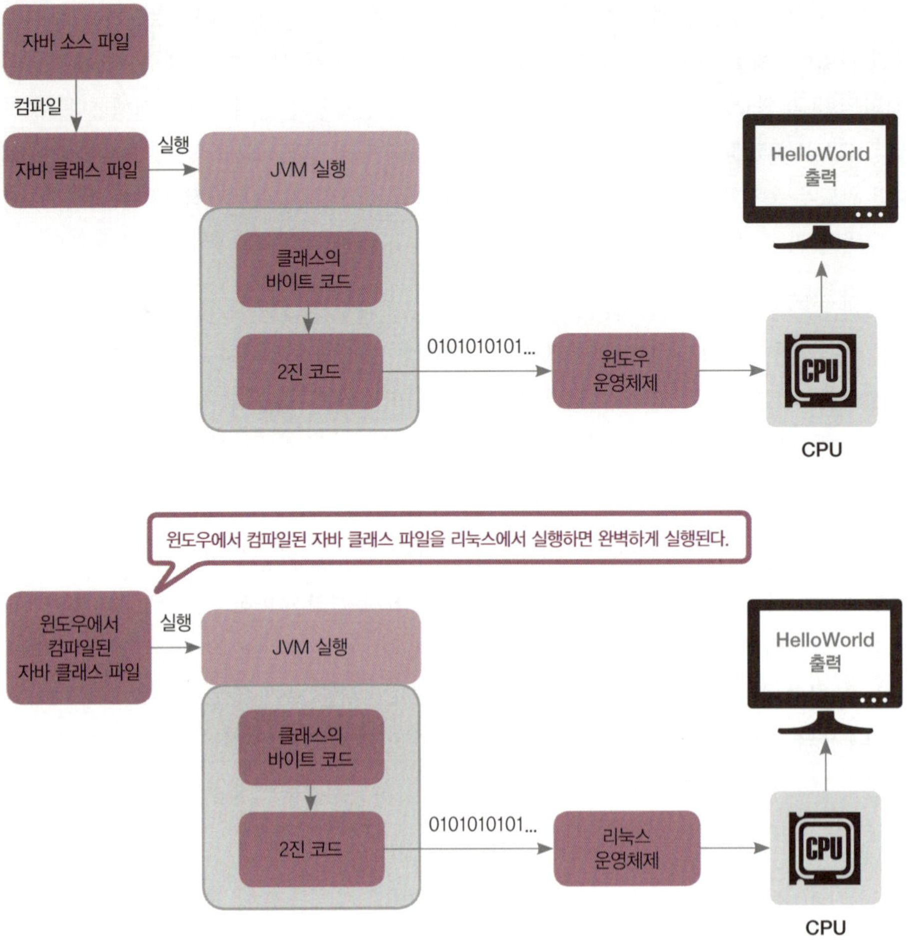

[그림 2-23] 각 운영체제에서 "HelloWorld" 메시지 출력 과정

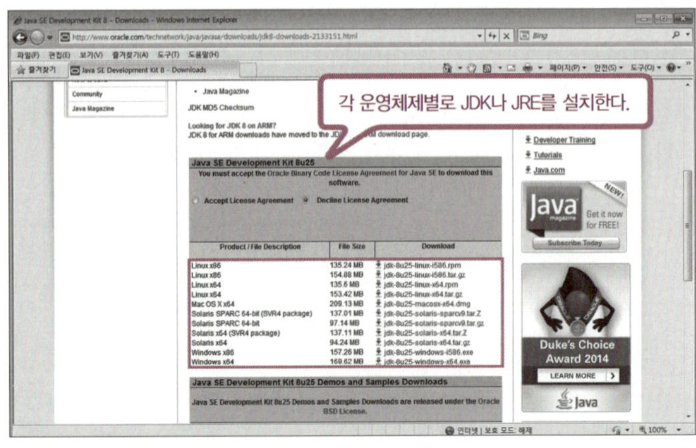

[그림 2-24] 오라클 홈페이지에서 각 운영체제에 해당하는 JDK를 다운로드하는 화면

마지막으로 [그림 2-25]는 앞에서 실습한 HelloWorld.java의 실행 과정이다.

먼저 HelloWorld.java를 작성한 후 컴파일하면 HelloWorld.class라는 2진 코드가 아닌 16비트 바이트 코드가 만들어진다. 그리고 이를 실행하면 JVM이 실행된다. 그런 다음, 바이트 코드인 클래스 파일을 읽어 들여 2진 코드로 변환한 후 CPU에게 전달하면 "Hello World"가 출력되는 것이다.

실제 JRE는 위의 과정보다 복잡하게 동작한다. 뒤에서 다시 언급하겠지만 JVM은 해석기 이외에도 여러 가지 기능을 수행한다. 이는 해당 기능을 설명할 때 언급하기로 한다. 적어도 이 정도의 내용은 숙지한 후에 자바 학습에 임해야 기능을 구현하기가 훨씬 수월하다.

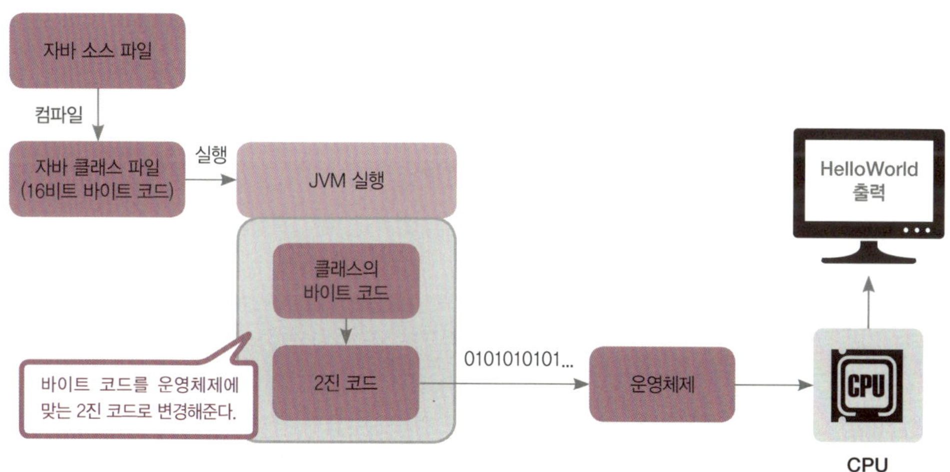

[그림 2-25] HelloWorld.java 실행 과정

지금까지 "HelloWorld.java"라는 간단한 자바 프로그램을 만들어 봄으로써 자바가 어떻게 컴파일되고 실행되는지에 대해 알아봤다.

자바는 애플리케이션 개발 언어이므로 앞에서 배운 JRE가 자바 프로그램 실행 시에 앞의 JRE 기능 이외의 여러 가지 다른 기능을 백그라운드에서 처리해준다. 따라서 개발자는 세부적인 기능에 신경 쓸 필요 없이 3장부터 배우는 문법을 이용하여 자신이 원하는 기능 구현에만 집중하면 된다.

1 JDK 구성 요소와 각 요소의 기능을 설명하라.

2 JDK, JRE, JVM의 차이점을 설명하라.

3 바이트 코드의 의미와 자바 프로그램 실행 시의 그 장점을 설명하라.

Hint
자바 클래스 파일은 바이트 코드(byte code)로 이루어져 있다.

4 컴파일 언어와 인터프리터 언어의 특징을 각각 비교하여 설명하라.

5 "javap" 명령어의 기능을 설명하라.

컴퓨터를 있게 한 사람들

앨런 튜링(Alan Turing, 1912. 6. 23.~1954. 6. 7.)은 영국의 수학자, 암호학자, 논리학자다. 특히, 컴퓨터 과학에 지대한 공헌을 했기 때문에 '컴퓨터 과학의 아버지'라고 불린다. 튜링 테스트와 튜링 기계의 고안으로도 유명하다. ACM에서 컴퓨터 과학에 중요한 업적을 남긴 사람들에게 매년 시상하는 튜링상은 그의 이름을 따서 제정한 것이다.

튜링은 수학, 암호학, 생물학 등 많은 분야에서 다양한 연구 활동을 했지만, 특히 컴퓨터 과학 분야에 끼친 영향이 크기 때문에 '컴퓨터 과학 및 전산학의 아버지'라고 불린다. 그가 구상한 튜링 기계의 무한히 긴 띠는 컴퓨터의 메모리에, 기호를 읽는 기계는 컴퓨터의 중앙 처리 장치(CPU)에 비유할 수 있다. 또 튜링 기계의 한 종류인 범용 튜링 기계는 프로그램을 내장하여 작동하는 현대의 컴퓨터를 많이 닮아 있다. 이 밖에도 콜로서스 개발에 간접적인 기여를 했다.

계산기학회(ACM)에서는 튜링의 공로를 기리기 위하여 1966년부터 매년 컴퓨터 과학에 중요한 업적을 남긴 사람들한테 주는 튜링상을 제정하였다. 현재 튜링상은 '컴퓨터 과학 분야의 노벨상'이라고도 불린다. 또 튜링 테스트를 통과하는 인공 지능에게는 뢰브너상이 수여된다.

애플 컴퓨터의 로고인 '한 입 베어 먹은 사과'는 튜링을 연상시키지만, 애플 컴퓨터가 로고를 만들 때 튜링을 염두에 두고 만들었는지는 확실하지 않다. 현재 애플 컴퓨터에서는 로고의 모델이 '뉴턴의 사과'라고 주장한다(애플 컴퓨터를 창립한 스티브 잡스도 뉴턴의 사과를 모델로 애플 컴퓨터를 창립했다고 한다).

(출처 : 위키백과)

3장

자바 프로그래밍의 기본 문법

자바는 객체 지향 언어다. 그러나 자바도 기존 고급 언어의 영향을 받아 그 기능을 그대로 사용하고 있다. 여기에 객체 지향 개념이 추가된 것이다. 3장과 4장은 모든 고급 언어에 나오는 내용이다. 그런데 객체 지향 언어이든, 절차 지향 언어이든 3장과 4장은 모든 언어의 기본 기능이면서 가장 중요한 기능이다.

프로그래밍을 한다고 하면 일단 사용자가 원하는 기능을 3장과 4장의 내용을 이용하여 만들 줄 알아야 한다. 따라서 이 장은 프로그래밍을 처음 접하는 사람에게는 기본적이면서도 중요한 부분이다.

1 자바 프로그래밍의 의미와 자바 프로그램의 구성 요소

2 식별자(identifier)의 정의

3 예약어(keyword)

4 데이터형(data type)

5 변수(variable)

6 데이터형 변환

7 연산자(operator)

8 연산자 우선순위

1.1 자바 프로그래밍의 의미

지금부터 우리는 자바라는 언어로 우리가 원하는 작업을 컴퓨터에게 시키는 과정에 대해 학습할 것이다. 이를 '**프로그래밍**'이라고 하는데, 일단 프로그래밍의 의미부터 알아보자. 다음은 자바 프로그래밍의 정의를 나타낸 것이다.

앞에서 살펴보았듯이 자바는 고급 언어다. 즉, 사람이 사용하는 언어(영어)를 기반으로 명령문을 작성하여 컴퓨터에게 작업을 지시하자는 것이 고급 언어다. 그런데 아직까지 사람의 언어를 완전히 이해하고 원하는 작업을 수행하는 컴퓨터는 없고, 앞으로도 없을 것이라는 것이 필자의 생각이다. 따라서 사람이 사용하는 언어를 기반으로 명령문을 작성한다고 하더라도 어느 정도는 컴퓨터(컴파일러)에서 미리 정한 규칙이나 문법에 맞게 작성해야 컴퓨터가 이해하고, 지시한 대로 기능을 수행할 수 있다.

따라서 자바로 프로그래밍을 한다는 것은 자바의 컴파일러가 이해할 수 있는 단어(식별자, 예약어 등)를 문법에 맞게 작성하여 입력받은 데이터를 조작, 처리, 연산한 후 그 결과를 출력하는 과정을 의미한다. 따라서 우리가 프로그래밍을 잘하려면 프로그래밍의 정의에 언급되고 있는 여러 가지 요소에 대해 알아보는 것이 필요하다.

> **자바 프로그래밍 정의**
>
> 컴파일러가 이해할 수 있는 단어(식별자, 예약어 등)를 문법에 맞게 작성하여 입력받은 데이터를 조작, 처리, 연산한 후 그 결과를 출력하는 과정

먼저 식별자에 대해 알아보자. **식별자란, 다른 것과 구분되는 이름이라고 생각하면 된다.** 프로그래머는 자바 프로그래밍 중에서 변수나 메서드, 클래스 등과 같이 자바 프로그래밍에 쓰이는 여러 대상에 이름을 부여하는 일을 한다. 다음은 모든 식별자에 적용되는 지정 규칙을 나타낸 것이다. 예를 들어 변수에 같은 이름을 부여하면, 프로그래밍을 할 때 서로 구분되지 않아 프로그래밍을 하기가 어려워진다. 이 경우, 변수나 메서드, 클래스 등이 구분될 수 있도록 이름을 지정하는 것을 '**식별자**'라고 한다. 단, 각 식별자의 이름은 반드시 자바의 컴파일러가 지정한 규칙대로 지정해야 한다.

[표 3-1] 자바 각 요소의 식별자 지정 규칙

구분	식별자 지정 규칙	예제

클래스	• 첫 문자는 항상 대문자로 표현
	• 의미 있는 명사형으로 표현
		class Student{
		　...
		
		}

변수, 메서드	• 첫 문자는 항상 소문자로 표현
	• 변수는 의미 있는 명사형으로 표현
	• 메서드는 의미 있는 동사형으로 표현
	• 하나 이상의 단어가 합쳐지는 경우, 두 번째부터 나오는 단어의 첫 문자는 대문자로 표현
		String name;
		int count =5;
		int totalCount=10
		public String calcVol( ){
		　...
		}

이름 상수	• 상수는 의미 있는 명사형으로 표현 • 모든 문자를 대문자로 표현 • 하나 이상의 단어가 합쳐지는 경우에는 '_'를 사용하여 연결	float PI=3.14f; int TOTAL_COUNT=10 int NUM_SIZE=20

클래스의 첫 번째 문자는 항상 대문자이어야 한다. 그리고 변수나 메서드는 이와 반대로 소문자이어야 한다. 그리고 변수나 메서드는 식별자가 2개 이상의 단어로 이루어져 있을 경우, 뒤에 오는 단어의 첫 문자는 대문자로 표기해야 한다.

이름 상수(name constant)는 프로그래밍 시에 숫자를 대신하여 의미 있는 단어에 값을 저장한 후, 이 이름을 숫자처럼 사용하는 방법을 말한다. 이름 상수의 이름은 항상 대문자로 표기해야 한다. 그리고 2개 이상의 단어로 상수를 표기할 경우에는 '_'로 연결하여 표기해야 한다.

참고로 우리가 일상적으로 쓰는 상수, 예를 들어 −5, 4, 100, 3.15와 같은 수는 자바나 다른 언어에서 '**리터럴**(literal)'이라고 부른다.

지금까지 식별자의 지정 규칙에 대해 알아보았다. 그런데 변수명을 지정할 때 변수명의 첫 문자를 소문자로 지정하지 않고, 대문자로 지정하여 사용하더라도 오류는 발생하지 않는다. 하지만 자바에서 정한 식별자 지정 규칙을 지키면서 프로그래밍을 하는 것이 바람직하다.

실제 개발 현장에서는 모든 소스를 식별자 지정 규칙에 의해 작성하고 있다. 우리가 다른 사람이 작성한 이름의 형태만 보더라도 각 식별자의 의미를 바로 알 수 있는 이유는 바로 이 때문이다. 소스는 여러 사람들이 공통으로 사용하는 것이기 때문에 항상 지정된 규칙에 따라 작성해야 한다.

예약어(keyword)

예약어는 식별자와 달리 자바 언어에서 자신의 기능을 사용하기 위해 미리 사용하는 단어다. 따라서 자바에서 지정한 예약어를 앞에서 배운 클래스나 변수의 이름으로 사용하면 안 된다.

[표 3-2]는 자바 언어에서 사용되는 예약어를 나타낸 것이다.

[표 3-2] 자바 언어에서 사용되는 예약어(keyword)

abstract	assert	boolean	break	byte	case	catch
char	class	const	continue	default	do	double
else	enum	extends	false	final	finally	float
for	goto	if	implements	imort	instanceof	int
interface	long	native	new	null	package	private
protected	public	return	short	static	super	switch
strictfp	synchronized	this	try	void	while	–

[리스트 3.1]은 식별자가 변수명으로 사용되었을 때의 예다.

[리스트 3.1] 식별자 사용 예제(KeyTest.java)

```
1    public class KeyTest {
2        public static void main(String[] args) {
3            String name;
4            String class;
5            String new;
6        }
7    }
```

3행 : name은 변수명으로 사용할 수 있다.

4행 : class는 키워드이므로 변수명으로 사용할 수 없다.

5행 : new는 키워드이므로 변수명으로 사용할 수 없다.

데이터형(data type)

이번에는 자바 프로그램에서 처리할 수 있는 데이터의 종류에 대해 알아보자. 다음은 자바에서 처리할 수 있는 데이터의 종류를 나타낸 것이다.

자바 데이터형의 종류

- **기본 데이터형(Primitive Data Type)**
  - 수치형(정수): byte, short, int, long
  - 수치형(실수): float, double
  - 수치형(문자): char
  - 논리형: boolean
- **참조 데이터형(Reference Data Type)**
  - 기본 데이터형을 제외한 나머지를 말한다.
  - 자바에서는 '객체(인스턴스)'라고 한다.
    - (예) 문자열, 배열, 클래스, 인터페이스 등

우선 자바에서는 데이터를 크게 **'기본형 데이터'**와 **'참조형 데이터'**로 분류할 수 있다. 먼저 기본형 데이터를 살펴보면, 기본형 데이터는 일상생활에서 사용하는 숫자 데이터라고 생각하면 된다. 자바에서의 기본형 데이터는 다시 **'수치형 데이터'**와 **'논리형 데이터'**로 분류할 수 있다. 수치형은 다시 **'정수 타입'**, **'실수 타입'**, **'문자 타입'**으로 분류할 수 있다.

정수 타입은 우리가 일상에서 사용하는 5, 34, −2와 같은 정수를 의미한다. 그런데 자바에서는 이 정수 타입이 다시 네 가지로 분류된다. 자바에서는 같은 정수 데이터라도 정수 데이터를 메모리에 저장할 때 할당되는 메모리 크기에 따라 네 가지 데이터 타입으로 분류할 수 있다.

그리고 키보드에서 'a', 'A'라는 문자를 입력하면 자바에서는 각각의 문자에 할당된 고유 숫자값(아스키코드)으로 입력받은 문자를 프로그램에서 사용한다. 따라서 자바에서는 문자도 하나의 수치형 데이터로 인식한다. 예를 들어, 'a'+1을 프로그램에서 출력해보면 소문자 'b'가 출력된다.

그리고 기본형 데이터에는 논리형 데이터가 있다. 논리형 데이터를 나타내는 키워드는 **'boolean'**이다. 논리형이 가질 수 있는 데이터의 종류는 'true'와 'false'이다.

[표 3-3]은 기본형 데이터의 특징을 나타낸 것이다.

우선 논리형 데이터는 메모리에 저장할 때 1bit가 할당된다(실제는 1byte가 할당되나 그 중에 1bit만 사용된다). 그리고 가질 수 있는 값의 범위는 true아니면 false이다. 문자형 데이터를 나타내는 키워드(keyword)는 char이고, 문자는 메모리에 저장할 때 2byte가 할당된다. 2byte로 표현할 수 있는 문자값은 0에서 65,535까지다.

정수형은 다시 네 가지로 분류된다. byte 정수형 데이터는 정수를 입력받아 메모리에 저장할 때 1byte가 할당된다. 1byte에 저장할 수 있는 정수값의 범위는 −128에서 127까지다. short 정수형 데이터는 2byte가 할당된다. 그리고 int는 4byte, long 데이터형은 8byte가 할당된다. 당연히 정수값을 입력받아 메모리에 저장할 때 정수를 표현할 수 있는 범위의 데이터형을 지정해야 한다.

실수형 데이터도 float형과 double형으로 나눌 수 있다. float형은 입력받은 실수를 저장하기 위해 4byte의 메모리 공간을 할당한다. double형 데이터는 8byte가 할당된다. 당연히 double형 데이터의 표현 범위가 훨씬 크다. 그리고 각 데이터형에는 키워드(keyword)가 존재하는데, 이 키워드는 변수 부분에 중요하게 사용된다.

[표 3-4]는 프로그래밍에서 사용하는 알파벳과 키보드의 여러 특수 문자에 대한 고유 아스키 코드값을 나타낸 것이다. 프로그래밍 시 입력받은 문자는 다음과 같이 동일한 아스키값으로 변환되어 처리된다. 따라서 'a'라는 문자에 1을 더해 출력하면 'b'가 출력된다.

[표 3-3] 기본형 데이터들의 특징

자료형	키워드	크기	기본값	표현 범위
논리형	boolean	1bit	false	true, false
문자형	char	2byte	0	0~65535
정수형	byte	1byte	0	−128~127
	short	2byte	0	−32768~32767
	int	4byte	0	−2147483648~2147483647
	long	8byte	0	−9223372036854775808 ~9223372036854775807
실수형	float	4byte	0.0	−3.4E38~3.4E38
	double	8byte	0.0	−1.7E308~1.7E308

10진수	16진수	문자	10진수	16진수	문자
0	0x00	NULL	64	0x40	@
1	0x01	SOH	65	0x41	A
2	0x02	STX	66	0x42	B
3	0x03	ETX	67	0x43	C
4	0x04	EOT	68	0x44	D
5	0x05	ENQ	69	0x45	E
6	0x06	ACK	70	0x46	F
7	0x07	BEL	71	0x47	G
8	0x08	BS	72	0x48	H
9	0x09	HT	73	0x49	I
10	0x0A	\n	74	0x4A	J
11	0x0B	VT	75	0x4B	K
12	0x0C	FF	76	0x4C	L
13	0x0D	\r	77	0x4D	M
14	0x0E	SO	78	0x4E	N
15	0x0F	SI	79	0x4F	O
16	0x10	DLE	80	0x50	P
17	0x11	DC1	81	0x51	Q
18	0x12	DC2	82	0x52	R
19	0x13	DC3	83	0x53	S
20	0x14	DC4	84	0x54	T
21	0x15	NAK	85	0x55	U
22	0x16	STN	86	0x56	V
23	0x17	ETB	87	0x57	W
24	0x18	CAN	88	0x58	X
25	0x19	EM	89	0x59	Y

10진수	16진수	문자	10진수	16진수	문자
26	0x1A	SUB	90	0x5A	Z
27	0x1B	ESC	91	0x5B	[
28	0x1C	FS	92	0x5C	\
29	0x1D	GS	93	0x5D	]
30	0x1E	RS	94	0x5E	^
31	0x1F	US	95	0x5F	_
32	0x20	SP	96	0x60	`
33	0x21	!	97	0x61	a
34	0x22	"	98	0x62	b
35	0x23	#	99	0x63	c
36	0x24	$	100	0x64	d
37	0x25	%	101	0x65	e
38	0x26	&	102	0x66	f
39	0x27	'	103	0x67	g
40	0x28	(	104	0x68	h
41	0x29	)	105	0x69	i
42	0x2A	*	106	0x6A	j
43	0x2B	+	107	0x6B	k
44	0x2C	,	108	0x6C	l
45	0x2D	−	109	0x6D	m
46	0x2E	.	110	0x6E	n
47	0x2F	/	111	0x6F	o
48	0x30	0	112	0x70	p
49	0x31	1	113	0x71	q
50	0x32	2	114	0x72	r
51	0x33	3	115	0x73	s
52	0x34	4	116	0x74	t

10진수	16진수	문자	10진수	16진수	문자
53	0x35	5	117	0x75	u
54	0x36	6	118	0x76	v
55	0x37	7	119	0x77	w
56	0x38	8	120	0x78	x
57	0x39	9	121	0x79	y
58	0x3A	:	122	0x7A	z
59	0x3B	;	123	0x7B	{
60	0x3C	〈	124	0x7C	|
61	0x3D	=	125	0x7D	}
62	0x3E	〉	126	0x7E	~
63	0x3F	?	127	0x7F	DEL

이번에는 참조형 데이터에 대해 알아보자. 참조형 데이터란, 기본형 데이터를 제외한 나머지 데이터를 말한다. 문자열, 배열, 클래스의 인스턴스 등이 모두 참조형 데이터다. 여기서 중요한 것은 문자열이 참조형 데이터라는 것이다. 예를 들어 'a'라는 소문자가 자바에서 "a"와 같이 쌍따옴표 안에 있으면 문자열이다. 숫자도 "123"처럼 쌍따옴표 안에 있으면 숫자가 아니라 문자열이다.

5장에서도 배우겠지만, 자바의 모든 클래스의 인스턴스는 참조형 데이터다. 배열도 자바에서는 내부적으로 클래스 인스턴스로 변환되기 때문에 참조형 데이터다. 자바의 데이터형은 매우 중요하므로 잘 구분해 놓아야 한다.

변수(variable)

이번에는 변수에 대해 알아보자. 변수의 사전적 의미는 '변하는 수'다.

변수 정의

- 프로그램 실행 시 개발자가 특정 메모리 영역에 할당한 이름
- 개발자 입장에서 프로그램 작성이 쉽다.

다음은 변수의 사용 방법을 나타낸 것이다. 앞에서 배운 각 데이터 타입을 나타내는 키워드를 변수명 앞에 위치시킨 후에 변수를 선언하면 프로그램 실행 시 CPU는 [표 3-3]의 각 데이터 타입 키워드에 해당하는 메모리의 '크기'만큼 영역을 잡아 그 영역의 이름을 변수명으로 지정한다. 그리고 두 번째 단계에서는 변수에 저장하고 싶은 값을 '=' 연산자(할당 연산자)를 이용하여 변수명으로 할당하면 변수로 지정된 영역에 값이 저장된다.

변수 사용법

1. 변수 선언하기

　형식: Data Type 변수명:

　㉘ int num;

2. 변수 초기화하기

　형식: 변수명=값;

　㉘ num=5;

[그림 3-1]과 [그림 3-2]는 자바 변수의 사용 예제다. 기본형 변수를 먼저 살펴보자. 첫 번째 줄에서 int형 변수를 선언하면 CPU는 4바이트(byte)를 메모리에 할당하여 'num'이라는 이름을 붙인다. 그리고 두 번째 줄에서 'num=4' 명령문을 CPU가 실행하면 '4'라는 정수형 데이터가 메모리의 'num'이라고 지정한 영역에 저장된다. 중요한 것은 num은 int형으로 선언된 변수이므로 num에 저장할 수 있는 데이터는 정수형 데이터라는 것이다. [그림 3-1]처럼 3.4f 실수를 변수에 저장하려고 하면 오류가 발생한다. 변수에는 변수 선언 시에 지정한 데이터 타입만 저장할 수 있다.

[그림 3-2]의 참조형 변수 사용법도 기본형과 같다. 'name'이라는 String 타입 변수를 선언하면 메모리에 'name'이라는 변수가 생성된다. 참조형 변수 생성 시 초기화하지 않으면 초깃값으로 null이 저장된다. 그런 다음, 문자열을 저장한다. [그림 3-1]과 [그림 3-2]에는 선언과 동시에 바로 초기화하는 방법으로도 사용할 수 있다.

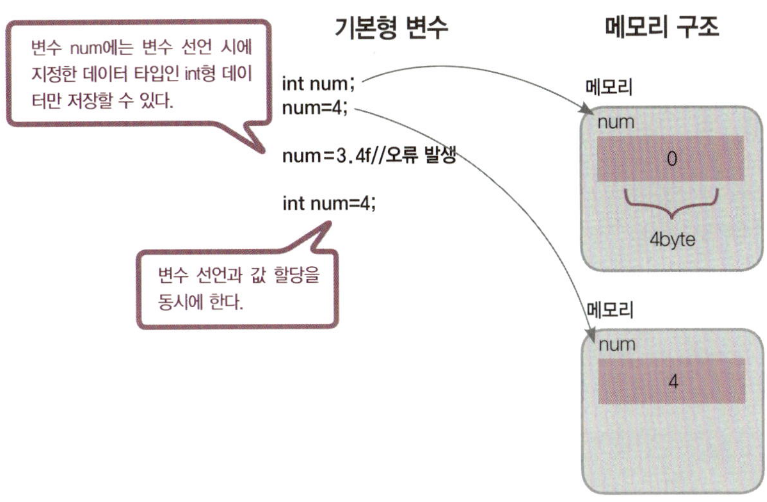

[그림 3-1] 기본형 변수 사용 방법과 변수의 메모리 구조

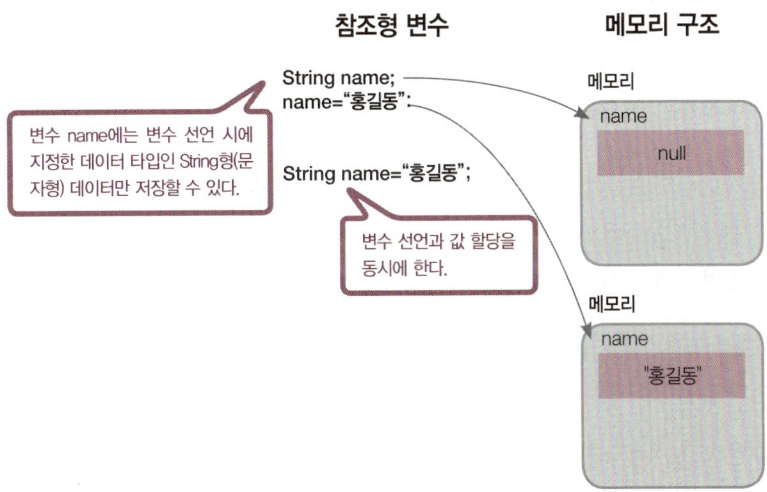

[그림 3-2] 참조형 변수 사용 방법과 변수의 메모리 구조

이번에는 변수를 사용하는 이유에 대해 알아보자. [그림 3-3]은 변수를 사용하지 않고 1+2의 결과값을 구하는 과정이다. 이는 기존의 기계어에서 프로그래밍하는 방식이다. 즉, 1과 2를 저장하기 위해 직접 '[]' 연산자 안에 메모리 주소값을 지정하여 입력을 받는다. 그리고 다시 그 위치의 값을 더한 후 결과값을 또다시 '[]' 연산자를 이용하여 메모리 셀에 저장한다.

이와 같은 방식으로 프로그래밍을 하면 [그림 3-3]에는 메모리의 주소값이 4자리 수인데, 실제 컴퓨터의 메모리 주소는 훨씬 복잡하다. 따라서 컴퓨터 관련 전문 지식이 있는 사람들만 프로그래밍할 수 있고, 또 프로그래밍을 하더라도 기계의 입장에서 프로그래밍을 하므로 실수가 생길 여지가 많으며, 프로그래밍할 수 있는 분량도 적을 수 밖에 없다.

[그림 3-4]는 변수를 사용하여 프로그래밍하는 예다. [그림 3-4]처럼 각각의 a와 b 변수를 사용하여 값을 저장하면 CPU가 알아서 메모리에 이름을 붙인 후에 값을 저장한다. 그리고 값을 가지고 와서 연산할 때도 변수 이름을 그대로 사용하여 계산하므로 앞의 기계어로 프로그래밍할 때보다 훨씬 쉽고, 효율적인 프로그래밍이 가능하다.

[그림 3-3] 변수를 사용하지 않고 1+2를 계산하는 과정   **[그림 3-4]** 변수를 사용하여 1+2를 계산하는 과정

[리스트 3.2]는 실제 변수의 사용 예다. 변수에는 원칙적으로 특수 문자를 사용할 수 없다. 그런데 **8행**과 **9행**처럼 '$'와 '_'는 예외적으로 변수 이름에 사용할 수 있다. 그 이유는 자바가 C언어의 영향을 받아 C언어에서 사용하는 것을 자바가 그대로 받아들였기 때문이다.

18행의 "="을 기준으로 같은 변수가 위치하는 경우다. [그림 3-5]는 의미를 나타낸 것이다. **18행**이 수행된 후 a의 값은 7이 된다.

[리스트 3.2] 변수 선언 방법(VarTest.java)

```
1      public class VarTest{
2          public static void main(String args[ ]){
3              int a;
4              //int 1a;
5
6              int a1;
7              int a123b;
8              int a123$;
9              int a_123;
10             // int a@#;
11             int b,c;
12             int b1,c1;
13
14             a=3;
15             //a=3.14
16             b=5;
17             c=a;
18             a=a+4;
19             .....
```


3행   : 변수 a를 선언한다.

4행   : 변수명은 반드시 알파벳으로 시작해야 하고, 첫 번째 문자에 숫자를 쓰면 안 된다.

6, 7행 : 숫자를 변수명의 중간이나 마지막에 쓸 수 있다.

8, 9행 : 특수 문자는 "_"와 "$"만 변수명에 쓸 수 있다.

10행   : 변수명에 특수 문자를 쓰면 오류가 발생한다.

12행   : 같은 타입의 변수들을 "," 한 줄에 여러 개 선언할 수 있다.

15행   : 변수에는 선언 시 지정한 타입의 데이터만 저장할 수 있다.

17행   : 우측의 변수 'c'의 값을 좌측의 변수에 저장하라는 의미다.

18행   : "="을 기준으로 오른쪽의 변수명은 변수에 저장된 값을 의미한다.

[리스트 3.3]은 변수의 사용 예제다. **3, 4행**에서 두 변수를 선언하는 동시에 초기화를 한다. 두 번째 변수인 'totalCount'는 2개의 단어가 합쳐져서 변수명을 이루므로 두 번째 단어의 첫 번째 문자인 'C'가 대문자다.

6, 7행에서 두 변수의 값을 출력해보면 0과 5가 나온다. 그런데 **9행**에서 변수 'num'에 '54'라는 또 다른 정수를 저장한다. 그러면 [그림 3-6]처럼 기존에 num에 저장된 0은 사라지고 54로 대체되어 저장된다. 그리고 다시 **10행**에서 num의 값을 출력해보면 [그림 3-7]처럼 '54'가 출력된다.

이처럼 우리가 변수라고 부르는 이유는 프로그램 실행 중에 다른 값으로 변경하여 저장한 후 사용할 수 있기 때문이다.

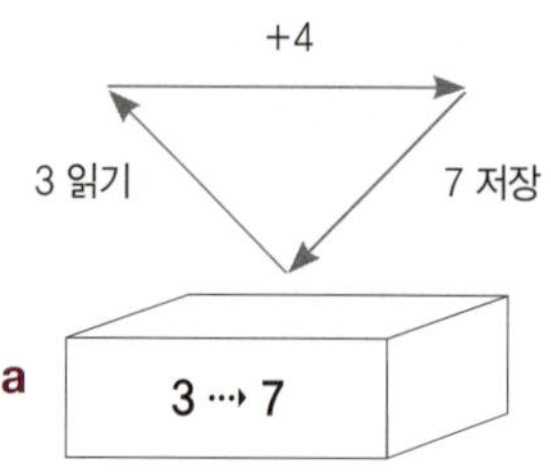

[그림 3-5] 변수값 증가시키기

[리스트 3.3] 변수 사용 예제(VarTest1.java)

```java
1    public class VarTest1 {
2        public static void main(String[] args){
3            int num=0;
4            int totalCount=5;
5
6            System.out.println("num의 값은 = "+num);
7            System.out.println("totalCount의 값은 = "+totalCount);
8
9            num=54;
10           System.out.println("num의 값은 = "+num);
11           //num=3.14;
12       }
13   }
```

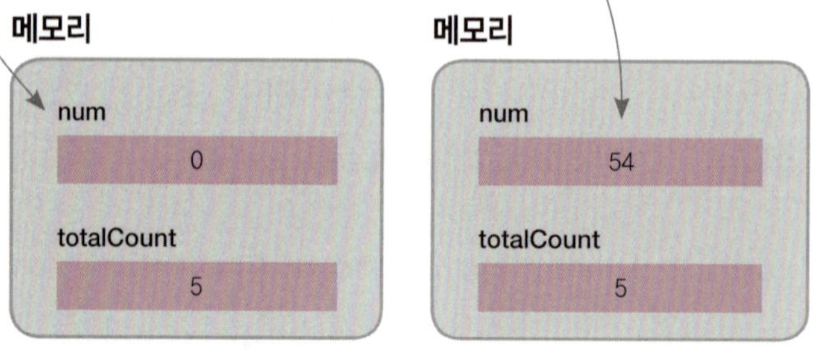

메모리

num
0

totalCount
5

(a) 3, 4행 실행 후 변수에 저장된 값

메모리

num
54

totalCount
5

(b) 9행 실행 후 변수에 저장된 값

[그림 3-6] 변수의 메모리 구조

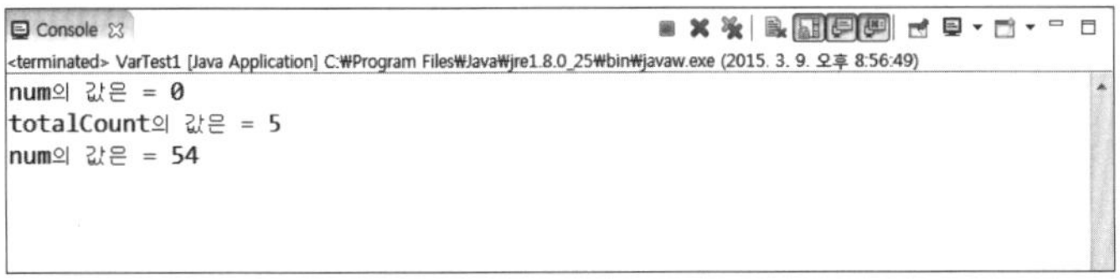

[그림 3-7] 실행 결과

[리스트 3.4]는 참조형 변수와 boolean 변수의 사용 예제다. 문자열(String) 변수 name과 address를 선언한 후 각각 "홍길동"과 "서울시 서초구 서초동"이라는 문자열을 저장한다. 그런 다음, **7행**에서 address에 다시 "경기도 수원시 팔달구"라는 값을 저장한다.

9행에서 name과 address의 값을 출력해보면, name은 그대로 "홍길동"이지만 address의 값은 "경기도 수원시 팔달구"가 출력된다. 즉, [그림 3-8]처럼 변수에는 가장 최근에 저장한 값이 저장되어 있다.

5행에는 boolean 타입 변수 isBoolean이 선언되어 있고, true값으로 초기화하고 있다. 이때 주의해야 할 점은 boolean 타입 변수에는 그냥 true나 false가 저장된다는 것이다. "true"나 "false"로 저장하면 오류가 발생한다. 그리고 boolean 변수에 저장할 수 있는 값은 true나 false 두 값 중 하나다.

동일하게 **15행**에서 isBoolean 변수의 값을 false로 변경하고 **17행**에서 isBoolean의 값을 출력해보면 false가 출력된다.

[리스트 3.4] 참조형 변수 사용 예제(VarTest2.java)

```
1    public class VarTest2{
2        public static void main(String args[]){
3            String name="홍길동";
4            String address ="서울시 서초구 서초동";
5            boolean isBoolean =true;
6
7            address="경기도 수원시 팔달구";
8
9            System.out.println(name + "의 실제 주소는 " + address + " 입니다.");
10           System.out.println( );
11
12           System.out.println("isBoolean의 값은 " + isBoolean + "입니다.");
13           System.out.println( );
```

```
14
15              isBoolean =false;
16
17              System.out.println("isBoolean의 값은 " + isBoolean + " 입니다.");
18      }
19  }
```

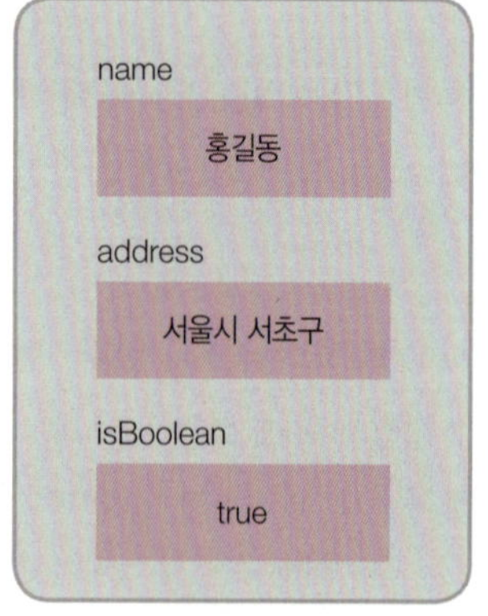

(a) 3~5행 실행 후 변수 상태

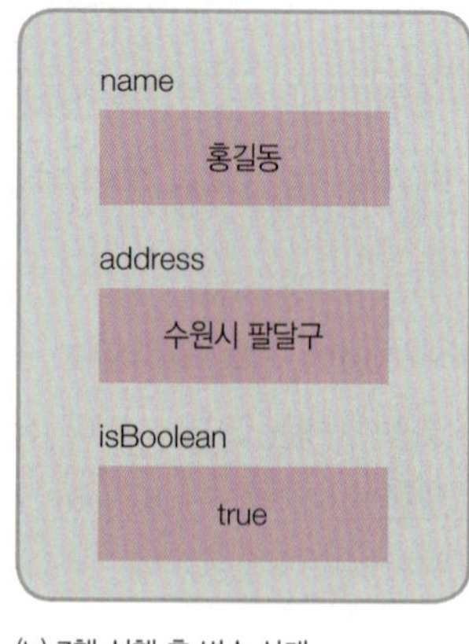

(b) 7행 실행 후 변수 상태

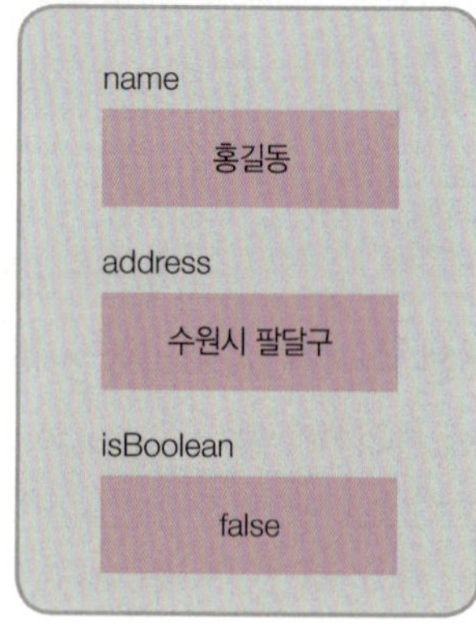

(c) 15행 실행 후 변수 상태

[그림 3-8] 참조형 변수의 메모리 구조

[그림 3-9] 실행 결과

다음은 자바에서 사용되는 변수의 종류이다. [표 3-5]처럼 자바 변수는 크게 세 가지 종류로 나눌 수 있다.

로컬 변수는 '**지역 변수**'라고 불리며, 메서드 내에서 선언된 변수다. 메모리에 변수가 생성되는 시기는 메서드가 호출될 때 생성되어 사용되고, 메서드 사용이 끝나고 호출된 곳으로 복귀할 때 메모리에서 소멸된다. 그리고 반드시 선언 시 초기화해주어야 한다. 자세한 내용은 4장에서 다룬다.

그리고 두 번째 변수는 '**인스턴스 변수**'다. 이 변수는 5장부터 배울 클래스 내에서 선언된 변수다. 변수 생성 시기는 클래스 인스턴스가 메모리에 생성될 때 만들어진다.

그리고 다른 하나는 '클래스 변수' 또는 '**static 변수**'라고 불리는 변수다. 이 변수는 변수 선언 시 변수 앞에 static 지정자로 지정된다. 그러면 프로그램 시작 시에 메모리에 생성된다. 자세한 내용은 7장에서 학습한다.

[표 3-5] 자바 변수의 종류

변수 종류	변수 선언 위치	변수 생명 주기	주의 사항	특징
지역 변수	메서드 내에서 선언	메서드 호출 시 생성되고 메서드 복귀 시 소멸	선언과 동시에 반드시 초기화해야 한다.	
인스턴스 변수	클래스의 멤버로 선언되는 변수	클래스 객체 생성 시에 메모리에 생성되고 객체 소멸 시에 변수 소멸	초기화하지 않으면 타입별로 [표 3-3]의 기본값으로 초기화된다.	객체 생성 때마다 만들어진다.
클래스 변수	인스턴스 변수 중 static으로 지정된 변수	프로그램 실행 시에 객체 생성과 상관없이 메모리에 생성되고 프로그램 종료 시에 소멸	초기화하지 않으면 타입별로 [표 3-3]의 기본값으로 초기화된다.	단 한 번만 생성된다.

[리스트 3.5]는 실제 각각의 변수가 사용되는 클래스를 나타낸 것이다.

[리스트 3.5] BoxTest.java

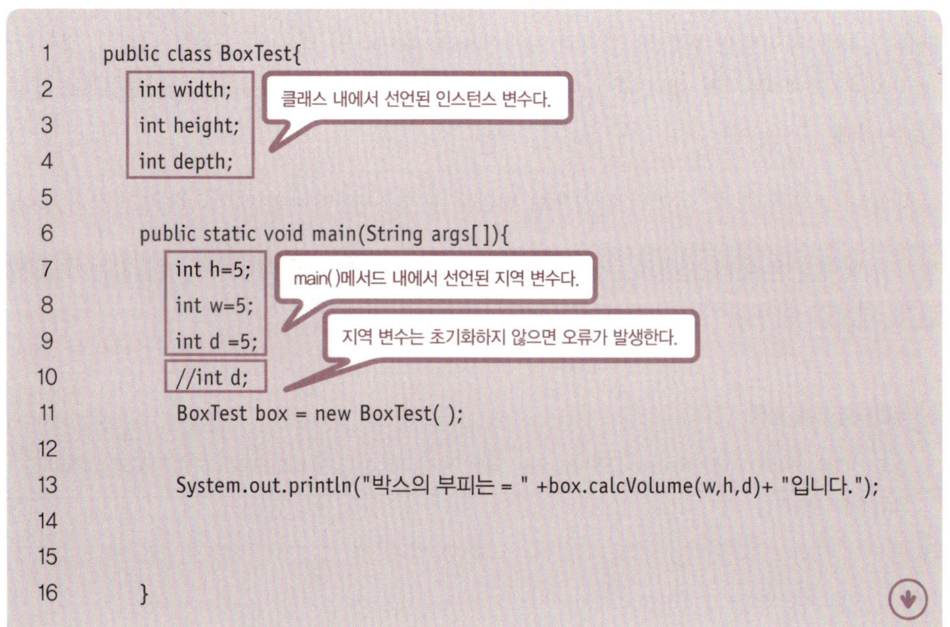


```
1    public class BoxTest{
2        int width;
3        int height;
4        int depth;
5
6        public static void main(String args[]){
7            int h=5;
8            int w=5;
9            int d =5;
10           //int d;
11           BoxTest box = new BoxTest( );
12
13           System.out.println("박스의 부피는 = " +box.calcVolume(w,h,d)+ "입니다.");
14
15
16       }
```

```
17
18
19        public int calcVolume(int w, int h,int d){
20            width =w;
21            height=h;
22            depth=d;
23            int vol = width*height*depth;
24            return vol;
25
26        }
27    }
```


06 JAVA / 데이터형 변환

앞에서 자바 언어에서 처리할 수 있는 데이터의 종류에 대해 배웠다. 각 데이터 타입은 서로 다른 타입으로 변환되는데, 이것이 바로 **'데이터형 변환'**이다. 종류가 다른 데이터들 간에 연산이나 값을 할당하는 경우, 원래 가지고 있던 데이터형이 다른 종류의 데이터형으로 전환되는 것을 말한다.

다음은 자바 데이터형 변환의 정의와 자바에서의 데이터형 변환의 종류를 나타낸 것이다. 형 변환은 크게 **'묵시적 형 변환(promotion)'**과 **'명시적 형 변환(type casting)'**으로 분류할 수 있다.

묵시적 형 변환은 더 큰 데이터 타입으로 변환되는 경우다. 따라서 데이터값의 변경이 없다.

명시적 형 변환은 이와 반대로 큰 데이터 타입이 더 작은 데이터 타입으로 변환되는 것을 말한다. 명시적 형 변환이 발생할 때에는 원래 데이터가 변경될 수 있다.

데이터형 변환 정의

종류가 다른 데이터 간에 연산이나 값을 할당하는 경우, 원래 가지고 있던 데이터형이 다른 종류의 데이터형으로 전환되는 것

> **묵시적 형 변환(promotion)**
>
> - 더 큰 자료형으로 변환(자동으로 발생)
> - 원래 데이터값이 보존된다.
>
> **명시적 형 변환(type casting)**
>
> - 작은 자료형으로 변환(캐스팅 연산자 이용)
> - 원래 데이터값이 보존되지 않을 수 있다.

[리스트 3.6]은 데이터 변환 중 promotion이 일어나는 예다. promotion의 예를 보면 fNum이라는 변수는 float형 변수로 선언된 후, 5.0f라는 실수를 저장한다. 그런데 **3행**에서 변수 fNum에 정수 7을 저장하면, 7은 내부적으로 7.0f라는 더 큰 데이터 타입으로 자동 변환되어 fNum이라는 변수에 저장된다. 이처럼 작은 타입의 데이터를 큰 타입의 데이터 변수에 저장하면 작은 타입이 큰 타입 데이터로 자동으로 변환된다.

[리스트 3.7]은 type casting의 예다. num이라는 정수형 변수를 선언한 후 5라는 정수값을 저장한다. 그런데 **3행**에서 5/3의 결과값을 다시 저장한다. 그러면 사람은 5/3의 결과값은 1.666..이지만, 자바는 5/3을 나눈 결과값 중에 정수만 num에 저장하라는 의미로 받아들인다. 따라서 num에는 1이 저장된다. 이처럼 큰 타입의 데이터가 작은 타입의 데이터로 변환되는 것이 type casting이다.

[리스트 3.6] promotion이 일어나는 경우

```
1        float fNum=0f;
2        fNum=5.0f;
3        fNum=7;
```

3행 : 정수형 데이터 7이 실수형 변수 fNum에 저장되기 전에 실수형 데이터 7.0f인 더 큰 타입으로 promotion 된다.

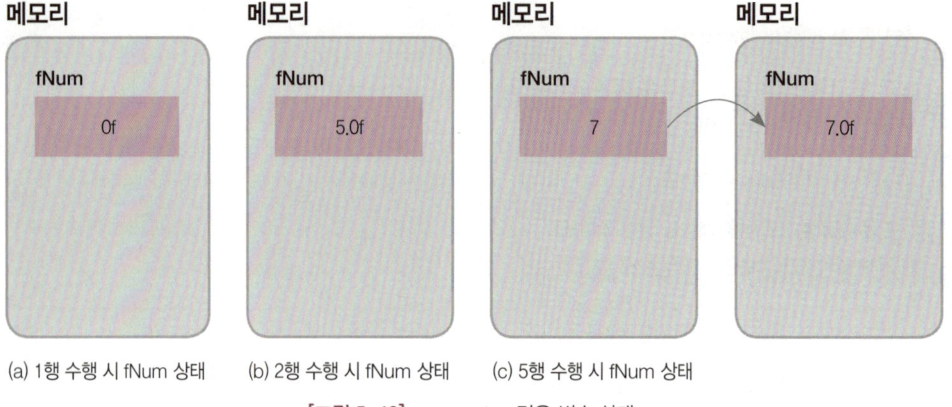

(a) 1행 수행 시 fNum 상태　(b) 2행 수행 시 fNum 상태　(c) 5행 수행 시 fNum 상태

[그림 3-10]　promotion 경우 변수 상태

[리스트 3.7] 타입 캐스팅이 일어나는 경우

```
1        int num=0;
2        num=5;
3        num=5/3;
```

3행 : 5/3의 결과는 1.6666…으로, 실수이지만 자바에서의 정수/정수는 결과값 중에 정수만 얻으라는 의미다. 따라서 1이 변수 num에 저장된다.

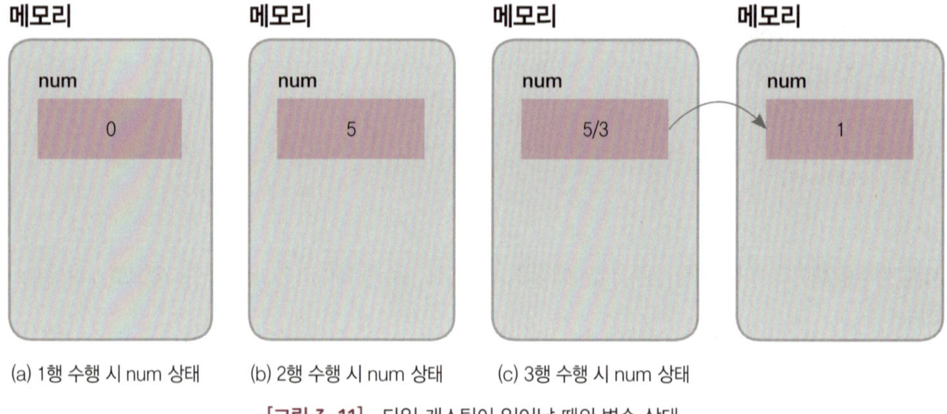

(a) 1행 수행 시 num 상태　(b) 2행 수행 시 num 상태　(c) 3행 수행 시 num 상태

[그림 3-11]　타입 캐스팅이 일어날 때의 변수 상태

[리스트 3.8]은 byte와 short 타입 데이터의 형 변환을 나타내는 예제다. **3, 4행**에서 byte 타입 변수 bVar1와 bVar2를 선언한 후 12와 17로 초기화하고 있다. 그리고 5행의 주석문을 보

면 bVar1+bVar2의 결과값을 bVar3에 저장하고 있다. [그림3-12]의 (a)는 메모리의 변수 상태를 나타낸 것이다.

bVar1+bVar2의 결과값은 자바에서 자동으로 int형 데이터로 promotion한다. 따라서 **5행**처럼 29를 bVar3에 저장하면 오류가 발생한다. [그림 3-12]에서 보는 것처럼 같은 정수라도 bVar1+bVar2에 의한 결과값 29는 메모리에 저장하기 위해 4byte가 할당되는 int형 정수다. 이 정수 데이터를 크기가 1byte밖에 안 되는 bVar3에 저장하면 크기가 맞지 않기 때문에 오류가 발생한다. 따라서 bVar3에 29를 저장하기 위해서는 **6행**에서처럼 바이트(byte)를 이용하여 type casting을 한 후 bVar3에 저장해야 한다.

[리스트 3.8]에서 **9~12행**은 short 변수 sVar1과 sVar2를 선언한 후 12와 17로 초기화하고, sVar1+sVar2를 한 결과값을 다시 short 타입 변수 sVar3에 저장하면 오류가 발생한다. short 타입 데이터도 byte 타입 데이터와 마찬가지로 [그림3-12]의 (b)처럼 연산한 결과값은 자바에서 자동으로 int형 데이터로 변환한다. 그러므로 결과값 29는 메모리의 4byte 영역에 저장된다.

즉, int형 정수 데이터를 sVar3에 저장하면 오류가 발생한다. 따라서 **12행**처럼 int형 데이터를 명시적으로 short 연산자를 사용하여 type casting해야 한다.

15~17행의 int형 데이터는 정상적으로 연산하면 된다. **20행**에서는 double형 변수 h에 3.14F라는 float형 실수를 저장하고 있다. double형이 8byte로 float형보다 큰 타입이므로, 3.14f는 내부적으로 3.14d 타입으로 형 변환(promotion)되어 변수 h에 저장된다.

21행은 이와 반대의 경우로, double형 실수를 float형 변수에 저장하면 오류가 발생한다. 따라서 **22행**처럼 명시적으로 형 변환(type casting)을 해야 한다.

25행에서도 오류가 발생한다. 데이터 타입이 다른 데이터끼리 연산하면 큰 데이터 타입이 기준이 된다. 즉, 3.14f와 3.14d를 연산하면 큰 데이터 타입이 기준이므로 3.14f가 3.14d로 promotion되어 다른 3.14d와 더해져서 6.28d라는 결과값이 된다. 그런데 저장하는 변수 f1은 float형이므로 오류가 발생한다.

이처럼 자바에서는 byte나 short처럼 데이터 타입이 작은 데이터들의 연산 결과값은 자동으로 int형으로 변환한다. **이렇게 함으로써 작은 데이터끼리의 연산 결과값을 작은 변수에 저장할 때 표현 범위를 넘어서는 값이 자동으로 손실되는 경우를 방지할 수 있다.** 예를 들어 bVar1에는 100을, bVar2에는 120을 저장하여 더한 후, bVar3에 저장하면 더한 결과값 220을 온전히 bVar3에 저장할 수 없다.

표현 가능한 범위를 넘어서는 값을 저장했기 때문에 bVar3에는 쓰레기값이 저장된다. 이 경우처럼 데이터가 금전 데이터인 경우에 이런 식으로 임의의 값이 저장되어 처리된다면 큰 문제가 발생한다. 그러므로 자바에서는 작은 데이터 타입이 연산을 하는 경우는 int형으로 자동 형 변환한다. 그리고 자바는 정수형 데이터는 4byte씩 처리하는 것을 기본으로 하고 있으므로, 특별한 경우가 아니라면 byte나 short 데이터 대신 int형으로 사용하는 것이 효율적이다. 내부적으로 byte나 short 타입 데이터를 만들고자 한다면 또다시 CPU가 int형 데이터를 분해하는 작업을 해야 하기 때문이다.

[리스트 3.8] 데이터 형 변환 예제(DataConversionTest.java)

```
1    public class DataConversionTest {
2        public static void main(String [ ] args){
3            byte bVar1 = 12;
4            byte bVar2 = 17;
5            //byte bVar3 = bVar1+ bVar2;
6            byte bVar3 = (byte)(bVar1+ bVar2);
7            System.out.println("bVar2 : " + bVar2);
8
9            short sVar1 = 12;
10           short sVar2 = 17;
11           // short sVar3 = sVar1 + sVar2;
12           short sVar3 = (short) ( sVar1 + sVar2 );
13           System.out.println("sVar3 : " +sVar3 );
14
15           int i1= 4;
16           int i2 =5;
17           int i3 = i1+i2;
18           System.out.println("i3 : " +i3);
19
20           double h = 3.14F;
21           // float f = 3.14;
22           float f = (float)3.14;
23
24           float f2 =3.14F+3.14F;
25           // float f1 =3.14F+3.14;
26           System.out.println("f2 : " +f2);
27       }
28   }
```

5행 : 자바의 byte 데이터끼리 연산한 결과는 자동으로 int형 데이터로 promotion된다.

메모리

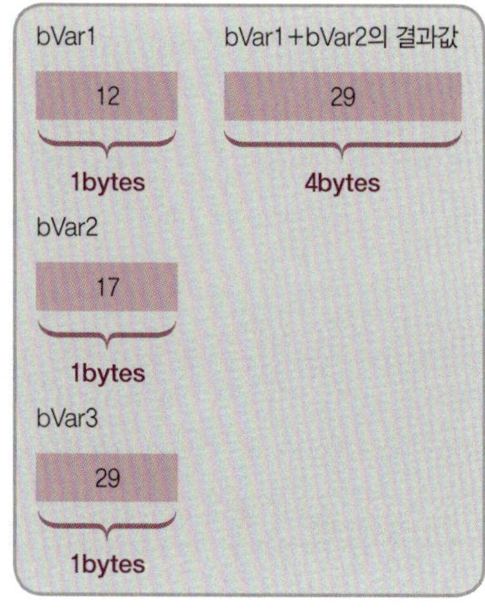

(a) byte 타입 변수에 값 할당하기

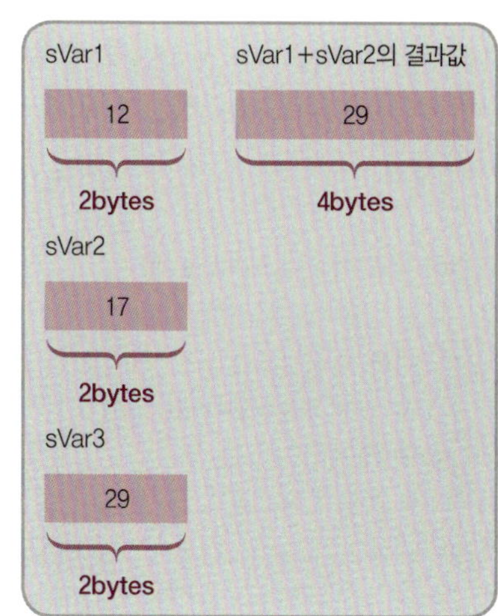

(b) short 타입 변수에 값 할당하기

[그림 3-12] 타입 캐스팅 시 변수 상태

[리스트 3.9]는 원화를 달러로, 달러를 원화로 변환하는 예제다. **4행**에서 rate 변수에 환율 정보를 저장한다. **7행**에서 원화를 환율로 나누어 달러로 환산한다. won과 rate 변수는 모두 정수이므로 나눈 결과값에서 정수 부분만 dollar에 저장된다. 그 값은 [그림 3-13]처럼 368.0달러이다.

소수점 이하 부분은 구하지 못한다.

10행에서는 won과 rate 변수값을 float로 형 변환한 후 달러로 환산하고 있다. 결과값에는 368.75달러가 표시된다. 즉, float/float이므로 실수 부분까지 결과를 구할 수 있다.

12행의 결과도 **10행**의 실행문을 수행했을 때와 같은 값을 가진다. 즉, 나누기 연산자보다 형 변환 연산자의 우선순위가 높기 때문에 먼저 won을 float형으로 변환한 후 다시 rate로 나누므로 rate도 자동으로 float로 변환되고, 결국 float/float가 되어 같은 결과값을 출력한다.

16행에서는 이와 반대로 달러를 원화로 환산하고 있다. **15행**에서는 dollar는 float형이므로 결과값을 won에 할당하면 오류가 발생한다. 먼저 **16행**에서는 dollar를 int형으로 형 변환한 후 rate와 곱하여 원화로 환산한다.

실제 결과를 보면 원래의 won에 저장된 값과 다르다. 그 이유는 dollar를 type casting함으로 인해 소수점 아랫부분이 버려졌기 때문이다. **19행**은 먼저 dollar와 rate값을 곱한 후에 그 결과값을 형 변환하고 있다. 값을 출력해보면 원래 won에 설정한 초깃값 그대로 변환되어 출력되는 것을 알 수 있다.

[리스트 3.9] 환율 변환하기(CurrencyTest.java)

```java
1    public class  CurrencyTest{
2        public static void main(String[ ] args) {
3            int won=354000;
4            int rate=960;
5            float dollar;
6
7            dollar=won/rate; //정수만 리턴한다(소수부는 버림)
8            System.out.println(won+"원 에 대한 달러는 :"+dollar+" 달러");
9
10           dollar=(float)won/(float)rate;
11           System.out.println(won+"원 에 대한 달러는 :"+dollar+" 달러");
12           dollar=(float) won/rate;
13           System.out.println(won+"원 에 대한 달러는 :"+dollar+" 달러");
14
15           //won=dollar*rate;
16           won=(int)dollar*rate;
17           System.out.println(dollar+"달러에 대한 원은:"+won+"원");
18
19           won=(int)(dollar*rate);
20           System.out.println(dollar+"달러에 대한 원은:"+won+"원");
21       }
22   }
```

10행 : float/int는 int가 자동으로 float로 변환(float/float)된다.

12행 : float/int는 int가 자동으로 float로 변환(float/float)된다.

15행 : 형 변환 연산자가 "/" 연산자보다 우선(368*960)이다.

19행 : dollar와 rate를 곱한 값을 정수로 변환한다.

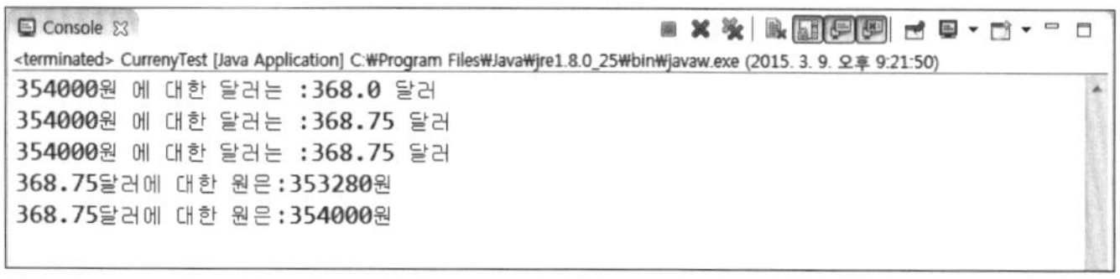

[그림 3-13] 실행 결과

[리스트 3.10]은 문자와 정수형 데이터 간의 형 변환을 나타낸 것이다. 앞에서 자바는 문자를 입력받으면 각 문자에 할당된 고유의 아스키코드로 문자를 처리한다고 했다. **6행**에서 변수 ch에 저장된 'a'의 아스키코드값을 출력하고 있다. 문자 'a'의 아스키코드값은 '97'이다. 이와 반대로 변수 num에 저장된 정수를 char로 형 변환한 후에 문자로 출력하고 있다. **9행**에서 문자에 정수를 더한 후 출력하면 아스키코드값에 대한 문자가 출력된다. [그림 3-14]는 실행 결과를 나타낸 것이다.

[리스트 3.10] 문자 형 데이터 형 변환 실습 예제 1(CharTest1.java)

```
1    public class CharTest1 {
2        public static void main(String[] args){
3            char ch='a';
4            int num=97;
5
6            System.out.println("ch의 값:"+ch+", 아스키코드:"+(int)ch);
7            System.out.println("num의 값:"+num+",문자:"+(char)num);
8
9            System.out.println("ch+1의 값: "+(ch+1)+" ,문자:"+(char)(ch+1));
10           System.out.println("num+1의 값: "+(num+1)+",문자:"+(char)(num+1));
11       }
12   }
```

6행 : 변수 ch에 저장된 'a'를 정수(아스키코드)값으로 출력한다.

7행 : 변수 num의 값을 char로 변환한 후 문자로 출력한다.

9행 : 변수 ch에 1을 더한 후 문자로 출력하면 알파벳 'b'가 출력된다.

10행 : num의 값에 1을 더한 후 문자형으로 변환하고 출력하면 'b'가 출력된다.

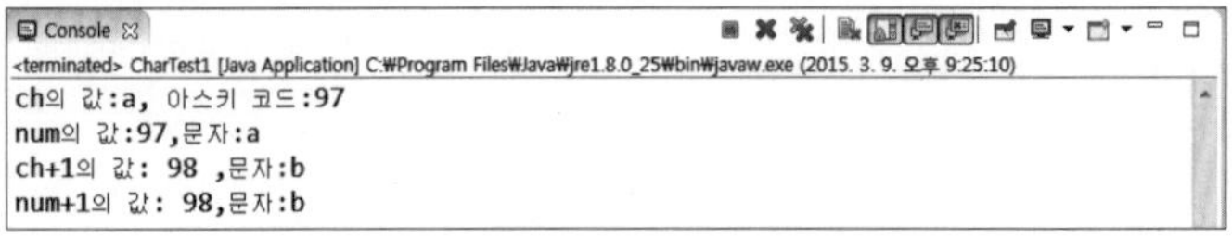

[그림 3-14]   실행 결과

[리스트 3.11]은 또 다른 문자 변환 예제다. **12~16행**의 각 변수에 저장된 문자에서 32를 뺀 후 출력해보면 각 소문자에 대한 대문자로 변환되어 출력된다.

[리스트 3.11] 문자 형 데이터 형 변환 실습 예제 2(CharTest2.java)

```
1      public class CharTest2 {
2          public static void main(String[ ] args) {
3                  char ch1='h';  //아스키코드값:104
4                  char ch2='e';  //101
5                  char ch3='l';  //108
6                  char ch4='l';  //108
7                  char ch5='o';  //111
8
9                  System.out.println(ch1+ch2+ch3+ch4+ch5);
10                 System.out.println((ch1)+""+(ch2)+""+ch3+""+ch4+""+ch5);
11
12                 System.out.println((char)(ch1-32)+""+
13                                     (char)(ch2-32)+""+
14                                     (char)(ch3-32)+""+
15                                     (char)(ch4-32)+""+
16                                     (char)(ch5-32));
17         }
18
19     }
```

9행   : 변수를 더한 후 출력하면 각 문자의 아스키코드값이 더해져서 출력된다.

10행   : 변수의 문자가 출력된다.

12, 16행 : 각 문자에서 32를 빼면 소문자가 대문자로 변환되어 출력된다.

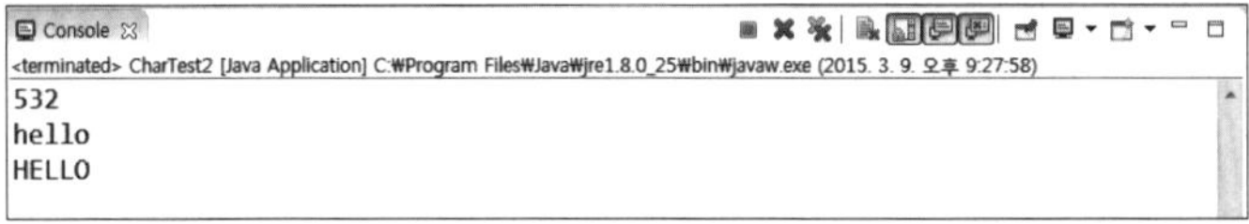

[그림 3-15] 실행 결과

[표 3-6]은 자바에서 사용되는 여러 가지 이스케이프 시퀀스(escape sequence)를 나타낸 것이다. 이스케이스 시퀀스란 컴퓨터가 주변 장치를 제어하는데 사용되는 특수 문자라고 보면 된다.백스페이스키를 누른다든지 문자열을 바꾼다든지 하는 명령을 이스케이프 시퀀스 특수 문자로 프로그래밍상에서 직접 실행할 수 있다. 이 특수 문자는 사용 시에 반드시 앞에 "\"(백슬래시)를 붙여 사용한다.

[표 3-6] 여러 가지 이스케이프 시퀀스 기능

이스케이프 시퀀스(escape sequence)	의미
\b	백스페이스
\t	탭
\n	개행 문자
\r	열 복귀(다음 줄 맨 앞으로 이동)
\"	이중 인용 부호
\'	단일 인용 부호
\\	백슬래시

[리스트 3.12]는 각 이스케이프 시퀀스 특수 문자 실습 예제다. **11행**에서는 "\n"을 이용하여 한 행에 하나의 문자를 출력하고 있다. **13행**은 문자 사이에 한 탭 간격으로 출력하고 있다.

15행의 "\r"은 다음 행의 맨 처음으로 이동하여 출력하라는 의미이므로 "\n"처럼 한 줄에 하나의 문자를 출력하고 있다. 단일 인용 부호와 이중 인용 부호에도 "\"를 붙여 사용하고 있다. [그림 3-16]은 실행 결과를 나타낸 것이다.

[리스트 3.12] 이스케이프 시퀀스 사용 예제(CharTest3.java)

```java
1    public class CharTest3 {
2        public static void main(String[] args) {
3            char ch1='h';
4            char ch2='e';
5            char ch3='l';
6            char ch4='l';
7            char ch5='o';
8
9            System.out.println((ch1)+""+(ch2)+""+ch3+""+ch4+""+ch5);
10
11           System.out.println((ch1)+"\n"+(ch2)+"\n"+ch3+"\n"+ch4+"\n"+ch5);
12
13           System.out.println((ch1)+"\t"+(ch2)+"\t"+ch3+"\t"+ch4+"\t"+ch5);
14
15           System.out.println((ch1)+"\r"+(ch2)+"\r"+ch3+"\r"+ch4+"\r"+ch5);
16
17           System.out.println((ch1)+"\\"+(ch2)+"\\"+ch3+"\\"+ch4+"\\"+ch5);
18
19           System.out.println("\'"+(ch1)+""+(ch2)+""+ch3+""+ch4+""+ch5+"\'");
20
21           System.out.println("\""+(ch1)+""+(ch2)+""+ch3+""+ch4+""+ch5+"\"");
22       }
23   }
```

11행 : 문자와 문자를 각각 다른 행에 출력한다.

13행 : 문자와 문자 사이에 한 탭만큼 간격을 준다.

15행 : 다음 줄 맨 앞으로 이동하여 문자를 출력한다.

17행 : 각 문자 앞에 '\'를 출력한다.

19행 : 단일 인용 부호를 첫 번째 문자 앞과 마지막 문자 다음에 출력한다.

21행 : 이중 인용 부호를 첫 번째 문자 앞과 마지막 문자 다음에 출력한다.

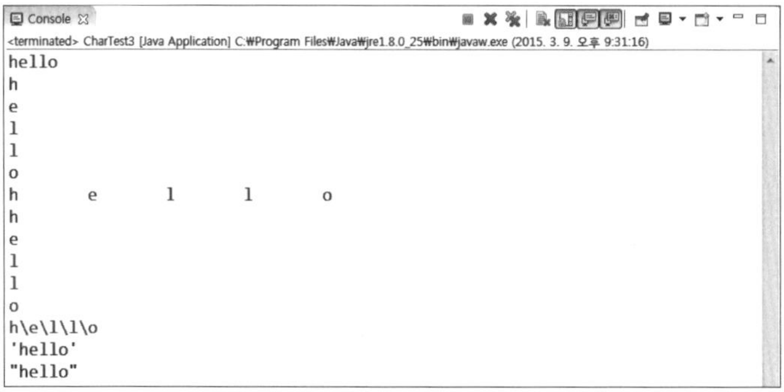

[그림 3-16] 실행 결과

[리스트 3.13]은 각 변수 타입에 할당할 수 있는 데이터의 범위를 실습하는 예제다. **3~5행**에서 각 정수 타입의 데이터를 선언한다. **11행**의 b에 "200"을 저장한 후 출력해보면 200이 아니라 "-56"이 출력된다. **13행**과 **15행**에서도 각 변수의 범위를 넘어서는 값을 저장한 후 출력해보면 다른 값이 출력된다.

[리스트 3.13] 변수의 테이터 표현 범위 예제(DataTypeTest.java)

```
1    public class DataTypeTest {
2        public static void main(String[] args) {
3            byte b=100;      //-128~127
4            short s=120;     //-32768~32767
5            int num=250000;  //-2147483648 ~2147483647
6
7            System.out.println("b의 값은 "+b);
8            System.out.println("s의 값은 "+s);
9            System.out.println("num의 값은 "+num);
10
11           b=(byte)(100+100);
12           //s=400000;
13           s=(short)(32767+2);
14           //num=2147483648;
15           num=2147483647+1;
16
17           System.out.println( );
18           System.out.println("b의 값은 "+b);
19           System.out.println("s의 값은 "+s);
20           System.out.println("num의 값은 "+num);
21       }
22   }
```

12행 : short 타입 변수 s에 정수를 저장하면 오류가 발생한다.

14행 : 정수 변수의 표현 범위를 넘어서는 값을 저장하면 오류가 발생한다.

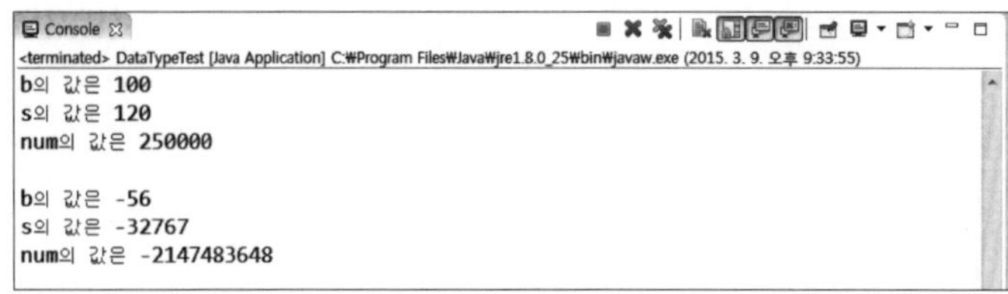

[그림 3-17] 실행 결과

printf()는 서식 문자를 이용하여 출력 데이터를 다른 데이터 형식으로 출력하는 기능을 제공한다.

[표 3-7]은 printf() 메서드에서 사용되는 여러 가지 서식 문자를 나타낸 것이다. [리스트 3.14]는 printf() 메서드를 이용하여 여러 가지 데이터를 출력하는 예제다.

---

printf( )에서 사용되는 서식 문자 형식

'%'+ 옵션+'출력 형식'

- 옵션 : 출력 데이터의 필드 폭과 소수점 이하 자릿수 지정
- 출력 형식 : 출력될 데이터 형태 지정
  예) System.out.printf("%5.5f",3.141577);
  – 출력 공간을 5칸 확보한 후 오른쪽 정렬하고 소수점 아래 5자리까지 실수로 출력
  – 출력 결과 : 3.14158(6자리 이하는 반올림된다.)

[표 3-7] 자바 출력 서식 문자 종류

서식 문자	출력 형태
%s	문자열로 출력
%d, %i	부호 있는 10진수로 출력
%o	부호 없는 8진수로 출력
%x	부호 없는 16진수로 출력
%f	부호 있는 10진수 실수로 출력
%e	지수 형식으로 실수 출력
%g	값에 따라 %e 또는 %d 선택
%c	문자로 출력

[리스트 3.14] 자바의 여러가지 서식 문자 사용 예제(FormatTest.java)

```java
1    public class FormatTest {
2        public static void main(String[] args) {
3            String sValue = " 이순신";
4            int nValue = 543;
5            long lValue = 543L;
6            float fValue = 6.5E5f;
7            double dValue = 7.654321E10d;
8
9            System.out.printf("%s 입니다.\n", sValue);
10
11            System.out.printf("%d\n", nValue);
12            System.out.printf("%5d\n", nValue);
13            System.out.printf("%05d\n", nValue);
14
15            System.out.printf("%d\n", lValue);
16            System.out.printf("%5d\n", lValue);
17            System.out.printf("%05d\n", lValue);
18            System.out.printf("%f\n", fValue);
19            System.out.printf("%5.5f\n", fValue);
20            System.out.printf("%05.05f\n", fValue);
21
22            System.out.printf("%f\n", dValue);
23            System.out.printf("%5.5f\n", dValue);
24            System.out.printf("%05.05f\n", dValue);
25        }
26    }
```

19행 : 지수형식을 실수로 출력한다.

22행 : 지수형식을 실수로 출력한다.

[그림 3-18] 실행 결과

지금까지 데이터 형 변환에 대해 알아보았다. 123이라는 정수가 "hello"라는 문자열로 변환되고, 이와 반대로 문자열을 정수로 변환되는 경우가 있을 것 같은데, 자바에서의 데이터 형 변환은 다음처럼 기본적으로 기본형 데이터의 수치형 데이터들 사이에서만 일어날 수 있다. 그리고 수치형과 논리형 사이의 형 변환 및 참조형 데이터들 사이의 형 변환은 불가능하다. **따라서 데이터 형 변환은 기본형 데이터 중 수치형 데이터 사이에서만 일어난다.**

자바에서 데이터 형 변환이 가능한 경우

- **기본형 데이터**
  - 동일한 데이터형인 경우에는 가능하다.
  - 수치형과 논리형 사이의 변환은 불가능하다.
- **참조형 데이터**
  - 상속이 전제된 참조 데이터형은 가능하다.

---

07 / 연산자(operator)
JAVA

프로그래밍은 '컴파일러가 정한 규칙이나 문법을 바탕으로 원하는 결과를 얻기 위해 데이터를 처리하는 작업'이라 정의할 수 있다. 이번에는 데이터를 처리, 즉 연산하는 기능을 가진 연산자에 대해 알아본다. [표 3-8]은 자바에서 자주 사용하는 여러 가지 연산자의 종류를 나타낸 것이다. 연산자의 기능은 다음 절에서 알아본다.

[표 3-8] 자바 연산자의 종류

종류	연산자
증감 연산자	++, --
산술 연산자	+, -, *, /, %
시프트 연산자	<<, <<
비교 연산자	>, <, >=, <=, ==, !=
비트 연산자	&, |, ^, ~
논리 연산자	&&, ||, !
조건 연산자	?, :
할당 연산자	=, *=, /=, %=, +=, -=

7.1 산술 연산자

먼저 산술 연산자에 대해 알아보자. 산술 연산자는 [표 3-9]에서 보는 것처럼 우리가 현실에서 사용하는 사칙 연산 기능을 한다. [표 3-9]의 다섯 번째 연산자는 '**모듈로(modulo)**'라고 읽으며 어떤 수를 다른 수로 나누었을 때 나머지를 구하는 연산자다.

[표 3-9] 산술 연산자 기능

구분	연산자	의미
산술 연산자	+	연산자 양쪽의 피연산자를 더하라.
	−	연산자 양쪽의 피연산자를 빼라.
	*	연산자 양쪽의 피연산자를 곱하라.
	/	연산자 양쪽의 피연산자를 나누어라.
	%	연산자 양쪽의 피연산자를 나눈 후 그 나머지를 구하라.

[리스트 3.15]는 산술 연산자 사용 예제다. var1 변수에 5를 저장하고, var2에 4를 저장한 후에 각각의 연산자를 이용하여 연산한 결과를 출력한다.

5행은 result에는 두 변수의 값의 합이 저장된다. 그리고 **8행**의 경우에는 5를 4로 나눈 나머지, 즉 1이 result에 저장된다. 데이터 형 변환에서도 언급했듯이 자바에서는 정수를 정수로 나눈 결과값에 정수 부분에만 되돌려준다. **9행**은 5를 4로 나눈 나머지 1을 result에 저장한다.

[리스트 3.15] 산술 연산자 사용 예제

```
1    int var1=5;
2    int var2=4;
3    int result=0;
4
5    result=var1+var2;
6    result=var1-var2;
7    result=var1*var2;
8    result=var1/var2;
9    result=var1%var2;
```

7.2 대입 연산자(할당 연산자)

[표 3-10]은 대입 연산자를 나타낸다. "="은 이미 사용했듯이 "=" 연산자를 기준으로 오른쪽의 값을 왼쪽 변수에 대입(할당)하라는 의미다. 그리고 '+='은 그림에서 설명하고 있는 것처럼 왼쪽 변수에 어떤 값이 있으면 기존의 변수값과 오른쪽의 값을 더한 결과값을 다시 왼쪽 변수에 저장하라는 의미다.

[리스트 3.16]은 대입 연산자 사용 예제를 나타낸 것이다. 우선 변수 sum과 var1에 4와 6을 저장한 후, **4행**에서는 먼저 sum의 저장된 값, 즉 6에 var1의 값 4을 더한 값 10을 다시 sum에 저장한다. 따라서 sum에는 10이 저장된다. [그림 3-19]는 그 실행 과정을 나타낸 것이다.

5행에서 sum에 저장된 값이 앞의 10이므로 10에서 4를 뺀 6이 다시 sum에 저장된다. **6행**은 sum의 값 6에 대해 var1의 값 4를 곱한 24를 다시 sum에 저장한다. **7, 8행**도 계산해보면 결과값을 쉽게 알 수 있다. [그림 3-20]은 sum*=var1의 실행 과정을 나타낸 것이다.

[표 3-10] 할당 연산자 기능

구분	연산자	의미
할당 연산자	=	오른쪽의 값을 왼쪽 변수에 저장하라.
	+=	왼쪽 변수에 저장된 값에 오른쪽 값을 더한 후 그 결과값을 다시 왼쪽 변수에 저장하라.
	-=	왼쪽 변수에 저장된 값에서 오른쪽 값을 뺀 후 그 결과값을 왼쪽 변수에 저장하라.
	*=	왼쪽 변수에 저장된 값에 오른쪽 값을 곱한 후 그 결과값을 왼쪽 변수에 저장하라.
	/=	왼쪽 변수에 저장된 값을 오른쪽 값으로 나눈 후 그 결과값을 왼쪽 변수에 저장하라.
	%=	왼쪽 변수에 저장된 값을 오른쪽 값으로 나눈 후 나머지를 왼쪽 변수에 저장하라.

[리스트 3.16] 할당 연산자 사용 예

```
1    int var1=4;
2    int sum=6;
3
4    sum+=var1;
5    sum -=var1;
6    sum *=var1;
7    sum /=var1;
8    sum %=var1;
```

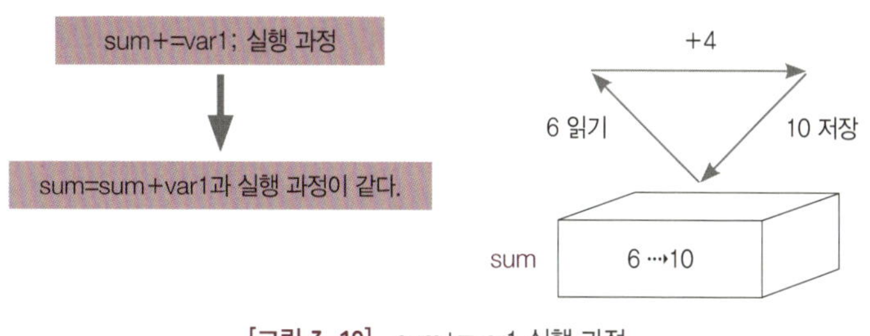

[그림 3-19] sum+=var1 실행 과정

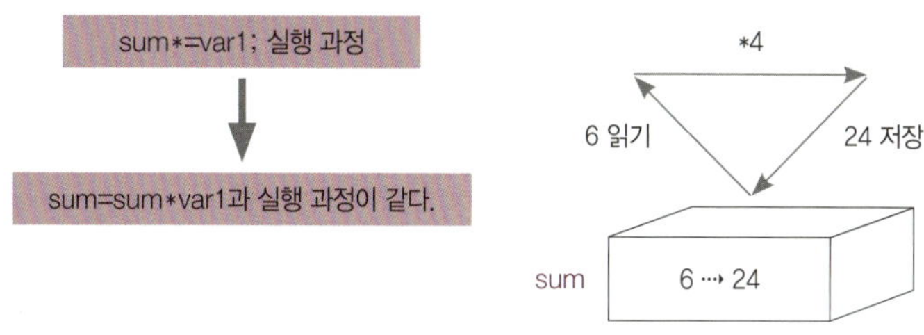

[그림 3-20] sum*=var1 실행 과정

7.3 비교 연산자

[표 3-11]은 비교 연산자의 기능을 나타낸 것이다. 비교 연산자는 두 수의 대소, 동등 여부를 비교하는 연산자다. 비교 연산자의 기준값은 연산자를 기준으로 좌측의 값이다.

먼저 '>'는 좌측의 값이 우측의 값보다 큰지를 알아내는 기능을 하는 연산자이고, '<'은 우측의 값이 좌측의 값보다 큰지를 알아내는 기능을 하는 연산자다. 그리고 '=='은 두 수가 같은지를 알아내는 기능을 하는 연산자이고, '!='는 두 수가 서로 같지 않은지를 알아내는 기능을 하는 연산자다. '>='은 좌측의 값이 우측의 값과 크거나 같은지를 비교하는 연산자이고, '<='은 좌측의 값이 우측의 값보다 작거나 같은지를 비교하는 연산자다. 여기서 중요한 점은 비교 연산자의 결과값은 항상 boolean이라는 것이다. 즉, true 또는 false가 비교 연산자를 실행한 후 결과값으로 나타난다.

[리스트 3.17]은 비교 연산자 사용 예제인데, 비교 연산자는 다음 장에서 배우는 조건문의 조건식에 많이 사용된다. [리스트 3.17]은 조건문인 if문의 조건식에서 비교 연산자가 사용되는 경우다.

4행에서 var1는 var2의 값보다 적으므로 조건식이 참(true)이기 때문에 if문에 딸린 실행문이 실행된다. **7행**의 if문의 조건식에서는 var1과 var2가 서로 같지 않은지를 체크하고 있다. var1과 var2의 값은 같지 않으므로 true를 되돌려주고, if문의 실행문이 실행되어 "두 값이 같지 않다"가 출력된다.

[표 3-11] 비교 연산자의 기능

비교 연산자	의미	사용 예	설명
>	좌측의 값이 우측의 값보다 큰가?	3>5	3이 5보다 큰지를 묻는다. 거짓(false)을 결과값으로 되돌려준다.
<	좌측의 값이 우측의 값보다 작은가?	3<5	3이 5보다 작은지를 묻는다. 참(true)을 결과값으로 되돌려준다.
>=	좌측의 값이 우측의 값과 같거나 큰가?	5>=3	5가 3보다 같은지, 큰지를 묻는다. 참(true)을 결과값으로 되돌려준다.
<=	좌측의 값이 우측의 값과 같거나 작은가?	5<=3	5가 3과 같은지, 작은지를 묻는다. 거짓(false)을 결과값으로 되돌려준다.
==	좌측의 값이 우측의 값과 같은가?	5==5	5는 5와 같은지를 묻는다. 참(true)을 결과값으로 되돌려준다.
!=	좌측의 값이 우측의 값과 다른가?	5!=5	5는 5와 다른지를 묻는다. 거짓(false)을 결과값으로 되돌려준다.

[리스트 3.17] 비교 연산자 사용 예

```java
1    int var1=1;
2    int var2=3;
3
4    if(var1 < var2)
5      System.out.println("var1이 작다");
6
7    if(var1 != var2)
8      System.out.println("두 값은 같지 않다.");
```

[리스트 3.18]은 변수 x, y ,z의 값을 비교 연산자를 사용하여 비교한 후, 그 결과를 출력하는 예제다.

[리스트 3.18] 비교 연산자 사용 예제(OpTest.java)

```java
1    public class OpTest1 {
2        public static void main(String[ ] args) {
3            int x=10;
```

```
4              int y=11;
5              int z=11;
6
7              System.out.println("x>y의 비교결과 :"+(x>y));
8              System.out.println("x<y의 비교결과 :"+(x<y));
9              System.out.println("x<20의 비교결과 :"+(x<20));
10
11             System.out.println("x==y의 비교결과 :"+(x==y));
12             System.out.println("x==10의 비교결과 :"+(x==10));
13             System.out.println("y==z의 비교결과 :"+(y==z));
14
15             System.out.println("x!=y의 비교결과 :"+(x!=y));
16             System.out.println("x!=13의 비교결과 :"+(x!=13));
17
18             System.out.println("x<=y의 비교결과 :"+(x<=y));
19             System.out.println("x>=y의 비교결과 :"+(x>=y));
20         }
21     }
```

7행 : x는 y보다 작으므로 false를 출력한다.

8행 : x는 y보다 작으므로 true를 출력한다.

9행 : x는 20보다 작으므로 true를 출력한다.

11행 : x와 y는 같지 않으므로 false를 출력한다.

12행 : x는 10과 같으므로 true를 출력한다.

13행 : y와 z는 값이 같으므로 true를 출력한다.

```
x>y의 비교결과 :false
x<y의 비교결과 :true
x<20의 비교결과 :true
x==y의 비교결과 :false
x==10의 비교결과 :true
y==z의 비교결과 :true
x!=y의 비교결과 :true
x!=13의 비교결과 :true
x<=y의 비교결과 :true
x>=y의 비교결과 :false
```

[그림 3-21] 실행 결과

7.4 논리 연산자

논리 연산자는 여러 조건의 결과값을 논리적으로 판단하는 데 사용하는 연산자다. 쉽게 말해 중학교 수학 시간에 배운 '**논리곱**'과 '**논리합**'을 연산자로 구현한 것이다. [표 3-12]는 'AND'와 'OR' 연산의 진리표를 나타낸 것이다. [표 3-13]에는 실제 자바에서 사용하는 논리 연산자의 예가 나타나 있다. '&&'는 '논리곱(AND)' 기능을 구현한다. 즉 연산자 좌, 우의 조건들이 모두 true일 때에만 논리곱 연산자의 결과값이 true가 된다. '‖'는 '논리합(OR)' 연산자를 나타낸 것이다. 즉 연산자 좌, 우의 조건들 중 하나라도 true이면 논리합 연산자의 결과값이 true가 된다. '!' 연산자는 부정 연산자로, 반대의 값을 출력한다.

[표 3-12] AND와 OR 연산의 진리표

A	B	and	or	not B
true	true	true	true	false
true	false	false	true	true
false	true	false	true	false
false	false	false	false	true

[표 3-13] 논리 연산자 기능

논리 연산자	의미	사용 예	설명
&&	좌측과 우측의 논리값이 true이면 true를 되돌려준다.	true && false	우측의 논리값이 false이므로 false를 되돌려준다.
‖	좌측과 우측의 논리값 중 하나라도 true이면 true를 되돌려준다.	true ‖ false	좌측의 논리값이 true이므로 true를 되돌려준다.
!	주어진 값과 반대의 논리값을 되돌려준다.	!true	true의 반대값인 false를 되돌려준다.

[리스트 3.19]는 실제 자바에서 사용하는 논리 연산자의 예제다. 첫 번째 && 연산자를 이용한 결과값은 false이다 . && 연산자의 좌우값이 다르므로 false가 출력된다. 두 번째 ‖ 연산자의 수행 결과는 true다. 양쪽 결과값 중 하나라도 true값이 있으므로 true다.

[리스트 3.19] 논리 연산자 사용 예제

```
1    a=10;
2    b=10;
3    c=20
4    boolean  result=(a==b)&&(b==c)   //false
5    boolean  resul1=(a==b) || (b==c)   //true
```


[리스트 3.20]은 논리 연산자 사용 시 기호를 1개 사용했을 경우와 2개 사용했을 경우의 차이점을 나타낸 것이다. 먼저 **3~5행**에서 변수 a는 0으로, b는 10으로, c는 0으로 초기화하고 있다. **7행**에서 '&&' 연산자를 이용하여 명령문을 실행하면 좌측(a!=0)의 결과값은 false이고, 기호 2개를 사용한 논리곱 연산자는 우측의 연산 결과에 상관없이 false이므로, 우측의 조건식을 실행하지 않고 false를 출력한다. 따라서 **8행**에서 c의 값은 0으로 출력된다.

반면 **9행**의 '&' 기호 하나만 사용한 논리곱 연산자는 좌측의 조건식이 false라도 우측의 조건식을 실행하므로 c에는 b의 값인 10이 저장된다. 따라서 **10행**에서는 10이 출력된다.

13~26행의 논리합 연산자도 이와 똑같이 동작한다. 그러므로 연산자 기호 1개를 사용한 경우와 2개를 사용한 경우의 동작 방식의 차이점을 잘 알아두어야 한다.

[리스트 3.20] 논리 연산자 사용 시 기호의 개수가 다른 경우(LogicalTest.java)

```
1    public class LogicalTest {
2        public static void main(String args[]){
3            int a=0;
4            int b=10;
5            int c=0;
6
7            System.out.println( (a!=0) &&((c=b) > 20));
8            System.out.println("c= "+c);
9            System.out.println( (a!=0) & ((c=b) > 20));
10           System.out.println("c= "+c);
11
12           c=0;
13           System.out.println( (a==0) ||((c=b) > 20));
14           System.out.println("c= "+c);
```

```
15              System.out.println( (a==0) | ((c=b) > 20));
16              System.out.println("c= "+c);
17          }
18      }
```

7행 : 논리 연산자의 좌측 조건의 값이 false이므로 우측의 조건식은 수행하지 않는다.

8행 : c에는 0이 유지된다.

9행 : &를 사용한 논리 연산자는 좌측의 값이 false이더라도 우측의 조건식을 수행한다. 따라서 c에는 b의 값
인 10이 저장된다.

10행 : c의 값은 10이 출력된다.

13행 : || 논리 연산자인 경우에는 좌측의 조건식 값이 true이므로 우측의 조건식을 수행하지 않는다.

14행 : c의 값은 0이다.

15행 : | 논리 연산자인 경우에는 좌측의 조건식 값이 true라도 우측의 조건식을 수행한다. 따라서 c에는 b의
값인 10이 저장된다.

```
Console 23                                              ■ ✕ ✖ | ... 
<terminated> LogicalTest [Java Application] C:\Program Files\Java\jre1.8.0_25\bin\javaw.exe (2015. 3. 10. 오후 3:29:49)
false
c= 0
false
c= 10
true
c= 0
true
c= 10
```

[그림 3-22] 실행 결과

7.5 증감 연산자

이번에는 증감 연산자에 대해 알아보자. [표 3-14]는 증감 연산자의 기능을 나타낸 것이다.
증감 연산자는 변수의 값을 1씩 증가 또는 감소시키는 데 사용되는 연산자다. 증감 연산자의
동작은 연산자가 변수의 앞에 위치하느냐, 뒤에 위치하느냐에 따라 달라진다.

[표 3-14] 증감 연산자 기능

구분	연산자	의미
증감 연산자	++	변수의 값을 1 증가시킨다.
	--	변수의 값을 1 감소시킨다.

[리스트 3.21]은 증가 연산자의 사용 예제다. **2행**에서 x를 5로 초기화한 후 **2행**에서 변수 y를 선언하고 x의 값으로 초기화하고 있다. 그런데 감소 연산자가 변수 x 앞에 위치하고 있는 것은 **2행**에서 변수 x의 값을 먼저 감소시킨 후에 같은 행의 다른 명령문을 수행하라는 의미다. 따라서 y의 값은 x의 값이 먼저 감소했으므로 4가 되고, x도 역시 4가 된다.

4행에는 변수 c가 선언되어 있고, 5로 초기화한다. 그리고 **5행**에서 변수 b를 선언한 후 초기화하는데, 이번에는 감소 연산자가 c 뒤에 위치하고 있다. 이는 **5행**에서 변수 c와 관련된 명령문을 먼저 수행한 후에 마지막에 c의 값을 감소시키라는 의미다. 따라서 b에는 5가 할당되고, c의 값은 4가 된다. 증감 연산자가 변수 앞에 위치하느냐, 뒤에 위치하느냐에 따라 연산하는 순서를 잘 알아두어야 한다.

[리스트 3.21] 증가 연산자 사용 예제

```
1        int  x=5;
2        int  y=--x;
3
4        int  c=5;
5        int  b=c--;
6        System.out.println(x+ ", " + y);
7        System.out.println(c+ ", " + b);
```

2행 : 감소 연산자가 변수 x의 앞에 위치하므로 먼저 x의 값을 1 감소시킨 후(x=4), 그 값을 y에 할당한다(y=4).

5행 : 감소 연산자가 변수 c의 뒤에 위치하므로 먼저 c의 값을 b에 할당한 후(b=5), c의 값을 1 감소시킨다.

7.6 조건 연산자(삼항 연산자)

조건 연산자는 연산자에 관계되는 피연산자가 3개이다. 그래서 '**삼항 연산자**'라고도 한다. 산술 연산자나 비교 연산자는 연산자에 관계되는 피연산자가 2개이므로 '이항 연산자'라고도 한다. 증감 연산자는 연산자에 관계되는 피연산자가 1개이므로 '단항 연산자'라고도 한다.

[표 3-15] 조건 연산자(삼항 연산자)의 기능

구분	연산자	의미	형식
조건 연산자	? :	조건식을 체크한 후 결과값에 따라 다른 값을 되돌려준다.	조건식 ? 참값: 거짓값

[리스트 3.22]는 조건 연산자의 사용 예제다. 먼저 **4행**에서의 조건 연산자는 괄호 안의 조건식을 먼저 수행한다. 조건식이 참(true)이면 '?' 다음의 값을 되돌려주고, 거짓(false)이면 다음 값을 되돌려준다.

4행의 조건식은 var1의 값이 1이 아닌지를 묻고 있으므로 false를 출력한다. 따라서 result는 1을 할당받는다. 이 조건 연산자는 주로 4장에서 배우는 간단한 *if*문을 대체하는 용도로 사용된다.

[리스트 3.22] 조건 연산자 사용 예제

```
1    int var1=1;
2    int result=0;
3
4    result=(var1 !=1)? 0 : 1;
```

7.7 instanceof 비교 연산자

instanceof 연산자는 주로 참조형 변수의 타입을 비교하기 위해 사용된다. 주로 6장에서 배우는 상속 개념과 함께 사용된다. 좀 더 자세한 것은 객체 지향 개념을 배우면서 알아본다. [리스트 3.23]의 instanceof 연산자를 이용하여 address 변수의 타입이 String 클래스 타입인지 알아보자.

[리스트 3.23] instanceof 연산자 사용 예

```
1    String address="부산시 사하구";
2    if(address  instanceof String)
3      System.out.println("변수 address은 String 타입입니다.");
```

연산자 우선순위

앞에서 연산자의 기능에 대해 알아보았는데, 실제 프로그래밍에서는 하나의 연산자만을 사용하여 명령문을 작성하는 경우는 드물다. 각 명령문에서도 여러 연산자들이 동시에 사용된다. 따라서 자바에서는 어떤 연산자가 우선적으로 사용되는지를 나타내는 연산자 우선순위가 존재한다.

[표 3-16]은 자바에서 사용되는 연산자들의 우선순위를 나타낸 것이다. '.'나 ()와 같은 괄호 연산자가 우선순위가 가장 높고, '=' 연산자가 가장 낮다.

[표 3-16] 자바 연산자 우선순위

우선순위	연산자	종류
1	[], ( )	괄호/대괄호
2	++, ──, !	부정/증감 연산자
3	*, /, %	산술 연산자
4	《, 》	시프트 연산자
5	〈, 〈=, 〉=	비교 연산자
6	==, !=	
7	&, ^, |	비트 연산자
8	&&, ||	논리 연산자
9	?, :	조건 연산자
10	=, +=, -=	할당 연산자

[리스트 3.24]는 연산자 우선순위 사용 예제다. 이는 '( )' 연산자를 이용하여 우선 실행할 연산자를 지정하는 방법이다. 프로그래밍에서 우선 연산할 연산자는 괄호를 사용하여 표시해 주면 된다.

[리스트 3.24] 연산자 우선순위 사용 예

```
1     int a=5;
2     int b=10;
3     int c=2;
4     int result=0;
5
6     result = a+b*c;
7     result=(a+b)*c;
```

6행 : 같은 명령문 내에서 '*'연산자가 우선적으로 수행한다. 따라서 result에는 25가 저장된다.

7행 : 명령문에서 () 연산자의 우선순위가 높으므로 a+b를 먼저 수행한다. 따라서 결과값은 30이 result에 저장된다.

8.1 연산자 사용 실습 예제

[리스트 3.25]는 섭씨온도를 화씨온도로 변환하는 예제다. 섭씨온도는 동양에서 사용하는 온도이고, 화씨는 유럽이나 미국에서 사용하는 온도다. 먼저 섭씨온도를 화씨온도로 변환하는 공식은 다음과 같다.

$$섭씨온도=(화씨온도-32)*\frac{5}{9}$$

이와 반대로 화씨온도를 섭씨온도로 바꾸는 공식은 다음과 같다.

$$화씨온도=섭씨온도*\frac{5}{9}+32$$

[리스트 3.25] 화씨온도를 섭씨온도로 변환하는 예제(TempTest.java)

```java
1     public class TempTest {
2        public static void main(String[ ] args) {
3           int BASE=32;
4           float celsius=0f,fahrenheit=0f;
5
6           fahrenheit=100;
7
8           celsius=(fahrenheit-BASE)*5.0f/9.0f;
9           System.out.println("화씨 "+fahrenheit+"도에 대한 섭씨는 +celsius+"도입니다.");
```

```
10
11              fahrenheit=celsius*9.0f/5.0f +BASE;
12              System.out.println("섭씨 "+celsius+"도에 대한 화씨는 "+fahrenheit+"도입니다.");
13      }
14  }
```

8행 : 화씨온도를 섭씨온도로 변환한다.

11행 : 섭씨온도를 화씨온도로 변환한다.

```
Console ☒
<terminated> TempTest [Java Application] C:\Program Files\Java\jre1.8.0_25\bin\javaw.exe (2015. 3. 10. 오후 3:35:43)
화씨 100.0도에 대한 섭씨는 37.77778도입니다.
섭씨 37.77778도에 대한 화씨는 100.0도입니다.
```

[그림 3-23] 실행 결과

[리스트 3.26]은 각 반지름에 대하여 원의 둘레와 면적을 구하는 예제다. 원의 둘레와 면적을 구하는 공식은 다음과 같다.

$$원의\ 둘레=2\times원주율\times반지름,\ 원의\ 면적=원주율\times반지름^2$$

이 공식을 이용하여 [리스트 3.26]의 **7행**에서는 반지름이 5인 원의 둘레를, **8행**에서는 원의 면적을 구하고 있다. **12~14행**은 반지름이 10인 원의 둘레와 면적을 구하고 있다.

[리스트 3.26] 원의 둘레와 면적을 구하는 예제(CircleTest.java)

```
1   public class CircleTest {
2       public static void main(String[] args) {
3           int radius;
4           float circum,area;
5           float PI=3.141592f;
6           radius=5;
7           circum=2*PI*radius;
8           area=PI*radius*radius;
9           System.out.println("반지름이 "+radius+"인 원의 둘레:"+circum+",면적:
10                          "+area+" \입니다.");
11
12          radius=10;
13          circum=2*PI*radius;
```

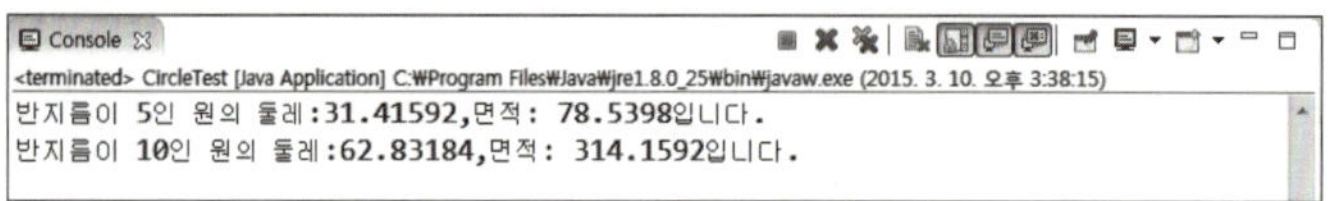

```
14            area=PI*radius*radius;
15            System.out.println("반지름이 "+radius+"인 원의 둘레:"+circum+",면적:
16                        "+area+"입니다.");
17        }
18    }
```

5행 : 변수 PI에 원주율을 저장한다.

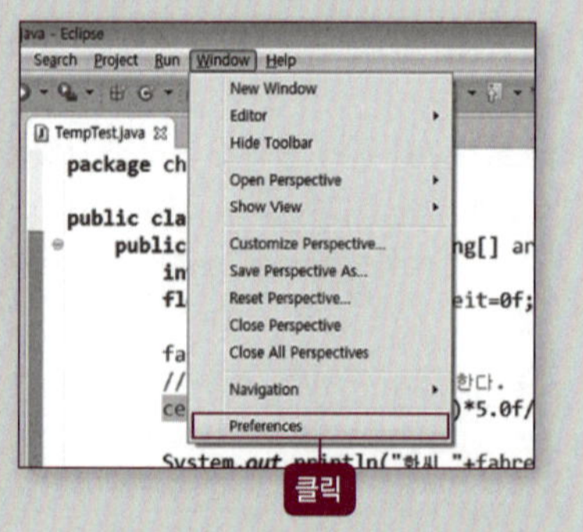

[그림 3-24] 실행 결과

지금까지 자바 프로그래밍의 기본 구성 요소 중에서 연산자까지 알아보았다. 4장에서는 자바 프로그래밍에서 사용되는 여러 가지 명령문에 대해 알아보자. 3장의 기능은 실제 4장에서 배우는 여러 가지 명령문과 결합되어 사용된다.

> **Tip** 이클립스에서 글자 크기 조절과 소스 창에 줄 번호 표시하기

· 글자 크기 조절하기

❶ [이클립스] 메뉴의 [Window–Preference]를 클릭한다.

❷ 좌측 메뉴에서 [General–Appearance–Colors and Fonts]를 선택하면 나타나는 오른쪽 화면에서 'Text Font'를 더블클릭한다.

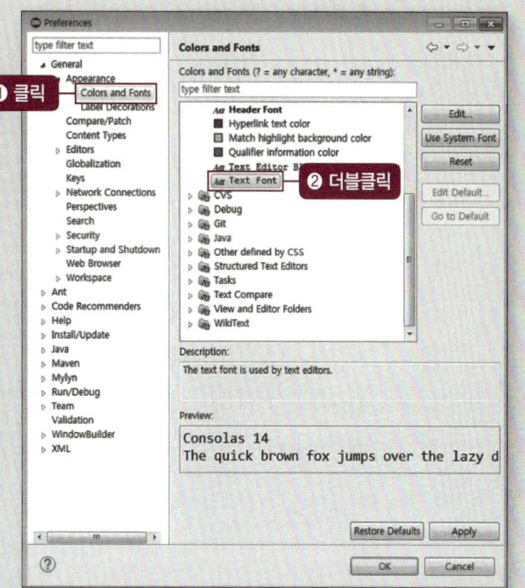

❸ 자신이 원하는 글꼴과 크기를 설정한 후 [확인] 버튼을 클릭한다.

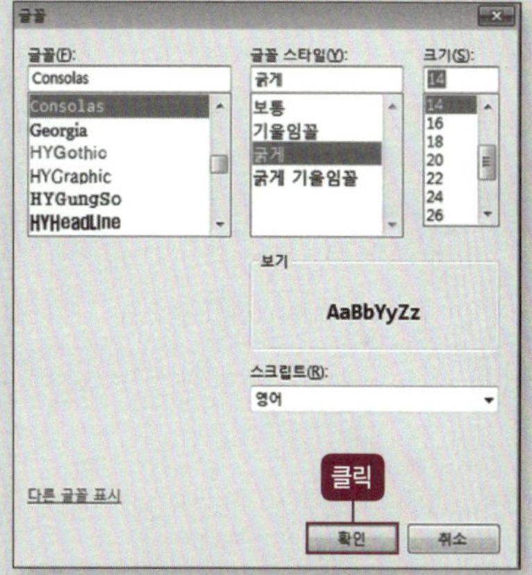

❹ [Apply] 버튼을 누르거나 [OK] 버튼을 눌러 설정을 적용한다.

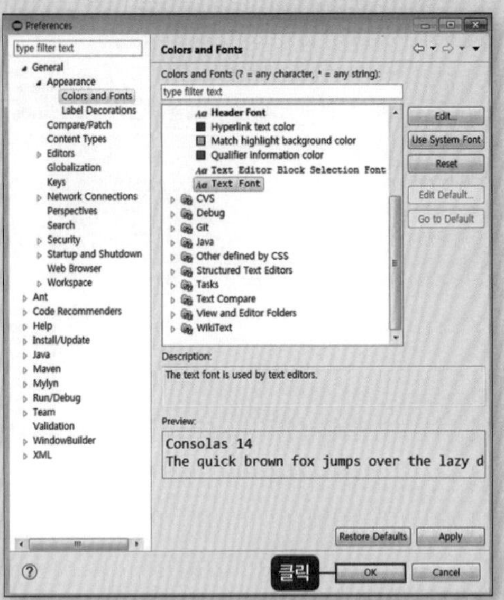

• 소스 창에 줄 번호 표시하기

❶ [General–Editors–Text Editors] 항목을 선택하면 나타나는 오른쪽 화면에서 'show line number' 항목에 체크 표시를 한 후 [Apply] 버튼을 누른다.

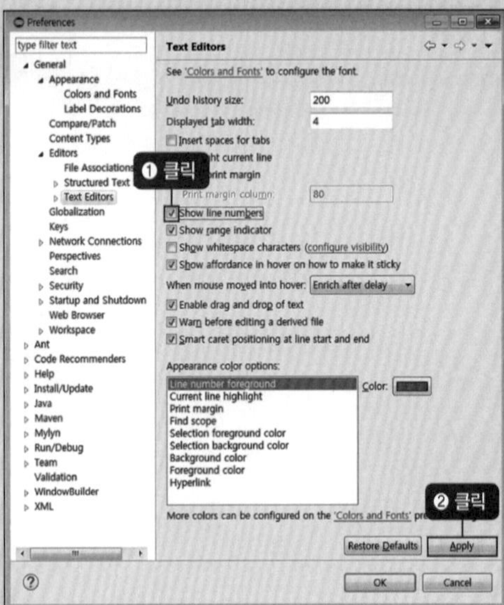

❷ 소스 창에 줄 번호가 표시된다.

```java
package ch3.ex3;

public class TempTest {
    public static void main(String[] args) {
        int BASE=32;
        float celsius=0f,fahrenheit=0f;

        fahrenheit=100;
        //화씨 온도를 섭씨 온도로 변환한다.
        celsius=(fahrenheit-BASE)*5.0f/9.0f;

        System.out.println("화씨 "+fahrenheit+"도에 대한 섭씨는 "+celsius+"도입니다.");

        //섭씨 온도를 화씨 온도로 변환한다.
        fahrenheit=celsius*9.0f/5.0f +BASE;
        System.out.println("섭씨 "+celsius+"도에 대한 화씨는 "+fahrenheit+"도입니다.");
    }
}
```

1 다음 중 예약어가 아닌 것은 ?

1. class   2. native   3. void   4. name

2 변수(variable)의 의미와 용도를 설명하라.

3 다음 예제에서 각 변수의 출력값은?

예제 1. java

```
1    public class Ex1 {
2    public static void main(String[] args) {
3        short s1=0;
4        char c1=0;
5
6        s1='a';
7        c1=97;
8
9        System.out.println(s1);
10        System.out.println(c1);
11    }
12    }
```

4 다음 예제에서 num의 출력값은?

예제 2.java

```java
1    public class Ex2 {
2        public static void main(String[] args) {
3            int num =10;
4
5            System.out.println("num++ :"+ (num++));
6            System.out.println("++num :"+ (++num));
7        }
8    }
```

5 다음 예제에서 변수 bool의 출력값은?

TempTest.java

```java
1    public class Ex3 {
2        public static void main(String[] args) {
3            int num=100;
4            char ch='a';
5            boolean bool=false;
6
7            bool=(num > ch) ||((char)(num-ch) >0);
8            System.out.println(bool);
9
10           bool=(num > ch) &&(((char)num-ch) >0);
11           System.out.println(bool);
12
13           bool=(num > ch)^(((char)num-ch) >0);
14           System.out.println(bool);
15       }
16   }
```

6. 167,730원을 현재 통용 되는 지폐(5만원권,1만원권,5천원권,1천원권)와 동전(500원,100원,10원)으로 장수와 개수로 출력하는 프로그램을 구현하라.

7. 다음 정수들의 각 자리수의 합을 출력하라.

정수	각 자리수 합
12345	1+2+3+4+5
4569134	4+5+6+9+1+3+4
9988776655	9+9+8+8+7+7+6+6+5+5

8. 철수는 매일 러닝 머신에서 운동을 한다. 아래는 철수가 일주일 동안 운동한 거리이다. 일주일 동안 운동한 전체 거리의 평균운동 거리를 feet로 환산해서 출력하라.

요일	월	화	수	목	금	토	일
달린 거리(km)	10	7	8	6	9	10	9

컴퓨터를 있게 한 사람들

데니스 매캘리스테어 리치(Dennis MacAlistair Ritchie, 1941. 9. 9.~2011. 10. 12.) C와 유닉스를 개발한 것으로 유명한 전산학자이자, 현대 컴퓨터의 선구자다.

켄 톰슨(Ken Thompson) 등과 함께 최초의 유닉스(Unix) 시스템을 개발했고, 1971년 최초의 『Unix Programmer's Manual』을 썼다. 또 C언어를 개발한 후 브라이언 커니핸과 함께 『C 프로그래밍 언어(The C Programming Language)』를 저술했다. 커니핸과 함께 『C 프로그래밍 언어』를 저술했다는 이유로 커니핸이 C언어 개발에 참여한 것으로 종종 오해를 받지만, 커니핸의 말에 따르면 자신은 C언어 개발에 참여하지 않았다고 한다. 그는 ALTRAN, B언어, BCPL, Multics 등의 개발에도 영향을 끼친 것으로도 알려져 있다.

그는 1983년에 켄 톰슨과 '범용 운영체제 이론 개발', 특히 '유닉스 운영체제의 구현에 대한 공로'로 튜링상을 수상했다.

미국의 경제 전문지 '비즈니스 인사이더'에서는 '현재의 애플 컴퓨터는 거의 모두 데니스 리치의 업적에 기반하고 있다'라며 그의 업적을 평가했다. 현재 애플 매킨토시의 OS X와 아이폰의 iOS는 모두 유닉스 운영체제를 기반으로 만들어져 있다.

(출처 : 위키백과)

자바 명령문(statement)과 배열

4장

4장에서는 자바 프로그래밍에서 사용하는 여러 가지 명령문에 대해 학습한다. 앞에서 언급한 것처럼 3, 4장은 다른 현대 고급 언어에도 나오는 내용이다. 즉, 모든 현대 고급 언어는 C언어를 모태로 하고 있기 때문에 C언어에서 사용된 기능이 그대로 자바에도 사용된다. 한 가지 명심해야 할 것은 4장까지의 기능을 습득하면 일반적인 프로그래밍이 가능하다는 것이다. 이 장에서도 배열까지 학습한 후 이제까지 배웠던 내용을 바탕으로 여러 가지 실습 예제를 구현해보자.

주석문

먼저 주석문에 대해 알아보자. 주석문은 소스를 작성할 때 컴파일링에서는 제외되지만 소스의 기능을 설명하거나 특정 실행 명령문을 프로그램 실행에서 제외하고 싶을 때 사용한다. [리스트 4.1]은 자바에서 사용되는 주석문의 종류를 나타낸 것이다.

[리스트 4.1] 자바에서 사용되는 여러 가지 주석문(CommentTest.java)

```
1     public class CommentTest {
2         public static void main(String[ ] args) {
3             //한 줄 주석문입니다.
4
5             /*
6             안녕하세요.
7             자바 여러 줄 주석문입니다.
8             */
9         }
10    }
```

3행　　: 자바 소스에서 한 행만 주석문으로 만든다.

5~8행 : 자바 소스에서 여러 줄을 동시에 주석문으로 만들 때 사용한다.

[리스트 4.2]의 프로그래밍 소스는 실제 주석문 사용 예제다. 주석문은 실제 자바 컴파일러가 소스를 컴파일할 때 컴파일러가 주석문이라는 것을 인식한 후 컴파일에서 제외한다.

주석문은 주로 소스의 내용을 설명하는 용도로 사용된다. [리스트 4.2]의 **1~5행**에는 여러 줄의 주석문을 이용하여 소스 파일 전체에 대한 설명을 하고 있다. [리스트 4.2]의 각 명령문 옆에는 한 줄 주석문이 사용되어 각 명령문의 기능을 설명하고 있다. 그리고 **10, 16, 25행**처럼 특정 명령문의 실행을 중지시키고 싶을 때 주석 처리를 하면 컴파일 시 컴파일링에서 제외된다.

```java
1    /*
2     3장 예제
3     소스 설명:
4      여러 가지 변수의 사용 예
5    */
6
7    public class VarTest{
8        public static void main(String args[ ]){
9            int a;              //정수형 변수 a를 선언한다.
10           //int 1a;           //명령문을 주석 처리하여 실행을 생략한다.
11
12           int a1;             //변수명으로 문자 뒤에 숫자를 쓸 수 있다.
13           int a123b;
14           int a123$;          //특수 문자 중 $와 '_'는 변수 이름을 사용할 수 있다.
15           int a_123;
16           // int a@#;         //변수명으로 특수 문자를 쓸 수 없다.
17           int b,c;            //정수형 변수 b, c를 선언한다.
18           int b1,c1;
19           int sum;
20           int min;
21           int div;
22           int  mul;
23
24           a=3;
25           // a=3.14
```

02 명령문(실행문)

개발자가 작성한 소스 중에서 컴파일 시에 CPU가 실행하는 명령문으로 바뀌는 문장을 **'명령문'** 또는 **'실행문'**이라고 한다. 즉, 소스 내에서 주석문을 제외한 모든 문장이 명령문에 해당한다. 프로그래머는 이 명령문을 이용하여 컴퓨터에게 작업을 지시한다.

다음은 자바 명령문 작성 시의 특징을 나타낸 것이다. 자바의 모든 명령문은 작성 후 반드시 ';'으로 종료해야 한다. 만약, 마지막에 ';'을 넣지 않으면 오류가 발생한다. 그리고 명령문은 ';'이 나올 때까지 계속 실행한다. 명령문이 길지 않다면 하나의 명령문은 한 줄에 쓰는 것이 좋다.

[리스트 4.3]은 명령문 작성 예제다. 그런데 mul 변수 선언 시에는 각 다른 줄에 걸쳐서 작성하는데, 이러한 방식을 사용해도 문법에만 맞으면 컴파일이 되지만, 명령문 작성 시 그 길이가 화면을 벗어날 만큼 길지 않다면, 변수 sum이나 div처럼 명령문은 한 줄에 작성하는 것이 좋다.

[리스트 4.3] 자바 명령문 작성 예제

```
1       int sum=0;
2       int div=0;
3       int
4           mul
5               =
6                   0;
```

03 제어문
JAVA

이번에는 제어문에 대해 학습한다. 제어문이란 명령문을 선택적으로 실행하거나, 반복 유무를 제어하는 여러 가지 문장을 의미한다. 다음은 제어문의 종류를 나타낸 것이다.

제어문의 종류

- 분기문(조건문)
- 반복문(loop문)
- break문
- continue문

3.1 분기문(조건문)

분기문(조건문)이란, 프로그램 실행 시 순차적으로 실행하는 명령문을 조건에 따라 선택적으로 실행시키는 명령문이다.

분기문(조건문)의 종류

- if문
- 블록을 이용한 if문
- if~else문
- 다중 if~else if문
- switch문

① if문

if문은 다음처럼 조건식이 참(true)이면 명령문을 실행하고, 거짓(false)이면 건너뛴다. [그림 4-1]은 if문의 수행 흐름도를 나타낸 것이다. 프로그램 실행 시 if문을 만나면, 먼저 if 다음에 있는 조건식을 체크하여 조건식의 결과값이 참(true)이면 조건식에 딸린 명령문을 실행하고, 거짓(false)이면 실행문을 실행하지 않고 건너뛴다.

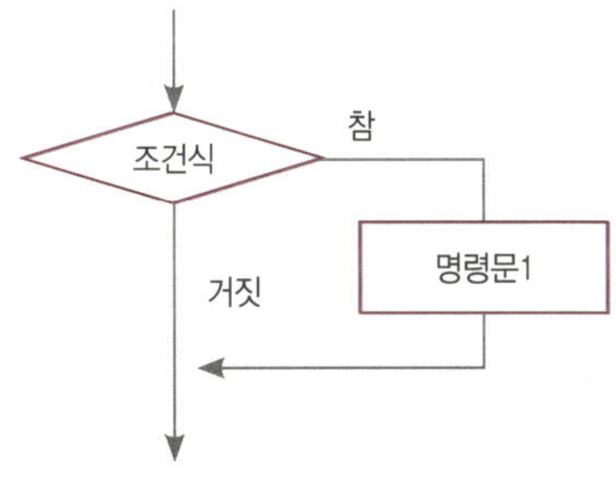

[그림 4-1] if문 실행 흐름도

형식

```
if(조건식)
    명령문1;
```

설명

조건식이 참이면 명령문1을 수행하고, 거짓이면 수행하지 않는다.

[리스트 4.4]는 if문의 사용 예제다. 먼저 **5행**의 if문에서 조건식을 체크한다. if문의 조건식에는 앞에서 배운 비교 연산자나 논리 연산자가 많이 사용된다. a의 값이 b보다 크고, 비교 연산자의 결과값이 참(true)이므로 "a〉b"라는 문구를 콘솔로 출력한다. **8행**에서는 a의 값이 4와 같은지를 묻고 있는데, 값이 다르므로 명령문을 실행하지 않고 건너뛴다. **11행**에서는 a의 값과 b의 값이 같은지를 묻고 있는데, 값이 다르므로 이 역시 if문에 딸린 명령문을 실행하지 않고 건너뛴다.

[리스트 4.4] if문 사용 예제

```
1          int a = 6;
2          int b = 5;
3          int c = 0;
4
5          if(a > b)
6               System.out.println("a > b");
7
8          if(a==4)
9               System.out.println("a의 값은 4입니다.");
10
11         if(a==b)
12               System.out.println("a의 값과 b의 값은 같습니다.");
```

② 블록을 이용한 if문

블록을 이용한 if문은 조건식이 참일 때와 여러 명령문을 실행할 때 사용한다. [리스트 4.5]
의 **5행**을 보면 if문에서 a가 b보다 크므로 참(true)이다. 따라서 이번에는 블록 안에 있는 **6,
7행**의 두 명령문이 차례대로 실행되어 "a는 b보다 큽니다"와 "a의 값은 6입니다"라는 메시지
가 차례대로 출력된다.

형식

```
if ( 조건식 ){
      명령문1;
      명령문2;
        ......
   }
```

설명

조건이 참이면 명령문1과 명령문2를 수행하고, 거짓이면 모두 수행하지 않는다.

```
1       int a = 6;
2       int b = 5;
3       int c = 0;
4
5       if(a > b) {
6               System.out.println("a는 b보다 큽니다.");
7               System.out.println("a의 값은 6입니다.");
8       }
```

[리스트 4.6]은 변수 num1의 값이 홀수인지, 짝수인지를 판별하는 예제다. 자연수에서 짝수는 2로 나누었을 때 나머지가 0인 수를 말한다. 홀수는 이와 반대로 나머지가 1인 수를 의미한다. 먼저 **5행**에서 num1을 2로 나누어 나머지가 0인지를 판별한다. 예제에서는 num1의 값이 5이므로 false이다. **8행**에서는 2로 나누었을 때 나머지가 1인지, 즉 홀수인지를 판별한다. 5는 2로 나누었을 때 나머지가 1이다. 따라서 이번에는 true를 리턴하므로 [그림 4-2]와 같은 메시지를 출력한다.

[리스트 4.6] If문 사용 예제(IfTest1.java)

```
1       public class IfTest1 {
2          public static void main(String[] args) {
3             int num1=5;
4
5             if(num1%2==0)
6                System.out.println(num1+"는 짝수입니다.");
7
8             if(num1%2==1)
9                System.out.println(num1+"는 홀수입니다.");
10         }
11      }
```

8행 : 조건식을 판별한 결과 true이므로 9행의 명령문을 실행한다.

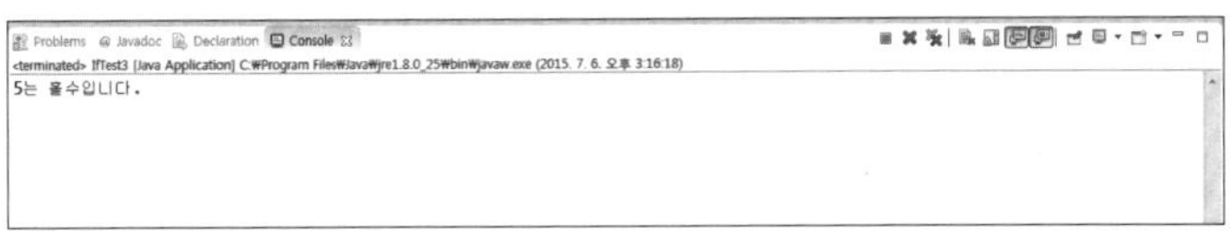

[그림 4-2] 실행 결과

③ if~else문

if~else문을 만나면 가장 먼저 조건식을 체크한 후 참이면 다른 if문처럼 명령문1을 실행한다. 그런데 if~else문이 거짓일 때에는 else 다음에 있는 명령문2를 실행한다. 즉, if~else문은 조건식이 거짓일 때도 명령문을 실행하고 싶을 때 사용할 수 있다. if~else문에서도 true, false일 때 실행해야 할 명령문이 여러 개이면 블록으로 묶어 실행할 수 있다.

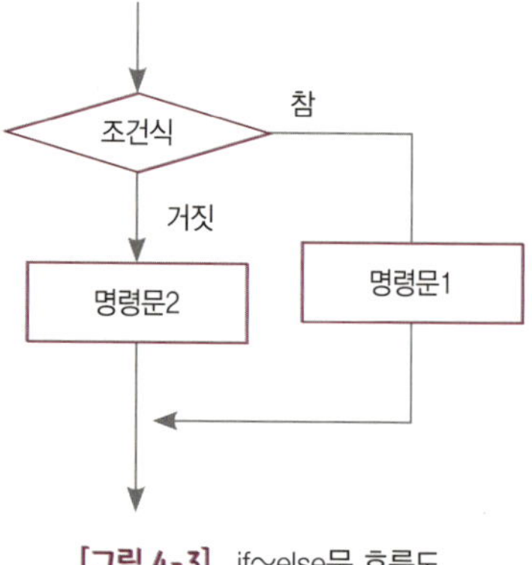

[그림 4-3] if~else문 흐름도

형식

```
if ( 조건식 ) {
    명령문1;

    ...
 }else{
    명령문2;

    ....
}
```

설명

조건이 참이면 명령문1을 수행하고, 거짓이면 명령문2를 실행한다.

[리스트 4.7]은 if~else문의 사용 예제다. **7행**의 if문 조건식에서 a가 b보다 큰지를 묻고 있는데, 예제에서는 작으므로 **10행**의 else 위치로 분기한다. 따라서 [그림 4-4]처럼 "b는 a 보다 큽니다"라는 메시지와 "b의 값은 5"라는 메시지가 차례대로 출력된다.

[리스트 4.7] if~else문 사용 예제(IfTest2.java)

```
1    public class IfTest2 {
2        public static void main(String[] args) {
3            int a = 4;
4            int b = 5;
5            int c = 0;
6
```

```
 7            if(a > b ) {
 8                System.out.println("a는 b보다 큽니다.");
 9                System.out.println("a의 값은 "+a);
10            }else{
11                System.out.println("b는 a보다 큽니다.");
12                System.out.println("b의 값은 "+b);
13            }
14        }
15    }
```

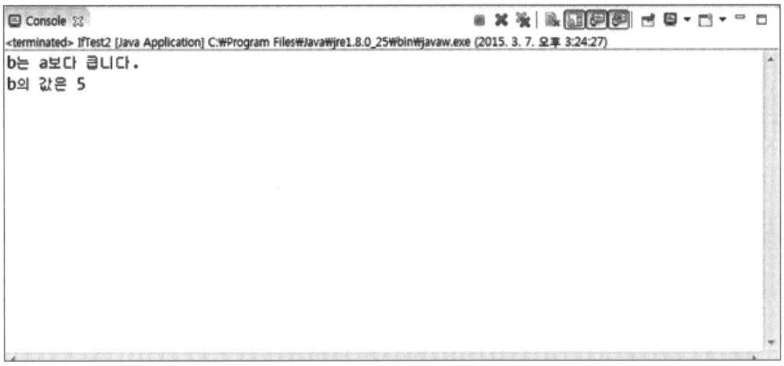

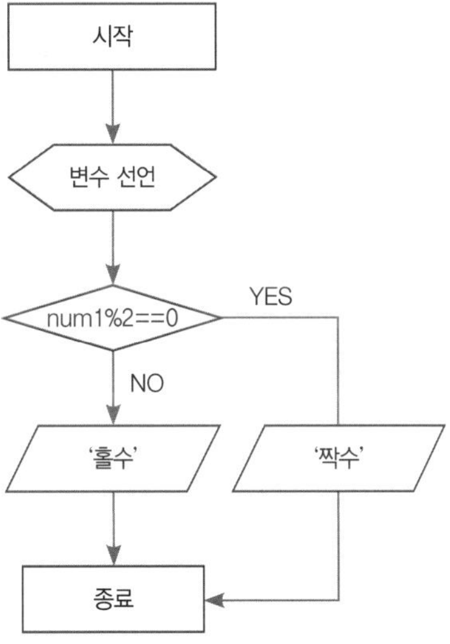

[그림 4-4] 실행 결과

[그림 4-5]는 어떤 수가 홀수인지, 짝수인지를 판별하는 과정을 나타낸 것이다. [리스트 4.8]은 홀수, 짝수를 판별하는 예제다. **5행**에서 변수 num1의 값을 2로 나눈 나머지가 0인지를 판별하고 있다. false 이므로 **7행**의 else로 분기한 후 **8행**의 명령문을 실행하고 메시지를 출력한다.

[그림 4-5] if~else문을 이용한 홀수, 짝수 판별 실행 흐름도

[리스트 4.8] if~else문 사용 예제(IfTest3.java)

```java
1    public class IfTest3 {
2        public static void main(String[] args) {
3            int num1=5;
4
5            if(num1%2==0)
6                System.out.println(num1+"는 짝수입니다.");
7            else
8                System.out.println(num1+"는 홀수입니다.");
9        }
10    }
```

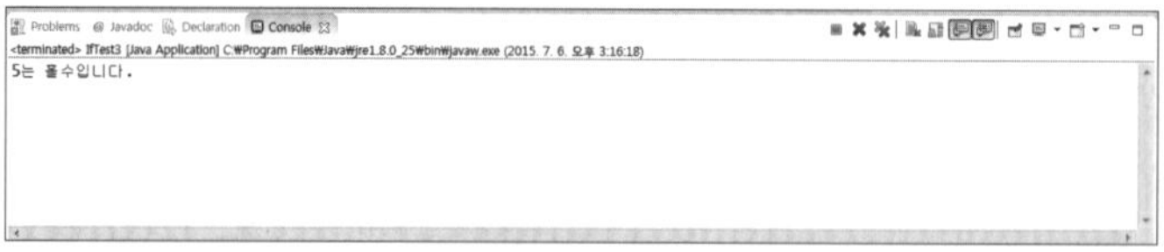

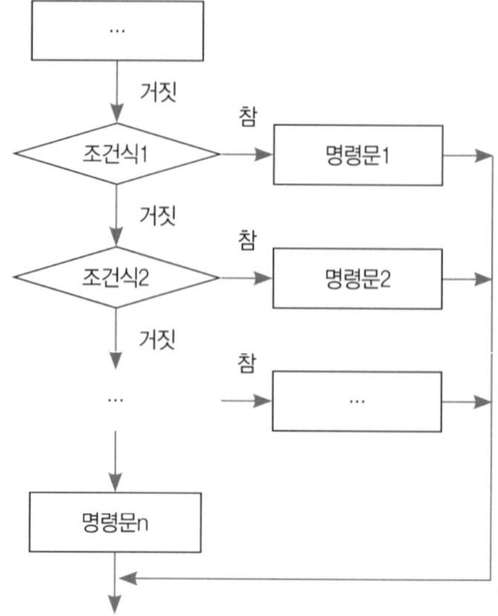

[그림 4-6] 실행 결과

④ 다중 if~else if문

지금까지의 if문은 조건식이 하나였다. 그런데 다중 if~else if문은 if문에 여러 조건식을 사용하여 분기문을 만든다. [그림 4-7]은 다중 if~else if문의 실행 흐름도다. 먼저 if문을 만나면 순차적으로 첫 번째 조건식을 판별한다. true이면 명령문1을 수행한 후 if문을 종료한다. 만약, 조건식이 false이면 그 다음 else if문의 조건식2를 판별한다. 조건식의 결과값이 true이면 명령문2를 실행하고, false이면 다음의 조건식을 판별하는 방법으로 실행한다. 만약, 모든 조건식이 false이면 else문 다음의 명령문n을 실행한다.

[그림 4-7] 다중 if~elseif 문 실행 흐름도

[리스트 4.9]는 다중 if~else if문 사용 예제다. 그리고 [그림 4-8]은 [리스트 4.9]의 다중 if~else문의 흐름도다. 첫 번째 조건이 참이면 실행문을 실행한 후 바로 종료하고, 거짓이면 다음의 else if문의 조건식으로 가서 조건을 판별한 후 참이면 실행문을 실행하고 종료하며, 거짓이면 다음의 조건문으로 이동한다. **7행**에서 첫 번째 조건식을 판별한다. a는 b보다 작으므로 거짓이다. 따라서 **10행**의 다음 else if문의 조건식으로 분기한다. b는 0보다 크기 때문에 조건식의 값이 true이므로 "b는 0보다 큽니다"라는 메시지와 "b의 값은 5"라는 메시지가 차례로 출력된다. 만약, 두 번째 조건식도 false이면 **13행**의 else문에 있는 명령문을 실행한다.

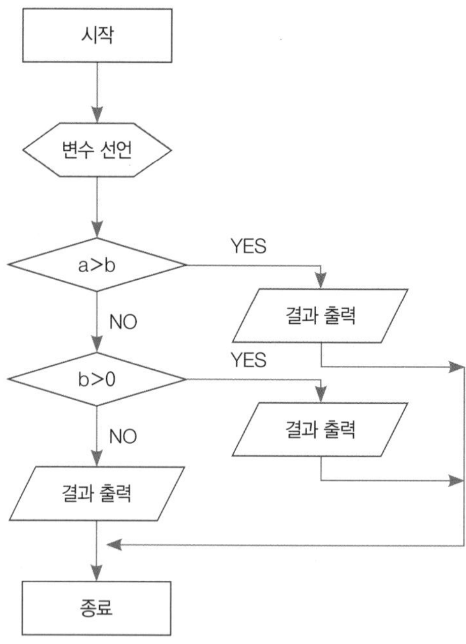

[그림 4-8] 다중 if~else문 실행 흐름도

[리스트 4.9] 다중 if~else if문 사용 예제(IfTest4.java)

```java
public class IfTest4 {
    public static void main(String[] args) {
        int a = 4;
            int b = 5;
            int c = 0;

        if(a > b ) {
            System.out.println("a는 b보다 큽니다.");
            System.out.println("a의 값은 "+a);
        }else if(b >0){
            System.out.println("b는 0보다 큽니다.");
            System.out.println("b의 값은 "+b);
        }else{
            System.out.println("모든 조건식이 거짓입니다.");
        }
    }
}
```

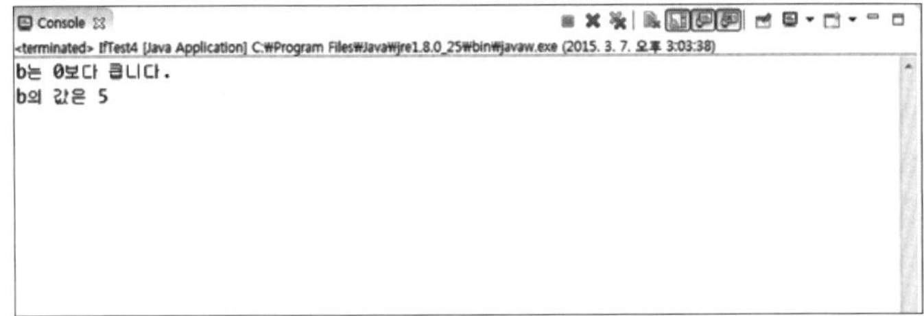

[그림 4-9] 실행 결과

다음은 이차방정식이 어떤 근을 가지는지를 판별하는 예제다. 이차방정식이 어떤 근을 가지는지는 이차방정식의 근의 공식을 이용하여 알 수 있다. 다음과 같은 이차방정식이 있다고 가정해보자.

$$x^2+bx+c=0$$

이 이차방정식의 근의 공식은 다음과 같다.

$$x=\frac{-b\pm\sqrt{b^2-4ac}}{2a}$$

[그림 4-10]은 이차방정식의 판별식을 이용하여 근을 판별하는 과정이다. [리스트 4.10]은 다음과 같은 조건문을 이용하여 이차방정식의 근을 판별하고 있다.

$$x^2+2x+1=0$$

위의 이차방정식은 판별식의 값이 0이므로 중근을 가진다.

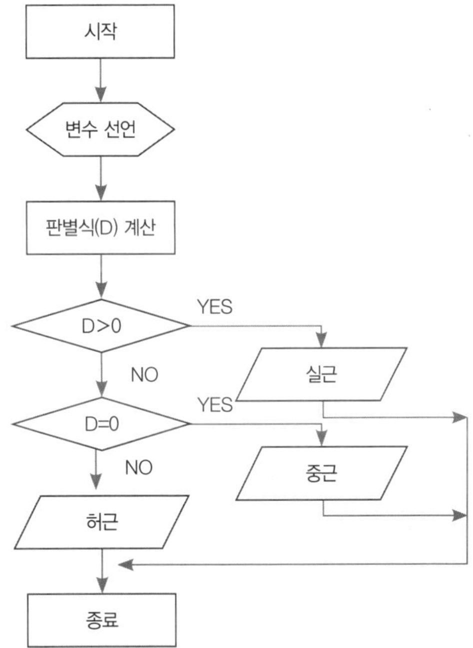

[그림 4-10] 이차방정식 근 판별 실행 흐름도

[리스트 4.10] 이차방정식 근 판별(IfTest5.java)

```java
1    public class IfTest5 {
2        public static void main(String[] args) {
3            int a=1;
4            int b=2;
5            int c=1;
6
7            int result=b*b-4*a*c;
8
9            if(result >0){
10               System.out.println("방정식은 두 실근을 가집니다.");
11           }else if(result ==0){
12               System.out.println("방정식은 중근 가집니다.");
13           }else if(result <0){
14               System.out.println("방정식은 두 허근을 가집니다.");
15           }
16       }
17   }
```

7행　　: 이차방정식의 근의 공식의 판별식을 이용하여 값을 구한다.

9~15행 : 판별식의 결과를 조건식에서 판별한 후 결과를 출력한다.

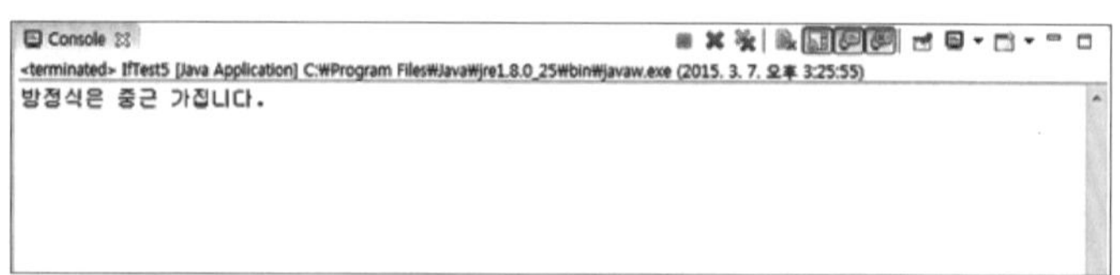

[그림 4-11]　실행 결과

[리스트 4.11]은 다중 if문의 예제다. **6행**에서 num1의 값이 2의 배수인지를 판별한다. num1의 값이 10이므로 true다. 따라서 **7행**의 또 다른 if문을 실행한다. **7행**에서는 num1의 값이 5의 배수인지를 판별하고 있다. true이므로 [그림 4-12]처럼 **8행**의 메시지를 출력한다.

16행에서는 if문의 조건식에서 논리 연산자를 사용하여 num2의 값이 2의 배수와 5의 배수인지를 동시에 판별하고 있다. 15는 2의 배수가 아니므로 다음의 else if문의 조건식을 체크한 후 **20행**의 else if문의 조건식에 대해 15는 5의 배수이므로 true라는 결과를 출력한다. 즉, 논리 연산자를 사용하여 중첩된 if문을 사용하지 않고 결과를 나타낸다.

```
1    public class IfTest6 {
2        public static void main(String[] args) {
3            int num1=10;
4            int num2=15;
5
6            if(num1%2==0){
7              if(num1%5==0){
8                  System.out.println(num1+"은 2의 배수이고 5의 배수입니다.");
9              }else{
10                  System.out.println(num1+"은 2의 배수이나 5의 배수는 아닙니다.");
11              }
12            }else{
13                System.out.println(num1+"은 2의 배수가 아닙니다.");
14            }
15
16            if(num2%2==0 && num2%5==0){
17                System.out.println(num2+"은 2의 배수이고 5의 배수입니다.");
18            }else if(num2%2==0){
19                System.out.println(num2+"은 2의 배수이나 5의 배수는 아닙니다.");
20            }else if(num2%5==0){
21                System.out.println(num2+"은 2의 배수는 아니고, 5의 배수입니다.");
22            }else{
23                System.out.println(num2+"은 2의 배수도 아니고,5의 배수도 아닙니다.");
24            }
25        }
26    }
```


[그림 4-12]   실행 결과

⑤ switch문

swtich문은 앞에서 배운 다중 if~else if문과 서로 변환된다. 먼저 swtich문에 값을 입력하면 switch문 안에 있는 첫 번째 case문 다음에 있는 값과 같은지를 비교한다. 값이 같으면 참이므로, 그 case문에 딸린 명령문을 실행한 후 switch문을 종료한다. 값이 다르면 그 다음의 case문으로 이동하여 또 값을 비교한다. 이런 방식을 수행할 때 switch문에 입력한 값과 모든 case문 다음의 값이 일치하지 않으면 마지막에 있는 defalut문으로 분기하여 그 안에 있는 명령문을 실행한다.

switch문에서 중요한 것은 case문으로 분기하여 명령문을 실행한 후에 종료를 하기 위해는 반드시 **break문**을 써주어야 한다는 것이다. 그리고 switch문에 입력이 가능한 데이터는 **byte, short, int, char** 데이터만 swtich문의 값으로 입력할 수 있다. 그리고 JDK7부터는 문자열도 입력할 수 있다.

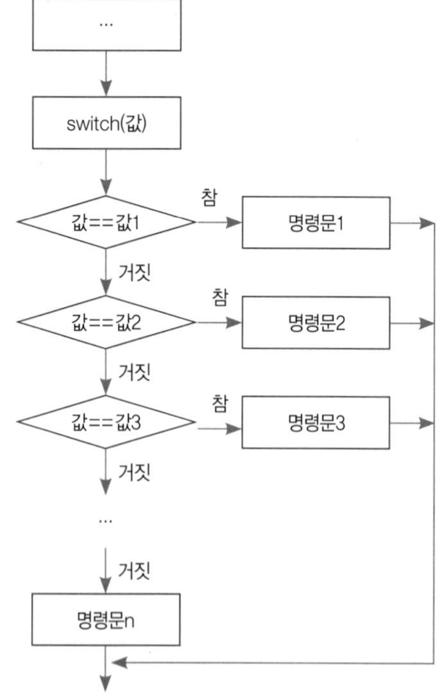

[그림 4-13] switch문 실행 흐름도

형식

```
switch ( 값)
{
     case 값1:
         명령문1;
         break;
     case 값2:
         명령문2;
         break;
     case 값3:
         명령문3;
         break;
         ......
```

```
    default:
        명령문n;
}
```

설명

- switch문으로 값을 입력한 후 그 값을 첫 번째 case문 다음의 값인 1과 비교한다.
- 비교했을 때 값이 같으면 명령문1을 실행한 후, break문을 만나서 switch문을 종료한다.
- 첫 번째 값1과 다르면 순서대로 실행하고, 두 번째 case문의 값2와 같으면 명령문2를 실행한다.
- 모든 case문의 값과 일치하지 않으면 default의 명령문n을 수행한다.

[리스트 4.12]는 switch문 사용 예제다. **3, 4행**에서 변수 num과 name을 선언한 후 2와 "홍길동"으로 초기화한다. **6행**에서 num의 값을 switch문으로 입력한다. 그러면 첫 번째 case문 다음의 1과 비교했을 때 값이 다르므로, 다음 case문으로 이동한다. 두 번째 case문의 값과 일치하므로 case문에 딸린 명령문을 실행한다. 따라서 "num의 값은 2"라는 메시지가 출력된다. 그리고 break문을 만난 후 switch문을 종료한다. 여기서 중요한 것은 **12행**의 break문을 생략하면 default문에 있는 명령문도 실행된다는 점이다. **따라서 case문을 종료할 때에는 항상 break문을 사용하여 종료해야 한다.**

19행의 switch문에서는 문자열 변수 name의 값을 입력받는다. **20행**의 첫 번째 case문의 값 "홍길동"과 비교했을 때 값이 같으므로 "이름은 홍길동"이라고 출력된다.

[리스트 4.12] switch문 사용 예제(SwitchTest.java)

```java
1   public class SwitchTest {
2       public static void main(String[] args) {
3           int num=2;
4           String name="홍길동";
5
6           switch(num){
7               case 1:
8                       System.out.println("num의 값은 "+num);
9                       break;
10              case 2:
11                      System.out.println("num의 값은 "+num);
12                      break;
13
```

```java
14              default:
15                      System.out.println("일치하는 값이 없습니다.");
16          }
17
18
19          switch(name){
20              case "홍길동":
21                      System.out.println("이름은 "+name);
22                      break;
23              case "이순신":
24                      System.out.println("이름은 "+name);
25                      break;
26
27              default:
28                      System.out.println("일치하는 사람이 없습니다.");
29          }
30      }
31  }
```

19행 : switch문으로 문자열을 입력한다.

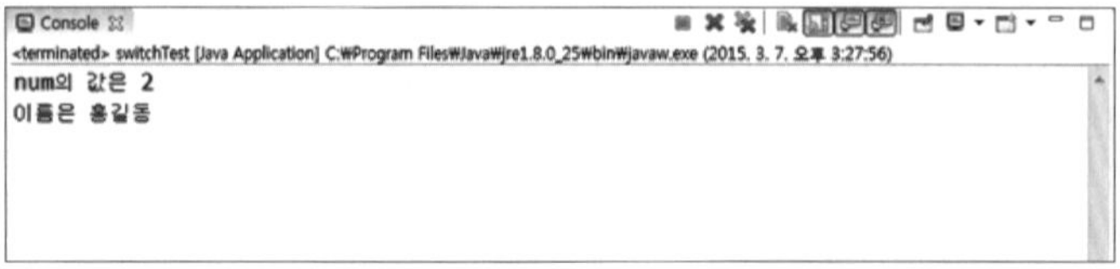

[그림 4-14]   실행 결과

이번에는 앞에서 배운 조건문을 이용하여 실습해보자.

4.1 다중 if~else if문을 이용한 예제

[그림 4-15]는 시험 점수를 학점으로 변환하기 위한 흐름도다. [리스트 4.13]은 조건문을 이용하여 시험 점수를 학점으로 변환하는 예제다. 먼저 **4행**에서 시험 점수를 score라는 변수에 저장한다. 그리고 **9행**에서 score의 값을 10으로 나눈 결과값을 category 변수에 저장한다. 자바에서 정수를 정수로 나눈 후의 값은 나눈 값에서 정수 부분만 되돌려준다. 따라서 category에는 8이 저장된다.

그리고 **12행**에서 category의 값이 10이거나 9인지를 체크한다. 즉, 점수가 90점에서 100점 사이면 category의 값은 9이거나 10일 것이다. 그러면 credit 변수에 'A' 학점을 저장한다. 89점에 대한 category의 값은 8이기 때문에 첫 번째 조건식은 거짓이다. **14행**의 다음 조건식으로 이동하여 조건식을 체크한다. 이번에는 category의 값이 8이므로 참이다. 따라서 credit의 값에는 'B'가 저장된다. **23행**에서는 89점에 대한 학점 'B'를 출력한다. [그림 4-16]은 실행 시의 결과값을 나타낸 것이다.

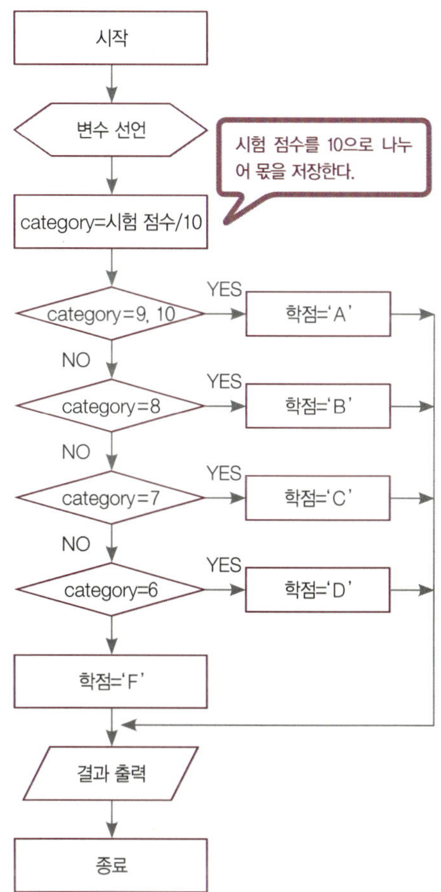

[**그림 4-15**] 시험 점수를 학점으로 변환하기 위한 흐름도

그런데 [리스트 4.13]에서 **5행**처럼 사용자가 점수를 잘못 입력하여 189점을 입력한 경우에는 credit의 값이 'F'로 출력된다. 즉, 시험 점수는 0점에서 100점 사이이므로, 먼저 시험 점수의 유효성 검사를 해야 한다.

[리스트 4.13]의 5행처럼 사용자가 점수를 잘못 입력하여 score 변수의 값을 189점으로 저장하여 실행하면 [그림 4-17]처럼 엉뚱한 결과가 출력된다. 따라서 이 예제에서는 사용자가 입력한 점수가 일단 유효한 점수인지를 먼저 알아볼 수 있는 구문을 추가해야 한다.

[리스트 4.13] 시험 점수를 학점으로 변환하는 예제(ScoreTest.java)

```java
1    public class ScoreTest {
2
3        public static void main(String [ ] args){
4            int score=89;
5            //int score=189;
6            int category=0;
7            char credit;
8
9            category=score/10;
10           System.out.println("category=" +category);
11
12           if(category==10 || category==9)
13               credit='A';
14           else if(category==8)
15               credit='B';
16           else if(category==7)
17               credit='C';
18           else if(category==6)
19               credit='D';
20           else
21               credit='F';
22
23           System.out.println("시험 점수 = "+ score +"점,  학점 ="+credit);
24       }
25   }
```


[그림 4-16]   학점 변환 예제 출력 결과

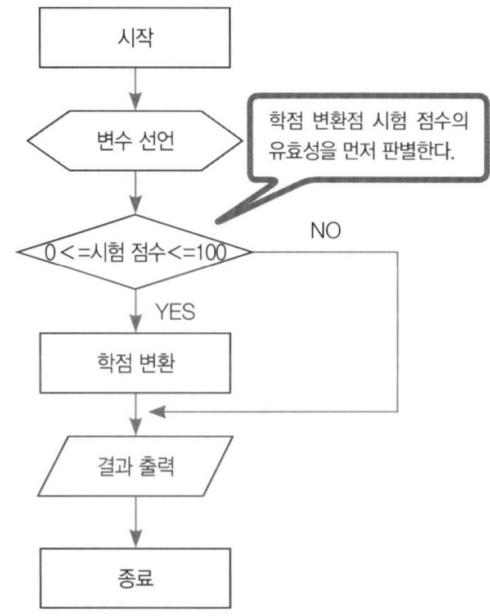

[그림 4-17] 점수를 잘못 입력한 후 학점 출력 결과

[그림 4-18]은 시험 점수 유효성 체크 흐름도이고, [리스트 4.14]는 유효성 검사를 추가한 학점 변환 예제다. 먼저 **8행**에서 score 변수값의 범위를 if문을 이용하여 체크한다. 즉, score 변수의 값이 0점에서 100점 사이이면 학점으로 변환하는 과정을 정상적으로 실행하고, 만약 아니면 **24행**의 else문으로 분기하여 오류 메시지를 출력한다. [그림 4-19]는 score 변수의 각 경우에 대한 출력 결과를 나타낸 것이다. 이 예제에서처럼 if문 안에 또 다시 if문을 사용하여 원하는 기능을 만들 수도 있다.

[그림 4-18] 시험 점수 유효성 체크 흐름도

[리스트 4.14] 유효성 검사를 추가한 학점 변환 예제(ScoreTest1.java)

```java
1    public class ScoreTest1 {
2        public static void main(String [ ] args){
3            int score=89;
4            //int score=189;
5            int category=0;
6            char credit;
7
8            if((score >=0) && (score=<100)){
9                category=score/10;
10               System.out.println("category=" +category);
11
12               if(category==10 || category==9)
```

```java
13                    credit='A';
14                else if(category==8)
15                    credit='B';
16                else if(category==7)
17                    credit='C';
18                else if(category==6)
19                    credit='D';
20                else
21                    credit='F';
22
23                System.out.println("시험 점수 = "+ score +"점, 학점 ="+credit);
24            }else{
25                System.out.println("시험 점수가 잘못 입력되었습니다.");
26            }
27        }
28    }
```

(a) score의 값이 89점인 경우

(b) score의 값이 189점인 경우

[그림 4-19] [리스트 4.14] 예제 실행 결과

4.2 switch문을 이용한 학점 변환 예제

[그림 4-20]은 switch~case문을 이용
하여 시험 점수를 학점으로 변환하는
과정을 나타낸 것이고, [리스트 4.15]
는 학점 변환 예제를 switch문을 이용
하여 구현한 예제다. **8행**에서 score를
10으로 나눈 값을 category에 저장한
후, **10행**의 switch문으로 입력한다. 그
리고 **11행**의 첫 번째 case문의 값과 비
교해보면, 첫 번째 case문의 값과는 다
르므로 다음의 두 번째 case문의 값과
비교한다. 이와 같이 순차적으로 case
문의 값과 비교하면 category의 값이 7
이므로 네 번째 case문의 값과 일치한
다. 따라서 credit의 값에 7이 저장된
다. 이처럼 다중 if~else if문과 switch
문은 서로 변환된다.

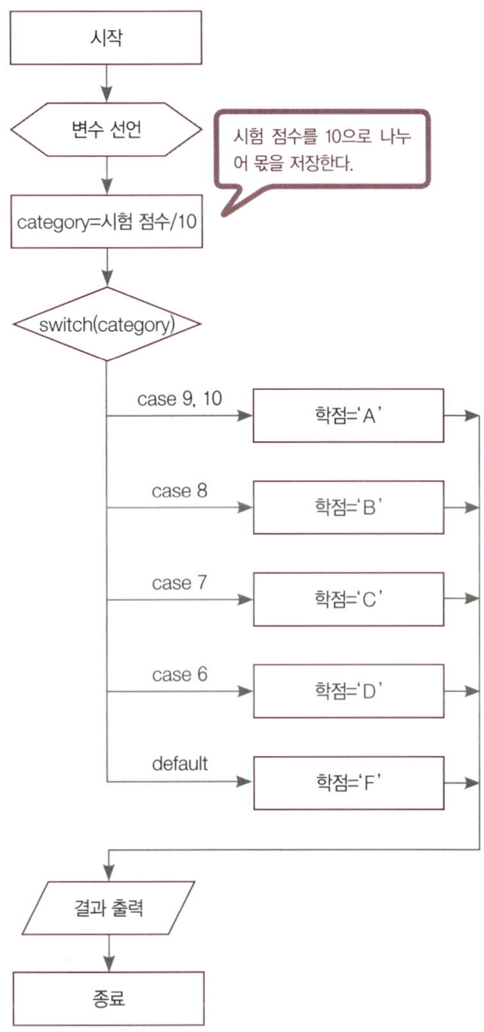

[그림 4-20] switch문을 이용하여 시험 점수를 학점으로 변환하기 위한 흐름도

[리스트 4.15] 학점 변환을 switch문을 이용하여 구현한 예제(ScoreTest2.java)

```
1    public class ScoreTest2 {
2        public static void main(String [] args){
3            int score=79;
4            int category=0;
5            char credit;
```

```java
6
7        if((score >=0) && (score<=100)){
8            category=score/10;
9            System.out.println("category=" +category);
10           switch(category){
11               case 10:
12                   credit='A';
13                   break;
14
15               case 9:
16                   credit='A';
17                   break;
18
19               case 8:
20                   credit='B';
21                   break;
22               case 7:
23                   credit='C';
24                   break;
25               case 6:
26                   credit='D';
27                   break;
28
29               default:
30                   credit='F';
31           }
32
33           System.out.println("시험 점수 = "+ score +"점,  학점 ="+credit);
34       }else{
35           System.out.println("시험 점수가 잘못 입력되었습니다.");
36       }
37   }
38 }
```

```
Console
<terminated> ScoreTest2 [Java Application] C:\Program Files\Java\jre1.8.0_25\bin\javaw.exe (2015. 3. 9. 오전 11:29:38)
category=7
시험점수 = 79점 , 학점 =C
```

[그림 4-21] switch문을 이용하여 학점을 변환한 결과

다음은 조건문을 이용하여 토지 보유세를 구하는 예제다.

> 토지세는 3년 보유한 토지에 대해서는 매년 5%씩 감면되어 최대 50%까지 감면될 수 있다. 즉, 토지 소유 기
> 간이 3년 미만인 토지에 대해서는 100%, 12년 이상인 토지에 대해서는 50% 감면된다.
>
> $$연토지세 = A - A(\frac{5}{100}) \times (n-2)$$
>
> A : 표에 의해 계산된 토지 면적당 세액
> n : 토지 보유 기간(년) (2≤n≤12)
> 지방 교육세 : 연토지 세액(A)의 30%

[표 4-1] 2012년도 기준 토지 보유세

건물이 없는 토지		건물이 있는 토지	
토지 면적	m²당 세액	토지 면적	m²당 세액
1,000m² 이하	1,800원	1,000m² 이하	3,600원
2,500m² 이하	2,000원	2,500m² 이하	4,000원
3,000m² 초과	3,000원	3,000m² 초과	6,000원

〈분석〉

[표 4-1]을 이용하여 토지 소유자가 가진 토지 면적에 대한 토지 면적당 세액을 먼저 계산한다. 그런 다음, 소유자가 토지를 소유한 기간에 대한 연토지 세액을 계산한다. 그리고 지방 교육세를 최종 토지세에 합산하여 토지 보유세를 계산하면 된다. [그림 4-22]와 [그림 4-23]은 토지 보유세를 계산하는 흐름도다. 먼저 [그림 4-22]에서 토지에 건물이 있는지의 여부를 판별한다. 그리고 각 경우에 대해 [그림 4-23]처럼 토지 면적당 세액, 연토지 세액을 계산한 후 지방 교육세를 더하여 토지 보유세를 계산한다. 이는 [리스트 4.16]에서 소스로 구현하고 있다.

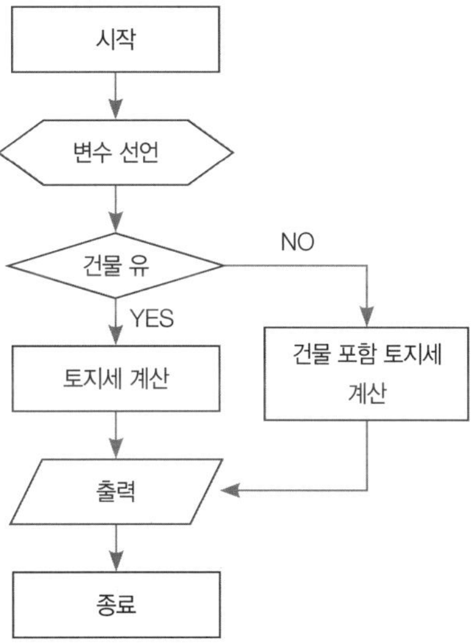

[그림 4-22] 토지 보유세 계산 흐름도 1

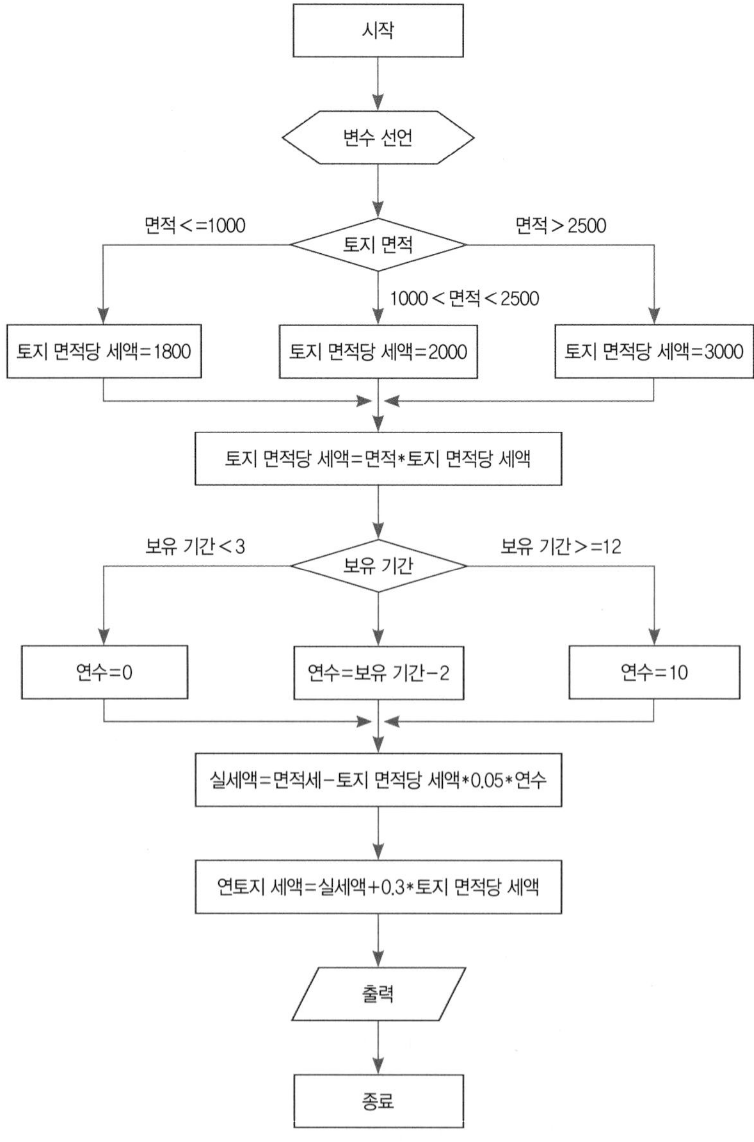

[그림 4-23] 토지 보유세 계산 흐름도 2

[리스트 4.16] 토지 보유세를 계산하는 예제(IfTest7.java)

```
1    public class IfTest7 {
2        public static void main(String[] args) {
3            int tax_rate=0, n=0;
4            int my_land_Type=1;
5            int my_land_size=25000;
```

```java
6          int my_land_own_year=5;
7
8       float tax=0f;
9       float area_tax=0f;
10      if(my_land_Type==1){
11          System.out.println("건물이 없는 토지");
12          if(my_land_size<=1800)
13              tax_rate=1800;
14          else if(my_land_size <=2500)
15              tax_rate=2000;
16          else
17              tax_rate=3000;
18
19          area_tax=tax_rate*my_land_size;
20          System.out.println("토지 면적 세액은 "+area_tax);
21          if(my_land_own_year<3)
22              n=0;
23          else if( my_land_own_year <13)
24              n=my_land_own_year-2;
25          else
26              n=10;
27
28          tax=area_tax-area_tax*0.05f*n;
29
30      }else {
31          System.out.println("건물이 있는 토지 ");
32          if(my_land_size<=1800)
33              tax_rate=3600;
34          else if(my_land_size <=2500)
35              tax_rate=4000;
36          else
37              tax_rate=6000;
38
39          area_tax=tax_rate*my_land_size;
40          System.out.println("토지 면적 세액은 "+area_tax);
41          if(my_land_own_year<3)
42              n=0;
43          else if( my_land_own_year <13)
44              n=my_land_own_year-2;
45          else
```

```
46                    n=10;
47
48                tax=area_tax-area_tax*0.05f*n;
49          }
50
51          tax=tax+0.3f*area_tax;
52          System.out.println("내 토지 보유세금액은>>"+tax+"원입니다.");
53          System.out.printf("내 토지 보유세금액은>>%5.1f 원입니다.",tax);
54      }
55  }
```

4행   : 변수가 1이면 토지에 건물이 없고, 그외 값일 경우는 토지에 건물이 있는 경우

9행   : 면적당 토지 세액을 저장하는 변수

10~30행 : 토지에 건물이 없는 경우 토지 세액을 계산하는 부분

30~49행 : 토지에 건물이 있는 경우 토지 세액을 계산하는 부분

51행   : 최종 토지 세액에 지방 교육세를 포함시킨다.

53행   : 지수 형식의 세액을 실수로 변환한 후 출력한다(소수점 첫째 자리까지 출력).

```
Console 
<terminated> IfTest7 [Java Application] C:\Program Files\Java\jre1.8.0_25\bin\javaw.exe (2015. 3. 13. 오전 9:57:56)
건물이 없는 토지
토지면적 세액은 7.5E7
내 토지 보유세액은 86250000.0원입니다.
```

[그림 4-24] 실행 결과

05 ／ 반복문(Loop문)

지금까지 배운 명령문은 프로그램 실행 시 한 번만 실행할 수 있었다. 그런데 제어문 중에 반복문을 이용하면 조건을 만족할 때까지 명령문을 반복하여 실행할 수 있다. 다음은 자바에서 사용되는 반복문의 종류를 나타낸 것이다. 다음 절에서 각 반복문에 대해 자세히 학습한다.

반복문 종류

- while문
- do~while문

- for문
- break문
- continue문
- 이중 for문
- 이중 for문 내의 break문
- break label문
- 이중 continue문
- continue label문

5.1 while문

while문은 while문의 딸린 조건식이 참(true)이면 while문 내에 있는 명령문을 반복하여 수행하는 문장이다. [그림 4-25]는 while문의 실행 흐름도다. 프로그램 실행 시 while문을 만나면 먼저 조건식을 체크한다. 조건식의 값이 참(true)이면 while문의 본체에 있는 명령문들을 실행한 후 while문의 마지막에 도착한다. 그러면 while문은 다시 앞부분의 조건식으로 이동하여 다시 조건식의 값을 체크한다. 또 다시 조건식의 결과값이 참(true)이면 while문 본체의 명령문을 실행한다. 이러한 방식으로 조건식이 참(true)일 때까지 반복하여 명령문을 실행한다. 그리고 조건식의 값이 거짓(false)이면 while문을 종료한다.

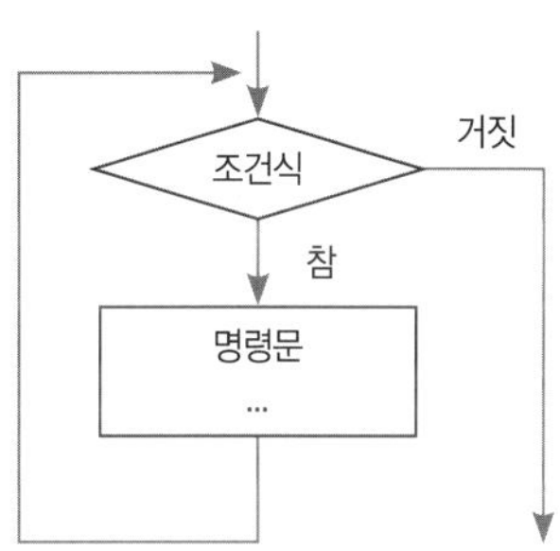

[그림 4-25]　while문 실행 흐름도

정의

- 조건식이 참일 때까지 명령문을 반복하여 실행하는 제어문

형식

```
while( 조건식 ) {
        명령문;
        ....
};
```

[리스트 4.17]은 while문 실습 예제다. 반복문을 처음부터 머릿속으로 따라가면 복잡하므로 [표 4-2]처럼 테이블을 만든 후에 변수의 값을 순서대로 따라가보면 쉽게 분석할 수 있다. 먼저 **1, 2행**에서 변수 a와 sum을 0으로 초기화한다. 그런 다음, [표 4-2]의 첫 번째 행에서 a와 sum 변수의 값을 0으로 초기화한다. 그리고 **4행**에서 while문을 만나 조건식을 체크한다. a는 5보다 적으므로 while문 안의 명령문을 실행한다. **5행**에서 기존 sum의 값에 a의 값 0을 누적시킨다. 테이블 두 번째 행의 sum+=a의 값은 0+0이 된다. sum의 값은 두 번째 행에서처럼 여전히 0이다.

그리고 **7행**의 a++를 실행하면 a의 값은 두 번째 행처럼 1이 된다.

또 다시 while문의 처음 조건식으로 이동하여 체크하면 세 번째 행의 a처럼 a의 값이 1이므로 이번에도 조건식이 참이다. 따라서 다시 a의 값을 sum에 누적시키면 세 번째 행처럼 sum+=a는 0+1이 된다. 따라서 출력되는 sum의 값은 1이 된다. 다시 a++를 실행하면 세 번째 행의 a++는 2가 된다. 다시 while문의 조건식으로 와서 a의 값을 체크하면 2이므로 조건식은 참이다.
따라서 또 명령문을 실행하면 **네 번째 행**처럼 값이 정해진다. 이런 방식으로 계속 a값을 증가시키면 **여섯 번째 행**처럼 a가 4일 때까지 while문을 수행하여 sum의 값을 1에서 4까지의 합을 저장한다.

그런데 **일곱 번째 행**에서는 a의 값이 5이고 while문의 조건식이 이번에는 거짓이므로 while문의 수행을 종료한다. 따라서 sum에는 1+2+3+4의 결과값을 출력한다. 이처럼 while문이나 다른 반복문을 분석할 때에는 테이블을 만들어 따라가보면 쉽게 이해할 수 있다. 이런 방식으로 몇 번 하다 보면 자연히 머릿속에서 빠르게 따라갈 수 있다.

[리스트 4.17] while문 실습 예제(Loopmoon.java)

```java
1    int a;
2    int sum=0;
3
4    while(a < 5){
5        sum+=a;
6        System.out.println("sum= " + sum);
7        a++;
8    }
```

행	a	sum+=a	sum	a++
1	0		0	
2	0	0+0	0	1
3	1	0+1	1	2
4	2	0+1+2	3	3
5	3	0+1+2+3	6	4
6	4	0+1+2+3+4	10	5
7	5			

[리스트 4.18]은 while문을 이용하여 화씨온도를 while문이 한 번 돌때마다 10도만큼 증가시킨 후 그때에 대응하는 섭씨온도를 계산하는 예제다. **7행**에서 변수 fahrenheit의 값을 100과 비교하여 참인지를 판별한다. 그리고 참이면 [표 4-3]의 첫 행처럼 fahrenheit의 값 0에 대한 celsius값을 계산한다. 그리고 **10행**에서 fahrenheit값을 10 증가시킨다. 다시 **7행**으로 가서 조건식을 판별하면 여전히 true이므로 다시 [표 4-3]의 두 번째 행처럼 fahrenheit의 값 10에 대한 celsius값을 계산한다.

그런 다음 계산 fahrenheit값을 10씩 증가시키면서 celsius값을 계산한다. 그리고 fahrenheit값이 110이 되면 이번에는 거짓이므로 while문을 종료한다.

[리스트 4.18] while문을 이용한 온도 변환 예제(TempTest1.java)

```java
1    public class  TempTest1 {
2        public static void main(String[ ] args) {
3            int BASE=32;
4            int fahrenheit=0;
5            float celsius =0f;
6
7            while(fahrenheit<=100){
8                celsius=(fahrenheit-BASE)*5.0f/9.0f;
9                System.out.println("화씨: "+fahrenheit+"도, \t섭씨: "+celsius+"도");
10               fahrenheit+=10;
11           }
12       }
13   }
```

[표 4-3] while문 진행 상태

행	fahrenheit	celsius=(fahrenheit−BASE)*5.0f/9.0f	Fahrenheit+=10
1	0	−17.777779	10
2	10	−12.222222	20
3	20	−6.6666666	30
4	30	−1.1111112	40
5	40	4.44444447	50
6	50	10.0	60
7	60	15.555555	70
8	70	21.11111	80
9	80	26.666666	90
10	90	32.222222	100
11	100	37.777778	110

```
Console
<terminated> TempTest1 [Java Application] C:\Program Files\Java\jre1.8.0_25\bin\javaw.exe (2015. 3. 9. 오전 11:44:22)
화씨:0도 ,        섭씨:-17.777779도
화씨:10도 ,       섭씨:-12.222222도
화씨:20도 ,       섭씨:-6.6666665도
화씨:30도 ,       섭씨:-1.1111112도
화씨:40도 ,       섭씨:4.4444447도
화씨:50도 ,       섭씨:10.0도
화씨:60도 ,       섭씨:15.555555도
화씨:70도 ,       섭씨:21.11111도
화씨:80도 ,       섭씨:26.666666도
화씨:90도 ,       섭씨:32.22222도
화씨:100도 ,      섭씨:37.77778도
```

[그림 4-26]   실행 결과

5.2 do~while문

do~while문 역시 조건식이 참일 때까지 명령문을 반복하여 실행하는 문장인데, while문과 달리 명령문을 먼저 실행한 후에 조건식을 체크한다.

가장 먼저 do~while문 내에 있는 명령문부터 실행한다. 그런 다음, 마지막에 있는 조건식을 체크한다. 조건식의 값이 참이면 다시 do 위치로 가서 또 다시 명령문을 실행한다. 이 과정을 조건식이 거짓일 때까지 반복한다. 즉, do~while문은 while문과 달리 조건식이

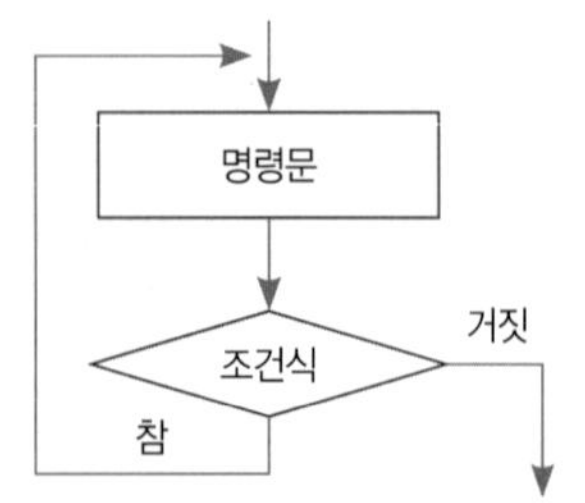

[그림 4-27]   do~while문 실행 흐름도

마지막에 위치한다. 이는 while문의 조건식이 거짓인 경우, 한 번도 실행하지 않을 수도 있

다는 의미다. 반면, do~while문은 적어도 한 번은 실행한다.

형식

```
do {
    명령문;

    ....
}while( 조건식 );
```

[리스트 4.19]와 [표 4-4]는 do~while문 실습 예제와 값 변경을 나타내는 테이블이다. 가장 먼저 a와 sum 변수를 선언한 후 0으로 초기화한다. [표 4-4]의 **첫 번째 행**에서 a와 sum을 0으로 초기화한다.

그리고 **4행**에서 do~while문을 만나면 먼저 sum+=a를 실행한다. 두 번째 행 sum+=a의 값은 0이다. sum의 값도 0이다. 그리고 **7행**의 a++를 실행하면 a의 값은 1이 된다. 세 번째 행의 a값은 이제 1이다.

그리고 **8행**의 while 다음의 조건식을 체크하면 a의 값은 5보다 적으므로 다시 **5행**의 do 위치로 되돌아와서 똑같은 명령문을 수행한다. 그러면 세 번째 행처럼 각 변수의 값이 정해진다.

그리고 다시 **8행**의 조건식에서 a의 값을 5와 비교해보면 여전히 적으므로, 다시 do로 되돌아와서 명령문을 차례대로 수행한다. 이 과정을 a의 값이 4일 때까지 계속 수행한다. 그 결과가 [표 4-4]의 **여섯 번째 행**까지 나타나 있다. 그런 다음, a를 증가시켜서 5가 되면 이번에는 조건식을 체크하고 do~while문의 실행을 종료한다. 따라서 이 예제에서는 1에서 4까지의 합이 출력된다.

[리스트 4.19] do~while문 예제(Loopmoon.java)

```
1       int a;
2       int sum=0;
3
4       do{
5           sum+=a;
6           System.out.println("sum= " + sum);
7           a++;
8       }while(a <5);
```

[표 4-4] do~while문 상태 진행 테이블

행	a	sum+=a	Sum	a++
1	0		0	
2	0	0+0	0	1
3	1	0+1	1	2
4	2	0+1+2	3	3
5	3	0+1+2+3	6	4
6	4	0+1+2+3+4	10	5
7	5			

[리스트 4.20]은 do~while문을 이용하여 화씨온도를 섭씨온도를 변환하는 예제다. **7행**의 do문을 만나면 먼저 **8~9행**의 명령문을 수행한 후 **11행**의 while문에서 조건식을 판별하여 참이면 다시 **7행**의 do문 위치로 되돌아와서 다시 명령문을 차례대로 수행한다. [표 4-5]에 그 실행 과정이 나타나 있다. do~while문은 while문과 달리 조건식이 뒤에 있기 때문에 반드시 한 번은 do~while문의 명령문을 실행한다.

[리스트 4.20] do~while문을 이용한 온도 변환 예제(TempTest2.java)

```java
1   public class TempTest2 {
2       public static void main(String[] args) {
3           int BASE=32;
4           int fahrenheit=0;
5           float celsius =0f;
6
7           do{
8               celsius=(fahrenheit-BASE)*5.0f/9.0f;
9               System.out.println("화씨: "+fahrenheit+"도, \t섭씨: "+celsius+"도");
10              fahrenheit+=10;
11          }while(fahrenheit<=100);
12      }
13  }
```

행	fahrenheit	celsius=(fahrenheit-BASE)*5.0f/9.0f	Fahrenheit+=10
1	0	−17.777779	10
2	10	−12.222222	20
3	20	−6.6666666	30
4	30	−1.1111112	40
5	40	4.44444447	50
6	50	10.0	60
7	60	15.555555	70
8	70	21.11111	80
9	80	26.666666	90
10	90	32.222222	100
11	100	37.777778	110

```
Console
<terminated> TempTest1 [Java Application] C:\Program Files\Java\jre1.8.0_25\bin\javaw.exe (2015. 3. 9. 오전 11:44:22)
화씨:0도 ,        섭씨:-17.777779도
화씨:10도 ,       섭씨:-12.222222도
화씨:20도 ,       섭씨:-6.6666665도
화씨:30도 ,       섭씨:-1.1111112도
화씨:40도 ,       섭씨:4.4444447도
화씨:50도 ,       섭씨:10.0도
화씨:60도 ,       섭씨:15.555555도
화씨:70도 ,       섭씨:21.11111도
화씨:80도 ,       섭씨:26.666666도
화씨:90도 ,       섭씨:32.22222도
화씨:100도 ,      섭씨:37.77778도
```

[그림 4-28] 실행 결과

5.3 for문

이번에는 가장 많이 사용되는 반복문인 for문에 대해 알아보자. for문은 많이 사용되므로 기능을 확실히 익혀 놓아야 한다. for문은 크게 3개의 식으로 이루어져 있다. [표 4-6]은 for문을 구성하는 각 식의 기능을 설명한 것이다. 먼저 초기식은 for문 수행 시 한 번만 실행되고, for문에서 사용되는 반복 변수를 초기화한다. 조건식은 앞에서 살펴보았던 조건식을 수행한다. 증감식은 for문의 실행문을 실행한 후 다시 조건식을 수행하기 전에 반복 변수의 값을 증가 또는 감소시키는 역할을 한다.

[표 4-6] for문을 구성하는 식

식	기능
초기식	가장 먼저 수행되는 식이며, for문 내에서 쓰이는 반복 변수를 초기화한다. for문 시작 시 한 번만 실행된다.
조건식	초기식 다음에 실행되는 식으로, 다른 반복문의 조건식에 해당한다.
증감식	for문을 수행한 후 되돌아오는 부분으로, 조건식을 체크하기 전에 조건식에서 쓰이는 반복 변수를 증가 또는 감소시키면서 조건을 변경한다.

[그림 4-29]는 for문의 실행 흐름도다. for문은 처음에는 초기식을 실행하면서 for문 내에서 쓰이는 반복 변수를 초기화한다. 그런 다음, 조건식을 체크하여 참이면 for문 내의 명령문을 실행한다. 만약, 마지막에 오면 이번에는 증감식의 위치로 이동하여 반복 변수를 증가 또는 감소시킨다. 그런 다음, 다시 조건식으로 가서 조건을 체크한 후 참이면 앞의 과정을 반복하고, 거짓이면 for문을 종료한다.

[리스트 4.21]은 for문 실습 예제이고, [표 4-7]은 for문의 값 변경 테이블이다. **3행**에서 sum의 값을 0으로 초기화한 후, **4행**에서 for문을 만나면 먼저 초기식부터 수행하므로 반복 변수 i의 값이 0으로 초기화된다. 그러면 [표 4-7]의 첫 번째 행처럼 각 변수값이 초기화된다. 그리고 for문의 조건식을 체크하면 i의 값이 0이므로 참이 되어 for문 내

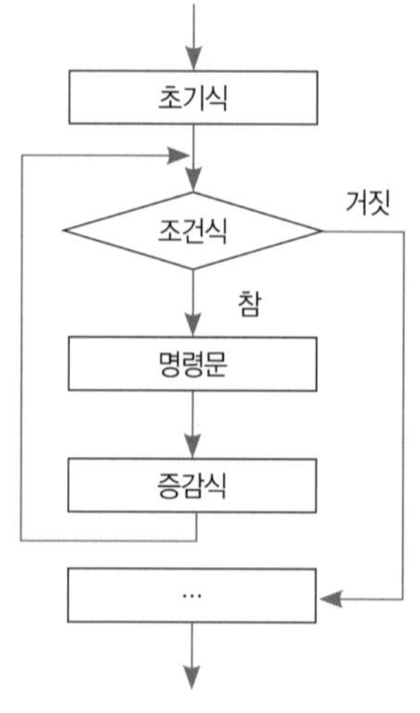

[그림 4-29] for문의 실행 흐름도

부의 명령문을 실행한다. **5, 6행**을 실행한 결과가 [표 4-7]의 두 번째 행에 나타나 있다. for문의 마지막인 **7행**에 이르러서는 다시 for문의 세 번째 식이 있는 **4행**의 증감식으로 이동한다. 그런 다음, i의 값을 1 증가시킨다.

그러면 [표 4-7]의 세 번째 행의 i의 값은 1이 된다. 다시 for문의 조건식을 체크하면 1도 역시 5보다 작으므로 참이 되어 **5, 6행**의 명령문을 실행하면 [표 4-7]의 세 번째 행처럼 값이

정해진다. 다시 명령문을 수행한 후 for문의 마지막에 이르면 다시 for문의 증감식으로 이동하여 i의 값을 1 증가시킨다. 그러면 [표 4-7]의 네 번째 행처럼 i의 값이 2가 된다. 다시 조건식을 체크하면 참이므로 [표 4-7]처럼 값이 정해진다.

이러한 방식으로 계속 i의 값을 증가시키면서 for문 내부 명령문을 수행하면 [표 4-7]처럼 값이 증가한다. 그런 다음, **7행**처럼 i의 값이 5가 되면 이번에는 for문 조건식을 체크한다. i의 값 5는 5보다 작지 않으므로 거짓이 되어 for문을 종료하게 된다. 따라서 이 for문 예제를 실행하면 [그림 4-30]처럼 1에서 4까지의 합을 출력한다.

[리스트 4.21] for문 실습 예제(Loopmoon.java)

```
1    public class Loopmoon {
2        public static void main(String[ ] args) {
3            int sum=0;
4            for(int i=0; i<5; i++){
5                sum+=i;
6                System.out.println("합은  " + sum);
7            }
8        }
9    }
```

[표 4-7] for문 값 변경 테이블

행	i	sum+=i	sum
1	0		0
2	0	0+0	0
3	1	0+1	1
4	2	0+1+2	3
5	3	0+1+2+3	6
6	4	0+1+2+3+4	10
7	5		

[그림 4-30] for문 예제 결과값

[리스트 4.22]는 1에서 10 사이의 자연수 합을 구하는 예제다. for문이나 반복문을 사용하여 기능을 구현할 때에는 [표 4-8]처럼 for문에 관련된 변수나 식을 테이블 형태로 만든 후에 한 줄씩 실행한 결과를 테이블에 적어 가면서 따라가보면 쉽게 이해할 수 있다. 이 예제는 각자 실습해보기 바란다.

[리스트 4.22] 1에서 10까지 자연수의 합 구하기

```
1    int  total=0;
2    for(int =0; i<=10;i++){
3        total+=i;
4    }
5    System.out.println("1에서 10까지의 합은 "+total);
```

[표 4-8]   1에서 10까지 자연수의 합 구하기 테이블

행	i	total+=i	total
1			
2			
3			
4			
5			
6			
7			
8			
9			
10			
11			

[리스트 4.23]은 for문을 이용한 온도 변환 예제다. **6행**에서 화씨온도를 나타내는 변수 fahrenheit를 선언한 후 0으로 초기화하고 조건식에서 100보다 작은지를 체크한 후 **7~8행**에서 섭씨온도로 변환하고 온도를 출력하고 있다. 그리고 다시 **6행**의 증감식으로 가서 fahrenheit의 값을 10 증가시킨 후, 다시 조건식을 수행한다. 이 과정은 [표 4-9]에 나타나 있다.

[리스트 4.23] for문을 이용한 온도 변환 예제(TempTest3.java)

```java
1    public class TempTest3 {
2        public static void main(String[] args) {
3            int BASE=32;
4            float celsius =0f;
5
6            for(int fahrenheit=0 ;fahrenheit<=100;fahrenheit+=10){
7                celsius=(fahrenheit-BASE)*5.0f/9.0f;
8                System.out.println("화씨: "+fahrenheit+"도, \t섭씨: "+celsius+"도");
9            }
10       }
11   }
```

[표 4-9] for문 진행 상태

행	fahrenheit	celsius=(fahrenheit-BASE)*5.0f/9.0f	Fahrenheit+=10
1	0	−17.777779	10
2	10	−12.222222	20
3	20	−6.6666666	30
4	30	−1.1111112	40
5	40	4.44444447	50
6	50	10.0	60
7	60	15.555555	70
8	70	21.11111	80
9	80	26.666666	90
10	90	32.222222	100
11	100	37.777778	110

[그림 4-31] 실행 결과

지금까지 자바에서 사용되는 반복문에 대해 학습했다. 이 세 가지 반복문은 서로 변환되므로 앞에서 배운 예제를 다른 반복문으로 변환하여 실습해보기 바란다.

5.4 break문

앞의 반복문에서 반복문의 실행을 종료하기 위해서는 반드시 조건식이 거짓이어야 했다. 그런데 프로그래밍을 하는 도중에 강제로 반복문을 종료시켜야 할 경우가 있는데, 이때에 사용하는 기능이 break문이다.

[리스트 4.24]는 break문을 이용한 for문 실습 예제다. **3행**에서 for문을 수행하면 i가 0일 때 for문 조건식이 참이므로, for문 내부의 명령문을 수행한다. **4행**에서 다시 i의 값이 5인지를 묻고 있다. 따라서 i의 값이 4까지는 i의 값을 정상적으로 출력한다. 그런데 i의 값이 5가 되면 **4행**에서 if문이 참이 됨에 따라 break문을 만나 for문을 강제적으로 종료한다. 따라서 [리스트 4.24]를 실행하면 [그림 4-32]처럼 i의 값이 4까지만 출력된다. 이처럼 break문은 반복문을 강제로 종료하고 싶을 때 사용한다.

[리스트 4.24] break문을 이용한 for문 실습 예제(Loopmoon2.java)

```
1    public class  Loopmoon2{
2        public static void main(String[ ] args) {
3            for(int i=0; i<10; i++){
4                if(i==5) break;
5                    System.out.println("i= "+i);
6            }
7        }
8    }
```

```
Console
&lt;terminated&gt; Loopmoon1 [Java Application] C:\Program Files\Java\jre1.8.0_25\bin\javaw.exe (2015. 3. 9. 오전 11:53:45)
i= 0
i= 1
i= 2
i= 3
i= 4
```

[그림 4-32] 실행 결과

[리스트 4.25]는 break문을 이용한 온도 변환 예제다. 이번에는 for문 안에 break문이 사용되고 있다. **8행**을 보면 if문에서 fahrenheit의 값이 50일 때 break문을 만난다. 그러면 for문을 종료하게 된다.

[표 4-10]을 보면 fahrenheit값이 10씩 증가하면서 40까지는 정상적으로 온도를 출력하는데 fahrenheit가 50이 되면 if문이 true이므로 break문을 만나 종료하게 된다. [그림 4-33]은 fahrenheit의 값이 40까지의 섭씨온도만 출력하고 있다.

[리스트 4.25] break문을 이용한 온도 변환 예제(TempTest4.java)

```
1    public class TempTest4 {
2       public static void main(String[ ] args) {
3          int BASE=32;
4          float celsius =0f;
5
6          for(int fahrenheit=0 ;fahrenheit<=100;fahrenheit+=10){
7             celsius=(fahrenheit-BASE)*5.0f/9.0f;
8             if(fahrenheit==50)
9                break;
10
11            System.out.println("화씨: "+fahrenheit+"도, \t섭씨: "+celsius+"도");
12
13         }
14      }
15   }
```

[표 4-10] break문 진행 상태

행	fahrenheit	celsius=(fahrenheit-BASE)*5.0f/9.0f	Fahrenheit+=10
1	0	−17.777779	10
2	10	−12.222222	20
3	20	−6.6666666	30
4	30	−1.1111112	40
5	40	4.44444447	50

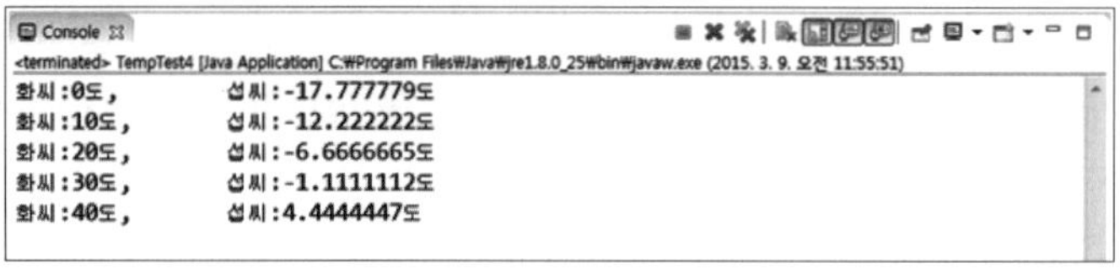

[그림 4-33] 실행 결과

5.5 continue문

continue문은 반복문 실행 중에 실행 위치를 반복문의 조건식으로 옮길 때 사용한다. [리스트 4.26]은 continue문의 사용 예제다. **3행**의 for문을 실행하면 i의 값을 0에서부터 순차적으로 증가시키면서 [그림 4-34]처럼 순차적으로 출력한다. 그런데 i가 5가 되면 for문 내의 if문이 참이 되어 continue문을 실행하므로 **5행**의 println() 메서드를 실행하지 않고 바로 for문의 증감식인 i++의 위치로 이동한다. 따라서 for문을 실행하면 i의 값이 5인 경우는 출력하지 않는다. [그림 4-34]의 출력값을 보면 "i=5"는 출력되지 않고 있다. 즉, continue문은 반복문 내에서 실행문의 실행을 생략하고 싶을 때 사용한다.

break문은 반복문의 실행을 아예 종료시키지만, continue문은 continue문 다음에 있는 실행문의 실행을 생략한다. 따라서 두 명령문의 기능을 잘 구분하여 사용해야 한다.

[리스트 4.26] continue문 사용하기(Loopmoon2.java)

```
1    public class  Loopmoon2{
2        public static void main(String[] args) {
3            for(int i=0; i<10; i++){
4                if(i==5)  continue;
5                    System.out.println("i= "+i);
6            }
7        }
8    }
```

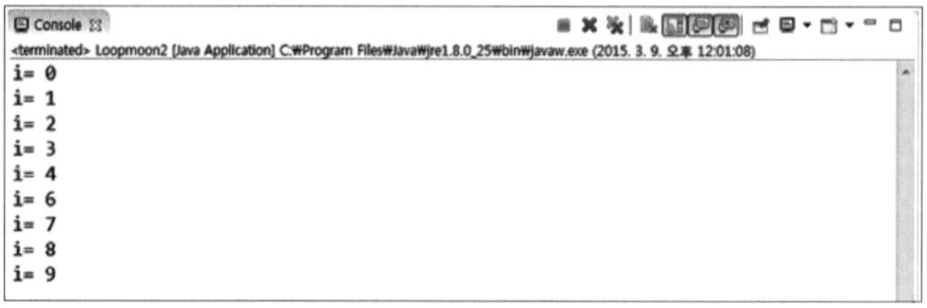

[그림 4-34] 실행 결과

[리스트 4.27]은 continue문을 이용한 온도 변환 예제다. **6~12행**의 for문을 수행하면서 **9행**에서 continue문을 만나면 **11행**의 온도를 출력하는 명령문의 실행은 생략하고 바로 증감식으로 이동한다.

이 예제는 fahrenheit의 값이 50이 되면 continue문을 만나므로 [표 4-11]에서 알 수 있듯이 fahrenheit의 값이 50이면 celsius의 값이 출력되지 않는다. [그림 4-35]를 보면 fahrenheit의 값이 50일 때만 celsius값이 출력되지 않고 다른 온도들은 모두 출력되는 것을 알 수 있다.

[리스트 4.27] continue문을 이용한 온도 변환 예제(TempTest5.java)

```
1    public class TempTest5 {
2        public static void main(String[] args) {
3            int BASE=32;
4            float celsius =0f;
5
6            for(int fahrenheit=0 ;fahrenheit<=100;fahrenheit+=10){
7                celsius=(fahrenheit-BASE)*5.0f/9.0f;
8                if(fahrenheit==50)
9                    continue;
10
11               System.out.println("화씨: "+fahrenheit+"도, \t섭씨: "+celsius+"도"
12           }
13       }
14   }
```

[표 4-11] continue문 진행 상태

행	fahrenheit	celsius=(fahrenheit-BASE)*5.0f/9.0f	Fahrenheit+=10
1	0	−17.777779	10
2	10	−12.222222	20
3	20	−6.6666666	30
4	30	−1.1111112	40
5	40	4.44444447	50
7	60	15.555555	70
8	70	21.11111	80
9	80	26.666666	90
10	90	32.222222	100
11	100	37.777778	110

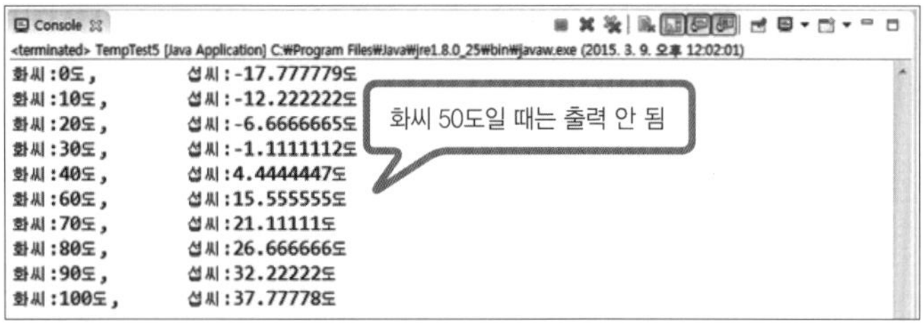

[그림 4-35] 실행 결과

5.6 이중 for문

다음은 for문 안에 또 다른 for문이 있는 경우를 알아보자. [리스트 4.28]은 이중 for문을 이용한 실습 예제다. 이중 for문은 for문 안에 또 다른 for문이 있는 구조다. [리스트 4.28]의 실행 과정을 분석해보면, **4~6행**의 for문은 j의 값이 0에서 4까지 순차적으로 출력하는 기능을 한다.

3~8행의 외부 for문은 i의 값을 0부터 시작하여 i의 값이 4일 때까지 내부 실행문을 실행한다. 즉, 외부 for문은 조건식이 거짓일 때까지 내부 for문을 수행한다. 내부 for문도 하나의 명령문으로 보고 실행하면 된다. 그러면 i의 값이 0부터 1 증가할 때마다 j의 값은 0에서 4까지 순차적으로 출력된다. [표 4-12]는 이중 for문의 수행 과정을 나타낸 것이다.

그 결과가 [그림 4-36]에 나타나 있다. 이중 for문을 만났을 경우 내부 for문을 외부 for문이 수행하는 하나의 명령문으로 생각하면 쉽게 접근할 수 있다.

[리스트 4.28] 이중 for문을 이용한 실습 예제(Loopmoon3.java)

```
1     public class Loopmoon3 {
2         public static void main(String[ ] args){
3             for(int i=0; i<5; i++){
4                 for(int j=0; j<5; j++){
5                     System.out.println("i= "+i+",j= " + j);
6                 }
7                 System.out.println( );
8             }
9         }
10    }
```

8행 : 내부 for문을 수행한 후 행을 바꾸어 다음 구문을 출력한다.

i	j	System.out.println("i="+i+",j= " + j);
0	0	i=0, j=0
	1	i=0, j=1
	2	i=0, j=2
	3	i=0, j=3
	4	i=0, j=4
1	0	i=1, j=0
	1	i=1, j=1
	2	i=1, j=2
	3	i=1, j=3
	4	i=1, j=4
2	0	i=2, j=0
	1	i=2, j=1
	2	i=2, j=2
	3	i=2, j=3
	4	i=2, j=4
3		.....

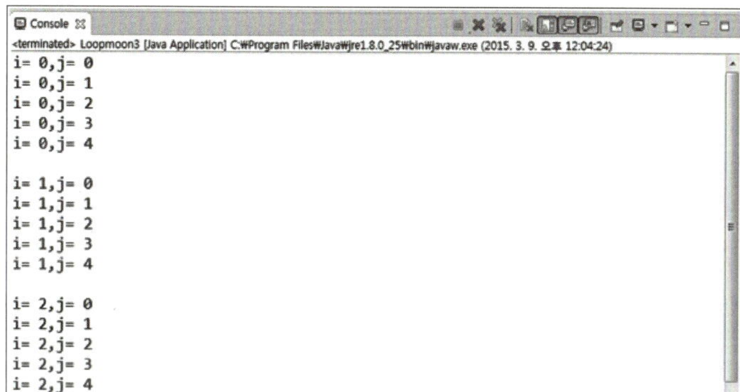

[그림 4-36] 이중 for문 실행 결과

5.7 이중 for문 내의 break문

이중 for문 내에 break문이 있을 때 break문은 자신과 가장 가까이 있는 반복문을 종료시킨다.

[그림 4-37]에서는 내부 for문에 break문이 위치하므로 내부 for문만 종료하고, 외부 for문은 계속 수행한다.

[리스트 4.29]는 이중 for문 내의 break문 실습 예제다. 외부 for문에서 **5~7행** 부분에는 내부 for문이 위치하고, **6행**에는 break문이 위치한다. 내부 for문을 수행하면서 j의 값을 0부터 순차적으로 출력하다가 **6행**에서 j의 값이 2이면 break문을 만나므로 내부 for문을 종료하고, **3행**의 외부 for문의 증감식으로 이동하여 계속 수행하므로 결국 i의 값이 순차적으로 증가하면 j의 값은 0과 1만 출력한다.

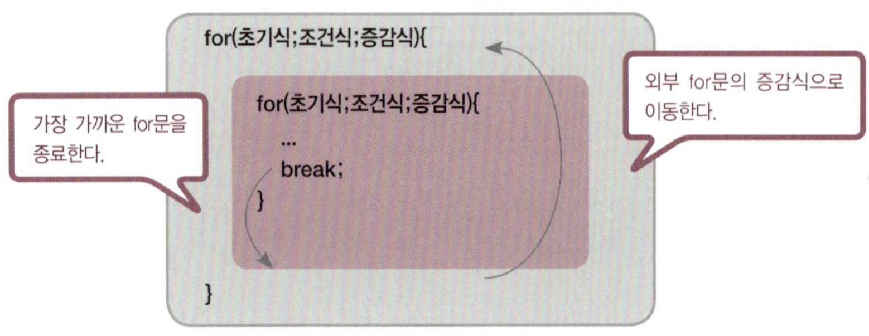

[그림 4-37] 이중 for문 내의 break문 동작

[리스트 4.29] 이중 for문 내의 break문 실습 예제(Loopmoon4.java)

```
1     public class Loopmoon4 {
2         public static void main(String[ ] args){
3             for(int i=0; i<5; i++){
4                 System.out.println("i= " + i);
5                 for(int j=0; j<5; j++){
6                     if(j==2) break;
7                     System.out.println("j= " + j);
8                 }
9                 System.out.println( );
10            }
11        }
12    }
```

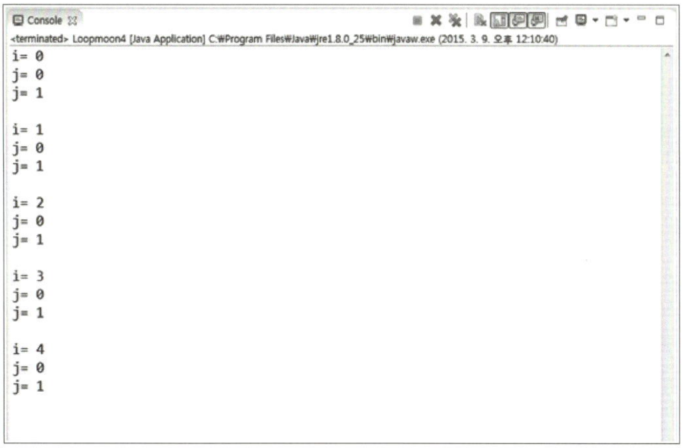

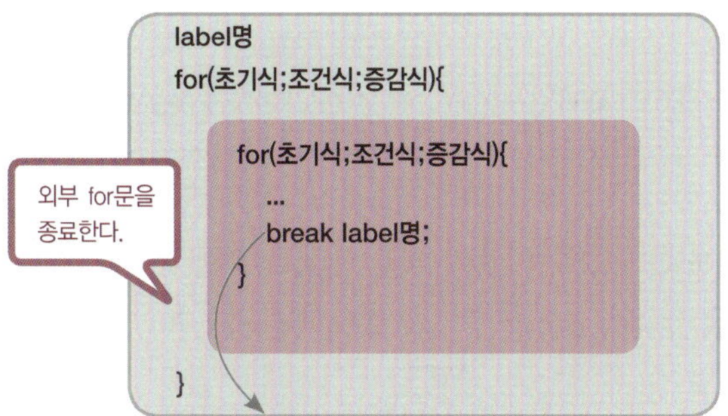

[그림 4-38] 실행 결과

5.8 break label문

break label문을 사용하면 다중 반복문에서도 한 번에 원하는 반복문까지 종료할 수 있다. [그림 4-39]는 break label문 형식이다. 먼저 외부 for문에 label명을 지정한 후 내부 for문에서 break 다음에 지정한 label명을 써주면 내부 for문 수행 시 한 번에 label명으로 지정된 외부 for문을 종료한다.

[그림 4-39] break label문 동작

[리스트 4.30]은 break label문 사용 예제다. 소스의 **3행**에서 외부 for문에 대해 'label1'이라는 라벨명을 지정했다. 그리고 **6행**에서 내부 for문을 수행하면서 j의 값이 2일 때, break 다음에 'label1'이라고 지정함으로써 'label1'이라는 위치의 for문까지 종료한다. 따라서 화면에는 [그림 4-40]처럼 j의 값으로 0과 1이 출력된다.

[리스트 4.30] break label문 사용하기(Loopmoon5.java)

```
1    public class Loopmoon5 {
2        public static void main(String[ ] args){
3            label1:
4            for(int i=0; i<5; i++){
5                for(int j=0; j<5;j++){
6                    if(j==2) break label1;
7                    System.out.println("j= " +j);
8                }
9                System.out.println( );
10           }
11       }
12   }
```


[그림 4-40] 출력 결과

5.9 이중 continue문

다음은 이중 for문 안에 continue문이 있는 경우다. [그림 4-41]은 이중 for문 내의 continue 문의 동작 방법을 나타낸 것이다. 이중 for문 내에서 continue문을 만나면 continue문과 가장 가까운 for문의 증감식으로 이동한다.

[리스트 4.31]은 이중 continue문에서 continue문을 이용한 실습 예제다. **5행**에서 j의 값이 2일 때마다 continue문을 만나므로 j의 값이 2인 경우는 출력을 생략하고 내부 for문의 증감식으로 이동한다. 따라서 [그림 4-42]처럼 j의 값 중 2는 출력되지 않는다.

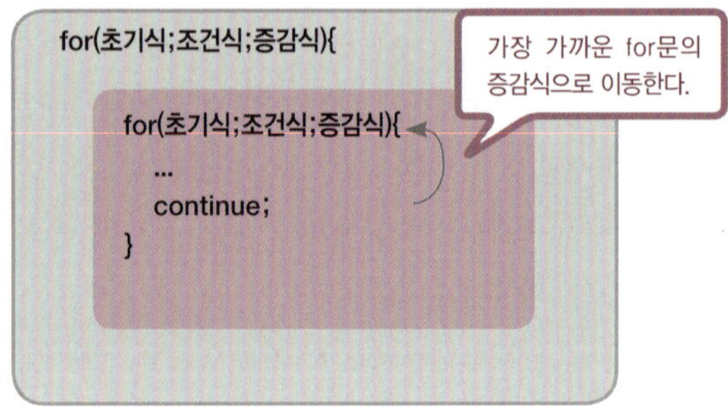

[그림 4-41] 이중 for문 내의 continue문 동작 방법

```java
1    public class Loopmoon6{
2        public static void main(String[ ] args){
3            for(int i=0; i<5; i++){
4                for(int j=0; j<5;j++){
5                    if(j==2) continue;
6                    System.out.println("j= " +j);
7                }
8                System.out.println( );
9            }
10       }
11   }
```

```
i= 0
j= 0
j= 1
j= 3
j= 4

i= 1
j= 0
j= 1
j= 3
j= 4

i= 2
j= 0
j= 1
j= 3
j= 4

i= 3
j= 0
j= 1
j= 3
j= 4

i= 4
j= 0
j= 1
j= 3
j= 4
```

[그림 4-42] 실행 결과

5.10 continue label문

앞의 continue문은 실행 시 가장 가까운 반복문의 조건식이나 증감식으로 이동했지만, continue label문을 사용하면 한 번에 원하는 반복문의 조건식이나 증감식으로 이동할 수 있다. [그림 4-43]은 continue label문의 동작 방법을 나타낸 것이다.

[그림 4-43] continue label문의 동작 방법

[리스트 4.32]는 continue label문 사용 예제다. **3행**에서 외부 for문에 'label1'라는 라벨명을 지정했다. 그리고 **6행**에서 continue 다음에 'label1'라는 라벨명을 지정하면 j의 값이 2일 때마다 내부 for문은 종료하고, 외부 for문의 증감식으로 이동하여 수행한다. 따라서 결과값은 j의 값이 0과 1을 반복하여 출력한다.

[리스트 4.32] continue label문 사용하기(Loopmoon7.java)

```
1    public class Loopmoon7{
2        public static void main(String[ ] args){
3        label1:
4            for(int i=0; i<5; i++){
5                for(int j=0; j<5;j++){
6                    if(j==2) continue label1;
7                    System.out.println("j= " +j);
8                }
9                System.out.println( );
10            }
11        }
12    }
```

```
Console
<terminated> Loopmoon7 [Java Application] C:\Program Files\Java\jre1.8.0_25\bin\javaw.exe (2015. 3. 9. 오후 12:19:09)
j= 0
j= 1
j= 0
j= 1
j= 0
j= 1
j= 0
j= 1
j= 0
j= 1
```

[그림 4-44] 실행 결과

5.11 반복문을 이용한 예제

이번에는 앞에서 배운 반복문을 이용하여 화면에 별을 표시하는 예제를 만들어 본다. [리스트 4.33]은 다섯 줄에 대해 한 줄마다 5개의 별을 찍는 예제다. **3~7행**에서 System.out.print( )를 다섯 번 이용하여 별을 가로로 5개 출력한 후 **8행**에서 System.out.println( )을 호출하여 다음 줄로 이동한다. 그런 다음, **10~14행**에서 또 다시 5개의 별을 가로로 출력하고 **15행**에서 줄을 바꾼다. [그림 4-45]는 그 실행 결과다. [리스트 4.33]은 다섯 줄에 각각 5개의 별을 출력하는 기능을 구현하고 있는데, 이 방법의 문제점은 만약 100줄에 각각 10개의 별을 출력한다고 가정하면 [리스트 4.33]의 방법은 비효율적이라는 것이다.

[리스트 4.34]는 앞에서 배운 반복문을 이용하여 동일한 기능을 구현하고 있다. 먼저 한 줄에 별을 찍는 방법을 분석해보면 [리스트 4.34]의 **4~8행**처럼 다섯 번 반복함으로써 System.out.println("*") 명령문을 호출하여 별을 표시하고 있다. 반복문은 같은 명령문을 반복하여 사용할 경우에 사용되는 명령문이므로, [리스트 4.34]의 **11~13행**에서는 for문을 이용하여 System.out.println("*") 을 조건식이 false가 될 때까지 반복하여 실행되고 있다. 따라서 일일이 명령문을 따로 작성할 것 없이 한 줄에 5개의 별을 출력하고 있다. 다음 단계에서는 5개의 별을 다시 다섯 줄에 표시해주어야 한다. [리스트 4.35]에 그 기능을 구현하고 있다.

먼저 **7~9행**은 [리스트 4.35]의 한 줄에 5개의 별을 표시하는 for문이다. '다섯 줄에 별을 표시한다'라는 의미는 '한 줄에 5개의 별을 표시하는 것을 각 줄마다 5회 반복한다'라는 의미다. 따라서 **6행**의 for문을 이용하여 한 줄에 5개의 별을 찍는 for문을 다시 5회 반복하여 실행하면 [그림 4-47]처럼 다섯 줄에 각각 5개의 별이 표시된다.

내부 for문이 종료되면 줄을 바꿀 목적으로 외부 for문을 시작하기 전에 **10행**에서 줄을 바꿔주어야 한다. 만약 100줄에 대해 각 줄에 10개의 별을 표시하라고 했을 때 이번에는 rowNum을 100으로 바꿔주고, starNum을 10으로 바꿔주기만 하면 원하는 결과가 표시된다. 반복문을 사용하면 이처럼 프로그래밍을 훨씬 효율적으로 작성할 수 있다.

[리스트 4.33] 별 찍기 예제(ForTest1.java)

```
1    public class ForTest1 {
2        public static void main(String[ ] args){
3            System.out.print("*");
4            System.out.print("*");
5            System.out.print("*");
6            System.out.print("*");
```

```
7              System.out.print("*");
8              System.out.println( );
9
10             System.out.print("*");
11             System.out.print("*");
12             System.out.print("*");
13             System.out.print("*");
14             System.out.print("*");
15             System.out.println( );
16
17             System.out.print("*");
18             System.out.print("*");
19             System.out.print("*");
20             System.out.print("*");
21             System.out.print("*");
22             System.out.println( );
23             ..... 생략
24         }
25     }
```


[그림 4-45] 실행 결과

[리스트 4.34] 반복문을 이용하여 한 줄에 여러 개의 별 찍기(ForTest2.java)

```
1     public class ForTest2 {
2         public static void main(String[ ] args) {
3
4             System.out.print("*");
5             System.out.print("*");
6             System.out.print("*");
7             System.out.print("*");
8             System.out.print("*");
9             System.out.println( );
```

```java
10
11          for(int i=0; i<5;i++){
12              System.out.print("*");
13          }
14      }
15  }
```

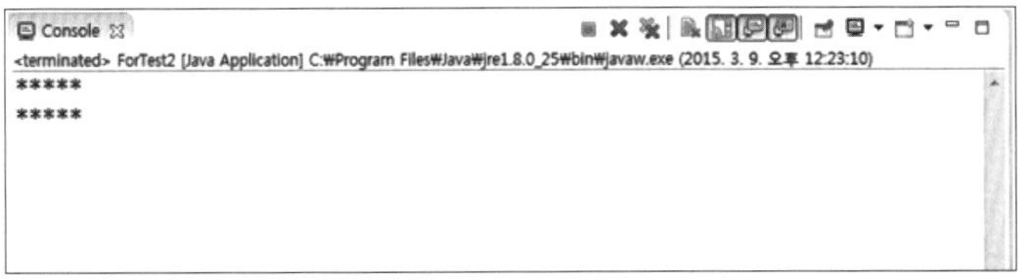

[그림 4-46] 실행 결과

[리스트 4.35] 반복문을 이용하여 한 줄에 여러 개의 별 찍기(ForTest3.java)

```java
1   public class ForTest3 {
2       public static void main(String[] args) {
3           int rowNum=5;
4           int starNum=5;
5
6           for(int i=0;i<rowNum;i++){
7               for(int j=0; j<starNum;j++){
8                   System.out.print("*");
9               }
10              System.out.println( );
11          }
12      }
13  }
```

6, 11행 : 외부 for문이 내부 for문을 rowNum 개수만큼 반복한다.

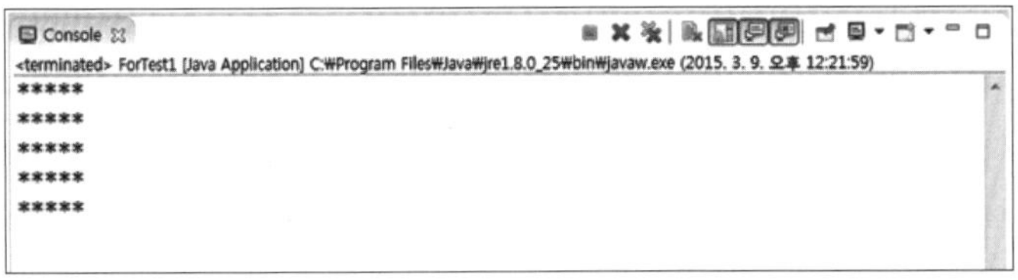

[그림 4-47] 실행 결과

이번에는 다른 별 모양을 표시하는 예제를 실습해보자. [그림 4-48]은 출력할 별 모양이다. 이번에는 한 줄에 동일한 개수의 별이 표시되는 것이 아니라 줄이 증가할 때마다 별의 수도 1개씩 감소하여 표시한다.

일단 앞에서 배운 명령문을 이용하여 기능을 어떻게 구현해야 할 것인지에 대한 분석이 선행되어야 한다. 이런 분석 과정은 이 예제뿐만 아니라 모든 프로그래밍에 적용되는 순서다.

그리고 문제를 분석하는 데 있어 가장 좋은 방법은 먼저 문제에 관련된 공통된 특성이나 일정하게 발생하는 규칙 또는 패턴을 찾는 것이다. [그림 4-48]의 별 모양을 분석해보면 줄이 증가할 때마다 별의 개수는 반대로 1개씩 줄어든다는 것을 알 수 있다. [표 4-13]은 줄 번호와 별 수의 관계를 나타낸 것이다.

줄 번호와 별 수는 y=5-x의 관계이다. 즉, x는 줄 번호를 나타내므로 줄 번호가 증가함에 따라 y의 값은 1씩 감소하고 있다.

줄 번호와 별 수는 이처럼 선형 관계를 맺고 있다. 따라서 이 관계를 직접 명령문으로 구현하여 원하는 결과가 나오도록 하면 된다. [리스트 4.36]에서 그 기능을 구현하고 있다.

6행의 for문이 먼저 줄 수를 나타내는 for문이다. **7행**의 내부 for문이 한 줄에 별을 표시하는 기능을 하는데, 이 for문의 조건식은 조건값이 고정된 것이 아니라 starNum-i가 되어 i, 즉 줄 번호를 나타내는 반복 변수가 1씩 증가함에 따라 값이 1씩 감소하게 되므로, 결과적으로 줄 번호에 표시되는 별 수가 점점 줄어들게 된다.

[표 4-13]은앞에서 분석한 관계를 외부 for문과 내부 for문의 관계로 변환하여 구현하고 있다.

이처럼 어떤 문제나 기능을 프로그래밍으로 구현하고자 할 때 먼저 선행되어야 할 것은 그 문제나 기능에 존재하는 일정한 규칙이나 패턴을 찾는 것이다.

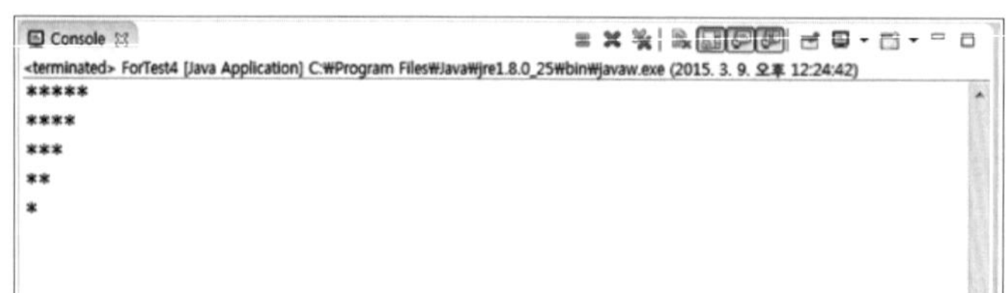

[그림 4-48] 출력할 별 모양

줄 번호(x)	0	1	2	3	4
별 수(y)	5	4	3	2	1

[리스트 4.36] 삼각형 모양 별 표시하기(ForTest4.java)

```java
1    public class ForTest4 {
2        public static void main(String[ ] args) {
3            int rowNum=5;
4            int starNum=5;
5
6            for(int i=0;i<rowNum;i++){
7                for(int j=0; j<starNum-i;j++){
8                    System.out.print("*");
9                }
10               System.out.println( );
11           }
12       }
13   }
```

이번에는 구구단을 출력하는 예제를 실습해보자. [그림 4-49]는 구구단 중 1단의 출력 결과
다. 먼저 분석을 해보면 구구단은 단수에 1에서 9까지의 숫자를 차례대로 곱하여 이루어진
다. 즉, 1에서 9을 반복하여 1단에서 9단까지 곱하면 되는 것이다. [리스트 4.37]은 구구단을
구현한 소스이다. **5행**의 for문이 구구단의 단을 나타낸 것이고 **6행**의 내부 for문이 단수에 곱
해지는 1에서 9까지의 수를 나타낸 것이다.

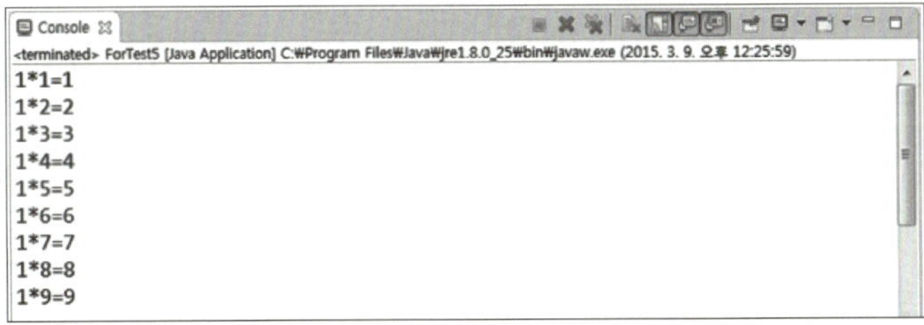

[그림 4-49] 구구단 1단 출력 결과

[리스트 4.37] 구구단 출력하기(ForTest5.java)

```java
1    public class ForTest5 {
2        public static void main(String[] args) {
3            int dan=9;
4
5            for(int i=1; i<=dan;i++){
6                for(int j=1; j<=9;j++){
7                    System.out.println(i+"*"+j+"="+(i*j));
8                }
9                System.out.println( );
10           }
11       }
12   }
```

이번에는 1에서 임의의 자연수를 더한 합이 최초로 1,000 이상이 될 때의 자연수와 그 자연수까지의 합을 출력하는 예제를 실습해 보자.

[리스트 4.38]을 보면, 이번 예제는 1에서 자연수를 순차적으로 더하고 값을 sum이라는 변수에 누적시키면서 합이 1,000이 되는지를 체크하면 된다는 것을 알 수 있다. 그런데 사람은 1에서 몇 번 반복하여 더해야 1,000 이상이 되는지를 정확히 알 수 없다. 그럴 때는 while문의 조건식을 true로 하여 사용하면 편리하다.

[리스트 4.38]에서 **5행**의 while문을 만나면 조건식이 항상 true이므로 while문을 무한 반복 실행한다. 그러면 **6행**에서 sum에 n의 값을 1씩 증가시키면서 누적을 시킨 후에 7행에서 sum의 값이 1,000 이상이 되는지를 체크한 후 거짓이면 **10행**의 else 다음의 n++를 실행하여 다시 n의 값을 1 증가시킨 후 다시 while문의 **6행**으로 이동하여 sum에 n의 값을 누적시키면서 sum의 값을 체크한다. 그러면 언젠가는 sum의 값이 1,000 이상이 되므로 **7행**의 if문에서 참이면 **8행**의 break문을 만나 while문을 종료하게 된다. 그런 다음, n의 값과 sum의 값을 출력하면 [그림 4-50]처럼 원하는 결과를 얻을 수 있다.

이처럼 사용자가 원하는 결과를 얻기 위해 얼마나 반복해야 할 것인지를 모를 경우에는 while문과 break문을 조합하여 사용하면 편리하다. 이는 많이 쓰이는 코딩 패턴이므로 사용 방법을 잘 알아 놓아야 한다.

[리스트 4.38] 반복문 실습 예제(WhileTest.java)

```java
1    public class WhileTest {
2        public static void main(String[] args){
3        int n=0;
4        int sum=0;
5        while(true){
6            sum +=n;
7            if(sum>=1000)
8                break;
9            else
10                n++;
11        }
12        System.out.println("1,000 이상이 되게 하는 최초의 n값은  "+n);
13        System.out.println("n까지 더한 합은 " + sum );
14
15        }
16    }
```


[그림 4-50] 출력 결과

▣ 실습 예제 1

148의 약수를 구하라.

* 약수: 어떤 수를 나누어떨어지게 하는 수

예) 4의 약수: 1, 2, 4

〈분석〉

먼저 소스로 구현하기 전에 약수의 개념에 대해 알아야 한다. 약수는 어떤 수를 나누어떨어
지게 하는 수다. 4의 약수를 구하는 과정을 살펴보면 1에서 4 사이의 자연수가 4로 나누어떨

어지는지 확인해보면 된다. 그런데 4보다 큰 수는 4의 약수가 절대로 될 수 없다.

〈구현 방법〉

1에서 148 사이의 자연수로 나누어떨어지면 그 수는 148의 약수가 되는 것이다.

[리스트 4.39]는 약수를 구하는 소스이다. **5행**의 for문을 이용하여 반복 변수 i의 값을 1부터 148까지 순차적으로 증가시키면서 **6행**에서 148을 i로 나누어 나머지가 0인지 판별한 후 0이면 나눈다는 의미이므로, **7행**의 메시지를 출력하여 [그림 4-51]처럼 148의 약수를 출력하고 있다.

[리스트 4.39] 약수를 구하는 예제(Exercise1.java)

```java
1    public class Exercise1 {
2        public static void main(String[ ] args){
3            int num=148;
4
5            for(int i=1; i<=148;i++){
6                if(num%i==0)
7                    System.out.println(i+"는 "+num+"의 약수입니다.");
8            }
9        }
10   }
```

```
Console
<terminated> Exercise1 [Java Application] C:\Program Files\Java\jre1.8.0_25\bin\javaw.exe (2015. 3. 9. 오후 12:33:27)
1는 148의 약수입니다.
2는 148의 약수입니다.
4는 148의 약수입니다.
37는 148의 약수입니다.
74는 148의 약수입니다.
148는 148의 약수입니다.
```

[그림 4-51] 출력 결과

■ **실습 예제 2**

> **두 수 150, 300의 공약수를 구하라.**
>
> * 공약수 : 두 수를 공통으로 나누어떨어지게 하는 수
>
> ⑩ 4, 6의 공약수 : 1, 2

〈분석〉

이번에는 공약수의 개념을 알아야 한다. 공약수란, 두 수를 공통으로 나누는 자연수를 의미한다.

4와 6을 동시에 나누는 자연수는 일단 1부터 자연수를 증가시키면서 두 수를 나누었을 때 동시에 나누어지면 그 수는 공약수다. 4와 6의 공약수는 1과 2이다. 그런데 4와 6 중 작은 수인 4보다 큰 수는 두 수의 공약수가 될 수 없다.

〈구현 방법〉

150과 300에 적용시켜보면, 두 수 150과 300의 공약수를 구하는 방법은 1에서 두 수 중 작은 수인 150 사이의 자연수로 두 수를 나누었을 때 동시에 나누어지는 수를 구하면 된다.

[리스트 4.40]은 두 수의 공약수를 구하는 실습 예제다. **6~9행**의 for문을 사용하여 반복 변수를 1에서 두 수 중 작은 수까지 1씩 증가시키면서 두 수를 나누어 동시에 나머지가 0이면 약수를 출력하고 있다.

[리스트 4.40] 두 수의 공약수를 구하는 실습 예제(Exercise2.java)

```
1    public class Exercise2 {
2        public static void main(String[] args) {
3            int num1=150;
4            int num2=300;
5
6            for(int i=1; i<=num1;i++){
7                if(num1%i==0 && num2%i==0)
8                    System.out.println(i+"는 "+num1+"과 "+num2+"의 공약수입니다.");
9            }
10       }
11   }
```

```
Console 🔲

<terminated> Exercise2 [Java Application] C:\Program Files\Java\jre1.8.0_25\bin\javaw.exe (2015. 3. 9. 오후 12:42:11)
1는 150과 300의 공약수입니다.
2는 150과 300의 공약수입니다.
3는 150과 300의 공약수입니다.
5는 150과 300의 공약수입니다.
6는 150과 300의 공약수입니다.
10는 150과 300의 공약수입니다.
15는 150과 300의 공약수입니다.
25는 150과 300의 공약수입니다.
30는 150과 300의 공약수입니다.
50는 150과 300의 공약수입니다.
75는 150과 300의 공약수입니다.
150는 150과 300의 공약수입니다.
```

[그림 4-52] 출력 결과

▣ 실습 예제 3

> 1+3+5+7+9…+n의 합이 최초로 1,000 이상이 되는 n의 값과 그 수까지의 합을 구하라.

〈분석〉

먼저 1부터 시작하여 자연수의 홀수들을 더한 합이 어떤 홀수 n을 더했을 때 최초로 1,000 이상이 될 것이다. 그때 홀수 n과 n까지의 홀수의 합을 구하면 된다.

〈구현 방법〉

1부터 시작하여 홀수를 계속 누적시킨 후 1,000 이상이 되면 그때까지의 홀수와 합을 출력한다.

[리스트 4.41]은 이를 구현한 소스이다. **6~13행**에서 while문을 사용하여 sum에 num의 값을 2 증가시키면서 누적시킨다. **9행**에서 sum의 값이 1,000보다 큰지를 판별한 후, 크면 break문을 만나 while문을 종료한 후 n과 sum의 값을 출력한다.

만약, **9행**의 if문이 false이면 아직 sum의 값이 1,000 이상이 되지 않았다는 의미이므로, num의 값을 2 증가시킨 후 다시 while문의 처음으로 되돌아와서 수행한다.

[리스트 4.41] 홀수의 합을 구하는 예제(Exercise3.java)

```java
1    public class Exercise3 {
2        public static void main(String[] args) {
3            int num=1;
4            int sum=0;
5
6            while(true){
7                sum+=num;
8
9                if(sum>=1000)
10                    break;
11                else
12                    num+=2;
13            }
14
15            System.out.println("1에서"+num+"까지의 홀수의합은 "+sum);
16        }
17    }
```


[그림 4-53] 출력 결과

▣ 실습 예제 4

자연수 143이 소수인지 판별하라.

* 소수 : 1과 자기 자신만으로 나누어떨어지는 수

㉠ 3의 약수 : 1, 3

　　4의 약수 : 1, 2, 4

<분석>

이번에는 소수의 의미부터 알아야 한다. 소수란, 1과 자신만을 약수로 가지는 수다. 예제처럼 3의 약수는 1과 3뿐이다. 그러므로 3은 소수다. 그런데 4는 1, 2, 4를 약수로 가지므로 소수가 아니다.

<구현 방법>

어떤 수가 소수인지를 판별하기 위해서는 그 수의 약수가 1과 자신만의 약수인지를 확인해 보면 된다. 이 말을 바꾸어 말하면 소수의 약수 개수는 2개이다. [리스트 4.42]는 소수를 구하는 소스이다. 6~11행의 for문에서 143의 약수를 구한다. 7행의 if문에서 반복변수 i가 143의 약수일 때 이번에는 count 변수의 값을 1 증가시킨다. 그러면 for문을 수행하고 종료한 후 count에는 143의 약수 개수가 저장된다. 15~19행의 if문에서 count의 값이 2이면 그 수는 소수다. 143은 약수의 개수가 4개이므로 합성수다.

[리스트 4.42] 소수 구하는 예제(Exercise4.java)

```java
1   public class Exercise4 {
2       public static void main(String[] args) {
3           int num=143;
4           int count=0;
5
6           for(int i=1; i<=num;i++){
7               if(num%i==0){
8                   System.out.println("약수: "+i);
9                   count++;
10              }
11          }
12
13          System.out.println(num+"의 약수의 개수: "+count);
14
15          if(count==2)
16              System.out.println(num+"은 소수입니다.");
17          else
18              System.out.println(num+"은 합성수입니다.");
19      }
20  }
```

```
약수:1
약수:11
약수:13
약수:143
143의 약수의 개수:4
143은 합성수입니다.
```

[그림 4-54] 출력 결과

▣ 실습 예제 5

> 자연수 중에서 20번째 소수를 출력하라.

〈분석〉

자연수 중에서 제일 작은 소수는 2다. 그리고 3, 5, 7, … 이런 방식으로 자연수의 소수는 무한하다. 따라서 자연수에서 20번째 소수도 반드시 존재한다.

〈구현 방법〉

자연수 2부터 소수인지를 판별해 가면서 그 수가 소수이면 그 소수의 순서를 저장하는 변수에 소수의 순서를 기록하면서 자연수의 소수를 조사해 나가면 언젠가는 20번째 소수를 발견할 수 있다.

[리스트 4.43]은 이를 구현한 소스이다. **7~23행**의 while문에 num의 값을 2부터 시작하여 num의 약수 개수를 구한 후, 약수의 개수가 2이면 소수이므로 order의 개수를 1 증가시킨 후 order가 20인지를 판별하거나 다시 num의 값을 1 증가시켜서 while문의 **7행**에서 다시 앞의 과정을 반복한다. 그러면 언젠가는 order의 값이 20이 될 것이므로 [그림 4-55]처럼 자연수에서 20번째 소수의 값을 출력한다.

[리스트 4.43] 20번째 소수 구하기(Exercise5.java)

```
1    public class Exercise5 {
2        public static void main(String[] args) {
3            int num=2;
4            int count=0;
5            int order=0;
6
```

```java
7          while(true){
8                  for(int i=1; i<=num;i++){
9                          if(num%i==0){
10                              count++;
11                          }
12                  }
13
14                  if(count==2)
15                          order++;
16
17                  if(order==20)
18                          break;
19                  else{
20                          count=0;
21                          num++;
22                  }
23          }
24
25          System.out.println("자연수에서 " +order+"번째 소수는 "+num+"입니다.");
26      }
27  }
```


[그림 4-55] 실행 결과

지금까지 자바의 명령문에 대해 알아보았다. 여기서 중요한 것은 자바의 명령문을 학습했으므로 이제 우리가 원하는 기능을 프로그래밍할 수 있다는 것이다. 객체 지향 프로그래밍이 나오기 이전에는 이제까지 배운 명령어를 이용하여 프로그래밍을 했다. 대표적인 것이 C언어다. 자바와 같은 객체 지향 언어에서도 이러한 명령어를 사용하여 프로그래밍하는 것은 기본적이면서도 중요하다.

프로그래밍에서는 '우리가 배운 명령어를 이용하여 어떻게 원하는 결과를 얻느냐'가 중요하다. 그 다음으로 '소스를 효율적으로 작성하느냐', '좀 더 빨리 결과값을 내느냐'가 중요하다. 따라서 다음에 나오는 배열을 배운 후에 실습 예제를 구현해보자.

06 배열(array)

이번에는 배열에 대해 알아보자. 배열, 메서드 그리고 여러 가지 객체 지향 개념들은 프로그램을 좀 더 효율적으로 작성하기 위해 도입된 개념 또는 기능이다. 일단 프로그램을 구현하고자 한다면 앞에서 배운 기능만으로도 가능하다. 이 점을 염두에 두고 학습하기 바란다.

6.1 배열의 등장 배경

먼저 배열의 등장 배경에 대해 알아보자. 예를 들어 학생 5명의 국어 점수를 입력받아 국어 점수의 총점과 평균을 구하는 기능을 구현한다고 가정해보자. 그러면 앞에서 배운 것처럼 국어 점수는 정수형 데이터이므로 정수형 데이터를 저장할 변수 5개를 선언하여 값을 저장한 후 계산하여 사용하면 된다.

다음은 배열 사용 전후를 나타낸 것이다. 5명의 성적을 저장하기 위해 5개의 변수를 선언하여 계산하는 경우, 학생 60명의 영어 시험 점수를 입력받아 영어 시험 총점과 평균을 계산하는 프로그램을 구현하려면 변수를 60개 선언해야 한다. 하지만 이는 비효율적이다.

이런 경우처럼 자바에서 같은 종류의 데이터를 한 묶음으로 다루면 편리하게 프로그래밍할 수 있다고 해서 나온 기능이 배열이다.

배열 사용 전후

- 배열 사용 전

```
int x1, x2, x3, x4, x5;
```

- 배열 사용 후

```
int[ ] x;
x=new int[5];
```

배열을 사용하면 [그림 4-56]처럼 배열을 선언한 후 자동으로 메모리에 5개의 정수 데이터를 저장할 수 있는 공간이 연속적으로 만들어진다. 그러면 배열의 이름과 인덱스를 이용하여 배열에 접근한 후 값을 저장하거나 값을 가지고 올 수 있다.

[그림 4-56]은 실제 메모리에 생성된 변수와 배열의 구조를 나타낸 것이다. [그림 4-56]에서 배열을 선언하면 배열의 요소들이 메모리에 연속적으로 생성된다. 그러나 변수를 선언하면 메모리의 각각 다른 위치에 CPU가 생성된다. 즉, 배열을 사용하면 CPU입장에서 메모리에 접근하여 작업하는 시간도 훨씬 빠르다.

변수에 값을 저장하려면 CPU가 변수에 접근하기 위해 각 변수의 위치를 일일이 알아야 하지만, 배열에 접근하려면 배열의 첫 번째 요소의 위치만 알면 된다.

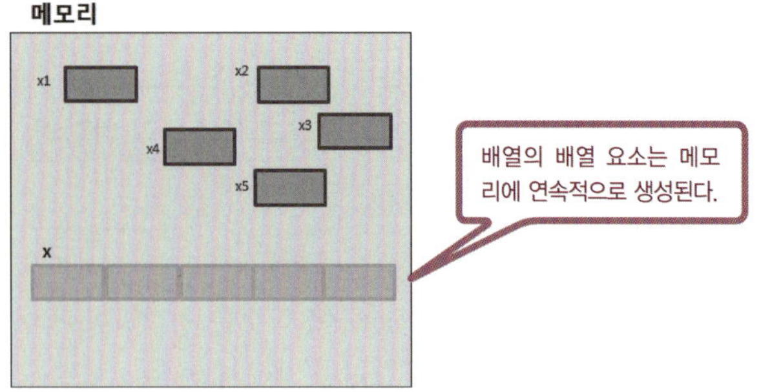

[그림 4-56] 변수와 배열의 메모리 생성 구조

배열은 같은 타입의 데이터를 대표가 되는 이름(배열명)으로 편리하게 관리하기 위해 사용한다. 따라서 자료를 관리하기가 편리하다. 배열은 자주 쓰이므로 기능이나 용법을 확실히 익혀두어야 한다. 다음은 자바 배열의 특징을 나타낸 것이다.

> **자바 배열의 특징**
>
> - 같은 타입의 데이터를 대표가 되는 이름(배열명)으로 관리하기 위한 방법이다.
> - 같은 타입의 데이터를 편리하게 사용할 수 있다.

6.2 배열의 종류

[그림 4-57]은 자바 배열의 종류를 나타낸 것이다. 자바의 배열은 크게 '일차원 배열'과 '다차원 배열'로 분류할 수 있다. 그리고 일차원 배열은 다시 배열의 각 요소에 저장되는 데이터 타입에 따라 '기본형 배열'과 '객체형 배열(참조형 배열)'로 분류한다. 기본형 배열에는 기본형 데이터가 저장되고, 객체형 배열에는 뒤에서 배우는 클래스의 인스턴스가 저장된다. 다음 장에서는 먼저 일차원 배열에 대해 학습한다.

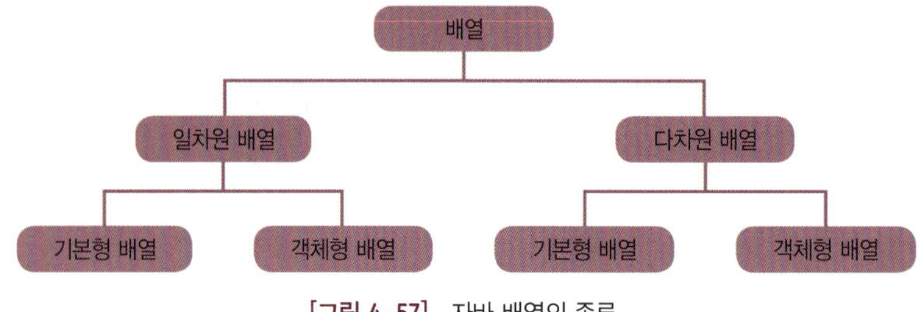

[그림 4-57] 자바 배열의 종류

6.3 일차원 배열

일차원 배열은 배열 요소들이 메모리에 선형적으로 생성된다. 일차원 배열 사용법은 크게 배열 선언, 배열 생성, 배열 초기화로 구분된다. [그림 4-58]은 일차원 배열의 사용 방법을 나타낸 것이다. 가장 먼저 배열을 선언한다. [그림 4-58]에는 기본형 배열 num과 참조형 배열 name이 선언되어 있다.

그런데 [그림 4-58]처럼 배열을 선언한다고 해서 실제 데이터를 저장하는 배열 요소가 메모리에 생성되지는 않는다.

다음 차례로 배열을 생성해주어야 한다. [그림 4-58]에서는 배열 생성하는 방법으로 new 키워드를 사용한다. num이라는 배열에는 3개의 int형 데이터를 저장할 수 있는 배열 요소를 메모리에 생성하라는 의미다. name에는 문자열을 저장할 수 있는 2개의 배열 요소를 메모리에 생성한다.

그러면 [그림 4-59]처럼 각 배열에 대해 데이터를 저장할 수 있는 배열 요소가 메모리에 연속적으로 생성된다.

num은 3개의 배열 요소를 연속적으로 가지고 있다. 그리고 address는 2개의 배열 요소를 가지고 있다. 배열은 반드시 생성 요소들을 메모리에 연속적으로 생성한다. 그리고 배열 생성 시 초기화를 하지 않으면 배열 요소가 기본형 배열은 0으로, 참조형 배열은 null로 초기화된다.

이번에는 각 배열의 요소에 접근하여 값을 초기화해야 한다. 배열 요소에 접근하는 방법은 배열명과 **배열 연산자([])**를 이용한다. [그림 4-58]의 세 번째 단계처럼 num 배열명 다음에 배열 연산자 안의 배열 순서를 표시한 후 각 배열의 요소에 접근하여 값을 초기화한다. 배열 순서는 0부터 시작한다. [그림 4-60]은 배열의 각 요소를 초기화한 후의 배열 상태를 나타낸 것이다.

[그림 4-60]에는 배열의 요소에 접근하는 방법이 나타나 있다. 배열에는 배열명, 배열 연산자, 배열 순서(index)를 이용하여 접근한다. 여기서 중요한 것은 **배열의 첫 번째 요소의 순서는 0부터 시작한다는 것이다.**

num에는 차례대로 0, 1, 2가 저장된다. 여기서 중요한 것은 num이라는 배열은 int형으로 선언된 배열이므로 각 배열 요소에는 int형 데이터만 저장될 수 있다는 것이다. address 배열에도 차례대로 "서울시"와 "세종시"가 저장되고 있다.

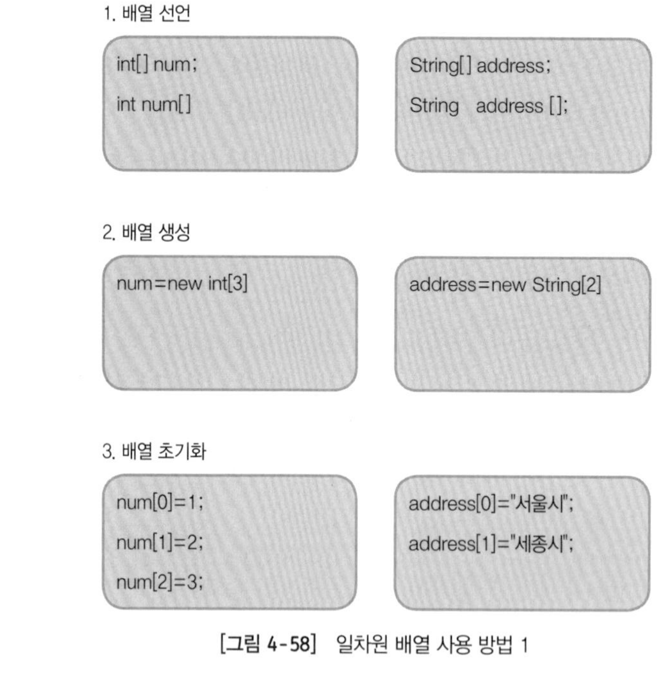

[그림 4-58] 일차원 배열 사용 방법 1

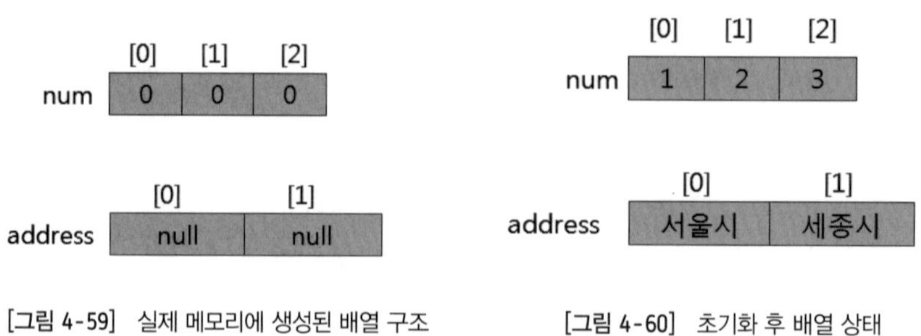

[그림 4-59] 실제 메모리에 생성된 배열 구조   [그림 4-60] 초기화 후 배열 상태

6.4 일차원 배열 구조

[그림 4-61]은 실제 일차원 배열 메모리에서의 물리적 구조를 설명한 것이다. a라는 배열은 선언하면서 new를 이용하여 5개의 배열 요소를 메모리에 생성한다. 그러면 [그림 4-61]처럼 5개의 int형 데이터를 저장할 수 있는 배열 요소가 연속적으로 메모리에 생성된다. 그리고 그 배열의 이름이 a로 지정된다. 그리고 각 배열 요소에는 배열명과 배열 요소 순서(index)를 이용하여 접근한다.

첫 번째 배열의 순서는 0부터 시작한다. 일차원 배열이라는 것은 [그림 4-61]처럼 배열 요소가 선형적으로 메모리에 생성되기 때문에 일차원 배열이라고 하는 것이다.

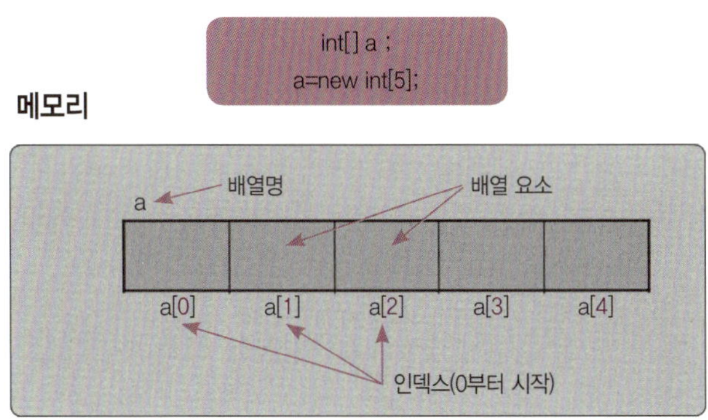

[그림 4-61] 일차원 배열 구조

이번에는 일차원 배열의 또 다른 사용법에 대해 알아보자. [그림 4-62]는 배열을 선언하는 동시에 초기화값을 할당하는 방법이다. 예를 들어 num은 {1, 2, 3}의 정수값을 할당하므로 자연히 각 정수값을 저장할 3개의 배열 요소를 메모리에 생성한 후에 저장한다.

name은 2개의 값이 할당되므로 2개의 배열 요소가 만들어진다. 결과적으로 [그림 4-59]처럼 각 배열에 값이 초기화된다. 즉, 앞의 배열의 세 가지 단계를 한꺼번에 실행하여 배열을 사용한다. 첫 번째 배열 사용 방법은 시간이 많이 걸리므로 두 번째 방법을 많이 사용한다.

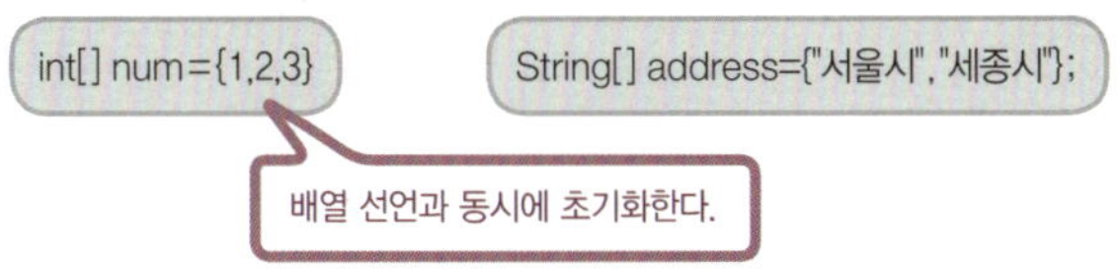

[그림 4-62] 일차원 배열 사용 방법 2

6.5 일차원 배열 요소의 크기

자바에서는 배열이 가지고 있는 요소의 크기를 알 수 있는 방법을 제공한다. [리스트 4.44]는 배열 요소의 크기를 구하는 방법을 설명한 것이다. **3행**에서 num이라는 배열을 선언한 후 **4행**에서 2개의 배열 요소를 생성한다. 그리고 **5, 6행**에서 각각 차례대로 0과 1을 저장한다. 그러면 [그림 4-63]처럼 메모리에 num이라는 배열이 만들어진다.

그런데 **7행**을 보면 num이라는 배열의 세 번째 요소에 값을 저장한다. [그림 4-63]을 보면
num 배열은 배열 요소가 2개밖에 없는데 존재하지 않는 배열 요소에 값을 할당하면 컴파일
시에는 오류가 발생하지 않지만, 실행하면 실행 중 오류, 즉 예외(ArrayIndexOutofBounds
Exception)가 발생한다.

[그림 4-64]의 두 번째 그림에 오류 메시지가 나타나 있다. 즉, 배열의 생성된 index보다
더 큰 index에 값을 할당했기 때문에 오류가 발생했다는 오류 메시지다. 따라서 자바에서는
생성된 배열 요소 내에서만 접근이 가능하다. 배열 사용 시 많이 틀리는 부분이므로 주의해
야 한다.

8행에서는 num 배열 두 번째 요소에 5.6f라는 실수형 데이터를 저장한다. 그러면 컴파일 시
오류가 발생한다. 배열 요소에는 배열 선언 시 선언한 데이터 타입만 저장할 수 있다.

9행에서 num.length 속성을 이용하여 num 배열 요소의 개수를 출력한다. 그리고 **11행**에서
for문을 이용하여 num 배열의 첫 번째 요소부터 차례대로 접근하여 num 배열 요소의 값을
출력하고 있다. 이처럼 배열의 length 속성은 for문과 함께 쓰이므로 배열에 순차적으로 접
근할 때 많이 사용한다.

[리스트 4.44] 일차원 배열 요소 크기 구하는 방법(ArrayTest.java)

```
1    public class ArrayTest {
2        public static void main(String[ ] args){
3            int[ ] num ;
4            num = new int[2];
5            num[0]=1;
6            num[1]=2;
7            //num[2]=3;
8            num[1]=5.6f;
9            System.out.println("num 배열의 개수 : " + num.length);
10
11           for(int i=0; i<num.length; i++){
12               System.out.println("num: " + num[i]);
13           }
14       }
15   }
```

메모리

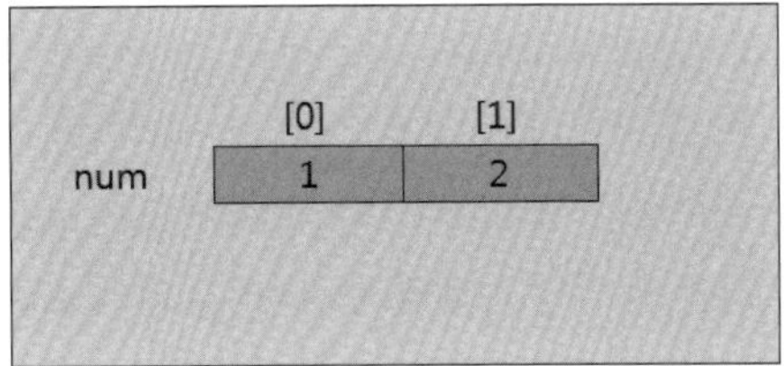

[그림 4-63]   num 배열의 메모리 생성 구조

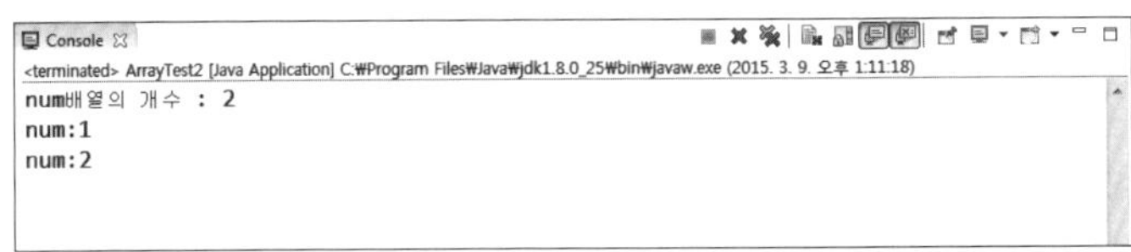

(a) 정상적으로 실행한 결과

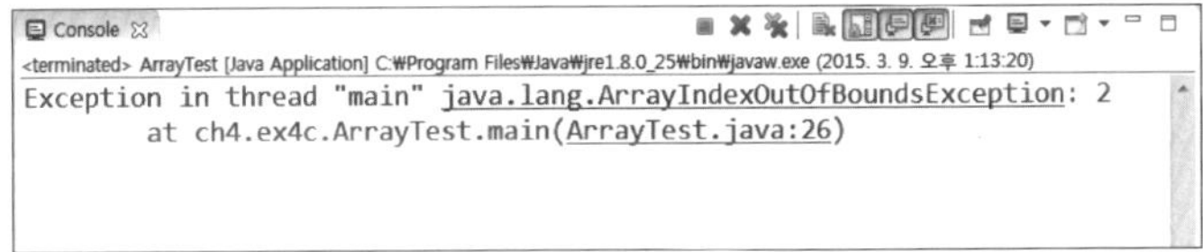

(b) 생성된 배열 요소보다 더 큰 요소에 값을 할당한 경우

[그림 4-64]   실행 결과

6.6 일차원 배열의 구조

[그림 4-65]는 일차원 배열의 구조를 나타낸다. 일차원 배열의 물리적 구조는 실제 메모리에 생성되는 구조다. 일차원 배열은 메모리에 연속하여 배열 요소를 생성한다. 그리고 논리적 구조는 사용하는 사람의 입장에서 이해하기 쉽게 사용하는 구조다. 일차원 배열의 논리적 구조 역시 물리적 구조와 같다. 즉, 일차원 배열은 선형적으로 연속하여 배열 구조가 만들어진다. 반면, 뒤에서 배우게 될 이차원 배열의 경우 물리적 구조는 일차원 배열처럼 선형적으로 생성되지만, 논리적 구조는 테이블 구조를 이룬다.

(a) 일차원 배열 생성하기   (b) 일차원 배열의 논리적 구조   (c) 일차원 배열의 물리적 구조

[그림 4-65]   자바 일차원 배열의 논리적 · 물리적 구조

6.7 일차원 배열 예제

[리스트 4.45]는 기본적인 배열 사용 예제다. 먼저 **3, 4행**에서 num과 ch 배열을 선언한다. **7, 8행**에서 각 배열의 요소를 메모리에 생성한 후 배열에 할당한다. 그러면 [그림 4-66]처럼 메모리에 각각 크기가 5개인 num 배열과 ch 배열이 메모리에 생성된다. **10~15행**에서는 num 배열에 접근하여 배열 요소에 값을 저장한다. 배열에는 배열명과 배열 연산자([]) 안에 요소의 순서(인덱스)를 표시하여 접근한다.

11행에서 num 배열의 첫 번째 요소에 3.14f 실수를 저장하면 오류가 발생한다. 배열 요소에는 배열 선언 시 선언한 데이터 타입만 저장할 수 있다. 그리고 **16행**처럼 num 배열의 여섯 번째 요소에 값을 할당하면 또 다시 오류가 발생한다. 배열은 배열 크기의 개수만큼만 접근할 수 있다. **18~22행**에서는 배열 ch에 문자를 차례대로 할당하고 있다. **24~28행**에서는 num 배열 요소에 접근하여 값을 출력하고 있다. 접근하는 방법은 배열명과 배열 연산자 안에 배열 요소의 순서(인덱스)를 표시하여 접근한다.

29행에서 index 5는 num 배열의 여섯 번째이므로 실행 시 오류가 발생한다. **31행**에서는 total 변수에 num 배열의 요소들에 접근하여 요소들의 값을 total에 저장한 후 출력하고 있다.

[그림 4-68]은 실행 결과다. [리스트 4.46]은 배열 선언, 배열 생성, 배열 초기화 과정을 한 번에 수행한다. 결과는 [리스트 4.45]를 실행했을 때와 동일하게 표시된다.

[리스트 4.45] 배열 접근 예제 1(ArrayTest1.java)

```
1    public class ArrayTest1 {
2        public static void main(String[] args) {
3            int [] num;
4            char [] ch;
5            int total=0;
6
7            num=new int[5];
8            ch=new char[5];
9
10           num[0]=0;
11           //num[0]=3.14;
12           num[1]=1;
13           num[2]=2;
14           num[3]=3;
15           num[4]=4;
```

```java
16              //num[5]=5;
17
18              ch[0]='a';
19              ch[1]='b';
20              ch[2]='c';
21              ch[3]='d';
22              ch[4]='e';
23
24              System.out.println("num[0]="+num[0]);
25              System.out.println("num[1]="+num[1]);
26              System.out.println("num[2]="+num[2]);
27              System.out.println("num[3]="+num[3]);
28              System.out.println("num[4]="+num[4]);
29              //System.out.println("num[5]="+num[5]);
30
31              total=num[0]+num[1]+num[2]+num[3]+num[4];
32              System.out.println("num 배열의 총합은 "+total);
33
34              System.out.println("ch[0]="+ch[0]);
35              System.out.println("ch[1]="+ch[1]);
36              System.out.println("ch[2]="+ch[2]);
37              System.out.println("ch[3]="+ch[3]);
38              System.out.println("ch[4]="+ch[4]);
39          }
40      }
```

	[0]	[1]	[2]	[3]	[4]
num	0	0	0	0	0

	[0]	[1]	[2]	[3]	[4]
ch	0	0	0	0	0

[그림 4-66] 배열 생성 상태

	[0]	[1]	[2]	[3]	[4]
num	0	1	2	3	4

	[0]	[1]	[2]	[3]	[4]
ch	a	b	c	d	e

[그림 4-67] 배열값을 할당한 후 상태

```
Console ⊠
<terminated> ArrayTest1 [Java Application] C:\Program Files\Java\jre1.8.0_25\bin\javaw.exe (2015. 3. 9. 오후 1:15:22)
num[0]=0
num[1]=1
num[2]=2
num[3]=3
num[4]=4
num배열의 총합은 10
ch[0]=a
ch[1]=b
ch[2]=c
ch[3]=d
ch[4]=e
```

[그림 4-68] 실행 결과

[리스트 4.46] 배열 접근 예제 2(ArrayTest2.java)

```java
1    public class ArrayTest2 {
2        public static void main(String[] args) {
3            int [ ] num={0,1,2,3,4};
4            char [ ] ch={'a','b','c','d','e'};
5            int total=0;
6
7            System.out.println("num[0]="+num[0]);
8            System.out.println("num[1]="+num[1]);
9            System.out.println("num[2]="+num[2]);
10           System.out.println("num[3]="+num[3]);
11           System.out.println("num[4]="+num[4]);
12
13           total=num[0]+num[1]+num[2]+num[3]+num[4];
14           System.out.println("num 배열의 총합은 "+total);
15
16           System.out.println("ch[0]="+ch[0]);
17           System.out.println("ch[1]="+ch[1]);
18           System.out.println("ch[2]="+ch[2]);
19           System.out.println("ch[3]="+ch[3]);
20           System.out.println("ch[4]="+ch[4]);
21       }
22   }
```

앞의 예제에서 배열 사용 방법을 알아보았다. 그런데 배열의 크기가 늘어날 경우 일일이 배열명과 인덱스를 써서 접근하면 불편하다.

[리스트 4.47]은 for문을 이용한 일차원 배열 접근 예제다. 여기에서는 **3~7행**에서 배열을 선언한 후 메모리에 배열을 5개씩 생성하고 있다. **9~11행**에서 for문을 이용하여 for문의 반복 변수 i를 num 배열의 인덱스로 사용하여 num 배열의 각 요소를 i의 값으로 초기화하고 있다.

[표 4-14]는 for문 실행 시 num 배열의 반복 변수 i가 배열 요소를 지정하게 한 후 그 i의 값으로 초기화하는 과정을 나타낸 것이다. 그러면 [그림 4-69]처럼 i의 값이 num 배열의 값으로 초기화된다.

[리스트 4.47]의 **13~15행**에서는 ch에 값을 차례대로 저장하고 있는데, 정수값을 char로 형변환하여 저장하므로 같은 값을 가지는 알파벳 순서대로 저장된다. [표 4-15]는 for문 수행 시 ch 배열에 저장되는 알파벳을 나타낸 것이다.

그리고 배열에 접근하여 값을 출력하는 방법도 이와 똑같이 for문을 이용하여 반복 변수를 배열 인덱스로 사용하여 출력하고 있다. 일차원 배열에 순서대로 접근하여 작업할 경우에는 단일 for문을 주로 사용한다.

[리스트 4.47] for문을 이용한 배열 접근 예제(ArrayTest3.java)

```
1    public class ArrayTest3 {
2        public static void main(String[] args) {
3            int [] num;
4            char [] ch;
5
6            num=new int[5];
7            ch=new char[5];
8
9            for(int i=0; i<num.length;i++){
10               num[i]=i;
11           }
12
13           for(int i=0; i<ch.length;i++){
14               ch[i]=(char)(97+i);
15           }
16
17           for(int i=0; i<num.length;i++){
18               System.out.println("num["+i+"]="+num[i]);
19           }
20
21           for(int i=0; i<ch.length;i++){
22               System.out.println("ch["+i+"]="+ch[i]);
23           }
24       }
25   }
```

[표 4-14] for문 수행 시 배열 요소값 상태 1

i	num[i]=i
0	num[0]=0
1	num[1]=1
2	num[2]=2
3	num[3]=3
4	num[4]=4

[표 4-15] for문 수행 시 배열 요소값 상태 2

i	ch[i]=i
0	ch[0]='a'
1	ch[1]='b'
2	ch[2]='c'
3	ch[3]='d'
4	ch[4]='e'

[그림 4-69] for문으로 배열값을 할당한 후의 상태

```
Console 
<terminated> ArrayTest3 [Java Application] C:\Program Files\Java\jre1.8.0_25\bin\javaw.exe (2015. 3. 9. 오후 1:18:12)
num[0]=0
num[1]=1
num[2]=2
num[3]=3
num[4]=4
ch[0]=a
ch[1]=b
ch[2]=c
ch[3]=d
ch[4]=e
```

[그림 4-70] 실행 결과

[리스트 4.48]은 배열의 크기를 10으로 한 후, 각 배열 요소에 1에서 10까지의 자연수를 저장
하고, 이를 다시 요소의 값들을 이용하여 합을 구하는 예제다.

6행에서 크기가 10인 num 배열을 생성하고 **8행**에서 for문을 이용하여 첫 번째 요소값들 1로 하여 차례대로 초기화한다. 그리고 **12행**에서는 for문을 이용하여 num 배열의 첫 번째 요소부터 차례로 접근한 후 요소들의 값을 total 변수에 누적시킨다.

[표 4-16]은 for문 수행 시 total에 값이 누적되는 과정을 나타낸 것이다. **16행**에서 total의 값을 출력하면 55가 출력된다. **19~22행**에서는 num 배열의 요소 중 짝수 번째 요소들의 값들의 합을 구하고 있다.

[표 4-17]은 for문 수행 시 i를 2로 나눈 후 나머지가 0이면 total에 값을 저장하지 않고 2로 나눈 나머지가 1이면 total에 i의 순서에 해당되는 배열 요소값을 total에 누적시키는 과정을 나타낸 것이다. 배열 요소의 순서는 0부터 시작되므로 i가 홀수이면 배열 요소는 짝수 번째이다.

[리스트 4.48] 배열 요소값들의 합 구하기(ArrayTest4.java)

```
1    public class ArrayTest4 {
2        public static void main(String[] args) {
3            int [] num;
4            int total=0;
5
6            num=new int[10];
7
8            for(int i=0; i<num.length;i++){
9                num[i]=i+1;
10           }
11
12           for(int i=0; i<num.length;i++){
13               total+=num[i];
14           }
15
16           System.out.println("num 배열 요소값들의 합은 "+total);
17           total=0;
18
19           for(int i=0; i<num.length;i++){
20               if(i%2==1)
21                   total+=num[i];
22           }
23
24           System.out.println("num 배열의 짝수 번째 요소값들의 합은 "+total);
25       }
26   }
```

i	total+=num[i]	total
0	total+=num[0]	0+1
1	total+=num[1]	0+1+2
2	total+=num[2]	0+1+2+3
3	total+=num[3]	0+1+2+3+4
4	total+=num[4]	0+1+2+3+4+5
5	total+=num[5]	0+1+2+3+4+5+6
...	...	...

[표 4-17] 짝수 번째 배열 요소만 구하는 과정

i	i%2	total+=num[i]	total
0	0		
1	1	total+=num[1]	2
2	0		
3	1	total+=num[3]	2+4
4	0		
5	1	total+=num[5]	2+4+6
...		...	...

```
Console 
<terminated> ArrayTest4 [Java Application] C:\Program Files\Java\jre1.8.0_25\bin\javaw.exe (2015. 3. 9. 오후 1:19:40)
num 배열 요소값들의 합은 55
num 배열의 짝수 번째 요소값들의 합은 30
```

[그림 4-71] 실행 결과

[그림 4-72]는 배열 요소들의 값을 교환하여 저장하는 예제다. 먼저 첫 번째 배열은 교환 전 배열 요소값들의 상태를 나타낸다. 그 배열은 배열 요소들의 값을 교환한 후의 배열 상태를 나타낸다. 먼저 첫 번째 방법은 [그림 4-73]과 [표 4-18]에 나타나 있다.

일단 temp라는 똑같은 배열 크기를 가지는 배열을 만든 후 처음 배열의 마지막 요소의 값을 temp 배열의 첫 번째 요소로 옮기고, 마지막에서 그 다음의 요소의 값을 temp의 두 번째 요소의 값으로 옮기는 과정으로 배열의 요소값을 교환한다.

[표 4-18]은 원래 배열의 값과 temp로 옮겨진 후의 배열 요소 및 대응 과정을 나타낸 것이다. 두 배열 요소들의 순서에서 관계를 찾아보면 9는 0으로, 8은 1로, 7은 2로 대응되고 있다.

즉, 다음과 같은 관계로 나타낼 수 있다.

$$y(temp배열 순서)=9-x(num 배열 순서)$$

[리스트 4.49]는 실제 구현한 소스이다. 먼저 **3행**에서 num 배열에 차례대로 숫자를 저장한 후 **5행**에서 값을 교환하여 저장할 배열 temp를 선언하고 num 배열의 크기만큼 배열을 생성한다.

그리고 **12행**의 for문을 실행하면서 앞에서 언급한 방법대로 num 배열의 마지막 요소부터 temp 배열의 첫 번째 요소에 저장하고 있다. 그리고 **16행** for문을 수행하면서 temp 배열의 값을 num 배열에 저장한 후 최종적으로 출력하면 [그림 4-74]처럼 num 배열의 값이 바뀌어 출력된다.

교환 전 배열값

1	2	3	4	5	6	7	8	9	10

교환 후 배열값

10	9	8	7	6	5	4	3	2	1

[그림 4-72] 실행 결과

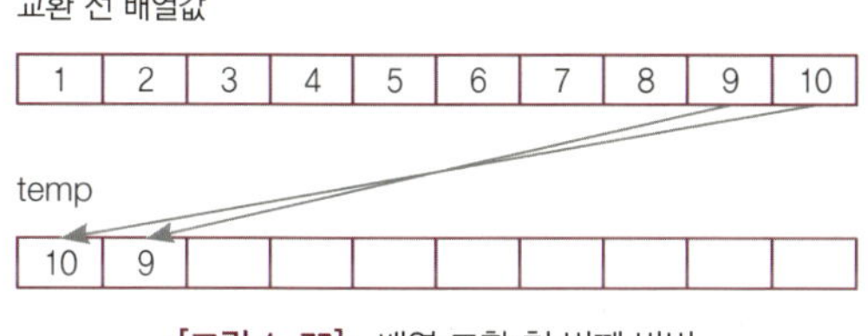

교환 전 배열값

1	2	3	4	5	6	7	8	9	10

temp

10	9								

[그림 4-73] 배열 교환 첫 번째 방법

[표 4-18] 두 배열의 값 대응 과정

num[x]	num[9]	num[8]	num[7]	num[6]	num[5]	num[4]	num[3]	num[2]	num[1]	num[0]
temp[y]	temp[0]	temp[1]	temp[2]	temp[3]	temp[4]	temp[5]	temp[6]	temp[7]	temp[8]	temp[9]

[리스트 4.49] 배열값 교환하기 1(ArrayTest5.java)

```java
1    public class ArrayTest5 {
2        public static void main(String[] args) {
3            int [] num={1,2,3,4,5,6, 7,8,9};
4            int len=num.length;
5            int [] temp=new int[len];
6
7            System.out.println("교환 전 배열 요소 값");
8            for(int i=0; i<len;i++){
9                    System.out.print(num[i]+"\t");
10           }
11
12           for(int i=0; i<len-1;i++){
13                   temp[i]=num[len-1-i];
14           }
15
16           for(int i=0; i<len-1;i++){
17                   num[i]=temp[i];
18           }
19
20           System.out.println("\n 교환 후 배열 요소 값");
21           for(int i=0; i<len;i++){
22                   System.out.print(num[i]+"\t");
23           }
24       }
25   }
```

```
Console ☒
<terminated> ArrayTest5 [Java Application] C:\Program Files\Java\jre1.8.0_25\bin\javaw.exe (2015. 3. 9. 오후 1:20:41)
교환전 배열 요소 값
1       2       3       4       5       6       7       8       9
교환후 배열 요소 값
9       8       7       6       5       4       3       2       9
```

[그림 4-74] 실행 결과

이번에는 배열값을 교환하기 위한 두 번째 방법에 대해 알아보자. [그림 4-75]과 [그림 4-76]은 두 번째 방법을 설명한 것이다. 앞의 방법은 배열값을 교환하기 위해 다른 배열을 따로 하나 만들어 사용했다. 그런데 배열값이 교환되는 것을 잘 분석해보면 [그림 4-75]처럼 첫 번째 요소의 값이 마지막 요소와 교환되는 것을 알 수 있다. 그러면 이번에는 [그림 4-75]

처럼 첫 번째 요소의 값을 먼저 temp 변수에 저장한 후 마지막 배열의 값을 첫 번째 요소로 옮기고, temp의 값을 다시 마지막 요소로 옮기면 [그림 4-75]의 두 번째 그림처럼 1과 10이 바뀌어 저장된다. [그림 4-76]은 두 번째 요소와 아홉 번째 요소의 값을 교환하는 과정을 나타낸 것이다. 이렇게 다른 요소들에도 적용하면 원하는 결과를 얻을 수 있다.

[리스트 4.50]은 두 번째 방법을 구현한 소스이다. **12~16행**의 for문을 수행하면서 교환하고자 하는 요소의 값을 temp로 옮긴 후에 뒤의 값을 저장하고 temp값을 다시 옮겨 저장한다. 여기서 중요한 것은 이번에는 for문을 한 번 수행할 때마다 2개의 값이 변경되므로 for문의 수행 횟수를 **12행**에서처럼 반으로 줄여 수행해야 전체 값이 교환된다는 것이다.

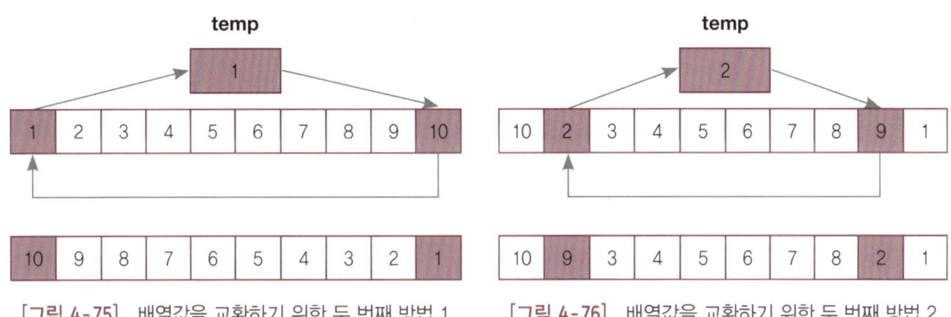

[그림 4-75] 배열값을 교환하기 위한 두 번째 방법 1

[그림 4-76] 배열값을 교환하기 위한 두 번째 방법 2

[리스트 4.50] 배열값 교환하기 2(ArrayTest6.java)

```java
public class ArrayTest6 {
    public static void main(String[] args) {
        int [] num={1,2,3,4,5,6, 7,8,9};
        int len=num.length;
        int temp=0;

        System.out.println("교환전 배열 요소 값");
        for(int i=0; i<len;i++){
            System.out.print(num[i]+"\t");
        }

        for(int i=0; i<(len-1)/2;i++){
            temp=num[i];
            num[i]=num[len-1-i];
            num[len-1-i]=temp;
        }
```

```
17
18              System.out.println("\n교환후 배열 요소 값");
19              for(int i=0; i<len;i++){
20                  System.out.print(num[i]+"\t");
21              }
22          }
23      }
```


[그림 4-77] 실행 결과

다음 예제는 배열 요소의 값을 서로 비교한 후 가장 작은 값을 첫 번째 요소에 저장하고 배열 전체의 값을 오름차순으로 저장하는 예제다. [그림 4-78]은 첫 번째 배열 요소의 값과 다른 배열 요소의 값과의 비교 과정을 나타낸 것이다.

먼저 첫 번째 배열 요소의 값인 5를 다음 요소의 값

[그림 4-78] 첫 번째 배열 요소의 값과 다른 배열 요소의 값 비교 과정

[그림 4-79] 두 번째 배열 요소의 값과 다른 배열 요소의 값 비교 과정

4와 비교했을 때 값이 크므로 다음 단계처럼 4와 5를 교환한다. 그리고 다시 4를 다음 배열 요소의 값 3과 비교한 후 값이 작은 3과 4를 다시 교환한다. 이런 방식으로 마지막의 값과 비교한 후 배열 요소 중 가장 작은 값인 1이 최종적으로 첫 번째 배열에 저장된다. [그림 4-79]는 두 번째 배열 요소의 값과 그중에서 두 번째로 작은 값을 교환하여 저장하는 과정을 나타낸 것이다. [리스트 4.51]은 배열을 오름차순으로 정렬하는 기능을 구현한 소스이다. 여기서 중요한 기능은 **11~19행**의 이중 for문을 사용하여 배열의 요소들의 값을 서로 비교한 후 앞에서부터 작은 값을 차례대로 저장하는 것이다.

외부 for문 반복 변수 i가 첫 번째 요소부터 비교하는 배열 요소를 나타내고 내부 for문의 j가 비교되는 배열의 요소 순서를 나타내고 있다. if문에서 서로 비교한 후 뒤의 값이 크면 **14~16행**에서처럼 값을 서로 교환한다. [그림 4-80]은 실행 결과를 나타낸 것이다.

[리스트 4.51] 배열값 오름차순으로 정렬하기 1(ArrayTest7.java)

```java
public class ArrayTest7 {
    public static void main(String[] args) {
        int [] num={5,4,3,2,1};
        int temp=0;

        System.out.println("정렬 전 배열값");
        for(int i=0;i<num.length;i++){
            System.out.print(num[i]+"\t");
        }

        for(int i=0; i<num.length;i++){
            for(int j=i;j<num.length;j++){
                if(num[i]>num[j]){
                    temp=num[i];
                    num[i]=num[j];
                    num[j]=temp;
                }
            }
        }

        System.out.println("\n정렬 후 배열값");
        for(int i=0;i<num.length;i++){
            System.out.print(num[i]+"\t");
        }
    }
}
```



```
Console ☒
<terminated> ArrayTest7 [Java Application] C:\Program Files\Java\jre1.8.0_25\bin\javaw.exe (2015. 3. 9. 오후 1:22:57)
정렬 전 배열 값
5       4       3       2       1
정렬 후 배열 값
1       2       3       4       5
```

[그림 4-80] 실행 결과

[리스트 4.52]는 임의의 배열값을 오름차순으로 정렬하여 출력하는 예제다. 앞의 예제에서 사용된 방법이 그대로 사용되고 있다. **11~19행**의 이중 for문에서 첫 번째 배열 요소부터 시작하여 차례대로 비교한 후 요소의 값들 중 가장 작은 값을 첫 번째 요소에 위치시킨다. 그리고 i의 값을 1 증가시킨 후 배열의 두 번째 요소의 값을 기준으로 다른 요소와 차례대로 비교하고 두 번째로 작은 값을 두 번째 요소에 위치시킨다. 그러면 [그림 4-81]처럼 배열 요소값이 오름차순으로 정렬되어 출력된다.

[리스트 4.52] 배열값 오름차순으로 정렬하기 2(ArrayTest8.java)

```java
1   public class ArrayTest8 {
2       public static void main(String[] args) {
3           int[] num ={34,56, 78,99,23,46,21,46, 76,55};
4           int temp=0;
5
6           System.out.println("정렬 전 배열값");
7           for(int i=0;i<num.length;i++){
8                   System.out.print(num[i]+"\t");
9           }
10
11          for(int i=0; i<num.length;i++){
12              for(int j=i;j<num.length;j++){
13                      if(num[i]>num[j]){
14                          temp=num[i];
15                          num[i]=num[j];
16                          num[j]=temp;
17                      }
18              }
19          }
20
21          System.out.println("\n정렬 후 배열값");
22          for(int i=0;i<num.length;i++){
23              System.out.print(num[i]+"\t");
24          }
25      }
26  }
```


[그림 4-81] 실행 결과

지금까지 일차원 배열에 관계된 예제를 실습해보았다. 마지막의 배열값을 정렬하는 방법을 '**버블 정렬**(bubble sorting)'이라고 한다. 이 방법도 많이 쓰이므로 잘 알아두어야 한다.

07 이차원 배열

이번에는 다차원 배열 중 이차원 배열에 대해 알아보자. 자바에서는 다차원 배열 중에 이차원 배열이 주로 사용된다. 다음은 이차원 배열 형식을 나타낸 것이다.

이차원 배열 형식

```
int[ ][ ] arr;
arr=new int[3][3];
```

이차원 배열은 일차원 배열과 달리 2개의 배열 기호가 사용된다. 이는 arr[3]이라는 일차원 배열이 있으면 각 일차원 배열 요소가 또 다시 3개의 배열 요소를 가지는 구조로 생성된다는 의미다.

[그림 4-82]는 이차원 배열의 논리적·물리적 구조를 나타낸 것이다. 물리적 구조는 실제 메모리에 생성되는 구조로, arr이라는 이차원 배열 요소들이 각각 3개의 배열 요소를 가지고 있다. 자바에서 메모리에 배열을 생성하면 일차원 배열이든, 이차원 배열이든 관계 없이 선형적으로 생성된다. 그러나 이차원 배열을 물리적 구조로 이해하기에는 불편하다. 따라서 실제 프로그래밍 시 이차원 배열은 다음의 논리적 구조로 이해하면서 사용하는 것이 편리하다.

이차원 배열의 논리적 구조는 일차원 배열의 개수만큼 행을 가지고 각 행이 이차원 배열 요소만큼의 열을 가지는 구조로 이해하는 것이 편리하다. 즉, 행과 열이 있는 테이블 구조로 생각하는 것이 편리하다. arr[3][3]은 3개의 행과 3개의 열로 이루어진 테이블 구조다.

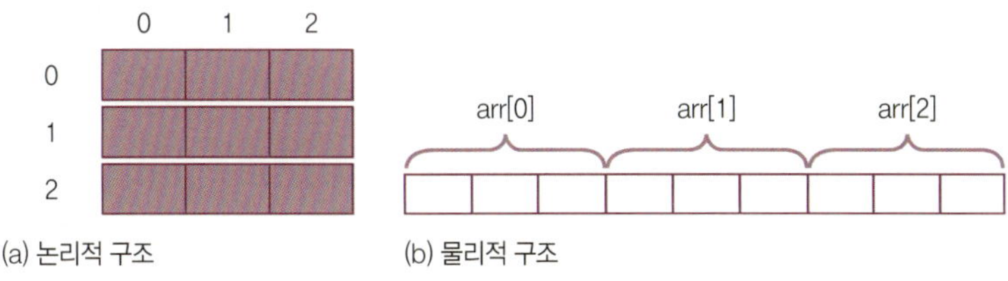

[그림 4-82] 자바 이차원 배열 논리적·물리적 구조

[리스트 4.53]은 이차원 배열 사용 예제다. **3, 4행**에서 3행 3열 이차원 배열을 선언한 후에 생성하고 있다. 그러면 [그림 4-83]처럼 논리적 이차원 배열이 만들어진다. 배열을 생성한 후 초기화를 하지 않으면 기본형 배열 경우에는 모든 배열 요소가 0으로 초기화된다. 그리고 **6행**에서 이중 for문을 이용하여 이차원 배열을 초기화한다. **6행**에서 arr.length는 이차원 배열에서 이차원 배열의 수, 즉 테이블의 행 수를 의미한다. arr 배열의 경우는 3이다.

외부 for문의 반복 변수 i는 결국 테이블에서의 행 번호를 의미한다. **7행**의 내부 for문의 arr[i].length는 각 행에 있는 열의 수를 나타낸다. 즉, 이차원 배열 요소의 수다. 이 경우는 3이다.

먼저 i의 값이 0인 경우는 테이블에서 첫 번째 행을 의미한다. 그리고 내부 for문을 실행할 때의 j값은 행의 각 열을 의미한다. 따라서 i의 값이 0인 경우, **8행**을 수행하면 [그림 4-84]처럼 값이 초기화된다.

[표 4-19]는 **6~8행**의 이중 for문이 수행되면서 이차원 배열의 값이 각 for문의 반복 변수를 이용하여 초기화되는 과정을 나타낸 것이다. 이처럼 이중 for문이 나타나는 경우에는 테이블을 만들어 분석해보면 쉽게 파악할 수 있다. 따라서 [그림 4-85]와 [그림 4-86]은 i의 값이 증가되면서 다른 행의 열의 값도 초기화되는 상태를 나타낸다.

이처럼 이차원 배열은 주로 이중 for문과 많이 쓰인다. 그리고 외부 for문의 반복 변수는 일차원 배열의 인덱스로, 내부 for문의 반복 변수는 이차원 배열의 인덱스로 많이 쓰인다.

[리스트 4.53] 이차원 배열 사용 예제(MultiArrayTest.java)

```java
public class MultiArrayTest{
    public  static  void main(String[ ] args){
        int arr[ ][ ];
        arr=new int[3][3];

        for(int i=0; i < arr.length;i++){
            for(int j=0; j<arr[i].length;j++)
                arr[i][j]=3*i +j;
        }

        for(int i=0; i<arr.length; i++){
            for(int j=0; j<arr[i].length; j++)
                System.out.println("arr[" + i +"]["+ j + "]=" + arr[i][j]);
        }
    }
}
```

[표 4-19] 이차원 배열 for문 수행 과정

i	j	a[i][j]=3*i+j
0	0	a[0][0]=3*0+0=0
	1	a[0][1]=3*0+1=1
	2	a[0][2]=3*0+2=2
1	0	a[1][0]=3*1+0=3
	1	a[1][1]=3*1+1=4
	2	a[1][2]=3*1+2=5
2	0	a[2][0]=3*2+0=6
	1	a[2][1]=3*2+1=7
	2	a[2][2]=3*2+0=8

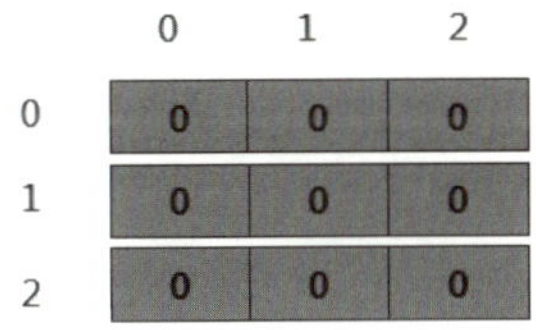

[그림 4-83] 3행 3열 이차원 배열

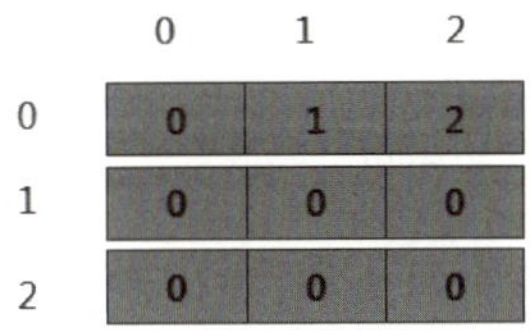

[그림 4-84] 외부 for문의 반복 변수 i의 값이 0인 경우

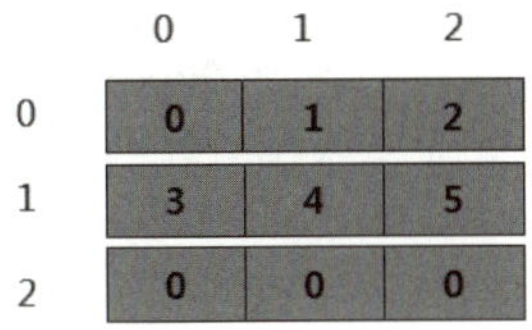

[그림 4-85] 외부 for문의 반복 변수 i의 값이 1인 경우

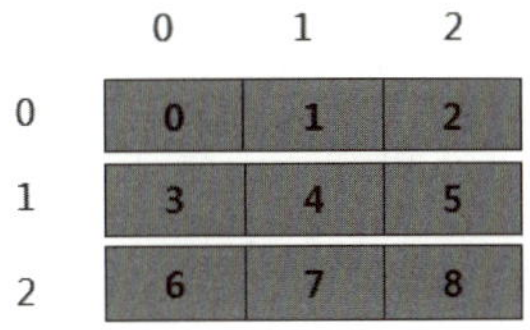

[그림 4-86] 외부 for문의 반복 변수 i의 값이 2인 경우

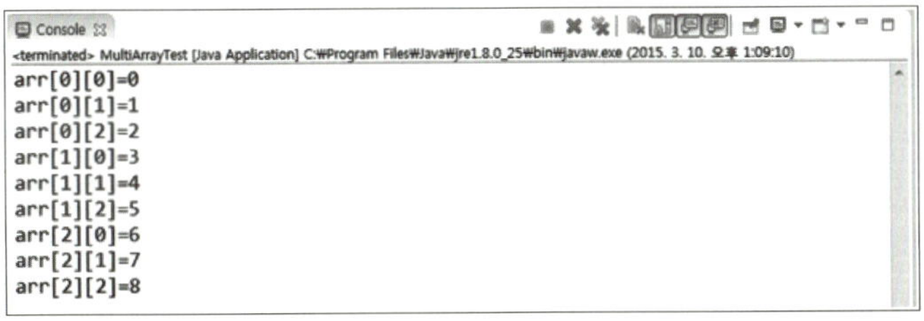

```
Console
<terminated> MultiArrayTest [Java Application] C:\Program Files\Java\jre1.8.0_25\bin\javaw.exe (2015. 3. 10. 오후 1:09:10)
arr[0][0]=0
arr[0][1]=1
arr[0][2]=2
arr[1][0]=3
arr[1][1]=4
arr[1][2]=5
arr[2][0]=6
arr[2][1]=7
arr[2][2]=8
```

[그림 4-87] 실행 결과

7.1 이차원 배열 다루기

이번에는 [그림 4-88]과 같은 이차원 배열의 구조
를 가지는 배열을 만드는 예제를 실습해보자. 먼저
분석을 해보면 첫 번째 행의 요소는 2를 가진다. 그
리고 두 번째 행은 마지막 요소의 값만 1이다. 이처
럼 배열의 행이 증가하면 2를 가지는 요소의 개수는
감소한다.

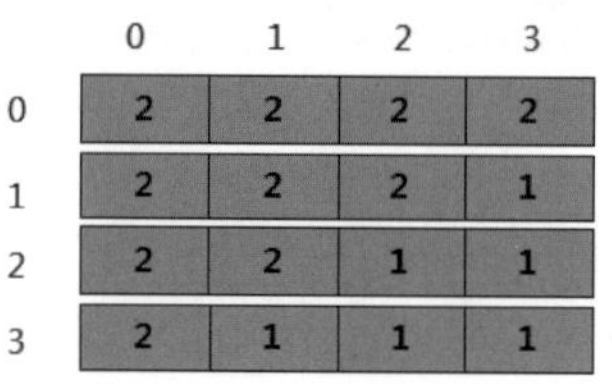

[그림 4-88] 이차원 배열값 상태

[리스트 4.54]는 이차원 배열을 구현하는 소스이다.

6~28행에서 이중 for문을 돌면서 외부 for문의 i가 이차원 배열의 각 행을 나타내므로 내부
for문을 수행하면서 i가 0일 경우, 즉 이차원 배열의 첫 번째 행일 때는 값을 모두 2로 저장
한다. **10행**에서는 i가 1, 즉 이차원 배열의 두 번째 행인 경우에는 앞의 3개 요소는 2로 만들
고 마지막 네 번째 요소의 값은 1로 만든다.

다음의 if문도 역시 각 행에 대해 열의 값에 따라 값을 저장하고 있다. 그런데 이러한 방법
으로 기능을 구현할 경우, 배열의 크기가 커지면 일일이 if문을 만들어주어야 하므로 비효율
적이다.

따라서 효율적인 방법을 찾아야 한다. 즉, 4×4 이차원 배열의 경우에는 일일이 if문으로 작
성할 수 있지만, 만약 10×10의 이차원 배열에 대해 프로그래밍을 할 경우에는 작성해야 하
는 소스의 양이 많아지고 복잡해진다. 따라서 어떤 정방행렬에 대해서도 적용될 수 있는 일
반화된 방법을 찾아야 한다.

[리스트 4.55]는 다른 방법으로 이차원 배열을 구현하고 있다. 먼저 [그림 4-88]의 이차원
배열에서 요소들이 값을 가지는 **일정한 규칙성을 찾아보면, 2를 가지는 요소의 경우, 이차원
인덱스와 이차원 인덱스의 합이 4를 넘지 않는다. 반면, 1을 가지는 요소는 두 인덱스를 더
한 합이 모두 4를 넘는다.**

[리스트 4.55]는 이러한 규칙성을 일반화하여 이차원 배열의 값을 할당하고 있다. 출력해보
면 [그림 4-89]와 같은 결과를 나타낸다. 이처럼 프로그래밍을 구현할 때 일정한 규칙성이나
패턴을 찾은 후에 일반화하면 소스의 양을 줄이면서 구현할 수 있다.

[리스트 4.54] 이차원 배열 예제 1(MultiArrayTest1.java)

```java
1   public class MultiArrayTest1 {
2       public static void main(String[ ] args) {
3           int [ ][ ] num;
4           num=new int[4][4];
5
6           for(int i=0; i<num.length;i++){
7               for(int j=0; j<num.length;j++){
8                   if(i==0){
9                       num[i][j]=2;
10                  }else if(i==1){
11                      if(j!=3)
12                          num[i][j]=2;
13                      else
14                          num[i][j]=1;
15                  }else if(i==2){
16                      if(j==0 ||j==1)
17                          num[i][j]=2;
18                      else
19                          num[i][j]=1;
20                  }else if(i==3){
21                      if(j==0)
22                          num[i][j]=2;
23                      else
24                          num[i][j]=1;
25                  }
26
27              }
28          }
29
30          for(int i=0; i<num.length;i++){
31              for(int j=0; j<num.length;j++){
32                  System.out.print(num[i][j]+"\t");
33              }
34              System.out.println( );
35          }
36
37      }
38  }
```

```
Console
<terminated> MultiArrayTest1 [Java Application] C:\Program Files\Java\jre1.8.0_25\bin\javaw.exe (2015. 3. 9. 오후 1:27:52)
2        2        2        2
2        2        2        1
2        2        1        1
2        1        1        1
```

[그림 4-89] 실행 결과

[리스트 4.55] 이차원 배열 예제 2(MultiArrayTest2.java)

```java
public class MultiArrayTest2 {
    public static void main(String[] args) {
        int [][] num;

        num=new int[4][4];

        for(int i=0; i<num.length;i++){
            for(int j=0; j<num.length;j++){
                if(i+j<4){
                    num[i][j]=2;
                }else{
                    num[i][j]=1;
                }
            }
        }

        for(int i=0; i<num.length;i++){
            for(int j=0; j<num.length;j++){
                System.out.print(num[i][j]+"\t");
            }
            System.out.println( );
        }
    }
}
```


[그림 4-90]은 두 번째 이차원 배열 예제다. 이번에는 대각선에 위치한 요소에는 5의 배수가 저장되고, 다른 요소에는 2가 저장되는 이차원 배열에 대해 알아보자. 먼저 규칙성을 찾아보면 [그림 4-91]처럼 대각선 요소들의 일차원 인덱스와 이차원 인덱스와의 합이 모두 3으로 일정하다. [리스트 4.56]에는 '인덱스의 합이 일정하다'라는 규칙성을 이용하여 이차원 배열의 값을 할당하고 있다. **9~14행**의 if문에서 먼저 i+j의 값이 3이면 **10행**에서처럼 i에 5를 곱한 후 저장하고, 다른 경우에는 2로 저장한다.

이를 실행하면 [그림 4-92]처럼 출력된다. 대각선의 값이 위에서 부터 5가 시작된다. 이는 원하는 결과가 아니다. 따라서 **11행**처럼 먼저 4에서 i의 값을 빼고 5를 곱한 후에 저장하면 [그림 4-93]처럼 출력된다.

	0	1	2	3
0	2	2	2	20
1	2	2	15	2
2	2	10	2	2
3	5	2	2	2

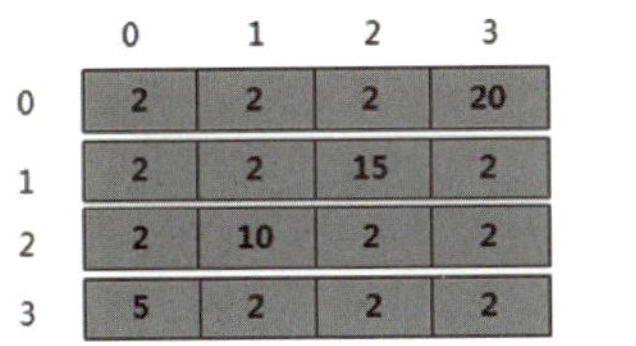

[그림 4-90] 이차원 배열 예제 2

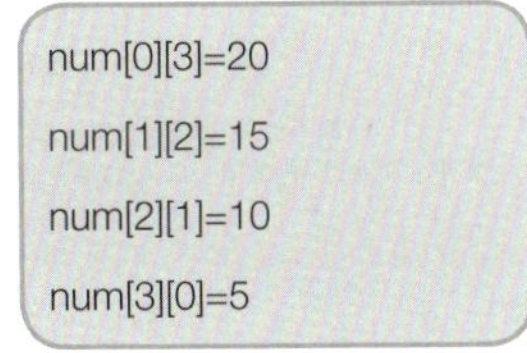

[그림 4-91] 이차원 배열의 규칙성

[리스트 4.56] 이차원 배열 예제 2(MultiArrayTest3.java)

```
1   public class MultiArrayTest3 {
2       public static void main(String[ ] args) {
3           int [][] num;
4
5           num=new int[4][4];
6
7           for(int i=0; i<num.length;i++){
8               for(int j=0; j<num.length;j++){
9                   if(i+j==3){
10                      //num[i][j]=i*5;
11                      num[i][j]=(4-i)*5;
12                  }else{
13                      num[i][j]=2;
14                  }
15
16              }
17          }
18
19          for(int i=0; i<num.length;i++){
20              for(int j=0; j<num.length;j++){
21                      System.out.print(num[i][j]+"\t");
22              }
23              System.out.println( );
24          }
25      }
26  }
```

[그림 4-92] 실행 결과 1

[그림 4-93] 실행 결과 2

7.2 행렬을 이용한 이차원 배열 예제

[그림 4-94]와 같은 3×3 정방행렬이 있으면 정방행렬의 가로, 세로, 대각선의 합을 구하라는 문제다.

$$A = \begin{pmatrix} 2 & 3 & 0 \\ 8 & 9 & 1 \\ 7 & 0 & 5 \end{pmatrix}$$

[그림 4-94] 3X3 정방행렬

정방행렬은 가로, 세로의 개수가 같으므로 앞에서 배운 이차원 배열을 이용하여 계산하면 편리하다.

[그림 4-95]는 행렬의 각 값을 3행3열 이차원 배열로 변환한 그림이다. 이런 방식으로 이차원 배열을 이용하여 가로, 세로, 대각선의 합을 구한다.

프로그래밍을 잘하기 위해서는 먼저 앞에서 배운 명령어로 구현하기 전에 구현 방법부터 정해야 한다. 그리고 구현 방법을 잘 정하려면 먼저 구현하고자 하는 대상을 잘 파악해야 한다. 즉, 문제가 되는 대상의 규칙성이나 패턴을 찾아내야 한다.

[그림 4-95]의 이차원 배열에서 먼저 행의 합을 구해보면, 이차원 배열에서 이중 for문을 쓰는데 외부 for문의 변수가 행을 나타내므로, 외부 for문의 반복 변수가 같으면 각 행의 열의 값을 sum이라는 변수에 누적시키면서 출력하면 된다.

이번에는 열의 합을 구해야 한다. [그림 4-96]을 보면 이번에는 열이 고정이 되어 있고, 행이 바뀌어 있다.

[그림 4-95] 정방행렬에서 행의 합을 더하는 경우   [그림 4-96] 정방행렬에서 열의 합을 더하는 경우

[리스트 4.57]은 이차원 배열의 행과 열의 합을 구하는 예제다. **8~14행**을 보면 이중 for문에서 i의 값이 행 번호를 나타내므로 **9행**의 내부 for문에서 arr 배열의 각 열의 값을 sum에 누적시킨 후 내부 for문을 종료하면 합을 출력하고, **13행**에서 다시 sum의 값을 0으로 초기화한 후, 다시 i의 값을 증가시키고 다음 행의 각 열의 합을 구한 다음, 다시 출력한다.

[표 4-20]에는 이중 for문의 수행 과정이 잘 나타나 있다. 즉, sum 변수에는 [그림 4-96]의 각 행을 이루는 열의 값들이 누적되어 출력된다.

[리스트 4.57]의 **18~23행**을 보면 외부 for문의 반복 변수 i를 arr 배열의 이차원 배열 요소로 사용하고 있다. 그리고 **19행**의 내부 for문을 수행하는 내부 for문의 반복 변수 j는 각 행의 번호를 나타낸다.

즉, 이번에는 행의 합을 구한 것과 반대로 내부 for문이 수행하면 행이 바뀌면서 각 행의 i에 의해 정해진 열의 값이 sum에 누적된다. 그러면 [그림 4-97]처럼 각 열의 합이 구해진다. [표 4-21]에 이 과정이 잘 나타나 있다.

[리스트 4.57] 행렬을 이용한 이차원 배열 예제(MatrixTest1.java)

```java
1    public class MatrixTest1 {
2        public static void main(String[] args) {
3            int sum=0;
4            int [][] arr={{2,3,8},
5                          {8,9,1},
6                          {7,0,5}};
7
8            for(int i=0; i<arr.length;i++){
```

```java
9            for(int j=0; j<arr[i].length;j++){
10                sum+=arr[i][j];
11            }
12            System.out.println(i+1+ "행의 합은 "+sum);
13            sum=0;
14        }
15
16        System.out.println( );
17
18        for(int i=0; i<arr.length;i++){
19            for(int j=0; j<arr[i].length;j++){
20                sum+=arr[j][i];
21            }
22            System.out.println(i+1+ "열의 합은 "+sum);
23            sum=0;
24        }
25    }
26 }
```

[표 4-20] 이중 for문을 이용하여 행의 합을 구하는 과정

i	j	sum+=arr[i][j]	sum
			0
	0	0+arr[0][0]	0+2
0	1	2+arr[0][1]	0+2+3
	2	5+arr[0][2]	0+2+3+8
	0	0+arr[1][0]	0+8
1	1	8+arr[1][1]	0+8+9
	2	17+arr[1][2]	0+8+9+1
	0	0+arr[2][0]	0+7
2	1	7+arr[2][1]	0+7+0
	2	7+arr[2][2]	0+7+0+5

i	j	sum+=arr[j][i]	sum
			0
0	0	0+arr[0][0]	0+2
	1	2+arr[1][0]	0+2+8
	2	10+arr[2][0]	0+2+8+7
1	0	0+arr[0][1]	0+3
	1	3+arr[1][1]	0+3+9
	2	11+arr[2][1]	0+3+9+0
2	0	0+arr[0][2]	0+8
	1	8+arr[1][2]	0+8+1
	2	9+arr[2][2]	0+8+1+5

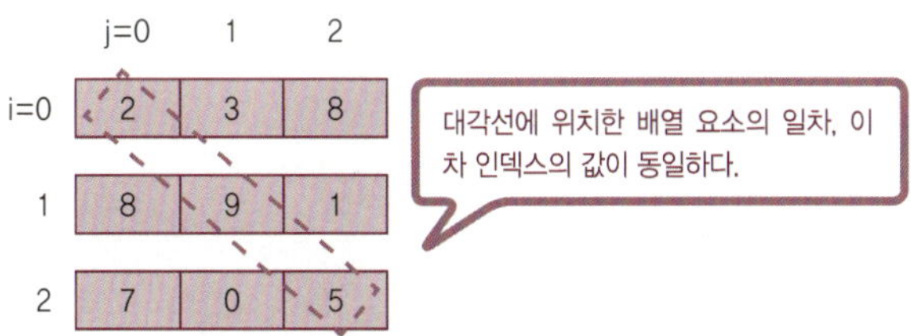

[그림 4-97] 실행 결과

이번에는 [그림 4-98]과 같은 대각선의 합을 구하는 방법에 대해 알아보자. 먼저 [그림 4-98]과 같은 대각선의 합을 구하는 방법을 알아보자. 앞에서 언급한 것처럼 프로그래밍을 할 때에는 규칙성이나 패턴을 찾는 것이 중요하다.

이 대각선의 규칙성은 2의 값을 가지는 이차원 배열의 일차원과 이차원 배열 요소의 인덱스(index)가 같다는 것이다. 9의 경우에도 인덱스의 값이 모두 1이다. 5의 경우는 3이다. 즉, 이중 for문에서 반복 변수가 같으면 이차원 배열의 대각선값이 되는 것이다.

[그림 4-98] 이차원 배열의 대각선의 합

[그림 4-99]는 다른 방향의 대각선 합이므로 또 다시 규칙성을 찾아야 한다. 이번에는 일차원, 이차원 배열의 인덱스가 같지 않다. 그런데 이번에는 일차원, 이차원 인덱스를 더하면 모두 2라는 동일한 값을 가진다. 즉, 이번의 규칙성은 일차원, 이차원 인덱스의 합이 동일하다는 것이다. 이제 이 두 가지 규칙성을 명령문으로 구현하면 된다.

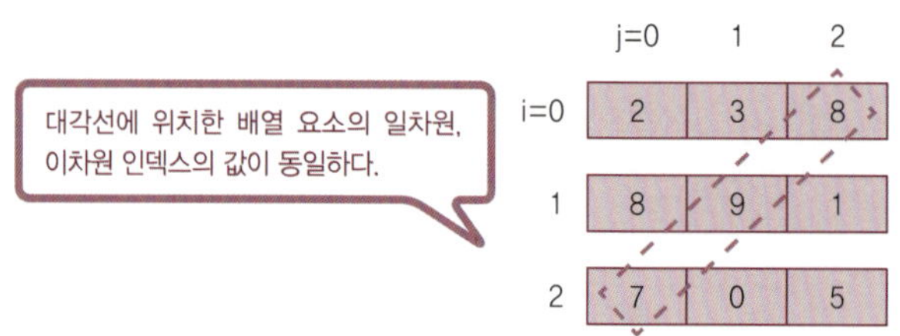

[그림 4-99] 이차원 배열의 두 번째 대각선의 합

[리스트 4.58]에서 **7~12행**의 이중 for문은 첫 번째 대각선의 합을 구하는 부분이다. **9~10행**의 if문에서 i와 j가 같은지를 체크한 후, 같으면 그 배열의 값을 sum에 누적시킨다. 그리고 **18~23행**은 두 번째 대각선의 합을 구하는 부분이다. 즉, i와 j의 합이 2이면 그 배열의 값을 sum에 누적시킨 후 출력한다. [그림 4-99]는 각 대각선의 합을 출력하고 있다.

이는 앞에서 찾아낸 대각선의 합을 구하는 방법 대로 명령문으로 변환하여 구현한 것이다. 따라서 프로그래밍을 구현하는 방법이 중요하다. 그리고 프로그래밍은 대부분 문제에서 어떤 규칙성을 찾는 것으로 귀착되는 경우가 많다. 규칙성을 찾아서 프로그래밍하는 방법은 단시간에 알게 되는 것이 아니라 꾸준히 남이 해 놓은 것을 열심히 따라하면서 찾으려고 노력하면 저절로 알게 된다.

[리스트 4.58] 행렬의 대각선 합을 구하는 예제(MatrixTest2.java)

```
1    public class MatrixTest2 {
2        public static void main(String[] args) {
3            int sum=0;
4            int [][] arr={{2,3,8},
5                          {8,9,1},
6                          {7,0,5}};
7            for(int i=0; i<arr.length;i++){
8                for(int j=0; j<arr[i].length;j++){
9                    if(i==j)
10                       sum+=arr[i][j];
11                }
12            }
```

```java
13
14            System.out.println("첫 번째 대각선의 합은 "+sum);
15            sum=0;
16            System.out.println( );
17
18            for(int i=0; i<arr.length;i++){
19                for(int j=0; j<arr[i].length;j++){
20                    if(i+j==2)
21                        sum+=arr[i][j];
22                }
23            }
24            System.out.println("두 번째 대각선의 합은 "+sum);
25        }
26    }
```

9~10행 : 이차원 배열의 인덱스가 같은지 체크한다.

20~21행 : 이차원 배열의 인덱스 합이 2가 되는지 체크한다.

Console

<terminated> MatrixTest2 [Java Application] C:\Program Files\Java\jre1.8.0_25\bin\javaw.exe (2015. 3. 9. 오후 1:38:17)

첫번째 대각선의 합은 16

두번째 대각선의 합은 24

[그림 4-100]   실행 결과

다음은 삼차원 배열을 이용하여 다국어 사전 기능을 구현하는 예제를 실습해보자. [리스트 4.59]의 **3~22행**에서 삼차원 배열을 선언한 후 각국의 단어로 초기화를 하고 있다. 일차원 배열은 직선, 이차원 배열은 면 구조를 이루었듯이 삼차원 배열은 입체 구조로 표현하면 편리하다. 즉, 삼차원 배열 요소는 아래에서 위로 이차원 배열이 쌓여 있는 구조이다. **30~38행**에서는 삼차원 배열에 접근하여 값을 출력하고 있다. 삼차원 배열이므로 삼중 for문을 사용하여 접근한다. k를 반복 변수로 사용하는 내부 for문은 각각의 층에 해당하는 이차원 배열을 가리킨다. **40~51행**은 특정 단어를 삼차원 배열에서 검색한 후 그 단어의 뜻을 각국 언어로 표시해주고 있다. 먼저 k의 값을 0으로 하여 같은 영어 단어를 검색한 후 같은 뜻의 다른 언어를 출력해주고 있다. **43행**은 문자열이 같은지 비교할 때 사용되는 equals( ) 메서드를 사용하고 있다.

[리스트 4.59] 삼차원 배열을 이용한 다국어 사전(MultiDictionary.java)

```java
1   public class MultiDictionary {
2       public static void main(String[] args) {
3           String[][][] dictionary=
4               {
5                       {{"apple","사과","リンゴ" },
6                       {"actor","배우","はいゆう" },
7                       {"address","주소","じゅうしょ" },
8                       {"age","나이","とし" },
9                       {"advice","충고","ちゅうこく" }},
10
11                      {{"book","책","ほん"},
12                      {"baby","아기","おさなご"},
13                      {"bad","나쁘다","わるい" },
14                      {"ball","공","たま" },
15                      {"banana","바나나","バナナ" }},
16
17                      {{"cabbage","양배추","キャベツ" },
18                      {"cable","전선","ぜんせん" },
19                      {"car","자동차","くるま" },
20                      {"candle","양초","せいよう" },
21                      {"camera","사진기","カメラ" }}
22              };
23
24
25          System.out.println("일차원 요소 개수: "+dictionary.length);
26          System.out.println("이차원 요소 개수: "+dictionary[0].length);
27          System.out.println("삼차원 요소 개수: "+dictionary[0][0].length);
28
29
30          for(int i=0; i<dictionary.length;i++){
31              for(int j=0 ;j<dictionary[i].length;j++){
32                  for(int k=0; k<dictionary[0][j].length;k++){
33                      System.out.println(dictionary[i][j][k]);
34                  } //end for
35                  System.out.println( );
36              }
37              System.out.println( );
38          } //end for
39
```

```java
40              String word="camera";
41              for(int i=0; i<dictionary.length;i++){
42                  for(int j=0 ;j<dictionary[i].length;j++){
43                      if(word.equals(dictionary[i][j][0])){
44                          System.out.println("영어:"+dictionary[i][j][0]);
45                          System.out.println("한국어:"+dictionary[i][j][1]);
46                          System.out.println("일본어:"+dictionary[i][j][2]);
47                          break;
48                      }
49                  }//end for
50                  System.out.println( );
51              } //end for
52          }
53      }
```

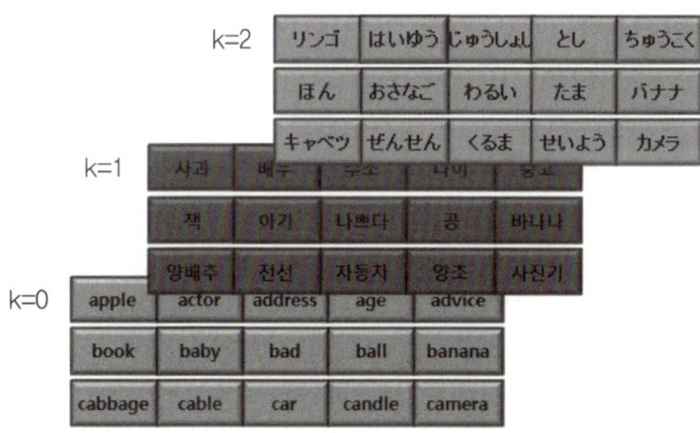

[그림 4-101]　삼차원 배열 구조

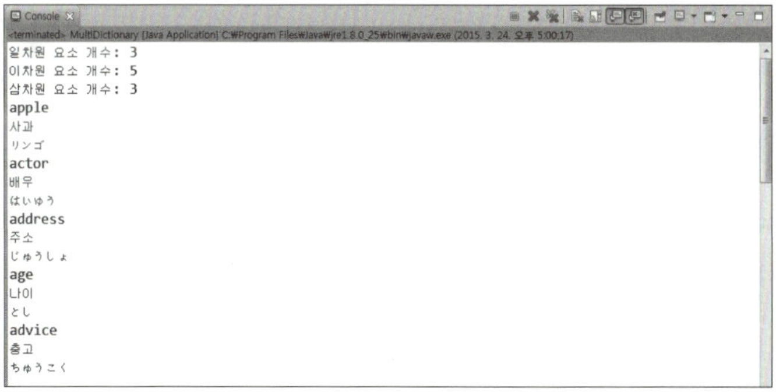

[그림 4-102]　실행 결과

command line을 이용한 배열 생성 방법

이번에는 자바 클래스를 실행하면서 클래스로 데이터를 전달하는 방법에 대해 알아보자. 자바가 처음 만들어졌을 때의 실행 환경은 DOS였기 때문에 DOS에서 클래스를 실행하면서 클래스로 데이터를 전달할 수 있었다.

다음은 실행 시 DOS의 command line에서 클래스로 데이터를 전달하는 방법을 나타낸 것이다.

> **형식**
>
> java 클래스명 arg1 arg2

[리스트 4.60]에서 실제 ArgsTest라는 클래스를 실행할 때에는 "이순신"과 "22"라는 문자열 데이터를 클래스명 뒤에 나열하여 ArgsTest 클래스로 전달한다.

실제 실행 시 두 문자열이 main 메서드로 전달되어 2개의 배열 요소를 가지는 args 배열이 내부적으로 생성된다.

그리고 main 메서드 내에서 두 배열을 출력하면 "이순신"과 "22"라는 데이터를 사용할 수 있다. DOS 시절에 사용하던 command line에서 클래스로 데이터를 전달하는 방법이 지금까지 남아 있어서 main 메서드의 파라미터 형식이 문자열 배열인 것이다.

[리스트 4.60] 커맨드 라인에서 클래스로 데이터 전달하기(ArgsTest.java)

```
1    java ArgsTest 이순신 22
2
3
4    public class ArgsTest{
5       public static void main(String[ ] args){
6          System.out.println(args[0]);
7          System.out.println(args[1]);
8       }
9    }
```

현재 거의 모든 자바 실습은 이클립스에서 이루어진다. 다음은 이클립스에서 command line으로 데이터를 입력하는 방법이다. 자세한 것은 동영상을 참고하여 따라해보기 바란다.

❶ 소스를 작성한다.

```java
public class ArgsTest{
    public static void main(String[] args){
        System.out.println("회원 정보 출력");
        System.out.println("이름은: "+args[0]);
        System.out.println("나이는 : "+args[1]+"살");
    }
}
```

❷ [이클립스 실행] 버튼 옆의 화살표를 선택한 후 [Run Configurations]를 선택한다.

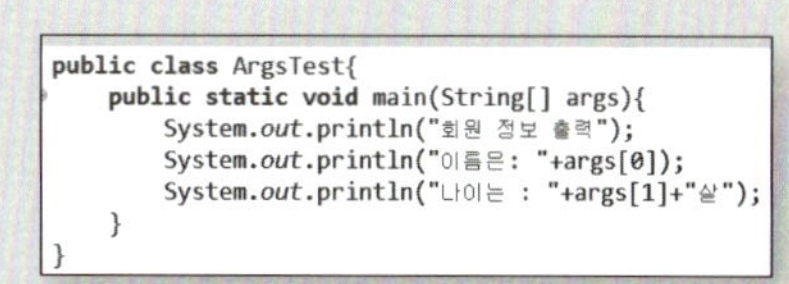

❸ [Arguments] 탭을 선택한 후 데이터를 공백으로 구분하여 입력한다. 그런 다음, [apply]를 누르고 [run] 버튼을 누르면 실행된다.

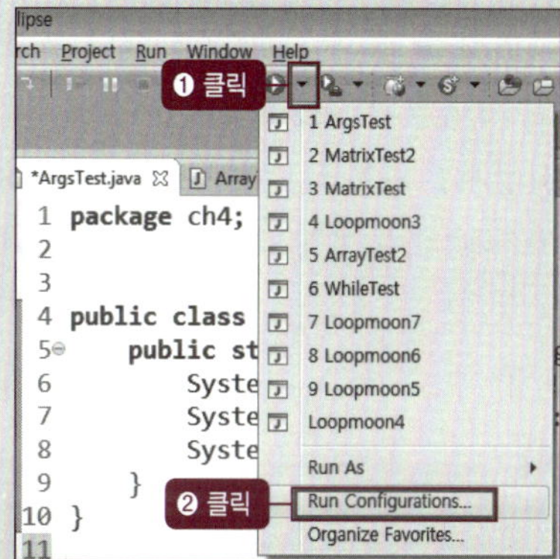

8.1 연, 월을 입력받아 해당 월의 달력 구현하기

이번에는 command line으로 연도와 월을 입력받아 해당 연월에 대한 달력을 출력하는 예제를 실습해보자. 다음은 지금 우리가 사용하는 달력 체계인 그레고리력에 대한 설명이다.

> **Tip 윤년이 생기는 이유**
>
> 윤년(閏年)은 역법을 실제 태양년에 맞추기 위해 여분의 하루 또는 월(月)을 끼우는 해이다. 태양년은 정수의 하루로 나누어 떨어지지 않고, 달의 공전주기와 지구의 공전주기가 다르기 때문에 태양력에서는 하루(윤일), 태음 · 태양력에서는 한 달(윤달)을 적절한 시기에 끼워 이를 보정한다.
>
> 태양력에서는 보통 윤일이 들어 있는 해를 말하는데, 이 경우 1년은 366일이 되며 이를 '윤년'이라고 한다. 지구가 태양을 한 바퀴 도는 데에는 365일 5시간 48분 46초가 걸리므로 365일을 넘는 시간들을 모아 태양력에서는 4년마다 한 번 2월 29일을 두어 하루를 늘리고, 태음력에서는 평년이 354일이므로 계절과 역월(曆月)을 조절하기 위하여 19년에 7번의 비율로 윤달을 끼워 1년을 13개월로 한다. 윤년이 아닌 해는 '평년'이라고 한다.
>
> 현재 전 세계 대부분의 나라에서 쓰는 그레고리력은 4년에 반드시 하루씩 윤날(2월 29일)을 추가하는 율리우스력을 보완한 것으로, 태양년과의 편차를 줄이기 위해 율리우스력의 400년에서 3일(세 번의 윤년)을 뺐다.
>
> (출처 : 위키백과)

〈분석〉

먼저 우리가 사용하는 달력을 분석해보면 각 달이 가질 수 있는 일수는 30, 31, 28, 29일이다. 그리고 각 날은 월요일에서 일요일까지의 요일을 가진다.

그러면 먼저 각 달의 일수를 정하는 방법에 대해 알아보자. 다음 숫자는 1월부터 가지는 일수를 나열하고 있다.

31, 28 또는 29, 31, 30, 31, 30, 31, 31, 30, 31, 30, 31

그런데 문제는 2월이다. 그해가 윤년이면 2월은 29일을 가진다.

따라서 그 연도가 4의 배수가 되는 해는 윤년이지만, 그중에 100의 배수가 되는 해는 윤년이 아니다. 그런데 400의 배수가 되는 해 또한 윤년이다.

[그림 4-103]은 2월의 일수를 계산하는 흐름도를 나타낸 것이다.

그러면 이번에는 해당 월의 첫날이 무슨 요일인지를 알아내는 방법에 대해 알아보자.

먼저 일주일은 7일로 구성되어 있으므로, 서기 0년 1월 1일을 기준으로 해당 연도의 전년까지 지나간 일수를 계산한 후 다시 그 연도의 해당 월 전까지의 일수를 더하고, 이를 7로 나누면 해당 월 첫 번째 날의 요일을 구할 수 있다.

먼저 해당 연도의 전년까지 지나간 일수를 구하는 방법은 일년은 365일인데 윤년일 때만 1일이 더 추가된다. 그리고 해당 연도의 지나간 일수를 더해주면 지나간 총 일수를 구할수 있다. [그림 4-104]는 윤년을 고려한 일수를 계산하는 방법을 나타낸 것이다.

[리스트 4.61]은 연도와 월을 commad line으로 입력받아 연도에 해당 연월에 대한 달력을 구현하는 예제다.

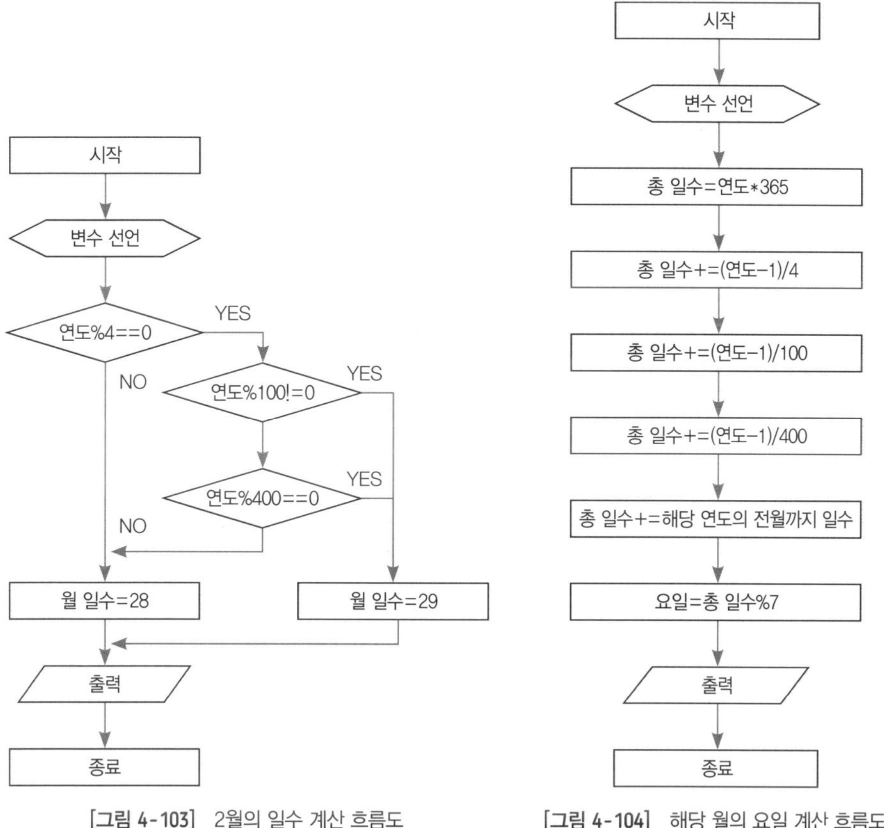

[그림 4-103] 2월의 일수 계산 흐름도

[그림 4-104] 해당 월의 요일 계산 흐름도

[리스트 4.61] 달력 구현하기(CalendarTest.java)

```java
1    public class CalendarTest1 {
2        public static void main(String[] args) {
3            int days[] = { 31, 28, 31, 30, 31, 30, 31, 31, 30, 31, 30, 31 };
4            int year=0, month=0, daysOfMonth=0,firstDay=0 ;
5            int monthDays=0;
6            int totalDays;
```

```java
7          int daysOfWeek = 0;
8
9          if(args.length != 2) {
10             // System.out.println("[사용법] java CalendarTest 년 월");
11             year = 2015;
12             month = 5;
13         }else {
14             year = Integer.parseInt(args[0]);
15             month = Integer.parseInt(args[1]);
16         }
17
18         totalDays = (year * 365);
19         totalDays += (year - 1) / 4;
20         totalDays -= (year - 1) / 100;
21         totalDays += (year - 1) / 400;
22
23         for (int i = 1; i < month; i++) {
24             if (i == 2){
25                 if (((year % 4 == 0) && (year % 100 != 0)) || (year % 400 == 0)) {
26                     monthDays=29;
27                 }else{
28                     monthDays=28;
29                 }
30             }else{
31                 monthDays=days[i - 1];
32             }
33
34             totalDays+=monthDays;
35         } //end for
36
37         firstDay=totalDays % 7;
38
39         if (month == 2) {
40             if (((year % 4 == 0) && (year % 100 != 0)) || (year % 400 == 0)) {
41                 daysOfMonth=29;
42             }else{
43                 daysOfMonth=28;
44             }
45         }else{
46             daysOfMonth=days[month - 1];
47         }
```

```java
48
49
50          System.out.println("        " + year + "년 " + month + "월");
51          System.out.println(" 일 월 화 수 목 금 토");
52          System.out.println("--------------------------");
53          for (int i = 0; i < firstDay; i++) {
54              System.out.print("    ");
55              daysOfWeek++;
56          } //end for
57
58          for (int i = 1; i <= daysOfMonth; i++) {
59              if (i < 10) {
60                  System.out.print("  " + i + " ");
61              } else {
62                  System.out.print(" " + i + " ");
63              }
64
65              daysOfWeek++;
66              if (daysOfWeek%7==0) {
67                  System.out.println( );
68                  daysOfWeek = 0;
69              }
70          } //end for문
71      }
72  }
```


18~21행 : 입력한 이전 연도까지의 일수를 계산한다.

23~35행 : 입력한 연도에서 입력한 전월까지의 일수를 계산한다.

37행 : 전체 일수를 7로 나눈 나머지가 해당 월의 첫 번째 요일이 된다(0 : 일요일).

39~47행 : 해당 월의 일수를 구한다.

53~56행 : 해당 월의 요일 표시할 때 첫째 날의 앞부분을 공백으로 채운다.

58~70행 : 한 주씩 7개의 날을 표시하고, 다음 줄로 이동하여 다음 주의 날들을 표시한다.

[그림 4-105]   실행 결과

지금까지 명령문과 배열을 학습해보았다. 이번에는 앞에서 언급한 것처럼 지금까지 배운 명령문과 배열을 이용하여 예제를 실습해보자.

앞에서 언급했듯이 이 실습 예제는 가장 기본적이면서도 중요하다. 결국 프로그래밍이라는 것은 지금까지 배운 문법이나 규칙을 이용하여 원하는 결과가 출력되도록 만드는 과정이다.

일단 결과가 나와야만 '소스를 **효율적**으로 작성하느냐', '속도를 **빠르게** 하느냐' 하는 문제를 처리할 수 있다.

모든 일이 그렇듯이 일단 기본을 갖추어야만 그 다음 일이 수월한 것이다. 다음 실습 예제는 카페에서 동영상으로 제공하고 있으므로 동영상을 보면서 따라해보기 바란다. 세 번 정도 직접 코딩해보면 프로그래밍에 익숙해질 수 있다.

프로그래밍을 잘하는 중요한 요소 중 하나는 문제에서 일정한 규칙성이나 패턴을 찾는 것이다. 그리고 그 규칙성을 앞에서 배운 명령문으로 옮기면 프로그램이 완성되는 것이다.

따라서 입문자들은 앞부분에서 여러 구현 예제를 본 것처럼 먼저 어떻게 구현 방법을 먼저 정해 놓은 후 명령문으로 코딩하는 습관을 익혀야 한다.

이런 방법으로 코딩을 하다 보면 어느 순간 소스를 보면 어떤 기능을 수행하는지 파악하여 텍스트로 쉽게 변환할 수 있고 또 반대로 방법을 어떤 명령문으로 코딩할 수 있는지 자동으로 해결할 수 있다.

8.2 실습 예제

문제 1

다음과 같은 별표를 콘솔로 출력하라.

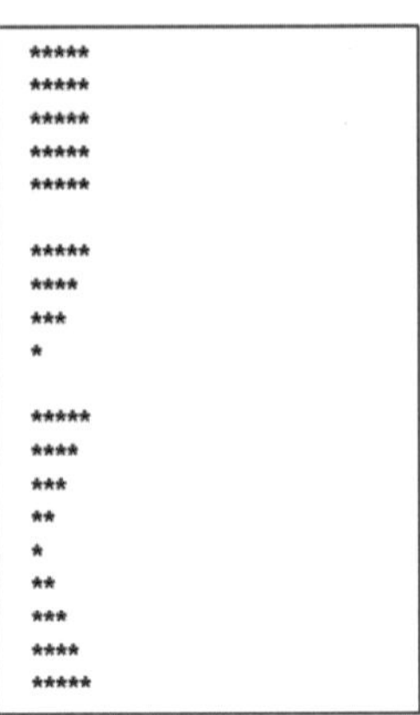

문제 2

1과 100 사이의 자연수 합을 구하라.

문제 3

1에서 100까지의 홀수 합을 구하라.

문제 4

1-2+3-4+5-6+7+⋯+99-100의 합을 구하라.

문제 5

다음과 같이 구구단을 출력하라.

*System.out.print()메서드 사용

```
1*1=1   2*1=2   3*1=3   4*1=4   5*1=5   6*1=6   7*1=7   8*1=8   9*1=9
1*2=2   2*2=4   3*2=6   4*2=8   5*2=10  6*2=12  7*2=14  8*2=16  9*2=18
1*3=3   2*3=6   3*3=9   4*3=12  5*3=15  6*3=18  7*3=21  8*3=24  9*3=27
1*4=4   2*4=8   3*4=12  4*4=16  5*4=20  6*4=24  7*4=28  8*4=32  9*4=36
1*5=5   2*5=10  3*5=15  4*5=20  5*5=25  6*5=30  7*5=35  8*5=40  9*5=45
1*6=6   2*6=12  3*6=18  4*6=24  5*6=30  6*6=36  7*6=42  8*6=48  9*6=54
1*7=7   2*7=14  3*7=21  4*7=28  5*7=35  6*7=42  7*7=49  8*7=56  9*7=63
1*8=8   2*8=16  3*8=24  4*8=32  5*8=40  6*8=48  7*8=56  8*8=64  9*8=72
1*9=9   2*9=18  3*9=27  4*9=36  5*9=45  6*9=54  7*9=63  8*9=72  9*9=8
```

문제 6

다음 시험 점수들의 총점과 평균을 구하라.

45, 67, 89, 12, 56, 90, 64, 79, 55

문제 7

1+3+5+⋯+99까지의 합을 출력하라.

문제 8

1+2+3+4+6+7+8+9+11+12+13+14+16+ ⋯+99의 합을 구하라.

문제 9

int []num={12, 34, 2, 56, 7, 19, 57, 9, 18}과 같은 배열 요소가 있을 때, 배열 요소의 값을 오름차순과 내림차순으로 출력하는 기능을 구현하라.

문제 10

int num[] ={34, 56, 78, 99, 23, 66, 78, 46, 43, 55}와 같은 배열 요소가 있을 때, 배열 요소의 값을 오름차순과 내림차순으로 출력하는 기능을 구현하라.

문제 11

char ch[] ={'h','e','l','l','o'}와 같은 배열이 있을 때, 배열 요소의 값을 오름차순과 내림차순
으로 출력하는 기능을 구현하라.

문제 12

다음 두 배열 요소의 값을 비교하여 오름차순으로 값들을 출력하라.

int[] num1={1, 34, 56, 23, 7, 89}

int[] num2={2, 45, 6, 8, 90};

문제 13

100과 505를 소인수분해한 후 각 소인수를 출력하라.

09 메서드(method)의 정의와 사용법

이번에는 메서드의 기능에 대해 알아보자. 앞에서
배운 배열이나 메서드, 그리고 다음 장에서 배우는
객체 지향 개념은 프로그램을 좀 더 효율적으로 구
현하기 위해 도입된 기능이다.

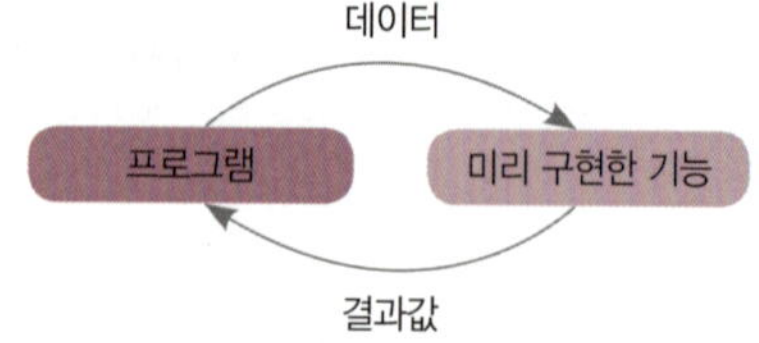

[그림 4-106] 메서드의 기능

9.1 메서드의 정의

다음은 메서드의 정의를 나타낸 것이다. 메서드란,
자주 사용하는 기능을 미리 만들어 놓고, 필요할 때마다 메서드명으로 호출하여 사용하자는
개념이다. 즉, 기능을 재사용하기 위해 도입된 개념이다.

> **메서드의 정의**
>
> - 자주 사용하는 기능을 미리 만들어 놓고 필요할 때마다 불러서 재사용하자는 개념
> - 인수를 받아 결과값을 리턴하는 작은 프로그램(subprogram)
> - C언어의 함수에 해당한다.

예를 들어, 1에서 어떤 자연수 사이에 존재하는 자연수들의 합을 구하는 기능을 구현하려면
마지막 숫자가 달라질 때마다 기능을 일일이 구현해주어야 한다. 그런데 기능을 분석해보면
다른 기능은 같고, 처리하는 마지막 숫자만 다르다. 따라서 [그림 4-106]처럼 미리 기능을

만들어 놓은 후 처리하고자 하는 데이터만 전달하고, 처리한 결과를 전달받아 사용하면 일일이 구현하지 않아도 된다.

그리고 메서드 개념은 이미 C언어에서 함수(function)라는 기능으로 사용되고 있다.

9.2 메서드 형식

다음은 자바의 메서드 형식을 나타낸 것이다. 자바의 메서드는 크게 메서드 머리와 메서드 본체 부분으로 나뉜다. 메서드 헤더 부분에서 제일 중요한 것은 메서드명이다. 메서드의 이름은 반드시 정의해주어야 한다. 그리고 메서드의 이름 앞에는 그 메서드가 호출한 곳으로 반환할 데이터 타입, 즉 '리턴 타입'을 지정해야 한다. 그런 다음, 메서드 호출 시 전달받을 매개변수를 ( ) 안에 지정한다. 리턴 타입과 매개변수가 '[ ]'로 둘러 싸여 있는 이유는 생략도 가능하기 때문이다.

[그림 4-107]은 실제 자바 메서드의 사용 예이다. 메서드의 이름은 'increase'이다. 메서드의 이름은 그 메서드의 기능을 가장 잘 의미하는 동사형 이름으로 지어야 한다.

그리고 리턴 타입은 int형이고, 호출 시 전달되는 데이터를 받는 매개변수도 int형이며, 이름은 x이다. 즉, increase라는 메서드를 호출할 때 x에게 처리하기를 원하는 int형 데이터를 전달해야 한다.

메서드 본체에서는 이 메서드가 수행하는 기능을 구현한다. 본체의 상단에는 일반적으로 그 메서드 내에서 사용되는지를 알기 위해 지역 변수(로컬 변수)를 선언한다. 예제에서도 a라는 int형 지역 변수를 선언하고 있다.

그리고 x로 전달된 값을 1 증가시킨 후 a에 할당한다. 메서드의 마지막에는 return문이 있다. return문 다음에 a를 위치시킴으로써 a의 값을 이 메서드를 호출한 곳으로 반환한다는 의미다.

즉, 이 메서드는 메서드 호출 시 전달되는 정수의 값을 1 증가시킨 후 호출한 곳으로 되돌려주는 기능을 가지고 있다. 그리고 메서드 정의 시 중요한 점은 메서드가 호출한 후 리턴하는 값이 없으면 메서드명 앞에 "void"라고 써주어야 한다는 것이다.

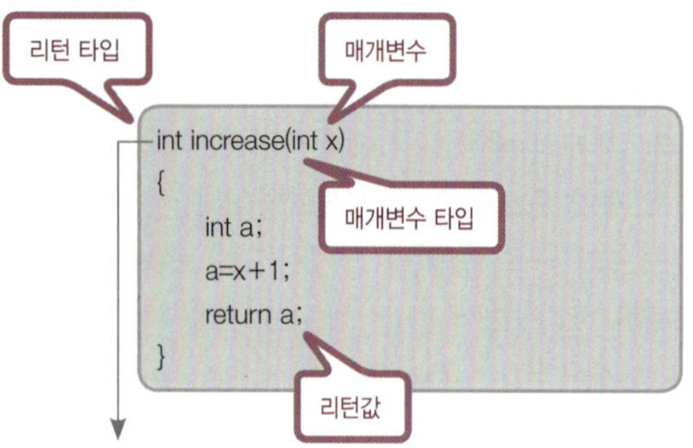

메서드의 리턴 타입이 없으면 메서드명 앞에 "void"라고 써주어야 한다.

[그림 4-107] 자바 메서드 사용 예

9.3 메서드 호출과 복귀

앞에서 메서드의 정의 방법에 대해 알아보았는데, 이렇게 메서드를 만들었으면 사용을 해야 한다. 자바에서 메서드를 사용하려면 다른 메서드나 클래스에서 사용하고자 하는 메서드를 호출해야만 한다.

[그림 4-108]은 메서드의 호출 과정과 복귀 과정을 보여주고 있다. 먼저 자바 프로그램 실행 시 CPU가 main 메서드를 수행하다가 main 메서드 내에서 미리 만들어 놓은 m1()라는 이름의 메서드를 이름으로 호출한

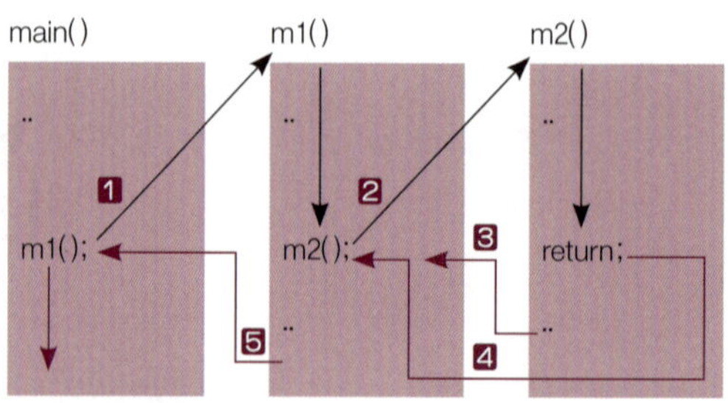

1 메서드 이름으로 호출
2 메서드 이름으로 호출
3 메서드 끝에 도달하면 복귀
4 return문을 만나면 복귀
5 메서드 끝에 도달하면 복귀

[그림 4-108] 메서드 사용을 위한 호출 및 호출 후 복귀 과정

다. 그러면 CPU는 실행 위치를 m1() 메서드로 이동하여 m(1) 메서드 본체의 명령문을 실행한다. 다시 m1() 메서드에서 m2() 메서드를 호출하면 CPU는 m2() 메서드로 이동한 후 m2() 메서드의 기능을 실행한다. 그리고 return문이나 m2() 메서드의 마지막 명령문을 수행한 후 다시 m2() 메서드를 호출한 m1() 메서드로 복귀한 후 m1() 메서드를 실행하고 m1() 메서드가 마지막에 도달하면 main() 메서드로 복귀한다. 즉, 자바의 메서드는 다른 메서드가 클래스에서 메서드명으로 호출하여 사용한다.

9.4 return문과 리턴 타입

다음은 return문의 특징을 나타낸 것이다. 형식은 return 다음의 반환하고자 하는 값이나 변수명을 써주면 된다. **여기서 중요한 것은 return 다음의 데이터 타입과 메서드의 리턴 타입은 반드시 일치해야 한다는 것이다. 일치하지 않으면 오류가 발생한다.**

> **형식**
>
> return 값(변수명);
>
> **설명**
>
> - 메서드가 어떤 값을 호출한 곳으로 되돌려주는지 명시한다.
> - 리턴값은 메서드의 리턴 타입(return type)과 일치해야 한다.
> - return한 후의 값은 호출한 메서드가 종료된 후에 호출된 곳으로 전달한다.

[리스트 4.62]는 return문을 사용하는 메서드이다.

summarize라는 이름을 가진 메서드의 리턴 타입은 int형이다. **6행**에서 return 다음에 써주는 변수의 타입도 int형이다. 이처럼 return문이 있는 메서드는 리턴 타입과 return문 다음의 타입이 반드시 일치해야 한다.

[리스트 4.62] return문 사용 메서드 예제

```
1   public int summarize(int a){
2     int sum=0;
3     for(int i=0; i<=a;i++){
4        sum+=i;
5     }
6     return sum;
7   }
```


9.5 메서드 사용 예제

❶ 매개변수와 리턴 타입이 없는 메서드

[리스트 4.63]은 리턴 타입과 매개변수가 없는 print라는 이름을 가진 메서드가 선언된 'MethodEx1'이라는 클래스가 정의되어 있다. 3행에서 print 메서드는 리턴 타입이 없으므로 리턴 타입 대신 void라고 선언한다. 그리고 매개변수가 없으므로 그냥 '()'만 표시한다. 즉,

이 메서드를 호출할 때에는 메서드명으로만 호출하여 사용한다.

그리고 print 메서드는 리턴 타입이 없으므로 return문을 쓰면 안 된다. return문을 쓰더라도 **5행**처럼 return 다음에 값이 없어야 한다. **5행**의 return의 의미는 이 부분에서 메서드 실행을 종료하고 복귀한다는 의미다. 그런데 **6행**처럼 return 다음에 값을 써주면 오류가 발생한다. print( ) 메서드는 void이므로 복귀 시에 값을 반환하면 안 되는 것이다.

이제 **9행**에 있는 main 메서드에서 위의 print() 메서드를 사용한다.

그런데 자바는 객체 지향 언어이기 때문에 클래스 내의 변수나 메서드를 사용하기 위해서는 **14행**처럼 new를 이용하여 미리 메모리에 각 변수나 메서드를 가지고 있는 클래스 인스턴스 (객체)를 생성해야 한다. 자세한 것은 5장에서 설명하기로 하고, 지금은 일단 메모리에 메서 드를 생성시킨다는 정도로만 알아두면 된다.

그러면 [그림 4-109]처럼 메모리에 print()의 기능을 가지는 클래스 인스턴스가 생성된다. 그리고 메모리에 메서드가 있는 위치를 m에 할당한다. 변수 m은 메모리의 클래스 인스턴스 위치값을 가지고 있다. 따라서 m에 저장된 위치값을 이용하여 print()의 기능을 사용한다. **15행**에서는 m을 이용하여 메모리에 있는 print() 메서드를 그 이름으로 호출하여 사용한다. 그러면 **3~7행**의 print()의 기능을 수행한다. 메서드를 실행한 후 **7행**에 이르면 다시 호출한 곳인 **15행**으로 복귀한다. 그리고 다시 **16행**에서 print()를 호출하므로 또 다시 2~6행의 메 서드 기능을 사용한다.

메서드는 이러한 방식으로 사용자가 원할 때마다 그 이름으로 호출하여 사용한다. [그림 4-110]은 실행 결과를 나타낸 것이다.

[리스트 4.63] 메서드 사용 예제(MethodEx1.java)

```
1
2    public class MethodEx1 {
3        public  void   print( ){
4            System.out.println("메서드를 호출합니다.");
5            //return ;
6            //return 7;
7        }
8
9        public static void main(String[ ] args){
10           int a=1;
```

```
11            int b=2;
12            int result=0;
13
14            MethodEx1  m=new MethodEx1( );
15            m.print( );
16            m.print( );
17            m.print( );
18      }
19   }
```

메모리

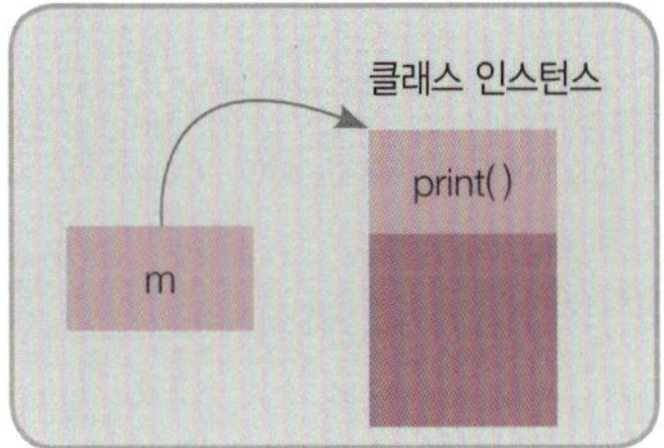

[그림 4-109]　new를 이용하여 메모리에 클래스 인스턴스 생성하기

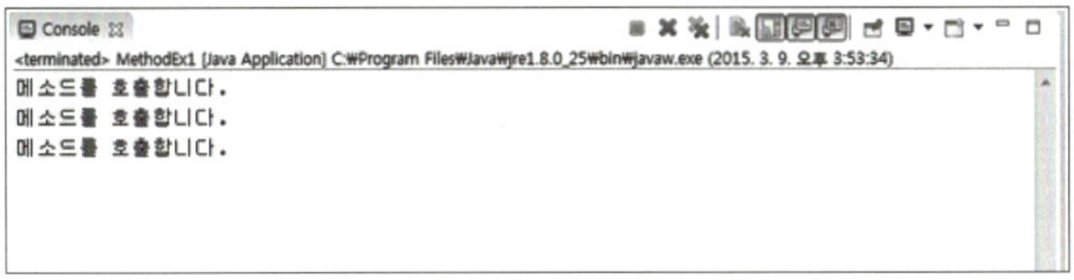

[그림 4-110]　실행 결과

❷ 매개변수가 있는 메서드

[리스트 4.64]에서는 MethodEx2 클래스 내의 print라는 메서드가 이번에는 int형 타입의 a라는 매개변수를 가진다. 이제 이 print()를 호출하려면 정수값을 a로 전달해야 한다. 그리고 본체에서의 기능은 a로 전달된 정수값을 콘솔로 출력한다. 즉, 메서드 호출 시에 전달된 정수값을 콘솔로 출력해주는 메서드이다. 그리고 main()에서 일단 메서드를 사용하기 위해 **11행**에서 클래스 인스턴스를 생성한다. **14행**에서 print()를 호출하면서 매개변수 a로 정수 10을 전달한다. 그러면 [그림 4-111]처럼 매개변수 a가 메모리에 생성된 후 10을 전달받는다. 사실 메서드의 매개변수 역시 메서드 내에서 선언되어 사용되는 지역 변수다. 단지 메서드의 가독성을 좋게 하기 위해 메서드명 옆에 위치하는 것뿐이다. 그런 다음, a의 값을 콘솔

로 출력하고, 호출된 곳으로 복귀하면 매개변수 a는 메모리에서 [그림 4-111]의 두 번째 그림처럼 소멸한다.

따라서 [리스트 4.64]의 **14~16행**에서는 메서드를 세 번 호출하므로 매개변수 a는 이 과정을 세 번 수행하는 것이다. [그림 4-112]는 실행 결과다.

[리스트 4.64] 매개변수가 있는 메서드 사용 예제(MethodEx2.java)

```java
1    public class MethodEx2 {
2        public  void   print(int a){
3            System.out.println("결과값= "+a);
4        }
5
6        public static void main(String[] args){
7            int a=11;
8            int b=22;
9            int result=0;
10
11           MethodEx2  m=new MethodEx2( );
12           result=a+b;
13
14           m.print(10);
15           m.print(b);
16           m.print(result);
17       }
18   }
```

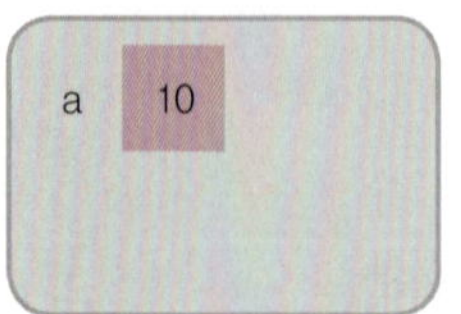
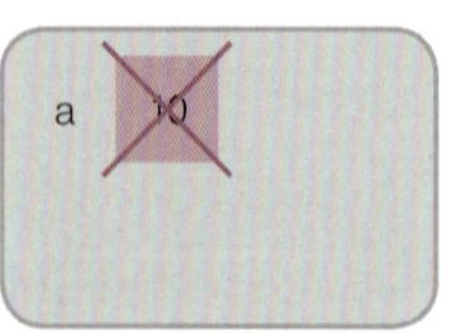

매개변수나 지역 변수는 메서드 호출 시 메모리에 생성된다.　　매개변수나 지역 변수는 메서드 호출 후 복귀 시 소멸된다.

[그림 4-111]   메서드 호출 시 매개변수 생성 및 소멸

[그림 4-112]   실행 결과

[리스트 4.65]에서 MethodEx3 클래스의 **3행**에 선언한 print( ) 메서드는 매개변수를 2개 사용한다. 즉, 메서드 호출 시에 int형 데이터 2개를 전달받는다. 그리고 **4행**에서 int형 지역 변수 c를 선언한다. 메서드의 기능은 전달된 두 정수의 합을 구한 후 c에 저장하여 콘솔로 출력해준다.

[리스트4.65]의 main( ) 메서드의 **23행**에서 print( ) 메서드 호출 시 이번에는 10, 30 2개의 int형 데이터를 전달한다. 그러면 [그림 4-113]처럼 매개변수 a, b와 지역 변수 c가 메모리에 생성된 후 10과 30을 전달받아 저장한 후 두 값을 더한 후 c에 40을 할당한다.

값을 출력한 후 복귀하면 생성된 지역 변수들은 [그림 4-113]의 두 번째 그림처럼 메모리에서 소멸한다. 다시 **25행**에서 메서드로 num1과 num2값을 전달하여 호출하면 메모리에 a, b, c가 생성되고, 이번에는 각각 11과 22를 전달받아 33을 출력한 후 복귀한다. 당연히 복귀 시에는 메모리에 생성된 매개변수와 지역 변수는 소멸된다.

27행에서는 이번에 print1( )이라는 문자열 매개변수를 가지는 메서드를 호출한다. 당연히 호출 시 전달되는 데이터는 "안녕하세요"라는 문자열이다. 그러면 [그림 4-113]처럼 name이라는 매개변수가 메모리에 생성된 후 값을 전달받아 문자열을 출력한 후에 복귀 시 이 매개변수는 소멸된다. [그림 4-114]는 실행 결과를 나타낸 것이다.

[리스트 4.65] 매개변수를 2개 사용하는 메서드(MethodEx3.java)

```
1    public class MethodEx3 {
2        //매개변수가 2개인 메서드를 선언한다.
3        public  void   print(int a,int b){
4            int c= a+b;
5            System.out.println("결과값="+ c);
6        }
7
8        //매개변수로 문자열을 받는 메서드를 선언한다.
9        public void print1(String str){
10           System.out.println(str);
11       }
12
13       public static void main(String[ ] args){
14           //2. 변수 선언
15           int num1=11;
16           int num2=22;
17           int result=0;
```

```
18
19          //3. 사용할 메서드가 있는 클래스의 인스턴스 생성
20          MethodEx3 method=new MethodEx3( );
21
22          //4. 메서드 호출
23          method.print(10,30);
24          //method.print(10,30.5f);
25          method.print(num1,num2);
26
27          method.print1("안녕하세요");
28      }
29  }
30
```

24행 : 메서드 호출 시 전달되는 값은 반드시 매개변수의 타입과 일치하는 데이터를 전달해야 한다.

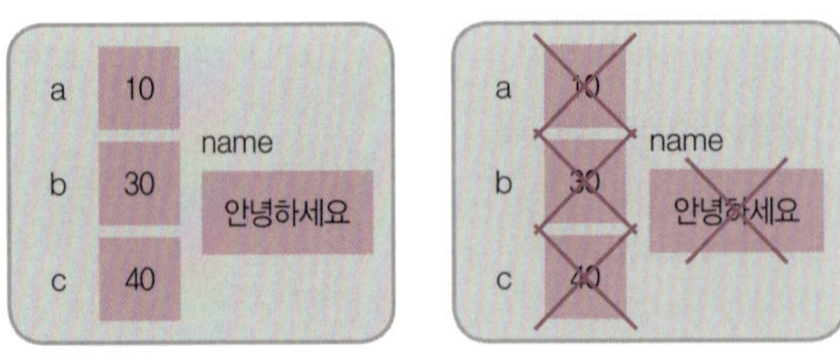

[그림 4-113]   메서드 호출 시 지역 변수 생성 및 소멸 과정

```
Console 🔲
<terminated> MethodEx3 [Java Application] C:\Program Files\Java\jre1.8.0_25\bin\javaw.exe (2015. 3. 9. 오후 3:59:15)
결과값= 40
결과값= 33
안녕하세요
```

[그림 4-114]   실행 결과

❸ 리턴 타입이 있는 메서드

[리스트 4.66]의 **2행**에 선언된 add라는 메서드는 메서드명 앞에 void가 아닌 int라고 선언되어 있다. 즉, 메서드를 수행하고 나서 호출한 곳으로 복귀할 때 int형 데이터를 반환하라는 의미다.

4행에서는 return문 다음에 변수 c를 위치시키고 있다. 즉, 호출 시에 전달된 두 정수의 합이 저장된 변수 c의 값을 호출한 곳으로 반환한다.

5행의 return문은 3.5를 리턴하는데, 이렇게 메서드 리턴 타입과 다른 데이터형을 반환하면 오류가 발생한다. 즉, 이 메서드는 두 정수를 전달받아 그 합을 구한 후 호출한 곳으로 결과값을 반환하는 메서드이다. main 메서드의 **14행**에서 add() 메서드를 호출한다. 10과 22를 전달받아 그 합을 c에 저장한 후 c의 값을 호출한 곳으로 반환한다.

그러면 메서드를 호출한 **14행**에서는 c의 값을 반환받아 result라는 변수에 저장한 후에 출력한다. **17행**에서는 메서드 호출 시 100과 200을 전달하여 결과값을 출력하고 있다. [그림 4-115]는 실행 결과를 나타낸 것이다.

[리스트 4.66] 리턴 타입이 있는 메서드(MethodEx4.java)

```
1    public class MethodEx4 {
2        public int  add(int a, int b){
3            int c=a+b;
4            return c;
5            //return 3.5;
6        }
7
8        public static void main(String[ ] args){
9            int num1=10;
10           int num2=20;
11           int result=0;
12
13           MethodEx4  m=new MethodEx4( );
14           result = m.add(num1,num2);
15
16           System.out.println("두 수의 합은 " +result);
17           System.out.println("두 수의 합은 " +m.add(100, 300));
18       }
19   }
```

5행 : return 다음에 위치하는 데이터는 반드시 메서드의 리턴 타입과 일치해야 한다.

```
Console
<terminated> MethodEx4 [Java Application] C:\Program Files\Java\jre1.8.0_25\bin\javaw.exe (2015. 3. 9. 오후 4:00:54)
두 수의 합은 30
두 수의 합은 400
```

[그림 4-115]   실행 결과

[리스트 4.67]은 또 다른 리턴 타입이 있는 메서드 사용 예제다. **2행**의 summarize( ) 메서드는 정수를 전달받은 후 1에서 전달받은 정수 사이의 자연수의 합을 구하고, 그 합을 호출한 곳으로 리턴하는 메서드이다.

그리고 **16행**에서 summarize( ) 메서드를 호출하면서 10이라는 값을 전달하면 summarize( )에서는 1에서 10까지의 자연수의 합을 구한 후 호출한 곳으로 반환한다. [그림 4–116]처럼 출력해보면 55이다. 또 다시 **19행**에서는 1에서 20 사이의 자연수의 합을 구한 후 출력한다. **22행**에서는 1에서 100까지의 자연수의 합을 출력한다. 이처럼 메서드는 어떤 기능을 메서드로 만들어 놓은 후 처리하고자 하는 값만 전달하면 원하는 결과를 얻을 수 있다.

[리스트 4.67] 리턴 타입이 있는 메서드 2(MethodEx5.java)

```java
1    public class MethodEx5 {
2        public int  summarize(int a){
3            int sum=0;
4            for(int i=1; i<=a;i++)
5                sum+=i;
6            return sum;
7        }
8
9        public static void main(String[] args){
10            int num1=10;
11            int num2=20;
12            int result=0;
13
14            MethodEx5 m=new MethodEx5( );
15
16            result = m.summarize(num1);
17            System.out.println("1에서 10까지의 합은 " +result);
18
19            result = m.summarize(num2);
20            System.out.println("1에서 20까지의 합은 " +result);
21
22            System.out.println("1에서 100까지의 합은 " +m.summarize(100));
23        }
24    }
```


[그림 4-116] 실행 결과

메서드 호출 방식

앞 절에서 매개변수가 있는 메서드 호출 시에 인수를 전달하면 매개변수가 메모리에 생성되고 전달된 인수를 저장하여 메서드 기능을 실행했다. 이번에는 메서드 호출 시 인수가 전달되는 방법에 대해 자세히 알아본다. 자바에서는 크게 세 가지 방법으로 인수를 매개변수에 전달하여 메서드를 호출한다.

10.1 값에 의한 호출 방식(Call by Value)

값에 의한 메서드 호출 방식은 메서드 호출 시 값이 복사되어 전달된다. [리스트 4.68]의 예제는 값의 의한 호출을 나타낸 것이다. **2행**에서는 increase() int형 매개변수를 가지는 메서드를 정의하고 있다. 그리고 **9행**에서 increase() 메서드를 호출하면서 var1의 변수값을 전달한다. [그림 4-117]은 메서드 호출 시 인수가 전달되는 과정을 나타낸 것이다.

메서드 호출 시 n이라는 매개변수가 메모리에 생성되어 var1의 값인 100이 복사되는 것이다. 그런 다음, 메서드를 실행하면 101이 출력된다. 메서드 실행 시 종료되면 n은 메모리에서 소멸된다.

당연히 main 메서드의 지역 변수 var1의 값은 100으로 고정된다. 이처럼 값에 의한 호출은 호출 시 매개변수로 전달되는 값이 복사되어 전달된다. 이러한 방식으로 호출하는 메서드는 메서드의 매개변수의 타입이 기본형 데이터일 때 값에 의한 호출을 한다. 값에 의한 호출 방식은 메서드 사용 방법이 편리하다.

[리스트 4.68] 값의 의한 호출(CallByValue.java)

```
1    public class CallByValue   {
2        public int increase(int n){
3            ++n;
4            return n;
5        }
6        public static void main(String [] args){
7            int var1 = 100;
8            CallByValue val = new CallByValue( );
9            int result = val.increase(var1);
10           System.out.println("var1 : " + var1 + ",  result: " + result);
11
12       }
13   }
```

메모리

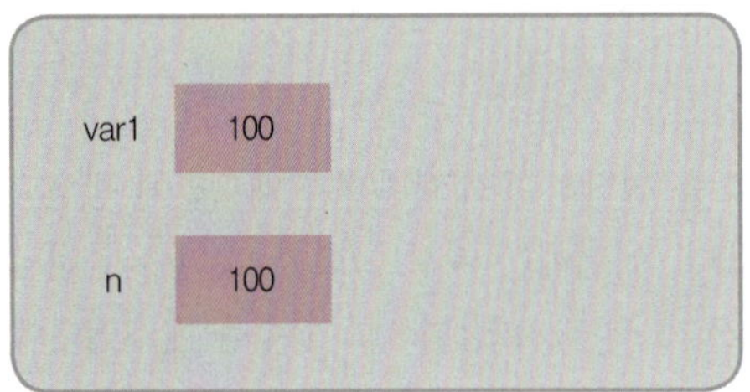

[그림 4-117]   메서드 호출 시 메모리 상태

10.2 참조에 의한 호출 방식(call by reference)

이번에는 참조에 의한 호출 방식에 대해 알아보자. 이 방식은 메서드의 매개변수 타입이 참조형 타입일 때 사용된다. 기본형과 참조형의 의미는 3장에서 공부했다.

[리스트 4.69]의 **3행**에서 increase()를 정의하는데, 이번에는 매개변수의 타입이 정수형 배열로 선언되어 있다. 다음 main 메서드 내의 **10행**에서 ref1 배열을 선언한 후 **15~17행**에서 먼저 이 배열의 값을 출력한다. [그림 4-119]를 보면 그 결과가 나타나 있다. 메서드 호출 전에는 배열 생성 시 초기화한 값 그대로 출력된다. 그리고 **19행**에서 increase()를 호출하면서 ref1 배열을 인수로 전달한다. 그러면 이번에는 참조에 의한 호출이므로 [그림 4-118]처럼 매개변수에 해당하는 배열이 따로 만들어지는 것이 아니라 참조 변수 n이 전달된 ref1 배열을 가리키게 된다. 즉, 참조하게 되는 것이다. 따라서 n과 ref1은 같은 배열을 지정하고 있다.

이제 increase()가 호출되어 increase()의 **5행**에서 n[i]의 값을 증가시키면 이번에는 n도 역시 ref1을 가리키고 있기 때문에 결국 ref1 배열 요소의 각 값이 증가한다.

메서드 호출 후 복귀하여 **23~25행**의 for문에 ref1의 값을 출력해보면, 메서드 호출 전 ref1의 각 요소의 값보다 1 증가한 값들이 출력된다. **즉, 참조에 의한 호출은 메서드 호출 시 참조 데이터의 위치가 매개변수에 전달되는 것이다.** 그리고 메서드의 매개변수가 참조형이면 위의 예제처럼 참조에 의한 호출을 수행한다.

[리스트 4.69] 참조의 의한 호출(CallByRef.java)

```
1
2    public class CallByRef {
3        public void increase(int[] n){
4            for(int i=0; i <n.length; i++){
5                n[i]++;
6            }
```

```
7            }
8
9        public static void main(String[ ] args){
10           int [ ] ref1={100,800,1000};
11
12           CallByRef ref=new CallByRef( );
13
14           System.out.println("메서드 호출 전");
15           for(int i=0; i<ref1.length; i++){
16               System.out.println("ref1["+i +"] : " +ref1[i] );
17           }
18
19           ref.increase(ref1);
20
21           System.out.println( );
22           System.out.println("메서드 호출 후");
23           for(int i=0; i<ref1.length; i++){
24               System.out.println("ref1["+i +"] : " +ref1[i] );
25           }
26        }
27    }
```

3행 : increase 메서드의 매개변수가 배열이므로, 메서드 호출 시 참조에 의한 호출을 한다.

메모리

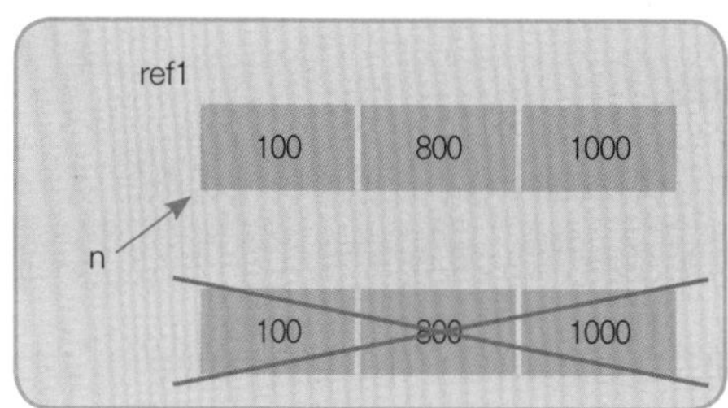

[그림 4-118] 참조에 의한 메서드 호출 시 메모리 상태

```
Console 🔲
<terminated> CallByRef [Java Application] C:₩Program Files₩Java₩jre1.8.0_25₩bin₩javaw.exe (2015. 3. 9. 오후 4:09:18)
메소드 호출전
ref1[0] :100
ref1[1] :800
ref1[2] :1000

메소드 호출후
ref1[0] :101
ref1[1] :801
ref1[2] :1001
```

[그림 4-119] 실행 결과

'**왜 자바에서는 이처럼 값에 의한 호출과 참조에 의한 호출이 있는 것일까?**' 우선 값에 의한 호출이 사용자 입장에서는 직관적이고 사용하기 쉽다. 그런데 값에 의한 호출은 메서드 호출 시 매개변수를 일일이 메모리에 생성한 후에 메서드를 실행해야 한다. 예를 들면, 메서드의 매개변수 타입이 위의 예처럼 배열인 경우 값에 의해 호출을 하면, 배열 요소의 개수만큼 메모리에 따로 만들어져야 한다. 그러면 CPU가 프로그램 기능 외에 메모리에 매개변수를 생성하는 작업을 별도로 해주어야 한다. 지금의 예에서는 배열의 크기가 3개밖에 안 되지만, 실제 프로그래밍에서 배열 요소가 수백 개씩 되면 작업 시간이 많이 걸린다. 그리고 다른 클래스 타입 매개변수가 있으면 시간이 더 많이 걸린다. 따라서 참조형 매개변수인 경우, 기존의 참조형 데이터가 있는 위치만을 전달하여 작업하면 메서드의 속도를 상대적으로 빠르게 할 수 있다.

즉, 어떤 방식으로 메서드를 호출하느냐에 따라 프로그램의 성능이 결정된다. 프로그래밍의 목적은 일단 빠르고 정확한 결과가 나오도록 하는 것이다.

프로그래밍을 할 때 어떤 경우에, 어떤 메서드 호출 방식을 사용할 것인지를 잘 선택해야 한다.

10.3 문자열에 의한 호출 방식(call by string)

앞에서 참조에 의한 호출에 대해 학습했다. 그런데 참조형 데이터를 전달하여 호출하는 경우, 예외적으로 문자열을 전달하려면 참조형 데이터라도 값에 의한 호출을 해야 한다.

[리스트 4.70]은 문자열에 의한 호출 예제다. **3행**의 setAddress( ) 메서드의 매개변수 타입은 String이다.

그리고 다음 main 메서드 내의 **8행**에서 address라는 문자열 변수를 선언한 후 "**서울시 강남구 논현동**"이라는 문자열로 초기화한다. **14행**에서 address 변수를 인수로 전달하여 setAddress 메서드를 호출한다.

그리고 setAddress( ) 메서드 내의 **4행**에서 addr이라는 매개변수의 값을 **"경기도 수원시 장안구"**이라고 변경한 후 호출한 곳으로 복귀한다. 그런 다음, address의 값을 출력해보면 초기화했을 때와 같은 값인 **"서울시 강남구 논현동"**이라고 출력된다. 즉, 문자열에 의한 호출은 예외적으로 값에 의한 호출을 한다. 즉, 문자열에 의한 메서드 호출 시에는 매개변수에 문자열이 따로 복사되어 사용된다. 따라서 [그림 4-120]과 같이 메서드를 호출한 후에 address 변수의 값을 출력해보면 초깃값이 그대로 유지됨을 알 수 있다.

[리스트 4.70] 문자열에 의한 호출(CallByString.java)

```
1
2   public class CallByString {
3       public void setAddress(String addr){
4           addr="경기도 수원시 장안구";
5       }
6
7       public static void main(String[] args){
8           String address="서울시 강남구 논현동";
9
10          CallByString st=new CallByString( );
11          System.out.println("메서드 호출 전");
12          System.out.println("address= " +address);
13
14          st.setAddress(address);
15
16          System.out.println("메서드 호출 후");
17          System.out.println("address= " +address);
18      }
19  }
```

메모리

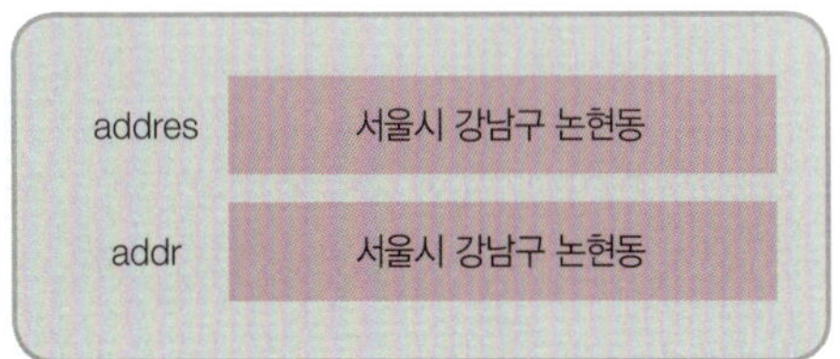

[그림 4-120] 문자열의 의한 호출 시 매개변수 상태

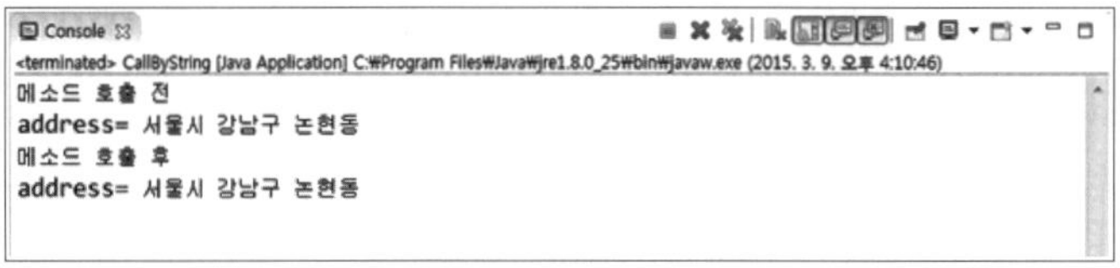

[그림 4-121] 실행 결과

다음은 문자열 메서드가 값에 의한 의한 호출을 하는 이유를 나타낸 것이다. 즉, 문자열은 자바든, 다른 프로그래밍 언어든 가장 많이 사용하는 데이터이므로, 참조에 의한 호출을 하면 사용하기가 불편하다. 따라서 사용의 편의성을 위해 문자열은 참조형 데이터지만, 값에 의한 호출을 하게 만들어 놓았다.

지금까지 자바의 메서드에 대해 알아보았다. 앞에서 배운 것은 메서드에 관계되는 규칙 또는 형식이다. 그러나 정작 중요한 것은 앞의 내용을 이용하여 우리가 원하는 기능을 수행하는 메서드를 구현하는 것이다. 즉, 메서드 본체에서 수행하는 기능이 메서드의 본질이다. 다른 부분은 데이터를 전달받거나 처리한 데이터를 반환하는 기능이다. 그리고 좀 더 결과값을 빨리 나오도록 하는 방법을 제공하는 것이다. 여기서 중요한 것은 메서드의 기능을 구현하는 것이다. 따라서 다음 절에서는 메서드를 구현하는 방법과 실제 문제를 이용하여 구현하는 실습을 해본다.

메서드 구현 방법

[리스트 4.71]은 전형적인 자바 메서드 형식을 나타낸 것이다. calcAksu( ) 메서드로 전달된 정수의 약수를 구하는 메서드의 구조다. 메서드 본체는 앞에서도 설명했듯이 크게 [리스트 4.71]처럼 세 부분으로 나눌 수 있다. 상단에서는 메서드 내에서 사용되는 지역 변수 선언 및 초기화를 한다. 그리고 중간에서는 명령문을 이용하여 메서드의 기능을 구현한다. 마지막으로 결과값을 출력한다. 메서드 실습 시 여러 가지 경우를 실습해보면 이해가 될 것이다.

[리스트 4.71] 실제 자바 메서드 구조

```
 1  public class MethodEx1 {
 2      public void calcAksu(int num){
 3
 4              //1. 지역 변수 선언
 5
 6              메서드 상단에 메서드 내에서 사용되는 지역 변수를 선언한다.
 7
 8              //2. 기능 구현
 9
10              메서드에서 수행하고자 하는 기능을 명령문을 이용하여 구현한다.
11
12
13
14              //3. 결과값 출력 또는 리턴
15
16              결과값을 출력하거나 호출한 곳으로 반환한다.
17      }
18
19      public static void main(String[ ] args){
20              int num=148;
21              MethodEx1 m=new MethodEx1( );
22              m.calcAksu(num);
23      }
24  }
```

메서드 실습

◼ 실습 예제 1

임의의 직육면체 가로, 세로, 높이를 입력받아 부피를 리턴하는 메서드를 구현하라.

	가로	세로	높이
직육면체 1	10	15	20
직육면체 1	12	5	51
직육면체 1	45	10	5

〈분석〉

먼저 이 메서드에서 직육면체의 부피를 구하기 위해서는 이 메서드로 직육면체의 가로, 세로, 높이를 전달해야 하므로, 3개의 정수형 매개변수가 필요하다. 그리고 문제에서 부피를 리턴해야 하므로 리턴 타입이 존재한다. 그리고 메서드의 기능은 직육면체의 부피를 구하는 것이므로 메서드의 이름은 'calcVolume()'이라고 하면 될 것이다. 다음은 직육면체 부피를 구하는 메서드의 형식이다.

직육면체의 부피를 구하는 메서드 형식

```
float calcVolume(int w,int l,int h);
```

[리스트 4.72]는 직육면체의 부피를 구하는 메서드를 구현한 소스이다.

2~6행에서 calcVolume( ) 메서드를 구현하고 있다. 직육면체의 가로, 세로, 높이를 3개의 매개변수로 전달받아 직육면체의 부피를 구한 후 메서드를 호출한 곳으로 부피값을 반환하고 있다. **14행**에서는 메서드를 사용하기 위해 메모리에 클래스의 객체를 생성하고 있다. **16행**에서는 calcVolume()을 호출하면서 첫 번째 직육면체의 가로, 세로, 높이값을 매개변수로 전달하여 메서드에서 반환한 부피값을 volume 변수에 저장한 후 **17행**에서 출력하고 있다. **22행**에서는 calcVolume( ) 메서드 호출 시 두 번째 직육면체의 가로, 세로, 높이값을 전달하여 부피를 구하고 있다. [그림 4-122]는 각 직육면체에 대한 부피값을 출력하고 있다.

[리스트 4.72] 직육면체의 부피를 구하는 메서드(MethodTest1.java)

```java
1    public class MethodTest1 {
2        public float calcVolume(int w,int l,int h){
3            float vol=0f;
4            vol=w*l*h;
5            return vol;
6        }
7
8        public static void main(String[] args) {
9            int width=10;
10           int length=15;
11           int height=20;
12           float volume=0f;
13
14           MethodTest1 t=new MethodTest1 ( );
15
16           volume=t.calcVolume(width,length,height);
17           System.out.println("첫 번째 직육면체 부피는 "+volume);
18
19           width=12;
20           length=5;
21           height=51;
22           volume=t.calcVolume(width,length,height);
23           System.out.println("두 번째 직육면체 부피는 "+volume);
24
25           System.out.println("첫 번째 직육면체 부피는 "+t.calcVolume(35,10,5));
26       }
27   }
```


[그림 4-122] 실행 결과

▣ 실습 예제 2

임의의 두 수 사이의 자연수의 합을 출력하는 메서드를 구현하라.

〈분석〉

이번에는 임의의 두 수 사이에 존재하는 자연수들의 합을 구하는 메서드이다. 문제를 분석해보면, 일단 메서드 호출 시 이 메서드로 두 자연수를 전달해야 하므로, 메서드는 2개의 정수형 매개변수를 가지고 있어야 한다. 그리고 단순히 두 수 사이의 자연수의 합을 출력하는 메서드이므로, 이 메서드는 리턴 타입을 가지지 않는다. 이 메서드는 두 수 사이의 자연수의 합을 구하는 기능이므로, 이름은 기능에 맞게 'summarize'라고 정하면 될 것이다. 따라서 이 메서드의 형식은 다음과 같다.

메서드 형식

```
void summarize(int a, int b);
```

[리스트 4.73]은 실습 예제를 구현한 소스이다. **2~10행**에서 메서드의 기능을 구현하고 있다.

18행에서 두 수 7과 87을 전달하여 두 수 사이의 자연수들의 합을 [그림 4-123]처럼 구하고 있다. **19행**에서는 1과 100을 전달하여 두 수 사이의 자연수의 합을 구하고 있다. 그런데 **20행**에서 100과 1을 전달하면 0이 표시된다.

[리스트 4.73]의 summarize()에서는 첫 번째 매개변수로 전달되는 수가 두 수 중 작은 수라고 가정하에 기능을 구현한 것이다. [리스트 4.74]는 두 수의 대소에 관계없이 두 수가 전달되었을 때 두 수 사이의 자연수의 합을 구하는 소스이다.

7~10행에서 매개변수의 대소 관계를 비교한 후 작은 수를 min와 큰 수를 max에 할당하고 for문에서 두 수 사이의 합을 구한다. 그러면 [그림 4-123]과 같이 정상적으로 출력된다.

[리스트 4.73] 두 수 사이의 자연수의 합을 구하는 메서드 1(MethodTest2.java)

```
1    public class MethodTest2 {
2        public void summarize(int a, int b){
3            int sum=0;
```

```java
4
5          for(int i=a; i<=b;i++){
6              sum+=i;
7          }
8
9          System.out.println(a+"와 "+b+" 사이의 자연수의 합은 "+sum);
10     }
11
12     public static void main(String[] args) {
13         int num1=7;
14         int num2=87;
15
16         MethodTest2 t=new MethodTest2( );
17
18         t.summarize(num1, num2);
19         t.summarize(1, 100);
20         t.summarize(100, 1);
21     }
22 }
```

```
Console ☒                              ■ ✖ ✕ | ▣ 🖥 🖭 🖳 | 🖃 🖥 ▾ 🖷 ▾ ▭ ☐
<terminated> MethodTest2 [Java Application] C:\Program Files\Java\jre1.8.0_25\bin\javaw.exe (2015. 3. 9. 오후 4:15:55)
7와 87 사이의 자연수의 합은 3807
1와 100 사이의 자연수의 합은 5050
100와 1 사이의 자연수의 합은 0
```

[그림 4-123] 실행 결과

[리스트 4.74] 두 수 사이의 자연수의 합을 구하는 메서드 2(MethodTest3.java)

```java
1  public class MethodTest3 {
2      public void summarize(int a, int b){
3          int sum=0;
4          int max=b;
5          int min=a;
6
7          if(a>b){
8              max=a;
9              min=b;
10         }
11
```

```java
12              for(int i=min; i<=max;i++){
13                  sum+=i;
14              }
15
16              System.out.println(a+"와 "+b+" 사이의 자연수의 합은 "+sum);
17          }
18
19          public static void main(String[ ] args) {
20              int num1=7;
21              int num2=87;
22
23              MethodTest3 t=new MethodTest3( );
24
25              t.summarize(num1, num2);
26              t.summarize(1, 100);
27              t.summarize(100, 1);
28          }
29      }
```


[그림 4-124] 실행 결과

▣ 실습 예제 3

> 1+3+5+7+9+…+n의 합이 최초로 메서드로 전달되는 수보다 크게 되는 n의 값과 그 수까지의 합을 출력하는 메서드를 구현하라.

〈분석〉

메서드로 홀수의 합과 비교하는 값을 전달해야 하므로 정수형 매개변수가 필요하다. 그리고 결과를 출력하므로 리턴 타입은 필요 없다.

[리스트 4.75]는 구현 소스이다. 자연수가 summarize()로 전달되면 이 메서드에서는 홀수

를 누적시키면서 매개변수로 전달된 수보다 누적합이 큰지를 **9행**에서 판별한 후, 크면 while 문을 종료하고 그때까지의 합을 출력한다. [그림 4-125]는 메서드로 1,000과 10,000을 전달한 후에 실행한 결과다.

[리스트 4.75] 홀수의 합이 매개변수의 값보다 최초로 크게 되도록 하는 메서드 구현하기(MethodTest4.kava)

```
1    public class MethodTest4 {
2        public void summarize(int max){
3            int num=1;
4            int sum=0;
5
6            while(true){
7                sum+=num;
8
9                if(sum>=max)
10                    break;
11                num+=2;
12            }
13
14            System.out.println(max+"보다 최초로 크게 되는 홀수는 "+num+",");
15            System.out.println(num+"까지의 합은 "+sum);
16
17        }
18
19
20        public static void main(String[] args) {
21            int limit1=1000;
22            int limit2=10000;
23
24            MethodTest4 t=new MethodTest4( );
25            t.summarize(limit1);
26            t.summarize(limit2);
27        }
28    }
```

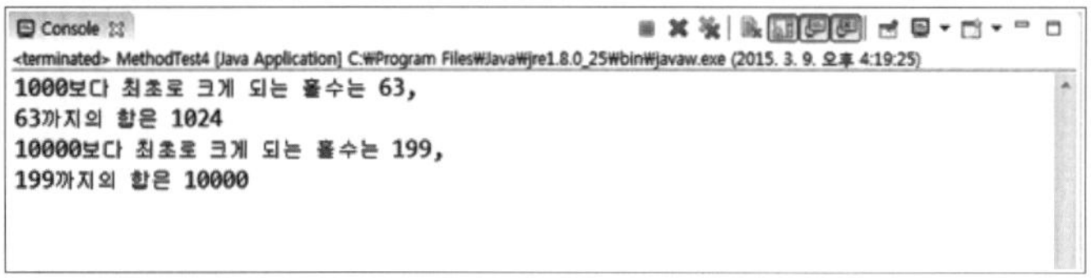

[그림 4-125] 실행 결과

▣ 실습 예제 4

임의의 수의 약수들의 합을 리턴하는 메서드를 구현하라.
* 약수: 어떤 수를 나누어떨어지게 하는 수
* 4의 약수: 1, 2, 4

〈분석〉

메서드로 약수를 구할 자연수를 전달해야 하므로 메서드에 정수형 매개변수가 필요하다. 그리고 약수들의 합을 리턴해야 하므로 정수형 리턴 타입이 필요하다.

[리스트 4.76]은 메서드를 구현한 소스이다. 100과 150을 메서드로 전달한 후, 각 수의 약수의 합을 출력하고 있다.

메서드 형식
int calcAksu (int num);

[리스트 4.76] 자연수의 약수를 구하는 메서드(MethodTest5.java)

```
public class MethodTest5 {
    int calcAksu(int num){
        int total=0;

        for(int i=1;i<=num;i++){
            if(num%i==0)
            total+=i;
        }

        return total;
    }
```

매개변수로 전달된 수의 약수를 구한 후 total에 누적시킨다.

```
12
13        public static void main(String[] args) {
14             int  num1=100;
15             int  num2=150;
16             int  sum=0;
17
18             MethodTest5 t=new MethodTest5( );
19
20             sum=t.calcAksu(num1);
21             System.out.println(num1+"의 약수들의 합은 "+sum);
22
23             sum=t.calcAksu(num2);
24             System.out.println(num2+"의 약수들의 합은 "+sum);
25        }
26    }
```


[그림 4-126] 실행 결과

▣ 실습 예제 5

어떤 두 수(128, 246)의 공약수 합을 리턴하는 메서드를 구현하라.
* 공약수 : 두 수를 공통으로 나누어떨어지게 하는 수
  예) 4, 6의 공약수 : 2

〈분석〉

메서드로 공약수를 구할 두 수를 전달해야 하므로 정수형 매개변수 2개가 필요하고, 공약수들의 합을 리턴해야 하므로 리턴 타입이 정수이어야 한다.

[리스트 4.77]은 구현된 소스이다. **12~16행**에서 for문을 수행하면서 매개변수로 전달된 두 수를 공통으로 나누는 i를 total 변수에 누적시킨 후 메서드를 호출한 곳으로 반환한다. [그림 4-127]은 실행 결과를 나타낸 것이다.

[리스트 4.77] 두 수의 공약수를 구하는 메서드 구현하기(MethodTest6.java)

```java
1    public class MethodTest6 {
2        public int calcGCM(int num1,int num2){
3            int total=0;
4            int max=num1;
5            int min=num2;
6
7            if(num1<num2){
8                max=num2;
9                min=num1;
10           }
11
12           for(int i=1;i<=min;i++){
13               if(num1%i==0 && num2%i==0){
14                     total+=i;
15               }
16           }
17
18           return total;
19       }
20
21       public static void main(String[] args) {
22           int n1=5;
23           int n2=10;
24           int total=0;
25
26           MethodTest6 t=new MethodTest6( );
27
28           total=t.calcGCM(n1,n2);
29           System.out.println(n1+"과 "+n2+"의 공약수들의 합은"+total);
30
31           System.out.println("1505과 300의 공약수들의 합은"+t.calcGCM(150,300));
32       }
33   }
```

```
Console 
<terminated> MethodTest6 [Java Application] C:\Program Files\Java\jre1.8.0_25\bin\javaw.exe (2015. 3. 9. 오후 4:22:52)
5과 10의 공약수들의 합은6
1505과 300의 공약수들의 합은372
```

[그림 4-127] 실행 결과

▣ 실습 예제 6

자연수 중에서 지정한 순서의(20번째, 40번째) 소수를 출력하는 메서드를 구현하라.

〈분석〉

이번에는 메서드의 매개변수로 넘어온 수의 순서에 해당하는 소수를 구하는 메서드로 구하는 예제다. 이 경우에는 소수 순서를 전달받는 매개변수가 1개 필요하다.

[리스트 4.78]은 임의의 순서에 해당되는 소수를 구하는 메서드를 구현한 소스이다. 먼저 **8~12행**에서 자연수들의 약수의 개수를 구한다. 그리고 **14~15행**에서 약수의 개수가 2개이면 order의 값을 1 증가시킨다. **17~22행**에서는 order의 값이 메서드로 전달된 _order와 같은지를 판별한 후, 같으면 order의 값을 출력하고 다르면 num의 값을 1 증가시킨 후 다시 처음 과정을 반복한다. [그림 4-128]은 소스를 실행한 결과를 나타낸 것이다. 자연수에서 20번째, 40번째, 100번째 소수를 나타낸 것이다.

메서드 형식

void calcPrime (int_order);

[리스트 4.78] 임의의 순서의 소수 구하는 메서드 구현하기(MethodTest7.java)

```
1    public class MethodTest7 {
2        public void calcPrime(int _order){
3            int num=2;
4            int count=0;
5            int order=0;
6
7            while(true){
8                for(int i=1; i<=num;i++){
9                    if(num%i==0){
```

```java
10              count++;
11            }
12          }
13
14          if(count==2)
15              order++;
16
17          if(order==_order)
18              break;
19          else{
20              count=0;
21              num++;
22          }
23        }
24
25      System.out.println("자연수에서 " +order+"번째 소수는 "+num+"입니다.");
26
27    }
28
29    public static void main(String[] args) {
30        int order1=20;
31
32        MethodTest7 t=new MethodTest7( );
33        t.calcPrime(order1);
34
35        t.calcPrime(40);
36
37        t.calcPrime(100);
38    }
39 }
```


[그림 4-128] 실행 결과

지금까지 메서드에 대해 알아보았다. **앞의 메서드 예제에서도 알 수 있듯이 결국 메서드에서 가장 중요한 것은 기능 구현이다. 기능을 잘 구현하기 위해서는 앞에서 학습한 명령문을 이용하여 원하는 기능을 먼저 능숙하게 구현할 수 있어야 한다.** 따라서 메서드를 잘 사용하기 위해서는 앞의 실습 예제 기능을 먼저 구현해보는 것이 중요하다.

다음의 실습 예제를 동영상을 참고하여 메서드로 구현해보기 바란다. 동영상을 보면서 세 번만 반복하여 따라해보면 곧 익숙해질 것이다.

1 1에서 임의의 수까지의 홀수의 합을 리턴하는 메서드를 구현하라.

$$1+3+5+7+9+\cdots+n$$

2 $1-2+3-4+5-6+7+\cdots+99\cdots+n$ 임의의 수 n까지의 합을 리턴하는 메서드를 구현하라.

3 입력한 단의 구구단을 출력하는 메서드를 구현하라.

4 다음 시험 점수의 총점과 평균을 출력하는 메서드를 구현하라.

5 임의의 수 n에 대해 1+2+3+4+6+7+8+9+11+12+13+14+16+⋯+n의 합을 출력하는 메서드를 구현하라.

> 45, 67, 89, 12, 56, 90, 64, 79, 55

6 임의의 소문자를 대문자로 변환하여 출력하는 메서드를 구현하라.

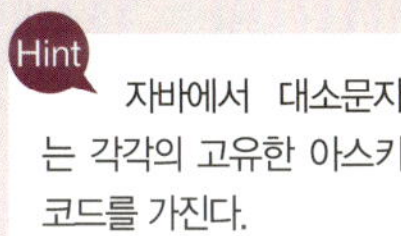

7 임의의 수를 전달받은 후 각 자릿수의 숫자 합을 리턴하는 메서드를 구현하라.

> 5555 → 5+5+5+5=20

8 임의의 배열을 전달받아 오름차순으로 정렬하여 출력하는 메서드를 구현하라.

> Main 메서드에서 메서드로 다음 3개의 배열이 차례대로 전달된다.
> 배열 1: 45, 67, 89, 12, 56, 90, 64, 79, 55
> 배열 2: 35, 97, 56, 85, 65, 77, 88, 90, 51
> 배열 3: 45, 67, 89, 43, 56

9 임의의 두 배열을 전달받은 후 두 배열의 요소값을 비교하여 값을 오름차순으로 출력하는 메서드를 구현하라.

> 예)
> 배열 1: 35, 97, 56, 85, 65, 77, 88, 90, 51
> 배열 2: 45, 67, 89, 43, 56

Hint 두 배열을 하나의 배열로 합친 후 버블 정렬을 이용한다.

10 임의의 수를 전달받은 후 1에서 임의의 수 사이의 있는 자연수 중에서 자릿수가 같은 수만을 출력하는 메서드를 구현하라.

> 예)
> 100을 전달 시
> à 11, 22, 33, 44, 55, 66, 77, 88, 99
> 1000을 전달 시
> à 111, 222, 333, ….

Hint 정수의 나머지를 구하는 연산자(%)를 사용하라.

컴퓨터를 있게 한 사람들

비야네 스트롭스트룹(Bjarne Stroustrup, 1950. 12. 30.~)은 C++ 프로그래밍 언어를 개발한 것으로 유명한 덴마크의 컴퓨터 과학자이고, 2014년 현재 모건 스탠리에서 기술부서 전무(Managing Director)로 재직 중이다. 컬럼비아 대학교 컴퓨터공학과의 객원 교수이자, 텍사스 A&M 대학교 컴퓨터공학과의 연구특임 교수이기도 하다.

스트롭스트룹은 1978년부터 C++을 개발하기 시작하였으며(당시에는 '클래스를 가진 C'라고 불렸다), 그의 말에 따르면 "C++을 발명하였고, 초기 정의 부분을 썼으며, 최초의 실행물을 만들었고, C++의 디자인 규격을 선택하고 생성하였으며, 모든 주요 기능을 디자인하였고, C++ 표준위원회에서 확장 제안을 처리하는 책임자였다"라고 한다. 또 스트롭스트룹은 많은 사람들이 C++언어의 표준 참고서라고 생각하는 책인 『C++ 프로그래밍 언어』를 저술하였다.

스트롭스트룹은 2002년까지 AT&T 벨 연구소에서 대형 프로그래밍 연구부(Large-scale Programming Research department)의 부서장을 역임하였다. 또 2004년에는 미국 공학학회 회원으로 선출된 적이 있다. 스트롭스트룹은 ACM(1994)의 회원(Fellow)이며, IEEE회원(Fellow)이다. 그는 현재 저명한 교수로서 미국 텍사스 A&M대학교의 공과 대학에서 컴퓨터 과학 석좌 교수로 재직 중이다.

t(출처 : 위키백과)

5장

클래스 기본

이번 장부터 자바의 객체 지향 개념에 대해 학습한다. 자바는 객체 지향 언어이므로 자바에서 제공하는 모든 기능은 5~7장에서 나오는 객체 지향 개념으로 만들어져 제공된다. 그러므로 자바 프로그래밍을 잘하려면 객체 지향 개념에 대해 이해해야 한다.

자바는 앞의 3, 4장에서 배운 프로그래밍(절차 지향 프로그래밍)을 잘해야만 지금부터 배우는 객체 지향 개념을 쉽게 이해할 수 있다. 그리고 객체 지향 개념을 잘 이해해야만 자바에서 제공하는 여러 가지 기능(API)을 사용하여 프로그래밍을 할 수 있다.

클래스를 처음 접하는 사람들은 이 객체 지향 개념이 일종의 장벽으로 느껴질 수 있다. 하지만 공부를 하다 보면 객체 지향 개념을 이용하여 프로그래밍을 하는 것이 훨씬 쉽고 효율적이라는 것을 알게 될 것이다. 따라서 인내심을 가지고 꾸준히 학습하기 바란다.

1 절차 지향 프로그래밍 및 객체 지향 프로그래밍의 정의와 차이점

2 자바에서의 객체 지향 프로그래밍 과정

3 생성자(Constructor)

4 오버로딩(overloading) 생성자 및 메서드

5 패키지(package)

6 import

7 기본형 변수와 참조형 변수

8 렌터카 예약 시스템을 클래스로 구현하기

9 클래스 실습

절차 지향 프로그래밍 및 객체 지향 프로그래밍의 정의와 차이점

1.1 절차 지향 프로그래밍

절차 지향 프로그래밍이란, 프로그래밍을 순서, 즉 절차에 따라 프로그래밍하는 것을 의미한다. 대표적인 절차 지향 프로그래밍 언어는 C언어다. 그리고 우리가 4장까지 배운 방법은 기능을 절차 지향 프로그래밍으로 구현한 것이다.

절차 지향 언어에서는 일을 처리하는 순서와 과정이 중요하다. 구현 과정이 조금이라도 바뀌면 처음부터 다시 프로그래밍해야 한다. 이 절차 지향 언어는 우리가 사용하고 있는 컴퓨터의 처리 과정을 흉내 내어 작업하는 것이다. 컴퓨터는 사용자에게 데이터를 입력받은 후 내부에서 처리하고, 그 결과값을 출력 장치를 이용하여 표시하거나 출력한다.

절차 지향 방식으로 구현한 대표적인 예가 4장에서 배운 메서드이다. 다른 부분에서 메서드를 호출하면 값이 전달된다. 메서드의 입장에서 보면 이 값이 메서드로 입력되는 것이다. 그리고 '기능 구현' 단계에서 입력된 데이터를 처리하거나 처리한 결과값을 출력하거나 리턴한다.

[그림 5-1] 절차 지향 프로그래밍과 같은 과정으로 만들어지는 조각상

이렇게 컴퓨터의 작업 처리 방식이 그대로 절차 지향 언어의 프로그래밍을 하는 데 사용된다. 다음은 절차 지향 언어의 특징을 나타낸 것이다.

절차 지향 언어의 특징

- 일을 처리하는 순서와 과정이 중요하다.
- 순서, 과정이 달라지면 새로운 작업 모델이 필요하다.
- 컴퓨터의 작업 방식을 프로그래밍에 적용한 것이다.
- 재사용성이 매우 낮다.

실생활에서 절차 지향 언어로 프로그래밍하는 것은 [그림 5-1]처럼 조각가가 조각상을 만드는 과정과 비슷하다. 조각가가 의뢰인으로부터 창을 들고 있는 조각상을 만들어달라는 의뢰를 받으면 조각가는 원석을 구해 전체 조각상의 형태를 만든 후 머리부터 세부적으로 다듬어 완성해 나간다. 이러한 방식으로 작업을 하여 90% 정도 완성했을 때, 갑자기 의뢰인이 조각상을 배치할 공간에 문제가 생겨서 조각상의 창을 든 손을 왼손에서 오른손으로 옮겨달라고 한다면 당연히 조각가는 안 된다고 할 것이다. 그러나 의뢰인이 계속 고집을 피우면 결국 조각가는 그 의견을 받아들여 다시 원석을 구해 처음부터 작업을 한다. 즉, 조각상은 작업 도중 어느 한 부분에 수정이나 이상이 생기면 다른 정상적인 부분도 처음부터 다시 만들어야 한다.

절차 지향 언어로 프로그래밍을 하는 것도 이와 비슷하다. 기존에 어떤 기능을 만들어 사용하고 있는데, 수정 사항이나 새로운 기능을 추가할 일이 생기면 또 다시 다른 정상적인 부분부터 다시 개발해야 한다. 따라서 절차 지향 언어의 단점은 재사용성이 매우 낮다는 것이다. 여기서 독자들은 '프로그래밍을 하다가 필요하면 기존의 기능을 재사용하지 않고 일일이 개발하면 되지 않을까?'라는 의문이 생길 것이다. 이전의 프로그래밍에서는 기능이나 시스템의 크기가 작았으므로 필요하면 그때그때 개발할 수 있었다. 하지만 지금은 기능이나 시스템의 크기가 커져서 일일이 개발하기에는 비용, 개발 기간, 안정성 등에 한계가 있다. 따라서 지금의 프로그래밍 언어는 재사용성이 매우 중요한 이슈가 되었다. 그래서 나온 개념이 다음에 언급할 '객체 지향 언어'다.

1.2 객체 지향 프로그래밍

객체 지향 프로그래밍은 '절차(순서) 중심'이 아닌 '객체 중심'으로 프로그래밍을 하는 것이다. 하지만 객체 지향 프로그래밍이 앞에서 배운 '절차 지향 언어'의 방법을 사용하지 않는 것은 아니다. 객체 지향 언어에서도 절차 지향적 방법을 사용한다. 그 대표적인 예가 메서드이다. 즉, 절차 지향이든, 객체 지향이든 최종적으로 기능을 구현하는 단계에서는 절차 지향적으로 프로그래밍을 한다. 다만 객체 지향 언어는 절차가 아니라 객체를 중심으로 프로그래밍을 한다는 것이다. 따라서 객체 지향 프로그래밍의 정의를 잘 이해해야 한다. 여기서 객체란, 주체(일반인)가 바라본 대상을 의미한다. 다음은 객체 지향 언어의 정의를 나타낸 것이다.

> **객체 지향 언어의 정의**
> - 절차(순서) 중심이 아니라 객체 중심으로 프로그래밍을 하는 언어

객체 지향 언어는 절차 지향과 달리 순서와 과정을 그다지 중요하게 여기지 않는다. 객체 지

향 언어는 사람이 실제로 사고하는 방식을 그대로 프로그래밍에 적용한 것이다. 따라서 조금만 익숙해지면 객체 지향 방식으로 프로그래밍하는 것이 더 쉽고 빠르다는 것을 알게 될 것이다.

또 사람의 관점에서 프로그래밍하기 때문에 이해하기 쉽고, 각 기능을 뒤에서 배운 클래스로 분리하여 구현하기 때문에 모듈화하기가 쉽다. **여기서 모듈화란, 각 기능을 부품화한다는 의미다. 그러면 필요할 때마다 필요한 기능만 조립하여 사용하면 된다.**

모듈화하기가 쉬우므로 자연히 재사용성이 높아진다. 즉, 새로운 개발 시 기존의 기능은 재사용하고 필요한 부분만 개발하기가 용이하다. 뒤에서 차례대로 배우겠지만, 객체 지향 개념은 앞에서 설명한 재사용성을 높이기 위해 도입되었다. 그리고 객체 지향 언어는 단지 기능을 구현하는 관점(bottom-up 방식)이 아니라 먼저 프로그램을 설계(디자인)한 후에 구현하는 관점(top-down 방식)으로 프로그래밍한다. 다음은 객체 지향 언어의 특징을 나타낸 것이다.

객체 지향 언어의 특징

- 사람이 행동하고 생각하는 방식으로 프로그래밍을 한다.
- 순서, 과정이 중요하지 않다.
- 이해하기 쉽고, 모듈화(조립화)하기가 쉽다.
- 재사용성이 높고, 유지보수가 용이하다.
- 설계 중심 언어다.

앞에서 절차 지향 언어로 프로그래밍을 하는 과정을 조각상을 조각하는 과정에 비유했다면, 객체 지향 언어로 프로그래밍을 하는 과정은 [그림 5-2]처럼 자동차 조립 공장에서 자동차를 생산하는 과정에 비유할 수 있다.

[그림 5-3]은 자동차 조립 공장에서 자동차를 생산하는 모습을 나타낸 것이다. 새로운 자동차 모델을 개발하기 위해서는 먼저 제품에 대

[그림 5-2] 현실에서의 객체 지향 프로그래밍 예

해 분석한 후 각 부품에 대한 설계도를 작성해야 한다. 그런 다음, 그 설계도대로 부품을 자신이 직접 만들거나 다른 협력 업체에 부품의 제작을 의뢰한다. 그리고 부품이 완성되어 납품되면 컨베이어 벨트가 있는 조립 공장에서 자동차 본체에 각 부품을 규격대로 조립하여 완성차를 만들어 낸다.

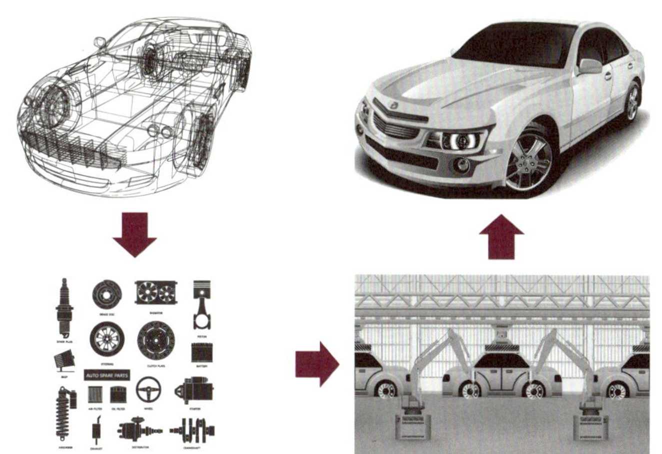

[그림 5-3] 자동차 생산 과정

실제로 현실에서는 자동차뿐만 아니라 모든 제품을 각 부품을 조립하여 만드는 방법으로 제품을 생산한다. 왜냐하면 이러한 방식이 사람이 제품을 쉽게 최대한 많이 생산할 수 있고, 또 생산된 제품을 가장 효율적으로 관리할 수 있는 방법이기 때문이다.

객체 지향 프로그래밍의 기능도 이와 비슷한 방법으로 구현한다. 자동차의 부품은 각 기능을 수행하는데, 이 부품에 해당하는 것이 바로 '**클래스**'이다. 즉, 각 기능을 클래스로 나누어 개발(모듈화)한 후에 자동차 조립 공장의 컨베이어 벨트에서 조립하듯이 각 부품의 기능을 하는 클래스를 조립하여 원하는 최종 기능을 개발하는 것이 객체 지향 프로그래밍 방법이다.

이러한 방식으로 프로그래밍을 하는 것이 좋은 경우를 예로 들어보자. 자동차를 조립 공장에서 만들어 미국에 수출하는데, 미국 바이어가 "미국에서는 ○○○ 차종이 잘 팔리니, 똑같은 차종으로 1,000대를 만들어달라"고 주문했다. 그런데 생산하고 있는 도중에 "미국에서는 빨간색이 유행이므로 차체의 색을 빨간색으로 해달라"는 요구를 했다고 가정해보자. 이 자동차의 경우에는 차체도 부품의 일종이기 때문에 차체를 만들어 납품하는 업체에 연락하여 빨간색 차체를 납품해달라고 요청해야 한다. 그런 다음, 기존의 부품과 이 빨간색 차체를 조립하여 완성차를 만들어 낸다. 다시 말해서 자동차는 앞의 조각상과 달리 수정되는 부분만 다시 작업을 하고 다른 부분은 재사용하면 된다.

객체 지향 프로그래밍에서도 어떤 프로그램을 개발하여 사용하다가 갑자기 특정 부분의 기능을 수정하거나 변경해달라고 하면, 이전에 각 기능이 클래스로 분리(모듈화)되어 조립되었기 때문에 변경하려고 하는 부분의 클래스만 수정하거나 개발하면 되는 것이다.

따라서 절차 지향 프로그래밍보다 재사용성이 훨씬 높아진다. 앞에서도 언급했듯이 재사용성은 최근 프로그래밍의 주요 이슈이다. 새로운 프로그램을 개발할 때 기존에 사용하던 기능이 같다면 이를 그대로 사용하는 것이 효율적이다.

그뿐만 아니라 새로 개발하면 안정성도 테스트해야 하는데, 기존에 사용된 프로그램은 그만큼 안정성이 검증되었기 때문에 테스트하는 시간도 훨씬 절약되어 효과적이다. 새로운 기능만을 개발한 후에 조립하여 사용하면 짧은 시간내에 훨씬 많은 기능을 구현할 수 있다.

1.3 객체 지향 프로그래밍 과정

이번에는 실제 객체 지향 프로그램 과정에 대해 학습한다. 다음은 객체 지향 프로그래밍 방법을 나타낸 것이다. 객체 지향 프로그래밍은 앞에서도 언급한 것처럼 사람이 바라본 관점에서 프로그래밍을 하는 것이다. 이때 사람, 즉 일반인을 '주체(subject)'라고 하고, 이 주체가 바라본 대상(사람, 사물, 객체 등)을 '객체(object)'라고 한다. 즉, 사람이 일상적으로 보고, 느끼고, 생각하는 관점에서 프로그래밍을 하는 것이다. 다음은 객체 지향 프로그래밍 방법을 나타낸 것이다.

> **객체 지향 프로그래밍 방법**
>
> - 현실 세계에서 사람(주체)이 바라본 관점으로 프로그래밍하는 것
> - 용어 설명
>   - 주체(subject) : 일반 사용자, 사람
>   - 객체(object) : 주체가 바라본 대상(사람, 사물, 개념 등)

먼저 객체 지향 프로그래밍으로 개발하기 전에 일반인, 즉 주체의 입장에서 렌터카 회사의 여러 가지 업무 과정을 분석해보자. 다음은 일반적인 렌터카 회사의 업무 과정을 나타낸 것이다. [그림 5-4]는 주체가 렌터카 회사를 분석한 후 추출한 객체를 나타내고 있다.

일반인(주체)의 입장에서는 이 과정을 통해 렌터카 회사에 관련된 여러 가지 사물, 사람, 작업, 즉 객체를 파악할 수 있다. 렌터카 회사의 입장에서 파악할 수 있는 큰 객체는 직원, 고객, 렌터카다. 실제로는 그 밖에 더 많은 것을 파악할 수 있다.

> 렌터카 회사에서는 일단 렌터카를 회사 주차장에 주차해 놓고 직원이 관리한다. 그리고 렌터카를 사용하려고 하는 고객이 회사에 방문하여 원하는 차를 직원에게 요구하면 직원은 그 렌터카로 고객을 안내하여 함께 살펴본 후에, 고객이 마음에 들어 하면 예약을 하고 예약한 날에 해당 렌터카를 대여해준다. 그러면 고객은 그 렌터카를 예약된 기간 동안 사용한 후에 반납 예정일에 맞춰 렌터카 회사에 반납한다.

렌터카 회사에 관계되는 여러
가지 객체

[그림 5-4] 일반 렌터카 회사 업무 분석

이제 개발자의 입장에서 렌터카 예약 시스템 개발 과정을 살펴보자. 객체 지향 프로그래밍으로 렌터카 예약 시스템을 개발하는 개발자도 처음에는 사람, 즉 주체의 입장에서 렌터카 회사를 분석한다. 그러면 개발자도 일반인과 같이 주체의 입장에서 객체를 파악할 수 있게 된다. 그런 다음, 개발자가 [그림 5-5]처럼 각 객체를 클래스로 변환하면 원하는 기능을 구현할 수 있다. 즉, 객체 지향 프로그래밍은 개발자도 일반인, 즉 주체의 입장에서 쉽게 프로그래밍을 하는 것이다. 실제 객체 지향 프로그래밍 과정은 여러 가지 객체 지향 개념을 배워야 하지만, 이처럼 조금만 익숙해지면 더욱 쉽게 프로그래밍을 할 수 있다.

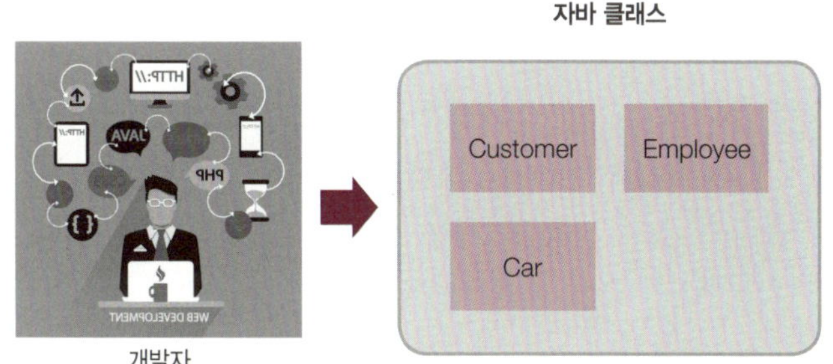

[그림 5-5] 렌터카 예약 시스템을 분석한 후 객체 지향 프로그래밍을 하는 과정

자바에서의 객체 지향 프로그래밍 과정

이번에는 실제 프로그래밍에서 객체 지향 프로그래밍 과정을 실제 자바로 프로그래밍하는 과정을 살펴보자. 객체 지향 프로그래밍은 먼저 주체의 아이디어를 충분히 분석한 후 객체를 추출하고, 그 객체를 다시 JDK에서 제공하는 API를 이용하여 클래스화한 다음, 전체 아이디어를 객체 지향 프로그래밍으로 구현하는 과정이다.

이번에는 앞에서 예로 든 렌터카 예약 시스템 개발 과정을 위의 자바 객체 지향 프로그래밍 과정을 적용하여 실습해본다. 아이디어 도입과 아이디어 분석은 앞에 이미 나타나 있으므로 객체 추출 단계부터 렌터카 예약 시스템 개발 과정에 적용해본다.

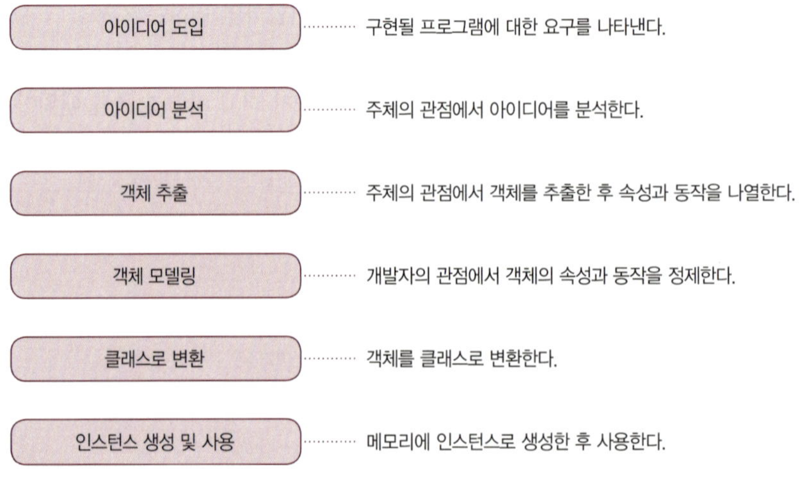

[그림 5-6] 자바 객체 지향 프로그래밍 과정

2.1 객체 추출

객체 지향 프로그래밍의 첫 번째 단계는 객체의 추출이다. 앞 절에서 살펴보았듯이 객체는 주체의 입장에서 파악되는 모든 것을 말한다. 그런데 이러한 객체들은 각각 속성과 기능을 가진다. 다음은 객체의 속성과 동작의 정의를 나타낸 것이다. 여기서 속성은 객체가 가지고 있는 정적인 특징이나 상태 또는 성질을 의미하고 동작은 말 그대로 그 객체가 수행하는 기능, 업무 및 행위를 의미한다.

[그림 5-7]은 렌터카 회사에 관련된 객체에 대한 속성과 동작을 나타낸다. 실제로는 더 많이 있지만 가장 대표적인 객체만 나타낸 것이다. 이 객체의 속성과 동작은 개발자가 아닌 일반인, 즉 주체의 입장에서 각 객체의 속성과 동작을 추출하는 것이다.

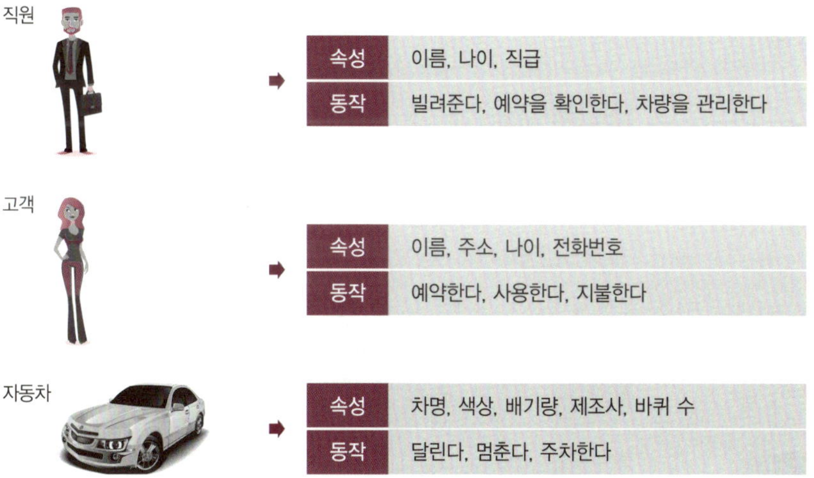

[그림 5-7] 각 객체별로 추출한 속성과 동작

2.2 객체 모델링

이번에는 객체 모델링 단계이다. 객체 지향 프로그래밍의 첫 번째 단계인 객체 추출 단계에서는 일반인, 즉 주체의 입장에서 객체의 속성과 동작을 추출했다. 그런데 이러한 속성과 동작이 모두 실제 프로그래밍에서 사용되는 것은 아니기 때문에 객체 모델링 단계에서는 실제 프로그래밍에 필요한 속성과 동작을 정제한다. 즉, 프로그래밍에 필요하지 않는 속성이나 동작은 배제하고, 실제 객체 추출에서는 파악되지 않았지만 프로그래밍 시에는 필요한 속성이나 동작이 있으면 추가해준다. 다음은 객체 모델링의 정의를 나타낸 것이다.

[그림 5-8]에 나타낸 직원 객체의 경우, 속성 중 직원의 "나이" 속성은 프로그래밍 시에 별로 사용할 필요가 없기 때문에 제외한다. 그리고 "차량을 관리하다"라는 동작도 우리가 개발하려고 하는 렌터카 예약 시스템의 기능과는 상관없으므로 제외한다. 고객 객체에서도 "나이"는 프로그래밍할 필요가 없으므로 제외한다. 자동차 객체에서도 "바퀴 수"는 당연히 4개이므로 제외한다. 그리고 객체 추출에서는 파악되지 않았지만, 프로그래밍 시에 필요한 속성이나 동작은 추가해준다. 예를 들면 고객은 실제 렌터카 예약 시스템에서 로그인을 하여 작업할 때 회원 등록 시에 필요한 **"아이디"**와 **"비밀번호"** 속성이 있어야 하므로 추가해준다.

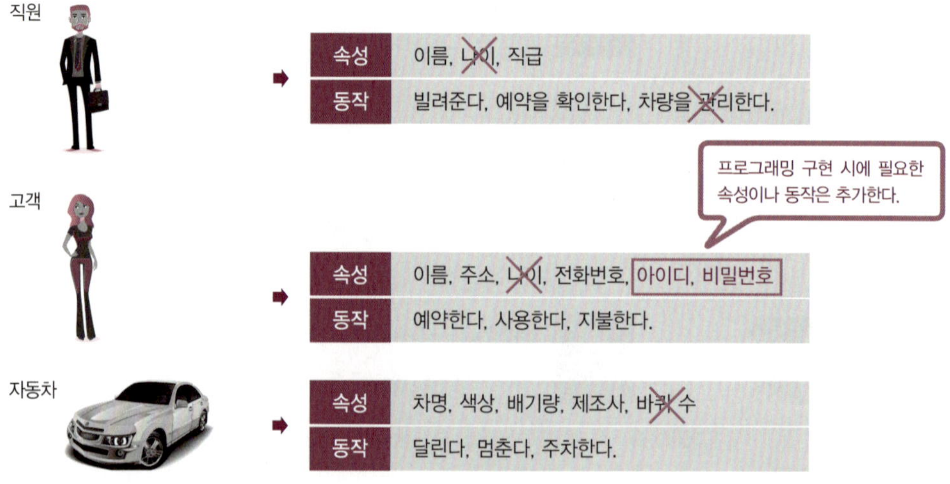

[그림 5-8] 각 객체별 객체 모델링 과정

2.3 클래스 변환

객체 모델링까지 거친 후에는 객체를 실제 자바 클래스로 변환해야 한다. 다음은 클래스의 정의를 나타낸 것이다.

[그림 5-9]는 클래스의 UML 표기법을 나타낸 것이다. UML은 분석, 설계 시에 작업한 결과물을 문서화할 때 사용하는 일종의 표기법이다. 이 기호들을 보고 개발자가 자바 소스로 구현하는 것이다.

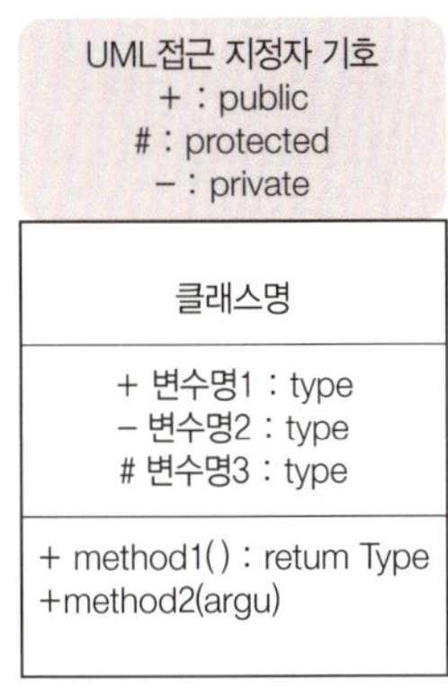

[그림 5-9] 클래스의 UML 표기법

일단 자바 프로그래밍을 배우는 데 필요한 기본적인 UML 표기법을 살펴보기로 하고, 더 자세한 내용은 관련 서적이나 인터넷을 통해 검색해보기 바란다.

UML 클래스 표기법은 크게 직사각형에서 세 부분으로 나눈다. 상단에는 클래스명을 표기한다. 그리고 중간 부분에는 속성이 변환된 멤버 변수를 표기하고, 마지막 부분에는 동작이 변환된 메서드를 표기한다. 각 변수와 메서드 앞에는 접근 지정자를 표기한다. 접근 지정자는 뒤에서 자세히 공부한다. 지금은 이러한 방식으로 표시된다는 것만 알아두기 바란다.

[그림 5-10]은 앞에서 추출한 객체를 클래스로 변환하는 과정을 나타낸 것이다. 객체의 이름은 클래스명, 속성은 클래스의 멤버 변수, 동작은 클래스의 메서드로 변환된다.

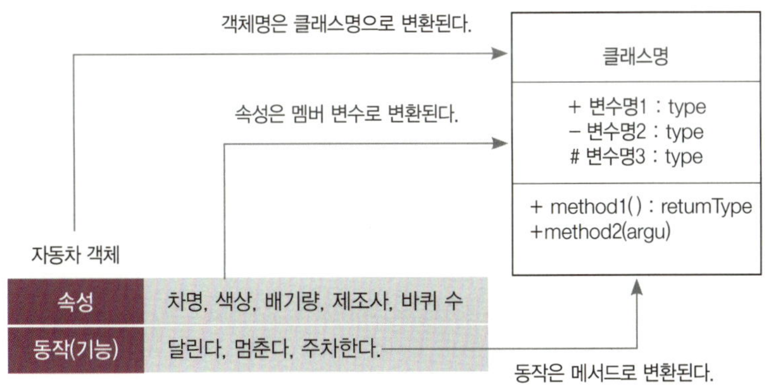

[그림 5-10] 객체의 클래스 변환 과정

[그림 5-11]은 렌터카 예제에서 추출한 고객 객체를 클래스로 변환한 예제다. 고객이라는 객체에 어울리는 클래스명은 "Customer"이다. 그리고 '이름' 속성은 'name'이라는 변수명으로 변환되고, 타입은 'String'으로 지정되었다. '주소', '전화번호' 속성도 [그림 5-11]처럼 변환된다. 그리고 동작 중에서 '렌터하기'는 rentCar()라는 메서드로 변환된다. rentCar()라는 메서드는 빌린 차 이름을 리턴해야 하므로 리턴 타입은 'String'이다. 또 '지불하기'라는 동작은 payCar()라는 메서드로 변환되었다.

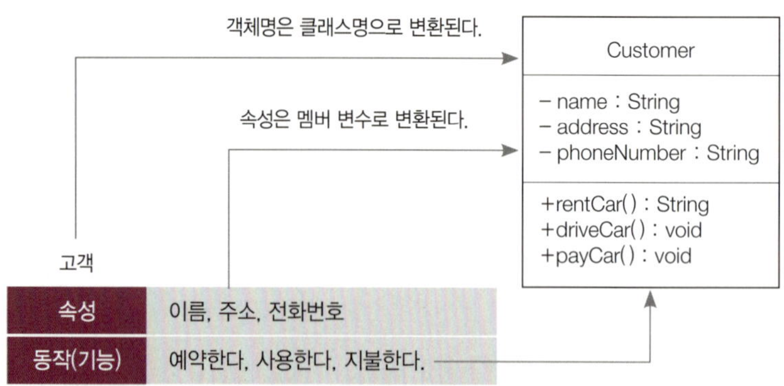

[그림 5-11] 고객 객체 클래스 변환하기

[그림 5-12]는 '자동차' 객체를 클래스로 변환한 경우다. '차 번호', '차 이름', '차 색상'은 모두 String형으로 변환된다. 그리고 '차 크기' 속성은 int형으로 변환된다. 그리고 각 차의 동작이 메서드로 변환된다. [그림 5-13]은 학생 객체를 클래스로 변환한 예이다. 이처럼 우리 주변의 모든 대상들은 객체화하여 클래스로 변환할 수 있다.

지금까지 모델링된 객체를 클래스로 변환하는 과정을 알아보았다. 실제 현장에서는 객체를 UML을 이용하여 클래스로 변환하는 단계까지를 분석, 설계 단계로 여긴다.

이번에는 변환된 클래스를 실제 자바 코드로 구현하는 작업에 대해 알아보자.

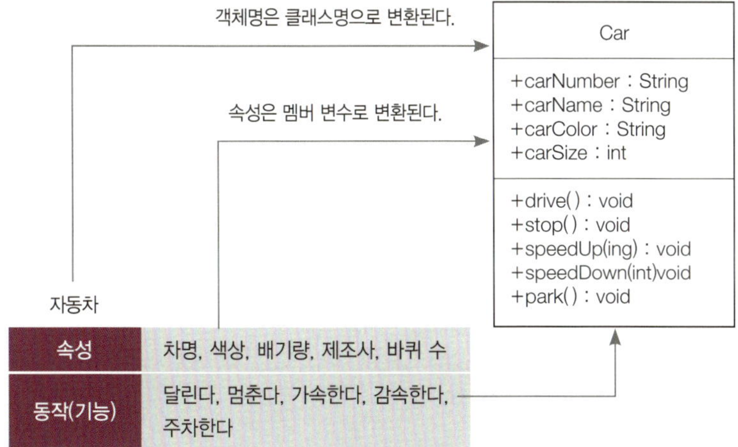

[그림 5-12] 자동차 객체 클래스 변환하기

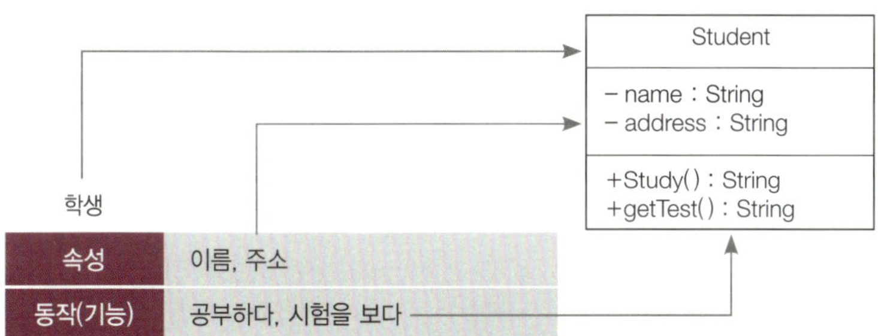

[그림 5-13] 학생 객체를 클래스로 변환하기

2.4 클래스 구현

다음은 자바로 클래스를 구현했을 때의 형식을 나타낸 것이다. 앞의 객체에서 변환된 클래스의 멤버들이 자바 클래스의 구성 요소로 구현된다. 클래스로 구현할 때 'class'라는 키워드 앞에는 지정자(modifier)가 위치한다.

자바로 클래스를 구현했을 때의 형식

```
[지정자] class 클래스명 {
        멤버 변수(인스턴스 변수)
        멤버 메서드
        생성자
    }
```

다음은 자바에서 사용되는 지정자의 종류를 나타낸 것이다. 지정자는 크게 '접근 지정자'와 '일반 지정자'로 구분된다. 각 지정자의 기능은 뒤에서 자세하게 학습한다. 여기에서는 자바의 클래스 형식에 대해서만 알아두기 바란다.

> **지정자의 종류**
>
> - 접근 지정자 : public, ⟨default⟩, protected, private
> - 일반 지정자 : static, abstract, final 등
> - 일반적으로 접근 지정자와 일반 지정자를 조합하여 사용한다.

▣ 멤버 변수(인스턴스 변수)

멤버 변수 또는 인스턴스 변수는 클래스 내에 선언된 변수다. 멤버 변수는 객체의 속성이 변환되어 이루어진다. 이는 멤버 필드, 인스턴스 변수, 속성(attribute)이라 불리기도 한다. 선언 방법에는 데이터형과 변수명이 있고, 지정자가 앞에 붙을 수도 있다.

> **정의**
>
> - 객체 모델링에서 추출한 속성을 클래스에서 멤버 변수로 표현한다.
> - 멤버 필드, 인스턴스 변수, 속성(attribute)라고도 한다.
>
> **형식**
>
> - [접근 지정자] [일반 지정자] 데이터 형 변수명;

[그림 5-14]와 [리스트 5.1]은 Student 클래스의 멤버 변수를 실제 자바 클래스로 변환한 것이다. name이라는 변수 앞의 '-'는 'private' 접근 지정자로 변환된다. 또 address도 [리스트 5.1]처럼 변환된다.

```
┌─────────────────────────────┐
│           Student           │
├─────────────────────────────┤
│  – name : String            │
│  – address : String         │
├─────────────────────────────┤
│  +Study( ) : String         │
│  +getTest( ) : String       │
└─────────────────────────────┘
```

[그림 5-14] 멤버 변수(인스턴스 변수) 변환하기

[리스트 5.1] 객체를 클래스로 변환한 자바 소스(Student.java)

```java
1    public class Student {
2        private String name;
3        private String address;
4
5        public void study( ){
6                System.out.println("공부를 합니다.");
7        }
8
9        public String getTest(String score){
10               return score;
11       }
12   }
```

❷ 멤버 메서드

다음은 클래스에서의 멤버 메서드 선언 방법을 나타낸 것이다. 멤버 메서드는 메서드이므로 기본적으로 메서드명과 리턴 타입, 그리고 매개변수로 이루어져 있다. 리턴 타입 앞에는 지정자가 올 수도 있다. 이는 "[ ]" 기호는 생략할 수도 있다는 의미다. 그리고 메서드 본체에서는 메서드가 수행하는 동작을 명령문으로 구현한다.

정의

• 객체 모델링에서 추출한 동작을 클래스에서 멤버 메서드로 구현

형식

[접근 지정자] [일반 지정자] [리턴 타입] 메서드명([매개변수])
{
    //메서드의 기능 구현

    …

}

다음은 멤버 메서드의 특징을 나타낸 것이다. [리스트 5.2]는 [그림 5-15]의 Student 클래스를 실제 자바 클래스로 구현하고 있다. 멤버 메서드는 다른 클래스에서 메서드명으로 호출하여 그 기능을 사용할 수 있다. 메서드는 클래스 안에 위치하므로 같은 클래스에 있는 멤버 변수에 자유롭게 접근할 수 있다.

멤버 메서드 특징

- 메서드는 반드시 호출되어야 수행된다.
- 같은 클래스 내에서는 멤버 변수에 자유롭게 접근할 수 있다.

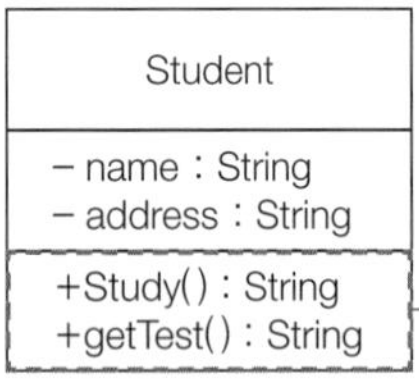

[그림 5-15] 멤버 변수(인스턴스 변수) 변환하기

[리스트 5.2] 객체의 동작을 메서드로 변환하기(Student.java)

```java
1    public class Student {
2        private String name;
3        private String address;
4
5        public void   study( ){
6            System.out.println("공부를 합니다.");
7        }
8
9        public String getTest(String   score){
10           return score;
11       }
12   }
```

다음은 자바 메서드의 분류를 나타낸 것이다. 자바에서는 메서드를 크게 세 가지로 분류할 수 있다. 첫 번째는 일반적인 클래스의 기능을 처리하는 일반 메서드이다. 그리고 클래스의 멤버 변수에 접근하여 값을 가지고 오거나 값을 세팅하는 "getter" 메서드와 "setter" 메서드로 분류할 수 있다.

[리스트 5.3]은 일반 메서드 사용 예제다. Student 클래스의 study()와 getTest() 메서드는 학생의 기능을 구현하고 있다.

[리스트 5.4]에는 Car 클래스를 예로 들고 있는데, speedUp(), speedDown(), 그리고 stop(), 메서드는 차의 속도를 높이거나, 낮추거나, 정지하는 기능을 한다. 그러므로 'velocity'라는 속도를 나타내는 멤버 변수에 접근하여 작업한다.

[리스트 5.3] 일반 메서드를 구현한 클래스(Student.java)

```
1   public class Student {
2       private String name;
3       private String address;
4
5           public void study( ){
6               System.out.println("공부를 합니다.");
7           }
8
9           public String getTest(String score){
10              return score;
11          }
12  }
```

[리스트 5.4] 일반 메서드를 구현한 Car 클래스(Car.java)

```
1   public class Car{
2     int velocity;
3     int carName;
4
5     public void speedUp( ){
6       velocity+=1;
7     }
8
```

```
 9      public void speedDown( ){
10        velocity-=1;
11        if(velocity < 0)
12          velocity=0;
13      }
14      public void stop( ){
15        velocity=0;
16      }
17    }
```

5~7행　: 속도를 높이는 기능을 하는 메서드

9~13행　: 속도를 낮추는 기능을 하는 메서드

14~16행 : 정지하는 기능을 하는 메서드

[리스트 5.5]는 Student 클래스에서의 getter/setter 메서드 사용 예제다. 다른 클래스에서 특정 클래스의 멤버 변수에 접근할 때에는 직접적으로 접근하는 것이 아니라 getter/setter 메서드를 이용하여 간접적으로 접근한다. getter/setter 메서드는 이렇듯 클래스 내의 멤버 변수에 접근할 때 사용한다. [리스트 5.5]의 멤버 변수 'name'과 'address'의 접근 지정자는 private 이므로 클래스의 외부에서는 직접적인 접근이 불가능하다.

그런데 [리스트 5.5]의 getter/setter 메서드들의 접근 지정자는 모두 public이다. 즉, 외부 클래스에서 마음대로 호출하는 것이 가능하다. 따라서 외부 클래스에서 Student 클래스의 멤버 변수에 접근할 때에는 getter/setter 메서드를 통해 간접적으로 접근한다. 자세한 것은 접근 지정자에서 배운다. 일단 사용 방법부터 알아두자.

[리스트 5.5] getter/setter 메서드 구현하기(Student.java)

```
1    public class Student {
2        private String name;
3        private String address;
4
5        public String getName( ){
6            return name;
7        }
8        public String getAddress( ){
9            return address;
10       }
11
12       public void setName(String _name){
13           name=_name;
14       }
15
16       public void setAddress(String _address){
17           address=_address;
18       }
19   }
```


2~3행 : 멤버 변수의 접근 지정자가 private이므로 외부에서 직접적으로 접근할 수 없다.

지금까지 클래스 구성 요소의 각 기능에 대해 알아보았다. 그런데 클래스를 정의했다고 해서 클래스를 사용할 수 있는 것은 아니다. 다음 절에서는 우리가 만든 클래스를 실제 어떻게 사용하는지에 대해 알아보자.

2.5 클래스 인스턴스(class instance)

앞에서 자바로 구현한 클래스는 일종의 설계도 내지 명세서와 같은 의미다. **클래스는 "메모리에 인스턴스를 생성할 때 이러이러한 형식을 가지는 변수와 이러이러한 기능을 하는 메서드를 만들라"는 명세서다.** 우리는 클래스 자체를 사용할 수 없다. 건물과 건물 설계도의 관계로 이해하면 된다. 건물 설계도는 건물을 어떻게 지으라는 방법만 나타나 있을 뿐이다. 즉, 우리가 클래스를 실제로 사용하기 위해서는 클래스 내에 있는 변수와 메서드를 실제로 메모리에 생성해야 한다. 실제 클래스가 메모리에 생성된 상태를 '**클래스 인스턴스(class instance)**' 또는 '**클래스 객체**'라고 한다. 다음은 인스턴스의 정을 나타낸 것이다.

다음은 클래스 인스턴스를 생성하는 방법과 클래스 인스턴스를 생성한 후 그 인스턴스에 접근하여 사용하는 방법을 나타낸 것이다. 클래스의 인스턴스를 만들기 위해서는 new 키워드를 이용해야 한다.

먼저 클래스 인스턴스를 가리킬 수 있는 인스턴스와 같은 클래스 타입으로 변수를 하나 선언한다. 그런 다음, new 다음에 클래스명을 사용하여 클래스의 인스턴스를 메모리에 생성한다. 그리고 그 위치를 변수가 가질 수 있도록 '=' 연산자를 이용하여 변수에 할당한다.

[그림 5-16]은 인스턴스가 생성된 메모리의 구조를 나타낸 것이다. 클래스 타입 변수에 할당하면 그 변수는 인스턴스가 생성된 메모리의 위치값을 가진다. 단순히 인스턴스를 생성하려면 new 뒤에 클래스명만 써주면 된다. 그렇게 생성하면 실제 인스턴스를 이용하기 위해 접근할 방법이 없다. 따라서 인스턴스를 생성한 후에 변수에 할당하고 그 클래스 타입 변수에 저장된 위치값으로 인스턴스에 접근하여 작업한다.

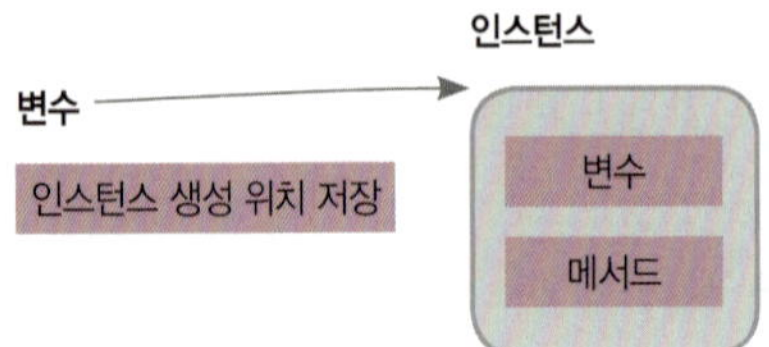

[그림 5-16] 인스턴스를 생성한 후의 메모리 구조

이번에는 인스턴스에 접근할 때 사용하는 변수 선언 방법에 대해 알아보자. [리스트 5.6]의 **1행**에서 int형 변수 a를 선언하고, **2행**에서 a에 정수 5를 할당한다. 그런데 **3행**에서 5.6f를 할당하면 오류가 발생한다. 이번에는 5행에 s를 Student 클래스 타입으로 변수로 선언한다.

자바에서는 이처럼 사용자가 만든 클래스 타입으로 변수를 선언할 수 있다. **1행**처럼 변수 a를 int형으로 선언하여 사용한 것은 자바에서 미리 만들어 놓은 int형 타입을 사용한 경우다. 그리고 **6행**에서 Student 클래스 인스턴스를 생성한 후 같은 Student 클래스 타입 변수 s에 할당한다. **1~3행의 기본형 변수처럼 클래스 타입 변수는 같은 클래스 인스턴스를 할당받을 수 있는 것이다.** 반면, 7행에서는 오류가 발생한다. College 클래스 인스턴스를 다른 클래스 타입 변수인 s에 할당하면 클래스의 종류가 다르기 때문에 오류가 발생하는 것이다. 이와 동일하게 **10행**에서도 오류가 발생한다. 즉, 자바에서는 인스턴스와 같은 클래스 타입의 변수에 할당해야 한다. int형 변수를 생성하면 그 변수에는 int형 데이터만 저장할 수 있는 것과 같은 원리다.

[리스트 5.6] 클래스 타입 변수 사용하기

```
1       int a;
2       a=5;
3       a=5.6f;
4
5       Student s;
6       s=new  Student( );
7       s=new  College( );
8
9       College c;
10      c=new Student( );
```


7행   : 인스턴스를 다른 클래스 타입의 변수에 할당하므로 오류가 발생한다.

10행 : 인스턴스 타입과 참조형 변수 타입이 다르므로 오류가 발생한다.

[그림 5-18]은 클래스와 인스턴스의 관계를 나타낸 것이다. 건물로 비유하면 클래스는 일종의 설계도이고, 인스턴스는 그 설계도로 만들어진 건물이다. 즉, 인스턴스는 재료만 있으면 언제든지, 원하는 수만큼 만들 수 있다.

[그림 5-18]에서도 Student 클래스는 학생의 정보를 저장하는 기능을 한다. 그런데 학생들은 실제 여러 명이 있으므로 각 학생의 정보를 저장하기 위해서는 그때 그때마다 [그림 5-18]처럼 클래스 인스턴스를 생성한 후에 학생 정보를 저장한다.

[그림 5-17]은 클래스와 인스턴스 관계를 나타낼 때 주로 사용되는 비유이다. 클래스는 흔히 붕어빵 틀로 비유되고, 인스턴스는 붕어빵으로 비유된다. 붕어빵 틀은 말 그대로 '붕어빵을 만드는 틀'이다. 붕어빵은 우리가 원할 때 재료만 부어서 일정한 시간만 지나면 원하는 수만큼 만들 수 있다.

[그림 5-18]의 Student 클래스의 경우에도 학생 인스턴스는 원할 때마다 메모리에 생성하여 학생들의 정보를 저장할 수 있도록 만들 수 있다.

지금까지 클래스와 인스턴스의 관계에 대해 알아보았다. 프로그래밍을 처음 접하는 사람은 혼동하기 쉬우므로 두 개념을 잘 구분하기 바란다.

[그림 5-17] 클래스와 인스턴스의 관계 1

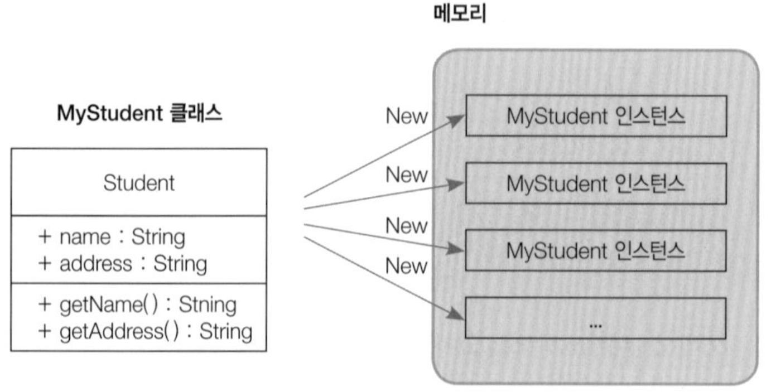

[그림 5-18] 클래스와 인스턴스의 관계 2

2.6 실행 클래스

이번에는 실행 클래스의 개념에 대해 알아보자. 앞에서 우리는 객체 지향 프로그래밍 과정으로 추출한 객체를 클래스로 변환한 후 자바의 클래스로 구현하였다. 이제 각 클래스의 기능을 사용하여 전체적인 기능을 완성하는 작업만이 남아 있다. [그림 5-19]는 실행 클래스의 개념을 나타낸 것이다.

앞에서 객체 지향 프로그래밍을 자동차 조립 공장에서의 작업으로 비유하면서 각 기능을 하는 부품을 조립 공장의 컨베이어 벨트에서 조립하여 하나의 완성차를 만든다고 했다. **이와 비슷하게 객체 지향 프로그래밍에서 분석, 설계 과정을 거쳐 클래스를 만들었으면 이제 최종 적으로 각 클래스들의 기능을 조립하여 하나의 완성된 기능을 하는 프로그램을 구현하는 컨 베이어 벨트와 같은 기능을 하는 실행 클래스라는 개념이 필요하다.**

[그림 5-19]처럼 실행 클래스는 이제 각 기능을 하는 클래스들의 인스턴스를 생성한 후 각 클래스 인스턴스를 초기화하고, 각 클래스 인스턴스로 원하는 작업을 하여 최종 결과를 만 들어 낸다. 따라서 실행 클래스에서는 컨베이어 벨트처럼 각 클래스의 기능을 순차적으로 사 용하여 원하는 기능을 구현한다. 우리가 자바 프로그램을 실행할 때 실제로는 이 실행 클래 스를 실행하여 원하는 기능을 구현하는 것이다. 따라서 실행 클래스에는 반드시 프로그램의 시작점 역할을 하는 main 메서드가 존재해야 한다. 즉, main 메서드가 있는 클래스가 실행 클래스라고 생각하면 된다.

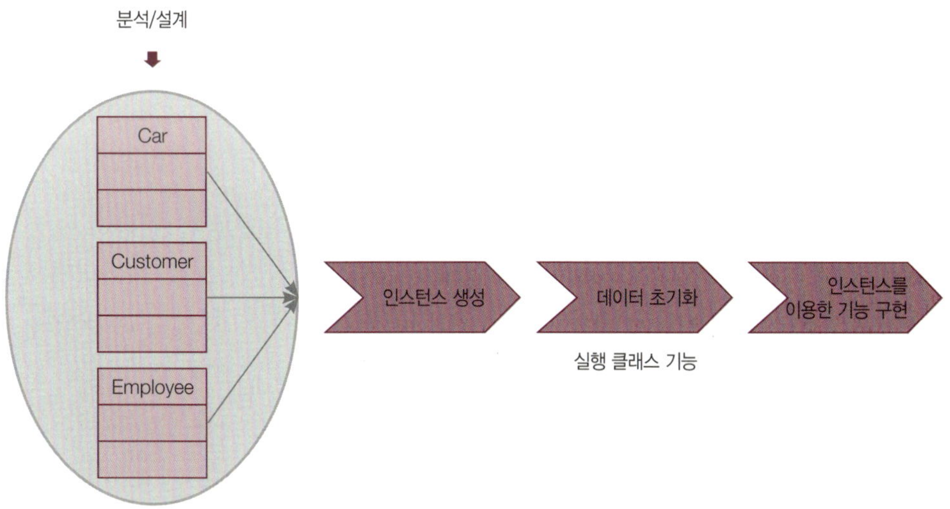

[**그림 5-19**] 실행 클래스 개념

지금까지 실행 클래스의 개념에 대해 알아보았다. 다음은 실행 클래스를 이용한 클래스 인스 턴스 사용 예제를 살펴보자.

[리스트 5.7]과 [리스트 5.8]은 StudentTest라는 실행 클래스에서의 Student 클래스 사용 예 제다. [리스트 5.7]에는 먼저 간단한 학생의 이름과 학년 정보를 저장할 수 있는 Student 클 래스를 정의한다. [리스트 5.8]에는 Student 클래스를 사용하기 위한 StudentTest 클래스를

생성한다. [리스트 5.8]의 **3행**에서 Student 클래스를 사용하기 위해서는 Student 클래스 인스턴스를 생성해야 한다.

[그림 5-20]은 메모리에 생성된 인스턴스의 상태를 나타낸다. 클래스의 멤버(인스턴스) 변수 중에 기본형 타입은 인스턴스를 생성한 후 초깃값으로 0이 할당된다. 그리고 참조형 변수는 null로 할당된다. 인스턴스를 생성한 후 참조 변수 s에 할당한 것이 [그림 5-20]에 나타나 있다. 변수 s는 메모리에 생성된 Student 인스턴스의 위치값을 가지고 있다. 그러면 변수 s를 이용하여 Student 클래스 인스턴스에 접근하여 작업한다.

[리스트 5.8]의 **4행**에서 s를 이용하여 인스턴스의 setName( )이라는 메서드를 호출한다. 호출하면서 "이순신"이라는 문자열을 전달한다. 그러면 [그림 5-20]에서처럼 s가 가지고 있는 위치값으로 가서 Student 인스턴스에서 호출한 setName( ) 메서드를 찾는다. 당연히 그 위치에 인스턴스가 존재하므로 인스턴스에 존재하는 setName( )이라는 메서드를 호출한다.

이 메서드의 기능은 [리스트 5.7]의 Student 클래스에서 보는 것처럼 메모리에 생성된 name이라는 멤버 변수의 값을 전달된 문자열로 세팅하는 것이다. 메서드를 실행한 후 [그림 5-21]처럼 멤버 변수 name의 값은 "이순신"이라는 값으로 변경되어 저장된다. 그리고 [리스트 5.8]의 StudentTest 클래스에서 **5행**의 getName( ) 메서드를 호출하면 인스턴스의 getName( )이라는 메서드에 접근하여 멤버 변수 name의 값을 리턴한다. 그 값을 출력하면 "이순신"이라는 값이 출력된다.

[리스트 5.7] 학생 정보를 저장하는 Student 클래스(Student.java)

```
1    public class Student{
2        private String name;
3        private int grade;
4
5        public String getName( ){
6            return name;
7        }
8        public int getGrade( ){
9            return grade;
10       }
11
12       public void setName(String _name){
13           name=_name;
14       }
15
```

```java
16        public void setGrade(int _grade){
17            grade=_grade;
18        }
19    }
```

[리스트 5.8] Student 클래스를 사용하는 실행 클래스(StudentTest.java)

```java
1    public class StudentTest {
2        public static void main(String[] args){
3            Student s= new Student( );
4            s.setName("이순신");
5            String name=s.getName( );
6            System.out.println("학생 이름은 "+name);
7        }
8    }
```

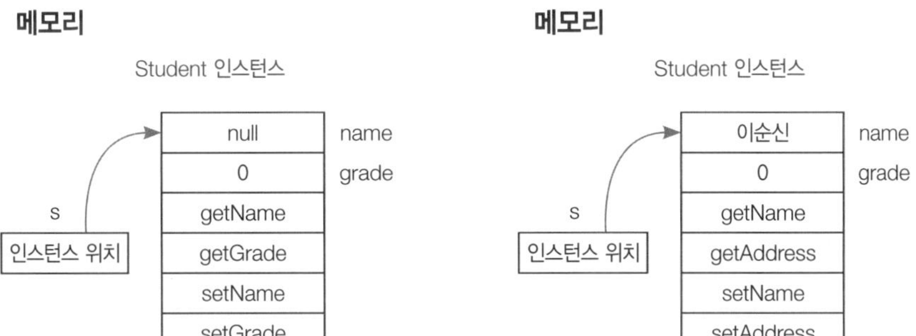

[그림 5-20] 인스턴스 생성 시 메모리 구조   [그림 5-21] 메서드 호출 후 name의 값

[그림 5-22] 실행 결과

> - 임의의 두 수 사이의 합과 두 수 사이의 5의 배수를 제외한 합을 구하는 클래스를 구현하라(MyUtil.java).
> - MyTest.java에서 두 수를 입력한 후 각각의 결과값을 출력하라.

[리스트 5.9]는 두 수를 전달받은 후 두 수 사이의 자연수의 합과 5의 배수를 제외한 자연수의 합을 구하는 메서드를 구현한 MyUtil 클래스이다. 그리고 [리스트 5.10]은 MyUtil 클래스의 인스턴스를 생성한 후, 두 정수를 각 메서드로 전달하여 원하는 결과값을 얻는다.

이처럼 객체 지향 프로그래밍에서 클래스는 각 기능의 메서드를 이용하여 구현한다. 그리고 실행 클래스에서 필요할 때 부품처럼 클래스의 인스턴스를 생성하여 그 기능, 즉 메서드를 호출하여 사용한다.

클래스에서 가장 중요한 것은 메서드이다. 그리고 메서드의 기능은 앞에서 배운 명령문을 이용하여 구현한다. 앞에서도 언급했지만, 객체 지향 프로그래밍도 형식을 클래스로 사용하는 것이고, 내용은 결국 앞의 명령문을 이용하여 기능을 구현하는 것이 절차 지향이든, 객체 지향이든 가장 기본이자, 중요한 것이다. [그림 5-23]은 MyTest.java를 실행한 결과를 나타낸 것이다.

[리스트 5.9] 두 수의 합을 구하는 기능을 구현한 클래스(MyUtil.java)

```java
1   public class MyUtil {
2       public void summarize(int num1,int num2){
3           int sum=0;
4           for(int i=num1; i<=num2;i++){
5               sum+=i;
6           }
7
8           System.out.println(num1+"과"+num2+ "사이에 있는 자연수들의 합은 "+sum);
9       }
10
11      public void summarize2(int num1,int num2){
12          int sum=0;
13          for(int i=num1; i<=num2;i++){
14              if(i%5!=0)
15                  sum+=i;
16          }
```

```
17
18            System.out.println(num1+"과"+num2+ "사이에 5의 배수를 제외한 자연수들의
                    합은 "+sum);
19        }
20    }
```

2~9행 : 두 정수 사이의 정수들의 합을 구하는 메서드

11~19행 : 두 정수 사이에 5의 배수를 제외한 정수들의 합을 구하는 메서드

[리스트 5.10] 실행 클래스(MyTest.java)

```java
1    public class MyTest {
2        public static void main(String[ ] args){
3            int min=1;
4            int max=100;
5
6            MyUtil my=new MyUtil( );
7            my.summarize(min, max);
8            my.summarize2(min, max);
9        }
10   }
```

6행 : MyUtil 클래스를 사용하기 위해 인스턴스를 생성한다.

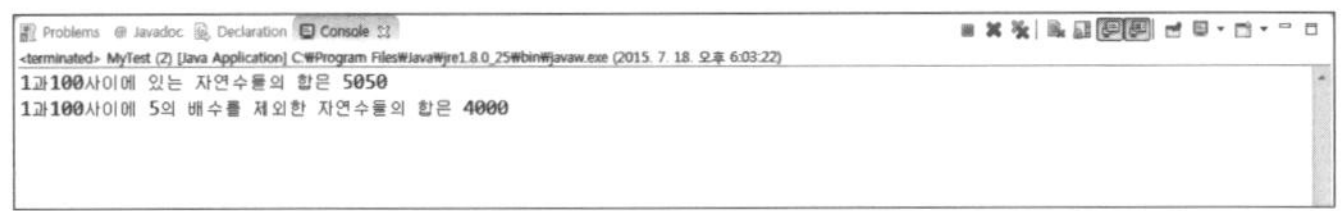

[그림 5-23]   실행 결과

실습 예제 1을 이용하여 다음 실습 예제를 풀어보기 바란다.

▣ 실습 예제 2

- 배열의 요소의 총합과 평균을 구하는 기능과 배열의 요소의 값을 오름차순으로 출력해주는 기능을 하는 클래스를 구현하라(ArrayUtil.java).
- 위 클래스의 인스턴스를 생성한 후 그 기능을 이용하는 실행 클래스를 구현하라(ArrayTest.java).

▣ 실습 예제 3

토지세는 3년 보유한 토지에 대해서는 매년 5%씩, 최대 50%까지 감면될 수 있다. 즉, 토지 소유 기간이 3년 미만인 토지는 100%, 소유 기간이 12년 이상인 토지는 50% 감면된다.

A : 표에 의해 계산된 면적세액

N : 토지 보유 기간(년)

지방 교육세 : 연세액(A)의 30%

[리스트 5.11]은 토지 소유세를 계산하는 기능을 하는 클래스이다. [리스트 5.12]의 실행 클래스에서 LandTaxUtil 클래스를 인스턴스 생성 후 calcLandTax() 메서드를 호출하면서 토지 소유세 계산에 필요한 정보를 메서드에 전달한다. LandTaxUtil 클래스 인스턴스의 메서드를 호출한 후 계산한 토지세액을 출력하고 있다.

[리스트 5.11] 토지 보유세를 구하는 기능을 하는 클래스(LandTaxUtil.java)

```
1    public class LandTaxUtil {
2        public float calcLandTax(int type,int size,int year){
3            float total_tax=0f;
4            float tax=0f;
5            float area_tax=0f;  //면적당토지세액
6            int tax_rate=0;
7            int n=0;
8            if(type==1){   //건물이 없는 토지인 경우
9                System.out.println("토지 종류 : 건물이 없는 토지");
10               if(size<=1800)
11                   tax_rate=1800;
12               else if(size <=2500)
13                   tax_rate=2000;
14               else
```

```java
15              tax_rate=3000;
16
17          area_tax=tax_rate*size;
18          System.out.println("토지면적 세액 : "+area_tax);
19          if(year<3)
20              n=0;
21          else if(year <13)
22              n=year-2;
23          else
24              n=10;
25
26          tax=area_tax-area_tax*0.05f*n;
27
28      }else {
29          System.out.println("토지 종류 : 건물이 있는 토지 ");
30          if(size<=1800)
31              tax_rate=3600;
32          else if(size <=2500)
33              tax_rate=4000;
34          else
35              tax_rate=6000;
36
37          area_tax=tax_rate*size;
38          System.out.println("토지면적 세액은 "+area_tax);
39          if(year<3)
40              n=0;
41          else if(year <13)
42              n=year-2;
43          else
44              n=10;
45
46          tax=area_tax-area_tax*0.05f*n;
47      }
48
49      total_tax=tax+0.3f*area_tax;  //최종 토지 보유세에 지방 교육세를 포함한다.
50      return total_tax;
51  }
52 }
```

2행 : 토지의 종류, 면적, 보유 기간을 매개변수로 전달받는다.

[리스트 5.12] 클래스 인스턴스를 사용하는 실행 클래스(LandTest.java)

```
1    public class LandTest {
2        public static void main(String[] args) {
3            float my_total_tax=0f;
4            int my_land_type=1;
5            int my_land_size=25000;
6            int my_land_own_year=5;
7
8            float your_total_tax=0f;
9            int your_land_type=2;
10           int your_land_size=15000;
11           int your_land_own_year=3;
12
13           LandTaxUtil util=new LandTaxUtil( );
14
15           my_total_tax=util.calcLandTax(my_land_type, my_land_size, my_land_own_year);
16           System.out.println("내 토지 보유세액은 "+my_total_tax+"입니다.");
17           System.out.printf("내 토지 보유액은>>%5.1f원입니다.\n",my_total_tax);
18
19           your_total_tax=util.calcLandTax(your_land_type, your_land_size,
                                              your_land_own_year);
20           System.out.println("당신의 토지 보유세액은 "+your_total_tax+"입니다.");
21           System.out.printf("당신의 토지 보유세액은>>%5.1f입니다.\n",
                                 your_total_tax);
22       }
23   }
```

13행　 : 메서드를 사용하기 위해 인스턴스를 생성한다.

15, 19행 : 메서드 호출 시 토지 종류, 토지 면적, 토지 소유 기간을 전달하여 총 토지 보유세를 계산한다.

```
Console 🔲                                        ■ ✖ ✖ │ ▤ ▦ ▦ ▦ │ ▦ ▥ ▾ ▢ ▾ ▭ ▭ ▭
<terminated> LandTest [Java Application] C:\Program Files\Java\jre1.8.0_25\bin\javaw.exe (2015. 3. 13. 오전 10:03:26)
토지 종류:건물이 없는 토지
토지면적 세액: 7.5E7
내 토지 보유세액은 8.625E7입니다.
내 토지 보유세액은 86250000.0원입니다.

토지 종류: 건물이 있는 토지
토지면적 세액은 9.0E7
당신의 토지 보유세액은 1.125E8입니다.
내 토지 보유세액은 112500000.0원입니다.
```

[그림 5-24] 실행 결과

생성자(Constructor)

이번에는 클래스 구성 요소인 생성자에 대해 알아보자. 생성자는 클래스의 인스턴스를 생성할 때 호출된다. 그리고 반드시 클래스명과 동일해야 한다. 앞에서 Student 클래스 인스턴스를 생성하는 실습을 했는데, 우리는 벌써 생성자를 사용해왔다. [리스트5.12]이 **13행**을 보면 인스턴스를 생성하기 위해 new 다음에 '클래스명()'을 적어주는데, 이것이 바로 '생성자'다. 이는 클래스의 '디폴트 생성자'라고도 부른다. 생성자의 의미는 말 그대로 **'클래스의 인스턴스를 메모리에 생성시킨다'**라는 의미다.

생성자는 메모리에 클래스의 인스턴스를 생성시킬 때나 인스턴스 생성 시 멤버 변수(인스턴스 변수)를 초기화하는 용도로 주로 많이 사용되고, 이 밖에 인스턴스 생성 시 어떤 작업을 해주고 싶을 경우, 메서드처럼 명령문을 이용하여 기능을 구현하는 용도로도 사용된다.

생성자에는 클래스명을 반드시 써주어야 하고, 앞에 접근 지정자를 지정해주어야 하며, 매개변수도 지정해주어야 한다. 그리고 본체에서는 주로 인스턴스 변수 초기화나 인스턴스 생성 시에 별도의 작업을 명령문으로 수행해주어야 한다. 이를 정리하면 다음과 같다.

생성자의 정의

- 클래스가 객체 생성될 때 맨 처음 호출되는 것
- 반드시 클래스명과 동일해야 한다.

생성자의 기능

- 클래스 인스턴스를 메모리에 생성한다.
- 주로 인스턴스 변수를 초기화한다.

생성자의 형식

```
[접근 지정자] 클래스명([매개변수]){
    //인스턴스 변수 초기화
    //명령문
    ....
}
```

다음은 생성자의 특징을 나타낸 것이다. 생성자의 형식은 메서드와 비슷하다. 하지만 생성자는 리턴 타입이 없다. 그리고 클래스 정의 시에 생성자를 사용자가 직접 만들어주지 않으면, 컴파일러가 컴파일 시에 자동으로 디폴트(default) 생성자를 추가한다. 디폴트 생성자 형식은 그냥 클래스명을 가지는 생성자인데, 매개변수는 없고 본체에서도 아무런 작업을 하지 않는다.

> **생성자의 특징**
>
> - 메서드와 비슷한 기능을 가진다.
> - 리턴 타입이 없다.
> - 생성자를 구현해주지 않으면 컴파일러가 컴파일 시 default 생성자를 추가한다.
> - 생성자를 명시적으로 구현하면 default 생성자는 추가되지 않는다.
> - default 생성자 형식
>   public 클래스명( ){ }

디폴트 생성자의 예는 Student 클래스가 있는 [리스트 5.13]과 [리스트 5.14]를 보면 알 수 있다.

[리스트 5.13]은 Student 클래스에 사용자가 특별히 생성자를 만들어주지 않았다.

그럼에도 불구하고 [리스트 5.14]의 StudentTest 실행 클래스의 **3행**에서 Student 클래스의 디폴트 생성자를 호출하여 Student 인스턴스를 생성한 후 정상적으로 실행한다.

즉, 사용자가 클래스 정의 시에 생성자를 만들어주지 않으면 컴파일러가 클래스를 컴파일할 때 자동으로 다음과 같은 디폴트 생성자를 추가한다. 따라서 실행 클래스에서 디폴트 생성자를 호출하여 인스턴스를 생성하더라도 정상적으로 동작하는 것이다.

[리스트 5.13] 생성자가 없는 클래스(Student.java)

```
1    public class Student{
2        private String name;
3        private int grade;
4
5        public String getName( ){
6            return name;
7        }
8        public int getGrade( ){
9            return grade;
10       }
11
```

```
12        public void setName(String _name){
13            name=_name;
14        }
15
16        public void setGrade(int _grade){
17            grade=_grade;
18        }
19    }
```

[리스트 5.14] 실행 클래스(StudentTest.java)

```
1    public class StudentTest {
2       public static void main(String[] args){
3           Student s= new Student( );
4           s.setName("이순신");
5           String name=s.getName( );
6           System.out.println(" 학생 이름은  " +name);
7       }
8    }
```

> **Student 클래스 디폴트 생성자 형식**
>
> public Student( ){
>
> }

[리스트 5.15]는 Student 클래스를 이용한 생성자 실습 예제다. 여기서는 Student 클래스를 구현하고 있으며, 사용자가 직접 생성자를 만들어주고 있다. **5행**에서는 매개변수가 1개 있는 생성자를 정의하고 있다. 이 생성자는 매개변수로 전달받은 값을 인스턴스 변수의 name 에 할당한다. 그리고 **9행**에는 디폴트 생성자를 정의한다. 디폴트 생성자는 매개변수가 존재하지 않고 생성자 본체에서도 아무런 일을 하지 않는다.

[리스트 5.16]의 StudentTest 실행 클래스에서 Student 클래스의 생성자를 호출하여 [그림 5-25]처럼 Student 인스턴스를 메모리에 생성한다. **3행**에서는 디폴트 생성자를 호출하여 인스턴스를 생성한다. 그런데 [리스트 5.15]에서 Student 클래스의 디폴트 생성자는 본체에

서 아무런 일을 하지 않으므로, 디폴트 생성자를 호출한 경우, 인스턴스의 name 변수는 null 로 초기화되고 age는 0으로 초기화된다. 그리고 **4행**에서는 매개변수가 1개인 생성자를 호출한다.

그러면 [그림 5-25]처럼 메모리에 인스턴스가 생성되는데, 이번에는 인스턴스가 생성된 후 생성자로 전달된 "홍길동"이라는 문자열이 인스턴스에 존재하는 name 변수에 할당된다. 즉, s2가 가리키는 Student 인스턴스의 변수 name의 값을 "홍길동"으로 초기화한다.

그리고 [리스트 5.16]의 **8행**에서 먼저 s가 가리키고 있는 인스턴스의 name의 값을 출력해보면 name의 값이 null이 된다. 그런데 **12행**에서 s2가 가리키고 있는 인스턴스의 값을 출력해보면, 두 번째 인스턴스 name의 값은 "홍길동"이 된다.

Student 인스턴스는 학생을 객체화한 것이다. 인스턴스 변수 name에는 학생의 이름이 있어야 하는데, 첫 번째 인스턴스의 name에는 이름이 없으므로 논리적으로 맞지 않는 것이다.

즉, 생성자를 이용하면 인스턴스 생성 시 인스턴스 변수의 값을 원하는 값으로 초기화할 수 있다. [그림 5-26]은 실행 결과를 나타낸 것이다.

[리스트 5.15] 생성자를 정의한 클래스(Student.java)

```java
1   public class Student{
2       private String name;
3       private int grade;
4
5       public Student(String _name){
6           name=_name;
7       }
8
9       public Student( ){
10
11      }
12      public String getName( ){
13          return name;
14      }
15      public int getGrade( ){
16          return grade;
17      }
18
19      public void setName(String _name){
20          name=_name;
```

```
21         }
22
23      public void setGrade(int _grade){
24          grade=_grade;
25      }
26   }
```

9~11행 : 사용자가 생성자를 구현해주면 디폴트 생성자는 자동으로 추가되지 않는다.

[리스트 5.16] 사용자 정의 생성자를 사용하는 실행 클래스(StudentTest.java)

```
1    public class StudentTest {
2       public static void main(String[] args){
3           Student s= new Student( );
4           Student s2= new Student("홍길동");
5           //s.setName("이순신");
6           String name=s.getName( );
7           int grade=s.getGrade( );
8           System.out.println("첫 번째 학생의 이름은 " + name+", 학년은 "+grade);
9
10          name=s2.getName( );
11          grade=s2.getAge( );
12          System.out.println("두 번째 학생의 이름은 "+name+", 학년은 "+grade);
13      }
14   }
```

3행 : 디폴트 생성자를 호출하여 인스턴스를 생성한다.

4행 : 매개변수가 1개인 생성자를 호출하여 인스턴스를 생성한다.

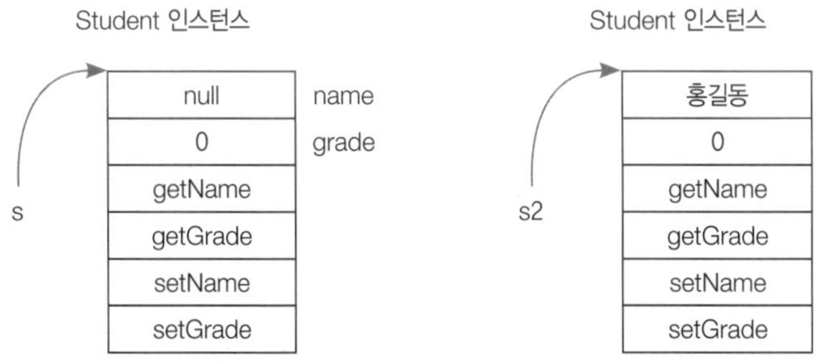

[그림 5-25] 생성자 호출 시 메모리의 인스턴스 상태

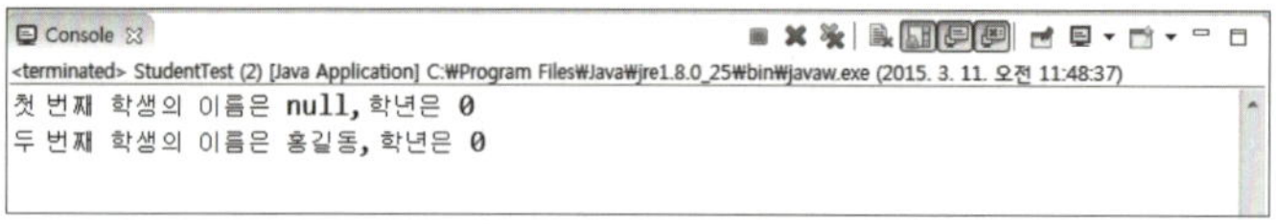

[그림 5-26] 실행 결과

[그림 5-26]의 실행 결과를 보면 s2의 인스턴스 변수 name은 "홍길동"인데, 나이는 0이다. 모든 학생은 이름이 있고, 당연히 나이도 있어야 하는데 매개변수가 1개인 생성자를 사용하면 name의 값만 초기화한다. 이것도 논리적으로 맞지 않다.

이번에는 매개변수가 2개인 생성자를 이용하여 name과 grade값을 동시에 초기화해보자.

[리스트 5.17]은 Student 클래스의 **5~8행**에 매개변수가 2개인 생성자를 추가했다. 이 생성자는 생성자 호출 시에 전달된 값으로, name과 grade를 초기화한다. 그리고 [리스트 5.18]의 StudentTest 클래스에서 2개의 Student 인스턴스를 생성하는데, **3행**에서 생성한 첫 번째 인스턴스는 매개변수가 1개인 생성자를 이용하여 인스턴스를 생성하고, **4행**에서의 Student 인스턴스는 매개변수가 2개인 생성자를 이용하여 인스턴스를 생성한다.

[그림 5-27]은 생성자를 호출한 후의 각 인스턴스 생성 상태를 나타낸 것이다. 첫 번째 인스턴스는 name만 초기화되고, 두 번째 인스턴스는 name과 grade가 모두 초기화된다. 그리고 [리스트 5.18]에서 각 인스턴스의 name과 grade값을 출력해보면 두 번째 학생은 이름과 학년이 모두 출력된다.

생성자의 주요 용도는 인스턴스 변수의 초기화지만, [리스트 5.19]의 Student 생성자에는 메시지 명령문도 추가되어 있다. 생성자에서는 인스턴스 생성 시에 해줄 작업이 있을 때 이용하는 것이 편리하다.

[리스트 5.17] 사용자가 직접 생성자를 구현한 클래스(Student.java)

```
1    public class Student{
2        private String name;
3        private int grade;
4
5        public Student(String _name,int _grade){
6            name=_name;
7            grade=_grade;
8        }
9
10       public Student(String _name){
11           name=_name;
```

```java
12        }
13
14        public Student( ){
15
16        }
17        public String getName( ){
18            return name;
19        }
20        public int getGrade( ){
21            return grade;
22        }
23
24        public void setName(String _name){
25            name=_name;
26        }
27
28        public void setGrade(int _grade){
29            grade=_grade;
30        }
31    }
```

5~8행 : 매개변수가 2개인 생성자를 추가한다.

[리스트 5.18] 생성자를 호출하여 사용하는 실행 클래스(StudentTest2.java)

```java
1    public class StudentTest2 {
2        public static void main(String[ ] args){
3            Student s= new Student("홍길동");
4            Student s2= new Student("이순신",3);
5
6            String name=s.getName( );
7            int grade=s.getGrade( );
8            System.out.println("첫번째 학생의 이름은 " + name+" , 학년은 "+grade);
9
10           name=s2.getName( );
11           grade=s2.getGrade( );
12           System.out.println("두번째 학생의 이름은 "+name+" , 학년은 "+grade);
13       }
14   }
```

4행 : 매개변수가 2개인 생성자를 호출하여 인스턴스를 생성한다.

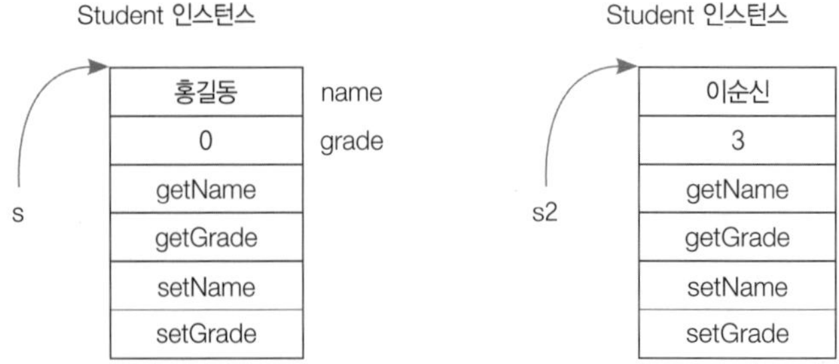

[그림 5-27] 생성자를 호출한 후의 인스턴스 상태

[그림 5-28] 실행 결과

[리스트 5.19] 생성자에 다른 명령문을 추가한 경우(Student.java)

```java
1    public class Student{
2        private String name;
3        private int grade;
4
5        public Student(String _name,int _grade){
6            System.out.println("인자가 2개인 생성자 호출");
7            name=_name;
8            grade=_grade;
9        }
10
11       public Student(String _name){
12           System.out.println("인자가 1개인 생성자 호출");
13           name=_name;
14       }
15
16       public Student( ){
17           System.out.println("디폴트 생성자 호출");
18       }
19       public String getName( ){
20           return name;
21       }
22       public int getGrade( ){
23           return grade;
24       }
```

```
25
26        public void setName(String _name){
27            name=_name;
28        }
29
30        public void setGrade(int _grade){
31            grade=_grade;
32        }
33    }
```

5~8행 : 매개변수가 2개인 생성자를 추가한다.

[그림 5-29]　실행 결과

학생 모두의 집 주소가 있다고 가정하고, [리스트 5.20]의 **4행**처럼 학생의 멤버 변수로
'address'를 추가한 후 인스턴스를 생성할 때 매개변수가 3개인 생성자를 만들어 인스턴스 변
수를 초기화하는 예제를 직접 실습해보기 바란다.

[리스트 5.20] 'address' 속성을 추가한 Student 클래스(Student.java)

```
1     public class Student{
2         private String name;
3         private int grade;
4         private String address;
5
6         public Student(String _name,int _grade){
7             System.out.println("인자가 2개인 생성자 호출");
8             name=_name;
9             grade=_grade;
10        }
11
12        public Student(String _name){
13            System.out.println("인자가 1개인 생성자 호출");
14            name=_name;
```

```java
15        }
16
17        public Student( ){
18            System.out.println("디폴트 생성자 호출");
19        }
20        public String getName( ){
21            return name;
22        }
23        public int getGrade( ){
24            return grade;
25        }
26
27        public void setName(String _name){
28            name=_name;
29        }
30
31        public void setGrade(int _grade){
32            grade=_grade;
33        }
34        public String getAddress( ){
35            return address;
36        }
37    }
```

34~37행 : address 값을 얻어 오는 메서드 추가

■ 생성자를 사용할 때 주의해야 할 점

[리스트 5.21]은 Student 클래스를 구현하고 있는데, 사용자가 직접 다른 생성자를 구현한 후 **14~18행**의 디폴트 생성자를 주석 처리하고 있다. 그런 다음, [리스트 5.22]의 StudentTest 클래스의 **3행**에서 Student 클래스의 디폴트 생성자로 인스턴스를 생성하려면 오류가 발생한다. 즉, 사용자가 직접 생성자를 구현해준 경우에는 컴파일러가 디폴트 생성자를 자동으로 추가해주지 않는다. 따라서 생성자를 직접 만들어줄 경우에는 습관적으로 디폴트 생성자를 함께 만들어주는 것을 습관화하는 것이 좋다.

[리스트 5.21] 디폴트 생성자를 구현하지 않은 클래스(Student.java)

```java
1    public class Student{
2        private String name;
3        private int age;
4
5        public Student(String _name,String _age){
6            System.out.println("인자가 2개인 생성자 호출");
7            name=_name;
8            age=_age;
9        }
10       public Student(String _name){
11           System.out.println("인자가 1개인 생성자 호출");
12           name=_name;
13       }
14   /*
15       public Student( ){
16           System.out.println("디폴트 생성자 호출");
17       }
18   */
19       public String getName( ){
20           return name;
21       }
22       public int getAge( ){
23           return age;
24       }
25
26       public void setName(String _name){
27           name=_name;
28       }
29
30       public void setAge(int _age){
31           age=_age;
32       }
33   }
```

14~18행 : 디폴트 생성자를 주석 처리한다.

```java
1    public class StudentTest{
2       public static void main(String[] args){
3          Student s1= new Student( );
4          Student s2=new Student("이순신",23);
5          String name=s1.getName( );
6          int age=s1.getAge( );
7          System.out.println("첫 번째 학생의 이름은 " + name+", 나이는 "+age);
8
9          name=s2.getName( );
10         age=s2.getAge( );
11         System.out.println("두 번째 학생의 이름은 "+name+", 나이는 "+age);
12      }
13   }
```

3행 : 디폴트 생성자 호출 시 오류가 발생한다.

04 오버로딩(overloading) 생성자 및 메서드

이번에는 오버로딩(overloading)의 개념에 대해 알아보자.

4.1 오버로딩 생성자

오버로딩 생성자는 같은 클래스명으로 여러 개의 생성자를 만들어 사용할 수 있다.

오버로딩 생성자의 정의와 규칙

정의
- 클래스에 동일한 이름의 생성자가 여러 개 존재하는 것

규칙
- 반드시 매개변수의 형식이 달라야 한다(순서, 타입, 개수).

[리스트 5.23]은 앞에서 실습한 Student 클래스이다. 이미 우리는 오버로딩 생성자를 사용하고 있었다. 생성자는 'Student'라는 클래스명을 사용하여 여러 개의 생성자를 만들어 사용하고 있다. 그런데 여러 개의 생성자를 만들어 사용하더라도 반드시 위의 규칙을 지키면서 생

성자를 만들어야 한다.

[리스트 5.23]의 Student 클래스의 생성자도 Student라는 이름은 같아도 각 매개변수의 개
수, 타입, 순서를 다르게 하여 사용하고 있다. 따라서 실행 클래스에서 각각의 개수, 타입, 순
서와 일치하는 생성자를 호출하여 인스턴스를 생성하는 것이다.

[리스트 5.23] 생성자 오버로딩하기(Student.java)

```java
1    public class Student{
2       private String name;
3       private int grade;
4
5       public Student(String _name,int _grade){
6           System.out.println("인자가 2개인 생성자 호출");
7           name=_name;
8           grade=_grade;
9       }
10
11      public Student(String _name){
12          System.out.println("인자가 1개인 생성자 호출");
13          name=_name;
14      }
15
16      public Student( ){
17          System.out.println("디폴트 생성자 호출");
18      }
19      public String getName( ){
20          return name;
21      }
22      public int getGrade( ){
23          return grade;
24      }
25
26      public void setName(String _name){
27          name=_name;
28      }
29
30      public void setGrade(int _grade){
31          grade=_grade;
32      }
33   }
```

4.2 오버로딩 메서드

이번에는 오버로딩 개념이 메서드에 적용된 예를 살펴보자. 오버로딩 메서드의 의미는 오버로딩 생성자에서처럼 똑같은 이름을 가지고 있는 메서드를 여러 개 만들어 사용할 수 있다는 것이다. 다만, 같은 이름을 가지고 있는 메서드는 규칙에 있는 것처럼 각각 순서, 타입, 개수가 달라야 한다. [리스트 5.24]는 오버로딩된 get이라는 메서드의 사용 예를 나타낸 것이다. **2~5행**에 있는 get 메서드의 이름은 같지만, 각 매개변수의 개수, 타입, 순서는 다르다. 그런데 **6행**의 get 메서드처럼 리턴 타입이 다르다고 해서 다른 메서드와 구분되는 것은 아니다. 즉, **6행**의 get 메서드는 매개변수가 없고, **4행**의 메서드와 겹치므로 오류가 발생한다.

> **오버로딩 메서드의 정의와 규칙**
>
> **정의**
> - 같은 클래스에서 동일한 이름의 메서드가 여러 개 존재하는 것
> - 메서드명을 재사용한다.
>
> **규칙**
> - 반드시 메서드 매개변수 형식이 달라야 한다(순서, 타입, 개수)
> - 리턴 타입은 달라도 상관없다.

[리스트 5.24] get 메서드 오버로딩하기(ClassUtil.java)

```
1    public class ClassUtil {
2        public void get( ){}
3        public void get(int n){ }
4        public void get(String n){ }
5        public void get(String n, int a){ }
6        //public int get( ) { }
7    }
```

그러면 이번에는 메서드에 오버로딩 개념을 사용하는 목적에 대해 알아보자. [리스트 5.25]는 메서드에 오버로딩을 적용하지 않았을 때이다. AddUtil1이라는 클래스에서 add2()는 두 수를 매개변수로 전달받아 두 수의 합을 구하는 메서드이다. 그런데 프로그래밍을 하다가 세 수의 합을 구하는 메서드가 필요하면 그 아래에 add3()이라는 메서드를 다시 만들어 사용해야 한다. 그 후에 다시 네 수의 합을 구하는 메서드가 필요하면 add4()라는 메서드를 만들어 사용한다.

즉, 위의 이름을 다르게 하여 구현한 세 가지 메서드의 기능은 결국 전달된 숫자를 더하는 것이다.

AddUtil1 클래스에서는 add라는 단어 다음에 숫자를 표시하고, 매개변수의 개수를 나타내어 사용하는데, 지금 같은 경우에는 메서드의 소스 양이 적어서 금방 구분할 수 있지만, 실제로 사용하는 메서드에 이러한 방식으로 이름을 붙이면 메서드를 구현한 당사자는 이해를 하더라도 다른 사람들에게는 add 다음에 붙은 숫자에 대한 혼란을 줄 수 있다. 즉, 어떤 사람은 add3을 '매개변수로 전달된 값의 합에 3을 더 더해 결과값을 구하라'고 이해할 수도 있는 것이다.

[리스트 5.26]은 오버로딩 메서드를 적용한 예제다. 이번 AddUtil2 클래스 내의 모든 메서드명은 add이다. 단, 각 메서드의 매개변수 개수를 다르게 하여 구현하고 있다. 오버로딩을 적용한 메서드의 경우에는 구현한 사람 외에 다른 사람들이 메서드를 보더라도 '각 메서드가 어떤 합을 구하는 기능을 한다'라고 간단하게 인식한다. 그런 다음, **'각 매개변수가 다르므로 세부적으로 다른 작업을 한다'**라고 이해한다. **즉, 오버로딩을 사용함으로써 가독성이 훨씬 좋아진다.** 처음 접하는 사람은 오버로딩을 적용하기 전의 메서드가 더 가독성이 좋을 것 같이 느끼지만, 메서드의 소스 양이 많아지고 실제 업무에 사용하는 기능을 구현하는 경우에는 오버로딩을 한 경우가 가독성이 훨씬 좋다. **즉, 오버로딩 메서드는 메서드의 이름을 재사용하여 가독성을 높이는 것이다.**

[리스트 5.25] 오버로딩을 적용하기 전 메서드(AddUtil1.java)

```
1    public class AddUtil1 {
2        public int add2(int a,int b){
3            int x=a+b;
4            return x;
5        }
6        public int add3(int a,int b,int c){
7            int x=a+b+c;
8            return x;
9        }
10
11        public int add4(int a,int b,int c,int d){
12            int x=a+b+c+d;;
13            return x;
14        }
15    }
```

2, 6, 11행 : 오버로딩을 적용하지 않고 각자 따로 메서드명을 만들어 사용하고 있다.

[리스트 5.26] 오버로딩을 적용하기 후 메서드(AddUtil2.java)

```
1        public class AddUtil2 {
2            public int add(int a,int b){
3                    int x=a+b;
4                    return x;
5            }
6            public int add(int a,int b,int c){
7                    int x=a+b+c;
8                    return x;
9            }
10
11           public int add(int a,int b,int c,int d){
12                   int x=a+b+c+d;;
13                   return x;
14           }
15       }
```


2, 6, 11행 : 오버로딩을 적용하여 메서드의 이름을 동일하게 사용하고 있다.

4.3 오버로딩 예제

앞에서 실습한 예제를 이번에는 오버로딩 메서드를 이용하여 실습해보자.

▣ 실습 예제 4

- 1에서 임의의 자연수까지의 합과 임의의 두 수 사이의 자연수의 합을 구하는 기능을 overloading을 이용하여 메서드를 구현하라(MyUtil.java).
- MyTest.java에서 두 수를 입력한 후 각각의 결과값을 출력하라.

앞에서 클래스의 기능을 구현할 때에는 각 메서드의 이름을 다르게 하였는데, 위의 문제를 보면 결국 1에서 임의의 자연수까지의 합을 구하는 기능이든, 두 자연수 사이의 자연수의 합을 구하는 기능이든 결국 합을 구하는 것이기 때문에 메서드의 이름을 'summarize'라고 정하여 구현해보자.

[리스트 5.27]은 실습 예제를 구현한 소스이다. 먼저 MyUtil 클래스에는 2개의 메서드가 구현되어 있다. 그런데 각 메서드의 이름은 모두 'summarize'이다. 그리고 매개변수의 개수만

다르다. MyUtil 클래스의 **11행**처럼 'summarize2'이라는 메서드명을 사용하지 않아도 된다. 그리고 'MyTest'라는 실행 클래스의 **7행**과 **8행**에서 summarize() 메서드를 호출한다. 호출하는 이름은 같더라도 메서드의 매개변수가 다르기 때문에 호출 시에 JVM이 **7행**의 경우에는 매개변수가 1개인 MyUtil의 첫 번째 메서드를 호출하고, **8행**의 경우에는 두 번째 메서드를 호출하는 것이다.

[리스트 5.27] 오버로딩을 적용한 메서드 구현(MyUtil.java)

```java
1   public class MyUtil {
2       public void summarize(int num1){
3           int sum=0;
4           for(int i=0; i<=num1;i++){
5               sum+=i;
6           }
7
8           System.out.println("1에서  "+num1 +"사이에 있는 자연수들의 합은 "+sum);
9       }
10
11      // public void summarize2(int num1,int num2){
12      public void summarize(int num1,int num2){
13          int sum=0;
14          for(int i=num1; i<=num2;i++){
15              sum+=i;
16          }
17
18          System.out.println(num1+"과 "+num2+ "사이의  자연수들의 합은 "+sum);
19      }
20  }
```

2, 12행 : 메서드의 매개변수 개수가 다르므로, 메서드명을 오버로딩하여 사용하고 있다.

[리스트 5.28] MyTest.java

```
1     public class MyTest {
2         public static void main(String[ ] args){
3             int num1=1;
4             int num2=100;
5             MyUtil my=new MyUtil( );
6
7             my.summarize(num2);
8             my.summarize(num1,num2);
9         }
10    }
```

7행 : 매개변수가 1개인 summarize( ) 메서드가 호출된다.

8행 : 매개변수가 2개인 summarize( ) 메서드가 호출된다.

```
Console 23                          ■ ✖ ✖  ▣▣▣▣  ▣ ▣ ▾ ▭ ▾ ▭ ▭
<terminated> MyTest (1) [Java Application] C:\Program Files\Java\jre1.8.0_25\bin\javaw.exe (2015. 3. 10. 오후 6:19:58)
1과10사이에 있는 자연수들의 합은 55
10과100사이의  자연수들의 합은 5005
```

[그림 5-30] 실행 결과

다음은 배열을 이용한 오버로딩 메서드 실습 예제다. 스스로 한번 구현해보기 바란다.

◼ 실습 예제 5

> • 다음 두 배열을 차례로 전달받아 배열의 요소를 오름차순으로 출력하는 메서드와 임의의 두 배열을 전
> 달받아 두 배열의 요소를 비교한 후 오름차순으로 출력하는 메서드를 overloading을 이용(메서드명 :
> sortArray)하여 클래스를 구현하라(ArrayUtil.java).
>
> int[ ] num1={1,3,4,56,78,91,23};
> int[ ] num1={21,5,65,57,79,17,33};

앞에서는 하나의 클래스에 대한 실습을 했지만, 실제로 객체 지향 프로그래밍을 해보면 여러 개의 클래스들이 만들어진다는 것을 알 수 있다. 이 클래스들을 각 기능별로 묶어서 관리하면 편리한데, 이러한 역할을 하는 것이 패키지다. 다음은 패키지의 정의와 특징, 그리고 패키지 선언 형식과 선언 시의 규칙을 나타낸 것이다. 패키지명은 선언 시 반드시 소문자로 선언해야 하고, 클래스 파일의 최상단에 한 번만 선언해야 한다.

정의

- 같은 기능을 하는 클래스들을 모아놓은 그룹

특징

- 같은 기능을 하는 클래스들을 편리하게 관리하기 위해 사용한다.
- 윈도우의 폴더와 비슷하다.
- 자바에서 제공하는 API는 모두 package로 제공된다.

패키지 형식

: package 패키지명;

: package 패키지명1.패키지명2;

규칙

- 반드시 클래스 첫 라인에서 사용한다.
- 패키지명은 소문자로 작성한다.
- 자바 파일 최상단에 한 번만 선언한다.

패키지는 객체 지향 프로그래밍처럼 같은 기능을 하는 클래스들을 모아놓은 그룹이다. 이는 우리가 컴퓨터에서 사용하는 폴더를 살펴보면 쉽게 알 수 있다. 폴더에 사진을 저장할 때에도 '가족 사진 저장 폴더', '회사 업무 관련 사진 폴더', '동호회 관련 사진 폴더'와 같은 방식으로 분류하여 저장하는 것처럼, 실제로 개발할 때에 생기는 클래스들을 같은 기능을 하는 클래스별로 구분하여 관리하자는 개념이 바로 **'패키지'**다. 패키지를 하는 방법은 클래스의 맨 윗부분에 저장할 패키지명을 써주면 된다. 패키지 아래에 또 다른 하위 패키지를 만들어 사용할 수도 있다. 그리고 DOS 환경의 클래스에서 패키지를 선언할 때에는 반드시 패키지 컴

파일과 패키지 실행을 해야 한다. 그런데 이클립스에서는 자동으로 패키지 컴파일 및 실행을 한다. 다음에는 이클립스에서 패키지를 만드는 방법에 대해 알아본다.

1 자바 패키지 명명법

실제 자바로 어떤 프로그램을 개발하면 프로그램 내에서는 여러 기능별로 분리한 후 각 기능별로 패키지를 만들어 개발자들이 각 기능, 즉 패키지별로 클래스의 기능을 미리 개발하고, 이를 다시 패키지로 만들어 사용자들에게 배포한다. 다음은 일반적인 프로그램의 패키지 명명법을 나타낸 것이다.

대개의 패키지 명명법은 각 회사에서 사용하는 도메인 이름을 역순으로 배열하여 사용하고 있다. 예를 들어 'jweb.com'이라는 회사에서 어떤 프로그램을 패키지로 개발한다고 가정하면, 그 프로그램의 패키지명은 'com.jweb...'으로 시작한다. 대개의 경우에는 '**패키지명.프로젝트명.기능명.클래스명**' 순으로 나열된다.

역도메인 명명법

- 자기가 가지고 있는 도메인을 역순으로 배열한다(예 jweb.com → com.jweb)

패키지 명명법의 예

- 패키지 뒤에 클래스명을 붙인다. 이때 주의해야 할 사항은 클래스명은 반드시 단어의 첫글자를 대문자로 써야 한다는 것이다.

  예 com.jweb.prjname.member.MemWindow(패키지명.프로젝트명.기능명.클래스명)

---

2 이클립스에서 패키지를 만드는 방법

❶ 자바 프로젝트의 src 위에 마우스 포인터를 올려놓는다.

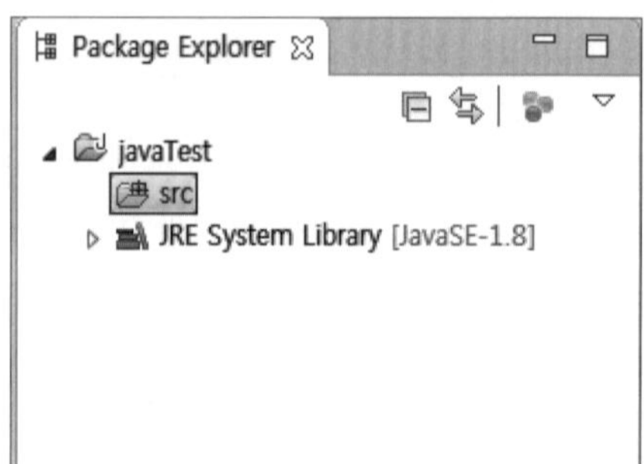

❷ 패키지명을 마우스 오른쪽 버튼으로 클릭하면 나타나는 메뉴 중에서 [new-package]를
선택한다.

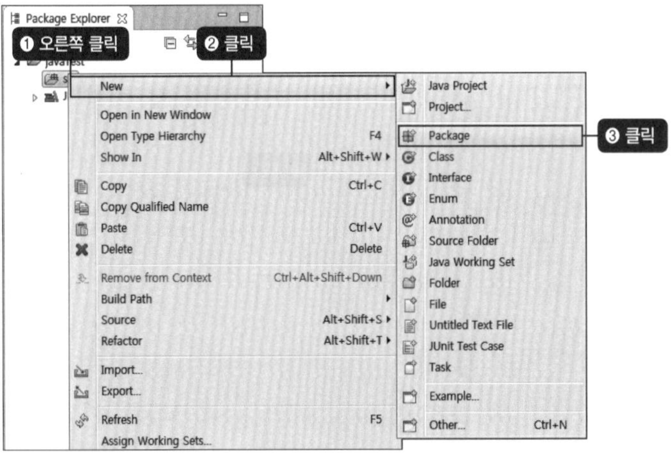

❸ [Name] 항목에 "com.jweb"을 입력한 후 [finish] 버튼을 누른다.

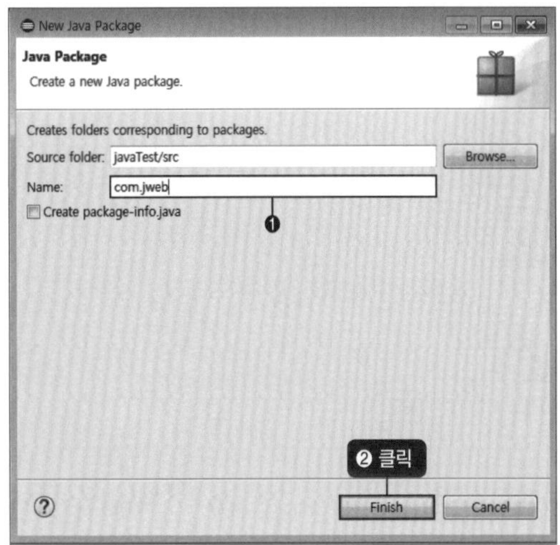

❹ 프로젝트에 "com.jweb"이라는 이름을 가진 패키지가 생성되는 것을 확인할 수 있다.

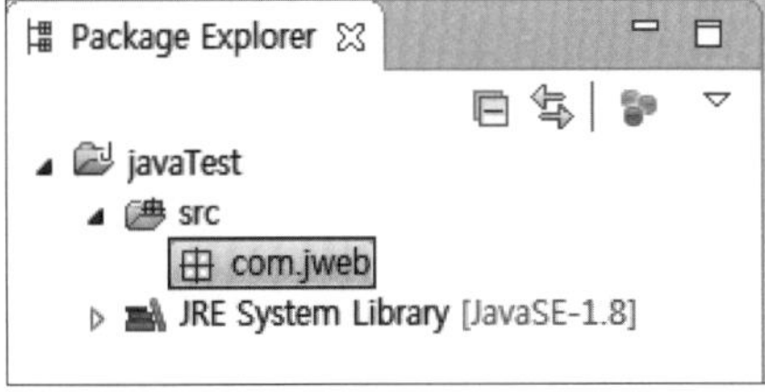

❸ 패키지에 클래스 생성하기

❶ 패키지명을 마우스 오른쪽 버튼으로 클릭하면 나타나는 메뉴 중에서 [new-class]를 선택
한다.

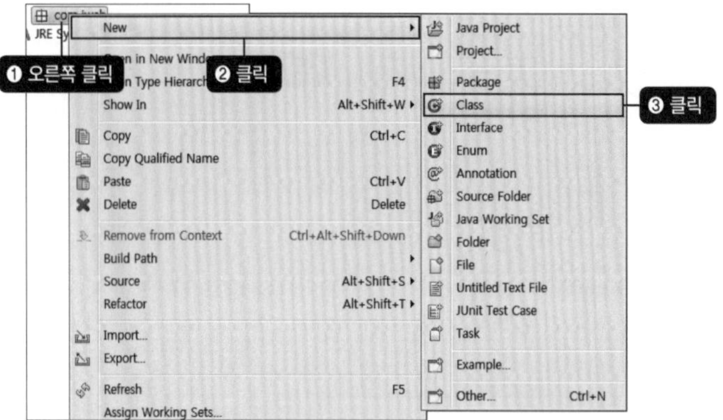

❷ [Name] 항목의 이름에 "Student"를 입력한 후 [finish] 버튼을 누른다.

❸ 패키지 아래에 Student 클래스가 생성되고 Student 클래스의 상단에도 패키지명이 자동으로 생성된다.

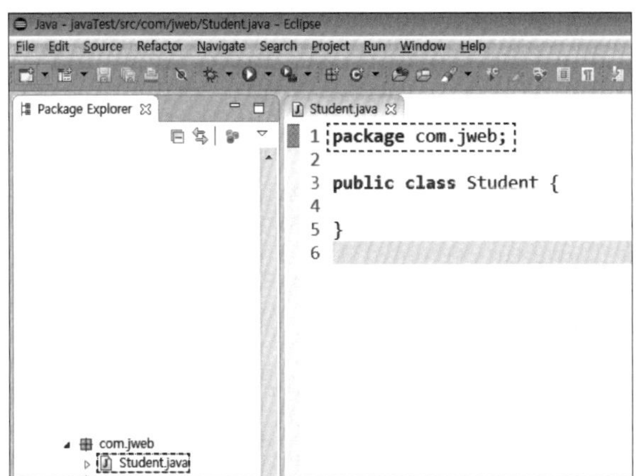

실제 이클립스의 workspapce 폴더 중 프로젝트 폴더의 bin 폴더에 가보면 [그림 5-31]처럼 'com.jweb' 폴더에 Student.class 클래스가 생성되어 있는 것을 알 수 있다. 그리고 자바에서 제공되는 API는 [그림 5-32]처럼 모두 패키지로 제공된다.

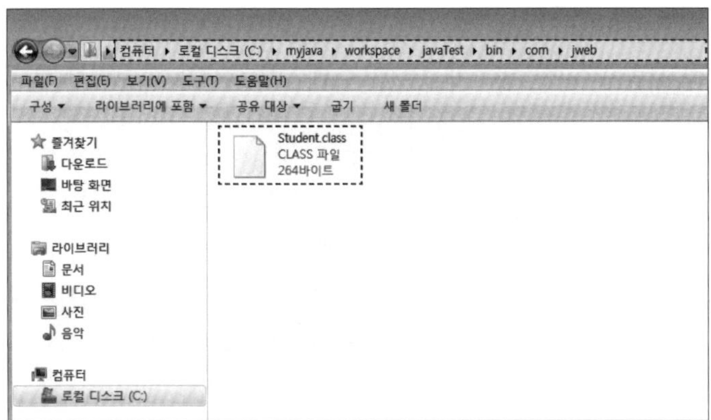

[그림 5-31] 패키지 생성 위치

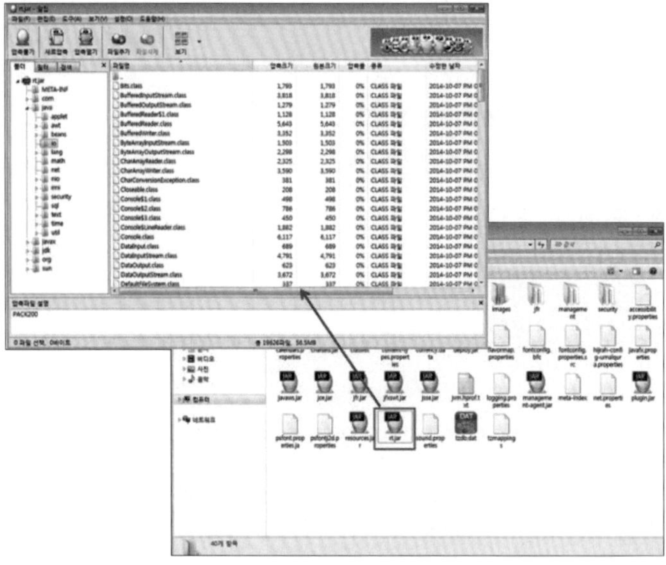

[그림 5-32] 패키지로 제공되는 자바 API

06 import

앞에서 패키지의 기능에 대해 배웠다. 다른 패키지에 있는 클래스의 기능을 사용하기 위해서는 import를 해야 한다.

다음은 import의 정의와 특징을 나타낸 것이다. import 다음에 사용할 클래스가 있는 패키지명과 클래스명을 "."를 이용하여 나열해준다. 그리고 자바에서 미리 만들어 제공하는 클래스(API)를 사용할 때에는 반드시 import를 하여 사용해야 한다. 단, 'java.lang' 패키지에 있는 클래스는 컴파일 시에 컴파일러가 자동으로 import해준다. 대표적인 클래스가 이제까지 알아본 String 클래스이다.

import는 여러 번 사용할 수 있다. 프로그래밍을 하려면 자바에서 제공하는 여러 클래스들을 사용해야 하므로 일반적으로 여러 클래스를 import하여 사용한다.

용도

• 패키지가 다른 클래스에 접근할 때에 사용한다. 

사용법

import 패키지명.클래스명;

import 패키지명.*;

특징

- 반드시 클래스보다 먼저 선언되어야 한다(패키지 다음에 선언).
- 모든 자바 API를 사용할 때에는 반드시 import해야 한다.
- java.lang 패키지는 자동으로 import된다.
- import문은 여러 번 선언할 수 있다.

[리스트 5.29]와 [리스트 5.30]은 다른 패키지에서 Student 클래스를 import하여 사용하는 예제다.

StudentTest 클래스는 'ch5.ex5' 패키지에 생성되어 있다. 그런데 [그림 5-33]처럼 StudentTest 클래스에서 Student 클래스의 인스턴스를 생성하려면 오류가 발생한다.

우리가 아무 이상 없이 Student 클래스의 인스턴스를 만들어 사용할 수 있었던 이유는 같은 패키지 안에 실행 클래스가 존재했기 때문이다. 그런데 [그림 5-33]처럼 두 클래스는 각각 다른 패키지에 존재하므로 그냥 사용하면 오류가 발생한다.

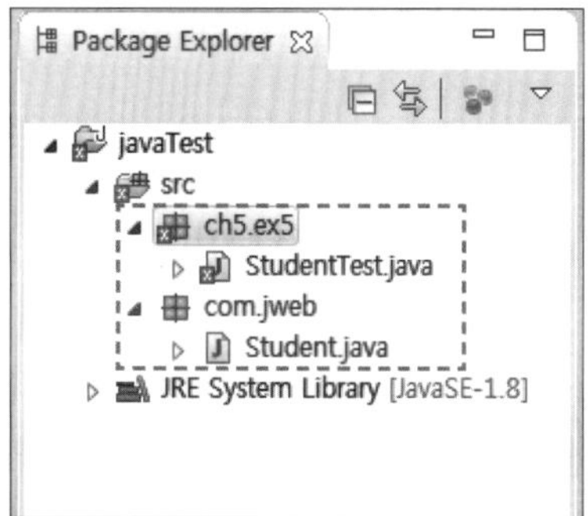

[그림 5-33] 다른 패키지에 있는 클래스

그러므로 [리스트 5.30]의 StudentTest 클래스에서 다른 패키지의 Student 클래스를 사용하려면 상단에 Student 클래스를 import하여 사용해야 한다.

[리스트 5.29] 다른 패키지에 만들어져 있는 클래스(Student.java)

```
1    package com.jweb;
2
3    public class Student {
4        private String name;
5        private int grade;
6
7        public Student(String _name){
8            System.out.println("매개변수가 1개인 생성자 호출");
9            name=_name;
```

```java
10         }
11         public Student( ){
12             System.out.println("디폴트 생성자 호출");
13         }
14         public String getName( ){
15             return name;
16         }
17
18         public int getGrade( ){
19             return grade;
20         }
21
22         public void setName(String _name){
23             name=_name;
24         }
25
26         public void setGrade(int _grade){
27             grade=_grade;
28         }
29     }
```

[리스트 5.30] 다른 패키지의 클래스 임포트하기(StudentTest.java)

```java
1     package ch5.ex5;
2
3     import com.jweb.Student;
4
5     public class StudentTest {
6         public static void main(String[] args){
7             Student s= new Student( );
8             Student s2= new Student("홍길동");
9
10            String name=s.getName( );
11            int grade=s.getGrade( );
12            System.out.println("첫 번째 학생의 이름은 " + name+", 학년은 "+grade);
13
14            name=s2.getName( );
15            grade=s2.getGrade( );
16            System.out.println("두 번째 학생의 이름은 "+name+", 학년은 "+grade);
17        }
18    }
```

기본형 변수와 참조형 변수

앞에서 기본형 변수(primitive type variable)와 참조형 변수(reference type variable)에 대해 언급한 적이 있다. 기본형 변수는 앞에서 배운 8개의 기본형 타입으로 선언한 변수이다. 그 밖의 다른 타입으로 선언한 변수는 모두 참조형 변수다.

다음은 기본형 변수와 참조형 변수의 특징을 나타낸 것이다. 기본형 변수는 변수에 할당한 값을 직접 저장한다. 반면, 참조형 변수는 변수에 인스턴스를 할당했을 경우, 실제 값을 가지고 있는 것이 아니라 인스턴스가 생성되어 있는 메모리의 위치값을 가지고 있다.

기본형 변수의 특징

- 변수에 실제값이 저장된다.

참조형 변수의 특징

- 메모리에 생성되어 있는 인스턴스의 위치값을 저장한다.

[그림 5-34]를 보면 num이라는 int형 변수를 선언한 후에 값을 할당하면 실제 값을 변수에 저장한다는 것을 알 수 있다. 그런데 String 타입 참조형 변수 address에 문자열을 할당하면 변수 address는 문자열 인스턴스가 생성되어 있는 메모리의 위치값을 가지고 있다. address는 인스턴스의 위치를 알고 있으므로 address로 인스턴스에 접근하여 메서드나 변수를 이용하는 것이다.

C언어를 사용해본 사용자는 알겠지만, 실제 address와 같은 참조 변수를 'pointer 변수'라고 부른다. 그런데 자바에서는 pointer라는 개념이 없다. 자바에서는 기본형이든, 참조형이든 변수를 선언한 후 '=' 연산자를 이용하여 변수에 값을 저장하듯이 쉽게 사용할 수 있게 만들어 놓았다.

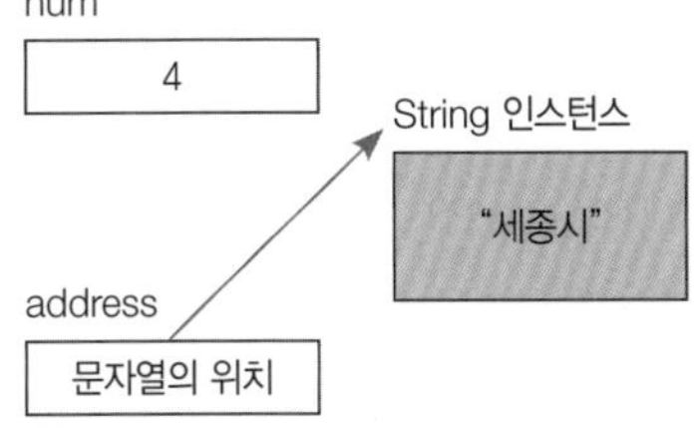

[그림 5-34] 기본형 변수와 참조형 변수 선언 시 메모리 상태

[그림 5-35]는 사용자가 만든 Student 클래스를 이용하여 참조 변수를 사용하는 예제다. 실제 인스턴스를 만들어 '='으로 변수 s에 할당하면 s에는 인스턴스의 위치값이 저장된다. 그리고 이 s를 이용하여 인스턴스에 접근하여 여러 가지 작업을 하는 것이다. 참고로 이제 자바의 인스턴스의 개념을 배웠으므로 세부적으로 인스턴스와 그 참조 변수가 메모리의 어느 영역에 생성된다는 정도는 알아두는 것이 좋다.

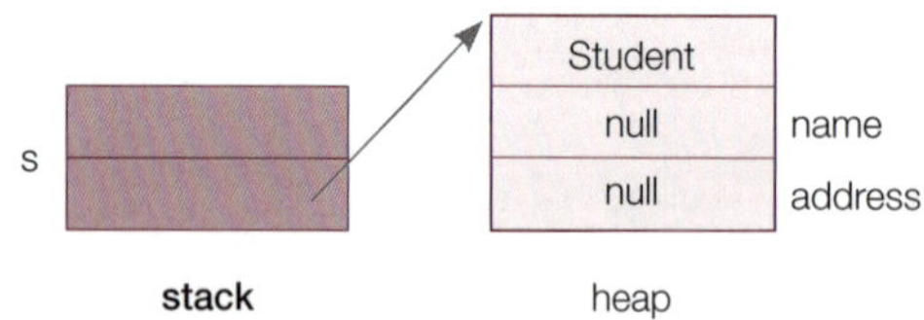

(a) 인스턴스 생성하기

메모리

(b) 인스턴스 생성 시 메모리 상태

• 메모리에서는 참조 변수 s가 Student 인스턴스를 가리킨다.
• s를 이용하여 Student 인스턴스에 접근한다.

[그림 5-35] 클래스 타입 참조 변수 사용 예제

08 렌터카 예약 시스템을 클래스로 구현하기

객체 지향 프로그래밍을 설명하면서 예로 든 렌터카 예약 시스템을 실제 구현하는 과정을 동영상을 참고하여 실습해보기 바란다.

 / 클래스 실습

이번에는 지금까지 배운 객체 지향 프로그래밍으로 객체를 하나의 클래스로 변환하여 사용하는 방법에 대해 실습해본다. 객체 지향 프로그래밍을 배웠으므로 프로그래밍도 객체 지향 방식으로 반복적으로 구현하여 객체 지향 프로그래밍 방식을 숙달시킨다.

[그림 5-36]은 앞에서 배운 객체 지향 프로그래밍 과정을 나타낸 것이다. 이 과정을 상기하면서 다음 객체를 클래스로 변환하여 사용해보자.

[그림 5-36] 객체 지향 프로그래밍 과정

이번에는 '자동차'라는 객체 클래스로 변환하여 이용하는 과정에 대해 알아보자. [표 5-1]은 '자동차' 객체에서 각각의 속성과 기능을 추출했다. 실제로는 더 많겠지만, 중요한 것만 추출했다. 그런 다음, 클래스로 변환한다.

[그림 5-37]은 자동차 객체를 클래스로 변환한 것을 나타낸 것이다. [리스트 5.31]은 '자동차' 객체를 이용하여 실제 자바로 클래스를 구현한 것이다. 여기에서는 각 변수에 접근하기 위해 getter/setter 메서드와 기능을 수행하는 메서드를 구현하고 있다.

[리스트 5.32]는 Car 클래스를 이용하여 인스턴스를 생성한 후, 내 차의 정보를 인스턴스의 변수에 세팅하여 출력하고 있다. [그림 5-38]은 내 차에 대한 정보를 출력하고 있다.

그런데 [리스트 5.34]는 Car 인스턴스 생성 시에 디폴트 생성자를 호출하여 인스턴스를 생성하므로 다시 일일히 setter( ) 메서드를 이용하여 인스턴스 변수의 값을 초기화해주고 있다.

이 예제는 인스턴스 변수의 개수가 4개 정도라서 일일이 setter( ) 메서드를 이용하여 작업할 수 있지만, 실제로 개발해보면 변수의 개수가 보통 10개가 넘는다. 따라서 생성자를 이용하여 인스턴스 변수를 초기화하는 것이 편리하다.

[리스트 5.33]은 Car 클래스에 사용자가 생성자를 정의하여 사용하고 있다. [리스트 5.34]의 4행처럼 객체 생성 시 생성자를 이용하여 초기화하면 setter( ) 메서드를 사용할 때보다 편리하게 인스턴스 변수를 초기화할 수 있다.

[표 5-1] 자동차 객체에서 추출한 속성과 동작

속성(attribute)	차명, 차 번호, 색상, 배기량
동작(method))	달린다, 멈춘다, 가속한다, 감속한다, 주차한다

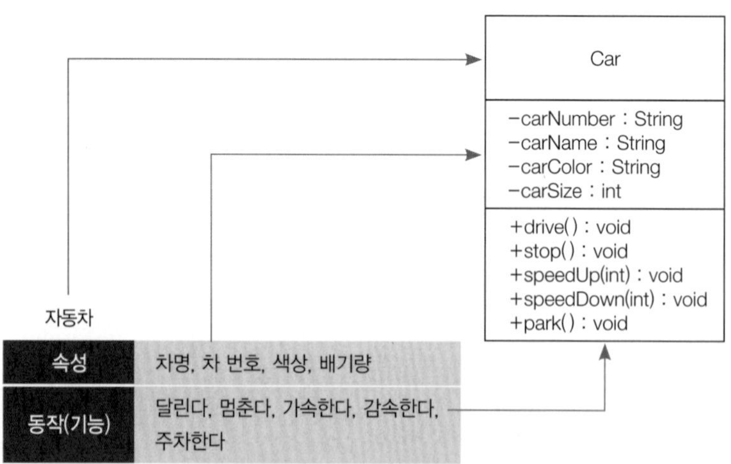

[그림 5-37] 자동차 객체 클래스로 변환하기

[리스트 5.31] 자동차 객체를 클래스로 구현하기(Car.java)

```
1    public class Car{
2        private String carName;
3        private String carColor;
4        private int carSize ;
5        private int velocity;
6
7        public String  getCarName( ){
8            return carName;
9        }
10       public void setCarName(String _name){
11           carName=_name;
12       }
13       public String getCarColor( ){
```

```java
14        return carColor;
15    }
16    public void setCarColor(String _carColor){
17        carColor=_carColor;
18    }
19
20    public int getCarSize( ){
21        return carSize;
22    }
23    public  void setCarSize(int _carSize){
24        carSize = _carSize;
25    }
26
27    public int getVelocity{
28        return velocity;
29    }
30    public  void setVelocity(int _velocity){
31        velocity = _velocity;
32    }
33
34    public void speedUp( ){
35        velocity = velocity + 1;
36    }
37
38    public void speedDown( ){
39            velocity =velocity -1;
40            if(velocity < 0)
41        velocity =0;
42    }
43
44    public void stop( ){
45        velocity =0;
46    }
47
48    public void park( ){
49        System.out.println("주차합니다.");
50    }
51  }
```

[리스트 5.32] 클래스 인스턴스를 사용하는 실행 클래스(MyCarTest.java)

```java
1    public class MyCarTest{
2      public static void main(String[] args){
3
4        Car myCar;
5        myCar = new Car( );
6        myCar.setCarName("소나타");
7        myCar.setCarColor("은색");
8        myCar.setCarSize(2000);
9        myCar.setVelocity(60);
10
11       String carName=myCar.getCarName( );
12       String carColor=myCar.getCarColor( );
13       int carSize=myCar.getCarSize( );
14       int velocity=myCar.getVelocity( );
15
16       myCar.speedUp( );
17       myCar.speedUp( );
18       velocity=myCar.getVelocity( );
19
20       System.out.println("내 차 정보 출력 : ");
21       System.out.println("차 이름 : " +carName +
22         ", 색상 : "   +velocity  +
23         ", 배기량 : "   +carSize+"cc"+
24         ", 현재 속도 : "  + velocity+" 입니다.");
25     }
26   }
```

5행　　: 내 차의 정보를 저장하기 위한 Car 인스턴스를 생성한다.

6~9행　: 내 차의 정보를 setter( ) 메서드를 이용하여 인스턴스 변수에 세팅한다.

11~14행　: 내 차의 정보를 가지고 온다.

16, 17행　: 내 차의 속도를 높인다.

21~25행 : 내 차의 정보를 출력한다.

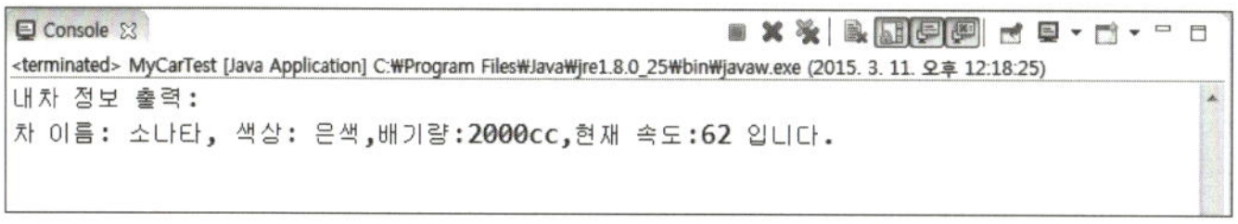

[그림 5-38] 실행 결과

[리스트 5.33] 사용자 정의 생성자를 추가한 Car 클래스(Car.java)

```java
1   public class Car{
2       private String carName;
3       private String carColor;
4       private int carSize ;
5       private int velocity;
6
7       public Car(String _carName,String _carColor,int _carSize,int _velocity){
8           carName=_carName;
9           carColor=_carColor;
10          carSize=_carSize;
11          velocity=_velocity;
12      }
13
14      public String  getCarName( ){
15          return carName;
16      }
17      public void setCarName(String _name){
18          carName=_name;
19      }
20  ...
```

[리스트 5.34] 사용자 정의 생성자를 호출하여 인스턴스 생성하기(YourCarTest.java)

```java
1   public class YourCarTest{
2       public  static  void main(String[ ] args){
3           Car yourCar;
4           yourCar = new Car("그랜저","검은색",2500,60);
5           /*
6           yourCar.setCarName("그랜저");
7           yourCar.setCarColor("검은색");
8           yourCar.setCarSize(2500);
9           yourCar.setVelocity(60);
```

```java
10              */
11              String carName=yourCar.getCarName;
12              String carColor=yourCar.getCarColor( );
13              int carSize=yourCar.getCarSize( );
14              int velocity=yourCar.getVelocity( );
15
16              yourCar.speedUp( );
17              yourCar.speedUp( );
18
19              velocity=yourCar.getVelocity( );
20
21              System.out.println("당신 차 정보 출력>> ");
22              System.out.println("차 이름 : " +carName +
23                      ", 색상 : "   +carColor  +
24                  ", 배기량 : "   +carSize+"cc"+
25                      ",현재속도 : "  + velocity+" 입니다.");
26      }
27  }
```

4행   : Car 인스턴스를 생성하면서 바로 초기화한다.

6~9행 : 일일이 setter( ) 메서드를 사용하여 초기화할 필요가 없다.

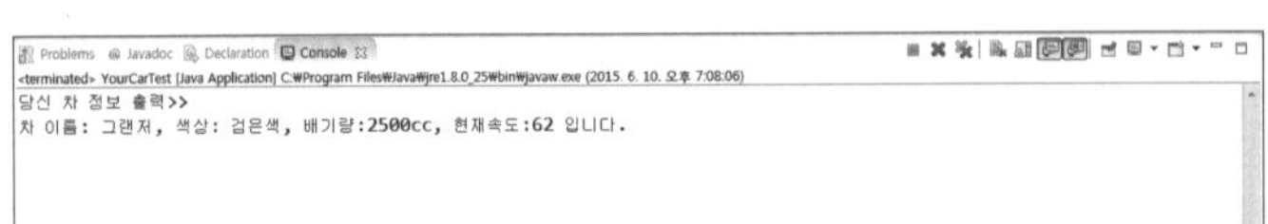

[그림 5-39] 실행 결과

다음은 다른 여러 객체에 대한 실습 예제다. 객체 지향 프로그래밍은 현실의 객체를 클래스로 변환하는 방법으로 프로그래밍을 하기 때문에 여러 가지 객체를 실제 클래스로 구현해보면 객체 지향 프로그래밍에 익숙해질 것이다. 그러므로 다음의 각 예제를 지금 '자동차' 객체처럼 직접 그림을 그려 구현해보기 바란다.

> 1. 비행기를 클래스로 구현하라.
> 2. 스마트폰을 클래스로 구현하라.

[그림 5-40]에는 비행기에 대헤 클래스로 변환한 과정에 대해 대략적인 형식이 표현되어 있으므로, 이를 참고하여 자신이 생각하는 속성이나 기능을 추가해보기 바란다. 반드시 연습장에 직접 그려서 실습해보고, 소스로 구현해보기를 바란다. 이와 아울러 스마트폰에 대해서도 실습해보기 바란다.

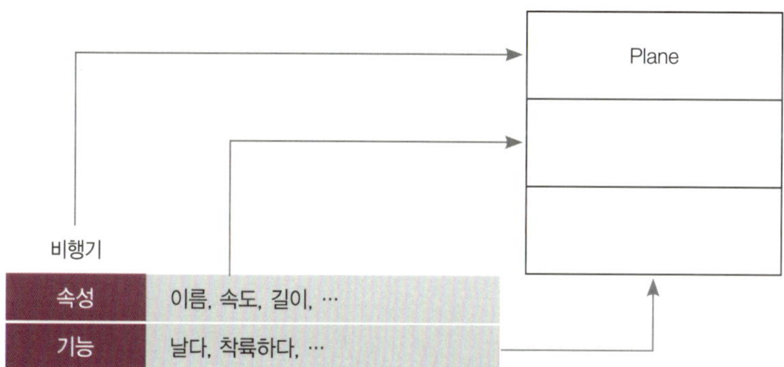

[그림 5-40] 비행기 객체 클래스로 변환하기

1 절차 지향 언어와 객체 지향 언어의 특징과 차이점을 설명하라.

2 주체와 객체에 대해 설명하라.

3 객체 지향 프로그래밍 과정에 대해 설명하라.

4 다음 중 클래스의 구성 요소가 아닌 것은?

1. 속성   2. 메서드   3. 생성자   4. 지정자

5 '사람(Person)'을 객체 모델링한 후 클래스로 변환하라.

속성	이름, 성별, 나이, 직업, 주소, 직장명, …
동작	먹는다, 일한다, 운전한다, 잔다, TV를 본다, 게임을 한다, …

6 1에서 임의의 수 사이에 존재하는 소수의 합과 두 수 사이에 존재하는 소수의 합을 구하는 메서드를 오버로딩을 이용하여 구현하라.

기능 클래스	클래스명	PrimeUtil
	첫 번째 메서드명	calcPrime(int num);
	두 번째 메서드명	calcPrime(int num1, int num2);
실행 클래스	클래스명	PrimeTest

컴퓨터를 있게 한 사람들

제임스 아서 고슬링(James Arthur Gosling, 1955. 5. 19.~)은 캐나다의 소프트웨어 개발자다. 자바를 최초 개발하여 '자바의 아버지'라고 불리며, 가장 영향력 있는 프로그래머들 가운데 한 사람이다. 자바 이외에도 다중 프로세서용 유닉스와 컴파일러, 메일 시스템, 데이터 인식 시스템 등을 개발하였다.

개발자 가운데서는 마이크로소프트의 빌 게이츠(William H. Gates)만큼이나 유명하지만, 개발자 특유의 '몰두', '은둔' 성향 때문에 세상에 널리 알려지지는 않았다. 그는 또 자바 커피를 하루에도 10여 잔 씩 마시는 자바 예찬론자이기도 하다. 자바(Java)라는 명칭은 유명한 커피 재배지인 인도네시아의 자바 섬에서 따왔다고 한다. (출처 : 위키백과)

6장

클래스 고급(상속)

자바가 처음 나왔을 때만 하더라도 대부분의 분야에서는 3세대 언어인 절차 지향 언어가 쓰였다. 그런데 프로그램에 대한 요구가 많아지고 복잡해지면서 기존에 개발된 기능의 재사용성이 주요 이슈로 떠오르게 되었다. 자바와 같은 객체 지향 언어는 재사용성이 기존의 3세대 언어보다 월등히 좋기 때문에 현재 많은 분야에서 프로그래밍 언어로 사용되고 있다. 이번 장에서는 자바에서 재사용성을 높이기 위해 도입된 여러 가지 객체 지향 개념에 대해 알아본다.

<table>
<tr><td>

1 클래스들의 관계(relationship)

2 상속(inheritance)의 정의와 용법

3 super의 기능

4 this의 기능

5 상속을 적용한 실습 예제

</td><td>

6 오버라이딩 메서드(overriding method)

7 접근 지정자

8 다형성(Polymorphism)

9 상속을 적용한 렌터카 예약 시스템

</td></tr>
</table>

클래스들의 관계(relationship)

앞 장에서는 클래스에 대해 학습했다. [그림 6-1]은 앞 장에서 실습한 렌터카 예약 프로그래밍 과정에서 만들어지는 여러 클래스를 나타낸 것이다. 이처럼 실제 프로그램을 개발할 때 클래스가 1개만 만들어지는 경우는 거의 없다. [그림 6-1]에 나타나 있듯이 온라인 렌터카 예약 프로그램만 하더라도 객체를 추출하여 만들어지는 클래스가 여러 개이다. 각 객체에서 변환된 클래스들 사이에 아무런 관계가 없는 경우도 있고, 관계가 형성되는 경우도 있다. 이번에는 클래스 사이에 형성되는 관계에 대해 알아보자.

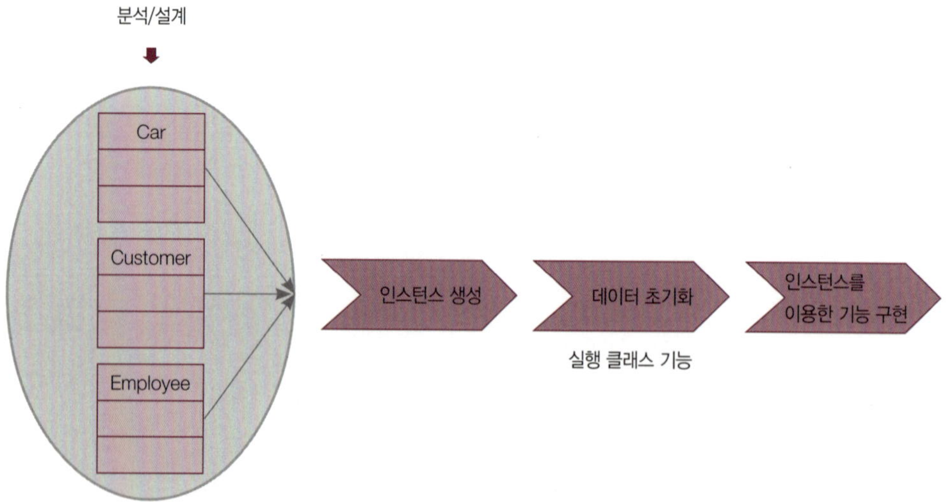

[그림 6-1] 실제 개발 시 생성되는 여러 가지 클래스

다음은 실제 개발 시에 발생하는 여러 클래스들 사이의 관계 및 자바 프로그래밍에서 자주 사용되는 클래스들 사이의 관계를 나타낸 것이다.

정의

객체 모델링을 통해 추출된 클래스들 간에 생성되는 관계

클래스들 간의 관계

is a 관계
- 한 클래스가 다른 클래스의 구체적인 경우
  - 예) 대학생 is a 학생, 버스 is a 자동차

> **has a 관계**
> - 한 클래스가 다른 클래스의 멤버 변수가 되는 경우
>   예 비행기 has a 날개, 컴퓨터 has a 모니터
>
> **use a 관계**
> - 한 클래스가 다른 클래스를 이용하는 경우
>   예 운전사 use a 자동차

클래스들 사이의 관계에도 여러 종류가 있지만, 이번에는 가장 자주 나타나는 세 가지 관계에 대해 학습한다. 먼저 "is-a" 관계이다. is-a 관계는 두 객체 사이에서 주어에 해당하는 객체가 술어의 객체에 구체적인 경우다. "is-a" 관계는 뒤에서 상속 관계로 전환된다. 그리고 "has-a" 관계는 앞의 객체가 뒤의 객체를 하나의 멤버로 소유하는 경우다. 즉, 뒤의 클래스 타입 멤버 변수를 앞의 클래스가 가진다는 의미다.

"use-a" 관계는 이미 우리가 사용했다. 실행 클래스에서 다른 클래스의 인스턴스를 생성하여 사용하는 것이 "use-a" 관계이다. 이번 장에서는 세 가지 관계 가운데 "is-a" 관계에 대해 중점적으로 공부한다.

02 / 상속(inheritance)의 정의와 용법
JAVA

이번에는 "is-a" 관계가 변환된 클래스들 간의 상속 관계에 대해 알아보자. 다음은 자바 클래스들 사이에서의 상속의 정의와 목적을 나타낸 것이다.

> **정의**
> - is a 관계가 성립되는 클래스 관계가 변환된 것
> - 특정 클래스가 가지는 속성과 기능을 다른 클래스가 사용할 수 있도록 하는 클래스들 간의 관계
>
> **용도**
> - 클래스 속성이나 기능들을 다른 클래스에서 재사용할 수 있다.
> - 중복 코드를 제거하면 가독성을 높아지고 개발 시간을 단축할 수 있다.

상속의 목적은 기존 클래스의 기능과 속성을 다른 클래스에서 재사용하는 데 있다. 5장에서 언급한 바와 같이 객체 지향 언어는 사람의 사고나 행위를 프로그래밍에 그대로 적용한 것이

다. 실제 사람들이 살아가고 있는 사회에서의 상속은 부모의 재산이나 권리를 자식이 물려받는 것을 의미한다. 자식은 상속을 받음으로써 특별한 노력이나 대가 없이 부모의 재산이나 권리를 마음대로 사용할 수 있다. 즉, 현실에서의 상속은 유용한 것이다.

클래스와 클래스들 사이에서도 이와 똑같은 개념을 적용할 수 있다. 예를 들어 어떤 기능을 하는 A 클래스가 쓰이고 있을 때, 개발 요청이 들어와서 새로운 기능을 하는 B 클래스를 개발한다고 가정했을 때, 새로운 기능 중 일부분이 기존 A 클래스에서도 이미 쓰이고 있는 기능이라면, B 클래스에 이미 쓰이고 있는 동일한 기능을 새로 구현하기보다는 기존 A 클래스에 있는 기능을 그대로 부모에게 상속받듯이 사용하고, 기존에 없는 기능만을 B 클래스에 구현하여 사용하면 훨씬 효율적으로 프로그래밍을 할 수 있다.

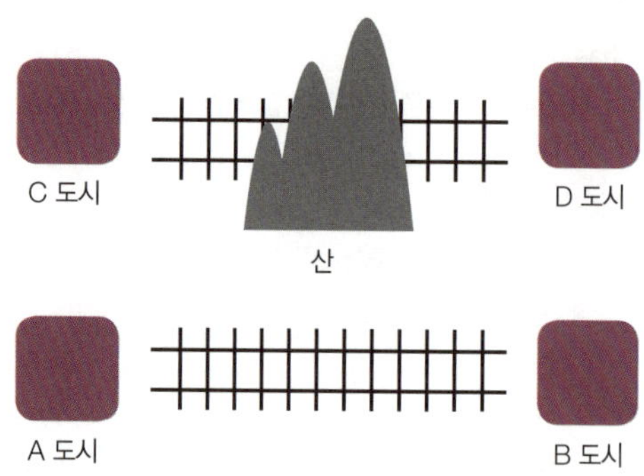

(a) 새로운 철도를 건설하면 시간과 비용이 많이 든다.

[그림 6-2] 철도를 새로 건설하는 경우

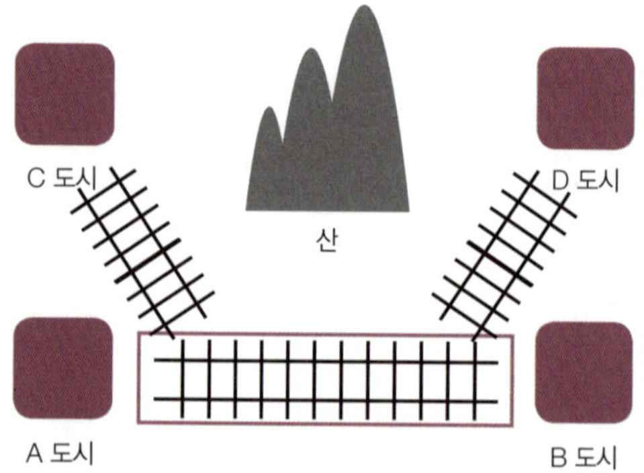

(b) 기존 철도를 재사용하면 비용을 크게 줄일 수 있다.

[그림 6-3] 기존 철도 노선을 재사용하는 경우

[그림 6-2]와 [그림 6-3]은 재사용성 이점을 나타낸 것이다. 먼저 [그림 6-2]를 살펴보면, C와 D 도시 사이에 철도를 건설하는 경우, 중간에 산이 있어서 시간과 비용이 많이 든다. 그런데 [그림 6-3]의 경우에는 기존 A 도시와 B 도시를 연결하는 철도를 재사용하고 있다. C와 D 도시에서 기존 철도와 연결하는 부분만 만들어주면 두 도시를 연결하는 철도를 적은 비용으로, 쉽게 만들 수 있는 것이다.

위의 예처럼 최근의 프로그래밍은 기존에 만들어진 기능의 재사용성을 높이기 위한 방향으로 흘러가고 있다. 프로그래밍을 처음 접하는 사람은 **'복잡하게 생각할 것 없이 각 클래스에서 일일이 구현하여 사용하면 되지 않을까?'**라는 의문을 가질 수 있다. 하지만 실제로 개발해보면 하나의 기능을 구현하기 위한 소스의 양은 실로 어마 어마하다는 것을 알 수 있다. 이러한 기능을 일일이 구현하여 쓴다는 것은 지금의 프로그래밍 방법으로는 현실적이지 않다.

대부분의 객체 지향은 이처럼 재사용성을 높이기 위해 도입된 개념들이다. 상속도 재사용성을 높이기 위한 것이다.

다음은 클래스 간의 상속 관계를 자바 언어로 표현하는 형식을 나타낸 것이다. 상속받는 자식의 클래스 뒤에 "extends"라는 키워드를 사용하여 뒤의 부모 클래스 동작과 속성을 자식 클래스에서 자유롭게 접근하여 사용할 수 있다. 다음은 상속의 UML 표기법을 나타낸 것으로, 자식 클래스에서 부모 클래스를 향하고 있는 화살표를 머리가 비어 있는 화살표로 표시한다.

형식

public class 자식(하위,sub)클래스 **extends** 부모(상위,super)클래스 {

   .....

}

상속의 UML 표기법

부모 클래스

    ↑ extends

자식 클래스

2.1 상속 관계로 만드는 방법

다음은 여러 클래스를 상속 관계로 만드는 방법을 나타낸 것이다. 상속 관계로 만드는 방법은 크게 '일반화'와 '전문화' 방법으로 나눌 수 있다. 일반화 방법은 개개의 클래스들을 분석한 후 모든 클래스의 공통된 기능이나 속성을 뽑아서 하나의 부모 클래스에 정의하고, 이를 다른 여러 클래스가 상속하는 방법이다. 반면, 전문화 방법은 하나의 클래스에 미리 공통된 기능과 속성을 정의한 후 다른 클래스가 이를 상속받고, 각 하위 클래스의 기능을 따로 구현하는 방법이다. 두 가지 방법 모두 부모 클래스의 기능과 속성을 하위 클래스에서 상속받는 구조를 이루고 있다.

각 클래스들을 일반화하기(Generalization)

• 다수 클래스들 간의 공통점을 발견하는 방법

  – 각 클래스들의 공통점을 가진 클래스를 부모 클래스로 만든다.

  – 각 클래스들은 부모 클래스를 상속받는다.

  예 대학생, 고등학생→학생

특정 클래스에서 다른 클래스로 분화하기(Specialization)

• 특정 클래스에서 각 하위 클래스로 분화된다.

  예 자동차→버스, 승용차, 트럭

2.2 자바에서의 상속 특징

다음은 자바에서의 상속 특징을 나타낸 것이다. 여기서 중요한 점은 '자바에서는 단일 상속
만 지원하고, 상속 계층 구조에 대해 자신의 부모를 비롯한 상위 클래스들의 속성과 기능은
모두 상속 가능하다'라는 것이다.

> **자바에서의 상속 특징**
>
> - 자바는 단일 상속만 가능하다(다중 상속 불가).
> - 상위 클래스의 속성과 기능을 자식 클래스에서 자유롭게 사용할 수 있다.
> - 생성자는 상속되지 않는다.

[그림 6-4]는 자바의 단일 상속 예를 나타낸 것이다. C1 클래스는 왼쪽 그림처럼 동시에 C2
와 C3 클래스에서 상속받을 수 없다. [그림 6-4]의 오른쪽 그림처럼 C1은 C2라는 하나의 클
래스에서만 상속받을 수 있다. 당연히 C2도 클래스이므로 C3에서 상속받을 수 있다. 그리고
C1에서는 C3 클래스의 속성과 기능도 상속받을 수 있다. **즉, 자바 클래스는 자신의 부모 클
래스뿐만 아니라 계층 구조에서 자신의 상위 클래스의 속성과 기능을 모두 상속받을 수 있다.**
따라서 자바 프로그래밍을 잘하려면 클래스들의 상속 계층 구조를 파악하는 것이 중요하다.

자바에서는 다중 상속의 단점 때문에 이처럼 단일 상속만 지원한다. 그런데 다중 상속의 장
점도 분명히 있다. 예를 들어 자식의 입장에서는 아버지에게도 상속받고, 어머니에게도 상
속받으면 훨씬 유리하다.

자바에서도 C1 입장에서 C2의 기능을 사용하고, C3의 기능도 사용하는 것이 유리하다. 그래
서 자바에서도 뒤에서 배우는 interface라는 개념을 이용하여 다중 상속과 비슷한 기능을 구
현하여 사용하고 있다. **그러나 자바에서는 엄연히 하나의 클래스에서만 상속받을 수 있다.**
즉, 자바에서는 클래스 계층 구조에서 자신의 상위 클래스 기능을 모두 상속받을 수 있다.

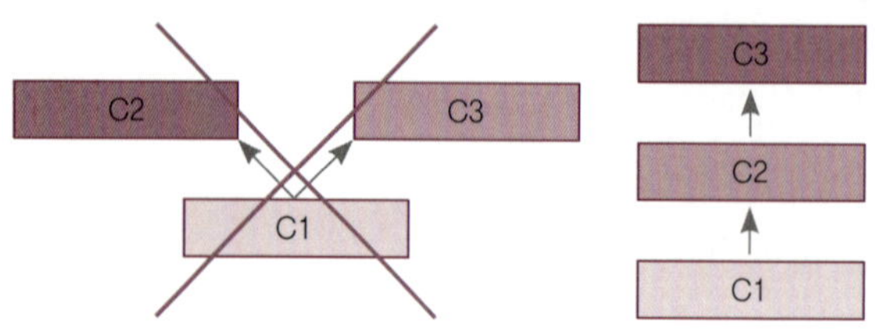

[그림 6-4] 자바의 단일 상속

2.3 학생 클래스를 이용한 상속 예제

다음은 대학생, 초등학생, 그리고 학생 클래스를 이용하여 앞에서 배운 상속에 대해 실습해보자. [그림 6-5]는 초등학생 및 대학생 클래스의 기능을 '상속을 이용하지 않은 상태'에서 구현하고 있다. 즉, 각 클래스에 학생 클래스의 기능을 중복하여 구현한다. 그런데 [그림 6-6]은 상속을 이용하여 각 초등학생 클래스와 대학생 클래스의 기능을 구현한다.

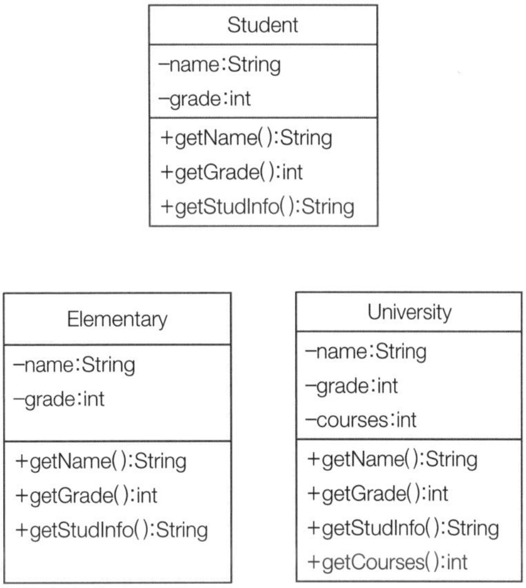

[그림 6-5]와 같은 경우, 지금은 클래스의 개수가 2개밖에 안 되고 구현하려는 학생의 기능이 간단하므로, 이러한 방식으로 구현하면 되는데, 실제 개발 현장에서 클래스의 개수가 여러 개이고, 각각의 복잡한 기능을 수행하는 메서드를 이러한 방식으로 구현하면 시간도 많이 걸릴 뿐만 아니라 중복 코드를 반복적으로 작성해야 하므로 유지보수 측면에서도 문제가 많다.

반면, [그림 6-6]에서처럼 각 클래스의 공통된 기능이나 속성은 Student 클래스에 만들어 하위 클래스에서 상속받아 사용하고, University 클래스에서처럼 학점(courses)라는 자신의 속성이나 기능만을 추가하여 사용하면 훨씬 소스도 간단해지고 유지보수도 편해진다.

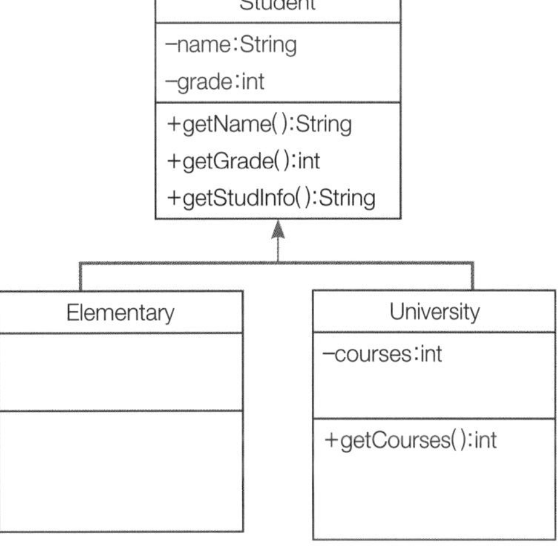

[그림 6-5] 상속을 사용하기 전 각 클래스 구현

[그림 6-6] 상속을 사용한 클래스 구현

그리고 갑자기 **'고등학생'** 클래스를 추가해달라고 했을 때 공통적인 기능이나 속성은 학생 클래스에서 상속받고 자신의 기능이나 속성만을 추가하여 구현하면 훨씬 빨리 개발할 수 있다.

[리스트 6.1]에서 [리스트 6.3]은 [그림 6-6]의 상속 구조를 실제 자바 소스로 구현한 것이다.

[리스트 6.1]은 모든 학생들의 공통적인 속성인 이름(name)과 학년(grade)을 선언하고 있다.

일반적으로 부모 클래스의 멤버 변수는 접근 지정자를 'protected'로 지정하여 사용한다.

그런데 현실에서 부모가 자신의 재산을 자식에게 상속해주지 않는 경우가 있듯이, 자바에서도 자식 클래스에서 부모의 멤버에 접근하지 못하게 하려면 접근 지정자를 'private'로 지정하면 된다. 이어서 학생들의 신상 정보를 출력해주는 getStudInfo( ) 메서드를 구현하고 있다.

[리스트 6.2]의 **1행**에서는 Elementary 클래스명 뒤에 'extends'를 붙여서 Student 클래스를 상속받고 있다. 그리고 **4~5행**의 Elementary 클래스 생성자에서는 _name, _grade로 전달된 값을 name과 grade 변수에 초기화한다. 그런데 name과 grade는 Elementary 클래스에는 없지만, 지금 Student 클래스를 상속받고 있으므로 부모 클래스의 name과 grade 변수에 마음대로 접근할 수 있다.

[리스트 6.3]의 University 클래스도 Student 클래스를 상속받고 있다. 그리고 대학생은 자신의 학점을 신청하여 수업을 들으므로 학점 정보를 저장하는 변수 courses를 University 클래스에 선언하고 있다. **4~9행**에서의 매개변수(인자)가 3개인 생성자에서는 전달된 값을 name, grade, courses를 이용하여 초기화하고 있다.

[리스트 6.4]의 StudentTest 클래스에서는 Elementary와 University 인스턴스를 생성한 후 정보를 출력하고 있다.

4, 5행에서 Student 클래스를 상속받고 있는 Elementary 클래스의 생성자를 호출하여 Elementary 인스턴스를 생성하면, [그림 6-7]처럼 Elementary, University 인스턴스, 상속하는 부모 클래스의 Student 인스턴스가 생성된 후 Elementary와 University 생성자로 전달된 값으로 name, grade, courses의 값이 초기화된다.

즉, 상속받는 클래스의 인스턴스를 생성하면, 부모 클래스의 인스턴스도 자동으로 생성된다. 그러므로 [리스트 6.2]와 [리스트 6.3]의 각 클래스 생성자에서 메모리에 생성된 Student 인스턴스의 name과 grade에 접근할 수 있는 것이다. 그리고 [리스트 6.4]의 **7, 9행**에서 getStudInfo()를 호출하여 각 인스턴스의 속성 정보를 얻어 오고 있다. getStudInfo()는 University에는 없지만, University가 지금 상속받고 있으므로 상위의 getStudInfo()에 자유롭게 접근하여 사용할 수 있다.

그런데 University 클래스에는 courses 멤버 변수도 있으므로, **10행**처럼 getCourses( )를 호출하여 학점 정보도 함께 출력하고 있다. 즉, 상속받는 하위 클래스의 인스턴스를 생성하면, 상위 클래스의 인스턴스도 자동으로 생성된다. 그런 다음, 상위 인스턴스에 접근하여 기능이나 속성을 사용할 수 있는 것이다.

그런데 [그림 6-8]의 실행 결과를 보면 Elementary나 University 인스턴스를 생성할 때 가장 먼저 Student 생성자를 호출한 후에 자식 클래스 생성자를 호출하여 인스턴스를 생성한다. 즉, University 클래스의 생성자를 호출했으므로 가장 먼저 University 인스턴스가 만들어지고 Student 인스턴스가 생성될 것 같은데, 실제 JVM은 부모 클래스의 인스턴스를 먼저 생성한 후에 자식 클래스의 인스턴스를 생성한다.

그런데 부모 클래스이든, 자식 클래스이든 인스턴스를 생성하려면 반드시 클래스의 생성자를 호출해야 한다. 그런데 [리스트 6.2]나 [리스트 6.3]에는 자식 클래스에서 자신의 생성자만 호출했는데도 부모 생성자도 호출하여 부모 인스턴스가 생성되었다.

그 이유는 [그림 6-9]에 나타나 있다. [그림 6-9]의 인스턴스 생성 과정을 살펴보자. 가장 먼저 [리스트 6.4]의 **5행**처럼 University 생성자를 호출하면 University, 즉 자식 클래스 생성자에서 가장 먼저 부모 클래스 생성자를 호출하여 부모 클래스 인스턴스를 생성한다. 그런 다음, 자식 클래스 생성자를 실행하여 자식 클래스 인스턴스를 생성한다. 그런데 [리스트 6.3]의 University 클래스 생성자에는 특별히 부모 클래스 생성자를 호출하는 부분이 없다. 즉, 사용자가 특별히 부모 생성자를 호출하는 기능을 추가해주지 않으면 컴파일러가 컴파일을 할 때 자동으로 'super()'라는 부모의 디폴트 생성자를 호출하는 기능을 추가해준다. 따라서 앞의 예제에서는 super()가 자동으로 부모 생성자를 호출하여 인스턴스가 생성된 것이다. 사용자가 클래스의 생성자를 구현해주지 않으면 컴파일러가 자동으로 디폴트 생성자를 추가해주는 것과 비슷하다.

현실에서도 자식이 부모에게 상속을 받으려면 부모가 생존해 있어야 가능하듯이 자바에서도 부모 인스턴스가 먼저 생성되어야 자식이 생성되면서 부모의 속성이나 기능을 사용할 수 있는 것이다.

자세한 것은 뒤의 'super' 기능에서 설명한다.

[리스트 6.1] 모든 학생들의 공통 속성과 기능을 구현한 클래스(Student.java)

```
1    public class Student{
2        String name;
3        int grade
4
5        public Student( ) {
6            System.out.println("Student 부모 생성자 호출");
7        }
8
9        public String getName( ) {return name;}
```

```java
10        public int getGrade( ) {return grade;}
11
12        public String getStudInfo( ) {
13            System.out.println("Student 클래스의 getStudInfo( ) 호출");
14            return "이름: " + name + ",학년: " + grade;
15        }
16    }
```

12~15행 : 학생의 신상 정보를 출력해주는 메서드

[리스트 6.2] 초등학생 클래스(Elementary.java)

```java
1    public class Elementary extends Student{
2        public Elementary(String _name, int _grade){
3            System.out.println("Elementary 생성자 호출");
4            name = _name;
5            grade = _grade;
6        }
7    }
```

1행 : extends를 이용하여 Student 클래스를 상속받고 있다.

[리스트 6.3] 대학생 클래스(University.java)

```java
1    public class University  extends Student{
2        private int courses;  //학점
3
4        public University(String _name, int _grade, int _courses){
5            System.out.println("University 생성자 호출");
6            name = _name;
7            grade =_grade;
8            courses=_courses;
9        }
10
11        public int getCourses( ){
12            return courses;
13        }
14    }
```

1행 : extends를 이용하여 Student 클래스를 상속받고 있다.

[리스트 6.4] 실행 클래스(StudentTest.java)

```java
1    public class StudentTest{
2        public static void main(String [ ] args){
3            String sinsang=null;
4            Elementary e=new Elementary("이순신",2);
5            University c = new University("홍길동", 3, 20);
6
7            sinsang=e.getStudInfo( );
8            System.out.println("학생 정보: " +sinsang);
9            sinsang=c.getStudInfo( );
10           System.out.println("학생 정보: "+sinsang+ ", 수강학점: " + c.getCourses( )+"점");
11       }
12   }
```

7, 9행 : 부모 클래스의 getStudInfo( ) 메서드를 호출하여 학생의 신상 정보를 얻어온다.

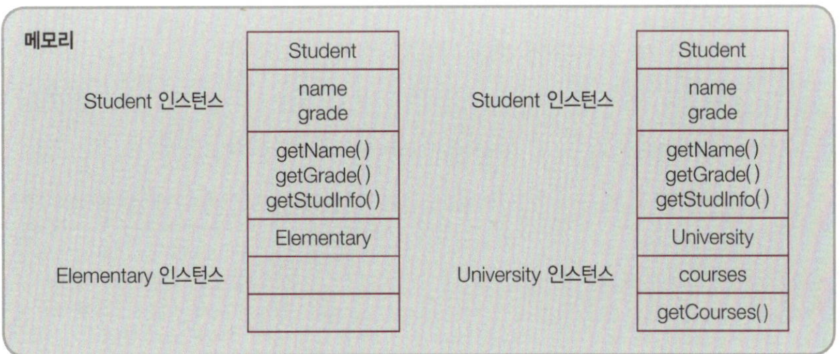

[그림 6-7]   자식 클래스 인스턴스를 생성한 후의 메모리 상태

[그림 6-8]   실행 결과

지금까지 [그림 6-6]의 학생 클래스 계층 구조를 이용하여 상속 기능을 실습해보았다. 그런데 [리스트 6.4]의 StudentTest 클래스에서처럼 각 Elementary와 University 클래스의 인스턴스를 생성하면 [그림 6-10]처럼 각각의 자식 인스턴스에 대해 Student 클래스의 인스턴스가 따로 생성된다.

프로그래밍을 처음 접하는 사람들은 [그림 6-6]의 클래스 상속 계층 구조를 생각하여 자식 클래스가 동시에 생성되면 [그림 6-11]처럼 부모 클래스의 인스턴스를 메모리에서도 같이 공유하는 것이라고 생각하기 쉬운데, 실제 메모리에는 [그림 6-10]처럼 자식 인스턴스마다 부모 인스턴스가 생성된다.

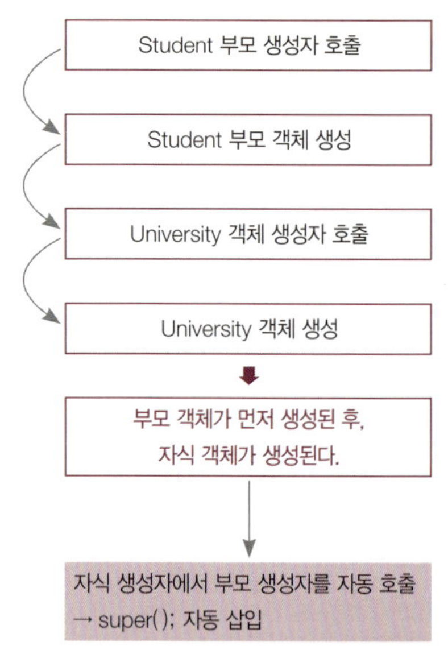

[그림 6-9] 상속 관계 클래스의 인스턴스 생성 과정

[그림 6-6]의 클래스 계층 구조는 단지 사용자의 입장에서 논리적으로 쉽게 이해하기 위해 표현한 것일 뿐이다. 따라서 각 자식 클래스 생성자에서 부모의 멤버 변수에 접근하면 각각 따로 생성된 부모 인스턴스의 멤버 변수에 대해 작업할 수 있는 것이다.

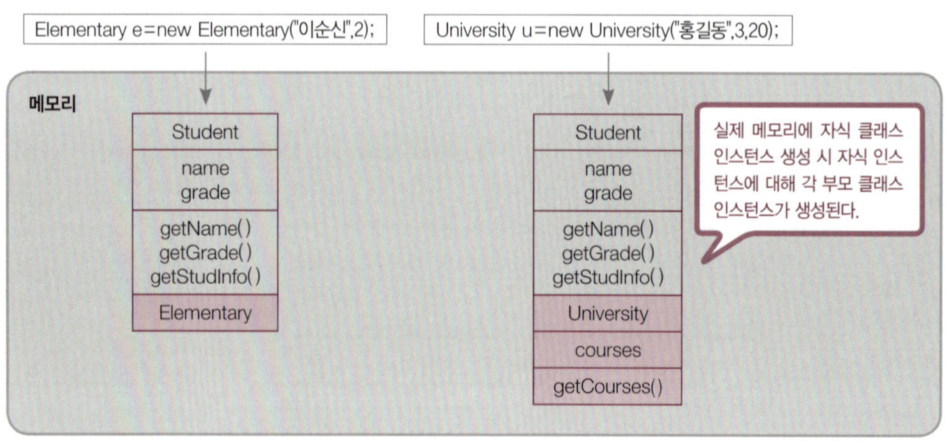

[그림 6-10] 메모리에 상속받는 클래스의 인스턴스가 생성된 상태 1

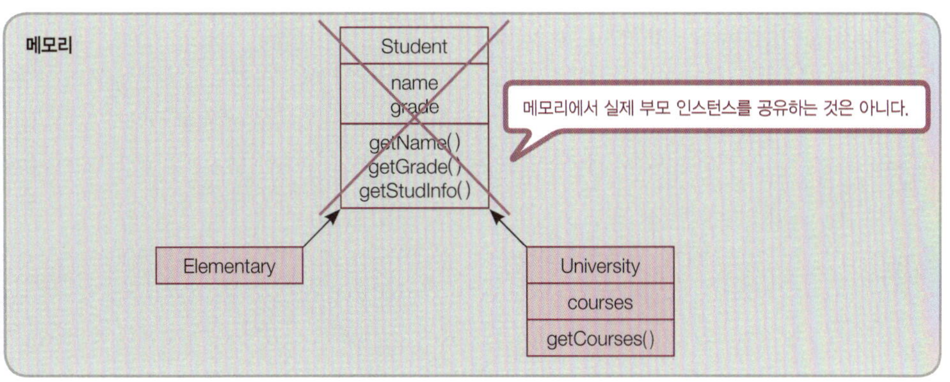

[그림 6-11] 메모리에 상속받는 클래스의 인스턴스가 생성된 상태 2

■ 상속 실습 예제

[그림 6-12]는 또 다른 상속 계층 구조를 나타낸 것이다. 이는 Student 클래스가 Person 클래스를 상속받고 있는 구조다. [리스트 6.5]에서 [리스트 6.7]은 상속 구조를 소스로 구현한 클래스들이다. [리스트 6.6]의 Student 클래스는 **1행**에서 Person 클래스를 상속받고 있다. [리스트 6.7]의 Elementary 클래스 **7행**에 있는 Elementary 생성자에서는 Person 클래스의 gender와 age 변수에 접근하여 초기화한다. 즉, 계층 구조에서 상속받는 상위 클래스의 속성과 메서드는 자유롭게 접근 가능하다. 그리고 [리스트 6.8]의 **7행**에서 Elementary 인스턴스를 생성하면 [그림 6-13]처럼 이번에는 Person과 Student 클래스 인스턴스도 메모리에 함께 생성된다. **12, 13행**에서 Person 인스턴스의 getGender()와 getAge() 메서드를 이용하여 gender와 age값을 가지고 와서 출력하고 있다.

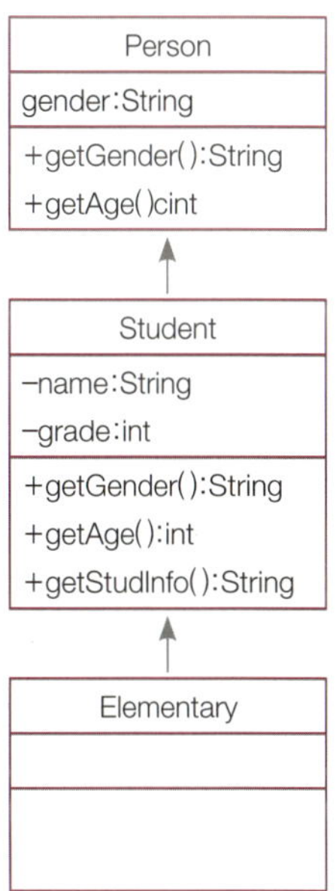

[그림 6-12] 상속 계층 구조

[리스트 6.5] Person.java

```
1    public class Person {
2        String gender;
3        int age;
```

```java
4        public Person( ){
5            System.out.println("Person 생성자 호출");
6        }
7        public String getGender( ){
8            return gender;
9        }
10       public int getAge( ){
11           return age;
12       }
13   }
```

[리스트 6.6] Student.java

```java
1    public class Student extends Person{
2        protected String name;
3        protected int grade;
4
5        public Student( ) {
6            System.out.println("Student 부모 생성자 호출");
7        }
8
9        public String getName( ){
10           return name;
11       }
12       public int getGrade( ) {
13           return grade;
14       }
15
16       public String getStudInfo( ).{
17           System.out.println("Student 클래스의 getInfo( )입니다.");
18           return "이름은 : " + name + "학년은 : " + grade;
19       }
20   }
```

16~19행 : 학생의 신상 정보를 출력해주는 메서드

[리스트 6.7] Elementary.java

```java
1   public class Elementary extends Student{
2       public Elementary(String _name, int _grade){
3           System.out.println("인자 2개인 Elementary 생성자 호출");
4           name = _name;
5           grade = _grade;
6       }
7       public Elementary(String _name, int _grade,String _gender,int _age){
8           System.out.println("인자 4개인 Elementary  생성자 호출");
9           name = _name;
10          grade = _grade;
11          gender=_gender;
12          age=_age;
13      }
14  }
```

7~13행 : 조상 클래스의 멤버 변수에 접근하여 인스턴스 생성 시 초기화하는 생성자

[리스트 6.8] StudentTest.java

```java
1   public class StudentTest{
2       public static void main(String [ ] args){
3           String sinsang=null;
4           String gender=null;
5           int age=0;
6
7           Elementary e=new Elementary("이순신",2,"남",15);
8
9           sinsang=e.getStudInfo( );
10          System.out.println("학생정보: " +sinsang);
11
12          gender=e.getGender( );
13          age=e.getGrade( );
14
15          System.out.println("학생의 성별: "+gender+", 학생의 나이: "+age);
16      }
17  }
```

메모리

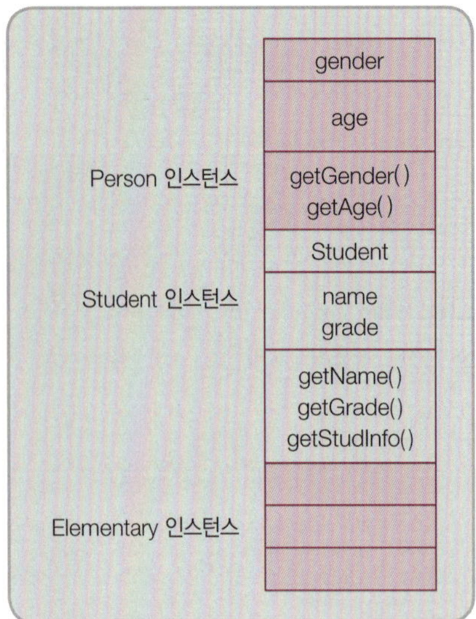

[그림 6-13] 인스턴스 생성 상태

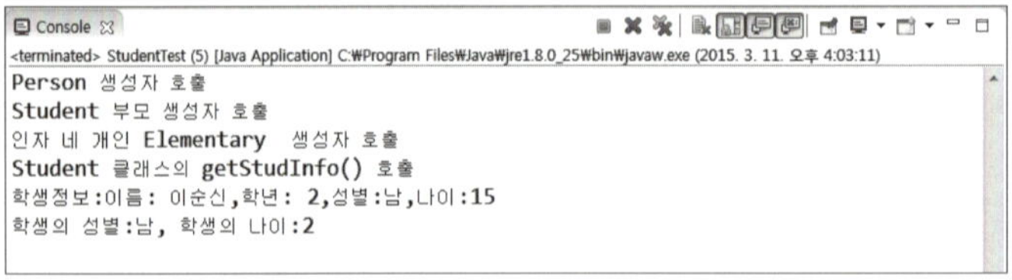

[그림 6-14] 실행 결과

03 super의 기능

다음은 super의 정의와 용도를 나타낸 것이다. super는 앞 절의 상속에서도 잠깐 언급한 것처럼 메모리에 있는 자식 인스턴스에서 부모 인스턴스를 가리키는 의미로 사용된다.

super는 자식 인스턴스에서 부모의 인스턴스의 멤버에 접근할 때 사용하면 편리하다. 즉, 부모 생성자를 호출하거나 부모의 멤버 변수나 멤버 메서드 앞에 super를 붙여 사용하면 훨씬 가독성이 좋아진다. 앞에서 사용한 Student 클래스의 멤버 변수는 2개밖에 없으므로 굳이 앞에 super를 쓰지 않더라도 자식 클래스에서 쉽게 구분할 수 있지만, 실제 개발하는 클래스의 멤버 변수의 수는 보통 10개를 넘는데, 앞에 super를 붙이면 부모의 멤버 변수인지, 자식의 멤버 변수인지 쉽게 구분할 수 있다.

---

super의 정의와 용도

- **정의**
  - 자식 클래스에서 부모 클래스 인스턴스를 가리키는 변수
- **용도**
  1. 부모 생성자 호출
     - 자식 생성자의 첫 줄에서 부모 생성자 호출
     - 명시적으로 호출하지 않으면 super( )를 컴파일 시 자동으로 추가된다.
     - 예) super( ),super(args);
  2. 부모 클래스 멤버 호출
     - 자식 클래스에서 부모 클래스 멤버를 호출한다.
     - 가독성이 좋아진다.
     - 예) super.age,super.getAge( );

[리스트 6.9]와 [리스트 6.10]은 super의 사용 예제다. 먼저 [리스트 6.10]의 University 클래스를 보면, 생성자 부분의 **5행**에서 super( )라고 호출하고 있다. 즉, 상속받고 있는 Student 클래스의 인자가 없는 디폴트 생성자를 명시적으로 호출하고 있다. 이처럼 super( )를 추가해줄 때는 반드시 자식 클래스 생성자 본체의 첫 행에 써주어야 한다.

그리고 **7, 8행**에서는 name과 grade 변수 앞에 super를 써서 가독성을 높였다. 그리고 **4행**의 University 생성자의 매개변수도 이번에는 일일이 부모의 인스턴스 변수 name과 grade와 다르게 쓸 필요 없이 같은 단어를 사용한다.

[리스트 6.9] Super 사용 예제(Student.java)

```java
1    public class Student{
2       protected String name;
3       protected int grade;
4
5       public Student( ) {
6           System.out.println("Student 부모 생성자 호출");
7       }
8
9       public Student(String _name,int _grade){
10          name=_name;
11          grade=_grade;
12      }
13
14      public String getName( ){
15          return name;
16      }
17      public int getGrade( ) {
18          return grade;
19      }
20
21      public String getStudInfo( ) {
22          System.out.println("Student 클래스의 getStudInfo( ) 호출");
23          return "이름은 : " + name + "학년은 : " + grade;
24      }
25   }
```


16~19행 : 학생의 신상 정보를 출력해주는 메서드

[리스트 6.10] super를 이용하여 상위 클래스 속성과 생성자 접근하기(University.java)

```java
1    public class University extends Student{
2       private int courses;
3
4       public University(String name, int grade, int _courses){
5           super( );
6           System.out.println("University 생성자 호출");
7           super.name = name;
```

```
8              super.grade =grade;
9              courses = _courses;
10         }
11
12      public int getCourses( ){
13              return courses;
14         }
15    }
```

5행　 : 자식 생성자의 첫 줄에서 부모의 디폴트 생성자를 호출한다.

7, 8행 : super를 변수 앞에 붙임으로써 name과 grade가 부모의 인스턴스 변수임을 쉽게 알 수 있다.

[리스트 6.11]에서의 University 클래스 생성자에서 인자가 2개인 super( )를 호출한다. 그러면 [리스트 6.9]의 **9행**에 있는 Student 클래스의 인자가 2개인 생성자가 이번에는 호출된다.

[리스트 6.11] University.java

```
1     public class University extends Student{
2         private int courses;
3         public University(String name, int grade, int _courses){
4              super(name,grade);
5              System.out.println("University 생성자 호출");
6              super.name = name;
7              super.grade =grade;
8              courses = _courses;
9         }
10
11      public int getCourses( ){
12              return courses;
13         }
14    }
```

4행　 : 자식 생성자의 첫 줄에서 부모의 인자가 2개인 생성자를 호출한다.

6, 7행 : super를 변수 앞에 붙임으로써 name과 grade가 부모의 인스턴스 변수임을 쉽게 알 수 있다.

이번에는 this의 용도에 대해 알아보자. this는 인스턴스 자신이 자기를 가리킬 때 사용하는 기능이다. 즉, 자신의 멤버를 호출할 때 사용한다. 첫 번째는 자신의 다른 생성자를 호출할 때 사용한다. 그리고 메서드에서 매개변수와 멤버 변수의 이름을 같게 하여 쓸 때에도 사용할 수 있다.

---

this의 정의와 용도

- **정의**
  - 자기 자신의 인스턴스를 가리키는 변수
- **용도**
  1. 자신의 다른 생성자 호출
     - 생성자의 첫 줄에서 다른 생성자 호출

     (예) this( ),this(args)
  2. 자신의 멤버 호출
     - 지역 변수와 인스턴스 변수가 동일한 경우

     (예) this.변수명;

[리스트 6.12]는 this를 적용하는 예제를 나타내고 있다. **24~30행**을 보면 Student 클래스의 name이나 grade 변수에 접근하는 setter 메서드의 매개변수를 멤버 변수 이름과 같게 하고, 본체에 this를 써서 멤버 변수와 매개변수를 구분하여 사용하고 있다. 이런 방식으로 사용하면 **16~22행**처럼 일일이 메서드의 매개변수의 이름과 멤버 변수의 이름을 다르게 만들어주지 않아도 된다. 즉, 멤버 변수의 개수가 많아지면 편리하게 사용할 수 있다.

[리스트 6.12] Student.java

```
1    public class Student{
2        protected String name;
3        protected int grade;
4
5        public Student( ) {
6            System.out.println("Student 부모 생성자 호출");
7        }
8
```

```java
9        public String getName( ){
10            return name;
11        }
12        public int getGrade( ) {
13            return grade;
14        }
15    /*
16        public void setName(String _name){
17            name=_name;
18        }
19
20        public void setGrade(int _grade){
21            grade=_grade;
22        }
23    */
24        public void setName(String name){
25            this.name=name;
26        }
27
28        public void setGrade(int grade){
29            this.grade=grade;
30        }
31
32        public String getStudInfo( ) {
33            System.out.println("Student 클래스의 getStudInfo( ) 호출");
34            return "이름은 : " + name + ", 학년은 : " + grade;
35        }
36    }
```

16~22행 : setter 메서드 구현 시 메서드의 매개변수 이름과 멤버 변수 이름을 다르게 하여 구현했다.

24~30행 : 메서드의 매개변수와 멤버 변수의 이름을 this를 사용하여 같게 한다.

[리스트 6.13]은 University 클래스에 this를 사용한 예제다. 먼저 **9행**의 University 클래스 생성자에서 courses라는 멤버 변수를 초기화할 때 this를 써서 매개변수와의 이름을 같게 하여 사용한다.

그리고 **12행**의 디폴트 생성자에서 this 안에 인자를 3개 전달하여 바로 위에 있는 인자가 3개인 생성자를 재호출하고 있다.

앞 장에서 디폴트 생성자를 호출하여 인스턴스를 생성했을 때의 단점은 인스턴스 변수들을
초기화하지 못한다는 것이었는데, 지금처럼 디폴트 생성자를 호출한 후에 다시 this를 이용
하여 다른 생성자를 호출하면 이번에는 디폴트 생성자를 호출해도 인스턴스 변수들을 초기
화할 수 있다.

[리스트 6.13] University.java

```java
1    public class University extends Student{
2        private int courses;
3
4        public University(String name, int grade, int courses){
5            super( );
6            System.out.println("University 생성자 호출");
7            super.name = name;
8            super.grade =grade;
9            this.courses = courses;
10       }
11
12       public University( ){
13           this("이순신",2,20);
14       }
15       public int getCourses( ){
16           return courses;
17       }
18   }
```

9행　　　: this를 이용하여 생성자의 매개변수와 멤버 변수의 이름을 같게 하여 가독성을 높인다.

12~14행 : 디폴트 생성자에서 다시 this를 이용하여 인자가 3개인 생성자를 호출한다.

[리스트 6.14]에서 StudentTest라는 클래스의 **6, 7행**에 2개의 University 인스턴스를 생성
할 때 1개는 인자가 3개인 생성자를 호출하고, 다른 1개는 인자가 없는 디폴트 생성자를 호
출한다.

12행에서 첫 번째 인스턴스의 정보를 출력하면 "홍길동"과 "3학년", 그리고 "22" 학점 정보
가 초깃값대로 나온다.

16행의 두 번째 인스턴스의 멤버 변수값을 출력해보면 University 클래스의 디폴트 생성자에
서 this로 호출 시에 전달한 "이순신", 2, 20이 출력된다. 즉, this를 이용하여 디폴트 생성자
를 호출하더라도 초기화할 수 있다. [그림 6-15]는 실행 결과를 나타낸 것이다.

```java
1    public class StudentTest {
2        public static void main(String[] args){
3            String sinsang=null;
4            int courses=0;
5
6            University u=new University("홍길동",3,22);
7            University u1=new University( );
8
9            sinsang=u.getStudInfo( );
10           courses=u.getCourses( );
11
12           System.out.println("학생정보: "+sinsang+",  학점: "+courses);
13
14           sinsang=u1.getStudInfo( );
15           courses=u1.getCourses( );
16           System.out.println("학생정보: "+sinsang+",  학점: "+courses);
17
18       }
19   }
```

```
Console ☒                                                    ■ ✖ ✖ | ▧ ▣▣▣ | ▢ ▢ ▾ ▢ ▾ ▢ ▢
<terminated> StudentTest (6) [Java Application] C:\Program Files\Java\jre1.8.0_25\bin\javaw.exe (2015. 3. 11. 오후 4:35:40)
Student 부모 생성자 호출
University 생성자 호출
Student 부모 생성자 호출
University 생성자 호출
Student 클래스의 getStudInfo 호출
학생정보:이름은 : 홍길동학년은 : 3 , 학점:22
Student 클래스의 getStudInfo 호출
학생정보:이름은 : 이순신학년은 : 2 , 학점:20
```

[그림 6-15] 실행 결과

이번에는 앞에서 배운 상속 개념을 이용하여 삼각형과 사각형의 넓이를 구하는 예제를 실습해본다.

먼저 상속을 이용하지 않고 각 도형의 넓이를 구하는 방법부터 살펴보자. 먼저 [그림 6-16]처럼 각 도형의 기능을 하는 클래스를 정의한 후 [리스트 6.15]에서 [리스트 6.16]처럼 클래스로 구현한다.

Rectangle
−area
+calcRecArea( ) +pirntRecArea( )

Triangle
−area
+calcTriArea( ) +pirntTriArea( )

[그림 6-16] 도형을 구현한 클래스

[리스트 6.15] Rectangle.java

```java
1    public class Rectangle {
2        private float area;
3        public void printArea( ){
4            System.out.println("사각형의 넓이는 "+this.area+" 입니다.");
5        }
6
7        public void calcRectangle(float width,float height){
8            this.area=width*height;
9        }
10   }
```

3~5행 : 도형의 넓이를 출력해주는 메서드

7~9행 : 사각형의 넓이를 구하는 메서드

[리스트 6.16] Triangle.java

```java
1    public class Triangle  {
2        private float area;
3        public void printArea( ){
4            System.out.println("삼각형의 넓이는 "+this.area+" 입니다.");
5        }
6
7        public void calcTriangle(float width,float height){
```

```
8            this.area=width*height/2.0f;
9        }
10    }
```

3~5행 : 도형의 넓이를 구하는 메서드

7~9행 : 삼각형의 넓이를 구하는 메서드

[리스트 6.17] ShapeTest.java

```
1    public class ShapeTest {
2        public static void main(String[] args){
3
4            int width=10;
5            int height=20;
6            Rectangle rec =new Rectangle( );
7            rec.calcRectangle(width, height);
8            System.out.println("사각형의 넓이는 " +rec.area);
9
10           Triangle tri=new Triangle( );
11           tri.calcTriangle(width,height);
12           System.out.println("삼각형의 넓이는 " +tri.area);
13       }
14    }
```

6행 : Rectangle 인스턴스를 생성한다.

7행 : calRectangle( ) 메서드로 가로, 세로 길이를 전달하여 넓이를 구한다.

10행 : Triangle 인스턴스를 생성한다.

11행 : calcTriangle( ) 메서드로 가로, 세로 길이를 전달하여 넓이를 구한다.

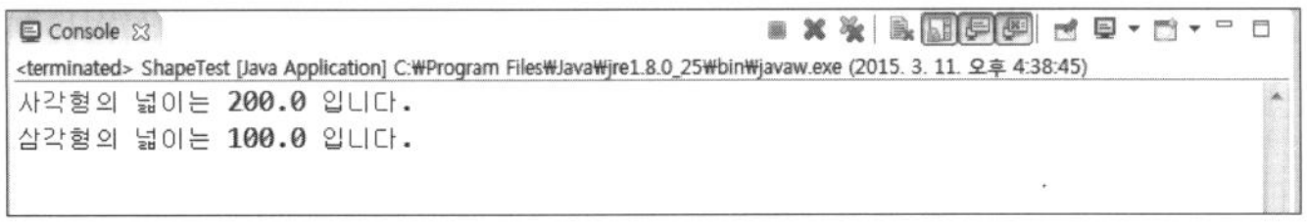

[그림 6-17] 실행 결과

그런데 각 클래스의 기능을 보면 삼각형
과 사각형의 넓이를 구하는 기능은 달라
도 구해진 넓이를 콘솔로 출력하는 메서
드의 기능은 공통적으로 쓰이고 있는 것
을 알 수 있다.

[그림 6-18]은 상속을 적용하여 Shape 상
위 클래스를 만든 후 넓이를 저장하는 변
수 area와 넓이를 출력하는 printArea( )
를 구현하고, 다른 클래스들이 이를 상속

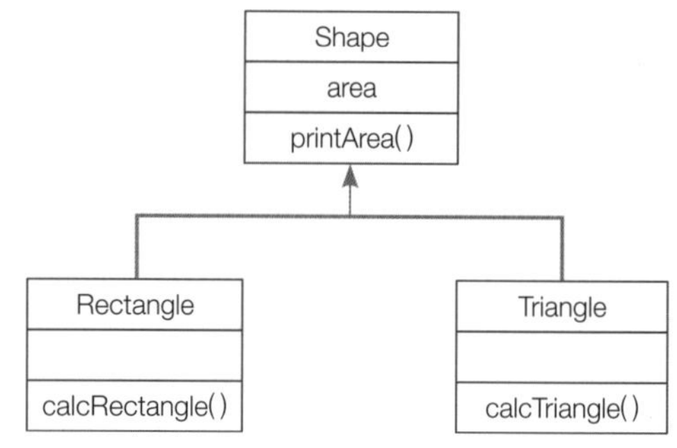

[그림 6-18] 상속을 적용한 클래스 계층 구조

받는 구조를 하고 있다. 즉, 하위 클래스들은 넓이를 출력하는 메서드를 상속받아 사용한다.
그리고 위의 상속 계층도를 이용하여 [리스트 6.18]에서 [리스트 6.21]에서 실제로 구현하고
있다. [리스트 6.18]에서는 Shape라는 클래스로 하위 도형 클래스에서 구한 넓이를 출력하
는 printArea()를 구현하고 있다.

[리스트 6.21]의 ShapeTest 실행 클래스에서는 Shape 클래스의 하위 클래스인 인스턴스
를 생성한 후 각 하위 인스턴스의 메서드를 이용하여 넓이를 구하고, 상위 클래스에 있는
printArea()를 이용하여 넓이를 출력하고 있다. [그림 6-19]는 실행 결과를 나타낸 것이다.

이처럼 상속을 이용하면 공통으로 사용하는 기능을 클래스마다 일일이 구현할 필요 없이 상
위 클래스에 한 번만 만들어 놓고 하위에서는 이를 상속받아 기능을 편리하게 구현할 수 있다.

[리스트 6.18] Shape.java

```java
1    public class Shape {
2        privatge float area;
3
4        public void printArea( ){
5            System.out.println("도형의 넓이는 "+this.area+" 입니다.");
6        }
7    }
```

4~5행 : 도형의 넓이를 출력해주는 메서드

[리스트 6.19] Rectangle.java

```java
1    public class Rectangle  extends Shape  {
2        public void calcRectangle(float width,float height){
3            super.area=width*height;
4        }
5    }
```

[리스트 6.20] Triangle.java

```java
1    public class Triangle extends Shape {
2        public void calcTriangle(float width,float height){
3            super.area=width*height/2.0f;
4        }
5    }
```

[리스트 6.21] ShapeTest.java

```java
1    public class ShapeTest {
2        public static void main(String[] args){
3
4            int width=10;
5            int height=20;
6            Rectangle rec =new Rectangle( );
7            rec.calcRectangle(width, height);
8            rec.printArea( );
9
10           //삼각형의 넓이를 구한다.
11           Triangle tri=new Triangle( );
12           tri.calcTriangle(width,height);
13           tri.printArea( );
14       }
15   }
```

```
Console 🖾
<terminated> ShapeTest [Java Application] C:\Program Files\Java\jre1.8.0_25\bin\javaw.exe (2015. 3. 11. 오후 4:38:45)
사각형의 넓이는 200.0 입니다.
삼각형의 넓이는 100.0 입니다.
```

[그림 6-19] 실행 결과

오버라이딩 메서드(overriding method)

이번에는 객체 지향 개념 중 오버라이딩에 대해 알아보자. 앞 장에서 배운 오버로딩과 공통 점도 있고, 차이점도 있으므로 잘 구분하여 알아두어야 한다.

다음은 오버라이딩의 정의와 규칙을 나타낸 것이다. 오버라이딩은 먼저 상속 관계에서만 사용할 수 있다. 정의는 부모 클래스의 메서드를 자식 클래스에서 이름만 빌려와 재정의하여 사용한다는 개념이다. 이때 형식은 반드시 부모의 메서드와 이름, 리턴 타입, 그리고 매개변수의 **순서, 타입, 개수**가 동일해야 한다.

그리고 다음으로 중요한 것이 오버라이딩 메서드의 용도다. 앞의 상속에서도 언급했듯이 자식 클래스 입장에서는 부모 클래스의 기능을 상속하여 쓰면 훨씬 편하다. 이렇게 상속하여 쓰면 아무런 문제가 없는데, 어떤 경우에는 부모가 제공하는 기능을 그대로 사용하면 자식의 입장에서 100% 만족하는 결과가 안 나오는 경우가 있다. 물론 큰 의미에서는 상위 메서드의 기능을 요구하지만, 세부적으로 완전히 만족하지 않는 경우에는 어차피 기능은 별 차이가 없으므로 하위 클래스에서는 상위 클래스 메서드의 이름만 빌려와서 하위 클래스인 자신이 원하는 결과가 나올 수 있도록 메서드를 재정의하여 쓰면 원하는 결과를 얻을 수 있다.

오버라이딩의 정의, 규칙그리고 용도

- **정의**
  - 상속 관계 시 부모 클래스의 메소드를 자식 클래스에서 형식만 빌려와서 재정의 해서 사용하는 방법
- **규칙**
  - 메소드 이름이 동일
  - 리턴 타입이 동일
  - 매개변수 리스트가 동일(순서, 개수, 타입)
  - static, final, private 가 지정된 메소드는 오버라이딩 불가
- **용도**
  - 자식 크래스에서 상속받는 메소드를 그냥 사용해서는 자신의 원하는 결과를 완전하게 얻을 수 없을 때, 하위 클래스에서 상위 클래스의 메소드의 형식만들 빌려와서 본체의 기능을 재정의 해서 사용해서 자신이 원하는 결과값을 얻는다.

6.1 오버라이딩 메서드 사용 전

다음은 오버라이딩 메서드 개념을 사용하지 않고 학생의 신상 정보를 출력하는 예제다. [리스트 6.22]는 지금까지 실습에 사용한 Student 클래스이다. **17행**의 getStudInfo()라는 메서드는 하위 학생 클래스의 이름과 학년 정보, 즉 학생들의 신상 정보를 한꺼번에 출력해주는 기능을 한다.

그리고 [리스트 6.23]의 StudentTest 실행 클래스에서 Elementary와 University 인스턴스를 생성한 후 각 getStudInfo() 메서드를 호출하여 각 학생의 신상 정보를 출력한다. Elementary의 경우에는 **7행**에서처럼 자신의 멤버 변수 없이 그냥 name과 grade를 상속받아 쓰기 때문에 그냥 getStudInfo() 메서드를 호출하여 쓰면 결과에 만족한다.

그런데 University의 경우에는 **9행**처럼 상위의 getStudInfo() 메서드를 호출하여 쓰면, name과 grade의 값, 즉 대학생의 이름과 학년 정보를 얻을 수 있다. 반면, University에는 자신의 멤버 변수인 courses, 즉 수강 학점 정보도 있는데, 그 정보는 getStudInfo() 메서드를 호출한 것만으로는 얻을 수 없다. 따라서 **10행**에서 getCourses()를 별도로 호출하는 추가 작업을 수행하고 있다.

University의 입장에서는 상위의 getStudInfo() 메서드가 하위 학생 클래스의 모든 신상 정보를 한 번에 출력해준다고 해서 믿고 사용했는데, 나타나는 결과는 100% 만족스럽지 못하다. 그래서 부득이 **10행**처럼 getStudInfo() 메서드 호출 후에 따로 getCourses() 메서드를 호출하여 원하는 결과값을 얻고 있다.

[리스트 6.23]처럼 기능을 구현하면 결과값을 얻는다는 관점에서는 문제가 없지만, 이런 방식으로 짜깁기를 하듯이 프로그래밍하는 것은 좋지 않다. 실제 개발에서 하위 클래스의 멤버 변수가 10개이면 일일이 작성해주어야 한다.

그런데 또 자세히 분석해보면 University 클래스가 원하는 기능은 상위의 클래스에 있는 getStudInfo() 메서드의 기능과 크게 다르지 않다는 것을 알 수 있다. 다만, 세부적으로 University에는 맞지 않는 것이다. University의 입장에서 원하는 기능은 상위의 메서드와 같으므로 자신의 클래스에서 상위 메서드의 이름만 빌려와 구현하여 쓰면 똑같은 메서드로 자신만의 원하는 결과를 얻을 수 있는 것이다.

[리스트 6.22] Student.java

```java
1    public class Student {
2        public String name;
3        public int grade;
4
5        public Student( ){
6            System.out.println("Student 생성자 호출");
7        }
8
9        public String getName( ){
10           return name;
11       }
12
13       public int getGrade( ){
14           return grade;
15       }
16
17       public String getStudInfo( ){
18           System.out.println("Student 클래스의 getStudInfo( ) 메서드 호출");
19           return "이름은 : " + name + ", 학년은 " +grade;
20       }
21   }
```

17~20행 : 학생들의 신상 정보를 출력해주는 메서드

[리스트 6.23] StudentTest.java

```java
1    public class StudentTest{
2        public static void main(String [ ] args){
3            String sinsang=null;
4            Elementary e=new Elementary("이순신",2);
5            University u = new University("홍길동", 3, 20);
6
7            sinsang=e.getStudInfo( );
8            System.out.println("학생정보: " +sinsang);
9            sinsang=u.getStudInfo( );
10           System.out.println("학생정보: "+sinsang+ ", 학점: " + u.getCourses( )+"점");
11       }
12   }
```

6.2 오버라이딩 메서드 사용 후

이번에는 오버라이딩으로 구현한 클래스를 살펴보자. [리스트 6.24]는 University 클래스에 오버라이딩을 구현한 소스이다. [리스트 6.24]의 **19~23행**에 있는 getStudInfo() 메서드의 형식은 Student 클래스의 getStudInfo() 메서드와 동일하다. 이 메서드에서는 name과 grade는 물론 University 클래스의 멤버 변수인 courses까지도 한 번에 출력해주고 있다.

[리스트 6.25]의 StudentTest 클래스의 **7행**에서 getStudInfo()를 호출하면 이번에는 University 클래스에 오버라이딩한 getStudInfo() 메서드가 호출되어 [그림 6-20]처럼 한 번에 모든 University 정보가 출력된다.

즉, University의 입장에서 행하는 기능은 그대로 학생의 신상 정보를 얻는 것이므로 getStudInfo() 메서드명을 그대로 사용하는데, 자신이 원하는 결과값이 나오도록 재정의하여 사용하고 있다.

[리스트 6.24] 오버라이딩이 적용된 클래스(University.java)

```java
1    public class University extends Student {
2        private int courses;
3
4        public University(String name, int grade, int courses){
5            super( );
6            System.out.println("University 생성자 호출");
7            super.name=name;
8            super.grade=grade;
9            this.courses= courses;
10       }
11
12       public University( ){
13           this("이순신",2,20);
14       }
15       public int getCourses( ){
16           return courses;
17       }
18
19       public String getStudInfo( ){
20           System.out.println("University 클래스의 getStudInfo 메서드 호출");
21           return "이름은>> "+ name + ", 학년은>> " +grade + ", 신청 학점은>>
22                   "+courses;
23       }
24   }
```

19~23행 : Student 클래스의 getStudInfo()를 오버라이딩한다.

[리스트 6.25] StudentTest.java

```java
1    public class StudentTest {
2        public static void main(String[] args){
3            Elementary e=new Elementary("이순신",2);
4            University u = new University ("홍길동", 3, 20);
5
6            System.out.println(e.getInfo( ));
7            System.out.println(u.getInfo( ));
8        }
9    }
```

7행 : University에 오버라이딩된 getInfo()가 호출된다.

```
<terminated> StudentTest (7) [Java Application] C:₩Program Files₩Java₩jre1.8.0_25₩bin₩javaw.exe (2015. 5. 21. 오전 11:01:19)
Student 생성자 호출
Student 생성자 호출
University 생성자 호출
Student 클래스의 getStudInfo()메소드 호출
이름은 : 이순신 ,학년은 2
University 클래스의 getStudInfo 메소드 호출
이름은>> 홍길동, 학년은>> 3, 신청 학점은>> 20
```

[그림 6-20] 실행 결과

[표 6-1] 오버로딩과 오버라이딩의 공통점 및 차이점

구분		오버로딩	오버라이딩
공통점		메서드명을 재사용한다.	
차이점	메서드 인자	메서드의 매개변수 개수, 타입, 순서가 달라야 한다.	메서드의 매개변수 개수, 타입, 순서가 동일해야 한다.
	상속 관계	상속과 상관없다.	반드시 상속 관계가 전제되어야 한다.

6.3 오버라이딩 메서드 예제

앞의 사각형과 삼각형의 도형을 구하는 예제를 이용하여 오버라이딩 예제를 실습해보자. 이 경우에는 [리스트 6.26]처럼 Shape라는 상위 클래스에 사각형의 넓이를 구하는 경우가 많으므로, Shape 클래스에 사각형의 넓이를 구하는 calcArea() 메서드를 미리 구현해 놓는다.

그리고 [리스트 6.27]의 Rectangle 클래스는 Shape 클래스를 상속받아 사용한다. 당연히 Rectangle 클래스는 상위의 caleArea() 메서드를 그냥 상속받아 쓰면 된다.

반면, [리스트 6.28]의 Triangle 클래스도 이와 똑같이 Shape 클래스를 상속받는다. 그런데 삼각형의 넓이를 구하는 방법은 사각형과 다르므로, 상위의 caleArea() 메서드를 상속받아

그냥 쓰면 정확한 삼각형의 넓이를 출력하지 못한다. 그래서 **5~7행**에서 상위의 caleArea( )의 형식만 빌려와 본체에서 삼각형을 구하는 기능으로 재정의하고 있다.

[리스트 6.29]에서 보면 **6행**에서는 Rectangle 인스턴스를 생성한 후 caleArea( )를 호출하면 상위 Shape 클래스의 caleArea( )가 호출되어 사각형의 넓이가 출력된다.

10행에서는 Triangle 인스턴스를 생성한 후 **11행**에서 caleArea( )를 호출하면 이번에는 Triangle 클래스에 오버라이딩한 caleArea( )가 호출되어 삼각형의 넓이가 구해진다는 것을 확인할 수 있다. [그림 6-21]은 실행 결과를 나타낸 것이다.

[리스트 6.26] Shape.java

```
1   public class Shape {
2       float area;
3       public void printArea( ){
4           System.out.println("도형의 넓이는 "+this.area+" 입니다.");
5       }
6
7       public void calcArea(float width,float height){
8           this.area=width*height;
9       }
10  }
```

[리스트 6.27] Rectangle.java

```
1   public class Rectangle  extends Shape  {
2       public Rectangle( ){
3           System.out.println("Rectangle 생성자 호출");
4       }
5   }
```

[리스트 6.28] Triangle.java

```
1   public class Triangle extends Shape {
2       public Triangle( ){
3           System.out.println("Triangle 생성자 호출");
4       }
```

```java
5        public void calcArea(float width,float height){
6            super.area=width*height/2.0f;
7        }
8    }
```

5~7행 : calcArea( ) 메서드를 오버라이딩하고 있다.

[리스트 6.29] ShapeTest.java

```java
1    public class ShapeTest {
2        public static void main(String[] args){
3            int width=10;
4            int height=20;
5
6            Rectangle rec =new Rectangle( );
7            rec.calcArea(width, height);
8            rec.printArea( );
9
10           Triangle tri=new Triangle( );
11           tri.calcArea(width,height);
12           tri.printArea( );
13       }
14   }
```

7행 : 상속받는 메서드가 호출된다.

11행 : 오버라이딩한 메서드가 호출된다.

Console
<terminated> ShapeTest (2) [Java Application] C:\Program Files\Java\jre1.8.0_25\bin\javaw.exe (2015. 3. 11. 오후 5:50:06)
Rectangle 생성자 호출
도형의 넓이는 200.0 입니다.
Triangle 생성자 호출
도형의 넓이는 100.0 입니다.

[그림 6-21]   실행 결과

이번에는 회사 직원의 총 급여를 구하는 예제다. [그림 6-22]는 어떤 회사에 근무하는 직원
들의 상속 구조를 나타낸 것이다. 이 회사의 직원 구성은 정규직과 임시직으로 나눌 수 있
다. 그런데 각 직원의 총 급여를 계산할 때 정규직은 직원 클래스의 calcTotalPay( ) 메서드
를 사용하여 계산한다. 그런데 임시직은 정규직보다 월 급여가 적은 대신 일한 시간만큼 따

로 계산하여 총 급여를 지급받기 때문
에 직원 클래스의 calcTotalPay( ) 메서
드를 오버라이딩하여 임시직의 총 급여
를 계산한다.

[리스트 6.30]에는 직원 클래스를 나타
내는 Employee 클래스가 구현되어 있
다. **12~15행**에 있는 calcTotalPay( )라
는 메서드로 정규직 직원의 총 급여를
구한다. 정규직의 급여액은 월급여×12
개월+보너스로 구성된다. 그런데 [리스

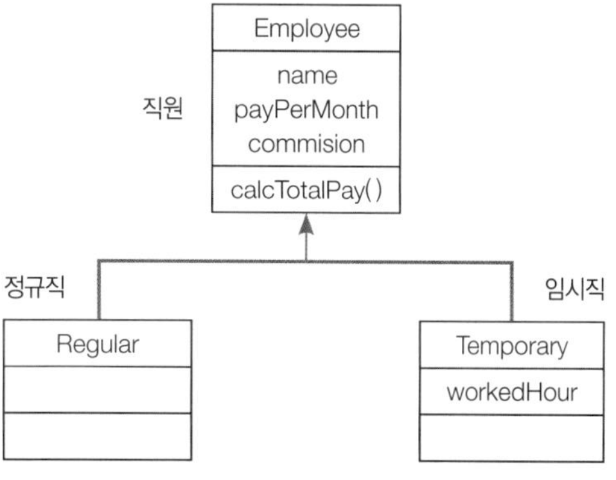

[그림 6-22] 회사 직원들의 상속 구조

트 6.32]는 임시직을 나타내는 Temporary 클래스를 나타낸 것이다.

임시직은 정규직과 임금 체계가 다르다. 따라서 Employee 클래스의 메서드를 그대로 상속
받아 쓰는 데에는 문제가 있다. 따라서 [리스트 6.32]에서는 **9~17행**에서 calcTotalPay( ) 메
서드를 오버라이딩하여 재정의하고 있다.

그런데 [리스트 6.32]에서는 calcTotalPay( ) 메서드의 **12행**에 먼저 super를 이용하여 부모
의 calcTotalPay( )를 호출한 후 그 결과값에 총 일한 시간과 시간당 급여를 곱한 것을 합
하여 임시직의 총 급여를 구하고 있다. **11행**의 주석문을 보면 Temporary 클래스에서 부모
에게 상속받는 변수를 이용하여 총 급여를 직접 계산할 수 있지만, 이 예제에서는 상위의
calcTotalPay( ) 메서드를 호출하여 계산한다.

이 예제의 경우에는 총 급여를 계산하는 기능이 간단하므로 [리스트 6.32]의 **11행**처럼 오버라
이딩 메서드에서 임시직의 총 급여액을 직접 계산하여 구할 수도 있지만, **실제 개발에서 쓰이
는 일반적인 메서드의 기능은 직접 구현하기가 어려우므로 이러한 방식으로 상위의 메서드를
호출한 후 결과값을 가지고 와서 하위에서 수정하여 쓰는 경우가 많다.** 이 경우는 안드로이드
에서 제공하는 API를 사용할 때 많이 나타난다. [그림 6-23]은 실행 결과를 나타낸 것이다.

[리스트 6.30] Employee.java

```
1    public class Employee {
2        String name;
3        int payPerMonth;
4        int commsion;
5
```

```java
6        public Employee(String name, int payPerMonth, int commsion) {
7            this.name = name;
8            this.payPerMonth = payPerMonth;
9            this.commsion = commsion;
10       }
11       //정규직 총 급여 구하기
12       int calcTotalPay( ){
13           int totalPay=12*payPerMonth+ commsion;
14           return totalPay;
15       }
16   }
```

2~4행 : 사원 이름과 월 급여, 보너스를 저장하는 변수 선언

12행   : 정규직 사원의 총 급여를 구하는 메서드(월 급여×12개월+받는 보너스)

[리스트 6.31] Regular.java

```java
1    public class Regular extends Employee{
2        public Regular(String name, int payPerMonth, int commsion) {
3            super(name, payPerMonth, commsion);
4        }
5    }
```


[리스트 6.32] Temporary.java

```java
1    public class Temporary extends Employee{
2        private int workedHour;
3
4        public Temporary(String name, int payPerMonth, int commsion,int workedHour) {
5            super(name, payPerMonth, commsion);
6            this.workedHour=workedHour;
7        }
8
9        protected int calcTotalPay( ){
10           //상위 메서드를 호출하여 총 급여를 구한다.
11           //int totalPay=12*payPerMonth+ commsion+ workedHour*2000;
12           int temp= super.calcTotalPay( );
13
```

```
14            //임시직은 다시 총 일한 시간을  총 급여에 합한 후 구한다.
15            int tempTotalPay=temp+ workedHour*2000;
16            return tempTotalPay;
17        }
18    }
```

2행 : 임시직이 일한 총 시간을 저장하는 변수

9행 : 임시직이 일한 총 급여액을 계산하는 오버라이딩 메서드

12행 : 먼저 부모의 calcTotalPay( ) 메서드를 호출하여 총 급여액을 구한다.

15행 : 자신이 일한 총 시간에 시급을 곱한 후 8행의 결과와 합한다.

[리스트 6.33] EmpTest.java

```java
1    public class EmpTest {
2        public static void main(String[] args) {
3            String name;
4            int totalPay;
5            Employee Hong,Lee;
6
7            Lee=new Regular("이순신",2000000,5000000);
8            Hong=new Temporary("홍길동",1500000,0,500);
9
10           System.out.println("사원 정보 출력");
11           name=Lee.name;
12           totalPay=Lee.calcTotalPay( );
13           System.out.println("사원 이름: "+name + ",  사원 총 급여: "+totalPay+"원");
14
15           name=Hong.name;
16           totalPay=Hong.calcTotalPay( ); //오버라이딩 된 메서드 호출
17           System.out.println("사원 이름: "+name + ",  사원 총 급여: "+totalPay+"원");
18       }
19   }
```

```
Console ⊠                                    ■ ✖ ✖ | 馬 馬馬馬馬馬 ⊯ 馬 ▼ ⊡ ▼ □ □
<terminated> EmpTest [Java Application] C:\Program Files\Java\jre1.8.0_25\bin\javaw.exe (2015. 3. 11. 오후 5:52:38)
사원 정보 출력
사원 이름: 이순신 ,  사원 총급여:  29000000원
사원 이름: 홍길동 ,  사원 총급여:  19000000원
```

[그림 6-23] 실행 결과

접근 지정자

이번에는 접근 지정자에 대해 알아보자. 접근 지정자는 이미 앞에서 암묵적으로 많이 사용하였다.

접근 지정자는 클래스의 멤버에 대해 다른 클래스에서 접근하는 것을 제한하는 용도로 사용된다.

public 접근 지정자는 모든 다른 클래스에서 접근이 가능하다. protected 접근 지정자는 같은 패키지나 상속 관계에 있는 자식 클래스에서만 접근이 가능하다. 또 default 접근 지정자는 같은 패키지에 있는 클래스에서만 접근이 가능하고 private 접근 지정자는 같은 클래스 내에서만 접근이 가능하다.

접근 지정자는 각 대상에 대해 사용이 제한된다. 클래스에서 사용될 수 있는 접근 지정자는 public

접근 지정자의 정의와 종류

- **정의**
  - 외부에서 클래스의 멤버에 접근하는 범위를 일정하게 제한할 경우에 사용하는 지정자
- **종류**

> **public** : 모든 클래스에서 접근 가능
>
> **protected** : 같은 패키지(폴더)에 있는 클래스와 상속 관계의 클래스들만 접근 가능
>
> **default** : 같은 패키지에 있는 클래스들만 접근 가능
>
> **private** : 같은 클래스 내에서만 접근 가능

각 지정자별 적용 대상

- 클래스 : public, default만 사용 가능하다.
- 멤버 변수 : 모든 접근 지정자를 사용할 수 있다.
- 멤버 메서드 : 모든 접근 지정자를 사용할 수 있다.
  - 지역 변수는 접근 지정자를 사용할 수 없다.

과 default만 가능하다. 그리고 멤버 변수, 멤버 메서드, 생성자에게는 모든 접근 지정자의 사용이 가능하다. 여기서 주의해야 할 점은 메서드 내에 선언된 지역 변수에게는 접근 지정자의 사용이 불가능하다는 것이다.

[리스트 6.34]는 각 멤버 변수에 대해 접근 지정자를 적용한 예이다. name 변수는 public으로 지정했으므로 모든 다른 클래스에서 접근이 가능하다. age 변수는 protected로 지정되었으므로 같은 패키지 내의 클래스나 다른 패키지의 상속받는 자식 클래스에서만 접근 가능하다. address는 private로 지정되었으므로, 같은 클래스 내에서만 접근이 가능하다. company 변수는 아무런 접근 지정자도 지정되지 않았으므로 default 접근 지정자다. 즉, 어떤 접근 지

정자도 지정하지 않으면 default로 지정되는 것이다. 따라서 company 변수는 같은 패키지의 클래스에서만 접근이 가능하다.

[리스트 6.34] 접근 지정자 사용 예

```
1    public class Person{
2        public String name;
3        protected int age;
4        private String address;
5        String company;
6    }
```

[그림 6-24]는 각 접근 지정자의 접근 범위를 그림으로 나타낸 것이다. default 접근 지정자는 같은 패키지 내에서만 접근이 가능하다.

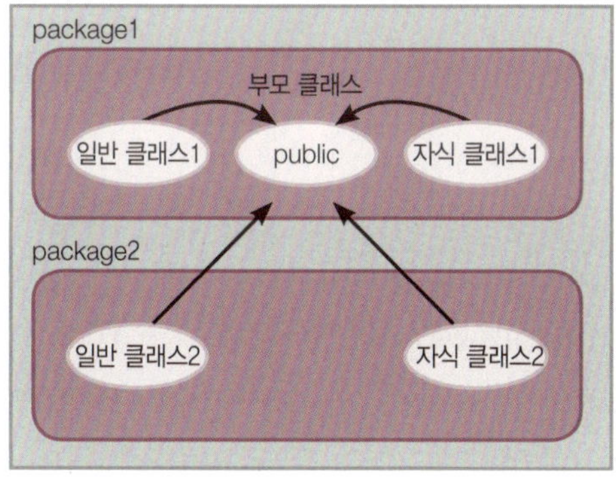

(a) public : 접근 지정자 접근 범위

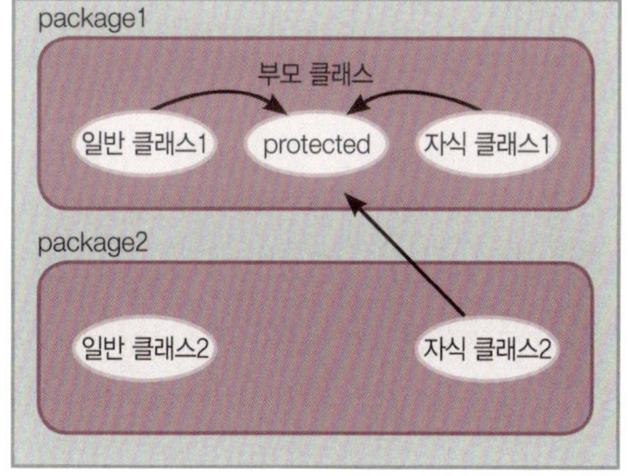

(b) protected : 접근 지정자 접근 범위

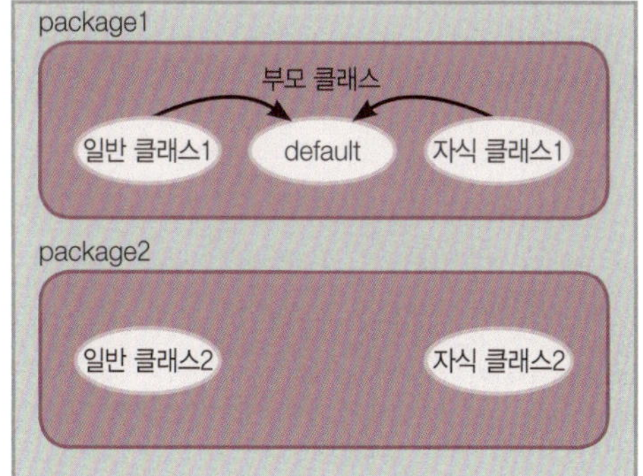

(c) default : 접근 지정자 접근 범위

(d) private : 접근 지정자 접근 범위

[그림 6-24] 각 접근 지정자의 접근 범위

[리스트 6.35]와 [리스트 6.36]은 접근 지정자의 사용 예제다. 먼저 Student 클래스의 인스턴스 변수 name에는 default 접근 지정자가 지정되어 있고, grade에는 private가 지정되어 있다. [리스트 6.36]의 StudentTest 클래스에서 **3행**의 Student 인스턴스를 생성한 후 **5행**에서 참조 변수 s1을 이용하여 name에 직접 접근하고 있다. name은 default로 지정되었기 때문에 다른 클래스에서 참조 변수를 이용하여 점 연산자(.)로 직접 접근이 가능하다. 그런데 **6행**에서는 s1을 이용하여 grade에 직접 접근하면 오류가 발생한다. grade는 private로 지정되었으므로 같은 클래스 내에서만 접근 가능하다. **7행**처럼 getGrade()는 public으로 선언되었으므로 grade에 접근하려면 getGrade()를 통해 간접 접근해야 한다.

[리스트6.35] Student.java

```
1    public class Student {
2        String name;
3        private int grade;
4
5        public Student(String name,int grade){
6            this.name=name;
7            this.grade=grade;
8        }
9
10       public int getGrade( ){
11           return grade;
12       }
13   }
```

[리스트 6.36] StudentTest.java

```
1    public class StudentTest {
2        public static void main(String[] args) {
3            Student s1=new Student("홍길동",3);
4
5            System.out.println("학생의 이름은:"+s1.name);
6            //System.out.println("학생의 학년은:"+s1.grade);
7            System.out.println("학생의 학년은:"+s1.getGrade( ));
8        }
9    }
10
```

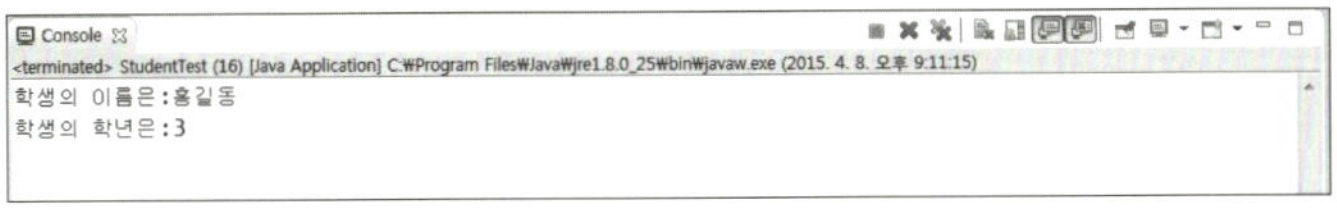

[그림 6-25] 실행 결과

7.1 캡슐화(은닉화)

접근 지정자와 밀접한 관계를 가지는 개념이 캡슐화다. 즉, 앞에서 배운 접근 지정자를 이용하여 클래스의 멤버 변수나 메서드에 접근하는 것을 제한하거나 접근 경로를 일정하게 하여 사용자가 임의로 조작하는 것을 배제함으로써 소스가 복잡해지는 것을 막고, 기능의 사용 방법도 일정하게 정하여 기능 사용의 통일성을 유지 한다.

> **캡슐화 정의**
>
> • 접근 지정자를 사용하여 클래스의 멤버나 메서드에 접근하는 방법을 일정하게 함으로써 프로그램이 일관성 있게 동작 및 관리되도록 한다.
>   – 사용자 임의적인 조작 배제
>   – 기능 사용 방법의 일관성 유지

예를 들어, 우리가 자동차 운전을 하면, 일단 시동을 걸고 기어를 주행에 놓고 가속기를 밟아서 자동차를 출발시킨다. 즉, 복잡한 기기를 일일이 조작하지 않고 정해진 규칙이나 순서만 따르면 자동차를 운전할 수 있는 것이다. 자바에서의 캡슐화도 사용자 임의의 조작을 배제하고 표준화된 방식으로 프로그래밍할 때 사용된다. 그 대표적인 예로는 뒤에서 배우게 될 JDBC를 들 수 있다. 다음은 접근 지정자를 이용하여 캡슐화하는 예제를 살펴보자.

7.2 캡슐화 예제

이번에는 Data라는 클래스의 x, y, value 변수가 있는 경우, value라는 변수에 x와 y의 합을 저장하는 예제를 이용하여 캡슐화에 대해 알아본다.

[리스트 6.37]은 캡슐화하지 않은 상태에서 기능을 구현하고 있다. Data라는 클래스의 멤버 변수는 모든 클래스에서 접근 가능하도록 public으로 선언되어 있다. 그리고 [리스트 6.38]의 DataTest라는 실행 클래스에서 인스턴스를 생성한 후 **4행**에서 '.' 연산자를 이용하여 직접 접근하여 value에 x와 y의 합을 저장하고 있다. 그런데 이러한 방식으로 각각의 변수에 직접 접근하여 값을 저장하면 value라는 변수에 x와 y의 합이 100% 저장된다고 보장할 수 없다.

예를 들어, 개발자가 바뀌어 새로 입사한 개발자는 value에 x, y의 합을 저장하라고 했을 때
실제 개발할 때의 소스의 양이 엄청 많으므로 고의는 아니더라도 실수로 [리스트 6.39]의
DataTest2 클래스처럼 '+' 대신 '*'를 사용할 수도 있다. 그러면 value에는 x, y의 곱이 저장
된다. 즉, 멤버 변수에 직접적인 접근을 허용했기 때문에 value의 값에 오류가 있을 수 있는
것이다. 그리고 이렇게 직접 접근하면, 소스 관리 관점에서도 좋지 않다. 예를 들어, value에
x와 y의 곱을 저장하라고 했을 때, 일일이 'x+y' 부분을 찾아가서 소스를 수정해주어야 한다.
당연히 소스의 양이 많으면 수정을 하지 못하는 부분도 생기게 마련이다.

[리스트 6.37] 캡슐화하기 전 기능 구현

```
1    public class Data {
2        public int x,y;
3        public int value;
4
5    }
```

[리스트 6.38] DataTest1.java

```
1    public class DataTest1 {
2        public static void main(String[] args) {
3            Data d=new Data( );
4            d.value=d.x+d.y;
5            //d.value=d.x*d.y;
6        }
7    }
```

4행 : Data 인스턴스의 변수에 직접 접근하고 있다.

[리스트 6.39] DataTest2.java

```
1    public class DataTest2 {
2        public static void main(String[] args) {
3            Data d=new Data( );
4            d.value=d.x*d.y;
5        }
6    }
```

[리스트 6.40]의 Data1 클래스의 멤버 변수는 private로 선언되어 있다. 따라서 이번에는 Data 클래스의 멤버 변수에 직접 접근할 수 없다. [리스트 6.41]의 DataTest1의 **4행**처럼 직접 접근하면 오류가 발생한다. 따라서 Data 클래스에는 value에 접근하기 위해 getValue라는 메서드를 선언했다. getValue()는 접근 지정자가 public이므로 외부에서 호출이 가능하다. 그리고 DataTest1라는 클래스에서는 value에 접근하기 위해 **5행**에서 getValue()라는 메서드를 호출한다. 즉, 이번에는 **4행**처럼 value에 직접 접근하는 것이 아니라 getValue() 메서드를 이용하여 간접 접근을 한다. 직접 접근을 하면 오류가 발생하므로 이번에는 외부 클래스에서 강제적으로 getValue() 메서드를 사용하여 접근해야 한다. 그리고 이러한 방식으로 캡슐화를 하여 간접 접근을 하면 소스 관리도 좋아진다. 예를 들어 value에 x와 y의 곱을 저장하라고 하면 이번에는 일일이 찾아다니는 것이 아니라 getValue()의 본체의 소스만 수정하고 외부 클래스에서는 그냥 getValue() 메서드를 호출하면 된다.

이처럼 접근 지정자를 사용하면 외부에서 변수에 접근하는 것을 제한함으로써 소스가 좀 더 일관성을 유지할 수 있다. 뒤에서 배우는 자바의 API의 기능은 이처럼 캡슐화를 통해 사용자에게 여러 가지 기능을 제공한다. 즉, 사용자는 내부의 세부적인 사항은 모르더라도 정해진 규칙대로만 명령문을 작성하면 원하는 기능을 얻을 수 있게 만들어 놓았다.

[리스트 6.40] 캡슐화 기능 구현

```
1    public class Data1 {
2        private int x,y;
3        private int value;
4
5        public int  getValue( ){
6            value=x+y;
7            return value;
8        }
9    }
```

[리스트 6.41] DataTest1.java

```java
1    public class DataTest1 {
2        public static void main(String[] args) {
3            Data1 d=new Data1( );
4            //d.value=d.x+d.y;
5            int value=d.getValue( );
6        }
7    }
```

4행 : 직접 접근 시 오류가 발생한다.

5행 : value 변수에 접근하기 위해서는 반드시 getValue( ) 메서드를 통해 간접 접근을 해야 한다.

7.3 getter/setter를 통한 접근

앞에서 클래스의 멤버 변수에 접근할 때 메서드를 이용하여 간접 접근하는 것을 살펴보았는데, 우리가 추출한 객체를 클래스로 변환한 후 그 클래스의 멤버 변수에 접근할 때에는 기본적으로 getter/setter 메서드를 사용하여 간접 접근을 해야 한다.

[리스트 6.42]에서 회원 정보를 저장하는 Member라는 클래스의 각각의 jumin과 name 멤버 변수에 접근하는 getter/setter 메서드를 나타내고 있다. 예를 들어 jumin 변수에는 회원의 주민등록번호가 저장되는데, 이러한 jumin이라는 변수에 직접 접근하면 위험하다. 따라서 getter 메서드를 써서 간접 접근하여 가지고 올 때, **4~6행**처럼 getter 메서드 구현 시 주민등록번호 중 뒤의 자릿수는 별표 처리를 하는 등의 작업을 할 수 있다. 즉, getter/setter 메서드를 써서 간접 접근을 하면 여러 가지 처리를 해줄 수 있는 것이다. 그 밖에 여러 가지 이유로 사용자 정의 클래스의 멤버 변수에 접근할 때에는 항상 getter/setter 메서드를 사용해야 한다.

[리스트 6.42] getter/setter 메서드 기능

```java
1    public class Member {
2        private String jumin;
3        private String name;
4        public String getJumin( ) {
5            //보안 등의 이유로 주민등록번호를 리턴하기 전에 처리해줄 수 있다.
6            return jumin;
7        }
```

```java
8          public void setJumin(String jumin) {
9              this.jumin = jumin;
10         }
11         public String getName( ) {
12             return name;
13         }
14         public void setName(String name) {
15             this.name = name;
16         }
17     }
```

이번에는 접근 지정자를 이용하여 토지세를 계산하는 예제를 풀어본다.

토지세는 3년 보유한 토지에 대해서는 매년 5%씩 감소하여 최대 50%까지 감면될 수 있다. 즉, 토지 소유 기간이 3년 미만인 토지에 대해서는 100%, 소유 기간이 12년 이상인 토지는 50% 감면된다.

$$연토지세 = A - A(\times \frac{5}{100}) \times (n-2)$$

A : 표에 의해 계산된 면적 세액
n : 토지 보유 기간(년) (2≤n≤12)
지방 교육세 : 연세액(A)의 30%

[리스트 6.43]은 토지 정보를 저장한 후 메서드 호출 시 매개변수로 전달되는 Land 클래스이다.

[리스트 6.44]는 토지세를 계산하는 클래스인데, **2행**의 calcLandTax( )의 매개변수 타입이 이번에는 Land 클래스 타입이다. [리스트 6.45]의 **15, 20행**에서 Land 인스턴스를 생성하면서 생성자 인자값으로 각 토지 정보를 전달한다.

[그림 6-27]은 **15행**을 수행한 후의 메모리 상태를 나타낸 것이다. **17행**을 실행하면 Land 인스턴스가 calcLandTax( ) 매개변수로 전달되므로, 이번에는 [그림 6-27]처럼 매개변수 l이 Land 인스턴스를 가리키게 된다. [리스트 6.43]에서 Land 인스턴스의 속성에 직접 접근하여 토지세를 계산하고 있다.

[리스트 6.43] 토지 정보를 전달하는 클래스(Land.java)

```java
1    public class Land {
2        int land_type;
3        int land_size;
4        int land_own_year;
5
6        public Land(int land_type, int land_size, int land_own_year) {
7            this.land_type = land_type;
8            this.land_size = land_size;
9            this.land_own_year = land_own_year;
10       }
11   }
```

[리스트 6.44] 토지세 계산하는 클래스(LandUtil.java)

```java
1    public class LandUtil {
2        public float calcLandTax(Land l){
3            float total_tax=0f;
4            float tax=0f;
5            float area_tax=0f;
6            int tax_rate=0;
7            int n=0;
8
9            if(l.land_type==1){
10               System.out.println("토지 종류: 건물이 없는 토지");
11               if(l.land_size<=1800)
12                   tax_rate=1800;
13               else if(l.land_size <=2500)
14                   tax_rate=2000;
15               else
16                   tax_rate=3000;
17
18               area_tax=tax_rate*l.land_size;
19               System.out.println("토지 면적 세액: "+area_tax);
20               if(l.land_own_year<3)
21                   n=0;
22               else if(l.land_own_year <13)
23                   n=l.land_own_year-2;
```

```
24              else
25                  n=10;
26
27              tax=area_tax-area_tax*0.05f*n;
28
29          }else {
30              System.out.println("토지 종류: 건물이 있는 토지 ");
31              if(l.land_size<=1800)
32                  tax_rate=3600;
33              else if(l.land_size <=2500)
34                  tax_rate=4000;
35              else
36                  tax_rate=6000;
37
38              area_tax=tax_rate*l.land_size;
39              System.out.println("토지 면적 세액은 "+area_tax);
40              if(l.land_own_year<3)
41                  n=0;
42              else if(l.land_own_year <13)
43                  n=l.land_own_year-2;
44              else
45                  n=10;
46
47              tax=area_tax-area_tax*0.05f*n;
48          }
49          total_tax=tax+0.3f*area_tax;  //최종 토지 보유세에 지방 교육세를 포함한다.
50          return total_tax;
51      }
52  }
```

2행 : 메서드의 매개변수로 Land 클래스 타입 변수다.

[리스트 6.45] 실행 클래스(LandTest.java)

```
1   public class LandTest {
2       public static void main(String[] args) {
3           float my_total_tax=0f;
4           int my_land_type=1;
5           int my_land_size=25000;
```

```java
6              int my_land_own_year=5;

7

8              float your_total_tax=0f;
9              int your_land_type=2;
10             int your_land_size=15000;
11             int your_land_own_year=3;

12

13             LandUtil util=new LandUtil( );

14

15             Land my_land=new Land(my_land_type, my_land_size, my_land_own_year);

16

17             my_total_tax=util.calcLandTax(my_land);
18             System.out.printf("내 토지 보유 세금액은>>%5.1f원입니다.\n",my_total_tax);

19

20             Land your_land=new Land(your_land_type, your_land_size, your_land_own_year);
21             your_total_tax=util.calcLandTax(your_land);
22             System.out.printf("당신의 토지 보유 세금액은>>%5.1f원입니다.\n",your_total_tax);}
23         }
24     }
```

15, 20행 : Land 클래스 생성자를 호출하면서 토지 정보를 전달한다.

17, 21행 : 메서드를 호출하면서 Land 객체를 전달한다.

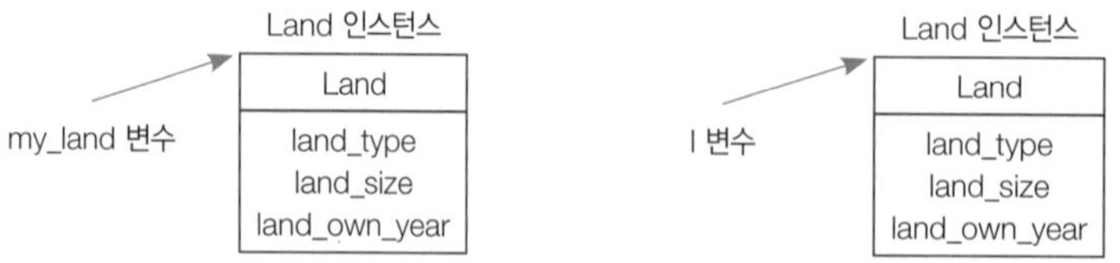

[그림 6-26] Land 인스턴스 생성 시 상태   [그림 6-27] 메서드 호출 시 매개변수 상태

[그림 6-28] 실행 결과

다형성(Polymorphism)

이번에는 상속을 이용한 다형성에 대해 알아보자. 다형성을 처음 접하는 사람에게는 약간 어려울 수 있는데, 자바 프로그래밍에서 많이 쓰이고 있으므로 확실히 익혀둘 필요가 있다. 다형성은 3장에서의 데이터 형 변환과 비슷한 동작을 한다. 다음을 보

> **데이터 형 변환 예**
>
> float a;
> a=5.6f;
> a=5; //5가 자동으로 float로 형 변환됨(5.0f)

면 a라는 float 타입 변수가 선언된 후 a에 5.6f를 저장하면 정상적으로 저장된다는 것을 알 수 있다. 그런데 다음 줄의 5는 같은 데이터 타입이 아니라도 저장된다. 즉, 작은 타입의 데이터를 더 큰 타입의 변수에 할당하면 자바 내부적으로 자동으로 5.0f의 float 타입으로 변경하여 저장해준다.

그러면 본격적으로 다형성에 대해 알아보자. 다형성은 상속 관계에 있는 다른 타입의 변수가 같은 타입이 아닌 다른 타입도 가리킬 수 있는 능력을 말한다. 다형성은 반드시 상속이 전제되어야 한다.

[그림 6-29]는 다형성이 성립하기 위한 전제 조건인 상속 구조를 나타낸 것이다. 즉, 상속 구조에서 상위 클래스 타입으로 선언된 변수가 큰 타입이고, 하위 클래스 타입으로 선언된 변수가 작은 타입이다. 일단 다형성을 이해하려면 이러한 전제 조건을 먼저 숙지해야 한다.

> **다형성의 정의와 특징**
>
> - 정의
>   - 상속 구조에서 상위 클래스 타입의 변수가 하위 클래스의 인스턴스를 가리킬 수 있는 기능
> - 특징
>   - 반드시 상속 관계인 클래스들 사이에서 성립한다.
>   - 재사용성이 높아진다.
>   - instanceof 연산자가 함께 사용된다.

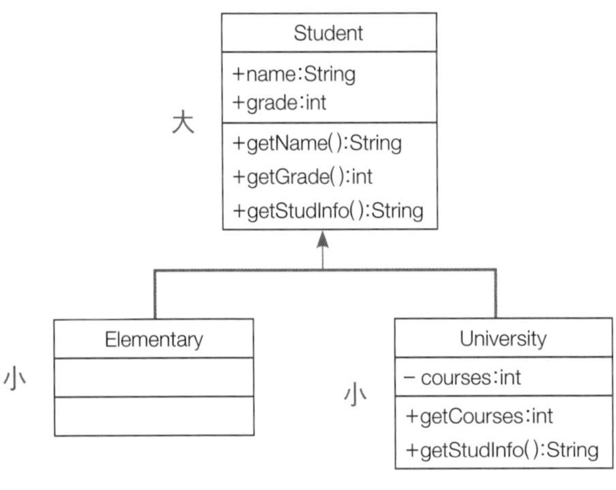

[그림 6-29]   다형성의 전제 조건

8.1 업캐스팅(upcasting)

다형성에는 두 가지 종류가 있는데, 이번에는 업캐스팅(upcasting)에 대해 알아보자. 업캐스팅이란, 상속 구조에서 상위 타입 변수가 하위 타입의 인스턴스를 가리킬 수 있는 능력을 말한다.

[리스트 6.46]은 StudentTest 실행 클래스이다. 실행 클래스에서 **3행**은 University 인스턴스를 생성한 후 같은 University 클래스 타입 변수에 할당한다. 그런데 **4행**을 보면 이번에도 University 인스턴스를 생성하는데, Student 클래스 타입 변수가 인스턴스를 받는다.

분명히 앞에서는 인스턴스를 생성하면 같은 클래스 타입의 변수가 받아야 한다고 했다. 이렇게 사용할 수 있는 이유는 University 클래스의 경우, [그림 6-29] 에서 Student 클래스와 상속 관계에서 Student 클래스가 상위 클래스이고, 상위 클래스 타입으로 선언한 변수가 큰 타입이므로 하위의 University 인스턴스를 받을 수 있는 것이다. 이것이 업캐스팅(upcasting)이다. 즉, 위쪽(up)의 타입으로 변환된다는 의미다. **5행**을 보면 이번에는 University 인스턴스를 Elementary 타입의 변수가 받는데, 이렇게 하면 오류가 발생한다. 상속 관계에서 큰 타입과 작은 타입의 관계는 각각 Student와 University, 그리고 Student와 Elementary의 관계일 뿐, **Elementary와 University는 아무런 관계가 아니다.**

그리고 **6행**에서 s.getStudInfo( ) 메서드를 호출하여 결과값을 출력하고 있다. 그런데 결과값을 자세히 살펴보면 앞 절에서 University 클래스의 오버라이딩한 getStudInfo( )가 호출된 것을 알 수 있다. 상식적으로 생각했을 때 s가 상위 타입이므로 s.getStudInfo( )를 호출하면 상위 Student 클래스의 getStudInfo()가 호출될 것 같은데, 실제로는 하위 University 클래스에 오버라이딩된 메서드가 호출된다. 그 이유는 [그림 6-31]과 [그림 6-32]에 나타나 있다.

[리스트 6.46] 업캐스팅 예제(StudentTest.java)

```java
1    public class StudentTest2 {
2        public static void main(String[] args){
3            //University u=new University("홍길동",2,24);
4            Student s= new University("박지성",3,20);
5            // Elementary m = new University ("박지성",3,23);
6            System.out.println(s.getStudInfo( ));
7        }
8    }
```

4행 : 상속 관계 시 상위 Student 타입 변수가 하위 University 인스턴스를 받고 있다.

5행 : Elementary와 University 클래스는 아무런 관계가 아니다.

```
Problems  @ Javadoc  Declaration  Console 
<terminated> StudentTest2 (1) [Java Application] C:₩Program Files₩Java₩jre1.8.0_25₩bin₩javaw.exe (2015. 7. 21. 오후 7:14:38)
Student 생성자 호출
University 생성자 호출
University 클래스의 getStudInfo 메소드 호출
이름은>> 박지성, 학년은>> 3, 신청 학점은>> 20
```

[그림 6-30] 실행 결과

[리스트 6.46]의 **4행**처럼 University 객체를 s에 할당한 후의 메모리 상태가 [그림 6-32]에 나타나 있다. 그리고 **6행**에서 s.getStudInfo() 호출 시 JVM이 수행하는 과정이 [그림 6-33]에 나타나 있다.

업캐스팅 변수 s를 통해 getStudInfo() 호출 시에 JVM은 우선 getStudInfo()가 상위 클래스 인스턴스에 있는지를 체크해야 한다. 만약 [그림 6-33]처럼 존재하면 바로 상위의 getStudInfo() 메서드를 호출하는 것이 아니라 JVM은 다시 상속받는 하위 클래스에 오버라이딩한 메서드가 있는지를 체크한다.

당연히 University 클래스에 오버라이딩했으므로 하위의 오버라이딩한 getStudInfo() 메서드가 호출된다.

다형성을 처음 접하는 사람은 s가 상위 타입이므로 메서드를 호출하면 상위 클래스의 메서드가 호출될 것이라고 생각하기 쉽다. 다시 한 번 [그림 6-32]를 보면서 그 과정을 정확히

알아둘 필요가 있다. 하위 클래스에 오버라이딩된 메서드가 없으면 당연히 상위의 메서드
가 호출된다.

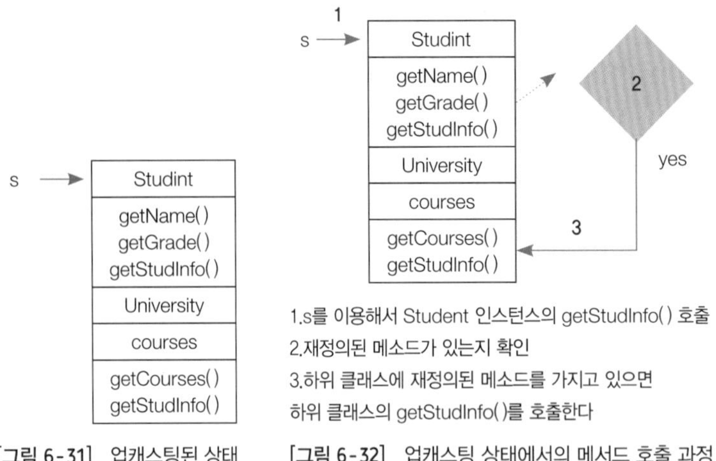

[그림 6-31] 업캐스팅된 상태　　　　[그림 6-32] 업캐스팅 상태에서의 메서드 호출 과정

8.2 다운캐스팅(downcasting)

이번에는 다운캐스팅에 대해 알아보자. [리스트 6.47]은 다운캐스팅의 예제다. 먼저 Student
Test2 클래스의 **5행**에서 s.getCourses()를 호출하고 있다. 지금 호출되는 getCourses()는
하위 University 클래스에만 존재하는 메서드이다. 그런데 업캐스팅된 상태에서 상위 클래
스에는 없고, 하위 클래스에만 있는 getCourses()를 호출하면 오류가 발생한다. 그 이유
는 [그림 6-33]에 잘 나타나 있다. 먼저 s를 이용하여 getCourses()를 호출하면, JVM은 호
출한 getCourses()가 상위 Student 클래스에 있는지를 체크한다. 그런데 getCourses()는
Student 클래스에 존재하지 않는다. 그러므로 오류를 발생시킨다. 앞의 업캐스팅에서 호출
한 getStudInfo() 메서드는 분명히 Student 클래스에 존재하므로 정상적으로 동작한 것이다.
따라서 University 인스턴스에 있는 getCourses()를 호출하려면 다운캐스팅을 해야 한다.

[리스트 6.47]의 **6행**은 변수 s를 University 클래스로 다운캐스팅한다. 즉, 상위 클래스 타입
을 하위 클래스 타입으로 캐스팅을 한다고 하여 '**다운캐스팅(downcasting)**'이라고 부른다.
다운캐스팅을 하면 University 인스턴스만 남으므로 이를 같은 클래스 타입 변수인 u에 할당
하면 [그림 6-34]처럼 된다. 그리고 u를 이용하여 getStudInfo() 메서드를 호출하면 학점 정
보를 정상적으로 출력할 수 있다. [그림 6-35]는 실행 결과를 나타낸 것이다.

[리스트 6.47] 다운캐스팅 예제(StudentTest2.java)

```
1    public class StudentTest2 {
2        public static void main(String[] args){
3            Student s= new University("홍길동",3,20);
4
5            //System.out.println(s. getCourses( ));
6            University u= (University)s;
7            System.out.println("학점은>> "+ u.getCourses( )+"점");
8        }
9    }
```

5행 : 업캐스팅된 상태에서 하위 클래스에만 존재하는 메서드를 호출하면 오류가 발생한다.

6행 : 하위 클래스의 메서드를 호출하기 위해서는 다운캐스팅을 해야 한다.

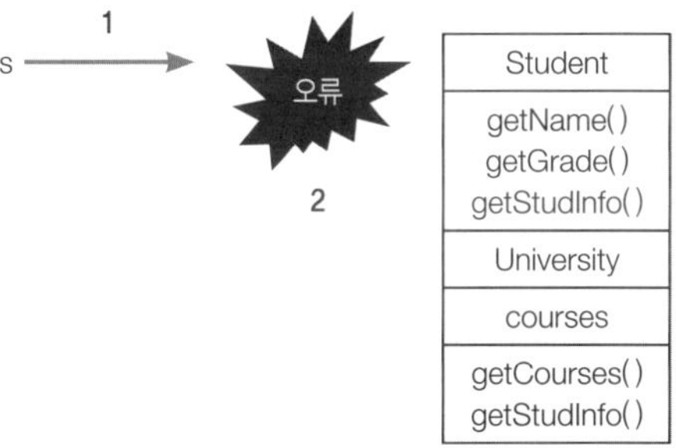

1. s.getUnit( ) 호출
2. student 인스턴스에 없다면 getUnit( )찾아갈 수 없다.

[그림 6-33] 업캐스팅 상태에서 하위 클래스의 메서드 호출 시 오류 발생 과정

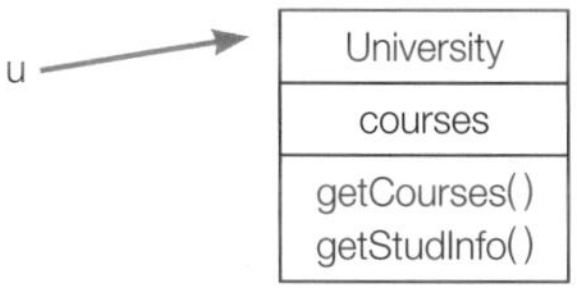

[그림 6-34] 다운캐스팅된 상태

```
Console
<terminated> StudentTest2 (1) [Java Application] C:\Program Files\Java\jre1.8.0_25\bin\javaw.exe (2015. 3. 11. 오후 6:33:23)
Student 생성자 호출
College 생성자 호출
학점은>> 20점
```

[그림 6-35] 실행 결과

지금까지 다운캐스팅에 대해 알아보았다. 다운캐스팅도 헷갈리기 쉽다. s가 상위 타입이므로 하위 타입에 마음대로 접근하여 사용할 수 있을 것 같은데, 업캐스팅된 상태에서 메서드 호출 과정은 [그림 6-32]를 따른다. 그러므로 이 과정을 잘 알아두어야 한다.

8.3 다형성 실습 예제

다음은 앞에서 배운 다형성을 이용한 실습 예제다. [리스트 6.48]은 Student 클래스인데, 이번에는 각 학생들의 시험 점수를 구하는 메서드인 calcScore()를 **33행**부터 추가했다. 이 메서드의 매개변수를 보면 Student 클래스 타입이다. 변수에서 사용자가 만든 클래스 타입으로 변수를 선언하여 사용했듯이, 매개변수도 똑같이 사용할 수 있다. 당연히 calcScore() 호출 시에는 매개변수로 Student 인스턴스를 전달해야 한다. [리스트 6.49]는 각각의 University와 Elementary 인스턴스를 생성한 후 각각의 변수에 할당하여 **6, 7행**에서 calcScore()를 호출한다. u와 e 변수에는 각각의 인스턴스를 가리키고 있다.

이렇게 u와 e를 메서드 호출 시 매개변수로 전달하면 calcScore()의 메서드 매개변수 타입이 상속 구조에서 상위 타입이므로 업캐스팅으로 u와 e의 인스턴스를 받을 수 있다. 만약, 이것이 불가능하다면 [리스트 6.48]의 Student 클래스의 **25~30행**처럼 각각의 클래스 타입마다 calcScore()라는 메서드를 오버로딩하여 구현해주어야 한다. 지금은 하위 클래스가 2개밖에 안 되므로 그렇게 할 수 있다고 하더라도 실제 개발에서 5개만 되더라도 소스가 복잡해진다. 그러나 이렇게 매개변수에 상위 타입을 써서 업캐스팅하면 어떤 하위 인스턴스라도 모두 받을 수 있는 것이다. 이런 방식으로 calcScore() 메서드를 호출한 실행 결과는 [그림 6-36]과 같다.

[리스트 6.48] Student.java

```java
1    public class Student {
2        public String name;
3        public int grade;
4
5        public Student( ){
6            System.out.println("Student 생성자 호출");
7        }
8
9        public String getName( ){
10           return name;
11       }
12
```

```java
13        public int getGrade( ){
14            return grade;
15        }
16
17
18
19        public String getStudInfo( ){
20            System.out.println("Student 클래스의 getStudInfo( ) 메서드 호출");
21            return "이름은 : " + name + ", 학년은 " +grade;
22        }
23
24        /*
25        public void calcScore(University uni){
26            System.out.println("시험 점수 구하기");
27        }
28         public void calcScore(Elementary ele){
29            System.out.println("시험 점수 구하기");
30        }
31         */
32
33        public void calcScore(Student s){
34            System.out.println("학생 시험 점수 구하기");
35        }
36    }
```

24~31행 : 메서드의 매개변수를 업캐스팅을 하지 않으면 하위 클래스마다 오버로딩을 해야 한다.

[리스트 6.49] StudentTest.java

```java
1    public class StudentTest {
2        public static void main(String[] args){
3            University u =new University("홍길동",2,24);
4            Elementary  e = new Elementary("박지성",3,23);
5
6            u.calcScore(u);
7            e.calcScore(e);
8        }
9    }
```

6, 7행 : 메서드 호출 시 calcScore( ) 메서드의 매개변수에 대해 업캐스팅된다.

[그림 6-36] 실행 결과

그런데 실제 현실에서 대학생의 시험 점수와 중학생의 시험 점수 체계는 다르다. 대학생은 학점으로 평가받고, 중학생은 점수로 평가받는다. 그러나 지금은 calcScore() 메서드로 전달되는 인스턴스에 상관없이 그냥 똑같은 출력만 한다. 따라서 calcScore()의 매개변수로 전달되는 하위 인스턴스를 구분하여 작업을 해주는 기능에 대해 알아보자.

[리스트 6.50]의 Student 클래스에서 **22~27행**의 calcScore() 메서드 본체를 살펴보면, 이번에는 s로 전달된 값을 instanceof 연산자를 이용하여 체크한다는 것을 알 수 있다. instanceof 연산자는 실제 인스턴스의 클래스 타입을 알아내는 데 사용한다. [리스트 6.51]의 StudentTest 실행 클래스에서 **6행**의 calcScore()를 호출하면서 인자로 u, 즉 University 객체를 매개변수 s로 전달하면 [리스트 6.50]의 **22행**의 calcScore()에서 instanceof 연산자를 이용하여 s로 전달된 인스턴스가 University 객체인지를 체크한 후 "University 시험 점수 구하기"가 출력된다. 당연히 Elementary 인스턴스가 전달되면 "Elementary 시험 점수 구하기"가 출력된다. 즉, instanceof 연산자를 이용하여 실제로 전달되는 인스턴스의 종류를 구분하여 작업할 수 있는 것이다. [그림 6-37]은 실행 결과를 나타낸다.

[리스트 6.50] Student.java

```
1    public class Student {
2        public String name;
3        public int grade;
4
5        public Student( ){
6            System.out.println("Student 생성자 호출");
7        }
8
9        public String getName( ){
10           return name;
11       }
12
13       public int getGrade( ){
```

```java
14          return grade;
15      }
16
17      public String getStudInfo( ){
18          System.out.println("Student 클래스의 getStudInfo( ) 메서드 호출");
19          return "이름은 : " + name + ", 학년은 " +grade;
20      }
21
22      public void calcScore(Student s){
23          if(s instanceof University){
24              System.out.println("University 시험 점수 구하기");
25          }else if(s instanceof Elementary){
26              System.out.println("Elementary 시험 점수 구하기");
27          }
28      }
29  }
```

[리스트 6.51] StudentTest.java

```java
1   public class StudentTest {
2       public static void main(String[] args){
3           University u =new University("홍길동",2,24);
4           Elementary  e = new Elementary("박지성",3,23);
5
6           u.calcScore(u);
7           e.calcScore(e);
8       }
9   }
```


[그림 6-37] 실행 결과

8.4 회사 직원을 이용한 다형성 실습

다음은 어떤 회사의 부서에 근무
하는 각 직원의 직급을 출력하는
예제다. 일반적으로 회사의 일반
부서에서는 직급이 대리, 과장,
차장으로 불리지만, 개발부는 주
임 연구원, 선임 연구원, 책임 연
구원으로 불린다. 각 부서별로
직원들의 직급을 출력하는 예제
다. [그림 6-38]의 직원 클래스
계층 구조를 보면 Employee라
는 직원의 정보와 기능을 하는 상

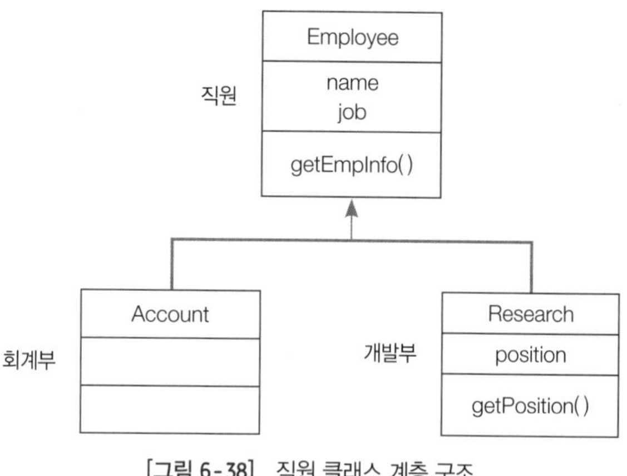

[그림 6-38] 직원 클래스 계층 구조

위 클래스 직원의 이름과 직급, 그리고 직원 정보를 출력하는 메서드를 정의한다. 그리고 하위 클래스에는 회계부 직원을 나타내는 Account 클래스와 개발부 직원을 나타내는 Research 클래스를 정의한다.

회계부 사원들의 직급은 상위에 있는 job이라는 변수에 그대로 상속받아 저장하면 된다. 그런데 개발부의 직급 체계는 다른 부서와 다르기 때문에 자신의 멤버 변수인 position에 저장한다.

[리스트 6.52]에서 Employee 클래스의 **17~23행**을 보면 getEmpInfo()라는 메서드의 매개변수로 인스턴스가 전달되면 Employee 클래스 타입인 emp가 업캐스팅에 의해 하위 인스턴스를 모두 받을 수 있다. 그리고 instanceof 연산자를 이용하여 Account 인스턴스와 Research 인스턴스를 구분하여 각 직급을 출력한다. [리스트 6.53]과 [리스트 6.54]에서 Accout와 Research 클래스를 Employee 클래스를 상속받아 구현하고 있다.

[리스트 6.55]의 EmpTest 실행 클래스를 보면 **3, 4행**에서 각각의 Account와 Research 인스턴스를 생성한 후 **6, 7행**에서 getEmpInfo() 메서드를 호출하면서 각각의 인스턴스를 전달한다.

그러면 [리스트 6.55]의 getEmpInfo() 메서드에 인스턴스가 전달되면 메서드 본체의 if문 조건식에 instanceof 연산자를 이용하여 각 인스턴스의 클래스 타입을 구분할 수 있다. **6행**에서 첫 번째 Account 인스턴스가 전달되면 "과장"이 출력되고, **7행**에서 Research 인스턴스가 전달되면 "선임 연구원"이라는 정보가 구분되어 출력된다. 이처럼 다형성은 주로 메서드의 매개변수로 많이 사용된다.

[리스트 6.52] Employee.java

```java
1    public class Employee {
2        protected String name;
3        protected String job;
4        public String getName( ) {
5            return name;
6        }
7        public void setName(String name) {
8            this.name = name;
9        }
10       public String getJob( ) {
11           return job;
12       }
13       public void setJob(String job) {
14           this.job = job;
15       }
16
17       public void getEmpInfo(Employee e){
18           if(e instanceof Account){
19               System.out.println("직급: "+e.getJob( ));
20           }else if(e instanceof Research){
21               Research res=(Research)e;
22               System.out.println("직책: "+res.getPosition( ));
23           }
24
25       }
26   }
```

[리스트 6.53] Account.java

```java
1    public class Account  extends Employee{
2        public Account(String name,String job){
3            super.name=name;
4            super.job=job;
5        }
6    }
```

[리스트 6.54] Research.java

```java
1    public class Research extends Employee {
2        private String position;
3
4        public Research(String name, String position){
5            super.name=name;
6            this.position=position;
7        }
8
9        public String getPosition( ) {
10           return position;
11       }
12
13       public void setPosition(String position) {
14           this.position = position;
15       }
16   }
```

[리스트 6.55] EmpTest.java

```java
1    public class EmpTest {
2        public static void main(String[] args) {
3            Employee e=new Account("홍길동","과장");
4            Employee e1=new Research("이순신","선임연구원");
5
6            e.getEmpInfo(e);
7            e1.getEmpInfo(e1);
8        }
9    }
```

```
Console ☒                                    ■ ✖ ✖ | ▣ ▤▦▧▨ ▥ ▣▾ ▢▾ ▀ ▢
<terminated> EmpTest (1) [Java Application] C:\Program Files\Java\jre1.8.0_25\bin\javaw.exe (2015. 3. 11. 오후 7:04:12)
직급 : 과장
직책 :선임연구원
```

[그림 6-39] 실행 결과

8.5 Person 클래스를 이용한 다형성 실습

[그림 6-40]은 Person과 다른 클
래스와의 계층 구조를 나타낸 것이
다. 자바 프로그래밍을 잘하려면
프로그래밍을 하기 전에 상속 계층
구조를 명확히 알아야 한다.

[리스트 6.56]에서 [리스트 6.59]
는 [그림 6-40]의 계층 구조를 구
현한 클래스들이다. 그리고 [리스
트 6.60]에서는 객체를 이용하여
각 클래스의 정보를 출력한다. 여
기서 중요한 것은 [리스트 6.60]의
4, 5행을 보면 Person 클래스 타입
이 Elementary와 University 인스
턴스를 업캐스팅하고 있다는 점이
다. 즉, [그림 6-40]의 계층 구조
에서 부모 클래스뿐만 아니라 조상

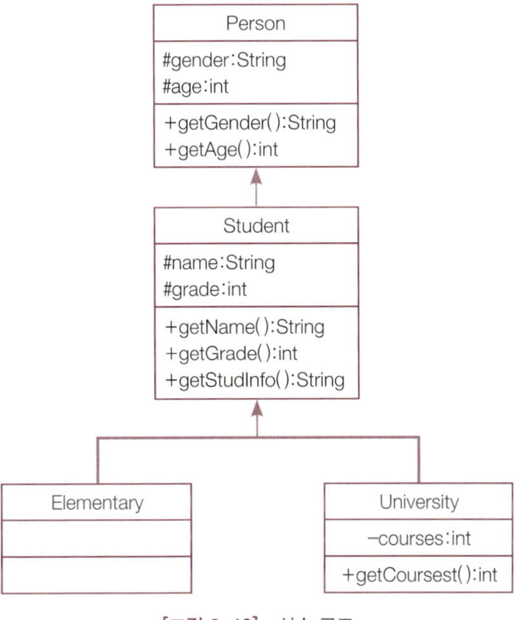

[그림 6-40] 상속 구조

클래스 타입은 모두 업캐스팅으로 사용 가능하다. 그리고 [리스트 6.60]의 **9행**에서는 학생 정
보를 출력하기 위해 Student 클래스로 다운캐스팅한다. 즉, getStudInfo( ) 메서드는 Person
클래스에 없기 때문에 메서드를 가지고 있는 Student 클래스로 다운캐스팅한다. 그리고 **10행**
에서는 getCourses( ) 메서드를 호출하기 위해 University 클래스로 다운캐스팅한다.

[리스트 6.56] Person.java

```
1    public class Person {
2        protected String gender;
3        protected int age;
4
5        public Person( ){
6            System.out.println("Person 생성자 호출");
7        }
8        public String getGender( ){
9            return gender;
10       }
11
```

```
12      public int getAge( ){
13          return age;
14      }
15  }
```

[리스트 6.57] Student.java

```
1   public class Student extends Person{
2       protected String name;
3       protected int grade;
4
5           public Student( ) {
6               System.out.println("Student 부모 생성자 호출");
7           }
8
9           public String getName( ) {
10              return name;
11          }
12          public int getGrade( ) {
13              return grade;
14          }
15
16          public String getStudInfo( ) {
17              System.out.println("Student 클래스의 getStudInfo( ) 호출");
18              return "이름: " + name + ",학년: " + grade+",성별: "+gender+",나이: "+age;
19          }
20  }
```

[리스트 6.58] Elementary.java

```
1   public class Elementary extends Student{
2       public Elementary(String name, int grade){
3           System.out.println("Elementary 생성자 호출");
4           this.name = name;
5           this.grade = grade;
6       }
7
```

```java
8       public Elementary(String name, int grade,String gender,int age){
9           System.out.println("인자가 4개인 Elementary 생성자 호출");
10          this.name = name;
11          this.grade = grade;
12          this.gender=gender;
13          this.age=age;
14      }
15   }
```

[리스트 6.59] University.java

```java
1    public class University extends Student {
2        private int courses;
3
4        public University(String name, int grade, int courses,String gender,int age){
5            System.out.println("University 생성자 호출");
6            super.name = name;
7            super.grade =grade;
8            this.courses=courses;
9            super.gender=gender;
10           superage=age;
11       }
12
13       public University(String name, int grade, int courses){
14           System.out.println("University 생성자 호출");
15           super.name = name;
16           super.grade =grade;
17           this.courses=courses;
18       }
19
20
21       public int getCourses( ){
22           return courses;
23       }
24   }
```

[리스트 6.60] StudentTest.java

```java
1    public class StudentTest{
2        public static void main(String [ ] args){
3            String sinsang=null;
4            Person p1=new Elementary("이순신",2,"남",15);
5            Person p2=new University("홍길동",3,22,"남",22);
6            sinsang=((Student)p1).getStudInfo( );
7            System.out.println("학생정보: " +sinsang);
8
9            sinsang=((Student)p2).getStudInfo( );
10           int courses=((University)p2).getCourses( );
11           System.out.println("학생정보: "+sinsang+ ", 학점: " + courses+"점");
12       }
13   }
```

4, 5행 : 계층 구조에서 상위 클래스 타입은 업캐스팅을 할 수 있다.

9, 10행 : 하위 클래스의 메서드를 호출하기 위해 다운캐스팅한다.

```
Console ☒                                            ■ ✖ ✖ | ▣▣▣▣ ▣ ▣ ▾ ▢ ▾ ▭ ▭
<terminated> StudentTest (10) [Java Application] C:\Program Files\Java\jre1.8.0_25\bin\javaw.exe (2015. 3. 11. 오후 7:51:14)
Person 생성자 호출
Student 부모 생성자 호출
인자 네개인 Elementary 생성자 호출
Person 생성자 호출
Student 부모 생성자 호출
University 생성자 호출
Student 클래스의 getStudInfo() 호출
학생정보:이름: 이순신,학년: 2,성별:남,나이:15
Student 클래스의 getStudInfo() 호출
학생정보:이름: 홍길동,학년: 3,성별:남,나이:22, 학점: 22점
```

[그림 6-41]   실행 결과

09 JAVA / # 상속을 적용한 렌터카 예약 시스템

상속을 적용한 렌터카 예약 시스템

5장의 객체 지향 프로그래밍 과정에서 예로 든 렌터카 예약 시스템을
상속 개념을 적용하여 구현하는 예제다. 동영상을 참고하여 실습해보
기 바란다.

1 자바 상속의 목적을 설명하라.

2 overloading과 overriding의 공통점과 차이점을 설명하라.

3 this와 super의 용법을 설명하라.

4 자바의 네 가지 접근 지정자의 접근 범위를 설명하라.

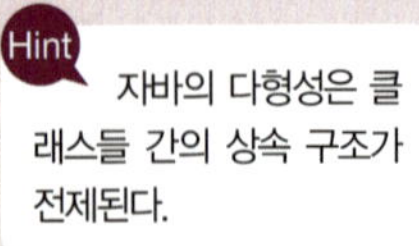

5 자바의 다형성의 종류와 용법을 설명하라.

6 다음은 자동차와 여러 차 종류들 간의 관계이다. 여러 차종들은 모두 자동차로서의 공통된 속성과 기능을 가지고 있다. 그림 1은 여러 차 종류와 자동차와의 상속 관계이고, 그림 2는 각 클래스의 속성과 기능을 추가한 클래스 구조다. 그리고 리스트는 부모 클래스인 Car 클래스를 구현한 소스이다. 리스트를 참고하여 다른 하위 클래스도 구현하라.

- 승용차는 자동차다(Sedan is Car).
- 버스는 자동차다(Bus is Car).
- 트럭은 자동차다(Truck is Car).

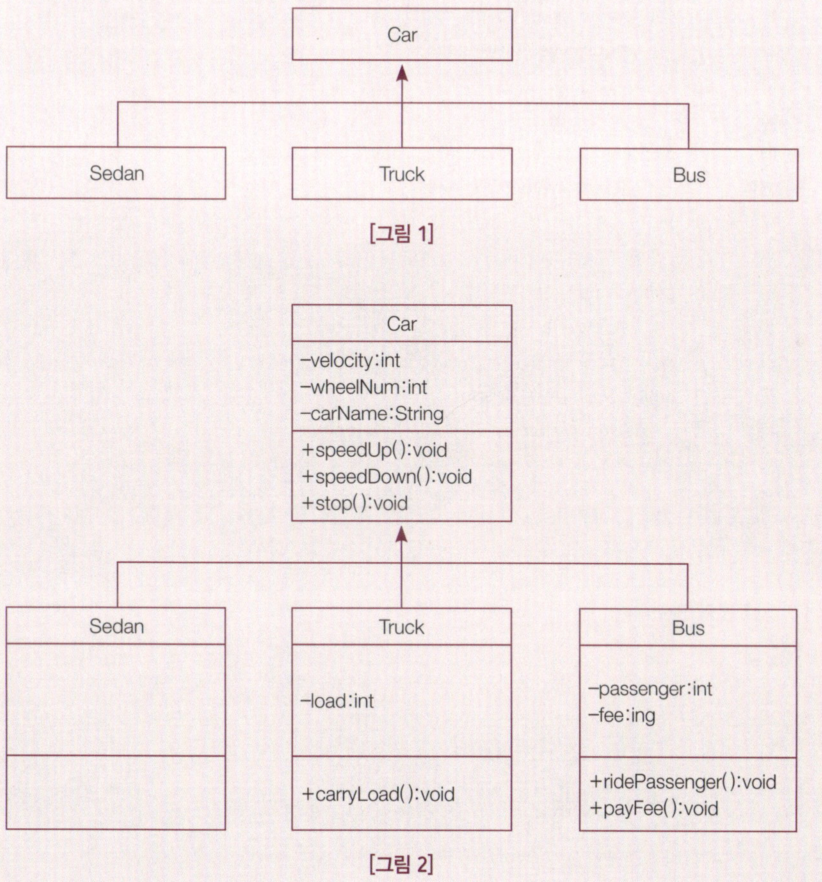

[리스트 6.1] Car.java

```
1    public class Car {
2       int velocity;
3       int wheelNum;
4       String carName;
5
6       public Car( ){
7           System.out.println("Car 객체 생성자 호출");
8       }
9
10      //차의 기능을 하는 메서드
11      public void speedUp(int speed){
12          velocity=velocity+speed;
13      }
14
15      public void speedDown(int speed){
16          velocity=velocity-speed;
17      }
18
19      public void stop( ){
20          velocity=0;
21      }
22      public String getCarInfo( ){
23          return carName+"의 속도는 "+velocity;
24      }
25   }
```

[리스트 6.2] Sedan.java

```
1
2
3
4
```

[리스트 6.3] Truck.java

```
1
2
3
4
```

[리스트 6.4] Bus.java

```
1
2
3
4
```

[리스트 6.5] CarTest.java

```
1
2
3
4
```

7 문제 **6**을 참고하여 다음 관계에 대한 속성과 기능이 추가된 상속 계층 구조도를 그린 후 클래스로 구현하라.

여객선, 어선, 항공모함 → 배(Ship)

Hint 각 단어는 인터넷 검색 창을 이용한다.

컴퓨터를 있게 한 사람들

입체파. 1907~08년경 피카소와 브라크에 의하여 창시된 20세기의 가장 중요한 예술운동의 하나. 유럽회화를 르네상스 이래의 사실주의적 전통에서 해방시킨 회화혁명으로 지칭되고 있음. 피카소의 「아비뇽의 여인들」(1906~07)이 그 최초의 작품이라고 하는데, 1908년에 브라크가 에스타크에서 그린 풍경화를 마티스가 「퀴브(cube, 立方體)」라는 말로 평(評)한 것이 명칭의 시초가 됨.

1908~09년 사이 피카소와 브라크의 예술은 "자연을 원통, 원추, 구체(球體)로 다룬다"라고 말한 세잔의 예술에서 큰 영감을 얻어 대상의 존재성을 기본적인 형태와 양에 의해 포착하려고 했음(세잔적 큐비즘). 이후 대상의 형태에 점차 섬세한 면분할을 가하여 '분석적'(analytique[프랑스어])단계(1910~12)에 이르러서는 모서리를 깎은 세공같은 화면에 대상을 기호화하여 추상적인 선의 요소로 처리함. 대상의 존재성을 회화적으로 해명하려던 당초의 목적과는 정반대로 회화는 현실감과 일상성을 상실하였으나, 트롱프뢰유(trompe-l'œil[프랑스어], 눈속임)나 파피에 콜레(Papier Colle[프랑스어], 종이붙이기)의 수법이 도입되어 현실감을 회복함. 이에 큐비즘은 '종합적'(synthétique[프랑스어]) 단계 (1910~12)로 옮겨가 분해된 대상의 각 부분에 의도적인 형태와 색채를 부여하고 이들을 합목적(合目的)적으로 종합(재구성)하여 회화의 이차원성을 손상시키지 않고 대상의 현실성과 회화의 감각적인 요소를 회복하게 되었음.

과거의 회화가 '시각의 리얼리즘'이었음에 반해 큐비즘은 '개념의 리얼리즘'을 주장하여 삼차원적인 현실세계의 개념을 이차원적 회화로 번역함과 동시에, 회화를 하나의 미적존재로 이루어내는 것을 목적으로 하였음. 피카소, 브라크 등 '바토라부아르(洗濯船)'의 큐비스트 외에도 자크 비용을 중심으로 한 〈퓌토(Puteaux)〉 그룹이 있어, 이들은 1911년 앵데팡당전(展)의 전시실에 결집하여 대시위운동을 벌였고 다음해에는 〈섹숑도르〉전을 개최하였음. 운동으로서의 큐비즘은 제1차대전으로 인해 좌절되었으나 20세기 미술과 디자인에 미친 영향은 매우 컸다. 대표적인 화가로 피카소, 레제, 그리스, 비용, 마르셀 뒤샹, 로베르 들로네, 피카비아, 쿠프카, 메찬제, 마르쿠시 등이 있고, 조각가로는 뒤샹, 비용, 앙리 로랑스, 아키펭코가 있음. 입체파의 추상화는 객체 지향 언어에서 각각의 객체를 추상화하는 과정과 유사하게 구현된다.

큐비즘 [cubism, cubisme] (미술대사전(용어편), 1998, 한국사전연구사)

7장

클래스 고급
(추상 클래스)

자바와 같은 객체 지향 언어가 나오기 전에는 대부분의 프로그램을 C언어와 같은 절차 지향 언어를 이용하여 각 개발자가 자신의 맡은 기능을 일관된 기준이나 규칙 없이 따로 개발했다. 그러나 인터넷이 발달하고 사용자의 요구 사항도 폭발적으로 증가하면서 프로그램의 규모도 동시에 커지게 되었고, 점차 기존의 절차 지향 방식으로 프로그램을 개발하는 데 한계를 느끼게 되어 프로그램 개발 시에 일정한 기준이나 규칙에 의해 개발해야 한다는 요구가 나타나게 되었다. 이를 바탕으로 설계 중심 언어인 자바와 같은 객체 지향 언어가 점차 각광을 받게 되었다. 이어서 나온 개념이 바로 '프레임워크(Framework)'이다.

이번 장에서 배우는 추상 클래스나 인터페이스는 주로 객체 지향 프로그래밍 시 설계 단계에서 전체 프로그램의 기능 및 소스 구조의 일관성과 통일성을 부여하는 데 사용된다. 이를 처음 접하는 사람에게는 어려울 수 있지만, 객체 지향 프로그래밍에 많이 사용되므로 그 용도를 중심으로 학습하면 쉽게 이해할 수 있을 것이다.

1 동적 로딩

2 static 기능

3 final 기능

4 abstract 지정자

5 인터페이스(interface)

6 다중 인터페이스 예제

7 내부 클래스(Inner Class)

8 Interface와 static을 적용한 렌터카 예약 시스템

동적 로딩

자바는 기본적으로 실행 시에 동적 로딩을 한다. 이번에는 자바의 동적 로딩 기능에 대해 알아보자. 다음 리스트의 소스는 동적 로딩의 예를 나타낸다.

[리스트 7.1]에서 먼저 Message 클래스 안에 getMessage()라는 메서드를 만든다. 기능은 "Hello world"라는 메시지를 콘솔로 출력시킨다. [리스트 7.2]의 MessageTest라는 실행 클래스에서 Message 클래스의 인스턴스를 생성한 후에 getMessage() 메서드를 호출하여 메시지를 출력한다.

지금까지는 [리스트 7.2]에서 MessageTest의 main() 메서드를 실행하면 인스턴스를 생성할 때 바로 메모리에 인스턴스가 만들어져서 실행하는 것이 아니라 **3행**의 메시지를 먼저 실행한다. 즉, 자바는 클래스 인스턴스를 실행하자마자 메모리에 생성하는 것이 아니라, **4행**에와서 Message 클래스를 읽어 들여 메모리에 생성하는 것이다. 이것이 바로 '**동적 로딩**'의 개념이다. 다시 말해서 자바는 프로그램 실행 시에 미리 인스턴스를 메모리에 만들어 놓고 사용하는 것이 아니라, 실행 중 필요할 때마다 인스턴스를 동적으로 메모리에 생성하여 사용하고, 필요 없는 경우에는 자동으로 메모리에서 소멸시키면서 프로그램을 실행시키는 것이다.

자바는 기본적으로 동적 로딩으로 프로그램을 실행시킨다.

[리스트 7.1] Message.java

```
1   public  class Message {
2       public void getMessage( ){
3           System.out.println("Hello World!!");
4       }
5   }
```

[리스트 7.2] MessageTest.java

```
1   public class MessageTest {
2       public static void main(String[] args){
3           System.out.println("프로그램을 시작합니다.!");
4           Message m=new Message( );
5           m.getMessage( );
6       }
7   }
```

동적 로딩(dynamic loading) 또는 동적 링킹은 프로그램 실행 시에 실행 파일에 포함되지 않고, 실행 후 필요할 때마다 메모리에 동적으로 생성하여 기능을 사용한다는 개념이다. 자바가 동적 로딩을 사용하는 것의 이점은 메모리 크기보다 큰 프로그램을 실행할 때 정적 로딩의 경우에는 프로그램의 크기가 메모리 크기보다 크기 때문에 실행이 불가능하지만, 동적 로딩을 하면 실행하는 데 필요한 기능만을 메모리에 불러 사용하고, 다른 기능은 필요할 때마다 불러 사용할 수 있으므로 큰 프로그램도 작은 메모리에서 실행이 가능하다는 것이다.

> **동적 로딩(동적 링킹)의 정의**
>
> - 정의
>   - 특정 객체가 컴파일을 할 때 실행 파일에 포함되지 않고, 프로그램 실행 중 CPU에 의해 호출되어 동적으로 메모리에 적재되는 방법
> - 용도
>   - 작은 메모리로 큰 프로그램을 실행할 수 있다.

동적 로딩이 무조건 좋은 것만은 아니다. 동적 로딩의 반대 개념은 **'정적 로딩'**이다. 정적 로딩을 하는 대표적인 언어는 'C언어'다. C언어로 만든 프로그램을 실행할 때 모든 실행 파일의 기능이 메모리에 로드되어 프로그램 실행 중에 메모리에 존재한다. 그런데 정적 로딩을 하면 실행 시에 모든 기능이 메모리에 존재하므로, CPU는 자신이 필요로 하는 기능을 빠르게 메모리에서 바로 가지고 와서 사용할 수 있다. 반면, 동적 로딩은 메모리에 그 기능이 없으면 CPU가 다시 기능을 메모리에 로드해야 한다. 그런데 프로그램 실행 중에 가장 시간이 많이 걸리는 부분은 외부 장치에서 메모리로 데이터나 명령어를 로드하는 과정이다. 즉, 동적 로딩을 하면 프로그램의 실행이 느려질 수 있다. 이것이 동적 로딩의 가장 큰 단점이다. 다음 절에서는 이런 동적 로딩의 문제점을 개선한 static 기능에 대해 알아본다.

[그림 7-1]은 앞에서 실습한 Message 클래스의 실제 자바 실행 환경에서의 실행 과정을 나타낸 것이다. 그림처럼 각 자바 파일을 컴파일하면 클래스가 생성된다. 그리고 클래스를 실행하면 가장 먼저 JVM이 실행되어 메모리에 상주하면서 필요할 때마다 동적으로 Message.class 인스턴스를 메모리로 읽어 들여 인스턴스를 생성한 후 기능을 사용한다. **그리고 인스턴스의 사용이 종료되면 JVM이 자동으로 메모리에서 소멸된다.**

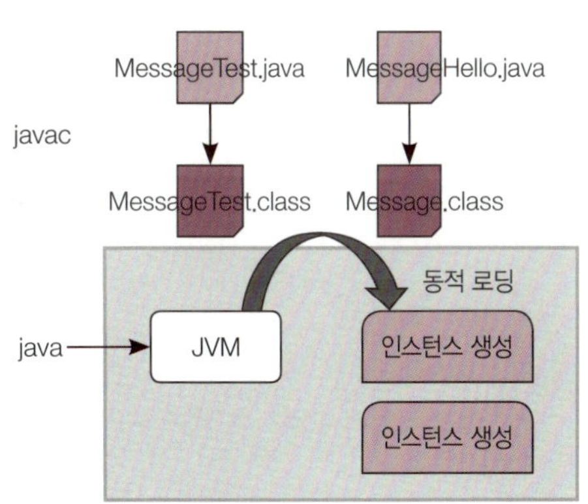

[그림 7-1] 자바 실행 시 동적 로딩 과정

static 기능

앞에서 말한 바와 같이 자바가 동적 로딩을 하면 프로그램 실행이 느려질 수 있다는 단점이 있다. 이러한 단점을 보완하기 위해 나온 방법이 **'static 기능'**이다. static가 선언된 클래스의 멤버들은 자바 프로그램이 시작되면 바로 메모리에 생성된다. 즉, 동적 로딩과는 달리 정적 로딩을 한다. 그리고 프로그램 종료 시에 메모리에서 소멸된다. static으로 선언된 멤버는 인스턴스 생성과 무관하다. 대표적인 경우가 우리가 지금까지 사용해온 main 메서드이다.

---

static의 정의와 특징

- 정의
  - 객체 생성과 상관없이 프로그램 실행 시 메모리에 생성하여 속성이나 기능을 사용하는 방법
- 특징
  - 프로그램 실행 시 static 지정자가 붙어 있는 멤버들을 단 한 번의 실행으로 메모리에 생성시킨다.
  - 프로그램 종료 시 메모리에서 소멸된다.
  - 인스턴스 생성과 무관하다.

[리스트 7.3]은 앞에서 실습한 'MessageTest'라는 실행 클래스이다. **2행** main 메서드의 접근 지정자 public 뒤에 static이라는 지정자가 위치하는 이유는 static의 정의에서 알 수 있듯이 static으로 지정한 변수나 메서드는 프로그램 실행 시에 JVM이 static 지정 유무를 체크한 후 바로 메모리에 로드, 즉 실행함으로써 main 메서드 본체의 명령문을 JVM이 차례대로 실행하기 때문이다. 즉, main 메서드가 프로그램의 시작점으로 동작하는 것이다.

[리스트 7.3] MessageTest.java

```
1    public class MessageTest {
2        public static void main(String[] args){
3            System.out.println("프로그램을 시작합니다.!");
4            Message m=new Message( );
5            m.getMessage( );
6        }
7    }
```

static 지정자가 class 키워드 앞에 위치하는 경우, 이 클래스는 내부 클래스로 사용된 것이다. 더 자세한 것은 내부 클래스에서 학습한다.

그리고 인스턴스 변수 앞에 static이 붙으면 이 변수는 여러 인스턴스가 변수의 값을 공유하려는 목적으로 많이 사용한다. 대표적인 경우가 자바의 '상수'다. 멤버 메서드에 static이 지정되면 프로그램에서 자주 쓰이는 메서드에 static을 지정하여 빠르게 실행시킬 수 있다. 지금까지는 메서드를 사용할려면 인스턴스를 생성한 후 메서드를 호출하여 사용했다. 이렇게 인스턴스를 생성하여 메서드를 사용한 후, 메모리에서 인스턴스를 소멸시켰는데, 뒤에 다시 사용해야 할 경우가 생기면 다시 로드하여 인스턴스를 만들어 사용해야 한다. 이런 식으로 메서드를 사용하면 프로그램의 실행이 느려진다. 그런데 자주 사용하는 메서드는 아예 프로그램 실행 시에 메모리에 미리 만들어 놓고, 사용하고 싶을 때 바로 사용하기 때문에 속도가 훨씬 빠르다.

자바에서 static으로 지정될 수 있는 대상 및 지정 방법

- 지정 대상
  - 클래스 : 내부 클래스에 사용된다.
  - 인스턴스 변수 : 인스턴스 간 데이터 공유 시에 사용된다.
  - 메서드 : 객체 생성 없이 메서드를 사용할 때 사용된다.
- 지정 방법
  클래스명.멤버명

2.1 static 실습 예제

이번에는 static을 이용한 실제 예제를 살펴보자. [리스트 7.4]는 Number 클래스를 나타낸 것이다. **3행**의 numCounter라는 변수는 static으로 지정되어 있다. 즉, [리스트 7.5]에서 NumberTest 실행 클래스의 main 메서드 실행 즉시 메모리에 생성된 후 정수 10으로 초기화 한다. **4행**의 getNumCounter() 메서드도 static으로 지정되어 있다. 즉, main 메서드 실행 시에 똑같이 메모리에 생성된다.

[리스트 7.5]의 NumbertTest 실행 클래스에서 Number 클래스를 사용하여 실행하고 있다. 그림 Number 클래스에서 static으로 지정된 멤버 변수와 메서드가 [그림 7-2]처럼 메모리에 생성된다.

3행을 보면 Number 클래스 이름으로 numCounter 변수에 직접 접근하고 있다. 앞에서 우리가 클래스의 메서드를 사용하려면 클래스의 인스턴스를 생성한 후에 사용했지만, numCounter 변수는 static으로 지정되었기 때문에 시작하자마자 메모리에 생성되어 있으므로 바로 클래스명으로 접근할 수 있는 것이다. 그러면 [그림 7-2]처럼 정수 10을 출력한다.

4행에서 Number 인스턴스를 생성한다. [그림 7-3]처럼 인스턴스가 메모리에 생성된다. 그런데 numCounter 변수와 getNumCounter( ) 메서드는 static으로 지정되었으므로 따로 안 만들어지고, Number 클래스의 멤버 변수와 메서드만 만들어진다.

그리고 [리스트 7.5]의 **5행**에서 increaseNum( )를 호출하여 Counter 변수의 값을 1 증가시킨 후에 값을 출력하면 [그림 7-3]처럼 '11'이 출력된다.

그리고 [리스트 7.5]의 **8행**에서 두 번째 Number 인스턴스를 생성하면 [그림 7-4]처럼 두 번째 Number 인스턴스가 생성된다. 두 번째 인스턴스도 **9, 10행**에서 increaseNum( ) 메서드를 호출하여 static 변수에 함께 접근하여 값을 2 증가시킨다. **12행**에서 getNumCounter( ) 메서드를 호출하면 2가 증가된 13이 [그림 7-4]처럼 출력된다.

즉, static으로 선언된 변수는 이처럼 여러 가지 인스턴스가 값을 공유하는 목적으로 많이 사용된다. 그런데 **13, 14행**을 보면, 참조 변수로 static 메서드에 접근하는 것이 나타난다. 이렇게 참조 변수로 접근해도 되지만, **기본적으로 static 멤버에는 static 멤버가 선언된 클래스의 이름으로 접근하는 것이 바람직하다.**

[리스트 7.4] statcic 실습 예제(Number.java)

```java
1    public class Number {
2        private int num;
3        static int numCounter=10;
4        public static int getNumCounter( ){
5            return numCounter;
6        }
7
8        public Number( ){
9            num=numCounter;
10       }
11       public void increaseNum( ){
12           numCounter++;
13       }
14   }
```

[리스트 7.5] 실행 클래스(NumberTest.java)

```java
1    public class NumberTest{
2        public static void main(String[] args){
3            System.out.println("numCount의 값: " + Number.numCounter);
4            Number number1 = new Number( );
```

```
5              number1.increaseNum( );
6              System.out.println("numCount의 값: " + Number.getNumCounter( ));
7
8              Number number2 = new Number( );
9              number2.increaseNum( );
10             number2.increaseNum( );
11
12             System.out.println("numCount의 값: " + Number.getNumCounter( ));
13             System.out.println("numCount의 값: " + number1.getNumCounter( ));
14             System.out.println("numCount의 값: " + number2.getNumCounter( ));
15
16      }
17   }
```

3, 6행 : 클래스명을 이용하여 static 멤버에 접근한다.

메모리

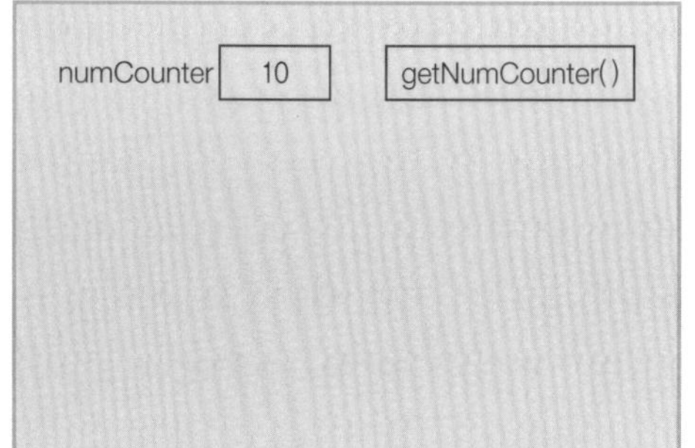

[그림 7-2] static 멤버의 메모리 상태

메모리

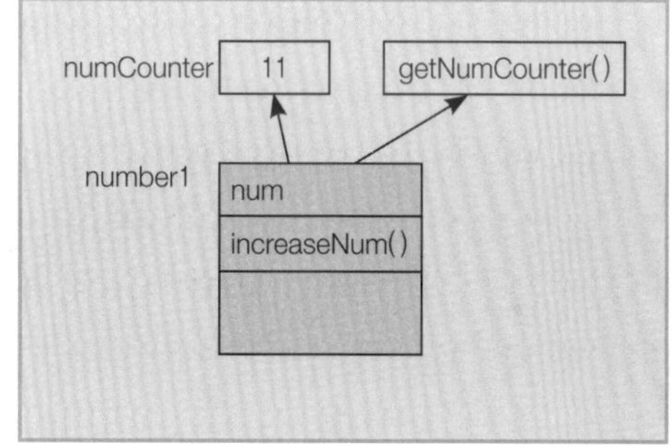

[그림 7-3] Number 인스턴스 생성 후 메모리 상태

메모리

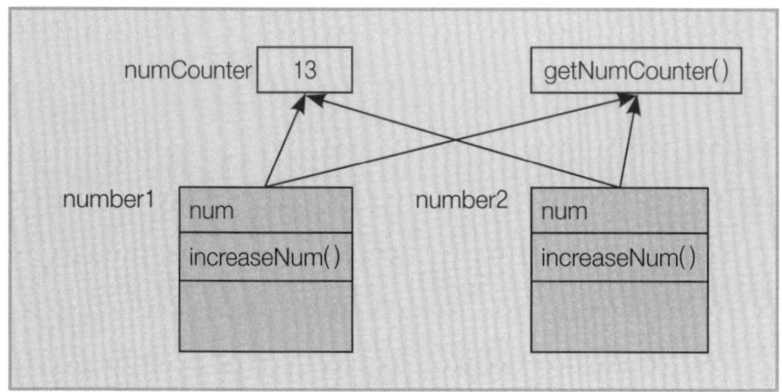

[그림 7-4] static 멤버의 메모리 상태

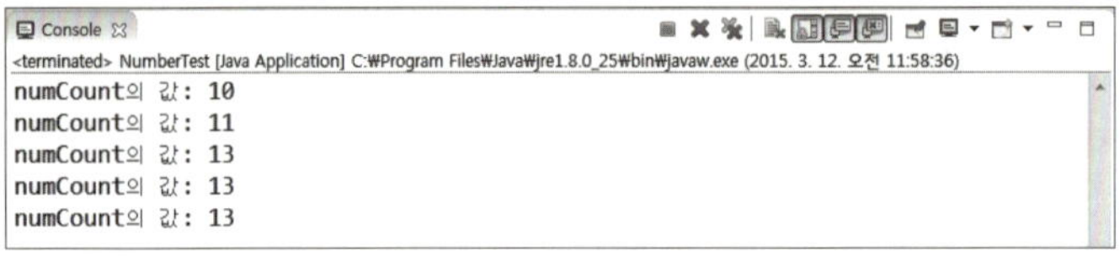

[그림 7-5] 실행 결과

이번에는 static 메서드 사용 시 주의해야 할 점에 대해 알아보자. 다음은 static 메서드 사용 시 주의해야 할 점을 나타낸 것이다. static 메서드 내에서는 static 변수와 static 메서드 내에서 선언된 지역 변수만 사용할 수 있다. 클래스의 인스턴스 변수는 사용이 불가능하다.

> **static 메서드 사용 시 주의해야 할 점**
>
> • static 메서드 내에서는 인스턴스 변수를 사용할 수 없다.
> • static 메서드 내에서 사용 가능한 변수의 종류: static 변수, 지역 변수

[리스트 7.6]은 static 메서드 내에서의 변수 선언 예제다. **12행**에 getNumber()라는 static 메서드가 선언되어 있다. **13행**에서는 num1이라는 지역 변수를 선언한다. static 메서드 내에서는 지역 변수를 사용할 수 있다. **14행**에서는 numCounter라는 static 변수도 사용한다. 그러나 num 변수의 값을 리턴하는 **15행**에서는 오류가 발생한다. 즉, static 메서드는 main 메서드를 실행하자마자 바로 메모리에 생성되는데, 클래스의 인스턴스를 생성해야 만들어지는 num 변수는 아직 만들어지지 않았음에도 불구하고 사용하려고 했으므로 오류가 발생한 것이다. 따라서 static 메서드 내에서는 클래스의 인스턴스 변수 사용이 불가능하다.

[리스트 7.6] static 메서드에서 사용할 수 없는 변수(Number.java)

```java
1    public class Number {
2        private int num;
3        static int numCounter=10;
4
5        public Number( ){
6            num=numCounter;
7        }
8
9        public static int getNumCounter( ){
10           return numCounter;
11       }
```

```
12        public static int getNumber( ){
13            int num1=0;
14            num1=numCounter;
15            return num;
16        }
17
18        public void increaseNum( ){
19            numCounter++;
20        }
21    }
```

13행 : static 메서드 내에서 선언된 지역 변수는 static 메서드 내에서만 사용할 수 있다.

14행 : static 변수도 static 메서드 내에서 사용할 수 있다.

15행 : 인스턴스 변수는 static 메서드 내에서 사용할 수 없다.

지금까지 static 기능에 대해 알아보았다. **static 변수는 대개 변수의 값을 여러 인스턴스들이 공유할 때 사용하고, static 메서드는 특정 메서드의 기능이 프로그램에서 자주 사용될 때 만들어 사용하면 프로그램의 실행 속도를 높일 수 있다.** 이와 반대로 프로그램 실행 중에 그렇게 많이 사용되지 않는 변수나 메서드를 static으로 지정해 놓은 후에 사용하면, 메모리만 차지하므로 비효율적이다. 따라서 기능을 잘 분석하여 적절하게 사용하는 것이 중요하다.

03 / final 기능

이번에는 '**금지**'의 의미를 가지는 final에 대해 알아보자. 자바에서는 final이 '금지'의 의미를 지니고 있다. 클래스 앞에 final로 지정하면 이 클래스는 상속을 금지한다는 의미다. 멤버 메서드에 지정되면 오버라이딩을 금지한다는 의미다. 그리고 멤버 변수 앞에 final이 지정되면 변수값의 변경을 금지한다는 의미다. 즉, 상수(Contant)로 쓰겠다는 의미다.

fimal의 정의와 용도

- 정의
  - '금지'의 의미를 가지는 지정자다.
- 용도
  - 클래스 : 상속을 금지한다.
  - 멤버 메서드 : 오버라이딩을 금지한다.
  - 멤버 변수 : 값 변경을 금지한다(상수로 사용).

자바에서의 상수 형식에서는 정수형 상수인 TOTAL_NUM과 문자열 상수인 SERVER_IP를 정의하고 있는데, 우선 접근 지정자가 public이므로 어떤 인스턴스에서도 접근이 가능하다. 그리고 static으로 지정되었으므로 프로그램 실행 시 바로 메모리에 생성된다. 그리고 둘 다 final로 지정했으므로 초깃값 40과 "127.0.0.1" 이외의 값으로는 변경이 불가능하다. 즉, 상수(Constant)로 쓰인다는 의미다. 참고로 현실에서 상수, 즉 40, 50과 값은 자바나 다른 언어에서는 '**리터럴**(literal)'이라고 부른다.

자바에서의 상수 정의와 형식

- 정의
  - 프로그램을 실행한 후 종료할 때까지 일정한 값을 유지한다.
  - 모든 인스턴스에서 동일한 값을 공유하게 한다.
  - 상수명을 대문자로 정한다.
- 형식

```
public static fianl String SERVER_IP="127.0.0.1";
public static final int TOTAL_NUM=40;
```

3.1 final 예제

[리스트 7.7]은 final로 지정된 Car 클래스이다. [리스트 7.8]처럼 Car 클래스를 Truck 클래스가 상속받으면 오류가 발생한다. 즉, 클래스를 final로 지정하면 클래스의 상속을 금지시킨다. 앞에서 클래스의 각 멤버 상속을 금지하는 방법은 멤버의 접근 지정자를 private로 하는 것이다.

클래스 전체의 속성과 메서드를 상속 금지하려면 final을 지정하면 된다.

```java
1    final class Car{
2        private int velocity;
3        private int carNum;
4        private String carName;
5
6        public Car( ){
7            System.out.println("Car 생성자 호출");
8        }
9    }
```

[리스트 7.8] Truck.java

```java
1
2        public class Truck extends Car{
3            private load;
4            public Truck( ){
5                System.out.println("Truck 생성자 호출");
6            }
7        }
```

2행 : Car 클래스가 final로 지정되어 있으므로 상속을 금지한다.

[리스트 7.9]는 변수를 final로 지정했다. **2행**에서 SAFE_SPEED 변수를 final로 지정했으므로 SAFE_SPEED의 값은 100으로 고정되었다. 즉, 고속도로의 규정 속도는 강제적으로 정해지는 것이고, 누구도 바꿀 수 없다. 그리고 **12, 13행**의 speedUp( ) 메서드에서 매개변수로 전달된 값으로 SAFE_SPEED의 값을 바꾸려고 하면 오류가 발생한다. 즉, final로 변수를 지정하면 변수값이 고정되어버린다. 즉, 상수로 사용된다.

[리스트 7.9] final로 지정한 변수(MyCar.java)

```java
1    public class MyCar{
2        private final int SAFE_SPEED= 100;
3
4        public void speedUp(int value ){
5            SAFE_SPEED = value;
6            System.out.println("고속도로 규정속도는 " + SAFE_SPEED);
```

```
7
8          }
9
10         public static void main(String args[]){
11             MyCar myCar = new MyCar( );
12             myCar.speedUp(150);
13             myCar.speedUp(200);
14
15         }
16     }
```

5행 : SAFE_SPEED의 값을 변경하려면 오류가 발생한다.

[리스트 7.10]은 final로 지정된 메서드를 나타내고 있다. **7행**에 speedUp( ) 메서드가 final로 지정된 후 [리스트 7.11]의 MyTruck 클래스에서 오버라이딩을 하면 오류가 발생한다. 즉, 메서드의 오버라이딩을 금지한다.

[리스트 7.10] final로 지정한 메서드(MyCar2.java)

```
1      public class MyCar2{
2          protected  int velocity ;
3          public MyCar2( ){
4              System.out.println("MyCar2 생성자 호출");
5          }
6
7          public  final void speedUp( ){
8              velocity++;
9          }
10     }
```

[리스트 7.11] MyTruck.java

```
1      public class MyTruck extends MyCar2{
2          public static void main(String args[]){
3              MyTruck myTruck = new MyTruck( );
4          }
```

```
5
6       public void speedUp( ){
7           velocity += 30;
8       }
9   }
```

6, 8행 : speedUp( ) 메서드는 final로 지정되었기 때문에 오버라이딩이 금지된다.

3.2 final을 이용한 상수 사용 예제

[리스트 7.12]는 상수 사용 예제다. MyCar라는 클래스에서 자동차의 규정 속도는 마음대로 바뀔 수 없으므로 **2행**에서 SAFE_SPEED라는 이름으로 상수로 정의하고 있다. 그리고 **15행** 에서 내 차의 규정 속도를 편법으로 높이기 위해 규정 속도를 나타내는 SAFE_SPEED라는 상 수를 변경하려고 한다. SAFE_SPEED는 static으로 지정되었으므로 Car라는 클래스명으로 직 접 접근한다. 그러나 규정 속도의 값을 변경하려면 오류가 발생한다. 왜냐하면 SAFE_SPEED 는 final로 지정되었기 때문이다.

[리스트 7.12] 상수 사용 예제(MyCar.java)

```java
1   public class MyCar{
2       private  static final int SAFE_SPEED =60;
3       int velocity;
4       String carName;
5
6       public MyCar(int velocity, String carName){
7           this.velocity=velocity;
8           this.carName= carName;
9       }
10
11      public static void main(String args[]){
12          MyCar myCar;
13          yourCar = new MyCar(MyCar.SAFE_SPEED, "소나타");
14
15          MyCar.SAFE_SPEED = 80;
16          myCar = new MyCar(MyCar.SAFE_SPEED, "아반테");
17
```

```
18                System.out.println("당신차 의 규정 속도는 " + yourCar.velocity + "입니다.");
19                System.out.println("내 차의 규정 속도는 " + myCar.velocity+ "입니다.");
20
21        }
22    }
```

2행 : 주행 속도(SAFE_SPEED)를 상수로 선언한다.

15행 : 주행 속도를 변경하려면 오류가 발생한다.

지금까지 final의 기능에 대해 알아보았다. static과 final을 이용하여 상수로 사용하는 경우는 많으므로 사용 방법을 잘 알아두기 바란다.

04 abstract 지정자

이번에는 abstract 지정자에 대해 알아보자. absract 지정자는 크게 클래스와 메서드에 쓰인다.

absract의 사전적 의미는 '추상적인', '일반적인'이다. 자바에서는 **'실체가 없는 구현되지 않는', '내용은 없고 형식만 있는'**이라는 의미다. 그리고 abstract가 클래스 앞에 지정되면 추상 클래스라는 의미고, 메서드 앞에 지정되면 추상 메서드라는 의미다.

---

adstract의 정의 및 용도

- 정의
  - '실체가 없는, 구현되지 않은'의 의미
  - '기능이 없고, 선언만 되어 있다'라는 의미
- 용도
  - 클래스 : 추상 클래스로 사용된다.
  - 멤버 메서드 : 추상 메서드로 사용된다.

4.1 추상 메서드

추상 메서드는 구현되지 않는 메서드, 즉 기능이 없는 메서드이다. 다음은 정의와 형식을 나타낸 것이다. 추상 메서드로 지정된 run이라는 메서드를 보면 접근 지정자 뒤에 abstract라고 지정되어 있는 것을 알 수 있다. 그리고 메서드의 본체(body)에 해당하는 '{... }'가 없이 바로 ';'으로 끝난다.

구현 메서드는 본체가 있는 메서드이다. 이제까지 우리가 써온 메서드가 구현 메서드이다. 추상 메서드는 다음에 나오는 추상 클래스와 함께 쓰인다.

> **추상 메서드와 구현 메서드**
>
> - 추상 메서드
>   - 구현되지 않은 메서드, 즉 본체가 없는 메서드
>   - 예 run( );
> - 구현 메서드(concrete method)
>   - 구현된 메서드, 즉 body가 있는 메서드
>   - 예 run( ){ .... }

4.2 추상 클래스

추상 클래스란, abstract 지정자로 지정된 클래스를 의미한다. 추상 클래스로 지정되면 인스턴스 생성이 불가능하다는 특징이 있다. 추상 클래스의 멤버는 기존 일반 클래스의 멤버와 더불어 추상 메서드로 멤버가 될 수 있다.

앞에서 만든 Student 같은 일반 클래스 앞에 abstract를 지정하면 추상 클래스로 만들 수 있다. 단, **Student 클래스는 더 이상 인스턴스를 생성할 수 없다.** 그러나 클래스의 멤버 중에 추상 메서드가 있으면 그 클래스는 반드시 추상 클래스로 지정해야 한다. 그리고 추상 클래스는 대개 상위 클래스로 사용되기 때문에 추상 클래스 타입 변수는 앞에서 배운 업캐스팅으로 사용 가능하다.

> **추상 클래스의 정의와 특징**
>
> - 정의
>   - 클래스 선언 시 abstract로 지정된 클래스
> - 특징
>   - 추상 클래스는 인스턴스 생성이 불가능하다.
>   - 추상 클래스 멤버: 멤버 변수, 멤버 메서드, 생성자, 추상 클래스
>   - 추상 메서드가 없어도 추상 클래스로 선언할 수 있다.
>   - 클래스의 멤버에 추상 메서드가 있으면 그 클래스는 반드시 추상 클래스로 선언해야 한다.
>   - 업캐스팅 타입으로 사용 가능하다.

다음은 추상 클래스의 용도다. 추상 클래스는 상위 추상 클래스에서는 추상 메서드를 선언하고, 상속받는 하위 클래스에서는 상위 추상 클래스에 있는 추상 메서드를 반드시 구현하게 해서 전체 기능에 강제성과 통일성을 부여하는 데 사용된다. 추상 클래스를 이론적으로 설명하는 것은 복잡하므로 다음에 나오는 구체적인 예제를 통해 이해하도록 하자.

> **추상 클래스의 용도**
>
> • 하위 클래스에서 구현해야 하는 기능을 상위 클래스의 추상 메서드의 형식을 빌려와 하위 클래스에서 구현하는 방법
> • 따라서 각 하위 클래스의 추상 메서드에 구현한 기능들은 통일성과 강제성을 띤다.
> • 소스의 구조가 일정하게 유지 할 수 있으므로 표준화가 가능하다.

4.3 추상 클래스 실습 예제

[리스트 7.13]에서 [리스트 7.15]는 추상 클래스 사용 전 예제를 나타낸다. [리스트 7.13]에서 Student 클래스의 **22~24행**을 보면 학생들에게는 모두 담임선생님이 있으므로 각 학생들의 담임선생님을 구하는 메서드인 getTeacher()라는 메서드를 만들어 놓았다. 그리고 [리스트 7.14]와 [리스트 7.15]에는 하위 클래스인 Elementary와 University 클래스를 구현해 놓았다. 그런데 Elementary 클래스를 보면 초등학교 담임선생님의 이름을 구하는 getClassTeacher()라는 메서드를 따로 구현하고 있다. 그리고 University 클래스에서도 자신의 지도교수님 이름을 구하는 getProfessor()라는 메서드를 따로 구현하고 있다. 즉, 이 경우에는 상위에 각 하위 클래스에서 학생 담임 선생님 이름을 구하는 기능을 하는 메서드 (getTeacher())가 있음에도 불구하고 동일한 기능을 하는 메서드를 하위 클래스에서 각각 따로 구현했다. 이런 방식으로 기능을 중복되게 구현하면 소스가 복잡해진다. 이 경우에 적용하는 객체 지향 개념이 바로 '**오버라이딩 메서드**'이다. 즉, 하위 클래스의 getClassTeacher()나 getProfessor() 메서드의 기능은 자신들의 담임선생님 이름을 구하는 기능이기 때문에 상위 getTeacher() 메서드의 기능과 같으므로, 하위에서는 getTeacher() 메서드 형식만 빌려와서 각 하위 클래스의 기능에 맞게 재정의하여 사용하면 된다. 이렇게 하면 소스의 구조도 일정해지고, 가독성도 좋아지므로 굳이 추상 클래스와 추상 메서드를 사용할 필요를 느끼지 못하게 된다.

그런데 오버라이딩은 하위 클래스에서 해도 되고, 안 해도 된다는 문제점이 있다.

어떤 프로젝트에서 한 개발 관리자 아래에 각 기능을 담당하는 개발자 A, B, C가 있다고 가정해보자. 개발자 A와 B는 이 프로젝트를 관리자와 오랫동안 수행해왔기 때문에 소스나 기

능에 대해 잘 알고 있는 상태다. 그런데 개발 관리자가 [리스트 7.13]처럼 개발자들에게 자신이 상위 클래스에 getTeacher( )이라는 이름으로 메서드를 만들어 놓았으니 각 개발자들은 그 이름을 오버라이딩하여 구현하라고 지시했는데, A와 B는 이 프로젝트를 오랫동안 수행했기 때문에 개발 관리자의 말대로 똑같이 구현한 반면, 개발자 C는 기존에 있던 개발자와 교체되어 이 프로젝트에 투입된 지 얼마 되지 않아 기존의 기능이나 업무에 대해 서툴기 때문에 관리자의 지시를 잘못 이해하여 그냥 다른 이름으로 메서드를 구현하여 사용해 버렸다. 이렇게 개발자 C처럼 다른 이름으로 메서드를 구현하여 사용해도 당장은 메서드의 결과 값이 다르게 나오거나 오류가 발생하는 것이 아니기 때문에 다른 사람들은 겉으로는 정상적으로 돌아가는 줄 안다.

그러나 그 후에도 계속 소스가 고쳐지거나 수정되면 C 개발자의 소스는 다른 개발자의 소스들과 통일성을 잃어간다. 그리고 나서 다시 C 개발자 대신 다른 개발자가 C 개발자의 업무를 맡았을 때는 또 다른 어려움이 발생한다. 현재 프로그래밍은 개발자가 각 기능을 알아서 구현하는 것보다는 프로젝트의 규모가 점점 커지므로 향후 유지보수나 관리를 위해서는 누구나 쉽게 소스를 이해하고, 소스의 구조를 일정하게 유지해야 할 필요성이 있다. 그런데 이런 방식으로 오버라이딩을 하여 구현하면 개발자가 임의로 소스를 구현할 수 있기 때문에 통일성을 잃어버릴 수 있다.

[리스트 7.13] Student.java

```java
public class Student {
    public String name;
    public int grade;

    public Student( ){
        System.out.println("Student 생성자 호출");
    }

    public String getName( ){
        return name;
    }

    public int getGrade( ){
        return grade;
    }

    public String getStudInfo( ){
        System.out.println("Student 클래스의 getStudInfo( ) 메서드 호출");
```

```
19          return "이름은 : " + name + " ,학년은 " +grade;
20      }
21
22      public String getTeacher( ){
23          return "김길동 선생님";
24      }
25  }
```

22~24행 : 지도교수님의 이름을 구하는 메서드

[리스트 7.14] Elementary.java

```java
1   public class Elementary extends Student {
2       public Elementary(String name, int grade,int point){
3           System.out.println("Elementary 생성자 호출");
4           super.name=name;
5           super.grade=grade;
6       }
7
8       public Elementary(String name, int grade){
9           System.out.println("Elementary 생성자 호출");
10          super.name=name;
11          super.grade=grade;
12      }
13
14      public Elementary( ){
15          this("이순신",3);
16          System.out.println("Elementary 생성자 호출");
17      }
18
19      public String getClassTeacher( ){
20          return "박길순 선생님";
21      }
22
23  }
```

19~21행 : 초등학교 담임선생님의 이름을 구하는 메서드

[리스트 7.15] University.java

```java
1    public class University extends Student {
2        private int courses;
3        public University(String name, int grade, int courses){
4            System.out.println("University 생성자 호출");
5            super.name=name;
6            super.grade=grade;
7            this.courses= courses;
8        }
9
10       public University( ){
11           this("이순신",2,20);
12       }
13
14       public int getCourses( ){
15           return courses;
16       }
17       public String getStudInfo( ){
18           System.out.println("University 클래스의 getStudInfo 메서드 호출");
19           return "이름은>> "+ name + ", 학년은>> " +grade + ", 신청 학점은>> "+courses;
20       }
21       public String getProfessor( ){
22           return "이순신 교수님";
23       }
24   }
```

21~23행 : 지도교수님의 이름을 구하는 메서드

[리스트 7.16]은 **23행**에서 getTeacher( ) 추상 메서드를 선언하고 있다. 여기서 중요한 것은 클래스 멤버로 추상 메서드를 가지면 그 클래스는 반드시 추상 클래스로 선언해야 한다는 것이다. Student 클래스도 **1행**에서 abstract 를 이용하여 추상 클래스로 선언하고 있다. 선언하지 않으면 오류가 발생한다.

그리고 Elementary과 University가 모두 Student 클래스를 상속받는다. **그러므로 반드시 상위 클래스의 추상 메서드인 getTeacher()을 반드시 구현해야 한다.** 만약, 하위 클래스에서 이와 똑같은 이름으로 메서드를 구현하지 않으면 컴파일 시 오류가 발생한다.

따라서 이번에는 반드시 상위 클래스의 추상 메서드와 같은 이름으로 구현해야 한다. 즉, 하위 클래스에 강제성을 주는 것이다. 이런 방식으로 구현하면 앞의 예처럼 A, B, C 중 누구는 똑같이 하고, 누구는 다르게 할 여지가 없는 것이다.

이처럼 추상 클래스나 뒤에서 배우는 interface는 대개 소스 구조 설계 시 소스의 구조, 즉 뼈대를 잡는 용도로 많이 사용한다.

[리스트 7.19]에서는 추상 클래스를 이용하여 실행하고 있다. StudentTest 클래스의 **3행**에서 Student 인스턴스를 생성하면 오류가 발생한다. Student 클래스는 이제 추상 클래스이므로 인스턴스 생성이 불가능하다.

그리고 **4행**에서 University 인스턴스를 생성한 후에 추상 클래스 타입 변수에 할당한다. 추상 클래스는 업캐스팅으로 사용 가능하다. 그리고 **7행**에서 st를 이용하여 getName()이라는 메서드를 호출한다. 그런데 getName() 메서드는 Student 추상 클래스에 있고, 추상 클래스는 인스턴스 생성이 불가능한데 지금은 사용 가능하고, [그림 7-7]에서도 정상적으로 이름이 출력된다.

여기서 중요한 것은 추상 클래스는 **3행**처럼 추상 클래스를 직접 인스턴스로 생성하는 것이 불가능하다는 점이다. **하지만 4행처럼 추상 클래스를 상속받는 자식 클래스의 인스턴스를 생성하면 [그림 7-6]처럼 Student 추상 클래스의 멤버들도 메모리에 생성된다.** 이는 추상 클래스를 직접 인스턴스로 생성하는 것은 불가능하다는 의미다. 그리고 **8행**에서 업캐스팅된 변수를 통해 getTeacher() 메서드를 호출하면 당연히 하위 University 클래스에 구현된 getTeacher() 메서드가 호출된다. 이 과정은 6장에서 배운 upcasting 변수에서 메서드 호출 과정을 거친다. 즉, 업캐스팅된 변수로 메서드를 호출할 때 먼저 상위 클래스에 호출한 메서드가 있는지를 체크한다.

추상 메서드도 메서드이므로 Student 클래스에 추상 메서드가 있는 것을 확인한 후에 다시 하위에 구현된(추상 메서드를 하위에서 다시 재정의하는 것을 추상 메서드를 '**구현한다**'라고 한다.) 메서드가 있는지 확인하고 하위 클래스의 구현 메서드를 호출하는 것이다. 여기서는 6장에서 배운 다형성을 그대로 따른다. [그림 7-7]을 실행 시 각 학생들의 담임선생님 이름이 정상적으로 출력된다.

[리스트 7.16] Student.java

```java
1   public abstract  class Student {
2       String name;
3       int grade;
4       String teacher;
5
6       public Student( ){
7           System.out.println("Student 생성자 호출");
8       }
9
10      public String getName( ){
11          return name;
12      }
13
14      public int getGrade( ){
15          return grade;
16      }
17
18      public String getStudInfo( ){
19          System.out.println("Student 클래스의 getStudInfo( ) 메서드 호출");
20          return "이름은 : " + name + " ,학년은 " +grade;
21      }
22
23      public abstract String getTeacher( );
24  }
```

1행 : 클래스가 추상 메서드를 멤버로 가지려면 반드시 추상 클래스로 선언해야 한다.

4행 : 각 학생들의 담임선생님의 이름을 저장하는 변수를 선언한다.

23행 : 학생의 담임선생님 이름을 구하는 추상 메서드를 선언한다.

[리스트 7.17] Elementary.java

```java
1   public class Elementary extends Student {
2       public Elementary(String name, int grade,String teacher){
3           System.out.println("Elementary 생성자 호출");
4           super.name=name;
5           super.grade=grade;
6           super.teacher=teacher;
```

```java
7        }
8
9        public Elementary( ){
10           this("이순신",3,"무명씨");
11           System.out.println("Elementary 생성자 호출");
12        }
13
14       public String getTeacher( ){
15           return "담임선생님:"+ super.teacher;
16       }
17   }
```

[리스트 7.18] University.java

```java
1    public class University extends Student {
2       private int courses;
3
4       public University(String name, int grade, int courses,String teacher){
5           super( );
6           System.out.println("University 생성자 호출");
7           super.name=name;
8           super.grade=grade;
9           super.teacher=teacher;
10          this.courses= courses;
11       }
12
13      public University( ){
14          this("이순신",2,20,"홍길동");
15       }
16
17      public int getCourses( ){
18          return courses;
19       }
20
21      public String getStudInfo( ){
22          System.out.println("University 클래스의 getStudInfo 메서드 호출");
23          return "이름은>> "+ name + ", 학년은>> " +grade + ", 신청 학점은>> "+courses;
24       }
25
```

```java
26        public String getTeacher( ){
27            return "담임선생님:"+ super.teacher;
28        }
29    }
```

[리스트 7.19] StudentTest.java

```java
1     public class StudentTest {
2         public static void main(String[] args){
3             //Student s= new Student( );
4             Student st= new University ("홍길동",3,22,"차범근");
5             Elementary m  = new Elementary("이순신",2,"홍명보");
6
7             System.out.println("학생 이름:"+st.getName( ));
8             System.out.println(st.getTeacher( ));
9             System.out.println(m.getTeacher( ));
10        }
11    }
```

3행 : 추상 클래스는 인스턴스 생성이 불가능하다.

4행 : 추상 클래스는 업캐스팅으로 사용 가능하다.

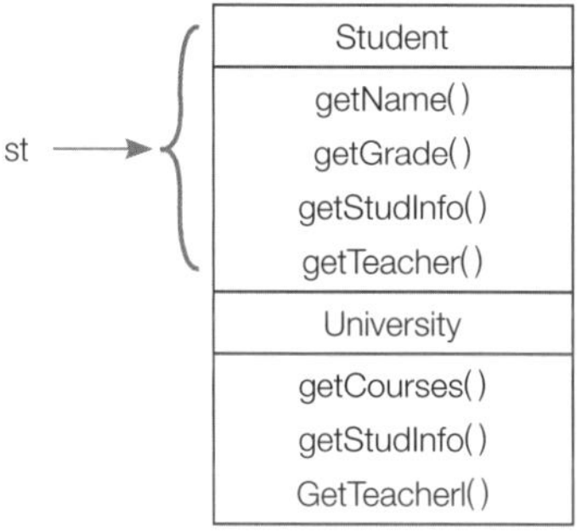

[그림 7-6] University 인스턴스 구조

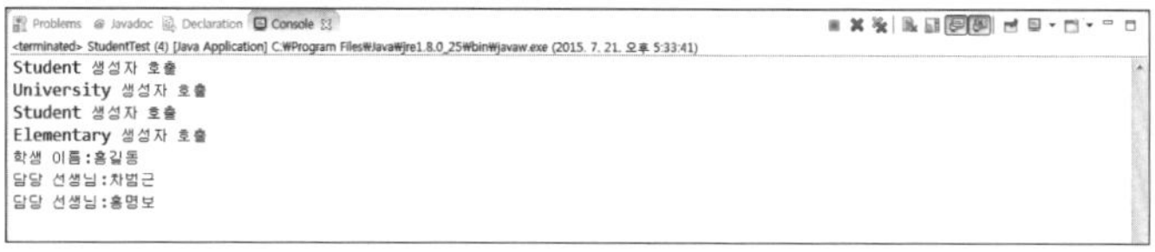

[그림 7-7] 실행 결과

05 / 인터페이스(interface)

이번에는 추상 클래스의 추상화 기능이 더욱 발전된 인터페이스의 기능에 대해 알아보자. 인터페이스는 class 대신 **interface**로 선언한다. 인터페이스도 추상 클래스의 일종이다. 중요한 것은 인터페이스의 특징이다.

먼저 인터페이스와 추상 클래스의 공통점을 살펴보자. 인터페이스도 추상 클래스처럼 인스턴스 생성이 불가능하다. 그리고 인터페이스 타입 변수는 업캐스팅으로 사용 가능하다. 그리고 하위 클래스에 추상 클래스보다 더욱 강한 강제성과 통일성을 부여한다. 인터페이스의 멤버는 상수와 추상 메서드만 허용한다.

인터페이스는 현재 추상 클래스와 비슷한 용도로 사용되지만, 원래의 목적은 자바에서 단일 상속의 단점을 보완하여 다중 상속과 유사하게 사용하기 위해 처음으로 도입되었다. 그리고 하위 클래스에서 인터페이스의 관계는 implements, 즉 '**구현하다**'라는 의미로 사용된다. 그리고 인터페이스는 하위 클래스에서 여러 인터페이스를 다중 implements할 수 있다.

인터페이스의 정의와 특징

- 정의
  - interface 키워드로 선언된 추상 클래스
- 특징
  - 인스턴스 생성이 불가능하다.
  - upcasting 타입으로 사용할 수 있다.
  - 추상 클래스가 발전한 개념이다.
  - **멤버로는 상수, 추상 메서드만 허용한다.**
  - 하위 클래스와의 관계는 implements이다.
  - 하위 클래스에서는 여러 인터페이스를 동시에 implements할 수 있다.
  - 자바의 단일 상속 기능을 보완할 수 있다.

5.1 인터페이스의 용도

인터페이스의 특징에서도 언급했듯이 인터페이스의 멤버로는 상수와 추상 메서드만 허용한다. 그러므로 하위 클래스에서는 추상 클래스와 동일하게 인터페이스의 추상 메서드를 강제적으로 같은 형식으로 구현해야만 한다. 인터페이스를 현실과 비유하면 [그림 7-8]에서 리모델링하는 모든 건축물에 적용되는 리모델링 법규와 같다고 할 수 있다.

법률은 모든 사람들이 의무적으로 지켜야 한다. 예를 들어 우리가 아파트나 빌라를 사서 이사를 하기 전에 리모델링을 하는 경우가 있다. 그런데 자신의 집이라도 무조건 자기가 원하는 대로 리모델링을 할 수는 없다.

리모델링을 하더라도 리모델링에 관련된 법규를 준수해야 한다. 만약 건축법을 어기고 리모델링을 하면 시정 명령이나 벌금이 부과된다. 이처럼 인터페이스는 하위 클래스에 대해 인터페이스에 있는 추상 메서드는 반드시 하위 클래스에 정해진 형식으로 구현하라는 의미다. 당연히 똑같은 형식으로 구현하지 않으면 컴파일 오류가 발생한다.

[그림 7-8] 리모델링 법규 적용

즉, 기능만을 하위 클래스에 강제하기 위해 사용하는 것이다. 그러므로 소스의 구조가 통일성을 가지게 되는 것이다. 그래야만 프로그램을 개발할 때나 관리를 할 때 훨씬 가독성이 좋게 작업할 수 있다. 인터페이스는 소스의 구조를 표준화 할 때 많이 사용된다.

5.2 자동차를 이용한 인터페이스 실습 예제

이번에는 자동차를 이용하여 인터페이스 예제를 실습해보자. [리스트 7.20]에는 MyCar라는 인터페이스가 정의되어 있다. 인터페이스는 class 대신 interface라고 선언하면 된다. MyCar 인터페이스에 보면, **2행**에는 규정 속도를 의미하는 'SAFE_SPEED'라는 상수가 선언되어 있다. 인터페이스 내에서는 **3행**처럼 변수를 선언하듯이 선언해도 JVM이 자동으로 상수로 변환해준다. 그리고 **5~7행**에는 추상 메서드가 선언되어 있다. 자동차로서의 기본적인 기능을 하는 메서드이다. 즉, MyCar라는 인터페이스는 모든 자동차가 가져야할 기본적인 기능에 대해 규정하는 것이다. 그리고 이 Car 인터페이스를 구현하는 하위 클래스에서는 반드시 MyCar 인터페이스에 선언된 추상 메서드의 기능을 구현해주어야 한다.

[리스트 7.21]은 MyTruck 클래스이다. MyTruck은 차의 한 종류이므로 MyCar 인터페이스를 implements하고 있다. 즉, MyTruck도 자동차의 한 종류이므로 반드시 MyCar 인터페이스에 있는 기본 기능을 구현해주어야 한다. 만약, MyTruck 클래스에서 MyCar 인터페이스의 추상 메서드를 하나라도 구현하지 않거나 형식이 다르면 오류가 발생한다. 그리고 [리스트 7.22]는 MySportsCar라는 클래스도 MyCar 인터페이스를 implements하므로 세 가지 추상 메서드를 구현해주고 있다. 그리고 MySportsCar에서는 자기만의 특별한 기능을 turbo() 메서드를 통해 추가해준다. 즉, 필수적인 기능은 반드시 구현해주고, 자신의 기능도 따로 구현해줄 수 있다.

즉, MyTruck이든, MySportsCar이든 세부적으로는 다르겠지만 속도를 올리거나, 속도를 내리거나, 정지하는 기능을 반드시 가지고 있어야 하므로, 자신이 가진 기능을 같은 메서드명으로, 각 메서드 내에서 구현하라는 것이다. 그래야만 어떤 클래스를 보더라도 구조가 일정하게 된다. 그리고 [그림 7-9]는 인터페이스의 UML 표기법을 나타낸 것이다. 인터페이스와 클래스의 관계는 implements이고, 실선 대신 점선으로 표기한다.

[리스트 7.23]은 인터페이스를 실제로 이용하는 실행 클래스이다. 먼저 **3행**을 보면 인터페이스는 일종의 추상 클래스이므로 인스턴스 생성이 불가능하다. **5행**에서 MySportsCar 인스턴스를 생성한 후 MyCar 인터페이스 타입인 c에 할당한다. 인터페이스는 업캐스팅으로 사용 가능하다. 그래야만 [그림 7-10]과 같이 메모리에서 MySportsCar 인스턴스를 가리키게 된다.

10행에서 인터페이스에 선언된 상수에 접근한다. 이때에는 인터페이스 이름으로 바로 접근한다. 그런데 SAFE_SPEED는 상수이므로 값을 **9행**처럼 변경하려면 컴파일 오류가 발생한다.

12~15행에서는 업캐스팅으로 각 하위 클래스의 메서드를 호출한다. 인터페이스의 경우도 이와 마찬가지로 6장에서의 업캐스팅 변수의 메서드 호출 과정을 거친다.

[그림 7-10]에 나타나 있는 바와 같이 **12행**의 speedUp()을 호출할 때 먼저 speedUp()이 MyCar 인터페이스에 있는지를 체크한다. 추상 메서드도 메서드로 존재하므로 다음에는 하위에 구현된 메서드가 있는지 체크한 후 구현된 메서드를 최종적으로 호출하는 것이다.

13, 15행의 경우에도 이와 같은 과정으로 결과값을 출력한다. 그런데 **14행**의 turbo()를 호출하면 컴파일 오류가 발생한다. 왜냐하면 turbo()는 MyCar 인터페이스에는 선언되지 않고, 하위 MySportsCar 클래스에만 존재하기 때문에 업캐스팅 시 메서드 호출 과정에서 컴파일 오류가 발생하는 것이다. **14행**에서 turbo()를 호출하려면 다운캐스팅 작업을 거쳐야 한다.

19~22행의 경우에는 s가 같은 MySportsCar 타입이므로, 모든 메서드가 정상적으로 호출된다.

[리스트 7.20] MyCar.java

```java
1    public interface MyCar{
2        public static final int SAFE_SPEED=60;
3        //public int SAFE_SPEED=60;
4
5        public abstract void speedUp( );
6        public abstract void speedDown( );
7        public abstract void stop( );
8
9        /*
10       public  void speedUp( );
11       public  void speedDown( );
12       public  void stop( );
13       */
14   }
```

2행 : 인터페이스 내에서 상수를 선언한다.

3행 : 인터페이스 내에서 변수를 선언하여 값을 초기화하면 자동으로 상수로 변환된다.

5~7행 : 자동차의 세 가지 기능을 하는 추상 메서드를 선언한다.

10~12행 : 인터페이스 내에서는 abtract를 생략하여 추상 메서드를 선언할 수 있다.

[리스트 7.21] 인터페이스를 구현하는 하위 클래스(MyTruck.java)

```java
1    public class MyTruck implements MyCar{
2        public void speedUp( ){
3            System.out.println("Truck speedUp");
4        }
5
6        public void speedDown( ){
7            System.out.println("Truck speedDown");
8        }
9
10       public void stop( ){
11           System.out.println("Truck stop");
12       }
13   }
```

1행   : MyCar 인터페이스를 implements한다.

2, 6, 10행 : MyTruck 클래스는 MyCar의 추상 메서드를 반드시 구현해야 한다.

```java
1    public class MySportsCarimplements MyCar{
2        public void speedUp( ){
3            System.out.println("SportsCar speedUp");
4        }
5
6        public void speedDown( ){
7            System.out.println("SportsCar speedDown");
8        }
9
10       public void stop( ){
11           System.out.println("SportsCar stop");
12       }
13
14       public void turbo( ){
15           System.out.println("SportsCar turbo 기능입니다.");
16       }
17   }
```

14행 : MySportsCar 클래스에서는 자신만의 기능인 turbo( ) 메서드를 추가하여 사용하고 있다.

[리스트 7.23] 실행 클래스(MyCarTest.java)

```java
1    public class MyCarTest{
2        public static void main(String [ ] args){
3            //MyCar c1 = new MyCar( );
4
5            MyCar c = new MySportsCar( );
6            MySportsCar s = new MySportsCar( );
7            MyTruck t = new MyTruck( );
8
9            //Car.SAFE_SPEED = 80;
10           System.out.println("Car.SAFE_SPEED= " +MyCar.SAFE_SPEED);
11
12           c.speedUp( );
13           c.speedDown( );
14           //c.turbo( );  //오류 발생
15           c.stop( );
```

```
16
17          System.out.println( );
18
19          s.speedUp( );
20          s.speedDown( );
21          s.turbo( );
22          s.stop( );
23
24      }
25  }
```

3행 : Car는 인터페이스이므로 인터페이스는 인스턴스 생성이 불가능하다.

5행 : interface는 업캐스팅으로 사용 가능하다.

9행 : 상수는 값을 변경할 수 없다.

14행 : turbo( )는 인터페이스에 없는 메서드이므로 직접 접근 시에는 오류가 발생한다.

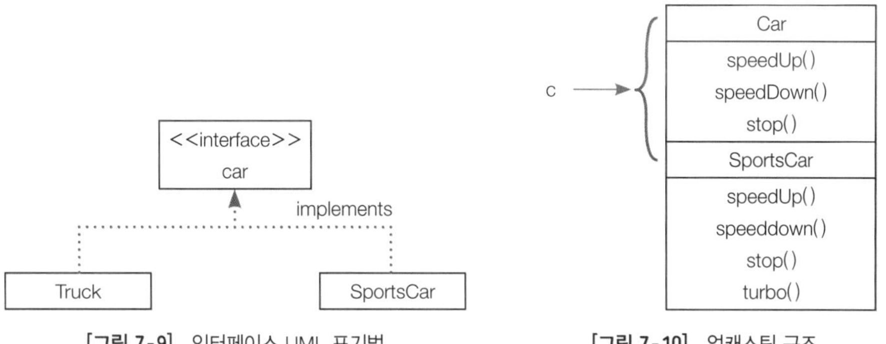

[그림 7-9] 인터페이스 UML 표기법   [그림 7-10] 업캐스팅 구조

[그림 7-11] 실행 결과

지금까지 인터페이스를 이용하여 실습해보았다. 인터페이스도 일종의 추상 클래스이다. 인 터페이스도 컴파일링을 하면 하나의 class 파일로 변환된다. [그림 7-12]는 인터페이스가 컴 파일되어 class 파일로 변환된 결과를 나타내고 있다. 각자 workspace에서 확인해보기 바 란다.

[그림 7-12] 인터페이스가 컴파일된 class 파일

인터페이스는 주로 소스 설계 시 하위 클래스들의 구조를 표준화하는데 많이 사용된다. 인터 페이스를 이용하여 도형의 넓이를 구하는 기능을 구현해보자.

5.3 도형을 이용한 인터페이스 실습 예제

모든 도형은 넓이가 있고, 따라서 넓이를 구하는 기능이 필요하다. [리스트 7.24]의 Shape라 는 interface에는 넓이를 구하는 calcArea() 추상 메서드를 선언하고 있다. 그리고 Triangle 클래스와 Rectangle 클래스에서 calcArea() 추상 메서드를 각 도형의 넓이를 구하는 방법에 맞게 구현해주고 있다.

[리스트 7.24] Shape.java

```
1    public interface Shape {
2        public float calcArea(float width, float height);
3    }
```

[리스트 7.25] Rectangle.java

```java
1    public class Rectangle  implements Shape {
2        public float calcArea(float width, float height){
3            return width*height;
4        }
    }
```

2~4행 : Shape 인터페이스의 calcArea( ) 추상 메서드를 반드시 구현해야 한다.

[리스트 7.26] Triangle.java

```java
1    public class Triangleimplements Shape {
2        public float calcArea(float width, float height){
3            float  area=width*height/2.0f;
4            return area;
5        }
6    }
```

2~5행 : Shape 인터페이스의 calcArea( ) 추상 메서드를 반드시 구현해야 한다.

[리스트 7.27] 실행 클래스(ShapeTest.java)

```java
1    public class ShapeTest {
2        public static void main(String[] args){
3
4            float area=0.0f;
5            int width=20;
6            int height=30;
7
8            Shape s=new Rectangle( );
9
10           area=s.calcArea(width, height);
11
12           System.out.println("사각형의 넓이는 " +area);
13
14           s=new Triangle( );
15           area= s.calcArea(width,height);
```

```
16
17              System.out.println("삼각형의 넓이는 " +area);
18      }
19  }
```

8, 14행 : 인터페이스 타입은 업캐스팅으로 사용할 수 있다.

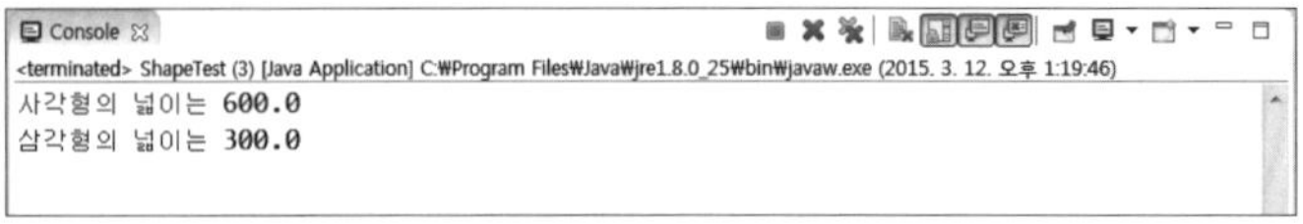

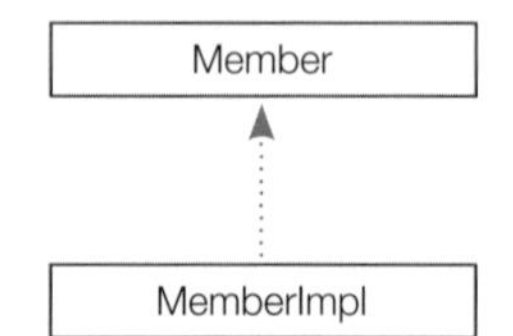

[그림 7-13] 실행 결과

5.4 인터페이스를 이용한 회원 관리 기능

이번에는 회원 관리 프로그램을 구현할 때 인터페이스를 이용하는 예제다. 회원에 관련된 기능 중에 회원 관리 필수 기능은 반드시 있어야 한다. 다음은 Member 인터페이스와 Member 인터페이스를 구현할 MemberImpl과의 계층 구조를 나타내고 있다. 인터페이스와 하위 클래스의 관계는 점선으로 표시한다.

[리스트 7.28]과 [리스트 7.29]는 [그림 7-14]를 구현한 소스이다. [리스트 7.28]은 회원 관련 필수 기능 추상 메서드를 선언한 인터페이스이다. 그리고 [리스트 7.29]는 이 인터페이스를 구현한 구현 클래스이다. MemberImpl 클래스는 Member 인터페이스의 추상 메서드를 반드시 구현해주어야 한다.

또 인터페이스를 도입함으로써 소스 분석 시 인터페이스에 선언된 메서드는 반드시 필요한 기능임을 쉽게 알 수 있다. 그리고 개발 후에 또 다른 회원 관련 기능을 추가하려고 하면 인터페이스에 선언하고 구현해줌으로써 가독성도 높아진다.

회원 관련 필수 기능 목록

- 회원 정보 조회 기능
- 회원 정보 등록 기능
- 회원 정보 수정 기능
- 회원 정보 삭제 기능

[그림 7-14] Member 인터페이스 계층 구조

MemberImpl 클래스에서 인터페이스의 추상 메서드를 구현한 메서드와 다른 메서드가 확연히 구분되고 있다.

[리스트 7.28] 필수 회원 기능 선언 인터페이스(Member.java)

```
1    public interface Member {
2        public void searchMember( );
3
4        public void joinMember( );
5
6        public void modMember( );
7
8        public void delMember( );
9    }
```

[리스트 7.29] 필수 회원 기능 구현 클래스(MemberImpl.java)

```
1    public class MemberImpl implements Member{
2        public void searchMember( ) {
3            //회원 조회 기능
4        }
5
6        public void joinMember( ) {
7            //회원 등록 기능
8        }
9
10       public void modMember( ) {
11           //회원 정보 수정 기능
12       }
13
14       public void delMember( ) {
15           //회원 정보 삭제 기능
16       }
17
18       //그 외 기능 관련 메서드 구현
19
20   }
```

다중 인터페이스 예제

이번에는 하위 클래스가 여러 인터페이스를 동시에 implements하는 경우에 대해 알아보자. 8장부터는 자바에서 제공되는 API의 기능을 사용하는 방법을 학습하는데, 이 API는 앞에서 배운 여러 단계의 상속 구조나 지금 배우는 다중 인터페이스 구조로 대부분 제공한다. 따라서 다중 인터페이스에 대해 익숙해지는 것이 중요하다.

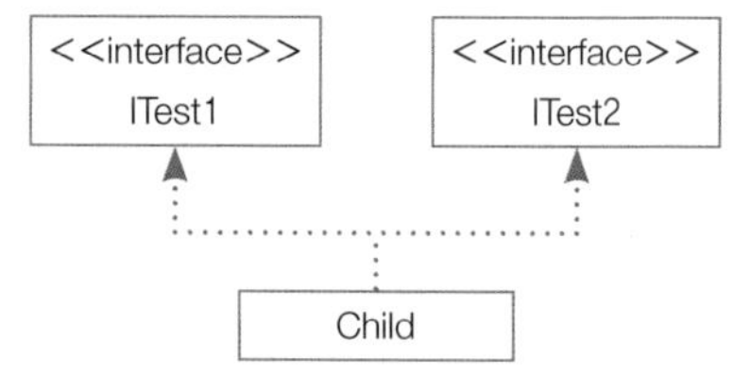

[그림 7-15] 다중 인터페이스 계층 구조

객체 지향 언어의 프로그래밍 순서는 먼저 UML로 계층 구조를 그린 다음, 그 구조대로 소스로 구현하는 과정으로 이루어진다. 지금은 비교적 구조가 간단한데, 실제 개발을 하거나 뒤에서 배우는 API의 클래스 계층 구조를 보면 더욱 복잡하다. 그러므로 항상 자바는 계층 구조를 먼저 설계하거나 파악한 후 구현하는 순서대로 접근하기 바란다. 실제 개발도 같은 방법으로 이루어진다. [그림 7-15]는 Child 클래스에서 동시에 2개의 인터페이스를 implements하는 구조를 나타낸 것이다. 인터페이스와 클래스의 관계는 점선으로 표시한다.

[리스트 7.30]에서 [리스트 7.33]은 계층 구조의 인터페이스를 실제로 구현한 것이다. ITest1에는 func1이라는 추상 메서드를, ITest2에는 func2라는 추상 메서드를 선언하고 있다.

그리고 세 번째 그림에서 Child 클래스를 구현하고 있다. Child 클래스는 ITest1과 ITest2를 동시에 implements하고 있다. 따라서 Child 클래스에서는 두 인터페이스에 있는 추상 메서드를 모두 구현해주어야 한다.

[리스트 7.33]에서 ChildTest 실행 클래스의 **5행**에 Child 인스턴스를 생성한 후, ITest1이라는 인터페이스 타입 변수에 할당한다. 인터페이스는 업케스팅으로 가능하다. **6행**에서 func1()을 호출한다. 그래야만 정상적으로 메시지가 출력된다. 반면, **7행**에서 i1을 이용하여 func2()를 호출하면 컴파일 오류가 발생한다. func2()는 ITest2에 선언된 추상 메서드일 뿐 ITest1에는 존재하지 않는다. 그러므로 업캐스팅 시 메서드 호출 과정에서 오류가 발생하는 것이다.

[리스트 7.30] ITest1.java

```
1    interface ITest1{
2        public abstract void func1( );
3    }
```

[리스트 7.31] ITest2.java

```
1    interface ITest2 {
2        public abstract void func2( );
3    }
```

[리스트 7.32] Child.java

```
1    class Child implements ITest1, ITest2{
2        public void func1( ){
3            System.out.println("func1 메서드 호출");
4        }
5
6        public void func2( ){
7            System.out.println("func2 메서드 호출");
8        }
9    }
```

2~8행 : ITest1, ITest2의 두 추상 메서드를 반드시 구현해주어야 한다.

[리스트 7.33] ChildTest.java

```
1    public class  ChildTest{
2        public static void main(String [ ] args){
3            Child c = new Child( );
4
5            ITest1   i1 = new Child( );
6            i1.func1( );
7            //i1.func2( );
8
```

```
9              c.func1( );
10             c.func2( );
11         }
12    }
```

5행 : ITest1을 업캐스팅 타입으로 사용하고 있다.

7행 : i1을 통해 func2( ) 메서드를 호출하면 오류가 발생한다.

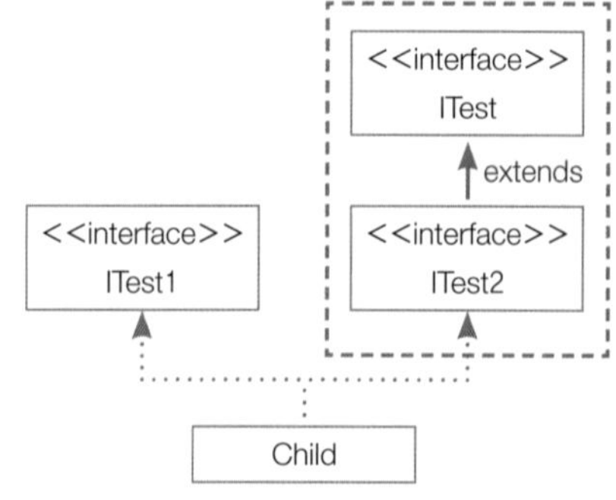

[그림 7-16] 실행 결과

다음 예제는 인터페이스 위에 또 다른 인터페이스가 존재하는 구조이다. [그림 7-17]을 보면, ITest 인터페이스 아래에 ITest2 인터페이스가 존재한다는 것을 알 수 있다. 여기서 중요한 것은 인터페이스와 인터페이스 사이는 상속 구조라는 것이다. 다음 장의 자바 API는 이런 방식의 복잡한 계층 구조로 기능을 제공하므로 익숙해질 필요가 있다.

[그림 7-17] 다중 인터페이스 계층 구조

[리스트 7.34]에서 [리스트 7.37]은 구현된 인터페이스와 클래스이다. 여기서 중요한 점은 인터페이스를 implements하는 Child 클래스에서는 ITest에서 선언된 test( ) 추상 메서드도 반드시 구현해야 한다는 것이다. [리스트 7.36]에서는 test( ) 추상 메서드를 구현해주고 있다.

[리스트 7.37]은 위의 인터페이스를 이용하여 실행하고 있다. **3행**에서 Child 인스턴스를 생성한 후 변수에 할당한다. **4, 5행**에서는 인터페이스 타입을 이용하여 Child 인스턴스를 생성하고 있다.

7~9행에서는 c가 같은 Child 타입이기 때문에 아무런 문제없이 모든 메서드가 호출된다. 그런데 **14행**의 경우에는 컴파일 오류가 발생한다. 지금 i의 타입은 ITest인데, iTest에는 test( )

추상 메서드만 선언되어 있다. 즉, 업캐스팅된 상태에서 인터페이스에 선언된 메서드만 호출된다. **상위 인터페이스라도 자신에게 선언되지 않는 추상 메서드는 호출할 수 없다. 15행**의 i 경우에도 이와 똑같이 컴파일 오류가 발생한다. [그림 7-18]은 [리스트 7.37]의 MultiTest 클래스의 실행 결과다.

[리스트 7.34] ITest1.java

```
1    interface ITest{
2        public abstract void test1( );
3    }
```

[리스트 7.35] ITest1.java

```
1    interface ITest1{
2        public abstract void func1( );
3    }
```

1행 : 인터페이스들 간의 계층 관계는 상속(extends)이다.

[리스트 7.36] Child.java

```
1    class Child implements ITest1, ITest2{
2        public void test( ) {
3            System.out.println("test( ) 메서드입니다.");
4        }
5
6        public void func1( ){
7            System.out.println("func1  메서드 호출");
8        }
9
10       public void func2( ){
11           System.out.println("func2  메서드 호출");
12       }
13   }
```

2~4행 : Child 클래스는 ITest를 상속받는 ITest2를 implements하므로 test() 메서드도 반드시 구현해야 한다.

[리스트 7.37] MultiTest.java

```java
1      public class MultiTest{
2          public static void main(String [ ] args){
3              Child c = new Child( );
4              ITest i = new Child( );
5              ITest1   i1 = new Child( );
6
7              c.test( );
8              c.func1( );
9              c.func2( );
10
11             System.out.println( );
12
13             i.test( );
14             //i.func1( );
15             //i.func2( );
16             i1.func1( );
17         }
18     }
```

5행　　 : 업캐스팅으로 인스턴스를 가리키고 있다.

13행　　 : test( ) 메서드는 ITest에 선언되어 있기 때문에 정상적으로 실행된다.

14, 15행 : func1( ), func2( ) 메서드는 ITest에 선언되어 있지 않기 때문에 오류가 발생한다.

16행　　 : func1( ) 메서드는 ITest1에 선언되어 있기 때문에 정상적으로 실행된다.

```
Console ☒                                    ■ ✖ ✖ | ▣▣▣▣ ▣ ▣▾▣▾ □ □
<terminated> MultiTest [Java Application] C:\Program Files\Java\jre1.8.0_25\bin\javaw.exe (2015. 3. 12. 오후 3:23:26)
test() 메소드 호출
func1 호출
func2 호출

test() 메소드 호출
func1 호출
```

[그림 7-18]　실행 결과

지금까지 추상 클래스와 인터페이스에 대해 알아보았다. 카페에서는 렌터카 시스템을 인터페이스를 이용하여 구현한 실습 예제가 동영상으로 제공되므로, 반드시 따라해보기 바란다. 8장부터는 6장부터 배운 객체 지향 개념으로 기능을 만들어 제공한다. 그 기능들을 잘 이해하고 사용하기 위해서는 지금까지 배운 객체 지향 개념을 잘 숙지하고 있어야 한다.

내부 클래스(Inner Class)

이번에는 내부 클래스에 대해서 알아보자. 내부 클래스란, 클래스의 맴버로 또 다른 클래스가 사용되는 경우를 말한다. 일반적으로 자바 언어가 주로 쓰이는 분야로는 JSP와 같은 서버 프로그래밍이나 안드로이드 애플리케이션과 같은 모바일 프로그래밍을 들 수 있다. 이 내부 클래스는 서버 프로그래밍에서는 거의 사용하지 않는다. **하지만 안드로이드 응용 프로그래밍에서는 주로 화면에서의 사용자가 발생시킨 이벤트를 처리하는 용도로 사용된다.** 지금은 대부분의 서버 프로그램이 모바일 기능과 연동하는 추세이므로 알아두면 여러모로 도움이 된다.

내부 클래스의 정의와 형식

- 내부 클래스 정의
  - 다른 클래스 내부에 존재하는 클래스를 의미
- 형식
```
class 외부 클래스명{

    ...

    class 내부 클래스명{

    ...

    }

}
```

내부 클래스는 외부 클래스 안에 존재하므로, 외부 클래스의 멤버에 자유롭게 접근할 수 있다. 즉, 내부 클래스도 또 다른 클래스의 멤버가 될 수 있다. 다른 클래스에서 내부 클래스로 접근할 때에는 외부 클래스의 인스턴스를 통해 접근할 수 있다. 내부 클래스는 주로 자바의 화면에서 사용자가 발생시킨 이벤트를 처리하는 **이벤트 핸들러**로 사용된다.

내부 클래스의 특징과 용도

- 특징
  - 내부 클래스는 외부 클래스의 멤버에 자유롭게 접근할 수 있다(private 멤버도 내부 클래스에 접근할 수 있다).
- 용도
  - 클래스 자체를 멤버로 사용할 수 있다.
  - 일반적으로 화면의 이벤트를 처리하는 이벤트 핸들러로 사용된다.

자바에서 사용되는 내부 클래스에도 여러 가지 종류가 있다. [표 7-1]은 그 내부 클래스와 각각의 기능을 나타낸 것이다.

[표 7-1] 내부 클래스 종류

종류	특징
member	외부 클래스의 멤버로 내부 클래스가 정의된다.
local	외부 클래스의 메서드 내에서 정의되는 클래스이다.
static	내부 클래스가 static으로 지정된 클래스이다.
anonymous	내부 클래스가 이름 없이 정의된 경우다.

7.1 멤버 내부 클래스(Member Inner Class)

다음은 멤버 내부 클래스의 정의와 형식이다. 멤버 내부 클래스는 클래스의 멤버처럼 내부 클래스를 멤버처럼 사용하는 경우다. 여기서 중요한 것은 멤버 내부 클래스도 멤버이므로 같은 클래스에 있는 다른 멤버들에 대해서도 자유롭게 접근할 수 있다는 것이다.

[리스트 7.38]은 멤버 내부 클래스의 예제다. 먼저 Outer1이라는 클래스 내부의 **14행**을 보면 Inner라는 클래스가 선언되어 있다. 그리고 Inner 클래스 안에 자신의 멤버 변수 address

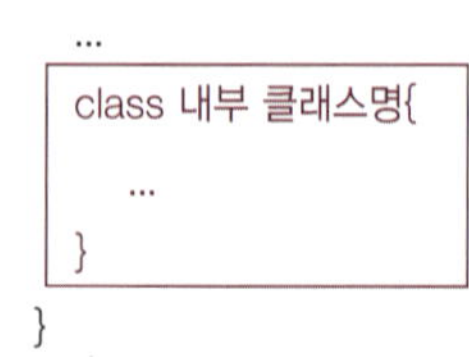

와 생성자를 정의하고 있다. 여기서 중요한 것은 **19행**의 getUserInfo()라는 메서드에서 외부 클래스의 변수인 name과 age가 private임에도 불구하고 자유롭게 접근한다는 것이다.

그리고 [리스트 7.39]의 실행 클래스에서 내부 클래스에 접근하는 방법이 나타나 있다. 즉, 외부 클래스의 인스턴스를 먼저 생성한 후 내부 클래스 인스턴스를 만들어 접근한다. 멤버 내부 클래스는 외부 클래스의 멤버에 대해 자유롭게 접근이 가능하다. 반면, 외부 클래스에서는 내부 클래스의 멤버로 접근이 불가능하다. 따라서 접근하는 방향을 잘 숙지해야 한다.

[리스트 7.38] MyOuter1.java

```
1    public class MyOuter1{
2        private String name;
3        private int age;
4        public MyOuter1( String name, int age){
5            this.name = name;
6            this.age = age;
7        }
8        public String getName( ){
9            return name;
10       }
11       public int getAge( ){
12           return age;
13       }
14       public class Inner{
15           private String address;
16           public Inner( String address){
17               this.address = address;
18           }
19           public String getUserInfo( ){
20               return  "이름: "+name + ",나이: " + age + ",주소: "+ address;
21           }
22       }
23   }
```

2, 3행　　 : 외부 클래스의 멤버 변수들이 private로 선언되어 있다.

14~22행 : 외부 클래스 내부에 Inner라는 내부 클래스를 구현한다.

20행　　 : 내부 클래스에서 외부 클래스의 name과 age를 접근하고 있다(private라도 접근 가능하다).

[리스트 7.39] 실행 클래스(InnerTest1.java)

```
1    public class InnerTest1 {
2        public static void main ( String [ ] args ){
3            MyOuter1 myOuter = new MyOuter1("홍길동" , 20 );
4            MyOuter1.Inner inner =  myOuter.new Inner( "세종시 세종구" );
5
6            System.out.println( "고객정보 >> " + inner.getUserInfo( ) );
7
8        }
9    }
```

3~4행 : 내부 클래스를 사용하기 위해서는 먼저 외부 클래스의 인스턴스를 생성한 후 내부 클래스의 인스턴스를 생성한다.

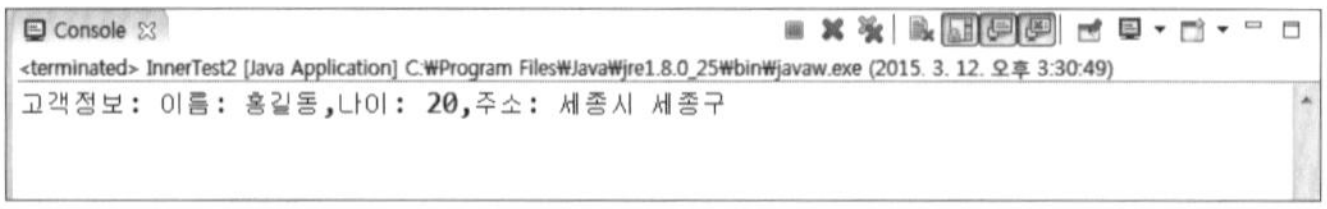

[그림 7-18] 실행 결과

7.2 로컬 내부 클래스(Local Inner Class)

로컬 내부 클래스는 외부 클래스의 메서드 내에서 정의된 클래스이다. 외부 클래스의 멤버 메서드인 test() 메서드 내에 정의되어 있다.

메서드 내에서 인스턴스를 생성하여 사용하므로 메서드 내에서 선언하여 사용하는 지역 변수와 생명 주기가 동일하다. 즉, 메서드 호출 시에 메서드 내에서 생성된 후 복귀하면 메모리에서 소멸된다. 로컬 내부 클래스는 실제 프로그래밍에서는 거의 사용하지 않는다. 이런 종류의 내부 클래스가 있다는 정도만 알아두는 것이 좋다.

로컬 내부 클래스의 정의와 형식

- 정의
  - 외부 클래스의 메서드 내에서 정의된 클래스
  - 메서드 호출 시 생성되고, 복귀하면 소멸된다.
- 형식

```
class 외부 클래스명{
    public void test( ){
        class 내부 클래스명{
        ....
        }

            ...
    }
}
```

[리스트 7.40]은 로컬 내부 클래스의 구현 예다. 이번에는 **14~23행**에 있는 Inner라는 클래스가 외부 클래스의 test( ) 메서드 내에서 정의되어 있다. [그림 7-19]는 [리스트 7.41]의 InnerTest2 클래스를 실행한 결과다.

[리스트 7.40] Local 내부 클래스 예제(MyOuter2.java)

```java
1   public class MyOuter2{
2       private String name;
3       private int age;
4
5       public MyOuter2( String name, int age){
6           this.name = name;
7           this.age = age;
8       }
9       public String getName( ){ return name; }
10      public int getAge( ){ return age; }
11
12      public void test( ){
13          int num = 23;
14          class Inner{
15              private String address;
16              public Inner( String address){
17              this.address = address;
18              }
19              public String getUserInfo( ){
20              //System.out.println("inner_test( ) : " + num);
21              return  "이름: "+name + ",나이: " + age + ",주소: "+ address;
22              }
23          }
24          Inner inner = new Inner("강동구");
25          System.out.println(inner.getUserInfo( ));
26
27      }
28  }
```

12~27행 : test( ) 메서드 내에서 내부 클래스를 정의하고 있다.

[리스트 7.41] 실행 클래스(InnerTest2.java)

```
1      public class InnerTest2 {
2          public static void main ( String [ ] args ){
3              MyOuter2 outer = new MyOuter2("홍길동", 20);
4              outer.test( );
5          }
6      }
```

4행 : test( ) 메서드 호출 시 내부 클래스의 인스턴스가 생성된다.

[그림 7-19]   실행 결과

7.3 static 내부 클래스(Static Inner Class)

이번에는 static 내부 클래스의 예이
다. static 내부 클래스는 내부 클래
스가 static으로 지정된 클래스이다.
static으로 지정되었으므로 main 메서
드가 실행되면 즉시 클래스의 인스턴
스가 메모리에 생성된다. 여기서 중요
한 점은 **내부 클래스의 멤버가 static
으로 지정되면, 그 내부 클래스도 반
드시 static으로 지정되어야 한다는
것이다.** 클래스를 static으로 지정하
지 않으면 컴파일 오류가 발생한다.

static 내부 클래스의 정의와 형식
- 정의
  - 내부 클래스가 static으로 지정된 클래스
  - 내부 클래스 멤버가 static으로 지정되었으면 내
    부 클래스도 반드시 static으로 지정해야 한다.
- 형식

```
class 외부 클래스명{
    ...
    static 내부 클래스명{
        .....
    }
    .....
}
```

[리스트 7.42]는 static 내부 클래스 사
용 예제다. 소스를 **13행**에서 내부 클
래스 선언 시에 static으로 지정되어 있다. Inner 내부 클래스의 **15행**을 보면 grade가 static
으로 지정되어 있으므로 내부 클래스도 반드시 static으로 지정되어 있어야 한다. **20행**의

getUserInfo( ) 메서드에서 외부 클래스의 name과 age 변수는 사용할 수 없다. 그 이유는 7장의 static 기능에서 설명했다. [리스트 7.43]의 실행 클래스에서는 static 내부 클래스를 사용하고 있다. [그림 7-20]은 실행 결과다.

[리스트 7.42] static 내부 클래스 예제(MyOuter3.java)

```
1   public class MyOuter3{
2       private String name;
3       private int age;
4
5       public MyOuter3( String name, int age){
6           this.name = name;
7           this.age = age;
8       }
9
10      public String getName( ){ return name; }
11      public int getAge( ){ return age; }
12
13      static  class Inner{
14          private String address;
15          static String grade = "010-1111-2222";
16
17          public Inner( String address){
18              this.address = address;
19          }
20          public String getUserInfo( ){
21              //return  name + " " + age;
22              return "주소는:" +address +" , 전화번호: " + tel;
23          }
24      }
25  }
```

13행 : 내부 클래스를 static으로 지정하고 있다.

15행 : 내부 클래스의 멤버가 static으로 지정되면 내부 클래스도 반드시 static으로 지정해야 한다.

21행 : staic 내부 클래스에서는 외부 클래스의 멤버 변수에 접근이 불가능하다.

```
1    public class InnerTest3 {
2        public static void main ( String [ ] args ){
3            MyOuter3.Inner inner = new MyOuter3.Inner("세종시 세종구");
4            System.out.println("고객정보 >>  " + inner.getUserInfo( ));
5        }
6    }
```

```
 Console ☒                                    ■ ✕ ✖ | ▣▣▣▣ ▣ ▣ ▾ ▣ ▾ ▾ □
<terminated> InnerTest3 [Java Application] C:₩Program Files₩Java₩jre1.8.0_25₩bin₩javaw.exe (2015. 3. 12. 오후 3:32:51)
고객정보 >>  주소는:세종시 세종구 , 전화번호: 010-1111-2222
```

[그림 7-20] 실행 결과

7.4 익명 내부 클래스(Anonymous Class)

다음은 익명 내부 클래스의 예제다. [리스트 7.44]에서 'Anony'라는 인터페이스를 선언한 후 내부에 print()라는 추상 메서드를 선언한다. 그리고 [리스트 7.45]의 실행 클래스에서 printB()라는 메서드의 매개변수 타입을 'Anony'라는 인터페이스 타입으로 선언한다. 그리고 main 메서드의 **8~12행**에서 printB( ) 메서드를 호출하면서 printB( ) 메서드의 매개변수로 인스턴스를 전달하기 위해 new를 사용한 후 바로 인터페이스의 print( ) 메서드를 구현하여 메시지를 바로 출력하고 있다. 즉, 이번에는 필요할 때마다 인터페이스를 내부 클래스의 인스턴스로 만들어 동적으로 추상 메서드를 구현한 후에 사용한다. 자바나 안드로이드에서는 이와 동일한 방식으로 익명의 내부 클래스를 이용하여 화면에서 이벤트 처리를 한다. 자세한 내용은 화면 기능 부분에서 알아본다.

[리스트 7.44] Anony.java

```
1    public interface Anony {
2        public void print( );
3    }
```

[리스트 7.45] 실행 클래스(AnonyTest.java)

```java
1    public class AnonyTest {
2        public void printB(Anony a){
3            a.print( );
4        }
5
6        public static void main(String[] args){
7            AnonyTest t=new AnonyTest( );
8            t.printB(new Anony ( ){
9                public void print( ){
10                    System.out.println("익명 클래스 사용 중입니다.");
11                }
12            });
13        }
14    }
```

2~3행 : printB( )의 매개변수 타입이 Anony 타입이다.

8~12행 : printB( ) 메서드를 호출하면서 Anony 인스턴스를 일시적으로 생성한 후 print( ) 메서드를 바로 구현하여 처리하고 있다.

```
Console ☒                                              ■ ✖ ✖ | ▣ ▣ ▣ ▣ | ▣ ▣ ▾ ▣ ▾ ▢ ▢
<terminated> AnonyTest [Java Application] C:\Program Files\Java\jre1.8.0_25\bin\javaw.exe (2015. 3. 12. 오후 3:34:55)
익명 클래스 사용 중입니다.
```

[그림 7-21]   실행 결과

08 / Interface와 static을 적용한 렌터카 예약 시스템

앞에서 배운 interface와 static을 렌터카 예약 시스템에 적용한 실습 예제다. 동영상을 참고하여 실습해보기 바란다.

1 자바의 동적 로딩과 정적 로딩의 특징을 설명하라.

2 static의 특징을 설명하라.

3 자바 상수의 형식을 설명하라.

4 추상 클래스의 특징과 용법을 설명하라.

5 인터페이스의 특징과 용법을 설명하라.

6 다음은 축구, 농구, 핸드볼의 공통적인 기능을 나열하고 있다. Sports라는 인터페이스에 다음 기능을 하는 추상 메서드를 선언한 후 하위에 축구(Soccer), 농구(BasketBall), 핸드볼(HandBall) 클래스를 만들어 인터페이스의 추상 메서드를 각각의 클래스에 구현하라.

- 슛을 쏜다(shoot).
- 드리블 한다(dribble).
- 자유슛을 쏜다(free shoot).
- 슛을 막는다(block shoot).

컴퓨터를 있게 한 사람들

더글러스 엥겔바트(Douglas C. Engelbart, 1925. 1. 30.~2013. 7. 2., 오리건 주 출생)는 노르웨이, 스웨덴계 미국인 발명가다. 그는 특히 컴퓨터 마우스의 발명자로 유명하다. 또 그래픽 사용자 인터페이스, 하이퍼텍스트, 네트워크 컴퓨터 등 사람과 컴퓨터 상호 작용 분야의 선구자이기도 하다. 1948년 오리건 주립대학교에서 전기 공학 학사 학위를 받았고, 1953년 UC 버클리에서 공학 석사 학위를 받았다. 1955년에는 같은 대학에서 박사 학위를 받았다.

제2차 세계대전 때 필리핀의 무선 전기 기사로 해군에 복무하던 시절, 배니버 부시(Vannevar Bush)가 쓴 '우리가 생각하듯 (As We May Think)'라는 글에서 큰 영감을 받는다. 전쟁이 끝나고, 그 영감을 실현시키기 위해 UC 버클리에서 공부를 계속하여 1955년 박사 학위를 받는다. 여기서 CALDIC을 만드는 데 관여했으며 이후 1년간 박사 학위 논문에서 만든 기술을 상업화하려는 저장 기기 제조 회사를 설립하였으나 실패한 후 스탠퍼드 연구소에서 휴위 크레인과 함께 자기 논리 장치의 개발에 참여했다. 2013년 신부전으로 세상을 떠났다.

(출처 : 위키백과)

8장

유틸리티(Utility) 클래스

8장부터는 자바 언어가 미리 만들어 제공하는 기능, 즉 API에 대해 학습한다. 자바 언어로 프로그래밍한다는 것은 엄밀히 말해서 자바에서 제공하는 API라는 부품을 이용하여 원하는 기능을 조립하는 것을 의미한다. 따라서 각 장에서 제공하는 API의 사용법을 잘 학습해야 원하는 기능을 적절하게 구현할 수 있다. 당연히 자바의 API는 앞에서 배운 객체 지향 개념으로 만들어 제공한다. 따라서 앞에서 학습한 객체 지향 개념을 잘 알고 있으면 자바의 API 기능을 이해하는 데 도움이 된다.

이번 장에서 배울 기능은 '유틸리티(utility) 클래스'라는 기능이다. '유틸리티(utility)'의 사전적인 의미는 '생필품', '소모품', '자주 사용하는 물건'이다. 이름도 유틸리티 클래스이므로 각 클래스가 프로그래밍에서 필수적으로 사용된다는 의미다. 지금부터 각 유틸리티 클래스의 기능에 대해 알아보자.

<table>
<tr><td>1 Object 클래스</td><td>6 Calendar 클래스</td></tr>
<tr><td>2 Wrapper 클래스</td><td>7 SimpleDateFormat 클래스</td></tr>
<tr><td>3 Math 클래스 기능</td><td>8 참조형 배열</td></tr>
<tr><td>4 자바의 문자열 기능</td><td>9 객체를 리턴하는 메서드</td></tr>
<tr><td>5 StringTokenizer 클래스</td><td></td></tr>
</table>

Object 클래스

Object 클래스는 모든 클래스의 최상위 클래스이다. 그리고 모든 클래스는 Object 클래스를 자동으로 상속받는다. Object 클래스는 java.lang 패키지에 위치한다. 그러므로 실행 시 자동으로 import된다. 그리고 명시적으로 상속하지 않으면 컴파일러가 자동으로 상속받는다. [그림 8-1]은 자바에서 사용하는 모든 클래스들의 계층 구조를 나타낸 것이다. 모든 자바 클래스들의 최상위 클래스(root class)에는 Object 클래스가 위치한다.

---

object 클래스의 정의와 형식

- 정의
  - 모든 클래스의 최상위 클래스이다(root class).
- 형식
  - java.lang 패키지에 위치한다.
  - 명시적으로 구현하지 않으면 컴파일 시 자동으로 클래스가 상속받는다.
  - Object 클래스의 멤버는 모든 클래스에서 사용 가능하다.

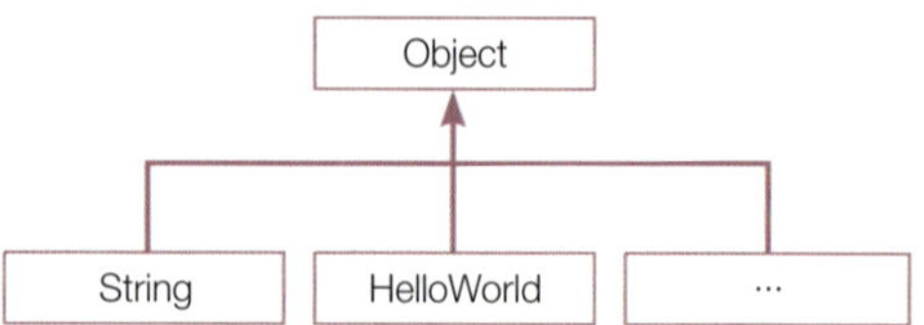

[그림 8-1] 모든 클래스들의 계층 구조

[리스트 8.1]과 [리스트 8.2]는 Object 클래스의 적용 예제다. [리스트 8.1]의 HelloWorld라는 클래스에서는 Object 클래스를 상속받지 않고 있다. [리스트 8.2]의 HelloWorld 클래스는 명시적으로 Object 클래스를 상속받도록 구현해주고 있다. Object 클래스는 [리스트 8.1]처럼 사용자가 명시적으로 상속받도록 구현해주지 않더라도 컴파일 시에 자동으로 컴파일러가 Object 클래스를 상속받도록 컴파일한다.

[리스트 8.1] 명시적으로 Object를 상속받지 않는 클래스 예제(HelloWorld.java)

```
1    public class HelloWorld {
2        public static void main(String[] args) {
3            System.out.println("Hello World!!!");
4        }
5    }
```

[리스트 8.2] 명시적으로 Object를 상속받는 클래스 예제(HelloWorld.java)

```
1    public class HelloWorld extends Object {
2        public static void main(String[] args) {
3            System.out.println("Hello World!!!");
4        }
5    }
```

다음은 Object 클래스를 설명한 문서다. 먼저 웹브라우저를 연 후, 즐겨찾기의 [API 문서 바로가기]를 클릭한다. 그런 다음, 좌측 상단의 패키지명에서 java.lang 패키지를 클릭한다. 클래스 목록 중에서 Object 클래스를 선택하면 본문에 Object 클래스 설명이 나타난다.

Object 클래스는 모든 클래스의 root 클래스라고 쓰여 있다.

❶ 웹브라우저의 즐겨찾기에서 API 문서를 연다.

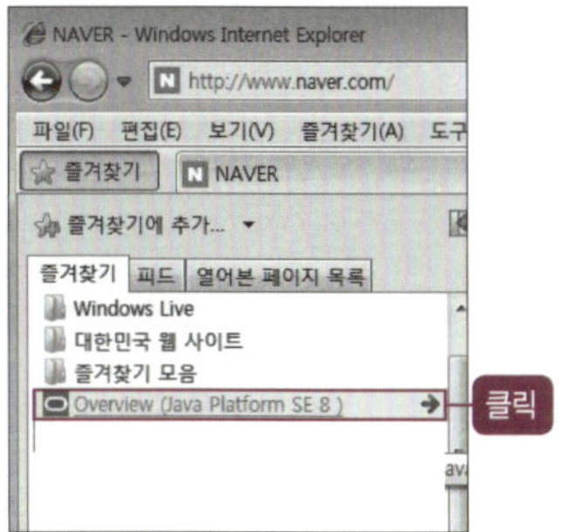

❷ 좌측 상단의 java.lang 패키지를 클릭한 후 좌측 하단의 Object 클래스를 클릭한다.

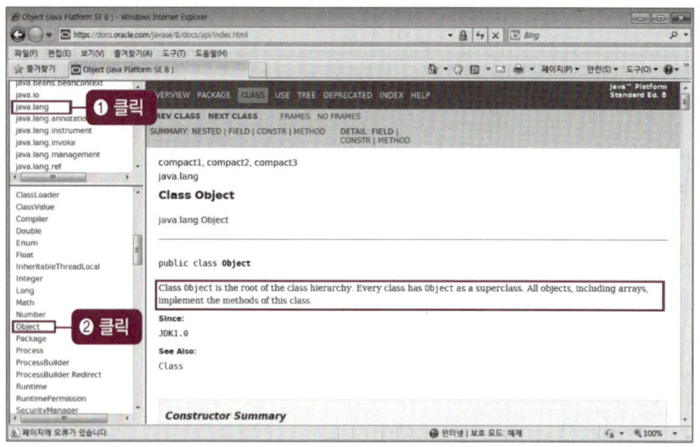

Object 클래스는 모든 클래스를 상속받으므로 Object 클래스의 속성과 메서드는 모든 클래스에서 사용할 수 있다. [표 8-1]은 Object 클래스에서 제공하는 메서드이다. 특히, equals()와 toString()는 많이 쓰이므로 사용 방법을 알아두어야 한다.

[표 8-1] Object 클래스에서 제공하는 메서드

메서드	설명
protected Object clone( )	객체 자신을 복사한 후에 반환한다.
boolean equals(Object obj)	다른 객체와 실제값을 비교한다.
protected void finalize( )	객체 자신에 대해 더 이상 참조할 경우가 없을 때 garbage collector에 의해 호출된다.
Class〈?〉 getClass( )	객체 자신의 클래스명을 얻는다.
int hash Code( )	객체 자신의 해시 코드를 얻는다.
void notify( )	대기 상태의 스레드에게 실행 준비를 알린다.
String toString( )	객체 자신의 정보를 반환한다.
void wait( )	다른 스레드가 notify( )나 notifyAll( )를 호출할 때까지 현재 실행하는 스레드를 대기 상태에 머물게 한다.

1.1 equals 메서드와 toString 메서드의 사용법

이번에는 Object 클래스에 있는 equals()의 기능에 대해 알아보자. [그림 8-2]는 equals()에 대한 설명이다. equals()는 객체(인스턴스, object)가 서로 같은지를 알아보는 데 사용하는 메서드이다.

equals

```
public boolean equals(Object obj)
```

Indicates whether some other object is "equal to" this one.

The equals method implements an equivalence relation on non-null object references:
- It is *reflexive*: for any non-null reference value x, x.equals(x) should return true.
- It is *symmetric*: for any non-null reference values x and y, x.equals(y) should return true if and only if y.equals(x) returns true.
- It is *transitive*: for any non-null reference values x, y, and z, if x.equals(y) returns true and y.equals(z) returns true, then x.equals(z) should return true.
- It is *consistent*: for any non-null reference values x and y, multiple invocations of x.equals(y) consistently return true or consistently return false, provided no information used in equals comparisons on the objects is modified.
- For any non-null reference value x, x.equals(null) should return false.

The equals method for class Object implements the most discriminating possible equivalence relation on objects; that is, for any non-null reference values x and y, this method returns true if and only if x and y refer to the same object (x == y has the value true).

Note that it is generally necessary to override the hashCode method whenever this method is overridden, so as to maintain the general contract for the hashCode method, which states that equal objects must have equal hash codes.

[그림 8-2] equals 메서드 기능 설명

자바에서 값을 비교하는 데에는 '=='연산자를 이용하는 방법이 있다. '=='연산자는 기본형 데이터의 실제값을 비교할 때 사용한다.

참조형 데이터에 '=='연산자를 사용하면 메모리에 있는 위치값이 비교된다. 즉, 참조형 데이터의 실제값을 비교하는 데에는 '=='을 사용할 이유가 없다. 따라서 참조형 데이터의 실제값을 비교하는 데에는 **equals()**를 사용한다. 예를 들어 두 인스턴스에 있는 속성(멤버 변수)값이 같은지를 알고 싶을 때 equals()를 사용한다. 이와 반대로 기본형 데이터를 비교할 때에는 사용하면 안 된다.

데이터 종류별 값 비교 방법

- 기본형 데이터
  - '==' 연산자를 이용하여 실제값을 비교한다.
  - 예 int num1=3, int num2=4;
    if(num1==num2)...
- 참조형 데이터
  - equals( ) 메서드를 이용하여 실제값을 비교한다.
  - 기본형 데이터는 사용할 수 없다.
  - 예 String name1="이순신", name2="이순신";
    if(name.equals(name2))....

그 예는 다음과 같다. name과 name2라는 String 클래스 타입 참조형 변수를 선언한 후 "이순신"이라는 문자열로 저장하고, 변수의 값이 같은지를 비교한다. name1과 name2가 String 타입 참조형 변수이기 때문에 String 클래스도 Object 클래스를 상속받으므로 name 은 Object 클래스의 equals()를 호출하여 비교한다.

다음은 equals()의 특징을 나타낸 것이다. 여기서 중요한 점은 네 번째의 Object 클래스의 equals()는 내부적으로 '==' 연산자로 구현되어 있다는 것이다. 즉, Object의 equals()도 결국 앞에서 기본형의 값을 비교하는 데 쓰이는 '==' 연산자로 구현되어 있다. 그러면 앞에서의 name1과 name2를 비교할 때에도 equals()를 호출했으므로 내부적으로는 if(name1==name2)로 변환되어 참조 데이터의 값이 비교되는 것이다. 그런데 분명히 '==' 연산자를 설명할 때 참조형 데이터에 '==' 연산자를 사용하면 위치값이 비교되므로, name1과 name2의 위치값이 다르고, 'false' 결과값이 나와야 하는데, 실제로 실행해보면 정상적으로 'true'가 출력된다.

> **equals( )의 특징**
>
> - Object 클래스에 선언된 메서드이다.
> - 참조 데이터의 실제값을 비교할 때 사용한다.
> - 기본형 데이터를 비교할 때에는 사용할 수 없다.
> - Object 클래스의 equals 메서드는 내부적으로 '==' 연산자로 구현되어 있다.

그 이유는 [그림 8-3]에 나타나 있다. Object 클래스의 equals()는 내부적으로 == 연산자로 구현되어 있다. Object의 equals()를 사용하면 인스턴스의 위치값이 비교된다. 따라서 앞에서 예로 든 String 클래스처럼 각 클래스가 Object에서 제공하는 equals()를 그냥 사용하면 자신의 결과값을 얻을 수 없다. **따라서 String 클래스나 다른 API들은 미리 Object의 equals()를 오버라이딩하여 기능을 사용한다.** 앞의 name1과 name2를 비교하는 경우에도 name1은 String 클래스 타입 변수이므로 String 클래스의 오버라이딩된 equals()를 호출하여 사용한 것이다. [그림 8-4]는 String 클래스의 오버라이딩된 equals()를 나타낸 것이다.

Object 클래스의 equals 메서드는 == 연산자로 구현되어 있다.
↓
비교하면 실제값 비교가 아닌 위치값 비교가 된다.
↓
실제값을 비교하려면 equals 메서드를 오버라이딩해야 한다.
↓
대부분의 API는 미리 equals 메서드를 오버라이딩으로 구현하고 있다.

[그림 8-3] 하위 클래스의 equals( ) 메서드 오버라이딩

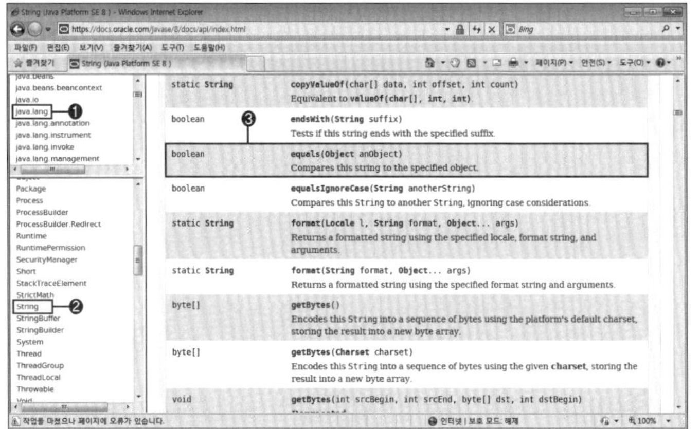

[그림 8-4] String 클래스의 equals 메서드 설명

1.2 equals 메서드 실습 예제

이번에는 앞에서 배운 equals()에 대한 실습 예제를 살펴보자. 이번 예제는 두 학생의 정보를 저장하는 인스턴스를 생성한 후 두 인스턴스의 속성이 같은지를 비교하는 예제다. [리스트 8.3]은 MyStudent 클래스가 단순히 Object 클래스에서 equals()를 상속받아 객체를 비교하는 경우다.

StudentTest 실행 클래스인 [리스트 8.4]의 **3, 4행**에서 2개의 MyStudent 클래스 인스턴스를 생성한다. 두 인스턴스의 값을 모두 "이순신"과 2로 초기화한다. 그리고 인스턴스의 속성 값이 같은지를 비교한다.

6행에서 '=='연산자로 비교하면 참조 데이터는 '==' 연산자를 사용할 수 없으므로 [그림 8-5]처럼 '학생의 이름과 학년이 다르다'라고 출력된다. 참조형 데이터를 비교하기 위해서는 equals()를 사용한다고 배웠으므로, [리스트 8.4]의 **12행**에서는 equals()를 사용하고 있다. 그런데 결과값은 여전히 '두 학생의 이름과 학년이 다르다'라고 출력된다. **이유는 12행에서 사용하는 equals 메서드가 Object 클래스에 있는 equals()이기 때문이다.** Object 클래스의 equals()는 [그림 8-2]에서처럼 내부적으로 '=='으로 구현되어 있으므로 실행을 하면 **6행**의 '==' 연산자와 같은 연산을 한다. 따라서 이 예제의 경우, 단순히 Object에서 제공하는 equals()를 사용해서는 원하는 결과를 얻을 수 없다.

[리스트 8.3] equals( )를 상속받아 사용하는 클래스(MyStudent.java)

```java
1    public class MyStudent{
2        private String name;
3        private int grade;
4
5        public MyStudent(String name, int grade){
6            this.name = name;
7            this.grade = grade;
8        }
9
10       public String getName( ){
11           return name;
12       }
13
14       public int getGrade( ){
15           return grade;
16       }
17   }
```

[리스트 8.4] 실행 클래스(StudentTest.java)

```java
1    public class StudentTest{
2        public static void main(String [ ] args){
3            MyStudent s = new MyStudent("이순신", 2);
4            MyStudent s2 = new MyStudent("이순신", 2);
5
6            if(s == s2){
7                System.out.println("두 학생의 이름과 학년이 같습니다.");
8            }else{
9                System.out.println("두 학생의 이름과 학년이 다릅니다.");
10           }
11
12           if(s.equals(s2)){
13               System.out.println("두 학생의 이름과 학년이 같습니다.");
14           }else{
15               System.out.println("두 학생의 이름과 학년이 다릅니다.");
16           }
17       }
18   }
```

6행 : 두 참조형 데이터를 ==으로 비교하면 메모리의 위치값이 비교된다.

12행 : equasl( ) 메서드는 Object 클래스에서 상속받는 메서드이므로 '=='으로 비교된다.

```
Console
<terminated> StudentTest (12) [Java Application] C:\Program Files\Java\jre1.8.0_25\bin\javaw.exe (2015. 3. 12. 오후 3:53:50)
두 학생의 이름과 학년이 다릅니다.
두 학생의 이름과 학년이 다릅니다.
```

[그림 8-5] 실행 결과

[리스트 8.5]는 Object 클래스의 equals( )를 MyStudent 클래스에 오버라이딩한 경우다. [리스트 8.5]의 **14~23행**을 보면 Object의 equals( )를 오버라이딩하고 있는 것을 알 수 있다. **18행**의 equals( )의 매개변수 타입이 Object 클래스이고 [그림 8-1]의 구조에서 Object 클래스는 모든 클래스의 상위 클래스이므로, 업캐스팅에 의해 어떤 인스턴스도 받을 수 있다. 그리고 **19행**에서 instanceof 연산자를 이용하여 매개변수 o로 전달되는 인스턴스를 체크한 후, MyStudent 타입이면 호출한 인스턴스의 속성과 전달된 인스턴스의 속성이 같은지를 체크한다. 속성이 같으면 최종적으로 true를 리턴한다.

그리고 [리스트 8.4]를 실행하면 [그림 8-6]처럼 equals( )를 호출하여 비교한 부분에서는 **'같은 학생이다'**라는 메시지가 출력된다.

즉, 이번에는 StudentTest 실행 클래스의 **13행**에서 호출되는 equals( ) 메서드는 [리스트 8.4]의 MyStudent 클래스에 오버라이딩된 equals( )가 호출된다. 자바에서는 [리스트 8.4]처럼 **두 인스턴스의 속성을 서로 비교할 일이 많기 때문에 Object에 그 기능을 하는 메서드의 이름만 정의해 놓는다.**

그리고 [리스트 8.5]처럼 개발 시 각 클래스에서 이름만 빌려와 자신의 상황에 맞게 재정의하여 사용한다. 그리고 대부분의 자바에서 제공하는 API는 String 클래스처럼 미리 오버라이딩하여 제공하는 것이다.

[리스트 8.5] equals( )를 오버라이딩한 클래스(MyStudent.java)

```java
1    public class MyStudent extends Object{
2        private String name;
3        private int grade;
4        public MyStudent(String name, int grade){
5            this.name = name;
6            this.grade = grade;
7        }
8        public String getName( ){
9            return name;
10       }
11       public int getGrade( ){
12           return grade;
13       }
14       public boolean equals(Object o){
15           boolean result=false;
16           if(o instanceof MyStudent){
17               MyStudent s=(MyStudent)o;
18               if(name.equals(s.name) && (grade==s.grade)){
19                   result= true;
20               }
21           }
22           return result;
23       }
24   }
```


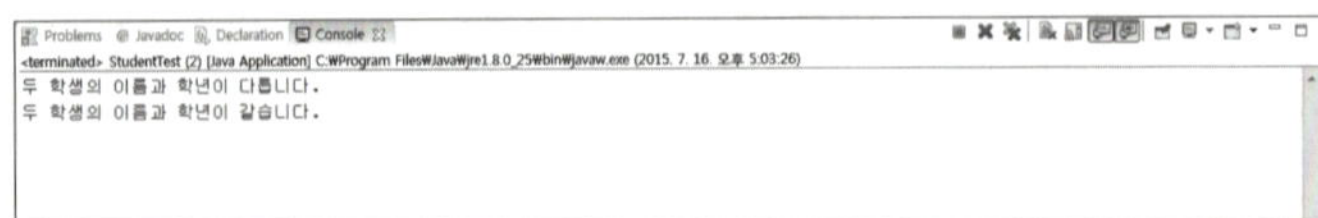

[그림 8-6] 실행 결과

[리스트 8.6]은 다른 equals( )를 이용하여 각 직원의 직급과 급여가 같은지를 비교하는 예제이다. Employee 클래스에 equals( )를 오버라이딩하여 직원의 급여와 직급을 비교한다. 그리고 [리스트 8.7]의 EmpTest 클래스에서 equals( )를 호출한 후 3개의 인스턴스의 속성 값을 비교하여 출력한다. **13행**의 emp1과 emp2의 job과 salary 속성을 비교했을 때만 true를 출력한다.

[리스트 8.6] 6equals( )를 오버라이딩한 클래스(Employee.java)

```java
1    public class Employee {
2        private String name;
3        private String dept;
4        private String job;
5        private int salary;
6
7        public Employee(String name,String dept, String job, int salary){
8            this.name=name;
9            this.dept=dept;
10           this.job=job;
11           this.salary=salary;
12       }
13
14       public boolean equals(Object o){
15           boolean result=false;
16
17           if(o instanceof Employee){
18               Employee emp=(Employee)o;
19               if(job.equals(emp.job) && (salary==emp.salary)){
20                   result= true;
21               }
22           }
23           return result;
24       }
25   }
```

[리스트 8.7] 실행 클래스(EmpTest.java)

```java
1    public class EmpTest {
2        public static void main(String[] args){
3            Employee emp1=new Employee("차범근","회계부","과장",3000000);
4            Employee emp2=new Employee("이순신","관리부","과장",3000000);
5            Employee emp3=new Employee("임꺽정","총무부","차장",3500000);
6
7            if(emp1==emp2){
8                System.out.println("두 사원의 직급과 급여는 같습니다.");
9            }else{
```

```java
10              System.out.println("두 사원의 직급과 급여는 다릅니다.");
11          }
12
13          if(emp1.equals(emp2)){
14              System.out.println("두 사원의 직급과 급여는 같습니다.");
15          }else{
16              System.out.println("두 사원의 직급과 급여는 다릅니다.");
17          }
18
19          if(emp1.equals(emp3)){
20              System.out.println("두 사원의 직급과 급여는 같습니다.");
21          }else{
22              System.out.println("두 사원의 직급과 급여는 다릅니다.");
23          }
24      }
25  }
```


[그림 8-7] 실행 결과

1.3 toString() 메서드 사용법

이번에는 Object 클래스의 toString() 사용법에 대해 알아보자. 앞 장의 Student 클래스에서 학생의 신상 정보를 출력할 때 getStudInfo()를 사용했다. 즉, 이 메서드의 용도는 Student 클래스의 인스턴스의 전체 속성값을 출력하는 것이다. 자바 프로그래밍에서 getStudInfo() 처럼 각 인스턴스의 속성값을 한 번에 출력해야 할 경우가 자주 있으므로 Student 클래스처럼 일일이 사용자가 만들어 쓸 필요 없이 미리 Object 클래스에서 toString()이라는 이름으로 메서드가 제공되는 것이다.

---

toString 메서드의 특징

• Object 클래스에서 제공하는 메서드이다.

• 인스턴스의 속성정보를 문자열로 출력 시에 사용된다.

• 참조형 변수를 println( ) 메서드에 인자로 전달하면 자동으로 toString( ) 메서드가 호출된다.

그런데 [그림 8-8]을 보면 Object **클래스의 toString()**의 실제 기능은 호출한 인스턴스의 클래스명과 메모리에 인스턴스가 생성된 위치값을 보여준다. 즉, 이름만 만들어져 있을 뿐 실제 인스턴스의 속성값을 출력해주지 않는다. 따라서 앞의 equals 메서드처럼 대부분의 API나 사용자 정의 클래스에서는 상황에 맞게 오버라이딩하여 사용한다.

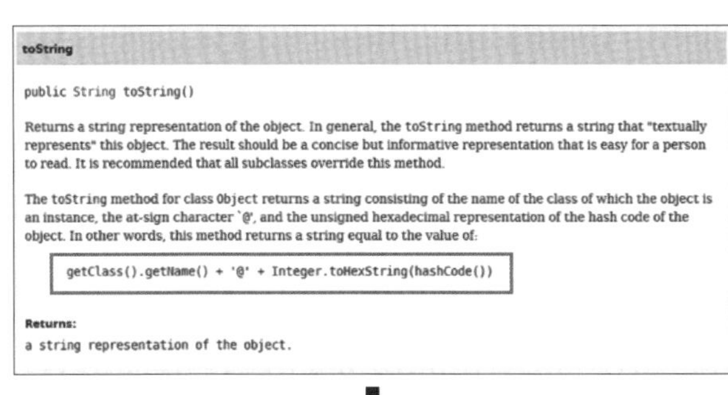

[**그림 8-8**] toString 메서드 주의 사항

다음은 toString()의 사용 예제다. MyStudent 인스턴스의 학생 정보를 한 번에 출력시키는 기능을 toString()로 구현한다. [리스트 8.8]은 toString()를 오버라이딩하기 전의 MyStudent 클래스이다.

[리스트 8.9]의 StudentTest 실행 클래스의 **5, 6행**에서 인스턴스 정보를 출력하기 위해 toString()을 호출하면, 화면에는 [그림 8-9]처럼 인스턴스의 클래스명과 위치값만 출력된다. [리스트 8.9]의 **5, 6행**에서 호출된 toString()는 Object 클래스에서 상속받은 toString() 이다. 이 메서드는 단지 인스턴스의 클래스명과 메모리의 생성 위치만 출력한다. 즉, 원하는 결과가 아니다.

[리스트 8.8] toString( ) Object에서 상속하여 사용하는 클래스(MyStudent.java)

```java
1    public class MyStudent extends Object{
2        private String name;
3        private int grade;
4
5        public MyStudent(String name, int grade){
6            this.name = name;
7            this.grade = grade;
8        }
9
10       public String getName( ){
11           return name;
12       }
13
14       public int getGrade( ){
15           return grade;
16       }
17   }
```

[리스트 8.9] 실행 클래스(StudentTest.java)

```java
1    public class StudentTest {
2        public static void main(String [ ] args){
3            MyStudent s = new MyStudent("이순신", 24);
4
5            System.out.println(s);
6            System.out.println(s.toString( ));
7        }
8    }
```

5행 : 참조형 변수 s를 print( ) 메서드로 전달하면 자동으로 toString( )이 호출된다.

```
Console
<terminated> StudentTest (14) [Java Application] C:\Program Files\Java\jre1.8.0_25\bin\javaw.exe (2015. 3. 12. 오후 4:11:40)
ch8.ex4.MyStudent@15db9742
ch8.ex4.MyStudent@15db9742
```

[그림 8-9] 실행 결과

[리스트 8.10]은 Student 클래스의 **18~20행**에서 toString()를 오버라이딩하고 있다. 즉,
name과 age값의 출력 형식을 재정의하여 출력한다. 그리고 [리스트 8.9]의 실행 클래스
에서 toString()를 호출하면 이번에는 [그림 8-10]처럼 정상적으로 학생 정보를 출력한다.
toString()는 대부분 이런 방식으로 사용자가 기능에 맞게 재정의하여 사용한다. 자바가 제
공하는 API에서도 toString()를 오버라이딩하여 제공하고 있다.

[리스트 8.10] toString( )를 오버라이딩한 클래스(MyStudent.java)

```java
1    public class MyStudent extends Object{
2        private String name;
3        private int grade;
4
5        public MyStudent(String name, int grade){
6            this.name = name;
7            this.grade = grade;
8        }
9
10       public String getName( ){
11           return name;
12       }
13
14       public int getGrade( ){
15           return grade;
16       }
17
18       public String toString( ){
19           return "이름:"+name+ ", 학년:"+grade;
20       }
21   }
```


[그림 8-10] 실행 결과

[리스트 8.11]은 사원의 전체 신상 정보를 toString()를 이용하여 출력하는 예제다. Employee
클래스의 **14~21행**에서 toString()를 재정의한 후, 사원 정보를 원하는 형식으로 출력한다.
그리고 [리스트 8.12]의 실행 클래스의 **3, 4행**에서 사원 정보를 저장하는 Emplpyee 객체

를 생성한 후 **13~17행**에서 각 사원 정보를 toString()로 호출하여 각 Employee 사원 정보를 출력하고 있다. [리스트 8.12]의 **6~11행**은 toString()를 쓰지 않고 사용자가 직접 멤버 변수에 접근한 후 출력 형식을 만들어 출력한다. 이렇게 일일이 만들어 출력하면 불편하므로 toString()으로 속성의 출력 형식을 미리 만들어 사용하면 편리하다.

[리스트 8.11] equals( )를 오버라이딩한 클래스(Employee.java)

```java
1   public class Employee {
2       String name;
3       String dept;
4       String job;
5       int salary;
6
7       public Employee(String name,String dept, String job, int salary){
8           this.name=name;
9           this.dept=dept;
10          this.job=job;
11          this.salary=salary;
12      }
13
14      public String toString( ){
15          String data= "사원의 이름:" + name +
16                  " ,사원의 부서: "+dept +
17                  " ,사원의 직급: "+job +
18                  " ,급여: "+salary+"원";
19
20          return data;
21      }
22  }
```

[리스트 8.12] 실행 클래스(EmpTest.java)

```java
1   public class EmpTest {
2       public static void main(String[] args){
3           Employee emp1=new Employee("차범근","회계부","과장",3000000);
4           Employee emp2=new Employee("이순신","관리부","과장",3000000);
5
6           /*
7           System.out.println("사원의 이름:"+emp1.name+
```

```
8                          ",사원의 부서: "+emp1.dept+
9                          ",사원의 직급: "+emp1.job+
10                         ",사원의 급여액: "+emp1.salary);
11         */
12
13         System.out.println(emp1.toString( ));
14         System.out.println(emp1);
15
16         System.out.println(emp2.toString( ));
17         System.out.println(emp2);
18     }
19 }
20
```


[그림 8-11] 실행 결과

지금까지 equals()와 toString()에 대해 알아보았다. Object의 다른 메서드 기능이나 용도도 이 두 가지 메서드와 별반 다르지 않다. wait()와 notify()는 11장의 스레드를 배울 때 알아본다.

02 / Wrapper 클래스

이번에는 래퍼 클래스의 기능에 대해 알아보자. 자바에서 쓰이는 기본형 데이터에 대해서는 4장에서 배웠다. 그런데 이 기본형 데이터를 프로그래밍시 사용하면서 여러 가지 복잡한 작업을 해야 하는 경우가 많다. 예를 들어 "123"이라는 문자열을 실제 123이라는 숫자로 변경하거나 2진수로 변환하는 경우가 자주 일어난다. 이러한 기능을 일일이 개발자가 만들어 사용할 수도 있지만, 자바에서는 기본형 데이터를 처리하는 여러 가지 기능을 Wrapper 클래스라는 API로 제공하고 있다. 클래스에서 제공하는 기능의 사용 방법만 알고 바로 적용하면 되는 것이다.

[표 8-2]는 각 기본형 데이터 타입에 대응하는 래퍼 클래스들을 나열하고 있다. 각 래퍼 클래스의 이름은 데이터 타입을 나타내는 키워드의 첫 자를 대문자로 표기하여 클래스명을 표시한다.

[표 8-2] 여러 가지 Wrapper 클래스

기본형 데이터	Wrapper 클래스
boolean	Boolean
byte	Byte
char	Character
short	Short
int	Integer
long	Long
float	Float
double	Double

[리스트 8.13]은 래퍼클래스 실습 예제다. 실행 후 **3, 4행**을 보면 Integer라는 래퍼클래스의 이름을 MAX_VALUE와 MIN_VALUE 상수에 바로 접근한다는 것을 알 수 있습니다. 앞에서 배운 상수의 사용 방법이다. 즉, Integer 래퍼 클래스의 자바에서 표현 가능한 정수의 최댓값과 최솟값 정보를 상수로 제공한다. 그리고 **6행**에서 num이라는 String 타입 변수에 "98"이라는 정수형 문자열을 저장한 후 **7행**에서 정수 2를 더하고 num2에 저장한다. 즉, 이 예제의 의도는 "98"이라는 정수형 문자열과 2라는 정수를 더하면 자바에서 자동으로 "98"을 숫자 98로 변환하여 2와 더해서 num2에 100을 저장할 것이라고 기대하는 것이다. 그런데 [그림 8-12]처럼 막상 num2를 출력하면 문자열 "982"가 출력된다. 즉, "98"과 숫자 2를 더하면 반대로 정수 2를 문자열 "2"로 변경한 후 앞의 "98"과 결합하여 "982"가 출력되는 것이다. 자바에서는 "+" 연산자로 문자열과 숫자를 더하면 숫자를 문자열로 변경하여 결합한다. 이를 위해서는 숫자형 문자열을 실제 숫자로 만들어주어야 한다.

자바에서 실제 정수형 문자열을 실제 정수로 변환하는 데에는 **10행**처럼 Integer에 있는 parserInt()를 사용한다. **10행**에서 num의 값을 parserInt()의 인자로 넘겨주면 실제 정수 98로 변환되어 2와 더해지므로, num3의 값은 예상대로 100이 출력된다. 이때 주의해야 할 점은 **11행**을 보면 parseInt( )의 인자는 정수형 문자열만 인자로 사용 가능하다는 것이다. 일반 문자열을 인자로 넘겨주면 실행 시에 오류(예외)가 발생한다.

15행에서는 정수를 Integer 클래스의 toBinaryString( )를 사용하여 2진수로 변환하는 기능을 보여준다. 그리고 **18행**에는 이와 반대로 num4에 저장된 정수 123을 "123"이라는 문자열로 변환하는 기능이다. 이번에는 Integer 클래스의 toString( )를 이용하여 구현하고 있다. 즉, toString( )는 Integer 클래스에서는 정수를 문자열로 변환하는 기능으로 오버라이딩되어 사용되고 있는 것이다.

[리스트 8.13] Integer 클래스 사용 예제(WrapperTest.java)

```
1    public class WrapperTest {
2        public static void main( String [ ]args){
3            System.out.println( "int 의 최댓값>" + Integer.MAX_VALUE );
4            System.out.println( "int 의 최솟값>" + Integer.MIN_VALUE );
5
6            String num = "98";
7            String num2 = num + 2;
8            System.out.println( "num2>" + num2  );
9
10           int num3 = Integer.parseInt ( num ) + 2;
11           //num3 = Integer.parseInt ( "hello" ) + 2;
12           System.out.println( "num3>" + num3  );
13
14           System.out.println("2진수로 변환하기");
15           System.out.println(num3+ " -->"+Integer.toBinaryString(num3));
16
17           int num4 = 123;
18           String num5 = Integer.toString ( num4 );
19           System.out.println( "num5>" + num5 );
20       }
21   }
```

```
<terminated> WrapperTest [Java Application] C:\Program Files\Java\jre1.8.0_25\bin\javaw.exe (2015. 7. 6. 오후 3:30:43)
int 의 최댓값>2147483647
int 의 최솟값>-2147483648
num2>982
num3>100
2진수로 변환하기
100-->1100100
num5>123
```

[그림 8-12]　실행 결과

[표 8-3]은 API 문서에 있는 그 밖의 여러 가지 Integer 클래스에서 제공하는 메서드의 기능을 설명하고 있다.

[표 8-3] Integer 클래스의 여러 가지 메서드

메서드	설명
int intValue( )	Integer 객체의 값을 정수값으로 반환한다.
long longValue( )	Integrer 객체의 값을 long 데이터로 변환하여 반환한다.
static int max(int a,int b)	두 정수 중 큰 값을 반환한다.
static int min(int a,int b)	두 정수 중 작은 값을 반환한다.
static int parseInt(Strings)	문자열을 정수로 변환한 후 반환한다.
static String toBinaryString(inti)	정수를 2진수로 변환한 후 문자열로 반환한다.
static String toHexString(int i)	정수를 16진수로 변환한 후 문자열로 반환한다.
static String toOctalString(int i)	정수를 8진수로 변환한 후 문자열로 반환한다.

[리스트 8.14]는 Float 클래스를 이용하여 float 타입 데이터를 처리하는 예제다. **11행**에서 parseFloat()를 이용하여 문자열을 실수로 변환하고 있다.

[리스트 8.14] Float 클래스 사용 예제(WrapperTest2.java)

```
1    public class WrapperTest2 {
2        public static void main( String [ ]args){
3
4            System.out.println( "Float 의 최댓값>" + Float.MAX_VALUE );
5            System.out.println( "Float 의 최솟값>" + Float.MIN_VALUE );
6
7            String num = "3.14f";
8            String num2 = num + 2.0f;
9            System.out.println( "num2>" + num2  );
10
11           float num3 = Float.parseFloat ( num ) + 2.0f;
12           System.out.println( "num3>" + num3  );
13           float num4 = 123.345f;
14
15           String num5 = Float.toString ( num4 );
16           System.out.println( "num5>" + num5 );
17       }
18   }
```

```
Console ⛶
<terminated> WrapperTest2 [Java Application] C:\Program Files\Java\jre1.8.0_25\bin\javaw.exe (2015. 3. 12. 오후 4:28:55)
Float 의 최대값>3.4028235E38
Float 의 최소값>1.4E-45
num2>3.14f2.0
num3>5.1400003
num5>123.345
```

[그림 8-13] 실행 결과

래퍼 클래스를 이용하여 기본형 데이터를 다룰 때 여러 가지 기능을 손쉽게 이용할 수 있다. 특히 정수형 문자열을 실제 정수로 변경하는 parseInt( )는 많이 쓰이므로 잘 알아두는 것이 좋다.

03 / Math 클래스 기능

이번에는 Math 클래스 기능에 대해 알아보자. [리스트 8.15]는 Math 클래스 사용 예제다. [리스트 8.16]은 pow( )를 이용하여 이차방정식의 근의 종류를 판별하는 예제다.

> **Math 클래스의 특징**
>
> - java.lang 패키지에 정의되어 있다.
> - 수학 관련 메서드를 제공한다.
> - 메서드는 static으로 지정되어 있어서 객체 생성 없이 사용할 수 있다.

[표 8-4] Math 클래스에 선언된 속성

속성	설명
static double E	자연 지수 e의 값
static double PI	원주율 파이값

[표 8-5] Math 클래스에 선언된 속성

메서드	설명
static double abs(double a)	인자로 전달된 a의 double형 절대값을 반환한다.
static int abs(int a)	인자로 전달된 a의 int형 절대값을 반환한다.
static double ceil(double a)	인자로 전달된 a보다 큰 정수 중 가장 작은 정수를 double형 실수로 반환한다.

static double floor(double a)	인자로 전달된 a보다 작은 정수 중 가장 큰 정수를 double형 실수로 반환한다.
static double log10(double a)	인자로 전달된 a에 대한 밑 수가 10인 로그값을 반환한다.
static double log(double a)	인자로 전달된 a에 대한 밑 수가 e인 로그값을 반환한다.
static double max(double a,double b)	인자로 전달된 두 수 중 큰 값을 반환한다.
static double min(double a,double b)	인자로 전달된 두 수 중 작은 값을 반환한다.
static double pow(double a,double b)	첫 번째 인자로 전달된 a에 대해 두 번째 전달된 b의 승(power)의 값을 반환한다.
static double random( )	0.0에서 1.0 사이의 난수를 반환한다.
static long round(double a)	인자로 전달된 a의 소수점 아래의 수를 반올림한 후 long형 정수로 반환한다.
static double sqrt(double a)	인자로 전달된 a의 제곱근을 반환한다.

[리스트 8.15] Math 클래스 예제(MathTest.java)

```java
1    public class MathTest {
2        public static void main(String[] args) {
3            System.out.println("Math.abs(-4.5)의 값: "+Math.abs(-4.5));
4            System.out.println("Math.ceil(4.5)의 값: "+Math.ceil(4.5));
5            System.out.println("Math.floor(4.5)의 값: "+Math.floor(4.5));
6            System.out.println("Math.round(4.6)의 값:  "+Math.round(4.6));
7            System.out.println("Math.log10(100)의 값: "+Math.log10(100));
8            System.out.println("Math.log(100)의 값: "+Math.log(100));
9
10           System.out.println("Math.max(100, 200)의 값:
                                +Math.max(100,200));
11           System.out.println("Math.min(100,200)의
                                값: "+Math.min(100,200));
12           System.out.println("Math.pow(2,10)의 값: "+Math.pow(2,10));
13
14           System.out.println("Math.round(3.77)의 값: "+Math.round(3.77));
15           System.out.println("Math.sqrt(100)의 값 : "+Math.sqrt(100));
16       }
17   }
```

4행 : 4.5보다 큰 정수 중 가장 작은 정수를 반환한다.

12행 : 2의 10승 값을 반환한다.

14행 : 소수점 이하에서 반올림한 정수를 반환한다.

15행 : 100의 제곱근을 반환한다

```
Console ☒
<terminated> MathTest [Java Application] C:\Program Files\Java\jre1.8.0_25\bin\javaw.exe (2015. 3. 23. 오후 3:00:36)
Math.abs(-4.5)의 값: 4.5
Math.ceil(4.5)의 값: 5.0
Math.floor(4.5)의 값: 4.0
Math.round(4.6)의 값:  5
Math.log10(100)의 값: 2.0
Math.log(100)의 값: 4.605170185988092
Math.max(100,200)의 값: 200
Math.min(100,200)의 값: 100
Math.pow(2,10)의 값: 1024.0
Math.round(3.77)의 값: 4
Math.sqrt(100)의 값 : 10.0
```

[그림 8-14] 실행 결과

[리스트 8.16] Math 클래스를 이용해서 이차 방정식 근 판별하기(RootTest.java)

```java
1   public class RootTest {
2       public static void main(String[] args) {
3           int a=7;
4           int b=2;
5           int c=1;
6
7           double result=Math.pow(b,2)-4*a*c;
8
9           System.out.printf("판별식 값은 : %f\n",result);
10
11          if(result >0){
12              System.out.println("방정식은 두 실근을 가집니다.");
13          }else if(result ==0){
14              System.out.println("방정식은 중근 가집니다.");
15          }else if(result <0){
16              System.out.println("방정식은 두 허근을 가집니다.");
17          }
18      }
19  }
```

7행 : Math.pow( )를 이용하여 b의 제곱을 구한다.

```
Console ☒
<terminated> RootTest [Java Application] C:\Program Files\Java\jre1.8.0_25\bin\javaw.exe (2015. 3. 23. 오후 4:03:38)
판별식 값은 : -24.000000
방정식은 두 허근을 가집니다.
```

[그림 8-15] 실행 결과

자바의 문자열 기능

이번에는 자바에서 문자열을 다루는 여러 가지 방법에 대해 알아보자. 문자열은 지금까지 많이 사용해왔다. " "로 문자열을 정의하여 사용하거나, String 클래스로 변수를 선언하여 사용해왔다. 이 밖에도 문자열을 다루는 방법에 대해 알아보자

4.1 String 클래스

자바에서 문자열을 이용하는 데에는 String 클래스를 이용하는 방법이 있다. 변수 초기화 과정에서 문자열 상수를 변수에 할당하면 문자열은 String 클래스 타입이므로 자동으로 메모리에 "서울시"이라는 문자열 값을 가지는 String 인스턴스가 생성되어 [그림 8-16]처럼 변수에 할당된다. 다른 변수에 똑같은 문자열을 할당하면 [그림 8-16]처럼 메모리의 동일한 문자열을 공유한다. 다음 그림의 변수값 변경에서 변수의 값을 "세종시"로 변경하면 [그림 8-17]처럼 city2는 다른 문자열을 가리키게 된다.

> **문자열 상수를 이용하는 방법**
>
> - 변수 초기화
>   String city1="서울시";
>   String city2="서울시";
> - 변수값 변경
>   String city1="서울시";
>   String city2="세종시";

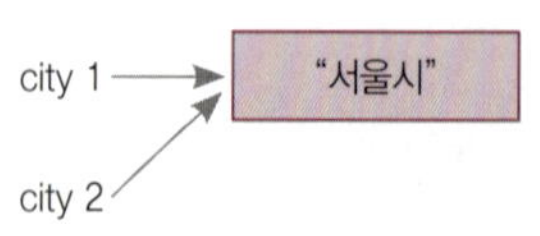

[그림 8-16] 변수 초기화 시 메모리 상태

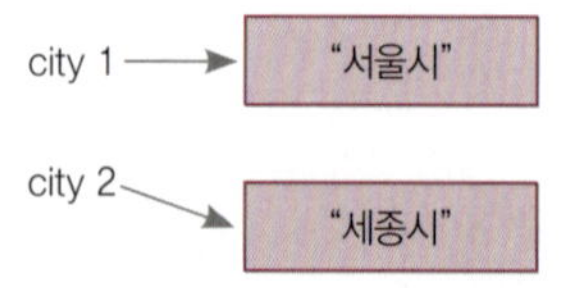

[그림 8-17] 변수값 변경 시 메모리 상태

다음은 또 다른 문자열 사용 방법이다. 이번에는 new를 이용하여 문자열 인스턴스를 생성한 후 문자열을 이용하는 방법이다. [그림 8-18]처럼 String도 클래스이기 때문에 new를 이용하여 인스턴스를 생성할 수 있다. 이때 문자열을 생성자의 인자로 전달하면 메모리에 전달된 문자열을 가지는 String 인스턴스가 생성되는 것이다. 다음은 new를 이용해서 2개의 문자열을 생성한 후 문자열 변수를 초기화한 상태가 나타나 있다. 이

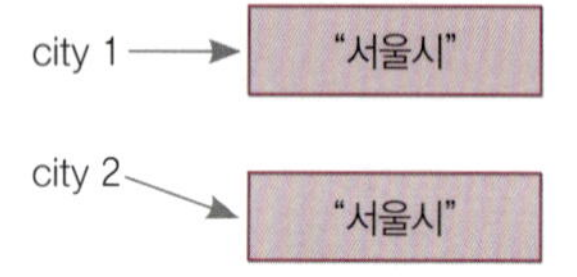

[그림 8-18] 문자열 생성 시 메모리 상태

번에는 문자열의 값이 같더라도 각각
따로 문자열 인스턴스가 생성된다. 그
런데 이 방법은 사용하기가 불편하다.
문자열은 일반적으로 프로그래밍에서
가장 많이 사용되는 데이터이고, 자바
는 응용 프로그래밍 언어이므로 가능
한 한 사용자가 세부적인 사항에 신경

쓰지 않더라도 편리하게 작업할 수 있는 기능들을 만들어 놓았다. 문자열 상수를 '=' 연산자
로 할당하면 자바에서 자동으로 문자열 상수에 대한 인스턴스를 메모리에 생성한 후 사용할
수 있게 해준다.

문자열은 엄연히 참조형 데이터이기 때문에 앞에서 배운 것처럼 서로 비교할 때에는 '=='이
아니라 equals( )를 사용해야 한다.

자바에서 String 클래스로 생성된 문자열은 한 번 생성되면 수정을 해도 변경되지 않는다. 만
약, 원래 문자열에 변경을 가해서 새로운 문자열이 만들면 기존 문자열은 그대로 유지되고,
메모리에 새로 변경된 문자열이 따로 생성되는 것이다. 이런 방식을 '깊은 복사'라고 한다.

[리스트 8.17]은 자바에서의 문자열 사용 예제를 보여주고 있다. 자바의 문자열 동작 형태는
기본형 데이터를 저장하는 변수의 동작 형태와 동일하다. **3, 4행**에서 a와 b 변수를 선언한
후 3과 0으로 초기화한다. [그림 8-19]처럼 2개의 변수가 따로 메모리에 생성된다. 그리고
6행에서 a의 값을 b에 할당하고 값을 출력하면 [그림 8-20]처럼 두 변수가 '3'을 출력한다.

다음은 **10행**에서는 name이라는 String 변수를 선언한 후 "Hong"이라는 문자열을 할당한다. 그러면 [그림 8-19]처럼 name이 "Hong" 문자열 인스턴스를 가리킨다.

그런 후 **11행**에 String 클래스의 concat()를 호출하여 기존의 "hong" 문자열에 "kil dong" 이라는 문자열을 결합시킨다. 그림에서 보는 것처럼 기존의 "Hong"이라는 문자열에 "Kil dong"이 결합되는 것이 아니라 [그림 8-19]처럼 "Hong"이라는 문자열은 그대로 유지되고, "Hong Kil dong"이라는 새로운 문자열이 따로 생성된다. **즉, 참조형 데이터 중에 문자열은 예외적으로 기본형 데이터를 사용하는 것처럼 동작(깊은 복사)을 하는 것이다.** 그 이유는 문자 열은 사용하는 빈도가 많기 때문에 사용하기가 편리한 기본형 데이터처럼 사용할 수 있게 자바에서 미리 만들어 놓았기 때문이다.

[리스트 8.17] 문자열 사용 예제1(StringTest1.java)

```
1    public class StringTest1 {
2        public static void main ( String [ ] args ){
3            int a=3;
4            int b=0;
5
6            b=a;
7            System.out.println("a= "+a);
8            System.out.println("b= " +b);
9
10           String name ="Hong";
11           String fullName = name.concat( "kil Dong" );
12           System.out.println( name );
13           System.out.println( fullName );
14       }
15   }
```

6행　　：a의 값이 b에 복사된다.

7, 8행 : a, b는 메모리에 각각 존재한다.

11행　：name이 가리키는 문자열을 변경하면 새로운 문자열 "hong kil dong"이 따로 만들어진다.

메모리

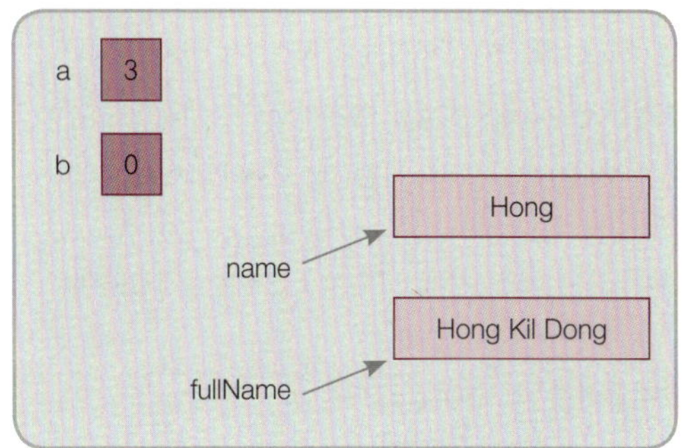

[그림 8-19] 실행한 후 문자열 생성 상태

[그림 8-20] 실행 결과

다음은 String 클래스에서 제공하는 여러 가지 메서드에 대해 알아보자. [표 8-6]은 문자열에 관련된 여러 가지 메서드를 나타낸 것이다. 자바에서 가장 많이 사용되는 데이터 타입은 문자열이다. 따라서 자바에서는 문자열을 쉽고 편리하게 조작할 수 있는 여러 가지 메서드를 미리 만들어 제공하고 있다. 문자열 관련 메서드는 자주 사용되므로 사용법을 잘 알아두어야 한다. [리스트 8-18]은 String 클래스에서 제공하는 여러 가지 문자열 관련 메서드를 사용하는 예제다. 여기서 중요한 것은 "Hello World"라는 문자열에 메서드를 사용하여 새로운 문자열이 생성되면 기존의 "Hello World"는 변하지 않고 메모리에 따로 각각 변경된 문자열이 생성된다는 것이다. 그리고 **21~24행**을 보면 length()와 charAt()를 사용하여 문자열에 있는 문자에 순차적으로 접근한 후 각 문자를 가져오고 있다는 것을 알 수 있다.

[표 8-6] 문자열에 관련된 여러 가지 메서드

메서드	설명
char charAt(int index)	인자로 전달된 index의 문자를 반환한다.
int compareTo(String aString)	인자로 전달된 문자열로 알파벳 철자 순서를 비교한다.
String concat(String str)	인자로 전달된 문자열로 문자열을 결합한다.
boolean contains(CharSequence s)	인자로 전달된 문자열을 포함하는지 판별한다.
boolean endsWith(String suffix)	인자로 전달된 문자열로 문자열의 마지막 부분이 같은지 판별한다.

메서드	설명
boolean equals(Object aObject)	인자로 전달된 문자열로 같은 문자열인지 판별한다.
static String format(Strig format,Object … args)	지정한 형식으로 문자열을 변환한 후 반환한다.
int indexOf(int ch)	문자열을 좌측에서 인자로 전달된 문자의 위치(index)를 반환한다.
int lastIndexOf(int ch)	문자열을 우측에서 검색 시 인자로 전달된 문자열의 위치를 반환한다.
int length( )	문자열의 문자 길이를 반환한다.
boolean matches(String regex)	문자열에서 인자로 전달된 문자열과 동일한 문자열이 있는지 판별한다.
String replace(char oldChar, char newChar)	문자열의 특정 문자(oldChar)를 다른 문자(newChar)로 대체한다.

[리스트 8.18] 문자열 관련 메서드 사용 예제2(StringMethodTest.java)

```
1    public class StringMethodTest{
2        public static void main(String [] args){
3            String s = "Hello World";
4
5            System.out.println(s.concat(" and Java!!"));
6            System.out.println(s.replace('o','c'));
7            System.out.println(s.substring(2,4));
8            System.out.println(s.toLowerCase( ));
9            System.out.println(s.toUpperCase( ));
10           System.out.println("Hello World".toUpperCase( ));
11           System.out.println(s.endsWith("World"));
12
13           System.out.println(s.charAt(3));
14           System.out.println(s.length( ));
15           System.out.println("hello world".length( ));
16           System.out.println(s);
17           System.out.println(s.indexOf("o"));
18           System.out.println(s.indexOf("a"));
19           System.out.println(s.lastIndexOf("o"));
20
21           for(int i=0;i<s.length( );i++){
22               char ch=s.charAt(i);
```

```
23                  System.out.println(ch);
24          }
25      }
26  }
```

5행   : 기존 문자열에 인자로 전달된 문자열을 결합한다(새로운 문자열이 메모리에 따로 생성된다.)

6행   : 문자열에서 'o'를 'a'로 대체한다.

7행   : 세 번째 문자열에서 네 번째 문자열까지 부분적으로 문자열을 가지고 온다.

8, 9행 : 대문자와 소문자로 문자열을 출력하라.

11행   : 문자열이 인자로 전달하는 문자열로 마치는지를 체크한다.

13행   : 문자열에서 네 번째 문자를 출력하라(문자열의 index는 좌측 문자부터 0부터 시작한다).

14행   : 문자열에서 문자의 개수를 출력한다.

17행   : 문자열에서 좌측부터 처음 나타나는 'o'의 위치를 출력한다.

19행   : 문자열에서 우측부터 처음 나타나는 'o'의 위치를 출력한다.

```
Console
<terminated> StringMethodTest [Java Application] C:\Program Files\Java\jre1.8.0_25\bin\javaw.exe (2015. 3. 12. 오후 4:44:26)
Hello World and Java!!
Hellc Wcrld
ll
hello world
HELLO WORLD
HELLO WORLD
true
l
11
11
Hello World
4
-1
7
```

```
H
e
l
l
o

W
o
r
l
d
```

[그림 8-21]   실행 결과

[리스트 8.19]는 format( )를 이용하여 여러 가지 데이터를 변환하여 출력하는 예제다.

[리스트 8.19] format( ) 메서드 사용 예제(StringFormatTest.java)

```java
1    public class StringFormatTest {
2        public static void main(String[] args) {
3            String sValue = "이순신";
4            int nValue = 543;
5            long lValue = 543L;
6            float fValue = 6.5E5f;
7            double dValue = 7.654321E10d;
8
9            System.out.println(String.format("%s 입니다.", sValue));
10
11           System.out.println(String.format("%d", nValue));
12           System.out.println(String.format("%5d", nValue));
13           System.out.println(String.format("%05d", nValue));
14
15           System.out.println(String.format("%d", lValue));
16           System.out.println(String.format("%5d", lValue));
17           System.out.println(String.format("%05d", lValue));
18
19           System.out.println(String.format("%f", fValue));
20           System.out.println(String.format("%5.5f", fValue));
21           System.out.println(String.format("%05.05f", fValue));
22
23           System.out.println(String.format("%f", dValue));
24           System.out.println(String.format("%5.5f", dValue));
25           System.out.println(String.format("%05.05f", dValue));
26       }
27   }
```

9행 : %s는 문자열 출력에 사용되는 기호이다.

11행 : %d는 정수형 출력에 사용되는 기호이다.

12행 : % 다음에 숫자가 오면 그 숫자만큼의 자릿수가 확보된다.

13행 : %0 다음에 숫자가 오면 빈 공백이 0으로 채워진다.

19행 : %f는 실수형 출력에 사용되는 기호이다.

20행 : %f에서 사용되는 '0'은 소숫점 자릿수를 나타낸다.

25행 : '%05.05f' 역시 소숫점 자릿수에만 적용된다.

```
<terminated> StringFormatTest [Java Application] C:\Program Files\Java\jre1.8.0_25\bin\javaw.exe (2015. 3. 13. 오전 10:57:37)
이순신 입니다.
543
  543
00543
543
  543
00543
650000.000000
650000.00000
650000.00000
76543210000.000000
76543210000.00000
76543210000.00000
```

[그림 8-22]　실행 결과

[리스트 8.20]은 문자열을 구분자를 이용하여 또 다른 부분 문자열로 분리하는 예제다.

String 클래스의 split()를 사용하여 처리하고 있다. **8행**에서 split()의 인자로 공백을 전달하면 FruitData가 가리키고 있는 문자열을 공백을 구분자로 하여 분리한 문자의 개수만큼 배열을 만들어 리턴한다. **13행**에는 split()에 ','를 구분자로 하여 문자열을 분리한다.

[리스트 8.20] 문자열 구분자로 분리하기(StringTest2.java)

```java
1   public class StringTest2 {
2       public static void main ( String [ ] args ){
3           String fruitData="사과 바나나 귤 수박";
4           String deptData="인사부,회계부,개발부,관리부";
5           String prodData="스마트TV-스마트폰-노트북-태블릿";
6           String[] data=null;
7
8           data=fruitData.split(" ");
9           for(int i=0;i<data.length;i++){
10              System.out.println(data[i]);
11          }
12
13          data=deptData.split(",");
14          for(int i=0;i<data.length;i++){
15              System.out.println(data[i]);
16          }
17
18          data=prodData.split("-");
19          for(int i=0;i<data.length;i++){
20              System.out.println(data[i]);
21          }
22      }
23  }
```

8행 : 공백으로 문자열을 분리한다.

13행 : " , "으로 문자열을 분리한다.

18행 : " – "으로 문자열을 분리한다.

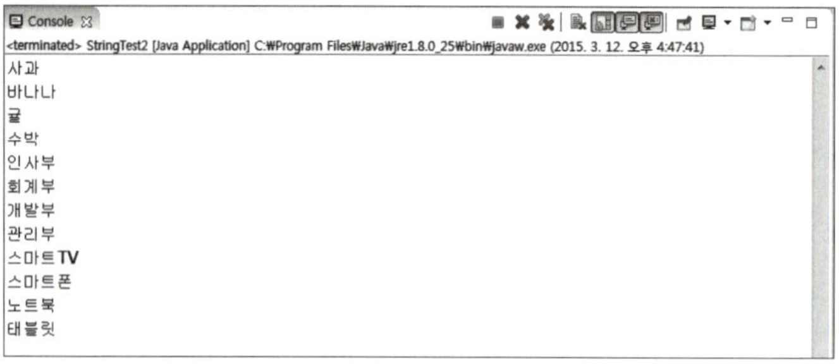

[그림 8-23] 실행 결과

[리스트 8.21]은 이차원 문자열 배열에 저장된 문자열의 철자를 비교한 후 철자 순으로 출력하는 예제다. 먼저 방법을 설명해보면 앞에서 배운 버블 정렬을 이용하면 된다. 먼저 **3행**에서 선언한 문자열 배열 str의 첫 번째 문자열과 두 번째 문자열에 대해 각 문자열의 문자를 가져와서 차례대로 비교했을 때 문자의 값이 작으면 알파벳의 철자가 빠르므로 첫 번째 문자열와 두 번째 문자열을 배열에서 교환한다. 이런 방식으로 배열의 다음 문자열과 차례대로 비교한다.

8, 9행은 **3행**의 일차원 배열에 대해 버블 정렬을 이용하여 문자열을 가져오는 이중 for문이다.

17~27행의 for문은 두 문자열에서 동시에 첫 번째 문자를 가져와서 대소 비교를 한다. **18행**의 if문은 첫 번째 문자열의 문자가 두 번째 문자열의 문자보다 크다면 문자열을 교환한다. **23행**은 두 문자의 철자가 같으면 다음 문자열을 비교하게 한다.

[리스트 8.21] 문자열 철자 순으로 출력하기(StringSortTest.java)

```
1    public class StringSortTest {
2        public static void main(String[] args) {
3            String[] str={"world","hello","love","victory","truth"};
4            String temp=null;
5            char ch=0;
6            int size=0;
7
8            for(int i=0; i<str.length;i++){
```

```java
9              for(int j=i+1;j<str.length;j++){
10                 int len1=str[i].length( );
11                 int len2=str[j].length( );
12
13                 if(len1<=len2)
14                     size=len1;
15                 else
16                     size=len2;
17                 for(int k=0; k<size;k++){
18                     if(str[i].charAt(k) > str[j].charAt(k)){
19                         temp=str[i];
20                         str[i]=str[j];
21                         str[j]=temp;
22                         break;
23                     }else if(str[i].charAt(k) == str[j].charAt(k)){
24                         continue;
25                     }else
26                         break;
27                 }  //end for문
28             }  //end for문
29         }  //end for문
30
31
32         for(int i=0;i<str.length;i++)
33             System.out.println(str[i]);
34     }
35 }
```

13~16행 : 두 문자열 중에 문자 개수가 적은 문자열의 개수를 구한다.

```
Console ☒                                    ■ ✖ ⅀ ⅀ | ▦ ⅀ 🖳🖳 🖳 🖳 ▾ 🖳 ▾ 🖳 🖳
<terminated> StringSortTest [Java Application] C:₩Program Files₩Java₩jre1.8.0_25₩bin₩javaw.exe (2015. 4. 25. 오후 1:34:15)
hello
love
truth
victory
world
```

[그림 8-24] 실행 결과

앞의 예제에서 String 클래스에서 제공하는 여러 가지 메서드를 이용하여 문자열을 정렬하는 예제를 보았다. 그런데 String 클래스에서는 compareTo()를 제공하여 문자열 간의 철자 비교를 하는 기능을 제공한다.

[리스트 8.22]는 compareTo()를 사용하여 문자열을 비교한 후 알파벳 순으로 출력하는 예제다. **7행**을 보면 str1이 가리키는 "hello" 문자열과 compareTo()의 인자로 준 "victory" 문자열을 비교하여 0보다 적으면 compareTo()의 인자로 준 문자열보다 철자가 빠르다라는 의미다. **12행**에서 "apple"과 "hello"를 비교했을 때는 0보다 큰 값을 리턴되므로 "apple"이 먼저 출력된다.

[리스트 8.22] compareTo( ) 사용하기(StringTest3.java)

```java
1    public class StringTest3 {
2        public static void main(String [] args){
3            String str1="hello";
4            String str2="apple";
5            if(str1.compareTo("victory")<0)
6                System.out.println(str1 + ", " + "victory");
7            else
8                System.out.println("victory" +", "+str1);
9            if(str1.compareTo(str2)<0)
10                System.out.println(str1 + " ," + str2);
11            else
12                System.out.println(str2 +", "+str1);
13        }
14    }
```

Console
<terminated> StringTest3 (1) [Java Application] C:\Program Files\Java\jre1.8.0_25\bin\javaw.exe (2015. 3. 12. 오후 4:52:50)
hello,victory
apple,hello

[그림 8-25] 실행 결과

[리스트 8.23]은 문자열 배열에 있는 여러 문자열을 compareTo()로 서로 비교하여 철자가 빠른 순서대로 출력하는 예제다. 앞에서 배열에 숫자 값을 비교하여 출력하는 예제가 있었는데, 이번에는 문자열의 경우다. **5~13행**에 걸쳐 이중 for문을 이용하여 문자열을 str 배열에 오름차순으로 정렬하고 있다.

[리스트 8.23] compareTo( ) 메서드 이용하여 문자열 정렬하기(StringTest4.java)

```java
1   public class StringTest4 {
2       public static void main(String [] args){
3           String[] str={"hello","world","love","victory","truth"};
4           String temp=null;
5           for(int i=0; i<str.length;i++){
6               for(int j=i+1;j<str.length;j++){
7                   if(str[i].compareTo(str[j])>0){
8                       temp=str[i];
9                       str[i]=str[j];
10                      str[j]=temp;
11                  }
12              }
13          }
14          for(int i=0;i<str.length;i++)
15              System.out.println(str[i]);
16      }
17  }
```

```
Console
<terminated> StringTest4 [Java Application] C:\Program Files\Java\jre1.8.0_25\bin\javaw.exe (2015. 3. 12. 오후 4:54:48)
hello
love
truth
victory
world
```

[그림 8-26] 실행 결과

지금까지 String 클래스를 이용한 문자열 사용 방법에 대해 알아보았다. 문자열은 프로그래 밍에서 가장 많이 사용되기 때문에 사용 방법을 확실히 알아두어야 한다. API 문서를 참고하면 더 많은 문자열 관련 메서드를 알 수 있다. 카페의 동영상을 보면 더 많은 문자열 처리 예제가 있으므로 꼭 참고하여 학습하기 바란다.

4.2 StringBuffer 클래스

이번에는 자바에서 문자열을 다루는 또 다른 방법인 StringBuffer 클래스에 대해 알아보자. StringBuffer 클래스를 이용한 문자열은 new를 이용하여 메모리에 인스턴스를 생성한 후 문자열을 사용한다.

그리고 중요한 점은 StringBuffer 클래스로 문자열을 생성한 후 문자열에 대해 변경을 가하면 String 클래스처럼 변경된 문자열이 메모리에 따로 생성되는 것이 아니라 기존의 문자열에 변경이 가해진다는 것이다(**얕은 복사**).

StringBuffer 클래스의 특징과 사용 방법

- 특징
  - 동적 문자열 처리가 가능하다.
  - 기존 문자열에 수정을 하면 기존 문자열이 변경된다(얕은 복사).
- 사용 방법

  StringBuffer city1=new StringBuffer("서울시");

  StringBuffer city2=new StringBuffer("세종시");

[리스트 8.24]는 StringBuffer 클래스를 이용한 예제다. **3행**에서 StringBuffer를 이용하여 "대한시"라는 문자열을 생성한 후 city1 변수에 할당한다. 그 상태가 [그림 8-27]처럼 메모리에 나타나 있다.

그리고 **4행**에서 city1의 append()를 이용하여 "민국군"이라는 문자열을 덧붙인다. 그러면 String 클래스에서는 메모리에 "대한시 민국군"이라는 문자열이 별도로 생성되었지만, StringBuffer의 경우에는 [그림 8-28]에서 보는 것처럼 "대한시" 문자열에 "민국군" 문자열이 결합된다. 그리고 city2에 할당되므로 결국은 city1와 city2 모두 "대한시 민국군" 문자열을 가리키고 있다. city1과 city2의 값을 출력해보면 모두 "대한시 민국군"이다. StringBuffer 클래스로 생성된 문자열은 기존의 문자열에 작업을 하면 기존의 문자열이 변한다. [그림 8-28]은 city1과 city2의 값이 동일하다는 것을 나타낸다.

StringBuffer를 이용하여 문자열을 사용하면, 예를 들어 StringBufferTest 클래스에서 **8행**에서 다시 city2의 append()를 호출하면 이번 문자열은 [그림 8-29]처럼 변한다. 즉 city1과 city2 모두 "대한시 민국군"이라는 문자열을 가리키고 있는데, city1에 대해 어떤 수정을 가하면 city2의 값도 변한다. 따라서 각각 따로 사용하기가 불편하므로 String 클래스를 이용한 문자열을 많이 사용한다. 단, StringBuffer 클래스를 이용하면 문자열에 변경 시마다 새로 문자열이 생성되지 않으므로 메모리 이용에 효율적이다. StringBuffer를 사용하여 문자열을 다루는 방법을 **'얕은 복사'**라고 한다. 따라서 메모리 관리가 중요한 모바일 프로그래밍에서 자주 쓰인다.

[리스트 8.24] StringBuffer 클래스를 이용한 문자열 예제(StringBufferTest.java)

```java
1    public class StringBufferTest {
2        public static void main(String args[]) {
3            StringBuffer city1 = new StringBuffer("대한시");
4            StringBuffer city2 = city1.append( " 민국군" );
5            System.out.println("city1:"+city1);
6            System.out.println("city2:"+city2);
7
8            city2.append(" 하나구");
9            System.out.println("city1:"+city1);
10           System.out.println("city2:"+city2);
11       }
12   }
```

8행 : city1의 문자열을 수행하면 city2의 문자열도 함께 변경된다.

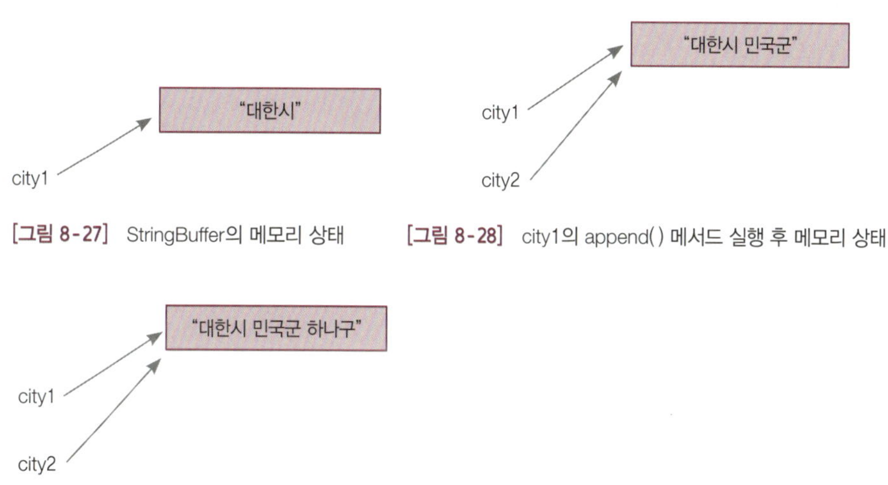

[그림 8-27] StringBuffer의 메모리 상태   **[그림 8-28]** city1의 append( ) 메서드 실행 후 메모리 상태

[그림 8-29] city2의 append( ) 실행 후 메모리 상태

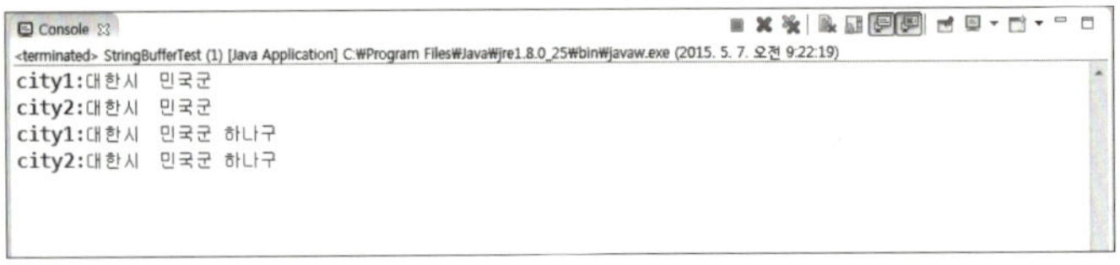

[그림 8-30] 실행 결과

4.3 (+) 연결 연산자를 이용한 문자열

이번에는 '+'연산자를 이용한 문자열 사용 방법이다. 문자열과 문자열을 '+'로 연결한다는 것은 양쪽 문자열을 서로 결합하라는 의미다. String 클래스의 concat()와 동일한 기능을 한다.

> **'+' 연산자의 특징**
>
> • 문자열과 문자열을 결합하여 새로운 문자열을 만든다.
> • 문자열과 다른 타입의 데이터 사이에 '+'를 사용하면 다른 타입의 데이터를 문자열로 변환한 후 문자열을 결합한다.

[리스트 8.25]는 '+' 연산자를 이용한 문자열 실습 예제다. '+'로 문자열을 연결하는 것은 두 문자열을 결합하라는 의미다. 중요한 것은 기존의 문자열은 변경이 되지 않고 메모리에 결합된 문자열이 새로 생성되는 것이다. **6행**에서 정수 123과 문자열 "hello"를 '+' 연산자로 연결하면 정수 123은 "123" 문자열로 변환되어 "hello123"이라는 새로운 문자열이 만들어진다. [그림 8-31]에 **7행**의 출력값이 나타나 있다. **9행**은 문자열과 실수를 "+" 연산자로 연결하는 경우다. **10행**에서 출력해보면 문자열로 변환되어 결합한 후 출력된다. **12, 13행**은 문자열을 "+"로 결합한 후 출력하고 있다.

[리스트 8.25] 문자열에 '+' 연산자를 사용한 예제(StringTest5.java)

```
1    public class StringTest5 {
2        public static void main ( String [ ] args ){
3            String temp="hello";
4            int num1=123;
5            float f_num=123.456f;
6            String str1=temp+num1;
7            System.out.println("문자열: "+str1);
8
9            String str2=temp+f_num;
10           System.out.println("문자열: "+str2);
```

```java
11
12              String str3 = "Java" + " programming";
13              String str4 = "programming" + " Java";
14
15              System.out.println( str3 );
16              System.out.println( str4 );
17      }
18  }
```

6행 : "hello"와 123을 연결하면 123은 "123" 문자열로 변환된다.

```
문자열: hello123
문자열: hello123.456
Java programming
programming Java
```

[그림 8-31]　실행 결과

지금까지 문자열에 대해 알아보았다. 문자열은 프로그래밍에서 가장 많이 사용되는 데이터이므로 위의 사용 방법을 잘 알아두어야 한다.

05 StringTokenizer 클래스

StringTokenizer 클래스의 기능은 앞의 String 클래스에서 사용한 split()와 동일하다. [표 8-7]은 이 클래스에서 제공하는 메서드의 기능을 설명하고 있다. [표 8-7]에서 제공하는 메서드를 이용하여 "2014-09-11"이라는 날짜 관련 문자열을 구분자 "-"로 분리하고 연, 월, 일 정보를 따로 가지고 올 수 있다. 여기서 중요한 것은 이 StringTokenizer 클래스는 java.lang 패키지에 있는 것이 아닌 java.util 패키지에 존재한다는 것이다. 따라서 이를 사용하려면 반드시 import를 먼저 해야 한다.

StringTokenizer 클래스의 특징

- java.util 패키지에 정의되어 있다.
- 문자열을 구분자(delimiter)로 분리하는 데 사용된다.
- 기본 구분자는 공백이다.

메서드명	기능
int countTokens( )	nextToken( )가 호출될 수 있는 횟수를 계산한다.
boolean hasMoreTokens( )	tokenizer 객체에서 token이 있는지 체크한다.
Object nextToken( )	tokenizer 객체에서 token을 받는다.

[리스트 8.26]은 StringTokenizer의 사용 예제다. 먼저 StringTokenizer를 사용하려면 **1행**처럼 import를 해야 한다. **6행**에서 StringTokenizer 인스턴스를 생성하면서 문자열과 구분자를 인자로 전달하고 있다. 그러면 생성된 인스턴스는 [그림 8-32]처럼 구분된 문자열(토큰)을 분리하여 차례로 가지고 있게 된다. 그리고 내부적으로 포인터를 가지고 있어서 첫 번째 토큰 앞을 가리키고 있다.

8행의 while문 조건식에 hasMoreToken()을 호출하면 포인터를 기준으로 다음에 토큰이 있는지를 체크한다. 당연히 존재하므로 while문의 본체를 수행한다. 그리고 nextToken()을 호출하면 포인터를 기준으로 다음에 있는 토큰을 출력한다. 그리고 포인터는 [그림 8-32]의 두 번째 그림처럼 다음 위치로 이동한다. 그리고 다시 while문의 조건식으로 와서 hasMoreToken()을 호출하면 또다시 참이므로 계속 포인터를 이동하면서 토큰을 출력한다. **12행**에서는 StringTokenizer 클래스의 인스턴스를 생성하면서 구분자를 지정하지 않았다. 이는 문자열을 공백으로 구분하라는 의미다.

[리스트 8.26] StringTokenizer 사용 예제(TokenTest.java)

```
1    import java.util.StringTokenizer;
2
3    public class TokenTest{
4        public static void main(String [ ] args){
5            String date = "2014/05/02";
6            StringTokenizer st = new StringTokenizer(date, "/");
7
8            while(st.hasMoreTokens( )){
9                System.out.println(st.nextToken( ));
10           }
11
12           String date2 = "사과 바나나 수박 참외";
13           StringTokenizer st2 = new StringTokenizer( date2);
14
15           while(st2.hasMoreTokens( )){
```

```
16                 System.out.println(st2.nextToken( ));
17          }
18       }
19    }
```

6행 : '/'를 구분자로 date 변수의 문자열을 분리한다.

13행 : 인자로 전달된 구분자가 없으므로 공백으로 문자열을 분리한다.

메모리   메모리

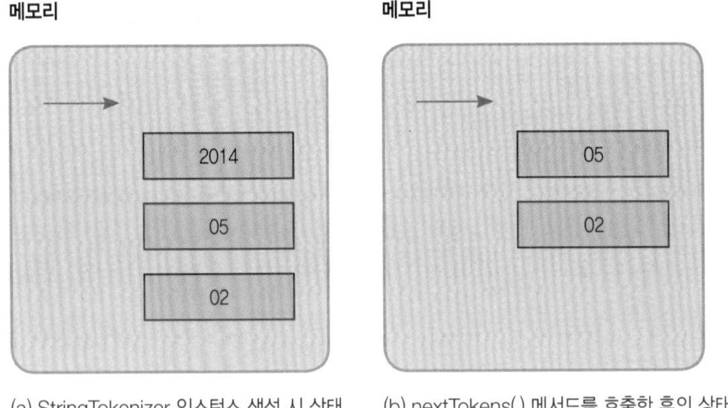

(a) StringTokenizer 인스턴스 생성 시 상태   (b) nextTokens( ) 메서드를 호출한 후의 상태

[그림 8-32] StringTokenizer 인스턴스 상태

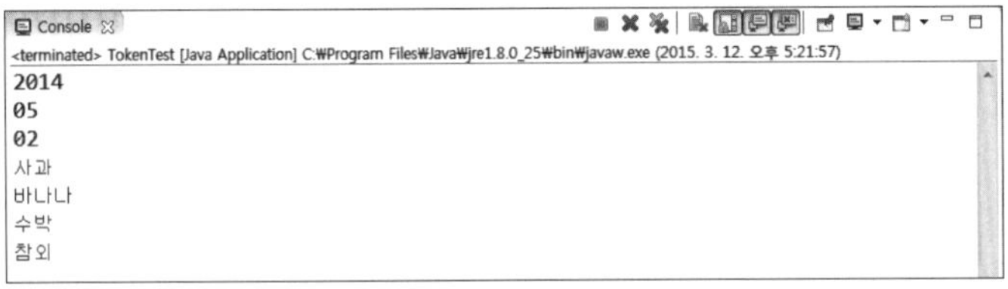

[그림 8-33] 실행 결과

지금까지 StringTokenizer 클래스의 사용 방법에 대해 알아보았다. 이 클래스도 카페에 가보
면 여러 가지 실습 예제가 존재한다. 꼭 동영상을 보고 학습하길 바란다.

Calendar 클래스

Calendar 클래스라는 이름에서 알 수 있듯이 자바에서 날짜나 시간 관련된 기능을 제공한다. 프로그래밍을 하다 보면 날짜와 시간을 사용할 경우가 많으므로 자바에서 Calendar 클래스를 제공하여 편리하게 정보를 얻어올 수 있다.

Calendar 클래스는 다른 클래스의 인스턴스 생성 방법과 달리 Calendar 클래스에 있는 getInstance()를 호출하여 인스턴스를 생성한다. 그 이유는 사실 자바 프로그램을 실행시키면 Calendar 클래스의 인스턴스도 함께 메모리에 생성되어 운영체제로부터 계속 시간 정보를 제공받기 때문이다. 그래야만 프로그램에서 필요시 아래의 메서드를 호출하여 시간 정보를 실시간으로 빠르게 얻어 올 수 있는 것이다.

대부분 자바 프로그램을 실행하면 사용자가 만든 자바 프로그램만 실행되는 줄 아는데 실은 Calendar 클래스 인스턴스처럼 자바 프로그램 시작 시 여러 인스턴스가 자동으로 만들어져 메모리에 상주한다.

Calender 클래스의 정의와 특징

- 정의
  - 프로그래밍 시 날짜와 시간 관련된 기능을 제공하는 클래스이다.
- 특징
  - java.util 패키지에 정의되어 있다.
  - 시스템에서 제공하는 날짜와 시간 정보를 제공한다.

인스턴스 생성 방법

Calendar cal=Calendar.getInstance( );

[표 8-8]과 [표 8-9]는 날짜와 관련된 속성과 메서드를 설명하고 있다.

[표 8-8] 여러 가지 Calendar 관련 속성

속성	설명
AM	AM(오전) 표시 여부 설정
AM_PM	AM(오전), PM(오후) 표시 여부 설정
DATE	달(month)에서의 날짜(day)
DAY_OF_WEEK	주(week)에서의 요일
DAY_OF_YEAR	연(year)을 기준으로 지난 일수
HOUR	오전 또는 오후 기준에서 지난 시간
HOUR_OF_DAY	하루(day) 기준의 시간

[표 8-9] 여러 가지 Calendar 관련 속성

메서드	설명
abstract void add(int field, int amount)	인자로 전달된 amount값을 해당 날짜 속성의 값에 추가하거나 뺀다.
int get(int field)	인자로 전달된 날짜 속성의 값을 반환한다.
int getActualMaximum(int field)	인자로 전달된 날짜 속성의 값 중 가장 큰 값을 반환한다.
int getActualMininum(int field)	인자로 전달된 날짜 속성의 값 중 가장 적은 값을 반환한다.
int getFirstDayOfWeek( )	현재 주의 첫 번째 요일을 반환한다(미국: SUNDAY, 프랑스: MONDAY)
static Calendar getInstance( )	캘린더 객체를 반환한다.
long getTimeInMillis( )	현재 시간을 밀리초 단위까지 반환한다.

[리스트 8.27]은 Calendar 클래스를 이용한 예제다. **1행**에서 Calendar 클래스를 사용하기 위해 java.util 패키지에서 import를 하고 있다. **5행**에서 Calendar 클래스의 인스턴스를 가지고 온 후 **7~9행**에서 현재 시간 중 시, 분, 초 정보를 가져온다. HOUR, MINUTE, SECOND는 Calendar 클래스에 상수로 선언되어 있다. 그리고 **11~13행**에서는 년, 월, 일 정보를 가지고 온다. 여기서 주의해야 할 점은 자바에서 월의 시작은 0부터 시작한다는 것이다. 그리고 현재 날짜와 시간 정보를 출력한다.

[리스트 8.27] Calendar 클래스를 사용한 예제(CalendarTest.java)

```java
1    import java.util.Calendar;
2
3    public class CalendarTest {
4        public static void main ( String [ ] args){
5            Calendar cal = Calendar.getInstance( );
6
7            int hour = cal.get( Calendar.HOUR );
8            int min = cal.get( Calendar.MINUTE );
9            int sec = cal.get( Calendar.SECOND );
10
11           int year  = cal.get( Calendar.YEAR );
12           int month = cal.get( Calendar.MONTH ) + 1;
13           int day = cal.get( Calendar.DATE );
14
15           System.out.println(  "현재 날짜는 >" + year + "년"+ month + "월" + day+"일" );
16           System.out.println(  "현재 시간은 >" +  hour + "시 "+ min + "분" + sec+"초" );
17       }
18   }
```


[그림 8-34] 실행 결과

[리스트 8.28]은 Calendar 클래스를 이용하여 달력 기능을 구현하고 있다. Calendar 클래스를 사용하면 날짜 관련 기능을 편리하게 구현할 수 있다.

[리스트 8.28] Calendar 클래스로 달력 구현하기(CalendarTest2.java)

```java
1    import java.util.Calendar;
2    public class CalendarTest2{
3        public static void main(String[] args)  {
4            int year,month;
5            int firstDay,dayOfMonth;
6            Calendar c = Calendar.getInstance( );
7            int daysOfWeek = 0;
```

```
8            if(args.length != 2) {
9                System.out.println("[사용법] java CalendarTest 년 월");
10               year = 2015;
11               month = 3;
12           }else {
13               year = Integer.parseInt(args[0]);
14               month = Integer.parseInt(args[1]);
15           }
16           c.set(year,month-1,1);
17           firstDay =c.get(Calendar.DAY_OF_WEEK);
18           dayOfMonth=c.getActualMaximum(Calendar.DATE);
19           System.out.println("\t"+year+"년"+month+"월");
20           System.out.println(" 일  월  화  수  목  금  토");
21           System.out.println("==============================");
22           for(int i=1; i<firstDay ; i++){
23               System.out.print("    ");
24               daysOfWeek++;
25           }
26           for(int i=1;i<=dayOfMonth; i++){
27               System.out.printf("%4d",i);
28               daysOfWeek++;
29               if (daysOfWeek%7==0) {
30                   System.out.println( );
31               }
32           }
33       }
34   }
```

16행 : 입력한 연도와 월로 Calendar 객체를 생성한다.

17행 : 해당 월의 첫째 날의 요일을 구한다.

18행 : 한 행에 출력할 월의 일수를 구한다.

```
2015년 3월
 일  월  화  수  목  금  토
------------------------------
 1   2   3   4   5   6   7
 8   9  10  11  12  13  14
15  16  17  18  19  20  21
22  23  24  25  26  27  28
29  30  31
```

[그림 8-35] 실행 결과

SimpleDateFormat 클래스

앞에서 날짜 정보를 구분자로 구분하여 새로운 날짜 형식으로 표시하는 방법을 배웠다. 그런데 자바에서는 날짜를 여러 가지 형식으로 표현하는 경우가 자주 발생하므로, SimpleDate Format 클래스를 미리 만들어 사용자가 자유롭게 지정한 형식으로 날짜를 표시할 수 있게 한다.

인스턴스 생성 시에 아래의 여러 가지 날짜 패턴을 지정해주면 날짜를 지정한 형식대로 표시할 수 있다. [표 8-10]은 SimpleDateFormat에 적용할 수 있는 여러 가지 날짜 패턴을 나타낸 것이다.

SimpleDataFormat 클래스의 정의와 특징

- 정의
  - 날짜와 시간에 관련된 정보를 원하는 형식으로 출력해주는 클래스
- 특징
  - java.text 패키지에 정의되어 있다.
  - java.util.Date 클래스와 같이 사용된다.

인스턴스 생성 방법

```
SimpleDateFormat dateForm=new SimpleDate Format(pattern);
dateForm.format(new Date( ));
```

[표 8-10] 자바에서 제공하는 여러 가지 날짜 패턴

날짜와 시간 패턴	형식
"yyyy.MM.dd G 'at' HH:mm:ss z"	2001.07.04 AD at 12:08:56 PDT
"EEE, MMM d, ''yy"	Wed, Jul 4, '01
"h:mm a"	12:08 PM
"hh 'o''clock' a, zzzz"	12 o'clock PM, Pacific Daylight Time
"K:mm a, z"	0:08 PM,PDT
"yyyyy.MMMMM.dd GGG hh:mm aaa"	02001.July.04 AD 12:08 PM
"EEE, d MMM yyyy HH:mm:ss Z"	Wed, 4 Jul 2001 12:08:56 -0700

"yyMMddHHmmssZ"	010704120856−0700
"yyyy−MM−dd'T'HH:mm:ss.SSSZ"	2001−07−04T12:08:56.235−0700
"yyyy−MM−dd'T'HH:mm:ss.SSSXXX"	2001−07−04T12:08:56.235−07:00
"YYYY−'W'ww−u"	2001−W27−3

[리스트 8.29]는 SimpleDateFormat 클래스를 이용한 예제다. 각 인스턴스를 생성할 때 날짜 패턴을 지정한 후 날짜를 표시하고 있다.

[리스트 8.29] SimpleDateFormat 클래스를 사용한 예제(DateFormatTest.java)

```
1    import java.text.SimpleDateFormat;
2    import java.util.Calendar;
3    import java.util.Date;
4    public class DateFormatTest {
5        public static void main (String [] args ){
6            Calendar cal=Calendar.getInstance( );
7            Date date=cal.getTime( );
8            SimpleDateFormat sdf = new SimpleDateFormat( );
9            SimpleDateFormat sdf2 = new SimpleDateFormat("yyyy.MM.dd");
10           SimpleDateFormat sdf3 = new SimpleDateFormat("yyyy");
11           SimpleDateFormat sdf4 = new SimpleDateFormat("MM");
12           SimpleDateFormat sdf5 = new SimpleDateFormat("dd");
13           SimpleDateFormat sdf6 = new SimpleDateFormat("yyyy년 MM월 dd일");
14           SimpleDateFormat sdf7 = new SimpleDateFormat("hh시 mm분 ss초");
15           System.out.println(sdf.format(date));
16           System.out.println(sdf2.format(date));
17           System.out.println(sdf3.format(date));
18           System.out.println(sdf4.format(date));
19           System.out.println(sdf5.format(new Date( )));
20           System.out.println(sdf6.format(new Date( )));
21           System.out.println(sdf7.format(new Date( )));
22       }
23   }
```

7행 : Calendar 객체에서 Date 객체를 얻어온다.

9행 : '년, 월, 일' 정보만 나타낸다.

10행 : 년 정보만 나타낸다.

13행 : 한글로 '년', '월', '일'이 표시된다.

```
Console ☒                                            ■ ✖ ✘ | ▣ 回回回回 | 回 ▤ ▾ ▫ ▾ ▭ □
<terminated> DateFormatTest [Java Application] C:\Program Files\Java\jre1.8.0_25\bin\javaw.exe (2015. 3. 12. 오후 5:51:28)
15. 3. 12 오후 5:51
2015.03.12
2015
03
12
2015년 03월 12일
05시 51분 28초
```

[그림 8-36] 실행 결과

08 참조형 배열

이번에는 배열의 요소에 사용자가 직접 생성한 인스턴스가 저장되는 배열에 대해 알아보자.
먼저 실습을 위해 [리스트 8.30]처럼 Product 클래스를 정의한다. **2~5행**에서는 제품의 정보
를 저장할 속성을 선언하고 있다. 그리고 Product 클래스의 생성자와 getter/setter 메서드를
구현해주고 있는데, 이클립스에서 생성자와 getter/setter 메서드를 자동으로 만들어주는 기
능이 있으므로 카페에서 제공하는 동영상을 참고하여 실습해보기 바란다. **7~10행**의 디폴트
생성자에서는 가장 많은 제품이 입고되는 '스마트폰' 정보를 속성에 저장한다.

[리스트 8.31]에서는 **8행**에 product라는 배열을 선언하는데 여기서 중요한 점은 이 배열의
타입이 [리스트 8.31]의 사용자가 직접 만든 Product 클래스 타입으로 배열을 선언한 후에
배열을 생성하고 있다는 것이다.

9~11행에서는 3개의 Product 클래스 인스턴스를 생성한 후에 같은 타입의 변수에 할당한다.

그리고 생성된 Product 인스턴스를 **16~18행**에서 차례대로 product 배열에 저장하고 있
다. **15행**을 보면 product 배열에 문자열을 저장하면 오류가 발생한다는 사실을 알 수 있다.

product 배열은 Product 클래스 타입으로 선언했기 때문에 Product 인스턴스만 저장 가능
하다.

21행부터는 다른 배열처럼 for문을 이용하여 product배열의 값을 출력하고 있다. 그런데 배
열의 요소 값이 객체(인스턴스)이므로 일단 **23~30행**을 보면 각 배열 요소의 값을 Product
타입 변수로 가지고 와서 getter 메서드를 이용하여 순차적으로 출력하고 있다.

[리스트 8.30] 제품 정보를 저장하는 클래스(Product.java)

```java
1    public class Product {
2        private String code;
3        private String name;
4        private String color;
5        private int qty  ;
6
7        public Product( ){
8            this("0001","스마트폰","블랙",100);
9
10       }
11
12       public Product(String code, String name,String color, int qty){
13           this.code=code;
14           this.name=name;
15           this.color=color;
16           this.qty=qty;
17       }
18
19       public String getCode( ) {
20           return code;
21       }
22
23       public void setCode(String code) {
24           this.code = code;
25       }
26
27       public String getName( ) {
28           return name;
29       }
30
31       public void setName(String name) {
32           this.name = name;
33       }
34
35       ......
```

2행 : 제품 번호

3행 : 제품 이름

4행 : 제품 색상

5행 : 제품 수량

[리스트 8.31] 실행 클래스(ProductArray1.java)

```java
1   public class ProductArray1 {
2       public static void main(String[] args){
3           String code=null;
4           String name=null;
5           String color=null;
6           int qty=0;
7           String[] str=new String[3];
8           Product[] product =new Product[3];
9           Product prod0= new Product( );
10          Product prod1=new Product("0002","스마트 TV","흰색",200);
11          Product prod2=new Product("0003","노트북","은색",100);
12          str[0]="홍길동";
13          str[1]="이순신";
14          str[2]="임꺽정";
15          //product[0]= "홍길동";
16          product[0]=prod0;
17          product[1]=prod1;
18          product[2]=prod2;
19          System.out.println("배열에 저장한 제품 정보 출력");
20          System.out.println( );
21          for(int i=0; i<product.length;i++){
22              Product prod=product[i];
23              code=prod.getCode( );
24              name=prod.getName( );
25              color=prod.getColor( );
26              qty=prod.getQty( );
27              System.out.println("제품번호 = " +code);
28              System.out.println("제품이름 = " +name);
29              System.out.println("제품색상 = " +color);
30              System.out.println("제품수량 = " +qty);
31              System.out.println( );
32          }
33      }
34  }
```

[그림 8-37]   실행 결과

[리스트 8.32]는 사용자 정의 배열이 메서드의 매개변수로 사용되는 경우다. 이 예제에서는 Product 객체가 저장된 배열이 메서드로 전달되어 메서드에서는 배열 요소의 Product 객체가 가지고 있는 제품 수량의 총 합계를 구한다.

[리스트 8.32] 배열에 저장된 제품의 수량 구하기(ProductArray2.java)

```java
1   public class ProductArray2 {
2       public static int calcProdQty(Product[] prod){
3           int total=0; //총 제품 수량
4
5           for(int i=0;i<prod.length;i++){
6               total+=prod[i].getQty( );
7           }
8           return  total;
9       }
10
11      public static void main(String[] args){
12              int totProd=0;
13              Product[] product =new Product[3];
14              product[0]=new Product( );
15              product[1]=new Product("0002","스마트 TV","흰색",200);
16              product[2]=new Product("0003","노트북","은색",100);
17
18              totProd=calcProdQty(product);
19              System.out.println("총 제품 수량은 "+totProd);
20      }
21  }
```

2행 : 메서드의 매개 변수 타입이 Product 배열이다.

18행 : calcProdQty( )를 호출 시 Prouct 배열을 전달한다.

```
Console 23
<terminated> ProductArray2 [Java Application] C:\Program Files\Java\jre1.8.0_25\bin\javaw.exe (2015. 3. 12. 오후 5:59:22)
총 제품 수량은 400
```

[그림 8-38] 실행 결과

이번에는 Object 타입 배열의 사용 예제다. [리스트 8.33]을 보면 **8행**에 Object 클래스 타입 배열 obejct를 선언한 후 5개의 배열 요소를 생성한다. 그리고 **14~18행**에서 object 배열 요소에 값을 저장한다. 첫 번째 요소에는 문자열이 저장된다. 그리고 두 번째에서 네 번째까지의 요소에는 product 인스턴스가 저장된다. 그리고 마지막 요소에는 123의 래퍼 클래스 인스턴스가 저장된다. **이처럼 Object 배열에는 모든 인스턴스 타입을 저장할 수 있다. 왜냐하면 Object 클래스는 모든 클래스의 상위 클래스이므로 상속에 의한 다형성에 의해 배열에서도 업캐스팅으로 쓰일 수 있기 때문이다.** 그리고 **24행**에서는 instanceof 연산자를 이용하여 업캐스팅된 Object 배열 요소의 실제 인스턴스를 구분하여 값을 출력하고 있다.

[리스트 8.33] Object 타입 배열 실습 예제(ObjectArray.java)

```java
1    public class ObjectArray {
2        public static void main(String[] args){
3            String code=null;
4            String name=null;
5            String color=null;
6            int qty=0;
7
8            Object object[] =new Object[5];
9
10           Product prod0= new Product( );
11           Product prod1=new Product("0002","스마트 TV","흰색",200);
12           Product prod2=new Product("0003","노트북","은색",100);
13
14           object[0]= "홍길동";
15           object[1]=prod0;
16           object[2]=prod1;
17           object[3]=prod2;
18           object[4]=new Integer(123);
19
20           System.out.println("Object 배열에 저장한  제품 정보 출력");
21           System.out.println( );
```

```java
22
23              for(int i=0; i<object.length;i++){
24                  if(object[i] instanceof Product){
25                      Product prod=(Product)object[i];
26                      code=prod.getCode( );
27                      name=prod.getName( );
28                      color=prod.getColor( );
29                      qty=prod.getQty( );
30
31                      System.out.println("제품번호 = " +code);
32                      System.out.println("제품이름 = " +name);
33                      System.out.println("제품색상 = " +color);
34                      System.out.println("제품수량 = " +qty);
35
36                  }else{
37                      System.out.println(object[i]);
38                  }
39                  System.out.println( );
40              } //end for문
41          }
42      }
```

14~18행 : Object는 모든클래스의 상위 클래스이므로 모든 인스턴스를 업캐스팅할 수 있다.

25행 : 업캐스팅된 배열 요소를 실제 할당된 하위 클래스로 다운캐스팅한다.

37행 : 문자열이나 래퍼 클래스 객체는 print( ) 메서드 내에서 자동으로 다운캐스팅된다.

```
Console 🔲
<terminated> ObjectArray [Java Application] C:\Program Files\Java\jre1.8.0_25\bin\javaw.exe (2015. 3. 12. 오후 5:57:28)
Object 배열에 저장한  제품 정보 출력

홍길동

제품번호 = 0001
제품이름 = 스마트폰
제품색상 = 블랙
제품수량 = 100

제품번호 = 0002
제품이름 = 스마트 TV
제품색상 = 흰색
제품수량 = 200

제품번호 = 0003
제품이름 = 노트북
제품색상 = 은색
제품수량 = 100

123
```

[그림 8-39] 실행 결과

객체를 리턴하는 메서드

메서드는 호출한 곳으로 값을 리턴할 수 있다. 그런데 여러 개의 값을 리턴하는 데에는 객체를 사용하여 리턴하는 방법이 있다. [리스트 8.34]와 [리스트 8.35]는 학생들의 이름과 국어, 영어 점수를 메서드로 전달하여 전달한 값과 시험 총점을 객체의 속성으로 리턴하는 예제다. [리스트 8.34]는 학생의 이름, 국어, 영어 시험 총점을 저장할 수 있는 MyStudent 클래스를 정의하고 있다.

[리스트 8.35]는 실행 클래스이다. 먼저 **2~9행**의 calcTotal()에서 전달된 학생 이름, 국어 점수, 영어 점수를 MyStudent 객체를 생성한 후 저장하고 있다. **8행**에서 MyStudent 객체를 호출한 곳으로 리턴한다. **15, 18행**에서 calcTotal()를 호출하면 메서드로 전달된 값과 총점이 저장된 MyStudent 객체를 리턴받는다. [그림 8-40]은 결과값을 나타내고 있다. 객체를 이용하면 메서드에서 여러 개의 타입이 다른 값도 리턴받을 수 있다.

[리스트 8.34] 학생 시험 점수를 저장하는 클래스(MyStudent.java)

```
1    public class MyStudent {
2        String name;
3        int kor;
4        int eng;
5        int total;
6
7        public MyStudent( ){
8
9        }
10
11       public String to String( ){
12           String info=name+"의 시험점수>>"+
13                   " 국어:"+kor+
14                   " 영어:"+eng+
15                   " 총점:"+total;
16
17           return info;
18       }
19   }
```

11~18행 : 학생의 이름과 시험 점수, 총점을 출력하는 toString() 메서드

[리스트 8.35] 실행 클래스(ScoreTest.java)

```java
1    public class ScoreTest {
2       public  MyStudent calcTotal(String name,int kor,int eng){
3           MyStudent myStudent=new MyStudent( );
4           myStudent.name=name;
5           myStudent.kor=kor;
6           myStudent.eng=eng;
7           myStudent.total=kor+eng;
8           return  myStudent;
9       }
10
11      public static void main(String[] args) {
12          MyStudent lee,hong;
13
14          ScoreTest s=new ScoreTest( );
15          lee=s.calcTotal("이순신",80,90);
16          System.out.println(lee.toString( ));
17
18          hong=s.calcTotal("홍길동", 70, 83);
19          System.out.println(hong.toString( ));
20      }
21   }
```

2~9행 : 학생 이름, 국어 점수, 영어 점수를 매개변수로 전달받아서 MyStudent 객체를 생성한 후, 각 정보를 속성에 저장하고 MyStudent 객체를 호출한 곳으로 리턴한다.

15, 18행 : calcTotal( )을 호출한 후 MyStudent 객체를 리턴받는다.

16, 19행 : toString( )를 호출하여 학생 정보를 출력한다.

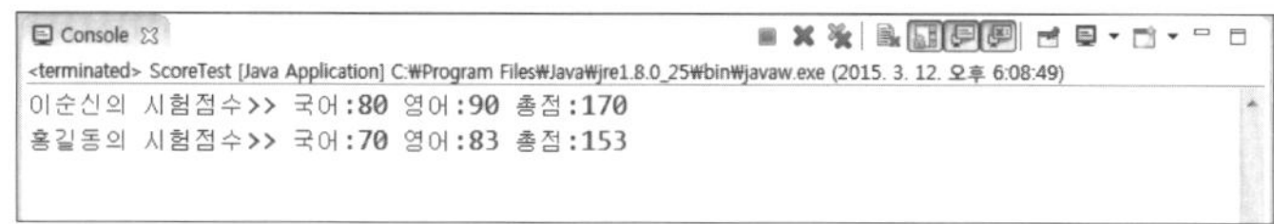

[그림 8-40]   실행 결과

1 자바에서 최상위 클래스명은?

1. Super   2. String   3. Object   4. Parent

2 equals()와 toString()의 기능을 설명하라.

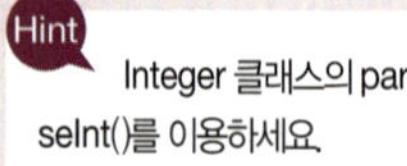

3 문자열 "12300"과 "11000000001100"을 각각 2진수와 10진수로 변환하라.

4 다음의 단어를 그림과 같이 출력하라.

사과, 바나나, 귤-스마트폰, TV, 노트북

출력 결과
과일 : 사과/바나나/귤
제품: 스마트폰*TV*노트북

5 회문(Palindrom)은 앞에서 읽거나 뒤에서 읽거나 똑같은 의미를 나타내는 단어를 의미한다. 다음의 단어가 회문인지 판별하라.

"level", "hello"

컴퓨터를 있게 한 사람들

헨리 포드(Henry Ford, 1863. 7. 30.~1947. 4. 7.)는 미국의 기술자이자, 사업가로 '포드 모터 컴퍼니'의 창설자이기도 하다. 미국 미시간 주 디트로이트 서쪽의 농촌에서 농부의 아들로 태어났다. 농업 노동의 합리화를 위한 운반의 개선을 위해 기계 기사를 지망, 디트로이트의 작은 기계 공장에 들어가 기술을 배웠다. 5년 후 고향으로 돌아가 농사 일을 돌보면서 공작실을 만들어 연구를 계속하였고, 1890년 에디슨 조명 회사의 기사로 초청되어 근무하던 중 내연 기관을 완성하여 1892년 자동차를 만들었다. 1903년 세계 최초의 양산 대중차인 '포드 모델' T의 제작을 시작하였다. 포드 모델 T는 자동차의 대중화를 위해 헨리 포드가 실현한 대량 생산 방식의 자동차였다.

그는 특히 경영 지도 원리로써 '미래에 대한 공포와 과거에 대한 존경을 버릴 것', '경쟁을 위주로 일하지 말 것', '봉사가 이윤에 선행할 것', '값싸게 제조하여 값싸게 팔 것' 등 4개의 봉사 원칙을 내세웠는데, 이를 '포디즘'이라 한다. 한편 포드는 공장의 경영 합리화를 위해 '제품의 표준화', '부분품의 단순화', '작업의 전문화'라는 3S 운동을 전개하면서 이 원칙을 달성하기 위하여 누드젠콘이 창안한 컨베이어 시스템을 채용하여 흐름 작업 조직으로 노동 생산성 고무에 이바지하였다. 이를 '포드 시스템'이라 하는데 특별히 경영을 봉사 기관으로 보는 포드의 사상은 P. H. 드락카의 경영 이론에 계승되고 있고, **프로그래밍에서도 기능의 표준화와 재사용성에 많은 영향을 끼쳤다.**

(출처 : 위키백과)

9장

예외(Exception)

이제까지 프로그래밍을 하면서 자바의 컴파일러가 인식하지 못하는 명령문이나 문법을 소스에 작성한 후 컴파일하면 컴파일 오류가 발생했다. 컴파일 오류 발생 시 다시 오류의 내용을 보고 수정한 후, 다시 실행하여 정상적으로 원하는 기능을 구현했다. 그런데 자바에서는 이러한 문법 오류, 즉 컴파일 오류 외에 실행 중에 사용자가 원하지 않는 동작을 하는 경우가 있다. 예를 들어 실행 중에 어떤 수를 0으로 나누거나 선언된 배열의 요소보다 더 큰 요소에 값을 저장하는 등의 오류가 발생할 수 있다. 프로그래밍이 익숙해지면 컴파일 오류는 해결하는 시간이 그다지 오래 걸리지 않는다. 해결하는 데 많은 시간이 걸리는 오류는 바로 실행 중 발생하는 오류나 논리적 오류이다. 이 장에서는 자바 실행 중에 발생하는 오류의 종류와 이러한 오류가 발생했을 때 자바에서 대처하는 방법에 대해 알아본다.

1 자바 오류(Error)의 정의와 종류
2 자바 예외(Exception)의 특징
3 자바 예외(Exception)의 종류
4 자바 예외(Exception) 처리 과정
5 자바 예외(Exception)의 처리 방법
6 다중 catch문과 finally문
7 throws를 이용한 예외 처리 방법
8 명시적 예외 처리 방법
9 사용자 정의 예외 정의 및 사용 방법
10 예외를 적용한 렌터카 예약 시스템

자바 오류(Error)의 정의와 종류

자바 오류란, '**자바 프로그램 실행 시에 의도하지 않게 발생하는 문제점**'을 말한다. 자바 오류는 크게 두 가지로 분류된다. 첫 번째 오류는 'Error'라고 불리는 오류이다. 이 오류는 프로그램 실행 시 프로그램의 중요 기능 수행을 불가능하게 할 수 있는 오류이다. 이런 오류는 프로그래머가 대처할 수 있는 성질의 것이 아니므로, 오류 발생 즉시 시스템을 셧다운한 후 오류를 수정하고 프로그램을 재실행하는 방법밖에 없다.

자바 오류 종류

- **오류(Error)**
  - 프로그램 중요 기능의 수행을 불가능하게 하는 오류
  - 오류를 해결하기 위해서는 프로그램을 재실행해야 한다.
- **예외(Exception)**
  - 오류보다 가벼운 문제
  - 프로그램 자체의 예외 처리로 문제 해결 가능

이러한 오류는 현실에서도 찾아볼 수 있다. 예를 들어 자동차로 고속도로를 주행하다 보면 가끔 갓길에 정차되어 있는 차를 볼 수 있다. 이들이 갓길에 정차하고 있는 이유는 십중팔구 차량의 고장 때문이다.

즉, 자바의 Error도 이와 비슷한 경우다. 자바 프로그램을 개발하고 테스트까지 해서 실제 론칭을 한 후 운영을 하고 있는데, DDos의 공격을 받아 시스템이 오동작을 하는 경우에는 프로그램의 기본 기능 자체를 수행할 수 없게 된다. 이때에는 시스템을 셧다운한 후 DDos 공격을 해결하고 시스템을 재시작해야 한다.

실행 중 오류의 종류에는 '**예외(Exception)**'도 있다. 예외는 앞의 Error보다 상대적으로 작은 오류에 속한다. 이는 개발자가 어느 정도 대처할 수 있다는 것을 의미한다. 예를 들어 앞의 경우와 같이 자동차를 타고 고속도로를 주행하고 있을 때 카 오디오가 고장 났다면 이 때문에 갓길에 정차하지는 않는다. 카 오디오는 자동차의 기본 기능인 주행과는 무관하기 때문이다. 물론 카 오디오가 고장이 나면 운전하는 내내 지루하겠지만 그렇다고 해서 운행을 못하는 것이 아니다.

예외도 이와 마찬가지다. 프로그램을 개발하고 충분히 테스트를 한 후 론칭을 하더라도 예상치 못한 버그는 항상 있게 마련이다. 이 버그를 '예외'라고 보면 된다. 프로그램 실행 시에 이런 버그가 발생하면 매우 불편하다. 예를 들어, 쇼핑몰 시스템을 개발하여 운영하고 있는데,

회원 관리 기능에서 버그가 발생했다고 가정해보자. 이 버그로 인해 시스템이 셧다운되어 버리면 버그와는 상관없는 다른 쇼핑 관련 기능을 사용하는 다른 사용자도 불편을 겪게 된다.

개발자가 이러한 예외들에 적절히 대처할 수 있게 된다면 적어도 프로그램 전체가 셧다운되는 경우는 대비할 수 있다.

건물이나 지하철역에는 방화벽이 설치되어 있다. 한 곳에서 화재가 발생했을 때 방화벽을 내리면 다른 구역에는 화재의 영향이 미치지 않는다. 예외 처리를 하는 이유도 이와 동일하다. 자바 프로그램 실행 시 JVM에서 어느 정도 예외에 대처를 하기는 하지만, 예외 처리를 정확히 하지 않으면 이 예외의 영향을 받아 프로그램이 셧다운될 수도 있다. 따라서 예외 처리를 정확히 해주어야 한다. 이 장에서는 자바의 오류 중에서 예외를 처리하는 방법에 대해서 학습한다.

02 자바 예외(Exception)의 특징

자바의 예외 처리 목적은 프로그램 실행 시 예외가 발생하면 예외가 발생한 부분 외의 다른 기능은 정상적으로 동작하도록 하는 데 있다. 물론 예외 처리를 함으로써 예외 발생 시 빠르게 디버깅을 할 수도 있다. 하지만 디버깅 자체가 예외 처리를 하는 근본 목적은 아니다.

예외 처리의 목적

• 예외 발생 시 프로그램이 비정상 종료 되는 것을 막고 예외와 상관없는 기능은 정상 동작되도록 처리하는 작업

그리고 자바에서는 자바 프로그램에서 발생하는 예외를 어느 정도 파악한 후 미리 클래스로 구현하여 제공한다. 자바가 나온 지도 20년 정도 되었으므로 프로그램 실행 시에 발생하는 예외는 대부분 파악하고 있다고 보아도 된다. 따라서 자바 프로그램 실행 시에 예외가 발생하면 JVM이 자체적으로 객체(인스턴스)를 생성한 후 프로그램에 전달한다. 자세한 것은 내용은 예외 처리 과정에서 다룬다.

자바 예외 처리 방법

• 프로그램 실행 시 발생하는 예외를 Exception 클래스로 제공한다.
• 예외가 발생하면 객체로 인식하여 예외 처리를 한다.

[그림 9-1]은 자바에서 만들어 제공하는 예외 클래스의 계층 구조를 나타낸 것이다. Error 클래스 아래는 개발자가 관여하는 부분이 아니다. 따라서 모든 예외 클래스는 Exception 클래스를 상위 클래스로 둔다. [그림 9-1]에는 프로그램 실행 시에 가장 많이 접하는 예외 클래스만 나타나 있다. [그림 9-2]는 Exception 클래스에 대해 설명하는 API 문서다. 문서에는 실제 더 많은 Exception 클래스의 하위 클래스의 종류를 나열하고 있다. [표 9-1]은 예외 발생 시 호출되는 Exception 클래스의 여러 가지 생성자를 나타내고 있다. 또 [표 9-2]는 Exception 클래스에서 제공하는 여러 가지 예외 출력 메서드이다. 특히 PrintStackTrace() 는 발생한 예외를 추적하여 해결하는 데 많이 사용된다.

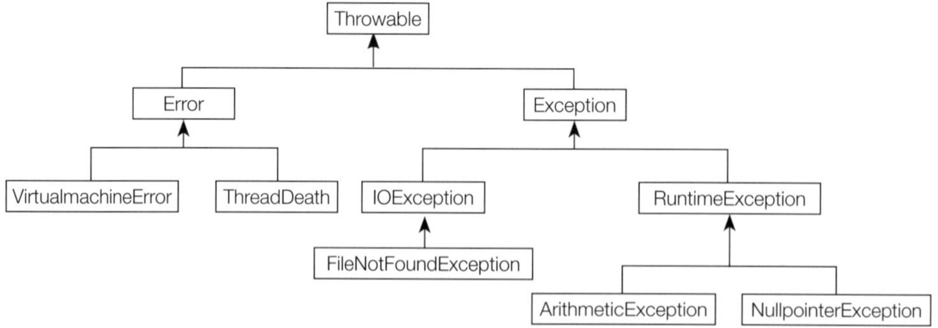

[그림 9-1] 자바 Exception 클래스 계층 구조

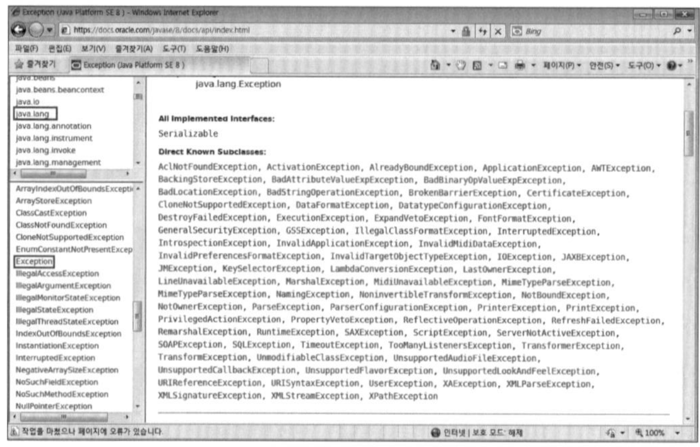

[그림 9-2] Exception 클래스 설명

생성자	설명
Exception( )	예외 메시지 없이 예외 클래스 예외를 생성한다.
Exception(String message)	예외 생성 시 예외 메시지를 예외에 전달한다.
Exception(String message, Throwable casue)	예외 생성 시 예외 메시지와 원인을 예외에 전달한다.

[표 9-2] Excepton 클래스의 여러 가지 메서드

생성자	설명
public String getMessage( )	예외 발생 시 전달된 메시지를 반환한다.
public Throwable getCause( )	예외 발생 시 전달된 예외 원인을 반환한다.
public void printStackTrace( )	예외 발생 시 예외 발생 이력(backgrace)을 출력한다.

03 JAVA / 자바 예외(Exception)의 종류

자바의 예외도 여러 종류가 있다. 이번에는 자바 예외의 종류에 대해 알아보자. 자바의 예외는 첫 번째 예외 구현 시 컴파일러가 예외 구현 여부를 체크하느냐, 체크하지 않느냐로 분류할 수 있다. 다음은 컴파일러 체크 유무에 따른 예외의 분류를 나타낸 것이다. 먼저 **checked Exception** 계열은 반드시 소스상에서 예외 처리를 해야 한다. 만약 소스상에서 예외 처리를 하지 않으면 컴파일 오류가 발생한다. 대표적인 예외 클래스가 IOException 계열이다. 돌발적인 예외는 자바 프로그램과 파일, 데이터베이스, 네트워크와 같은 외부 입출력 장치와 연동할 때 가장 많이 발생한다. 따라서 자바에서는 이러한 입출력 기능을 구현할 때 강제적으로 예외 처리를 해야 한다. [표 9-3]과 [표 9-4]는 자바 실행 시 주로 발생하는 여러 가지 오류에 대한 설명이다.

컴퍼일러 체크 유무에 따른 예외 종류

- **Checked Exception**
  - 자바 소스 작성 시 반드시 예외 처리를 해주어야 한다.
  - 예외 처리를 하지 않고 컴파일 시에는 오류가 발생한다.
  - 예) IOException,SQLException,FileNotFoundException 등
- **UnChecked Exception**

- 자바 소스에서 예외 처리를 해주지 않아도 된다.
- JVM 실행 시 예외 발생을 인지하여 처리해준다.
- 디버깅 처리용으로 사용하면 편리하다.
(예) ArithmeticException, ArrayIndexOutofBounds Exception 등

그 다음은 unchecked Excepition 계열이다. 이 예외들은 명시적으로 예외 처리를 하지 않아도 실행 시에 JVM이 예외 발생 유무를 체크해준다. 일반적으로 자바 프로그램 자체에 관계된 예외가 이에 해당한다.

[표 9-3] 여러 가지 Checked Exception

예외 클래스	설명
IOException	입출력 작업 오류 시 발생하는 예외
FileNotFoundException	파일 입출력 작업 시 해당 파일이 존재하지 않을 때 발생하는 예외
SQLException	데이터베이스 연동 작업 도중 오류 시 발생하는 예외

[표 9-4] 여러 가지 UnChecked Exception

예외 클래스	설명
ArrayIndexOutOfBoundsException	배열 선언 시 생성된 요소보다 큰 요소에 접근 시 발생하는 예외
ArithmeticException	수치형 데이터를 0으로 나눌 때 발생하는 예외
NullPointerException	생성되지 않은 인스턴스를 참조할 때 발생하는 예외
NumberFormatException	변경하려는 문자열이 수치형 데이터 형태가 아닐 때 발생하는 예외
ClassCastException	인스턴스와 다른 종류의 클래스로 캐스팅 시 발생하는 예외
ClassNotFoundException	인스턴스 생성 시 해당 클래스가 존재하지 않을 때 발생하는 예외

다음은 또 다른 예외 분류를 보여주고 있다. 이번에는 자바 JDK에서 미리 만들어 제공하는 예외인지, 아니면 사용자가 직접 만들어 사용하는 예외인지로 분류하고 있다. 자바에서 만들어 제공하는 예외는 모든 자바 프로그램에서 공통적으로 적용되는 예외에 대해 미리 만들어 제공하는 예외다. 그런데 실제 개발을 하면 개발자가 각 상황에 맞게 예외를 정의한 후에 사용해야 할 경우가 있다. 이 경우에는 사용자가 Exception 클래스를 상속받은 후 예외를 정의하여 사용해야 한다.

API 클래스 제공 유무에 따른 예외 분류

- **API 제공 예외 클래스**
  - 모든 프로그램에 공통적으로 적용되는 예외 클래스
  - IOException, SQLException, FileNotFoundException
- **사용자 정의 예외 클래스**
  - 개발자가 프로그램의 상황에 맞게 만들어 쓰는 예외 클래스
  - Exception 클래스를 상속받아 만든다.

04 자바 예외(Exception) 처리 과정

[그림 9-3]은 자바에서 실행 중 예외 발생 시 처리 과정을 나타낸 것이다.

우선 소스 부분에서 3을 0으로 나눔으로써 예외가 발생한다. 그러면 프로그램에서 JVM에게 예외를 전달한다. 그럼 JVM은 발생한 예외를 분석하여 예외에 대한 인스턴스를 생성한다. 그런 다음, 다시 예외가 발생한 부분으로 예외를 던진다.

그럼 프로그램에서는 예외를 반드시 처리를 해주어야 한다. 만약 [그림 9-3]처럼 예외를 처리해주지 않으면 다른 예외와 상관없는 메시지 출력 부분도 영향을 주어 프로그램을 비정상 종료해버린다.

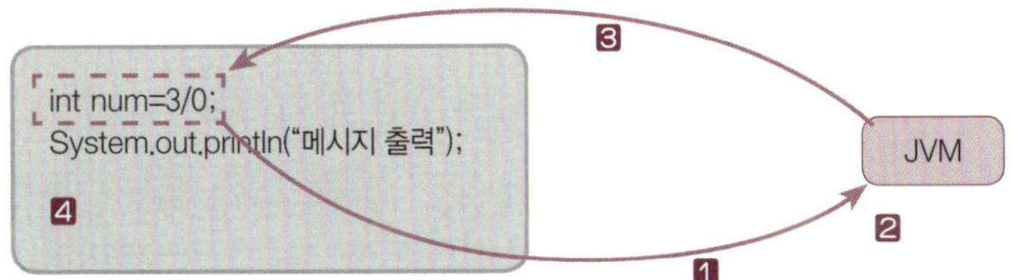

1 예외가 발생하면 JVM에게 예외를 던진다.
2 JVM은 예외를 분석하여 알맞은 Exception 클래스의 객체를 생성한다.
3 생성된 예외 객체를 예외가 발생한 곳으로 던진다.
4 발생한 곳에서 예외 처리를 하지 않으면 프로그램은 비정상 종료된다(메시지를 출력하지 못한다).

[그림 9-3] 자바 예외 처리 과정

이번에는 실제 자바 소스에서 예외를 처리하는 방법에 대해 알아보자. 다음은 자바에서 예외를 처리하는 데에는 try/catch문을 이용하는 방법과 throws를 이용하는 방법이 있다.

5.1 try/catch문으로 예외 처리하기

[그림 9-4]는 try/catch문으로 예외를 처리하는 방법을 나타낸 것이다. 예외 발생 부분을 try/catch문으로 묶으면 catch문의 매개변수가 이를 받아 적절하게 처리해준다. [그림 9-4]의 오른쪽 소스를 보면, num2 변수의 0으로 나누는 부분에서 예외가 발생한 것을 알 수 있다. 그럼 JVM이 해당 예외 객체를 생성한 후 catch문으로 전달하면 e가 받아서 예외 처리를 한다. 그리고 그 아래에 num1*3이라는 명령문은 정상적으로 실행한다.

```
try{
    //예외 발생
}catch(예외 처리 클래스 변수){
    //예외 처리 코드
}
//실행 코드
```

(a) try/catch문 형식

```
try{
    int num1=3;
    int num2=num1/0
}catch(Exception e){
    //예외 처리 코드
    System.out.println("0으로 나눌 수 없음");
}
num2=num1*3;//정상적으로 실행된다.
```

(b) try/catch문을 적용한 소스

[그림 9-4] try/catch문을 이용하여 예외 처리하는 방법

[그림 9-5]는 자바에서 예외 발생 시 예외 처리를 하지 않았을 경우를 나타내고 있다. 먼저 NoException 클래스의 **6행**에서 배열 요소보다 큰 요소에 값을 할당하므로 예외가 발생한다. 그림에 나타난 것처럼 예외를 JVM에게 던지면 JVM은 예외를 분석한 후 발생한 예외의 객체(ArrayIndexOutOfBoundsException)을 생성하고, 이를 예외 발생 부분으로 전달한다. 그런데 예제에서는 예외 처리를 하지 않으므로 비정상 종료되어 [그림 9-6]처럼 NoException 클래스 **7행**의 예외 발생과는 상관없는 **"마지막 부분"**이라는 메시지도 출력하지 못한다.

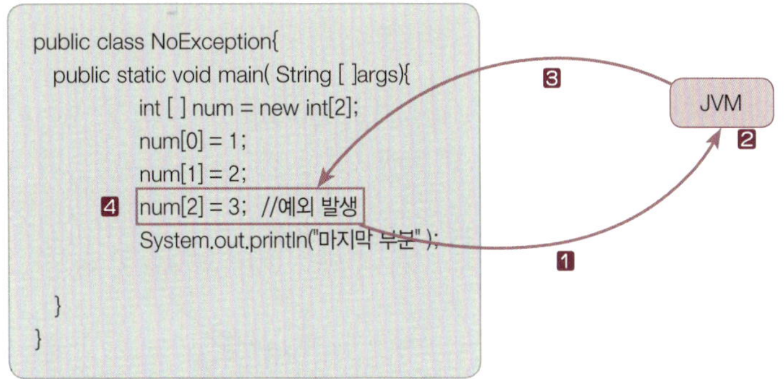

1 예외가 발생하면 JVM에게 예외를 던진다.

2 JVM은 발생한 예외를 분석한 후 ArrayIndexOutOfBoundsException 객체를 생성한다.

3 JVM은 생성된 예외 객체를 발생된 곳으로 던진다.

4 예외가 발생한 곳에서 예외 처리를 하지 않으면 프로그램이 비정상 종료된다.

[그림 9-5]   예외 처리를 하지 않는 경우

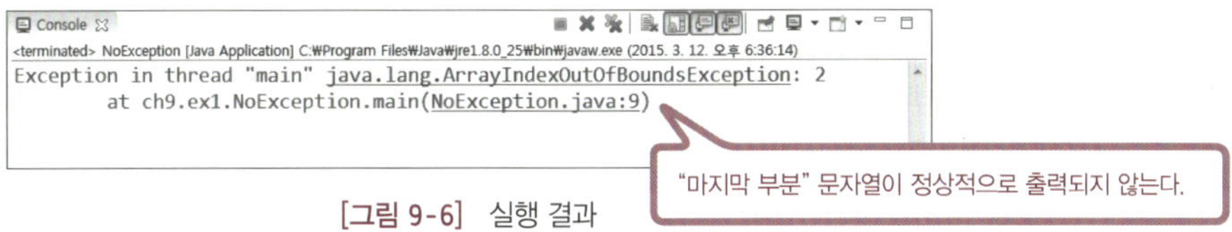

[그림 9-6]   실행 결과

[그림 9-8]은 try/catch문으로 예외 처리를 한 경우를 나타낸 것이다. **7행**에서 예외가 발생하고 이를 JVM이 받아 예외를 되돌려주면, 이번에는 catch문의 exception 타입인 매개변수 e가 받아 예외 처리를 해준다. 그 결과 [그림 9-9]처럼 **13행**의 "마지막 부분"이라는 구문이 정상적으로 출력된다. 즉, 예외가 발생한 부분에 있는 **8행**의 "1 2 3 입력"이라는 메시지는 예외가 발생한 부분과 함께 있기 때문에 예외의 영향을 받지만, try/catch문 밖에 있는 예외와 관련 없는 부분의 기능은 정상적으로 동작하는 것이다. 물론 예외 처리를 함으로써 디버깅 효과도 얻을 수 있다.

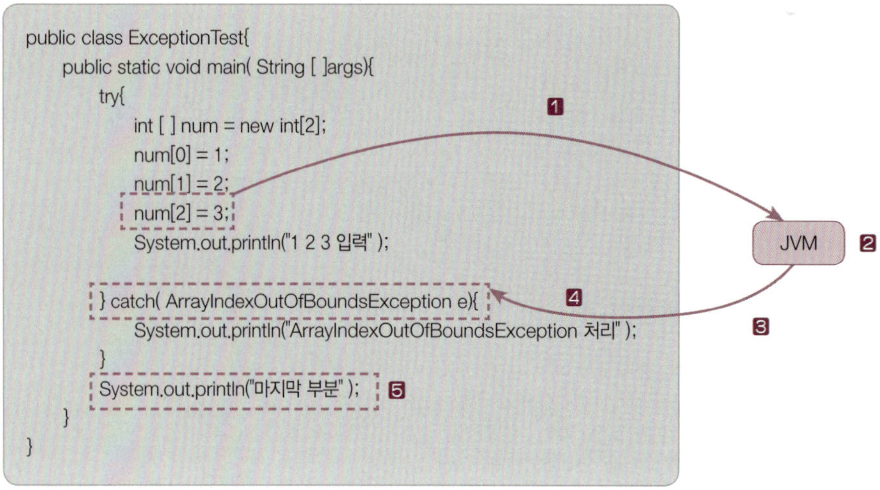

```java
public class ExceptionTest{
    public static void main( String [ ]args){
        try{
            int [ ] num = new int[2];
            num[0] = 1;
            num[1] = 2;
            num[2] = 3;
            System.out.println("1 2 3 입력" );

        } catch( ArrayIndexOutOfBoundsException e){
            System.out.println("ArrayIndexOutOfBoundsException 처리" );
        }
        System.out.println("마지막 부분" );
    }
}
```


예외 처리 과정

1. 예외가 발생하면 JVM에게 예외를 던진다.

2. JVM은 발생한 예외를 분석한 후 ArrayIndexOutOfBoundsException 객체를 생성한다.

3. JVM은 생성된 예외 객체를 발생된 곳으로 던진다.

4. JVM이 던진 예외 객체를 catch 블록이 잡는다.

5. 예외 처리를 한 후 프로그램이 정상 종료한다.

[그림 9-7] 예외 처리를 한 경우

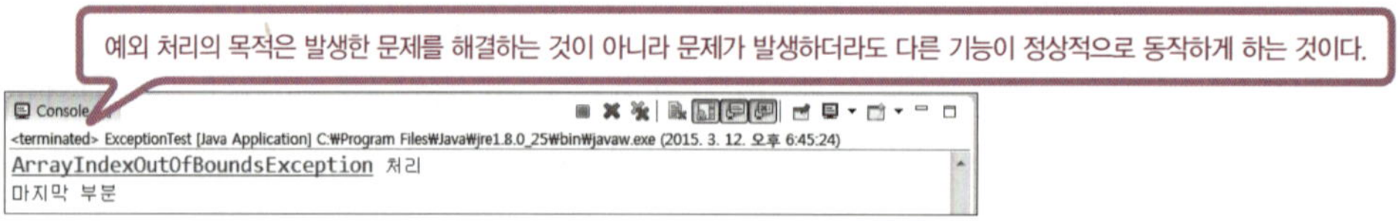

[그림 9-8] 실행 결과

06 다중 catch문과 finally문

6.1 다중 catch문

이번에는 다중 catch문에 대해 알아보자. 프로그램의 기능이 많아지면 자연히 예외의 종류도 많아진다. 한 번에 여러 예외를 처리할 수 있는 기능이 바로 '**다중 catch문**'이다.

[그림 9-9]는 다중 catch문의 수행 과정이다. try 구문의 세 번째 명령문에서 IOException이 발생했다고 가정했을 때 JVM이 예외를 다시 되돌려주면 아래의 다중 catch문에서 처리한다. 이때에는 순차적으로 첫 번째 catch문의 매개변수가 발생한 예외 타입인지를 순차적으로 체크한다. 그럼 세 번째 catch문의 매개변수 타입이 IOException이므로 세 번째 catch문에서 처리한 후 종료한다.

```
try{
    //명령문1
    //명령문2
    //명령문3        ← IOException 발생
    //명령문4
}catch(FileNotFoundException e1){
    //예외 처리1
} catch(IOException e2){
    //예외 처리2
}catch(Exception e3){
    //예외 처리 3
}
```

[그림 9-9] 다중 catch문의 수행 과정

다중 catch문을 사용할 때에는 반드시 앞에 오는 catch문의 매개변수 타입이 Exception 클래스 계층 구조에서 하위 타입 클래스가 와야 한다. [그림 9-10]을 보면 다중 catch문에서 Exception 클래스가 최상위이고, 그 다음이 IOException, FileNotFoundException이므로 다중 catch문에서도 차례대로 구현해주고 있다.

[그림 9-11]는 각 catch문에 사용되는 매개변수의 계층 구조를 나타낸 것이다. 만약 Exception을 처음의 catch문에 사용해 버리면 상속에 의한 다형성의 업캐스팅으로 인해 모든 예외를 모두 받아 버리므로 그 다음에 사용하는 예외는 쓸모가 없어진다. 독자들은 이쯤에서 'Exception 클래스의 계층 구조에서 본 것처럼 자바에서 발생하는 예외는 수도 없

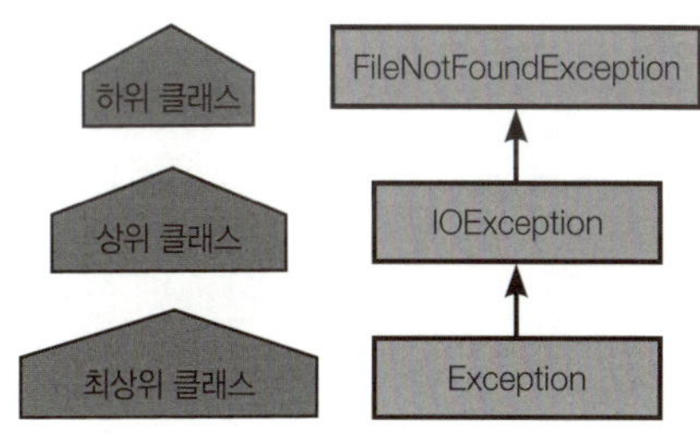

[그림 9-10] Exception 클래스 구조

이 많은데 그런 예외 클래스를 일일이 catch문으로 구현해주어야 하나?'라는 의문이 들 것이다. 이러한 의문에 대한 답은 뒤의 사용자 정의 예외를 학습하면 알 수 있다.

[리스트 9.1]은 다중 catch문 예제다. **4행**에서 2개의 배열 요소를 가지는 num 배열을 생성한다. 그리고 **7행**에서 num의 세 번째 요소에 값을 할당하면 ArrayIndexOutOfBoundsException이 발생한다. 그러면 **10행**의 첫 번째 catch문의 매개변수 타입과 일치하므로 첫 번째 catch문이 예외를 처리한다.

```java
try{
    //명령문1
    //명령문2
    //명령문3
    //명령문4
}catch(FileNotFoundException e1){
    //예외 처리1
} catch(IOException e2){
    //예외 처리2
}catch(Exception e3){
    //예외 처리3
}
```

[그림 9-11] 다중 catch문 구현 순서

그런데 이와 반대로 **7행**을 주석 처리하고, **8행**의 주석을 풀고 실행해보면 이번에는 어떤 수를 0으로 나누었으므로 ArithmeticException이 발생한다. 이 경우에는 **12행**의 catch문이 예외를 처리한다. Exception 타입은 모든 예외를 받을 수 있다.

[리스트 9.1] 다중 catch문 예제(ExceptionTest1.java)

```java
1    public class ExceptionTest1{
2        public static void main( String [ ]args){
3            try{
4                int [ ] num = new int[2];
5                num[0] = 1;
6                num[1] = 2;
7                num[2] = 3;
8                //num[1]=3/0;
9                System.out.println("Hello" );
10           } catch(ArrayIndexOutOfBoundsException e){
11                System.out.println("ArrayIndexOutOfBoundsException 처리" );
12           } catch(Exception  e){
13                e.printStackTrace( );
14           }
15           System.out.println("World" );
16       }
17    }
```

7행 : ArrayIndexOutofBoundsException이 발생한다.

8행 : ArithmeticException이 발생한다.

ArrayIndexOutOfBoundsException 처리
World

(a) 7행에서 예외 발생 시 결과

java.lang.ArithmeticException: / by zero
        at ch9.ex1.ExceptionTest1.main(ExceptionTest1.java:10)
World

(b) 8행에서 예외 발생 시 결과

[그림 9-12] 실행 결과

6.2 finally문

finally문은 예외가 발생하든, 하지 않든 반드시 실행해야 하는 명령문에 사용된다. 주로 입출력 장치 등 외부 장치 연동 시 사전, 사후 작업을 하는 데 사용된다.

[그림 9-13]은 finally문의 사용 형식을 나타낸 것이다.

finally문의 정의와 용도

- **정의**
  - 예외 발생 유무와 상관없이 실행하는 부분
- **용도**
  - 프로그램에서 외부 장치 연동 시 많이 사용된다.

```
try{
    //명령문1
    //명령문2
    //명령문3
    //명령문4
}catch(ArithmeticException e1){
    //예외 처리1
}catch(NullpointerException e2){
    //예외 처리2
}catch(IOException e3){
    //예외 처리3
}catch(Exception e4){
    //예외 처리4
}finally{
    //예외 발생 유무와 관계없이 수행
}
```

[그림 9-13] finally문 사용 형식

[리스트 9.2]는 finally문의 사용 예제다. **11~13행**의 finally문 안에 있는 명령문은 예외가 발생하든, 발생하지 않든 실행된다. **7행**에서 ArrayIndexOutofBoundsException을 발생시키고 있다.

[그림 9-14]는 예외가 발생한 경우와 정상적으로 실행한 경우의 결과다. finally문 안의 명령문은 예외 발생 유무에 관계없이 실행된다.

[리스트 9.2] finally문 사용 예제(ExceptionTest2.java)

```
1    public class ExceptionTest2{
2        public static void main( String [ ]args){
3          try{
4               int [ ] num = new int[2];
5               num[0] = 1;
6               num[1] = 2;
7               num[2] = 3;
8               System.out.println("Hello " );
9          } catch( ArrayIndexOutOfBoundsException e){
10              System.out.println("ArrayIndexOutOfBoundsException 오류 발생" );
11         } finally {
12              System.out.println("오류 발생 유무와 무관하게 반드시 수행된다" );
13         }
14         System.out.println("World" );
15     }
16  }
```

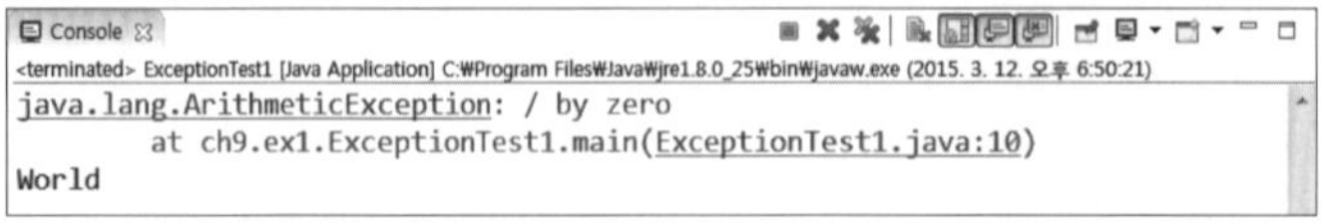

(a) 예외가 발생한 경우

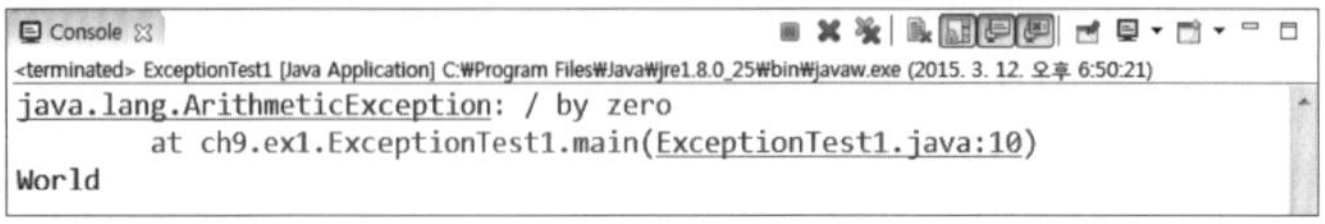

(b) 정상 실행인 경우

[그림 9-14]   실행 결과

throws를 이용한 예외 처리 방법

자바에서 예외를 처리하는 데에는 try/catch문과 throws를 이용하는 방법이 있다. 이번에는 throws를 이용하여 예외를 처리하는 방법에 대해 알아본다. throws 예외 처리에 대해 알려면 먼저 자바 프로그램 실행 시에 메서드를 호출하여 실행하는 과정을 학습할 필요가 있다.

> **throws를 이용한 예외 처리 방법**
>
> • 자바의 메서드 호출 방법을 이용하여 메서드 내에서 발생한 예외를 처리

[그림 9-15]는 자바 실행 시 메서드 호출 과정을 보여주고 있다. 자바 프로그램을 실행하면 main() 메서드가 처음 실행된다. 그럼 JVM은 현재 실행 중인 메서드의 메서드명을 메모리의 stack 영역에 실행 중인 메서드명에 저장한다. 따라서 [그림 9-15]과 같이 최초 실행 중인 main 메서드명이 stack에 저장된다.

그리고 main() 메서드에서 m1() 메서드를 호출한 후 m1() 메서드로 이동하여 실행하면 m1 이라는 메서드명을 stack에 저장한다. 그리고 m1()에서 m2() 메서드를 호출하면 m2() 메서드명을 stack에 저장한다.

그리고 m2() 메서드 실행을 완료한 후 m1() 메서드로 복귀하면 m2 메서드명을 stack에서 지운다. 그리고 m1() 메서드 실행을 완료한 후 복귀하면 m1 메서드명을 stack에서 지운다. 그리고 최종적으로 main() 메서드 실행을 종료한 후 stack에서 모든 메서드의 이름을 비운다.

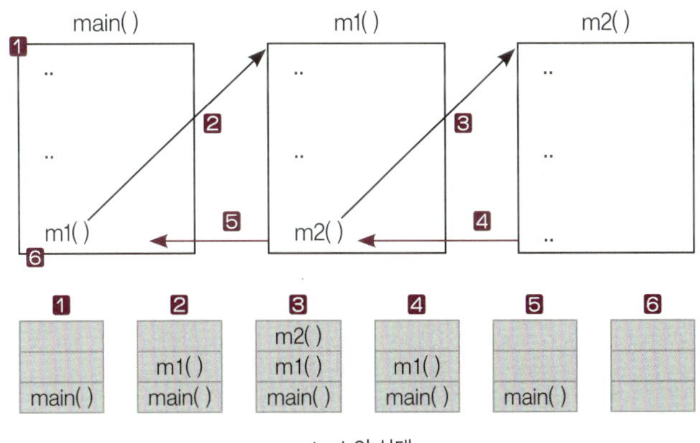

[그림 9-15] 자바 실행 시 메서드 호출 과정

throws 예외 처리 방법은 try/catch문과 달리 예외를 메서드를 호출한 곳으로 떠넘겨야 메서드를 호출한 곳에서 예외 처리를 하게 하는 방법이다. 자바에서 메서드를 호출하면 호출한 메서드가 어떤 메서드인지가 메모리에 저장되어 있기 때문에 throws로 예외 처리를 하면 메서드를 호출한 메서드로 예외를 전달한다.

호출된 메서드에서 발생한 예외를 호출한 메서드로 던질 때에는 메서드의 이름 뒤에 throws 뒤에 던질 예외 클래스명을 적어주면 된다.

---

throw를 이용한 예외 처리 방법

- **throws 처리 방식**
  - 예외 발생 시 발생한 예외를 메서드를 호출한 곳으로 전달하여 예외 처리를 한다.
  - 최초 메서드를 호출한 main( ) 메서드에서는 try/catch문으로 예외 처리를 해야 한다.
  - RuntimeException 계열은 throws할 필요가 없다.
- **형식**

```
public [리턴 타입] 메서드명([매개변수]) throws 예외 클래스명{

    ....

}
```

[그림 9-16]은 실제 throws를 이용하여 메서드에서 처리하는 과정을 나타내고 있다. 먼저 main( ) 메서드에서는 try/catch문으로 예외 처리를 해주고 있다. main( ) 메서드에서 m1(), 메서드 m1()에서는 m2( ) 메서드를 호출한다. 그런데 m2( ) 메서드에서 예외가 발생하면 m2()에서 예외를 throws하므로 m2()를 호출한 m1()으로 떠넘긴다. 다시 m1()도 throws하므로 최초로 호출한 main( ) 메서드로 전달하여 최종적으로 main( ) 메서드에서 예외 처리를 한다. 그런데 예외 처리는 앞에서 배운 try/catch문으로 해도 되는데 굳이 throws를 예외 처리해주는 이유가 궁금하다.

메서드마다 try/catch문으로 예외를 처리해 줘도 상관없다. 메서드가 구현해야 할 기능이 많아질 경우, try/catch문 안에 소스를 작성하면 복잡해지기 때문이다. throws를 이용하면 메서드 안에서는 메서드의 기능만 구현하고, **최종적으로 모든 예외는 맨 처음 호출한 메서드에서 처리해주면 소스가 간결해지고 가독성도 좋아진다.**

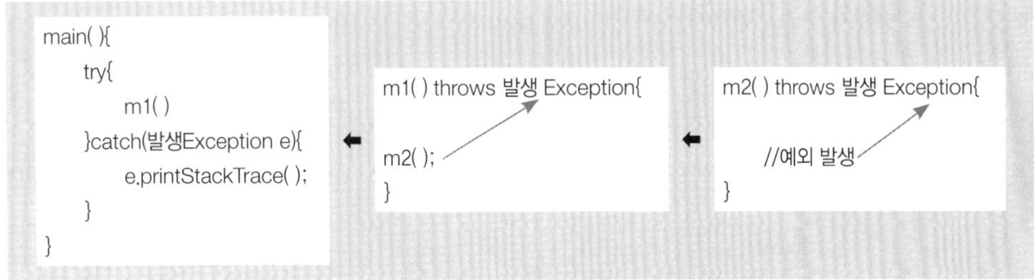

[그림 9-16] throws를 이용한 예외 처리 과정

[리스트 9.3]과 [리스트 9.4]는 throws를 이용한 예외 처리 예제다. [리스트 9.3]에 ArrayUtil 클래스가 구현되어 있다. **2행**에서 call( ) 메서드는 메서드에서 발생한 예외를 호출한 곳으로 던지고 있다.

그리고 [리스트 9.4]의 ThrowTest 클래스에서는 **5행**에서 ArrayUtil 클래스의 call( ) 메서드를 호출한다. ArrayUtil 클래스의 call( ) 메서드에서는 ArrayIndexOutOfBoundsException이 발생하는데, 이때 call( ) 메서드는 발생한 예외를 최종 메서드를 호출한 main( ) 메서드로 떠넘긴다. 최종적으로 main( ) 메서드의 try/catch문에서 예외 처리를 하고 있다.

[리스트 9.3]에서 발생한 예외는 unchecked 계열 예외다. unchecked 계열 예외는 **2행**처럼 굳이 throws로 예외 처리를 해주지 않아도 JVM이 자동으로 예외를 호출한 곳으로 떠넘긴다.

[리스트 9.3] throws를 이용한 예외 처리(ArrayUtil.java)

```
1     public class ArrayUtil  {
2       public void call( ) throws  Exception{
3           System.out.println("call 메서드 시작");
4           int [ ] num = new int[2];
5           num[0] = 1;
6           num[1] = 2;
7           num[2] = 3;
8
9           System.out.println("call 메서드 종료");
10      }
11    }
```

7행 : call( ) 메서드에서 ArrayIndexOutofBoundsException이 발생한다.

[리스트 9.4] 실행 클래스(ThrowTest.java)

```
1      public class ThrowTest{
2         public static void main(String[] args){
3            ArrayUtil t= new ArrayUtil( );
4            try{
5               t.call( );
6               System.out.println("Hello");
7
8            }catch(Exception e){
9               System.out.println("main 메서드에서 예외 처리");
10           }
11           System.out.println("World");
12        }
13     }
```

```
Console
<terminated> ThrowTest [Java Application] C:\Program Files\Java\jre1.8.0_25\bin\javaw.exe (2015. 3. 12. 오후 7:02:48)
call 메소드 시작
main 메소드에서 예외 처리
World
```

[그림 9-17] 실행 결과

지금까지 자바에서 예외를 처리하는 방법에 대해 알아보았다. throws를 이용하여 예외 처리를 하는 이유를 명확하게 알아두기 바란다.

08 _{JAVA} 명시적 예외 처리 방법

앞에서 예외 처리 시 발생하는 예외는 모두 프로그램 실행 시에 프로그램 자체의 문제에 의해 발생했다. 그런데 프로그램이 정상적으로 실행되고 있는 상태임에도 사용자가 임의로 예외를 발생시킬 수 있다. 사용자가 명시적으로 예외를 발생시킬 때에는 'throw'라는 키워드를 이용한다. 그리고 용도는 뒤에서 배우는 사용자 정의 예외 처리 시에 주로 사용된다.

> **명시적 예외 처리의 정의, 발생 방법 및 용도**
>
> - **정의**
>   - 예외 발생 상황이 아니더라도 필요에 의해 강제로 예외를 발생시키는 기능
> - **발생 방법**
>   - **throw** new Exception 클래스([args]);
> - **용도**
>   - 사용자 정의 예외 클래스로 예외 처리 시 사용
>   - 그 밖의 필요로 예외를 강제로 발생시킬 필요가 있는 경우에 사용

[리스트 9.5]는 명시적 예외 처리 예제다. 먼저 **3행**의 call() 메서드에서 IOException을 throws하고 있다. Checked 예외 클래스 계열은 throws를 생략해서는 안 된다. 그런데 이번에는 call() 메서드에서 예외가 발생하는 상황이 아니다. 그러나 **8행**에서 강제적으로 throw를 이용하여 IOException을 발생시키고 있다. [리스트 9.6]의 ThrowTest 실행 클래스 **7행**에서 call() 메서드를 호출하면 IOException이 전달되어 IOException 발생 시 전달된 문자열을 [그림 9-18]에서 출력하고 있다.

ThrowTest 클래스 **9행**에는 예외 처리하는 부분에 printStackTrace() 메서드를 사용하고 있다.

이 메서드는 예외가 발생한 과정을 메서드 호출 순서로 표시해준다. [그림 9-18]의 결과값을 보면 아래에서부터 main() 메서드를 호출한 후 call() 메서드를 호출하면서 예외가 발생했다는 메시지를 출력해주고 있다. 이는 디버깅 시 많이 사용되는 메서드이다. 명시적 예외 발생 방법은 다음의 사용자 정의 예외 처리에서 사용한다.

[리스트 9.5] 명시적 예외 처리(ArrayUtil.java)

```
1    import java.io.IOException;
2    public class ArrayUtil{
3       public void call( ) throws IOException {
4           System.out.println("call 메서드 시작");
5           int [ ] num = new int[2];
6           num[0] = 1;
7           num[1] = 2;
8           if( num.length == 2 ) throw new IOException("배열크기가 2" );
9               System.out.println("call 메서드 종료");
10      }
11   }
```

10행 : IOException 예외를 강제로 발생시킨다.

[리스트 9.6] 명시적 예외 처리(ThrowTest.java)

```java
1      import java.io.IOException;
2
3      public class ThrowTest{
4         public static void main(String[] args){
5            ArrayUtil t= new ArrayUtil( );
6            try{
7                t.call( );
8            }catch(IOException e){
9                e.printStackTrace( );
10           }
11           System.out.println("마지막 부분");
12       }
13    }
```

9행 : printStackTrace( ) 메서드는 예외 발생 이력을 차례대로 출력해준다.

```
Console 23                                           terminated> ThrowTest (1) [Java Application] C:\Program Files\Java\jre1.8.0_25\bin\javaw.exe (2015. 3. 12. 오후 7:05:47)
java.io.IOException: 배열크기가 2
        at ch9.ex3.ArrayUtil.call(ArrayUtil.java:13)
        at ch9.ex3.ThrowTest.main(ThrowTest.java:8)
call 메소드 시작
마지막 부분
```

[그림 9-18] 실행 결과

09 / 사용자 정의 예외 정의 및 사용 방법

앞에서 배운 예외들은 모두 미리 자바에서 만들어 제공하는 것이다. 즉, 모든 자바 프로그램에서 공통적으로 예외로 인식하는 오류를 클래스로 만들어 제공하는 것이다.

학생의 성적을 입력받아 화면에 출력하는 프로그램을 구현한다고 가정해보자. 학생의 점수는 0점에서 100점 사이인데, 사용자가 잘못 입력하여 140점이라고 입력하면 당연히 프로그램에서는 예외를 발생시켜야 한다. 예외가 발생했을 때 예외 발생 시각을 출력해주면 디버깅하기에도 편하다. 그런데 이러한 예외는 자바에서 제공하지 않는다. 사용자 프로그램에서 필요한 예외는 Exception 클래스를 상속받아 직접 만들어 사용해야 한다. 대부분의 프로그램에서도 프로그램 상황에 맞게 예외를 만들어 사용하고 있다.

그럼 이번에는 사용자 정의 예외를 설명할 때 예로 든 시험 점수를 체크하여 시험 범위를 벗어나면 예외 발생 시간과 예외 내용을 출력시켜주는 예제를 실습해보자.

먼저 [리스트 9.7]에 사용자 정의 예외 클래스를 정의하고 있다. **1행**에서 보듯이 사용자 정의 예외 클래스는 항상 Exception 클래스를 상속받아 만든다. 사용자 정의 예외 클래스는 반드시 Exception 클래스를 상속받아 만들어야 한다.

그리고 **9~12행**에 예외 발생 시 예외 발생 시각과 예외 내용을 동시에 출력해주는 getUser ExceptionInfo() 메서드를 구현하고 있다. 그리고 예외 발생 시 시간 정보를 출력해주는 showTime() 메서드도 구현하고 있다.

[리스트 9.8]은 학생의 시험 점수의 유효성을 체크해주는 ScoreUtil 클래스이다. calcScore() 메서드로 입력한 점수가 호출 시에 전달되면 시험 점수 범위를 체크하여 0~100 사이이면 정상적으로 시험 점수를 리턴하고, 그 범위를 벗어나면 예외를 발생시킨다. [리스트 9.8]에서 ScoreUtil 클래스 객체를 생성한 후 실행하고 있다.

ScoreTest 클래스에서 score 변수에 89점으로 초기화한 후 **7행**에서 calcScore()를 호출하면 점수가 0~100점 사이에 있으므로 [그림 9-19] 의 첫 번째 결과처럼 정상적으로 점수를 출력한다. 그런데 score 변수의 값을 120점으로 초기화한 후 실행하면 ScoreUtild의 calcScore() 에서 예외를 발생시킨다. 결과를 보면 이번에는 예외 출력 시 예외 발생 시간과 예외 내용도 함께 출력하고 있다.

실제 개발 시에도 디버깅의 용이성을 위해 예외 클래스를 만들어 사용한다. 그리고 ScoreTest 클래스의 예외 처리 방법을 보면 catch문에 사용자가 정의한 예외 타입으로 catch문을 만들고, 그 뒤에 Exception 타입 catch문으로 예외 처리하고 있다.

실제 프로그래밍에서도 일단 앞부분은 사용자 정의 예외로 예외 처리를 하고, 뒷부분은 Exception으로 예외 처리를 하면 모든 예외를 받을 수 있다.

[리스트 9.7] 사용자 정의 예외 클래스(UserDefinedException.java)

```java
1   public class UserDefinedException extends Exception {
2       private String mesg;
3       public UserDefinedException(String mesg){
4           this.mesg=mesg;
5       }
6       public String toString( ){
7           return "예외 메시지는 : " +mesg;
8       }
9       public String getUserExceptionInfo( ){
10          String errMsg="예외 발생 시간: "+showTime( ) +" 예외 내용:"+mesg;
11          return errMsg;
12      }
13      public static String showTime( ){
14          String date=null;
15          String time=null;
16          Calendar cal=Calendar.getInstance( );
17          int hour=cal.get(Calendar.HOUR);
18          int min=cal.get(Calendar.MINUTE);
19          int sec=cal.get(Calendar.SECOND);
20          int year=cal.get(Calendar.YEAR);
21          int month=cal.get(Calendar.MONTH)+1;
22          int day=cal.get(Calendar.DATE);
23          date=year+ "-"+ month + "-"+day;
24          time=hour +":"+min+":"+sec;
25          return date+ " " +time;
26      }
27  }
```

[리스트 9.8] 시험 점수 유효서 체크 클래스(ScoreUtil.java)

```java
1   public class ScoreUtil{
2       public int calcScore(int score) throws UserDefinedException {
3           System.out.println("calcScore 메서드 시작");
4           if(score<0 || score>100)
5               throw new UserDefinedException("정확한 점수를 입력하세요." );
```

```
6              System.out.println("calcScore 메서드 끝");
7              return score;
8          }
9      }
```

2행　 : 메서드 내에서 예외가 발생하면 호출한 곳으로 예외를 떠넘긴다.

4~5행 : calcScore( ) 메서드로 전달된 점수의 범위가 0~100점 사이를 벗어나면 강제로 UserDefined
　　　　Exception 객체를 발생시킨다.

[리스트 9.9] 실행 클래스(ScoreTest.java)

```java
1    public class ScoreTest {
2        public static void main(String[] args){
3            int score=89;
4            //int score=120;
5            ScoreUtil t= new ScoreUtil( );
6            try{
7                score=t.calcScore(score);
8                System.out.println("입력한 시험점수는 "+score+ "입니다.");
9            }catch(UserDefinedException e){
10                   System.out.println(e.getUserExceptionInfo( ));
11           }catch(Exception e){
12                   e.printStackTrace( );
13           }
14           System.out.println("마지막 부분");
15       }
16   }
```

```
calcScore 메소드 시작
calcScore 메소드 끝
입력한 시험점수는 89입니다.
마지막 부분
```

(a) score 값이 89점인 경우

```
calcScore 메소드 시작
예외발생 시간: 2015-3-12 7:10:35 예외 내용:정확한 점수를 입력하세요.
마지막 부분
```

(b) score 값이 120점인 경우

[그림 9-19] 실행 결과

지금까지 예외에 대해 알아보았다. **예외 처리의 목적과 사용자 예외 처리 방법은 반드시 알아두자.** 그리고 렌터카 실습 예제에 사용되는 메서드에 예외를 적용하는 과정을 동영상을 참고하여 실습하기를 바란다.

10 / 예외를 적용한 렌터카 예약 시스템

예외의 목적과 사용 방법을 렌터카 예약 시스템에 적용한 예제다.

1 자바 프로그램에서 예외 처리하는 이유를 설명하라.

2 컴파일 시 체크 유무에 따른 예외 클래스 종류를 설명하라.

3 자바 예외 처리 방법에 대해 설명하라.

4 다음 예외 클래스는 어떤 경우에 발생하는가?
ArrayIndexOutOfBoundsException, ArithmeticException

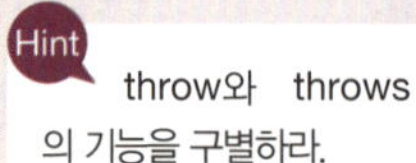

5 자동차 클래스와 자동차 클래스를 객체 생성한 후 사용하는 실행 클래스이다.
CarTest.java의 12행에서 자동차의 속도를 높이기 위해 speedUp()을 호출할 때
속도가 50보다 작거나 100보다 큰 경우에는 실행 결과처럼 예외가 발생하도록
TrafficException 클래스와 speedUp() 메서드를 구현하라.

TrafficException.java

```java
1    public class TrafficException extends Exception {
2        String violationMessage;
3
4        public TrafficException(String violationMessage){
5            this.violationMessage=violationMessage;
6        }
7
8        public String getViolationMessage( ){
9            return "위반 내용:"+violationMessage;
10       }
11   }
```

Car.java

```java
1    public class Car {
2        private String carName;
3        private int velocity;
4
5        public Car(String carName, int velocity) {
6            this.carName = carName;
7            this.velocity = velocity;
8        }
9
10       public String getCarName( ) {
11           return carName;
12       }
13
14       public void setCarName(String carName) {
```

```
15            this.carName = carName;
16        }
17
18        public int getVelocity( ) {
19            return velocity;
20        }
21
22        public void setVelocity(int velocity) {
23            this.velocity = velocity;
24        }
25    }
```

CarTest.java

```
1    public class CarTest {
2        static void speedUp(Car car,int speed) throws TrafficException{
3            int total_speed=car.getVelocity( )+speed;
4
5            if(total_speed <=50 || total_speed >100)
6                throw new TrafficException("속도 위반입니다.");
7            else
8                car.setVelocity(total_speed);
9        }
10
11        public static void main(String[] args) {
12            Car myCar=new Car("소나타",60);
13            Car yourCar=new Car("제너시스",60);
14
15            try{
16                speedUp(myCar,100);
17                System.out.println("dd");
18            }catch(TrafficException te){
19                System.out.println(te.getViolationMessage( ));
20            }catch(Exception e){
```

```
21                    System.out.println(e.getStackTrace( ));
22            }
23        }
24    }
```

```
Console ⌗
<terminated> CarTest [Java Application] C:\Program Files\Java\jre1.8.0_25\bin\javaw.exe (2015. 3. 31. 오후 4:20:46)
위반 내용:속도 위반입니다.
```

실행 결과

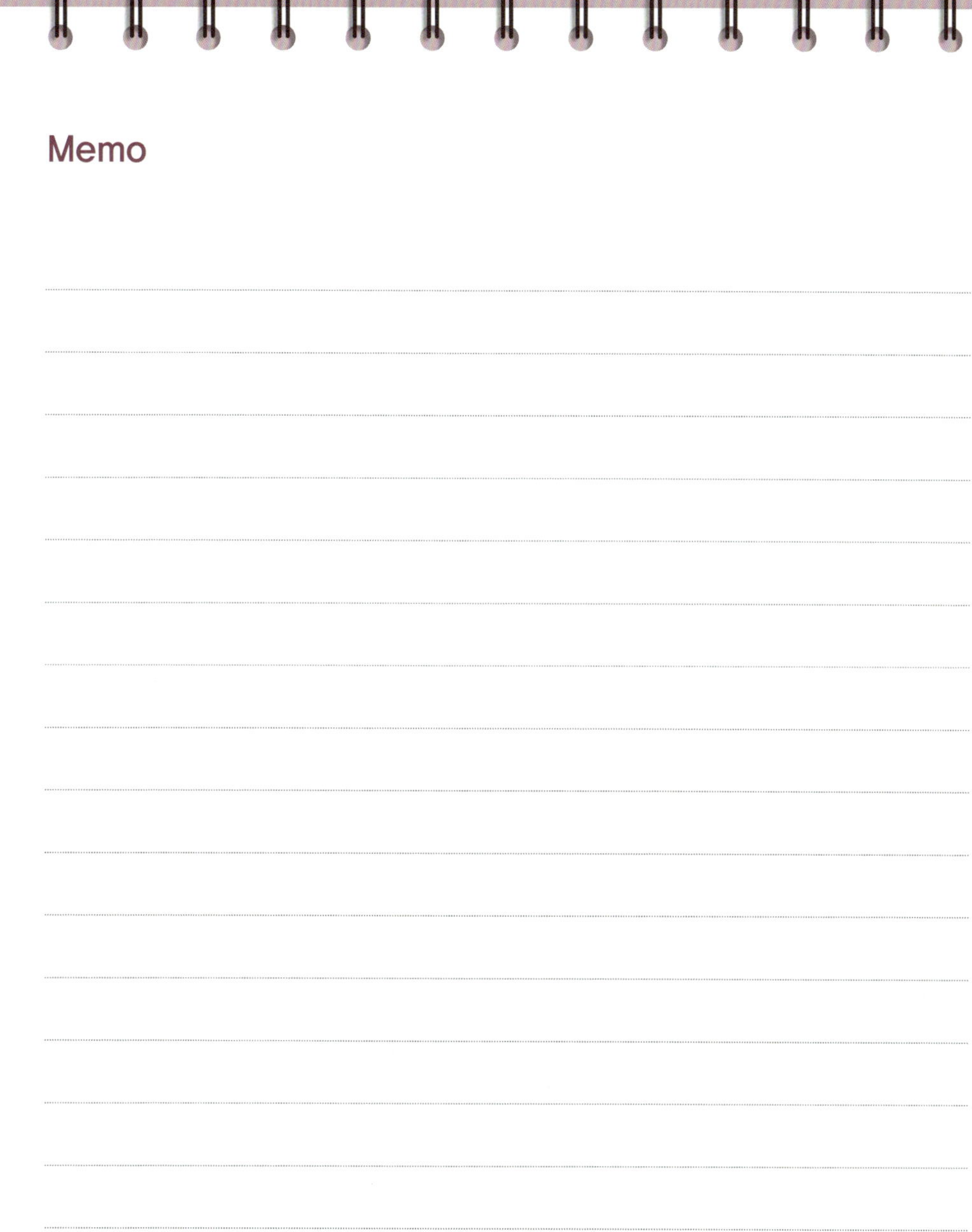

Memo

컴퓨터를 있게 한 사람들

리누스 베네딕트 토르발스(1969. 12. 28.~)는 스웨덴계 핀란드인으로, 핀란드 헬싱키에서 태어난 소프트웨어 개발자다. 리눅스 커널을 최초로 개발한 사람으로 잘 알려져 있다. 후에 그는 리눅스 커널 개발 최고 설계자가 되었고, 현재 프로젝트 코디네이터로 활동하고 있다. 그는 커널의 플랫폼 독립적인 부분과 인텔 IA-32 아키텍처로 구체화되는 핵심 커널의 컴포넌트들을 관리한다. 저명한 오픈소스 소프트웨어 개발 리더들에게 부여되는 명예 타이틀직인 자비로운 종신 독재자(BDFL, Benevolent Dictator for Life) 중의 한 사람이기도 하다.

리누스는 1988년 헬싱키 대학교에 입학했고, 1996년 전산학 석사로 졸업했다. 석사 논문 제목은 '리눅스 : 이식 가능한 운영체제'이다. 리누스는 대학교 1학년을 마친 후 포병 관측 장교로 핀란드군에 입대하여 소위로서 11개월간 복무했다. 1990년에 복학한 후 최초로 DEC MicroVAX에서 운영하는 ULTRIX의 형태로 유닉스를 만나게 되었다.

리누스의 컴퓨터에 대한 관심은 코모도어 VIC-20와 함께 시작되었다. 이후 싱클레어 QL를 구입하고 그 운영체제를 변형시켰으며, 어셈블리어 프로그램과 텍스트 에디터를 만들거나 몇 가지 게임을 프로그래밍하기도 하였다. 1991년 2월 2일, 그는 인텔 80386 기반의 IBM PC를 구입하였다. 한 달 정도 페르시아의 왕자 등의 게임을 하면서 MINIX의 사본을 기다렸는데, MINIX가 도착한 직후 그는 리눅스 커널을 만드는 일을 시작하였다.

(출처 : 위키백과)

10장

컬렉션 프레임워크
(Collection Framework)

앞 부분에서 프로그래밍은 필요한 데이터를 입력받아서 원하는 결과가 나오도록 처리하는 과정이라고 했다.

이처럼 프로그램 실행 시에 프로그램이 처리하고자 하는 데이터를 어떤 식으로 메모리나 저장 장치에 저장하고 또 가지고 오느냐의 방법이 자료 구조다. 우리는 이미 가장 간단한 자료 구조인 배열을 학습한 후 사용했다.

이번 장에서는 배열 이외에 자바에서 제공하는 여러 가지 데이터 처리 방법을 학습한다. 프로그램 실행 시에 어떤 방법으로 데이터를 다루냐에 따라 프로그램의 성능에 많은 영향을 미친다.

1 자료 구조(Data Structure)의 정의

2 Collection Framework의 정의

3 Collection 계열 기능

4 Map 계열 기능

5 Iterator와 Enumeration 기능

6 Properties와 TreeSet, TreeMap 기능

7 Generics 기능

8 오토박싱(Auto Boxing)/언오토박싱(unAuto Boxing)

자료 구조(Data Structure)의 정의

컬렉션 프레임워크(Collection Framework)에 대해 알아보기 전에 이와 관련이 있는 자료 구조의 개념에 대해 알아보자.

자료 구조란, 프로그램을 실행할 때 사용되는 데이터를 메모리나 저장 장치에 저장하고, 이를 인출하여 사용하는 논리적인 구조를 의미한다. 그렇다면 자료 구조의 용도는 무엇일까?

자료 구조의 정의와 용도

- 정의
  - 프로그램 실행 시 프로그램에서 이용되는 데이터를 메모리나 저장 장치에 저장하여 사용하기 위한 논리적 구조
- 용도
  - 프로그램에서 사용되는 자료 구조에 따라 프로그램의 성능이 결정된다.

예를 들어 도서관에 가면 도서 단말기의 도서 검색 프로그램을 이용하여 자신이 대출하고 싶은 도서를 검색한다. 그런데 만약 A 도서관에서는 검색 프로그램으로 대출 정보를 검색하는데 2분이 걸리고, B 도서관에서는 10초가 걸린다고 가정해보자. 그러면 당연히 사용자 입장에서는 B 도서관의 프로그램이 더 좋다고 생각할 것이다. 왜 이런 차이가 생기는 것일까?

그것은 바로 각각의 프로그램이 사용하는 도서 정보가 어떻게 저장되었느냐에 달려 있다. [그림 10-1]은 A 도서관의 데이터 저장 방법을, [그림 10-2]는 B 도서관의 데이터 저장 방법 나타낸 것이다.

A 도서관에서는 새 도서가 입고되면 도서 정보를 배열에 저장하는 것처럼 입고 순으로 저장한다. 이렇게 저장하고 난 후 사용자가 도서 검색을 요청하면 앞에서부터 순차적으로 검색한다. 운이 좋아서 검색하려는 자료가 앞에 있으면 빨리 결과값을 출력하지만, 만약 도서 정보가 뒤에 있으면 그만큼 시간이 걸린다.

반면, B 도서관에서는 도서명을 기준으로 가나다 순으로 분류하여 도서 정보를 저장한다. 사용자가 도서 검색 단말기에서 검색을 요청하면 요청한 도서명으로 시작되는 부분부터 검색하기 시작한다. 따라서 A 도서관에서 검색하는 것보다 훨씬 빠르게 원하는 검색 결과를 얻어올 수 있는 것이다. 이처럼 프로그램이 사용하는 자료를 어떻게 저장하느냐에 따라 프로그램의 성능이나 편리성에 차이가 생긴다. 이번에는 프로그램에 사용되는 여러 가지 자료 구조에 대해 간단히 알아본다.

도서 정보를 순차적으로 검색한다.

[그림 10-1] 데이터를 순차적으로 검색하는 경우

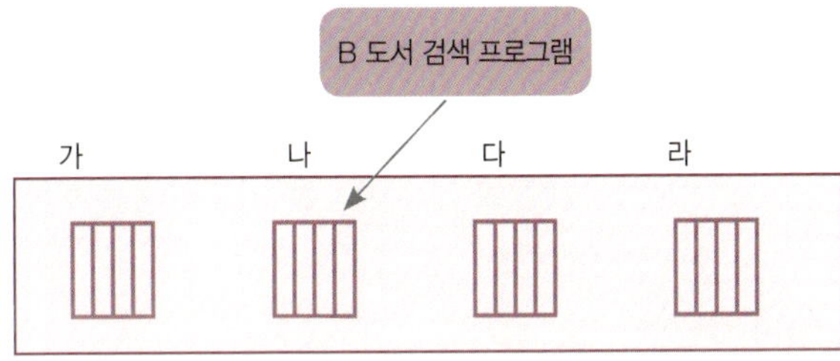

도서 정보를 미리 '가나다' 순으로 저장한 후 요청 검색 도서명으로 바로 검색한다.

[그림 10-2] 데이터를 인덱스로 검색하는 경우

자료 구조는 크게 선형 구조와 비선형 구조로 나눌 수 있다. 우선 선형 구조는 자료를 순차적으로 저장한다. 대표적인 예가 배열이다. 비선형 구조에는 트리(Tree)와 그래프(Graph)가 있다. 그리고 파일에 자료를 저장하는 방법을 나타내는 파일 구조도 있다. 이는 자료 구조의 내용이 복잡하기 때문에 전산 관련 전공에서는 별도의 과목으로 분리되어 있다. 우리는 지금 자바 언어 관점에서 자료 구조를 학습하므로 중요한 부분만 살펴본다.

자료 구조의 종류

- 선형 구조
  - 배열 : 동일한 데이터 타입을 저장한다.
  - [리스트 : 자료 저장 시 순서(index)를 부여하여 사용한다.
  - 스택 : 한 쪽 끝에서만 저장, 삭제가 가능하다.
  - 큐 : 한쪽에서는 저장, 다른 쪽에서는 삭제가 수행된다.
- 비선형 구조
  - 트리, 그래프
- 파일 구조
  - 순차적 파일 구조
  - 상대적 파일 구조
  - 색인 파일 구조
  - 다중 키 파일 구조

Collection Framework의 정의

이번에는 컬렉션 프레임워크에 대해 알아보자. **프레임워크(framework)**는 일단 '**이미 만들어진 기능**' 정도로 해석하면 된다. 여러분들이 자바를 주로 사용하는 웹프로그래밍을 접하면 프레임워크라는 말을 자주 듣게 된다. 프레임워크는 앞에서 언급한 것처럼 이미 사용하고자 하는 기능이 어느 정도 만들어져 있는 반제품이라 생각하면 된다.

컬렉션 프레임워크는 앞에서 살펴본 여러 가지 자료 구조의 개념을 자바 프로그래밍에서 쉽게 사용할 수 있도록 미리 클래스로 만들어 제공하는 기능이다.

> **Collection Framework의 정의와 특징**
>
> - 정의
>   - 여러 가지 자료 구조를 자바에서 미리 구현하여 제공하는 클래스
> - 특징
>   - 객체(인스턴스)만 저장할 수 있다.
>   - 다른 클래스 타입의 객체도 저장할 수 있다.

우리가 프로그래밍을 잘하려면 자료 구조의 개념을 알고 있는 상태에서 프로그래밍을 해야 하지만, 자바에서는 자료 구조의 개념이 프로그래밍에서 많이 쓰이므로 사용자들에게 미리 만들어 제공하는 것이다. 이를 다른 말로 'API(Application Programming Interface)'라고 한다. 따라서 프레임워크와 API는 지금은 같은 개념이라고 보면 된다.

사용자는 자료 구조를 당장 자신이 일일이 구현하여 쓸 필요 없이 자바에서 제공하는 Collection 클래스의 기능의 사용 방법을 알아서 그때그때 사용하면 되는 것이다. 물론 장기적으로는 개발자가 자료 구조의 개념을 알고 있는 상태에서 프로그래밍을 하면 더 좋은 프로그램을 만들 수 있다.

자바 컬렉션 프레임워크의 특징으로는 자바의 컬렉션 프레임워크의 클래스에는 객체(인스턴스)만 저장할 수 있다는 점을 들 수 있다. 우리는 보통 인스턴스를 '**클래스 객체**'라 부르고 있는데, 이와 동일한 개념으로 보면 된다.

[그림 10-3]은 자바가 만들어 제공하는 클래스 중 많이 사용되는 컬렉션 프레임워크의 계층 구조를 나타낸 것이다. 뒤에서도 API에 대해 학습하겠지만, 자바의 기능이 클래스별로 따로

제공되는 것이 아니라 [그림 10-3]처럼 모두 계층 구조로 제공되므로 자바를 잘하려면 자바에서 제공하는 API의 계층 구조를 잘 파악해두는 좋다.

컬렉션 프레임워크는 크게 Collection 계열과 Map 계열로 나뉜다. 각각의 차이점은 뒷 절에서 차례대로 배운다. 다음 절에서는 먼저 Collection 계열 하위에 있는 Set 계열과 List 계열의 기능에 대해 학습한다.

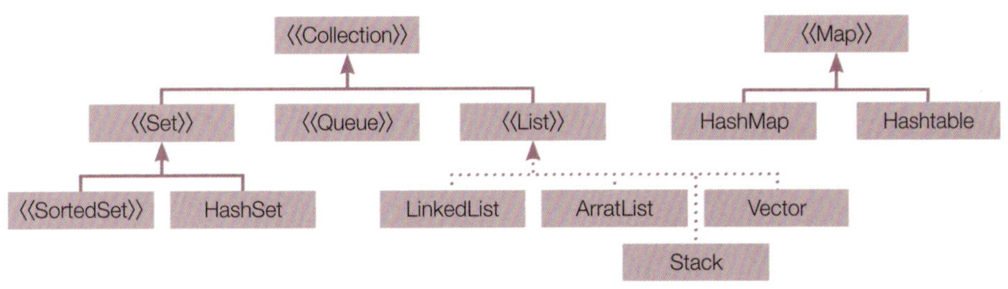

[그림 10-3] Collection Framework의 계층 구조

03 / Collection 계열 기능
JAVA

이번에는 Collection 계열 클래스들의 기능에 대해 알아보자. [표 10-1]은 Collection 인터페이스에 선언된 추상 메서드들을 나타낸 것이다. [그림 10-3]의 하위 클래스에서 각 추상 메서드를 구현한 후에 각 기능을 사용한다.

[표 10-1] Collection 인터페이스에 선언된 여러 가지 추상 메서드

메서드	설명
boolean add(E e)	객체(데이터)를 collection에 추가한다.
void clear( )	현재 collection에 있는 모든 객체(데이터)를 제거한다.
boolean contains(Object o)	현재 collection에 인자로 전달된 객체(데이터)가 있는지 판별한다.
boolean isEmpty( )	현재 collection에 객체(데이터)가 없는지 판별한다.
Iterator⟨E⟩ iterator( )	현재 collection의 객체(데이터)를 iterator로 반환한다.
boolean remove(Object o)	현재 collection에서 인자로 전달된 객체(데이터)를 제거한다.
int size( )	현재 collection이 가지고 있는 객체(데이터) 개수를 반환한다.
Object[ ] toArray( )	현재 collection이 가지고 있는 객체(데이터)를 배열로 만들어 반환한다.

3.1 Set 계열 기능

Set 계열의 클래스에 저장된 데이터들은 데이터의 순서가 없고 중복을 허용하지 않는다. 그리고 하위의 HashSet 클래스를 이용하여 실제 기능을 구현한다.

[리스트 10.1]은 Set 계열의 HashSet 컬렉션 클래스의 사용 예제다. 가장 먼저 MyStudent클래스를 정의하고 있다.

그리고 [리스트 10.2]에서 HashSetTest 실행 클래스를 구현한다. HashSet이나 Set과 같은 컬렉션 클래스를 사용하려면 java.util 패키지에서 import를 해야 한다. 그리고 **6행**에서 HashSet 인스턴스를 생성한 후 상위 클래스 타입인 set에 할당한다. 그러면 [그림 10-4]처럼 HashSet 인스턴스가 메모리에 생성된다. 그리고 HashSetTest의 **8~13행**까지 add()를 이용하여 HashSet 객체에 데이터를 저장한다. 이때 add()에 인자로 전달되는 값은 모두 객체(인스턴스)다. 기본형 데이터는 그냥 저장하면 되는 것이 아니라 **9, 10행**처럼 각 데이터에 대응되는 래퍼 클래스의 인스턴스의 인자로 전달한 후에 저장해야 한다. 즉, 컬렉션 클래스에 저장할 수 있는 데이터는 객체만 가능하다.

그러면 [그림 10-5]처럼 HashSet에 데이터들이 저장된다. 그런데 "Hello"나 "new Integer(178)" 같은 경우에는 두 번 저장했는데도 실제로는 한 번만 저장된다. **즉, Set 계열 컬렉션 클래스는 중복을 허용하지 않는다.**

이번에는 HashSet에 저장된 데이터를 가져오는 방법에 대해 알아보자. [리스트 10.2]에서 HashSetTest 클래스의 **15행**을 보면 HashSet의 toArray()를 호출하고 있다. 그러면 [그림 10-6]처럼 HashSet에 저장된 각각의 객체가 배열로 변환된 후 리턴되어 obj 배열에 차례대로 저장된다. 그리고 **17~19행**에서 배열의 값을 출력하고 있다.

21행에서 set 변수를 바로 println()의 인자로 넣어주면 HashSet의 toString()가 자동으로 호출되어 콘솔의 HashSet에 저장된 객체를 자동으로 출력해준다. 그런데 이때에는 저장했을 때의 순서대로 출력되지 않는다. **즉, HashSet에 저장된 데이터의 순서는 HashSet 자체에서 지정해준다.**

HashSet은 프로그래밍을 하는 도중에 데이터를 저장할 때 Set 계열 클래스의 두 가지 특징이 요구되는 경우에 사용하면 편리하다.

[리스트 10.1] HashSet 사용 예제(MyStudent.java)

```java
1    public class MyStudent {
2        private String name;
3        private int grade;
4
5        public MyStudent( ){
6            this("이순신",2);
7        }
8
9        public MyStudent(String name, int grade){
10            this.name=name;
11            this.grade=grade;
12        }
13
14        public String getName( ) {
15            return name;
16        }
17        public void setName(String name) {
18            this.name = name;
19        }
20        public int getGrade( ) {
21            return grade;
22        }
23        public void setGrade(int grade) {
24            this.grade = grade;
25        }
26
27        public String toString( ){
28            return "학생 이름은 " + name + ", 학년은" + grade+ "학년입니다.";
29        }
30    }
```

27~29행 : toString( )을 오버라이딩하여 학생 정보를 출력한다.

[리스트 10.2] 실행 클래스(HashTest.java)

```java
1    import java.util.Set;
2    import java.util.HashSet;
3
4    public class HashSetTest {
5       public static void main ( String [ ] args ){
6          Set  set = new HashSet( );
7
8          set.add( "Hello" );
9          set.add( new Integer( 178 ) );
10         set.add( new Float( 4.56F ) );
11         set.add( "Hello" );
12         set.add( new Integer( 178 ) );
13         set.add(new MyStudent( ));
14
15         Object [ ] obj = set.toArray( );
16
17         for( int i = 0 ; i< set.size( ) ; i++ ){
18            System.out.println(obj[i]);
19         }
20
21         System.out.println( set );
22      }
23   }
```

6행   : Set 타입으로 업캐스팅하고 있다.

8~13행 : add( )를이용하여 HashSet 객체에 다른 타입 객체를 저장하고 있다.

15행   : toArray( )를 호출하여 HashSet에 저장된 객체를 배열로 리턴한다.

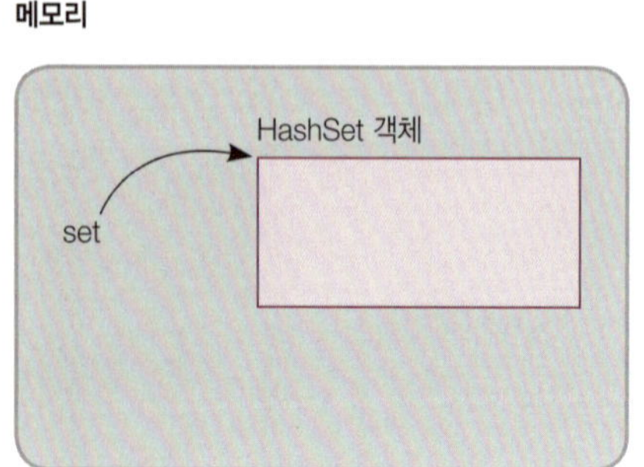

[그림 10-4] HashSet 객체를 생성한 후의 메모리 상태   **[그림 10-5]** HashSet 객체에 데이터를 저장한 상태

메모리

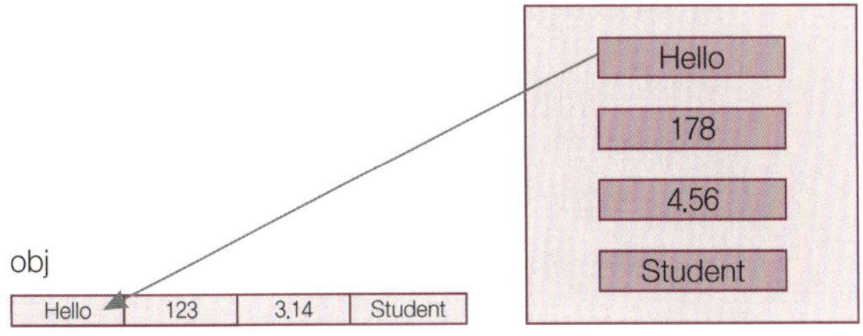

[그림 10-6] toArray( ) 호출 시 데이터 저장 상태

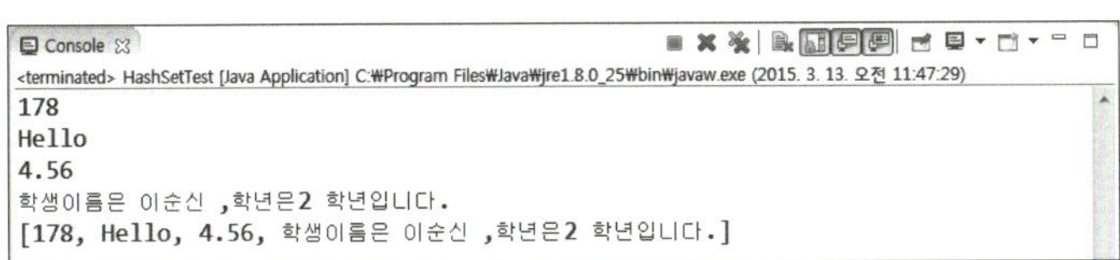

[그림 10-7] 실행 결과

3.2 List 계열 기능

List 계열의 특징 중에서 가장 중요한 것은 List 계열의 클래스들은 Set 계열과 달리 순서를 가지고 있다는 것과 중복을 허용한다는 것이다. [표 10-2]는 List 인터페이스에 선언된 추상 메서드를 나타낸다. List의 추상 메서드들은 실제 하위의 ArrayList나 Vector,LinkedList에서 구현하여 사용한다.

> **List 계열의 특징**
>
> • 저장 시 데이터의 순서(index)가 있고, 중복을 허용한다.
> • 하위의 ArrayList, LinkedList, Vector 클래스를 구현하여 사용한다.

[표 10-2] List 인터페이스에 선언된 여러 가지 추상 메서드

메서드	설명
E get(int index)	인자로 전달된 index의 객체를 반환한다.
int indedOf(Object o)	인자로 전달된 객체가 Collection에 존재하면 가장 빠른 index를 반환한다 (존재하지 않으면 −1을 반환한다).
int lastIndexOf(Object o)	인자로 전달된 객체가 Collection에 존재하면 가장 마지막 index를 반환한다(존재하지 않으면 −1을 반환한다).
E set(int index, Eelement)	Collection에서 첫 번째 인자로 전달된 index의 객체를 두 번째 인자로 전달된 객체로 대체한다.

[리스트 10.3]은 ArrayList를 사용한 예제다. ArrayListTest라는 실행 클래스의 **3행**에서 ArrayList 객체를 생성하고 있다.

[그림 10-8]처럼 ArrayList가 메모리에 생성된다. 그리고 ArrayListTest의 **5~10행**까지 add()를 이용하여 데이터를 ArrayList에 저장하고 있다. ArrayList에는 객체만 저장된다. 그리고 ArrayList는 중복을 허용하므로 [그림 10-9]처럼 저장된다.

ArrayList 특징

- java.util.List 계열이다.
- 객체(데이터)에 순서가 지정된다.
- 모든 타입의 객체를 저장할 수 있다.
- 저장하는 객체(데이터)의 개수에 제한이 없다.

그런데 이번에는 각각의 저장된 데이터에 대해 저장할 때의 순서, 즉 인덱스(index)가 0부터 할당된다. ArrayList를 포함한 List 계열은 이처럼 저장할 때 순서가 지정된다.

이번에는 ArrayList에 저장된 데이터를 가져오는 경우에 대해 알아보자. 먼저 **13행**을 보면 ArrayList에 저장된 데이터는 저장할 때의 순서, 즉 인덱스값을 get()의 인자로 전달하여 가져온다. 그런데 **13행**에서 0을 get()로 전달하여 String 변수 name에 할당하면 컴파일 오류가 발생한다.

왜냐하면, ArrayList를 포함한 컬렉션 클래스에 add()를 이용하여 데이터를 저장하면 다른 종류의 데이터, 즉 객체도 저장할 수 있었다. **Collection 클래스에 다른 종류의 데이터를 저장할 수 있는 이유는 내부적으로 Object 타입으로 변환되어 저장되기 때문이다.**

Object는 모든 클래스의 상위 클래스이므로 모든 객체를 받을 수 있다(업캐스팅). 따라서 **13행**처럼 저장된 문자열을 가져올 때에는 이미 Object 타입으로 업캐스팅된 상태이다. 그러므로 저장한 원래의 문자열을 가져오는 방법은 **14행**처럼 get()으로 가져온 값 앞에 원래 저장되기 전의 클래스 타입으로 다운캐스팅하는 것이다. **15, 16행**도 이와 동일하게 저장되기 전의 클래스 타입으로 다운캐스팅하여 가져오고 있다.

23행에서는 ArrayList에 있는 remove()를 호출하면서 인덱스 값 2를 전달하고 있다. 그러면 세 번째 저장한 객체인 MyStudent 객체를 ArrayList에서 제거하라는 의미다. [그림 10-10]처럼 MyStudent 객체가 제거되면 뒤에 저장된 객체가 차례대로 제거된 객체를 대신하여 연속적으로 인덱스값을 가진다.

24~26행에서는 for문을 이용하여 for문의 반복 변수를 인덱스로 하여 ArrayList에 저장된 값을 순차적으로 가져오고 있다. ArrayList는 가장 많이 사용되는 컬렉션 클래스이므로 for문과 이를 사용하는 방법을 잘 알아두어야 한다.

[리스트 10.3] ArrayList 사용 예제(ArrayListTest.java)

```
1    public class ArrayListTest {
2        public static void main ( String [ ] args ){
3            List list = new ArrayList( );
4
5            list.add( "Hello" );
6            list.add( new Integer( 178 ) );
7            list.add(new MyStudent( ));
8            list.add( new Float( 4.56F ) );
9            list.add( "Hello" );
10           list.add( new Integer( 178 ) );
11
12
13           //String name = list.get(0);
14           String name = (String)list.get(0);
15           Integer i1 = (Integer)list.get(1);
16           MyStudent s=(MyStudent)list.get(2);
17
18           System.out.println("name= "+name);
19           System.out.println("i1= " + i1);
20           System.out.println(s);
21           System.out.println( );
22
23           list.remove(2);
24           for( int i = 0 ; i< list.size( ) ; i++ ){
25               System.out.println( list.get( i ));
26           }
27           System.out.println( list );
28       }
29   }
```

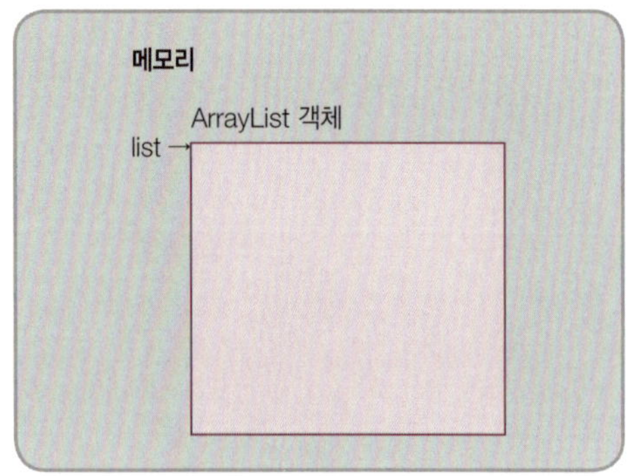

[그림 10-8] 메모리에 생성된 ArrayList 객체

[그림 10-9] ArrayList에 데이터를 저장한 상태

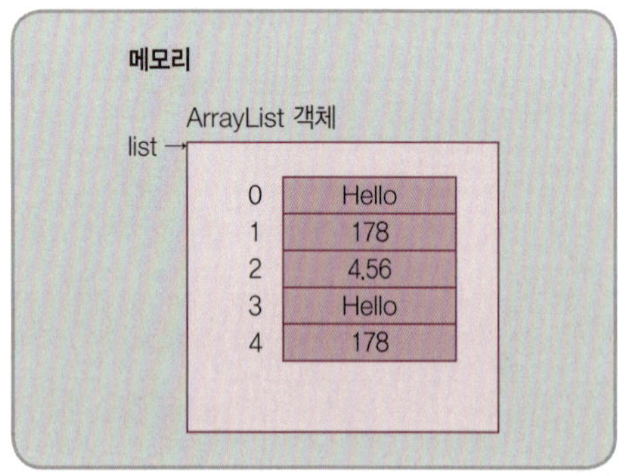

[그림 10-10] remove( )를 호출한 후의 ArrayList 상태

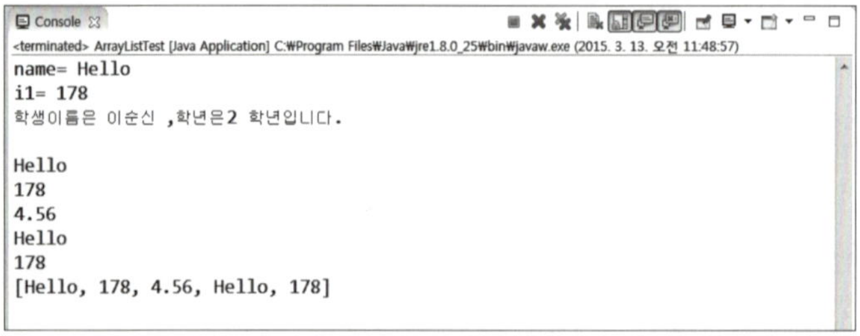

```
name= Hello
i1= 178
학생이름은 이순신 ,학년은2 학년입니다.

Hello
178
4.56
Hello
178
[Hello, 178, 4.56, Hello, 178]
```

[그림 10-11] 실행 결과

지금까지 ArrayList의 사용 방법에 대해 알아보았다. ArrayList는 앞에서 배운 배열과 비슷한 점이 있다. 사실 ArrayList라는 이름에서 알 수 있듯이 내부적으로 Object 타입 배열로 만들어져 있다.

다만, 배열은 배열 요소에 생성된 인덱스 개수만큼만 배열에 저장되지만, ArrayList에는 객체 생성한 후 원하는 만큼 데이터를 계속 저장할 수 있다. 그리고 ArrayList에는 다른 종류의 데이터도 저장할 수 있다. ArrayList와 배열의 공통점은 둘 다 인덱스를 이용하여 값에 접근한다는 것이다. [표 10-3]은 배열과 ArrayList의 특징을 비교하여 나타낸 것이다.

[표 10-3] 배열과 ArrayList의 비교

구분	배열	ArrayList
저장 데이터 종류	배열 선언 시 지정한 데이터만 저장 가능(Object 타입은 예외)	모든 객체 저장 가능
저장 데이터 개수	선언 시 생성한 요소 개수만 저장 가능	저장 개수 제한 없음
데이터 접근 방법	인덱스로 접근	인덱스로 접근

3.3 제품 정보를 저장한 후 출력하는 예제

[리스트 10.4]는 전자 제품 대리점에 입고되는 제품의 입고 정보(제품 코드, 제품 이름, 제품 색상, 제품 수량)를 저장하는 Product 클래스이다. 여기서는 생성자와 getter/setter 메서드를 구현해주고 있다. 입고되는 제품 중에 스마트폰이 가장 많으므로, 디폴트 생성자를 호출할 때에는 자동으로 스마트폰 제품 정보로 초기화된다. [리스트 10.5]에서 Product 객체를 생성한 후 제품 정보를 저장하고 getProdInfo( )에서 출력하고 있다.

먼저 [리스트 10.5]의 **26행**에서 ArrayList 객체를 생성한다. 그런 다음, 3개의 Product 객체를 생성하고 각각 스마트폰, 스마트 TV, 노트북 정보로 초기화한다. **31~33행**부터 Product 객체를 add( )를 사용하여 ArrayList에 저장한다. 그리고 getProdInfo( )를 호출하면서 ArrayList를 전달한다.

여기서 중요한 것은 getProdInfo()의 매개변수 타입이 List 타입이라는 것이다. 즉, ArrayList의 상위 인터페이스 타입으로 매개변수 타입을 사용하고 있다.

getProdInfo( )로 ArrayList를 넘기면 **9~22행**에서 for문을 이용하여 ArrayList에 저장된 Product 객체를 순서대로 가져오면서 Product 클래스로 다운캐스팅하고 있다. 그리고 각 Product 객체의 getter( )를 이용하여 차례대로 제품의 정보를 출력하고 있다. ArrayList를 이용한 기능은 많이 사용되므로, 반드시 동영상을 이용하여 학습하기를 바란다.

[리스트 10.4] 제품 정보를 저장하는 클래스(Product.java)

```java
1    public class Product {
2        private String code;
3        private String name;
4        private String color;
5        private int qty  ;
6
7        public Product( ){
8            this("0001","스마트폰","블랙",100);
9
10       }
11
12       public Product(String code, String name,String color, int qty){
13           this.code=code;
14           this.name=name;
15           this.color=color;
16           this.qty=qty;
17       }
18           //getter/setter 메서드
19           ....
     }
```

2~5행 : 제품 정보를 저장할 속성 선언

[리스트 10.5] 실행 클래스(ProdTest.java)

```java
1    public class ProdTest {
2        public void getProdInfo(List list){
3            Product prod=null;
4            String code=null;
5            String name=null;
6            String color=null;
7            int qty=0;
8
9            for(int i=0; i<list.size( );i++){
10               prod=(Product)list.get(i);
11
12               code=prod.getCode( );
13               name=prod.getName( );
```

```java
14                  color=prod.getColor( );
15                  qty=prod.getQty( );
16
17                  System.out.println("제품번호 = " +code);
18                  System.out.println("제품이름 = " +name);
19                  System.out.println("제품색상 = " +color);
20                  System.out.println("제품수량 = " +qty);
21                  System.out.println( );
22          }
23      }
24
25      public static void main(String[ ] args){
26          ArrayList pList= new ArrayList( );
27          Product p1 = new Product( );
28          Product p2=new Product("0002","스마트 TV","흰색",200);
29          Product p3=new Product("0003","노트북","은색",100);
30
31          pList.add(p1);
32          pList.add(p2);
33          pList.add(p3);
34
35          ProdTest p= new ProdTest( );
36
37          p.getProdInfo(pList);
38      }
39  }
```

2행 : getProdInfo( ) 메서드의 매개변수 타입은 List이므로 모든 하위 클래스를 받을 수 있다.

```
제품번호 = 0001
제품이름 = 스마트폰
제품색상 = 블랙
제품수량 = 100

제품번호 = 0002
제품이름 = 스마트 TV
제품색상 = 흰색
제품수량 = 200

제품번호 = 0003
제품이름 = 노트북
제품색상 = 은색
제품수량 = 100
```

[그림 10-12] 실행 결과

이번에는 Vector 클래스에 대해 알아보자. Vector 클래스도 List 계열이다. 사용 방법은 ArrayList와 같다. Vector 클래스가 먼저 사용되었지만, 지금은 ArrayList가 더 많이 사용된다. 둘 사이에 세부적인 차이점은 있지만, 전문적인 내용이기 때문에 자바가 어느 정도 수준에 올라온 후에 카페의 동영상을 참고하여 알아보기 바란다.

> **Vector 클래스의 특징**
>
> • java. util. List 계열이다.
> • ArrayList보다 먼저 사용되었다.
> • 사용 방법이 ArrayList와 동일하다.

다음은 Vector 예제다. Vector와 ArrayList는 메서드 호출 방법의 사용법이 동일하다. 그런데 실제 프로그래밍에서는 ArrayList가 많이 사용되므로, Vector의 사용법에 대해 간단히 살펴보자.

[리스트 10.6]은 Vector 클래스 사용 예제다. **7~12행**처럼 Vector 클래스에 데이터를 저장할 때에는 add()나 addElement()를 사용하면 된다. 그리고 다른 방법은 ArrayList와 사용 방법이 같다.

[리스트 10.6] Vector 사용 예제(VectorTest.java)

```
1    import java.util.Vector;
2
3    public class VectorTest {
4        public static void main(String[ ] args){
5            Vector v= new Vector( );
6
7            v.add("홍길동");
8            v.addElement("이순신");
9            v.addElement(new Integer(123));
10           v.addElement("홍길동");
11           v.addElement(new Integer(123));
12           v.addElement(new MyStudent( ));
13
14           for(int i=0; i <v.size( );i++){
15               System.out.println(v.get(i));
16           }
17
```

```
18          System.out.println(v);
19      }
20  }
```

```
Console 23
<terminated> VectorTest [Java Application] C:\Program Files\Java\jre1.8.0_25\bin\javaw.exe (2015. 3. 13. 오전 11:49:39)
홍길동
이순신
123
홍길동
123
학생이름은 이순신 ,학년은2 학년입니다.
[홍길동, 이순신, 123, 홍길동, 123, 학생이름은 이순신 ,학년은2 학년입니다.]
```

[그림 10-13] 실행 결과

이번에는 연결 리스트 사용 방법이다. [표 10-4]에는 연결 리스트에서 사용되는 여러 가지
메서드가 나타나 있다.

> **연결 리스트(LinkedList) 클래스 특징**
>
> • java.util.List 계열이다.
> • 데이터의 추가와 삭제가 빈번할 때 사용하면 편리하다.

[표 10-4] LinkedList 의 여러 가지 메서드

메서드	설명
boolean add(E e)	전달된 element를 리스트의 마지막에 추가한다.
void add(int index,E element)	인자로 전달된 element를 index의 위치가 추가한다.
void addFirst(E e)	인자로 전달된 element를 리스트의 맨 앞에 추가한다.
void addLast(E e)	인자로 전달된 element를 리스트의 마지막에 추가한다.
void clear( )	리스트의 모든 인자를 제거한다.
Object clone( )	리스트에 대한 얕은 복사를 실행한다.
E element( )	리스트의 첫 번째 요소를 반환한다.
E get(int index)	인자로 전달된 index 위치의 element를 반환한다.
E getFirst( )	리스트의 첫 번째 element를 반환한다.
E getLast( )	리스트의 마지막 element를 반환한다.
int indexOf(Object o)	리스트의 우측에서 검색 시 인자로 전달된 element가 최초로 저장된 위치를 반환한다.
int lastIndexOf(Object o)	리스트의 좌측에서 검색 시 인자로 전달된 element가 최초로 저장된 위치를 반환한다.

[리스트 10.7]은 LinkedList 사용 예제다. 먼저 **4행**에서 LinkedList 객체를 생성한다. 그리고 **5~7행**에서 LinkedList 객체에 데이터를 추가하고 있다. 그러면 [그림 10-14]처럼 데이터들이 node로 연결되어 차례대로 저장된다. **8행**은 세 번째 위치에 '망고'를 삽입하라는 의미다. 그러면 [그림 10-15]처럼 '바나나'와 '수박' 사이에 '망고'가 위치하고 '수박'의 위치값은 3이 된다. **11행**은 LinkedList 의 첫 번째 위치에 '오렌지'로 대체하여 저장하라는 의미다.

[그림 10-16]은 첫 번째 위치(node)에 오렌지가 저장되어 있다. **14행**에서는 두 번째 위치의 값을 제거한다. [그림 10-17]은 기존의 첫 번째 값인 '바나나'가 제거된 상태를 나타낸다. 중간의 값이 제거되면 다음의 값이 제거된 값의 위치를 가지게 된다.

15행은 '수박'이라는 이름으로 LinkedList에서 값을 제거하고 있다. [그림 10-18]은 LinkedList 에 최종적으로 남아 있는 값을 보여주고 있다.

[리스트 10.7] 연결 리스트 사용 예제(VarTest.java)

```java
import java.util.*;
public class LinkedListTest {
    public static void main(String[] args){
        LinkedList  fruitList=new LinkedList ( );
        fruitList.add("사과");
        fruitList.add("바나나");
        fruitList.add("수박");
        fruitList.add(2,"망고");
        int position=fruitList.indexOf("수박");
        System.out.println("수박의 위치: "+position);
        fruitList.set(0,"오렌지");
        String fruitName=fruitList.get(0);
        System.out.println("과일이름: "+fruitName);
        fruitList.remove(1);
        fruitList.remove("수박");
        int size=fruitList.size( );
        System.out.println("연결리스트 값 출력하기");
        for(int cnt=0;cnt<size;cnt++){
            fruitName=fruitList.get(cnt);
            System.out.println(fruitName);
        }
    }
}
```

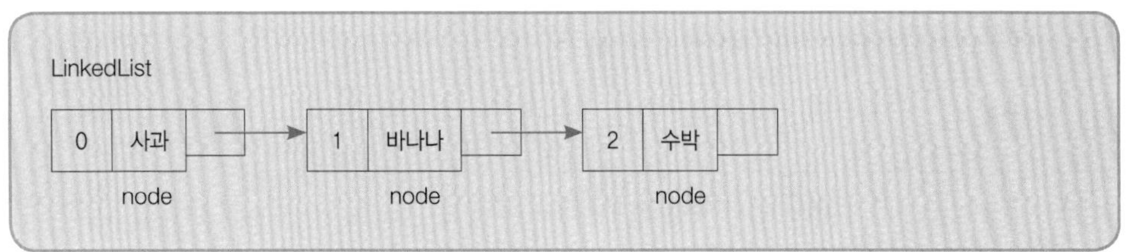

[그림 10-14] 연결 리스트에 요소 추가하기

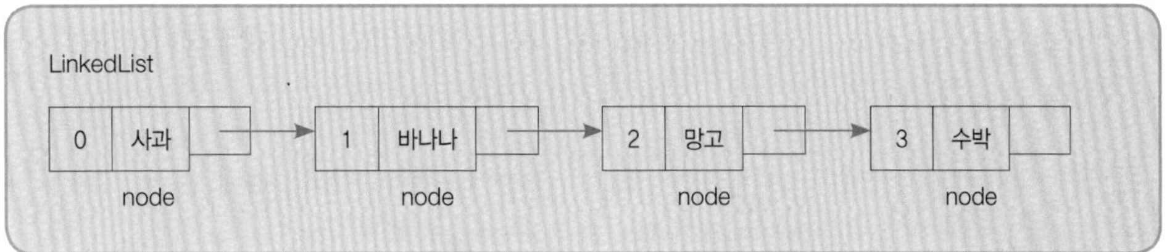

[그림 10-15] 연결 리스트에 요소 추가하기

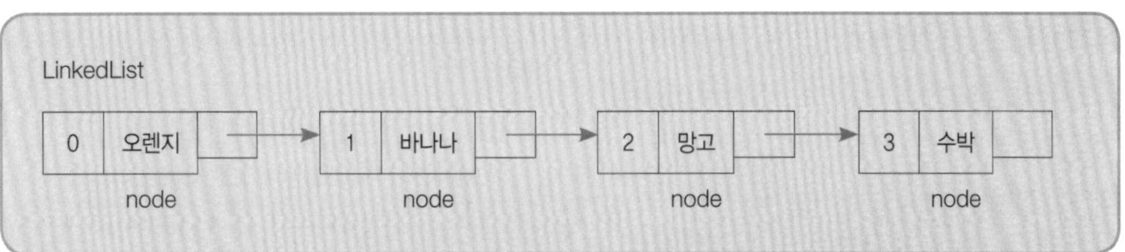

[그림 10-16] 연결 리스트에 요소 변경하기

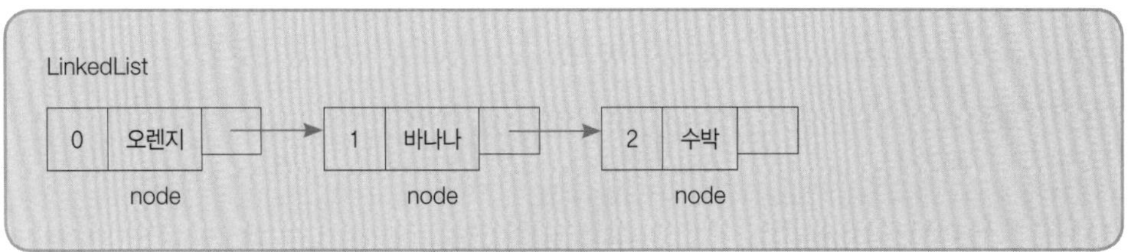

[그림 10-17] 연결 리스트에서 위치값으로 요소 제거하기

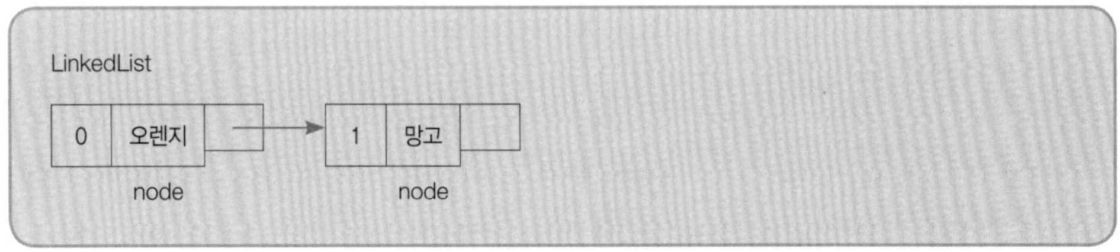

[그림 10-18] 연결 리스트에서 실제값으로 요소 제거하기

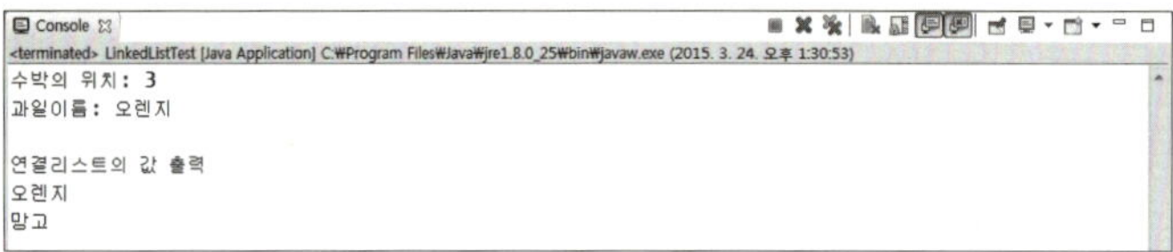

[그림 10-19] 실행 결과

LinkedList 예제를 실습해봤는데 데이터를 순서대로 저장하는 방법 중에 가장 많이 쓰는 방법이 배열이다. 그런데 배열을 사용할 경우에는 배열 중간에 데이터를 추가하거나 삭제 시에 여러 과정이 필요하다. 그런데 LinkedList를 사용하면 빠르고 간단하게 데이터 추가, 삭제 작업을 할 수 있다.

지금까지 Collection 계열의 List의 하위 클래스 기능에 대해 알아보았는데, 실제 카페에 가보면 더 많은 예제가 있다. 좋은 예제가 많으므로 꼭 학습하기를 바란다.

3.4 Stack 기능

이번에는 Stack 클래스의 기능에 대해 알아보자. Stack 클래스에는 입력과 출력을 한쪽에서만 수행한다. [그림 10-20]은 Stack 클래스의 구조를 나타낸 것이다. Stack은 저장하는 곳과 저장된 데이터를 출력하는 곳이 한 곳에서만 일어난다.

Stack 특징

- 데이터 저장, 인출을 한쪽에서만 할 수 있다.
- LIFO(Last In First Out) 구조로 되어 있다.

[표 10-5]는 Stack 클래스에서 사용하는 메서드를 나타낸 것이다.

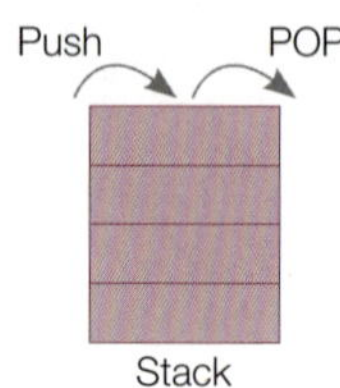

[그림 10-20] Stack 구조

메서드	설명
boolean empty( )	Stack이 비었는지 판별한다.
E peek( )	Stack의 최상위에 저장된 객체를 확인한다.
E pop( )	Stack의 최상위에 저장된 객체를 제거한 후에 반환한다.
E push(E item)	객체를 Stack의 최상위에 저장한다.
int search(Object o)	인자로 전달하는 스택의 위치(position)을 반환한다.

[리스트 10.8]은 Stack 클래스 사용 예제다. 5행에서 Stack 클래스 객체를 생성한 후 push( )를 이용하여 데이터를 저장한다. [그림 10-21]은 Stack에 저장된 상태를 나타낸 것이다. 그리고 **12~14행**은 Stack 클래스에서 제공하는 isEmpty( )를 이용하여 출력한다.

그런데 중요한 점은 출력은 저장했을 때의 데이터의 반대의 순서로 출력된다는 것이다. 저장할 때에는 "홍길동"이 가장 먼저 저장되었지만, 출력할 때에는 가장 마지막에 출력된다.

[리스트 10.8] Stack 사용 예제(StackTest.java)

```
1    import java.util.Stack;
2
3    public class StackTest {
4        public static void main( String [ ] args ){
5            Stack s = new Stack( );
6
7            s.push( "홍길동" );
8            s.push( "이순신" );
9            s.push( new Integer( 111 ) );
10           s.push(new MyStudent( ));
11
12           while( ! s.isEmpty( )){
13               System.out.println( s.pop( ) );
14           }
15       }
16   }
```

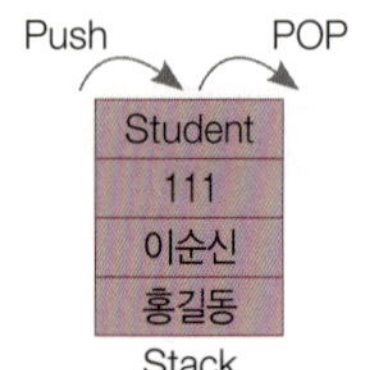

[그림 10-21] 데이터가
Stack에 저장된 상태

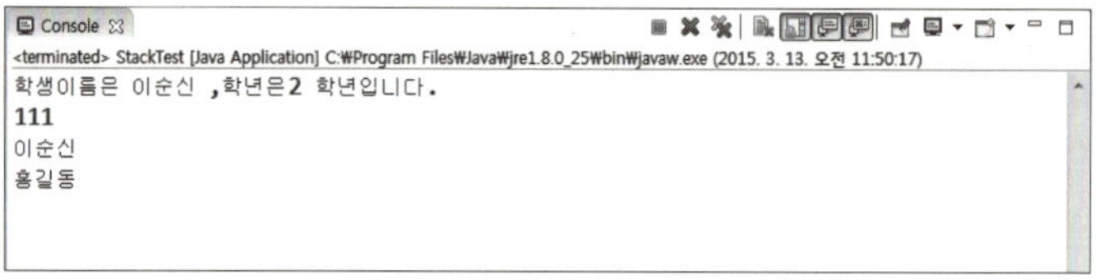

[그림 10-22] 실행 결과

지금까지 자바 프로그래밍 시에 가장 많이 사용되는 Collection 계열 클래스의 사용 방법에 대해 알아보았다. 실제 API 문서를 보면 더 많은 클래스들의 기능이 제공되고 있다. Collection 클래스의 개념과 목적을 먼저 알고 사용하는 것이 편리하다. 그리고 다른 예제도 카페의 동영상을 통해 많이 제공되므로 학습해보기를 바란다.

04 Map 계열 기능

이번에는 Map 계열의 Collection 클래스들의 기능에 대해 알아보자. Map 계열 컬렉션 클래스들의 특징 중에서 가장 중요한 것은 Map 계열은 순서가 없다는 것이다. 값을 저장할 때 순서에 해당되는 기능은 key가 수행한다. 따라서 Map 계열 클래스에 값을 저장하려면 key와 값을 동시에 저장해야 한다. 이때 이 key값은 중복되면 안 된다. 그리고 저장된 값을 다시 가져올 때는 이 key를 이용한다. 실제 기능은 하위의 HashMap과 HashTable 클래스를 이용하여 구현한다.

> **Map 계열의 특징**
>
> - 데이터를 key, value 쌍으로 저장한다.
> - key는 중복되면 안 된다.
> - key를 이용하여 value를 얻는다.
> - 하위의 HashMap, HashTable 클래스로 구현한다.

[표 10-6]은 Map 계열에서 사용되는 클래스들을 나타낸 것이다. HashTable과 HashMap의 다른 점은 HashMap은 HashTable과 달리 key와 value의 값에 null을 허용한다는 것이다. 한편 [표 10-7]은 Map 계열에서 사용되는 추상 메서드들을 나타낸 것이다. 하위의 HashMap이나 HashTable에서 구현하여 사용한다.

[표 10-6] java.util.Map 계열 구현 클래스들의 특징

구현 클래스	기능 설명
HashTable	key와 value값이 null을 허용하지 않는다.
HashMap	key와 value값이 null을 허용한다.

[표 10-7] java.util.map 인터페이스에 선언된 주요 추상 메서드

메서드	설명
void clear( )	맵 객체에 저장된 모든 객체를 제거한다.
V get(Object key)	인자로 전달된 key에 대한 value를 반환한다(key가 존재하지 않으면 null을 반환한다).
default V getDefault(Object key, V defaultValue);	인자로 전달된 key에 대한 value를 반환한다(key가 존재하지 않으면 defaultValue를 반환한다).
int hashCode( )	맵에 대한 hashCode를 반환한다.
boolean isEmpty( )	맵에 객체가 존재하지 않는지 판별한다.
Set<K> keySet( )	맵에 존재하는 key를 set 타입으로 반환한다.
V put(Key key, V value)	첫 번째 인자를 key로 하여 두 번째 인자를 value를 map에 저장한다.
void putAll(Map<? extends K ,? extends V> m)	다른 map의 모든 데이터를 map에 복사한다.
V remove(Object key)	key에 해당하는 value를 map에서 제거한다.
defalt V replace(K key, V value)	map에서 key에 해당하는 value를 두 번째 인자의 새로운 value로 대체한다.
int size( )	map에 존재하는 value의 개수를 반환한다.
Collection<V> values( )	map에 존해하는 value를 Collection 타입으로 반환한다.

[리스트 10.9]는 HashMap을 사용한 예제다. **6행**에서 HashMap 클래스 객체를 생성하면 [그림 10-23]처럼 메모리에 생성된다. **8행**에 HashMap에서 제공하는 put( )를 사용하여 '100'라는 값을 '1'이라는 key로 지정한 후에 저장한다. 그러면 [그림 10-24]처럼 (key, value) 쌍으로 저장된다. **9행**에서도 key값을 "second"로 하여 "Hello World"라는 문자열 값을 저장한다. 그리고 11행처럼 HashMap은 key와 value값으로 null을 허용하고 있다.

key의 타입은 대부분 문자열을 많이 사용한다. 그리고 **13행**에서 저장된 값을 가져오고 있다. 이때에는 get( )의 인자로 저장할 때 지정한 key를 인자로 전달해주는 방법을 사용한다. **13행**의 get( ) 인자로 1을 전달하므로, '100'이라는 값이 리턴된다. 여기서 중요한 것은 HashMap에 저장될 때에도 Object 타입으로 업캐스팅되므로 원래 값으로 다운캐스팅해야 한다는 것이다.

13행은 get()로 가져온 값을 바로 Integer 타입 변수인 i에 할당하므로 오류가 발생한다. 따라서 **14행**처럼 다운캐스팅해야 한다. **16행**에서도 "second"라는 키값으로 get()를 호출하여 문자열을 가져오면서 다운캐스팅하고 있다. **21행**에서는 "third"라는 key로 MyStudent 객체를 가져와서 출력한다.

[리스트 10.9] HashMap 사용 예제(HashMapTest.java)

```
1      import java.util.HashMap;
2      import java.util.Map;
3
4      public class HashMapTest{
5          public static void main(String[ ] args){
6              Map map = new HashMap( );
7
8              map.put(1, new Integer(100));
9              map.put("second","Hello World!!");
10             map.put("third",new MyStudent( ));
11             map.put("fourth",null );
12
13             //Integer i =map.get(1);
14             Integer i = (Integer)map.get(1);
15             //String str=map.get("second");
16             String str=(String)map.get("second");
17
18             System.out.println(i);
19             System.out.println(str);
20
21             MyStudent st=(MyStudent)map.get("third");
22             System.out.println(st);
23             System.out.println( map.get("third"));
24             System.out.println(map.get("fourth"));
25         }
26     }
```

8~11행 : HashMap에 저장할 때에는 put() 메서드에 key, value를 지정한 후에 저장한다.

13~16행 : HashMap에서 데이터 인출 시 key를 get() 메서드의 인자로 전달하여 value를 가져온다.

22행 : MyStudent 객체의 toString() 메서드가 호출된다.

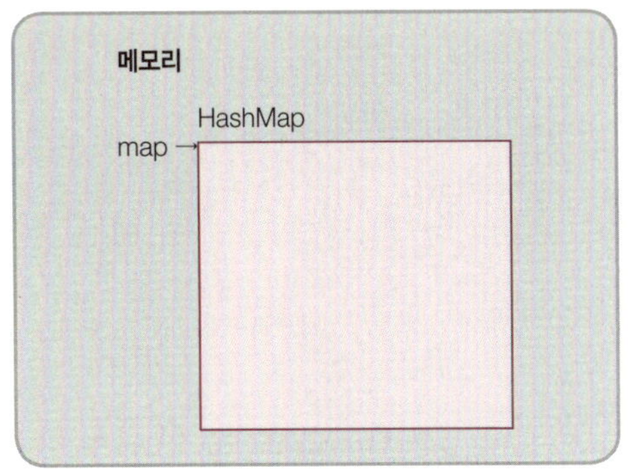
[그림 10-23] HashMap 객체를 생성한 후의 메모리 상태

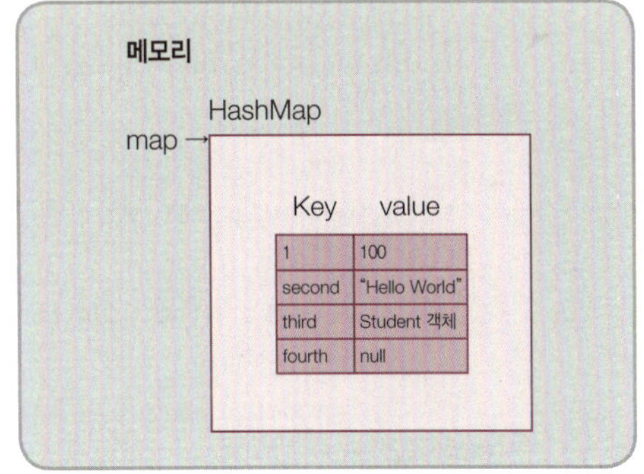

[그림 10-24] HashMap 데이터를 저장한 후의 상태

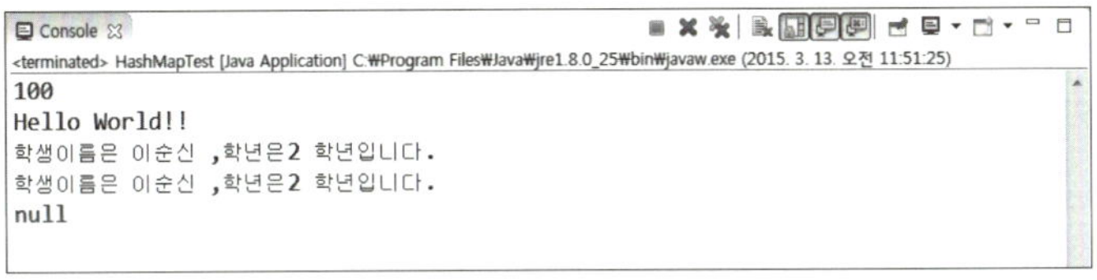

[그림 10-25] 실행 결과

[리스트 10.10]은 HashTable의 실습 예제다. **10행**에서 HashTable의 값으로 null을 저장하고 있다. 이를 실행하면 실행 도중에 예외가 발생한다. HashTable은 HashMap과 달리 key와 value의 값으로 null을 허용하지 않는다. 이 점만 제외하고 두 클래스의 사용 방법은 같다.

[리스트 10.10] HashTable 사용 예제(HashTableTest.java)

```java
1    import java.util.*;
2
3    public class HashTableTest{
4       public static void main(String[ ] args){
5          Map map = new Hashtable( );
6
7          map.put(1, new Integer(100));
8          map.put("second","Hello World!!");
9          map.put("third",new MyStudent( ));
10         map.put("fourth",null );
11
12         //Integer i =map.get(1);
13         Integer i = (Integer)map.get(1);
14         //String str=map.get("second");
```

```
15              String str=(String)map.get("second");

16

17              System.out.println(i);

18              System.out.println(str);

19

20              MyStudent st=(MyStudent)map.get("third");

21              System.out.println(st);

22              System.out.println( map.get("third"));

23              System.out.println(map.get("fourth"));

24      }

25  }
```

10행 : HashTable에는 key와 value에 null을 허용하지 않는다.

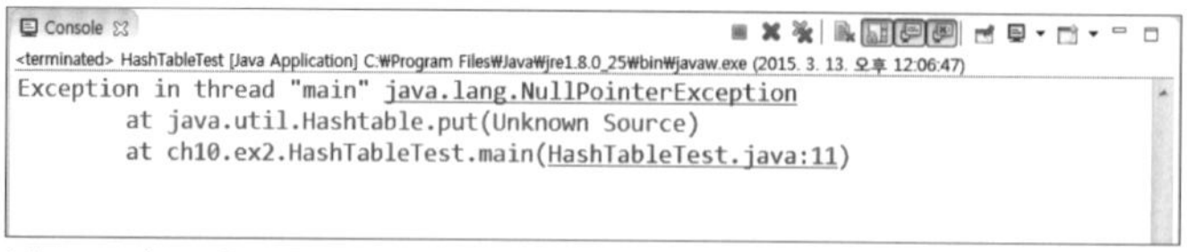

(a) value에 null을 허용했을 때 예외 발생 결과

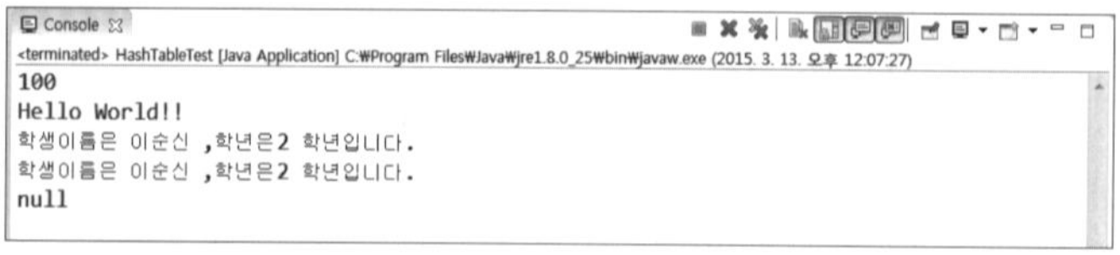

(b) null을 제외하고 실행한 결과

[그림 10-26] 실행 결과

지금까지 Map 계열의 기능에 대해 알아보았다. 물론 HashMap과 HashTable의 세부적인 자료 구조 기능은 다르다. **자바에서는 세부적인 구조나 기능은 달라도 사용자의 입장에서 사용하는 방법은 같게 만들어 편리하게 사용하도록 하고 있다.** Map 계열 실습 예제가 카페의 동영상으로 제공되므로 꼭 따라해보기를 바란다. 웹프로그래밍 같은 경우에는 앞에서 배운 ArrayList와 HashMap이 주로 많이 사용되는데, 이 두 클래스의 기능은 확실히 익혀두기 바란다.

Iterator와 Enumeration 기능

이번에는 각 컬렉션 클래스에 저장된 데이터를 일정한 방법으로 가져오는 기능에 대해 알아보자.

> **Iterator와 Enumeration의 특징**
>
> - java.util 패키지에 정의 되어 있다.
> - Collection 클래스에 저장된 데이터를 일정한 방법으로 접근할 수 있도록 한다.

우선 Iterator와 Enumeration의 등장 배경을 살펴보자. [리스트 10.11]과 [리스트 10.12]는 앞에서 실습한 ArrayList와 HashSet에 관한 실습 예제다. 이 예제에서 각 컬렉션 클래스에 데이터를 저장하고 난 후 가져오는 방법을 살펴보자. ArrayList와 HashSet에 데이터를 저장할 때에는 각 컬렉션 클래스의 세부 자료 구조에 관계없이 객체를 생성한 후 add()를 이용하여 데이터를 일관성 있게 저장한다. 즉, 사용자는 각 컬렉션 클래스에 세부적으로 어떻게 저장되는지를 신경 쓸 필요가 없다.

그런데 문제는 각각의 클래스에서 데이터를 가져올 경우다. [리스트 10.11]의 ArrayList 경우에는 **24~26행**처럼 for문을 이용하여 데이터를 가져오고, [리스트 10.12]의 HashSet과 같은 경우에는 **15~19행**처럼 일단 배열로 변환한 후 데이터를 가져온다. 즉, 데이터를 저장할 때와 달리 가져올 때는 각 자료 구조에 맞도록 사용자가 일일이 사용 방법을 알아야 한다는 불편함이 따른다.

API 문서를 보면 알겠지만, 실제 자바에서 제공되는 컬렉션 클래스는 더 많으므로, 각 데이터 접근 방법을 모두 알아야 한다. 각 컬렉션 클래스에 저장할 때처럼 가져올 때도 일관성 있게 가져오자는 개념에서 나온 것이 Iterator와 Enumeration 클래스이다.

[리스트 10.11] ArrayList 사용 예제(ArrayListTest.java)

```
1   public class ArrayListTest {
2       public static void main ( String [ ] args ){
3           List list = new ArrayList( );
4
5           list.add( "Hello" );
6           list.add( new Integer( 178 ) );
```

```java
7           list.add(new MyStudent( ));
8           list.add( new Float( 4.56F ) );
9           list.add( "Hello" );
10          list.add( new Integer( 178 ) );
11
12
13          //String name = list.get(0);
14          String name = (String)list.get(0);
15          Integer i1 = (Integer)list.get(1);
16          MyStudent s=(MyStudent)list.get(2);
17
18          System.out.println("name= "+name);
19          System.out.println("i1= " + i1);
20          System.out.println(s);
21          System.out.println( );
22
23          list.remove(2);
24          for(int i = 0 ; i< list.size( ) ; i++ ){
25              System.out.println(  list.get( i ));
26          }
27          System.out.println( list );
28      }
29  }
```

24~26행 : for문을 이용하여 ArrayList의 데이터를 가져온다.

[리스트 10.12] HashTest 사용 예제(HashSetTest.java)

```java
1   import java.util.Set;
2   import java.util.HashSet;
3
4   public class HashSetTest {
5       public static void main ( String [ ] args ){
6           Set  set = new HashSet( );
7
8           set.add( "Hello" );
9           set.add( new Integer( 178 ) );
10          set.add( new Float( 4.56F ) );
11          set.add( "Hello" );
```

```
12              set.add( new Integer( 178 ) );
13              set.add(new MyStudent( ));
14
15          Object [ ] obj = set.toArray( );
16
17          for(int i = 0 ; i< set.size( ) ; i++ ){
18              System.out.println(obj[i]);
19          }
20
21          System.out.println( set );
22      }
23  }
```

15~19행 : HashSet 데이터를 배열로 변환한 후 for문을 이용하여 출력한다.

[그림 10-27]은 Iterator와 Enumeration의 용도를 나타낸 것이다. 즉, 모든 컬렉션 클래스에 접근하여 데이터를 가져오는 방법을 일정하게 정하는 용도이다.

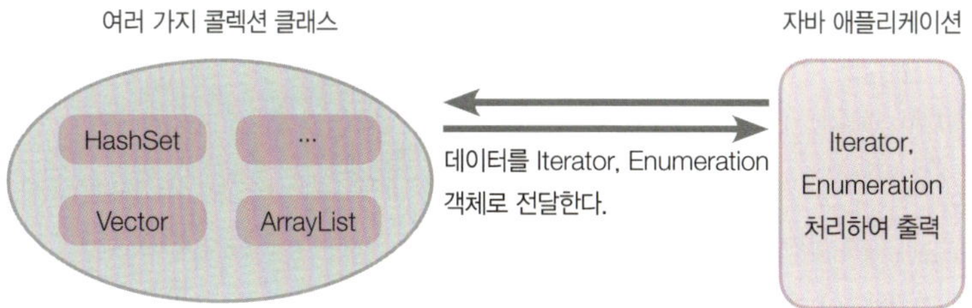

[그림 10-27] Iterator와 Enumeration 용도

[표 10-8]과 [표 10-9]는 Iterator와 Enumeration에서 제공하는 추상 메서드이다. 이 메서드를 이용하여 각각의 컬렉션 클래스에 접근한다.

[표 10-8] java.util.Iterator 인터페이스 주요 추상 메서드

메서드	설명
default void forEachRemaining(Consumer〈? super E〉 action)	모든 elements가 처리되기 전까지 인자로 전달된 action을 수행한다.
boolean hasNext( )	iteration이 element를 가지고 있는지 판별한다.
E next( )	iteration의 다음 element를 반환한다.
default void remove( )	iteration가 마지막으로 반환한 element 다음의 element를 제거한다.

[표 10-9] java.util.Enumeration 인터페이스 주요 추상 메서드

메서드	설명
boolean hasMoreElements( )	enumeration이 추가의 element를 가지고 있는지 판별한다.
E nextElement( )	enumeration이 다른 element를 가지고 있으면 element를 반환한다.

[리스트 10.13]은 ArrayList 사용 시에 Iterator를 적용한 예제다. 이번에는 값을 저장한 후에 for문을 사용하지 않고 **22행**에서 ArrayList의 iterator()를 호출한다. 그러면 내부에 저장된 객체들이 Iterator 인스턴스 형식으로 변환되어 저장된다. 그리고 **22~24행**처럼 while문으로 hasNext()와 next()를 이용하여 차례대로 출력한다.

[리스트 10.14]의 HashSet에도 역시 Iterator를 동일하게 적용하고 있다. 이제는 [리스트 10.14] 의 **17~24행**처럼 복잡하게 배열로 변환한 후 가져오는 작업을 하지 않아도 된다. [리스트 10.15]의 경우에는 Vector에 Iterator를 적용하고 있다. 이렇게 Iterator를 Collection 계열 클 래스에 적용하여 사용하면 데이터를 가져오는 방법을 일정하게 정할 수 있다.

[리스트 10.13] Iterator를 사용하여 ArrayList에 접근하기(ArrayListTest.java)

```
1    import java.util.Iterator;
2    import java.util.List;
3    import java.util.ArrayList;
4
5    public class ArrayListTest {
6        public static void main ( String [ ] args ){
7            List list = new ArrayList( );
8
9            list.add( "Hello" );
10           list.add( new Integer( 178 ) );
11           list.add(new MyStudent( ));
12           list.add( new Float( 4.56F ) );
13           list.add( "Hello" );
14           list.add( new Integer( 178 ) );
15
16           /*
17           for(int i = 0 ; i< list.size( ) ; i++ ){
18               System.out.println(  list.get( i ));
19           }
20           */
21
```

```java
22              Iterator elements = list.iterator( );
23              while( elements.hasNext( ) ){
24                  System.out.println(elements.next( ) );
25              }
26          }
27      }
```

22~24행 : Iterator( ) 메서드를 호출한 후 hasNext( )와 next( ) 메서드를 이용하여 데이터를 출력한다.

[리스트 10.14] Iterator를 사용하여 HashSet에 접근하기(HashSetTest.java)

```java
1    import java.util.Iterator;
2    import java.util.Set;
3    import java.util.HashSet;
4
5
6    public class HashSetTest {
7        public static void main ( String [ ] args ){
8            Set  set = new HashSet( );
9
10           set.add( "Hello" );
11           set.add( new Integer( 178 ) );
12           set.add( new Float( 4.56F ) );
13           set.add( "Hello" );
14           set.add( new Integer( 178 ) );
15           set.add(new MyStudent( ));
16
17   /*
18           Object [ ] obj = set.toArray( );
19
20           for( int i = 0 ; i< set.size( ) ; i++ ){
21               System.out.println(obj[i
22           }
23   */
24
25           Iterator elements = set.iterator( );
26           while( elements.hasNext( ) ){
27               System.out.println( "Set=" + elements.next( ) );
28           }
29       }
30   }
```

[리스트 10.15] Iterator를 사용하여 Vector에 접근하기(VectorTest.java)

```java
1    import java.util.Iterator;
2    import java.util.Vector;
3
4    public class VectorTest {
5        public static void main(String[ ] args){
6            Vector v= new Vector( );
7
8            v.add("홍길동");
9            v.addElement("이순신");
10           v.addElement(new Integer(123));
11           v.addElement("홍길동");
12           v.addElement(new Integer(123));
13           v.addElement(new MyStudent( ));
14
15   /*
16           for(int i=0; i <v.size( );i++){
17               System.out.println(v.get(i));
18           }
19
20   */
21           Iterator elements = v.iterator( );
22           while( elements.hasNext( ) ){
23               System.out.println(elements.next( ) );
24           }
25
26       }
27   }
```

21~25행 : vector의 iterator( ) 메서드를 호출하여 데이터를 출력한다.

[리스트 10.16]은Vector에 Enumeration을 적용하여 사용하고 있다. Iterator와 유사하게 **23 행**에서 Vector의 elements( )를 호출하면 Vector에 저장된 객체들이 Enumeration 형태로 변환된다. 그리고 while문 수행하면서 제공하는 메서드를 이용하여 출력하고 있다.

[리스트 10.16] Enumeration를 사용하여 Vector에 접근하기(VectorTest.java)

```java
1    import java.util.Enumeration;
2    import java.util.Iterator;
3    import java.util.Vector;
4
5    public class VectorTest {
6        public static void main(String[ ] args){
7            Vector v= new Vector( );
8
9            v.add("홍길동");
10           v.addElement("이순신");
11           v.addElement(new Integer(123));
12           v.addElement("홍길동");
13           v.addElement(new Integer(123));
14           v.addElement(new MyStudent( ));
15
16   /*
17           Iterator elements = v.iterator( );
18           while( elements.hasNext( ) ){
19               System.out.println(elements.next( ) );
20           }
21   */
22
23           Enumeration enu = v.elements( );
24           while( enu.hasMoreElements( ) ){
25               System.out.println(enu.nextElement( ) );
26           }
27
28       }
29   }
```

지금까지 Iterator와 Enumeration 기능에 대해 알아보았다. Iterator는 기본적으로 모든 Collection 계열의 클래스에 적용되지만, Enumeration은 모든 컬렉션 클래스에 적용되지 않는다. 적용 유무는 일일이 API 문서를 찾아보아야 한다. 단, Vector에는 적용된다.

Enumeration 기능이 먼저 나와서 사용되었다. 두 클래스는 세부적인 차이점이 있지만, 지금은 일단 기본 기능에만 충실하고 카페의 동영상을 통해 세부 기능의 차이점을 학습하기 바란다. 여기서 중요한 점은 **Iterator는 모든 Collection 계열에 적용된다는 것이다.** 그런데 실제 프로그래밍의 경우에는 Iterator나 Enumeration보다 for문이 훨씬 더 많이 사용된다. for 문이 나온 지도 오래 되었기 때문에 상대적으로 더 익숙하기 때문이다. 그렇더라도 각각의 사용 목적 정도는 알아두는 것이 좋다.

06 JAVA / Properties와 TreeSet, TreeMap 기능

6.1 Properties 기능

앞에서 Map 계열의 기능을 공부했는 데, Map 계열의 경우 여러 개의 값이 key로 저장되면 가져올 때 key를 일일 이 기억해야 하므로 불편하다. 이번에 배우는 Property 클래스 기능을 사용 하면 편리하다. Properties 클래스의 계층 구조를 보면 상위에 HashTable 을 두고 있다는 것을 알 수 있다.

Properties 클래스의 특징

• java.util.HashTable의 하위 클래스이다.
• key가 많을 경우에 사용하면 편리하다

Properties 클래스 계층 구조

```
java.lang.Object
    └ java.util.Dictionary〈K,V〉
        └ java.util.Hashtable〈Object,Obhect〉
            └ java.util.Properties
```

[리스트 10.17]은 Properties 사용 예 제다. **5행**에서 Propeties 객체를 생성하고, **6~8행**에서 setProperty( )를 이용하여 key, value 쌍으로 데이터를 저장한다. 그리고 **14행**에서 Properties 클래스의 PropertyNames( )를 호출 하여 먼저 저장한 값의 key값만 Enumeration 형태로 리턴한다. **15~18행**에서는 while문 돌 면서 key를 차례대로 가져와서 getProperty( )의 인자로 전달한 후 각 key에 대한 회원 정보 를 가져오고 있다. 즉, key만 따로 가져오고 싶을 때 Properties 클래스를 사용하면 편리하다.

[리스트 10.17] Properties 사용 예제(PropertiesTest.java)

```
1       import java.util.*;
2
3       public class PropertiesTest{
4           public static void main(String[] args){
5               Properties p = new Properties( );
6               p.setProperty("name","홍길동");
7               p.setProperty("age","18");
8               p.setProperty("job","프로글래머");
```

```
 9
10          String name = p.getProperty("name");
11          System.out.println("name : " + name);
12
13          System.out.println("======================");
14          Enumeration e = p.propertyNames( );
15          while(e.hasMoreElements( )){
16              String key = (String)e.nextElement( );
17              System.out.println(key + "=" + p.getProperty(key));
18          }
19      }
20  }
```

```
Console 
<terminated> PropertiesTest [Java Application] C:\Program Files\Java\jre1.8.0_25\bin\javaw.exe (2015. 3. 13. 오후 12:28:47)
name : 홍길동
======================
age=18
name=홍길동
job=프로그래머
```

[그림 10-28] 실행 결과

6.2 TreeSet과 TreeMap의 기능

TreeSet은 HashSet처럼 Set 계열 Collection 클래스이다. 그리고 TreeSet은 [표 10-10]의 메서드로 여러 가지 형태의 데이터를 정렬하여 출력하는 기능을 제공한다.

[리스트 10.18]은 TreeSet 사용 예제다. **5행**에서 TreeSet 객체를 생성한 후 이름 데이터를 저장하고 있다. **14행**에서 Iterator()를 사용하여 데이터를 출력해보면 저장한 순서대로 출력되는 것이 아니라 이름의 철자 순으로 출력된다는 것을 알 수 있다. 그리고 **22행**에서 descendingIterator( )를 호출하면 데이터가 내림차순으로 출력된다.

[표 10-10] java.util.TreeSet 주요 메서드

메서드	설명
E ceiling(E e)	인자로 전달되는 element보다 적은 element를 반환한다(이러한 element가 없으면 null을 반환한다).
Comparator〈? super E〉 comparator( )	element들을 set 타입으로 정렬하는 데 사용되는 Comparator 객체를 반환한다.
Iterator〈E〉 descendingIterator( )	element들을 내림차순 형태로 정렬한 후 iterator로 반환한다.
E first( )	set에 있는 가장 첫 번째 element를 반환한다.
E floor(E e)	인자로 전달된 element보다 큰 element 중 가장 큰 element를 반환한다.
E higher(E e)	인자로 전달된 element보다 큰 element 중 가장 적은 element를 반환한다.
E last( )	set에서 가장 마지막 element를 반환한다.
SortedSet〈E〉 headSet(E toElement)	set에서 인자로 전달된 toElement보다 적은 element들을 정렬한 set으로 반환한다.
SortedSet〈E〉 subSet(E fElement,E tElement)	set에서 인자로 전달된 fElement와 tElement 사이의 element를 정렬한 후 set 타입으로 반환한다.
SortedSet〈E〉 tailSet(E fElement)	set에서 fElement보다 크거나 같은 element들을 정렬한 후 set 타입으로 반환한다.

[리스트 10.18] TreeSet 사용 예제(TreeTest.java)

```java
1    import java.util.TreeSet;
2
3    public class TreeTest {
4        public static void main(String[ ] args) {
5            TreeSet ts = new TreeSet( );
6            ts.add("홍길동");
7            ts.add("차범근");
8            ts.add("유재석");
9            ts.add("유재석");
10           ts.add("박명수");
11           ts.add("김유신");
12           ts.add("홍길동");
13
14           Iterator ite =ts.iterator( );
15
16           System.out.println("오름차순으로 출력하기");
17           while(ite.hasNext( )){
18               System.out.println(ite.next( ));
19           }
20
21           System.out.println("\n내림차순으로 출력하기");
22           Iterator ite2 =ts.descendingIterator( );
23           while(ite2.hasNext( )){
24               System.out.println(ite2.next( ));
25           }
26
27           System.out.println(ts);
28       }
29   }
```

```
Console ☒
<terminated> TreeTest [Java Application] C:\Program Files\Java\jre1.8.0_25\bin\javaw.exe (2015. 3. 13. 오후 12:31:53)
오름차순으로 출력하기
김유신
박명수
유재석
차범근
홍길동

내림차순으로 출력하기
홍길동
차범근
유재석
박명수
김유신
[김유신, 박명수, 유재석, 차범근, 홍길동]
```

[그림 10-29] 실행 결과

다음은 TreeMap에 대한 설명이다. 이름에서 알 수 있듯이 TreeMap은 Map의 특징을 상속받는다. [표 10-11]의 여러 가지 메서드를 데이터 정렬 기능을 이용하여 제공한다.

---

java.util.TreeMap 계층 구조

java.lang.Object
    └ java.util.AbstractMap⟨K,V⟩
        └ java.util.TreeMap⟨K,V⟩

TreeMap의 특징

- Map 기능을 상속받는다.
- 데이터 정렬 기능을 제공한다.

[리스트 10.19]는 TreeMap의 사용 예제다. **8~14행**에서는 키, 값을 지정하여 TreeMap에 데이터를 저장하고 있다. 그런데 "박지성"이라는 키로 두 번 저장하고 있다. HashMap 계열은 키의 중복을 허용하지 않으므로 두 번째 "박지성"으로 저장되는 데이터가 최종적으로 저장된다.

18행에서 TreeMap의 key를 가져오기 위하여 iterator( )를 호출하고 있다. 그리고 **19~24행**에서 while문을 돌면서 key와 value를 출력하고 있다. 결과를 보면 key값이 오름차순으로 출력되고 있다. 즉, **TreeMap은 저장 시 내부적으로 key를 정렬하여 저장한다.**

[표 10-11] java.util.TreeMap 주요 메서드

메서드	설명
K ceilingKey(K key)	인자로 전달된 key보다 크거나 같은 key들 중에 가장 적은 key를 반환한다(존재하지 않으면 null을 반환한다).
Comparator⟨? super K⟩ comparator( )	map의 key들을 정렬하기 위해 사용하는 comparator 객체를 반환한다.
NavigableSet⟨K⟩ descendingKeySet( )	map에 존재하는 key들의 역순으로 된 NavigableSet를 반환한다.
Map.Entry⟨K,V⟩ firstEntry( )	map에서 가장 적은 key값을 가지는 key를 반환한다.
K firstKey( )	map에서 가장 첫 번째(가장 적은) key를 반환한다.
V get(Object key)	map에서 인자로 전달된 key를 가지는 value를 반환한다.

메서드	설명
SortedMap⟨K,V⟩ headMap(K toKey)	map에서 toKey보다 적은 key를 가지는 key들을 정렬한 후에 반환한다.
K lastKey( )	map에서 가장 마지막(가장 높은) key를 반환한다.
K lowerKey(K key)	map에서 인자로 전달된 key보다 적은 key들 중에 가장 큰 key를 반환한다.
V put(K key,V value)	map에 key에 대한 value를 저장한다.
SortedMap⟨K,V⟩ subMap(K fKey, K tKey)	map에서 fKey와 tKey 사이의 키 값을 가지는 key들을 반환한다.
SortedMao⟨K,V⟩ tailMap(K fKey)	map에서 fKey보다 크거나 같은 key들을 반환한다.

[리스트 10.19] TreeMap 사용 예제(TreeTest2.java)

```java
1    import java.util.Iterator;
2    import java.util.Set;
3    import java.util.TreeMap;
4
5    public class TreeTest2 {
6        public static void main(String[ ] args) {
7            TreeMap tm = new TreeMap( );
8            tm.put("홍길동", "서울시");
9            tm.put("차범근", "대구시");
10           tm.put("유재석", "부산시");
11           tm.put("박명수", "서울시");
12           tm.put("박지성", "광주시");
13           tm.put("박지성", "부산시");
14           tm.put("김유신", "울산시");
15
16           Set set=tm.keySet( );
17
18           Iterator ite= set.iterator( );
19           while(ite.hasNext( )){
20               String key=(String)ite.next( );
21               String value=(String)tm.get(key);
22
23               System.out.println("key="+key+",value="+value);
24           }
25           System.out.println(tm);
26       }
27   }
```

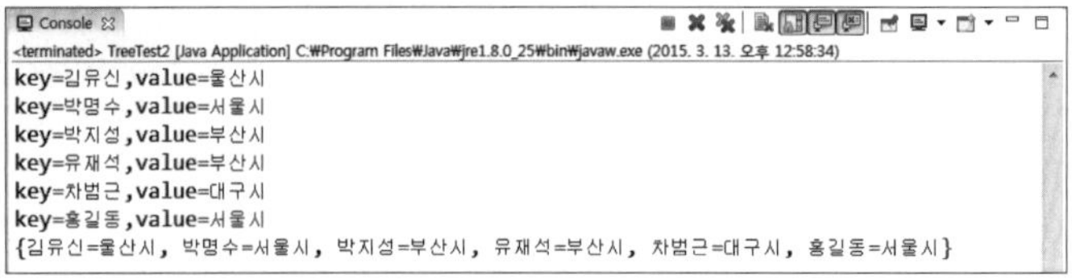

[그림 10-31] 실행 결과

지금까지 TreeSet과 TreeMap의 기능에 대해 알아보았다. 프로그래밍 시 데이터의 중복 없이 정렬할 필요가 있는 TreeSet이나 TreeMap을 사용하면 편리하다.

Collection framework는 프로그래밍에서 많이 사용되므로 확실히 이해해야 한다. 특히 웹 프로그래밍에서의 데이터베이스 연동 시에도 반드시 사용된다.

07 Generic 기능

앞에서 컬렉션 프레임워크의 기능에 대해 알아보았다. 그런데 앞에서 학습한 대로 여러 가지 불편한 점이 발견되었다. 이 컬렉션의 단점을 보완하여 나온 기능이 '**지네릭(Generics)**'이다.

> **지네릭의 정의**
>
> • Collection Framework 사용 시에 발생되는 구조적 문제를 보완하기 위해 추가된 기능이다.
> • Collection 클래스에 저장되는 객체의 타입을 제한한다.

[그림 10-32]는 기존의 컬렉션들의 구조적인 문제를 나열한 것이다. 기존의 컬렉션에는 다른 종류의 객체를 저장할 수 있었다. 그런데 컬렉션에 저장된 데이터(객체)를 반대로 가져올 때에는 처음 저장한 클래스 타입으로 다운캐스팅을 해야 했다. 그런데 컬렉션에 저장하는 데이터가 실제로 많아지면 사용자의 입장에서는 각 객체 타입을 일일이 기억하기가 불편하다. 그리고 컬렉션에서 데이터를 가져올 때 잘못된 클래스 타입으로 다운캐스팅하면 실행 중 예외가 발생한다. 이와 같이 실행 중에 예외가 발생하면 프로그램을 사용하는 일반 사용자들의 신뢰도가 낮아지게 된다. **즉, 프로그램 소스의 가독성과 신뢰성을 떨어뜨린다.**

기존 Collection의 문제점

- 기존 Collection 클래스에는 모든 타입의 객체를 저장할 수 있다.
- 이것은 '다른 타입의 객체도 같이 저장할 수 있다'라는 의미다.
- Collection 클래스에 저장된 데이터를 가지고 올 때는 반드시 원래 클래스 타입으로 type casting을 해주어야 한다.
- type casting을 잘못 되었어도 실행 중에 비로소 알 수 있다.

⬇

프로그램의 가독성과 신뢰성을 떨어뜨린다.

[그림 10-32] 기존 Collection에서 발생하는 문제

7.1 컬렉션의 구조적인 문제

[리스트 10.20]은 앞에서 배운 컬렉션 클래스인 ArrayList 사용 예제다. **5행**에서 ArrayList 객체를, **6행**에서 MyStudent 객체를 생성한 후에 저장한다. **7행**에서는 get()를 이용하여 MyStudent 객체를 가져오는데, 이때에는 MyStudent 클래스 타입으로 다운캐스팅한다. 그리고 값을 출력하면 정상적으로 "이순신"이라는 값이 출력된다.

[리스트 10.21]은 잘못 다운캐스팅한 경우다. **8행**에서 ArrayList에 저장한 MyStudent 객체를 가져오는데, 이번에는 Integer로 다운캐스팅한다. 소스에서는 컴파일 오류가 발생하지 않지만, 실제 실행시켜보면 [그림 10-33]처럼 ClassCastingException이라는 예외가 발생한다.

지금은 ArrayList에 저장하는 객체 수가 적기 때문에 일일이 저장할 때의 클래스 타입으로 다운캐스팅이 가능하지만, 컬렉션에 저장하는 데이터의 수가 수십 개 정도되면 각 데이터 타입을 기억하여 다운캐스팅하기가 불편하다. 그러면 언제라도 프로그램 실행 중에 예외가 발생할 수 있다. 이 경우 프로그램을 사용하는 사용자의 입장에서는 프로그램에 대해 불편을 느낄 수 있다.

[리스트 10.20] type casting이 정상적으로 이루어진 경우(GenericTest.java)

```
1    import java.util.*;
2
3    public class GenericTest {
4        public static void main ( String [ ] args){
5            ArrayList  list = new ArrayList( );
6            list.add( new MyStudent("이순신") );
7            MyStudent s  = (MyStudent)list.get(0);
8
9            System.out.println( s.getName( ));
10       }
```

```java
11      }
12
13   class MyStudent {
14      String name;
15
16      public MyStudent( String name){
17         this.name = name;
18      }
19      public String getName( ){
20         return name;
21      }
22   }
```

[리스트 10.21] 다른 type으로 type casting한 경우(GenericTest2.java)

```java
1    import java.util.*;
2
3    public class GenericTest2 {
4       public static void main ( String [ ] args){
5
6          ArrayList  list = new ArrayList( );
7          list.add( new MyStudent("홍길동") );
8          System.out.println( (Integer)list.get(0));
9       }
10   }
```

8행 : ArrayList에 저장된 데이터를 가져오면서 다른 타입으로 type casting하고 있다.

```
Console
&lt;terminated&gt; GenericTest2 [Java Application] C:\Program Files\Java\jre1.8.0_25\bin\javaw.exe (2015. 3. 13. 오후 1:16:38)
Exception in thread "main" java.lang.ClassCastException: ch10.ex5.MyStudent cannot be cast to
      at ch10.ex5.GenericTest2.main(GenericTest2.java:10)
```

[그림 10-33]   실행 결과

7.2 지네릭 사용 방법

지네릭은 type, element, Key, value에 적용할 수 있다.

여러 가지 지네릭 사용 방법

- 사용법
  - 〈 〉로 표현한다.
  - 〈T〉, 〈E〉, 〈K〉, 〈V〉로 표현된다.
- 〈T〉
  - 전달되는 객체가 클래스의 자료형(type)으로 사용되는 경우
- 〈E〉
  - 전달되는 객체가 클래스의 요소(Element)로 사용되는 경우
- 〈K〉
  - 전달되는 객체가 클래스의 키(Key)로 사용되는 경우
- 〈V〉
  - 전달되는 객체가 클래스의 값(Value)로 사용되는 경우

[그림 10-34]는 ArraList 클래스에 대한 API 문서다. 그런데 각각의 메서드를 보면 이미 지네릭이 적용되어 있는 것을 알 수 있다. **즉, 지금의 자바는 지네릭을 적용하여 컬렉션 클래스를 사용하는 것이 표준이다.** 이클립스에서 실습한 소스를 자세히 살펴보면 노란색으로 표시되어 있는 것을 알 수 있다. 이는 컬렉션 클래스를 사용하면서 지네릭을 사용하지 않았으므로 지네릭을 적용하라는 경고다. 그러므로 지금의 자바 프로그래밍에서는 지네릭을 적용하는 것이 표준이자, 정상이다.

All Methods	**Instance Methods**	**Concrete Methods**
Modifier and Type	**Method and Description**	
boolean	**add**(`E e`) Appends the specified element to the end of this list.	
void	**add**(`int index, E element`) Inserts the specified element at the specified position in this list.	
boolean	**addAll**(`Collection<? extends E> c`) Appends all of the elements in the specified collection to the end of this list, in the order that they are returned by the specified collection's Iterator.	
boolean	**addAll**(`int index, Collection<? extends E> c`) Inserts all of the elements in the specified collection into this list, starting at the specified position.	
void	**clear**() Removes all of the elements from this list.	
Object	**clone**() Returns a shallow copy of this ArrayList instance.	
boolean	**contains**(`Object o`) Returns true if this list contains the specified element.	

[그림 10-34] 지네릭이 적용된 ArrayList 메서드 API 문서 설명

```
 5  public class GenericTest2 {
 6      public static void main ( String [ ] args){
 7
 8          ArrayList  list = new ArrayList();
 9          list.add( new MyStudent("홍길동") );
10          System.out.println( (Integer)list.get(0));
11      }
12  }
```

[그림 10-35] 지네릭을 적용하지 않았을 경우의 경고 메시지

7.3 지네릭 사용 예제

[리스트 10.22]는 지네릭을 적용한 GOrigin 클래스이다. 먼저 **1행**에서 〈T〉 타입으로 지네릭이 적용되어 있다. 그러면 같은 클래스 내에서 T로 지정한 부분들은 객체 생성 시 T의 타입으로 지정된 타입으로 모두 적용된다는 의미다. [리스트 10.23]의 **3행**에서 GOrigin 인스턴스 생성 시 〈T〉에 해당하는 타입으로 String 클래스 타입을 지정해주면 클래스 인스턴스의 다른 멤버 타입도 동일하게 지정된다. 그러면 [그림 10-36]처럼 GOrigin의 인스턴스의 변수와 메서드는 모두 String 타입으로 지정된다. **6행**에서 'str'이라는 String 문자열을 전달하여 getData()를 호출하면 문자열을 출력하고 있다.

9행의 두 번째 인스턴스 생성 시에는 〈Integer〉 타입으로 지네릭을 적용하고 있다. 그러면 모든 멤버 타입이 Integer 타입으로 지정된다. 따라서 이번에는 **12행**처럼 정수형 데이터를 전달하여 작업한다. **13행**에 t1을 set()로 전달하면 컴파일 오류가 발생한다. **16행**에서 세 번째 GOrigin 인스턴스를 생성하는데, 이번에는 타입을 지정하지 않는다. 그러면 자동으로 Object 타입으로 지정되면서 [그림 10-37]처럼 인스턴스가 생성된다.

세 번째 인스턴스의 set()로는 어떤 데이터 타입도 전달 가능하다. 그런데 지네릭 타입이 선언된 클래스의 인스턴스를 생성하면 반드시 그 타입을 구체적으로 저장해주는 것이 좋다. 모든 객체를 사용하고 싶으면 **17행**처럼 Object로 지정해주면 된다.

[리스트 10.22] 지네릭을 적용한 클래스(GOrigin.java)

```
1      public class GOrigin<T>{
2
3          T  data;
4
5          public void set(T n){
6              data=n;
7          }
8
```

```
9        public void getData( ){
10           System.out.println(data);
11        }
12    }
```

1행 : class 선언 시 〈T〉로 선언한다.

3행 : 객체 생성 시 지정한 타입으로 data 변수를 지정한다.

5행 : 객체 생성 시 지정한 타입으로 set 메서드의 매개변수 타입을 지정한다.

[리스트 10.23] 지네릭을 적용한 클래스(GenericTest.java)

```
1    public class GenericTest{
2       public static void  main(String [ ] args){
3           GOrigin<String> t = new GOrigin<String>( );
4           String str="안녕하세요";
5
6           t.set(str);
7           t.getData( );
8
9           GOrigin<Integer> t1 = new GOrigin<Integer>( );
10
11          int num=1;
12          t1.set(num);
13          //t1.set(str);
14          t1.getData( );
15
16          GOrigin t3  = new GOrigin( );
17          // GenericOrigin <Object>t3  = new GenericOrigin<Object>( );
18          t3.set(str);
19          t3.getData( );
20          t3.set(num);
21          t3.getData( );
22       }
23    }
```

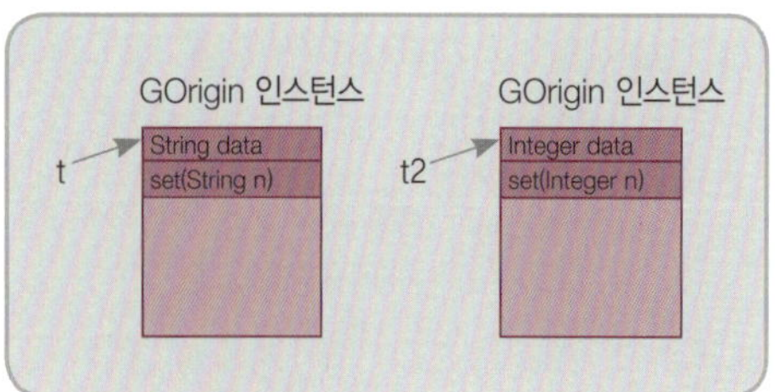

[그림 10-36] 지네릭을 적용한 클래스의 인스턴스 생성

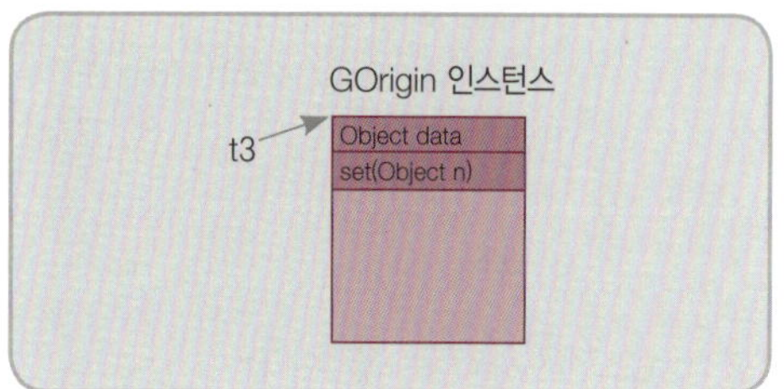

[그림 10-37] 지네릭 타입을 적용하지 않은 상태에서의 객체 생성

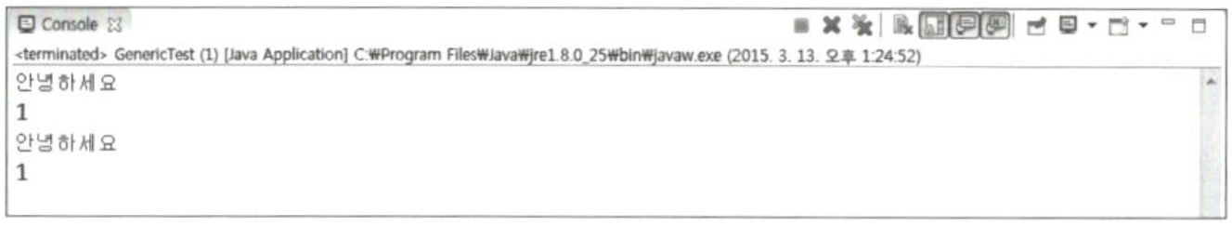

[그림 10-38] 실행 결과

[리스트 10.24]는 ArrayList에 지네릭을 적용한 또 다른 예제다. **5행**에서 ArrayList 인스턴스를 생성하면서 MyStudent 클래스 타입으로 지네릭을 적용했다. ArrayList에는 MyStudent 객체만 저장할 수 있다. 그리고 **6행**에서 MyStudent 인스턴스를 저장한다. 그런데 **7행**에서 123을 저장하려고 하면 컴파일 오류가 발생한다. ArrayList에는 MyStudent 객체만 저장할 수 있다.

그리고 **9행**에서는 ArrayList에 저장된 객체를 가져오는데 이번에는 굳이 **10행**처럼 다운캐스팅을 하지 않아도 된다. ArrayList에는 MyStudent 객체만 저장되어 있기 때문이다. **11행**에서 다른 클래스 타입으로 다운캐스팅하면 컴파일 오류가 발생한다.

[리스트 10.24] 지네릭을 적용한 ArrayList 예제(GenericTest2.java)

```
1    import java.util.*;
2
3    public class GenericTest2 {
4       public static void main ( String [ ] args){
5          ArrayList<MyStudent>  list = new ArrayList<MyStudent>( );
6          list.add( new MyStudent("이순신") );
7          //list.add(new Integer(123));
8
9          MyStudent s  = list.get(0);
10         //MyStudent s  = (MyStudent)list.get(0);
11         //MyStudent s  = (Integer)list.get(0);
```

```
12                System.out.println("학생 이름:"+ s.getName( ));
13          }
14    }
15
16    class MyStudent {
17        String name;
18
19        public MyStudent( String name){
20            this.name = name;
21        }
22        public String getName( ){
23            return name;
24        }
25    }
```


[그림 10-39]　실행 결과

[리스트 10.25]는 map 계열에 지네릭을 적용한 예제다. **5행**에서 HashMap 객체를 생성하면서 key는 String 타입으로, value는 MyStudent 타입으로 지네릭을 선언했다. 그리고 **6, 7행**에서 HashMap에 데이터를 저장하려고 하면 컴파일 오류가 발생한다. 그 이유는 각 key와 value 타입이 일치하지 않기 때문이다. **8행**의 MyStudent 객체는 정상적으로 저장된다. **9행**에서는 데이터를 가져올 때 굳이 다운캐스팅을 하지 않아도 된다.

이처럼 지네릭을 적용하면 원하는 데이터 타입만 사용할 수 있게 된다. 지네릭의 사용 방법은 배열과 비슷하다. 배열 요소에는 배열 선언 시 선언된 타입만 저장할 수 있다. 컬렉션의 지네릭도 이와 비슷한 기능을 한다. **컬렉션에 아무 데이터나 저장하여 사용하는 것이 좋지는 않기 때문에 배열처럼 저장되는 데이터를 제한하여 사용할 수 있는 기능을 만들어 놓은 것이다.**

[리스트 10.25] 지네릭을 적용한 HashMap 예제(HashMapTest.java)

```java
1    import java.util.HashMap;
2    import java.util.Map;
3    public class HashMapTest{
4        public static void main(String[ ] args){
5            Map<String,MyStudent> map = new HashMap<String,MyStudent>( );
6            //map.put(1, new Integer(100));
7            //map.put("second","Hello World!!");
8            map.put("third",new MyStudent("이순신"));
9            MyStudent st=map.get("third");
10           System.out.println(st);
11           System.out.println( map.get("third"));
12       }
13   }
```


[그림 10-40] 실행 결과

[리스트 10.26]은 ArrayList를 메서드로 전달하여 ArrayList에 저장된 제품 정보를 출력하는 예제다.

먼저 **2행**에는 getProdInfo( )가 static으로 지정되어 있다. 그리고 메서드의 매개변수 타입에 지네릭이 적용되어 있다. 즉, Product 객체만을 저장한 List 계열 컬렉션 클래스만 메서드로 전달할 수 있다는 의미다. 메서드는 제품 정보를 출력하는 기능을 지니고 있으므로 Product 클래스 정보(인스턴스)만을 담아 전달하라는 것이다. 카페의 동영상을 참고하여 한번 실습해보기 바란다.

[리스트 10.26] 지네릭을 적용한 제품 정보 출력 예제(ProdTest.java)

```java
1    public class ProdTest {
2        public static void getProdInfo(List<Product> list){
3            Product prod=null;
4            String code=null;
5            String name=null;
6            String color=null;
7            int qty=0;
```

```
8
9              for(int i=0; i<list.size( );i++){
10                 prod=list.get(i);
11
12
13                 code=prod.getCode( );
14                 name=prod.getName( );
15                 color=prod.getColor( );
16                 qty=prod.getQty( );
17
18                 System.out.println("제품번호 = " +code);
19                 System.out.println("제품이름 = " +name);
20                 System.out.println("제품색상 = " +color);
21                 System.out.println("제품수량 = " +qty);
22                 System.out.println( );
23             }
24         }
25
26     public static void main(String[ ] args){
27         //ArrayList pList= new ArrayList( );
28         ArrayList<Product> pList= new ArrayList<Product>( );
29         Product p1 = new Product( );
30         Product p2=new Product("0002","스마트 TV","흰색",200);
31         Product p3=new Product("0003","노트북","은색",100);
32
33         pList.add(p1);
34         pList.add(p2);
35         pList.add(p3);
36
37         //pList.add("홍길동");
38         //pList.add(new Integer(123));
39         getProdInfo(pList);
40     }
41 }
```

28행　　　: ArrayList 객체 생성 시 지네릭을 Product 타입으로 적용한다.

33~34행 : Product 객체만 저장할 수 있다.

37, 38행 : 다른 객체를 저장하면 오류가 발생한다.

39행　　　: static 메서드는 객체의 생성 없이 바로 호출할 수 있다.

지금까지 자바의 컬렉션 프레임워크에 추가된 기능인 지네릭에 대해 알아보았다. 실제 지네릭의 기능도 복잡하다. 예를 들어 상속 관계에 있는 두 클래스에도 지네릭을 적용할 수 있다. 그러나 당장 그런 복잡한 기능까지 알 필요는 없고, 적어도 이번에 배운 내용 중에 ArrayList나 HashMap과 같은 컬렉션 클래스를 사용할 때에는 반드시 지네릭을 적용해야 한다는 것은 알아두어야 한다. 그리고 차후에 다른 지네릭 기능이 필요한 경우, 그때그때 다른 세부 기능을 학습하면 된다.

08 / 오토박싱(Auto Boxing)/언오토박싱(Unauto Boxing)
JAVA

오토박싱/언오토박싱은 컬렉션 클래스에 기본형 데이터 저장 시 기존에는 일일이 기본형 데이터의 래퍼 클래스 객체를 생성한 후 인자로 전달하여 저장해주어야 했는데, 이제는 자동으로 자바에서 저장해준다는 의미다.

> **오토박싱/언오토박싱의 정의**
>
> – 기본 데이터형과 Wrapper 클래스 간의 데이터 형 변환이 자동으로 변환시키는 기능

[리스트 10.27]은 오토박싱/언오토박싱의 사용 예제다. 기능을 사용하기 전에 과정을 살펴보자. **5행**에서 ArrayList 객체를 생성한 후, **7행**에서 123이라는 기본형 데이터를 저장하려면 먼저 123 정수형 데이터의 래퍼 클래스인 Integer 클래스의 객체를 생성한 후에 **8행**처럼 add()를 이용하여 저장해야 한다. 그리고 **9행**처럼 get()를 이용하여 가져온 후 Integer 클래스 타입으로 다운캐스팅하고 Integer 클래스의 intValue()를 호출하면 원래의 기본형 데이터를 얻을 수 있다. **13행**에서 data2라는 정수형 변수에 543을 저장한 후에 **14행**의 add()에 바로 전달한다. 굳이 래퍼 클래스로 변환하는 과정을 거치지 않더라도 자바에서 자동으로 변환을 해주기 때문에 ArrayList에 저장된다. 이것이 바로 **오토박싱(autoboxing)**이다.

이번에는 값을 가져오는 방법에 대해 알아보자. **15행**에서 get()으로 데이터를 가져온 후 Integer로 다운캐스팅하고 바로 data라는 기본형 변수에 할당한다. 그러면 이번에는 자바에서 래퍼 클래스 객체를 자동으로 기본형 데이터로 변환해준다. 이것이 **언오토박싱 (unautoboxing)**이다. 즉, 컬렉션 클래스에서 기본형 데이터는 굳이 객체로 변환하지 않더라도 컬렉션 클래스에서 자동으로 변환해주는 기능이다.

[리스트 10.27] autoboxing과 unautoboxing 실습 예제(BoxingTest.java)

```java
1    import java.util.ArrayList;
2
3    public class BoxingTest{
4        public static void main ( String [ ] args){
5            ArrayList<Object>  list = new ArrayList<Object>( );
6
7            Integer data0 = new Integer( 123 );
8            list.add ( data0 );
9            Integer data1  = (Integer)list.get(0);
10           int  num  = data1.intValue( );
11           System.out.println("값은:"+ num );
12
13           int  data2 = 543;
14           list.add( data2 );
15           int  data3 = (Integer)list.get(1);
16           System.out.println("값은:"+data3);
17       }
18   }
```

```
Console
<terminated> BoxingTest [Java Application] C:\Program Files\Java\jre1.8.0_25\bin\javaw.exe (2015. 3. 13. 오후 1:35:38)
값은:123
값은:543
```

[그림 10-41] 실행 결과

1 자료 구조의 정의와 용법을 설명하라.

2 컬렉션 프레임워크의 종류를 설명하라.

3 배열과 ArrayList의 차이점을 설명하라.

4 다음과 같이 fruit라는 배열에 과일 이름이 저장되어 있을 때 콘솔에 각 과일명의 개수를 차례대로 출력하라.

5 다음은 각 학생이 친 중간고사의 과목과 성적이 나타나 있다. 학생별로 자신의 시험 점수 총점과 평균을 그림처럼 출력하라.

학생 이름	학년	과목명	점수
홍길동	3	국어	80
이순신	3	국어	90
임꺽정	3	국어	78
홍길동	3	영어	76
임꺽정	3	영어	56
홍길동	3	수학	70
이순신	3	수학	67
임꺽정	3	수학	77

컴퓨터를 있게 한 사람들

놀런 부쉬넬(Nolan Bushnell, 1943. 2. 4.~)은 아타리의 창업자이자, 비디오 게임 산업의 아버지라 불린다. 유타 대학 전기공학과 학생 시절, MIT의 학생들이 만든 '스페이스 워'라는 게임을 보고 게임 산업에 흥미를 가지게 되어 학업을 그만두고 집의 차고에서 스페이스 워를 바탕으로 한 최초의 아케이드 게임기를 제작, 2,500대를 판매하고 3만 달러의 매상을 올린다. 그러나 제작비보다 판매고가 적어 손해를 봤다.

최초의 게임기가 손해를 보았음에도 불구하고 게임 산업의 전망을 밝게 본 놀런은 1977년 단돈 500달러의 자본으로 아타리를 설립, 본격적인 게임기와 소프트웨어 개발에 뛰어든다.

특히, 버클리 공대 출신의 알 알콘을 고용한 놀런은 그가 개발한 퐁을 판매. 게임기를 설치한 가게 주인들이 엄청난 동전이 게임기에 쌓여 기계가 작동을 멈추자 고장난 줄 알고 아타리에 전화를 하거나 엄청난 무게의 동전을 들고 은행으로 방문하는 등 크게 성공한다.

당시 미국의 발명가 랠프 베어가 1972년 최초의 비디오 게임기 마그나복스 오디세이를 만들어 비디오 게임에 대한 특허를 가지고 있었고, 그중에는 퐁과 유사한 게임도 있었기 때문에 소송이 제기되었으나, 놀런은 그 특허를 70만 달러에 사들여버린다.

게임기 열풍은 서핑보드 열풍처럼 나중에는 사들어버릴 것이기 때문에 미래에는 게임이 장사가 안 될 것이라 판단한 베어는 그 돈을 받고 특허를 양도했지만, 이후 비디오 게임 산업은 대규모로 확대된다. (출처 : 엔하위키 미러)

11장

스레드(Thread)

이제까지의 자바 프로그램은 각 클래스들을 구현한 후 프로그램을 실행하면 컨베이어 벨트에서 자동차 조립 공정처럼 차례대로 객체를 만든 후 기능을 사용하여 프로그램을 동작시켰다. 즉, CPU가 우리가 작성한 프로그램을 main() 메서드를 시작점으로 하여 순차적으로 실행을 했다. 따라서 CPU는 프로그램을 실행함과 동시에 하나의 기능만을 수행한다.

그런데 프로그램을 실제 사용하다 보면 여러 클래스들의 기능을 동시에 실행해야 하는 경우가 있다. 예를 들어 채팅 프로그램은 사용자가 자신이 작성한 글을 보내는 동시에 상대방이 전송한 메시지를 계속 수신해야 한다. 모바일 환경에서 실행되는 슈팅 게임에서도 배경 움직이는 기능, 미사일을 발사하는 기능, 비행기를 움직이는 기능 등을 동시에 수행해야 한다. 스레드는 이러한 각 기능을 동시에 실행하는 데 사용된다. 이번에는 각각의 기능을 스레드로 만들어 CPU로 하여금 여러 기능을 동시에 수행시키는 방법에 대해 배운다.

스레드 기능은 주로 운영체제와 많은 관련이 있으므로 이 장에서는 운영체제에 대한 개념도 배운게 된다. 처음 접하는 사람은 어려울 수 있으므로 '스레드가 어떻게 수행되는가?'라는 개념을 중심으로 학습하는 것이 좋다.

1 프로세스(Process)의 개념
2 스레드(Thread) 정의와 특징
3 CPU 스케줄링
4 스레드 스케줄링

5 자바에서 스레드를 생성하는 방법
6 스레드의 상태(state)
7 스레드의 자원 공유와 동기화(Synchronization)

프로세스(Process)의 개념

자바는 기본적으로 스레드로 동작하는 프로그램이다. 그런데 스레드가 나오기 전에 CPU가 프로그램을 실행하던 방식은 프로세스(Process) 방식이었다. 이번에는 프로세스의 개념과 장단점에 대해 알아본다.

프로그램의 정의에 대해서는 앞에서 이미 학습했다. 프로그램은 CPU가 실행하는 명령어의 묶음이다. 개발자가 명령어로 프로그래밍하여 컴파일하면 실행 코드로 변환되는데, 이 변환된 실행 파일이 프로그램이다. 이 실행 파일이 CPU에 의해 실행된 상태를 프로세스라고 한다. 프로그램과 프로세스를 잘 구분하기 바란다.

프로세스는 CPU가 수행하는 명령어다. 이 명령어를 수행하면 당연히 데이터도 생성된다. 즉, 프로세스의 구성 요소는 명령어, 즉 **2진 명령어 코드**와 **데이터**로 구성된다.

프로세스(Process)의 정의와 구성 요소

- 정의
  - CPU가 실행 중인 프로그램
- 구성 요소
  - 2진 명령어와 Data로 구성

다음은 프로세스 관련 용어들의 의미를 나타낸 것이다. 먼저 **멀티 프로세싱**(multi-processing)이란, 둘 이상의 CPU가 여러 프로그램을 동시에 실행하는 것이고, 이와 반대되는 개념이 멀티 프로그래밍이다. '**멀티 프로그래밍**(milti-programming)'이란 우리가 흔히 사용하는 데스크톱이나 노트북처럼 하나의 CPU가 여러 프로그램을 동시에 실행하는 것을 의미한다.

그런데 멀티 프로그래밍은 초기에 사용하던 개념인데, 지금은 데스크톱이나 노트북도 다수의 CPU에 의해 실행되는 경우가 많다. 일단 지금의 스레드 과정은 현재의 CPU에서 실행되는 복잡한 스레드 개념이 아닌 초기의 멀티 프로그래밍 실행 시에 사용하는 기본적인 스레드 개념을 이해하기 위한 것이다.

> **프로세스 관련 용어**
>
> - 멀티 프로세싱
>   - 2개 이상의 CPU에 의해 여러 개의 프로그램이 동시에 실행되는 것
> - 멀티 프로그래밍
>   - 하나의 CPU에서 여러 개의 프로그램이 동시에 실행되는 것
> - 멀티 태스킹
>   - 멀티 프로그래밍과 비슷한 개념으로, 여러 개의 task를 동시에 실행하는 것

[그림 11-1]은 프로세스의 실행 방식을 나타낸 것이다. 예를 들어 여러분의 PC가 프로세스 방식으로 실행된다는 가정하에 설명한다. 사용자가 문서 편집기 프로그램을 실행하면 CPU는 해당 프로그램을 [그림 11-1]의 (a)처럼 메모리에 로딩한다. 그리고 CPU는 해당 프로세스의 명령어를 읽어 들여 기능을 수행한다.

그런 다음, 사용자가 잠깐 인터넷을 사용할 일이 있어서 웹브라우저를 실행시키면 이번에는 (b)처럼 인터넷 웹브라우저 프로세스도 메모리에 로드되어 CPU가 인터넷 웹브라우저를 실행한다.

그리고 웹브라우저를 모두 사용한 후 다시 이제는 문서 작업을 하기 위해 기존의 문서 편집 프로그램을 다시 실행하면 프로세스 방식은 메모리에 기존에 사용하던 기능의 프로그램이 있음에도 불구하고 또다시 (c)처럼 똑같은 기능을 메모리에 일일이 로딩한다.

이러한 방식으로 동작하면 같은 기능을 실행할 때마다 메모리에 반복적으로 생성해야 하므로 메모리 사용이 비효율적이고 메모리의 재사용성도 낮다. 그리고 메모리로 프로그램을 일일이 로딩하므로 프로그램 수행 속도도 저하된다.

프로그램의 기능이 단순하고, 동시에 사용하는 사용자 수가 적을 때는 이러한 프로세스 방식으로 프로그램을 만들어도 별로 불편한 점이 없었다. 그러나 현재처럼 한꺼번에 수천 명, 수만 명이 동시에 사용하는 네트워크 환경에서는 단점으로 작용한다. 예를 들어 포털 사이트에는 동시에 수만 명이 접속한 후 로그인을 요청하는데, 이러한 로그인 기능을 프로세스 방식으로 처리하는 것은 서버에 상당한 부하를 주는 것이다. 이러한 문제점을 보완하여 나온 기능이 스레드로 실행하는 방법이다.

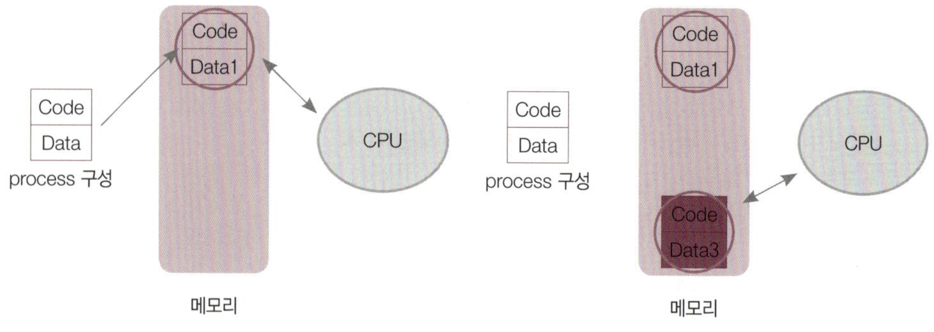

(a) 최초 프로그램 실행 시 프로세스 상태　　　　　　　(b) 다른 프로그램을 실행시켰을 때의 프로세스 상태

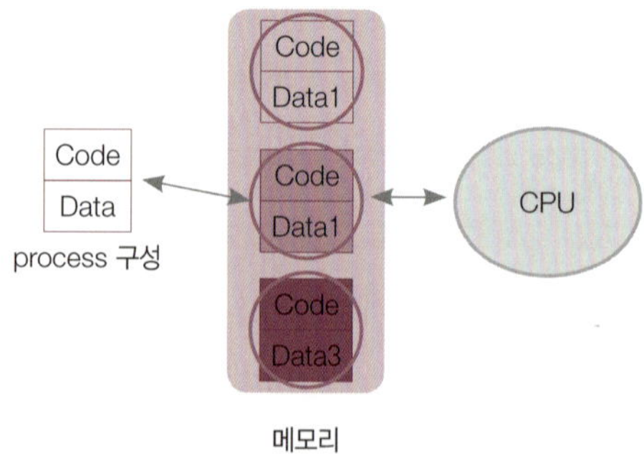

(c) 다시 원래 프로그램 실행 시

[그림 11-1]　프로세스 실행 과정

02 스레드(Thread)의 정의와 특징

이번에는 프로세스의 문제점을 보완하여 현재 모든 프로그램에서 사용되는 스레드에 대해 알아보자. 스레드란, 기존의 프로세스를 또다시 여러 기능으로 세분화한 실행 단위를 말한다.

> **스레드의 정의**
>
> 프로세스 내에서 실행되는 세부 실행 단위

[그림 11-2]는 스레드의 구성을 나타낸 것이다. 프로그램이 실행되면 기존의 실행 방식처럼 프로세스가 실행되는데, 이번에는 그 프로세스의 실제 세부적인 실행을 여러 스레드가 담당하는 것이다. 스레드가 실제로 실행하는 것이므로 스레드의 구성 요소는 **코드**와 **데이터**가 된다.

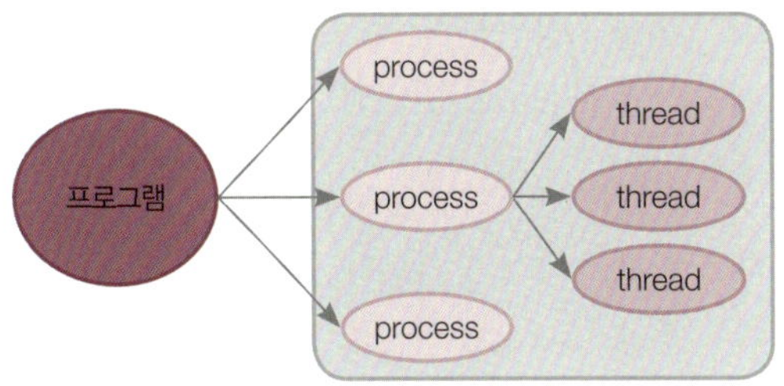

[그림 11-2] 프로세스를 구성하는 스레드

다음은 스레드 관련 용어를 나타낸 것이다. 이 중에는 멀티 스레드(Multi Thread)라는 개념이 있는데, 이는 하나의 프로세스 내에서 여러 개의 스레드가 병행 처리되는 것을 의미한다. 이 반대 개념이 싱글 스레드이다. 싱글 스레드란 스레드가 1개 있는 것이 아니라 여러 스레드가 순차적으로 수행된다는 개념이다. 그런데 자바는 기본적으로 멀티 스레드로 동작한다.

> **스레드와 관련된 용어**
>
> - 멀티 스레드
>   - 하나의 프로세스 내에서 여러 개의 스레드가 병행 처리되는 것
> - 싱글 스레드
>   - 여러 스레드가 순차적으로 실행되는 것

이번에는 스레드의 장단점에 대해 알아보자. 다음은 스레드의 장단점을 나타낸 것이다. 스레드의 장단점을 기존의 실행 방식인 프로세스 방식과 비교해보자.

장점으로는 재사용성이 높아진다는 것을 들 수 있고, 단점은 멀티 스레드로 동작할 때에 공유 자원에 대해 스케줄링을 해줄 필요가 생길 수도 있다는 것을 들 수 있다. 스케줄링하는 방법은 뒤의 절에서 알아보고, 이번에는 스레드의 장점에 대해 알아보자.

> **스레드의 장단점**
>
> - 장점 : 코드의 재사용성과 데이터 공유가 가능하다.
> - 단점 : 여러 스레드가 동시 실행 시 공유 자원에 대해 동기화를 해주어야 한다.

[그림 11-3]은 스레드로 실행 시의 메모리 상태를 나타낸 것이다. 앞의 프로세스의 실행 예를 그대로 스레드로 실행시킬 때의 과정을 살펴보자. 문서 편집 프로그램을 최초로 실행하면 프로세스의 코드 수행 중에 생성된 데이터가 [그림 11-3]의 (a)처럼 메모리에 생성된다. 그런 다음, 인터넷 웹브라우저를 사용하면 CPU는 (b)와 같이 다른 프로세스를 실행한다. 인터넷 웹

브라우저를 사용한 후 다시 원래 문서 편집 프로그램을 사용하면 앞의 프로세스와 달리 기존에 메모리에 똑같은 기능이 있으므로 기존에 메모리에 사용하고 있었던 기능을 재사용한다.

따라서 코드는 재사용되고, 각 코드로 생성되는 데이터만 따로 생성되는 것이다. 이러한 방식으로 메모리에 있는 기존의 기능을 재사용하므로 프로세스 방식보다 훨씬 빠르게 동작할 수 있다.

대용량 포털 사이트를 예로 들면, 사용자가 아이디와 비밀번호를 입력한 후 서버로 로그인 요청 시에 프로세스 방식으로 하면 사용자의 로그인 요청마다 새로운 로그인 기능을 메모리에 로드해야 한다. 그러나 스레드 방식을 사용하면 첫 번째 사용자의 로그인 요청에 대해서는 메모리에 로드하고 다음 사용자부터는 메모리에 이미 존재하는 로그인 기능을 사용하면 되는 것이다.

포털 사이트에는 하루에도 몇 십 만 명이 동시에 로그인하는데, 스레드로 동작하면 아무 무리 없이 동작할 수 있다. 그러므로 지금의 모든 프로그램에서는 스레드를 이용하여 실행한다. 예를 들어 JSP와 같은 서버 프로그래밍도 스레드로 실행된다.

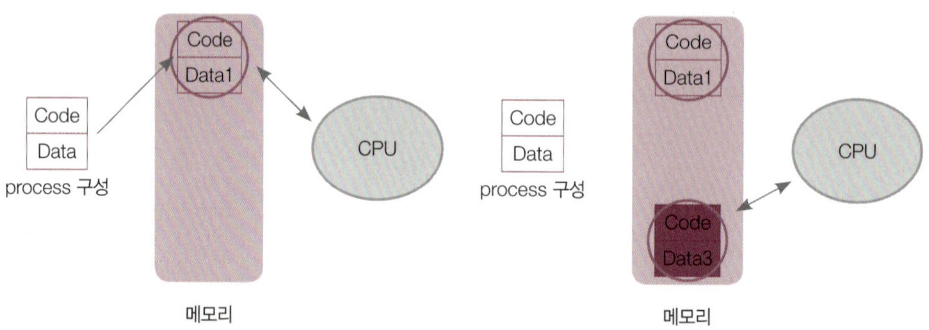

(a) 최초로 프로그램 실행 시 메모리 상태

(b) 다른 프로그램 실행 시 메모리 상태

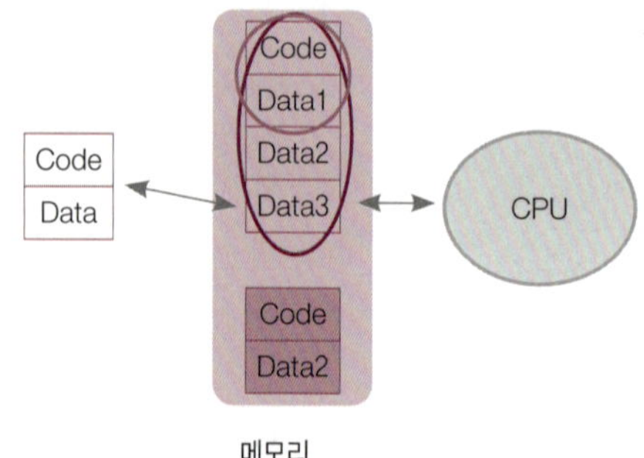

(c) 다시 원래 프로그램 실행 시 메모리 상태

[그림 11-3] 스레드로 실행 시 메모리 상태

지금까지 스레드의 정의와 스레드의 사용 목적에 대해 알아보았다. 그런데 자바에서는 스레드를 하나만 사용하는 경우는 거의 없다.

03 / CPU 스케줄링(CPU Scheduling)

CPU 스케줄링에 대해 알아보기 전에 먼저 운영체제가 멀티 프로그래밍으로 동작 시 각 프로세스에 CPU를 할당하는 방식에 대해 알아보자. 이때에는 운영체제의 CPU 스케줄링을 자바의 멀티 스레드 실행 방식에 그대로 적용하면 된다.

> **CPU 스케줄링의 정의**
>
> • 운영체제가 작업을 처리하기 위해 각 프로세스에 CPU를 적절히 할당하는 정책

다음은 일반적인 운영체제의 CPU 스케줄링의 정의를 나타낸 것이다. 실제 노트북이나 데스크톱을 사용하면 여러 프로그램을 동시에 실행시키면서 작업한다. 예를 들어 문서 편집기로 문서를 작성하면서 음악 플레이어로 음악을 듣고, 웹브라우저로 검색을 하기도 한다. 이렇게 일반 사용자의 입장에서는 프로그램이 동시에 실행하는 것처럼 보이지만, 실제로는 컴퓨터 운영체제가 CPU를 실행 중인 여러 프로세스에게 적절히 분배하여 실행하는 것이다. 그 실행 속도가 너무 빠르다 보니 일반 사용자는 모든 프로그램이 동시에 실행되는 것처럼 느끼는 것이다. 이렇게 운영체제가 각 프로세스에게 CPU 자원을 할당하는 정책이 **'스케줄링'**이다.

운영체제의 스케줄링 방법은 선점형과 비선점형의 두 가지가 있다. 선점형 스케줄링 기법은 동시에 실행되는 각 프로세스가 군대의 계급과도 같은 우선순위를 가진다. 따라서 지금 프로세스가 CPU를 점유하여 실행하고 있더라도 우선순위가 더 높은 프로세스가 실행되면 우선순위가 높은 프로세스가 CPU를 빼앗아서 자신이 실행하는 방식이다. 우선순위가 높은 프로세스가 모두 실행되면 다음으로 우선순위가 높은 프로세스가 CPU를 차지한 후에 실행한다.

> **CPU 스케줄링의 종류**
>
> • 선점(preemptive) 스케줄링
>   – 하나의 프로세스가 CPU를 차지하고 있을 때 우선순위가 높은 다른 프로세스가 현재 프로세스를 중지시키고 자신이 CPU를 차지하는 정책
> • 비선점(non-preemptive) 스케줄링
>   – 하나의 프로세스가 CPU를 할당받으면 다른 프로세스는 CPU를 점유하지 못하고 수행 중인 프로세스가 끝날 때까지 기다리는 정책

비선점형 스케줄링 기법은 일종의 선착순으로 실행하는 방식이다. 즉, 우선 CPU를 점유한 프로세스가 계속 자신의 실행을 종료할 때까지 실행한다. 그리고 자신의 실행을 마치면 다음 번 프로세스가 점유하여 실행하는 것이다.

대부분의 운영체제는 위의 두 가지 방식을 혼합하여 동시에 프로그램을 실행하고 있다.

04 스레드 스케줄링

이번에는 스레드 스케줄링에 대해 알아보자. 자바는 멀티 스레드로 동작을 하기 때문에 각 스레드는 서로 CPU를 차지하기 위해 경쟁을 한다. 따라서 자바 프로그램 실행 시에 JVM의 스레드 스케줄러가 각 스레드에게 CPU를 적절히 할당하여 동시에 스레드를 실행시킨다.

다음은 스레드 스케줄링의 정의를 나타낸 것이다. 그리고 자바 스레드의 스케줄링 방법은 운영체제의 선점형 스케줄링과 비슷한 방식으로 스케줄링한다. 즉, 자바의 멀티 스레드로 동작할 때 각 스레드는 우선순위가 있어서 우선순위가 높은 스레드가 CPU를 먼저 차지하고 실행한다.

> **스레드 스케줄링의 정의와 방식**
>
> - 정의
>   - 멀티 스레드가 동작할 때 어떤 스레드를 먼저 수행할 것인지를 결정하는 작업
> - 방식
>   - 자바는 우선순위가 높은 스레드가 먼저 실행되는 선점형 스케줄링 방식을 사용한다.

자바는 우선권 스케줄링으로 실행한다. 그리고 자바의 스레드는 세부적으로 상태(state)를 거치면서 실행하고 자바는 여러 스레드가 동시에 CPU에 의해 실행되는 멀티 스레드 방식으로 실행된다.

> **자바 스레드의 특징**
>
> - 우선권 스케줄링
> - 스레드는 각 상태를 거치면서 실행한다.
> - 멀티 스레드로 동작한다.

자바에서 스레드를 생성하는 방법

자바에서는 Thread 클래스를 이용하는 방법과 Runable 인터페이스를 이용하는 방법으로 스레드를 만들어 사용한다. 먼저 Thread 클래스를 이용하는 방법에 대해 알아본다.

스레드 생성 방법

- java.lang.Thread 클래스 이용
- java.lang.Runnable 인터페이스 이용

5.1 Thread 클래스를 이용한 스레드 사용하기

다음은 Thread 클래스를 이용하여 사용자 정의 스레드를 만드는 방법을 나타낸 것이다. 사용자가 만들어 사용하는 스레드는 반드시 Thread 클래스를 상속받는다. 그리고 Thread 클래스에 있는 run()를 오버라이딩하여 실행 시 명령문을 작성해서 스레드로 기능한다. [표 11-1]에는 Thread 클래스에서 제공하는 여러 가지 메서드가 나타나 있다. 이 중 사용자 정의 스레드는 run()를 오버라이딩하여 구현한다.

사용자가 정의 스레드 만드는 방법

```
class 클래스명 extends Thread{
    public void run( ){
        //스레드 실행 시 실행 명령문
        ......
    }
}
```

[표 11-1] java.lang.Thread 클래스의 여러 가지 메서드 기능

메서드	설명
static int activeCount( )	현재 스레드 그룹에서 실행 중인 스레드의 수를 반환한다.
static Thread currentThread( )	현재 실행 중인 스레드 객체를 반환한다.
static Map⟨Thread,StackTraceElement[]⟩ getAllStackTraces( )	실행 중인 모든 스레드의 stack traces map을 반환한다.
long getId( )	현재 실행 중인 스레드의 식별자(identifier)를 반환한다.

String getName( )	스레드의 이름을 반환한다.
int getPriority( )	스레드의 우선순위(priority)를 반환한다.
Thread.State getState( )	스레드의 상태(state)를 반환한다.
void join( )	실행 중인 다른 스레드를 중지시킨 후 실행한다.
void run( )	스레드 스케줄러가 스레드 실행 시 호출한다.
void setName(String name)	전달되는 인자로 스레드 이름을 변경한다.
void setPriority(int new Priority)	전달되는 인자값으로 스레드의 우선순위를 변경한다.
static void sleep(long millis)	전달되는 인자값만큼 스레드의 실행을 대기 상태로 보낸다.
static void yield( )	실행 중인 스레드가 스케줄러에게 대기 상태로 간다는 것을 알린다.

이번에는 실제 2개의 스레드를 사용하여 콘솔에 "청기 올려!!", "백기 올려!!" 메시지를 교대로 출력하는 예제를 살펴본다.

[리스트 11.1]에서 [리스트 11.3]은 스레드를 사용하기 전의 예제다. [리스트 11.1]의 Blue 클래스를 보면 while문의 조건식이 true이므로 blueFlag( ) 안에서 무한 루프를 돌면서 "청기 올려"를 계속 출력한다. 그리고 [리스트 11.2]의 White 클래스는 whiteFlag( ) 안에서 반대로 무한 루프를 돌면서 "백기 올려"를 출력한다.

[리스트 11.3]의 FlagTest 실행 클래스 **4, 5행**에서 White와 Blue 클래스의 인스턴스를 만들어 **7, 8행**에서 각 메서드를 호출하면 원하는 출력은 "청기 올려", "백기 올려"라는 메시지가 교대로 출력되어야 한다. 그러나 [그림 11-4]의 결과를 보면 "백기 올려" 메시지만 출력된다. 즉, **7행**에서 먼저 호출된 whteFlag( )만 CPU가 수행하는 것이다. 현재의 예제는 스레드를 사용하지 않으므로 CPU는 먼저 호출된 클래스의 메서드만 실행한다.

[리스트 11.1] 스레드를 사용하지 않은 클래스(Blue.java)

```
1    public class Blue {
2        public void blueFlag( ) {
3            while( true) {
4                System.out.println( "청기 올려!!" );
5            }
6        }
7    }
```

[리스트 11.2] 스레드를 사용하지 않은 클래스(White.java)

```java
1    public class White {
2        public void whiteFlag( ) {
3            while( true) {
4                System.out.println( "백기 올려!!" );
5            }
6        }
7    }
```

[리스트 11.3] 실행 클래스(FlagTest.java)

```java
1    public class FlagTest {
2        public static void main ( String [ ] args ){
3
4            White white = new White( );
5            Blue blue = new Blue( );
6
7            white.whiteFlag( );
8            blue.blueFlag( );
9        }
10   }
```


[그림 11-4] 실행 결과

[리스트 11.4]에서 [리스트 11.6]은 스레드를 사용한 후의 예제다. [리스트 11.4]의 Blue 클래스는 Thread 클래스를 상속받아 사용자 정의 스레드로 사용된다. 그리고 run()를 오버라이딩하여 무한 루프를 돌면서 "청기 올려!!"를 출력한다.

그리고 이와 동일하게 [리스트 11.5]의 White 클래스도 스레드로 만들었다. [리스트 11.6]의 FlagTest의 **4, 5행**에서 두 스레드의 객체를 생성한다. 그리고 **5, 6행**에서 각 스레드의 start()

를 호출하여 스레드를 실행한다. 그러면 [그림 11-5]처럼 CPU는 2개의 실행 코드로 이루어
진 white와 blue 스레드를 번갈아 가면서 실행한다. 스레드(thread)는 사전적 의미로 **'가느
다란 실'**이라는 뜻을 지니고 있다. [그림 11-5]처럼 실행 코드가 실처럼 CPU에 의해 실행된
다고 하여 '스레드(thread)'라고 부른다. [그림 11-5]의 실은 실제 CPU가 읽어서 실행하는 2
진 명령어로 이루어져 있다.

여기서 중요한 점은 스레드를 실행시킬 때 run()를 호출하는 것이 아니라 Thread 클래스에
서 상속받는 start()를 호출해야 한다는 것이다. 그 이유는 스레드가 가지는 상태(state)와 관
계가 있다. 그러면 2개의 스레드가 실행되면서 [그림 11-6]처럼 "청기 들어", "백기 들어"가
번갈아 가면서 출력된다. 즉, 이번에는 CPU가 실행 중인 두 스레드의 run()를 번갈아 가면
서 실행하는 것이다.

[리스트 11.4] Thread 클래스를 상속한 사용자 스레드 클래스(Blue.java)

```
1    public class Blue extends Thread{
2        public void run( ) {
3            while( true) {
4                System.out.println( "청기 올려!!" );
5            }
6        }
7    }
```

1행   : 사용자 정의 스레드는 항상 Thread 클래스를 상속받아야 한다.

2~6행 : run() 메서드를 오버라이딩하여 스레드의 기능을 구현한다.

[리스트 11.5] Thread 클래스를 상속한 사용자 스레드 클래스(White.java)

```
1    public class White extends Thread {
2        public void run( ){
3            while( true) {
4                System.out.println( "백기 올려!!" );
5            }
6        }
7    }
```

1행   : 사용자 정의 스레드는 항상 Thread 클래스를 상속받아야 한다.

2~6행 : run() 메서드를 오버라이딩하여 스레드의 기능을 구현한다.

[리스트 11.6] 실행 클래스(FlagTest.java)

```
1    public class FlagTest {
2        public static void main ( String [ ] args ){
3            White white = new White( );
4            Blue blue = new Blue( );
5            white.start( );
6            blue.start( );
7        }
8    }
```

5, 6행 : Thread은 Stare( ) 메서드를 호출하여 실행한다.

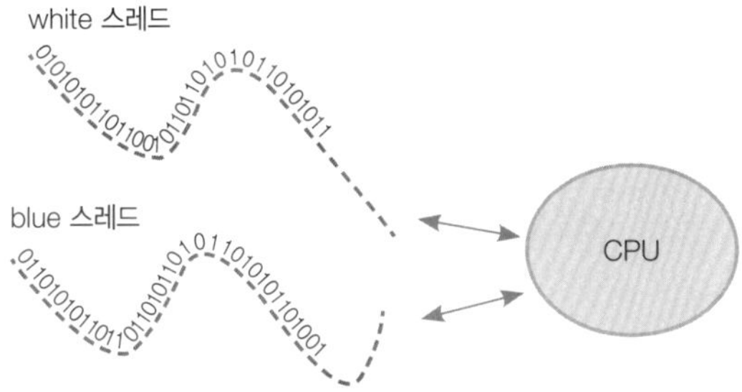

[그림 11-5] CPU의 두 스레드 실행 상태

[그림 11-6] 실행 결과

5.2 Runnable 인터페이스를 이용한 스레드 사용하기

이번에는 스레드를 생성하는 두 번째 방법인 Runnable 인터페이스를 이용하는 방법이다. [그림 11-7]은 Runnable 인터페이스에 대해 설명하는 API문서이다. 자세히 살펴보면 앞에서 배운 Thread 클래스도 이미 Runnable 인터페이스를 구현하여 run()를 implements하고 있다는 것을 알 수 있다. 앞의 예제에서는 사용자 클래스에서 Thread 클래스에서 오버라이딩한 run() 를 다시 오버라이딩하여 사용하는 것이다. [표 11-2]는 Runnable 인터페이스에 선언된 run() 추상 메서드의 설명이다.

```
Interface Runnable

All Known Subinterfaces:
RunnableFuture<V>, RunnableScheduledFuture<V>

All Known Implementing Classes:
AsyncBoxView.ChildState, ForkJoinWorkerThread, FutureTask, RenderableImageProducer, SwingWorker, Thread, TimerTask

Functional Interface:
This is a functional interface and can therefore be used as the assignment target for a lambda expression or method
reference.
```

[그림 11-7] java.lang.Runnable 인터페이스 설명

[표 11-2] java.lang.Runnable 인터페이스에 선언된 메서드

메서드	설명
void run( )	스레드로 이용되는 객체가 run( )을 구현하면, 객체가 스레드 기능 수행 시에 이 run( )이 호출되어 실행된다.

[리스트 11.7]은 Runnable 인터페이스를 이용한 스레드 실습 예제다. Blue 클래스는 1행에서Runnable 인터페이스를 implements하고 있다. 그리고 **2~6행**에서 run() 추상 메서드를 구현하여 무한 루프를 돌면서 메시지를 출력한다.

[리스트 11.8]의 White 클래스도 이와 동일하게 Runnable 인터페이스를 구현하여 스레드를 구현한다. 그리고 [리스트 11.9]의 FlagTest 실행 클래스의 **4, 5행**에서 두 클래스의 객체를 생성한 후, **6, 7행**에서 2개의 Thread 객체를 생성하고 위 2개의 클래스 객체를 Thread 생성자의 인자로 전달한다. 그 이유는 Runnable 인터페이스를 구현한 클래스는 run()만 구현한 것이지, Thread 클래스의 다른 메서드는 가지고 있지 않기 때문이다. 그래서 **6, 7행**처럼 Thread 객체의 인자로 전달해야만 사용자 정의 스레드가 다른 여러 가지 메서드를 사용할 수 있는 것이다. **결국 Runnable 인터페이스를 스레드를 만들어도 최종적으로는 Thread 클래스를 이용해야 한다.**

따라서 자바에서 스레드를 만들어 사용하는 방법의 차이점을 잘 알아두어야 한다. 이를 실행해보면 [그림 11-6]과 동일한 결과가 출력된다.

[리스트 11.7] Runnable을 이용한 스레드 클래스 예제(Blue.java)

```
1    public class Blue implements Runnable{
2        public void run( ) {
3            while( true) {
4                System.out.println( "청기 올려!!!" );
5            }
6        }
7    }
```

1행　：Runnable 인터페이스를 implements하여 스레드를 구현한다.

2~6행 : run( ) 추상 메서드를 구현하고 있다.

[리스트 11.8] Runnable을 이용한 스레드 클래스 예제(White.java)

```
1    public class White  implements Runnable {
2        public void run( ){
3            while( true) {
4                System.out.println( "백기 올려!!!" );
5            }
6        }
7    }
```

1행　：Runnable 인터페이스를 implements하여 스레드를 구현한다.

2~6행 : run( ) 추상 메서드를 구현하고 있다.

[리스트 11.9] 실행 클래스(FlagTest.java)

```
1    public class FlagTest {
2        public static void main ( String [ ] args ){
3
4            White white = new White( );
5            Blue blue = new Blue( );
6            Thread t = new Thread( white );
7            Thread t2 = new Thread( blue );
8
9            t.start( );
10           t2.start( );
11       }
12    }
```

6, 7행 : Runnable 인터페이스를 구현하는 클래스는 Thread 객체의 인자로 전달해야 스레드의 기능을 수행할 수 있다.

지금까지 자바의 스레드 생성 방법에 대해 알아보았다. 그런데 Runnable 인터페이스를 이용하는 방법은 Thread 클래스를 이용하는 방법보다 불편하다. 그런데 첫 번째 방법으로 사용하면 되는데, 왜 두 번째 방법도 사용해야 하는지를 아는 것이 중요하다. **그 이유는 바로 자바는 단일 상속만 허용하므로 클래스가 다른 클래스를 상속받는 경우에는 Thread 클래스를 상속받아 사용할 수 없기 때문이다.**

5.3 main 스레드 사용하기

[리스트 11.10]은 main() 메서드를 실행한 예제다. 이제까지 자바의 프로그램의 시작점은 main() 메서드였는데, 사실 main()을 실행하면 JVM은 자체적으로 main 스레드를 실행하는 것이 된다. 그리고 main() 내에서 지금 실행 중인 main 스레드의 정보를 Thread 클래스의 속성과 메서드를 이용하여 알아보고 있다. main 스레드는 우선순위가 5이므로, 모든 스레드 중의 중간 순위다.

[리스트 11.10] Thread 클래스의 여러 가지 메서드(FlagTest.java)

```
1    public class MainThread{
2        public static void main(String [ ] args){
3            System.out.println("현재 수행되고 있는 스레드 이름:  >>" +
```

```
 4                                              Thread.currentThread( ).getName( ));
 5              System.out.println("스레드의 최소우선순위 값: >>" + Thread.MIN_PRIORITY);
 6              System.out.println("스레드의 중간우선순위 값: >>" + Thread.NORM_PRIORITY);
 7              System.out.println("스레드의 최대 우선순위 값: >> " + Thread.MAX_PRIORITY);
 8              System.out.println("현재 수행되고 있는 스레드의 우선순위 :>>" +
 9                                              Thread.currentThread( ).getPriority( ));
10          }
11      }
```

3행 : 현재 실행되는 스레드의 이름을 구한다.

5행 : 자바 스레드의 최고 낮은 우선순위를 나타낸다.

6행 : 자바 스레드의 중간 우선순위를 나타낸다.

7행 : 자바 스레드의 최고 높은 우선순위를 나타낸다.

8행 : 현재 실행되는 스레드의 우선순위를 나타낸다.

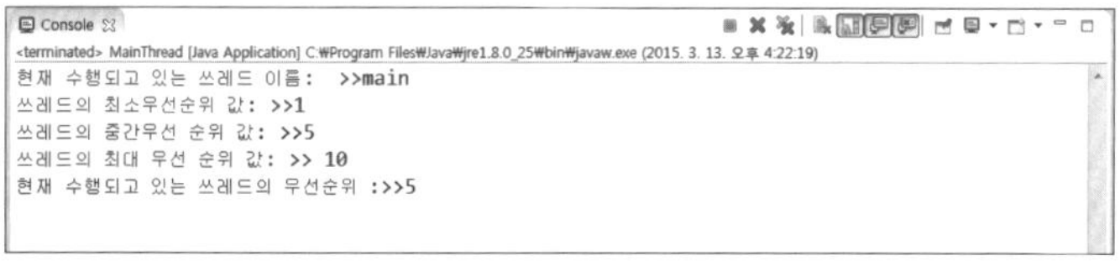

[그림 11-8]   실행 결과

앞에서 실습한 [리스트 11.9]의 FlagTest 클래스의 경우에는 사실 main 스레드가 먼저 실행된 후에 다른 blue 스레드와 white 스레드를 실행하는 중에 생성한 것이다. [그림 11-9]는 이 과정을 나타낸 것이다.

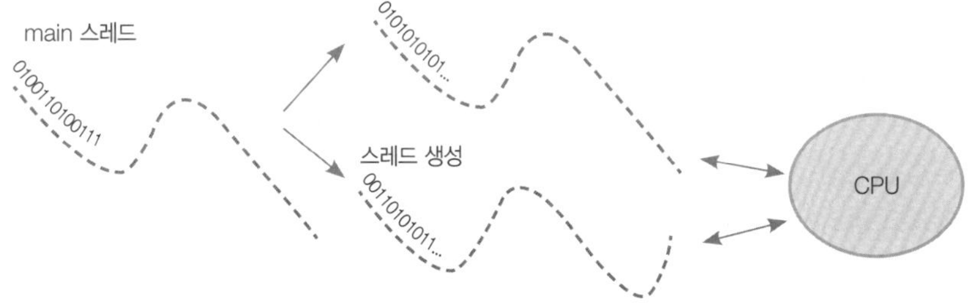

[그림 11-9]   main 스레드에서 다른 스레드 생성하기

스레드의 상태(state)

자바의 스레드는 start( ) 호출 시 바로 CPU가 실행하는 것이 아니라 내부적으로 여러 가지 상태를 거친다. 이번에는 스레드의 상태에 대해 알아본다. 스레드에는 여러 가지 세부적인 상태가 존재하지만, 지금은 가장 기본적인 두 가지 상태에 대해 먼저 알아본다. Runnable은 스레드 실행 전의 준비 상태이고, Running 상태는 실제 실행 중인 상태이다.

> **여러 가지 스레드의 상태(state)**
>
> • Runnable 상태 : 스레드를 실행하기 위한 준비 상태
> • Running : 스레드 스케줄러가 선택된 스레드를 실행하는 상태

[그림 11-10]은 사용자가 start( ) 호출 시 스레드 실행 과정이다. 앞에 "청기 올려!!", "백기 올려!!"에서 본 것처럼 스레드를 실행시키려면 start( )를 호출해야 한다. 그러면 [그림 11-10]에서 바로 스레드가 **실행(Running) 상태**가 되는 것이 아니라 일단 **준비(Runnable) 상태**에서 대기한다.

그런 다음, JVM의 스레드 스케줄러가 자신이 정한 방법에 따라 Runnable에 대기하고 있는 스레드의 run( )를 호출하여 스레드가 Running 상태로 가서 실행하게 되는 것이다. 따라서 사용자가 실제 스레드 클래스에서 오버라이딩한 run( ) 메서드는 실제 JVM의 스레드 스케줄러가 호출한다. 이제 스레드 사용 시에는 run( )를 구현해주어야 하고, 실제 스레드를 실행시킬 때에는 start( )를 호출해야 하는 이유를 알 수 있을 것이다. 참고로 run( )처럼 사용자가 아닌 시스템에서 호출하는 메서드를 **콜백(callback) 메서드**라고 한다.

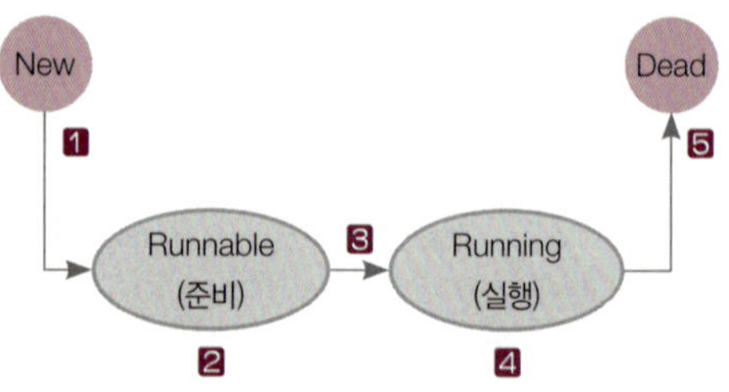

• 스레드 실행 과정
1 start( ) 호출
2 스레드가 실행을 준비한다.
3 스케줄러에 의해 스레드가 선택(run( ) 호출)
4 스레드 실행
5 스레드 종료

[그림 11-10] 여러 가지 스레드의 상태(state)

이번에는 스레드의 그 밖의 상태에 대해 알아보자. 스레드 상태에는 Runnable 상태, Running 상태 외에도 Blocked 상태가 있는데, 여기서 **대기(Blocked) 상태**란, 스케줄러에 의해 선택된 스레드가 실행 중에 여러 가지 이유로 미처 종료하지 못하고 중간에 잠시 대기하고 있는 상태를 의미한다.

[그림 11-11]은 대기 상태를 그림으로 나타낸 것이다. 실행(Running) 상태의 스레드가 Thread 클래스의 sleep(),yield(),join()을 이용하여 실행 시 대기 상태로 보내는 과정이다. 대기 상태에 있던 스레드는 또다시 적절한 조건이 되면 준비 상태로 이동한 후 다시 스케줄러에 의해 실행된다.

따라서 사용자는 스레드를 적절히 대기 상태로 보냄으로써 스레드의 실행을 적절히 조절할 수 있다. 다음 절에서는 세 가지 메서드로 스레드의 실행 상태를 조정하는 방법에 대해 알아본다.

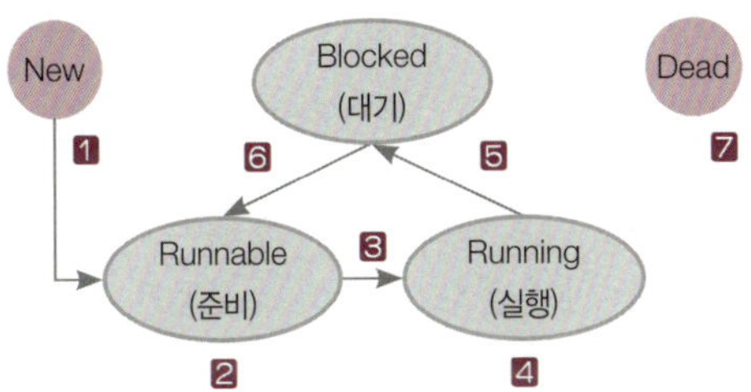

• 스레드 실행 과정
1 start( ) 호출
2 스레드가 실행을 준비한다.
3 스케줄러에 의해 스레드 호출(run( ) 호출)
4 스레드 실행
5 스레드가 완료하지 못하고 대기 상태로 전환(sleep( ), yield( ), join( ) 호출)
6 대기 상태에서 다시 준비 상태로 전환

[그림 11-11] 스레드의 대기(Blocked) 상태

6.1 스레드 상태 제어 메서드

이번에는 스레드 실행 시에 대기 상태로 보내는 역할을 하는 Thread 클래스의 세 가지 메서드의 용도에 대해 학습한다.

먼저 sleep()의 사용 방법에 대해 알아보자. 다음은 sleep()의 특징을 나타낸 것이다. sleep()는 인자로 시간을 1/1000초 단위로 전달하여 실행 중인 스레드를 강제로 대기 상태로 보내는 역할을 한다.

> **sleep( ) 메서드의 특징**
>
> - sleep(long millis)
>   - 현재 실행 중인 스레드의 실행을 지정한 시간만큼 중지시킨다.
>   - 우선순위가 낮은 스레드가 기아 상태에 빠지는 것을 방지할 수 있다.
> - 호출 방법
>   Thread.sleep(1/1000초);
>   - 주어진 시간 동안 대기 상태에서 머문다.

sleep()의 주요 역할은 멀티 스레드 실행 환경에서 우선순위가 낮은 스레드가 한 번도 CPU에 의해 실행되지 않는 **기아 상태**에 빠지는 것을 방지한다. 흔히 PC를 사용할 때는 여러 프로그램을 동시에 실행시킨다. 예를 들어 문서 편집 프로그램을 사용하다가, 중간에 검색할 필요성을 느껴 웹브라우저를 한참 사용한다. 그런 다음, 다시 문서 편집 프로그램을 사용하려고 하면 가끔 화면이 정지된 것처럼 보이면서 **"응답 없음"**이라는 표시가 나타난다.

운영체제는 여러 프로그램이 실행 중에 있을 때 사용자가 가장 자주 사용하는 프로세스에 대해 메모리나 CPU와 같은 자원을 우선적으로 사용할 수 있게 한다. 따라서 오랫동안 사용되지 않는 프로세스는 그만큼 자원이 부족한 상태에 있게 된다. 이러한 상태에서 갑자기 다시 프로세스 사용을 요청하면 기존에 기아 상태에 있다가 다시 운영체제가 그 프로세스에게 자원을 분배하는 데 시간이 걸리기 때문에 화면이 정지한 것처럼 보이는 것이다.

이와 비슷하게 자바 프로그램이 멀티 스레드로 실행되면, 스레드들 사이에 우선 순위가 있으므로 우선 순위가 높은 스레드만 CPU를 계속 사용하고 우선 순위가 낮은 스레드는 CPU를 한 번도 사용하지 못하는 경우가 발생한다.

멀티 스레드로 실행되는 자바 슈팅 게임에서 배경 움직이는 스레드와 비행기 움직이는 스레드를 CPU가 동시에 실행시킬 때 비행기를 움직이게 하는 스레드가 우선순위가 높아 CPU를 너무 많이 차지하게 되면 배경 화면 움직이는 스레드가 제대로 동작하지 않아서 배경 화면의 움직임이 자연스럽지 않다. 따라서 sleep()를 사용하여 강제로 비행기 움직이는 스레드를 대기 상태로 보내고 배경 화면 움직이게 하는 스레드에게 CPU를 할당함으로써 전체 프로그램이 원활하게 동작하게 한다.

Thread 클래스의 sleep()를 이용하여 우선순위가 높은 스레드를 강제로 대기 상태로 보내어 우선순위가 낮은 스레드가 실행하게 해주면 사용자가 스레드의 실행 상태를 제어를 할 수 있다.

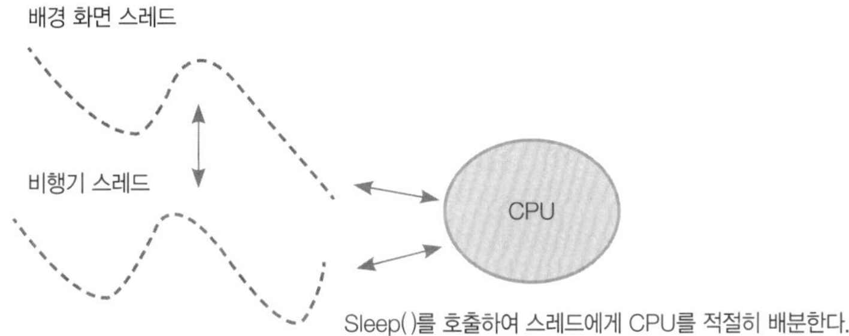

[그림 11-12] sleep( )를 이용한 스레드 실행 제어

[리스트 11.11]과 [리스트 11.12]는 스레드를 이용하여 경마 경주를 하는 경우의 sleep()사용 예제다. 먼저 [리스트 11.11]에서 경마를 나타내는 Horse 스레드를 만든다. 스케줄러가 이 스레드의 run()를 호출하여 스레드가 실행되면, **9행**에서 sleepTime이라는 변수에 무작위로 숫자를 가져온 후 **17~19행**에서 스레드가 실행하기 전에 **12행**에서 sleep()를 호출하여 sleepTime만큼 먼저 대기 상태에서 대기한다. 그리고 대기 시간이 지나면 다시 깨어나서 **17~19행**의 for문을 돌면서 자신의 도착 지점을 출력한다.

[리스트 11.12]를 보면 **3~11행**에서 9개의 Horse 스레드를 말 번호를 다르게 하여 생성한 후 각 start()를 호출하여 스레드를 실행시킨다는 것을 알 수 있다. 그러면 메모리에 9개의 스레드가 생성된다. 즉, 경마장의 출발선을 동시에 출발하는 것이다. 그런데 Horse 스레드의 run()를 거치면 sleepTime만큼 9개의 스레드가 동시에 대기 상태에서 대기한다. 그런 다음, 차례대로 깨어나서 [그림 11-13]처럼 자신의 도착 위치를 출력한다.

그런데 출력값을 보면 3번 말이 가장 먼저 도착 메시지를 출력한다. 그런 다음, 7번, 1번 순으로 도착 메시지를 출력한다. 그 이유는 [그림 11-13]에서 보면 sleepTime만큼 대기 상태에 있을 때 3번 말이 가장 sleepTime이 적으므로 상대적으로 가장 빨리 깨어나서 출발하기 때문이다. 그 다음으로 sleepTime이 적은 말이 7번, 1번이므로 이어서 달리는 것이다.

[리스트 11.11] 경주마 역할을 하는 스레드(Horse.java)

```java
1    public class Horse implements Runnable {
2        private int horse_num;
3
4        public Horse(int horse_num) {
5            this.horse_num = horse_num;
6        }
7
8        public void run( ) {
9            long sleepTime =(long)(Math.random( ) * 500);
10           System.out.println(horse_num + "번 말이 " + sleepTime +"만큼 sleep ..");
11           try{
12               Thread.sleep(sleepTime);
13           }catch(Exception e){
14               e.printStackTrace( );
15           }
16
17           for (int i = 1; i <= 10; i++){
18               System.out.println(horse_num+"번 말이 "+100*i+"미터 도착");
19           }
20           System.out.println(horse_num+"번 말이 "+"결승선 도착");
21       }
22   }
```

9행 : 스레드 생성 시 sleepTime을 난수를 이용하여 얻는다.

12행 : 스레드 실행 시 sleepTime만큼 대기 상태에서 머문 후 실행한다.

[리스트 11.12] 실행 클래스(HorseTest.java)

```java
1    public class HorseTest {
2        public static void main(String [] args) {
3            Thread t1 = new Thread(new Horse(1));
4            Thread t2 = new Thread(new Horse(2));
5            Thread t3 = new Thread(new Horse(3));
6            Thread t4 = new Thread(new Horse(4));
7            Thread t5 = new Thread(new Horse(5));
8            Thread t6 = new Thread(new Horse(6));
9            Thread t7 = new Thread(new Horse(7));
10           Thread t8 = new Thread(new Horse(8));
11           Thread t9 = new Thread(new Horse(9));
12
13           t1.start( );
14           t2.start( );
15           t3.start( );
16           t4.start( );
17           t5.start( );
18           t6.start( );
19           t7.start( );
20           t8.start( );
21           t9.start( );
22
23           System.out.println("main( ) 종료...");
24       }
25   }
```

```
main() 종료...
7번말이 413만큼 sleep ..
6번말이 353만큼 sleep ..
2번말이 451만큼 sleep ..
3번말이 12만큼 sleep ..
4번말이 480만큼 sleep ..
5번말이 81만큼 sleep ..
1번말이 234만큼 sleep ..
9번말이 475만큼 sleep ..
8번말이 66만큼 sleep ..
3번 말이 100미터 도착
3번 말이 200미터 도착
3번 말이 300미터 도착
3번 말이 400미터 도착
3번 말이 500미터 도착
3번 말이 600미터 도착
3번 말이 700미터 도착
3번 말이 800미터 도착
3번 말이 900미터 도착
```

```
8번 말이 100미터 도착
8번 말이 200미터 도착
8번 말이 300미터 도착
8번 말이 400미터 도착
8번 말이 500미터 도착
8번 말이 600미터 도착
8번 말이 700미터 도착
8번 말이 800미터 도착
8번 말이 900미터 도착
8번 말이 1000미터 도착
8번 말이 결승선 도착
5번 말이 100미터 도착
5번 말이 200미터 도착
5번 말이 300미터 도착
5번 말이 400미터 도착
5번 말이 500미터 도착
5번 말이 600미터 도착
5번 말이 700미터 도착
```

```
1번 말이 100미터 도착
1번 말이 200미터 도착
1번 말이 300미터 도착
1번 말이 400미터 도착
1번 말이 500미터 도착
1번 말이 600미터 도착
1번 말이 700미터 도착
1번 말이 800미터 도착
1번 말이 900미터 도착
1번 말이 1000미터 도착
1번 말이 결승선 도착
6번 말이 100미터 도착
6번 말이 200미터 도착
6번 말이 300미터 도착
6번 말이 400미터 도착
6번 말이 500미터 도착
6번 말이 600미터 도착
6번 말이 700미터 도착
```

[그림 11-13] 실행 결과

다음은 yield()의 기능에 대해 알아보자. yield()는 현재 실행 중인 스레드가 이 메서드를 호출하면 자기 스스로 대기 상태로 빠지게 하는 메서드이다. 그러면 다른 준비 상태의 스레드가 실행된다.

---

yield( ) 메서드의 특징과 호출 방법

- 특징
  - 현재 실행하는 스레드가 다른 스레드를 실행하도록 실행을 중지한다.
- 호출 방법

  Thread.yield( ):

  - 실행 중인 스레드가 호출한다.

[리스트 11.13]은 yield() 사용 예제다. Horse 스레드 클래스를 보면 run() 안에서 이번에는 for문을 돌면서 도착 지점을 출력하는데, **11~18행**을 보면 말 번호(horse_num)가 8인 것을 알 수 있다. 즉, 8번 스레드가 실행되고, i가 5이면 yield()를 호출한다.

[그림 11-13]의 실행 결과를 보면 콘솔에는 "8번 말 500미터 도착"을 출력한 후 yield()가 호출되므로 8번 말의 스레드는 대기 상태로 가고, 다른 Horse 스레드가 실행된다. 즉, **"8번 말 500미터 도착"**과 다음의 **"8번 말 600미터 도착"**은 절대로 연속적으로 출력될 수 없다.

[그림 11–14]의 실행 결과를 보면 역시 두 출력 값 사이에는 다른 단의 출력값이 나타나 있다.

yield()는 실행 중인 스레드를 강제로 대기 상태로 보내고 싶을 때 사용하면 좋다. 그런데 실제 yield()만 사용하면 호출 즉시 대기 상태로 바로 가는 것이 아니다. 따라서 [리스트 11.13]에서도 yield() 호출 후 **15행**에서 sleep()을 호출하고 있다. [그림 11–15]의 yield()의 API 문서 설명을 보면 yield()는 프로세서에게 현재 스레드의 실행을 중지하라고 hint만 주는 것이다. 실제 스레드의 중지는 CPU가 알아서 결정한다.

[리스트 11.13] 경주마 역할을 하는 스레드(Horse.java)

```java
 1  public class Horse implements Runnable {
 2      private int horse_num;
 3
 4      public Horse(int horse_num) {
 5          this.horse_num = horse_num;
 6      }
 7
 8      public void run( ) {
 9          for (int i = 1; i <= 10; i++){
10              System.out.println(horse_num+"번 말이 "+100*i+"미터 도착");
11              if (horse_num == 8 && i == 5) {
12                  System.out.println("8말 yield( )...");
13                  Thread.yield( );
14                  try {
15                      Thread.sleep(200);
16                  } catch (InterruptedException e) {
17                      e.printStackTrace( );
18                  }
19              }
20          }
21          System.out.println(horse_num+"번 말이 "+"결승선 도착");
22      }
23  }
```

[리스트 11.14] 실행 클래스(HorseTest.java)

```java
 1  public class HorseTest {
 2      public static void main(String [] args) {
 3          Thread t1 = new Thread(new Horse(1));
```

```java
4          Thread t2 = new Thread(new Horse(2));
5          Thread t3 = new Thread(new Horse(3));
6          Thread t4 = new Thread(new Horse(4));
7          Thread t5 = new Thread(new Horse(5));
8          Thread t6 = new Thread(new Horse(6));
9          Thread t7 = new Thread(new Horse(7));
10         Thread t8 = new Thread(new Horse(8));
11         Thread t9 = new Thread(new Horse(9));
12
13         t1.start( );
14         t2.start( );
15         t3.start( );
16         t4.start( );
17         t5.start( );
18         t6.start( );
19         t7.start( );
20         t8.start( );
21         t9.start( );
22
23         System.out.println("main( ) 종료...");
24     }
25 }
```

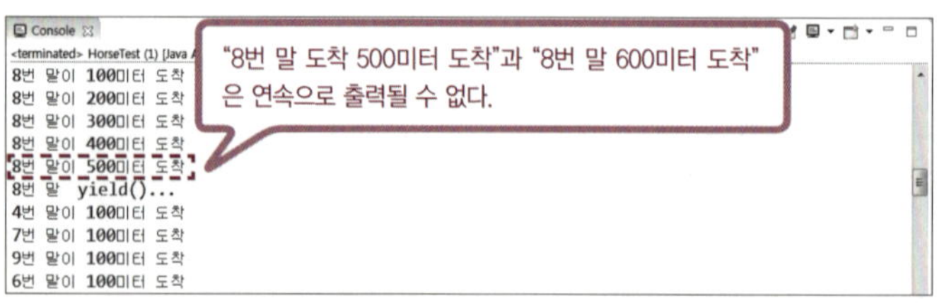

[그림 11-14] 실행 결과

static void	yield() A hint to the scheduler that the current thread is willing to yield its current use of a processor.

[그림 11-15] yield( ) 문서 설명

이번에는 join( ) 사용법에 대해 알아보자. 다음은 join( )의 특징이다. join( ) 메서드는 yield( ) 처럼 실행 중인 스레드가 호출하는 것이 아니라 대기 상태에 있는 스레드가 호출하여 실행 중인 스레드를 대기 상태로 보낸 후에 join( )을 호출한 스레드가 실행하는 것이다.

> **join( ) 메서드의 특징과 호출 방법**
>
> - 특징
>   - 대기 중인 스레드가 join 메서드를 호출한다.
>   - 호출 시 실행 중인 스레드는 대기 상태로 가고, 호출한 메서드가 실행된다.
>   - 호출한 메서드가 종료되면 대기 중인 스레드가 다시 실행된다.
> - 호출 방법
>   Thread.join( );
>   - 대기 중인 스레드가 호출하여 실행 중인 스레드를 대기 상태로 만든다.

이번에는 join( )를 이용한 예제를 살펴보자. 이번 예제는 콘솔에 [그림 11-17]의 (a)처럼 메시지를 차례로 출력하는 기능을 구현하는 것이다. 먼저 join( )를 쓰지 않았을 경우를 살펴보자. [리스트 11.15]는 join( )을 사용하지 않은 예제다. Join 스레드를 구현한 후 run( )에서 first( ),second( )를 차례로 호출한다.

[리스트 11.16]의 실행 클래스에서 main( )을 실행하면서 "main start"라는 메시지를 맨 처음 출력한 후 스레드 객체를 생성하고 스레드를 시작한다. 그리고 main( )의 마지막에서 'main end"라는 메시지를 출력한다.

지금 이 예제의 의도는 main( )를 순차적으로 실행하여 "main start"를 먼저 출력한 후, 스레드 객체를 CPU가 실행하여 "run,first,second" 메시지를 출력한다. 그런 다음, main 스레드로 되돌아와서 마지막에 "main end" 를 출력하려는 의도다.

그런데 실행 결과를 나타내는 [그림 11-17]의 (b)를 보면 원하는 메시지가 순서대로 출력되지 않는다는 것을 알 수 있다. 즉, main( )을 실행하면 실행되는 스레드가 main 스레드와 myThread 스레드 2개가 된다. 그런데 CPU는 프로그래머의 의도와는 달리 main 스레드를 먼저 실행한 후 종료하고 myThread를 실행한다. [그림 11-16]은 [리스트 11.16]을 실행했을 때 CPU가 실행하는 스레드의 실행 순서다.

[리스트 11.15] join( ) 메서드 실습 스레드(MyThread.java)

```java
1    public class MyThread implements Runnable{
2        public void run( ){
3            System.out.println("run");
4            first( );
5        }
6
7        public void first( ){
8            System.out.println("first");
9            second( );
10       }
11
12       public void second( ){
13           System.out.println("second");
14       }
15   }
```

[리스트 11.16] 실행 클래스(JoinTest.java)

```java
1    public class JoinTest{
2        public static void main(String[] args){
3            System.out.println("main start");
4            Runnable r = new MyThread( );
5            Thread myThread = new Thread(r);
6            myThread.start( );
7            System.out.println("main end");
8        }
9    }
```

[그림 11-16] JoinTest 실행 시 CPU의 각 스레드 실행 순서

```
Console
<terminated> JoinTest1 [Java Application] C:\Program Files\Java\jre1.8.0_25\bin\javaw.exe (2015. 3. 13. 오후 4:49:47)
main start
run
first
second
main end
```

(a) 예상 출력 결과

```
Console
<terminated> JoinTest [Java Application] C:\Program Files\Java\jre1.8.0_25\bin\javaw.exe (2015. 3. 13. 오후 4:48:44)
main start
main end
run
first
second
```

(b) 실제 출력 결과

[그림 11-17]   실행 결과

[리스트 11.17]은 JoinTest1 실행 클래스에서 join()을 호출하는 경우다. 다음의 실행 클래스를 실행하면 최초 실행되는 스레드는 main 스레드이다. 그리고 **3행**에서 "main start" 메시지를 출력한다. **4, 5행**에서 myThread 객체를 생성한 후 **7행**의 start()를 호출하면 myThread는 대기 상태에 존재한다.

그런데 myThread가 **9행**에서 join()을 호출하면 지금 실행 중인 main 스레드는 대기 상태로 빠지고 join()을 호출한 myThread가 실행된다. 그러면 차례대로 "run", "first", "second" 메시지를 출력한 후 myThread 스레드는 종료한다. 그런 다음, 대기하고 있던 main 스레드가 시작되어 마지막의 "main end"라는 메시지를 출력한다. 즉, CPU가 [그림 11-18]처럼 main 스레드를 실행하다가 join()이 호출되면 myThread를 실행하고, 다시 main 스레드를 실행하는 과정으로 메시지를 출력한다.

[리스트 11.17] 실행 클래스(JoinTest1.java)

```java
1    public class  JoinTest1{
2       public static void main(String[] args){
3           System.out.println(Thread.currentThread( ).getName ( ) + " start");
4           Runnable r = new MyThread( );
5           Thread myThread = new Thread(r);
6
7           myThread.start( );
8           try{
9               myThread.join( );
10          }catch(InterruptedException ie){
11              ie.printStackTrace( );
12          }
13
```

```
14              System.out.println(Thread.currentThread( ).getName( ) + " end");
15          }
16     }
```

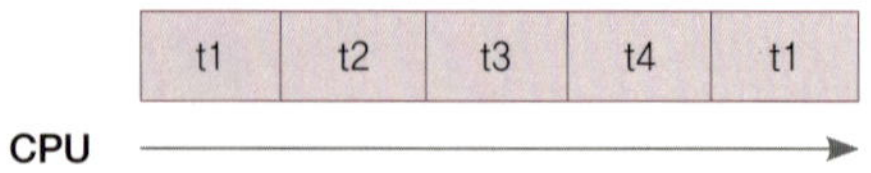

[그림 11-18] JoinTest 1 실행 시 CPU의 각 스레드 실행 순서

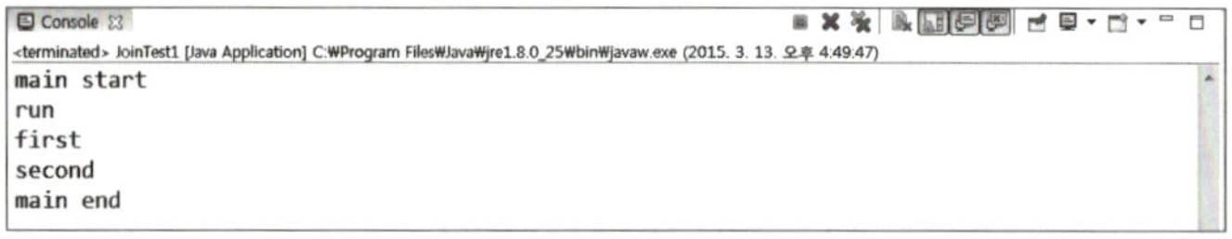

[그림 11-19] 실행 결과

지금까지 자바 Thread 클래스에서 제공하는 세 가지 메서드를 이용하여 스레드의 상태를
제어하는 방법을 배웠다. 이러한 메서드를 이용하여 각 상황에서 스레드의 상태를 제어하
는 것이다. 슈팅 게임을 예로 들어보자. 슈팅 게임을 하면 아군 비행기가 미사일도 쏘고, 동
시에 적군 비행기도 움직이며, 이와 동시에 배경 화면도 움직이고, 배경 음악도 흘러나온다.

슈팅 게임에서는 각 기능의 스레드가 하나씩 만들어져서 기능을 실행하는 것이다. 그런데 이
렇게 단순히 스레드를 만들어 각 기능을 담당하는 스레드를 [그림 11-20]처럼 CPU가 동일
한 간격으로 실행시키면 알아서 자연스럽게 모든 기능이 실행될 것이라고 생각하는데, 실제
로는 배경이나 비행기 움직임이 자연스럽지 않은 경우가 많다. **따라서 개발자가 앞에서 배운
여러 가지 스레드 관련 메서드를 이용하여 스레드의 상태를 제어하면서 테스트 과정을 거쳐
게임이 자연스럽게 동작하도록 최적화시키는 것이다. 그리고 실제 PC에서는 스레드 제어 시
에 운영체제에도 관여함으로써 실제로는 더 복잡한 방법으로 스레드가 실행된다.**

지금까지 배운 내용은 기본적인 스레드의 동작 방식이다. 스레드를 사용하는 프로그램은 대
부분 개발자들이 직접 실행을 시킨 후에 최적화 과정을 거친다.

[그림 11-20] CPU가 동일한 간격으로 스레드를 실행하는 경우

스레드의 자원 공유와 동기화(Synchronization)

앞에서는 여러 스레드가 CPU에 동시 접근 시 Thread 클래스의 메서드를 사용하여 CPU의 사용을 제어하는 방법에 대해 알아보았다. 그런데 자바와 같이 멀티 스레드로 실행하는 경우에는 스레드가 하나의 자원을 서로 사용하기 위해 경쟁한다. 물론 경쟁을 해서 문제가 발생하지 않는다면 좋지만, 어떤 경우에는 자원에 접근하는 순서를 제어해줄 필요성이 있다. 이번에는 스레드의 자원에 접근하는 순서를 제어 하는 방법인 동기화(Synchronization)에 대해 알아보자.

자바 스레드는 결국 운영체제 위에서 실행되기 때문에 자바의 동기화는 운영체제의 동기화 개념과 거의 동일하다. 그러므로 운영체제의 동기화 개념과 관련된 것부터 먼저 알아본다.

먼저 임계 영역의 정의부터 알아보자. 여기서 **임계 영역이란, 2개의 스레드가 동시에 접근하여 사용하면 안 되는 영역이나 자원을 의미한다.** 현실에서 이와 비슷한 경우는 도서관에서 대출받은 책이 해당한다. 도서관의 책은 한 권밖에 없으므로 이 책은 대출 시에 한 사람에게만 빌려줄 수 있다. 다른 사람들은 대출자가 반납할 때까지 기다려야 한다.

> **임계영역의 정의**
>
> - 2개 이상의 스레드에서 동시에 접근하여 실행되면 안 되는 영역(자원)
>   - 예 자원: 도서관의 책, 스레드: 대출자들

임계 영역도 이와 같은 개념이다. 예를 들어 특정 메모리에 변수가 접근하려고 했을 때 다른 스레드가 접근하여 작업을 하고 있으면, 즉 임계 영역이 지정되어 있으면 다른 스레드는 대기하고 있어야 한다.

> **동기화(synchronization) 정의**
>
> - 임계 영역에 둘 이상의 스레드가 접근 시 발생하는 문제점을 해결
> - 상호 배제 원리(mutual exclusion): 한 번에 하나의 스레드만 자원에 접근하게 만드는 방법

다음은 운영체제의 동기화 정의에 대해 알아보자. 여기서 **동기화란, 공유 자원에 대해 한 번에 하나의 스레드만 접근하게 하는 방법을 말하며, 일반적으로 상호 배제 방법을 사용한다.** 자세한 것은 다른 운영체제 관련 도서를 참고하기 바란다. 자바의 동기화 방법은 뒤에서 알아본다.

자바는 모든 기능을 인스턴스를 만들어 사용하므로 스레드도 인스턴스의 기능이나 속성에 접근하려면 인스턴스 생성 시에 인스턴스 안에 생성되는 **록(lock)**을 가지고 있어야 그 객체에 접근하여 원하는 자원을 사용할 수 있다.

지금까지는 사용하는 경우가 없어서 언급하지 않았지만 우리가 클래스의 인스턴스를 메모리에 생성하면 록도 함께 생성된다. 그러면 그 록을 이용하여 각 스레드가 인스턴스에 접근하는 것이다.

> **자바 동기화의 방법**
>
> - 모든 객체 생성 시 가지는 록을 이용한다.
> - 공유 개체에 여러 스레드가 접근할 때 스레드는 객체로부터 먼저 록을 얻은 후에 객체에 접근한다.
> - 록을 이용하여 동기화를 수행한다.

[그림 11-21]은 여러 스레드들 가운데 객체의 록을 가지고 있는 스레드가 객체에 접근하는 그림이다. 록을 가지고 작업을 하다가 원하는 작업이 끝나면 록을 반납하고, 대기하고 있던 스레드가 그 록을 받아 원하는 작업을 수행한다. 록은 일종의 객체를 열고 들어갈 수 있는 열쇠라고 보면 된다.

객체의 록을 가지고 접근하는 스레드

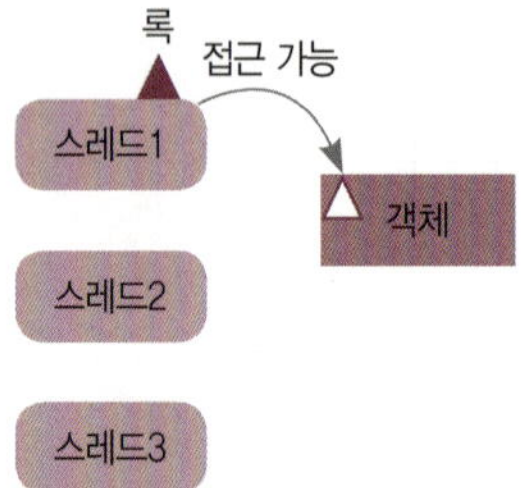

[그림 11-21] 객체의 록을 얻어서 접근하는 스레드

자바에서 사용되는 동기화 방식에는 Busy/Wait 방식과 Lock/Sleep 방식이 있다. 이 중에서 Busy/Wait 방식은 대기 중인 스레드가 록이 반납되었는지 주기적으로 체크하는 방법이다. Lock/Sleep 방식은 대기하는 스레드는 아무런 작업도 하지 않으면서 록을 가지고 실행 중인 스레드가 자신의 작업이 종료되어 록을 반납하면 다른 대기 스레드에게 록을 반납했다는 사실을 알려주는 방식이다.

자바의 두 가지 동기화 방식은 synchronized 키워드를 이용해서 소스로 구현한다.

자바 메소드에서 synchronized로 동기화하는 방법은 아래 두 가지가 있다.

첫째, 메서드 전체를 synchronized로 지정하는 방법이다. 이 메서드를 스레드가 사용하고 있는 경우, 다른 스레드는 이 메서드 전체에 접근할 수 없다.

둘째, 공유되는 특정 부분만 synchrnozed로 지정하는 방법이다. 개발자의 입장에서는 첫 번째 방법이 편한데, 동기화를 하면 필연적으로 실행 속도가 느려진다는 단점이 있다.

첫 번째 방법으로 동기화할 경우 메서드의 기능이 많아지면 록을 가지고 있는 스레드가 메서드의 수행을 완료하기 전까지 기다려야 한다. 물론 메서드 전체 기능을 동기화해야 할 경우도 있지만, 대부분의 경우에는 두 번째 방법처럼 메서드 내부의 특정 부분만 공유 자원으로 설정하는 경우가 많다. 그러면 그 부분만 동기화되므로 훨씬 빨리 실행할 수 있다. 따라서 두 번째 방법을 많이 사용한다. **그리고 동기화를 하면 실행 속도가 느려지므로 반드시 동기화할 부분만 지정하여 동기화하는 습관을 가져야 한다.**

자바 동기화 문법 형식

- 자바 동기화 구현 방법
  - Synchronized 키워드를 사용한다.
- 자바 동기화 형식
  - 메서드의 지정자로 지정하는 방식

    public synchrnonized void m( ){.... }

  - 메서드 전체가 동기화된다.
- synchrnozied 블록을 이용하는 방법
  - public void m( ){

    ```
    synchronized(공유 객체){

        ......

    }
    ```

    }
  - 일부분만 동기화된다.

7.1 Busy/Wait 방식으로 동기화하기

이번에는 Busy/Wait 방식으로 동기화하는 방법에 대해 알아본다. 스레드 동기화를 음식점에서 음식을 주문하는 과정으로 실습해보자.

손님이 음식점에 가서 음식을 주문하는 과정은 다음과 같다. 첫째, 손님이 웨이터에게 음식을 주문한다. 둘째, 웨이터는 손님이 주문한 음식을 주방에 전달한다. 셋째, 주방장은 손님이 주문한 음식을 요리한다. 즉, 음식이라는 객체는 반드시 웨이터가 먼저 주문을 받은 후에 주방장이 요리를 한다. 주문도 하지 않는 요리를 먼저 만드는 경우는 없다. 그러면 웨이터와 주방장을 각각 음식에 접근하여 각각의 맡은 작업을 하는 스레드라고 생각한다면 음식은 동기화 대상이 되는 객체이다.

[그림 11-22]에서 [그림 11-24]는 Chef 스레드와 Waiter 스레드가 록을 가지고 음식 객체에 접근하여 각각 원하는 메서드를 호출하는 과정을 그림으로 표현한 것이다. [그림 11-22]는 먼저 Waiter가 음식 주문을 받기 위해 음식에 대한 록을 가지고 음식에 접근하여 주문을 받는다. Waiter가 작업을 마치면 [그림 11-23]처럼 록을 반납한 후 Chef가 [그림 11-24]처럼 록을 가지고 음식에 접근하여 작업을 한다.

[그림 11-22] Waiter 스레드가 록을 가지고 food 객체에 접근하기

[그림 11-23] Waiter 스레드가 작업을 종료한 후 록을 반환한 상태

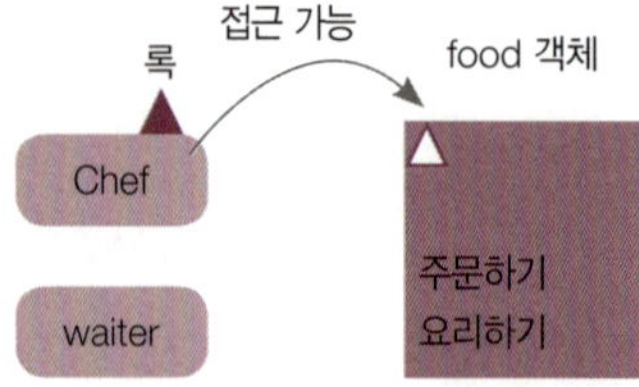

[그림 11-24] chef 스레드가 록을 가지고 food 객체에 접근하기

[리스트 11.18]은 앞에서 설명한 음식 객체를 구현한 Food 클래스이다. 클래스 안에는 2개의 메서드가 있는데, 각각 Waiter와 Chef 스레드가 접근하여 사용하는 메서드이다. 그리고 [리

스트 11.19]와 [리스트 11.20]에 3개의 스레드를 구현하고 있다. Chef 스레드는 Food 객체에 접근하여 17행에서 Food 클래스의 receiveOrder()를 호출한다. Waiter 스레드는 Food 클래스의 makeFood()를 호출한다.

[리스트 11.21] Restaurant 실행 클래스에서 이제 두 스레드를 실행하여 Waiter 스레드부터 실행시키면 결과값이 나온다. 그런데 [그림 11-25]의 결과값을 보면 우리가 원하는 메시지 순서대로 나오지 않는다는 것을 알 수 있다.

Waiter 스레드가 Food에 대한 작업 중에 Chef 스레드와 Waiter 스레드가 실행하고 있다. 즉, 동기화를 해주지 않았으므로 Waiter 스레드만 실행해야 하는데, CPU는 중간에 또 Chef 스레드를 실행한다.

[리스트 11.18] 공유 객체를 나타내는 클래스(Food.java)

```
1   public class Food {
2       public  void receiveOrder(String Waiter){
3           for(int i=0; i<5;i++){
4               System.out.println(Waiter+ " 이 주문을 받습니다.");
5           }
6
7           System.out.println(Waiter+ " 가 주문을 주방에 전달합니다.");
8           System.out.println( );
9       }
10
11
12      public  void makeFood(String Chef){
13          for(int i=0; i<5;i++){
14              System.out.println(Chef+ " 음식을 만듭니다.");
15          }
16
17          System.out.println(Chef + "가 음식을 다 만들었습니다.");
18          System.out.println( );
19      }
20  }
```

[리스트 11.19] 주방장 스레드(Chef.java)

```
1    public class Chef  extends Thread{
2        String Chef;
3        Food food;
4
5        public Chef(String Chef, Food food){
6            this.Chef=Chef;
7            this.food=food;
8        }
9
10       public void run( ){
11           while(true){
12               food.makeFood(Chef);
13           }
14       }
15   }
```

[리스트 11.20] 웨이터 스레드(Waiter.java)

```
1    public class Waiter extends Thread{
2        String Waiter;
3        Food food;
4
5        public Waiter(String Waiter,Food food){
6            this.Waiter=Waiter;
7            this.food=food;
8        }
9
10       public void run( ){
11           while(true){
12               food.receiveOrder(Waiter);
13           }
14       }
15   }
```

[리스트 11.21] 실행 클래스(Restaurant.java)

```
1    public class Restaurant {
2        public static void main(String[] args){
3            Food food=new Food( );
4
5            Waiter Waiter=new Waiter("웨이터",food);
6            Chef Chef=new Chef("주방장",food);
7
8            Waiter.start( );
9            Chef.start( );
10       }
11   }
```

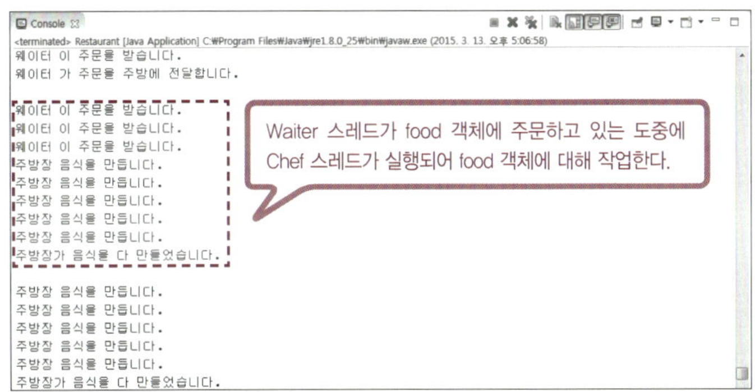

[그림 11-25] 실행 결과

이번에는 [리스트 11.22]에서 Food 클래스의 각 메서드에 **synchronized** 키워드를 사용하여 동기화시켰다. 그리고 Waiter과 Chef 스레드에서 Food 객체의 각 메서드를 호출하기 전에 sleep()로 지연 시간을 준 다음 [리스트 11.21]의 Restaurent을 실행하면 이번에는 예상대로 Waiter 스레드가 메서드 호출을 완료한다. 그런 다음, Chef 스레드가 메서드를 호출한 후 완료하면서 교대로 접근하여 실행한다.

그런데 [리스트 23]과 [리스트 24]의 sleep()를 이용하여 약간의 지연 시간을 준 이유는 실제 PC가 너무 빨리 동작하므로 실제는 이렇게 수정해주어야 원하는 대로 동작한다. 즉, 음식이라는 객체에 동기화를 했으므로 록을 가진 스레드에만 접근하여 Food 클래스의 메서드를 사용하는 것이다.

[리스트 11.22] 메서드를 동기화시킨 공유 객체(Food.java)

```java
1    public class Food {
2        public synchronized void receiveOrder(String Waiter){
3            for(int i=0; i<5;i++){
4                System.out.println(Waiter+ " 이 주문을 받습니다.");
5            }
6
7            System.out.println(Waiter+ " 가 주문을 주방에 전달합니다.");
8            System.out.println( );
9        }
10
11       public synchronized void makeFood(String Chef){
12           for(int i=0; i<5;i++){
13               System.out.println(Chef+ " 음식을 만듭니다.");
14           }
15
16           System.out.println(Chef + "가 음식을 다 만들었습니다.");
17           System.out.println( );
18       }
19   }
```

2, 11행 : 메서드 전체를 동기화시킨다.

[리스트 11.23] Chef.java

```java
1    public class Chef  extends Thread{
2        String Chef;
3        Food food;
4
5        public Chef(String Chef, Food food){
6            this.Chef=Chef;
7            this.food=food;
8        }
9
10       public void run( ){
11           while(true){
12               try{
13                   Thread.sleep(1000);
14               }catch(Exception e){
15                   e.printStackTrace( );
16               }
17           food.makeFood(Chef);
```

12～16행 : 동기화를 하기 위해 sleep( )로 지연 시간을 주고 있다.

[리스트 11.24] Waiter.java

```java
1    public class Waiter extends Thread{
2        String Waiter;
3        Food food;
4
5        public Waiter(String Waiter,Food food){
6            this.Waiter=Waiter;
7            this.food=food;
8        }
9
10       public void run( ){
11           while(true){
12               try{
13                   Thread.sleep(1000);
14               }catch(Exception e){
15                   e.printStackTrace( );
16               }
17               food.receiveOrder(Waiter);
18           }
19       }
20   }
```

12～16행 : 동기화를 하기 위해 sleep( )로 지연 시간을 주고 있다.

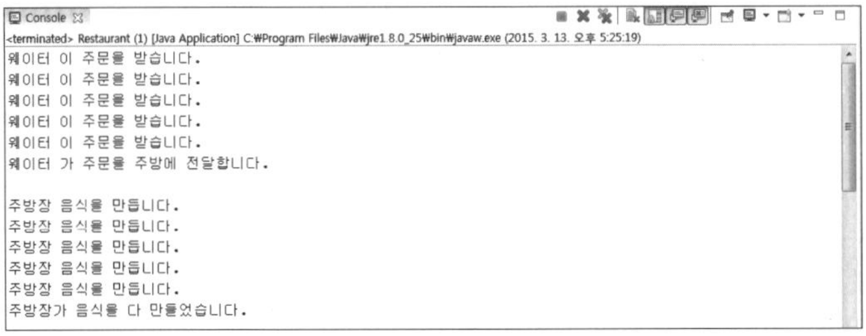

[그림 11-26] 실행 결과

지금까지 Busy/Wait 방식으로 동기화하는 방법에 대해 알아보았다. 이번에는 Busy/Wait 방식으로 동작하는 과정을 스레드 상태를 이용하여 알아보자.

[그림 11-27]은 자바 동기화 방식 중에서 Busy/Wait 방법에서 사용되는 스레드 상태가 표시되어 있다. Busy/Wait 방식에서는 **Lock's Pools**이라는 상태가 더 추가된다. 여러 개의 스레드가 시작되면 Running 상태인 스레드 이외의 다른 스레드는 Lock's Pool에서 대기한다. 그리고 주기적으로 실행 중인 스레드가 록을 반납했는지 체크한다. 실행 중인 스레드가 록을 반납했다면 그 록을 가지고 자신이 실행하는 것이다. 당연히 록을 반납한 스레드는 Lock's Pool로 이동한 후 똑같이 실행 중인 스레드가 록을 반납했는지 체크한다. 앞에서 실습한 음식 주문 예제를 통해 알아보자.

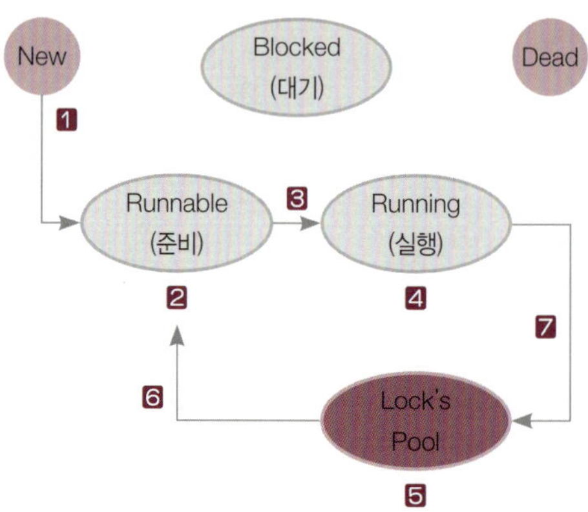

- 스레드 실행 과정
1 스레드가 시작된다(start( ) 호출).
2 스레드가 실행 준비를 한다.
3 스레드 스케줄러가 run( )을 호출한다.
4 스케줄러에 의해 호출된 스레드는 실행한다.
5 뒤에 시작한 스레드는 Lock's pool에서 대기하면서 실행 중인 스레드가 lock을 반납하는지 주기적으로 체크한다.
6 실행 중인 스레드가 lock을 반납하면 Lock's pool에 대기하는 스레드는 반납한 lock을 가지고 대기 상태로 이동한 후 실행한다.
7 lock을 반납한 스레드는 lock's pool 상태로 이동한다.

[그림 11-27] Busy/Wait 방식으로 동기화 시 스레드 상태

[그림 11-28]은 앞에서 실습한 Restaurant 실행 클래스를 처음 실행했을 때 스레드들의 상태를 나타낸 것이다. 먼저 맨 처음 실행된 Waiter 스레드는 Running 상태에서 실행 중이다. 그리고 두 번째로 실행되는 Chef 스레드는 Lock's Pool 상태에서 기다린다.

그리고 Chef 스레드는 [그림 11-29]처럼 기다리면서 주기적으로 실행 중인 Waiter 스레드가 록을 반납했는지 체크한다. 그리고 Waiter 스레드가 실행을 종료한 후 [그림 11-29]처럼 록을 반납하면 Lock's Pool에 있던 Chef 스레드가 이 록을 소유한다. 록을 소유한 Chef 스레드가 [그림 11-30]처럼 Running 상태에서 실행한다. 그리고 록을 반납한 Waiter 스레드는 이와 반대로 Lock's Pool에 대기하면서 록이 반납되었는지 체크한다. 이러한 방식으로 Waiter 스레드와 Chef 스레드가 록의 반납, 소유를 반복하면서 실행한다.

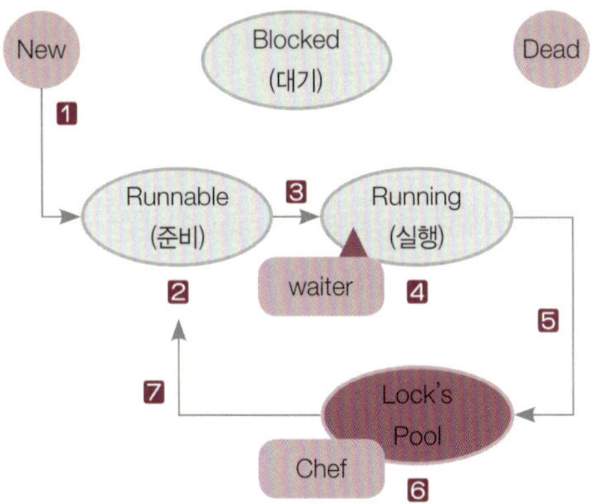

• waitor 스레드 실행 과정

1 waitor 스레드가 start( )를 호출한 후 시작한다.

2 waitor 스레드가 실행 준비를 한다.

3 스레드 스케줄러가 waitor 스레드의 run( )을 호출한다.

4 waitor 스레드를 실행한다

5 chef 스레드가 start( )를 호출한후 바로 lock's pool로 이
동한다.

6 chef 스레드는 주기적으로 lock 반납 여부를 체크한다.

[그림 11-28] 처음 실행 시 Waiter 스레드 실행 상태

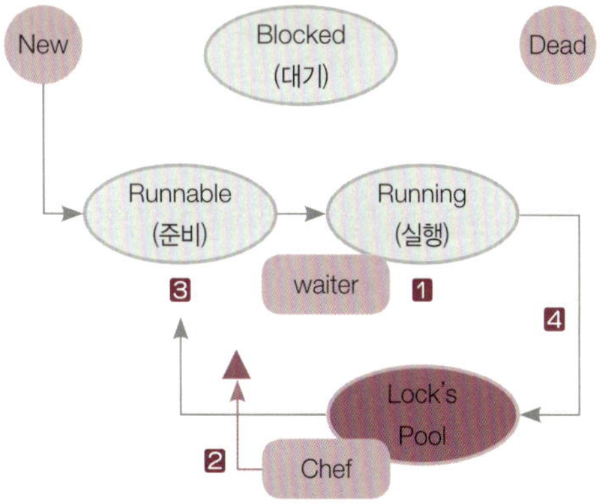

• chef 스레드의 lock 소유 과정

1 실행을 마친 waitor 스레드는 lock을 반납한다.

2 chef 스레드는 반납한 lock을 소유한다.

3 chef 스레드는 실행을 위해서 준비 상태로 이동한다.

4 lock을 반납한 waitor 스레드는 lock's pool 상태로 이동
한다.

[그림 11-29] Waiter 스레드의 록 반납과 Chef 스레드
의 록 소유

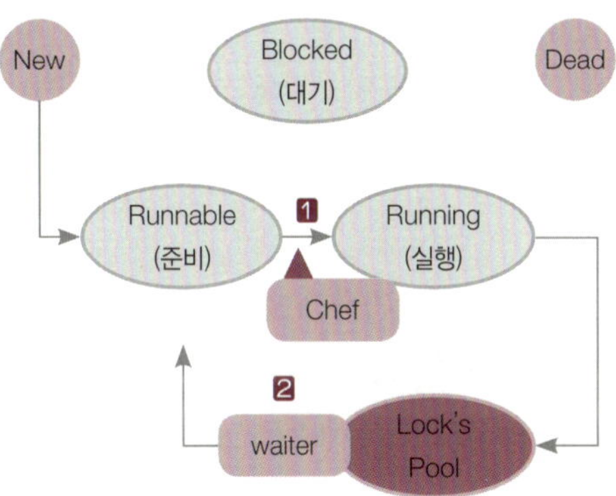

• chef 스레드의 실행 과정

1 lock을 소유한 chef 스레드는 스레드 스케쥴러의 run( ) 호
출로 실행한다.

2 lock's pool에 있는 waitor 스레드는 주기적으로 lock 반
납 여부를 체크한다.

[그림 11-30] 록을 소유한 Chef 스레드의 실행과 Waiter
스레드의 Lock's Pool 대기

7.2 Lock/Sleep 방식으로 동기화하기

앞에서 Busy/Wait 방식의 단점은 동기화 시에 전체 프로그램의 실행 속도가 느려진다는 것
이다. 이유는 Lock's Pool에서 대기하는 스레드가 주기적으로 록 반납 여부를 체크하므로
CPU가 프로그램의 기능 외적인 작업에 사용되기 때문이다. 앞의 Retaurant 예제는 대기하
는 스레드의 수가 1개이기 때문에 성능의 저하를 별로 느끼지 못하지만, 실제 프로그래밍에
서 스레드의 개수가 늘어나면 문제가 된다. 따라서 실제 스레드 프로그래밍은 지금 배우는
Lock/Sleep 방식으로 동기화한다.

Lock/Sleep 방법을 이용하여 동기화할 때에는 Object 클래스에 있는 wait( )와 notify( )를
사용한다.

Lock/Sleep 동기화 성능 향상 방법

- busy wait 방법은 성능을 떨어뜨린다.
- Lock/Sleep 방법은 Object 클래스의 wait( )와 notify( )를 이용하여 동기화 성능을 향상시킨다.

[그림 11-31]은 Lock/Sleep 방식으로 동기화 시 스레드들의 상태를 나타낸 것이다. Lock/
Sleep 방식에서는 **Wait Pool**이라는 상태가 하나 더 추가된다. 두 스레드가 실행되면 처음
실행된 스레드는 록을 가지고 Running 상태에서 실행 중이고 두 번째 시작된 스레드는 **Wait
Pool**에서 대기한다. Wait Pool에서 대기하는 스레드는 이번에는 아무것도 하지 않고 대기만
한다. 그리고 실행 중인 스레드가 어느 정도 자신의 작업이 종료가 가까워오면 원하는 순간
에 Object 클래스의 **notify( )**를 호출한다.

그러면 이 메서드의 호출로 전달된 신호를 Wait Pool에서 대기하고 있는 스레드가 받아
Lock's Pool 상태로 이동한다. 그리고 실행 중인 스레드가 실행을 종료하고 **wait( )**를 호출
하면서 록을 반납하면, 이번에는 Lock's Pool에 대기하고 있는 스레드에 신호가 전달되어
대기하고 있던 스레드가 반납한 록을 가지고 Running 상태로 이동한 후 실행하는 것이다.

즉, Lock/Sleep 방법은 대기하고 있는 스레드는 가만히 있고, 실행 중인 스레드가 각 자신
의 의도를 메서드를 이용하여 대기 스레드에게 전달하는 것이다.

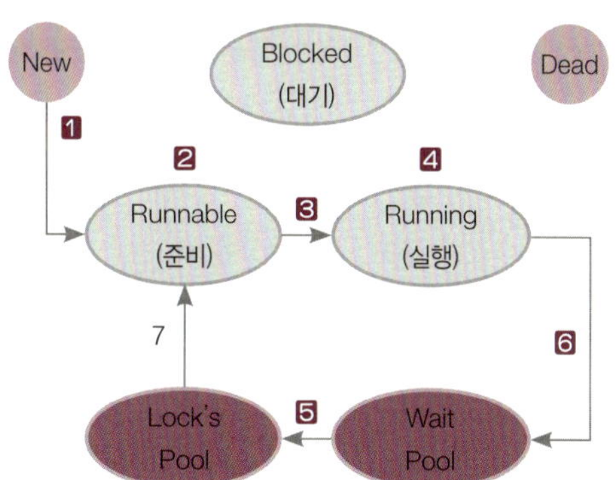

[그림 11-31] Lock/Sleep 방법으로 동기화 시 스레드 상태

다음은 Lock/Sleep 방식을 이용한 동기화 예제다. 이 예제는 통장 잔고에 10,000원이 있는데 통장 잔고를 두 사람이 한 번에 1,000원씩 각각 2,000원을 교대로 인출하는 것을 lock/Sleep 방식으로 구현했다.

여기에서 2개의 스레드에 해당하는 것이 두 명의 사람이고, 스레드의 동기화 대상이 되는 부분이 통장의 잔고다.

[리스트 11.25]는 통장에서 돈을 인출하는 기능을 하는 ATM이라는 스레드이다. **3행**의 run( ) 에서 for문을 돌면서 **8~11행**의 if문을 보면, 잔고가 2,000, 4,000, 6,000, 8,000원인 경우, 즉 각 스레드가 1,000원씩 두 번 인출했으면 **14행**의 this.wait()를 호출한다. 즉, 자신은 2,000원을 인출했으므로 대기 상태로 가고, 대기 상태에 있는 다른 스레드를 실행하라는 것이다. 반면에 **8행**의 if문이 거짓이면 **18행**의 else절로 가서 this.notify()를 호출한다. 즉, 대기하고 있는 스레드에게 '곧 작업이 끝나니 Lock's Pool에서 대기하라'는 신호를 보내는 것이다.

그리고 [리스트 11.26]에서 2개의 스레드를 생성한 후에 실행하면 결과값에서 2개의 스레드, 즉 hong과 lee가 한 번에 1,000원씩 2,000원을 교대로 인출하게 된다.

[리스트 11.25] 교대로 현금을 인출하는 스레드(ATM.java)

```
1    public class ATM implements Runnable{
2        private long depositeMoney = 10000;
3          public void run( ){
4              synchronized(this){
5                  for(int i=0; i < 10; i++){
6                      if(getDepositeMoney( ) <= 0 ) break;
7                      withDraw(1000);
```

```java
 8                        if(getDepositeMoney( ) ==2000 ||
 9                            getDepositeMoney( ) ==4000  ||
10                            getDepositeMoney( ) ==6000 ||
11                            getDepositeMoney( )==8000){
12                            try{
13                                System.out.println("this.wait( ) 호출\n");
14                                this.wait( );
15                            }catch(InterruptedException e){
16                                e.printStackTrace( );
17                            }
18                        }else{
19                            System.out.println("this.notify( ) 호출");
20                            this.notify( ); .
21                        }
22                    }
23        } //end synchronized
24        }   //end run
25
26
27        public void withDraw(long howMuch){
28            if(getDepositeMoney( ) > 0){
29                depositeMoney  -=howMuch;
30                System.out.println(Thread.currentThread( ).getName( ) + " : ");
31                System.out.println("잔액 : " +getDepositeMoney( ) + " 원");
32            }else{
33                System.out.println(Thread.currentThread( ).getName( ) + " , " );
34                System.out.println("잔액이 부족합니다.");
35            }
36        }
37
38        public long getDepositeMoney( ){
39            return depositeMoney;
40        }
41    }
```

27~36행 : 은행 잔고에서 1,000원씩 인출하는 메서드

38~40행 : 은행 잔고를 출력하는 메서드

[리스트 11.26] 실행 클래스(ATMTest.java)

```java
1    public class ATMTest{
2       public static void main(String[] args){
3          ATM atm = new ATM( );
4          Thread hong = new Thread(atm,"홍길동");
5          Thread lee = new Thread(atm, "이순신");
6
7          hong.start( );
8          lee.start( );
9       }
10   }
```

```
홍길동 :
잔액 : 9000 원
this.notify() 호출
홍길동 :
잔액 : 8000 원
this.wait() 호출

이순신 :
잔액 : 7000 원
this.notify() 호출
이순신 :
잔액 : 6000 원
this.wait() 호출

홍길동 :
잔액 : 5000 원
this.notify() 호출
홍길동 :
잔액 : 4000 원
this.wait() 호출
```

```
이순신 :
잔액 : 3000 원
this.notify() 호출
이순신 :
잔액 : 2000 원
this.wait() 호출

홍길동 :
잔액 : 1000 원
this.notify() 호출
홍길동 :
잔액 : 0 원
this.notify() 호출
```

[그림 11-32]   실행 결과

지금까지 스레드 기능에 대해 알아보았다. 이 장에서 배운 스레드의 기능은 가장 기본적인 개념으로 기본 개념을 잘 학습한 후 더 복잡한 스레드 기능을 학습하면 된다. 그리고 실제 여러분이 일반 PC나 모바일에서 스레드를 사용해보면 이론대로 완전히 일치하지 않는다. 스레드는 각 운영체제와도 연동하여 동작하기 때문이다. 그러므로 스레드를 사용하는 프로그램 개발 시에는 일일이 테스트하여 최적화하는 것이 필수다.

1 process 실행 방식과 thread 실행 방식의 특징을 설명하라.

2 thread 동기화의 장단점을 설명하라.

3 이름이 first, second, third인 스레드를 순서대로 생성한 후 화면에 third, second, first 순으로 스레드 이름을 5번 출력하는 소스를 작성하라.


```
third
third
third
third
third
second
second
second
second
second
first
first
first
first
first
```

4 이름이 first, second, third인 세 개의 스레드를 생성한 후 first 스레드는 변수 num의 값을 1에서 100까지 순차적으로 증가 시키고, 다음 second 스레드는 70(101~ 170)까지 순차적으로 증가 시키고, 마지막 third는 30(171~200)까지 순차적으로 증가 시키는 기능을 busy/wait 방식과 lock/sleep 방식으로 각각 구현하라. (변수 num의 시작값은 1이고 최종값은 200이고 200까지 증가되면 다시 first가 호출되어서 처음부터 반복한다.)

5 앞의 [리스트 11.25]와 [리스트 11.26]의 통장에서 잔고를 교대로 인출하는 예제를 [그림 11-31]을- 참고하여 Lock/Sleep 방법으로 실행하는 스레드의 상태도를 작성하라.

6 음식에 대한 웨이터와 주방장 스레드의 작업 과정을 lock/sleep 방법으로 구현하라.

컴퓨터를 있게 한 사람들

세인트 클레어 킬비(Jack St. Clair Kilby, 1923. 11. 8.~2005. 6. 20.)는 1923년 11월 8일 미국 미주리주 제퍼슨시티에서 태어났다. 1947년 일리노이대학교 전기공학과를 졸업하고 바로 위스콘신주 밀워키에 있는 센트럴랩(Centralab)에 들어가 1958년까지 세라믹 기반의 실크스크린 회로 디자인과 개발 업무를 맡았다. 1950년 위스콘신대학교 대학원에서 전기공학 석사 학위를 받았다. 1958년 텍사스 주 댈러스에 있는 세계적 전자 공업 회사인 텍사스인스트루먼트(TI) 사로 자리를 옮겼다.

TI에 입사한 다음 해인 1959년 킬비는 세계 최초로 반도체 공정을 이용해 소자들을 1개의 저마늄 칩 위에 집적시키는 데 성공하였다. 다만, 그가 개발한 방법은 칩 위의 부품들을 미세한 금선으로 서로 연결시키는 것이었는데, 이 방법은 작업을 일일이 손으로 해야 하였기 때문에 이들 집적 회로는 대량 생산하기가 불가능하였다.

그러나 그가 발명한 집적 회로 덕분에 그때까지 집채 만했던 컴퓨터 정보를 손톱 만한 크기의 칩 속에 집적시킬 수 있는 방법이 개발되었고, 현대 과학의 핵심인 마이크로일렉트로닉스가 발달할 수 있는 계기가 마련되었다. 이로써 강력한 컴퓨터는 물론 자동차, 우주 탐사선, 의학 진단 장비 등을 제어하고 자료를 처리하는 것이 가능하게 되었다.

1970년에 TI를 사직하고 개인 사업을 시작한 후에도 동사의 비상근 고문으로 일하였다. 1978~1984년 미국 텍사스 A&M 대학교에서 전자공학과 교수를 지냈다. 60종 이상의 미국 특허를 소유하고 있으며, 1982년 토머스 에디슨, 헨리 포드와 나란히 발명가 명예의 전당에 등재되어 있다.

고속 트랜지스터와 레이저 다이오드, 집적 회로(IC) 등을 개발하여 현대 정보 기술(IT)의 토대를 마련한 공로로 미국 캘리포니아대학교의 헤르베르트 크뢰머(Herbert Kroemer), 러시아의 알표로프(Zhores I. Alferov)와 함께 2000년도 노벨 물리학상을 공동 수상하였다. 1969년 미국 과학상, 1983년 미국 기계기술협회의 홀리 메달, 1990년 미국 기술상, 1993년 일본의 쿄토 첨단 기술상 등을 받았다.

(출처 : 엔하위키 미러)

자바 I/O

12장에서는 자바 프로그램이 외부 장치에 대해 데이터를 입출력하는 방법에 대해 학습한다. 자바 I/O 기능도 세부적으로는 복잡한 과정을 거쳐 수행하므로 이 모든 과정을 학습하는 것은 불가능하다. 그리고 자바 언어는 주로 애플리케이션을 개발하는 언어이므로, 개발자가 세부적인 입출력 기능 모두를 알 필요는 없다. 그러므로 12장에서는 자바 애플리케이션이 어떤 원리로 각 외부 장치와 데이터를 주고받는지를 먼저 알아두는 것이 중요하다. 각 외부 장치와 연동하는 실습 예제를 따라해보면 실제 자바 입출력 기능을 이해할 수 있을 것이다.

자바에서는 서버와 클라이언트 프로그램이 네트워크를 통해 연동하는 과정도 자바 I/O를 이용하여 통신한다. 그리고 jsp와 같은 웹프로그래밍도 서버 프로그램과 웹브라우저 간에 자바 I/O 기능을 이용하여 통신한다.

따라 12장에서는 배우는 자바 I/O를 잘 익혀두면 편리하다. 네트워크에서의 자바 I/O는 '자바 네트워크'에서 구체적으로 학습한다.

1 스트림(Stream)의 정의
2 스트림(Stream) 클래스의 특징 및 종류
3 자바 입출력 스트림(Stream) 클래스 종류
4 자바 입출력 스트림(Stream) 실습 예제
5 PrintWriter 사용법
6 객체 직렬화(Serialization)
7 XML의 정의와 사용법
8 자바 I/O를 이용한 야구 게임 구현하기

스트림(Stream)의 정의

자바에서는 스트림(Stream)이라는 개념으로 외부 장치에서 데이터를 입출력한다. 먼저 스트림의 사전적 의미는 **'개천, 개울, 물이나 액체의 흐름'** 정도로 해석할 수 있다. 자바 애플리케이션의 입장에서 볼 때 외부 장치에서 데이터가 입력되거나 출력되는 것이 흡사 '물의 흐름'과 같다고 하여 **'스트림'**이라는 이름을 붙인 것이다. [그림 12-1]은 자바 애플리케이션의 입장에서 입력 데이터와 출력데이터를 스트림(데이터의 흐름)에 비유하여 표현하고 있다.

[그림 12-1] 자바 애플리케이션의 데이터 흐름

자바 스트림은 자바 애플리케이션의 입장에서 데이터가 입력 또는 출력해주는 매개체와 같은 역할을 한다. [그림 12-1]에 보는 것처럼 입출력 장치의 세부적인 기능을 알고 있는 상태에서 데이터 입출력 기능을 구현하는 것이 아니라 자바에서 제공하는 각 입출력 장치에 대응하는 입력 스트림(클래스로 제공됨)의 기능이나 속성을 사용함으로써 쉽게 입출력 작업을 할 수 있는 것이다. 즉, 개발자는 각 장치에 해당하는 스트림의 사용 방법만 알면 된다. 자바 언어는 응용 프로그램 개발 언어이므로 입출력 기능뿐만 아니라 뒤에서 배우는 대부분의 기능을 이러한 방식으로 세부적인 기능을 캡슐화시키면서 개발자에게는 해당 기능을 수행하는 클래스(API)를 제공하여 작업을 쉽게 할 수 있게 한다. 따라서 개발자가 자바에서 제공하는 스트림 클래스의 기능을 잘 알면 입출력 작업을 하는 데 큰 어려움은 없다.

> **자바 스트림의 정의**
>
> - 자바 애플리케이션 관점에서 장치로부터 데이터를 입력받거나 장치로 데이터를 출력할 수 있도록 해주는 기능
> - 자바의 입출력을 도와주는 매개체
> - 개발자는 각각의 입출력 장치에 존재하는 스트림에 대해 작업한다(장치의 세부적인 기능은 몰라도 된다).

[그림 12-2]는 자바 애플리케이션에서 사용되는 여러 가지 입출력 장치를 나타낸 것이다. 자바에서는 이러한 장치들과 애플리케이션이 쉽게 연동할 수 있도록 이에 대응하는 스트림 클래스를 제공하고 있다.

- 파일
- 키보드, 모니터
- 메모리
- 네트워크 장치

⬇

자바에서는 각 장치마다 데이터의 입출력을 담당하는 스트림 클래스를 제공한다.

[그림 12-2] 자바 입출력 장치 종류

02 스트림(Stream) 클래스의 특징 및 종류

JAVA

2.1 자바 스트림(Stream) 클래스의 특징

자바 스트림 클래스는 물의 흐름처럼 한쪽 방향으로만 데이터가 흘러간다. 예를 들어 클래스의 이름에 InputStream이 붙으면 데이터가 외부 장치에서 애플리케이션으로 흘러가게 한다. 그리고 OutputStream이 붙으면 데이터가 애플리케이션에서 장치로 흘러가게 한다. 여기서 중요한 점은 자바에는 여러 종류의 스트림 클래스가 있는데, 같은 종류의 스트림 클래스들은 서로 연결이 가능하다는 것이다.

스트림 클래스의 특징

- 단방향이다(InputStream, OutputStream 이름으로 구분한다).
- FIFO(First In First Out)이다.
- 같은 용도의 스트림끼리는 연결이 가능하다.

2.2 자바 스트림 클래스의 종류

이번에는 자바에서 사용되는 스트림 클래스의 종류에 대해 알아보자. 먼저 스트림 클래스들이 처리하는 데이터의 종류에 따른 분류이다. 자바 애플리케이션에서 처리하는 데이터의 종류는 크게 바이트(byte) 타입 데이터와 문자(char) 타입 데이터로 나눌 수 있다.

[표 12-1]은 데이터의 종류에 따른 스트림 클래스를 분류한 것이다. 자바 스트림 클래스의 이름이 InputStream 또는 OutputStream으로 끝나면 그 스트림 클래스가 다루는 데이터는 바이트(byte) 데이터다. 이와 반면에 Reader, Writer로 끝나면 문자(char)를 입출력시키는 데 사용되는 스트림 클래스이다.

[표 12-1] 데이터의 종류에 따른 스트림 클래스 분류

데이터 종류	입력 담당 클래스명	출력 담당 클래스명
바이트(byte)	InputStream	OutputStream
문자(char)	Reader	Writer

이번에는 입출력되는 데이터의 처리 순서에 따른 분류를 알아보자. 데이터를 처리하는 순서에 따른 종류는 크게 Node 스트림 계열과 Filter 스트림 계열로 분류할 수 있다.

[그림 12-3]은 실제 애플리케이션에서의 입력 스트림 클래스들을 이용하여 입력 장치에서 데이터를 입력받는 구조를 나타낸 것이다. 실제 애플리케이션에서는 먼저 장치와 Node 계열 스트림이 바로 맞물려서 Node 계열 스트림이 데이터를 입력받는다. 그런데 이 데이터를 Node 계열 스트림이 입력을 받으면서 바로 애플리케이션에 전달해줄 수도 있는데, 애플리케이션으로 전달하기 전에 입력 데이터를 처리해주면 그만큼 애플리케이션에서는 데이터에 대한 추가 작업을 해주지 않아도 된다. 그런데 Node 계열 스트림은 장치로부터 데이터를 입력받기에 바빠서 다른 작업을 할 수 없다. **그래서 Node 스트림이 입력받은 데이터를 뒤에 다른 Filter계열 스트림으로 전달하여 입력 데이터를 가공한다.** 또 추가 작업을 해주고 싶으면 뒤에 연속하여 Filter 스트림에 전달하면 된다.

실제 자바 애플리케이션의 입출력 작업은 [그림 12-3]처럼 Node 계열 스트림과 Filter 계열 스트림이 연결되어 하나의 입출력 작업을 한다. 뒤에서 그 실제 예제를 살펴본다.

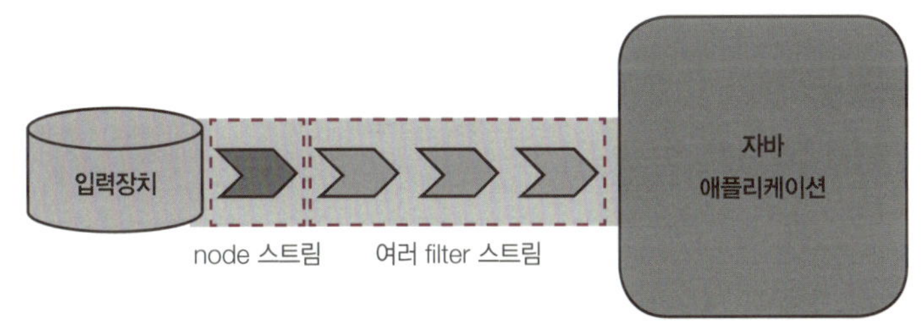

[그림 12-3] 실제 자바 입력 스트림 구조

03 자바 입출력 스트림(Stream) 클래스 종류

이번에는 실제 자바의 입력을 담당하는 각 스트림 클래스의 구조와 기능에 대해 알아보자. 자바를 잘하려면 각 API의 계층 구조를 어느 정도 알아두는 것이 좋다.

3.1 입력 스트림 계층 구조

[그림 12-4]과 [그림 12-5]는 자바에서 입력을 담당하는 주요 스트림 클래스의 계층 구조다. [그림 12-5]는 클래스명에서 알 수 있듯이 입력 데이터가 바이트(byte)이다. [그림 12-5]의 경우에는 문자(char) 데이터를 장치에서 입력받을 때 사용하는 클래스의 구조다. [그림 12-4]에서 FileInputStream은 파일에서 바이트 데이터를 입력받을 때 사용하는 스트림 클래스이고, [그림 12-5]에서 FileReader는 파일에서 문자 데이터를 입력받을 때 사용하는 스트림 클래스이다.

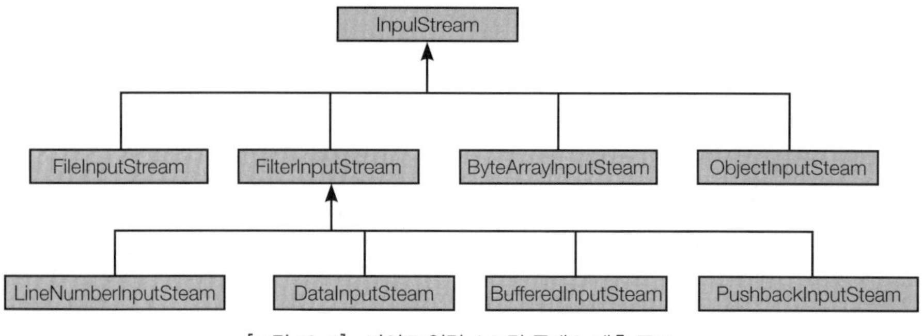

[그림 12-4] 바이트 입력 스트림 클래스 계층 구조

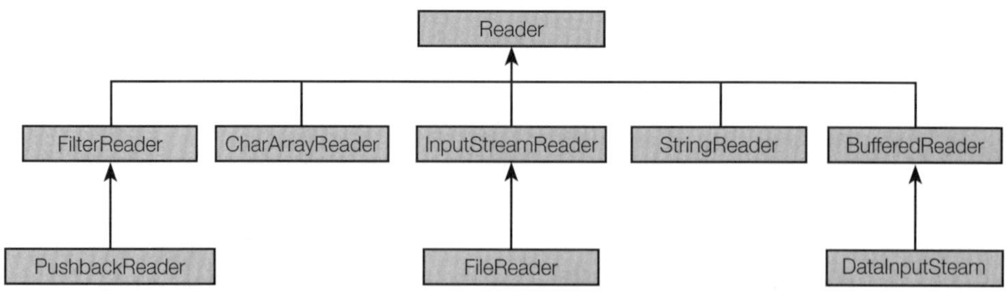

[그림 12-5] 문자 입력 스트림 클래스 계층 구조

3.2 출력 스트림 계층 구조

[그림 12-6]에서 FileOutputStream 클래스는 파일로 바이트 데이터를 출력하는 데 사용되는 스트림 클래스이고, [그림 12-7]의 FileWriter는 파일로 문자 데이터를 출력하는 데 사용되는 스트림 클래스이다. 뒤에서 파일 입출력 예제에 대해 설명하다.

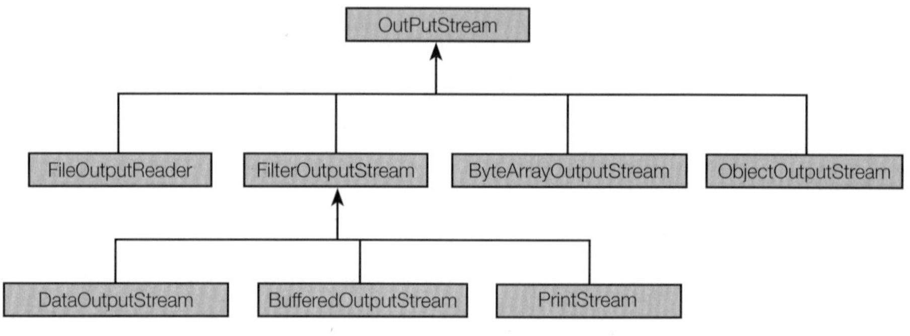

[그림 12-6] 바이트 출력 스트림 클래스 계층 구조

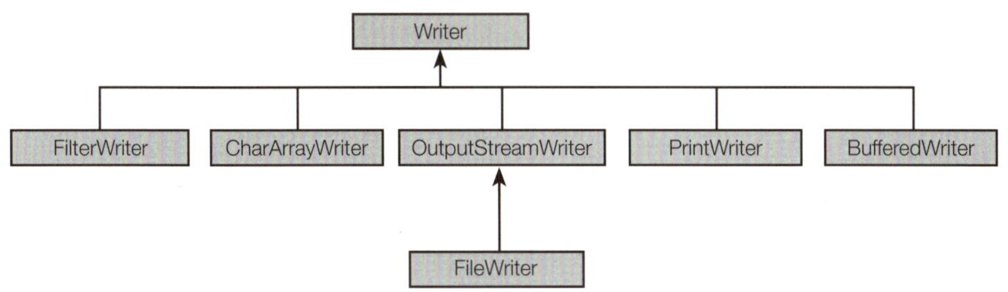

[그림 12-7] 문자 출력 스트림 클래스 계층 구조

다음은 자바에서 사용되는 표준 입출력 스트림이다. 자바에서 표준 입력은 키보드이고, 표준 출력은 모니터다. [표 12-2]에는 java.lang.System 클래스의 System.in의 스트림 타입을 보이고 있다.

표준 입력 스트림 클래스는 InputStream 타입이다. 즉, 키보드로 데이터를 입력하면 Input Stream이 입력을 받는 것이다. 그리고 표준 출력 스트림, 즉 모니터 출력은 PrintStream이 담당한다.

자바 표준 입출력 스트림

• **표준 입출력 스트림**
  – 표준 입력: 키보드
       System.in
  – 표준 출력: 모니터
       System.out

[표 12-2] java.lang.System의 표준 입출력 속성

타입	속성	설명
static PrintStream	err	표준 오류 출력 스트림
static InputStream	in	표준 입력 스트림
static PrintStream	out	표준 출력 스트림

3.3 입출력 바이트 스트림 클래스의 특징

1 InputStream

먼저 입력 관련 스트림 클래스의 특징을 살펴보자. 입력 관련 스트림 클래스는 바이트 데이터를 입력받는 스트림 클래스의 최상위 추상 클래스이다. [표 12-3]은 InputStream에서 제공하는 read( )에 대해 설명한 문서다. 여기서 중요한 점은 read( )에서 데이터를 입력받을 때 **byte**로 입력받는다는 것이다. 즉, InputStream 클래스의 하위 클래스는 장치로부터 바이트 데이터를 입력받을 때 사용된다.

> **InputStream 클래스의 특징**
>
> - **Java.io.InputStream**
>   - byte 데이터를 입력받는 데 필요한 스트림 클래스들의 최상위

[표 12-3] InputStream 여러 가지 메서드

메서드	설명
int available( )	입력 스트림에서 blocking없이 읽어 들일 수 있는 바이트 수를 반환한다.
abstract int read( )	입력 스트림에서 byte 데이터를 읽어온다.
int read(byte[ ] b)	입력 스트림에서 byte 데이터를 배열 b로 읽어온다.
int read(byte[ ] b,int off,int len)	입력 스트림에서 데이터를 읽어온 후 b 배열의 off 위치부터 len까지의 위치에 데이터를 저장한다.
void mark(int readlimit)	입력 스트림에서 현재 입력 위치(position)를 표시한다.
void reset( )	입력 스트림에서 입력 위치(position)을 mark( )가 마지막에 호출한 위치로 옮긴다.
long skip(long n)	입력 스트림에서 n 바이트 크기의 데이터 입력을 건너뛴다.

2 InputStream 하위 스트림 클래스

FileInputStream은 파일에서 바이트 데이터를 읽을 수 있는 기능을 제공한다. 지정한 파일이 없을 때에는 예외를 발생시킨다. 그리고 입출력 기능을 구현할 때에는 예외 처리를 반드시 해주어야 한다. 그리고 BufferedInputStream은 읽어 들인 바이트 데이터를 일단 Buffer에 저장한 후에 가공한다.

Buffer라는 단어가 붙은 클래스가 대표적인 필터 스트림이다. 왜냐하면 이 스트림 클래스는

메모리의 임시 저장소인 버퍼를 생성하여 데이터를 저장한 후 원하는 형태로 가공하기 때문이다.

이는 실습 예제에서 구체적으로 알아보자. 그리고 기본형 데이터를 읽어들이는 데 사용되는 DataInputStream이 있다.

> **InputStream 하위 스트림 클래스들의 특징**
>
> - **java.io.FileInputStream**
>   - 파일에서 byte 데이터를 읽을 수 있는 기능을 제공한다.
>   - 파일이 존재하지 않으면 FileNotFoundException을 발생시킨다.
> - **java.io.BufferedInputStream**
>   - 입력받은 데이트를 buffer에 저장한 후 가공할 수 있다.
> - **java.io.DataInputStrea**
>   - 기본형 데이터를 입력받을 때 사용한다.

❸ OutputStream

OutputStream이라는 이름에서 알 수 있듯이 이 클래스는 최상위 추상 클래스로서 바이트 데이터를 출력하는 데 사용된다. [표 12-4]의 여러 메서드 중 write()는 **바이트(byte)** 데이터를 출력하는 데 사용된다.

> **OutputStream의 특징**
>
> - **java.io.OutputStream**
>   - byte 데이터를 출력하는 스트림 클래스의 최상위 추상 클래스

[표 12-4] OutputStream의 여러 가지 메서드

메서드	설명
void close( )	출력 스트림을 닫고 출력 스트림에 관련된 자원을 해제한다.
void flush( )	출력되어야 할 바이트 데이터를 버퍼에서 비운 후 출력한다.
void write(byte[ ] b)	인자로 전달된 배열을 출력 스트림으로 출력한다.
void write(byte[ ] b,int off,int len)	b 배열에서 off의 위치부터 len 크기의 byte 데이터를 출력 스트림으로 출력한다.
abstract void write(int b)	인자로 전달된 byte 데이터를 출력 스트림으로 출력한다.

❹ OutputStream 하위 스트림 클래스

FileOutputStream은 파일로 바이트 데이터를 출력할 때 사용된다. 만약, 출력할 파일이 없으면 자신이 새로 생성한다. BufferedOutputStream은 바이트 데이터를 장치로 출력하기 전에 먼저 버퍼로 출력한 후 다시 장치로 출력한다. 따라서 버퍼에서 출력할 데이터에 대해 어떤 작업을 해줄 때 사용하면 편리하다. PrintStream에는 이제까지 콘솔로 출력 시 사용한 "print()"나 "println()"가 존재한다. 화면에 PrintStream의 메서드를 사용하여 메시지를 출력한 것이다.

OutputStream 하위 클래스의 특징

- **java.io.FileOutputStream**
  - 데이터를 파일로 출력하는 기능을 하는 클래스
  - byte 단위로 출력한다.
- **java.io.BufferedOutputStream**
  - 출력 데이터를 일단 buffer에 저장한 후 가공한다.
  - flush 기능을 이용하여 버퍼에 채워지지 않더라도 출력할 수 있다.
- **java.io.PrintStream**
  - 모든 데이터를 화면에 출력해주는 print( ),
    println( )를 정의한다.

예 System.out.println("안녕");

3.4 입출력 문자 스트림 클래스의 특징

❶ Reader

Reader는 장치로부터 문자 데이터를 읽어 들일 때 사용하는 스트림 클래스이다. [표 12-5]의 read( )는 InputStream의 read( )와 이름은 같지만, 읽어 들이는 데이터가 문자(character)다.

Reafer 클래스의 특징

- **java.io.Reader**
  - 문자(char) 입력을 받는 데 사용되는 스트림 클래스의 최상위 추상 클래스
  - char(2byte)단위로 입력 받는다.

[표 12-5] Reader 클래스의 여러 가지 메서드

메서드	설명
abstract int read( )	입력 스트림에서 char를 읽어온다.

메서드	설명
int read(byte[ ] cbuf)	입력 스트림에서 char를 배열로 읽어온다.
int read(byte[ ] b, int off, int len)	입력 스트림에서 char를 읽어온 후 b 배열의 off 위치부터 len까지의 위치에 데이터를 저장한다.
void mark(int readlimit)	입력 스트림에서 현재 입력 위치(position)를 표시한다.
void reset( )	입력 스트림에서 입력 위치(position)를 mark( )가 마지막에 호출한 위치로 옮긴다.
long skip(long n)	입력 스트림에서 n 바이트 크기의 char 입력을 건너뛴다.

2 Reader 계열의 하위 클래스

먼저 FileReader는 파일에서 문자 데이터를 읽어오는 데 사용한다. 한글처럼 2바이트 문자는 FileReader로 읽어와야 깨지지 않는다. 그리고 읽어오는 파일이 존재하지 않으면 예외가 발생한다.

BufferedReader는 버퍼라는 단어에서 알 수 있듯이 **'필터 스트림'**이다. 읽어 들이는 문자 데이터를 버퍼에 저장한 후 다시 처리하는 데 사용된다. 또 BufferedReader에는 **readLine()** 이라는 개행 문자를 인식할 수 있는 메서드가 있기 때문에 텍스트를 행 단위로 처리하는 데 유용하다.

Reafer 계열 하위 클래스의 특징

- **java.io.FileReader**
  - 파일에서 데이터를 읽을 수 있는 기능을 제공한다.
  - char 단위로 읽는다.
  - 파일이 존재하지 않으면 FileNotFoundException 예외가 발생한다.
  - 글자 깨짐이 없다.
- **java.io.BufferedReader**
  - 데이터를 버퍼로 읽어 들여 여러 가지 처리를 할 수 있다.
  - readLine( ) 메서드를 이용하여 데이터의 개행 문자(\r\n)를 인식할 수 있다.
  - 행 단위로 처리 시 많이 사용한다.

3 Writer

Writer 클래스는 문자 데이터를 장치로 출력하는 데 사용되는 스트림 클래스이다. [표 12-6]은 Writer에 있는 메서드이다. OutputStream의 메서드명과 같지만 출력하는 데이터가 문자(Char)다.

Writer 클래스의 특징

- **java.io.Writer**
  - char 출력을 하는 데 사용되는 스트림 클래스의 최상위 추상 클래스이다.
  - char 단위로 출력한다.

[표 12-6] Writer의 여러 가지 메서드

메서드	설명
Writer append(char c)	인자로 전달되는 문자를 writer 스트림에 추가한다.
void close( )	출력 스트림을 닫고 출력 스트림에 관련된 자원을 해제한다.
void flush( )	출력되어야할 바이트 데이터를 버퍼에서 비운 후 출력한다.
abstract void write(int b)	인자로 전달된 byte 데이터를 출력 스트림으로 출력한다.
void write(int c)	배열로 전달된 char를 출력한다.
void write(char[ ] cbuf, int off, int len)	배열 cbuf에서 off의 위치부터 len 크기의 문자 데이터를 출력 스트림으로 출력한다.
void write(String str)	문자열을 출력한다.
void write(String str, int off, int len)	문자열에서 문자열의 off 위치부터 len 위치까지의 문자열을 출력한다.

❹ Writer의 하위 클래스

FileWriter는 문자 데이터를 파일에 출력할 때 사용된다. 그리고 이 스트림 클래스는 [표 12-7]과 같이 인스턴스 생성 시 생성자의 두 번째 인자(append)의 값에 따라 기존 파일의 내용에 추가하여 출력할지 기존 파일의 내용을 덮어 쓸지를 지정해줄 수 있다. 이는 예제를 통해 좀 더 자세히 알아본다.

FileWriter 클래스의 특징

- **java.io.FileWriter**
  - 파일에 데이터를 출력하는 기능을 제공하는 스트림 클래스
  - char 단위로 출력한다.
  - 출력 대상 파일이 존재하지 않으면 새로 생성한다.
  - 생성자 호출 시 인자로 덮어 쓰기 또는 내용 추가를 선택할 수 있다.

생성자	설명
FileWriter(File file)	File 객체에 대한 파일 출력 스트림 객체를 생성한다.
FileWriter(File file, boolean append)	데이터 출력 시 파일에 데이터가 존재하면 뒤에 추가한다.
FileWriter(FileDescriptor fd)	FileDescriptor와 관련된 파일에 대해 파일 출력 스트림 객체를 생성한다.
FileWriter(String filename)	filename에 대한 파일 출력 스트림 객체를 생성한다.
FileWriter(String filename, boolean append)	filename에 대한 파일 출력 스트림 객체를 생성 시 파일에 데이터 존재 시 이전 데이터에 추가하여 파일에 출력한다.

BufferedWriter는 문자 데이터를 장치에 출력하기 전에 버퍼에 먼저 저장한 후 장치에 출력하는 역할을 한다. 버퍼에서는 출력 데이터에 대한 작업을 할 수 있다. 대표적인 경우가 데이터를 출력하기 전에 newLine()를 이용하여 마지막에 개행 문자를 붙여 출력하는 것이다. 즉, 행(Line) 단위로 출력하는 기능을 제공한다.

그리고 PrintWriter 클래스이다. 이 클래스의 중요한 특징은 클래스명은 문자만을 출력하는 스트림 클래스이지만, [표 12-8]의 PrintWriter 생성자를 보면 알 수 있듯이 생성자의 인자로 OutputStream과 Writer를 모두 전달받을 수 있다는 것이다. 즉, 문자든, 바이트 데이터든 모든 것을 전달받아 처리할 수 있다. 이 PrintWriter는 네트워크 연동이나 서버 프로그래밍에서 웹브라우저와 연동하는 경우에 많이 사용된다. 이는 자바 네트워크에서 상세히 알아본다.

> **BufferWriter와 PrintWriter의 특징**
>
> - **java.io.BufferedWriter**
>   - 버퍼링을 통한 char 단위 쓰기를 할 수 있는 필터 스트림 클래스
>   - 한 줄 단위로 출력할 수 있는 newLine( )이 제공된다.
> - **java.io.PrintWriter**
>   - 특정 형식으로 문자를 출력하는 스트림이다.
>   - 바이트 출력 스트림과 문자 출력 스트림에 모두 사용 가능하다.
>   - 자동 flush 기능을 제공한다.

다음은 BufferedWriter와 PrintWriter의 특징을 나타낸 것이다.

생성자	설명
PrintWriter(File file)	줄 단위 비우기 기능이 없는 file 출력 PrintWriter 객체를 생성한다.
PrintWriter(File file, String csn)	줄 단위 비우기 기능이 없는 file로 문자열을 출력하는 PrintWriter 객체를 생성한다.
PrintWriter(OutputStream out)	줄 단위 비우기 기능이 없는 OutputStream으로 출력하는 PrintWriter 객체를 생성한다.
PrintWriter(OutputStream out,boolean autoFlush)	OutputStream으로 출력하는 자동 비움 기능이 있는 PrintWriter 객체를 생성한다.
PrintWriter(String fileName)	줄 단위 비우기 기능이 없는 file로 출력하는 PrintWriter 객체를 생성한다.
PrintWriter(Writer out)	Writer로 출력하는 PrintWriter 객체를 생성한다.
PrintWriter(Writer out, boolean autoFlush)	Writer로 출력하는 자동 비움 기능이 있는 PrintWriter 객체를 생성한다.

3.5 InputStreamReader와 OutputStreamWriter의 특징

이번에는 InputStreamReader와 Output StreamReader에 대해 알아보자. 두 스트림 클래스에서 우선 InputStreamdReader 클래스의 이름을 보면 InputStream과 Reader가 합쳐져 있는 것을 알 수 있다. 즉, 입력 시에 장치에서는 바이트 데이터를 입력받는데, 입력받은 바이트 데이터를 다시 문자로 변경한다는 의미다. 주로 자바에서 키보드로 한글을 입력받을 때 사용된다.

사용자가 키보드로 한글을 입력하면 실제 컴퓨터는 먼저 바이트 데이터로 입력받는다. 그 바이트 데이터를 InputStreamReader 클래스로 전달하여 한글로 조합한 후 프로그램에 전달하는 것이다. 이와 반대로 OutputStreamWriter는 바이트 데이터를 문자로 변경한 후 출력하는 역할을 한다.

InputstreamReader와 OutputStream의 특징

- **java.io.InputStreamReader**
  - 바이트 데이터를 문자 데이터로 변경 시 사용되는 스트림 클래스
  - 키보드로 입력받은 바이트 데이터를 문자로 변경 시 사용된다.
  - ⑩ new InputStreamReader(System.in)
- **java.io.OutputStreamWriter**
  - 바이트 데이터를 문자 데이터로 변경하여 출력해주는 스트림 클래스

자바 입출력 스트림(Stream) 실습 예제

4.1 표준 입출력 예제

이번에는 앞에서 배운 스트림 클래스 이용하여 자바에서 직접 사용해보자. 가장 먼저 표준 입력, 즉 키보드에서 입력받아 표준 출력, 즉 모니터로 출력시키는 예제를 살펴본다. [그림 12-8]은 키보드에서 자바 여러 스트림 클래스를 통해 애플리케이션으로 입력받는 과정을 나타낸 것이다. 먼저 키보드라는 장치, 즉 하드웨어에 대해 System.in이라는 Node 스트림이 키보드로부터 직접 맞물려서 데이터를 입력받는다. 그리고 바이트 데이터를 문자로 변환하기 위하여 데이터를 다시 InputStreamReader로 전달한다. InputStreamReader에서 변환된 문자는 다시 BufferedReader의 버퍼로 전달되어 개행 문자 입력을 체크한다.

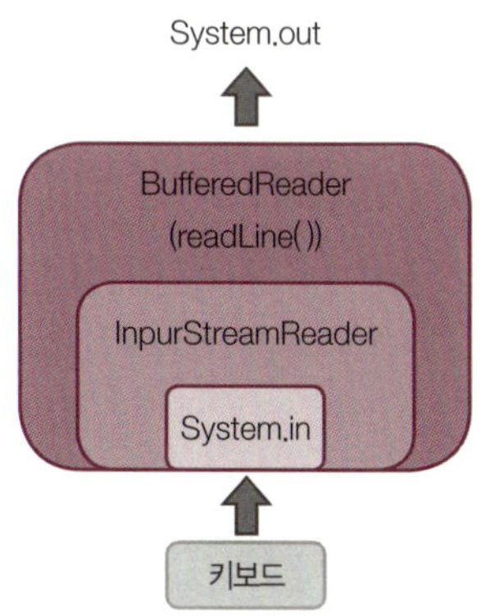

[그림 12-8] 키보드 입력 데이터가 프로그램에 전달되는 과정

[리스트 12.1]은 실제 표준 입출력 예제를 구현한 소스이다. 먼저 **7행**을 보면 System.in을 InputStreamReader 객체의 인자로 전달함으로써 System.in이 입력받은 데이터를 [그림 12-8]처럼 다음 필터 스트림으로 전달하는 것이다. 그리고 InputStreamReader 객체를 **8행**에서 BufferedReader 객체의 생성자 인자로 사용하면 입력된 문자가 BufferedReader로 전달되는 것이다. 그러면 BufferedReader가 가지고 있는 메모리의 버퍼에 키보드로 입력된 문자 차례대로 저장된다.

그리고 **10~20행**처럼 I/O 작업을 할 때에는 반드시 **예외 처리**를 해주어야 한다. try문 안의 **11행**에서는 BufferedReader의 **readLine( )**를 호출하고 있는데, 이 메서드를 호출하면 [그림 12-9]처럼 CPU는 다른 명령문 수행을 중지하고 버퍼에 대기하면서 개행 문자(\n)가 버퍼로 입력되는지를 지속적으로 체크한다.

[그림 12-10]처럼 사용자가 키보드로 "안녕하세요"라고 입력하면 버퍼에 계속 저장되는데, 마지막에 Enter를 누르면 개행 문자(\n)도 버퍼에 입력된다. 그러면 [그림 12-11]처럼 CPU는 버퍼에 개행 문자(\n) 전까지 입력된 문자를 한꺼번에 버퍼에서 비워 버린다. 그 결과 [그림 12-12]처럼 콘솔에 "안녕하세요"라고 출력된다.

14행에서 또 다시 readLine( )을 호출하면 또 다시 [그림 12-9]처럼 버퍼에서 CPU가 대기한다. 또 다시 키보드로 문자를 입력한 후 Enter를 누르면 버퍼에 저장한 문자열을 버퍼에서 비운 후 [그림 12-11]처럼 입력한 문자열을 출력한다. 즉, BufferedReader의 readLine()
을 사용하여 행(line)단위로 입력된 문자열을 콘솔로 출력할 수 있다. 이 BufferdReader의
readLine()는 자바 프로그래밍 시 문자열을 행(line)단위로 처리하는데 자주 사용되는 메서
드이다.

[리스트 12.1] 표준 입출력 예제(StandardTest.java)

```java
1   import java.io.BufferedReader;
2   import java.io.IOException;
3   import java.io.InputStreamReader;
4   public class StandardTest{
5       public static void main(String [] args){
6           String  mesg= null;
7           InputStreamReader ir = new InputStreamReader(System.in);
8           BufferedReader in = new BufferedReader(ir);
9           System.out.println("exit: Ctrl+Z");
10          try{
11              mesg = in.readLine( );
12              while ( mesg != null ){
13                  System.out.println("읽기 :" + mesg);
14                  mesg = in.readLine( );
15              }
16              in.close( );
17              ir.close( );
18          }catch(IOException e){
19              e.printStackTrace( );
20          }
21      }
22  }
```

7행　：System.in이 키보드에서 데이터를 입력받아 InputStreamReader 객체로 데이터를 전달한다.

8행　：문자로 변환된 데이터를 메모리에 생성된 버퍼로 전달한다.

11행　：readLine()을 호출하면 CPU는 개행 문자(Enter)가 입력되는지 버퍼를 체크한다.

10~20행：I/O 작업 시 반드시 예외 처리를 해주어야 한다.

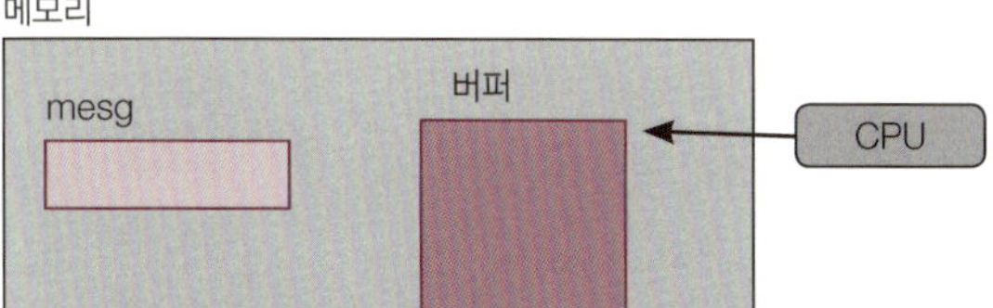

[그림 12-9] readLine( ) 메서드를 호출했을 때의 메모리 상태

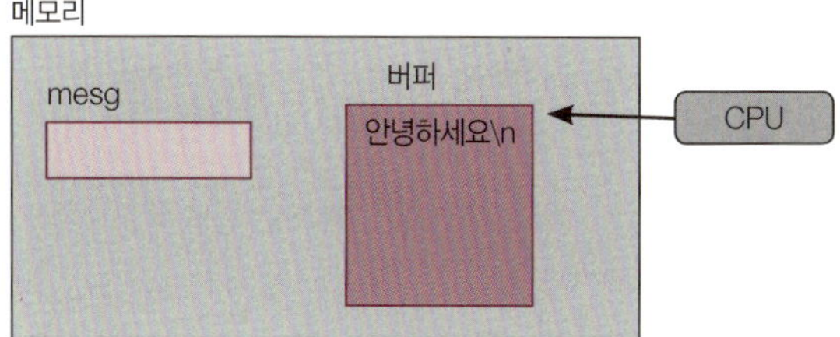

[그림 12-10] 키보드로 문자를 입력한 후 버퍼에 저장되는 상태

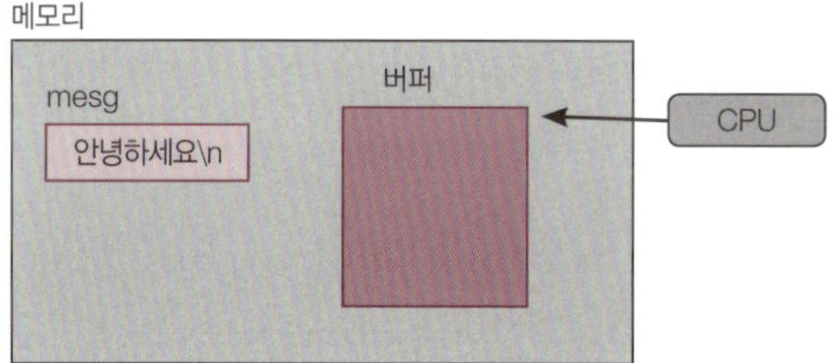

[그림 12-11] 개행 문자(\n)을 CPU가 인지한 후 버퍼를 비운 상태

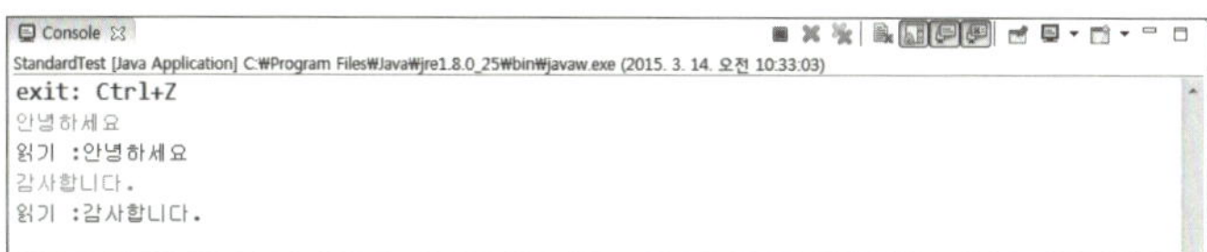

[그림 12-12] 실행 결과

표준 입출력 예제를 통해 자바가 어떤 식으로 I/O 작업을 하는지 알아보았다. [그림 12-13]은 그 방법을 나타낸 것이다. 자바는 먼저 장치, 즉 하드웨어와 바로 맞물려서 Node 스트림이 데이터를 입력받으면, 그 입력받은 데이터를 다음의 필터 스트림으로 전달하여 데이터를 가공한다. 필터 스트림은 필요할 때마다 계속 연결하여 사용할 수 있다.

앞에서 여러 입력 스트림 데이터를 키보드로 입력받았는데, 여러 스트림을 사용하면 약간 불편하다. 그래서 자바에서는 [리스트 12.2] 처럼 쉽게 키보드로 데이터를 입력받을 수 있도록 Scanner 클래스를 제공한다. 알고 보면 Scanner 클래스의 내부는 앞의 예제에서 사용한 스트림 클래스들로 이루어져 있다.

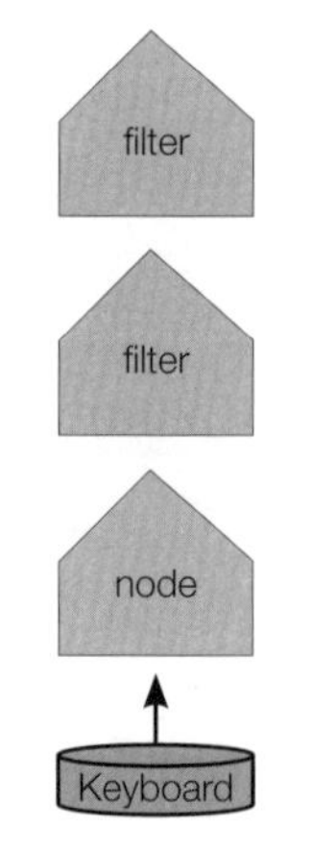

[그림 12-13] 자바에서 입출력하는 방법

[리스트 12.2] Scanner 클래스를 이용하여 입력받기(ScannerTest.java)

```java
1    import java.util.Scanner;
2    public class ScannerTest {
3        public static void main(String[] args) {
4            int score=0;
5            String str=null;
6            System.out.println("exit: Ctrl+Z");
7            System.out.println("문자열을 입력하세요");
8            try{
9                while(true){
10                   Scanner scanner= new Scanner(System.in);
11                   //score=scanner.nextInt( );
12                   //System.out.println(score);
13                   str=scanner.nextLine( );
14                   System.out.println(str);
15               }
16           }catch(Exception e){
17               e.printStackTrace( );
18           }
19       }
20   }
```

10행 : Scanner 객체 생성 시 System.in을 전달한다.

11~12행 : 키보드로 숫자를 입력할 때 사용한다.

13~14행 : 키보드로 문자를 입력받을 때 사용한다.

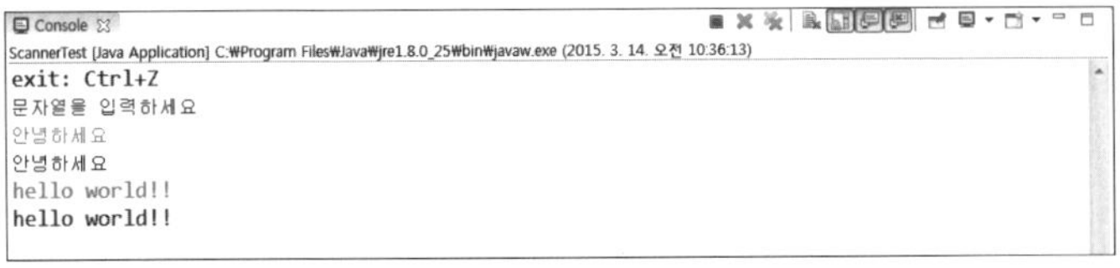

[그림 12-14] 실행 결과

지금까지 표준 입출력 예제를 실습해보았다. 카페에는 이 밖에도 학생의 시험 점수를 키보드로 입력받은 후 총점과 평균을 구하는 예제 등이 있으므로 반드시 동영상을 보면서 학습하기 바란다.

4.2 파일(File) 클래스 예제

이번에는 파일 입출력 예제를 하기 전에 자바에서 파일을 쉽게 다룰 수 있도록 제공하는 File 클래스에 대해 알아보자. 다음은 File 클래스에 대한 설명이다. 자바 File 클래스는 운영체제마다 다른 파일 시스템에 대해 일관성 있게 접근하여 파일 작업을 할 수 있도록 제공하는 클래스이다. 따라서 사용자는 각 파일에 대해 세부적으로 알 필요가 없다.

File 클래스의 정의 및 특징

- **정의**
  - 운영체제마다 다른 파일 시스템에 대해 일관성 있게 파일에 접근하도록 만든 자바 클래스
- **용도**
  - 파일에 대한 정보 및 처리를 담당한다.
  - 내용 접근 및 파일 생성은 불가능하다.
- **사용 방법**
  File file=new File("파일명");
  File file=new File("파일 경로","파일명");

[리스트 12.3]은 File 클래스 사용 예제다. **4행**에서 FileTest.java 파일에 대한 File 객체를 생성한다. 첫 번째 인자로 "."을 전달하는 것은 현재 디렉터리(폴더)를 의미한다. 이클립스에서 현재 디렉터리는 프로젝트 폴더이다. 그리고 두 번째 생성자 인자로 지금 작성하는 파일의 이름을 입력했다. 그리고 아래에서 FileTest.java에 대해 메서드를 이용하여 정보를 출력하고 있다.

[리스트 12.3] File 클래스를 사용하여 파일 정보 얻기(FileTest.java)

```java
1    import java.io.File;
2    public class FileTest {
3        public static void main(String[] args)           {
4            File file=new File("." , "FileTest.java");
5            System.out.println("파일의 경로는? " + file.getPath( ));
6            System.out.println("파일의 이름은? " +file.getName( ));
7            System.out.println("파일의 상위디렉터리는? " +file.getParent( ));
8            System.out.println("파일의 절대경로는? " +file.getAbsolutePath( ));
9            System.out.println("파일이 절대경로냐 ? " +file.isAbsolute( ));
10           System.out.println("파일이 존재하냐? " +file.exists( ));
11           System.out.println("파일이냐? " +file.isFile( ));
12           System.out.println("디렉터리이냐? " +file.isDirectory( ));
13           System.out.println("파일을 읽을 수 있냐? " +file.canRead( ));
14           System.out.println("파일을 쓸 수있냐? " +file.canWrite( ));
15           System.out.println("파일의 바이트 크기는? " +file.length( ));
16           boolean b = new File("."+File.separator+"hello").mkdir( );
17           //boolean b = new File("./hello").mkdir( );
18           //boolean b = new File(".\\hello").mkdir( );
19           String[] listing =new File(".").list( );
20           System.out.println( "현재 디렉터리 내용은?" );
21           for(int i=0;i<listing.length;++i){
22               System.out.println(listing[i]);
23           }
24       }
25   }
```

4행 : FileTest.java 파일에 대한 파일 객체를 생성한다.

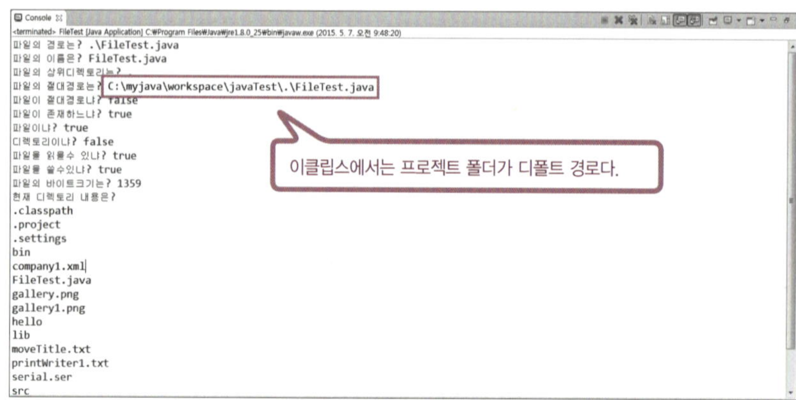

[그림 12-15] 실행 결과

4.3 파일에 입력한 데이터 입출력 예제

이번에는 파일에 키보드로 입력한 데이터를 출력하고 파일에서 데이터를 입력받은 후 콘솔로 출력하는 예제를 실습해보자. 파일 입출력도 앞의 표준 입출력처럼 파일과 애플리케이션 사이의 여러 스트림이 연결되어 실행된다. [그림 12-16]은 파일에서 입출력받는 방법을 나타낸 것이다. 우선 파일 쓰기부터 알아보자. 일단 키보드로 데이터를 읽어 들인 후 버퍼에 저장하고 버퍼에서 비우면 먼저 PrintWriter가 데이터를 받아 print()로 데이터 마지막에 개행 문자를 추가한다. 그런 다음, Node 스트림인 FileWriter에 전달하고 "write.txt"에 문자 데이터를 쓴다.

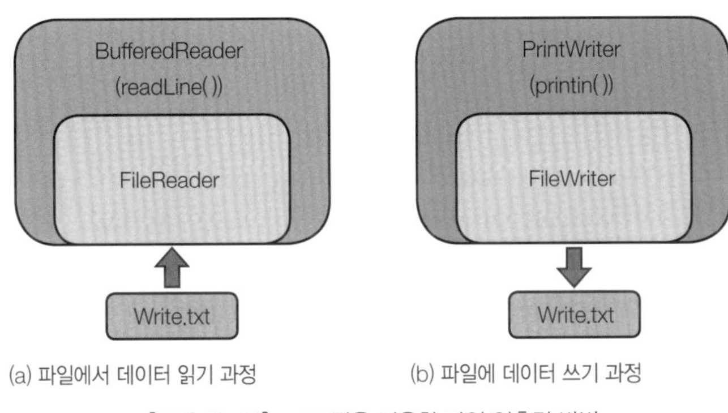

[그림 12-16] 스트림을 이용한 파일 입출력 방법

[리스트 12.4]는 키보드로 입력한 문자를 행 단위로 파일로 출력하는 예제다. **3행**에서 "write.txt"라는 출력 파일에 대해 File 객체를 생성한다. 만약 지정한 파일이 없으면 자바에서 자동으로 같은 이름의 파일을 생성한다. **5행**에서 키보드에서 문자를 입력받아 버퍼에 저장한다. 버퍼에 있는 문자열을 출력하기 위하여 **6행**에서 PrintWriter라는 필터 스트림을 통해 다시 FileWriter라는 Node 스트림으로 객체를 생성하는 과정이다. 그리고 [그림 12-17]의 (b)처럼 FileWriter는 File 객체의 write.txt에 출력한다.

출력은 입력과 달리 먼저 데이터가 필터 스트림을 거친 후 노드 스트림으로 전달된다. 그리고 **6행**의 FileWriter 생성자의 두 번째 인자가 지금 **true**로 세팅되어 있다. 그러면 File 클래스의 write.txt의 기존 데이터가 있으면 뒤에 붙여서 출력하라는 의미다. false이면 기존의 데이터를 덮어쓴다는 의미다. **9행**에서 readLine()을 호출한 후 개행 문자가 입력되면 버퍼에 저장된 문자열을 비우면서 이번에는 **10행**에서 PrintWriter의 println()의 인자로 전달되어 출력된다. 그러면 버퍼에서 비워진 문자열 뒤에 개행 문자가 붙어 파일로 출력된다. 즉, 키보드로 입력한 문자열을 행 단위로 파일에 저장하는 것이다. 만약, **11행**의 print()를 사용하여 출력하면 파일에는 한 행에 모든 문자열이 표시된다.

[그림 12-17]은 콘솔로 입력한 문자열이 write.txt에 행 단위로 저장된 상태를 나타낸 것이다. 최종적으로 Ctrl+Z를 눌러주어야 파일에 반영되고, 파일은 이클립스의 프로젝트 폴더에 생성된다.

[리스트 12.4] 파일 출력 예제

```java
1     public class WriteFile {
2         public static void main(String args[]) {
3             File file = new File("write.txt");
4             try {
5                 BufferedReader in = new BufferedReader (new InputStreamReader
                                                         (System.in));
6                 PrintWriter out = new PrintWriter(new FileWriter(file,true));
7                 String s;
8                 System.out.println( "Exit : Ctrl + Z" );
9                 while ( (s = in.readLine( )) != null) {
10                    out.println(s);
11                    //out.print(s);
12                }
13                in.close( );
14                out.close( );
15            } catch (IOException e) {
16                System.out.println("IOException");
17            }
18        }
19    }
```

9~12행 : 키보드를 이용하여 행 단위로 데이터를 읽어 들인 후 println( ) 메서드를 이용하여 행 단위로 파일에 출력한다.

(a) 콘솔로 입력한 문자열

(b) write.txt에 출력한 문자열

[그림 12-17] 실행 결과

이번에는 파일에서 데이터를 읽어와 모니터로 출력하는 예제를 실습해보자. 이 예제에서 최종적으로 원하는 출력은 [그림 12-17]의 write.txt의 데이터를 행 단위로 읽어와 이와 똑같이 모니터에 행 단위로 출력하는 것이다.

[리스트 12.5]는 FileReader 스트림을 이용한 예제다. **4행**의 write.txt 파일에서 문자를 읽어올 때에는 FileReader를 사용한다. **9행**에서 read( )를 이용하여 문자를 한 자씩 읽어와 출력한다.

그런데 [그림 12-18]을 보면 그냥 한 문자씩 세로로 출력되는 것을 알 수 있다. 이는 원하는 출력 결과가 아니다. 그런데 결과값을 자세히 보면 표시 부분은 눈에 보이지 않지만, 개행 문자(\n)가 표시되는 부분이라는 것을 알 수 있다. 즉, 이 예제는 파일에서 문자열을 읽어 들일 때 개행 문자를 기준으로 줄을 바꾸어 출력해주어야 하는데, FileWriter 스트림에서는 그런 기능이 없다. 그런데 우리는 앞에서 BufferedReader 스트림에 readLine( )가 개행 문자를 인식하는 기능이 있다는 것을 알고 있다. BufferedReader 스트림을 이용하여 원하는 결과값을 출력해보자.

[리스트 12.5] FileReader를 이용하여 파일에서 데이터 읽어오는 예제(FileReaderTest.java)

```java
1    import java.io.*;
2    public class FileReaderTest{
3        public static void main(String [] args){
4            File file = new File("write.txt");
5            FileReader fr = null;
6            try{
7                fr = new FileReader(file);
8                int readChar;
9                while((readChar =fr.read( )) != -1){
10                   System.out.println((char) readChar);
11               }
12           }catch(IOException ie){
13               ie.printStackTrace( );
14           }finally{
15               try{
16                   if(fr != null) fr.close( );
17               }catch(IOException ie){
18                   ie.printStackTrace( );
19               }
20           }
21       }
22   }
```

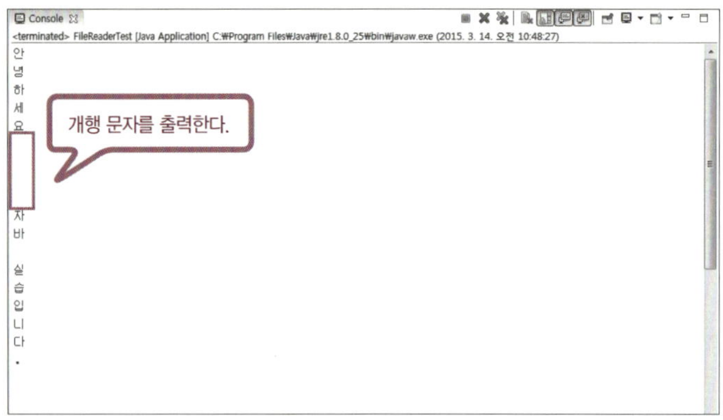

[그림 12-18] 실행 결과

[그림 12-19]는 BufferedReader를 이용하여 파일을 읽는 방법을 나타낸 것이다. FileWriter가 읽어 들인 문자를 이번에는 BufferedReader로 전달한 후 readLine()를 이용하여 전달되는 문자 중에 개행 문자를 인식하여 행 단위로 출력하는 것이다.

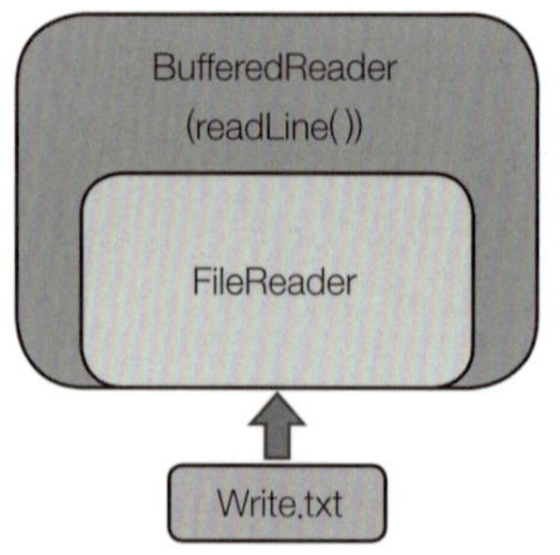

[그림 12-19] 파일 읽기 과정

[리스트 12.6]은 BufferedReader를 이용한 예제다. **7행**에서 읽은 데이터를 BufferedReader에 전달한다. **9행**에서 readLine()를 호출하므로 CPU가 버퍼에 대기하고 있다가 파일에서 개행 문자가 입력되면 버퍼에 저장된 문자열을 비운다. 그러면 결과적으로 write.txt에 행 단위로 문자열을 읽어와서 화면에 출력하는 것이 된다. [그림 12-20]의 결과값은 write.txt와 같은 형태로 출력되고 있다. 즉, 파일에서 문자를 읽어올 때 한 자씩 읽어와서 처리해야 하는 경우는 FileWriter를 쓰면 되는데, 지금처럼 행 단위로 읽어와서 처리해야 하는 경우에는 중간에 BufferedReader 스트림을 쓰면 된다. 만약, **BufferedReader를 사용하지 않는다면 읽어 들이는 데이터를 일일이 개행 문자가 있는지 체크하여 출력하는 기능을 구현해주어야 한다.**

[리스트 12.6] BufferedReader를 이용하여 파일에서 데이터 읽어오는 예제(ReadFile.java)

```java
1       import java.io.*;
2
3       public class ReadFile {
4           public static void main(String args[]) {
5               File file = new File("write.txt");
6               try {
7                   BufferedReader in = new BufferedReader(new FileReader(file));
8                   String s;
9                   s = in.readLine( );
10                  while (  s != null) {
11                      System.out.println("read: " + s);
12                      s = in.readLine( );
13                  }
14                  in.close( );
15
16              } catch(FileNotFoundException e1) {
17                  System.out.println("File not found");
18              } catch(Exception e) {
19                  e.printStackTrace( );
20              }
21          }
22      }
```

```
Console ☒                                      ■ ✖ ✖ | ▣ ▣ ▣ ▣ | ☞ ▣ ▾ ▢ ▾ ▭ ▫
<terminated> ReadFile [Java Application] C:\Program Files\Java\jre1.8.0_25\bin\javaw.exe (2015. 3. 14. 오전 10:53:10)
read: 안녕하세요
read: 자바 실습입니다.
read: Hello World!!!
```

[그림 12-20] 실행 결과

4.4 이미지 파일 복사하기

[리스트 12.7]은 이미지 파일을 복사하는 예제다. 이미지 파일은 문자가 아닌 바이트 데이터로 이루어져 있다. 따라서 FileInputStream과 FileOutputStream을 이용하여 파일을 복사해야 한다. **7, 8행**에서 각 FileInputStream과 FileOutputStream 객체를 생성한 후 입력 이미지 파일과 출력 이미지 파일 이름을 지정한다.

10~12행에서 while문을 돌면서 입력 이미지 파일에서 read()를 이용하여 바이트 데이터를 읽어와서 **11행**의 write()를 이용하여 출력 이미지 파일에 쓰고 있다. 결과값을 보면 gallery1.

png 파일이 생성된다는 것을 알 수 있다. 실제 파일 용량이 큰 동영상과 같은 멀티미디어 파일은 이러한 방식으로 복사하면 시간이 오래 걸린다. 바이트 데이터의 입출력에 따른 스트림 클래스 사용법에 대해 알아보자.

[리스트 12.7] 이미지 파일 복사하기(FileCopy.java)

```java
1   import java.io.FileInputStream;
2   import java.io.FileOutputStream;
3
4   public class FileCopy {
5       public static void main(String[] args){
6           try{
7               FileInputStream input=new FileInputStream("gallery.png");
8               FileOutputStream output=new FileOutputStream("gallery1.png");
9               int data;
10              while((data=input.read( )) !=-1){
11                  output.write(data);
12              }
13              input.close( );
14              output.close( );
15              System.out.println("이미지를 복사했습니다.");
16          }catch(Exception e){
17              e.printStackTrace( );
18          }
19      }
20  }
```

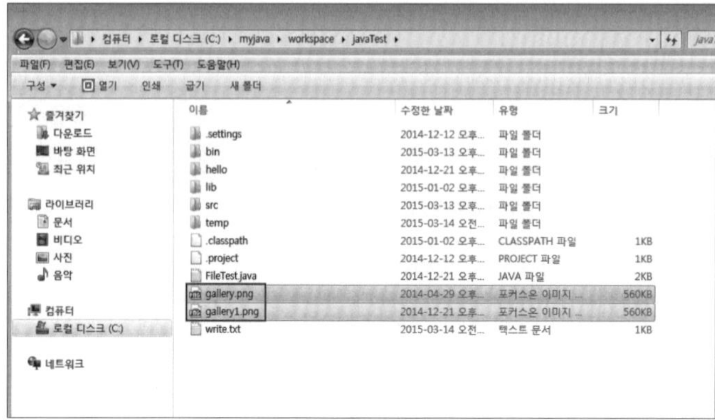

[그림 12-21] 실행 결과

앞에서는 파일에 문자 데이터를 출력할 때 개행 문자를 붙이기 위하여 PrintWriter라는 필터 스트림을 사용했다. 그런데 이 PrintWriter는 앞의 [표 12-8]에서 설명했듯이 생성자의 인자로 바이트 출력 스트림과 문자 출력 스트림 모두를 받을 수 있다.

[리스트 12.8]은 PrintWriter 생성자의 인자가 문자 출력 스트림이다. 반면, [리스트 12.9]에서 PrintWriter의 생성자의 인자는 바이트 출력 스트림이다. 각 PrintWriter로 출력되는 결과 값은 문자가 출력된다. 즉, PrintWriter를 쓰면 바이트 문자를 바이트 스트림으로 출력할 수 있다. 이러한 PrintWriter의 기능을 이용하면 네트워크 프로그래밍에서 서버와 클라이언트 간에 문자 데이터를 주고받을 수 있다.

[리스트 12.8] 문자 출력 스트림을 인자로 사용한 PrintWriter 사용 예제(PrintWriterEx1.java)

```java
1    import java.io.*;
2    public class PrintWriterEx1{
3        public static void main(String[] args){
4            FileWriter fw =null;
5            BufferedWriter bw = null;
6            PrintWriter pw = null;
7
8            try{
9                fw = new FileWriter("printWriter1.txt");
10               bw= new BufferedWriter(fw);
11               pw = new PrintWriter(bw,true);
12               pw.println("안녕하세요.");
13               pw.println("반갑습니다.");
14               pw.println("Hello World");
15               pw.println(100);
16               pw.println(new Integer(20000));
17
18               fw.close( );
19               bw.close( );
20               pw.close( );
21
22           }catch(IOException ie){
23               System.out.println("IOException 발생");
24           }catch(Exception e){
25               e.printStackTrace( );
```

```
26            }
27         }
28    }
```

9~11행 : PrintWriter로 출력하는 문자를 BufferedWriter와 FileWriter에 차례대로 전달한다.

12~16행 : 문자 데이터를 출력한다.

[리스트 12.9] 바이트 출력 스트림을 인자로 사용한 PrintWriter 사용 예제(PrintWriterEx2.java)

```
1     import java.io.*;
2
3     public class PrintWriterEx2{
4        public static void main(String[] args){
5            PrintWriter pw = null;
6            FileOutputStream fos = null;
7            BufferedOutputStream bos = null;
8
9            try{
10               fos =new FileOutputStream("printWriter2.txt");
11               bos= new BufferedOutputStream(fos);
12               pw = new PrintWriter(bos,true);
13               pw.println("안녕하세요");
14               pw.println("또 만났네요");
15               pw.println("Hello World");
16               pw.println(100.0);
17               pw.println(new Boolean(true));
18
19               fos.close( );
20               bos.close( );
21               pw.close( );
22           }catch(IOException ie){
23               System.out.println("IOException 발생");
24           }catch(Exception e){
25               e.printStackTrace( );
26           }
27       }
28    }
```

10~12행 : PrintWriter 인자로 BufferedOutputStream의 바이트 스트림 계열 클래스가 전달되고 있다.

 초보자를 위한 자바 프로그래밍

06 객체 직렬화(Serialization)

이제까지 자바의 객체(인스턴스)를 생성하여 사용한 후 프로그램이 종료되면 객체는 자동으로 소멸되어 객체의 상태값을 보존할 수 없었다. 그런데 객체 직렬화 기능을 사용하면 자바 애플리케이션에서 사용한 객체의 상태를 파일로 저장하거나 네트워크를 통해 다른 애플리케이션으로 전달할 수 있다. 즉, 애플리케이션에서 사용한 객체의 정보를 다른 애플리케이션에서도 이용할 수 있는 방법을 제공한다. 이 객체 직렬화를 이용하면 클라이언트의 정보를 다른 클라이언트에게 실시간으로 전송할 수 있다.

> **객체 정렬화의 정의와 등장 배경**
>
> - **객체 직렬화 정의**
>   - 프로그램 실행 시 생성되는 인스턴스의 상태를 장치에 저장하거나 네트워크로 전송하는 기능
> - **등장 배경**
>   - 인스턴스의 상태를 다른 프로그램이나 네트워크로 전송해야할 경우가 발생한다.

> **자바 객체 직렬화 특징**
>
> - 객체의 상태를 지속시키는 방법을 제공한다.
> - 스트림을 통해 다른 장치나 네트워크에서 사용 가능하게 한다.
> - 객체는 바이트 데이터로 저장되거나 전송된다.

예를 들어 네트워크 오목 게임을 한다고 가정했을 때 A 사용자가 말판에 둔 돌의 좌표 데이터를 일일이 문자로 전송하기는 불편하다. 따라서 말판에 둔 돌의 위치를 객체를 생성하여 저장한 후 다른 클라이언트로 전송하여 원격의 사용자가 받아 실시간으로 돌의 위치를 반영하는 방법을 사용하는 것이 편리하다. 객체 직렬화는 자바 네트워크 게임이나 안드로이드 네트워크 연동 게임 등에 많이 사용된다.

다음은 자바에서 객체 직렬화를 하는 방법을 나타낸 것이다. 일단 Serializable이라는 인터페이스를 직렬화하려고 하는 클래스를 구현한다. 그런데 [그림 12-22]의 Serializable 인터페이스의 API 문서에는 선언된 추상 메서드가 없다. 이러한 인터페이스를 **"marker 인터페이스"**라고 부른다. 그리고 ObjectInputStream과 Object OutputStream 클래스를 이용하여 객체를 직렬화한 후 역직렬화하여 데이터를 복원한다.

> ### 자바 객체 직렬화 과정
>
> - **java.io.Serializable 인터페이스를 구현한다.**
>   - 인터페이스를 구현한 클래스의 속성은 모두 직렬화의 대상이 된다.
>   - 직렬화 대상에서 제외시키고 싶은 경우에는 transient를 이용한다.
> - **스트림 클래스를 이용하여 직렬화 또는 역직렬화한다.**
>   - ObjectOutputStream의 writeObject( ) 메서드를 이용하여 직렬화한다.
>   - ObjectOutputStream의 readObject( ) 메서드를 이용하여 역직렬화한다.

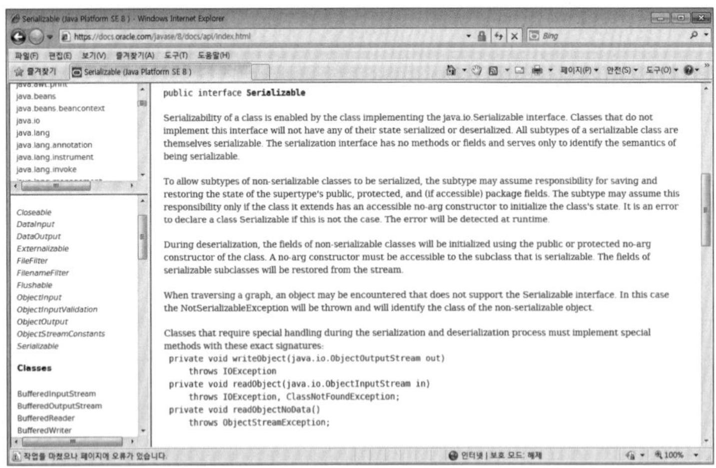

[그림 12-22] java.io.Serializable 인터페이스 설명

[리스트 12.10]은 객체 직렬화 대상인 Employee 클래스이다. **3행**에서 Serializable 인터페이스를 구현하고 있다. 그러면 Employee 객체 생성 시에 4개의 변수에 저장된 값이 직렬화의 대상이 된다. [리스트 12.11]의 **7~11행**에서 Employee 객체를 생성한 후 ArrayList에 저장하고 객체 직렬화를 하고 있다. **14, 15행**을 보면 ObjectOutputStream 객체를 생성하면서 "serial.ser" 파일에 직렬화 객체를 저장한다. 그리고 **17행**에서 writeObject( )를 이용하여 ArrayList 객체를 "serial.ser" 파일에 직렬화하면서 저장한다. 그러면 [그림 12-23]처럼 프로젝트 폴더에 "serial.ser"이라는 파일이 생성된다. 그런데 편집기로 파일을 열어보면 파일이 깨진 것처럼 보인다. 이유는 객체 직렬화 시 데이터는 바이트 데이터로 변경되어 저장되기 때문이다. 원래의 데이터를 정상적으로 얻기 위해서는 역직렬화를 해야 한다.

[리스트 12.10] 직렬화 클래스(Employee.java)

```java
1     import java.io.Serializable;
2
3     public class Employee  implements Serializable{
4         String name;
5         String addr;
6         String jumin;
7         String phone;
8
9         public Employee(String name , String addr , String jumin , String phone ){
10            this.name = name;
11            this.addr = addr;
12            this.jumin = jumin;
13            this.phone = phone;
14        }
15
16
17        //getters/setters
18        ...
19    }
```

3행 : Employee 객체 생성 시 속성들은 직렬화의 대상이 된다.

[리스트 12.11] 실행 클래스(SerTest.java)

```java
1     import java.io.*;
2     import java.util.*;
3
4     public class SerTest {
5         public static void main(String []args){
6
7             Employee p = new Employee("박지성","대전" , "11111-222222" , "123-1234");
8             Employee p2 = new Employee("차범근","서울" , "33333-4444444" , "987-6543");
9             ArrayList list=new ArrayList( );
10            list.add(p);
11            list.add(p2);
12
13            try{
14                ObjectOutputStream  oos =
```

```
15                     new ObjectOutputStream( new FileOutputStream ( new
16                                                    File("serial.ser" )));
17             oos.writeObject( list);
18
19         }catch(IOException e){
20             e.printStackTrace( );
21         }
22     }
23 }
```

7~11행 : Employee 객체를 생성한 후 ArrayList에 저장한다.

14~15행 : ObjectOutputStream 객체를 생성하면서 객체 직렬화 대상이 저장될 파일(serial.ser)을 지정하고 있다.

17행 : ArrayList의 상태를 파일에 저장한다.

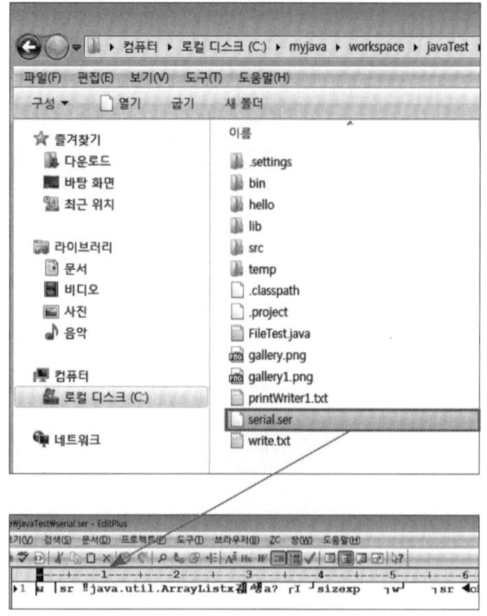

[그림 12-23] 실행 결과

[리스트 12.12]는 다른 자바 프로그램에서 객체 직렬화로 생성된 serial.ser 파일의 객체를
역직렬화하여 사용하는 예제다. **7, 8행**에서 ObjectInputStream 객체를 생성하면서 serial.
ser를 전달하고 있다. **9행**에서 readObject( )를 호출하여 ArrayList 객체를 가져온다. 그리고
13~19행에서 Employee 객체의 getter 메서드를 호출하여 각 속성을 출력하고 있다. 이 예
제처럼 객체 직렬화를 이용하면 프로그램에서 사용하던 파일로 저장하거나 네트워크로 전송

하여 다른 프로그램에서 이용할 수 있는 방법을 제공한다. 네트워크로 전송하는 방법은 자바 네트워크 기능에서 알아본다.

[리스트 12.12] 역직렬화하기(UnSerTest.java)

```java
1    import java.io.*;
2    import java.util.*;
3
4    public class UnSerTest {
5        public static void main(String []args){
6        try{
7            ObjectInputStream  ois =
8                new ObjectInputStream ( new FileInputStream ( new File("serial.ser")));
9            ArrayList list = (ArrayList)ois.readObject( );
10
11            Iterator ite = list.iterator( );
12            System.out.println("사원 정보 출력\n");
13            while(ite.hasNext( )){
14                Employee p = (Employee)ite.next( );
15                System.out.println("이름: " +  p.getName( ) );
16                System.out.println( "주민번호: "+p.getJumin( ) );
17                System.out.println( "주소: "+p.getAddr( ) );
18                System.out.println( "전화번호: "+p.getPhone( ) );
19            }
20        }catch(Exception e){
21            e.printStackTrace( );
22        }
23        }
24    }
```

[그림 12-24] 실행 결과

객체 직렬화를 이용하면 다른 프로그램에서도 생성한 객체를 이용할 수 있다. 그런데 사용자가 여러 가지 이유로 객체 직렬화 시 어떤 값을 직렬화 대상에서 제외할 수도 있다. 예를 들어 Employee 객체에서도 jumin은 사람의 주민 등록 번호가 저장되는데, 이는 다른 사람이 알면 안 되는 정보이기 때문에 직렬화하여 제외 할 수 있는 것이다.

[리스트 12.13]은 Employee 클래스의 jumin이라는 변수 앞에 **trasient**라고 지정했다. 그러면 jumin 속성은 직렬화 대상에서 제외된다. 그리고 다시 직렬화 과정을 거친 후에 [리스트 12.12]의 UnSerTest로 역직렬화하고, 그 결과값을 출력해보면 jumin 정보는 모두 null이 출력됨을 알 수 있다. 즉, 민감한 정보는 다른 프로그램에서 사용하는 것을 금지할 수 있다.

[리스트 12.13] transient 사용하여 직렬화에서 제외하기(Employee.java)

```
1      import java.io.Serializable;
2
3      public class Employee implements Serializable{
4          String name;
5          String addr;
6          transient String jumin;
7          String phone;
8
9          public Employee(String name , String addr , String jumin , String phone ){
10             this.name = name;
11             this.addr = addr;
12             this.jumin = jumin;
13             this.phone = phone;
14         }
15
16
17             //getters,setters
18             ...
19     }
```

3행 : Employee 객체 생성 시 속성들은 직렬화의 대상이 된다.

[그림 12-25] 에 해당하는 콘솔 출력:

```
Console
<terminated> UnSerTest [Java Application] C:\Program Files\Java\jre1.8.0_25\bin\javaw.exe (2015. 3. 14. 오전 11:10:11)
사원 정보 출력

이름 : 박지성
주민번호 : null
주소 : 대전
전화번호 : 123-1234
이름 : 차범근
주민번호 : null
주소 : 서울
전화번호 : 987-6543
```

[그림 12-25] 실행 결과

6.1 객체 역직렬화 시 주의해야 할 점

다음은 직렬화 객체를 역직렬화 시 주의해야 할 점을 나타낸 것이다.

> **역직렬화 시 주의할 점**
>
> • 역직렬화 시 다운캐스팅하는 클래스 타입은 직렬화 시 사용된 클래스와 일치하는 클래스로 수행해야 한다.

역직렬화 시에는 반드시 직렬화 시에 사용한 클래스의 동일한 클래스를 사용하여 다운캐스팅해야 한다. [리스트 12.14]는 앞에서 본 것처럼 Employee 클래스로 직렬화한다. 이 Employee 클래스의 정확한 이름은 **ch12.ex5.Exmployee.class**이다. [리스트 12.15]는 다른 패키지에 있는 Employee 클래스이다. 이 클래스의 정확한 이름은 ch12.ex6.Employee. class이다.

같은 패키지에서 UnSerTest.java를 실행한 후 **ch12.ex6.Employee.class** 클래스로 역직렬화하면 [그림 12-26]에서 알 수 있는 바와 같이 ClassCastException 예외가 발생한다. 따라서 직렬화와 역직렬화에서는 패키지까지 동일한 클래스를 사용해야 한다.

[리스트 12.14] ch12.ex5.Employee.java

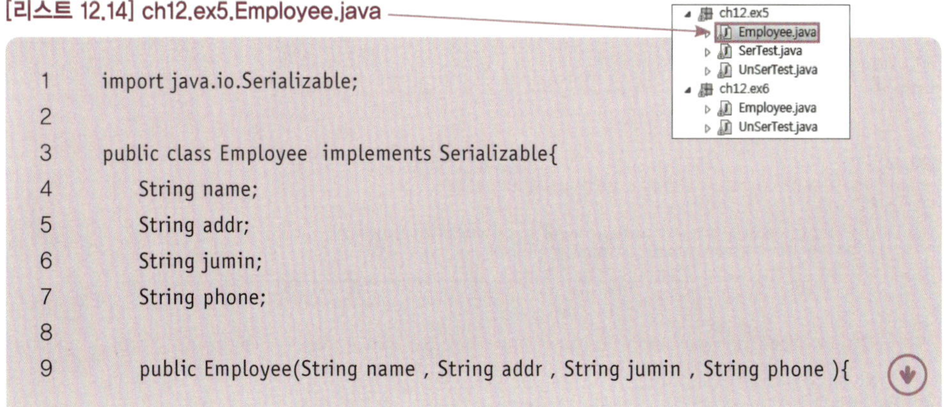


```
1    import java.io.Serializable;
2
3    public class Employee  implements Serializable{
4        String name;
5        String addr;
6        String jumin;
7        String phone;
8
9        public Employee(String name , String addr , String jumin , String phone ){
```

```
10              this.name = name;
11              this.addr = addr;
12              this.jumin = jumin;
13              this.phone = phone;
14          }
15
16
17          //getters,setters
18          ...
19      }
```

[리스트 12.15] 다른 패키지의 클래스(ch12.ex6.Employee.java)

```
1       import java.io.Serializable;
2
3       public class Employee  implements Serializable{
4           String name;
5           String addr;
6           String jumin;
7           String phone;
8
9           public Employee( ){
10
11          }
12
13          //getters,setters
14          ...
15      }
```

9~10행 : 직렬화 시 사용된 Employee 클래스와 생성자가 다르다.

```
🖳 Console ☒                                    ■ ✖ ✖ | ▣ ▦▩▨ | ⬛ ▣ ▾ 🖿 ▾ ▭ ▭ □
<terminated> UnSerTest (1) [Java Application] C:\Program Files\Java\jre1.8.0_25\bin\javaw.exe (2015. 3. 14. 오전 11:13:24)
사원 정보 출력

java.lang.ClassCastException: ch12.ex5.Employee cannot be cast to ch12.ex6.Employee
        at ch12.ex6.UnSerTest.main(UnSerTest.java:16)
```

[그림 12-26] 실행 결과

XML의 정의와 사용법

다음은 XML의 정의를 나타낸 것이다. 자바 에플리케이션에서는 주로 XML을 이용하여 애플리케이션에 관련된 여러 가지 설정 정보를 저장한다. 그리고 안드로이드 클라이언트 애플리케이션에서는 서버에서 데이터를 송수신할 때 XML 형식으로 데이터를 주고받는다. XML 또한 사용되는 분야가 광범위한데, 이번에는 자바에서 주로 사용되는 부분에 대해서만 학습한다.

[리스트 12.16]은 XML의 실제 XML 사용 예로서 사용자가 자신이 원하는 태그를 사용하여 정보를 표시할 수 있다.

XML 정의

- eXtensible Markup Language의 약자로 확장성 있는 마크업 언어
- W3C에서 사람과 응용 프로그램 간 혹은 응용프로그램 간에 정보를 쉽게 교환하기 위해 만든 데이터 형식이다.
- 데이터의 정의 및 수정이 용이하다.

XML 장점

- 텍스트로 이루어져 있기 때문에 어떤 시스템에서 호환된다.
- 문서가 정보와 구조를 포함하고 있기 때문에 사람이 읽어도 의미를 쉽게 파악할 수 있다.
- 데이터를 정의하는 태그를 마음대로 정의할 수 있다.

[리스트 12.16] XML을 사용한 데이터(company.xml)

```
1   <?xml version="1.0"  encoding="EUC-KR" ?>
2   <company>
3      <staff>
4         <firstname>you-sin</firstname>
5         <lastname>kim</lastname>
6         <nickname>ysKim</nickname>
7         <salary>1000000</salary>
8      </staff>
9      <staff>
```

```
10          <firstname>홍</firstname>
11          <lastname>길동</lastname>
12          <nickname>fong fong</nickname>
13          <salary>2000000</salary>
14      </staff>
15  </company>
```

7.1 XML의 구성 요소

다음은 XML의 구성 요소를 나타낸 것이다. XML은 크게 Element(요소)와 attribute(속성)으로 구성된다. [리스트 12.17]에서는 실제 XML에서의 구성 요소를 나타낸 것이다.

> **XML 구성 요소**
>
> - **요소(Element, tag)**
>   - 데이터의 구성 요소를 나타낸다.
> - **속성(attribute)**
>   - 데이터를 상세하게 설명하는 용도로 사용된다.

[리스트 12.17] XML의 구성 요소(company1.xml)

```
1   <?xml version="1.0"  encoding="EUC-KR" ?>
2   <company>
3       <emp>
4       <firstname>you-sin</firstname>
5           <lastname>kim</lastname>
6           <nickname>ysKim</nickname>
7           <salary>1000000</salary>
8           <car size="1800">아반테</car>
9       </emp>
10      <emp>
11          <firstname>홍</firstname>
12          <lastname>길동</lastname>
13          <nickname>fong fong</nickname>
14          <salary>2000000</salary>
15          <car size="2000" >소나타</car>
16      </emp>
17  </company>
```

[그림 12-27]은 element 정의 시 값(value)을 중간에 가지고 있는 경우다. 값을 가지고 있을 때는 start tag와 end tag를 모두 써주어야 한다.

[그림 12-28]은 element에 값이 없이 속성만 있는 경우다. 이 경우에는 start tag는 있고 end tag 대신에 "/"로 마무리한다. 두 가지 모두 많이 사용되므로 형식을 알아두어야 한다.

> **Element(요소) 정의 규칙**
>
> - 모든 Element는 반드시 start tag와 end tag를 가져야 한다.
> - Element 내에 하위 Element를 정의할 수 있다(계층 구조).

[그림 12-27] element가 값을 가지고 있는 경우　　**[그림 12-28]** element가 값을 가지고 있지 않은 경우

[리스트 12.18]은 element의 계층 구조를 나타낸 것이다. 가장 바깥쪽에 있는 〈company〉 엘리먼트가 root 엘리먼트이다. 그리고 안에 있는 엘리먼트는 차례대로 child 엘리먼트가 되는 것이다.

이처럼 XML은 엘리먼트들의 계층 구조로 표현한다. [그림 12-29]는 XML의 엘리먼트를 트리 구조로 표현한 것이다.

[리스트 12.18] XML의 구성 요소(company1.xml)

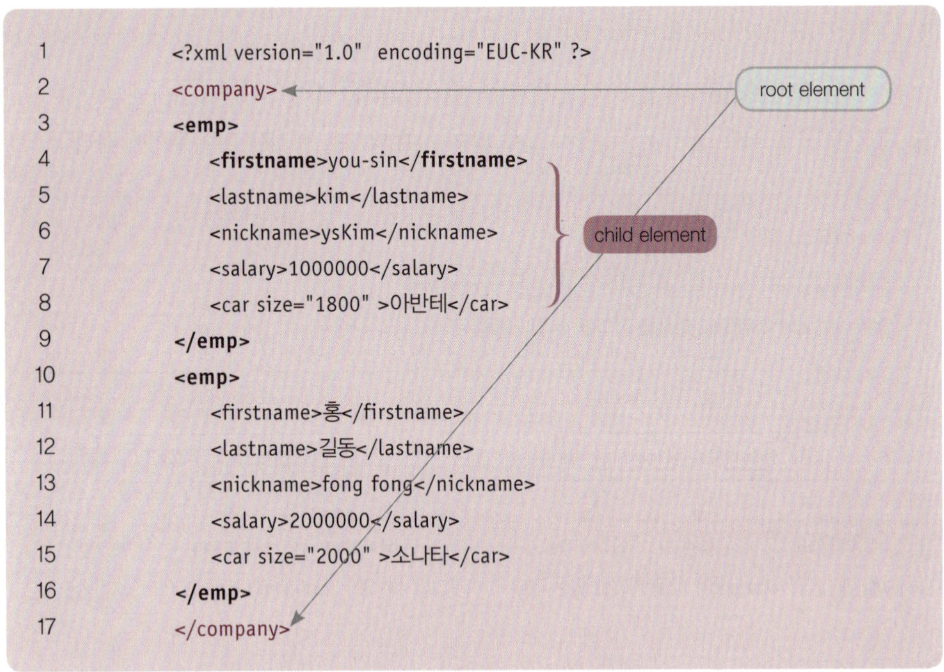


```xml
1    <?xml version="1.0" encoding="EUC-KR" ?>
2    <company>
3    <emp>
4        <firstname>you-sin</firstname>
5        <lastname>kim</lastname>
6        <nickname>ysKim</nickname>
7        <salary>1000000</salary>
8        <car size="1800" >아반테</car>
9    </emp>
10   <emp>
11       <firstname>홍</firstname>
12       <lastname>길동</lastname>
13       <nickname>fong fong</nickname>
14       <salary>2000000</salary>
15       <car size="2000" >소나타</car>
16   </emp>
17   </company>
```

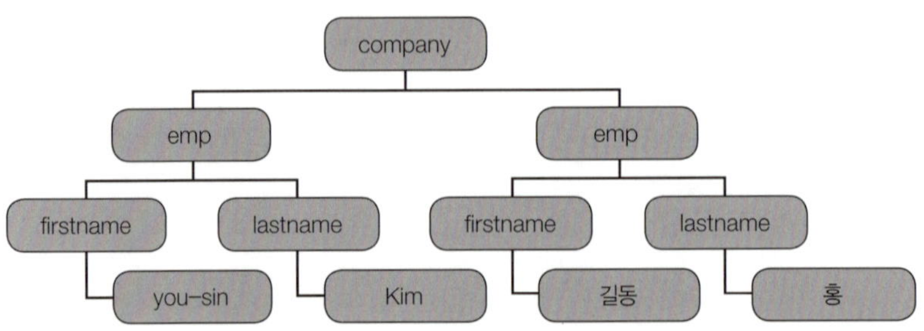

[그림 12-29] XML을 계층 구조로 표현한 상태

다음은 attribute의 정의 규칙을 나타낸 것이다. attribute는 엘리먼트를 구체적으로 설명하는 용도로 사용된다. [리스트 12.19]는 XML에 **속성(attribute)**을 사용하고 있는 예제다. car 엘리먼트에서 size는 사원들이 가지고 있는 차의 배기 용량을 나타낸 것이다. 이때 size는 속성의 name이고 1800은 value다. 속성은 name=value 쌍으로 작성해야 한다. 그리고 중복은 불가능하다.

XML 속성 정의 규칙

- element 내에서 name=value 쌍으로 적용한다.
- 개수에는 제한이 없다.
- name은 중복이 되면 안 된다.
- value는 "값"으로 표시한다.

[리스트 12.19] 속성이 적용된 XML 예제(company1.xml)

```
1          <?xml version="1.0"  encoding="EUC-KR" ?>
2          <company>
3          <emp>
4              <firstname>you-sin</firstname>
5              <lastname>kim</lastname>
6              <nickname>ysKim</nickname>
7              <salary>1000000</salary>
8              <car size="1800">아반테</car>
9          </emp>
10         <emp>
11             <firstname>홍</firstname>
12             <lastname>길동</lastname>
13             <nickname>fong fong</nickname>
14             <salary>2000000</salary>
15             <car size="2000">소나타</car>
16         </emp>
17         </company>
```


지금까지 XML 구성 요소에 대해 알아보았다. 그런데 element의 값으로는 확장 문자(escape 문자)를 그대로 사용할 수 없다. 확장 문자란, 개행 문자(\n), 따옴표(", ') 등을 말한다. 다음은 element의 값으로 '확장 문자'를 사용하게 하는 방법을 나타낸 것이다. [표 12-9]는 각 확장 문자에 대한 대체 형식을 나타낸 것이다.

XML에서 Escape 문자 표현 방법

- **escape 문자 특징**
  - element의 값으로 "〈"," "\n","등의 escape 문자는 사용할 수 없다.
- **element의 값으로 escape 문자 사용 방법**
  - character entities(대체 문자) 이용하기
  - CDATA 섹션 이용하기

확장 문자	의미	대체 형식(Entity Reference)
〈	less–than	<
&	ampersand	&
〉	greater–than	>
"	quotation mark	"
'	apostrophe	'
¯	spacing macron	¯
·	middle dot	·
¶	paragraph	¶

[그림 12-30]은 실제 "<car size="2000">소나타</car>"라는 태그를 엘리먼트의 값으로 사용할 경우 엔티티로 변환한 예제다. car 앞의 "〈"를 대응하는 엔티티로 바꿔주어야 한다. 이러한 방식으로 엔티티로 변환하면 불편하다. 따라서 실제 개발할 때에는 [그림 12-31]처럼 CDATA 섹션을 많이 사용해야 한다.

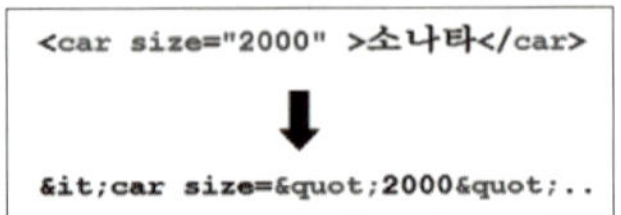


```
<![CDATA[
<car size="2000" >소나타</car>
]]>
```

[그림 12-30] 대체문자를 사용해서 escape 문자를 변환하는 예제

[그림 12-31] CDATA 섹션을 사용해서 escape 문자를 변환하는 예제

7.2 XML의 문서 선언

XML은 파일에 저장하여 사용하는 경우가 많다. 따라서 XML 데이터를 가지고 있는 파일은 XML 문서라는 것을 명시적으로 표시해주어야 한다. 다음은 XML 문서 선언 방법을 나타낸 것이다. [리스트 12.20]에서는 **1행**에서 실제 XML 문서 맨 위에 선언하는 형식을 나타낸 것이다. 즉, 이 문서가 XML 문서임을 표시한다.

XML 문서 선언

- 현재 사용 중인 문서가 XML 문서임을 나타내기 위해 사용한다.
- XML 문서 작성 시 필수 사항이 아니라 권고 사항이다.
- 반드시 첫 행에 선언한다.

[리스트 12.20] XML 문서 선언 예제(company1.xml)

```
1       <?xml version="1.0"  encoding="EUC-KR" ?>
2       <company>
3          <emp>
4          <firstname>you-sin</firstname>
5              <lastname>kim</lastname>
6              <nickname>ysKim</nickname>
7              <salary>1000000</salary>
8              <car size="1800">아반테</car>
9          </emp>
10         <emp>
11             <firstname>홍</firstname>
12             <lastname>길동</lastname>
13             <nickname>fong fong</nickname>
14             <salary>2000000</salary>
15             <car size="2000" >소나타</car>
16         </emp>
17      </company>
```

XML 문서 선언 시 각 속성의 의미

- version : 현재 XML 권고안의 버전은 1.0이다.
- encoding : XML 문서를 어떤 인코딩 방식으로 저장할 것인지를 지정한다(기본은 utf–8이다).
- standalone : XML 문서를 XML 파서가 해석할 때 외부 DTD의 사용 유무를 지정한다.
  - yes : XML 파서가 외부 문서를 참고할 필요가 없다.
  - no : XML 파서가 외부 문서를 참고한다(기본).

◼ well–formed XML 문서

XML은 자바에서만 사용하는 것이 아니라 다른 언어나 애플리케이션에서도 사용할 수 있다. 왜냐하면 XML은 XML 데이터 만드는 규칙에 의해 작성하기 때문이다. 따라서 사용자가 XML 데이터를 작성할 때에는 XML의 형식과 일치하도록 작성해야 한다. 만약, 이 형식에 맞추어 작성하지 않으면 실행 시 오류를 발생 시킬 수 있다.

well-formed 문서를 만드는 규칙

- 모든 element는 start tag와 end tag를 가져야 한다.
- element들은 중첩이 불가능하다.
- 최상위 요소(root element)는 하나만 허용된다.
- 속성(attribute)는 " "으로 값을 표현한다.
- escape 문자는 대체 문자로 표시하거나 CDATA 섹션 안에 표시한다.

7.3 XML 실습 예제

이번에는 자바에서 제공하는 XML 기능 관련 API를 이용하여 실제 XML 파일을 java 프로그램에서 읽어 XML 데이터를 출력하는 예제를 실습해본다. [리스트 12.21]은 사원 정보를 담고 있는 company1.xml 파일이다. [리스트 12.21]은 실제 compan1.xml을 읽어 들여 각 엘리먼트의 값을 구한 후 출력하고 있다. 먼저 **1~6행**에서 XML 기능 관련 클래스들을 import하고 있다. xml 파일은 [그림 12-32]처럼 이클립스의 프로젝트 폴더에 위치해야 한다. [그림 12-33]은 사원 정보를 출력한 결과다.

[리스트 12.21] 사원 정보를 저장하는 XML(company1.xml)

```
1    <?xml version="1.0"  encoding="EUC-KR" ?>
2    <company>
3      <emp>
4          <firstname>you-sin</firstname>
5          <lastname>kim</lastname>
6          <nickname>ysKim</nickname>
7          <salary>1000000</salary>
8          <car size="1800" >아반테</car>
9      </emp>
10     <emp>
11         <firstname>홍</firstname>
12         <lastname>길동</lastname>
13         <nickname>fong fong</nickname>
14         <salary>2000000</salary>
15         <car size="2000" >소나타</car>
16     </emp>
17   </company>
```

[리스트 12.22] 실행 클래스(ReadXmlFile.java)

```java
1   import javax.xml.parsers.DocumentBuilderFactory;
2   import javax.xml.parsers.DocumentBuilder;
3   import org.w3c.dom.Document;
4   import org.w3c.dom.NodeList;
5   import org.w3c.dom.Node;
6   import org.w3c.dom.Element;
7   import java.io.File;
8
9   public class ReadXMLFile {
10      public static void main(String argv[]) {
11        try {
12              File fXmlFile = new File("company1.xml");
13              DocumentBuilderFactory dbFactory = DocumentBuilderFactory.newInstance( );
14              DocumentBuilder dBuilder = dbFactory.newDocumentBuilder( );
15              Document doc = dBuilder.parse(fXmlFile);
16              doc.getDocumentElement( ).normalize( );
17
18              System.out.println("Root element :" +
19                              doc.getDocumentElement( ).getNodeName( ));
20              NodeList nList = doc.getElementsByTagName("emp");
21              System.out.println("-----------------------");
22
23              for (int temp = 0; temp < nList.getLength( ); temp++) {
24                Node nNode = nList.item(temp);
25                if (nNode.getNodeType( ) == Node.ELEMENT_NODE) {
26                  Element eElement = (Element) nNode;
27                  System.out.println("First Name : " + getTagValue("firstname", eElement));
28                  System.out.println("Last Name : " + getTagValue("lastname", eElement));
29                  System.out.println("Nick Name : " + getTagValue("nickname", eElement));
30                  System.out.println("Salary : " + getTagValue("salary", eElement));
31                  System.out.println( );
32                }
33              }
34        } catch (Exception e) {
35              e.printStackTrace( );
36        }
37      }
38
```

```
39      private static String getTagValue(String sTag, Element eElement) {
40          NodeList nlList = eElement.getElementsByTagName(sTag).item(0).getChildNodes( );
41          Node nValue = (Node) nlList.item(0);
42          return nValue.getNodeValue( );
43      }
44  }
```

12행　　　: company1.xml의 파일 객체를 생성한다.

15행　　　: document 객체를 생성하면서 xml 파일을 인자로 전달한다.

18~19행: xml 파일에서 root element를 구한다.

20행　　　: root element 바로 아래의 자식 element emp를 구한다.

23~33행: emp 엘리먼트 아래의 element의 값을 구한 후 출력한다.

39~43행 : element의 값을 구한 후 리턴하는 메서드

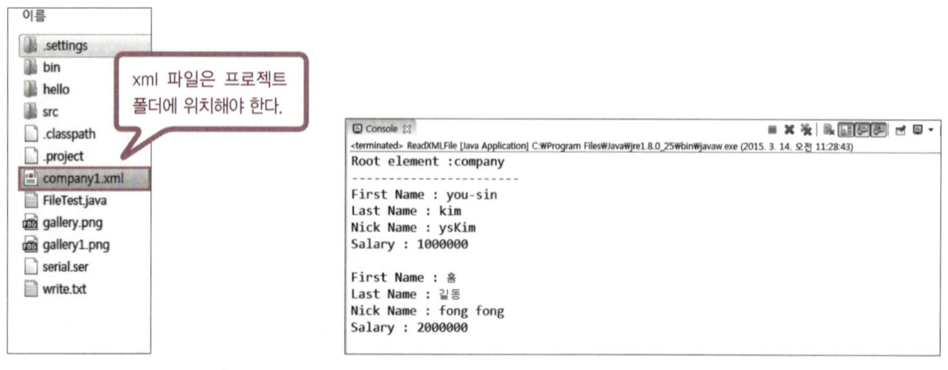

[그림 12-32]　xml 파일 위치　　　　　　　　　[그림 12-33]　실행 결과

지금까지 XML에 대해 알아보았다. 실제 XML의 내용은 이것보다 많다. 그러나 이 정도는 애플리케이션 개발자가 알아두어야 한다. 13장의 자바 네트워크에선 XML 데이터를 서버에서 받아와 출력하는 예제도 실습할 것이다. XML은 안드로이드 애플리케이션에서도 많이 사용된다.

자바 I/O를 이용한 야구 게임 구현하기

이번에는 앞에서 배운 자바 I/O 기능을 이용하여 야구 게임을 구현해보자. 먼저 야구 게임에 대한 규칙에 대해 알아보자.

야구 게임 규칙

- 컴퓨터가 1에서 9사이의 세수를 정한다.
- 사용자는 키보드로 컴퓨터가 정한 세수를 입력한다.
- 컴퓨터는 사용자가 입력한 세수와 자신이 정한 세수를 비교한 후 볼 카운트를 화면으로 출력한다.

〈비교 방법〉

1. 컴퓨터 수 : 257, 사용자 입력 수 : 289

   두 수 중에 2는 자릿수가 일치하기 때문에 0 ball 1 strike

2. 컴퓨터 수 : 257, 사용자 입력 수 : 573

   5와 7은 컴퓨터 수에는 존재하지만 자릿수가 틀리므로 2 ball 0 strike

3. 컴퓨터 수 : 257, 사용자 입력 수 : 257

   컴퓨터 수와 사용자 입력 수가 일치하므로 3strike

컴퓨터가 미리 정한 세 수를 사용자가 키보드로 입력하여 컴퓨터가 그림의 규칙에 따라 계산 화면으로 볼 카운트를 출력하면 사용자는 그 볼 카운트를 보고 컴퓨터의 수를 추측한 후 다시 세 수를 입력하여 컴퓨터가 정한 수를 맞추는 게임이다. 그리고 이 예제에서는 1과 10 사이의 난수를 3개 구해야 한다.

두 수 사이의 난수 구하는 방법

$$\frac{(int)(Math.random(\ )*1000)}{(\text{마지막 수}-\text{시작 수})+\text{시작 수}} + \text{시작 수}$$

1에서 10 사이의 난수를 구하는 방법

$$\frac{(int)(Math.random(\ )*1000)}{(10-1)+1} + 1$$

Math 클래스의 random( )을 이용하여 먼저 0과 1사이의 실수를 구한 후, 1,000을 곱하여 int로 형 변환하면 0과 1,000 사이의 자연수를 구할 수 있다. 그리고 10과 1의 차에서 1을 더하면 1과 9 사이의 난수를 얻을 수 있다.

[리스트 12.23]은 야구 게임을 구현한 소스이다. 실행 과정은 먼저 **13행**에서 init()를 호출 난수 기능을 이용하여 3개의 난수를 구한 후 **8행**의 com_val 배열에 차례대로 저장한다. **27행**의 while문을 수행하면서 사용자에게 3개의 숫자를 입력받는다. 그리고 **28행**에서 compare()를 호출하면서 입력한 수를 전달한 후 이 메서드에서 컴퓨터 수와 사용자 수를 비교한다. **70~95행**은 compare()인데, 야구 게임 볼과 스트라이크 규칙에 따라 for문을 이용하여 사용자가 입력한 수를 하나씩 가져와서 ball과 strike를 계산하고 있다. 그런 다음 strike가 3이면, 즉 사용자 수와 컴퓨터 수가 일치하면 게임을 완료하고 나머지는 볼 카운트를 출력한 후 재입력받는다. 총 10회까지 도전할 수 있다.

[리스트 12.23] 야구 게임(Strike.java)

```
1    import java.io.BufferedReader;
2    import java.io.File;
3    import java.io.FileWriter;
4    import java.io.IOException;
5    import java.io.InputStreamReader;
6    import java.io.PrintWriter;
7    public class StrikeGame {
8        static int com_val[]=new int[3];  //컴퓨터가 가지는 세수를 저장하는 배열
9
10       public static void main(String[] args){
11           boolean result=false;
12           int try_count=1;  //도전 횟수
13           com_val=init( );
14           for(int i=0; i<3;i++){
15               System.out.println("컴퓨터값 : "+com_val[i]);
16           }
17
18           System.out.println("====== BaseBall Game~!! ======");
19           System.out.println("총 10 번의 기회 중 "+try_count+"회 도전");
20           System.out.println("세 수를 연속하여 입력하세요. \n 예) 123");
21           System.out.print("숫자 입력: ");
22           try {
23               BufferedReader in = new BufferedReader (new InputStreamReader
                                              (System.in));
24               String s;
25               s = in.readLine( );
26               while (s!= null) {
```

```java
27                    System.out.println("입력값 :"+s);
28                    result=compare(s);
29                    if(result ==true){
30                        System.out.println("정답입니다.!");
31                        break;
32                    }else{
33                        try_count++;
34                        if(try_count >=10){
35                            System.out.println("도전 실패입니다. \n다시 도전(Y), 종료(N)");
36                            System.exit(1);
37                        }
38                        System.out.println("총 10 번의 기회 중 "+try_count+"회 도전");
39                        System.out.println("세 수를 연속하여 입력하세요. \n 예) 123");
40                        System.out.print("숫자 입력: ");
41                        s = in.readLine( );
42                    }
43                }
44                in.close( );
45            } catch (IOException e) {
46                System.out.println("IOException");
47            }
48        }
49
50        //프로그램 실행 시 컴퓨터의 볼 카운트를 세팅하는 메서드
51        private static int[] init( ){
52            int [] val=new int[3];
53            int num=0;
54            int  count=0;
55            label1:
56            while(count<3){
57                num=(int)(Math.random( )*1000)%9+1;  //1~9 사이의 자연수를 구한다.
58                for(int i=0; i<3;i++){
59                    if(num==val[i])
60                    continue label1;
61                }
62                val[count]=num;
63                count++;
64                num=0;
65            }
```

```java
66          return val;
67      }
68
69      //컴퓨터의 볼 카운트와 사용자가 입력한 볼 카운트를 비교하는 메서드
70      private static boolean compare(String str){
71          int ball=0, strike=0;  //볼 카운트
72          boolean result=false;
73          int num=0;
74          char ch=0;
75          for (int i=0 ; i < 3; i++){
76              ch=str.charAt(i);
77              num=Integer.parseInt(Character.toString(ch));
78              for (int j = 0 ; j < 3 ; j++){
79                  if (num == com_val[j] && i != j)
80                      ball++;
81              }
82          }
83          for (int i =0 ; i < 3 ; i++) {
84              ch=str.charAt(i);
85              num=Integer.parseInt(Character.toString(ch));
86              if (num == com_val[i])
87                  strike++;
88          }
89
90      //세 숫자를 다 맞추었을 경우
91          if(strike==3)
92              result=true;
93          displayCount(ball,strike);
94          return result;
95      }
96      private static void displayCount(int ball, int strike){
97          if(ball==0){
98              switch(strike){
99                  case 0:
100                     System.out.println("0 ball, 0 strike");
101                     break;
102                 case 1:
103                     System.out.println("0 ball, 1 strike");
104                     break;
```

```
105                    case 2:
106                        System.out.println("0 ball, 2 strike");
107                        break;
108                }
109        ... 생략
110    ...
```

```
□ Console ⊠                                    ■ ✕ ✖ | ⎙ ▤▤▤ ▤ | ❏ ▤ ▾ ❏ ▾ ▭ □
StrikeGame [Java Application] C:\Program Files\Java\jre1.8.0_25\bin\javaw.exe (2015. 3. 14. 오전 11:32:13)
컴퓨터값 : 1
컴퓨터값 : 4
컴퓨터값 : 9
====== BaseBall Game~!! ======
총 10 번의 기회 중 1회 도전
세 수를 연속해서 입력하세요.
 예) 123
숫자 입력: 276
입력값 :276
0 ball, 0 strike
총 10 번의 기회 중 2회 도전
세 수를 연속해서 입력하세요.
 예) 123
숫자 입력: 753
입력값 :753
0 ball, 0 strike
총 10 번의 기회 중 3회 도전
세 수를 연속해서 입력하세요.
 예) 123
숫자 입력:
```

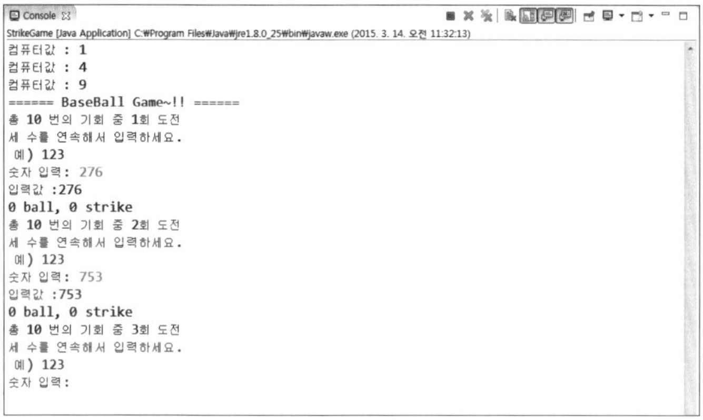

[그림 12-34] 실행 결과

1 10명의 국어 시험 점수를 입력받아 파일로 저장하라.

```
scoredata.txt
56, 67, 87, 99, 77, 66, 90, 70, 87, 81
```

2 파일(ScoreData.txt)에 저장된 학생들의 국어 시험 점수의 평균과 총점을 구하라.

❸ 전자 제품 정보를 입력받아 파일로 저장하라.

product.txt

제품 코드	제품 이름	제품 색상	제품 색상	제품 단가
20120001,	스마트폰,	화이트,	100,	500000
20120002,	노트북,	그레이,	200,	1500000
20120003,	스마트TV,	화이트,	300,	1500000

❹ 다음의 영화 정보 저장 파일에서 '액션' 영화만 화면에 출력하라.

영화번호:0001 영화제목:바람과 함께 사라지다.	영화분류:로맨스	관람료:10000원	
영화번호:0002 영화제목:다이하드5.0	영화분류:액션	관람료:10000원	
영화번호:0003 영화제목:레미제라블	영화분류:로맨스	관람료:8000원	
영화번호:0004 영화제목:스파이더맨3	영화분류:액션	관람료:8000원	
영화번호:0005 영화제목:터미네이터4	영화분류:액션	관람료:10000원	
영화번호:0006 영화제목:본 아이덴터티	영화분류:액션	관람료:8000원	
영화번호:0007 영화제목:미션 임파서블4	영화분류:액션	관람료:10000원	

컴퓨터를 있게 한 사람들

팀 버너스 리(Tim Berners-Lee, 1955~)는 '월드와이드웹의 아버지'라고 불린다. 1955년 6월 8일 런던의 과학자 집안에서 태어났다. 옥스퍼드대학교 퀸스칼리지 물리학과를 졸업한 후 플래시 텔레커뮤니케이션을 비롯한 여러 업체에서 컴퓨터 프로그래머와 운영 체계 연구원 등으로 일하였다. 1980년 유럽입자물리연구소(CERN)에 몸담아, 같은 해 최초의 월드와이드웹(WWW) 아이디어인 하이퍼텍스트 방식의 '엔콰이어(Enquire) 시스템'을 제안하였다.

1989년에는 유럽입자물리연구소에서 서로 다른 언어를 사용하는 여러 나라의 과학자들 사이에 정보를 쉽게 공유하기 위해 글로벌 하이퍼텍스트 공간 개념을 제시하였는데, 이 개념을 바탕으로 탄생한 것이 바로 '월드와이드웹'이다. 이듬해 자신이 만든 웹브라우저의 이름을 '월드와이드웹'으로 정하고, 기술은 여러 사람이 나누어 써야 한다는 믿음 아래 1991년 월드와이드웹 아이디어를 공개하였다.

버너스 리의 아이디어 공개를 통해 전 세계 인터넷 시대의 문이 열렸고, 이후 월드와이드웹은 인터넷 주소 체계인 URL 등으로 발전하였다. 1994년 매사추세츠공과대학(MIT)에 월드와이드웹컨소시엄(W3C)과 컴퓨터 과학 및 인공 지능연구소(CSAIL)를 세우고, 2005년 현재까지 W3C의 소장을 지내면서 인터넷 발전을 위한 연구를 하고 있다.

그 밖에 미국 예술과학아카데미, 영국 왕립학회, 영국 컴퓨터학회 회원 등으로 활동하고 있다. 대표적인 저서로는 『위빙 더 웹(Weaving the Web)』(1999), 『스피닝 더 시맨틱(Spinning the Semantic)』(2005)이 있다.

2004년 대영제국 기사 작위 가운데 두 번째로 높은 '나이트 커맨더' 작위를 받았고, 같은 해 핀란드 정부가 제정한 제1회 밀레니엄기술상(상금 14억 원)을 받았다. 2005년 1월에는 '2004년 위대한 영국인'에 선정되었다. (출처 : 두산백과)

13장

네트워크

자바가 처음 나온 때는 1995년이었다. 그런데 자바는 다른 언어에 없었던 네트워크 기능을 내장하고 있었다. 이 시기에 인터넷도 등장했는데, 자바의 네트워크 기능이 인터넷의 네트워크 기능과 관련이 있었으므로 인터넷에서 자바의 네트워크 기술을 사용하여 지금 개발자가 자바를 많이 사용하게 된 계기가 되었다. 특히, 자바는 서버 응용 프로그램에서 많이 사용된다.

13장 자바의 네트워크 기능에 대하여 알아본다. 지금은 네트워크를 빼놓고 프로그래밍을 얘기한다는 것은 있을 수 없다는 일이다. 따라서 네트워크 기능도 내용이 방대하다. 이를 모두 학습하기에는 무리가 있다. 따라서 이 장에서는 네트워크의 기본 개념을 우선 알아보고, 자바에서 어떻게 네트워크 기능을 구현하는지에 대해 알아본다.

네트워크 통신의 정의

[그림 13-1]은 일반적인 네트워크 통신의 정의를 나타낸 것이다. 여기서 일반적인 네트워크 통신이란, 인터넷을 사용하는 것처럼 서버나 클라이언트의 웹브라우저와 같은 서로 다른 두 지점 간의 통신을 의미한다. 그런데 자바에서의 네트워크 통신은 JVM와 JVM

로컬   원격지

[그림 13-1]   일반적인 네트워크 통신의 정의

사이의 통신을 의미한다. JVM이 다른 원격지에 위치하면 일반적인 네트워크 통신과 같지만, 하나의 PC에서 2개의 JVM이 통신을 할 수도 있다.

네트워크 통신의 구성 요소

이번에는 네트워크 통신에 필요한 구성요소에 대하여 알아보자. 첫 번째 구성 요소는 IP 주소다. 인터넷을 예로 들면 웹브라우저에서 다른 웹사이트에 접속하려면 자신의 IP 주소로 다른 웹사이트가 위치한 서버의 IP 주소를 알고 있어야 한다. IP 주소는 32비트로 이루어져 있다. 그리고 최근에는 32비트 IP 주소가 거의 고갈되어 128비트 주소 체계도 등장했다. 그런데 실제 웹브라우저에서 다른 사이트에 접속하면 사용자는 웹브라우저의 주소 창에 사이트의 IP 주소를 입력하는 것이 아니라 도메인 이름을 입력한다.

IP 주소의 특징

- 32비트 주소 체계를 이용하여 각 컴퓨터를 구분한다.
- 8비트씩 네 부분으로 표현하고, 0~256까지 표현할 수 있다.
- 32비트 주소 체계를 'IPv4'라고 한다.
- 최근에 128비트 주소 체계인 IPv6가 등장했다.

[그림 13-2]는 웹브라우저에서 다른 사이트 접속 시에 사용되는 DNS 서버를 사용하여 접속하는 과정을 나타낸 것이다. "www.naver.com"을 주소 창에 입력하면 웹브라우저는 DNS 서버에 먼저 접속한 후 "www.naver.com"이라는 도메인 이름에 대한 IP 주소를 얻어오고, 그 IP 주소를 이용하여 서버를 찾아가는 것이다.

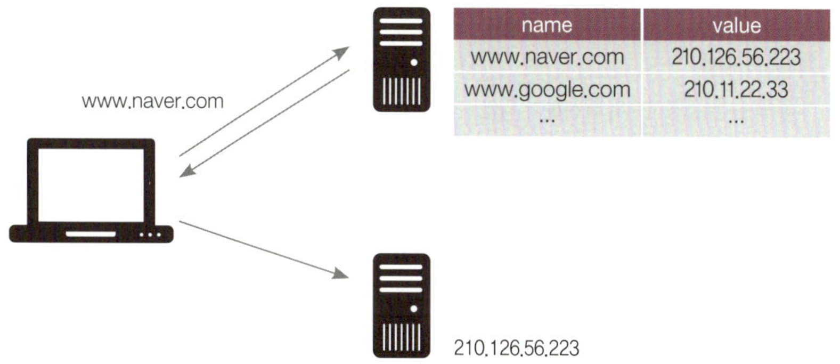

[그림 13-2] DNS 서버 동작 방식

실제 서버에서 인터넷을 통한 웹페이지만을 서비스하는 경우는 거의 없다. 서버에서도 여러 종류의 네트워크 관련 프로그램이 동시에 실행된다. 따라서 외부에서 이 서버에 서비스 요청 시에 어떤 네트워크 프로그램에게 요청하는지를 구분해줄 필요가 있다. 이때 사용하는 것이 '**포트 번호**'다.

기존 네트워크 프로세스에 대해서는 예약된 포트 번호를 사용한다. 그리고 사용자가 만든 애플리케이션에 대해서는 0에서 65,535번 사이에 포트 번호를 부여하여 애플리케이션을 구분한다.

> **포트 번호의 특징**
>
> - 하나의 컴퓨터에서 여러 프로세스를 구분하는 번호다.
> - 예약된 포트 번호
>   예 80(HTTP), 21(FTP), 23(TELNET)
> - 포트 번호는 0~65535번까지 할당할 수 있으면 0~1023까지는 시스템에서 사용하기 때문에 사용해서는 안 된다.

이번에는 네트워크 통신에서 사용되는 프로토콜에 대해 알아보자. **프로토콜이란, 여러 다른 기기 간에 정보 전달이 일정한 규칙에 의하여 이루어지는 것을 말한다.** 외국인과 소통을 할 때에는 외국인이 한국어를 하든지, 한국 사람이 외국어를 하여 서로의 언어를 일치시켜야 한다. 컴퓨터도 서로 다른 컴퓨터와 통신을 하기 위해서는 서로 이해할 수 있는 약속된 규칙으로 서로의 데이터를 전달해야 한다.

> **프로토콜의 정의**
>
> • 클라이언트와 서버 간의 일정한 방식으로 통신하기 위한 규약이다.
> • 상호간의 접속방식, 데이터 형식, 오류 검출 방식 등을 표준화 한 후 통신한다.

지금까지 자바의 네트워크 기능을 구성하는 구성 요소에 대하여 알아보았다. 실제로 네트워크 통신 시에는 앞에서 배운 내용보다 훨씬 많고 복잡한 기능이 필요하다. 예를 들어 OSI7 계층 등과 같은 이론도 사용된다. 그런데 이러한 기능은 미리 자바의 API에서 모두 만들어 제공한다.

자바 개발자는 이미 만들어 제공하는 API를 사용하여 애플리케이션에서 네트워크 기능을 쉽게 구현한다. 여기서는 네트워크의 원리나 기본적인 개념에 치중하여 학습한다. 이러한 세부적인 기능은 다른 참고 서적으로 학습해보길 바란다. 앞에서도 언급했지만 기본적인 개념을 이해한 후에 세부적인 것을 알면 더욱 효율적으로 프로그래밍할 수 있다.

03 / 자바의 네트워크 통신 구현 기술

이번에는 자바 언어로 제공하는 네트워크 기술에 대해 알아보자 먼저 자바 SE에서는 소켓 통신을 이용하여 원격지 간에 네트워크 통신 기능을 구현한다. 그리고 RMI라는 기술도 사용된다. 자바 EE에서는 JSP나 servlet를 이용하여 서버와 클라이언트의 통신을 제공한다. 그 밖에 지금은 별로 사용하지 않지만, EJB나 web service라는 기술도 있다.

> **자바와 관련된 네트워크 기술**
>
> • java SE
>   – 소켓 통신
>   – RMI(Remote Method Invocation)
> • java EE
>   – 웹 기술(JSP & Servlet)
>   – web service 기술

자바 소켓 통신

이번에는 자바 소켓 통신에 대해 알아 보자. 소켓은 네트워크 양단의 끝부분을 의미한다.

[그림 13-3]은 소켓 통신의 원리를 그림으로 나타낸 것이다. [그림 13-3]에서 두 원격지의 프로그램이 통신을 하고 있다. 그런데 각 프로그램은 개발자가 네트워크 통신 기능을 일일이 구현하는 것이 아니라 프로그램을 소켓에 붙여서 단지 소켓에서 제공하는 메서드를 호출하여 통신 기능을 쉽게 구현한다. 즉, 개발자의 입장에서는 다른 네트워크에 관한 세부적인 기술을 모르더라도 쉽게 네트워크 기능을 구현할 수 있다. 이러한 방법으로 기능을 구현하는 것이 캡슐화다. 자동차를 예로 들면 자동차 운전자가 세부적인 자동차의 기능을 알 필요 없이 자동차 키로 시동을 건 후 기어를 가속에 놓고 가속기를 밟으면 쉽게 운전할 수 있는 것과 같은 원리다.

소켓의 정의와 특징

- 정의
  - 소켓이란 네트워크의 말단 부분을 의미한다.
- 특징
  - 네트워크 통신 기능을 캡슐화하여 제공한다.

프로그램이 원격지와 통신을 하려면 소켓에 연결한 후 소켓에서 제공하는 메서드로 통신하면 된다(프로그래머가 네트워크에 관한 세부적인 사항을 알 필요는 없다).

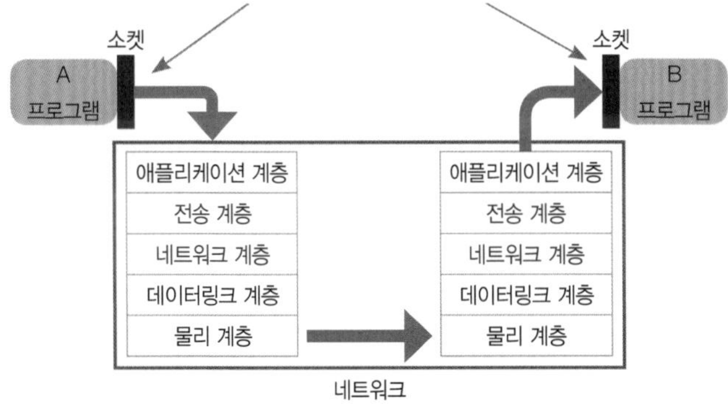

[그림 13-3] 자바 소켓 통신 원리

4.1 클라이언트와 서버 프로그램

클라이언트는 서버에 대하여 정보를 요청하는 역할을 하는 프로그램이다. 각 로컬 PC에 설치되어 있으며, IP 주소와 포트 번호를 이용하여 서버에 접속한 후, 원하는 데이터를 요청한다. 반면, 서버 프로그램은 여러 클라이언트의 요청을 동시에 처리할 수 있어야 한다. 그리고 실제 클라이언트의 요청이 없더라도 계속 서버 컴퓨터에서 동작하고 있어야 한다. 여기서 중요한 것은 서버 프로그램이든, 클라이언트 프로그램이든 서로에게 데이터를 송수신하는 방법은 앞에서 배운 자바 I/O의 스트림을 이용하여 네트워크 통신을 한다는 것이다.

클라이언트 프로그램은 java.net 패키지의 Socket 클래스를 이용하고, 서버 프로그램은 ServerSocket 클래스를 이용하여 소켓 통신을 구현한다.

> **클라이언트와 서버의 기능**
>
> - 클라이언트의 기능
>   - IP 주소와 포트 번호로 서버에 서비스를 요청한다.
>   - 데이터를 서버에서 수신한다.
>   - 자바 Stream 클래스를 이용하여 통신한다.
>   - java.net.Socket 클래스로 구현한다.
> - 서버 기능
>   - 서버는 항상 실행되어 있어야 한다.
>   - 다수의 클라이언트 요청을 동시에 처리한다.
>   - 자바 Stream 클래스를 이용하여 통신한다.
>   - java.net.ServerSocket 클래스로 구현한다.

[표 13.1]과 [표 13.2]는 클라이언트에서 서버에 연결 시 사용하는 Socket 클래스의 생성자와 여러 가지 메서드를 설명하고 있다.

[표 13.3]과 [표 13.4]는 서버 쪽에서 클라이언트의 연결 시 연결을 담당하는 ServerSocket 클래스의 생성자와 여러 가지 메서드를 설명하고 있다.

[표 13-1] Socket 클래스의 여러 가지 생성자

생성자	설명
Socket( )	서버와 연결되지 않은 소켓 객체를 생성한다.
Socket(InetAdress address,int port)	소켓 객체 생성 시 첫 번째 인자로 전달된 IP 주소의 두 번째 인자의 port 번호를 가지는 서버 프로그램과 연결한다.
Socket(String host,int port)	소켓 객체 생성 시 첫 번째 인자로 전달된 host에 두 번째 인자의 port 번호를 가지는 서버 프로그램과 연결한다.

[표 13-2] Socket 클래스의 여러 가지 메서드

생성자	설명
void bind(SocketAddress bindpoint)	인자로 전달된 로컬 주소를 소켓을 할당한다.
void close( )	소켓 객체를 소멸시킨다.
void connect(SocketAddress endpoint)	소켓을 인자로 전달된 주소의 서버에 연결한다.
void connect(SocketAddress endpoint,int timeout)	소켓을 인자로 전달된 주소에 정해진 시간 동안 연결한다.
InetAddress getInetAddress( )	소켓이 연결된 서버의 IP주소를 반환한다.
InputStream getInputStream( )	소켓이 사용하는 InputStream 객체를 생성한 후 반환한다.
InetAddress getLocalAddress( )	소켓이 사용하는 로컬 주소를 반환한다.
int getLocalPort( )	소켓이 사용하는 로컬 port를 반환한다.
OutputStream getOutputStream( )	소켓이 사용할 OutputStream 객체 생성 후 반환한다.

[표 13-3] ServerSocket 클래스의 여러 가지 생성자

생성자	설명
ServerSocket( )	외부와 연결되지 않은 ServerSocket 객체를 생성한다.
ServerSocket(int port)	인자로 전달된 port 번호를 가지는 ServerSocket 객체를 생성한다.
ServerSocket(int port,int backlog)	인자로 전달된 port 번호와 backlog를 가지는 ServerSock 객체를 생성한다.
ServerSocket(int port,int backlog,InetAddress bindAddr)	인자로 전달된 port 번호와 backlog와 IP 주소를 가지는 ServerSock 객체를 생성한다.

생성자	설명
Socket accept( )	주기적으로 외부에서 ServerSocket( ) 연결 요청을 감시하고 연결요청 시 연결을 허락한다.
void bind(SocketAddress endpoint)	인자로 전달된 endpoint(IP 주소, port 번호)를 ServerSocket에 할당한다.
void close( )	소켓 객체를 소멸시킨다.
InetAddress getInetAddress( )	ServerSocket IP 주소를 반환한다.
InputStream getInputStream( )	ServerSockt이 사용하는 InputStream 객체를 생성한 후 반환한다.
SocketAddress getLocaSocketAddress( )	ServerSocket이 사용하는 로컬 주소를 반환한다.
int getLocalPort( )	ServerSocket이 사용하는 로컬 port를 반환한다.
OutputStream getOutputStream( )	ServerSocket이 사용할 OutputStream 객체를 생성한 후 반환한다.

4.2 자바 소켓 통신 과정

이번에는 실제 자바에서 클라이언트와 서버 간에 소켓 통신이 이루어지는 과정을 그림을 통해 알아보자. [그림 13-4]는 클라이언트가 서버에 접속 요청을 하기 전이다. 이때 서버에서는 ServetSocket이 생성되어 클라이언트가 서버에 접속을 요청하는지를 백그라운드에서 체크한다.

[그림 13-5]는 클라이언트 프로그램이 서버에 접속을 요청하는 과정이다. 클라이언트는 서버에 서버의 IP 주소와 포트 번호를 이용하여 접속을 요청한다. 그러면 서버의 ServerSocket이 요청을 인지한 후, [그림 13-6]과 같이 클라이언트 A와 통신을 담당할 Socket 객체를 생성한 후 우회시킨다. 그러면 클라이언트 A와 서버에서 새로 생성된 소켓이 서로 통신하는 것이다. 그리고 [그림 13-7]에서 또 다른 클라이언트 B가 접속 요청 시에도 서버의 ServerSocket이 받아 또 다른 소켓 객체를 만든 후 우회시켜서 클라이언트 B와 통신하는 것이다. 서버 프로그램은 이러한 방법으로 여러 클라이언트의 요청을 동시에 처리한다.

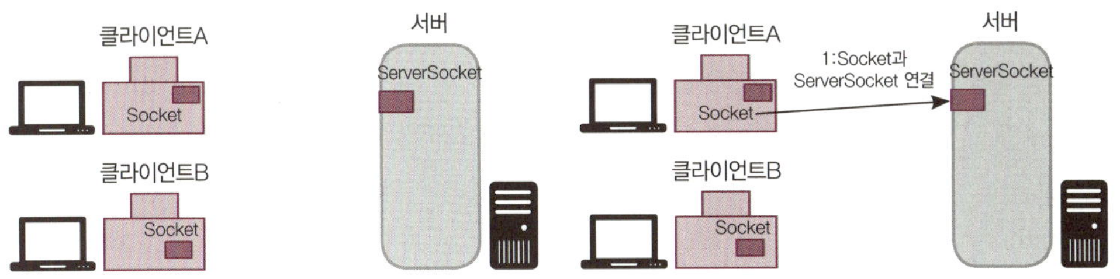

[그림 13-4] 클라이언트가 서버에 요청하기 전   [그림 13-5] 클라이언트가 서버에 접속을 요청하는 상태

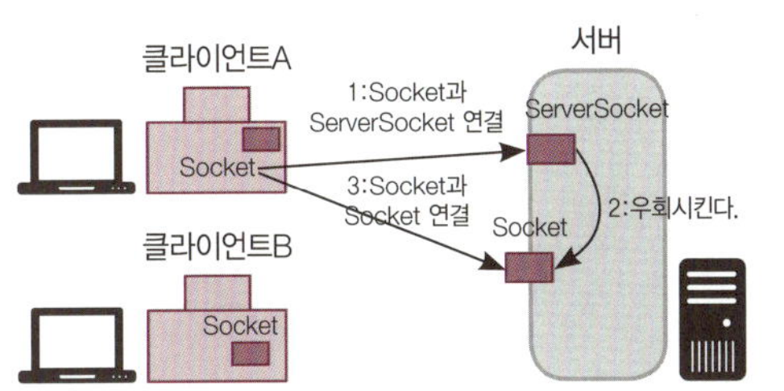

[그림 13-6] 클라이언트의 요청을 서버 소켓이 처리하는 상태   [그림 13-7] 또 다른 클라이언트의 요청을 처리하는 서버 소켓

05 자바 소켓 통신 예제

[리스트 13.1]과 [리스트 13.2]는 실제 자바 소켓 API를 이용하여 만든 서버와 클라이언트 프로그램이다. [리스트 13.1]은 서버의 역할을 하는 프로그램이다. 먼저 **16행**에서 서버를 실행하면 ServerSocket 객체를 생성하면서 포트 번호를 5432번으로 세팅한다. 그리고 **19행**을 보면 while문인데 조건식이 true이므로 무한 루프를 돌면서 클라이언트의 접속을 체크한다. **19행**에서 무한 루프를 돌다가 클라이언트의 접속 요청을 받으면 **20행**처럼 accept()를 호출하여 소켓 객체를 생성한다. 이 소켓 객체로 클라이언트에 데이터를 전송하기 위하여 **21행**에서 자바 I/O의 스트림을 이용한다. **21행**에서 getOutputStream()를 호출하여 OutputStream 객체를 얻어온다. 그리고 **25행**에서 BufferedWriter의 객체를 얻어오면서 OutputStreamWriter 객체를 인자로 전달한다.

26행에서는 PrintWriter 객체를 생성하면서 BufferedWriter 객체를 인자로 전달한다. **27행**에서는 println()를 이용하여 클라이언트로 메시지를 출력하고 있다.

[리스트 13.2]는 클라이언트 프로그램이다. **12행**에서 소켓 객체를 생성하면서 인자로 IP 주소와 포트 번호를 전달하여 서버에 접속을 요청한다. 접속이 이루어지면 getInputStream()를 이용하여 소켓 객체로부터 InputStream 객체를 얻어온다. 그리고 그 객체를 InputStreamReader로 전달하고, 이를 다시 BufferedReader로 전달하여 서버에서 전송한 메시지를 출력한다. 즉, 서버에서 네트워크로 출력하면 클라이언트에서는 네트워크에서 입력을 받는 식으로 통신 기능을 구현한다. 이와 반대로 클라이언트에서 네트워크로 출력하면, 서버에서는 네트워크에서 입력을 받는 것이다. 앞에서 언급한 바와 같이 자바의 네트워크 기능은 자바 I/O의 스트림을 이용하여 구현한다. [그림 13-8]은 서버와 클라이언트의 실행 결과다.

[리스트 13.1] 서버 기능(SimpleServer.java)

```
1    import java.io.*;
2    import java.net.*;
3
4    public class SimpleServer{
5        public static void main(String[] args){
6
7            BufferedWriter bw;
8            PrintWriter pw=null;
9            OutputStream os;
10           ServerSocket serverSocket;
11           Socket s1=null;
12           InetAddress ipAddrs=null;
13           String connectedClient=null;
14           String outMessage=null;
15           try{
16               serverSocket= new ServerSocket(5434);
17               System.out.println("서버 실행 중... ");
18
19               while(true){
20                   s1= serverSocket.accept( );
21                   os = s1.getOutputStream( );
22                   ipAddrs=s1.getInetAddress( );
23
24                   connectedClient=ipAddrs.toString( );
25                   bw = new BufferedWriter(new OutputStreamWriter(os));
26                   pw=new PrintWriter(bw,true);
27                   pw.println(connectedClient+" 에서 서버에 접속하셨습니다.");
```

```
28                    pw.close( );
29                    s1.close( );
30                }
31            }catch(IOException ie){
32                ie.printStackTrace( );
33            }
34        }
35    }
```

[리스트 13.2] 클라이언트 기능(SimpleClient.java)

```java
1     import java.io.BufferedReader;
2     import java.io.InputStream;
3     import java.io.InputStreamReader;
4     import java.net.Socket;
5
6     public class SimpleClient {
7         public static void main(String[] args){
8             InputStream is;
9             BufferedReader br;
10            String message=null;
11            try{
12                Socket s1=new Socket("127.0.0.1",5432);
13                is=s1.getInputStream( );
14                br = new BufferedReader(new InputStreamReader(is));
15                message=br.readLine( );
16                System.out.println(message);
17                s1.close( );
18            }catch(Exception e){
19                e.printStackTrace( );
20            }
21        }
22    }
```

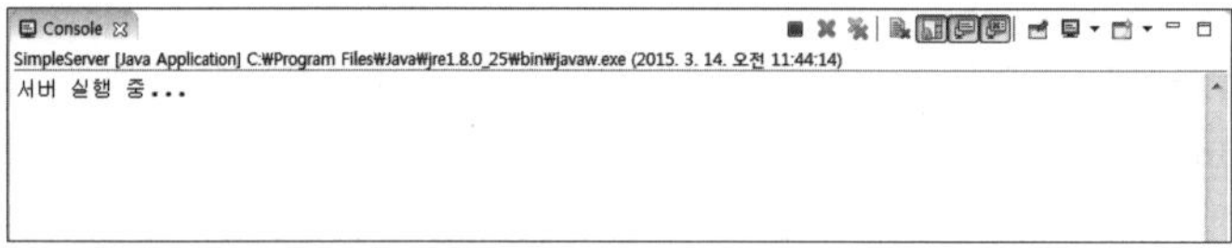

(a) 서버 실행

(b) 클라이언트 실행

[그림 13-8] 실행 결과

06 JAVA / 자바 소켓 통신을 이용한 객체 직렬화

[리스트 13.3]에서 [리스트 13.5]는 네트워크를 통한 직렬화 예제를 보여주고 있다. [리스트 13.3]은 사원 정보를 저장하는 Employee 클래스이다. [리스트 13.4]의 **9행**에서 5433을 포트 번호로 지정하여 ServerSocket 객체를 생성한다. **18행**에서 ObjectOutStream 객체를 생성한 후 **20행**에서 Employee 객체를 생성하고 **23행**의 writeObject()를 이용하여 이번에는 접속하는 클라이언트로 Employee 객체를 전송한다.

[리스트 13.5]는 이와 반대로 서버에서 전송한 객체를 수신하는 클라이언트 프로그램이다. **9행**에서 InputStream 객체를 가져온 후 **10행**에서 ObjectInputStream 객체를 생성한다. 그런 다음, **11행**에서 readObject()를 이용하여 객체를 가져와 각 속성의 정보를 출력한다. [그림 13-9]는 실행 결과다.

객체를 다른 프로그램으로 전송할 수 있는 것은 흥미로운 기능이다. 실제 네트워크 게임에서도 객체로 여러 가지 정보를 묶어 전송하는 데 많이 사용한다.

[리스트 13.3] 직렬화 클래스(Employee.java)

```
1    import java.io.Serializable;
2    public class Employee  implements Serializable{
3
4        String name;
5        String addr;
```

```java
6        String jumin;
7        String phone;
8
9        public Employee(String name , String addr , String jumin , String phone ){
10           this.name = name;
11           this.addr = addr;
12           this.jumin = jumin;
13           this.phone = phone;
14       }
15           //getters/setters
16           ...
17   }
```

[리스트 13.4] 서버 클래스(SerServer.java)

```java
1    import java.net.*;
2    import java.io.*;
3
4    public class SerServer {
5        public static void main(String args[]) {
6            ServerSocket s = null;
7
8            try {
9                s = new ServerSocket(5433);
10           } catch (IOException e){
11           }
12
13           while (true) {
14               try {
15                   System.out.println("서버 실행 중!!!!");
16                   Socket s1 = s.accept( );
17
18                   OutputStream  out = s1.getOutputStream( );
19                   ObjectOutputStream dos = new ObjectOutputStream(out);
20                   Employee p = new Employee("박지성" , "서울시 강남구" , "111111-
21                                              2222222" ,
22                                              "123-1234");
23                   dos.writeObject(p);
24
```

```
25              dos.close( );
26              s1.close( );
27          } catch (IOException e) {
28              e.printStackTrace( );
29          }
30      }
31   }
32 }
```

[리스트 13.5] 클라이언트 기능(SerClient.java)

```
1   import java.net.*;
2   import java.io.*;
3
4   public class SerClient {
5      public static void main(String args[]) {
6         try {
7            Socket s1 = new Socket("127.0.0.1", 5433);
8
9            InputStream is = s1.getInputStream( );
10           ObjectInputStream dis = new ObjectInputStream(is);
11           Employee p = (Employee)dis.readObject( );
12           System.out.println( "이름: "+ p.getName( ) );
13           System.out.println( "주소: "+ p.getAddr( ) );
14           System.out.println( "주민번호: "+ p.getJumin( ) );
15           System.out.println( "전화번호: "+ p.getPhone( ) );
16
17           dis.close( );
18           s1.close( );
19        } catch (ConnectException connExc) {
20           System.err.println("연결 실패.");
21        } catch (Exception e) {
22           e.printStackTrace( );
23        }
24     }
25  }
```

```
 Console ⋈                                    ■ ✕ ✖ | ⌾ ⊞ ⊟ ⊟ | ⊟ ⊟ ▾ ⊟ ▾ □ ▾
<terminated> SerClient [Java Application] C:₩Program Files₩Java₩jre1.8.0_25₩bin₩javaw.exe (2015. 3. 14. 오후 12:16:52)
이름: 박지성
주소: 서울시 강남구
주민번호: 111111-2222222
전화번호: 123-1234
```

[그림 13-9] 클라이언트 수신 메시지

07 / 자바 채팅 프로그램
JAVA

[리스트 13.6]은 채팅 프로그램에서 서버 역할을 하는 프로그램이다. 지금은 서버와 클라이언트가 교대로 대화를 주고받는 기능이다. 서버와 클라이언트에는 상대방의 메시지를 수신하는 기능과 키보드로 입력한 메시지를 송신하는 기능을 모두 갖추고 있어야 한다.

[리스트 13.6]의 **23행**과 **24행**은 키보드를 입력한 메시지를 BufferedReader에 저장하는 기능과 클라이언트에서 보낸 메시지를 BufferedReader에 저장하는 기능을 구현하고 있다. **27행**은 PrintWriter를 이용하여 최초 접속 시 클라이언트로 메시지를 전송한다.

28~36행에서는 while문을 돌면서 readLine()를 이용하여 수신한 메시지를 콘솔로 출력하고 키보드로 입력한 메시지를 println()를 이용하여 클라이언트로 출력한다. [리스트 13.7]은 클라이언트 프로그램인데, 기능은 서버의 기능과 동일하다. [그림 13-10]은 실행 결과다.

[리스트 13.6] 서버 기능(SimpleServer.java)

```java
1    import java.io.*;
2    import java.net.*;
3
4    public class SimpleServer{
5        public static void main(String[] args){
6            InputStream is;
7            BufferedReader br_in;
8            BufferedReader br_out;
9            BufferedWriter bw;
10           PrintWriter pw=null;
11           OutputStream os;
12           ServerSocket serverSocket;
13           Socket s1=null;
14           String inMessage=null;
```

```java
15          String outMessage=null;
16          try{
17              serverSocket= new ServerSocket(5434);
18              System.out.println("서버 실행 중...");
19              s1= serverSocket.accept( );
20              is=s1.getInputStream( );
21              os = s1.getOutputStream( );
22
23              br_out=new BufferedReader(new InputStreamReader(System.in));
24              br_in = new BufferedReader(new InputStreamReader(is));
25              bw = new BufferedWriter(new OutputStreamWriter(os));
26              pw=new PrintWriter(bw,true);
27              pw.println("server: 접속을 환영합니다.");
28              while(true){
29                  inMessage=br_in.readLine( );
30                  System.out.println(inMessage);
31
32                  outMessage=br_out.readLine( );
33                  if(outMessage.equals("exit"))
34                      break;
35                  pw.println("server: "+outMessage);
36              }
37              pw.close( );
38              s1.close( );
39          }catch(IOException ie){
40              ie.printStackTrace( );
41          }
42      }
43  }
```

20, 21행 : 입출력을위한 InputStream과 OutputStream 객체를 모두 얻어온다.

23행　　 : 키보드로 입력한 데이터를 버퍼에 저장한다.

24행　　 : 클라이언트에서 수신한 데이터를 버퍼에 저장한다.

26행　　 : PrintWriter 객체를 만든 후 println( )을 이용하여 클라이언트로 데이터를 송신한다.

28~36행 : while문을 돌면서 수신한 데이터를 출력하고, 키보드로 입력한 데이터를 송신한다.

[리스트 13.7] 클라이언트 기능(SimpleClient.java)

```java
1   import java.io.BufferedReader;
2   import java.io.BufferedWriter;
3   import java.io.InputStream;
4   import java.io.InputStreamReader;
5   import java.io.OutputStream;
6   import java.io.OutputStreamWriter;
7   import java.io.PrintWriter;
8   import java.net.Socket;
9
10  public class SimpleClient {
11      public static void main(String[] args){
12          InputStream is;
13          OutputStream os;
14          BufferedReader br_in;
15          BufferedReader br_out;
16          String inMessage=null;
17          BufferedWriter bw=null;
18          PrintWriter pw=null;
19          String outMessage=null;
20
21          try{
22              Socket s1=new Socket("127.0.0.1",5434);
23              is=s1.getInputStream( );
24              os=s1.getOutputStream( );
25
26              br_in=new BufferedReader(new InputStreamReader(System.in));
27              br_out = new BufferedReader(new InputStreamReader(is));
28              bw = new BufferedWriter(new OutputStreamWriter(os));
29              pw=new PrintWriter(bw,true);
30              while(true){
31                  inMessage=br_out.readLine( );
32                  System.out.println(inMessage);
33
34                  outMessage=br_in.readLine( );
35                  if(outMessage.equals("exit"))
36                      break;
37                  pw.println("client: "+outMessage);
38              }
39              pw.close( );
```

```
40          s1.close( );
41        }catch(Exception e){
42            e.printStackTrace( );
43        }
44    }
45  }
```

23,24행　: InputStream과 OutputStream 객체를 생성한다.

26,27행　: 수신 및 송신 버퍼를 생성한다.

29행　　: PrintWriter 객체를 생성한다.

30~38행: while문을 돌면서 데이터를 수신하고 키보드로 입력한 데이터를 송신한다.

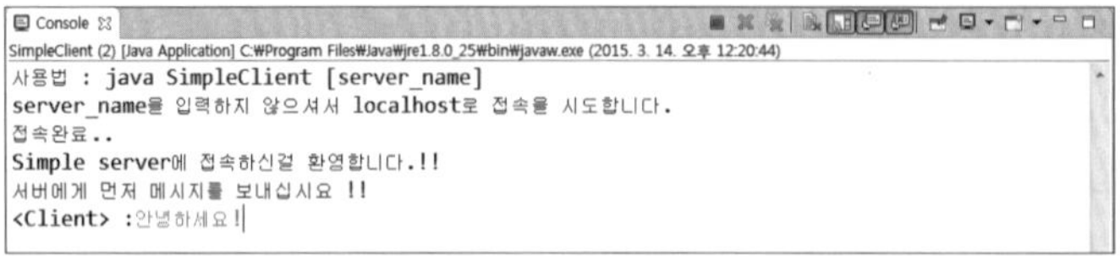

```
Console ☒
SimpleClient (2) [Java Application] C:\Program Files\Java\jre1.8.0_25\bin\javaw.exe (2015. 3. 14. 오후 12:20:44)
사용법 : java SimpleClient [server_name]
server_name를 입력하지 않으셔서 localhost로 접속을 시도합니다.
접속완료..
Simple server에 접속하신걸 환영합니다.!!
서버에게 먼저 메시지를 보내십시요 !!
<Client> :안녕하세요!
```

(a) 클라이언트 메시지 보내기

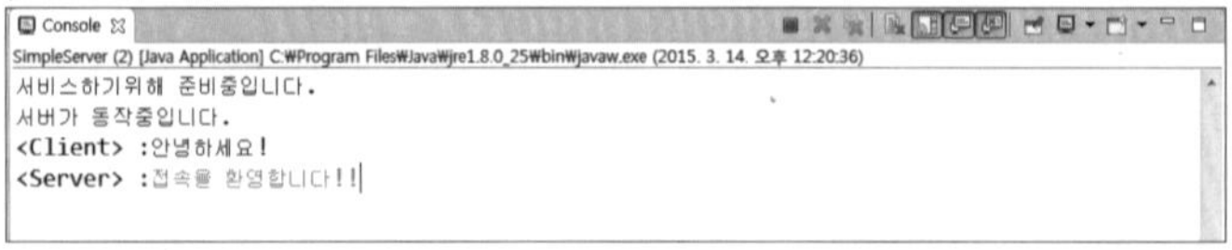

```
Console ☒
SimpleServer (2) [Java Application] C:\Program Files\Java\jre1.8.0_25\bin\javaw.exe (2015. 3. 14. 오후 12:20:36)
서비스하기위해 준비중입니다.
서버가 동작중입니다.
<Client> :안녕하세요!
<Server> :접속을 환영합니다!!
```

(b) 서버 메시지 보내기

[그림 13-10]　채팅 프로그램 실행 결과

지금 예제는 서버와 클라이언트가 교대 교대로 메시지를 주고받는다. 그런데 실제 채팅 프로그램은 메시지 송수신을 동시에 실행한다. 이러한 기능은 스레드를 이용하여 구현한다.

스레드를 이용한 자바 채팅 프로그램

이번에는 [리스트 13.8]와 같이 서버와 클라이언트에서 메시지 수신을 담당하는 스레드를 구현한다.

[그림 13-11] RecvThead 클래스의 위치

[리스트 13.8]의 RecvThread 스레드는 서버와 클라이언트에서 상대방이 보낸 메시지를 수신하는 기능을 수행한다. **15~25행**에서 run()은 상대방이 보낸 메시지를 받아 콘솔에 출력하는 기능을 구현하고 있다. 따라서 서버와 클라이언트에서 상대방에게 수신하는 메시지는 [리스트 13.9]와 [리스트 13.10]처럼 RecvThread가 담당하고, 키보드로 입력한 메시지를 송신하는 기능만 추가하면 된다.

[리스트 13.9]의 SimpleServer의 **18, 19행**에서 RecvThread 스레드를 객체 생성한 후 실행하고 있다. 여기서 중요한 것은 스레드 객체 생성 시 소켓 객체를 생성자의 인자로 전달한다는 것이다. 그러면 [리스트 13.8]의 RecvThread에서 이 소켓을 이용하여 상대방이 보낸 메시지를 수신한다.

25~30행에서는 키보드로 입력한 메시지를 상대방에게 송신하는 기능을 담당한다. [리스트 13.10]도 SimpleClient에서도 RectThread 스레드에서 수신 기능을 하고 있다.

[리스트 13.8] 수신 기능을 하는 스레드(RecvThread.java)

```
1       import java.io.*;
2       import java.net.*;
3
4       public class RecvThread  extends Thread{
5           InputStream is;
6           BufferedReader br_in;
7           ServerSocket serverSocket;
8           Socket socket=null;
```

```java
9          String inMessage=null;
10
11     public RecvThread(Socket s){
12         this.socket=s;
13     }
14
15     public  void run( ){
16        try{
17            is=socket.getInputStream( );
18            br_in = new BufferedReader(new InputStreamReader(is));
19            while(true){
20                inMessage=br_in.readLine( );
21                System.out.println(inMessage);
22            }
23        }catch(Exception e){
24            e.printStackTrace( );
25        }
26     }
27   }
```

11행   : 스레드 객체 생성 시 소켓을 전달받는다.

15~25행 : 전달받은 소켓 객체를 이용하여 상대방이 보낸 메시지를 수신한다.

[리스트 13.9] 서버 기능(SimpleServer.java)

```java
1     import java.io.*;
2     import java.net.*;
3
4     public class SimpleServer{
5        public static void main(String[] args){
6            BufferedReader br_out;
7            BufferedWriter bw;
8            PrintWriter pw=null;
9            OutputStream os;
10           ServerSocket serverSocket;
11           Socket s1=null;
12           String outMessage=null;
13           try{
```

```java
14          serverSocket= new ServerSocket(5434);
15          System.out.println("서버 실행 중...");
16          s1= serverSocket.accept( );
17          os = s1.getOutputStream( );
18          RecvThread rThread=new RecvThread(s1);
19          rThread.start( );
20
21          br_out=new BufferedReader(new InputStreamReader(System.in));
22          bw = new BufferedWriter(new OutputStreamWriter(os));
23          pw=new PrintWriter(bw,true);
24          pw.println("server: 접속을 환영합니다.");
25          while(true){
26              outMessage=br_out.readLine( );
27              if(outMessage.equals("exit"))
28                      break;
29              pw.println("server: "+outMessage);
30          }
31          pw.close( );
32          s1.close( );
33
34          if(rThread.isAlive( )){
35              rThread.interrupt( );
36              rThread=null;
37          }
38      }catch(SocketException e){
39          System.out.println("클라이언트로부터 연결이 끊어졌습니다. 종료합니다...");
40          System.exit(0);
41      }catch(Exception e){
42          e.printStackTrace( );
43          System.exit(0);
44      }
45  }
46 }
```


[리스트 13.10] 클라이언트 기능(SimpleClient.java)

```java
1   import java.io.*;
2   import java.net.*;
3
```

```java
4     public class SimpleClient {
5         public static void main(String[] args){
6             OutputStream os;
7             BufferedReader br_in;
8             BufferedWriter bw=null;
9             PrintWriter pw=null;
10            String outMessage=null;
11
12            try{
13                Socket s1=new Socket("127.0.0.1",5434);
14                os=s1.getOutputStream( );
15                RecvThread rThread=new RecvThread(s1);
16                rThread.start( );
17
18                br_in=new BufferedReader(new InputStreamReader(System.in));
19                bw = new BufferedWriter(new OutputStreamWriter(os));
20                pw=new PrintWriter(bw,true);
21                while(true){
22                    outMessage=br_in.readLine( );
23                    if(outMessage.equals("exit"))
24                        break;
25                    pw.println("client: "+outMessage);
26
27                }
28                pw.close( );
29                s1.close( );
30
31                if(rThread.isAlive( )){
32                    rThread.interrupt( );
33                    rThread=null;
34                }
35
36            }catch(SocketException e){
37                System.out.println("서버로 부터 연결이 끊어졌습니다. 종료합니다...");
38                System.exit(0);
39            }catch(Exception e){
40                e.printStackTrace( );
41                System.exit(0);
42            }
43        }
44    }
```

지금까지 네트워크 기능을 이용하여 채팅 프로그램을 만들어 보았다. 그런데 실제 채팅 프로그램은 두 사람뿐만 아니라 여러 명이 같이 방을 만들어 채팅을 하는 기능도 있다. 이러한 기능은 클라이언트가 메시지를 보내면 미리 서버에 등록된 클라이언트들에게 다시 전송(echo)하는 방법으로 구현한다.

09 공공 데이터 수신하여 나타내기

이번에는 서울시에서 제공하는 공공 데이터를 자바 프로그램에서 수신한 후 정보를 출력하는 예제를 실습해보자. 자바에서 원격의 자원에 접근할 때에는 URL 클래스를 이용해야 한다. [표 13-5]는 URL 클래스 생성자를 나타내고 있다. URL 클래스는 [표 13-6]의 제공하는 여러 가지 메서드를 이용하여 원격의 자원을 이용한다.

[표 13-5] URL 생성자

생성자	설명
URL(String spec)	인자로 전달된 spec으로 URL 객체를 생성한다.
URL(String protocol,String host, int port,String file)	인자로 전달된 protocol, host, port 위치의 file 자원에 접근할 수 있는 URL 객체를 생성한다.
URL(String protocol,String host,int port,String file,URLStreamHandler handler)	인자로 전달된 protocol, host, port, handler 위치의 file 자원에 접근할 수 있는 URL 객체를 생성한다.

[표 13-6] URL 클래스의 여러 가지 메서드

생성자	설명
String getAuthority( )	URL의 권한을 반환한다.
Object getContent( )	URL의 콘텐츠를 반환한다.
String getFile( )	URL의 파일명을 반환한다.
String getPath( )	URL의 path를 반환한다.
String getProtocol( )	URL이 사용하는 프로토콜을 반환한다.
URLConnection openConnection( )	원격의 자원과 연결 시 URL이 참조하는 URLConnection 객체를 반환한다.
InputStream openStream( )	URL 연결에 대한 InputStream 객체를 반환한다.

먼저 공공 데이터를 사용하려면 data.seoul.go.kr에 접속한 후 회원 등록을 하고 로그인을
해야 한다.

그러면 웹브라우저에서 테스트용 문화재 정보를 XML로 받아볼 수 있다. 실제 자신의 애플
리케이션에서 공공 데이터를 사용하려면 웹사이트에서 자신의 인증 키를 요청해야 한다.

❶ data.seoul.go.kr로 접속한다.

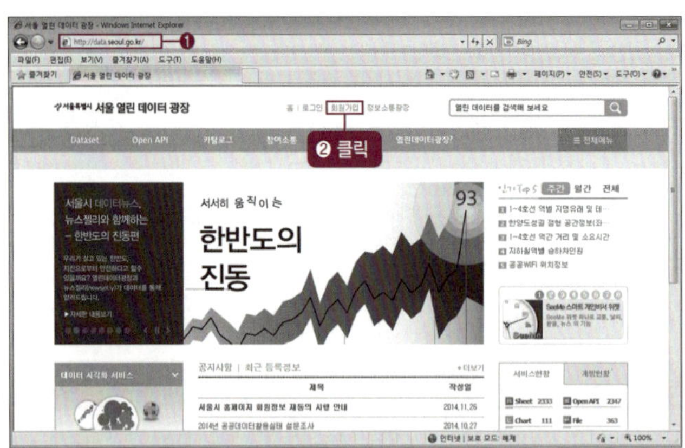

❷ 회원 가입을 한다.

❸ 회원 가입 후 로그인을 한다.

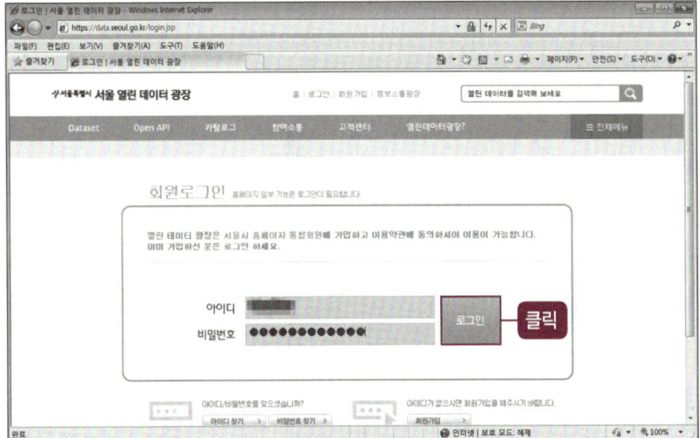

❹ 상단의 Open API 메뉴에서 Open API 목록을 클릭한다.

❺ 검색 창에 "문화재"를 입력한다.

❻ '문화재 정보' 항목을 클릭한다.

❼ XML을 구성하는 요소들에 대한 설명이 나타난다.

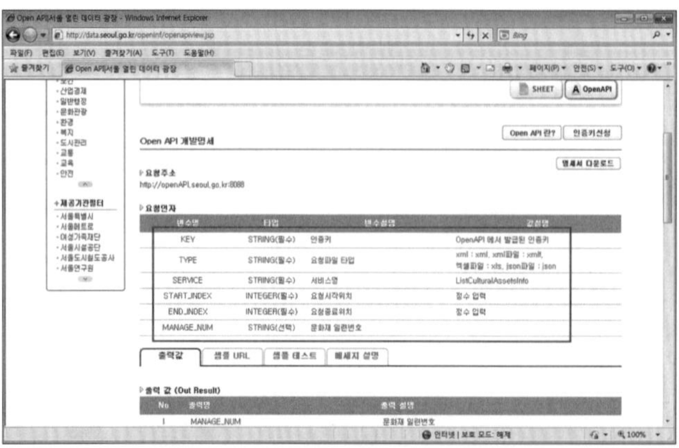

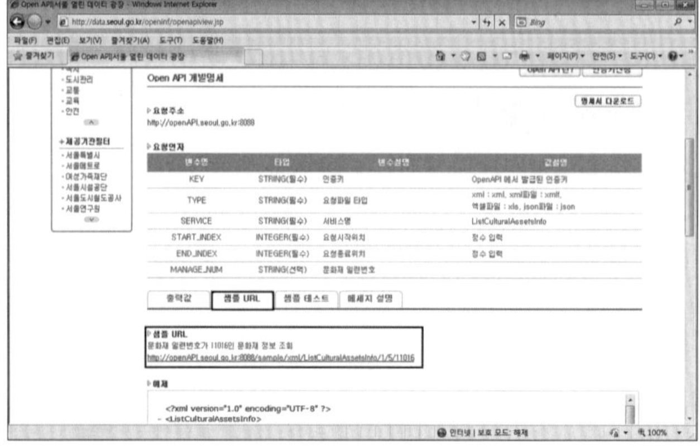

❽ URL을 웹브라우저의 주소 창에 복사한 후 실행하면 다음의 문화재 정보가 XML로 전송
된다.

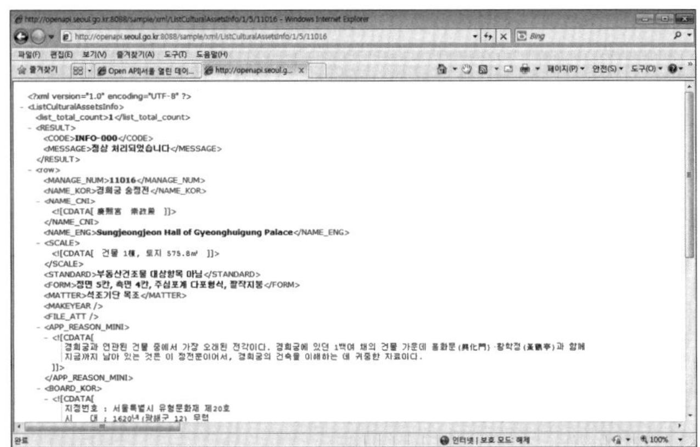

❾ [인증 키 신청] 버튼을 눌러 인증 키 신청 창으로 이동한다.

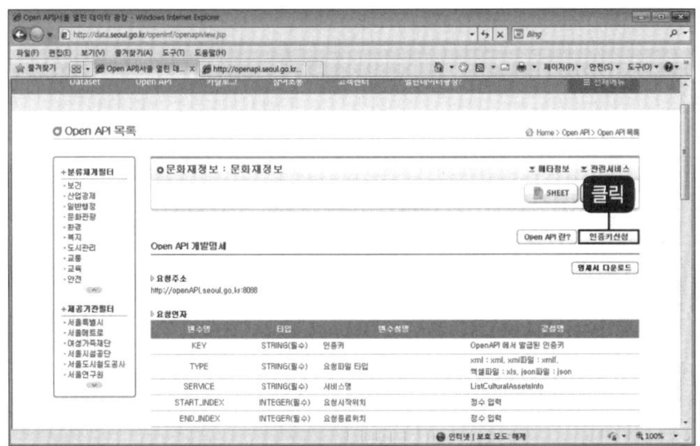

[리스트 13.11]은 서버와 연동하여 문화재 정보를 XML로 가지고 와서 파싱한 후 출력하는 소스이다.

17, 18행에서 URL 객체를 생성하면서 공공 데이터를 수신할 주소를 입력하고 있다. 형식을 보면 자신의 인증 키를 추가하여 요청한다는 것을 알 수 있다. **19행**에서 openStream()을 호출하여 XML 데이터를 수신한다.

그 밖의 부분은 12장에서 배운 자바 XML 기능을 그대로 사용하고 있다. 먼저 **28행**에서 XML 데이터의 문화재 정보를 가지는 최상위 element 이름인 "row"를 인자로 전달한다. **35~42행**에서는 XML의 각 element의 이름을 getTagValue() 인자로 전달하여 값을 구한 후에 출력하고 있다.

[리스트 13.11] 문화재 데이터 수신 기능(XMLTest.java)

```java
1    import java.io.File;
2    import java.io.InputStream;
3    import java.io.InputStreamReader;
4    import java.net.URL;
5
6    import javax.xml.parsers.DocumentBuilder;
7    import javax.xml.parsers.DocumentBuilderFactory;
8
9    import org.w3c.dom.Document;
10   import org.w3c.dom.Element;
11   import org.w3c.dom.Node;
12   import org.w3c.dom.NodeList;
13
14   public class XMLTest {
15       public static void main(String[ ] args){
16           try {
17               URL url=new URL("http://openapi.seoul.go.kr:8088/자신의
18                           인증키/xml/ListCulturalAssetsInfo/1/10/");
19               InputStream stream =url.openStream( );
20               InputStreamReader reader=new InputStreamReader(stream);
21               char ch=0;
22               DocumentBuilderFactory dbFactory = DocumentBuilderFactory.newInstance( );
23               DocumentBuilder dBuilder = dbFactory.newDocumentBuilder( );
24               Document doc = dBuilder.parse(stream);
25               doc.getDocumentElement( ).normalize( );
26
```

```java
27            System.out.println("Root element :" + doc.getDocumentElement( ).getNodeName( ));
28            NodeList nList = doc.getElementsByTagName("row");
29            System.out.println("----------------------");
30
31            for (int temp = 0; temp < nList.getLength( ); temp++) {
32                Node nNode = nList.item(temp);
33                if (nNode.getNodeType( ) == Node.ELEMENT_NODE) {
34                    Element eElement = (Element) nNode;
35                    System.out.println("문화재 번호 : " + getTagValue("MANAGE_NUM",
36                                                            eElement));
37                    System.out.println("문화재 이름 : " + getTagValue("NAME_KOR",
38                                                            eElement));
39                    System.out.println("문화재 한자명 : " + getTagValue("NAME_CNI",
40                                                            eElement));
41                    System.out.println("문화재 크기 : " + getTagValue("SCALE",
42                                                            eElement));
43                    System.out.println( );
44                }
45            } //end for문
46        } catch (Exception e) {
47            e.printStackTrace( );
48        }
49    }
50 }
```

```
Console ▣

<terminated> XMLTest [Java Application] C:\Program Files\Java\jre1.8.0_25\bin\javaw.exe (2015. 3. 14. 오후 12:39:12)
Root element :ListCulturalAssetsInfo
----------------------
문화재 번호 : 11001
문화재 이름 : 봉황각
문화재 한자명 : 鳳凰閣
문화재 크기 :  건물 1棟, 토지 169.8㎡

문화재 번호 : 11002
문화재 이름 : 양관
문화재 한자명 : 洋館
문화재 크기 : 1棟

문화재 번호 : 11003
문화재 이름 : 낙성대 삼층석탑
문화재 한자명 : 落星垈 三層石塔
문화재 크기 : 석탑 1基, 토지 3.7㎡

문화재 번호 : 11004
문화재 이름 : 용양봉저정
문화재 한자명 : 龍?鳳?亭
문화재 크기 :  건물 1棟, 토지 162.6㎡
```

[그림 13-11] 실행 결과

지금까지 공공 데이터를 제공하는 서버와 연동하는 실습을 해보았다. 다른 유용한 정보도 많이 제공하므로 직접 실습해보기를 바란다. 자바 화면 기능을 학습한 후에는 공공 데이터를 화면에 직접 출력하는 기능도 구현해보기 바란다. 그리고 안드로이드에서도 연동하여 해보면 좋은 애플리케이션을 만들 수 있다.

1 자바 네트워크의 구성 요소를 설명하라.

2 자바 소켓 개념을 설명하라.

3 자바의 ServerSocket 클래스의 accept()의 기능을 설명하라.

④ 다음은 각 학생들의 중간고사의 과목과 성적이다. 클라이언트에서 학생들의 시험 점수를 서버로 전송한 후 서버에서 각 학생별로 총점과 평균을 계산하고 그 결과를 다시 클라이언트로 전송하여 클라이언트에서 출력하라.

학생 이름	학년	과목명	점수
홍길동	3	국어	80
이순신	3	국어	90
임꺽정	3	국어	78
홍길동	3	영어	76
임꺽정	3	영어	56
홍길동	3	수학	70
이순신	3	수학	67
임꺽정	3	수학	77

Memo

컴퓨터를 있게 한 사람들

누구나 쉽게 플레이할 수 있는 '테트리스'는 전 세계적으로 가장 오랫동안 사랑을 받아온 게임이다. '테트리스'는 1984년 소련 과학 아카데미(현 러시아 과학원)의 알렉스 파지노프가 처음 만들었다. '테트리스(Tetris)'라는 이름은 그리스의 숫자 접두어인 'Tetra'와 자신이 좋아하던 '테니스(Tennis)'를 결합한 것이다.

파지노프는 열다섯 살 되던 해부터 컴퓨터를 다루기 시작해 어린 시절부터 여러 단순한 컴퓨터 게임을 개발해본 경험이 있었다고 한다. 후에 과학 아카데미의 컴퓨터센터에 들어가 소련에서 개발한 컴퓨터인 '일렉트로니카 60' 연구에 열중했다. 그러다 아이들의 공간 지각 능력을 키우기 위한 '일렉트로니카 60'용 퍼즐 게임을 개발했는데, 그것이 바로 '테트리스'였던 것이다.

'테트리스'의 아이디어는 어디서 얻었을까? 어느 날 파지노프는 수족관에서 넙치가 춤추듯 내려온 모습을 우연히 보았다고 한다. 넙치가 바닥과 일체가 되는 모습이나 모래 위를 헤엄칠 때 다른 넙치와 겹치지 않고 헤엄치는 모습을 보면서 게임의 아이디어를 떠올린 것이다. 그리고 평소 즐기던 퍼즐 게임인 '펜토미노(Pentomino)'를 응용해 '테트리스'를 착안했다.

(출처 : 네이버 게임 대백과)

14장

추가 기능

지금까지 자바의 여러 가지 기능에 대해 학습했다. 앞의 내용만을 가지고 자바의 기능을 충분히 구현할 수 있지만, 이 장의 내용을 학습하고 나면 자바 프로그래밍을 할 때 같은 기능을 좀 더 간단하고 편리하게 사용할 수 있다. 향상된 for문 같은 경우에는 for문으로 콜렉션에 저장된 객체에 편리하게 접근하는 방법을 제공한다. 그 밖에 자바에 추가된 기능을 알아두면 프로그래밍을 편리하게 할 수 있다.

1 향상된 for문(for Each문)

2 가변인자(Variable Arguments)

3 열거형(enum)

4 BigDecimal과 BigInteger 기능

5 자바 싱글톤(Singleton)의 정의와 사용법

6 has-a 관계 클래스

for문은 자바에서 반복문으로 가장 많이 사용된다. 그런데 배열이나 ArrayList에 저장된 객체를 for문에서 출력할 때는 여러 과정을 거쳐서 출력했다. 그런데 자바는 배열이나 콜렉션에 저장된 데이터를 for문에 편리하게 가져오는 방법을 제공하고 있다.

> **향상된 for문 형식**
>
> **for(객체 타입 변수 이름:저장 객체 이름){**
>
>   ...
>
> **}**

[리스트14-1]은 배열에 향상된 for문을 사용한 예제다. **5~7행**은 기존의 for문을 이용하여 배열의 값을 출력한다. 그리고 **10~12행**에서는 temp라는 String 타입 변수와 배열 str을 적용하고 있다. 이를 실행하면 자동으로 str의 각 배열 요소에 접근한 후 문자열을 temp에 할당해준다.

[리스트14-2]는 ArrayList에 저장된 MyStudent 객체를 향상된 for문을 이용하여 가져오고 있다.

14행의 for문을 수행하면서 ArrayList저장된 MyStudent 객체를 하나씩 가져와서 st변수에 할당한 후 학생 정보를 출력하고 있다.

[리스트 14.1] 배열에 향상된 for문 사용하기(ForTest1.java)

```
1    public class ForTest1 {
2        public static void main(String[] args) {
3            String[] str={"world","hello","love","victory","truth"};
4
5            for(int i=0; i<str.length;i++){
6                System.out.println(str[i]);
7            }
8
9            System.out.println("향상된 for문으로 출력하기\n");
10           for(String temp: str){
11               System.out.println(temp);
12           }
13       }
14   }
```

[그림 14-1] 실행 결과

[리스트 14.2] ArrayList에 향상된 for문 사용하기(ForTest2.java)

```java
1    import java.util.ArrayList;
2    import java.util.List;
3
4    public class ForTest2 {
5        public static void main ( String [ ] args ){
6            List<MyStudent> list = new ArrayList<MyStudent>( );
7
8            list.add(new MyStudent( ));
9            list.add(new MyStudent("홍길동",2));
10           list.add(new MyStudent("임꺽정",2));
11           list.add(new MyStudent("차범근",2));
12           list.add(new MyStudent("차두리",2));
13
14           for( MyStudent st : list ){
15               System.out.println( st);
16           }
17       }
18   }
```

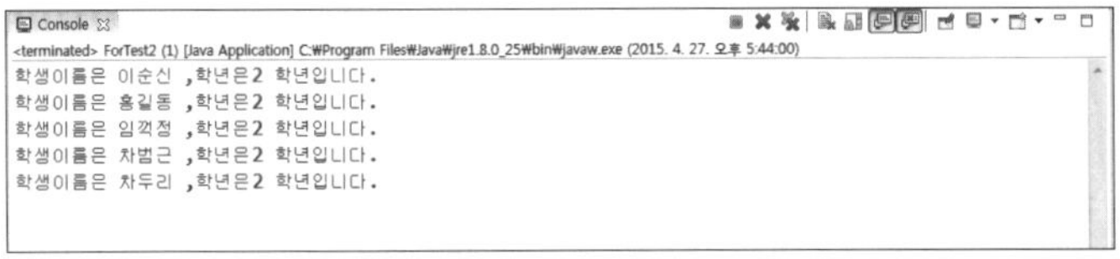

[그림 14-2] 실행 결과

가변인자(Variable Arguments)

가변인자를 사용하기 전에는 메서드 호출 시 메서드로 전달되는 값과 개수가 반드시 메서드의 매개변수 타입 및 개수와 일치해야만 했다.

그런데 자바에서는 메서드의 매개변수 타입이 일치할 경우 매개변수의 개수에 상관없이 메서드를 호출하면 자동으로 매개변수의 타입에 해당되는 배열이 생성되어 전달되는 인자의 개수만큼 배열에 저장된 후 메서드에 전달된다. 따라서 메서드의 매개변수 타입이 같으면 매개변수의 개수가 다르다는 이유로 일일이 오버로딩하지 않아도 된다. [리스트 14.3]은 가변인자로 선언된 메서드의 예를 보여주고 있다.

가변인자의 정의 및 용도

- 정의
  - 메서드의 매개변수 개수를 동적으로 변경할 수 있다.
- 용도
  - 메서드 오버로딩을 줄일 수 있다.

[리스트 14.3] 가변인자를 사용한 메서드

```
1    public void method1(String  ...  name){
2        for(int i=0; i<name.length;i++){
3            System.out.println(name[i]);
4        }
5    }
```


[리스트 14.4]는 가변인자로 선언된 메서드의 사용 예제다. **10~23행**에서 Vargargs 클래스에 2개의 메서드를 구현하고 있다. 그런데 메서드의 각 매개변수 타입 앞에 '...'으로 지정하고 있다. 이는 '매개변수를 가변인자로 선언한다'라는 의미다. 그리고 **5행**에서 method1()을 호출하면서 3개의 문자열을 전달한다. 그러면 [그림 14-3]처럼 3개의 배열 요소를 가진 name이라는 배열이 자동으로 생성된다. 그리고 **6행**에서 method2()를 호출하면 이번에는 메모리에 배열 요소가 4개인 배열이 만들어진다.

가변인자를 도입하면 메서드 구현 시 매개변수 인자의 타입이 같은데, 개수만 다른 경우 일일이 오버로딩할 필요 없이 가변인자 기능을 사용하여 쉽게 구현할 수 있다.

[리스트 14.4] 가변인자 사용 예제(VarArgsTest.java)

```java
1   public class VarargsTest {
2       public static void main ( String [ ] args){
3           Varargs var  = new Varargs( );
4
5           var.method1( "박지성" ,"차범근","이순신" );
6           var.method2( "박지성" , 1 ,2 ,3 ,4 );
7       }
8   }
9
10  class Varargs{
11      public void  method1( String ... name){
12          for(String temp:name){
13              System.out.println(temp );
14          }
15      }
16
17      public void method2( String name , int ... num ){
18          System.out.println( name );
19
20          for( int i:num){
21              System.out.println( i);
22          }
23      }
24  }
```

메모리

name

박지성	차범근	이순신

num

1	2	3	4

[그림 14-3] 가변인자 메서드 호출 시 메모리 상태

```
Console 23
<terminated> VarargsTest [Java Application] C:\Program Files\Java\jre1.8.0_25\bin\javaw.exe (2015. 3. 14. 오후 2:56:14)
박지성
차범근
이순신
박지성
1
2
3
4
```

[그림 14-4] 실행 결과

열거형(enum)

7장에서 자바의 상수 사용 방법을 배웠다. 그런데 자바 프로그래밍 중에 여러 개의 상수가 필요할 때 일일이 선언하여 사용하면 불편하다. 이번에 배우게 될 열거형을 사용하면 여러 개의 상수를 편리하게 관리할 수 있다. 열거형이란 여러 개의 상수를 묶어서 관리하자는 개념이다.

열거형은 switch문의 입력값으로 사용될 수 있다. 그리고 각 요소에 대해 순서값을 지정한 후, 그 값을 ordinal()를 이용하여 얻어올 수 있다.

열거형의 정의와 형식

- 정의
  - 여러 개의 상수들을 모아서 만든 객체
- 형식
  접근 지정자 enum 열거형명{상수명1, 상수명2, 상수명3, ...}
- 사용 방법
  열거형명.상수명
- 용도
  - 여러 상수를 관리하기가 쉽다.

열거형의 특징

- switch문의 입력값으로 사용할 수 있다.
- ordinal( )을 이용하여 상수 순서(index)를 얻을 수 있다 : 상수 index는 0부터 시작한다.

[리스트 14.5]는 열거형 사용 예제다. 요일을 나타내는 상수들을 일일이 선언하여 사용하면 불편하기 때문에 Day 열거형을 선언한 후 상수들을 모아 선언하고 있다. 그리고 [리스트 14.6]의 EnumTest 클래스에서는 열거형을 사용하고 있다. 열거형의 각각 선언된 상수는 **3행**처럼 열거형명.상수명으로 접근한다.

4, 5행에서는 SUN과 MON의 순서값으로 사용하기 위하여 ordinal()을 호출한다. **7행**에서 Day 타입 변수 d를 선언한 후 열거형의 값을 가져와서 **8행**의 switch문의 입력값으로 사용하고 있다. [그림 14-5]는 실행 결과다.

[리스트 14.5] 열거형 선언하기(Day.java)

```java
1    /*
2    public static final String SUN="sun";
3    public static final String MON="mon";
4    public static final String TUE="tue";
5    public static final String WED="wed";
6    public static final String THU="thu";
7    public static final String FRI="fri";
8    public static final String SAT="sat";
9    */
10   public enum Day{
11       SUN, MON, TUE, WED, THU, FRI, SAT
12   }
```

[리스트 14.6] 열거형 사용하기(EnumTest.java)

```java
1    public class EnumTest{
2        public static void main ( String [ ]args){
3            System.out.println( Day.SUN );
4            System.out.println( Day.SUN.ordinal( ) );
5            System.out.println( Day.MON.ordinal( ) );
6
7            Day  d = Day.SUN;
8            switch( d ) {
9                case SUN:  System.out.println( "일요일"); break;
10               case MON:  System.out.println( "월요일"); break;
11           }
12       }
13   }
```

```
Console
<terminated> EnumTest [Java Application] C:\Program Files\Java\jre1.8.0_25\bin\javaw.exe (2015. 3. 14. 오후 2:58:24)
SUN
0
1
일요일
```

[그림 14-5] 실행 결과

BigDecimal과 BigInteger 기능

이번에는 BigDecimal과 BigInteger 클래스 기능에 대해 알아보자. 앞에서 우리는 정수형 데이터를 표현할 때 int나 long형 데이터 타입을 사용했고, 실수형 데이터를 표현할 때는 float나 double 타입을 사용했다. 그런데 자바로 프로그래밍을 하다 보면 정수형 데이터도 long형으로 표현할 수 없는 데이터를 다룰 때도 있다. 그리고 실수형 데이터를 자바에서 연산하면 결과값이 정확하게 나오지 않고 오차가 발생한다. 이러한 문제점을 해결하기 위하여 도입한 개념이 BigDecimal과 BigInteger 클래스이다.

BigDecimal과 BigInteger 클래스의 등장 배경

- 기본형 데이터 타입인 int, long과 같은 자료형은 매우 큰 수를 표현할 수 없다.
- float, double의 실수 자료형은 정밀한 값을 표현할 때 오차가 발생한다.

⬇

- 이러한 문제를 해결하기 위해 BigDecimal과 BigInteger 클래스를 도입하게 되었다.

[리스트 14.7]은 BigInteger 클래스 사용 예제다. 먼저 **5, 6행**에서 Long 클래스의 정수 표현 범위를 출력하고 있다. 그런데 **8, 9행**에서 BigInteger 클래스 객체를 생성하면서 Long 클래스로 표현할 수 없는 정수를 인자로 전달하고 있다. 그리고 **11, 12행**에서 각 BigInteger 클래스의 값을 add()로 더하고, multiply()로 곱하고 있다. [그림 14-6]의 결과값을 출력해보면 정수 표현 범위를 벗어나더라도 정수값이 정상적으로 출력됨을 알 수 있다.

[리스트 14.7] BigInteger 사용 예제(BigIntegerTest1.java)

```
1    import java.math.BigInteger;
2
3    public class BigIntegerTest1 {
4        public static void main(String[] args) {
5            System.out.println("최대 정수: "+Long.MAX_VALUE);
6            System.out.println("최소 정수:"+Long.MIN_VALUE);
7
8            BigInteger bValue1=new BigInteger("100000000000000000000");
9            BigInteger bValue2=new BigInteger("-99999999999999999999");
10
11           BigInteger addResult=bValue1.add(bValue2);
```

```
12              BigInteger mulResult=bValue1.multiply(bValue2);
13
14              System.out.println("큰 수의 덧셈 결과 : "+addResult);
15              System.out.println("큰 수의 곱셈 결과 :"+mulResult);
16          }
17      }
```

5행   : long형 정수의 최댓값은9223372036854775807이다.

6향   : long형 정수의 최솟값은 −9223372036854775807이다.

8, 9행 : long형 정수의 표현 범위를 벗어나는 수를 BigInteger 인자로 전달한다.

11행   : 두 큰 수를 더한다.

12행   : 두 큰 수를 곱한다.

```
Console ☒
<terminated> BigIntegerTest1 [Java Application] C:\Program Files\Java\jre1.8.0_25\bin\javaw.exe (2015. 3. 14. 오후 3:00:32)
최대 정수: 9223372036854775807
최소 정수:-9223372036854775808
큰 수의 덧셈 결과 : 1
큰 수의 곱셈 결과 : -9999999999999999999990000000000000000000
```

[그림 14-6]   실행 결과

[리스트 14.8]은 BigDecimal 클래스의 사용 예제다. **5행**에서 두 double 타입 실수의 차를 구해보면 실제 출력값은 오차로 인해 0.89999…로 출력된다. 그런데 **6, 7행**에서 BigDecimal 객체 인자로 전달한 후 **8행**에서 subtract()를 이용하여 차를 구해보면, 원하는 정확한 값이 출력된다. [리스트 14.9]는 BigDecimal을 이용한 두 번째 예제다. **9행**에서는 substrat()를 이용하여 차를 구한다. [리스트 14−9]의 표에는 각 사칙연산 시 호출하여 사용하는 메서드가 나열되어 있다. [리스트 14.9]의 **13행**에는 divide() 사용 방법이 나타나 있다. 이는 두 실수를 나누었을 때 원하는 자리까지 표시해주는 방법이다.

[리스트 14.8] BigDecimal 사용 예제(BigDecimalTest.java)

```
1    import java.math.BigDecimal;
2
3    public class BigDecimalTest {
4        public static void main(String[] args) {
5            System.out.println(3.00 - 2.10);
6            BigDecimal b1 = new BigDecimal("3.00");
```

```java
7            BigDecimal b2 = new BigDecimal("2.10");
8            System.out.println(b1.subtract(b2));
9        }
10    }
```

```
0.8999999999999999
0.90
```

[그림 14-7] 실행 결과

[리스트 14.9] BigDecimal 사용 예제(BigDecimalTest2.java)

```java
1     import java.math.BigDecimal;
2
3     public class BigDecimalTest2 {
4         public static void main(String[] args) {
5             System.out.println(3.00-2.10);
6             BigDecimal d1 = new BigDecimal("3.00");
7             BigDecimal d2 = new BigDecimal("2.10");
8
9             BigDecimal result = d1.subtract(d2);
10            double d = result.doubleValue( );
11            System.out.println(result +" :"+d);
12
13            result = d1.divide(d2,3,BigDecimal.ROUND_CEILING);
14            System.out.println("나눈 결과 : "+result);
15        }
16    }
```


13행 : 두 수를 나눈 수, 소수점 이하 네 번째 자리에서 반올림한다.

```
0.8999999999999999
0.90 :0.9
나눈결과 : 1.429
```

[그림 14-8] 실행 결과

자바 싱글톤(Singleton)의 정의와 사용법

이번에는 자바 싱글톤에 대해 알아보자.

싱글톤의 정의와 사용 방법

- 정의
  - 자주 사용하는 클래스 기능 사용 시 메모리에 객체를 생성하여 사용하면 비효율적이다.
  - 클래스의 객체를 미리 메모리에 생성해 놓고 사용한다.
  - 1개의 객체만 메모리에 존재하게 한다.
- 사용 방법
  - 프로그램 내에서 단 1개의 인스턴스만 생성되게 한다.
  - 생성된 인스턴스는 getInstance( )를 통해 접근한다.
  - 인스턴스를 생성할 클래스의 생성자와 변수는 private로 선언한다.
  - 인스턴스에 접근할 메서드는 public으로 선언한다.
  - 외부 클래스에서는 new를 통한 인스턴스 생성은 불허한다.

[리스트 14.10]과 [리스트 14.11]은 싱글톤 실습 예제다. [리스트 14.10]에서는 MySingleton 클래스를 구현하고 있다. **2행**에서 mySingleton 변수를 static으로 선언하고 있다. **4행**에서는 생성자를 private로 지정하여 외부에서 호출할 수 없게 한다. **8~13행**의 getInstance() 는 public으로 지정되어 있어서 외부에서 호출 시 MySingleton 객체를 생성한 후 리턴한다. [리스트 14.11]에서 **4행**에서 최초로 getInstance()를 호출하면 [리스트 14.10]의 **8행**에서 getInstance()를 호출하면서 [그림 14-9]처럼 mySingleton 변수에 MySingleton 객체를 할당한다. 그리고 그 결과를 리턴하면 변수 a도 역시 MySingleton 객체를 가리킨다. [그림 14-12]의 결과값을 보면 **"MySingleton 인스턴스 생성"** 메시지가 나타난다. 그런데 **7행**에서 다시 getInstance()를 호출하면 이번에는 생성자가 호출되지 않는다. 이번에는 mySingleton 변수가 null이 아니므로 기존의 MySingleton 위치를 리턴한다. [그림 14-11]은 메모리의 상태를 나타낸다. **즉, MySingleton은 메모리에 1개만 생성되어 사용된다.** 따라서 a와 b를 비교하면 [그림 14-11]과 같은 인스턴스를 가리키고 있다.

[리스트 14.10] 싱글톤 클래스(MySingleton.java)

```java
1    public class MySingleton {
2        private static MySingleton mySingleton = null;
3
4        private MySingleton( ) {
5            System.out.println("MySingleton 인스턴스 생성 ");
6        }
7
8        public static MySingleton getInstance( ){
9            if(mySingleton == null){
10                mySingleton  = new MySingleton( );
11            }
12            return mySingleton;
13        }
14    }
```

2행   : mySingleton 변수를 static으로 지정한다.

4행   : MySingleton 생성자를 private로 지정하여 외부에서 접근을 불허한다.

8~13행 : getInstance( ) 호출하면 MySingleton 객체를 리턴한다.

[리스트 14.11] 싱글톤 사용 예제(SingletonTest.java)

```java
1    public class SingletonTest {
2        public static void main(String[] args) {
3            System.out.println(" 첫 번째 getInstance( ) 호출");
4            MySingleton a =  MySingleton.getInstance( );
5            //MySingleton a=new MySingleton( );
6            System.out.println(" 두 번째 getInstance( ) 호출");
7            MySingleton b =  MySingleton.getInstance( );
8
9            if(a == b)   {
10                System.out.println(" 두 싱글톤은 동일한 객체입니다. ");
11            }
12        }
13    }
```

4행 : 최초 getInstance( )를 호출하면 MySingleton 객체를 생성한다.

5행 : 직접적으로 new를 이용하여 인스턴스를 생성하면 오류가 발생한다(생성자가 private로 지정되어 있다).

7행 : 두 번째 getInstance( )를 호출하면 기존의 인스턴스를 리턴한다.

[그림 14-9]　최초로 getInstance( ) 호출 시 메모리 상태　　[그림 14-10]　getInstance( ) 호출 후 메모리 상태

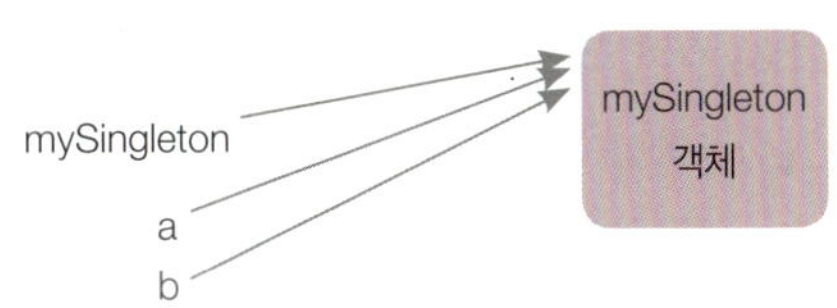

[그림 14-11]　getInstance( ) 재호출 후 메모리 상태

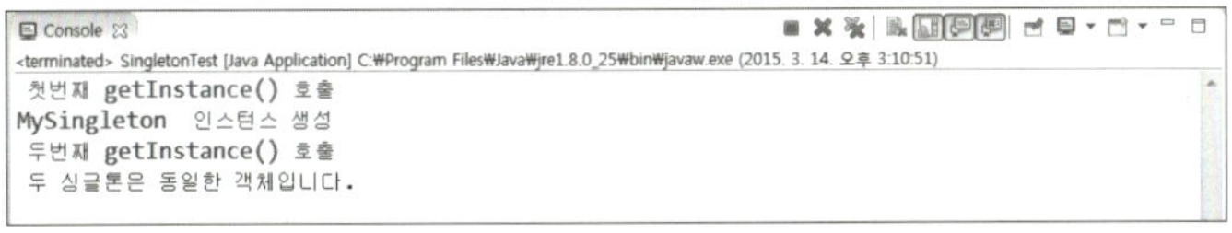

[그림 14-12]　실행 결과

지금까지 싱글톤 기능에 대해 알아보았다. 앞에서 벌써 Calendar 클래스 인스턴스를 얻고자 할 때 이미 getInstance( )를 호출하여 사용한 적이 있다. 즉, 메모리에 1개의 인스턴스만을 이용하여 기능을 사용하고자 할 때 Singleton으로 구현하여 사용한다.

has-a 관계 클래스

이번에는 사용자가 만든 클래스가 클래스의 인스턴스 변수로 사용되는 경우를 알아보자. [리스트14.12]는 Student클래스이다. **4행**에는 학생이 사는 주소 정보를 저장하는 Address 클래스 타입 인스턴스 변수를 선언하고 있다.

[리스트14.13]은 학생의 주소 정보를 저장하는 Address 클래스이다. [리스트14.14]는 실행 클래스의 **6행**에서 Address 클래스 인스턴스를 생성하면서 학생의 주소를 인자로 전달한다. 그리고 **7행**에서 Student 인스턴스를 생성하면서 Address 인스턴스를 Student 생성자로 전달하면서 Student 클래스의 인스턴스 변수인 address 값을 Address 인스턴스로 초기화한다.

그리고 **12, 13행**에 학생의 주소 정보를 가져오기 위해서 먼저 Student 인스턴스의 address 변수의 값, 즉 Address 인스턴스에 먼저 접근한 후 다시 gettter 메서드를 이용하여 주소 정보를 얻어오고 있다. 이와 같이 클래스가 다른 클래스의 인스턴스 변수를 가지는 관계를 'has-a 관계'라고 한다.

[리스트 14.12] Student .java

```
1    public class Student {
2        private String name;
3        private int grade;
4        private Address address;
5
6        public Student(String name,int grade, Address address){
7            this.name=name;
8            this.grade=grade;
9            this.address=address;
10       }
11
12       public String getName( ) {
13           return name;
14       }
15
16       public void setName(String name) {
17           this.name = name;
18       }
19
```

```java
20        public int getGrade( ) {
21            return grade;
22        }
23
24        public void setGrade(int grade) {
25            this.grade = grade;
26        }
27
28        public Address getAddress( ) {
29            return address;
30        }
31
32        public void setAddress(Address address) {
33            this.address = address;
34        }
35    }
```

[리스트 14.13] Address .java

```java
1    public class Address {
2        private String city;
3        private int bungi;
4
5        public Address(String city,int bungi){
6            this.city=city;
7            this.bungi=bungi;
8        }
9
10       public String getCity( ) {
11           return city;
12       }
13
14       public void setCity(String city) {
15           this.city = city;
16       }
17
18       public int getBungi( ) {
19           return bungi;
20       }
```

```
21
22          public void setBungi(int bungi) {
23              this.bungi = bungi;
24          }
25      }
```

[리스트 14.14] StudentTest .java

```
1       public class StudentTest {
2           public static void main(String[] args) {
3               Student s1;
4               Address addr;
5
6               addr=new Address("수원시",1116-1);
7               s1=new Student("홍길동",3,addr);
8
9               String name=s1.getName( );
10              int grade=s1.getGrade( );
11
12              String city=s1.getAddress( ).getCity( );
13              int bungi=s1.getAddress( ).getBungi( );
14
15              System.out.println("학생 정보");
16              System.out.println("----------------------------");
17              System.out.println("이름:"+name+",학년:"+grade+
18                                          ",주소:"+city+" "+bungi+"번지");
19          }
20      }
```


[그림 14-13]   실행 결과

지금까지 JDK가 제공하는 기능 중에 알아두면 편리하게 사용할 수 있는 기능을 알아봤다. JDK8에서는 람다식 기능이 새롭게 추가되었다. 카페 동영상을 통해 그 기능을 알아보기 바란다.

1 가변 인자의 장점을 설명하라.

2 다음 소스를 이용하여 Student 인스턴스에 학생의 시험 점수를 저장한 후 Score Test.java의 calcScore()로 전달하여 학생의 시험 총점과 평균을 출력하라.

학생 이름	학년	과목명	점수
홍길동	3	국어	80
홍길동	3	수학	95
홍길동	3	영어	87

Hint 가변 인자와 향상된 for문을 이용한다.

3 4장에서 자바로 달력을 구현했다. 현재 사용되는 달력을 구현하면 윤년을 고려해야 하므로 로직이 매우 복잡해지는 문제가 생긴다. 이번에는 자신이 아이디어를 내어 윤년을 고려하지 않아도 되는 달력을 구현하라.(현재 사용되는 달력 (그레고리력)과 달(month) 수와 일(day) 수가 반드시 동일할 필요는 없으며, 기존 달력과는 달리 일정한 기준을 정할 수 있는 규 칙성을 만들거나 발견해야 한다.)

Hint 나는 경이로은 방법으로 규칙성을 찾아냈다.그러나 책의 여백이 좁아서 여기에 옮기지는 않겠다.이 문제는 사람들을 아득히 먼 세계로 데려갈 것이다.

컴퓨터를 있게 한 사람들

빌 게이츠는 10대 때부터 저렴한 컴퓨터가 가져올 미래상에 대한 꿈을 키워 왔다. 빌 게이츠는 집집마다 놓여 있는 컴퓨터에 자신이 만든 소프트웨어를 설치해 넣겠다는 꿈을 가지고 있었다. 실제로 그 꿈은 그가 1975년 마이크로소프트를 만들 때의 창업 이념이기도 했다. 그리고 그 꿈은 이후 빌 게이츠가 PC 혁명의 중심 인물로 떠오르도록 만들어준 원동력이었다.

빌 게이츠는 하버드대학 1학년에 재학 중이던 1974년 「파퓰러 일렉트로닉스」에 실린 마이크로컴퓨터 사진을 보고 자신의 꿈이 이미 현실이 되고 있다는 사실을 깨달았다. 그리고 그 꿈을 이루기 위해 바로 그 세계로 뛰어들었다. PC 혁명의 초기 단계에 참여한다는 것은 평생 한 번 올까 말까 한 기회라고 생각했고, 그 기회를 붙들기 위해 바로 뛰어들었던 것이다.

(출처 : 네이버)

15장

AWT

14장까지 자바 프로그래밍을 하면서 자바의 실행 결과를 실행 클래스에서 콘솔로 출력했다. 실제 프로그램은 사용자와 서로 소통할 수 있는 화면을 가지고 있다. 자바도 실제 프로그램이 실행 결과를 화면으로 보여주거나 화면에서 프로그램이 수행해야 할 데이터를 입력받는다. 이 장에서는 자바에서 제공하는 화면 기능에 대해 알아본다. 자바에서 나오는 이벤트나 이벤트 핸들러와 같은 개념은 다른 프로그램에서도 동일하다. 따라서 자바의 화면 기능을 잘 익혀두면 안드로이드나 웹 응용 프로그램에도 모두 적용할 수 있다.

1 AWT(Abstract Window Toolkit)의 정의

2 AWT 계층 구조

3 AWT 구성 요소

4 컨테이너(Container)

5 컴포넌트(Component)

6 배치 관리자(LayoutManager)

7 AWT 이벤트(Event)의 정의와 사용법

8 자바에서 제공하는 Event 클래스 계층 구조와 기능

9 자바 이벤트 처리 과정

10 Adapter 클래스

11 Applet 정의

12 자바 AWT 실습 예제

AWT(Abstract Window Toolkit)의 정의

AWT란, 자바가 초기에 나왔을 때 자바의 화면을 구현하는 기능을 제공하는 클래스들의 집합을 말한다.

> **AWT의 정의**
>
> • Abstract Window Toolkit의 약자로 자바의 초기 화면을 구현하는 API

자바에서는 크게 화면을 두 가지 방법으로 구현할 수 있다.

첫째, AWT를 이용하는 방법이다. AWT를 이용하면 각 운영체제에 종속되어 화면을 보여준다. 이는 윈도우 운영체제에서 AWT로 화면을 만들어 실행했을 때와 똑같은 소스를 그대로 리눅스에서 실행했을 때의 화면 모양이 동일하지 않을 수 있다는 의미다. **즉, 자바의 플랫폼 독립적이라는 특성과는 반대로 플랫폼에 종속적(weight)이다.**

둘째, Swing을 이용하는 방법이다. **Swing은 자바의 플랫폼 독립적(light)이라는 특성에 부합하기 때문에 어떤 운영체제에서도 똑같이 보인다.** 현재 자바의 화면은 대부분 스윙으로 구현한다. 그러나 AWT에 나오는 화면에 관련된 여러 개념은 스윙에서도 동일하다. 따라서 AWT에서는 자바 화면에 관련된 여러 기능을 알아본다.

> **자바에서의 화면 구현 방법**
>
> • java.awt 패키지 클래스 이용
>   - 운영체제의 자원을 이용하여 화면을 구현한다.
>   - 각 운영체제에 종속적이다.
> • javax.swing 패키지 클래스 이용
>   - 자체 클래스의 기능으로 화면을 구현한다.
>   - 각 운영체제에 독립적이다.

AWT 계층 구조

[그림 15-1]에는 AWT 기능을 제공하는 클래스의 계층 구조가 나타나 있다. 먼저 Component

계열을 보면 크게 Container와 그 밖의 요소로 나눌 수 있다. 그리고 메뉴 역할을 하는 MenuComponent가 구조를 이룬다. 각 클래스는 뒤에서 상세하게 다룬다.

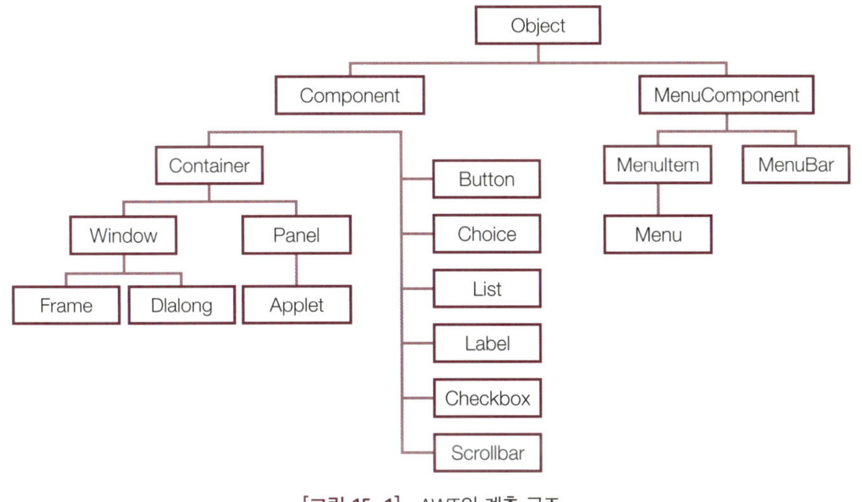

[그림 15-1] AWT의 계층 구조

03 / AWT 구성 요소

AWT는 크게 **component, Container, LayoutManager**로 나뉜다. 이들은 각 화면에서 중요한 역할을 하므로 차례대로 상세하게 학습한다. 여기서 중요한 점은 컴포넌트는 독립적으로 화면에 보이지 않고, 반드시 컨테이너에 담겨서 보인다는 것이다. 이때 컨테이너는 화면의 틀과 같은 역할을 한다. 레이아웃 매니저를 이용하면 컨테이너에서 컴포넌트들의 위치를 정할 수 있다.

AWT의 구성 요소

- Component
  - Box, Checkbox, Label 등과 같은 화면에서 사용자에게 기능을 제공한다.
  - 반드시 container를 통해 보여진다.
- Container
  - 화면 전체의 틀을 제공하고, Component를 표시한다.
  - Window 및 Panel 계열로 나눌 수 있다.
- LayoutManger
  - Container에서 Component들의 크기와 위치를 지정한다.
  - 각 Container는 기본 LayoutManager를 가지고 있다.

[그림 15-2]는 화면의 구성 요소들의 위치를 나타낸 것이다. 화면의 틀은 Container 계열인 Frame을 사용하고 있다.

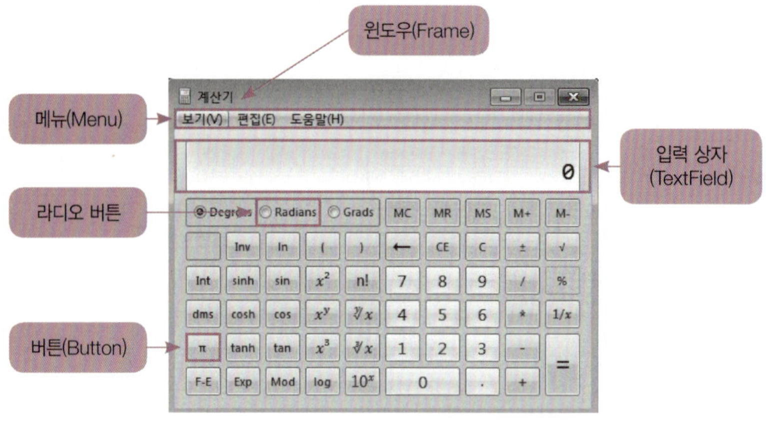

[그림 15-2] 화면 구성 요소 사용 예

04 컨테이너(Container)

컨테이너는 버튼이나 텍스트 필드처럼 컴포넌트를 담아 출력해주는 역할을 한다.

Container의 종류

• Window 계열 : 여러 컴포넌트와 Panel을 포함하여 보여준다.

　예 Frame,Dialog ...

• Panel 계열 : 독립적으로 보이지 않고 주로 다른 컴포넌트를 그룹으로 보이도록 하는 데 사용된다.

　예 Applet, ...

다음은 자바 화면에서 일반적으로 가장 많이 컨테이너로 쓰이는 Frame에 대한 설명이다. Frame은 일반적인 자바 화면 구현 시에 많이 사용된다.

Frame의 특징

- 일반적인 프로그램에서 윈도우를 생성하기 위해 사용된다.
- 타이틀, [최소] 버튼, [최대] 버튼, [종료] 버튼이 기본으로 제공된다.
- 기본으로 안 보이게 설정했기 때문에 setVisible(true)로 설정해야 보인다.
- 기본 LayoutManager는 BorderLayout이다.

다음은 Panel에 대한 설명이다. Panel은 Frame처럼 화면에 독자적으로 보이지 않고 Frame
에 담겨서 보인다.

Panel의 특징

- Compoment들을 그룹으로 묶어 위치시킬 때 사용한다.
- 독립적으로 보이지 않고 반드시 Frame을 통해 보인다.
- 기본 LayoutManager는 FlowLayout이다.

Panel은 여러 컴포넌트를 모아 특정 위치에 보이도록 할 때 사용한다. 그리고 이러한 컨
테이너는 각각 기본 레이아웃 매니저를 가지고 있다. Frame의 기본 레이아웃 매니저는
BorderLayout이고, Panel의 기본 레이아웃 매니저는 FlowLaout이다.

05 / 컴포넌트(Component)
JAVA

이번에는 컴포넌트에 대해 알아보자.
컴포넌트는 실제로 사용자가 화면을
대상으로 소통하는 여러 가지 기능이
다. 버튼을 누르거나, 텍스트 필드에
정보를 입력하거나, 여러 개 중에 하
나를 선택하는 등의 기능을 제공한다.

컴포넌트 특징

- 사용자가 화면에서 행위를 하는 대상이 되는 요소
이다.

[표 15-1]은 자바 AWT의 컴포넌트 종류이다. 이는 다른 프로그램 화면에서도 대부분 많이
사용되는 기능이다.

[표 15-1] 여러 가지 컴포넌트 기능

종류	설명
Button	버튼 기능
Checkbox	체크 박스나 라디오 박스 기능
Choice	선택 박스 기능
Label	고정 문자열 표시 기능
List	목록 보기 기능
Scrollbar	스크롤바 생성 기능
TextField	문자열 입력 창 기능

06 배치 관리자(LayoutManager)

레이아웃 매니저는 컨테이너 안에서 컴포넌트를 원하는 위치에 배치를 할 수 있게 해주는 요소다. 다음은 레이아웃 매니저의 특징과 종류를 나타낸 것이다.

배치 관리자의 특징과 종류

- 특징
  - 컨테이너 내에서 컴포넌트를 배치하는 기능을 한다.
  - 컨테이너는 기본 배치 관리자를 가지고 있다.
  - 컨테이너는 기본 배치 관리자를 필요에 의해 변경할 수 있다.
- 종류
  - BorderLayout
  - FlowLayout
  - CardLaout
  - GridLayout
  - ...

컨테이너는 각 기본 레이아웃 매니저를 가지고 있다. setLayout()를 이용하면 자신의 레이아웃 매니저를 변경할 수 있다. [그림 15-3]과 같은 실제 문서에서는 더 많은 레이아웃 매니저를 제공하고 있다.

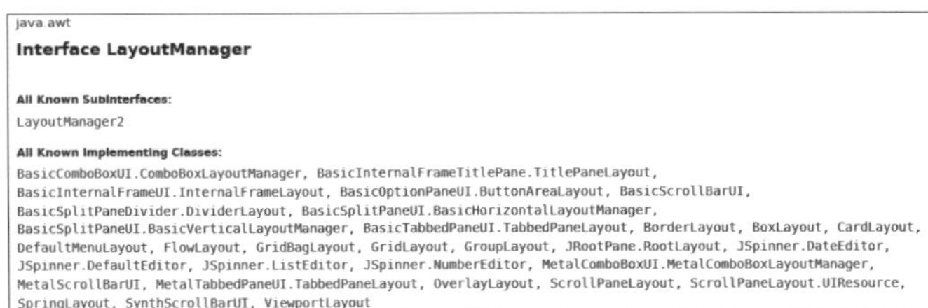

[그림 15-3] java.awt.LayoutManager 설명 문서

그럼 자바에서 많이 사용되는 레이아웃 매니저에 대해 상세히 알아보면서 다른 화면 요소들도 실습해보자.

6.1 BorderLayout

BorderLayout은 Frame의 기본 배치 관리자로, 화면을 5개의 영역으로 구분한다. 이 레이아웃에 있는 컴포넌트들의 위치는 불변이지만 크기는 변한다.

> **BorderLayout 특징**
>
> - Frame의 기본 배치 관리자이다.
> - 화면을 5개의 영역으로 구분하여 컴포넌트를 표시한다.
> - 기본은 Center이다.
> - 다른 영역에 아무것도 배치하지 않으면 Center가 포함한다.
> - 화면 변경 시 컴포넌트의 크기는 변경되지만 위치는 변하지 않는다.

[그림 15-4]는 BorderLayout의 배치를 나타낸 것이다. 여기서는 전체 화면을 다섯 부분으로 나누어 표시하고 있다.

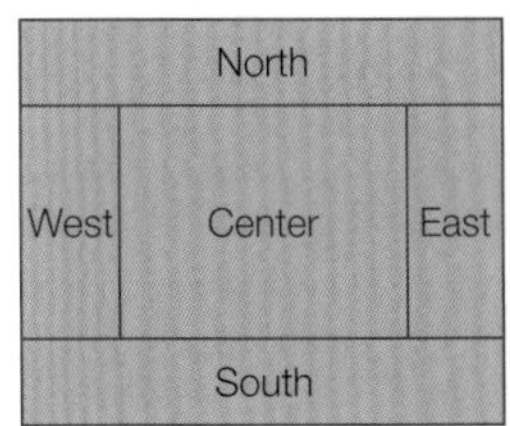

[그림 15-4] BorderLayout의 배치 형태

[리스트 15.1]은 BorderLayout의 사용 예제다. 먼저 **7~14행**의 BorderTest 클래스 생성자에서 Frame과 각 Button, 그리고 TextField 객체를 생성한다. 그리고 **28행**의 main( ) 실행 시에 startFrame( )이 호출된 후 **17~21행**에서 Frame의 add( )를 이용하여 BorderLayout의 위치와 객체를 인자로 전달하여 실행하면 [그림 15-4]와 같이 각 위치에 버튼이 나열된다.

그리고 **23행**에서 Frame의 가로, 세로 크기를 지정한 후 반드시 **24행**처럼 setVisible( )를 true 값으로 호출해야만 화면에 나타난다.

[리스트 15.1] BorderLayout 실습 예제(BorderTest.java)

```
1      import java.awt.*;
2
3      public class BorderTest {
4          private Frame frame;
5          private Button center, west, east, north, south;
6          private TextField tf1;
7          public BorderTest( ) {
8              frame = new Frame("BorderLayout 예제");
9              south = new Button("버튼 1");
10             west = new Button("버튼 2");
11             east = new Button("버튼 3");
12             center = new Button("버튼 4");
13             tf1=new TextField( );
14             tf1.setText("입력 창입니다.");
15         }
16         public void startFrame( ) {
17             frame.add(tf1, "North");
18             frame.add(south, "South");
19             frame.add(west, "West");
20             frame.add(east, "East");
21             frame.add(center, "Center");
22
23             frame.setSize(400,400);.
24             frame.setVisible(true);
25         }
26         public static void main(String[ ] args) {
27             BorderTest  border = new BorderTest( );
28             border.startFrame( );
29         }
30     }
```

[그림 15-5]는 BorderTest 클래스를 실행한 후의 화면 모습이다. BorderLayout은 화면의 크기를 마우스로 조절할 때 버튼의 크기는 변해도 위치는 변하지 않는다.

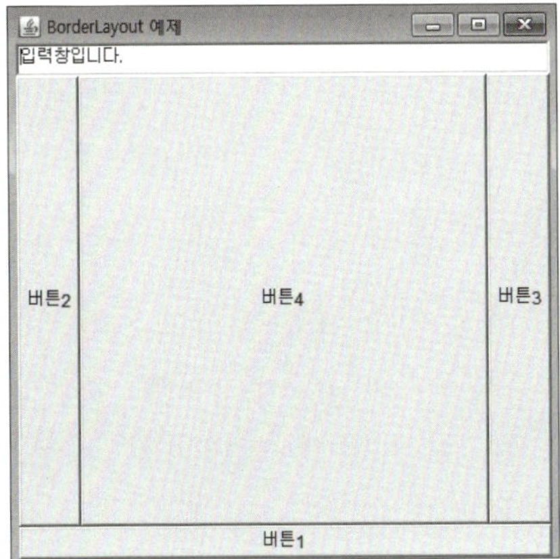

[그림 15-5] 실행 결과

[리스트 15.2]는 BorderLayout을 이용한 또 다른 예제다. 이번에는 **8~10행**에서 버튼과 텍스트 필드 객체를 생성한 후 **14~16행**에서 frame에 "Center", "North"와 "West"에 위치시키지만, frame의 다른 지역에는 아무것도 위치시키지 않고 실행했다.

[그림 15-6]과 같이 컴포넌트를 위치시킨 지역에는 컴포넌트가 정상적으로 표시되지만, 컴포넌트를 위치시키지 않은 부분은 Center가 덮어버린다.

[리스트 15.2] BorderLayout 실습 예제 2(BorderTest2.java)

```
1      import java.awt.*;
2    public class BorderTest2 {
3        private Frame frame;
4        private Button center, west;
5        private TextField tf1;
6        public BorderTest2( ) {
7            frame = new Frame("BorderLayout 예제");
8            west = new Button("버튼 1");
9            center = new Button("버튼 4");
10           tf1=new TextField( );
11           tf1.setText("입력 창입니다.");
12       }
13       public void startFrame( ) {
```

```
14          frame.add(tf1, "North");.
15          frame.add(west, "West");
16          frame.add(center, "Center");
17
18          frame.setSize(400,400);
19          frame.setVisible(true);
20      }
21   public static void main(String[ ] args) {
22          BorderTest2  border = new BorderTest2( );
23          border.startFrame( );
24      }
25   }
```

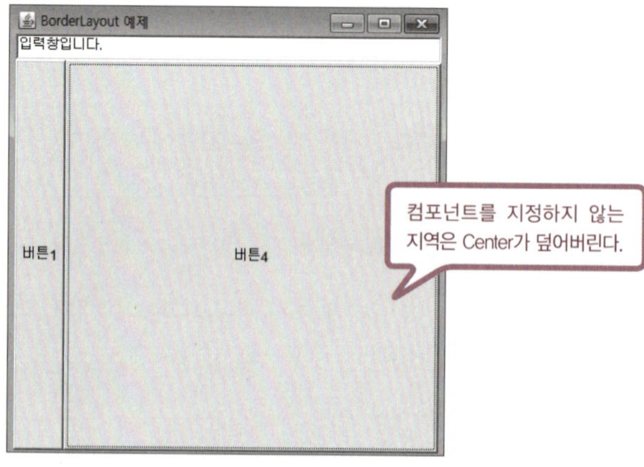

[그림 15-6] 실행 결과

6.2 FlowLayout

이번에는 FlowLayout에 대해 알아보자. FlowLayout은 컴포넌트들을 수평으로 나열시킬 때 사용된다.

FlowLayout 특징

- Panel의 기본 배치 관리자이다.
- 수평으로 컴포넌트를 나열한다.
- 윈도우 화면 크기 변경 시 컴포넌트 크기는 변하지 않지만, 위치는 변경될 수 있다.

[리스트 15.3]은 FlowLayout을 사용한 화면 배치 예제다. **15행**을 보면 Frame의 배치 관리자를 FlowLayout으로 변경하고 있다. 여기서는 버튼이 수평으로 나열하여 출력된다. 그리고 화면을 마우스로 늘리면 아래의 버튼이 옆으로 나열된다. 즉, 컴포넌트의 위치는 변경되더라도 크기는 변경되지 않는다.

[리스트 15.3] FlowLayout 실습 예제(FlowTest.java)

```java
1    import java.awt.*;
2    public class FlowTest {
3        private Frame frame;
4        private Button button1;
5        private Button button2;
6        private Button button3;
7
8        public FlowTest( ) {
9            frame = new Frame("Flow Layout 예제");
10           button1 = new Button("확인");
11           button2 = new Button("열기");
12           button3 = new Button("닫기");
13       }
14       public void startFrame( ) {
15           frame.setLayout(new FlowLayout( ));
16           frame.add(button1);
17           frame.add(button2);
18           frame.add(button3);
19           frame.setSize(300,300);
20           frame.setVisible(true);
21       }
22       public static void main(String args[]) {
23           FlowTest flow = new FlowTest( );
24           flow.startFrame( );
25       }
26   }
```

9행　　　: 컨테이너인 Frame 객체를 생성한다.

15행　　　: Frame의 배치 관리자를 FlowLayout으로 변경한다.

16~18행 : Frame에 컴포넌트를 추가한다.

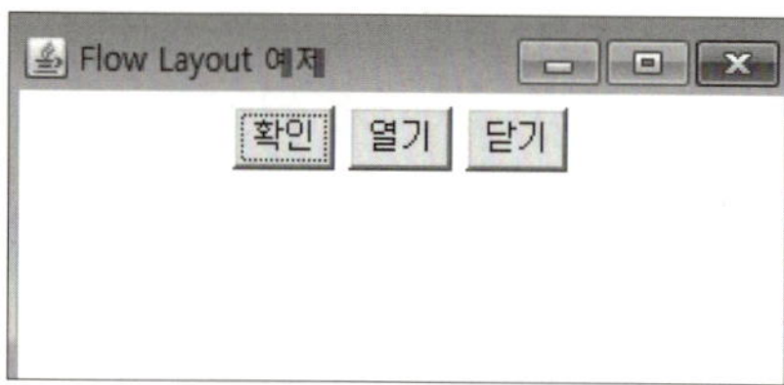

[그림 15-7] 실행 결과

6.3 GridLayout

GridLayout은 컴포넌트를 행과 열로 나누어 배치하고 싶을 때 사용하는 레이아웃 관리자다.

> **GridLayout의 특징**
>
> • 테이블 형태의 배치 관리자다.
> • 생성 시 행과열을 지정한다.
> • 컴포넌트 추가 시 왼쪽에서 오른쪽, 위에서 아래로 추가된다.

[리스트 15.4]는 GridLayout의 예제다. **8~14행**에서 Frame과 Button과TextField 객체를 생성한다. **19행**에서 Frame의 Layout을 GridLayout으로 변경한 후 GridLaytout의 인자로 2과 0을 줌으로써 **3행**으로 나열되도록 한다. 여기서 0은 GridLayout에 추가되는 컴포넌트를 GridLayout이 알아서 3행으로 만들라는 의미다. 또 **27행**의 pack()는 GridLayout의 크기를 가지고 있는 컴포넌트의 크기에 자동으로 일치시키라는 의미다. [그림 15-8]은 출력 화면이다. GridLayout에 입력된 컴포넌트의 개수가 6개이므로 한 행에 3개의 컴포넌트가 위치한다.

18행의 주석을 풀고 실행해보면, [그림 15-8]의 (b)처럼 GridLayout 지정 시 행의 수를 3로 지정했을 때의 결과 화면이 나타난다. 한 행에 2개의 컴포넌트가 위치하여 결과적으로 6개의 컴포넌트가 배치된다.

[리스트 15.4] GridLayout 실습 예제(GridTest.java)

```
1    import java.awt.*;
2    public class GridTest {
3        private Frame frame;
4        private Button b1, b2, b3;
5        private TextField tf1,tf2,tf3;
```

```java
6
7      public GridTest( ) {
8          frame = new Frame("GridLayout 예제");
9          b1 = new Button("버튼 1");
10         b2 = new Button("버튼 2");
11         b3 = new Button("버튼 3");
12         tf1 = new TextField("입력 창 1입니다.");
13         tf2 = new TextField("입력 창 2입니다.");
14         tf3 = new TextField("입력 창 3입니다.");
15     }
16
17     public void startFrame( ) {
18         //frame.setLayout (new GridLayout(3,0));
19         frame.setLayout (new GridLayout(2,0));
20         frame.add(b1);
21         frame.add(tf1);
22         frame.add(b3);
23         frame.add(tf2);
24         frame.add(b2);
25         frame.add(tf3);
26
27         frame.pack( );
28         frame.setVisible(true);
29     }
30
31     public static void main(String args[]) {
32         GridTest g = new GridTest( );
33         g.startFrame( );
34     }
35 }
```

19행　　: Frame의 배치 관리자를 GridLayout으로 변경한 후 행을 2행으로 고정한다.

20~25행 : GridLayout에 컴포넌트를 추가한다.

27행　　: 프레임의 크기를 컴포넌트의 크기에 맞게 조정한다.

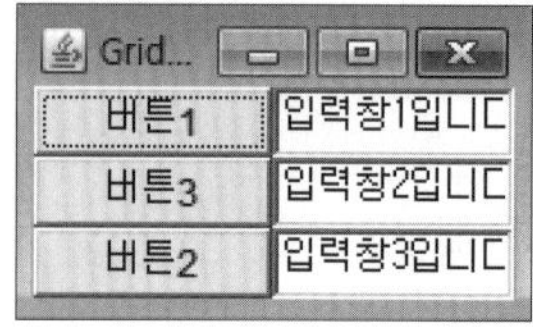

(a) GridLayout(2,0)으로 지정한 경우   (b) GridLayout(3,0)으로 지정한 경우

[그림 15-8] 실행 결과

6.4 Panel의 사용 예제

[리스트 15.5]는 Panel을 사용한 예제다. **9~15행**의 생성자에서 Frame과 각 컴포넌트, 그리고 Panel 객체를 생성한다. **19행**에서 Panel의 배경색을 설정하고, **20, 21행**에서 두 버튼을 Panel에 추가한다. 그리고 **22행**에서 Panel을 Frame의 중앙에 배치한다. [그림 15-9]는 실행 결과 화면이다. 상단에는 TextField가 있고, 중앙에 녹색으로 표시되는 부분이 Panel이다. 그 위에 2개의 버튼이 위치하고 있다. 즉, Panel은 여러 개의 컴포넌트의 위치를 한꺼번에 지정할 때 사용하면 편리하다.

[리스트 15.5] Panel 사용 예제(PanelTest.java)

```
1      import java.awt.*;
2
3      public class PanelTest{
4          private Frame f;
5          private Panel p;
6          private Button ok, cancel;
7          private TextField tf1;
8
9          public PanelTest( ){
10             f = new Frame( "Panel 예제" );
11             ok = new Button( "전송" );
12             cancel = new Button( "삭제" );
13             tf1=new TextField("입력 창입니다.");
14             p = new Panel( );
15         }
16         public void startFrame( ){
17             f.add( tf1 , BorderLayout.NORTH );
18     //    f.add( bc , "Center" );
19             p.setBackground(Color.green);
20             p.add( ok );
```

```java
21          p.add( cancel );
22          f.add( p , BorderLayout.CENTER );
23
24          f.setSize(400,400);
25          f.setVisible( true );
26      }
27      public static void main  (String [ ]args){
28          PanelTest  g = new PanelTest( );
29          g.startFrame( );
30      }
31  }
```

19행 : Panel의 배경색을 설정한다.

20행 : Panel에 버튼을 추가한다.

22행 : Panel을 다시 frame에 추가한다.

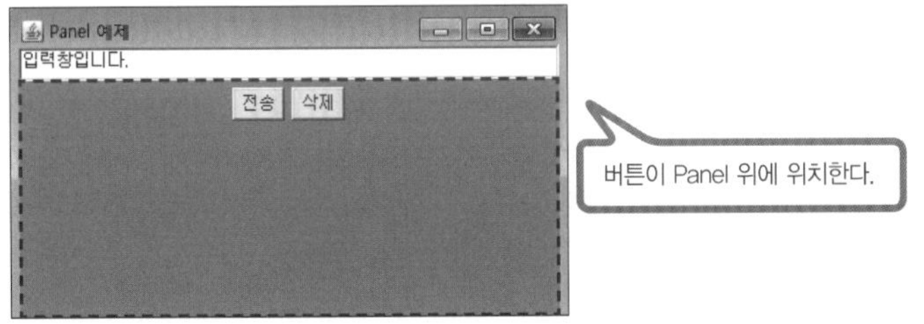

[그림 15-9] 실행 결과

지금까지 자바 AWT에서 기본적으로 사용되는 여러 가지 Layout에 대하여 알아보았다. 여기서 중요한 것은 Panel의 사용법이다. Panel 사용 방법은 Android 앱에서 화면을 구성할 때에도 같은 원리로 사용하고 있다.

6.5 회원 정보 관리 창 실습하기

이번 예제는 [그림 15-10]과 같은 회원 관리에 사용되는 창을 만드는 것이다. 우선 화면의 구조를 분석해보면, 그림에서처럼 화면이 크게 상단의 회원 정보 입력단, 중앙의 조회된 회원 정보 출력단, 그리고 하단의 회원 정보 기능 버튼단으로 나누어진다는 것을 알 수 있다.

각 단은 먼저 Panel을 사용한다. 그 Panel 위에 각 컴포넌트를 올려놓은 후에 Frame의 상단, 중앙, 하단에 위치시킨다.

[리스트 15.6]과 [리스트 15.7]에서 화면을 구현하고 있다. 먼저 [리스트 15.16]은 [리스트 15.17]의 MemberWindow의 부모 클래스이다. BaseWindow 클래스에는 먼저 화면에서 사용된 여러 가지 컴포넌트를 선언하고 있다. 그리고 [리스트 15.17]의 MemberWindow에서 화면을 구현하고 있다.

먼저 **4행**의 MemberWindow 생성자에서 객체를 생성하고 있다. 그리고 startGUI()에서 Panel 위에 각 컴포넌트를 추가하고 있다. **36~39행**을 보면 Label과 TextField를 part1이라는 Panel에 가로로 추가한 후에 다시 이 part1을 p1이라는 Panel에 추가하고 있다는 것을 알 수 있다. [그림 15-10]의 상단처럼 Label과 TextField가 나란히 나열된다. 또 **75~77행**을 각 Panel을 상단과 하단에 추가하고 중간에는 List를 추가하고 있다. 이를 실행하면 최종적으로 [그림 15-10]과 같은 화면이 나타난다. 이처럼 자바의 화면은 Panel을 많이 이용한다. 이러한 원리는 안드로이드 앱의 화면에도 동일하게 사용된다.

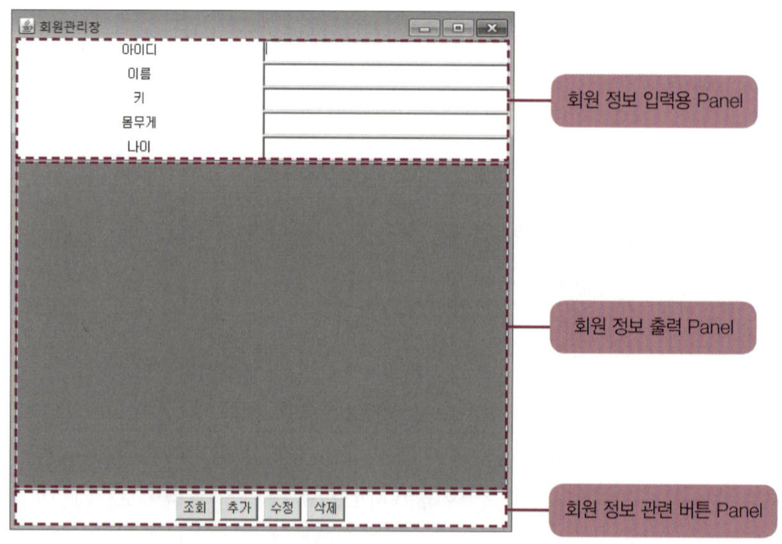

[그림 15-10] 구현 화면 설계

[리스트 15.6] BaseWindow.java

```
1    import java.awt.*;
2
3    public class BaseWindow {
4        public  Frame frame;
5        public  List guiList;
6        public  Panel p1, p2;
```

```java
7        public  Panel part1,part2,part3,part4,part5;
8
9        public TextField tId,tName,tHeight,tWeight,tAge;
10       public  Button btnSearch, btnInsert,btnUpdate,btnDelete;
11
12       public  Label lId,lName,lHeight,lWeight,lAge;
13    }
```

[리스트 15.7] MemberWindow.java

```java
1     import java.awt.*;
2
3     public class MemberWindow extends BaseWindow {
4        MemberWindow( ){
5           System.out.println("생성자 호출");
6
7           frame =new Frame("회원 관리 창");
8           lId=new Label("아이디",Label.RIGHT);
9           lName=new Label("이름",Label.RIGHT);
10          lHeight=new Label("키",Label.RIGHT);
11          lWeight = new Label("몸무게",Label.RIGHT);
12          lAge  = new Label("나이",Label.RIGHT);
13
14          lId.setAlignment(Label.CENTER);
15          lName.setAlignment(Label.CENTER);
16          lHeight.setAlignment(Label.CENTER);
17          lWeight.setAlignment(Label.CENTER);
18          lAge.setAlignment(Label.CENTER);
19
20          tId =new TextField( );
21          tName =new TextField( );
22          tHeight=new TextField( );
23          tWeight = new TextField( );
24          tAge = new TextField( );
25
26          guiList = new List(2, false);
27          guiList.setBackground(Color.green);
28
29          btnSearch = new Button("조회");
30          btnInsert = new Button("추가");
```

```java
31              btnUpdate = new Button("수정");
32              btnDelete = new Button("삭제");
33          }
34
35      public void startGUI( ){
36          part1 = new Panel( );
37          part1.setLayout(new GridLayout(1,0));
38          part1.add(lId);
39          part1.add(tId);
40
41          part2 = new Panel( );
42          part2.setLayout(new GridLayout(1,0));
43          part2.add(lName);
44          part2.add(tName);
45
46          part3= new Panel( );
47          part3.setLayout(new GridLayout(1,0));
48          part3.add(lHeight);
49          part3.add(tHeight);
50
51          part4= new Panel( );
52          part4.setLayout(new GridLayout(1,0));
53          part4.add(lWeight);
54          part4.add(tWeight);
55
56          part5 = new Panel( );
57          part5.setLayout(new GridLayout(1,0));
58          part5.add(lAge);
59          part5.add(tAge);
60
61          p1 = new Panel( );
62          p1.setLayout(new GridLayout(0,1));
63          p1.add(part1);
64          p1.add(part2);
65          p1.add(part3);
66          p1.add(part4);
67          p1.add(part5);
68
69          p2 = new Panel( );
70          p2.add(btnSearch);
71          p2.add(btnInsert);
```

```java
72          p2.add(btnUpdate);
73          p2.add(btnDelete);
74
75          frame.add(p1,"North");
76          frame.add(guiList,"Center");
77          frame.add(p2,"South");
78
79          frame.setSize(500,500);
80          frame.setVisible(true);
81      }
82
83      public static void main(String args[]){
84          MemberWindow  window = new MemberWindow( );
85          window.startGUI( );
86      }
87  }
```


7~24행 : 상단에 위치할 컴포넌트 객체를 생성한다.

26~27행 : 중간단에 위치할 List 객체를 생성한다.

29~32행 : 하단에 위치할 버튼 객체를 생성한다.

36~59행 : 상단의 위치할 Label과 TextField를 나란히 위치시키기 위하여 Panel1에 나란히 추가한다.

61~67행 : 36~59행에서 만든 Panel1에서 Panel5를 다시 p1에 추가하여 상단의 회원 정보 입력 창을 만든다.

69~73행 : 버튼을 p2에 추가한다.

75~77행 : Panel을 최종적으로 Frame에 추가한다.

그런데 예제의 화면을 실행시킨 후에 버튼을 클릭하거나 화면의 [종료] 버튼을 누르면 아무 응답도 없다. 다음으로는 이와 같이 사용자가 화면에서 발생시키는 여러 가지 행위인 이벤트와 이벤트를 처리하는 방법에 대해 알아본다.

AWT 이벤트의 정의와 사용법

앞에서 자바 AWT의 화면 구현 방법에 대하여 알아보았다. 실제 프로그램에서는 화면의 버튼을 누르거나 화면의 사이즈를 늘리면 프로그램에서 적절한 기능을 수행하였다. 이번에는 사용자가 화면에 어떤 액션, 즉 이벤트를 발생시켰을 때 프로그램이 화면에서 그 이벤트를 인식한 후 여러 가지 작업을 처리하는 방법에 대하여 알아보자.

> **이벤트 정의**
>
> • 자바 화면에서 사용자가 발생시키는 행위나 시스템이 자체적으로 발생시키는 모든 행위
>   예 사용자가 [종료] 버튼 클릭하기, 사용자가 마우스 움직이기 등

이벤트(Event)란, 사용자가 자바 화면에서 발생시키는 모든 행위나 시스템이 발생시키는 모든 행위를 말한다. 이런 이벤트가 발생하면 프로그램은 이벤트에 대하여 적절히 처리해주는 여러 가지 기능이나 개념을 제공한다.

이벤트 소스(Event Source)란, 사용자가 이벤트를 발생시킨 대상을 의미한다. 사용자가 버튼을 클릭하면 이벤트 소스는 버튼이 된다. 그리고 **이벤트 처리(Event Handling)**는 사용자가 발생시킨 이벤트를 프로그램이 지정된 기능으로 수행하는 것을 의미하며, 실제 처리하는 클래스를 '**이벤트 처리자(Event Handler)**'라고 부른다.

이벤트 리스너(Event Listener)는 컴포넌트에서 사용자의 이벤트 발생 유무를 체크하고, 발생된 이벤트를 처리하는 추상 메서드를 가지고 있는 인터페이스이다. 실제 이벤트 처리자는 이 이벤트 리스너의 추상 메서드를 구현하여 처리하고 있다.

> **이벤트 관련 개념**
>
> • 이벤트 소스(Event Source)
>   – 이벤트를 발생시킨 컴포넌트를 의미한다.
>   – 버튼 클릭 시 이벤트 소스는 버튼이 된다.
> • 이벤트 처리자(Event Handler)
>   – 이벤트 발생 시 실제 작업을 수행하는 주체(클래스)
>   예 종료 버튼 클릭 시 프로그램을 종료하는 작업을 실행한다.
> • 이벤트 리스너(Event Listener)
>   – 이벤트 소스에서 이벤트 발생 유무를 체크한다.
>   – interace로 제공되고 실제 이벤트를 처리하는 추상 메서드를 가지고 있다.
>   – 이벤트 처리자는 이벤트 리스너를 구현하여 이벤트를 처리한다.

7.1 자바 이벤트 처리 과정

다음은 자바 애플리케이션에서 발생시킨 이벤트를 처리하는 과정을 나타낸 것이다.

> **자바 이벤트의 처리 과정**
>
> 1. 자바 프로그램 실행 중에 운영체제가 프로그램에 이벤트 발생 유무를 체크한다.
> 2. 이벤트가 발생하면 운영체제는 JVM에게 이벤트 발생을 알린다.
> 3. JVM은 이벤트 발생을 분석한 후 적절한 이벤트 객체를 생성한다.
> 4. JVM은 이벤트 객체를 이벤트 리스너를 구현한 이벤트 핸들러에게 전달한다.
> 5. 이벤트 핸들러는 이벤트 객체를 받아 적절히 처리한다.

자바 프로그램의 화면에서 이벤트가 발생되면 운영체제가 이벤트 발생 여부를 체크한다. 이벤트가 발생하면 운영체제는 발생된 이벤트를 JVM에게 전달한다. 그러면 JVM은 이 이벤트에 대한 이벤트 객체를 생성한다. 그리고 JVM은 생성된 이벤트 객체를 이벤트 리스너를 구현한 이벤트 핸들러로 전달하여 이벤트를 처리한다. [그림 15-11]은 이벤트 처리 과정을 나타낸 것이다.

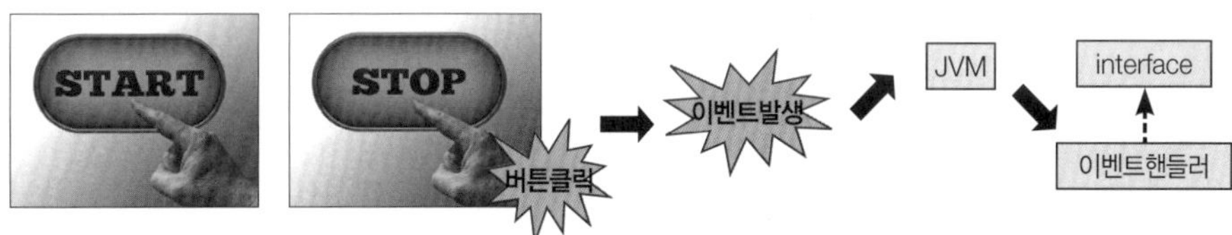

[그림 15-11] 이벤트 처리 과정

08 / 자바에서 제공하는 Event 클래스 계층 구조와 기능

앞에서 이벤트 발생 시 이벤트 처리하는 과정을 알아보았다. 자바에서는 자바 프로그램에서 발생하는 이벤트를 미리 클래스로 만들어 제공한다. 이번에는 각 이벤트 클래스의 특징과 사용법에 대해 알아보자.

8.1 Event 클래스의 특징

[그림 15-12]는 자바의 여러 가지 이벤트 클래스의 계층 구조를 나타낸 것이다. [표 15-2]는 각 이벤트 클래스의 기능이다. 먼저 ActionEvent는 제일 많이 발생하는 이벤트로, **버튼**이나

리스트, 메뉴 등을 눌렀을 때 발생하는 이벤트이다. 그 밖의 여러 가지 이벤트도 제공된다.

[표 15-3]은 각 컴포넌트별로 발생할 수 있는 이벤트의 종류를 나타낸 것이다. 우선 버튼은 ActionEvent를 발생시킬 수 있다. 각 컴포넌트는 여러 이벤트를 발생시킨다.

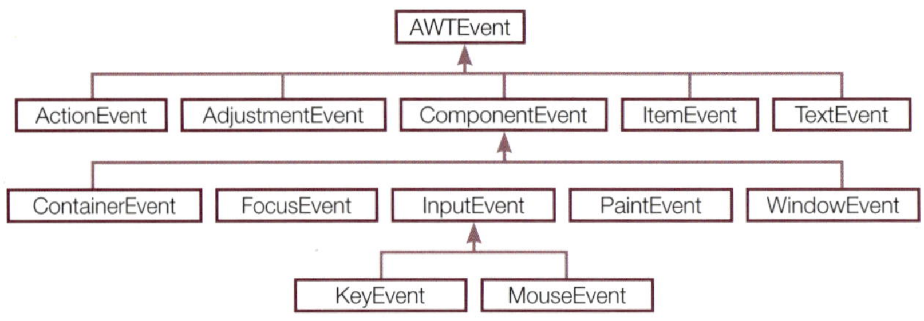

[그림 15-12] java.awt.event 패키지의 Event 클래스의 계층 구조

[표 15-2] java.awt.event 패키지에 존재하는 여러 가지 이벤트 특징

이벤트 종류	설명
ActionEvent	버튼, 리스트, 메뉴 등의 컴포넌트가 눌리거나 선택되었을 때 발생하는 이벤트
AdjustmentEvent	스크롤바와 같은 조정 가능한 컴포넌트에서 조정이 일어나면 발생하는 이벤트
ComponentEvent	컴포넌트의 모습, 이동, 크기가 변화될 때 발생하는 이벤트
ItemEvent	리스트와 같은 선택 항목이 있는 컴포넌트에서 선택 항목이 선택되었을 때 발생하는 이벤트
TextEvent	텍스트 컴포넌트에서 값이 입력될 때 발생하는 이벤트
ContainerEvent	컨테이너에 컴포넌트가 추가되거나 제거될 때 발생하는 이벤트
FocusEvent	컴포넌트에 초점(Focus)이 들어올 때 발생하는 이벤트
PaintEvent	컴포넌트가 그려져야 할 때 발생하는 이벤트
WindowEvent	윈도우가 활성화되거나 비활성화될 때, 최소화, 최대화, 종료될 때 발생하는 이벤트
KeyEvent	키보드로부터 입력될 때 발생하는 이벤트
MouseEvent	마우스가 눌려지거나 움직일 때, 마우스 커서가 컴포넌트 영역에 들어가거나 벗어날 때 발생하는 이벤트

컴포넌트	발생시킬 수 있는 이벤트
Button	ActionEvent, FocusEvent, KeyEvent, MouseEvent, ComponentEvent
Checkbox	ItemEvent, FocusEvent, KeyEvent, MouseEvent, ComponentEvent
Frame	WindowEvent, FoucsEvent, KeyEvent, MouseEvent, ComponentEvent
List	ActionEvent, FocusEvent, KeyEvent, MouseEvent, ItemEvent, ComponentEvent
Label	FocusEvent, KeyEvent, MouseEvent, ComponentEvent
Choice	ItemEvent, FocusEvent, KeyEvent, MouseEvent, ComponentEvent
Adjustable	AdjustmentEvent

8.2 각 Event 클래스의 기능

1 ActionEvent

ActionEvent는 가장 많이 사용되는 이벤트로, 버튼을 클릭 시에 발생한다.

> **ActionEvent 기능**
>
> • 버튼과 같은 컴포넌트를 클릭했을 때 발생하는 이벤트를 객체화한 클래스

[표 15-4] ActionEvent 클래스의 여러 가지 속성

속성	설명
static int **ACTION_FIRST**	액션 이벤트 발생시키는 객체의 식별자 중 첫 번째 번호
static int **ACTION_LAST**	액션 이벤트를 발생시키는 개체의 식별자 중 마지막 번호
static int **ACTION_PERFORMED**	발생한 이벤트에 대한 식별자
static int **ALT_MASK**	액션 이벤트 발생 시 Alt 눌림 상태
static int **META_MASK**	액션 이벤트 발생 시 'META' 키 눌림 상태
static int **SHIFT_MAKS**	액션 이벤트 발생 시 Shift 눌림 상태

[표 15-5] ActionEvent 클래스의 여러 가지 메서드

메서드	설명
String getActionCommand( )	액션 이벤트를 발생시킨 객체의 '이름'을 반환한다.
int getModifiers( )	액션 이벤트 발생 시 눌려진 지정자 키(Shift, Alt)를 반환한다.
long getWhen( )	액션 이벤트 발생 시각을 반환한다.
String paramString( )	액션 이벤트 발생 시 관련된 정보를 반환한다.

❷ ItemEvent

다음은 ItemEvent의 기능을 나타낸
것이다. ItemEvent는 체크 박스 또는
리스트의 항목을 선택하거나 해제했
을 경우에 발생한다.

> **ItemEvent 기능**
>
> • 체크 박스, 리스트 선택 컴포넌트에서 특정 항목
>   선택 시 발생하는 이벤트

[표 15-6] ItemEvent 클래스의 여러 가지 속성

속성	설명
static int **DESELECTED**	아이템 이벤트 발생 시 선택 해제된 아이템의 위치
static int **ITEM_FIRST**	아이템 이벤트 발생 시 첫 번째 아이템의 위치
static int **ITEM_LAST**	아이템 이벤트 발생 시 마지막 아이템의 위치
static int **ITEM_STAATE_CHANGED**	아이템 이벤트 발생 시 아이템의 상태 변화
static int **SELECTED**	아이템 이벤트 발생 시 선택한 아이템의 위치

[표 15-7] ItemEvent 클래스의 여러 가지 메서드

메서드	설명
Object getItem( )	아이템 이벤트가 발생한 아이템을 반환한다.
ItemSelectable getItemSelectable( )	아이템 이벤트를 발생시킨 아이템을 반환한다.
int getStateChange( )	아이템 이벤트 발생 시 아이템이 선택(selected), 해제 (deselected) 여부를 반환한다.
String paramString( )	발생한 아이템 이벤트에 관련된 정보를 반환한다.

❸ KeyEvent

KeyEvent는 키보드를 눌렀을 때 발
생하는 이벤트이다. 키보드와 관련된
여러 가지 속성과 메서드를 제공한다.
그리고 API 문서를 보면 키보드의 여
러 가지 문자에 대하여 속성을 일일이

> **KeyEvent의 특징**
>
> • 키보드 자판을 눌렀을 때 발생하는 이벤트 클래스

선언하고 있다. 입력받은 문자를 처리할 때 사용하면 편리하다.

[표 15-8] KeyEvent 클래스의 여러 가지 속성

속성	설명
static char **CHAR_UNDEFINED**	기존 키값으로 지정되지 않은 키값
static int **KEY_FIRST**	키 이벤트 발생시키는 키 중 첫 번째 객체의 값
static int **KEY_LAST**	키 이벤트 발생시키는 키 중 마지막 객체의 값
static int **KEY_PRESSED**	키 누름 이벤트 발생 유무
static int **KEY_TYPED**	키 타이핑 이벤트 발생 유무
static int **KEY_RELEASED**	키를 누른 후 해제 이벤트 발생 유무
static int **VK_0~VK_10**	0 ~ 10
static int **VK_ALT**	Alt
static int **VK_AT**	@
static int **VK_A~VK_Z**	A ~ Z

[표 15-9] KeyEvent 클래스의 여러 가지 메서드

메서드	설명
int getExtendedKeyCode( )	키 이벤트 발생 시 확장 키를 반환한다.
char getKeyChar( )	키 이벤트 발생 시 문자를 반환한다.
int getKeyCode( )	키 이벤트 발생 시 키 코드를 반환한다.
int getKeyLocation( )	키 이벤트를 발생시킨 키의 위치를 반환한다.
static String geKeyModifierText(int modifiers)	키 이벤트 발생 시 보조 키(Shift, Alt)의 이름을 반환한다.
boolean isActiveKey( )	키 이벤트를 발생시켰는지 판별한다.
void setKeyChar(char keyChar)	물리적 키값을 인자로 전달된 키값으로 설정한다.

4 MouseEvent

마우스에 관련된 여러 가지 이벤트 발
생 시에 생성되는 이벤트이다.

MouseEvenr의 특징

• 마우스를 클릭하거나 마우스 포인터가 컴포넌트
영역에 들어오거나 벗어날 때에 발생하는 이벤트
클래스

[표 15-10] MouseEvent 클래스의 여러 가지 속성

속성	설명
static **BUTTON1**	마우스 왼쪽 버튼
static **BUTTON2**	마우스 오른쪽 버튼
static **BUTTON3**	마우스 휠
static int **MOUSE_CLICKED**	마우스 버튼 클릭 이벤트 발생 여부
static int **MOUSE_DRAGGED**	마우스 드래그 이벤트 발생 여부
static int **MOUSE_ENTERED**	마우스 커서 화면 내 진입 이벤트 발생 여부
static int **MOUSE_EXITED**	마우스 커서 화면에서 탈출 이벤트 발생 여부
static int **MOUSE_FIRST**	마우스 이벤트를 발생시키는 객체들 중의 첫 번째 객체 번호
static int **MOUSE_MOVED**	마우스 이동 이벤트 발생 유무
static int **MOUSE_RELEASED**	마우스 버튼 클릭 후 해제 이벤트 발생 유무

[표 15-11] MouseEvent 클래스의 여러 가지 메서드

메서드	설명
int getButton( )	마우스 이벤트 발생 시 상태가 변경된 마우스 번호를 반환한다.
int getClickCount( )	마우스 이벤트 발생 시 마우스 클릭 횟수를 반환한다.
Point getPoint( )	마우스 이벤트 발생 시 발생한 위치의 좌표를 반환한다.
int getX( )	마우스 이벤트 발생한 위치의 x 좌표를 반환한다.
int getY( )	마우스 이벤트 발생한 위치의 y 좌표를 반환한다.

5 WindowEvent

자바 화면과 관련하여 이벤트 발생 시 생성
되는 이벤트이다. 다음은 WindowEvent
의 특징을 나타낸 것이다.

WindowEvent 특징

- 윈도우를 활성화, 비활성화, 종료 시 발생하는
  이벤트 클래스

속성	설명
static int **WINDOW_ACTIVATED**	윈도우 이벤트를 발생시킨 이벤트 종류
static int **WINDOW_CLOSED**	윈도우 종료 이벤트 발생 유무
static int **WINDOW_CLOSING**	윈도우 [종료] 버튼 클릭 이벤트 발생 유무
static int **WINDOW_DEACTIVATED**	윈도우 최소화 이벤트 발생 유무
static int **WINDOW_OPENED**	윈도우 최소화한 후 윈도우 화면 발생 이벤트 유무

[표 15-13] WindowEvent 클래스의 여러 가지 메서드

메서드	설명
int getNewState( )	윈도우 이벤트 발생 시 변경된 윈도우 상태를 반환한다.
int getOldState( )	윈도우 이벤트 발생 시 이전의 윈도우 상태를 반환한다.
Window getWindow( )	윈도우 이벤트를 발생시킨 윈도우 객체를 반환한다.

지금까지 자바 프로그래밍에서 가장 많이 사용하는 이벤트의 종류와 기능에 대해 알아보았다. 실제 API 문서를 보면 더 많은 속성과 메서드가 있지만, 뒤의 예제를 통해 어떻게 사용되는지를 학습한 후 필요할 때마다 API 문서를 보고 사용하면 된다.

8.3 EventListener의 기능

이번에는 이벤트 리스너에 대하여 알아보자. [표 15-14]에는 여러 가지 이벤트를 처리하는 이벤트 리스너가 나열되어 있다. 각 리스너의 이름은 발생하는 이벤트의 이름을 통해 알 수 있다. **예를 들어 ActionEvent를 처리하는 이벤트 리스너는 ActionEvent에서 Event를 뺀 Action과 Listenter를 결합한 ActionListener가 처리한다. ItemEvent를 처리하는 리스너는 ItemListener가 처리한다.**

[표 15-14]는 각 이벤트 리스너에 선언된 추상 메서드를 나타낸 것이다. 실제 이벤트가 발생하면 각 이벤트는 리스너 안에 있는 추상 메서드로 전달된다. 그리고 이 추상 메서드에서 발생한 이벤트 객체를 전달받아 이벤트를 처리하는 것이다. MouseListener를 예로 들면, 여러 개의 추상 메서드가 선언되어 있다. 각 메서드는 마우스에서 발생하는 각 이벤트에 대응된다. 예를 들어 마우스 오른쪽 버튼을 클릭하여 처리하는 메서드, 마우스를 움직였을 때 발생하는 이벤트를 처리하는 메서드 등을 처리하는 여러 가지 메서드가 존재한다. WindowListener에도 여러 개의 추상 메서드가 선언되어 있다.

[표 15-14] 외의 다른 리스너도 API 문서에서 찾아보면 리스너 내에 여러 개의 추상 메서드가 선언되어 있다. 실제 이벤트는 이들 리스너를 구현하는 클래스에서 추상 메서드를 구현하여 이벤트를 처리하고 있다.

[표 15-14] 이벤트 리스너의 종류

이벤트 리스너	선언된 추상 메서드
ActionListener	actionPerformed(ActionEvent)
AdjustmentListener	adjustmentValueChanged(AdjustmentEvent)
ItemListener	itemStateChanged(ItemEvent)
TextListener	textValueChanged(TextEvent)
FocusListener	focusGained(FocusEvent) focusLost(FocusEvent)
KeyListener	keyPressed(KeyEvent) keyReleased(KeyEvent) keyTyped(KeyEvent)
MouseMotionListener	mouseDragged(MouseEvent), mouseMoved(MouseEvent)
WindowListener	windowOpened(WindowEvent) windowClosing(WindowEvent) windowClosed(WindowEvent) windowActivated(WindowEvent) windowDeactivated(WindowEvent) windowIconified(WindowEvent) windowDeiconfied(WindowEvent)
MouseListener	mouseClicked(MouseEvent) mouseEntered(MouseEvent) mouseExited(MouseEvent) mousePressed(MouseEvent) mouseReleased(MouseEvent)
ContainerListener	componentAdded(ContainerEvent e) componentRemoved(ContainerEvent e)

자바 이벤트 처리 과정

이번에는 실제 자바 프로그래밍에서 발생하는 이벤트 처리 과정에 대해 알아보자. 먼저 이벤트를 발생시킬 이벤트 소스를 결정한 후 이벤트 소스에 대한 이벤트 리스너를 결정하고, 이 이벤트 리스너를 구현할 이벤트 핸들러를 작성한다. 마지막으로 이벤트 소스와 이벤트 리스너를 연결한다.

자바 이벤트 처리 3단계

- 1단계 : 이벤트를 발생시킬 이벤트 소스를 결정한다.
- 2단계 : 이벤트 리스너를 결정한 후 이벤트 리스너를 implements하여 이벤트 핸들러를 구현한다.
- 3단계 : 이벤트 소스와 이벤트 리스너를 연결시킨다.

다음은 이벤트 핸들러의 위치에 따른 이벤트 핸들러 구현 방법을 나타낸 것이다. 이는 실제 자바 예제를 이용하여 설명한다.

이벤트 핸들러 구현 방법

1. 화면 클래스가 이벤트 핸들러의 역할을 하는 방법
2. 화면 클래스와 이벤트 핸들러를 분리하여 처리하는 방법
3. 이벤트 핸들러를 내부 클래스로 처리하는 방법
4. 이벤트 핸들러를 익명의 클래스로 처리하는 방법

■ 화면 클래스가 이벤트 핸들러 역할을 하는 방법

먼저 화면 기능을 하는 클래스가 이벤트 핸들러가 되는 경우에 대해 알아보자. [리스트 15-8]은 EventTest로 화면을 구현하는 클래스이다. 그런데 지금 이 클래스가 ActionListener를 implements하고 있다. **즉, 화면 클래스가 동시에 ActionEvent를 처리하는 핸들러 역할을 하는 것이다.** [리스트 15.8]은 이벤트 핸들러로 구현하는 과정을 나타낸 것이다. 먼저 **4행**에서 EventTest 클래스를 ActionListener로 implements하고 있다. 이어서 **10~14행**에서 이벤트를 발생 시킬 이벤트 소스를 지정하고 있다.

16~28행에서는 ActionListener의 추상 메서드 ActionPerformed( )를 구현하고 있다. 버튼을 누르면 누른 버튼의 이름을 메시지로 출력해준다. 그리고 **31~35행**을 보면 이벤트를 발생시킬 버튼과 ActionListener를 addActionListener( )를 통해 연결한다. addActionListener( )의

인자는 이벤트 핸들러 객체를 전달해야 하는데, 지금 이 경우에는 자기 자신이기 때문에 this를 전달하고 있다. 이를 실행한 후 화면의 버튼을 클릭하면 클릭 시에 발생하는 ActionEvent 객체가 EventTest의 actionPerformed() 메서드의 인자로 전달되어 actionPerformed()에서 누른 버튼에 대한 이름을 출력해준다. **17행**을 보면 ActionEvent의 getActionCommand()를 이용하여 이벤트를 발생시킨 이벤트 소스를 알 수 있다.

그러면 버튼을 눌렀을 때 각 버튼의 이름을 비교하여 버튼마다 각 기능을 구현해줄 수 있다. **26행**의 getSource()를 사용하면 getActionCommand() 메서드와 같은 기능을 구현할 수 있는데, 이 메서드는 이벤트를 발생시킨 이벤트 소스의 메모리 위치를 리턴한다.

지금까지 화면을 나타내는 클래스가 동시에 이벤트 핸들러의 역할을 하는 경우에 대해 알아보았다. 이는 화면에서 이벤트를 발생시키는 이벤트 소스가 적은 경우에 사용하면 편리하다.

[리스트 15.8] 화면 클래스와 이벤트 핸들러 클래스가 같은 경우(EventTest.java)

```
1    import java.awt.*;
2    import java.awt.event.ActionListener;
3    import java.awt.event.ActionEvent;
4    public class EventTest implements ActionListener{
5        private Frame frame;
6        private Button btn1,btn2,btn3,btn4,btn5;
7
8        public EventTest( ) {
9            frame = new Frame("이벤트 핸들러예제");
10           btn1 = new Button("btn1");
11           btn2 = new Button("btn2");
12           btn3 = new Button("btn3");
13           btn4 = new Button("btn4");
14           btn5 = new Button("btn5");
15       }
16       public void actionPerformed( ActionEvent e){
17           if( e.getActionCommand( ).equals( "btn1"))
18               System.out.println( "버튼1 클릭" );
19           if( e.getActionCommand( ).equals( "btn2"))
20               System.out.println( "버튼2 클릭" );
21           if( e.getActionCommand( ).equals( "btn3"))
22               System.out.println( "버튼3 클릭" );
23           if( e.getActionCommand( ).equals( "btn4"))
24               System.out.println( "버튼4 클릭" );
```

```java
25
26            if( e.getSource( ) ==btn5 )
27                System.out.println( "버튼5 클릭" );
28        }
29
30    public void startFrame( ) {
31        btn1.addActionListener( this );
32        btn2.addActionListener( this );
33        btn3.addActionListener( this );
34        btn4.addActionListener( this );
35        btn5.addActionListener( this );
36
37        frame.add(btn1, "North");
38        frame.add(btn2, "South");
39        frame.add(btn3, "West");
40        frame.add(btn4, "East");
41        frame.add(btn5, "Center");
42
43        frame.setSize(200,200);
44        frame.setVisible(true);
45    }
46    public static void main(String args[]) {
47        EventTest  border = new EventTest( );
48        border.startFrame( );
49    }
50 }
```


4행 : 화면 기능을 하는 클래스가 동시에 ActionListener를 구현하고 있다.

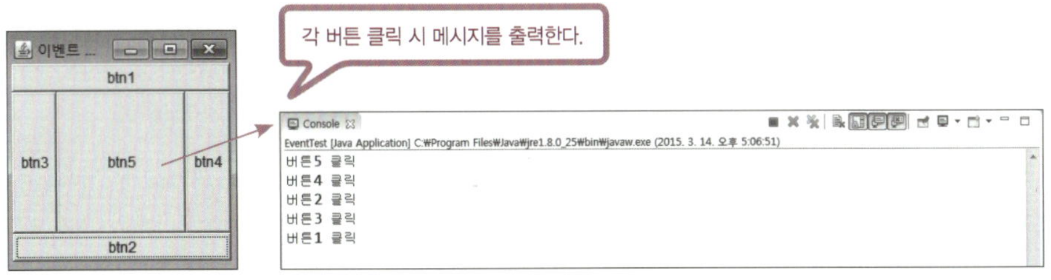

[그림 15-13] 실행 결과

[리스트 15.9]와 [리스트 15.10]은 다른 클래스에 이벤트 핸들러를 구현한 예제다. [리스트 15.9]의 ActionHandler 클래스 **3행**에서 ActionListener를 implements하고 있다. 그리고 actionPerformed() 구현해주고 있다. 그리고 [리스트 15.10]의 ActionTest 클래스를 보면 **16~20행**에서 버튼 이벤트와 이벤트 핸들러를 연결시키는데, addActionListener()의 인자로 다른 클래스인 ActionHandler 객체를 인자로 전달하고 있다는 것을 알 수 있다. [그림 15-13]은 실행 결과다.

[리스트 15.9] 다른 클래스로 이벤트 핸들러를 구현한 예제(ActionHandler.java)

```java
1      import java.awt.event.*;
2
3      public class ActionHandler implements ActionListener{
4          public void actionPerformed( ActionEvent e){
5              if( e.getActionCommand( ).equals( "btn1"))
6                  System.out.println( "버튼 1 클릭" );
7              if( e.getActionCommand( ).equals( "btn2"))
8                  System.out.println( "버튼 2 클릭" );
9              if( e.getActionCommand( ).equals( "btn3"))
10                 System.out.println( "버튼 3 클릭" );
11             if( e.getActionCommand( ).equals( "btn4"))
12                 System.out.println( "버튼 4 클릭" );
13             if( e.getActionCommand( ).equals( "btn5"))
14                 System.out.println( "버튼 5 클릭" );
15         }
16     }
```


3행 : ActionHandler가 ActionListener를 implements하고 있다.

4~15행 : actionPerfomed()를 구현하고 있다.

[리스트 15.10] 다른 클래스로 이벤트 핸들러를 구현한 예제(ActionTest.java)

```java
1    import java.awt.*;
2
3    public class ActionTest {
4        private Frame frame;
5        private Button btn1,btn2,btn3,btn4,btn5;
6        public ActionTest( ) {
7            frame = new Frame("이벤트 핸들러 예제");
8            btn1 = new Button("btn1");
9            btn2 = new Button("btn2");
10           btn3 = new Button("btn3");
11           btn4 = new Button("btn4");
12           btn5 = new Button("btn5");
13       }
14
15       public void startFrame( ) {
16           btn1.addActionListener( new ActionHandler( ) );
17           btn2.addActionListener( new ActionHandler( ) );
18           btn3.addActionListener( new ActionHandler( ) );
19           btn4.addActionListener( new ActionHandler( ) );
20           btn5.addActionListener( new ActionHandler( ) );
21
22           frame.add(btn1, "North");
23           frame.add(btn2, "South");
24           frame.add(btn3, "West");
25           frame.add(btn4, "East");
26           frame.add(btn5, "Center");
27
28           frame.setSize(200,200);
29           frame.setVisible(true);
30       }
31       public static void main(String args[]) {
32           ActionTest  border = new ActionTest( );
33           border.startFrame( );
34       }
35   }
```


16~20행 : addActionListener( )의 인자로 ActionHandler 객체를 전달한다.

❸ 내부 클래스를 이벤트 핸들러로 사용하는 경우

이번에는 내부 클래스를 이벤트 핸들러로 사용하는 경우다. 자바나 안드로이드 앱에서는 화면의 이벤트를 내부 클래스나 다음의 익명 클래스를 이용하여 이벤트를 처리한다. [리스트 15.11]은 내부 클래스가 이벤트 핸들러로 사용되는 경우다. ActionTest 클래스의 **16행**에는 InnerHandler라는 내부 클래스가 존재한다. 그런데 이 내부 클래스가 ActionListener를 implements하고 있다. **즉, 내부 클래스를 이벤트 핸들러로 사용하고 있다.** 그리고 InnerHandler가 actionPerformed()를 구현하고 있다. 그리고 **31~35행**에서는 이벤트 소스와 이벤트 리스너를 연결할 때 addActionListener()의 인자로 내부 클래스인 InnerHandler 객체를 전달하고 있다.

[리스트 15.11] 내부 클래스를 이벤트 핸들러로 사용하는 예제(BorderTest.java)

```java
1    import java.awt.*;
2    import java.awt.event.*;
3    public class BorderTest {
4
5        private Frame frame;
6        private Button c, w, e, n, s;
7
8        public BorderTest( ) {
9            frame = new Frame("Border 이벤트 예제");
10           n = new Button("btn1");
11           s = new Button("btn2");
12           w = new Button("btn3");
13           e = new Button("btn4");
14           c = new Button("btn5");
15       }
16       public class InnerHandler implements ActionListener{
17           public void actionPerformed( ActionEvent e){
18               if( e.getActionCommand( ).equals( "btn1"))
19                   System.out.println( "btn1 클릭" );
20               if( e.getActionCommand( ).equals( "btn2"))
21                   System.out.println( "btn2 클릭" );
22               if( e.getActionCommand( ).equals( "btn3"))
23                   System.out.println( "btn3 클릭" );
24               if( e.getActionCommand( ).equals( "btn4"))
25                   System.out.println( "btn4 클릭" );
26               if( e.getActionCommand( ).equals( "btn5"))
```

```java
27                System.out.println( "btn5 클릭" );
28            }
29        }
30    public void startFrame( ) {
31            n.addActionListener( new  InnerHandler( ) );
32            s.addActionListener( new InnerHandler( ) );
33            w.addActionListener( new InnerHandler( ) );
34            e.addActionListener( new InnerHandler( ) );
35            c.addActionListener( new InnerHandler( ) );
36
37            frame.add(n, "North");
38            frame.add(s, "South");
39            frame.add(w, "West");
40            frame.add(e, "East");
41            frame.add(c, "Center");
42
43            frame.setSize(200,200);
44            frame.setVisible(true);
45        }
46    public static void main(String args[]) {
47            BorderTest  border = new BorderTest( );
48            border.startFrame( );
49        }
50    }
```


④ 이벤트 핸들러를 익명의 클래스로 처리하는 방법

[리스트 15.12]는 익명 내부 클래스를 이벤트 핸들러로 이용한 경우다. 먼저 **11행**에서 각 이벤트 소스를 생성한 후에 **17~42행**까지 각 이벤트 소스를 이벤트 리스너에 연결하는 addAction Listener()를 호출하면서 인자로 ActionListener의 객체를 생성한 후 추상 메서드를 구현하여 인자로 전달한다. 다른 버튼에 연결하는 메서드도 같은 작업을 하고 있다. 즉, 이벤트 소스와 이벤트 리스너를 연결하면서 수행하는 작업을 바로 구현하는 것이다. 이 방법은 화면에서 처리할 이벤트가 적을 때에는 이 방법을 많이 사용한다. 반면, 화면에서 지금처럼 버튼이나 다른 이벤트를 처리하는 경우가 많을 때에는 앞의 내부 클래스를 이벤트 핸들러로 사용하는 경우가 많다.

[리스트 15.12] 익명 내부 클래스를 이벤트 핸들러로 사용하는 예제(ActionTest.java)

```java
import java.awt.*;

import java.awt.event.*;
public class ActionTest {
    private Frame frame;
    private Button btn1,btn2,btn3,btn4,btn5;

    public ActionTest( ) {
        frame = new Frame("이벤트 핸들러 예제");
        btn1 = new Button("btn1");
        btn2 = new Button("btn2");
        btn3 = new Button("btn3");
        btn4 = new Button("btn4");
        btn5 = new Button("btn5");
    }
    public void startFrame( ) {
        btn1.addActionListener( new ActionListener( ) {
            public void actionPerformed( ActionEvent e){
                System.out.println( "B1 클릭");
            }
        } );
        btn2.addActionListener( new ActionListener( ) {
            public void actionPerformed( ActionEvent e){
                System.out.println( "B2 클릭");
            }
        } );
        btn3.addActionListener( new ActionListener( ) {
            public void actionPerformed( ActionEvent e){
                System.out.println( "B3 클릭");
            }
        } );
        btn4.addActionListener( new ActionListener( ) {
            public void actionPerformed( ActionEvent e){
                System.out.println( "B4 클릭");
            }
        } );

        btn5.addActionListener( new ActionListener( ) {
            public void actionPerformed( ActionEvent e){
                System.out.println( "B5 클릭");
```

```java
41              }
42          } );
43
44          frame.add(btn1, "North");
45          frame.add(btn2, "South");
46          frame.add(btn3, "West");
47          frame.add(btn4, "East");
48          frame.add(btn5, "Center");
49
50          frame.setSize(200,200);
51          frame.setVisible(true);
52      }
53      public static void main(String args[]) {
54          ActionTest  border = new ActionTest( );
55          border.startFrame( );
56      }
57  }
```

지금까지 이벤트 핸들러를 구현하는 방법에 대하여 학습했다. 이벤트와 이벤트 핸들링 방법은 안드로이드나 다른 언어에서도 동일한 방법으로 처리하므로, 이를 익혀두면 편리하게 사용할 수 있다.

10 / Adapter 클래스

Adapter 클래스는 2개 이상의 추상 메서드를 가진 리스너를 미리 implements하여 구현한 클래스이다.

Adapter 클래스의 정의와 용도

• 정의
  – 2개 이상의 추상 메서드를 가진 리스너 인터페이스를 미리 구현한 클래스이다.

• 용도
  – Listener 인터페이스를 이용하여 이벤트 핸들러를 구현하면 사용되지 않는 추상 메서드로 구현해주어야 한다.
  – Adapter 클래스를 사용하면 필요하지 않은 추상 메서드는 구현하지 않아도 된다.

[표 15-15]는 Adapter 클래스의 등장 배경을 나타낸 것이다. 예를 들어 ActionListener를 구현할 때에는 이벤트 핸들러에서 actionPerformed()만 구현하면 된다. 그런데 프로그램의 윈도우 화면에서 [종료] 버튼을 눌렀을 때 이벤트를 처리하려고 하면, WindowListener에서 이 종료 이벤트를 처리하는 windowClosed() 메서드만 구현하려고 해도 [표 15-15]에 나타난 사용하지 않는 추상 메서드들도 이벤트 핸들러에 형식적으로 구현해주어야 한다. 그런데 Adapter 클래스를 사용하면 미리 리스너의 추상 메서드를 구현해 놓았으므로 이벤트 핸들러에서 Adapter 클래스를 상속받아 필요한 메서드만 오버라이딩하여 사용하면 된다.

[표 15-15] 여러 개의 추상 메서드가 선언된 리스너

이벤트 리스너	선언된 추상 메서드
ActionListener	actionPerformed(ActionEvent)
MouseListener	mouseClicked(MouseEvent) mouseEntered(MouseEvent) mouseExited(MouseEvent) mousePressed(MouseEvent) mouseReleased(MouseEvent)
WindowListener	windowOpened(WindowEvent) windowClosing(WindowEvent) windowClosed(WindowEvent) windowActivated(WindowEvent) windowDeactivated(WindowEvent) windowIconified(WindowEvent) windowDeiconfied(WindowEvent)

[리스트 15.13]은 Aapter 클래스를 사용하지 않고 윈도우의 [종료] 버튼을 눌렀을 때 이벤트를 처리하는 예제다. FlowTest 클래스가 **3행**에서 WindowListener를 implements하고 있다. 그리고 **15~17행**에서 [종료] 버튼을 눌렀을 때 이벤트를 처리하는 windowClosing() 메서드를 구현하고 있다. 그런데 **18~23행**에서 다른 추상 메서드를 사용하고 있지 않음에도 이를 구현해주고 있다. 이렇게 implements하면 사용되지 않는 추상 메서드도 일일이 적어주어야 한다.

[리스트 15.14]는 Adpater 클래스를 상속받아 윈도우 종료 이벤트를 처리하고 있다. WindowAdapter 클래스에서 미리 WindowListener를 구현하여 제공하므로 **15~16행**에서 WindowClosing() 메서드를 오버라이딩하여 구현해주고 있다. 따라서 사용하지도 않는 추상 메서드를 구현해주지 않아도 된다.

[리스트 15.13] WindowListener를 implements 해서 윈도우를 종료하는 예제(FlowTest.java)

```java
1   import java.awt.*;
2   import java.awt.event.*;
3   public class FlowTest implements WindowListener{
4       private Frame frame;
5       private Button button1;
6       private Button button2;
7       private Button button3;
8
9       public FlowTest( ) {
10          frame = new Frame("Adaper 사용 전 예제");
11          button1 = new Button("Ok");
12          button2 = new Button("Open");
13          button3 = new Button("Close");
14      }
15      public void windowClosing( WindowEvent e){
16          System.exit( 0 );
17      }
18      public void windowActivated( WindowEvent e){}
19      public void windowClosed( WindowEvent e){}
20      public void windowDeactivated( WindowEvent e){}
21      public void windowDeiconified( WindowEvent e){}
22      public void windowIconified( WindowEvent e){}
23      public void windowOpened( WindowEvent e){}
24
25
26      public void startFrame( ) {
27          frame.addWindowListener( this);
28
29          frame.setLayout(new FlowLayout( ));
30          frame.add(button1);
31          frame.add(button2);
32          frame.add(button3);
33          frame.setSize(100,100);
34          frame.setVisible(true);
35      }
36
37      public static void main(String args[]) {
38          FlowTest flow = new FlowTest( );
39          flow.startFrame( );
40      }
41  }
```

[리스트 15.14] WindowAdapter 사용하여 윈도우 종료 이벤트 처리하는 예제(FlowTest.javva)

```java
1    import java.awt.*;
2    import java.awt.event.*;
3    public class FlowTest extends WindowAdapter{
4        private Frame frame;
5        private Button button1;
6        private Button button2;
7        private Button button3;
8
9        public FlowTest( ) {
10            frame = new Frame("Flow Layout");
11            button1 = new Button("Ok");
12            button2 = new Button("Open");
13            button3 = new Button("Close");
14        }
15        public void windowClosing( WindowEvent e){
16            System.exit( 0 );
17        }
18        public void startFrame( ) {
19            frame.addWindowListener( this);
20
21            frame.setLayout(new FlowLayout( ));
22            frame.add(button1);
23            frame.add(button2);
24            frame.add(button3);
25            frame.setSize(100,100);
26            frame.setVisible(true);
27        }
28
29        public static void main(String args[]) {
30            FlowTest flow = new FlowTest( );
31            flow.startFrame( );
32        }
33    }
```

[그림 15-14] 실행 결과

Applet의 정의

이번에는 애플릿에 대해 알아보자.

> **애플릿(Applet)의 정의**
>
> • 웹 서버에서 다운로드되어 클라이언트 웹브라우저에서 실행되는 자바 프로그램
> • 독자적으로 실행될 수 없고, 웹브라우저나 애플릿 뷰어에서만 실행 가능하다.
> • 지금은 자바 데모 프로그램 실행 시에 주로 사용된다.

애플릿은 일단 실행 전에 웹 서버에 저장되어 있다가 클라이언트의 웹브라우저에서 실행을 요청하면 인터넷 망을 통해 클라이언트로 전송되어 웹브라우저에서 실행되는 자바 프로그램이다. 인터넷이 나온 초기에는 주로 웹브라우저의 여러 가지 동적인 기능을 구현하는 데에 사용되었다. 그런데 웹브라우저에서 동적인 기능을 하는 다른 언어가 많이 나오고, 속도 면에서도 단점이 있어서 지금은 거의 사용되지 않고 있다. 애플릿으로 만들면 웹브라우저에서 바로 실행할 수 있기 때문에 지금은 주로 회사에서 만든 자바 데모용 프로그램을 애플릿으로 만들어 사용한다. [그림 15-15]는 기존 PC용 자바 프로그램과 애플릿의 실행 과정을 나타낸 것이다.

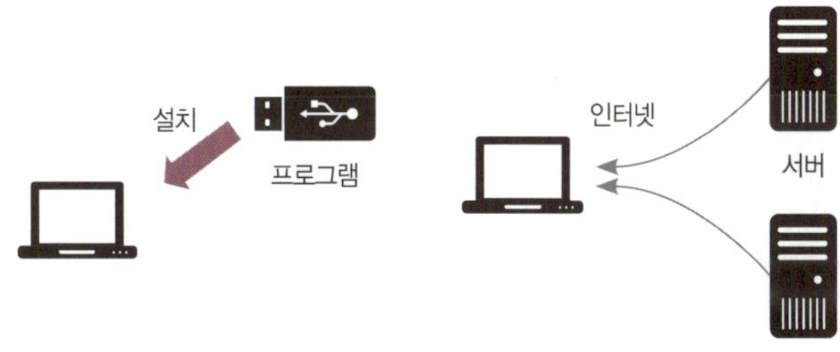

[그림 15-15] 기존 프로그램과 애플릿의 실행 시 차이점

애플릿은 Panel의 하위 클래스로 이루어져 있다. 즉, 애플릿은 항상 웹브라우저를 통해서만 보여진다. [표 15-16]은 애플릿 실행 시에 차례대로 수행되는 라이프 사이클(life cycle) 메서드를 나타낸 것이다.

[표 15-16] 애플릿의 라이프 사이클 메서드

메서드명	기능 설명
public void init( )	웹 페이지에서 처음으로 애플릿이 로드될 때 호출되는 메서드
public void destroy( )	애플릿이 종료될 때 호출되는 메서드
public void stop( )	사용자가 애플릿을 포함하고 있는 웹페이지를 살펴보다가 다른 페이지로 넘어갈 때 호출되는 메서드
public void start( )	애플릿이 실행될 때 호출되는 메서드
public void paint(Graphics g)	애플릿의 화면이 다시 그려져야 할 경우에 호출되는 메서드

11.1 애플릿 실습 예제

[리스트 15.15]는 HelloWorld라는 애플릿 클래스이다. **4행**에서처럼 애플릿은 반드시 Applet 클래스를 상속받아야 한다. 그리고 **6행**의 init( ) 메서드에서 초기화한다. **13행**의 paint( )에서 웹브라우저의 화면에 노란색의 "Hello World" 메시지를 표시한다. [리스트 15.15]은 **6행**에서 HelloWorld 애플릿을 html에서 〈applet〉 태그를 이용하여 읽어 들여 그 위치에서 실행하는 방법을 나타낸 것이다. 이처럼 애플릿은 웹브라우저에서 사용되는 html 파일에서 주로 동적인 작업을 담당했다.

[리스트 15.15] Applet 기능을 구현한 클래스(HelloWorld.java)

```
1    import java.applet.Applet;
2    import java.awt.*;
3
4    public class HelloWorld extends  Applet{
5        Font f;
6        public void init( ){
7            f= new Font("SansSerif", Font.BOLD,20);
8        }
9        public void start( ){
10           setBackground(Color.yellow);
11           repaint( );
12       }
13       public void paint(Graphics g){
```

```
14          g.setFont(f);
15          g.drawString("Hello World", 10, 80);
16          g.drawString("안녕하세요", 10, 150);
17      }
18  }
```

[리스트 15.16] Applet 클래스를 실행하는 html 파일(HelloWorld.html)

```
1  <html>
2      <head>
3          <title>Hello World</title>
4      </head>
5      <body>
6          <applet code=HelloWorld width=300 height=300  >
7          </applet>
8      </body>
9  </html>
```

[그림 15-16] 실행 결과

지금까지 애플릿의 기능에 대해 알아보았다. 애플릿은 현재 많이 사용되지 않지만 자바를 학습했으므로 기본 개념 정도는 알아두는 것이 좋다.

자바 AWT 실습 예제

12.1 계산기 기능 구현하기

[그림 15-17]은 AWT를 이용하여 실제 아래 숫자 버튼을 누른 후, 연산자 버튼을 누르고 "="
버튼을 누르면 버튼을 클릭할 때마다 입력한 숫자와 계산 결과를 표시해주는 계산기 화면이
다. [리스트 15.17]은 계산기를 구현한 소스의 일부분이다. 여기서는 **5행**에서 버튼을 선언하
고 있다. 그리고 **8~13행**에서 필요한 변수를 선언하고 있다.

8행에서 numOfInput 변수의 용도는 숫자 버튼을 클릭했을 때 1씩 증가시키면서 연산이 적
용될 숫자가 2개 입력되었는지를 체크한다. 그리고 **9, 10행**의 firstNum과 secondNum은 첫
번째와 두 번째로 입력한 숫자를 저장하는 변수다. **11행**의 result는 두 숫자를 연산한 후 그
결과값을 저장하는 변수다.

그리고 **13행**의 operator 변수는 연산자를 입력할 때 숫자에 적용해야 할 연산자를 기억하
는 변수다.

버튼을 격자형으로 표시하기 위하여 **19행**에서 Button을 나열시키는 용도로 사용되는 buttonPanel
의 배치 관리자를 GridLayout으로 선언하고 있다. **60~78행**에서는 buttonPanel에 버튼을 추가
하고 있다. **80행**부터는 Button 클릭 시 이벤트를 처리하는 이벤트 핸들러다.

이벤트 핸들러의 처리 과정을 살펴보자. **84~128행**은 숫자 버튼을 눌렀을 때 숫자를 입력받는
다. 계산기에는 반드시 2개의 숫자가 입력되어야 하므로, 그 입력된 숫자 수를 numOfInput
에 저장한다. 그리고 입력한 두 수를 차례대로 firstNum과 secondNum에 저장한다. 그리고
사용자가 "="을 누르면 **155~166행**에서 입력한 두 숫자와 연산자를 이용하여 계산한다. 그
런데 "/"의 경우에는 결과값이 정수가 아닐 수도 있으므로, float로 형 변환한 후 계산하여
출력해준다. 결과값을 출력한 후에는 다시 모든 변수를 초기화한다. 동영상을 참고하여 직
접 만들어 보기 바란다.

그런데 [리스트 15.17]에서 두 자릿수의 숫자를 계산하면 원하는 결과가 나오지 않는다. [리
스트 15.18]은 여러 자리의 숫자를 입력한 경우에도 정상적으로 동작하는 예제다.

[그림 15-17] 계산기 화면

[리스트 15.17] 계산기 구현하기(Calculator.java)

```
1   public class Calculator {
2       Frame frame;
3       Panel buttonPanel;
4       Label display;
5       Button btn0,btn1,btn2,btn3,btn4,btn5,btn6,btn7,btn8,btn9,
6               btnClear,btnEqual,btnPlus,btnMinus,btnMulti,btnDivide;
7       String susik="";
8       int numOfInput=0;
9       int firstNum=0;
10      int secondNum=0;
11      int result=0;
12      float res =0.0f;
13      String operator="";
14      .....
15      .....
16      public Calculator( ){
17          frame=new Frame("계산기");
18          buttonPanel=new Panel( );
19          buttonPanel.setLayout(new GridLayout(4,1));
20          display=new Label( );
21          display.setAlignment(Label.RIGHT);
22          btn0=new Button("0");
23          btn1=new Button("1");
24          btn2=new Button("2");
25          btn3=new Button("3");
26
27          btn4=new Button("4");
```

```java
28          btn5=new Button("5");
29          btn6=new Button("6");
30          btn7=new Button("7");
31          btn8=new Button("8");
32          btn9=new Button("9");
33          btn9=new Button("9");
34          btnClear=new Button("C");
35          btnEqual=new Button("=");
36          btnPlus=new Button("+");
37          btnMinus=new Button("-");
38          btnMulti=new Button("*");
39          btnDivide=new Button("/");
40
41          //Listener와 연결한다.
42          btn0.addActionListener(new ActionHandler( ));
43          btn1.addActionListener(new ActionHandler( ));
44          btn2.addActionListener(new ActionHandler( ));
45          btn3.addActionListener(new ActionHandler( ));
46          btn4.addActionListener(new ActionHandler( ));
47          btn5.addActionListener(new ActionHandler( ));
48          btn6.addActionListener(new ActionHandler( ));
49          btn7.addActionListener(new ActionHandler( ));
50          btn8.addActionListener(new ActionHandler( ));
51          btn9.addActionListener(new ActionHandler( ));
52
53          btnPlus.addActionListener(new ActionHandler( ));
54          btnMinus.addActionListener(new ActionHandler( ));
55          btnMulti.addActionListener(new ActionHandler( ));
56          btnDivide.addActionListener(new ActionHandler( ));
57          btnEqual.addActionListener(new ActionHandler( ));
58          btnClear.addActionListener(new ActionHandler( ));
59
60          buttonPanel.add(btn1);
61          buttonPanel.add(btn2);
62          buttonPanel.add(btn3);
63          buttonPanel.add(btnPlus);
64
65          buttonPanel.add(btn4);
66          buttonPanel.add(btn5);
67          buttonPanel.add(btn6);
```

```java
68              buttonPanel.add(btnMinus);
69
70              buttonPanel.add(btn7);
71              buttonPanel.add(btn8);
72              buttonPanel.add(btn9);
73              buttonPanel.add(btnMulti);
74
75              buttonPanel.add(btn0);
76              buttonPanel.add(btnClear);
77              buttonPanel.add(btnEqual);
78              buttonPanel.add(btnDivide);
79          }
80          private class ActionHandler implements ActionListener{
81              public void actionPerformed(ActionEvent e) {
82                  String num=e.getActionCommand( );
83                  Button btn=(Button)e.getSource( );
84                      if(btn==btn0){
85                          System.out.println("btn0클릭");
86                          if(numOfInput==0){
87                              firstNum=Integer.parseInt(num);
88                              numOfInput++;
89                          }else{
90                              secondNum=Integer.parseInt(num);
91                              numOfInput++;
92                          }
93                          susik+=num;
94                          display.setText(susik);
95                  }else if(btn==btn1){
96                  System.out.println("btn1클릭");
97                          if(numOfInput==0){
98                          firstNum=Integer.parseInt(num);
99                          numOfInput++;
100                         }else{
101                         secondNum=Integer.parseInt(num);
102                             numOfInput++;
103                         }
104                         susik+=num;
105                     display.setText(susik);
106                 }else if(btn==btn2){
107                         System.out.println("btn2클릭");
```

```java
108                    if(numOfInput==0){
109                        firstNum=Integer.parseInt(num);
110                        numOfInput++;
111                    }else{
112                        secondNum=Integer.parseInt(num);
113                        numOfInput++;
114                    }
115                    susik+=num;
116                display.setText(susik);
117            }else if(btn==btn3){
118                System.out.println("btn3클릭");
119                if(numOfInput==0){
120                    firstNum=Integer.parseInt(num);
121                    numOfInput++;
122                }else{
123                    secondNum=Integer.parseInt(num);
124                    numOfInput++;
125                }
126                susik+=num;
127                display.setText(susik);
128            }
129            .....//생략
130            ....
131
132        //연산자 버튼을 클릭한 경우
133    if(btn==btnPlus){
134        susik+="+";
135        operator="+";
136        display.setText(susik);
137
138    }else if(btn==btnMinus){
139        susik+="-";
140        operator="-";
141        display.setText(susik);
142    }else if(btn==btnMulti){
143        susik+="*";
144        operator="*";
145        display.setText(susik);
146    }else if(btn==btnDivide){
147        susik+="/";
```

```java
148                operator="/";
149                display.setText(susik);
150          }else if(btn==btnClear){
151                numOfInput=0;
152                operator="";
153                susik="";
154                display.setText("0");
155          }else if(btn==btnEqual){
156                if(numOfInput==2){
157                      if(operator.equals("+")){
158                            result=firstNum+secondNum;
159                      }else if(operator.equals("-")){
160                            result=firstNum-secondNum;
161                      }else if(operator.equals("*")){
162                            result=firstNum*secondNum;
163                      }else if(operator.equals("/")){
164                            res=((float)firstNum)/secondNum;
165                      }
166
167                      if(!operator.equals("/")){
168                            susik=Integer.toString(result);
169                      }else{
170                            susik=Float.toString(res);
171                      }
172                      display.setText(susik);
173                      susik="";
174                      numOfInput=0;
175                }
176          }
177      }
178
179  ....
180      public static void main(String[] args) {
181          Calculator c=new Calculator( );
182          c.makeFrame( );
183      }
184  }
```

[리스트 15.18]은 여러 자리 숫자를 계산하기 위한 계산기 예제다. 먼저 **18~70행**에서 숫자 버튼과 사칙 연산 버튼을 클릭하면 susik 변수에 입력한 숫자를 문자열로 만들어 차례대로 저장한다.

그리고 "=" 버튼을 클릭하면 **61~65행**에서 입력한 수식을 저장한 susik 변수와 연산자를 저장하는 operator를 인자로 하여 calculate( )를 호출한다. 그러면 calculate( )에서는 **74~93행**처럼 전달된 연산자를 이용하여 수식을 각 숫자로 분리한 후 계산을 하고, 그 결과값을 문자열로 변환한 후 리턴한다. 문자열을 분리할 때 주의해야 할 점은 **78행**처럼 자바에서는 "*", "+", "/" 연산자는 특수 문자로 인식하므로 반드시 문자열 앞에 "\\"를 붙여야 한다는 것이다.

[그림 15-18]은 실행 결과다. calculate( )의 **77행**처럼 문자열 분리 시 "\\"를 붙이지 않으면 [그림 15-19]처럼 실행 시 예외가 발생한다.

[리스트 15.18] 향상된 계산기 예제(Calculator2.java)

```
1    public class Calculator2 {
2        Frame frame;
3        Panel buttonPanel;
4        Label display;
5        Button btn0,btn1,btn2,btn3,btn4,btn5,btn6,btn7,btn8,btn9,
6              btnClear,btnEqual,btnPlus,btnMinus,btnMulti,btnDivide;
7        String susik="";
8        String result="";    //두 수를 연산한 결과값을 저장하는 변수
9        String operator="";  //선택한 연산자를 저장하는 변수
10           …
11           …
12           …생략
13       private class ActionHandler implements ActionListener{
14
15       public void actionPerformed(ActionEvent e) {
16           String num=e.getActionCommand( );
17           Button btn=(Button)e.getSource( );
18           if(btn==btn0){
19               susik+=num;
20               display.setText(susik);
21           }else if(btn==btn1){
22               susik+=num;
23               display.setText(susik);
24           }else if(btn==btn2){
```

```java
25          susik+=num;
26          display.setText(susik);
27      }else if(btn==btn3){
28          susik+=num;
29          display.setText(susik);
30      }else if(btn==btn4){
31          susik+=num;
32          display.setText(susik);
33      }else if(btn==btn5){
34          susik+=num;
35          display.setText(susik);
36      }else if(btn==btn6){
37  ....
38
39
40      //연산자 버튼을 클릭한 경우
41  if(btn==btnPlus){
42      susik+="+";
43      operator="+";
44      display.setText(susik);
45
46  }else if(btn==btnMinus){
47      susik+="-";
48      operator="-";
49      display.setText(susik);
50  }else if(btn==btnMulti){
51      susik+="*";
52      operator="*";
53      display.setText(susik);
54  }else if(btn==btnDivide){
55      susik+="/";
56      operator="/";
57      display.setText(susik);
58  }else if(btn==btnClear){
59      operator="";
60      susik="";
61      display.setText("0");
62  }else if(btn==btnEqual){
63      result=calculate(susik,operator);
64      display.setText(result);
```

```java
65              susik="";
66              operator="";
67          }
68
69          System.out.println("수식 : "+susik);
70      }
71   }
72   //입력한 문자열을 연산자를 구분자로 각각의 숫자로 분리하는 메서드
73      private static String calculate(String str,String opr){
74          String result=null;
75          String[] num;
76          int firstNum=0,secondNum=0;
77              //num=str.split(opr);
78          num=str.split("\\"+opr);
79          firstNum=Integer.parseInt(num[0]);
80          secondNum=Integer.parseInt(num[1]);
81
82          if(opr.equals("+")){
83              result=Integer.toString(firstNum+secondNum);
84          }else if(opr.equals("-")){
85              result=Integer.toString(firstNum-secondNum);
86          }else if(opr.equals("*")){
87              result=Integer.toString(firstNum*secondNum);
88          }else if(opr.equals("/")){
89              result=Float.toString(((float)firstNum)/secondNum);
90          }
91          return result;
92      }
93   }
```


78행 : 연산자와 같은 자바 특수 문자는 "\\"를 붙여주어야 한다.

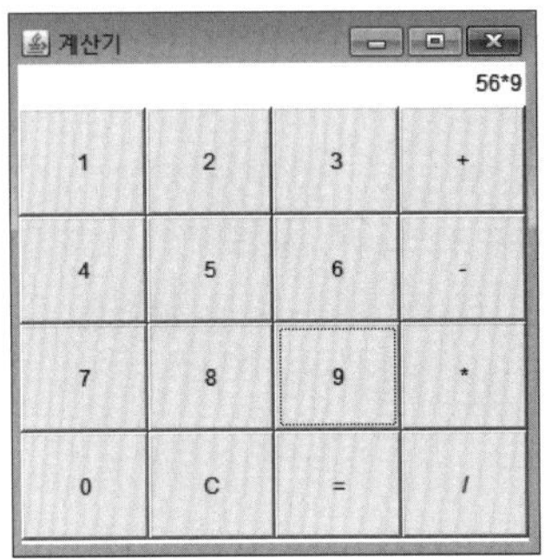

(a) 두 수를 입력한 상태

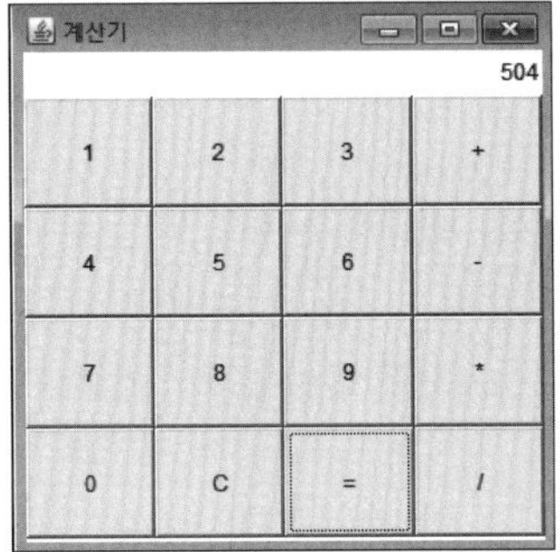

(b) '='을 눌러 결과를 출력한 상태

[그림 15-18] 실행 결과

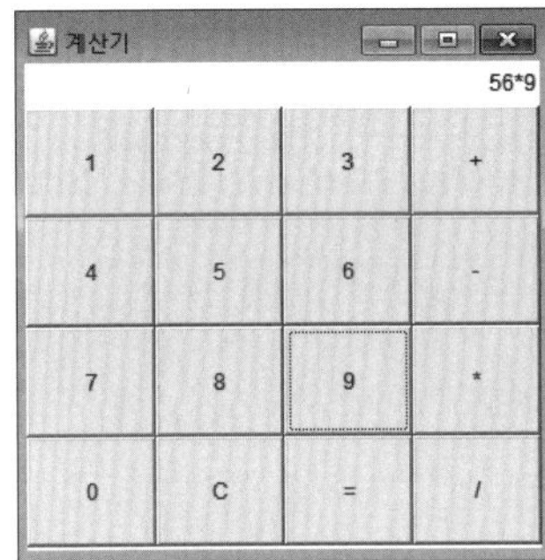

(a) '*' 연산자를 입력한 경우

```
Console
Calculator2 [Java Application] C:\Program Files\Java\jre1.8.0_25\bin\javaw.exe (2015. 3. 14. 오후 5:27:49)
수식 : 5
수식 : 59
수식 : 59*
수식 : 59*9
Exception in thread "AWT EventQueue 0" java.util.regex.PatternSyntaxException: Dangling meta char
*
^
        at java.util.regex.Pattern.error(Unknown Source)
        at java.util.regex.Pattern.sequence(Unknown Source)
        at java.util.regex.Pattern.expr(Unknown Source)
        at java.util.regex.Pattern.compile(Unknown Source)
        at java.util.regex.Pattern.<init>(Unknown Source)
        at java.util.regex.Pattern.compile(Unknown Source)
        at java.lang.String.split(Unknown Source)
        at java.lang.String.split(Unknown Source)
        at ch15.ex8a.Calculator2.calculate(Calculator2.java:183)
        at ch15.ex8a.Calculator2.access$0(Calculator2.java:178)
        at ch15.ex8a.Calculator2$ActionHandler.actionPerformed(Calculator2.java:166)
        at java.awt.Button.processActionEvent(Unknown Source)
```

[그림 15-19] 특수 문자 처리를 하지 않은 경우

12.2 마우스 클릭 시 클릭한 곳 좌표 출력하기

[리스트 15.19]는 윈도우 화면에 마우스를 클릭했을 때 클릭한 곳의 좌표를 텍스트 필드에
표시하는 예제다. **12~21행**의 MouseHandler 내부 클래스가 MouseAdapter를 상속받고 있
다. 클래스의 mouseClicked( )에서 마우스를 클릭했을 때 마우스 객체를 받아 클릭한 위치

의 x, y 좌표를 구하여 출력한다. **23~28행**에서 윈도우의 [종료] 버튼을 눌렀을 때 처리할
WindowHandler를 구현하고 있다.

즉, 이번에는 각 이벤트를 처리할 핸들러를 따로 만들어 구현하고 있다. **31, 32행**에서 마우스
이벤트 리스너와 윈도우 이벤트 리스너를 각 이벤트 소스와 연결하고 있다. 이를 실행한 후
에 화면을 클릭하면 [그림 15-20]처럼 화면에 마우스의 x, y 좌표가 표시된다.

[리스트 15.19] 마우스로 클릭한 좌표 출력하는 예제(MouseTest.java)

```java
1    import java.awt.*;
2    import java.awt.event.*;
3
4    public class MouseTest {
5        private Frame frame;
6        private TextField tPos;
7        public MouseTest( ) {
8            frame = new Frame("마우스 좌표 표시하기");
9            tPos=new TextField("좌표 표시");
10       }
11
12       public class MouseHandler extends MouseAdapter {
13           public void mouseClicked(MouseEvent e){
14               int xPos=e.getX( );
15               int yPos=e.getY( );
16
17               String Pos="X좌표: " +xPos+" , Y좌표: "+yPos;
18               System.out.println(Pos);
19               tPos.setText(Pos);
20           }
21       }
22
23       public class WindowHandler extends WindowAdapter {
24           public void windowClosing(WindowEvent arg0) {
25               System.out.println("프로그램을 종료 합니다.");
26               System.exit(0);
27           }
28       }
29
30       public void startFrame( ) {
```

```java
31            frame.addMouseListener(new MouseHandler( ));
32            frame.addWindowListener(new WindowHandler( ));
33        frame.add(tPos, "North");
34            frame.setSize(400,500);
35        frame.setVisible(true);
36    }
37
38    public static void main(String args[]) {
39        MouseTest  border = new MouseTest( );
40        border.startFrame( );
41    }
42 }
```

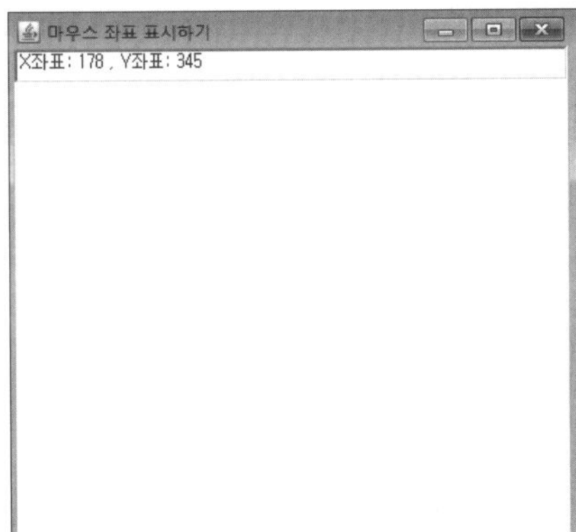

(a) 최초 실행 시 화면

(b) 화면에 마우스 클릭 시 좌표를 출력한다.

[그림 15-20]   실행 결과

12.3 텍스트 필드에 입력한 영화 제목을 리스트(List)에 추가하기

[표 15-17]은 리스트 컴포넌트에서 여러 가지 기능을 하는 메서드들이다.

[표 15-17] java.awt.List 컴포넌트의 여러 가지 메서드

메서드	설명
void add(String item)	인자로 전달된 아이템을 리스트에 추가한다.
void add(String item, int index)	인자로 전달된 아이템을 index의 위치가 추가한다.
String getItem(int index)	인자로 전달된 index 위치의 아이템을 반환한다.
int getItemCount( )	리스트에 추가된 아이템의 개수를 반환한다.
String[] getItems( )	리스트에 추가된 아이템을 배열로 반환한다.
int getRows( )	현재 리스트에 표시되어 있는 아이템의 개수를 반환한다.
int getSelectedIndexes( )	리스트에서 선택된 아이템의 index를 반환한다.
String getSelectedItem( )	리스트에서 선택된 아이템을 반환한다.
String[] getSelectedItems( )	리스트에서 다중 선택된 아이템들을 배열로 반환한다.
boolean isIndexSelected(int index)	인자로 전달된 index의 아이템이 선택되었는지를 확인한다.
void remove(int position)	인자로 전달된 위치의 아이템을 리스트에서 제거한다.
void removeall( )	리스트의 모든 아이템들을 제거한다.
void replaceItem(String newValue, int index)	리스트에서 index의 위치에 있는 아이템을 인자로 전달된 mewItem로 대체한다.

[리스트 15.20]은 영화 제목을 TextField에 입력한 후 추가 버튼을 클릭하면 리스트(List) 컴퍼넌트에 추가되는 예제다.

MovieTest 클래스가 Frame 클래스를 상속받는다. 그러면 MovieTest 클래스는 Frame으로 지정된다. 따라서 **25, 26행**처럼 바로 Frame 클래스 관련 메서드를 호출하여 사용할 수 있다. Frame 클래스로 화면을 구현하는 방법에는 여러 가지가 있다. 이렇게 사용하는 방법도 알아두는 것이 좋다.

그리고 **8행**에 List 컴포넌트 객체를 생성한다. **28행**에서 List를 더블클릭했을 때 ActionEvent 를 수행하도록 addActionListener( ) 메서드를 이용하여 ActionListener와 연결한다. **34행** 은 버튼을 눌렀을 때 이벤트를 처리하는 actionPerformed( )이다. 이 예제에서는 action Performed( )가 버튼과 리스트를 클릭했을 때 이벤트를 동시에 처리한다. **35~45행**은 버튼의 이벤트를 처리하고 나머지 else 부분은 리스트 아이템을 더블클릭했을 때 처리한다.

37행의 if문을 살펴보자. 먼저 [영화 제목 추가] 버튼을 누르면 **39행**에서 텍스트 필드에 입

력한 영화 제목을 가지고 와서 리스트 컴포넌트의 add()를 호출하여 영화 제목을 리스트에 추가한다.

42행은 [모두 삭제] 버튼을 누르면 리스트 컴포넌트의 removeAll()을 호출하여 모든 영화 제목을 삭제한다. 그리고 **46행**은 리스트에서 추가된 영화 제목을 더블클릭했을 때 수행하는 구문으로, 선택한 영화 제목을 리스트에서 삭제한다.

다음 그림은 화면에서 영화 제목을 추가하고 삭제하는 과정이다. 리스트의 항목을 더블클릭하면 해당 영화 제목이 지워진다. [모두 삭제] 버튼을 누르면 리스트의 전체 항목이 삭제된다.

[리스트 15.20] 입력한 영화 제목 리스트에 추가하기(MovieTest.java)

```java
1    import java.awt.*;
2    import java.awt.event.*;
3
4    public class MovieTest  extends Frame implements ActionListener{
5        TextField tMovieTitle=new TextField(30);
6        Button btnTitleInsert=new Button("영화 제목 추가");
7        Button btnTitleDelete=new Button("모두 삭제");
8        List movieList=new List( );
9        Button exit=new Button("종료");
10
11       public MovieTest( ){
12           super("영화 정보 관리 화면");
13
14           movieList.setBackground(Color.green);
15             Panel p=new Panel( );
16           p.add(new Label("영화 제목 입력"));
17           p.add(tMovieTitle);
18           p.add(btnTitleInsert);
19           p.add(btnTitleDelete);
20
21           add(BorderLayout.NORTH,p);
22           add(BorderLayout.CENTER,movieList);
23           add(BorderLayout.SOUTH,exit);
24
25           setBounds(0,0,800,600);
26           setVisible(true);
27
```

```java
28          movieList.addActionListener(this);
29          btnTitleInsert.addActionListener(this);
30          btnTitleDelete.addActionListener(this);
31          exit.addActionListener(this);
32      }
33
34      public void actionPerformed(ActionEvent e){
35          String str=e.getActionCommand( );
36          String mTitle=null;
37          if(str.equals("영화제목 추가")){
38              System.out.println("영화제목 추가하기");
39              mTitle=tMovieTitle.getText( ).trim( );
40              movieList.add(mTitle);
41              System.out.println(mTitle);
42          }else if(str.equals("모두 삭제")){
43              System.out.println("모두 삭제");
44              movieList.removeAll( );
45          }else{
46              movieList.remove(str);
47          }
48
49          if(str.equals("종료"))
50              System.exit(0);
51      }
52
53      public static void main(String[] args){
54          new MovieTest( );
55      }
56  }
```

❶ 텍스트 박스에 영화 제목을 입력한 후 [영화 제목 추가] 버튼을 클릭하여 리스트에 추가한다.

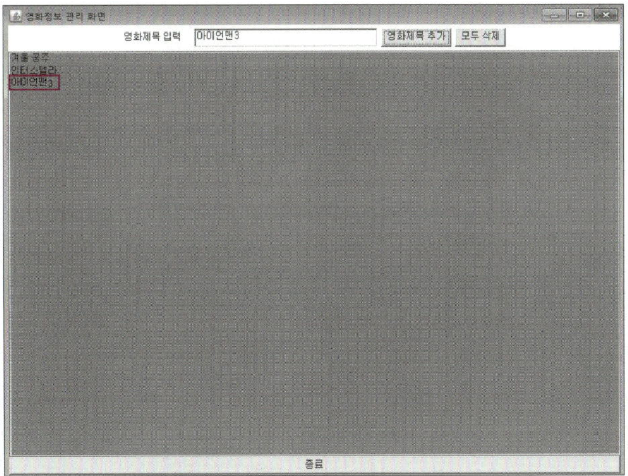

❷ "인터스텔라" 항목을 더블클릭했을 때 리스트에서 영화 제목을 삭제한다.

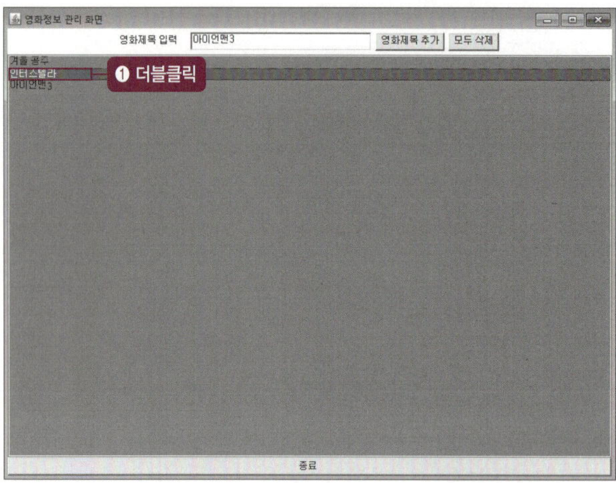

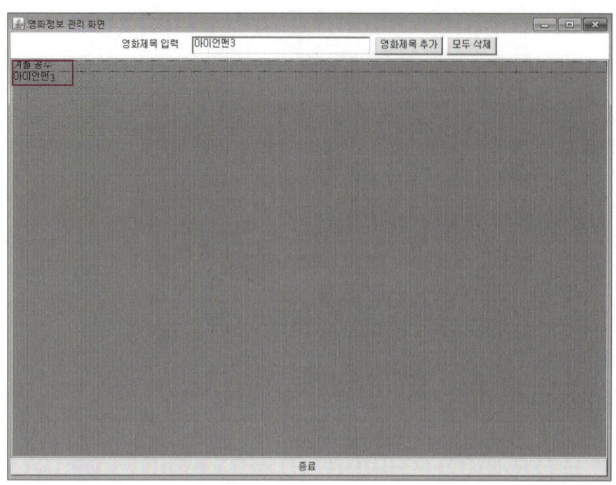

지금까지 자바 AWT의 기능에 대해 알아보았다. AWT의 모든 내용은 Swing에서도 그대로 사용된다. Swing은 모든 운영체제에서 동일하게 화면이 표시된다는 점과 AWT에 좀 더 많은 기능이 추가되었다는 점만 다르다. 따라서 Swing을 잘하려면 AWT에서 배운 이벤트나 이벤트 핸들러와 같은 개념을 알아두는 것이 좋다.

1 다음 그림은 학생들의 시험 성적을 입력한 후 [추가] 버튼을 누르면 리스트에 추가되고 [총점 계산] 버튼을 누르면 텍스트 필드에 총점과 평균을 출력해주는 화면이다. 이 화면을 구현하라.

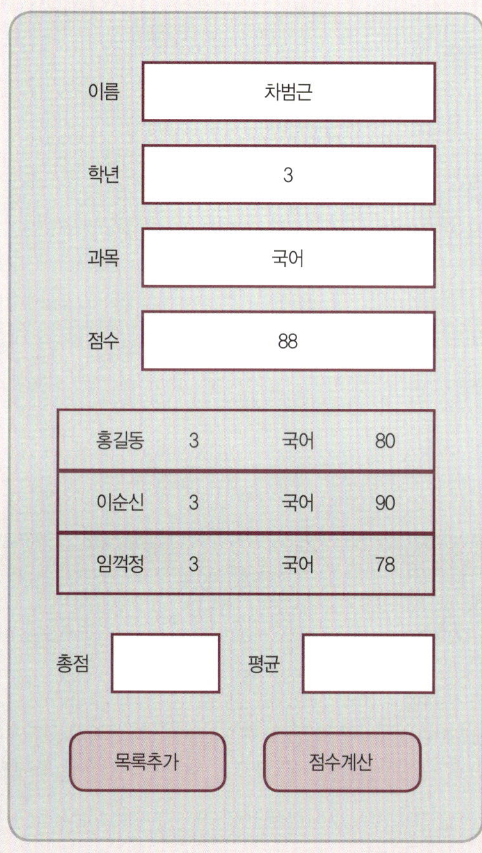

2️⃣ 다음은 각 학생들이 친 중간고사의 과목과 성적이 나타나 있다. 문제 1️⃣의 화면에 다음 시험 성적을 입력한 후 총점과 평균을 출력하라.

학생 이름	학년	과목명	점수
홍길동	3	국어	80
이순신	3	국어	90
임꺽정	3	국어	78
홍길동	3	영어	76
임꺽정	3	영어	56

> **Hint**
> 자바의 난수 기능을 이용해서 단어의 철자를 섞는다.

3️⃣ 다음의 간단한 wordScramble 게임의 규칙을 보고 이 게임을 구현하라.

게임 규칙
1. 프로그램 최초 실행 시 "CHANGE", "LOVE", "HOPE", "VIEW" 단어 중 하나의 단어를 선택한다.
2. 프로그램은 선택된 단어의 문자를 임의로 섞는다(예 LOVE → EVLO).
3. 사용자는 컴퓨터가 섞어놓은 단어를 보고 원래 단어를 유추한 후 단어를 텍스트 필드에 입력한다.
4. 사용자가 버튼을 눌러 컴퓨터가 사용자가 입력한 단어가 원래 단어와 일치하는지 판별한다.
5. 다른 단어 입력 시 총 10번의 시도 중 시도 횟수를 감소시키고 단어를 맞추면 게임을 종료한다.

4 12장에서 실습한 야구 게임을 구현하기 위한 화면을 완성하라.

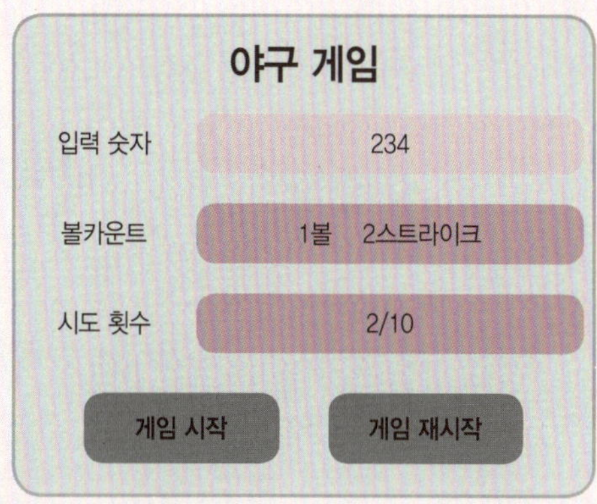

5 문제 4의 화면을 이용해서 12장의 야구 게임을 완성하라.

6 13장에서 자바 네트워크 기능을 이용해서 공공데이터 서버에 접속한 후 문화재 정보를 콘솔로 출력했다. 그림과 같은 화면을 구성해서 문화재 정보를 리스트에 출력하라.

문화재 정보

번호	이름	한자명	크기
11001	봉황각	鳳凰閣	건물 1棟, 토지 169.8㎡
11002	양관	洋館	건물 1棟,
11003	낙성대 삼층석탑	落星垈	석탑 1基, 토지 3.7㎡
11004	용양봉저정	龍鳳亭	건물 1棟, 토지 162.6㎡
11005	성제묘	聖帝廟	건물 1棟, 토지 21.4㎡

이전   다음

컴퓨터를 있게 한 사람들

스티브 잡스(Steve Jobs, 1955. 2. 24.~2011. 10. 5.)는 미국의 기업인으로, 애플의 전 CEO이자, 공동 창립자다. 2011년 10월 5일 췌장암으로 사망했다.

1976년 스티브 워즈니악, 로널드 웨인과 함께 애플을 공동 창업하고, 애플 2를 통해 개인용 컴퓨터를 대중화했다. 또 GUI와 마우스의 가능성을 처음으로 내다보고 애플 리사와 매킨토시에서 이 기술을 도입하였다. 1985년 경영 분쟁에 의해 애플에서 나온 이후 NeXT 컴퓨터를 창업하여 새로운 개념의 운영체제를 개발했다. 1996년 애플이 NeXT를 인수하게 되면서 다시 애플로 돌아오게 되었고, 1997년에는 임시 CEO로 애플을 다시 이끌게 되었으며, 이후 다시 애플을 혁신해 시장에서 성공을 이끌었다. 2001년 아이팟을 출시하여 음악 산업 전체를 뒤바꾸어 놓았다. 또 2007년 아이폰을 출시하면서 스마트폰 시장을 바꾸어 놓았고, 2010년 아이패드를 출시함으로써 포스트 PC 시대를 열었다.

스티브 잡스는 애니메이션 영화 《인크레더블》과 《토이 스토리》 등을 제작한 컴퓨터 애니메이션 제작사인 픽사의 소유주이자 CEO였다. 월트 디즈니 회사는 최근 74억 달러어치의 자사 주식으로 이 회사를 구입하였다. 2006년 6월 이 거래가 완료되어 잡스는 이 거래를 통해 디즈니 지분의 7%를 소유한, 최대의 개인 주주이자, 디즈니 이사회의 이사가 되었다. 한편 그는 2004년 무렵부터 췌장암으로 투병 생활을 이어왔다. 그의 악화된 건강 상태로 인하여 2011년 8월 24일 애플은 스티브 잡스가 최고 경영 책임자(CEO)를 사임하고, 최고 운영 책임자(COO)인 팀 쿡이 새로운 CEO를 맡는다고 밝혔다. 잡스는 CEO직에서 물러나지만 이사회 의장직은 유지하기로 했으나, 건강 상태가 더욱 악화되어 사임 2개월도 지나지 않은 2011년 10월 5일에 56세의 나이로 사망하였다.

(출처 : 위키백과)

16장

스윙(Swing)

16장에서는 자바의 또 다른 화면 기능인 스윙(Swing)에 대해 학습한다. 스윙은 앞에서도 언급한 바와 같이 자바의 플랫폼 독립성을 확보하기 위해 만들어졌다. 따라서 스윙으로 화면을 구성하면 어떤 운영체제에서도 동일하게 표시된다. 그리고 스윙에는 현재 안드로이드 애플리케이션이나 웹 화면에서도 많이 쓰이는 컴포넌트들이 추가되었다. 따라서 스윙의 화면 기능을 사용해 보면 자연히 다른 시스템의 화면도 익숙하게 사용할 수 있다.

1 스윙(Swing)의 정의와 특징

2 스윙의 구조

3 스윙 컨테이너 기능

4 스윙을 이용하여 그룹 채팅 프로그램 구현하기

5 MVC 디자인 패턴

6 MVC를 이용하여 리스트의 영화 정보를 파일로 저장하는 프로그램

7 공공 데이터와 연동하여 화면으로 보여주기

스윙(Swing)의 정의와 특징

스윙은 JFC(Java Foundation Class)라는 라이브러리를 만들어 제공하는 자바의 화면 기능이다. 스윙 기능은 자바가 처음부터 지원하는 기능이 아니었기 때문에 패키지의 이름이 **javax**로 시작한다. x는 extension의 약자다. 즉, **자바 확장 기능**이라는 의미다.

자바 프로그램에서 화면으로 스윙을 사용함으로써 자바 고유의 화면의 특징을 가지게 되었다. 기존의 자바 AWT는 각각의 운영체제의 화면 기능을 빌려 표현한 것이다. 그리고 화면의 모양이 어떤 운영체제에서도 동일하게 표시되고, 화면의 빠른 전환을 위하여 더블 버퍼링도 지원하며, 더 많은 컴포넌트와 기능이 추가되었다.

> **Swing의 정의와 특징**
>
> • 정의
> – javax.swing 패키지에 정의되어 있다.
> – 자바의 JFC(Java Foundation Class)에서 지원하는 GUI 기능
> • 특징
> – 자바 고유의 화면 스킨을 제공한다(Look and feel).
> – 순수 자바(Light 컴포넌트)로 구현되어 있어서 플랫폼에 상관없이 동일하게 화면에 표시된다.
> – 더블 버퍼링을 지원한다.

스윙의 구조

[그림 16-1]은 스윙의 기본 계층 구조를, [그림 16-2]는 스윙 컨테이너의 구조를 나타낸 것이다. [그림16-2]처럼 스윙은 기존의 AWT의 기능을 상속받은 후에 새로운 기능을 추가하여 클래스를 구현하고 있다. 클래스의 이름이 **"J"**로 시작하면 스윙 기능 클래스를 의미한다. [그림 16-3]과 [그림 16-4]는 스윙에서 추가된 여러 가지 컴포넌트들을 나타내고 있다. 스윙에서는 화면에서 표현할 수 있는 컴포넌트가 더 많이 제공된다.

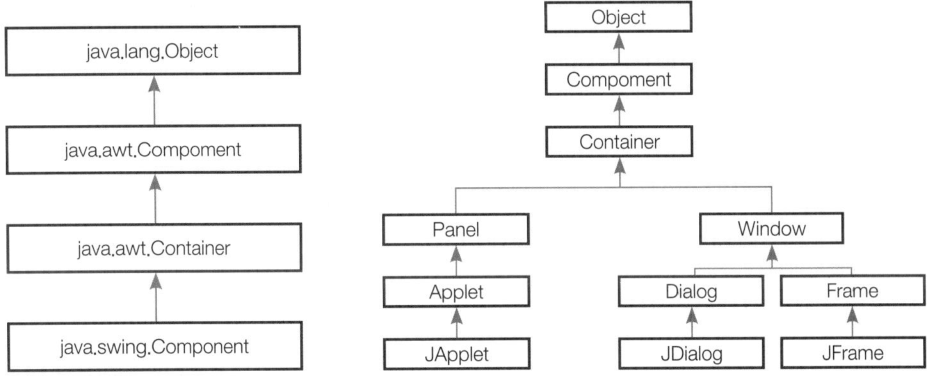

[그림 16-1] Swing의 기본 구조   [그림 16-2] 스윙 컨테이너의 구조

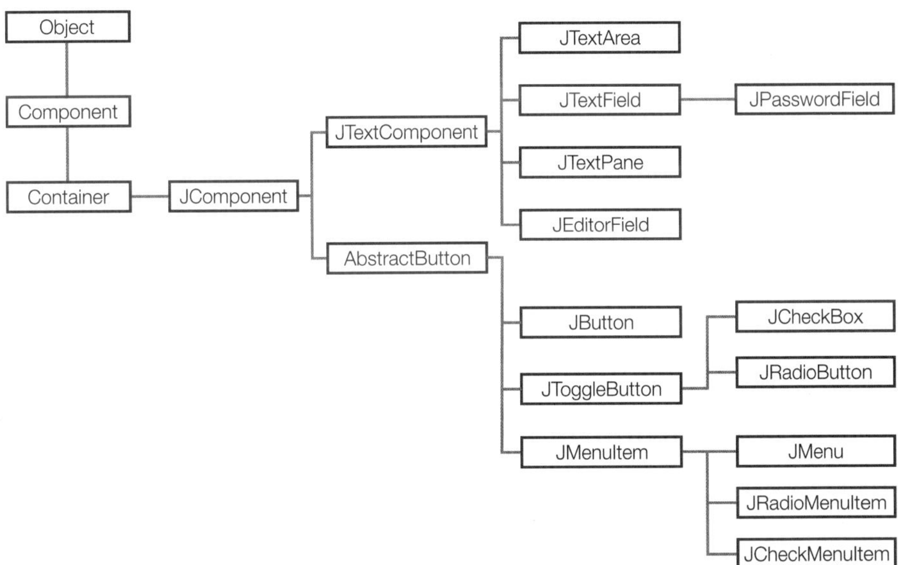

[그림 16-3] 여러 가지 스윙 컴포넌트의 계층 구조 1

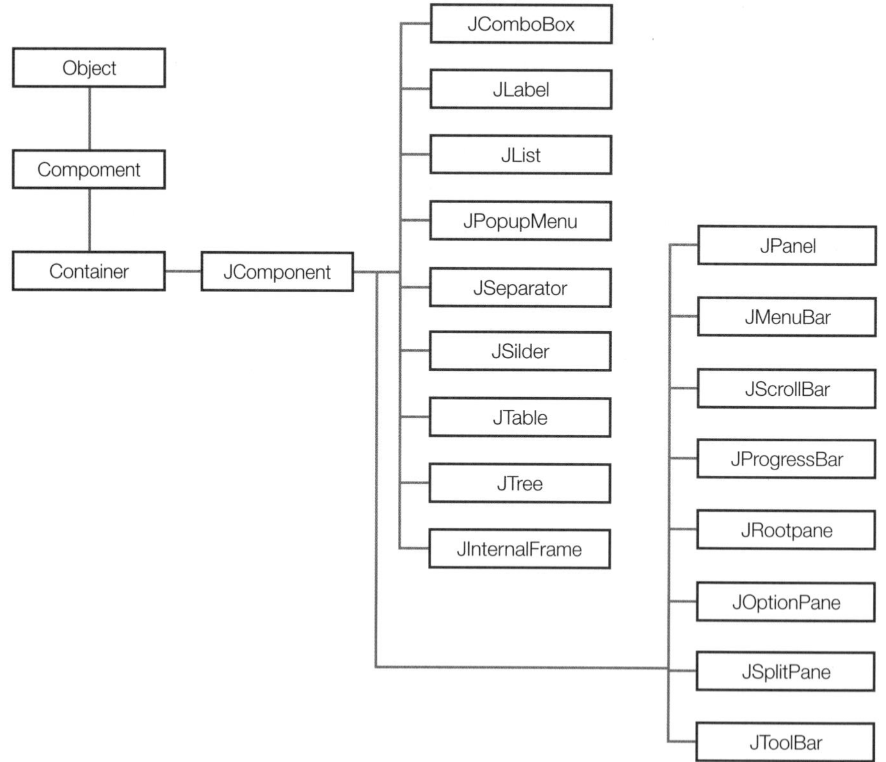

[그림 16-4] 여러 가지 스윙 컴포넌트의 계층 구조 2

03 스윙 컨테이너 기능

3.1 JFrame 클래스 기능

이번에는 많이 사용하는 스윙 컨테이너의 기능에 대해 알아보자. [그림 16-5]는 JFrame의 구조를 나타낸 것이다. AWT의 Frame과 달리 화면에 메뉴바를 구현할 수 있는 등 많이 기능을 제공하고 있다. 실제 컴포넌트를 위치시키는 곳은 ContentPane이다. 그리고 JFrame에서는 [표 16-1]처럼 종료 버튼 클릭 시 설정만으로 윈도우를 종료시키는 기능을 제공한다. 다른 기능은 API 문서를 참고하기 바란다.

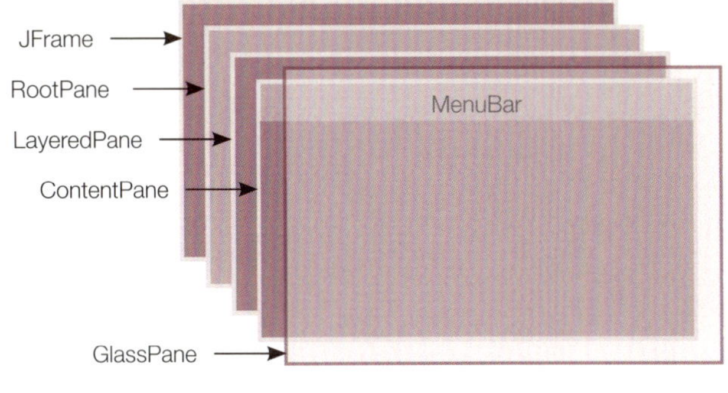

[그림 16-5] JFrame의 구조

[표 16-1] JFrame 종료 버튼 설정 관련 상수

상수	기능 설명
DISPOSE_ON_CLOSE	윈도우를 종료할 때 모든 자원을 반납한다.
DO_NOTHING_ON_CLOSE	윈도우를 종료할 때 아무 일도 하지 않는다.
EXIT_ON_CLOSE	윈도우를 종료할 때 강제로 종료한다.
HIDE_ON_CLOSE	윈도우를 종료할 때 윈도우를 숨긴다.

[리스트 16.1]은 JFrame을 이용한 화면 예제다. JFrameTest 클래스는 JFrame 클래스를 상속받는다. **8~10행**에서 JButton과 JTextField 객체를 생성한다. **12행**에서는 JFrame의 ContentPane 객체를 getContentPane()를 이용하여 가져온다. **13~15행**에서 버튼과 텍스트 필드를 contenPane에 배치한다. 당연히 JFrame은 Frame을 상속받으므로 기본 배치 관리자는 BorderLayout이다. **20행**에서는 JFrame의 **setDefaultCloseOperation()** 메서드를 사용하여 [종료] 버튼 클릭 시 프로그램을 종료하도록 설정한다. 이를 실행하면 [그림 16-6]과 같은 화면이 나타난다. 자바 스윙의 고유한 스킨을 가지고 화면 기능을 수행한다.

[리스트 16.1] JFrame을 사용한 예제(JFrameTest.java)

```java
1    import java.awt.Container;
2    import javax.swing.*;
3
4    public class JFrameTest extends JFrame {
5       public JFrameTest( ){
6          super("JFrame 테스트");
7
8          JButton btn1=new JButton("추가");
9          JTextField tf1=new JTextField("Jframe 테스트");
10         JButton btn2=new JButton("삭제");
11
12         Container con=getContentPane( );
13         con.add(tf1,"North");
14         con.add(btn1,"Center");
15         con.add(btn2,"South");
16
17         setSize(200,300);
18         setVisible(true);
19
20         setDefaultCloseOperation(JFrame.EXIT_ON_CLOSE);
21      }
22
23      public static void main(String[] args){
24         new JFrameTest( );
25      }
26   }
```

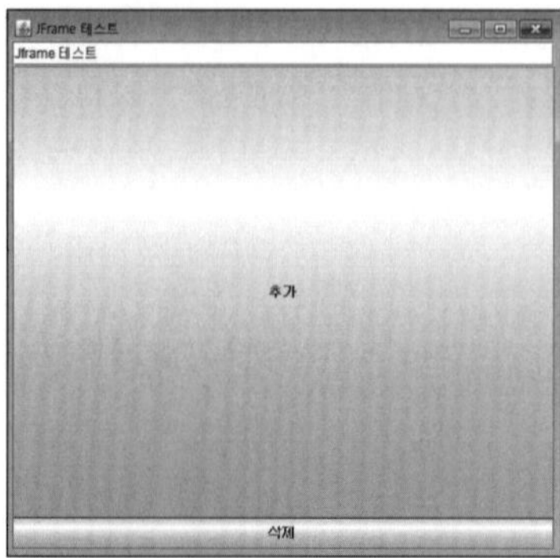

[그림 16-6] 실행 결과

3.2 JTabbedPane 클래스 기능

이번에는 탭 기능을 수행하는 JTabbedPane의 클래스에 대해 알아보자. [리스트 16.2]는 탭을 기능을 사용하는 예제다. 먼저 **5행**에서 JTabbedPane을 선언하고 있다. 생성자에서 탭에 추가할 여러 가지 컴포넌트를 생성하고 있다. 이미지를 화면에서 보여주기 위해 **13행**에서 ImageIcon 객체를 생성하면서 이미지 파일을 인자로 지정하고 있다. **23행**에서는 글쓰기를 위한 TextArea 객체를 생성한다.

27행에서 JTabbedPane 객체를 생성한 후 **27행**에서 **addTab()**를 이용하여 첫 번째 탭에 JLabel을 이용하여 추가한다. 이어서 **28행**에서 두 번째 탭에는 TextArea를 추가하고 세 번째 탭에는 JPanel을 추가한다.

32행에서는 생성된 JTabbedPane을 최종적으로 JFrame에 추가한다. 그리고 실행하면 [그림 16-7]에서 각 탭을 클릭했을 때 화면에 각각 추가한 컴포넌트와 이미지가 나타난다. 세 번째 탭은 탭 위에 마우스를 올려놓으면 풍선말도 나타난다.

[리스트 16.2] JTabbedPane 사용 예제(JTabTest.java)

```
1    import javax.swing.*;
2    public class JTabTest extends JFrame {
3        ImageIcon icon1,tabicon;
4        JButton btn1,btn2;
5        JTabbedPane jp;
6        JLabel jlab;
7        JPanel jpan;
8        JTextField tf1;
9        JTextArea tArea;
10       public JTabTest( ){
11           super("탭 테스트");
12
13           icon1=new ImageIcon("Koala.jpg");
14           jlab=new JLabel(icon1);
15           tabicon=new ImageIcon("tomcat.png");
16
17           jpan=new JPanel( );
18           tf1=new JTextField("테스트입니다.");
19           btn1=new JButton("전송");
20           jpan.add(tf1);
21           jpan.add(btn1);
```

```java
22
23                  tArea=new JTextArea(7,20);
24                  tArea.setText("내용을 입력하세요.");
25                  jp=new JTabbedPane( );
26
27                  jp.addTab("탭1",jlab);
28                  jp.addTab("탭2",new JPanel( ).add(tArea));
29
30                  jp.addTab("탭3",tabicon,jpan,"세 번째 탭입니다.");
31
32                  add(jp);
33
34                  setBounds(0,0,400,400);
35                  setVisible(true);
36
37
38          }
39      public static void main(String[] args){
40          new JTabTest( );
41      }
42  }
```

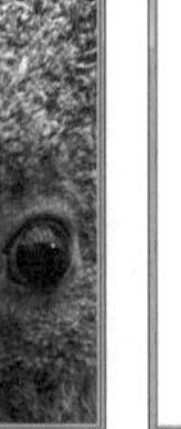

(a) 최초 실행 시 화면

(b) 다른 탭 클릭 시 화면

[그림 16-7] 실행 결과

탭 기능은 모든 언어에서 지원하는 기능이다. 안드로이드 앱에서도 많이 사용한다.

3.3 JOptionPane 클래스 기능

이번에는 스윙에서 사용자로부터 자료를 입력받거나 메시지를 출력하는 경고창 기능을 하는 JOpionPane에 대해 알아보자. [표 16-2]는 JOptionPane에서 제공하는 여러 가지 다이얼로그 박스의 종류를 나타낸 것이다.

[표 16-2] JOptionPane의 여러 가지 다이얼로그

종류	기능	호출·메서드
MessageDialog	사용자에게 메시지를 보여주는 다이얼로그 박스	showMessageDialog( )
ConfirmDialog	YES, NO, CANCEL과 같은 버튼으로 확인하는 다이얼로그 박스	showConfirmDialog( )
InputDialog	사용자로부터 자료를 입력받기 위한 다이얼로그 박스	showInputDialog( )
OptionDialog	위 세 가지를 포함하여 맞춘 다이얼로그 박스	showOptionDialog( )

[리스트 16.3]은 JOptionPane에서 지원하는 메서드를 이용하여 여러 가지 다이얼로그 박스를 사용하는 예제다. [리스트 16.3]에서 **35행**의 showMessageDialog( ) 메서드를 호출하여 전달하고자 하는 메시지를 다이얼로그로 보여주고 있다. **40행**에서는 showMessageDialog( ) 메서드의 옵션을 다르게 주어 [YES], [NO] 버튼도 나오게 만들 수 있다. **45행**에서는 showInputDialog( ) 메서드를 이용하여 다이얼로그에서 입력받는 기능을 제공하고 있다. **52행**에서는 showOptionDialog( ) 메서드를 이용하여 선택할 수 있는 다이얼로그 기능을 제공한다.

[리스트 16.3] JOptionPane 사용 예제(JOptionTest.java)

```
1    import javax.swing.*;
2    import java.awt.*;
3    import java.awt.event.*;
4
5    public class JOptionTest extends JFrame implements ActionListener {
6        JButton btn1,btn2,btn3,btn4;
7        String[] str={"카드결제","계좌이체"};
8
9        public JOptionTest( ){
10           super("팝업창 테스트");
11           setLayout(new FlowLayout( ));
12
```

```java
13          btn1=new JButton("메시지 다이얼로그");
14          btn2=new JButton("컨펌 다이얼로그");
15          btn3=new JButton("입력 다이얼로그");
16          btn4=new JButton("옵션 다이얼로그");
17
18          add(btn1);
19          add(btn2);
20          add(btn3);
21          add(btn4);
22
23          pack( );
24          setLocation(300,300);
25          setVisible(true);
26
27          btn1.addActionListener(this);
28          btn2.addActionListener(this);
29          btn3.addActionListener(this);
30          btn4.addActionListener(this);
31      }
32
33      public void actionPerformed(ActionEvent e) {
34          if(e.getSource( )==btn1){
35              JOptionPane.showMessageDialog(this,
36                          "메시지 다이얼로그 박스",
37                          "메시지",
38                          JOptionPane.INFORMATION_MESSAGE);
39          }else if(e.getSource( )==btn2){
40              JOptionPane.showMessageDialog(this,
41                          "확인 다이얼로그 박스",
42                          "확인",
43                          JOptionPane.YES_NO_CANCEL_OPTION);
44          }else if(e.getSource( )==btn3){
45              String answer=JOptionPane.showInputDialog(this,
46                          "입력 다이얼로그 박스",
47                          "입력",
48                          JOptionPane.YES_NO_OPTION)
49              System.out.println("입력한 값은 : " +answer);
50
51          }else if(e.getSource( )==btn4){
52              JOptionPane.showOptionDialog(this,
```

```
53                          "옵션 다이얼로그 박스",
54                          "옵션",
55                          JOptionPane.YES_NO_CANCEL_OPTION,
56                          JOptionPane.INFORMATION_MESSAGE,
57                          null,
58                          str,
59                          str[0]);
60
61          }
62      }
63
64      public static void main(String[] args){
65          new JOptionTest( );
66      }
67  }
```

(a) 최초 실행 시 화면

(b) 메시지 다이얼로그

(c) 컨펌 다이얼로그

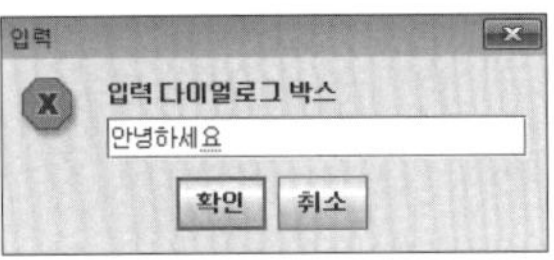

(d) 입력 다이얼로그

(e) 옵션 다이얼로그

[그림 16-8] 실행 결과

3.4 JMenu 클래스 기능

이번에는 모든 자바 프로그램에서 사용하는 메뉴 기능에 대해 학습한다. [그림 16-9]는 JFrame에 메뉴를 만드는 방법을 나타내고 있다. [그림 16-9]처럼 먼저 JMenuBar를 JFrame에 단 후, 하위 메인 메뉴를 생성하고, 다시 각 메인 메뉴의 서브 메뉴를 달아주면 된다.

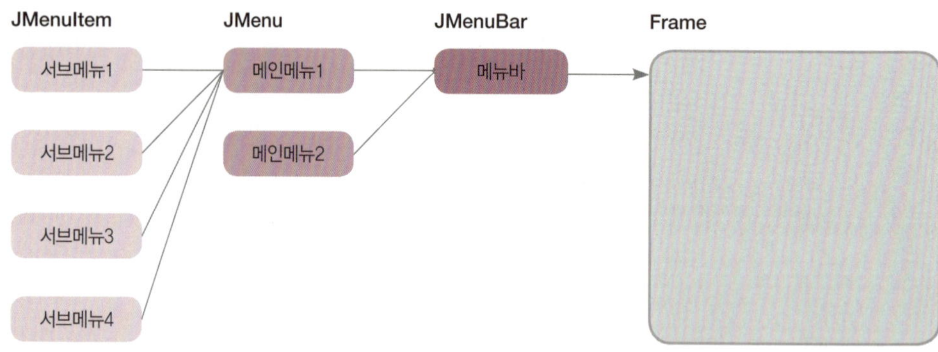

[그림 16-9] 메뉴를 만드는 방법

[리스트 16.4]는 JFrame에 메뉴를 생성하는 기능이다. 먼저 **6~10행**에 메뉴 바와 메인 메뉴, 그리고 서브 메뉴를 선언하고 있다. **18~22행**에서 MenuBar와 MenuBar에 달 메뉴 항목 객체를 생성한다. **25행**의 startFrame()에서 Frame에 메뉴를 생성하고 있다. 먼저 **26행**에서 menuBar를 Frame에 단다. **27행**에서 carMenu를 MenuBar에 단다. **29~33행**에서 carMenu의 서브 메뉴를 생성한다. **31행**에서는 하위 메뉴 사이의 분리선을 추가한다. 같은 방법으로 **35~40행**에서 회원 관리 메뉴를 생성하고 있다.

[리스트 16.4] JMenu사용 예제(MenuTest1.java)

```
1       import javax.swing.*;
2       import java.awt.*;
3
4       public class JMenuTest1 extends JFrame  {
5           JFrame f;
6           JMenuBar menuBar;
7           JMenu carMenu, memberMenu, rentMenu,helpMenu;
8           JMenuItem carMenu11, carMenu12, carMenu13, carMenu14;
9           JMenuItem memMenu21, memMenu22, memMenu23, memMenu24;
10          JMenuItem helpMenu41;
11          JPanel jPanel;
```

```java
12      JLabel lCarName;
13      JTextField tf ;
14      JButton searchBtn ;
15
16      public JMenuTest1( ){
17          f = new JFrame("렌터카 예약 시스템");
18          menuBar = new JMenuBar( );
19          carMenu = new JMenu("차량 관리");
20          memberMenu = new JMenu("회원관리");
21          rentMenu = new JMenu("예약관리");
22          helpMenu = new JMenu("도움말");
23      }
24
25      protected void startFrame( ) {
26          f.setJMenuBar(menuBar);
27          menuBar.add(carMenu);
28
29          carMenu.add(carMenu11 = new JMenuItem("차량등록"));
30          carMenu.add(carMenu12 = new JMenuItem("차량조회"));
31          carMenu.addSeparator( ); //분리선 설정하기
32          carMenu.add(carMenu13 = new JMenuItem("차량수정"));
33          carMenu.add(carMenu14 = new JMenuItem("차량삭제"));
34
35          menuBar.add(memberMenu);
36          memberMenu.add(memMenu21=new JMenuItem("회원등록"));
37          memberMenu.add(memMenu22=new JMenuItem("회원조회"));
38          memberMenu.addSeparator( );
39          memberMenu.add(memMenu23=new JMenuItem("회원수정"));
40          memberMenu.add(memMenu24=new JMenuItem("회원삭제"));
41
42          menuBar.add(helpMenu);
43          helpMenu.add(helpMenu41 = new JMenuItem("버전"));
44
45          jPanel=new JPanel( );
46          lCarName=new JLabel("차량명");
47          tf = new JTextField(10);
48          searchBtn = new JButton("차량 조회하기");
49
50          jPanel.add(lCarName);
```

```
51              jPanel.add(tf);
52              jPanel.add(searchBtn);
53
54              Container con=f.getContentPane( );
55              con.add(jPanel,"North");
56
57              f.setLocation(200, 100);
58              f.setSize(800, 600);
59              f.setVisible(true);
60              f.setDefaultCloseOperation(EXIT_ON_CLOSE );
61          }
62
63      public static void main(String[] args){
64          JMenuTest1 test=new JMenuTest1( );
65          test.startFrame( );
66      }
67   }
```

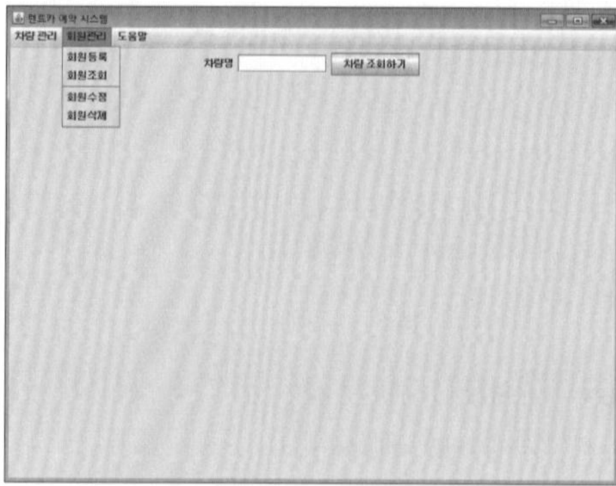

(a) "차량관리" 메뉴 항목 선택 시

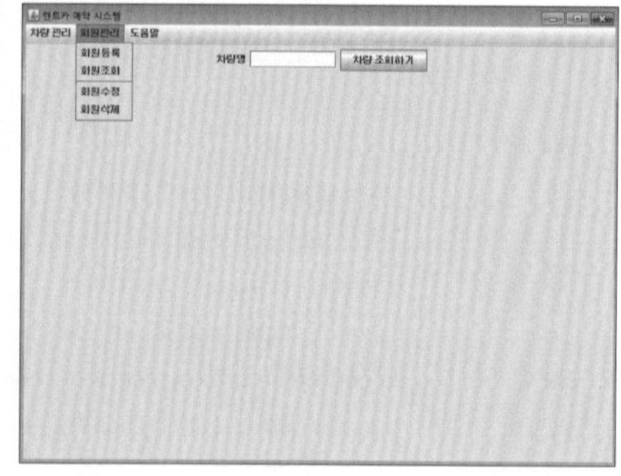

(b) "회원관리" 메뉴 항목 선택 시

[그림 16-10] 실행 결과

[리스트 16.5]는 JFrame에 메뉴 항목 선택 시 이벤트를 처리하는 예제다. 예제에서의 메뉴 생성 원리는 앞의 예제와 동일하다. **67~70행**은 차량 관련 하위 메뉴 항목 선택 시 이벤트를 처리할 이벤트 핸들러를 연결하고 있다. **80~88행**은 [**차량 관리**] 메뉴 항목 선택 시 이벤트를 처리할 CarHandler이다. [**차량등록**] 메뉴 항목을 선택하면 [리스트 16.6]의 다이얼로그 창이 나타난다.

[리스트 16.5] JMenu 사용 예제

```
1    import javax.swing.*;
2    import java.awt.*;
3    import java.awt.event.*;
4    import java.io.*;
5
6    public class JMenuTest2 extends JFrame  {
7        JFrame f;
8        JMenuBar menuBar;
9        JMenu carMenu, memberMenu, rentMenu,helpMenu;
10
11       JMenuItem carMenu11, carMenu12, carMenu13, carMenu14;
12       JMenuItem memMenu21, memMenu22, memMenu23, memMenu24;
13       JMenuItem helpMenu41;
14       JPanel jPanel;
15       JLabel lCarName;
16       JTextField tf ;
17       JButton searchBtn ;
18
19
20       public JMenuTest2( ){
21           f = new JFrame("렌터카 예약 시스템");
22           menuBar = new JMenuBar( );
23
24           carMenu = new JMenu("차량 관리");
25           memberMenu = new JMenu("회원관리");
26           helpMenu = new JMenu("도움말");
27       }
28
29       protected void startFrame( ) {
30           f.setJMenuBar(menuBar); //Frame에 메뉴바를 단다.
31           menuBar.add(carMenu); //메뉴바에 "파일" 항목을 단다.
32
```

```java
33      carMenu.add(carMenu11 = new JMenuItem("차량등록"));
34      carMenu.add(carMenu12 = new JMenuItem("차량조회"));
35      carMenu.addSeparator( ); //분리선 설정하기
36      carMenu.add(carMenu13 = new JMenuItem("차량수정"));
37      carMenu.add(carMenu14 = new JMenuItem("차량삭제"));
38
39      menuBar.add(memberMenu); //메뉴바에 "회원관리" 항목을 단다.
40      memberMenu.add(memMenu21=new JMenuItem("회원등록"));
41      memberMenu.add(memMenu22=new JMenuItem("회원조회"));
42      memberMenu.add(memMenu23=new JMenuItem("회원수정"));
43      memberMenu.add(memMenu24=new JMenuItem("회원삭제"));
44
45
46      menuBar.add(helpMenu);
47      helpMenu.add(helpMenu41 = new JMenuItem("버전"));
48
49      jPanel=new JPanel( );
50      lCarName=new JLabel("차량명");
51      tf = new JTextField(10);
52      searchBtn = new JButton("차량 조회하기");
53
54      jPanel.add(lCarName);
55      jPanel.add(tf);
56      jPanel.add(searchBtn);
57
58
59      Container con=f.getContentPane( );
60      con.add(jPanel,"North");
61
62      f.setLocation(200, 100);
63      f.setSize(800, 600);
64      f.setVisible(true);
65      f.setDefaultCloseOperation(EXIT_ON_CLOSE );
66              .
67      carMenu11.addActionListener(new CarHandler( ));
68      carMenu12.addActionListener(new CarHandler( ));
69      carMenu13.addActionListener(new CarHandler( ));
70      carMenu14.addActionListener(new CarHandler( ));
71
72      memMenu21.addActionListener(new MemberHandler( ));
```

```java
73        memMenu22.addActionListener(new MemberHandler( ));
74        memMenu23.addActionListener(new MemberHandler( ));
75        memMenu24.addActionListener(new MemberHandler( ));
76
77        helpMenu41.addActionListener(new HelpHandler( ));
78    }
79
80    private class CarHandler implements ActionListener{
81        @Override
82        public void actionPerformed(ActionEvent e) {
83            System.out.println(e.getActionCommand( ));
84            if(e.getSource( )==carMenu11){
85                new RegCarDialog("차량등록 창");
86            }
87        }
88    }
89
90    private class MemberHandler implements ActionListener{
91        @Override
92        public void actionPerformed(ActionEvent e) {
93
94        }
95    }
96
97    private class HelpHandler implements ActionListener{
98        @Override
99        public void actionPerformed(ActionEvent e) {
100           version( );
101       }
102   }
103
104   private void version( ) {
105       final JDialog d = new JDialog(this, "버전관리");
106       JLabel jbver = new JLabel("버전1.0");
107       JLabel jbdate = new JLabel("2015.03.11");
108       JLabel jbauthor = new JLabel("제작 : idea java");
109
110       d.setLayout(new FlowLayout( ));
111       d.add(jbver);
112       d.add(jbdate);
```

```java
113          d.add(jbauthor);
114
115          d.setLocation(250, 230);
116          d.setSize(200, 100);
117          d.setVisible(true);
118
119          d.addWindowListener(new WindowAdapter( ){ // 버전관리창 종료
120              public void windowClosing(WindowEvent e){
121                  d.dispose( );
122                  d.setVisible(false);
123              }
124          });
125      }
126      public static void main(String[] args){
127          JMenuTest2 test=new JMenuTest2( );
128          test.startFrame( );
129      }
130  }
```

[리스트 16.6] 새차 등록 창(RegCarDialog.java)

```java
1    import java.awt.*;
2    import javax.swing.*;
3
4    public class RegCarDialog  extends JDialog{
5        JPanel jPanel;
6        JLabel lCarName;
7        JTextField tf ;
8        JButton regBtn ;
9
10       public RegCarDialog(String str){
11           this.setTitle(str);
12           setLayout(new FlowLayout( ));
13
14           lCarName = new JLabel("차량명");
15           tf=new JTextField("차량명을 입력하세요");
16           regBtn=new JButton("등록하기");
17
18           this.add(lCarName);
```

```
19          this.add(tf);
20          this.add(regBtn);
21
22          this.setLocation(200, 200);
23          setSize(400,400);
24          setModal(true);
25          setVisible(true);
26       }
27    }
```

22행 : 다이얼로그 출력 위치를 정한다.

24행 : 항상 부모 창 위에 나타나게 한다.

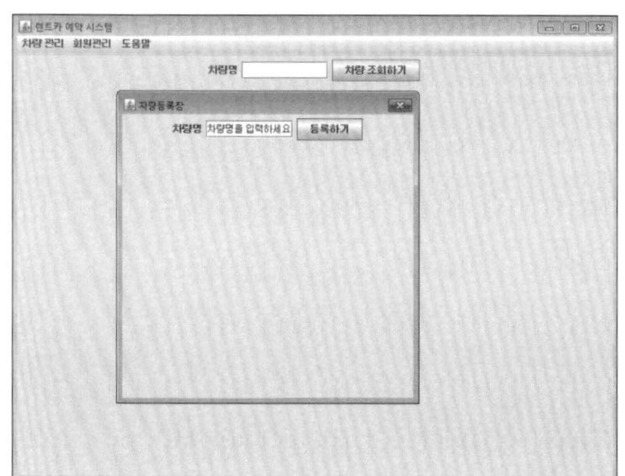

(a) [차량등록] 메뉴 선택 시

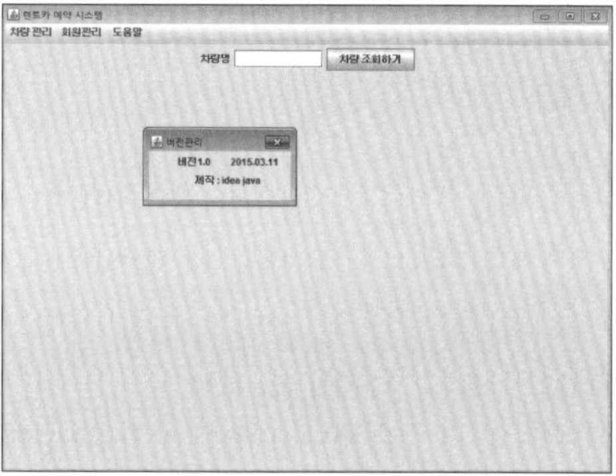

(b) [도움말] 메뉴 선택 시

[그림 16-11] 실행 결과

3.5 FileDialog 클래스 기능

이번에는 자바 프로그램에서 윈도우 탐색기 기능을 하는 FileDialog 기능에 대해 알아보자. [리스트 16.7]은 앞에서 실습한 MenuTest3 클래스에 **[차량관리]** 메뉴의 서브 메뉴인 [차량조회]를 선택 시 파일 관련 기능을 수행하는 메서드이다.

먼저 **9행**의 openFile( )는 '차량조회' 항목을 선택하면 파일 탐색기를 여는 메서드이다. **24행**에 FileDialog 클래스 객체를 생성하여 파일 탐색기를 보여준다. 특정 파일을 선택했을 때 그 파일의 경로와 파일명을 얻어 올 수 있다. **30행**의 saveFile( )은 [파일 저장하기] 메뉴를 선택했을 때 'c\\test\\test.txt' 파일로 저장하는 기능을 하는 메서드이다. [그림 16-12]는 메뉴에서 파일 관련 서브 메뉴를 선택했을 때 파일 탐색기를 보여주는 화면이다.

[리스트 16.7] FileDialog 사용 예제(JMenuTest3.java)

```java
1   ...
2   private class CarHandler implements ActionListener{
3       @Override
4       public void actionPerformed(ActionEvent e) {
5           System.out.println(e.getActionCommand( ));
6           if(e.getSource( )==carMenu11){
7               new RegCarDialog("차량등록창");
8           }else if(e.getSource( )==carMenu12){
9               openFile( );
10          }else if(e.getSource( )==carMenu13){
11              try{
12                  saveFile( );
13              } catch (IOException ex){
14                  ex.printStackTrace( );
15              }
16              System.out.println(" test.txt 파일을 저장했습니다.");
17          }
18      }
19  }
20
21  ....
22      private  void openFile( ){
23          String msg=null;
24          FileDialog d = new FileDialog(f, "파일을 선택하세요.", FileDialog.LOAD);
25          d.setSize(200, 200);
26          d.setVisible(true);
27          msg = (String)d.getDirectory( )+" "+(String)d.getFile( )+" 을 선택";
28      }
29
30      public void saveFile( ) throws IOException {
31          File file = new File("c:\\test\\test.txt");
32          if(!file.exists( )){
33              if(!file.createNewFile( )){
34                  System.out.println(file.getName( )+" 을 생성하는데 실패했습니다.");
35                  file.deleteOnExit( );
36                  System.exit(0);
37              }
38          }
39      }
40  }
```

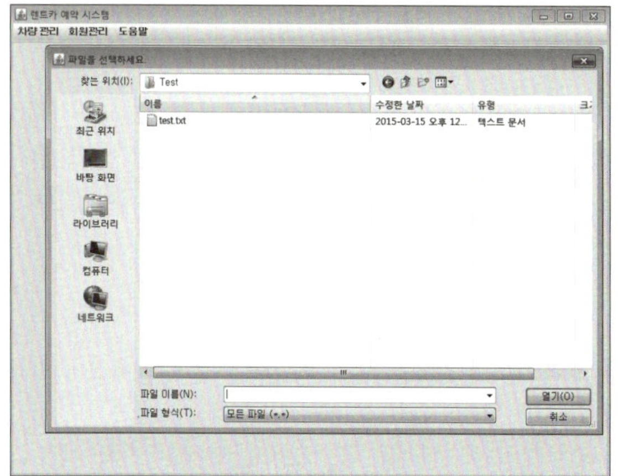

[그림 16-12] 실행 결과

3.6 다이얼로그 기능

이번에는 메인 윈도우에서 다른 창을 표시하는 데 사용되는 JDialog 기능에 대해 알아보자.
[그림 16-13]은 JDialog의 계층 구조를 나타낸다. AWT의 Dialog를 상속받고 있다.

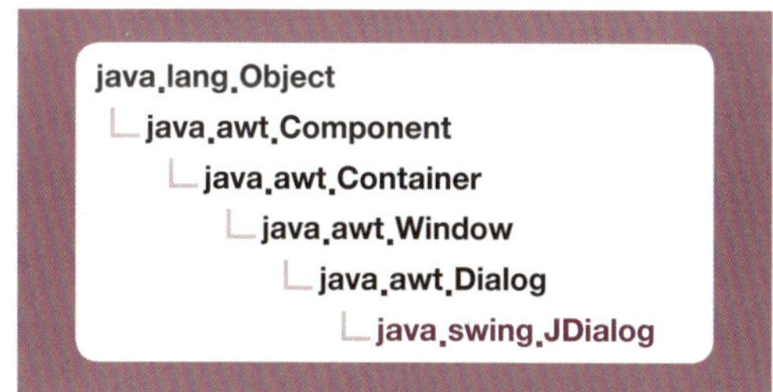

[그림 16-13] JDialog 계층 구조

[리스트 16.8]에서 [리스트 16.10]은 JDialog 실습 예제다. 이 예제는 메인 화면에서 다이얼
로그를 생성한 후 다이얼로그에서 텍스트를 입력하고 다이얼로그를 닫으면 입력한 텍스트
를 메인 화면에 표시하는 기능이다. 먼저 2개의 다이얼로그를 [리스트 16.8]와 [리스트 16.9]
에 구현한다.

[리스트 16.8]의 **16행**에서 setModal(true)로 설정하면 다이얼로그가 항상 부모 창 위에
나타나게 한다. [리스트 16.9]에서 **14행**의 생성자를 보면 인자가 3개인데, 두 번째 인자가
JLabel 타입이다. 메인 화면에서 JLabel이 Dialog2로 전달되면 **23~28행**처럼 입력한 텍스트
를 JLabel에 표시하고 자신은 종료한다. [리스트 16.10]에서 실행한 후 결과를 [그림 16-13]

에서 보여주고 있다. [그림 16-13]에서 보는 것처럼 두 번째 다이얼로그에서 입력한 텍스트가 메인 화면에 전달되어 표시되고 있다.

[리스트 16.8] JDialog 실습 예제(Dialog1.java)

```java
1   import javax.swing.ImageIcon;
2   import javax.swing.JDialog;
3   import javax.swing.JLabel;
4
5   class Dialog1 extends JDialog{
6       ImageIcon icon1;
7
8       JLabel jlb = new JLabel("");
9       public Dialog1(String str){
10          getContentPane( ).add(jlb);
11          icon1=new ImageIcon("gallery.png");
12          jlb.setIcon(icon1);
13          setTitle(str);
14          setLocation(200, 200);
15          setSize(400,400);
16          setModal(true);
17          setVisible(true);
18      }
19  }
```

[리스트 16.9] JDialog 실습 예제(Dialog2.java)

```java
1   import java.awt.FlowLayout;
2   import java.awt.event.ActionEvent;
3   import java.awt.event.ActionListener;
4   import javax.swing.JButton;
5   import javax.swing.JDialog;
6   import javax.swing.JFrame;
7   import javax.swing.JLabel;
8   import javax.swing.JTextField;
9
10  class Dialog2 extends JDialog {
11      JTextField tf = new JTextField(10);
12      JButton okButton = new JButton("OK");
13
14      public Dialog2(JFrame frame, JLabel label,String title) {
```

```java
15              super(frame,title);
16              setLayout(new FlowLayout( ));
17              add(tf);
18              add(okButton);
19              setSize(200, 100);
20              setVisible(true);
21              setModal(true);
22
23              okButton.addActionListener(new ActionListener( ) {
24                  public void actionPerformed(ActionEvent e) {
25                      String text=tf.getText( );
26                      label.setText(text);
27                      dispose( );
28                  }
29              });
30          }
31      }
```

26행 : 텍스트 필드에 입력한 텍스트를 메인 화면의 Label에 표시한다.

27행 : 다이얼로그 창을 닫는다.

[리스트 16.10] JDialog 실습 예제(DialogTest.java)

```java
1       import java.awt.GridLayout;
2       import java.awt.event.ActionEvent;
3       import java.awt.event.ActionListener;
4
5       import javax.swing.JButton;
6       import javax.swing.JFrame;
7       import javax.swing.JLabel;
8
9       class DialogTest extends JFrame implements ActionListener{
10          JLabel label=new JLabel("다이얼로그 테스트");
11          JButton jbt = new JButton("첫 번째 다이얼로그 띄우기");
12          JButton jbt2 = new JButton("두 번째 다이얼로그 띄우기");
13          Dialog1 tf2;
14          public DialogTest( ){
15              setDefaultCloseOperation(JFrame.EXIT_ON_CLOSE);
16
17              this.setLayout(new GridLayout(3,0));
```

```
18          getContentPane( ).add(label);
19          getContentPane( ).add(jbt);
20          getContentPane( ).add(jbt2);
21          this.setLocation(200,200);
22          this.setSize(300,300);
23          this.setVisible(true);
24
25          jbt.addActionListener(this);
26          jbt2.addActionListener(this);
27      }
28
29      public void actionPerformed(ActionEvent arg0) {
30          if(arg0.getSource( ) == jbt ){
31              tf2 = new Dialog1(arg0.getActionCommand( ) + " 버튼을 누르셨군요!");
32          }else if(arg0.getSource( ) == jbt2){
33              new Dialog2(this,label,"두 번째 다이얼로그 창입니다.");
34          }
35      }
36      public static void main(String[] args){
37          new DialogTest( );
38      }
39  }
```

21행 : 다이얼로그 출력 위치를 정한다.

33행 : 두 번째 다이얼로그 생성 시 JLabel 객체를 전달한다.

(a) 최초 실행 시 화면

(b) 첫 번째 버튼 클릭 시

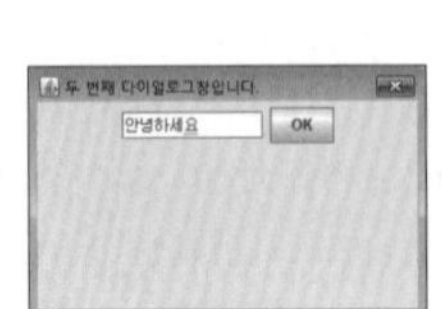
(c) 두 번째 버튼 클릭 후 텍스트 필드 입력하고 [OK] 버튼 클릭 시

[그림 16-14] 실행 결과

3.7 테이블(JTable) 기능

[그림 16-15]는 사원 정보를 테이블 구조로 나타낸 것이다. 자바에서는 데이터를 행과 열로 나누어 표시할 때 JTable 클래스를 사용한다. [표 16-3]은 JTable에서 사용하는 주요 필드를 나타낸 것이고, [표 16-4]는 JTable에 사용하는 여러 가지 생성자를 나타낸 것이다. 또 [그림 16-16]은 실제 JTable의 사용 과정을 나타낸 것이다. 먼저 TableModel을 만든 후 JTable 객체 생성 시 TableModel을 인자로 전달하고, JTable 객체를 다시 JScrollPane에 인자로 전달한 다음, 최종적으로 화면에 표시한다.

[리스트 16.11]은 JTable 사용 예제다. 테이블에 표시되는 데이터 구조가 앞에서 배운 이차원 배열과 비슷하므로 JTable에 표시되는 데이터는 이차원 배열로 입력한 후 표시된다. 먼저 **4~17행**에 사원 데이터를 저장하고 있는 이차원 배열을 선언하고 있다. **19행**에는 테이블의 칼럼명을 저장하고 있는 일차원 배열을 선언하고 있다. **21행**에서 JTable 생성자를 호출하면서 데이터와 칼럼명을 인자로 전달한다. **34행**에서 JTable을 JFrame에 추가한 후 실행하면 [그림 16-16]과 같이 사원 정보가 테이블에 표시된다.

사번	이름	근무부서
150000	박길동	총무부
150001	홍길동	관리부
150002	이순신	회계부
150003	임꺽정	개발부
150004	박지성	관리부
150005	제임스	총무부
150006	이길동	총무부
150007	차범근	개발부
150008	박세리	회계부
150009	차두리	영업부
150010	홍명보	영업부
150011	존슨	개발부
150012	김유신	영업부
150013	홍길순	회계부

[그림 16-15] 테이블 형식으로 표시한 데이터

[표 16-3] JTable 여러 가지 속성

속성	설명
static in AUTO_RESIZE_ALL_COLUMNS	열의 사이즈 조절 시 모든 열의 크기를 동일하게 변경한다.
static int AUTO_RESIZE_LAST_COLUMN	열의 **사**이즈 조절 시 마지막 열의 크기만을 변경한다.
static int AUTO_RESIZE_NEXT_COLUMN	열의 사이즈 조절 시 다음 열의 크기만 변경한다.
static int AUTO_RESIZE_OFF	열의 사이즈를 자동으로 조절하지 않고, 스크롤바를 이용한다.
static int AUTO_RESIZE_SUBSEQUENT_COLUMNS	테이블을 포함하는 화면 크기 조절 시 모든 테이블의 열의 크기를 균등하게 유지하게 한다(디폴트 속성이다).

생성자	설명
JTable( )	디폴트 데이터 모델, 디폴트 칼럼 모델, 디폴트 셀렉션 모델로 생성한다.
JTable(int numRows, int numColumns)	DefalutTableModel을 이용하여 빈 셀을 numRows의 행과 numColumns의 수만큼 열을 생성한 후 테이블 객체를 생성한다.
JTable(Object[][] rowData, Object[] columnNames)	일차원 배열 columnNames로 칼럼 이름을 만들고 이차원 배열 rowData로 테이블의 데이터를 생성한다.
JTable(TableModel dm)	dm을 데이터 모델로 테이블을 생성한다.
JTable(TableModel dm, TableModelModel cm)	dm을 데이터 모델로, cm을 칼럼 모델로 사용하여 테이블을 생성한다.
JTable(TableModel dm, TableModelModel cm, ListSelectionModel sm)	dm을 데이터 모델로, cm을 칼럼 모델로, sm을 셀렉션 모델로 사용하여 테이블을 생성한다.
JTable(Vector rowData, Vector columnNames)	Vector를 이용하여 칼럼 이름과 데이터를 표시한 후 테이블을 생성한다.

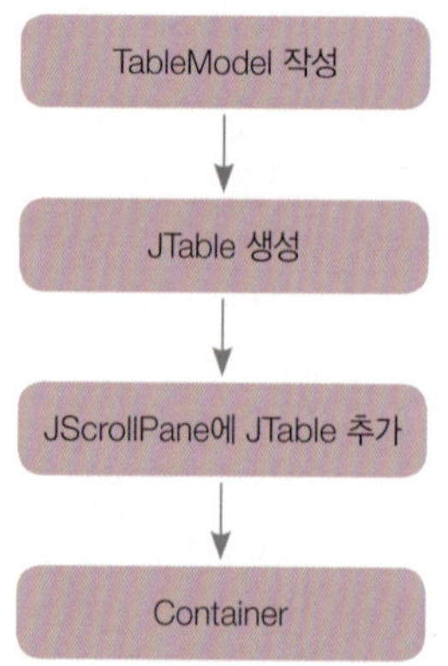

[그림 16-16]　JTable 사용 과정

[리스트 16.11] JTable 실습 예제(JTableTest1.java)

```
1    public class JTableTest1  extends JFrame{
2        JTable table;
3
4        String[][] data={{"150000","박길동","총무부"},
5                    {"150001","홍길동","관리부"},
6                    {"150002","이순신","회계부"},
```

```java
 7                               {"150003","임꺽정","개발부"},
 8                               {"150004","박지성","관리부"},
 9                               {"150005","제임스","총무부"},
10                               {"150006","이길동","총무부"},
11                               {"150007","차범근","개발부"},
12                               {"150008","박세리","회계부"},
13                               {"150009","차두리","영업부"},
14                               {"150010","홍명보","영업부"},
15                               {"150011","존슨","개발부"},
16                               {"150012","김유신","영업부"},
17                               {"150013","홍길순","회계부"},
18                                   };
19       Object [] columnNames={"사번","이름","근무부서" };
20       public JTableTest1( ){
21           table=new JTable(data,columnNames);
22           table.setAutoResizeMode(table.AUTO_RESIZE_ALL_COLUMNS);
23           //table.setAutoResizeMode(table.AUTO_RESIZE_LAST_COLUMN);
24           //table.setAutoResizeMode(table.AUTO_RESIZE_NEXT_COLUMN);
25           //table.setAutoResizeMode(table.AUTO_RESIZE_OFF);
26           //table.setAutoResizeMode(table.AUTO_RESIZE_SUBSEQUENT_COLUMNS);
27
28       }
29       public void startFrame( ){
30           setDefaultCloseOperation(JFrame.EXIT_ON_CLOSE);
31
32           this.setTitle("사원 정보 테이블");
33
34           add(new JScrollPane(table));
35           pack( );
36           setVisible(true);
37
38       }
39       public static void main(String[] args){
40           JTableTest1 t=new JTableTest1( );
41           t.startFrame( );
42       }
43   }
```

22행 : 칼럼 사이즈 조절 시 양쪽 칼럼의 사이즈도 변경된다.

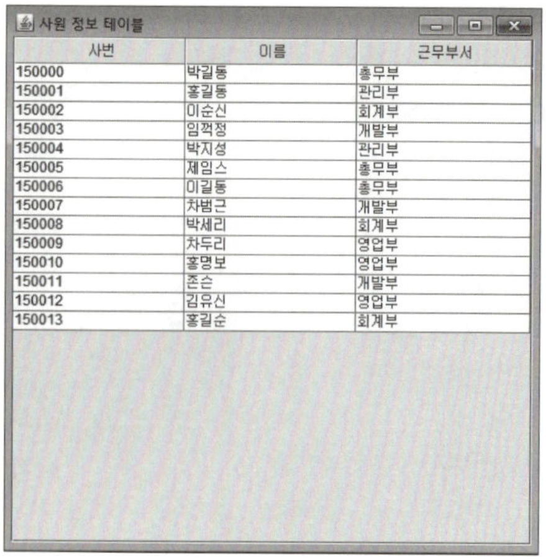

[그림 16-17] 실행 결과

[리스트 16.12]는 테이블에서 특정 행과 열을 선택할 때 이벤트를 처리하는 예제다. 30행에서 선 테이블에서 단일 행을 선택하여 처리할 수 있게 설정한다. 31~40행에서는 마우스로 테이블의 행을 선택할 때 선택한 행 번호를 출력하고 있다. 44~53행에서는 마우스로 선택할 열 번호를 출력하고 있다.

[리스트 16.12] 테이블 행과 열 선택시 이벤트 처리하기(JTableTest2.java)

```
1    public class JTableTest2  extends JFrame{
2         JTable table;
3
4         Object[][] rows={
5                   {"150000","박길동","총무부"},
6                   {"150001","홍길동","관리부"},
7                   {"150002","이순신","회계부"},
8                   {"150003","임꺽정","개발부"},
9                   {"150004","박지성","관리부"},
10                  {"150005","제임스","총무부"},
11                  {"150006","이길동","총무부"},
12                  {"150007","차범근","개발부"},
13                  {"150008","박세리","회계부"},
14                  {"150009","차두리","영업부"},
15                  {"150010","홍명보","영업부"},
16                  {"150011","존슨","개발부"},
17                  {"150012","김유신","영업부"},
18         };
```

```java
19        Object [] columnNames={"사번","이름","근무부서" };
20
21        int rowIdx=0,colIdx=0;
22
23        public JTableTest2( ){
24            table=new JTable(rows,columnNames);
25
26            ListSelectionModel rowSM = table.getSelectionModel( );
27
28            //rowSel.setSelectionMode(ListSelectionModel.SINGLE_INTERVAL_
                                                    SELECTION);
29            //rowSel.setSelectionMode(ListSelectionModel.MULTIPLE_INTERVAL_
                                                    SELECTION);
30            rowSel.setSelectionMode(ListSelectionModel.SINGLE_SELECTION);
31            rowSel.addListSelectionListener(new ListSelectionListener( ){
32                public void valueChanged(ListSelectionEvent e) {
33                    if (!e.getValueIsAdjusting( )){
34                        ListSelectionModel lsm=(ListSelectionModel)e.getSource( );
35                        rowIdx=lsm.getMinSelectionIndex( );
36                        System.out.println(lsm.getMinSelectionIndex( )+ " 번째 행이
                                                    선택됨...");
37                        System.out.println(rows[rowIdx][colIdx]);
38                    }
39                }
40            });
41
42            ListSelectionModel colSel = table.getColumnModel( ).getSelectionModel( );
43            colSel.setSelectionMode(ListSelectionModel.SINGLE_SELECTION);
44            colSel.addListSelectionListener(new ListSelectionListener( ){
45                public void valueChanged(ListSelectionEvent e) {
46                    ListSelectionModel lsm = ListSelectionModel)e.getSource( );
47                    colIdx=lsm.getMinSelectionIndex( );
48                    if (!e.getValueIsAdjusting( )){
49                        System.out.println(lsm.getMinSelectionIndex( )+" 번째 열이
                                                    선택됨...");
50                        System.out.println(rows[rowIdx][colIdx]);
51                    }
52                }
53            });
54    }
```

```
55      public void startFrame( ){
56          setDefaultCloseOperation(JFrame.EXIT_ON_CLOSE);
57
58          this.setTitle("테이블 테스트");
59          add(new JScrollPane(table));
60          pack( );
61          setVisible(true);
62      }
63      public static void main(String[] args){
64          JTableTest2 t=new JTableTest2( );
65          t.startFrame( );
66      }
67  }
```

26행   : SelectionModel 객체를 가지고 온다.

30행   : 테이블에 행을 1개만 선택 가능하게 설정한다.

31~43행 : 테이블에서 특정 행 선택 시 이벤트를 처리한다.

45~58행 : 테이블에서 특정 칼럼 선택 시 이벤트를 처리한다.

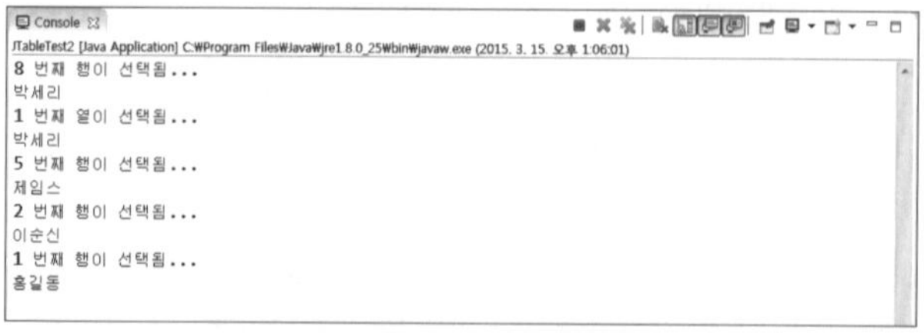

[그림 16-18] 실행 결과

앞의 실습 예제들은 테이블의 셀 값을 편집할 수 없었다. 그러나 사용자가 직접 TableModel
을 만들어 사용하면 각 셀의 데이터 편집 여부를 지정할 수 있다.

사용자 정의 TableModel은 반드시 **AbstractTableModel** 클래스를 상속받아 만들어야 한
다. 그리고 사용자 정의 TableModel의 경우, [표 16-5]의 3개 메서드는 반드시 오버라이딩
해야 한다.

메서드	기능
int gegColumnCount( );	열의 수를 반환한다.
int getRowCount( );	행의 수를 반환한다.
Object getValueAt(int row, int column);	주어진 행렬 위치에 저장된 데이터를 반환한다.

[리스트 16.13]에는 AbstractTableModel을 상속하여 사용자 정의 테이블 모델을 구현하고 있다.

우선 [표 16-5]의 3개 메서드를 오버라이딩하여 구현하고 있다. **16행**의 getColumnCount( )는 columnNames.length, 즉 3을 리턴하므로 테이블의 열의 수는 3이다. **22행**의 getRow Count( )는 data.length를 리턴하므로 행의 수는 3이다. **28행**의 getValueAt( )은 테이블의 각 셀값을 data라는 이차원 배열로 채운다. 따라서 실행 시 테이블은 [그림 16-19]의 첫 번째 테이블처럼 3행 3열의 구조를 나타낸다.

그리고 그 밖의 다른 메서드를 구현하여 추가적인 기능을 사용하고 있다. 우선 **37행**의 **isCellEditable( )**를 구현하여 셀의 편집 여부를 설정하고 있다. 이 경우에는 **7행**의 column Editables 일차원 배열의 순서대로 셀을 편집할 수 있다. 그리고 **41행**의 **setValueAt( )**을 이용하면 테이블에서 편집한 값이 바로 셀에 적용되게 할 수 있다. [리스트 16.14]의 **70행**에서 TableModel을 JTable 인자로 사용하여 실행하고 있다. [그림 16-19]의 두 번째 테이블은 셀의 데이터를 변경한 것이다. '히딩크'의 근무 부서를 영업부에서 관리부로 변경하여 표시하고 있다. 테이블에서 변경 가능한 셀은 이름과 근무 부서의 칼럼에 위치한 셀의 데이터만 수정할 수 있다. 그 이유는 [리스트 16.13]의 TableModel의 **38행**에서 isCellEditable( )이 반환하는 타입의 **columnEditables**의 첫 번째 요소값이 false이므로 사번 칼럼의 셀은 수정이 불가능하다. 이처럼 사용자 정의 TableModel을 사용하면 사용자가 셀에 대한 여러 가지 설정을 자유롭게 할 수 있다.

[리스트 16.13] 사용자 정의 테이블 모델(TableModel.java)

```java
1    import javax.swing.table.AbstractTableModel;
2
3    public  class TableModel extends AbstractTableModel {
4        String [] columnNames={"사번","이름","근무부서" };
5        Object[][] data = {{" ", " "," "," "}};
6
7        boolean[] columnEditables = new boolean[] {
8            false, true, true
9        };
10
11       public TableModel( Object[][] data) {
12           this.data = data;
13       }
14
15       @Override
16       public int getColumnCount( ) {
17           // TODO Auto-generated method stub
18           return columnNames.length;
19       }
20
21       @Override
22       public int getRowCount( ) {
23           // TODO Auto-generated method stub
24           return data.length;
25       }
26
27       @Override
28       public Object getValueAt(int arg0, int arg1) {
29           // TODO Auto-generated method stub
30           return data[arg0][arg1];
31       }
32
33       public String getColumnName(int arg0){
34           return columnNames[arg0];
35       }
36
37       public boolean isCellEditable(int row, int column) {
38           return columnEditables[column];
```

```
39          }
40
41      public void setValueAt(Object value,int row,int col){
42          data[row][col]=value;
43          fireTableCellUpdated(row,col);
44      }
45  }
```


[리스트 16.14] 사용자 정의 테이블 모델을 사용한 예제(JTableTest3.java)

```
1   public class JTableTest3  extends JFrame{
2       JPanel searchPanel;
3       JPanel btnPanel;
4
5       JList memberJList;
6       JLabel lCondition;
7       JTextField tCondition;
8       JButton searchBtn;
9       JComboBox combo;
10      JTable memTable;
11
12      JButton updateBtn, deleteBtn;
13      Object[][] arrMember = new Object[0][4];
14
15      public JTableTest3( ){
16          initInstance( );
17          setTitle("테이블 실습");
18          setLayout(new BorderLayout( ));
19          Container c=getContentPane( );
20          c.add(searchPanel,"North");
21          c.add(new JScrollPane(memTable),"Center");
22          c.add(btnPanel,"South");
23
24          setDefaultCloseOperation(JFrame.EXIT_ON_CLOSE);
25          setLocation(200, 200);
26          pack( );
27          setVisible(true);
28      }
```

```java
29
30      private void  initInstance( ){
31          searchPanel=new JPanel( );
32
33          tCondition=new JTextField(10);
34          lCondition=new JLabel("입력창");
35
36          memberJList=new JList( );
37          memberJList.setBackground(Color.GREEN);
38          memTable=new JTable( );
39          memTable.setModel(new TableModel(arrMember));
40
41
42          searchBtn=new JButton("조회하기");
43          searchBtn.addActionListener(new ActionListener( ) {
44              public void actionPerformed(ActionEvent e) {
45                  arrMember = new Object[6][3];
46                  arrMember[0][0]="150000";
47                  arrMember[0][1]="홍길동";
48                  arrMember[0][2]="관리부";
49
50                  arrMember[1][0]="150001";
51                  arrMember[1][1]="이순신";
52                  arrMember[1][2]="회계부";
53
54                  arrMember[2][0]="150002";
55                  arrMember[2][1]="박지성";
56                  arrMember[2][2]="개발부";
57
58                  arrMember[3][0]="150003";
59                  arrMember[3][1]="차범근";
60                  arrMember[3][2]="개발부";
61
62                  arrMember[4][0]="150004";
63                  arrMember[4][1]="차두리";
64                  arrMember[4][2]="총무부";
65
66                  arrMember[5][0]="150005";
67                  arrMember[5][1]="히딩크";
68                  arrMember[5][2]="영업부";
```

```
69
70                     memTable.setModel(new TableModel(arrMember));
71             }
72         });
73
74             searchPanel.add(lCondition);
75             searchPanel.add(tCondition);
76             searchPanel.add(searchBtn);
77
78             btnPanel=new JPanel( );
79             updateBtn=new JButton("수정하기");
80             deleteBtn=new JButton("삭제하기");
81             btnPanel.add(updateBtn);
82             btnPanel.add(deleteBtn);
83         }
84     public static void main(String[] args){
85         new JTableTest3( );
86     }
87 }
```


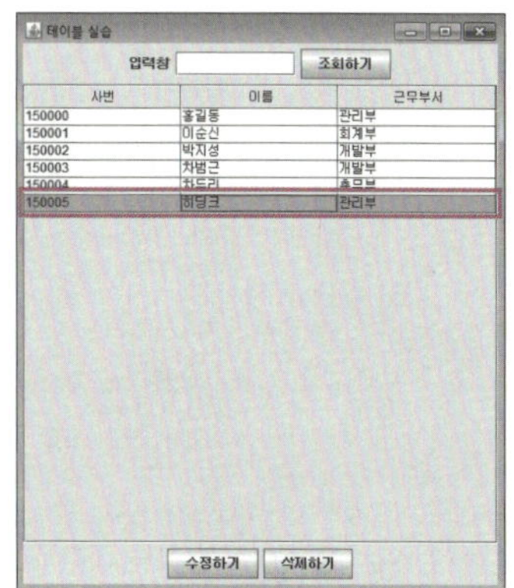

(a) 셀의 데이터 수정 전

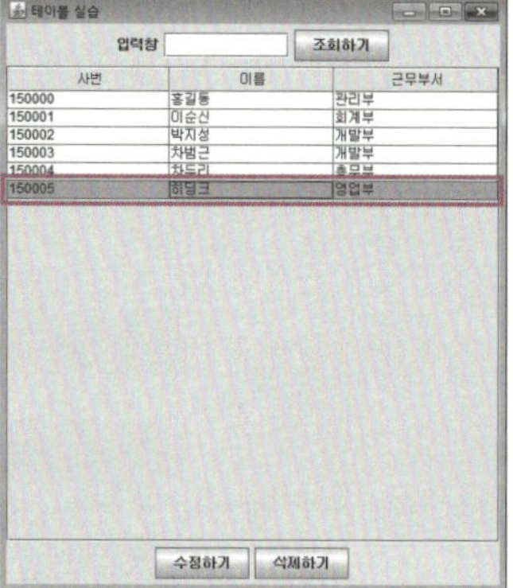

(b) 셀의 데이터 수정 후

[그림 16-19] 실행 결과

그 밖의 JTable에 관련된 여러 가지 기능을 하는 메서드는 API 문서를 참고하여 학습하기 바란다.

지금까지 스윙에서 많이 사용되는 컴포넌트를 이용하는 예제를 실습해보았다. 실제 자바로 PC용 프로그램을 만들지 않으므로 스윙을 사용하는 경우는 거의 없다. 그러나 스윙 컴포넌트의 여러 가지 기능은 안드로이드 앱에서 그대로 사용된다. 그 밖의 Canvas 같은 다른 스윙 기능은 카페의 동영상을 참고하여 학습하기 바란다.

04 스윙을 이용하여 그룹 채팅 프로그램 구현하기

이번에는 앞에서 배운 스윙으로 화면을 구성하여 여러 사람들이 동시에 대화를 하는 그룹 채팅 프로그램을 완성해보자. 먼저 소스를 보기 전에 어떻게 서버에 접속한 클라이언트가 서로 그룹 채팅을 하는지를 그림으로 살펴보자. [그림 16-20]은 세 명의 클라이언트가 서버에 접속하는 과정이다. 먼저 클라이언트 A가 서버에 접속하면 ServerSocket이 Socket을 생성한 후 이 Socket을 이용하여 각 클라이언트와 통신을 담당할 Thread를 생성한다. 그리고 그 Thread를 ArrayList에 저장한다.

[그림 16-21]과 [그림 16-22]는 클라이언트 B, C의 경우에도 이와 동일하게 Thread를 생성한 후 ArrayList에 저장한다.

[그림 16-23]은 클라이언트에서 받은 메시지를 broadcasting 방식으로 다른 클라이언트에게 전송하는 과정을 나타낸 것이다. 먼저 클라이언트 A에서 메시지를 받으면 서버 프로그램은 ArrayList에서 Thread를 차례로 가져와 Thread를 이용하여 해당 클라이언트에게 수신한 메시지를 전송한다.

[그림 16-20] 다수의 클라이언트가 서버에 접속하는 과정 1　[그림 16-21] 다수의 클라이언트가 서버에 접속하는 과정 2

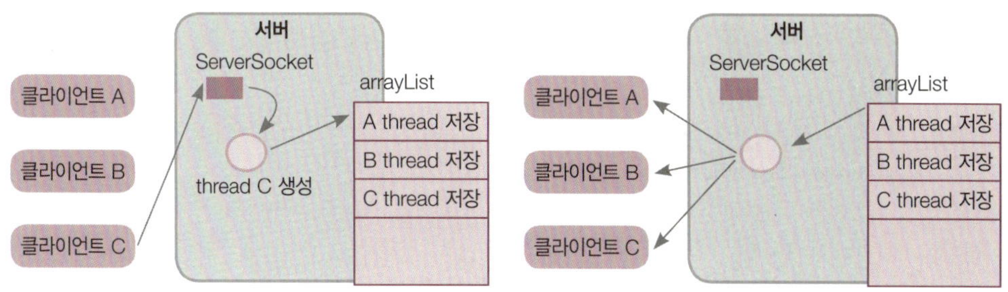

[그림 16-22] 다수의 클라이언트가 서버에 접속하는 과정 3　　**[그림 16-23]** 다수의 클라이언트가 서버에 접속하는 과정 4

[리스트 16.15]와 [리스트 16.16]은 서버와 클라이언트 프로그램의 소스를 나타낸 것이다. 소스량이 많아 중요한 부분만 나타내었으므로 소스를 가지고 직접 분석해보는 것이 중요하다. 먼저 서버 소스를 보면 [리스트 16.15]의 **25행**은 클라이언트 접속 시 생성되는 Thread 객체를 저장할 ArrayList를 생성하고 있다. 그리고 **34, 35행**에서 클라이언트 접속 시 MultiServerThread 객체를 생성한 후 ArrayList에 저장하고 있다. **62~64행**에서는 클라이언트로부터 수신된 메시지를 수신 후 다른 클라이언트에게 송신하는 스트림을 생성하고 있다. **66~76행**의 while문에서 수신된 message를 broadCasting()으로 전달한 후 for문을 돌면서 ArrayList에 저장된 스레드를 가져와 각 클라이언트로 전송한다.

[리스트 16.16]은 클라이언트 프로그램이다. 소스의 흐름만을 파악해보면, 먼저 클라이언트 실행 시 대화명을 입력받아 서버에 접속한다. 그리고 텍스트 필드에 텍스트를 입력한 후 Enter ⏎ 를 누르면 메시지가 서버로 전송된다. 그리고 스레드가 실행되면서 서버의 메시지를 수신하여 대화창에 표시해준다.

[리스트 16.15] 그룹 채팅 서버 프로그램(ChattingServer.java)

```java
1    import java.awt.*;
2    import java.io.*;
3    import java.net.*;
4    import java.util.*;
5    import javax.swing.*;
6
7    public class ChattingServer extends JFrame{
8        private ArrayList<MultiServerThread> list;
9        private Socket socket;
```

```java
10    private JTextArea ta;
11    private JTextField tf;
12
13    private ServerSocket serverSocket=null;
14    public ChattingServer( ){
15        setTitle("다중 채팅 서버");
16        setDefaultCloseOperation(JFrame.EXIT_ON_CLOSE);
17        ta = new JTextArea( );
18        add(new JScrollPane(ta));
19        tf = new JTextField( );
20        tf.setEditable(false);
21        add(tf, BorderLayout.SOUTH);
22        setSize(300,300);
23        setVisible(true);
24
25        list =new ArrayList<MultiServerThread>( );
26        try{
27            ServerSocket serverSocket = new ServerSocket(5000);
28            MultiServerThread mst = null;
29            boolean isStop = true;
30            tf.setText("서버 정상 실행 중입니다. 관리자님!!!");
31            System.out.println("isStop : " +isStop);
32            while(isStop){
33                socket = serverSocket.accept( );
34                mst = new MultiServerThread( );
35                list.add(mst);
36                mst.start( );
37            } //while
38        }catch(IOException e){
39        e.printStackTrace( );
40        }
41    }
42    public static void main(String[] args){
43        new ChattingServer( );
44    }
45
46    public class MultiServerThread extends Thread{
47        InputStream is;
48        BufferedReader br_in;
```

```java
49    BufferedWriter bw;
50    PrintWriter pw;
51    OutputStream os;
52    String message;
53
54    public void run( ){
55        System.out.println("MultiServerThread is called");
56        boolean isStop = false;
57
58        try{
59            is=socket.getInputStream( );
60            os =socket.getOutputStream( );
61
62            br_in = new BufferedReader(new InputStreamReader(is));
63            bw = new BufferedWriter(new OutputStreamWriter(os));
64            pw=new PrintWriter(bw,true);
65
66            while(!isStop){
67                message =br_in.readLine( );
68                String[] str = message.split("#");
69
70                if(str[1].equals("exit")){
71                    broadCasting(message);
72                    isStop = true;
73                }else{
74                    broadCasting(message);
75                } //else
76            } //while
77
78            list.remove(this);
79            ta.append(socket.getInetAddress( ) +"IP주소의 사용자께서
80                                        종료하셨습니다.\n");
81            tf.setText("남은 사용자 수 : " + list.size( ));
82        }catch(Exception e){
83            list.remove(this);
84            ta.append(socket.getInetAddress( )+"IP 주소의 사용자께서 비정상
85                                        종료하셨습니다.");
86            tf.setText("남은 사용자 수 : " + list.size( ));
87        }
```

```
88              }  ///end run
89
90          public void broadCasting(String message){
91              System.out.println("broadcasting is called");
92              for(MultiServerThread ct : list){
93                  ct.send(message);
94              }
95          }
96          public void send(String message){
97              pw.println(message);
98          }
99      }  //MultiServerThread
100  }
```

25행   : 클라이언트 연결 시 생성되는 스레드를 저장할 ArrayList를 객체 생성한다.

34행   : 클라이언트 접속 시 스레드를 생성한다.

35행   : 클라이언트 접속용 스레드를 ArrayList에 저장한다.

74행   : 클라이언트가 메시지를 전송해오면 broadCasting()을 호출한다.

90~95행 : ArrayList에서 각 클라이언트에 대한 스레드를 가져와서 전송된 메시지를 차례로 전송한다.

[리스트 16.16] 그룹 채팅 클라이언트 프로그램(ChattingServer.java)

```java
1   import java.awt.*;
2   import java.awt.event.*;
3   import java.io.*;
4   import java.net.*;
5
6   import javax.swing.*;
7
8   public class Client implements ActionListener,  Runnable {
9       private static final String SERVER_IP="서버 아이피 주소";
10
11      private Socket socket;
12      private JFrame jframe;
13      private JTextField jtf;
14      private JTextArea jta;
15      private JLabel jlb1, jlb2;
```

```java
16          private JPanel jp1, jp2;
17          private String ip;
18          private String chatName;
19          private JButton jbtn;
20          InputStream is;
21          OutputStream os;
22          BufferedReader br_in;
23          BufferedWriter bw=null;
24          PrintWriter pw=null;
25
26          public Client( ) {
27                  //대화명을 다이얼로그로 입력받는다.
28                  chatName=JOptionPane.showInputDialog(jframe,
29                                              "대화명을 입력하세요!!",
30                                              "대화명 입력 다이얼로그",
31                                              JOptionPane.YES_NO_OPTION);
32                  if(chatName.length( )==0 || chatName==null){
33                      System.exit(0);
34                  }
35                  ...
36
37          public void init( ) {
38              try {
39                      socket=new  Socket(ip, 5000);
40                      is=socket.getInputStream( );
41                      os=socket.getOutputStream( );
42
43                      br_in = new BufferedReader(new InputStreamReader(is));
44                      bw = new BufferedWriter(new OutputStreamWriter(os));
45                      pw=new PrintWriter(bw,true); //자동으로 flush 한다.
46
47                      Thread t = new Thread(this);
48                      t.start( );  // 스레드 시작
49              } catch (Exception e) {
50                      e.printStackTrace( );
51              }//catch
52          }//init
53
54          ....
```

```java
55      public void actionPerformed(ActionEvent e) {
56          Object obj = e.getSource( );
57          String msg = jtf.getText( );
58          if(obj == jtf) {
59              if(msg == null || msg.length( ) == 0) {
60                  JOptionPane.showMessageDialog(jframe, "글을 쓰세요",
61                                      "경고", JOptionPane.WARNING_MESSAGE);
62              } else {  //내용을 입력하고 엔터한 경우
63                  try {
64                      pw.println(chatName + "#" + msg);
65                  } catch (Exception ee) {
66                      ee.printStackTrace( );
67                  }//catch
68              }
69          }//actionPerformed
70      ....
71      ...
72      public static void main(String[] args) {
73          JFrame.setDefaultLookAndFeelDecorated(true);
74          Client cc = new Client( );
75          cc.init( );
76      }
77
78      public void run( ) {
79          String message = null;
80          String[] receiveMsg = null;
81          boolean isStop = false;
82          while(! isStop) {
83              try {
84                  message = (String)br_in.readLine( );//채팅 내용
85                  receiveMsg = message.split("#");
86              } catch (Exception e) {
87                  e.printStackTrace( );
88                  isStop = true;  // 반복문 종료로 설정
89              }//catch
90              ....
91              ....
92              //채팅 내용을 화면에 보여 준다.
93              jta.append(receiveMsg[0] + " : " +receiveMsg[1] + "\n");
94
```

```
95              }//while
96           }//run
97        }//end
98    ...
99    ...
```

26~34행 : 사용자의 대화명을 입력받는다.

37~52행 : 입출력에 필요한 여러 스트림을 생성한다.

55~69행 : 클라이언트가 텍스트를 입력한 후 [Enter ↵]를 누르면 print( )을 이용하여 서버에 메시지를 전송한다.

82~97행 : 스레드를 실행하면서 서버에서 보면 메시지를 화면에 출력한다.

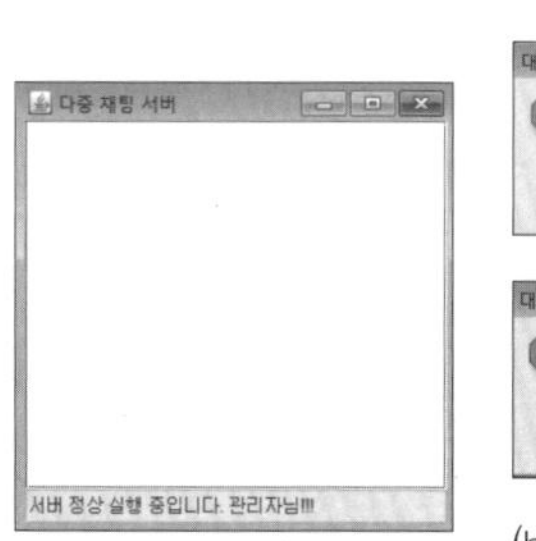

(a) 최초 서버 실행하기

(b) 각 클라이언트를 실행한 후 창에 대화명 입력하기

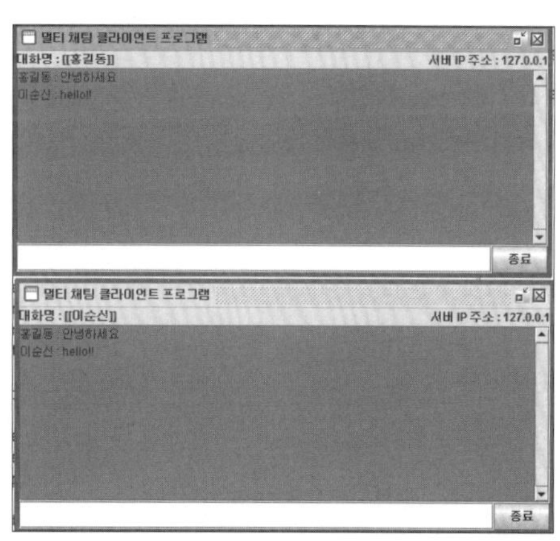

(c) 클라이언트끼리 채팅하기

[그림 16-24] 실행 화면

MVC 디자인 패턴

이번에는 화면이 있는 자바 프로그래밍 시 주로 사용되는 프로그래밍 설계 방법 중에서 가장 많이 사용되는 MVC 디자인 패턴에 대해 간단히 알아보자.

MVC는 자바 프로그램의 각각의 기능을 클래스로 나누어 개발하자는 의도로 나온 개념이다. 따라서 프로그램 개발이나 개발 후 프로그램 관리가 쉬워진다. 앞의 그룹 채팅 프로그램에서도 보았듯이 실제 개발하는 프로그램은 소스의 양이 보통 수천 줄 이상이다. 그런데 그룹 채팅 프로그램처럼 하나의 클래스에 이 모든 기능을 함께 구현한다는 것은 프로그램 개발이나 이후 프로그램 관리적인 면에서도 불편하다. 그래서 프로그램에서 각 기능을 클래스로 나누어 개발하자는 개념이 **MVC 디자인 패턴**이다. **MVC 개념은 자바뿐만 아니라 안드로이드 앱이나 JSP와 같은 웹프로그램에서도 그대로 사용되고 있다.**

MVC 디자인 패턴의 정의와 용도

- 정의
  - 프로그램의 화면과 뒤에서 처리하는 기능을 분리하며 구현하는 방법이다.
- 용도
  - 프로그램 개발과 개발 후 유지보수를 용이하게 한다.

• MVC 구성 요소

- 뷰 : 사용자의 요청을 받아들이는 화면으로 이벤트 발생 시 컨드롤러에게 이벤트를 전달한다.
- 컨트롤러(Controller) : View에서 전달받은 이벤트에 따라 처리할 모델을 선택한다.
- 모델(Model) : 데이터 베이스 연동이나 파일 저장과 같은 실제 기능을 수행한다.

MVC의 구성 요소를 살펴보자. 먼저 뷰(View)는 프로그램에서 화면의 기능을 담당한다. 그리고 컨트롤러(Controller)는 뷰에서 이벤트 발생 시에 각 이벤트에 대하여 기능을 수행할 모델을 선택한다. 모델은 실제 기능을 수행한다. [그림 16-25]는 실제 MVC로 설계된 프로그램이 실행되는 과정을 나타낸 것이다. 먼저 뷰, 즉 화면에서 사용자의 이벤트를 받아들여 컨트롤러에 전달하면 컨트롤러는 이벤트에 적합한 모델을 선택한다. 모델은 기능을 수행한 후 결과값을 컨트롤러에 반환한다. 그리고 컨트롤러는 반환된 결과를 뷰에 전달하여 표시한다.

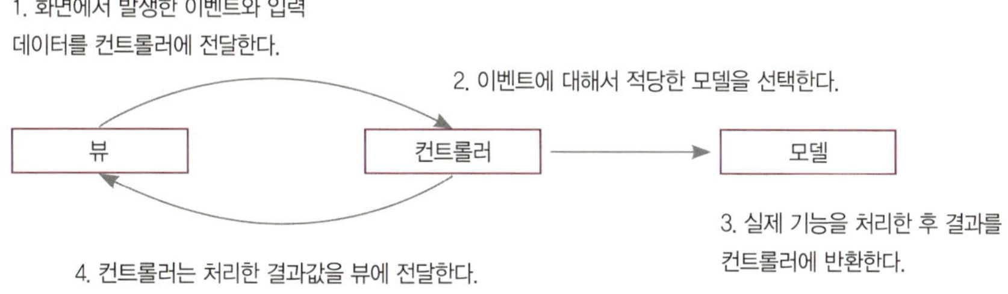

[그림 16-25] MVC로 설계된 프로그램 실행 과정

06 MVC를 이용하여 리스트의 영화 정보를 파일로 저장하는 프로그램

자바 AWT에서 영화 제목을 리스트로 보여주는 예제를 실습한 적이 있다. 이번에는 입력한 영화 제목을 리스트로 보여준 후 리스트의 영화 제목들을 파일로 저장하는 예제를 실습해본다. [그림 16-26]은 MVC 구조로, 영화 제목을 파일에 저장하는 기능을 각각의 클래스로 구현한 후 [영화 제목 파일에 저장] 버튼을 클릭했을 때의 기능 수행 과정이다. 먼저 뷰에 해당하는 MovieWindow가 MovieController 객체를 생성한 후 saveTitle()를 호출하고, 다시 메서드에서 MovieModel 객체를 생성한 후 saveTitle()를 호출하여 파일에 영화 제목을 저장한다.

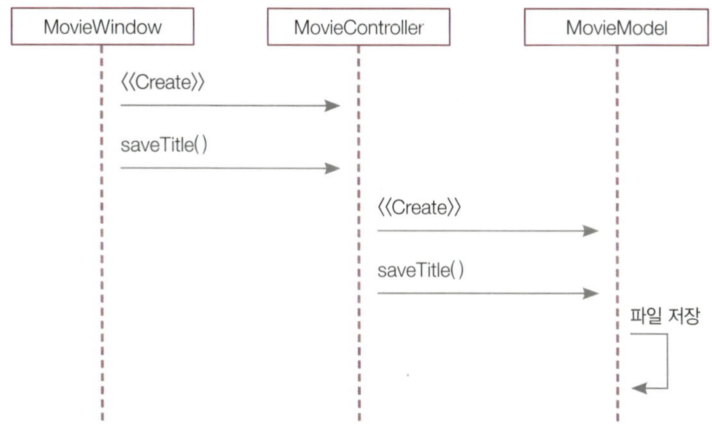

[그림 16-26] 영화 제목 파일에 저장하는 과정

[리스트 16.17]은 뷰 역할을 하는 MovieWindow다. 여기서 중요한 부분만 살펴보자. **39행**에서 각각의 버튼을 클릭하면 이벤트를 처리하는 actionPerformed( ) 내의 if문에서 각 버튼이 클릭되었을 때 MovieController 객체를 생성한 후 MovieController 객체의 메서드를 호출한다.

[영화 제목 파일 저장] 버튼이 눌려졌을 때는 saveTitles()가 호출된다. [리스트 16.18]은 MovieController 클래스이다. 각 기능을 메서드로 구현하고 있다. MovieController의 **4행**에서 MovieModel 객체를 생성한 후 각 메서드에서 MovieModel 객체의 메서드를 호출한다. [리스트 16.19]의 MovieModel 클래스 **12행**의 saveTitles()를 보면, 리스트의 영화 목록을 파일에 저장하는 기능을 구현하고 있다.

우선 **16행**에서 리스트의 getItems()를 호출하여 영화 제목 목록을 문자열 배열로 얻어온다. 그런 다음, PrintWriter의 println()를 이용하여 영화 제목을 파일로 출력한다.

22행에서 close()를 호출해야 파일에 저장된다. [그림 16-27]은 프로그램을 실행한 후 리스트에 영화 제목을 추가하여 [영화 제목 파일 저장] 버튼을 누른 후에 파일에 저장된 영화 제목을 보여주고 있다. 실제 이클립스의 프로젝트 폴더에 가보면 리스트의 영화 목록 파일이 그림처럼 저장되어 있다.

그 밖에 리스트의 영화 제목을 더블클릭하면 [리스트 16.17]의 **56행**에서 delTitle()이 호출되어 리스트에서 제목이 삭제된다. 이처럼 기능을 MVC로 구현하면 소스나 파일이 많은 경우에도 그림[16-26]처럼 순차적으로 따라가면서 소스를 분석하여 쉽게 이해할 수 있다.

[리스트 16.17] 영화 제목 파일에 저장하기(MovieWindow.java)

```
1    import java.awt.*;
2    import javax.swing.*;
3    import java.awt.event.*;
4
5    public class MovieWindow  extends JFrame implements ActionListener{
6        String resultMsg=null;
7        JTextField tMovieTitle=new JTextField(30);
8        JButton btnTitleInsert=new JButton("영화제목 추가");
9        JButton btnSave=new JButton("영화제목 파일 저장");
10       List movieList=new List( );
11       MovieController controller=new MovieController( );
12
13       JButton btnExit=new JButton("종료");
```

```java
14
15  public MovieWindow( ){
16      super("영화정보 관리 화면");
17      movieList.setBackground(Color.green);
18
19      Panel p=new Panel( );
20      p.add(new Label("영화제목 입력"));
21      p.add(tMovieTitle);
22      p.add(btnTitleInsert);
23      p.add(btnSave);
24
25      add(BorderLayout.NORTH,p);
26      add(BorderLayout.CENTER,movieList);
27      add(BorderLayout.SOUTH,btnExit);
28
29      setBounds(0,0,800,600);
30      setVisible(true);
31
32      //Listener와 연결한다.
33      movieList.addActionListener(this);
34      btnTitleInsert.addActionListener(this);
35      btnSave.addActionListener(this);
36      btnExit.addActionListener(this);
37  }
38
39  public void actionPerformed(ActionEvent e){
40      String mTitle=e.getActionCommand( );
41      //영화정보를 추가한다.
42      if(e.getSource( )==btnTitleInsert){
43          System.out.println("영화제목 추가하기");
44          //텍스트필드에 입력한 영화제목을 가지고 온다.
45          mTitle=tMovieTitle.getText( ).trim( );
46          controller.addTitle(mTitle,movieList);
47          tMovieTitle.setText("");
48          resultMsg="영화 제목을 추가했습니다.";
49      //영화제목을 파일에 저장한다.
50      }else if(e.getSource( )==btnSave){
51          System.out.println("파일 저장");
52          controller.saveTitles(movieList);
53          resultMsg="영화제목을 파일에 저장했습니다.";
```

```
54          //리스트의 제목을 더블클릭시 제목을 지운다.
55          }else{
56              controller.delTitle(mTitle, movieList);
57              resultMsg="영화제목을 삭제했습니다.";
58
59          }
60          //다이얼로그로 처리 결과를 보여 준다.
61          JOptionPane.showMessageDialog(this,
62                              resultMsg,
63                          "메시지 박스",
64                              JOptionPane.INFORMATION_MESSAGE);
65
66          if(e.getSource( )==btnExit)
67              System.exit(1);
68
69      }
70
71      public static void main(String[] args){
72          new MovieWindow( );
73      }
74  }
```

[리스트 16.18] 영화 제목 파일에 저장하기(MovieController.java)

```
1   import java.awt.List;
2
3   public class MovieController {
4       MovieModel model=new MovieModel( );
5
6       public void addTitle(String title,List movieList){
7           try{
8               model.addTitle(title,movieList);
9           }catch(Exception e){
10              e.printStackTrace( );
11          }
12      }
13
14      public void delTitle(String title,List movieList){
```

```
15            model.delTitle(title, movieList);
16        }
18
19        public void saveTitles(List movieList){
20            try{
21                model.saveTitles(movieList);
22            }catch(Exception e){
23                e.printStackTrace( );
24            }
25        }
26    }
```

21행 : Model의 saveTitles( )를 호출한다.

[리스트 16.19] 영화 제목 파일에 저장하기(MovieModel.java)

```
1    import java.io.PrintWriter;
2
3    public class MovieModel {
4        public void addTitle(String title,List movieList){
5            movieList.add(title);
6        }
7
8        public void delTitle(String title,List movieList){
9            movieList.remove(title);
10        }
11
12        public void saveTitles(List movieList) throws Exception{
13            File file=new File("moveTitle.txt");
14            FileWriter fw=new FileWriter(file,true);
15            PrintWriter pw=new PrintWriter(fw);
16            String items[] = movieList.getItems( );
17
18            for(int i=0; i<items.length;i++){
19                pw.println(items[i]);
20                System.out.println(items[i]);
21            }
22            fw.close( );
```

```
23              pw.close( );
24          }
25      }
```

12~24행 : 영화 목록을 파일에 저장한다.

16행   : getItems( )를 호출하여 리스트의 목록을 배열로 가져온다.

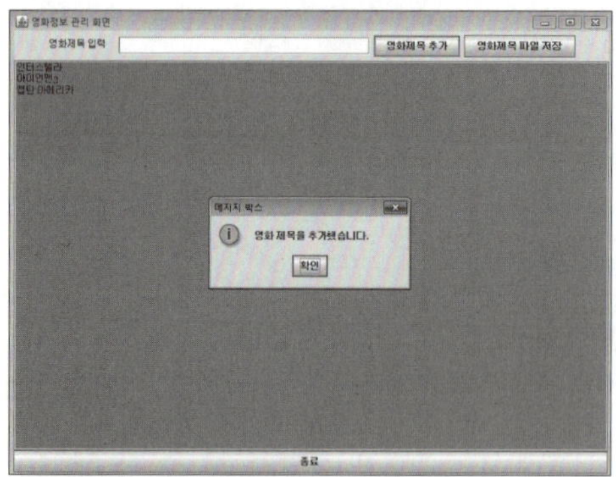

(a) 영화 제목을 입력한 후 [제목 추가] 버튼을 눌러 리스트에 영화 제목 추가하기

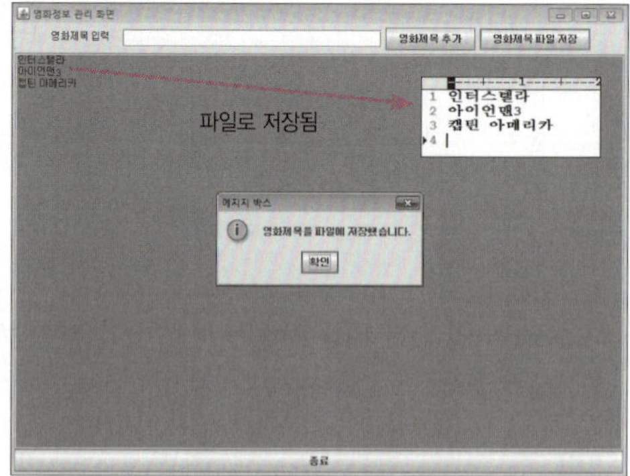

(b) [영화 제목 파일로 저장하기] 버튼을 눌렀을 때의 결과

[그림 16-27]   실행 결과

07 공공 데이터와 연동하여 화면으로 보여주기

이번에는 12장에서 실습한 공공 데이터를 화면에 출력하는 예제를 실습해보자. 앞에서는 문화재 정보를 서버에서 조회한 후 콘솔로 출력했는데, 이번에는 서버에서 조회한 문화재 정보를 화면에 테이블에 나타내는 예제를 실습해본다. 테이블의 특정 문화재를 클릭하면 팝업 창이 나타나서 문화재 상세 정보를 출력해주는 예제다. 이 예제를 실습하기에 앞서 VO(Value Object)라는 개념에 대해 알아보자.

┌───┐
Value Object(VO)의 정의와 용도

- 정의
  - 여러 다른 타입의 데이터를 다른 클래스로 전달할 때 사용된다.
  - TO(Transfer Object)라고도 불린다.
- 용도
  - 화면 클래스에서 데이터 처리 클래스 사이의 데이터 전달이나 반환 시 사용된다.
└───┘

프로그램을 MVC로 구현하면 각 클래스에서 다른 클래스로 연동하면서 데이터를 주고받는 경우가 많다. VO를 사용하면 데이터 연동 작업을 편리하게 할 수 있다. [리스트 16.20]은 실제 VO를 만드는 방법이다.

[리스트 16.20] VO를 만드는 방법(CultureVo.java)

```java
1    public class CultureVo {
2        private int cultureId;
3        private String cultureTitle;
4        private String cultureSize;
5        private String cultureInfo;
6
7        public CultureVo(int cultureId, String cultureTitle, String cultureSize) {
8            super( );
9            this.cultureId = cultureId;
10           this.cultureTitle = cultureTitle;
11           this.cultureSize = cultureSize;
12       }
13
14       public CultureVo(int cultureId, String cultureTitle, String cultureSize,String cultureInfo) {
15           super( );
16           this.cultureId = cultureId;
17           this.cultureTitle = cultureTitle;
18           this.cultureSize = cultureSize;
19           this.cultureInfo=cultureInfo;
20       }
21
22       public int getCultureId( ) {
23           return cultureId;
24       }
```

```
25        public void setCultureId(int cultureId) {
26            this.cultureId = cultureId;
27        }
28
29        ...//생략
30    }
```


이클립스에서 VO 클래스의 생성자를 만드는 방법

이클립스에서 클래스의 생성자를 자동으로 생성하는 방법은 다음과 같다.

 ❶ Vo 클래스를 생성한다.

❷ Vo 클래스에 속성을 추가한다.

❸ 마지막 속성을 마우스의 오른쪽 버튼으로 클릭하면 팝업 메뉴가 나타나는데, 이 메뉴 중에서 [Source-Generate Constructor using Fields] 항목을 선택한다.

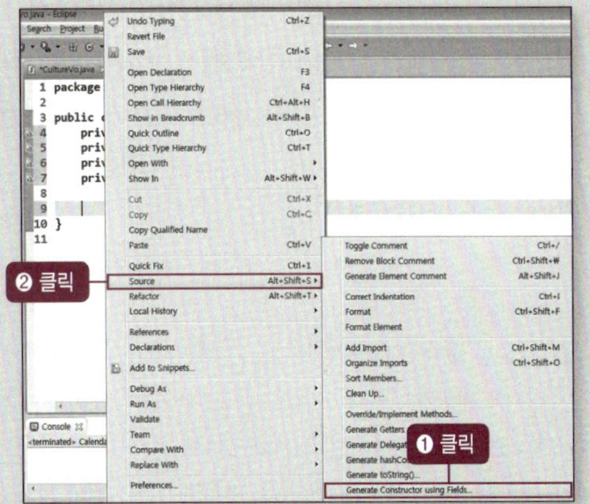

❹ 화면이 나타나면 생성자의 인자로 사용할 속성을 선택한 후 [OK] 버튼을 클릭한다.

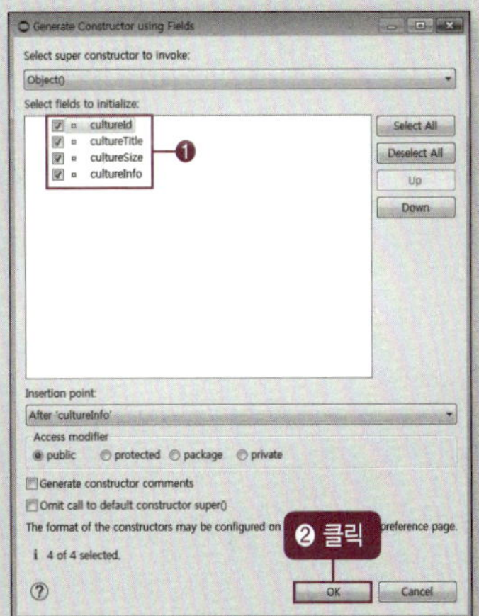

❺ 소스에 인자가 4개인 생성자가 추가된다.

```java
package ch16.ex7d;

public class CultureVo {
    private int cultureId;
    private String cultureTitle;
    private String cultureSize;
    private String cultureInfo;


    public CultureVo(int cultureId, String cultureTitle, String cultureSize,
            String cultureInfo) {
        super();
        this.cultureId = cultureId;
        this.cultureTitle = cultureTitle;
        this.cultureSize = cultureSize;
        this.cultureInfo = cultureInfo;
    }


}
```

VO 클래스를 만들려면 속성에 대해 일일이 getter/setter 메서드를 만들어주어야 한다.
그런데 속성의 개수가 많아지면 일일이 코딩을 해주어야 하므로 불편하다. 이클립스에
서 자동으로 getter/setter 메서드를 만드는 방법은 다음과 같다.

❶ getter/setter 메서드를 추가하고자 하는 위치에 마우스 오른쪽 버튼을 클릭하면 나타나는 메뉴 중에서 [Source-Generate Getters and Setters..] 항목을 선택한다.

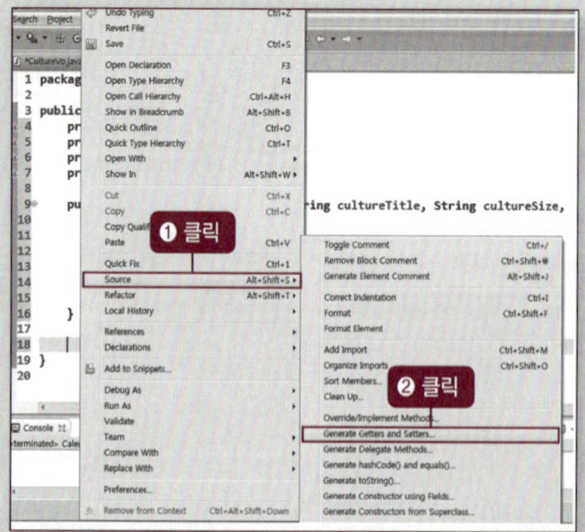

❷ 메서드를 만들고자 하는 속성을 선택하거나 [Select All] 버튼을 선택한 후 [OK] 버튼을 클릭한다.

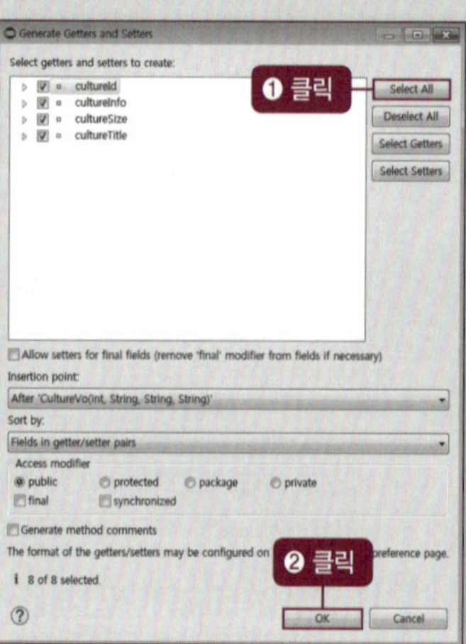

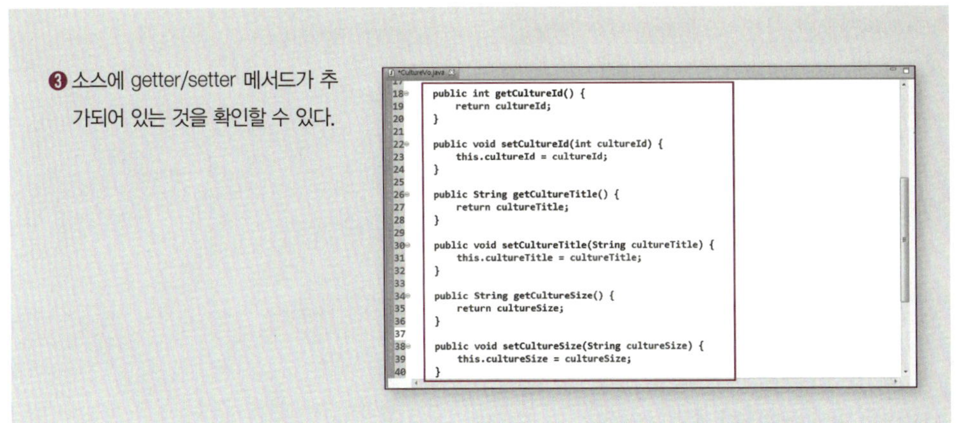
❸ 소스에 getter/setter 메서드가 추
가되어 있는 것을 확인할 수 있다.

[그림 16-28]과 [그림 16-29]는 문화재 정보를 서버에서 조회하는 과정을 나타낸 다이어그램이다. [그림 16-28]에서 보는 것처럼 공공 데이터 조회 시 화면에서 Controller와 Model과 연동하면서 CultureVo를 이용하여 데이터를 전달하고, 조회된 데이터를 화면으로 전달하여 문화재 정보를 출력한다.

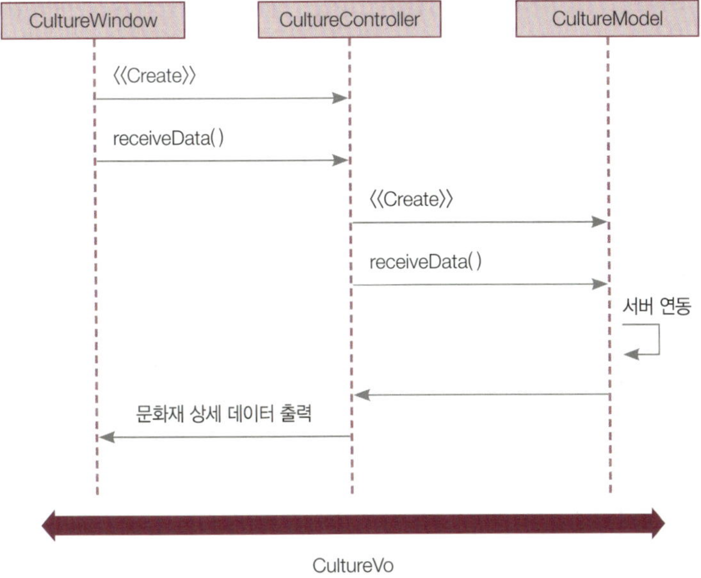

[그림 16-28] 문화재 목록을 서버에서 조회한 후 화면 리스트에 출력해 주는 과정

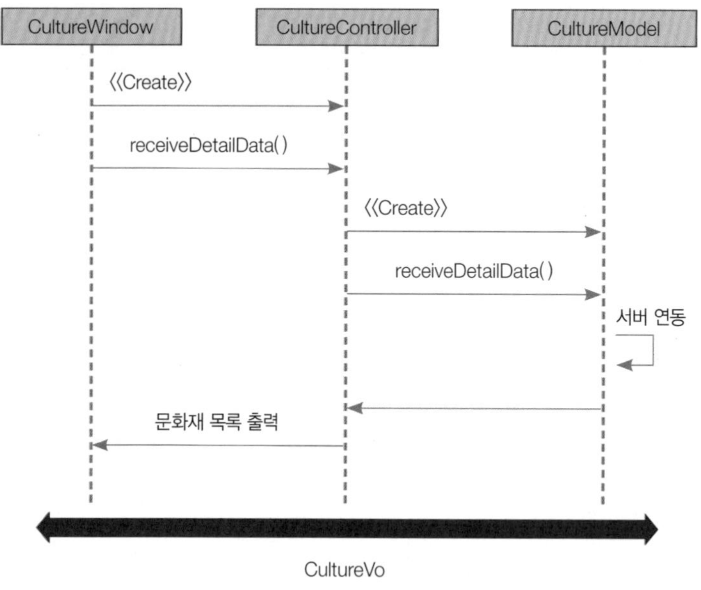

[그림 16-29] 문화재 항목 클릭 시 문화재 상세 정보를 얻어오는 과정

[리스트 16.21]에서 [리스트 16.26]은 문화재 정보를 얻어오는 기능을 MVC 구조로 구현한 소스이다. 먼저 화면을 나타내는 [리스트 16.21]을 보면 최초 실행 시에 **40행**의 init()가 호출 되므로 **41행**에서 CultureController 객체를 생성한 후 [리스트 16.23]의 CultureController 의 receiveData()를 호출한 후 [그림 16-28] 순서대로 [리스트 16.24]의 **21행**에 있는 receiveData()를 호출한다. CultureModel의 receiveData() 호출 시 전달된 숫자로 문화 재 정보를 조회한다. 그리고 조회한 결과를 ArrayList에 담아 CultureWindow 화면 클래스 로 리턴한다. 그런 다음, **43행**의 loadTableData()를 호출하고 for문을 이용하여 ArrayList 에 저장된 CultureVo를 차례로 가져와 문화재 번호와 문화재 이름을 차례로 이차원 배열 cultureItems에 저장한 후 JTable에 표시한다. **65~70행**에 그 과정이 잘 나타나 있다. [그림 16-30]은 최초 실행 시의 화면이다. 그리고 화면의 목록의 문화재 항목을 더블클릭하면 [리 스트 16.21]의 **81~91행**이 실행되면서 controller의 viewCultureDetail()을 호출한다.

[그림 16-29]의 과정을 따라가 보면 [리스트 16.24]에서 CultureModel 클래스의 viewCultureDatail()를 호출하는 것을 알 수 있다. 그러면 다른 화면을 [그림 16-30]처럼 띄운다. [리스트 16.25]는 다이얼로그 기능을 하는 클래스이다. [리스트 16.25]의 **20행**을 보 면 다시 Culturecontroller의 receiveDetailData()를 호출하면서 문화재 번호를 전달한다. CultureModel에서는 메소드 호출 시 전달된 문화재 번호를 이용하여 문화재 정보를 조회

한 후 다시 CultureVo에 문화재 정보를 저장하여 리턴하면 다이얼로그에서 상세 정보를 표시해준다.

[그림 16-31]은 메인 화면에서 [다음] 버튼을 클릭했을 때 새로운 10개의 문화재 정보를 가져와 표시하고 있다. [리스트 16.21]의 **48~54행**에서 이 기능을 수행하고 있다. 소스를 참고하여 이 과정을 분석해보기 바란다.

[리스트 16.21] 문화재 정보 조회하기(CultureWindow.java)

```
1    import java.awt.*;
2    import java.awt.event.*;
3    import java.util.ArrayList;
4
5    import javax.swing.*;
6    import javax.swing.event.*;
7
8
9    public class CultureWindow  extends JFrame implements ActionListener{
10       String requestUrl=null;
11       int cultureNumPerPage=10;
12       int pageNum=0;
13       int beginNum=cultureNumPerPage*pageNum+1;
14       int endNum=cultureNumPerPage*(pageNum+1);
15       CultureController controller;
16       ArrayList<CultureVo> cultureList;
17       JLabel label;
18       JTable culTable;
19
20       Panel p;
21       JButton btnNext;
22       JButton btnPrevious;
23       String[][] cultureItems ;
24       CulTableModel model;
25       int rowIdx=-1;
26       int cultureId=0;
27
28       public CultureWindow( ){
29          super("문화재 정보 조회 화면");
```

```java
30          label=new JLabel("문화재 정보 조회 결과");
31          culTable=new JTable( );
32
33          p=new Panel( );
34          btnNext=new JButton("다음");
35          btnPrevious=new JButton("이전");
36          cultureItems = new String[0][2];
37          init( );
38      }
39
40      private void init( ){
41          controller=new CultureController( );
42          cultureList=controller.receiveData(beginNum,endNum);
43          loadTableData( );
44          startFrame( );
45      }
46
47      public void actionPerformed(ActionEvent e){
48          if(e.getSource( )==btnNext){
49              pageNum++;
50              beginNum=cultureNumPerPage*pageNum+1;
51              endNum=cultureNumPerPage*(pageNum+1);
52              cultureList=controller.receiveData(beginNum,endNum);
53              loadTableData( );
54          }else if(e.getSource( )==btnPrevious){
55              if(pageNum>0)
56              pageNum--;
57              beginNum=cultureNumPerPage*pageNum+1;
58              endNum=cultureNumPerPage*(pageNum+1);
59              cultureList=controller.receiveData(beginNum,endNum);
60              loadTableData( );
61          }
62      }
63
64      private void loadTableData( ){
65          cultureItems = new String[cultureList.size( )][2];
66          for(int i=0; i<cultureList.size( );i++){
67              CultureVo vo=cultureList.get(i);
68              cultureItems[i][0]=vo.getCultureId( );
```

```java
69              cultureItems[i][1]=vo.getCultureTitle( );
70          }
71
72      model=new CulTableModel(cultureItems);
73      culTable.setModel(model);
74  }
75
76  private void startFrame( ){
77      ListSelectionModel rowSM = culTable.getSelectionModel( );
78
79      //테이블의 행을 선택했을 시 문화재 번호를 가져온다.
80      rowSM.setSelectionMode(ListSelectionModel.SINGLE_SELECTION);
81      rowSM.addListSelectionListener(new ListSelectionListener( ){
82          public void valueChanged(ListSelectionEvent e) {
83              if (!e.getValueIsAdjusting( )){
84                  ListSelectionModel lsm = (ListSelectionModel)e.getSource( );
85                  rowIdx=lsm.getMinSelectionIndex( );
86                  System.out.println("rowIdx: "+rowIdx);
87                  if(rowIdx!=-1){
88                      String cultureId=cultureItems[rowIdx][0];
89                      new CultureDetail(cultureId);
90                      rowIdx=-1;
91                  }
92              }
93          }
94      });
95
96      p.add(btnPrevious);
97      p.add(btnNext);
98
99      setDefaultCloseOperation(JFrame.EXIT_ON_CLOSE);
100
101     add(BorderLayout.NORTH,label);
102     add(BorderLayout.CENTER,new JScrollPane(culTable));
103     add(BorderLayout.SOUTH,p);
104
105     setBounds(0,0,800,600);
106     setVisible(true);
107     //Listener와 연결한다.
```

```
108            btnNext.addActionListener(this);
109            btnPrevious.addActionListener(this);
110        }
111
112        public static void main(String[] args){
113            new CultureWindow( );
114        }
115    }
```

[리스트 16.22] 문화재 정보 조회하기(CulTableModel.java)

```java
1     import javax.swing.table.AbstractTableModel;
2
3     public  class CulTableModel extends AbstractTableModel {
4         String[] columnNames = {"문화재 번호","문화재 이름" };
5         Object[][] data = {{" ", " "}};
6
7         public CulTableModel( Object[][] data) {
8             this.data = data;
9         }
10
11        @Override
12        public int getColumnCount( ) {
13            // TODO Auto-generated method stub
14            return columnNames.length;
15        }
16
17        @Override
18        public int getRowCount( ) {
19            // TODO Auto-generated method stub
20            return data.length;
21        }
22
23        @Override
24        public Object getValueAt(int arg0, int arg1) {
25            // TODO Auto-generated method stub
26            return data[arg0][arg1];
27        }
28
```

```
29      public String getColumnName(int arg0){
30          return columnNames[arg0];
31      }
32
33      boolean[] columnEditables = new boolean[] {
34          false, true, true, true
35      };
36
37      public boolean isCellEditable(int row, int column) {
38          return columnEditables[column];
39      }
40
41
42      public void setValueAt(Object value,int row,int col){
43          data[row][col]=value;
44          fireTableCellUpdated(row,col);
45      }
46  }
```

[리스트 16.23] 문화재 정보 조회하기(CultureController.java)

```
1   import java.util.ArrayList;
2
3   public class CultureController {
4       CultureModel model=new CultureModel( );
5       public ArrayList<CultureVo> receiveData(int begin,int end){
6           return model.receiveData(begin,end);
7       }
8
9       public void viewCultureDetail(int cultureId){
10          model.viewCultureDetail(cultureId);
11      }
12
13      public CultureVo receiveDetailData(String cultureId){
14          return model.receiveDetailData(cultureId);
15      }
16
17  }
```

```java
1    import java.io.InputStream;
2    import java.io.InputStreamReader;
3    import java.net.URL;
4    import java.util.ArrayList;
5
6    import javax.xml.parsers.DocumentBuilder;
7    import javax.xml.parsers.DocumentBuilderFactory;
8
9    import org.w3c.dom.Document;
10   import org.w3c.dom.Element;
11   import org.w3c.dom.Node;
12   import org.w3c.dom.NodeList;
13
14   public class CultureModel {
15       String authKey="자신의 인증키";
16       String requestUrl=null;
17       int cultureNumPerPage=10;
18       ArrayList<CultureVo> cultureList;
19
20       public  ArrayList<CultureVo> receiveData(int beginNum,int endNum){
21         try {
22             requestUrl="http://openapi.seoul.go.kr:8088/"+authKey+"/xml/
23                         ListCulturalAssetsInfo/"+beginNum+ "/"+endNum;
24             URL url=new URL(requestUrl);
25             InputStream stream =url.openStream( );
26             InputStreamReader reader=new InputStreamReader(stream);
27             char ch=0;
28             DocumentBuilderFactory dbFactory = DocumentBuilderFactory.newInstance( );
29             DocumentBuilder dBuilder = dbFactory.newDocumentBuilder( );
30             Document doc = dBuilder.parse(stream);
31             doc.getDocumentElement( ).normalize( );
32
33             System.out.println("Root element :" +
34                         doc.getDocumentElement( ).getNodeName( ));
35             NodeList nList = doc.getElementsByTagName("row");
36             System.out.println("----------------------");
37
38             cultureList=new ArrayList<CultureVo>( );
```

```java
39              for (int temp = 0; temp < nList.getLength( ); temp++) {
40                  Node nNode = nList.item(temp);
41                  if (nNode.getNodeType( ) == Node.ELEMENT_NODE) {
42                      Element eElement = (Element) nNode;
43                      int cultureId=Integer.parseInt(
44                                       getTagValue("MANAGE_NUM",eElement));
45                      String cultureName=getTagValue("NAME_KOR",eElement);
46                      String cultureSize=getTagValue("SCALE",eElement);
47                      CultureVo vo=new CultureVo(cultureId,cultureName,cultureSize);
48                      cultureList.add(vo);
49                  }
50              }
51
52          } catch (Exception e) {
53              e.printStackTrace( );
54          }
55
56          return cultureList;
57      }
58
59  public void viewCultureDetail(int cultureId){
60      new CultureDetail(cultureId);
61  }
62
63  public  CultureVo receiveDetailData(int  cultureId){
64      requestUrl="http://openapi.seoul.go.kr:8088/"
65                  +authKey+"/xml/ListCulturalAssetsInfo/1/5/"+cultureId;
66      CultureVo vo=null;
67      try {
68          URL url=new URL(requestUrl);
69          InputStream stream =url.openStream( );
70          InputStreamReader reader=new InputStreamReader(stream);
71          char ch=0;
72          DocumentBuilderFactory dbFactory = DocumentBuilderFactory.newInstance( );
73          DocumentBuilder dBuilder = dbFactory.newDocumentBuilder( );
74          Document doc = dBuilder.parse(stream);
75          doc.getDocumentElement( ).normalize( );
76
77          System.out.println("Root element :" +
```

```
78                                           doc.getDocumentElement( ).getNodeName( ));
79                    NodeList nList = doc.getElementsByTagName("row");
80                    System.out.println("-----------------------");
81                    for (int temp = 0; temp < nList.getLength( ); temp++) {
82                         Node nNode = nList.item(temp);
83                         if (nNode.getNodeType( ) == Node.ELEMENT_NODE) {
84                              Element eElement = (Element) nNode;
85                              int cultureId=Integer.parseInt(getTagValue("MANAGE_
                                                           NUM",eElement));
86                              String cultureName=getTagValue("NAME_KOR",eElement);
87                              String cultureSize=getTagValue("SCALE",eElement);
88                              String cultureInfo=getTagValue("BOARD_KOR",eElement);
89                              vo=new CultureVo(cultureId,cultureName,cultureSize,cultureInfo);
90                         }
92                    }
93
94          }catch (Exception e) {
95               e.printStackTrace( );
96          }
97          return vo;
98     }
99     private static String getTagValue(String sTag, Element eElement) {
100         NodeList nlList = eElement.getElementsByTagName(sTag).item(0).getChildNodes( );
101         Node nValue = (Node) nlList.item(0);
102         return nValue.getNodeValue( );
103     }
104 }
```

38행　　　: 조회한 문화재 목록을 저장할 ArrayList 객체를 생성한다.

41~47행 : 서버에서 조회한 XML 데이터에서 문화재 정보를 가져온다.

47행　　　: 조회한 문화재 정보를 CultureVo 객체의 속성에 세팅한다.

48행　　　: CultureVo를 ArrayList에 저장한다.

56행　　　: 메서드를 호출한 곳으로 ArrayList를 리턴한다.

64~65행 : 문화재 번호를 매개변수로 전달받아 문화재 상세 정보를 조회한다.

88행　　　: 문화재 설명 정보를 가져온다.

[리스트 16.25] 문화재 정보 조회하기(CultureDetail.java)

```java
1   import java.awt.GridLayout;
2   import javax.swing.JDialog;
3   import javax.swing.JLabel;
4
5   class CultureDetail extends JDialog{
6       CultureVo vo=null;
7       int cultureId=0;
8       String detailInfo=null;
9       CultureController controller;
10      JLabel jlb = new JLabel("문화제 상세 화면");
11      JLabel jlbId=new JLabel("문화재 번호");
12      JLabel jlbTitle=new JLabel("문화재 이름");
13      JLabel jlbSize=new JLabel("문화재 면적");
14      JLabel jlbDetail = new JLabel("문화재 상세 설명");
15      public CultureDetail(int cultureId){
16          this.setTitle("문화재 상세 화면");
17          this.cultureId=cultureId;
18          controller=new CultureController( );
19
20          vo=controller.receiveDetailData(cultureId);
21
22          setDetailInfo( );
23      }
24
25      private void setDetailInfo( ){
26          int cultureId=vo.getCultureId( );
27          String cultureTitle=vo.getCultureTitle( );
28          String cultureSize=vo.getCultureSize( );
29          String cultureInfo=vo.getCultureInfo( );
30
31          jlbId.setText("문화재 번호: "+Integer.toString(cultureId));
32          jlbTitle.setText("문화재 이름:"+cultureTitle);
33          jlbSize.setText("문화재 면적:"+cultureSize);
34          jlbDetail.setText("문화재 설명:"+cultureInfo);
35
36          this.setLayout(new GridLayout(4,0));
37          this.add(jlbId);
38          this.add(jlbTitle);
```

```java
39          this.add(jlbSize);
40          this.add(jlbDetail);
41          this.setSize(400,400);
42          this.setModal(true);
43          this.setVisible(true);
44      }
45  }
```

[리스트 16.26] 문화재 정보 조회하기(CultureVo.java)

```java
1   public class CultureVo {
2       private int cultureId;
3       private String cultureTitle;
4       private String cultureSize;
5       private String cultureInfo;
6
7       public CultureVo(int cultureId, String cultureTitle, String cultureSize) {
8           super( );
9           this.cultureId = cultureId;
10          this.cultureTitle = cultureTitle;
11          this.cultureSize = cultureSize;
12      }
13
14      public CultureVo(int cultureId, String cultureTitle, String cultureSize,String cultureInfo) {
15          super( );
16          this.cultureId = cultureId;
17          this.cultureTitle = cultureTitle;
18          this.cultureSize = cultureSize;
19          this.cultureInfo=cultureInfo;
20      }
21
22  //getters and setters
23  ...
```

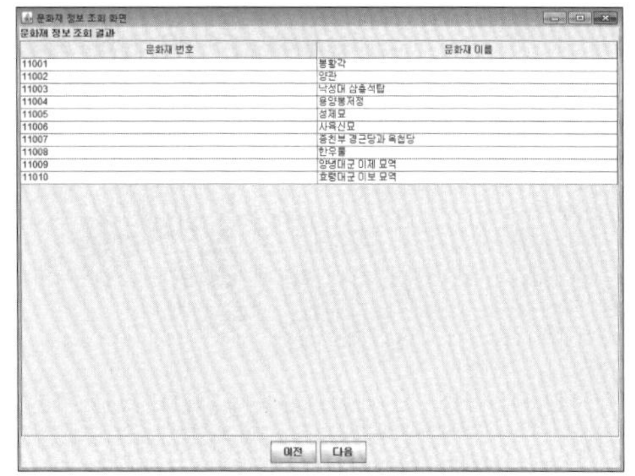

[그림 16-30] 최초 실행 시 화면

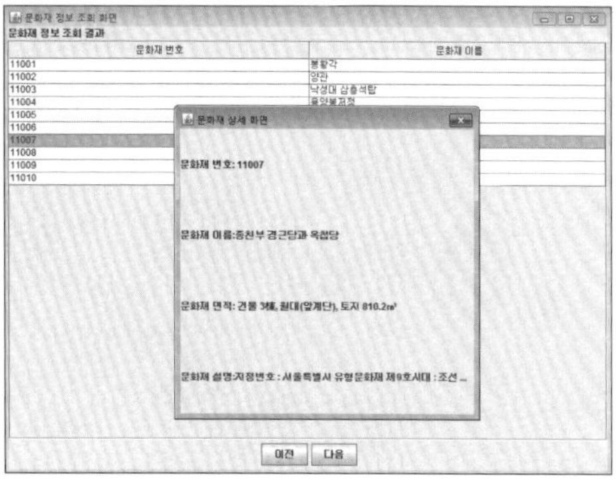

[그림 16-31] 테이블 행 클릭 시 실행 결과

[그림 16-32] [다음] 버튼 클릭 시 실행 결과

지금까지 MVC 개념을 이용하여 간단한 예제를 실습해봤다. MVC 개념은 안드로이드나 서버 프로그래밍을 포함하여 모든 프로그래밍에서 많이 사용되므로 잘 알아두어야 한다.

지금까지는 자바의 기본 기능을 배웠는데, 실제 자바 프로그래밍을 하면 소스의 양이 많아져서 눈으로 소스의 실행 과정을 따라가는 것은 거의 불가능하다. 이클립스에서 제공하는 디버그 기능을 사용하면 편리하게 실행 중 오류 발생 시 쉽게 오류를 해결할 수 있다.

❶ 소스 창에서 디버깅하고 싶은 소스 위 줄 번호 옆을 마우스로 더블클릭하면 다음과 같이 브레이크 포인트가 생성된다.

❷ 실행 시 이클립스 상단의 '버그' 아이콘이나 키보드의 [F11]를 누른다.

❸ 이클립스는 소스를 순차적으로 실행하다가 브레이크 포인트에 도착하면 다음과 같이 화살표를 표시하면서 멈춘다.

❹ 이클립스 디버그 모드 시 표시되는 상단의 두 번째 화살표를 클릭하면 브레이크 포인트에서 실행 위치가 한 줄씩 실행된다.

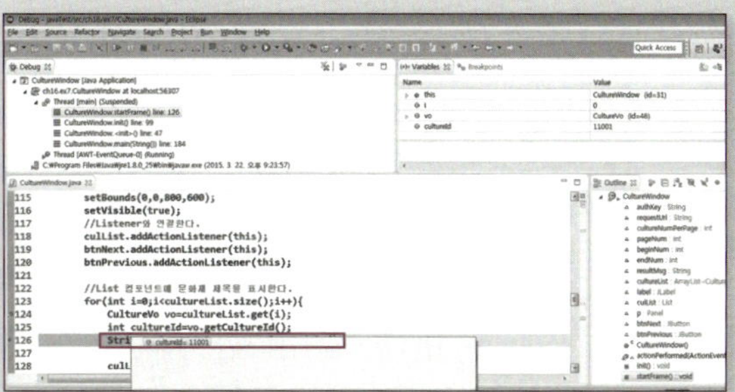

❺ 한 줄씩 실행한 후 이클립스의 오른쪽 상단이나 마우스를 변수에 올려놓으면 풍선말에 변수의 상태가 표시된다.

❻ 디버깅이 끝나면 이클립스 상단의 [계속] 버튼을 눌러 다음 브레이크 포인트로 이동하거나 실행을 종료한다.

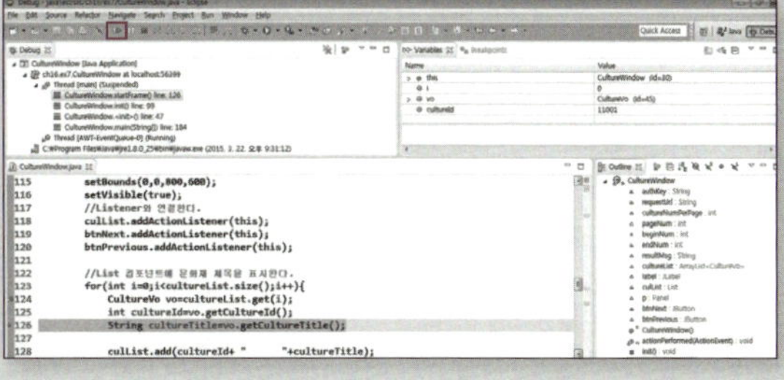

❼ 디버깅 후 브레이크 포인트를 더블클릭하면 브레이크 포인트가 제거된다.

1 다음의 게임 이론에 나오는 '3인의 결투'의 설명이다. 내용을 이해한 후 실제 '3인의 결투 게임'을 구현하라.

3인의 결투 설명

어느 날 총잡이 A, B, C 가 결투를 벌이기로 했는데 승부는 권총을 서로에게 발사해 한 사람의 생존자가 승자가 된다. A의 명중률은 3분의 1, B의 명중률은 3분의 2, C는 백발백중의 명중률을 가지고 있다. 결투를 공정하게 치르기 위해 이들은 명중률이 낮은 사람부터 한 발씩 차례로 권총을 발사하기로 했다. 즉, A, B, C의 순으로 한 사람의 생존자가 남을 때까지 돌아가면서 결투를 계속한다고 했을 때, A는 첫 발을 누구에게 겨눠야 할까?다음은 그 방법을 설명하고 있다.첫째, A가 B에게 총을 쏘았을 때 총알이 명중한다면 B는 죽었으므로, A는 다음 순서인 명중률이 100%인 C의 총알에 죽게 된다.

둘째, A가 C에게 총을 쏘았을 때 총알이 명중한다면 다음은 B가 쏠 차례고, A가 운 좋게 살아남는다면 다시 반격을 가할 수 있는 기회가 있지만, 이보다 더 유리한 선택이 있다. 즉, A가 허공을 향해 첫 발을 발사하는 것이다.그러면 다음 순서인 B는 더 위험한 적인 C를 쏠 것이고, 총알이 빗나간다면 살아남은 C 역시 A보다 더 위험한 적인 B를 향해 총을 쏠 것이다. 따라서 A가 첫발을 허공에 발사한다면 B와 C의 결투 양상이 벌어지는 것이다. B와 C의 결투가 끝나면 A는 나머지 두 사람 중 살아 있는 한 사람에게 총을 쏠 수 있는 기회를 잡게 된다. 결국 허공을 향해 첫 발을 발사함으로써 A는 3인 결투를 2인 결투의 상황으로 바꾸고 먼저 총을 발사하는 우선권까지 지킬 수 있게 된다.

3인의 결투 게임 규칙

1. 게임 실행 시 컴퓨터가 총 쏘는 순서를 정한다.
   (첫 번째 순서로 B가 정해지면 B 다음은 C → A, 즉 알파벳 순으로 진행한다.)
2. 사수 A의 명중률이 3분의 1, B는 3분의2, C는 100%이다.
3. 상대방의 이름을 마우스로 클릭하면 사람을 향해 총을 쏘는 것이고, 화면의 빈 곳을 클릭하면 공중에 총을 쏘는 것이다.
4. 최후의 승자가 남을 때까지 게임을 진행한다.
5. 결투 종료 후 A, B, C의 승리 수를 화면에 출력한다.
6. 총 10회 반복하여 결투를 한다.

2 다음은 마방진에 대한 설명이다. 이 설명을 참고하여 그림처럼 프로그램 실행 시 3행 3열의 숫자를 임의로 배열한 후 가로, 세로, 대각선의 합이 같아지도록 하는 기능을 구현하라.

마방진

마방진(魔方陣)이란, n^2개의 수를 가로, 세로, 대각선 방향의 수를 더하면 모두 같은 값이 나오도록 n×n 행렬에 배열한 것을 말한다. 마법진(魔法陣) 혹은 낙서(洛書)라고도 한다. 일반적으로 마방진의 각 칸에는 1부터 n^2까지의 수가 1개씩 들어간다. 마방진은 n이 2일 때를 제외하고 항상 존재한다. 각 행의 합과 각 열의 합, 그리고 각 대각선의 합 M은 n에만 관계가 있고, 이 값은 다음과 같다.

$$M(n) = \frac{n^3 + n}{2}$$

마방진 만들기

n이 홀수일 때에는 마방진을 간단한 방법으로 만들 수 있다. 첫 번째 행의 한가운데 열에 1을 넣는다. 이어서 다음과 같은 규칙으로 숫자를 채운다. 즉, 다음 숫자를 대각선 방향으로 오른쪽 위 칸에 넣는다. 이때 해당하는 칸이 마방진의 위쪽으로 벗어난 경우에는 반대로 가장 아래쪽의 칸으로, 마방진의 오른쪽으로 벗어나는 경우에는 가장 왼쪽의 칸으로 각각 한 번 더 이동한다. 그리고 오른쪽인 동시에 위쪽으로 벗어나는 경우 및 오른쪽 위에 다른 숫자가 이미 있는 경우에는 오른쪽 위 대신 원래 칸의 한 칸 아래에 넣는다.   (출처 : 위키백과)

마방진 게임 규칙

1. 게임 실행 시 1에서 9까지의 숫자를 화면에 3행 3열로 임의로 나열한다.

2. 사용자가 첫 번째 숫자를 클릭한 후 다시 두 번째 버튼을 클릭하면 두 수의 위치가 교환된다.

3. 숫자의 교환이 일어날 때마다 가로, 세로, 대각선의 합이 같은지 판별한다.

4. 초급, 중급, 고급 단계별로 게임을 할 수 있도록 한다.

1	3	6
7	9	2
4	5	8

(a) 최초 실행 시 숫자 배열

2	7	6
9	5	1
4	3	8

(b) 마방진 완성 시 숫자 배열
(가로, 세로, 대각선의 합이 모두 15이다.)

3 문제 **2**의 3행 3열 마방진을 참고하여 4행 4열 마방진을 구현하라.

Memo

컴퓨터를 있게 한 사람들

에드거 커드(Edgar Codd, 1923. 8. 23.~2003. 4. 18.)는 관계형 데이터베이스 이론에 중요한 공헌을 한 영국의 컴퓨터 과학자다. 그는 아이비엠에서 일하는 동안 데이터베이스 관리를 위한 관계형 모델을 만들었다. 관계형 모델은 데이터 관리에서 매우 중요한 일반적 이론으로, 그가 컴퓨터 과학 분야에서 이룬 공헌들 중 가장 주목할 만한 업적이다.

커드는 1981년에 튜링상을 수상하였고, 1994년에는 계산기 학회의 특별 회원(fellow)으로 임명되었다. 에드거 커드는 2003년 4월 18일 금요일에 플로리다 주 윌리엄스 섬(Williams Island)에 있는 그의 자택에서 79세의 나이로 사망하였다.

(출처 : 위키백과)

17장

데이터베이스

12장에서 자바 애플리케이션에서 데이터를 저장하고 필요한 데이터를 가지고 오는 여러 가지 방법에 대하여 학습했다. 초기에 데이터 저장 장치 중 가장 많이 사용한 장치가 '파일'이다. 그런데 네트워크 기능이 발달하고, 실시간으로 사용자에게 들에게 원하는 데이터를 제공하는 기능이 요구되면서 파일로 데이터를 관리하는 데에 많은 불편이 생겼다. 이와 같은 기존의 파일 기능의 단점을 보완하여 새로 등장한 데이터 관리 기능이 바로 '데이터베이스'이다. 자바를 포함한 모든 프로그램은 데이터베이스를 필수적으로 사용한다. 모바일 애플리케이션인 안드로이드 앱의 내부에서도 데이터베이스를 제공한다. 따라서 데이터베이스에 접근하여 데이터를 다루는 능력은 프로그래밍의 필수다. 이 장에서 배우는 데이터베이스 연동 기능을 잘 학습하면 다른 종류의 데이터베이스와 연동할 수도 있게 되므로 잘 알아두어야 한다.

1 데이터베이스(Database) 정의

2 오라클 DBMS 설치하기

3 관계형 DBMS의 특징

4 SQL(Strucutued Query Language)의 정의와 용법

5 SQL(Strucutued Query Language) 실습

6 JDBC(Java Database Connectivity) 정의와 사용법

7 JDBC를 이용한 데이터베이스 연동 순서

8 PreparedStatement 사용법

9 ConnectionPool 기능

10 DAO와 VO의 정의와 사용법

11 제품 정보 저장 및 조회 기능 구현하기

데이터베이스(Database) 정의

데이터베이스(Database)란, 여러 사람들이 사용하는 데이터를 저장하는 물리적인 저장소를 말한다. 예를 들어 도서관은 도서 정보를 미리 데이터베이스에 저장해 놓고 도서관 이용자가 단말기에서 도서 정보를 조회하면 단말기의 프로그램이 데이터베이스에 접근하여 원하는 도서 정보를 제공해준다.

> **데이터베이스(DataBase) 정의**
>
> • 여러 사용자가 동시에 이용하는 데이터를 저장하는 물리적인 데이터 저장소
>   - 도서관의 도서 정보 데이터베이스
>   - 회사의 사원 정보 데이터베이스

다음은 DBMS(데이터베이스 관리 시스템)의 정의를 나타낸 것이다. **DBMS**란, 데이터베이스를 효율적으로 관리하는 시스템, 즉 프로그램을 말한다. 위에서 알아본 데이터베이스는 단지 물리적인 저장소, 즉 하드 디스크라고 할 수 있다. 파일에 저장하든, 데이터베이스에 데이터를 저장하든 결국 물리적인 저장 장치는 하드 디스크이다. 그 대신 하드 디스크에 데이터를 저장하는 방식이 다른 것이다.

> **DBMS(Database Management System) 정의**
>
> • 데이터베이스를 효율적으로 관리하는 일종의 시스템 프로그램이다.
> • 데이터베이스에 데이터 추가, 조회, 변경, 삭제 등의 기능을 제공한다.

그런데 이러한 물리적인 저장소인 데이터베이스에서 데이터를 저장하고, 조회하는 등의 기능을 구체적으로 수행하는 것이 DBMS이다. 우리가 쉽게 Oracle이나 MySQL이라고 말하는 대상은 정확히 데이터베이스가 아니라 DBMS라고 말해야 한다.

DBMS는 현재 관계형 DBMS가 가장 많이 사용된다. 이 장에서 실습하려고 하는 DBMS인 오라클도 관계형 DBMS이다.

02 오라클 DBMS 설치하기

지금까지 DBMS의 정의에 대해 학습했다. 이제 우리가 실습할 오라클 DBMS를 실제로 설치해보자. 실제 설치 방법은 카페의 동영상을 참고하기 바라며, 여기에서는 대략의 설치 과정만을 설명한다. 다운로드한 후에는 QR 코드나 카페의 동영상을 참고하여 설치하면 된다.

❶ www.oracle.com으로 접속한다.

❷ downloads 항목에서 'Oracle Database 11g express Edition'을 선택한다.

❸ "Accept License Agreement"를 클릭한 후 자신의 운영체제에 맞는 DBMS를 다운로드
한다.

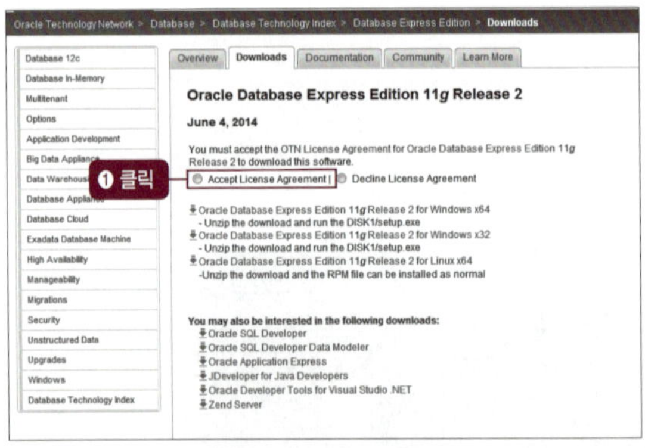

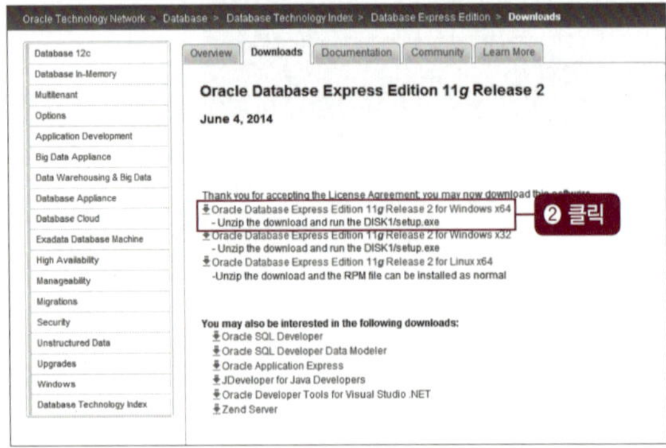

❹ 카페의 동영상을 참조하여 차례대로 설치한다.

이번에는 오라클 DBMS와 연동하여 여러 가지 작업을 할 수 있는 도구(tool)에 해당하는 SQL developer를 설치해보자. 상세 설치 과정과 계정 생성 방법은 카페의 동영상을 참고하기 바란다.

❶ www.oracle.com에 접속한다.

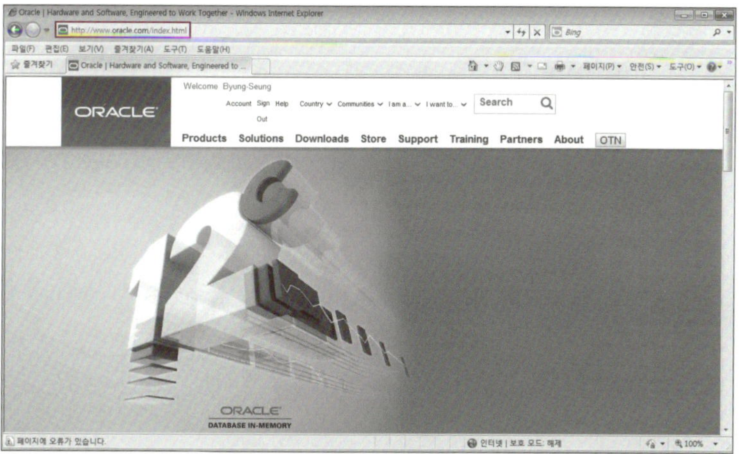

❷ downloads 항목의 developer Tools 항목에서 SQL developer를 선택한다.

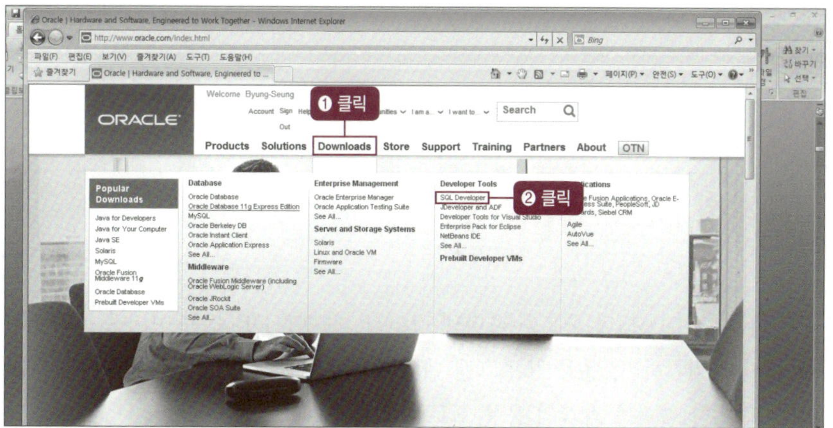

❸ "Accept License Agreement"를 클릭한 후 자신의 운영체제에 맞는 버전을 선택하여 다운로드한다.

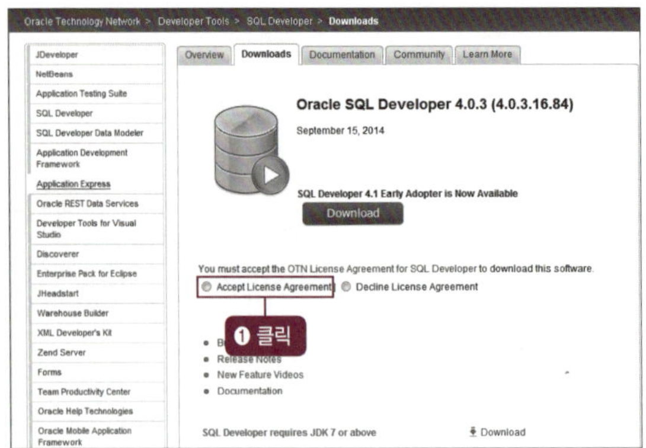

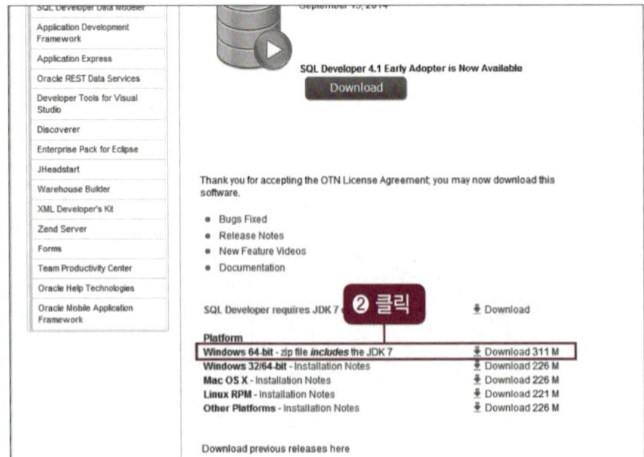

❹ 다운로드한 후 다음 동영상을 이용하여 설치한다.

03 관계형 DBMS의 특징

[그림 17-1]은 관계형 DBMS의 구조를 나타낸 것이다. 관계형 DBMS는 여러 프로그램과 데이터베이스 중간에 위치하며, 응용 프로그램 데이터베이스에 대한 요청을 하면 데이터베이스에 접근하여 작업한 결과를 각각의 응용 프로그램에 전달한다.

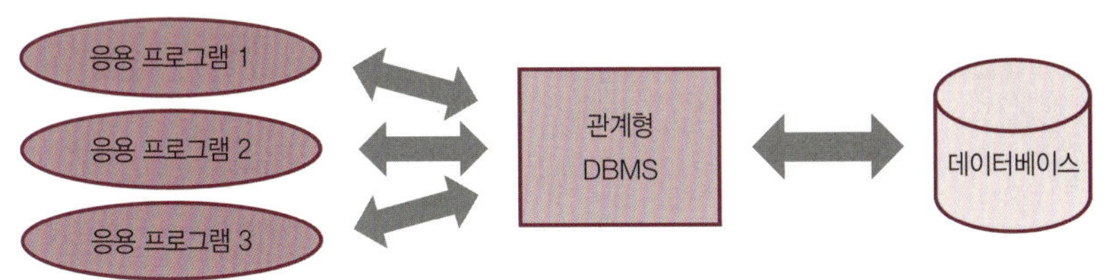

[그림 17-1] 관계형 DBMS의 구조

다음은 관계형 DBMS의 특징을 나타낸 것이다. 관계형 DBMS의 중요한 특징은 여러 응용 프로그램이 동시에 요청을 해도 처리할 수 있다는 것이다. 기존의 파일 저장 방식은 여러 프로그램이 동시에 데이터를 요청했을 때 이를 처리하는 기능이 떨어졌다. 그래서 나온 새로운 데이터 저장 방법이 데이터베이스이다. 자세한 내용은 다른 데이터베이스 관련 서적을 참고하기 바란다.

관계형 DBMS의 특징

- 여러 사용자가 동시에 접근하여 데이터를 사용할 수 있다.
- 응용 프로그램과 별개로 새로운 데이터를 데이터베이스에 추가할 수 있다.
- 실제 데이터는 데이터베이스의 테이블에 저장된다.

[그림17-2]의 (a)는 사원 테이블에 어떤 회사의 사원 정보가 저장된 상태를 보여주고 있다. 우선 테이블은 **필드(속성 또는 컬럼)**로 불리는 요소들로 이루어져 있다. 사원 테이블의 필드는 사번 이름, 입사 일자, 급여, 부서 코드로 이루어져 있다. 즉, 사원의 정보를 나타낸다. 그리고 테이블에 데이터를 저장하는 방법은 하나의 레코드(행)로 데이터를 저장한다. 하나의 레코드는 테이블에서 의미 있는 정보다. 즉, 사원 테이블에서는 하나의 레코드가 한 명의 사원을 나타낸다. [그림17-2]의 (b)는 부서 정보를 저장하는 부서 테이블을 나타낸 것이고 [그림 17-3]은 사원 테이블에 사원 정보가 잘못 저장된 경우다. 테이블에 데이터를 저장하려면 테이블의 각각의 필드에 대한 값이 모두 존재하는 하나의 레코드로 저장되어야 한다. [그림 17-3]의 차범근은 사번과 이름 정보만 있으므로 입력이 되지 않는다. 실제 테이블에 사원 정보를 입력할 때 필드값을 입력하지 않으면 [그림 17-3]의 **"홍길순"** 사원의 정보처럼 null로 지정된다.

사번	이름	입사 일자	급여	부서 코드
7231	홍길동	20101212	3000000	10
7891	이순신	20110304	2500000	20
7766	박지성	20090819	2000000	30
7898	차범근	20080202	3500000	40

(a) 사원 테이블

부서 코드	부서명	부서 위치
10	총무부	서울
20	개발부	부산
30	기획부	대전
40	회계부	광주

(b) 부서 테이블

[그림 17-2] DBMS의 테이블에 저장된 사원 정보와 부서 정보

사번	이름	입사 일자	급여	부서 코드
7231	홍길동	20101212	3000000	10
7891	이순신	20110304	2500000	20
7766	박지성	20090819	2000000	30
7898	**차범근**			
7899	홍길순	null	null	null

[그림 17-3] 테이블에 데이터가 잘못 저장된 경우

3.1 기본키(Primary key)와 외래키(foreign key)

다음은 테이블에서 쓰이는 기본키의 정의를 나타낸 것이다. **기본키**(Primary key)란, 테이블의 각 레코드를 구분시켜주는 필드를 말한다. 각 레코드에서 이 필드의 값들은 반드시 서로 달라야 한다. 그리고 null도 허용되지 않는다.

> **기본키(Primary Key) 정의**
>
> - 테이블의 각 레코드를 다른 레코드와 구분해주는 역할을 하는 필드
> - 기본키의 값은 다른 값과 중복과 null을 허용하지 않는다.

[그림 17-4]에서는 사원 테이블의 기본키인 사번이 표시되어 있다. 사원 테이블에서는 사원 정보가 저장되므로 각 레코드는 사원 한 사람의 정보다. 당연히 회사에서는 사원들을 구분하는 방법으로 사번을 다르게 부여한다. 이와 같은 방식으로 사원 테이블의 각 레코드는 한 명의 사원을 나타내므로 각 레코드를 구분하는 필드는 사번이다. 사원 테이블에서는 사번이 기본키다. 부서 테이블에서는 부서 번호가 기본키가 된다.

사번	이름	입사 일자	급여	부서 코드
7231	홍길동	20101212	3000000	10
7891	이순신	20110304	2500000	20
7766	박지성	20090819	2000000	30
7898	차범근	20080202	3500000	40

(a) 사원 테이블

부서 코드	부서명	부서 위치
10	총무부	서울
20	개발부	부산
30	기획부	대전
40	회계부	광주

(b) 부서 테이블

[그림 17-4] 사원 테이블과 부서 테이블에서의 기본키

이번에는 외래키(foreign key)에 대해 알아보자.

예를 들어 [그림 17-5]의 사원 테이블에서 홍길동이 근무하는 부서명을 알고자 한다면 사원 테이블에서는 부서 번호만 알 수 있다. 그런데 부서 테이

> **외래키(foreign key) 정의**
>
> - 2개 이상의 테이블 관계를 연결할 때 사용된다.
> - 외래키는 테이블의 1개의 필드인 동시에 다른 테이블이 기본키가 된다.

블에서는 부서 번호에 대한 부서명 정보가 있으므로 두 테이블에서 공통으로 존재하는 부서 코드를 이용하여 홍길동이 근무하는 부서명은 **총무부**라는 것을 알 수 있다. 사원 테이블의 부서 코드처럼 다른 테이블에도 동일한 타입의 필드가 존재하여 테이블을 서로 연결시켜주는 필드를 '**외래키(foreign key)**'라고 한다. 외래키로 연결되는 다른 테이블의 필드는 반드시 그 테이블에서 기본키로 사용되어야 한다. 그런데 [그림 17-6]은 외래키가 잘못 사용된 경우다. "홍길순" 사원이 입사하여 사원 테이블에 사원 정보를 추가했는데, 홍길순의 부서 번

호는 50이다. 그런데 부서 테이블에는 부서 번호가 50인 부서가 존재하지 않는다. 즉, 홍길순은 회사에 있지도 않는 부서에 근무하는 사원이다. 이러한 오류를 **'논리적 오류'**라고 한다. 따라서 실제 사원 테이블에 데이터를 추가하면 DBMS는 외래키에 해당하는 부서 번호가 먼저 부서 테이블에 존재하는 지를 체크하고 난 후, 존재하면 사원 테이블에 사원 정보를 추가한다. 홍길순 사원처럼 부서 번호가 존재하지 않으면 DBMS는 테이블에 추가시키지 않는다.

사번	이름	입사 일자	급여	부서 코드
7231	홍길동	20101212	3000000	10
7891	이순신	20110304	2500000	20
7766	박지성	20090819	2000000	30
7898	차범근	20080202	3500000	40

(a) 사원 테이블

부서 코드	부서명	부서 위치
10	총무부	서울
20	개발부	부산
30	기획부	대전
40	회계부	광주

(b) 부서 테이블

[그림 17-5] 두 테이블 사이의 외래키 관계

사번	이름	입사 일자	급여	부서 코드
7231	홍길동	20101212	3000000	10
7891	이순신	20110304	2500000	20
7766	박지성	20090819	2000000	30
7898	차범근	20080202	3500000	40
7899	홍길순	20141228	2000000	50

(a) 사원 테이블

부서 코드	부서명	부서 위치
10	총무부	서울
20	개발부	부산
30	기획부	대전
40	회계부	광주

(b) 부서 테이블

[그림 17-6] 외래키가 잘못 사용된 경우

지금까지 데이터베이스에 대한 기본적인 이론을 학습했다. 이 과정은 자바 과정이기 때문에 자바의 입장에서 데이터베이스 연동 시 필요한 내용만 우선 학습한다. 좀 더 자세한 내용은 데이터베이스 관련 서적을 참고하기 바란다.

04 / SQL(Strucutued Query Language)의 정의와 용법

[그림 17-7]은 DBMS의 역할을 나타낸 것이다. 앞에서 설명한 것처럼 응용 프로그램 사용자는 자신이 이용할 데이터를 DBMS에게 요청한다. 그러면 당연히 요청 시에 사용할 여러 가지 명령문이 있을 것이다. 이때 사용되는 명령문이 SQL이다. 자바 애플리케이션에서도 실제 이 SQL 명령문을 이용하여 데이터베이스에 있는 데이터에 접근한다. 이 SQL문은 모든 DBMS에서 사용할 수 있도록 표준화되어 있다. 그러나 각 DBMS마다 자신들의 DBMS만의 추가된 기능을 수행하는 SQL문도 제공한다.

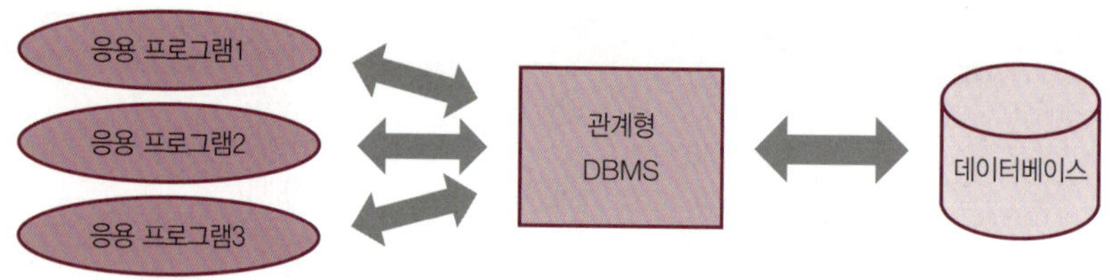

[그림 17-7] 관계형 DBMS의 구조

다음은 SQL(Strucutued Query Language)의 정의를 나타낸 것이다.

> **SQL(Strucutued Query Language)의 정의**
>
> • 응용 프로그램이 데이터베이스의 데이터를 사용하기 위해 DBMS에게 요청하는 명령어
> • RDMBS의 SQL문은 표준화되어 있다.

다음은 SQL문의 종류를 나타낸 것이다.

> **SQL문 종류**
>
> • **DDL(Data Definition Language)**
>   - 데이터 베이스의 구조를 정의하는 명령문
>   - 테이블의 생성, 삭제, 수정 등에 사용된다.
> • **DML(Data Manipulation Language)**
>   - 데이터의 추가, 조회, 수정, 변경 시 사용하는 명령문
>   - 응용 프로그램에서 주로 사용된다.
> • **DCL(Data Control Language)**
>   - 데이터베이스의 관리자가 주로 사용한다.
>   - 데이터베이스 접근 권한을 부여한다.

SQL문은 크게 DML, DDL, DCL로 나눌 수 있다. [표 17-1]은 각 SQL문의 기능을 나타낸 것이다. DDL과 DCL문은 주로 데이터베이스 관리자가 많이 사용한다. 애플리케이션 개발자는 데이터베이스에 테이블을 만드는 경우도 거의 없다. 따라서 애플리케이션 개발자가 가장 많이 사용하는 SQL 명령문은 DML문이다.

도서 쇼핑몰 사이트를 생각해보더라도 대부분 사용자의 조회 요청에 의하여 데이터베이스에서 도서 정보를 조회하는 기능을 수행한다. 그리고 가끔씩 도서 주문을 하기 위해 입력 창에

정보를 입력하여 서버로 전송한 후 데이터를 테이블에 추가하는 작업을 한다. 따라서 애플리케이션 개발자는 DML문을 중점적으로 사용한다.

지금까지 SQL문에 대하여 알아보았으므로, 실제 자바에서 SQL문을 사용하기 위하여 DML을 중심으로 SQL문을 실습해보자.

[표 17-1] 여러 가지 SQL 명령어 기능

구분	명령어	기능
DDL 명령어	create	테이블을 생성한다.
	drop	테이블을 제거한다.
	alter	테이블의 구조를 수정한다.
DML 명령어	insert	테이블에 레코드를 추가한다.
	update	테이블에 있는 레코드의 데이터를 수정한다.
	delete	테이블에 있는 레코드를 삭제한다.
	select	테이블에 있는 데이터를 검색한다.
DCL 명령어	grant	다른 사용자에게 데이터베이스 권한을 부여한다.
	revoke	다른 사용자의 권한을 박탈한다.

05 / SQL(Strucutued Query Language) 실습

5.1 create문

이번에는 create문에 대해 알아보자.

Create문의 정의와 형식 제목 처리

- **정의**
  - create문은 데이터베이스에 테이블(table)을 생성 시키는 명령문이다.
- **형식**

```
create Table명(
        필드명1 타입 primary key,
        필드명2 타입,
```

```
        필드명3 타입,

        …


    );
```

[리스트 17.1]은 실제 회원 정보를 저장하는 Member라는 이름을 가지는 테이블을 생성하는 예제다. 각 테이블의 이름을 선언한 후 블록 안에서 테이블의 필드명(컬럼명)을 나열해준다. id는 회원의 아이디를 의미한다. 그리고 id는 문자열이므로 오라클 DBMS의 문자열은 varchar2로 나타낸다. 그리고 10은 id의 문자열을 최대 열 자까지 저장할 수 있다는 의미다. id의 값으로 열 자 넘게 저장하면 열한 번째 문자부터는 저장되지 않는다. 그리고 id는 primary key로 지정되었으므로 테이블에 레코드를 추가할 때 각 레코드의 id값은 서로 다른 값이어야 한다. 그리고 각각의 필드는 ","로 구분하여 나열해야 한다.

height, weight, age는 각 회원의 키, 몸무게, 나이를 나타낸다. 그리고 숫자 타입이므로 number라고 선언한다. 5는 최대 다섯 자리까지 저장할 수 있다는 의미다.

[리스트 17.1] create문을 이용한 회원 정보 저장 테이블 생성하기

```
1    create table Member(
2        id varchar2(10)  primary key,
3        name varchar2(10),
4        height number(5),
5        weight number(5),
6        age number(5)
7    );
```


[그림 17-8]은 실제 sql developer에서 create문을 실행한 결과다. 실행 후에 desc라는 오라클에서만 제공하는 명령문으로, 조회 시에 방금 생성한 Member 테이블 정보를 세부적으로 나열해준다. 이제 회원 정보를 저장할 수 있는 테이블을 생성했으므로, 이 테이블에 새로운 회원 정보를 추가해보자.

```
create table Member (
    id varchar(10)   primary key,
    name varchar2( 10 ),
    height number(5),
    weight numnber(5),
    age  number( 5 )
);
```

(a) sql developer에서 실행

ID	NOT NULL	VARCHAR2(10)
NAME		VARCHAR2(10)
WEIGHT		NUMBER(5)
HEIGHT		NUMBER(5)
AGE		NUMBER(5)

(b) desc 명령문을 테이블 정보에서 조회

[그림 17-8] sql developer에서의 실행 결과

5.2 insert문

이번에는 insert문에 대해 알아보자.

형식은 "insert into 테이블명" 뒤에 입력할 레코드의 컬럼명을 ","로 구분하여 나열해준 후 values 다음에 컬럼명과 같은 타입의 데이터가 대응되도록 나열해주면 된다. 그리고 두 번째 형식은 테이블명 다음에 컬럼명을 써주지 않고 값만 나열해주면 테이블 생성 시에 나열된 컬럼 순서대로 레코드의 값을 입력한다는 의미다. 컬럼명을 써주지 않고 입력할 때에는 테이블 생성 시의 컬럼 타입과 데이터 타입이 서로 일치해야 한다.

insert문

• **정의**
- 테이블에 새로운 레코드를 추가할 때 사용하는 명령문
- 문자열을 입력할 때는 ' '로 묶는다.

* **형식**

Insertinto 테이블명[(필드명1, 필드명2, ……필드명n)]

valuse(값1, 값2, ……값n);

Insertinto 테이블명

valuse(값1, 값2, ……값n);

[리스트 17.2]는 sql developer에서 실제 Member 테이블에 데이터를 추가하는 예제다. **1~2행**에서 "홍길동" 회원 정보를 추가하고 있다. 그런데 **4~5행**에서 "임꺽정"의 정보를 추가하려면 오류가 발생한다. 왜냐하면 새로 추가하려는 임꺽정의 id는 '0001'인데, 벌써 홍길동의 id 값 '0001'이므로 id는 기본키로 지정되어 중복되면 안 되기 때문이다. 따라서 **7~8행**처럼 임꺽정의 정보는 id를 '0002'로 하여 실행하면 정상적으로 입력한 것이 된다. **10행**에서는 실제 데이터베이스에 있는 Member 테이블에 최종 반영하기 위하여 commit을 한다. [그림 17-9]는 select문으로 테이블을 조회한 결과다. 결과값에서처럼 두 명의 회원 정보가 추가되었다는 것을 확인할 수 있다.

[리스트 17.2] sql developer에서 insert문을 사용하여 레코드 추가하기

```
1      INSERT INTO Member ( id, name, height, weight, age)
2       VALUES ( '0001','홍길동',175,67,24);
3
4      INSERT INTO Member
5      VALUES ( '0001','임꺽정',188,78,45);
6
7      INSERT INTO member
8      VALUES ( '0002','임꺽정',188,78,45);
9
10      commit;
```


7~8행 : id의 값이 '0002'이므로 정상적으로 추가된다.

10행 : commit를 실행해야만 데이터베이스 저장소에 영구적으로 저장된다.

ID	NAME	HEIGHT	WEIGHT	AGE
0001	홍길동	175	67	24
0002	임꺽정	188	78	31

[그림 17-9] 실행 결과

5.3 select문

이번에는 select문에 대해 알아보자. 앞에서도 언급했듯이 애플리케이션에서 가장 많이 사용되는 SQL문은 select문이다.

Select문의 적의와 형식

- **정의**
  - 데이터베이스의 테이블의 데이터를 조회 시 사용되는 명령어
  - 가장 많이 쓰이는 명령어
- **형식**

  select [ALL|DISTINCT]{*|컬럼명,...}

  From 테이블명

  [where 조건]

  [group by {컬럼명...}]

  [having 조건]

  [order by {컬럼명,....} [ASC,DESC]]

[리스트 17.3]은 select문을 사용하는 예제다. 먼저 (a)는 테이블의 모든 회원 정보를 조회하는 SQL문이다. select 다음의 '*'는 all이라는 표시다. 결과값을 보면 모든 테이블의 데이터가 출력된다.

(b)는 테이블에서 select 다음에 표시된 데이터만 출력하는 하는 SQL문이다. 2개 이상의 컬럼의 값을 출력하려면 ","로 구분해서 컬럼명을 나열해 주면 된다.

그리고 (c)의 select문은 레코드의 특정 컬럼의 값을 비교하여 오림차순이나 내림차순으로 출력해주는 방법이다. SQL문은 order by height desc이므로 각 레코드의 키값을 기준으로 desc, 즉 내림차순으로 레코드를 정렬하여 출력하라는 의미다. 결과값을 보면 키가 큰 임꺽정 회원 레코드부터 출력된다. 이와 반대로 ASC를 써주면 오름 차순으로 회원 정보가 출력된다. 생략하면 오름차순으로 출력된다.

(a) 모든 테이블의 레코드를 조회하는 select문

select * from Member;

ID	NAME	HEIGHT	WEIGHT	AGE
0001	홍길동	175	67	24
0002	임꺽정	188	78	31

(b) 특정 컬럼의 값만 조회하는 select문

select **name** from Member;

NAME
홍길동
임꺽정

select id,name,age from Member;

ID	NAME	AGE
0001	홍길동	24
0002	임꺽정	31

(c) 특정 컬럼값을 기준으로 레코드 정렬하기

select * from Member order by height **desc**;

ID	NAME	HEIGHT	WEIGHT	AGE
0001	홍길동	188	78	31
0002	임꺽정	175	67	24

[그림 17-10]은 select문의 where 조건절을 사용할 때의 수행 과정을 나타낸 것이다. [그림 17-10]의 조건절이 있는 select문을 실행 시에는 1단계로 Member 테이블의 모든 레코드를 조회하여 임시로 메모리에 로드한다. 그런 다음, 2단계로 where 다음의 조건식을 실행하면서 [그림 17-10]의 2단계처럼 로드된 레코드의 name 컬럼값이 "홍길동"인지를 묻고 있다. 그러면 두 번째 단계에서는 조회한 레코드 중에서 name 컬럼값이 "홍길동"인 레코드만 최종적으로 출력된다. 즉, 이름이 "홍길동"인 회원 정보를 조회하라는 의미다. [그림 17-11]은 age, 즉 나이가 20살보다 많은 회원 정보를 출력하라는 것이다. 각 레코드의 age 컬럼값이 모두 20보다 크므로 이번에는 모든 레코드가 출력된다.

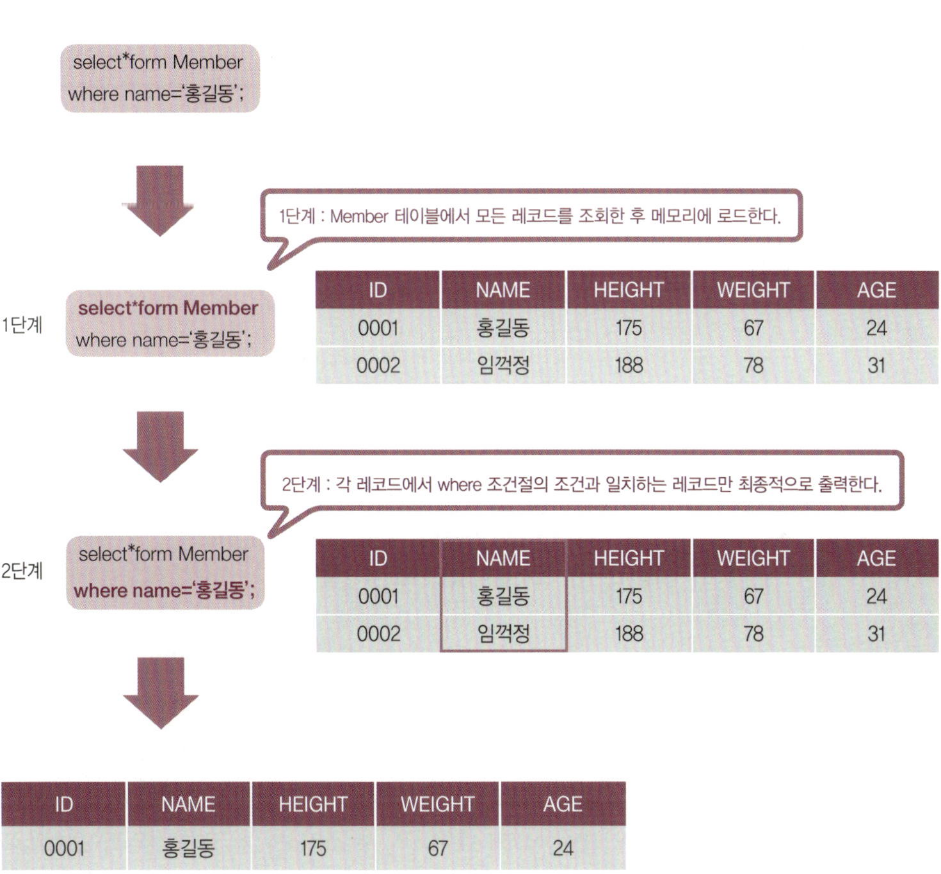

[그림 17-10] 조건절이 있는 select문 실행 과정 1

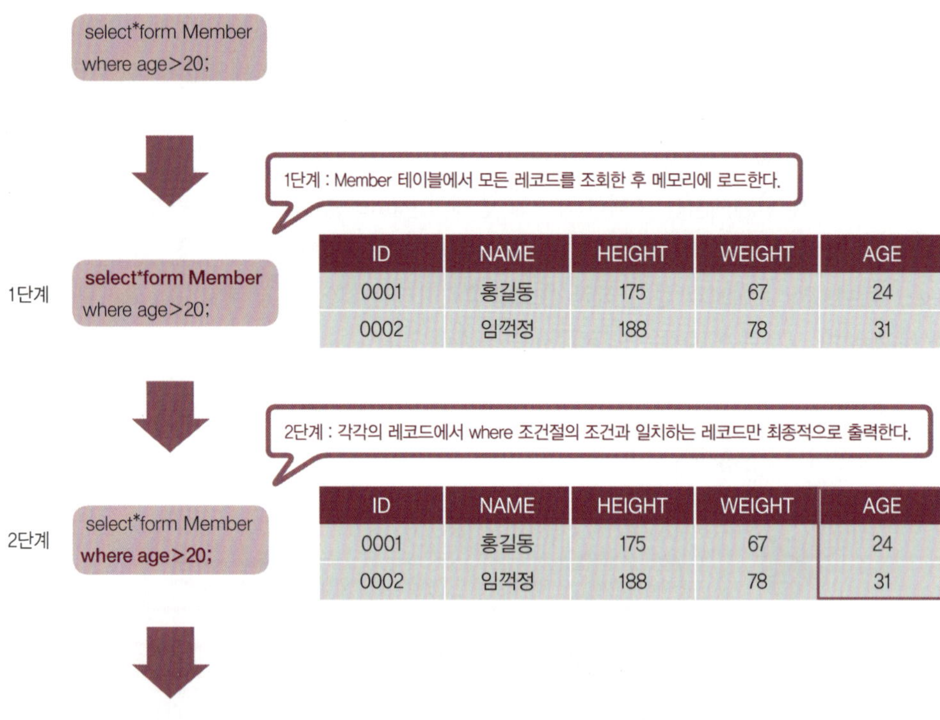

[그림 17-11] 조건절이 있는 select문 실행 과정 2

이번에는 where절에 조건식이 여러 개 있는 select문이다. [그림 17-12]와 같이 그림의 select문을 실행하면 먼저 1단계로 Member 테이블의 모든 데이터를 조회하여 메모리에 모든 레코드를 저장한다는 것을 알 수 있다. 그리고 2단계에서는 where절의 height, 즉 키가 175보다 크고, 나이가 30살보다 많은 레코드를 출력한다. 두 조건식이 and로 연결되어 있으므로 두 조건이 모두 만족해야 한다. [그림 17-13]은 두 조건식이 or로 연결되어 있으므로 height나 age가 하나라도 조건에 일치하면 최종적으로 그 레코드를 출력한다.

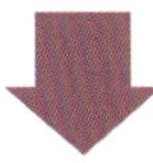

```
select*form Member
where height>175
here age>20;
```

1단계 : Member 테이블에서 모든 레코드를 조회한 후 메모리에 로드한다.

1단계

```
select*form Member
where height>175
here age>20;
```

ID	NAME	HEIGHT	WEIGHT	AGE
0001	홍길동	175	67	24
0002	임꺽정	188	78	31
0003	유관순	165	45	18
0004	박지성	177	78	23

2단계 : 각 레코드의 height와 age 컬럼값이 모두 조건식중 모두가 참인 레코드를 리턴한다.

2단계

```
select*form Member
where height>175
and age>20;
```

ID	NAME	HEIGHT	WEIGHT	AGE
0001	홍길동	175	67	24
0002	임꺽정	188	78	31
0003	유관순	165	45	18
0004	박지성	177	78	23

ID	NAME	HEIGHT	WEIGHT	AGE
0002	임꺽정	188	78	31

[그림 17-12] where절에 조건식이 여러 개인 select문 1

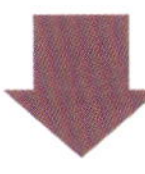

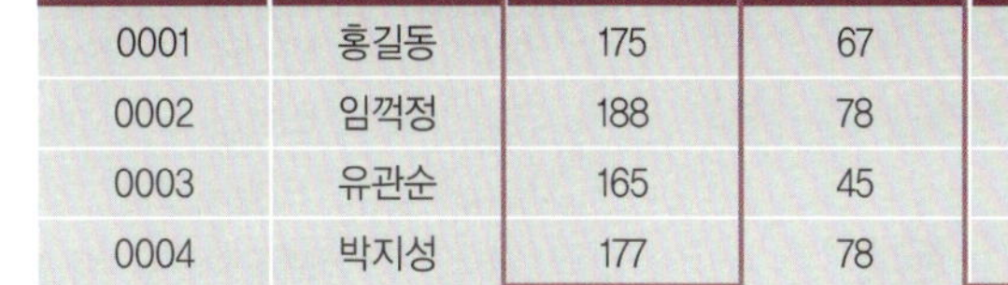

ID	NAME	HEIGHT	WEIGHT	AGE
0001	홍길동	175	67	24
0002	임꺽정	188	78	31
0003	유관순	165	45	18
0004	박지성	177	78	23

ID	NAME	HEIGHT	WEIGHT	AGE
0001	홍길동	175	67	24
0002	임꺽정	188	78	31
0003	유관순	165	45	18
0004	박지성	177	78	23

ID	NAME	HEIGHT	WEIGHT	AGE
0002	임꺽정	188	78	31
0004	박지성	177	78	23

[그림 17-13]   where절에 조건식이 여러 개인 select문 2

5.4 update문

update문은 기존 레코드의 특정 컬럼값을 변경할 때 사용한다. 예를 들어 회사 사원 정보가 저장된 테이블에서 사원이 이사하여 주소가 변경되었으면 사원의 주소 정보를 변경해야 한다. update문의 형식을 보면 컬럼 값을 변경 시에 여러 개의 컬럼값을 변경할 수 있다.

update문의 정의와 형식

- **정의**
  - 기존의 레코드의 필드값을 변경할 때 사용하는 명령문
- **형식**

update 테이블명
set 필드명1=값1[,필드명2=값2,...,필드명n=값n]
[where 조건식];

[리스트 17.4]는 update문의 예제다. **2행**의 update문은 조건이 없으므로 Member 테이블의 모든 레코드에서 age의 값을 24로 변경하라는 의미다. 결과를 보면 홍길동과 임꺽정의 age가 24로 변경되어 있다는 것을 알 수 있다. **6행**은 조건절이 있는 update문이다. 이번에는 age값을 30으로 변경하는데, 조건은 name 컬럼값이 "홍길동"인 레코드의 age값을 30으로 변경한다.

즉, 홍길동 회원의 나이를 30살로 변경하는 것이다. 레코드의 값을 변경하면 우선 메모리에 로딩된 임시 Member 테이블의 값도 변경된다. 실제 데이터베이스의 Member 테이블에 영구적으로 반영하기 위해서는 **15행**처럼 commit해야 한다.

[리스트 17.4] update문 실습 예제

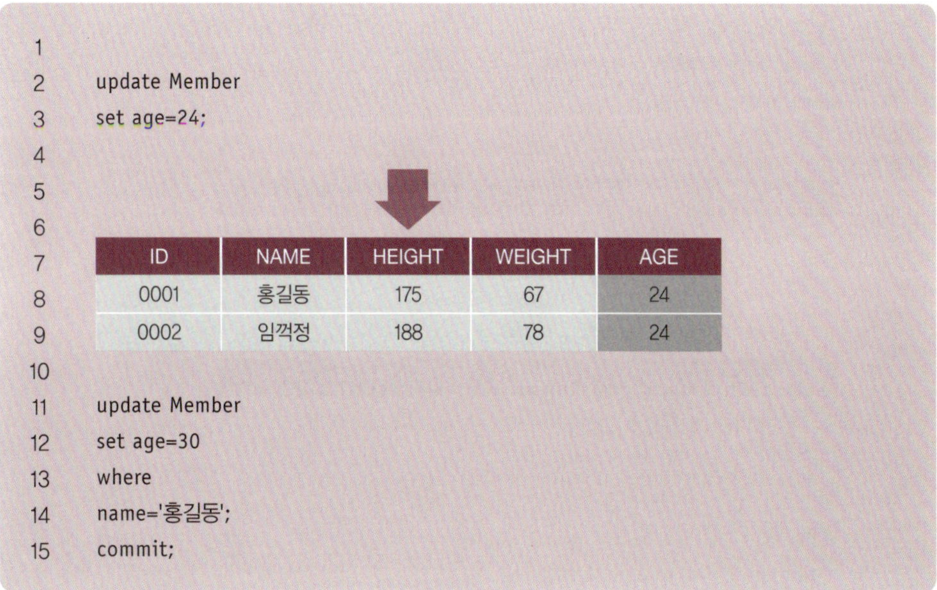

```
1
2   update Member
3   set age=24;
4
5
6
7
8
9
10
11  update Member
12  set age=30
13  where
14  name='홍길동';
15      commit;
```


5.5 delete문

이번에는 delete문에 대해 알아보자. 예를 들어 사원 테이블에 사원 정보가 저장되어 있는데, 특정 사원이 회사를 퇴사하면, 이 사원 정보를 테이블에서 삭제해야 한다. delete문은 이와 같이 테이블에서 레코드를 삭제할 때에 사용된다.

> **delete문의 정의와 형식**
>
> - **정의**
>   - 기존 테이블의 레코드를 삭제할 때 사용되는 명령문
> - **형식**
>   delete
>   from 테이블명
>   [where 조건식];

[리스트 17.5]는 delete문 사용 예제다. **2행**의 delete문은 name값이 "홍길동", 즉 회원 이름이 "홍길동"인 회원 정보를 삭제하라는 의미다. 그리고 select문으로 조회해보면 이번에는 "임꺽정" 정보만 조회된다. 그런데 "홍길동" 회원이 탈퇴를 번복하여 계속 회원으로 남겠다고 한다면 **5행**에서 rollback하면 된다. 즉, 데이터베이스 저장소의 테이블의 내용을 메모리에 로드된 임시 테이블에 덮어 씌워진다. 그런데 delete문을 실행한 후 commit한다는 것은 삭제된 데이터를 데이터베이스에 영구 반영하는 것이므로, rollback해도 복원되지 않는다. 데이터는 중요한 것이므로 데이터에 변경이 가해질 때에는 한 번 더 생각해보고 작업하라는 의미다. [그림 17-13]와 [그림 17-14]는 commit과 rollback 호출 시의 구조를 나타내고 있다.

[리스트 17.5] delete문 실습 예제

```
 1
 2    delete from Member
 3    where name='홍길동';
 4
 5
 6
 7
 8    rollback;
 9
10
11
12
13
14
15    commit;
```

ID	NAME	HEIGHT	WEIGHT	AGE
0001	임꺽정	188	78	24

ID	NAME	HEIGHT	WEIGHT	AGE
0001	홍길동	175	67	24
0002	임꺽정	188	78	24

9행 : 변경된 데이터를 복원하기 위해서는 rollback을 실행한다.

15행 : 삭제된 값을 영구적으로 반영하기 위해서는 commit를 실행한다.

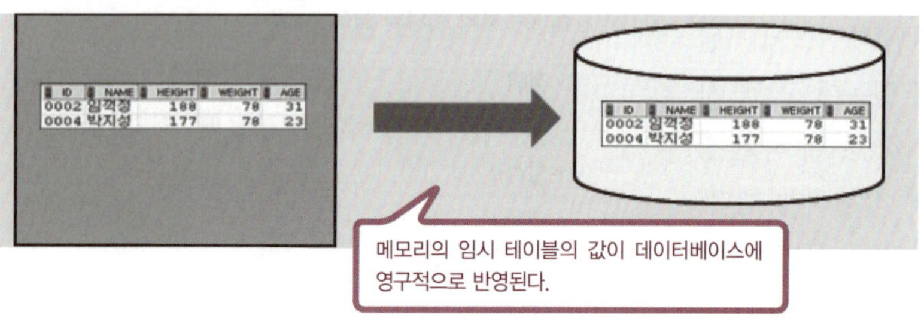

[그림 17-13]   commit 실행 시 메모리 상태

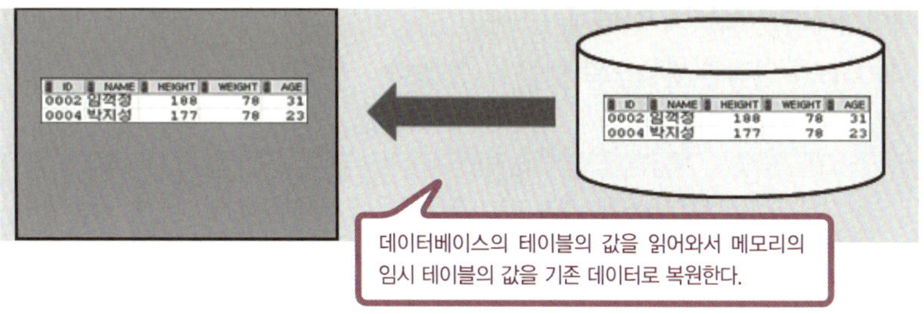

[그림 17-14] rollback 실행 시 메모리 상태

06 JDBC(Java Database Connectivity) 정의와 사용법

JDBC는 'java Database Connectivity'의 약자로, 단어를 해석해보면 자바 애플리케이션에서 데이터베이스를 연결하는 기능이다. 이는 좁은 의미이고, 실제 JDBC는 자바 애플리케이션에서 여러 종류의 DBMS와 일정하게 연결하는 기능을 의미한다.

> **JDBC 정의**
>
> • 자바 애플리케이션에서 DMBS 종류에 상관없이 일관성 있게 연결해주는 기능

[그림 17-15]는 기존 JDBC를 사용하지 않고 DBMS에 접근했을 때의 문제점을 나타낸 것이다. 기존에 자바 애플리케이션에서 각각의 다른 DBMS에 접근하려면 DBMS에서 제공하는 방법대로 접근해야 한다. 이는 자바 애플리케이션에서 각각의 DBMS에 접근하는 방법을 일일이 알아야 한다는 것을 의미한다. 그런데 이러한 방식으로 자바 애플리케이션을 개발하면 복잡해진다. [그림 17-16]은 이러한 문제점을 해결하기 위한 방법을 나타낸 것이다.

[그림 17-16]에서는 기존 방법과 반대의 방법을 사용하고 있다. 즉, 이번에는 자바에서 먼저 모든 DBMS에 접근하는 방법을 정해 놓고, 다른 DBMS 개발사에게 이 틀에 맞추어 자신들의 DBMS와 연동하는 방법을 만들어 제공하라는 것이다. 이렇게 했을 때 좋은 점은 이제는 자바 개발자 입장에서 DBMS 연동 시에 DBMS의 종류에 상관없이 연동하는 방법이 일정해진다는 것이다.

이때 자바의 기준에 의하여 DBMS 개발사가 만들어 제공하는 데이터베이스 연결 기능을 '드라이버'라고 한다. 이 드라이버는 각각 DBMS 개발사 홈페이지에서 쉽게 얻을 수 있다.

[그림 17-17]은 자바 애플리케이션에서 여러 종류의 DBMS와 연동하는 모습을 나타낸 것이

다. 자바 애플리케이션에서는 각각의 인터페이스에서 제공하는 메서드를 호출하는 방법만 알면 종류가 다른 DBMS와 일정한 방법으로 연동할 수 있다.

[그림 17-15] 자바에서 데이터베이스 접근 시의 문제점

[그림 17-16] 기존 데이터베이스 접근 시 문제점 해결 방법

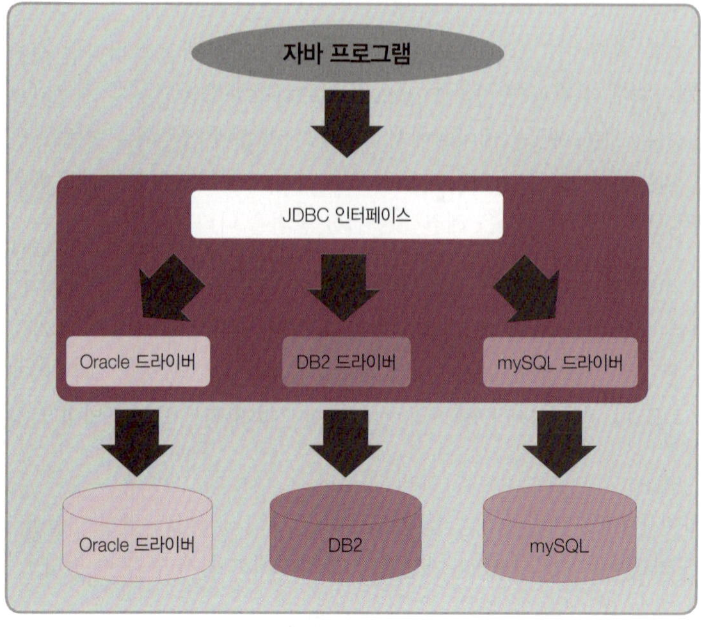

[그림 17-17] 자바 애플리케이션에서 여러 종류의 DBMS와 연동 과정

JDBC를 이용한 데이터베이스 연동 순서

이번에는 실제 JDBC를 이용하여 오라클 데이터베이스와 연동하는 과정을 학습해보자. 먼저 연동하기 위해서는 오라클 DBMS가 설치되어 있어야 한다. 그리고 오라클 홈페이지에서 오라클 DBMS 연동을 위한 드라이버를 다운로드한다. 카페의 동영상을 참고하여 다운로드하기 바란다.

> **오라클 DBMS와 연동하기 위한 설정 순서**
>
> 1. DBMS를 설치한다.
> 2. 드라이버를 다운로드하여 프로젝트의 클래스패스(classpath)를 설정한다.

❶ 프로젝트를 선택한 후 'lib'라는 새 폴더를 만든다.

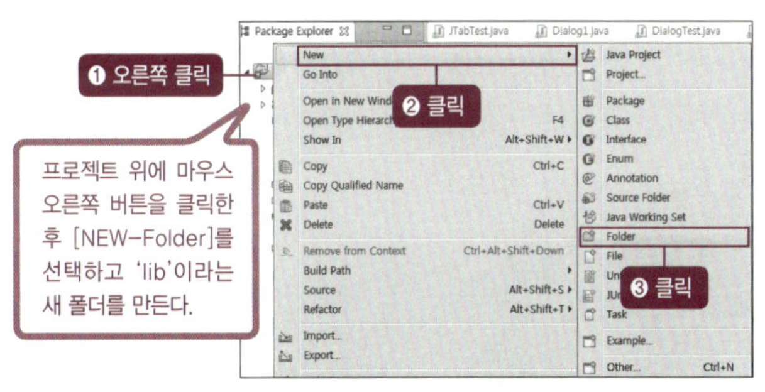

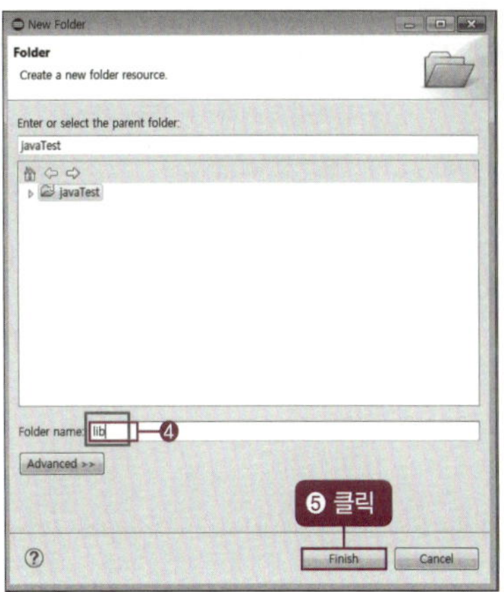

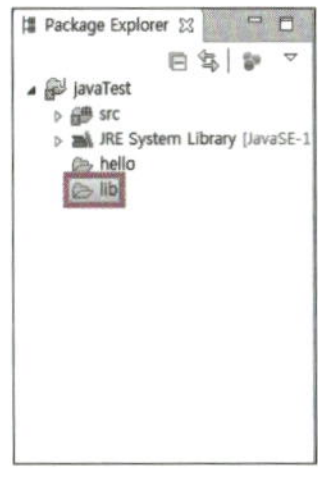

❷ lib 폴더에 드라이버를 붙여넣기한다.

❸ 자바 애플리케이션에서 드라이버 관련 클래스를 import할 수 있도록 클래스 패스를 지정
한다.

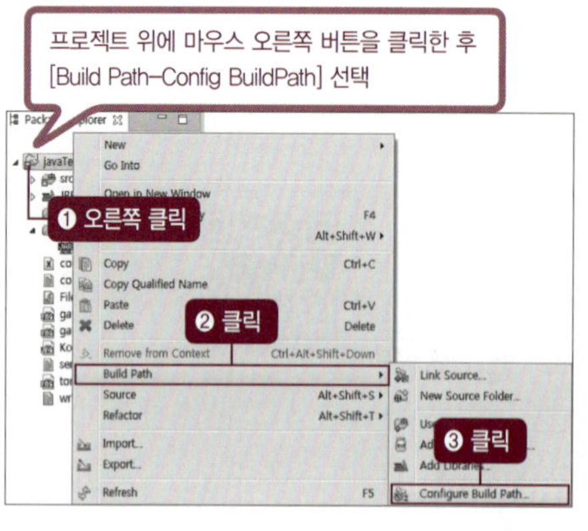

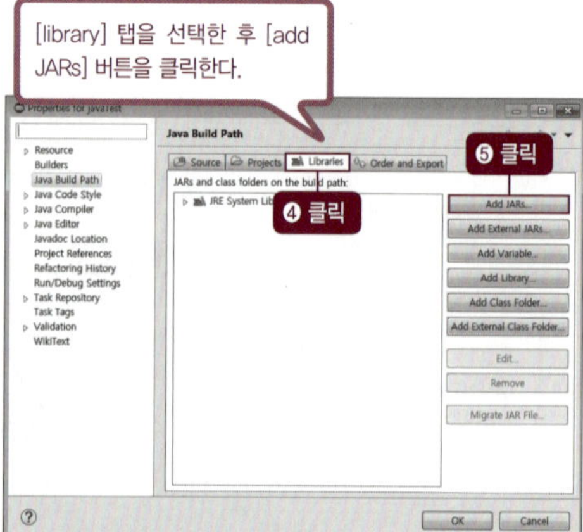

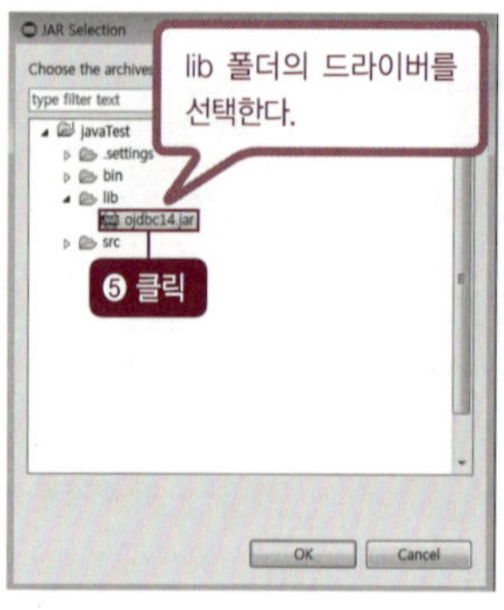

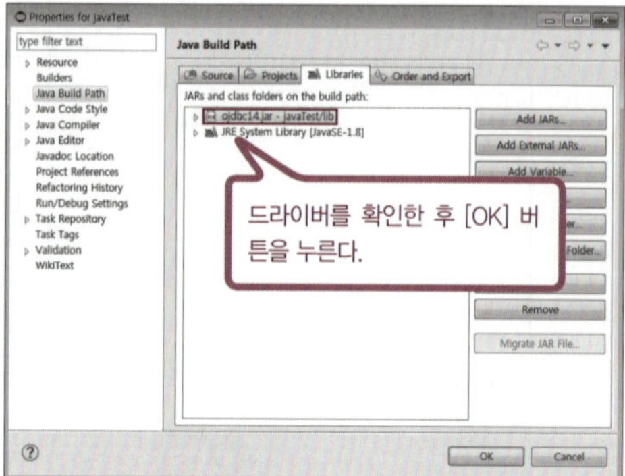

7.1 자바 애플리케이션에서의 DBMS 연동 순서

이번에는 자바 애플리케이션에서 오라클 DBMS를 연동하는 순서를 알아보자. [그림 17-18]은 자바 애플리케이션에서의 DBMS 연동 순서를 나타낸 것이다.

[리스트 17.6]은 실제 DBMS와 연동하는 실습 예제다. **1행**에서 java.sql 패키지의 기능을 import한다. 그리고 **4~7행**에서 연결할 DBMS의 네 가지 정보를 상수로 세팅한다. 네 가지 설정 값에서 driver는 사용할 DBMS 드라이버를 의미한다. url은 DBMS의 위치를 나타낸다. IP 주소와 포트 번호, 그리고 데이버베이스 인스턴스 이름을 세팅한다. 그리고 접속 계정과 비밀번호를 세팅한다. 이러한 정보를 실제로 개발하면 데이터베이스 관리자가 DBMS에 생성한 후 알려준다. 그 값을 애플리케이션에 그대로 세팅하면 된다. 이때 주의해야 할 점은 url 부분의 글자가 틀리면 오류가 발생하기 쉽다는 것이다. 따라서 반드시 예제에 있는 문자와 일치해야 한다.

14행에서는 오라클 DBMS와 연동하기 위한 드라이버를 메모리에 로드한다. **16행**에서는 getConnection( )를 이용하여 url, user, pwd를 인자로 전달하여 원격의 DBMS와 연결한다. 연결한 후 **18행**에서는 SQL문을 실행할 수 있는 Statement 객체를 생성한다. **20행**과 **24행**에서는 회원 정보를 추

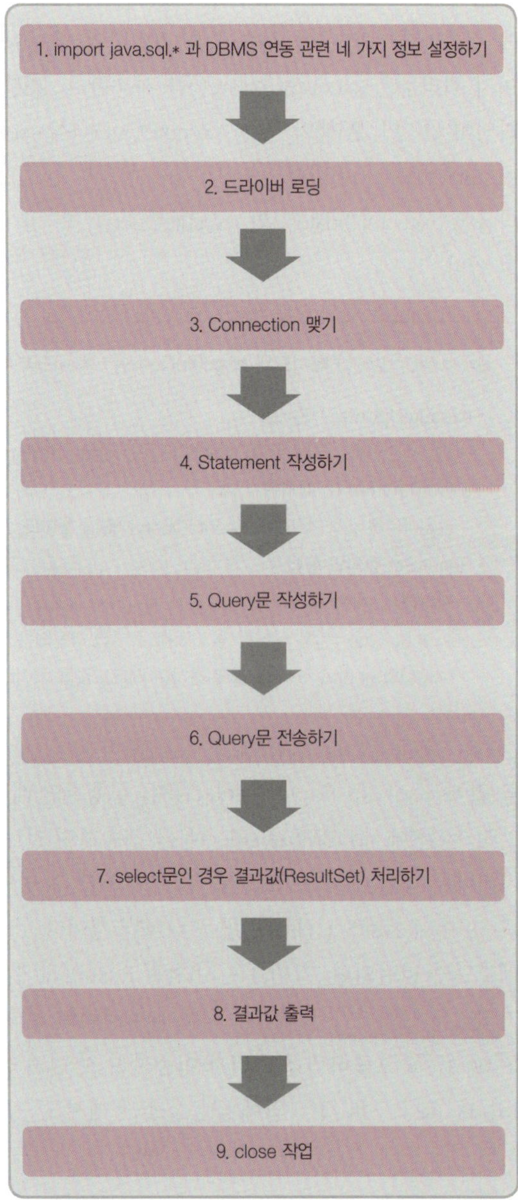

[그림 17-18] 자바 애플리케이션에서 DBMS 연동 순서

가하는 insert문과 모든 회원 정보를 조회하는 select문을 문자열로 작성한다. 그리고 **23행**과 **26행**에서 Statement 객체의 executeUpdate()와 executeQuery() 메서드를 이용하여 쿼리문을 전송한다. 쿼리문을 전송한 후 리턴값이 있는 select문은 executeQuery()를 사용하고, 나머지 쿼리문은 executeUpdate()를 사용한다. **23행**을 보면 executeUpdate() 메서드는 리턴타입이 없지만, **26행**의 경우, executeQuery()는 select문을 전송했으므로 조회한 회원 정보를 ResultSet으로 리턴한다.

다음은 executeUpdate( )와 executeQuery( )의 차이점 및 ResultSet의 정의 와 용법을 나타내고 있다.

---

executeUpdate( ) 메서드와 executeQuery( ) 메서드의 차이점 및 ResultSet 정의와 용법

- **executeUpdate( ) 메서드**
  - insert,update,delete문을 실행할 때는 executeUpdate( )를 호출한다.
- **executeQuery( ) 메서드**
  - select문을 실행할 때는 executeQuery( )를 호출한다.
- **ResultSet 정의와 용법**
  - 자바에서 select문에 대한 결과값을 처리하는 클래스이다.
  - executeQuery( )를 실행한 후 DBMS로부터 리턴되는 결과값을 처리하는 클래스이다.
  - next( )와 getter( ) 메서드를 이용하여 레코드값을 처리한다.

앞 절에서 sql developer로 select문을 실행하면 레코드가 출력되었다. 이와 동일하게 자바 애플리케이션에서 DBMS로 select문을 전송하면 자바 애플리케이션으로 레코드가 리턴하는데, 자바에서 리턴하는 레코드들을 쉽게 처리할 수 있도록 만든 클래스가 **ResultSet**이다. [그림 17-19]는 ResultSet 사용 방법을 나타낸 것이다. executeQuery()를 호출한 후 DBMS로부터 레코드가 리턴되면 [그림 17-19]처럼 ResultSet에 저장되는데, 내부적으로 레코드의 위치를 가리키는 포인터가 존재하여 최초에는 컬럼의 헤더 부분을 가리키고 있다. 그리고 ResultSet의 next()를 호출하면 포인터가 이동하여 첫 번째 레코드를 가리키게 된다. 그리고 [그림 17-19]처럼 레코드의 각 타입에 맞는 getter 메서드를 호출하면서 인자로 그 컬럼의 이름을 전달하면 레코드의 컬럼값을 가져올 수 있다.

오라클의 varchar2는 자바에선 String이므로 id의 값을 얻어올 때에는 **getString("id")**이라고 호출한다. age는 숫자이므로 **getInt("age")**라고 호출하면 그 레코드의 age값을 얻어온다. 그리고 [리스트 17.6]의 **27~34행**에서 보는 것처럼 while문을 돌면서 각 레코드에 포인터를 위치시킨 후에 메서드를 호출하여 레코드의 값을 출력한다.

35~37행에서는 DBMS 연동 작업 완료 후에 모든 자원을 close하고 있다. [그림 17-20]에서는 새로 추가한 "유관순" 회원 정보를 포함하여 다른 회원 정보를 콘솔로 출력하고 있다.

[리스트 17.6] 자바 애플리케이션에서 데이터베이스 연동 실습 예제(MemberTest.java)

```java
1    import java.sql.*;
2
3    public class MemberTest{
4        private static final String driver = "oracle.jdbc.driver.OracleDriver";
5        private static final String url  = "jdbc:oracle:thin:@127.0.0.1:1521:XE";
6        private static final String user = "scott";
7        private static final String pwd = "tiger";
8
9        public static void main(String []args){
10           Connection conn;
11           Statement stmt;
12           ResultSet  rs;
13           try{
14               Class.forName(driver);
15               System.out.println("Oracle 드라이버 로딩 성공");
16               conn = DriverManager.getConnection(url, user, pwd);
17               System.out.println("Connection 생성 성공");
18               stmt = conn.createStatement( );
19               System.out.println("Statement 생성 성공");
20               String query = "INSERT INTO Member VALUES ( '0003','차범근' , 185, 85 ,
21                                               23 )";
22               System.out.println( query ) ;
23               stmt.executeUpdate( query );
24               String query2 = "SELECT * FROM Member" ;
25               System.out.println( query2) ;
26               rs = stmt.executeQuery( query2);
27               while(rs.next( )){
28                   System.out.print( "아이디는>>" + rs.getString( "id" ) );
29                   System.out.print( ", 이름은>>" + rs.getString( "name" ) );
30                   System.out.print( ", 키는>>" + rs.getInt( "height" ) );
31                   System.out.print( ", 체중은>>" + rs.getInt( "weight" ) );
32                   System.out.print( ", 나이는>>" + rs.getInt( "age" ) );
33                   System.out.println( );
34               }
35               rs.close( );
```

```
36              stmt.close( );
37              conn.close( );
38          }catch(ClassNotFoundException e){
39              e.printStackTrace( );
40          }catch(SQLException e){
41              e.printStackTrace( );
42          } //end try
43      } //end main
44  }
```

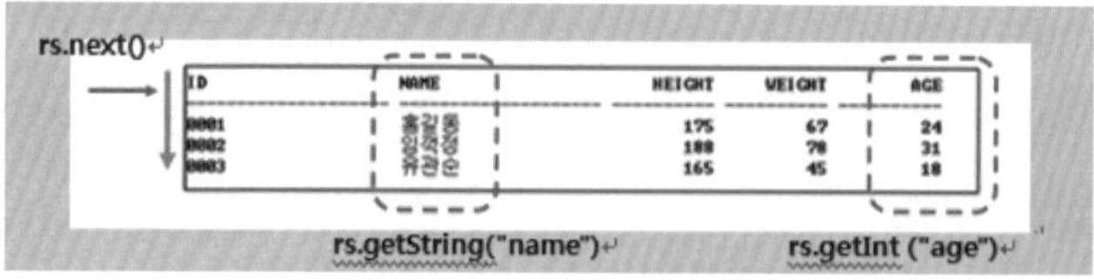

[그림 17-19] ResultSet 처리 과정

[그림 17-20] 실행 결과

지금까지 자바 애플리케이션에서 오라클 DBMS와 연동하는 방법을 알아보았다. 다른 DBMS
와 연동하는 방법도 이와 동일하다. 카페에는 MySQL과 연동하는 예제도 있으므로 참고하
기 바란다.

[그림 17-21]은 자바 애플리케이션 실행 시 주의 사항을 나타낸 것이다. [그림 17-21]의 첫
번째 그림은 현재 테이블에 저장된 회원 정보다. 그런데 [리스트 17.6]을 실행하여 차범근의
회원 정보를 테이블에 추가하려고 하면 오류가 발생한다. 그 이유는 차범근의 id값인 "0003"
은 이미 "유관순"이 가지고 있고, 아이디는 테이블을 만들 때 기본키로 지정했기 때문이다.
애플리케이션에서 데이터를 추가할 때에도 항상 기본키 조건을 만족해야 한다. 그리고 자바
애플리케이션에서 테이블에 데이터를 변경할 때는 기본값이 자동 commit이다. 자바애플리
케이션에서 수동으로 commit를 설정할 수도 있다.

ID	NAME	HEIGHT	WEIGHT	AGE
0001	홍길동	175	67	31
0002	임꺽정	188	78	33
0003	유관순	165	65	23

```
Oracle 드라이버 로딩 성공
Connection 생성 성공
Statement 생성 성공
INSERT INTO Member VALUES ( '0003','차범근' , 185, 85 , 23 )
java.sql.SQLException: ORA-00001: unique constraint (SCOTT.SYS_C007032) violated
        at oracle.jdbc.driver.DatabaseError.throwSqlException(DatabaseError.java:112
        at oracle.jdbc.driver.T4CTTIoer.processError(T4CTTIoer.java:331)
        at oracle.jdbc.driver.T4CTTIoer.processError(T4CTTIoer.java:288)
        at oracle.jdbc.driver.T4C8Oall.receive(T4C8Oall.java:745)
        at oracle.jdbc.driver.T4CStatement.doOall8(T4CStatement.java:210)
        at oracle.jdbc.driver.T4CStatement.executeForRows(T4CStatement.java:961)
```

[그림 17-21] 자바 애플리케이션에서 같은 아아디로 다른 회원 정보 추가하기

지금까지 자바에서 데이터베이스를 연동하는 방법에 대하여 알아보았다. JDBC의 정의와 용법에 대하여 잘 알아두어야 한다.

08 PreparedStatement 사용법

이번에는 기존의 기능을 좀 더 효율적으로 사용하기 위하여 제공되는 기능에 대해 살펴보자. 먼저 PreparedStatement에 대해 알아보자. PreparedStatement는 기존의 Statement보다 효율적이다. 예를 들어 반복적으로 회원 정보를 추가할 때 사용하면 편리하다.

PreparedStatement의 특징과 용도

- Statement의 기능을 보완하여 더 많은 기능을 제공한다.
- 여러 데이터를 반복적으로 처리할 때 사용하면 편리하다.

[리스트 17.7]은 PreparedStatement를 이용하여 회원 정보를 추가하는 예제다. 기존의 Statement를 사용하여 회원 정보를 추가하면 일일이 insert문을 따로 작성하여 실행해야 한다. 그런데 [리스트 17.7]의 **18행**에서는 먼저 하나의 insert문을 작성한 후 value 부분의 값들을 "?"로 처리하고 **21~26행**처럼 setter 메서드로 값을 세팅하여 insert 쿼리문을 전송한다. setter 메서드의 첫 번째 인자는 **19행**의 values 안에 있는 "?"의 순서를 나타낸다. 그

리고 다시 **28~33행**에서 바로 다른 회원 정보를 setter 메서드를 이용하여 추가하고 있다. PreparedStatement를 사용하면 여러 회원 정보를 하나의 SQL문으로 추가할 수 있다.

[리스트 17.7] PreparedStatement를 이용하여 회원 정보 추가하기(PMemberTest.java)

```
1    import java.sql.*;
2    public class PMemberTest{
3        private static final String driver = "oracle.jdbc.driver.OracleDriver";
4        private static final String url  = "jdbc:oracle:thin:@192.168.0.4:1521:XE";
5        private static final String user = "scott";
6        private static final String pwd = "tiger";
7
8        public static void main(String []args){
9            Connection conn;
10           ResultSet  rs;
11           Statement stmt;
12           try{
13               Class.forName(driver);
14               System.out.println("Oracle 드라이버 로딩 성공");
15               conn = DriverManager.getConnection(url, user, pwd);
16               System.out.println("Connection 생성 성공");
17
18               PreparedStatement pstmt = conn.prepareStatement("INSERT INTO  member
19                                   VALUES ( ?,?,?,?,? )");
20               System.out.println("PreparedStatement 생성 성공");
21               pstmt.setString(1,"0004");
22               pstmt.setString(2,"박지성");
23               pstmt.setInt(3,178);
24               pstmt.setInt(4, 67);
25               pstmt.setInt(5, 23 );
26               pstmt.executeUpdate( );
27
28               pstmt.setString(1,"0005");
29               pstmt.setString(2,"임꺽정");
30               pstmt.setInt(3,167);
31               pstmt.setInt(4,45);
32               pstmt.setInt(5,18);
33               pstmt.executeUpdate( );
34
35               stmt  = conn.createStatement( );
```

```java
36          String query = "SELECT * FROM member" ;
37          System.out.println( query) ;
38          rs = stmt.executeQuery( query);
39          while(rs.next( )){
40              System.out.print( "이름은>>" + rs.getString( "id" ) );
41              System.out.print( "이름은>>" + rs.getString( "name" ) );
42              System.out.print( " 키는>>" + rs.getInt( "height" ) );
43              System.out.print( " 체중은>>" + rs.getInt( "weight" ) );
44              System.out.print( " 나이는>>" + rs.getInt( "age" ) );
45              System.out.println( );
46          }
47          rs.close( );
48          stmt.close( );
49          conn.close( );
50      }catch(ClassNotFoundException e){
51          e.printStackTrace( );
52      }catch(SQLException e){
53          e.printStackTrace( );
54      }
55  }
56 }
```

ConnectionPool 기능

앞에서는 자바 애플리케이션에서 DBMS와 연동하는 방법에 대하여 학습했다. 그런데 앞에서 사용한 방법은 지금은 거의 사용하지 않는다. 지금은 커넥션풀 기능을 사용하여 자바 애플리케이션과 DBMS의 연동 작업을 한다. 특히, jsp와 같은 웹프로그래밍에서는 100% 커넥션풀 기능을 이용하여 연동 작업을 한다.

ConnectionPool의 정의

- 애플리케이션 실행 시 미리 데이터베이스와 연결된 상태를 가지고 있는 객체
- 애플리케이션은 실행 중 데이터베이스 연동 작업 시 이 ConnectionPool 객체를 이용하여 연동한다.

[그림 17-22]는 커넥션풀의 등장 배경을 나타낸 것이다.

기존에는 앞에서 실습한 것처럼 애플리케이션에서 필요할 때마다 데이터베이스에 접속을 요청한 후 연동 작업을 하던 방식을 사용했다. 그런데 이러한 방식으로 데이터베이스와 연동할 때 시간이 가장 오래 걸리는 작업은 바로 데이터베이스와 연결하는 부분이다. 현재는 데이터베이스와 동시에 연동하는 프로그램이 수천, 수만 건에 이르므로, 기존 방식대로 연동하면 데이터베이스에 많은 부하가 걸린다. 따라서 이를 보완하여 나온 연동 방식이 '커넥션풀 기능'이다.

[그림 17-22] ConnectionPool의 등장 배경

DBMS와의 연결은 이제 자바 애플리케이션에서 하는 것이 아니라 애플리케이션 실행 시에 커넥션풀 객체를 생성한 후 미리 커넥션풀 객체가 백그라운드에서 연결하여 연결 상태를 유지하고 있다. 그리고 자바 애플리케이션에서 DB 연동 작업이 필요한 경우, 커넥션풀에서 제공하는 메서드를 이용하여 연동 작업을 하는 것이다.

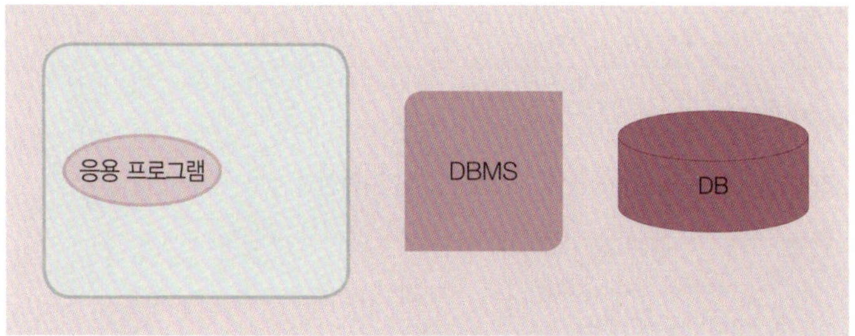

❶ 응용 프로그램을 실행한다.

❷ 응용 프로그램 실행 시 커넥션풀 객체를 생성한다.

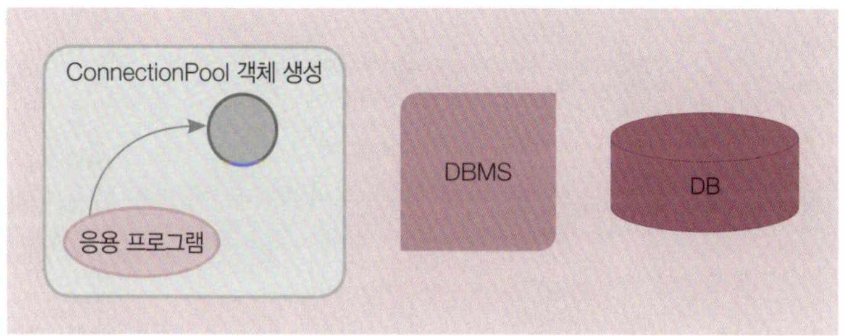

❸ 생성된 커넥션 객체는 DBMS와 백그라운드로 연결한다.

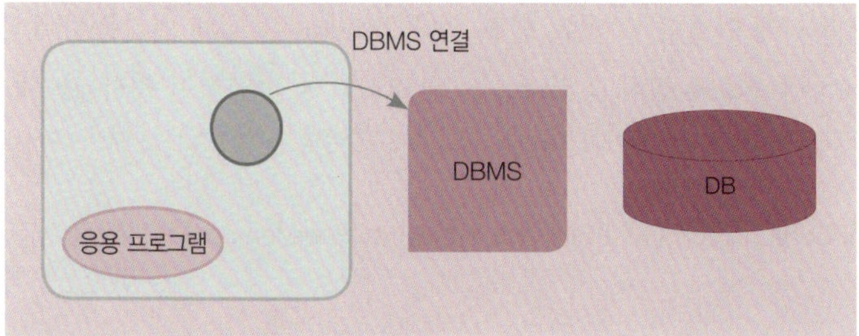

❹ DB 연동 작업이 필요할 때는 응용 프로그램이 메서드를 호출하여 작업한다.

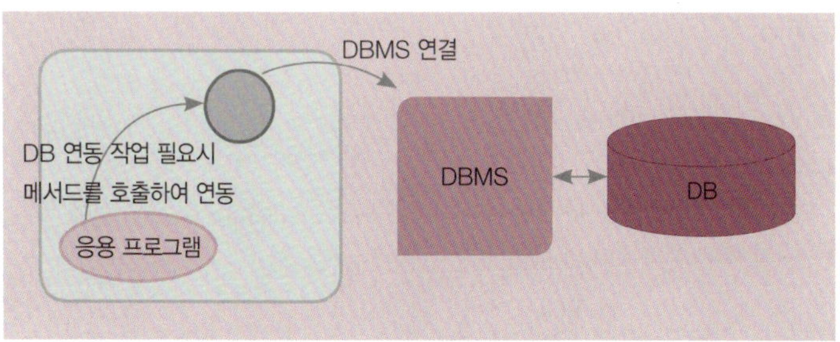

다음은 자바에서 실제 커넥션풀 기능을 제공하는 클래스를 나타낸 것이다. [표 17-2]는
DataSource에서 제공하는 getConnection() 대한 설명을 나타내고 있다.

[표 17-2] javax.sql.DataSource 여러 가지 메서드 기능

메서드	기능
Connection getConnection( )	DataSource가 대표하는 데이터베이스와 연결을 시도한다.
Connection getConnection(String username, String password)	DataSource가 username과 password를 이용하여 연결을 시도한다.

[리스트 17.8]은 앞에서 실습한 회원 정보 추가 및 조회 기능을 커넥션풀 기능을 이용하여 연
동하는 예제를 나타낸 것이다.

16행에서는 커넥션풀 타입 변수를 선언하고 있다. **22행**에서 ConnectionPool 객체를 생성하
는데 생성자 호출 시 전달된 url, user, pwd로 DBMS와 연결한다. 그리고 다른 인자들도 전
달하여 커넥션풀의 내부 기능을 설정한다. initalCons는 최초 접속 시에 연결할 초기 연결 수
이고, maxCons는 최대 동시에 연결할 수 있는 연결 수다. timeout은 실제 연결을 지속하는
시간이다. 예제에서는 10,000초로 설정하고 있다. 즉, 10,000초 동안 연결이 유지되는데, 이
시간 동안 커넥션풀 기능을 사용하지 않으면 커넥션풀은 자동으로 소멸된다.

[리스트 17.8] ConnectionPool을 이용하여 데이터베이스 연동하기(CPoolMemberTest.java)

```
1    import java.sql.*;
2    public class CPoolMemberTest{
3        private static final String driver = "oracle.jdbc.driver.OracleDriver";
4        private static final String url  = "jdbc:oracle:thin:@192.168.0.4:1521:XE";
5        private static final String user = "scott";
6        private static final String pwd = "tiger";
7        private static final int initialCons = 5;
8        private static final int maxCons = 20;
9        private static final boolean block = true;
10       private static final long timeout = 10000;
11
```

```
12      public static void main(String []args){
13       Connection conn;
14       Statement stmt;
15       ResultSet  rs;
16       ConnectionPool cp;
17
18       try{
19          Class.forName(driver);
20          System.out.println("Oracle 드라이버 로딩 성공");
21
22          cp = new ConnectionPool(url, user, pwd, initialCons, maxCons, block,
23                               timeout);
24          System.out.println("ConnectionPool 생성...");
25          conn = cp.getConnection( );
26       ... 생략
27          ....
```

지금까지 커넥션풀 기능에 대해 알아보았다. 이 커넥션풀 기능은 실제로 JSP와 같은 웹프로
그래밍에서 많이 사용된다. 따라서 개념을 확실히 익혀놓으면 많은 도움이 될 것이다.

10 DAO와 VO의 정의와 사용법

이번에는 실제 자바에서 데이터베이스 연동 시에 사용되는 개념인 DAO와 VO에 대해 알아
보자.

10.1 DAO(Data Access Object)의 정의와 사용법

DAO는 데이터베이스와 연동하는 작업을 전담하는 클래스라고 보면 된다.

> **DAO(Data Access Object)의 정의**
>
> • 자바 프로그램에서 데이터베이스 작업만 수행하는 클래스
> • 자바 프로그램의 다른 기능을 하는 클래스와 구분하여 작업한다.

다음은 DAO를 사용하게 된 배경을 나타낸 것이다. 앞에서 자바에서 데이터베이스 연동 시에 main() 메서드에서 데이터베이스와 연동한 후 리턴되는 값을 콘솔에 출력했다. 즉, 앞의 예제에서는 데이터베이스 연동 기능과 화면에 출력하는 기능을 하나의 클래스 안에 작성한다. 앞 예제는 기능이 적어서 아무 문제없이 실행되었지만, 실제 프로그램은 화면의 기능이 복잡하므로 같은 클래스 내에서 데이터베이스 연동 기능을 같이 구현하면 소스량이 많아져서 복잡하고 관리하기도 힘들어진다. 따라서 화면의 기능과 데이터베이스 연동 기능을 서로 나누어 사용하게 되었다. DAO로 분할하여 사용하면 유지보수나 재사용성이 높아진다.

하나의 클래스 안에 코드가 많아져서 개발이나 유지 관리가 힘들어진다.

• 화면 기능, 데이터베이스 연동 기능 등을 각각 담당하는 클래스로 나누어 프로그램을 구현한다.
• 유지 관리가 편리하며, 재사용성이 높아진다.

[그림 17-23] ConnectionPool의 등장 배경

10.2 VO(Value Object)의 정의와 사용법

VO는 'TO(Transfer Object)'라고도 불리는데, 지금은 VO를 더 많이 사용한다.

VO(Value Object)의 정의와 용도

• 정의
 – 여러 다른 타입의 데이터를 다른 클래스로 전달할 때 사용된다.
 – 'TO(Transfer Object)'라고도 한다.
• 용도
 – 테이블의 필드명을 속성으로 선언한다.
 – 생성자를 구현한다.
 – 각 속성에 대한 getter/setter 메서드를 구현한다.

VO 만드는 방법

• 테이블의 필드명을 속성으로 선언한다.
• 생성자를 구현한다.
• 각 속성에 대한 getter/setter 메서드를 구현한다.

VO는 데이터베이스 연동 시에 리턴되는 레코드당 하나의 VO 객체를 생성하여 레코드의 컬럼값을 저장하는 용도로 사용된다. 대부분 VO 객체에 값을 저장한 후 Collection 객체에 다시 저장하여 메서드를 호출한 곳으로 리턴한다. 다음은 VO를 만드는 방법을 나타낸 것이다.

[그림 17-24]는 회원 정보를 조회한 결과를 저장할 MemberVo를 만드는 방법을 나타낸 것이다. [그림 17-24]처럼 우선 MemberVo 클래스 내에 Member 테이블의 필드명과 같은 속성을 선언한다. 물론 타입도 동일하게 선언해주어야 한다. 그리고 각 속성에 접근할 getter/setter 메서드를 만들어준다. getter/setter 메서드를 자동으로 만드는 방법이 카페의 동영상으로 설명되어 있으므로 이를 참고하여 이클립스에서 사용해보기 바란다.

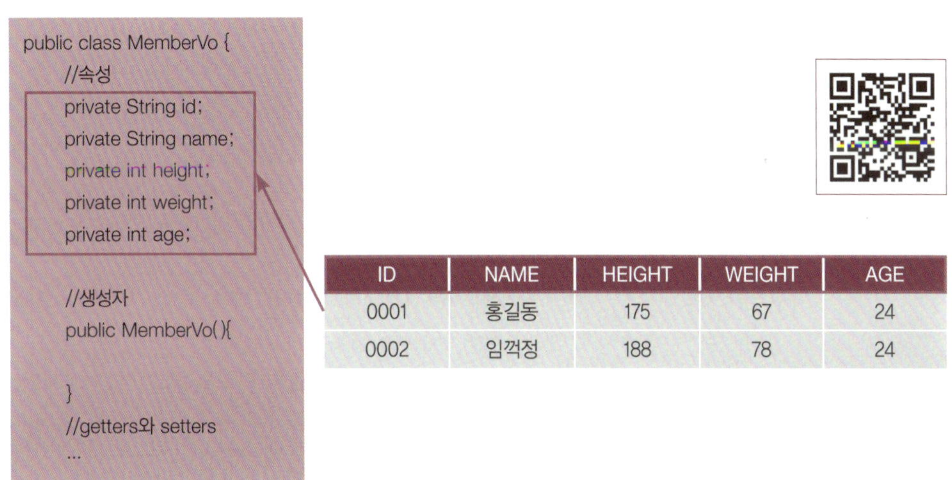

ID	NAME	HEIGHT	WEIGHT	AGE
0001	홍길동	175	67	24
0002	임꺽정	188	78	24

[그림 17-24] MemberVo 만들기

10.3 Dao와 VO를 이용한 회원 정보 조회

[그림 17-25]는 Dao와 Vo를 이용하여 회원 정보를 조회하는 과정을 나타낸 것이다. 16장의 스윙에서도 언급했듯이 실제 프로그램은 여러 클래스가 사용되고 각 클래스의 기능도 복잡하므로 먼저 [그림17-25]처럼 각 클래스가 어떻게 연동되는가를 먼저 이해한 후 각 클래스의 기능을 구현한다.

먼저 MemberTest에서 데이터베이스 연동을 위하여 MemberDao 객체를 생성한 후 MemberDao의 list()을 호출한다. 그리고 list()에서는 다시 executeQuery()를 호출하여 조회 쿼리문을 실행한 후 DB로부터 레코드셋을 리턴받는다. 리턴받은 레코드셋을 이용하여 각 MemberVo 객체를 생성한 후 차례대로 Collection 객체인 ArrayList에 저장하고 list()의 리턴값으로 되돌려준다. 그러면 list()를 호출한 MemberTest에서는 리턴된 ArrayList의 값을 반대로 가져와서 차례대로 레코드의 값을 콘솔에 출력한다.

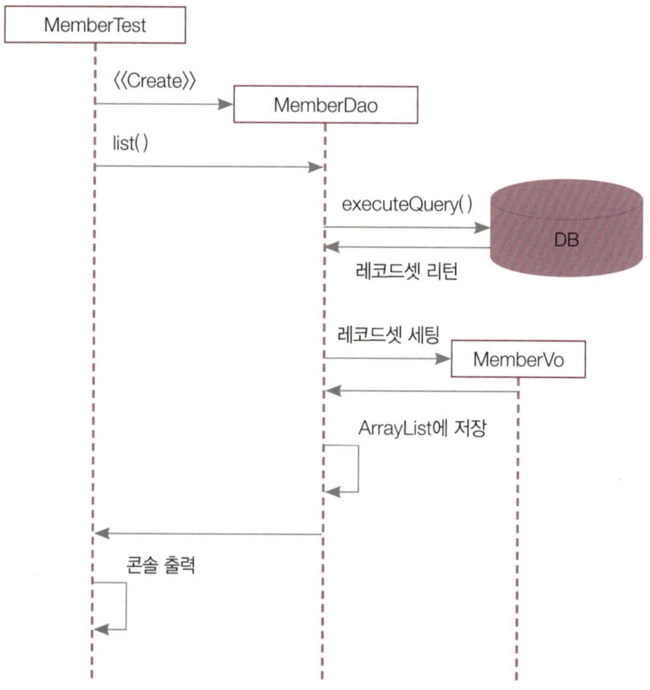

[그림 17-25] Dao와 VO를 이용한 회원 정보 조회 시퀀스 다이어그램

[리스트 17.9]에서 [리스트 17.11]은 Dao와 Vo 개념을 이용하여 회원 정보를 조회하는 예제다.

[그림 17-25]의 실행 과정을 살펴보면 우선 [리스트 17.9]는 Vo 클래스이고, [리스트 17.10]은 Dao클래스이다. 그리고 [리스트 17.11]은 화면 역할을 하는 실행 클래스 MemberTest이다.

[리스트 17.11]의 MemberTest에서 데이터베이스 연동을 위하여 **6행**에서 MemberDao 객체를 생성한 후 **7행**에서 list()를 호출한다. [리스트 17.10]의 MemberDao로 이동하여 **14행**의 list()를 실행한다. **20행**에서 executeQuery()를 실행하면 회원 정보가 레코드셋으로 리턴한다. **22~27행**에서 while문을 돌면서 각각의 레코드를 하나씩 가져와서 컬럼값을 가져온 후 **29행**에서 MemberVo 객체를 생성하고 MemberVo의 setter 메서드를 이용하여 대응하는 속성에 컬럼값을 저장한다. 그리고 **36행**에서 ArrayList 객체에 add()를 이용하여 각각의 MemberVo 객체를 차례대로 저장한다. 그러면 레코드의 개수만큼 MemberVo 객체가 만들어져서 ArrayList에 저장된다. 그리고 다시 list()를 호출한 곳으로 이 ArrayList 객체를 리턴한다. 그러면 다시 [리스트 17.11]의 MemberTest로 되돌아와서 **9행**을 수행하게 되는데, 이번에는 ArrayList에 저장한 MemberVo 객체를 for문을 돌면서 하나씩 가져와서 MemberVo 객체의 getter 메서드를 이용하여 각 필드값을 가져온 후 회원 정보를 레코드로 출력하고 있

다. [그림 17-26]은 MemberTest에서 데이터베이스에서 조회한 회원 정보를 콘솔로 출력한 결과를 나타낸 것이다.

지금은 결과값이 같아도 데이터베이스 연동하는 부분은 따로 클래스로 분리하여 DB 기능을 구현하고 있다. JSP나 다른 자바 애플리케이션에서는 실제 DB 연동 작업을 지금과 같은 방법으로 구현하여 사용하고 있다.

[리스트 17.9] Dao와 Vo를 이용하여 데이터베이스 연동하기(MemberVo.java)

```java
1    public class MemberVo {
2        private String id;
3        private String name;
4        private int height;
5        private int  weight;
6        private int age;
7
8        public MemberVo( ){
9
10       }
11
12       public MemberVo(String name,int age){
13           this.name=name;
14           this.age=age;
15       }
16
17       public String getId( ) {
18           return id;
19       }
20       public void setId(String id) {
21           this.id = id;
22       }
23       public String getName( ) {
24           return name;
25       }
26       public void setName(String name) {
27           this.name = name;
28       }
29       public int getHeight( ) {
30           return height;
31       }
```

```java
32        public void setHeight(int height) {
33            this.height = height;
34        }
35        public int getWeight( ) {
36            return weight;
37        }
38        public void setWeight(int weight) {
39            this.weight = weight;
40        }
41        public int getAge( ) {
42            return age;
43        }
44        public void setAge(int age) {
45            this.age = age;
46        }
47    }
```

[리스트 17.10] Dao와 Vo를 이용하여 데이터베이스 연동하기(MemberDao.java)

```java
1     import java.sql.*;
2     import java.util.*;
3
4     public class MemberDao{
5         private static final String driver="oracle.jdbc.driver.OracleDriver";
6         private static final String url ="jdbc:oracle:thin:@127.0.0.1:1521:XE";
7         private static final String user = "scott";
8         private static final String pwd="tiger";
9
10        private Connection con;
11        private Statement stmt;
12        private ResultSet rs;
13
14        public ArrayList<MemberVo> list( ){
15            ArrayList<MemberVo> list =  new ArrayList<MemberVo>( );
16            try{
17            connDB( );
18            String query = "select * from Member ";
19            System.out.println(query);
20            ResultSet rs = stmt.executeQuery( query);
```

```java
21
22              while( rs.next( ) ){
23                  String id=rs.getString("id");
24                  String name = rs.getString("name");
25                  int height = rs.getInt("height");
26                  int weight = rs.getInt("weight");
27                  int age = rs.getInt("age");
28
29                  MemberVo data = new MemberVo( );
30                  data.setId(id);
31                  data.setName( name);
32                  data.setHeight(height);
33                  data.setWeight(weight);
34                  data.setAge(age);
35
36                  list.add( data);
37              } //end while
38              rs.close( );
39              stmt.close( );
40              con.close( );
41          }catch(Exception e){
42              e.printStackTrace( );
43          }
44
45          return list;
46      } //end list( )
47
48  public void connDB( ){
49      try{
50          Class.forName(driver);
51          System.out.println("Oracle 드라이버 로딩 성공");
52          con = DriverManager.getConnection(url, user, pwd);
53          System.out.println("Connection 생성 성공");
54
55          stmt = con.createStatement( );
56          System.out.println("Statement 생성 성공");
57      }catch(Exception e){
58          e.printStackTrace( );
59      }
60  }
61  }
```

[리스트 17.11] Dao와 Vo를 이용해서 데이터베이스 연동하기(MemberTest.java)

```java
1      import java.util.ArrayList;
2
3      public class MemberTest {
4          public static void main(String[] args){
5              String _name=null;
6              MemberDao dao=new MemberDao( );
7              ArrayList<MemberVo> list=dao.list( );
8
9              for(int i=0; i<list.size( );i++){
10                 MemberVo data=(MemberVo) list.get(i)
11                 String id=data.getId( );
12                 String name=data.getName( );
13                 int height=data.getHeight( );
14                 int weight=data.getWeight( );
15                 int age=data.getAge( );
16
17                 System.out.println("아이디는>>"+id+
18                                 " 이름은>>"+name+
19                                 " 키는>>"+height+
20                                 " 몸무게는>>"+weight+
21                                 " 나이는>>"+age);
22             }
23         }
24     }
```



```
Console
<terminated> MemberTest (1) [Java Application] C:\Program Files\Java\jre1.8.0_25\bin\javaw.exe (2015. 3. 15. 오후 4:45:16)
Oracle 드라이버 로딩 성공
Connection 생성 성공
Statement 생성 성공
select * from member
아이디는>>0003 이름은>>차범근 키는>>185 몸무게는>>85 나이는>>23
아이디는>>kim 이름은>>김유신 키는>>177 몸무게는>>78 나이는>>23
아이디는>>lee1 이름은>>이순신 키는>>178 몸무게는>>56 나이는>>25
아이디는>>park 이름은>>박찬호 키는>>188 몸무게는>>74 나이는>>23
```

[그림 17-26] 실행 결과

10.4 동적 쿼리문 만들기

앞의 예제에서 사용한 [리스트 17.10]의 MemberDao의 list()를 호출하여 모든 회원 정보를 조회했다. 그런데 이번에는 이 list()로 조회하고자 하는 회원의 이름을 전달하여 이름에 해당되는 회원 정보만을 조회하는 기능을 구현해보자.

[리스트 17.12]의 **6행**에서 조회할 회원 이름을 _name 변수에 저장한다. **8행**에서 MemberDao 객체를 생성한 후 **10행**에서 list()를 호출하면서 "이순신"이라는 이름을 전달한다. 그러면 [리스트 17.13]의 MemberDao에 있는 list()의 인자로 "이순신"이 전달된다. **22~23행**에서는 인자값이 null이 아니면 메서드 호출 시에 조건으로 쓰이는 이름이 전달되었다는 표시이므로 기존 select문에 where절을 이용하여 조건문을 만든다. 만약, _name에 null이 전달되면 모든 회원 정보를 조회하라는 의미다.

[그림 17-28]은 실행 결과인데, 이번에는 "이순신" 회원 정보만 조회된다. 모든 회원 정보를 조회하고 싶으면 MemberTest에서 list() 호출 시 null을 전달하면 된다.

[리스트 17.12] 회원 이름으로 회원 정보 조회하기(MemberTest.java)

```
1    import java.util.ArrayList;
2
3    public class MemberTest {
4        public static void main(String[] args){
5            String _name=null;
6            _name="이순신";
7
8            MemberDao dao=new MemberDao( );
9            //ArrayList<MemberVo> list=dao.list( );
10           ArrayList<MemberVo> list=dao.list(_name);
11
12           for(int i=0; i<list.size( );i++){
13               MemberVo data=(MemberVo) list.get(i);
14               String id=data.getId( );
15               String name=data.getName( );
16               int height=data.getHeight( );
17               int weight=data.getWeight( );
18               int age=data.getAge( );
19
20               System.out.println("아이디는>>"+id+
21                           " 이름은>>"+name+
```

```
22                              " 키는>>"+height+
23                              " 몸무게는>>"+weight+
24                              " 나이는>>"+age);
25              }
26          }
27      }
```

10행 : list( ) 호출 시 이름을 전달한다.

[리스트 17.13] 회원 이름으로 회원 정보 조회하기(MemberDao.java)

```
1     import java.sql.Connection;
2     import java.sql.DriverManager;
3     import java.sql.ResultSet;
4     import java.sql.Statement;
5     import java.util.ArrayList;
6
7     public class MemberDao {
8         private static final String driver="oracle.jdbc.driver.OracleDriver";
9         private static final String url="jdbc:oracle:thin:@127.0.0.1:1521:XE";
10        private static final String user="scott";
11        private static final String pwd="tiger";
12
13        private Connection con;
14        private Statement stmt;
15        private ResultSet rs;
16
17        public ArrayList<MemberVo> list(String _name){
18            ArrayList<MemberVo> list=new ArrayList<MemberVo>( );
19            try{
20                connDB( );
21                String query="select * from Member";
22                if(_name!=null)
23                    query+=" where name='"+_name+"'";
24
25                System.out.println(query);
26                ResultSet rs=stmt.executeQuery(query);
27
28                while(rs.next( )){
```

```
29              String id=rs.getString("id");
30              String name=rs.getString("name");
31              int height=rs.getInt("height");
32              int weight=rs.getInt("weight");
33              int age=rs.getInt("age");
34              //생략
35              ...
36              ...
```

22~23행 : 메서드 호출 시 인자값이 null이 아니면 인자값을 where와 결합한 후 query문에 추가한다.

```
Console ✕
<terminated> MemberTest (2) [Java Application] C:\Program Files\Java\jre1.8.0_25\bin\javaw.exe (2015. 3. 15. 오후 4:50:00)
Oracle 드라이버 로딩 성공
Connetgion 생성 성공
Statement 생성 성공
select * from Member where name='이순신'
아이디는>>lee1 ,이름은>>이순신 ,키는>>178 ,체중은>>56 ,나이는>>25
```

[그림 17-27] 실행 결과

[리스트 17.14]와 [리스트 17.15]는 조회 시 1개의 조건값이 아닌 여러 개의 조건값으로 테이블의 조회를 하는 기능이다. 먼저 MemberTest 클래스의 **7행**에서 MemberVo 객체를 생성하면서 생성자의 인자로 조회 조건을 지정한다. 그리고 **8행**에서 list( )를 호출하면서 VO를 전달한다. 그러면 [리스트 17.15]의 MemberDao의 list( )의 **10, 11행**에서 인자로 전달된 조건값을 setter 메서드를 이용하여 가져온다. 그리고 **16~22행**에서 조건값에 따라 동적으로 쿼리문을 만들고 있다. 즉, 조건값이 null이거나 0이면 조건이 없다는 의미다. [그림 17-28]은 이름이 '이순신'이고 나이가 25인 경우와 이름이 null이고 나이만 23인 경우를 조회한 결과다.

[리스트 17.14] 여러 조건으로 회원 정보 조회하기(MemberTest.java)

```
1   public class MemberTest {
2     public static void main(String[] args){
3       MemberDao dao=new MemberDao( );
4       String _name=null;
5       int age=25;
6
7       MemberVo vo=new MemberVo(_name ,_age);
8       ArrayList<MemberVo> list=dao.list(vo);
9
10      for(int i=0; i<list.size( );i++){
```

```java
11              MemberVo data=(MemberVo) list.get(i);
12              String id=data.getId( );
13              String name=data.getName( );
14              int height=data.getHeight( );
15              int weight=data.getWeight( );
16              int age=data.getAge( );
17
18              System.out.println("아이디는>>"+id+
19                                  " ,이름은>>"+name+
20                                  " ,키는>>"+height+
21                                  " ,체중은>>"+weight+
22                                  " ,나이는>>"+age);
23          }
24      }
25  }
```

[리스트 17.15] 여러 조건으로 회원 정보 조회하기(MemberDao.java)

```java
1   import java.util.ArrayList;
2   public class MemberDao {
3       ...생략
4       ...
5       public ArrayList<MemberVo> list(MemberVo vo){
6           String _name=null;
7           int _age=0;
8
9           ArrayList<MemberVo> list=new ArrayList<MemberVo>( );
10          _name=vo.getName( );
11          _age=vo.getAge( );
12
13          try{
14              connDB( );
15              String query="select * from Member";
16              if(_name!=null && _age!=0 ){
17                  query+=" where name='"+_name+"' and age="+_age;
18              }else if(_name !=null && _age==0){
19                  query+=" where name='"+_name+"'";
20              }else if(_name ==null && _age!=0){
21                  query+=" where age="+_age;
```

```
22              }
23
24          System.out.println(query);
25          ResultSet rs=stmt.executeQuery(query);
26
27          while(rs.next( )){
28              String id=rs.getString("id");
29              String name=rs.getString("name");
30              int height=rs.getInt("height");
31              int weight=rs.getInt("weight");
32              int age=rs.getInt("age");
33
34              MemberVo data=new MemberVo( );
35              data.setId(id);
36              data.setName(name);
37              data.setHeight(height);
38              data.setWeight(weight);
38              data.setAge(age);
39
40              list.add(data);
41          }
42          rs.close( );
43          stmt.close( );
44          con.close( );
45      }catch(Exception e){
46          e.printStackTrace( );
47      }
48      return list;
49   }
50
51   ..
52   ...
```

```
<terminated> MemberTest (3) [Java Application] C:\Program Files\Java\jre1.8.0_25\bin\javaw.exe (2015. 3. 15. 오후 5:01:24)
Oracle 드라이버 로딩 성공
Connetgion 생성 성공
Statement 생성 성공
select * from Member where name='이순신' and age=25
아이디는>>lee1 ,이름은>>이순신 ,키는>>178 ,체중은>>56 ,나이는>>25
```

(a) 이름이 '이순신'이고, 나이가 25인 경우

```
Oracle 드라이버 로딩 성공
Connetgion 생성 성공
Statement 생성 성공
select * from Member where age=25
아이디는>>lee1 ,이름은>>이순신 ,키는>>178 ,체중은>>56 ,나이는>>25
```

(b) 이름은 null이고, 나이가 25인 경우

```
Oracle 드라이버 로딩 성공
Connetgion 생성 성공
Statement 생성 성공
select * from Member
아이디는>>0003 ,이름은>>차범근 ,키는>>185 ,체중은>>85 ,나이는>>23
아이디는>>kim ,이름은>>김유신 ,키는>>177 ,체중은>>78 ,나이는>>23
아이디는>>lee1 ,이름은>>이순신 ,키는>>178 ,체중은>>56 ,나이는>>25
아이디는>>park ,이름은>>박찬호 ,키는>>188 ,체중은>>74 ,나이는>>23
```

(c) 이름은 null이고, 나이가 0인 경우

[그림 17-28] 실행 결과

10.5 회원 정보 갱신하기

[리스트 17.16]과 [리스트 17.17]은 테이블의 회원 정보를 갱신하는 예제다. MemberDao2 클래스의 **30~32행**에서 update문을 문자열로 만들 때 쿼리문의 조건절의 문자열을 표시하는 _name 양쪽에 " "를 붙이는 것에 유의해야 한다. [그림 17-29]는 '차범근' 회원의 나이가 25살로 갱신되어 표시된다.

[리스트 17.16] 기존 회원 정보 갱신하기(MemberDao2.java)

```java
1    import java.sql.*;
2    import java.util.ArrayList;
3
4    public class MemberDao {
5        private static final String driver="oracle.jdbc.driver.OracleDriver";
6        private static final String url="jdbc:oracle:thin:@127.0.0.1:1521:XE";
7        private static final String user="scott";
8        private static final String pwd="tiger";
9
10       private Connection con;
11       private Statement stmt;
12       private ResultSet rs;
13
14
15       public ArrayList<MemberVo> list(MemberVo vo){
16           ...
17           ....
```

```
18          return list;
19      }
20
21      public void modMember(MemberVo vo){
22          String _name=null;
23          int _age=0;
24
25          _name=vo.getName( );
26          _age=vo.getAge( );
27
28          try{
29              connDB( );
30              String query="update Member ";
31              query+= " set age="+_age;
32              query+=" where name='"+_name+"'";
33
34              System.out.println(query);
35              stmt.executeUpdate(query);
36
37
38          }catch(Exception e){
39              e.printStackTrace( );
40          }
41      }
42          ....
43      ...
44  }
```

25, 26행 : 메서드로 전달된 VO 객체에서 회원 이름과 나이를 가져온다.

30~32행 : 회원 이름을 조건식으로 하여 회원의 나이를 갱신하는 update문을 문자열로 만든다.

35행 : update문을 실행한다.

[리스트 17.17] 기존 회원 정보 갱신하기(MemberTest2.java)

```
1   import java.util.ArrayList;
2
3   public class MemberTest2 {
4       public static void main(String[] args){
```

```java
5        MemberDao dao=new MemberDao( );
6        String _name="차범근";
7        int _age=25;
8
9        MemberVo vo=new MemberVo(_name,_age);
10       dao.modMember(vo);
11
12       ArrayList<MemberVo> list=dao.list(vo);
13       for(int i=0; i<list.size( );i++){
14           MemberVo data=(MemberVo) list.get(i);
15           String id=data.getId( );
16           String name=data.getName( );
17           int height=data.getHeight( );
18           int weight=data.getWeight( );
19           int age=data.getAge( );
20
21           System.out.println("아이디는>>"+id+
22                                  " ,이름은>>"+name+
23                                  " ,키는>>"+height+
24                                  " ,체중은>>"+weight+
25                                  " ,나이는>>"+age);
26
27       }
28    }
29 }
```

9행 : VO 객체를 생성한다.

10행 : modMember( ) 메서드를 호출한다.

12행 : 갱신한 회원 정보를 다시 조회한다.

```
Console 
<terminated> MemberTest2 (4) [Java Application] C:\Program Files\Java\jre1.8.0_25\bin\javaw.exe (2015. 3. 20. 오후 1:25:32)
Oracle 드라이버 로딩 성공
Connection 생성 성공
Statement 생성 성공
update Member  set age=25 where name='차범근'
Oracle 드라이버 로딩 성공
Connection 생성 성공
Statement 생성 성공
select * from Member where name='차범근' and age=25
아이디는>>0003 ,이름은>>차범근 ,키는>>185 ,체중은>>85 ,나이는>>25
```

[그림 17-29] 실행 결과

자바에서 간단한 동적 쿼리문을 사용하는 방법에 대해 학습했다. 동적 쿼리문의 사용 예로는 인터넷 도서 쇼핑몰에서 도서 이름만 입력하여 전송하면 그 도서 이름으로만 조회를 실행하는 것을 들 수 있다. 그런데 세부 검색 항목을 모두 입력하면 그 세부 입력 항목들이 조건문에 추가되어 검색하게 되는 것이다.

동적 쿼리문은 실제로 많이 사용되므로 잘 알아두어야 한다. 지금까지 자바에서 제공하는 데이터베이스 연동 기능에 대해 알아보았는데, 자바에서는 그 밖에 DBMS의 저장 프로시저(stored procedure)를 호출하는데 사용되는 CallableStatement 같은 기능도 제공한다. 자세한 내용은 카페의 동영상을 이용하여 알아보기 바란다.

제품 정보 저장 및 조회 기능 구현하기

앞 장에서 제품 정보를 Collection에 저장한 후 출력하는 예제와 파일에 저장한 후 출력하는 예제를 실습해보았다. 이번에는 [표 17-3]처럼 제품 정보를 저장하는 Product 테이블을 생성한 후 제품 정보를 저장, 조회하는 기능을 앞에서 배운 DAO와 VO를 이용하여 구현해보자.

[표 17-3] 제품 정보 저장 테이블 구성

No	속성명	컬럼명	자료형	크기	유일키 여부	NULL 여부	키	디폴트값
1	prodCode	제품 번호	varchar2	10	Y	N	PK	
2	prodName	제품 이름	varchar2	30		N		
3	prodColor	제품 색상	varchar2	20		N		
4	prodQty	제품 수량	number	5		N		

[리스트 17.18] 제품 정보를 저장하는 Product 테이블 생성하기

```
1    - 제품 정보를 저장하는 Product 테이블
2  create table Product(
3      prodCode  varchar2(10) primary key,
4      prodName  varchar2(30),
5      prodColor varchar2(20),
6      prodQty  number(5)
7  );
```

1 데이터베이스와 DBMS의 차이점을 설명하라.

2 기본키와 외래키를 설명하라.

3 JDBC(Java Database Connectivity)의 정의와 장점을 설명하라.

④ 본문의 회원 정보를 저장하는 Member 테이블을 기준으로 회원 중 이름이 "홍길동"이고 나이가 20살보다 많고 30살보다는 적은 회원 정보를 조회하는 쿼리문을 작성하라.

⑤ 다음은 렌터카 예약 시스템에서 사용되는 렌터카 정보를 저장하는 테이블의 구조와 렌터카 정보를 다루는 화면을 나타내고 있다. 렌터카를 테이블에 등록, 조회, 수정, 삭제하는 기능을 구현하라.

테이블명 : rent_car

No	속성명	컬럼명	자료형	크기	유일키 여부	NULL 여부	키	디폴트값
1	carNum	차번호	varchar2	20	Y	N	PK	
2	carName	차명	varchar2	30		N		
3	carSize	배기량	number	7		N		
4	prodYear	차량연식	number	7		N		
5	company	제조사	varchar2	20		N		

 컴퓨터를 있게 한 사람들

지금까지 알아본 인물들은 모두 과거와 현재의 컴퓨터 분야에서 업적을 이룬 사람들이다. 중요한 것은 '아직은 없는 미래의 컴퓨터의 혁신적인 기능을 구현할 인물이 누구냐'라는 것이다. 아마도 여러분 중 한 명이 될 것이다.

이룰 수 없는 꿈을 꾸고

이루어 질 수 없는 사랑을 하고

이길 수 없는 적과 싸움을 하고

견딜 수 없는 고통을 견디며

잡을 수 없는 저 하늘의 별을 잡자.

– '돈키호테' 중에서

18장

자바 프로젝트

지금까지 자바의 기본적인 개념과 기능에 대해 학습했다. 프로그래밍 언어를 배우는 목적은 사용자가 원하는 기능을 언어로 구현하기 위해서이다. 앞 장에서 각 기능에 관계되는 실습 예제를 만들어보았는데, 실제 상용 프로그램을 개발하는 과정에서는 하나의 클래스 안에 모든 기능을 구현하는 경우는 없다. 따라서 이 장에서는 실제 현장에서 자바 프로그램을 개발한다는 가정하에 프로그램 개발 과정을 따라 실습해본다.

이 장에서 실습하는 프로그램 개발 과정은 실제 소프트웨어 공학에서 다루는 내용이다. 따라서 세부적인 부분은 관련 도서를 참고하도록 하고, 이 장에서는 프로그램을 개발할 때 필수적인 부분만 살펴본다. 지금은 자바 애플리케이션 개발 과정에 대해 살펴보지만, 프로그램 개발 과정은 프로그램 언어에 상관없이 대부분 동일한 과정을 거친다.

1 자바 프로젝트 진행 과정
2 회원 관리 프로그램 실습
3 렌터카 예약 시스템 실습

[그림 18-1]은 자바 애플리케이션을 개발하는 과정을 나타낸 것이다. 먼저 프로그램은 사용자의 의뢰에 따라 개발된다. 따라서 어떤 프로그램을 개발하려면 그 프로그램을 의뢰한 의뢰자를 만나 의뢰자의 요구 사항을 체크해야 한다. 그리고 의뢰자의 요구 사항을 문서화하여 최종적으로 의뢰자와 만나 원하는 기능이 맞는지를 확인받는다. 그런 다음 분석 단계를 거친다. 이 분석 단계에서 요구되는 기능을 구현할 때 필요한 소프트웨어나 하드웨어를 정한다. 이때에는 인력과 개발 일정도 고려해야 한다. 그 다음에는 본격적으로 시스템 설계 작업을 한다. 데이터베이스 설계, 기능 컴포넌트 설계, 화면 설계를 이 단계에서 진행한다.

설계가 진행되면서 각 설계의 결과는 문서화되는데, 다음 단계는 설계에 참여한 사람들의 관리하에 개발자들이 설계에 따라 실제 각 기능을 구현하는 것이다. 그 후 테스트 과정을 거친다. 최종적으로 테스트까지 완료되면 실제 서비스를 시작한다. 서비스를 하는 도중에도 계속 사용자들의 요구가 발생하므로 유지보수 과정을 거친다.

이상이 하나의 프로그램이나 시스템이 구축되는 과정이다.

[그림 18-2]는 각 단계에서 수행하는 세부적인 작업을 나타낸 것이다. 일단 프로그램이나 업무용 시스템을 구축할 때 중요한 것은 프로그램을 의뢰한 사람들의 비즈니스 업무를 어느 정도 이해하는 것이다. 예를 들어 '체스 게임'을 만들어달라는 요청을 받았을 때는 당연히 개발자도 체스 게임의 룰을 알고 있어야 프로그래밍을 하기가 용이하다. 회계용 업무용 시스템을 구축한다고 하면 개발자도 어느 정도 회계 관련 용어나 개념을 알고 있어야 한다.

그런데 개발자가 세부적인 업무에 대해 안다는 것은 거의 불가능하다. 실제 큰 프로젝트에서는 개발자와 현업 업무 관련자 사이를 매개해주는 인력도 개발에 참여한다.

자신의 아이디어나 다른 사람들의 아이디어를 프로그램으로 잘 구현하기 위해서는 프로그래밍에 관련된 스킬 외에 다른 분야도 어느 정도 알 필요가 있다. 기업용 소프트웨어를 개발하는 경우에는 모든 기능에 회계 관련 기능이 관련된다. 따라서 개발자도 고등학교 수준의 회계 용어나 개념은 알아두는 것이 좋다. 그리고 앞으로는 자동차와 소프트웨어가 결합될 것이므로 자동차에 관련된 구조나 기능도 평소에 알아두면 프로그래밍 시 훨씬 유리하다.

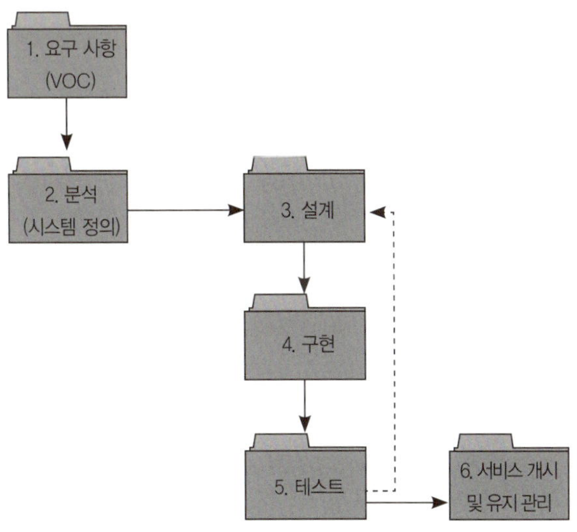

[그림 18-1] 일반적인 자바 애플리케이션 개발 과정

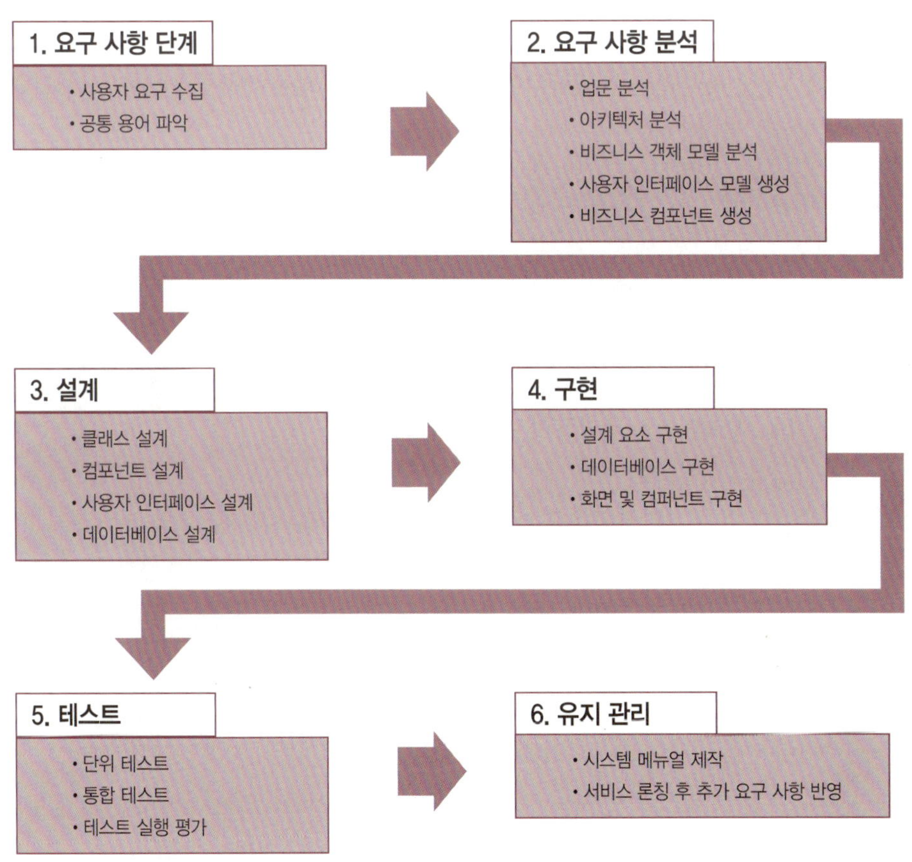

[그림 18-2] 각 개발 단계별 세부적인 작업

회원 관리 프로그램 실습

이제 앞에서 배운 프로젝트 진행 과정을 실제 회원 관리 프로그램을 개발하는 과정에 적용시켜보자. 실제 프로그램 개발 시와 마찬가지로 실습 예제에서도 UML(Unified Modeling Language)을 이용하여 실습한다. 자세한 기능은 관련 서적을 참고하기 바란다.

[표 18-1]은 고객으로부터 개발해달라고 하는 회원 관리 프로그램에 포함되어야 할 주요 기능을 정리한 것이다. 실제로 개발하는 프로그램은 이보다 기능도 복잡하고 시간도 많이 걸린다. 먼저 회원 관리 기능을 하는 프로그램이므로 회원 정보의 조회, 등록, 삭제, 갱신 기능이 필요하다. [그림 18-3]은 요구 사항을 정리한 후 각 기능을 하나의 유스케이스(use case)로 표시한 것이다. 이 회원 관리 프로그램은 4개의 유스 케이스로 이루어져 있고, 1개의 유스 케이스는 프로그램에서 1개의 주요 기능을 나타낸다.

각 유스 케이스(use case)는 액터(Actor), 즉 사용자 입장에서 볼 때 하나의 기능을 의미한다. 그리고 각 유스 케이스는 유스 케이스 기술서에 의하여 기능을 분석할 수 있다. 다음의 유스 케이스 아이디가 U001인 유스 케이스 기술서는 **"회원 조회"** 유스 케이스에 대한 액터와 시스템의 상호 행위를 보여준다.

유스 케이스 기술서에서 각 액터가 각 단계에서 하는 행위를 분석해보면 어떤 기능과 화면이 필요한지 알 수 있다. 먼저 액터는 회원 정보를 조회할 화면이 필요하다. 그리고 액터가 조회를 요청했을 때 회원 정보를 조회할 기능이 필요하다. 이에 세부 기능을 추가하여 유스 케이스 기술서를 작성하면, 각 유스 케이스에서 어떤 기능과 화면이 필요한지 파악할 수 있다. 여기서는 회원 조회 유스 케이스에 대한 유스 케이스 기술서를 만들어 보았는데, 다른 유스 케이스에 대한 유스 케이스 기술서도 만들어 보기 바란다.

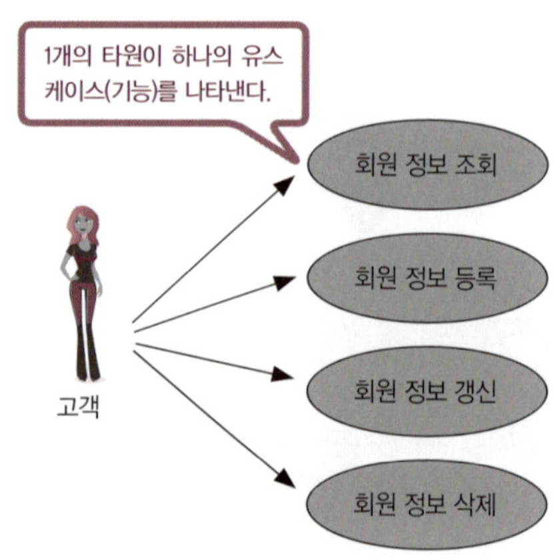

[그림 18-3] 회원 관리 유스 케이스 다이어그램

요구 사항 번호	요구 사항 이름	설명	유형	관련자
R0001	회원 정보 조회하기	등록한 회원 정보를 조회한다.	기능	사용자
R0002	회원 등록하기	새로운 회원을 등록한다.	기능	사용자
R0003	회원 삭제하기	기존 회원 정보를 삭제한다.	기능	사용자
R0004	회원 정보 갱신하기	기존 회원 정보를 변경한다.	기능	사용자

[표 18-2] 유스 케이스 기술서 양식(예)

유스 케이스 기술서		
프로젝트명 : 회원 관리 실습 예제		
시스템명 : 회원 조회 기능 실습		

단계 : 분석	**활동명** : 소프트웨어 아키텍처 설계	**작업명** : 회원 조회
작성자 : 홍길동	**작성일** : 2014-10-05	**버전** : 1.0

ID	U001	유스 케이스명	회원 조회
작성자	홍길동	수정자	
최초 작성일	2014-10-05	최종 수정일	
액터	사용자		
사전 조건	없음		
사후 조건	없음		
기본 흐름	액터 행위		시스템 행위
	1. 프로그램을 실행한다. 3. [회원 조회] 버튼을 누른다.		2. 회원 조회 화면을 보여준다. 4. 조회 작업을 수행한다. 5. 조회 결과를 화면에 보여준다.
대체 흐름			
예외 흐름	액터 행위		시스템 행위
포함/확장			
우선순위	상		
사용 빈도	상		
업무 규칙			
특별 요구 사항			
비고			

[그림 18-4]는 유스 케이스 기술서를 바탕으로 회원을 조회하는 기능을 각 화면과 클래스들이 순차적으로 수행하는 과정을 나타낸 시퀀스 다이어그램(sequence diagram)이다. 먼저 사용자가 화면에서 조회를 요청하면 이벤트 핸들러의 actionPerformed()에서 MemberController 객체를 생성한 후 listMember()를 호출한다. 그리고 listMember()에서 MemberDao 객체를 생성한 후 그 객체의 listMember()를 호출하여 쿼리문을 실행하고 DB에서 회원 정보를 조회한 후 다시 리턴한다. 그러면 MemberController에서 회원 정보를 리턴받아 화면에 표시해준다. 17장의 Dao와 Vo를 사용하여 데이터베이스 연동하는 과정과 같다.

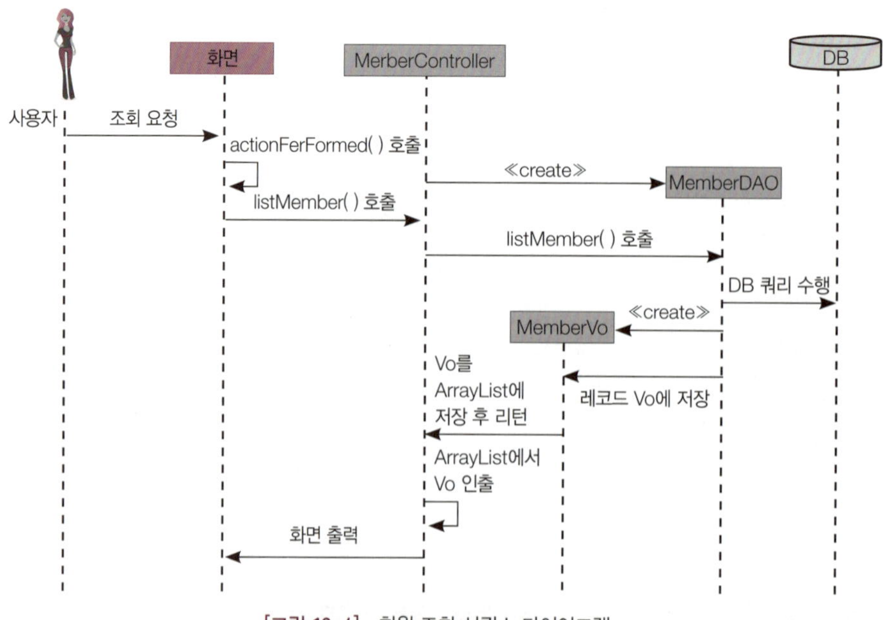

[그림 18-4] 회원 조회 시퀀스 다이어그램

[표 18-3]과 [표 18-4]에는 각 MemberController와 MemberDao의 수행하는 메서드를 정의하고 있다.

controller클래스에 Dao클래스의 같은 이름의 메서드를 호출하는데, 메소드 이름을 다르게 해도 된다. [그림 18-5]는 회원 관리용 화면을 설계하여 나타낸 것이다.

[표 18-3] MemberController 클래스의 메서드 정의

메서드명	설명
ArrayList〈MemberVo〉 listMember( )	등록된 회원 정보를 조회한다.
void insertMember(MemberVo m)	신규 회원을 등록한다.

| void updateMember(MemberVo m) | 기존 회원의 정보를 갱신한다. |
| void deleteMember(MemberVo m) | 회원 정보를 삭제한다. |

[표 18-4] MemberDao 클래스의 메서드 정의

메서드명	설명
ArrayList 〈MemberVo〉 listMember( )	데이터베이스의 테이블에 등록된 회원 정보를 조회한다.
void insertMember(MemberVo m)	데이터베이스의 테이블에 신규 회원을 등록한다.
void updateMember(MemberVo m)	데이터베이스의 테이블에서 기존 회원의 정보를 갱신한다.
void deleteMember(MemberVo m)	데이터베이스의 테이블에서 기존 회원 정보를 삭제한다.

[그림 18-6]은 회원 관리 기능 설계 후 각 기능을 구현한 소스 구조다. 앞에서 배운 MVC 구조로 소스를 설계했다. 먼저 뷰(View)에 해당하는 MemberWindow는 BaseWindow 클래스를 상속받는다. 그리고 Controller단에서 MemberController는 인터페이스이고, 실제 기능은 MemberControllerImpl 클래스가 구현하고 있다. 그리고 Dao단도 MemberDAO는 인터페이스이고, MemberDAOImpl이 실제 기능을 구현하고 있다. 이러한 방식으로 각 기능을 인터페이스 구조로 하는 이유에 대해서는 앞 장의 인터페이스 부분을 학습해보기 바란다. 그리고 MemberVo는 각 단의 회원 정보를 서로 전달해주는 역할을 한다.

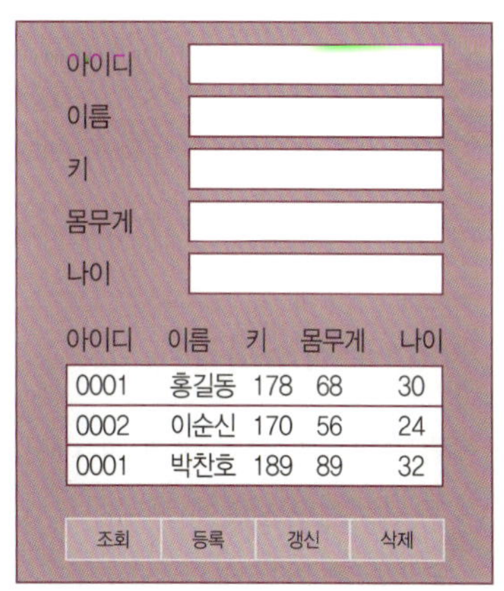

[그림 18-5] 회원 관리 화면 설계

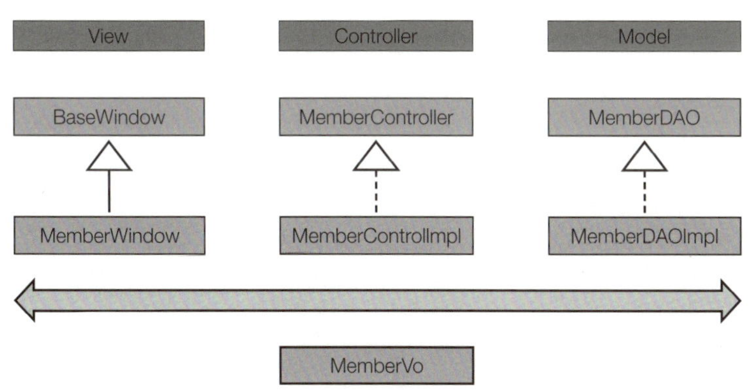

[그림 18-6] 회원 관리 프로그램 소스 구조

[리스트 18.1]은 BaseWindow 클래스이다. MemberWindow 클래스의 공통 기능이나 속성을 정의하고 있다. **27행**의 init()에서는 회원 관리 프로그램이 최초 실행 시에 Member Controller의 listMember()를 호출하고 회원 정보를 조회하여 최초로 윈도우가 실행될 때 회원 정보를 보여준다.

[리스트 18.2]는 MemberWindow 클래스이자, 회원 정보 관리 화면이다. **96행**의 Member Handler에서는 각 버튼을 눌렀을 때 MemberControllerImpl 객체를 생성한 후 메서드를 호출하는 과정이 나타나 있다.

조회 버튼을 눌렀을 때는 **98~99행**에서 init()를 호출하는데, BaseMember 클래스에서는 이 init()에서 다시 MemberControllerImp 객체를 생성한 후 listMember()를 호출한다. MemberControllerImpl의 listMember()에서는 다시 [그림 18-4]의 시퀀스 다이어그램 과정대로 [리스트 18.6]의 MemberDaoImpl의 listMember()를 호출한다. MemberDaoImpl 클래스의 listMember()에서 쿼리문을 실행하여 리턴되는 결과값을 다시 MemberControllerImpl로 반환한다.

그리고 다시 [리스트 18.1]의 init()에서 **32~48행**의 for문을 돌면서 ArrayList에서 MemberVo 객체를 하나씩 가져와 List 컴포넌트에 표시해준다. [리스트 18.2]의 **103~116행**은 사용자가 [추가] 버튼을 눌렀을 때 회원 정보를 테이블에 추가하는 과정을 나타내고 있다.

[그림 18-7]은 최초 실행 시 회원 관리 화면이다. Member 테이블에 있는 회원 정보를 조회한 후 List 컴포넌트에 보여주고 있다. [그림 18-8]은 새 회원을 추가하는 화면이다. 먼저 텍스트 필드에 회원 정보를 입력한 후 아래의 [추가] 버튼을 누르면 테이블에 새 회원 정보가 추가되고, 다시 init()를 호출하여 새롭게 List 컴포넌트에 회원 정보를 보여준다. 회원 정보 변경이나 삭제 기능은 직접 구현해보기 바란다.

[리스트 18.1] 회원 관리 창 부모 클래스(BaseWindow.java)

```
1    import java.awt.Button;
2    import java.awt.Frame;
3    import java.awt.Label;
4    import java.awt.List;
5    import java.awt.Panel;
6    import java.awt.TextField;
7    import java.util.ArrayList;
8    import javax.swing.*;
9
10   public class BaseWindow {
```

```java
11      public  JFrame frame;
12      public  List guiList;
13      public  JPanel p1, p2;
14      public  JPanel part1,part2,part3,part4,part5;
15
16      public JTextField tId,tName,tHeight,tWeight,tAge;
17      public  JButton btnSearch, btnInsert,btnUpdate,btnDelete;
18
19      public  JLabel lId,lName,lHeight,lWeight,lAge;
20      protected MemberController memberController;
21
22      public BaseWindow( ){
23          memberController =new MemberControllerImpl( );
24      }
25
26      //최초 화면 생성 시 회원 조회 기능 메서드
27      public void init( ){
28          ArrayList<MemberVo> lst = new  ArrayList<MemberVo>( );
29          Lst = memberController.listMember( );
30          guiList.removeAll( );
31          //조회된 회원 정보를 화면에 보여준다.
32          for(int i=0; i < lst.size( );i++){
33              MemberVo mem = new MemberVo( );
34              mem= (MemberVo)lst.get(i);
35
36              String id=(String)mem.getId( );
37              String name= (String)mem.getName( );
38              int height = mem.getHeight( );
39              int weight = mem.getWeight( );
40              int age = (int)mem.getAge( );
41
42              guiList.add(id+"                    "+
43                          name+"                  "+
44                          height+"                "+
45                          weight+"                "+
46                          age);
47          }
48      }
49  }
```


30~47행 : 기존의 리스트에 있는 회원 정보를 모두 삭제한 후 데이터베이스에서 가져온 회원 정보를 새로 표시한다.

```java
1    import java.awt.*;
2    import java.awt.event.*;
3    import java.util.ArrayList;
4    import javax.swing.*;
5
6    public class MemberWindow extends BaseWindow {
7        public MemberWindow( ){
8            System.out.println("생성자 호출");
9
10       -    frame =new JFrame("회원관리창");
11            lId=new JLabel("아이디",Label.RIGHT);
12            lName=new JLabel("이름",Label.RIGHT);
13            lHeight=new JLabel("키",Label.RIGHT);
14            lWeight = new JLabel("몸무게",Label.RIGHT);
15            lAge  = new JLabel("나이",Label.RIGHT);
16
17            lId.setHorizontalAlignment(JLabel.CENTER);
18            lName.setHorizontalAlignment(JLabel.CENTER);
19            lHeight.setHorizontalAlignment(JLabel.CENTER);
20            lWeight.setHorizontalAlignment(JLabel.CENTER);
21            lAge.setHorizontalAlignment(JLabel.CENTER);
22
23            tId =new JTextField( );
24            tName =new JTextField( );
25            tHeight=new JTextField( );
26            tWeight = new JTextField( );
27            tAge = new JTextField( );
28
29            btnSearch = new JButton("조회");
30            btnInsert = new JButton("추가");
31            btnUpdate = new JButton("수정");
32            btnDelete = new JButton("삭제");
33        }
34
35        //회원 관리 화면을 구성한다.
36        public void startGUI( ){
37            part1 = new JPanel( );
38            part1.setLayout(new GridLayout(1,0));
```

```java
39          part1.add(lId);
40          part1.add(tId);
41
42          part2 = new JPanel( );
43          part2.setLayout(new GridLayout(1,0));
44          part2.add(lName);
45          part2.add(tName);
46
47          part3= new JPanel( );
48          part3.setLayout(new GridLayout(1,0));
49          part3.add(lHeight);
50          part3.add(tHeight);
51
52          part4= new JPanel( );
53          part4.setLayout(new GridLayout(1,0));
54          part4.add(lWeight);
55          part4.add(tWeight);
56
57          part5 = new JPanel( );
58          part5.setLayout(new GridLayout(1,0));
59          part5.add(lAge);
60          part5.add(tAge);
61
62          p1 = new JPanel( );
63          p1.setLayout(new GridLayout(0,1));
64          p1.add(part1);
65          p1.add(part2);
66          p1.add(part3);
67          p1.add(part4);
68          p1.add(part5);
69
70
71          p2 = new JPanel( );
72
73          p2.add(btnSearch);
74          p2.add(btnInsert);
75          p2.add(btnUpdate);
76          p2.add(btnDelete);
77
78          guiList = new List(2, false);
```

```java
79          guiList.setBackground(Color.green);
80          //Listener를 등록한다.
81          btnSearch.addActionListener(new MemberHandler( ));
82          btnInsert.addActionListener(new MemberHandler( ));
83          btnUpdate.addActionListener(new MemberHandler( ));
84          btnDelete.addActionListener(new MemberHandler( ));
85
86          init( );//프로그램 실행 시 DB와 연동해서 데이터를 조회한다.
87
88          frame.add(p1,"North");
89          frame.add(guiList,"Center");
90          frame.add(p2,"South");
91
92          frame.setSize(500,500);
93          frame.setVisible(true);
94      }
95
96      public class MemberHandler implements ActionListener {
97          public void actionPerformed(ActionEvent e) {
98              if(e.getSource( )==btnSearch){
99                  init( );
100             }else if(e.getSource( )==btnInsert){
101
102                 //사용자가 입력한 회원 정보를 가지고 온다.
103                 MemberVo mem=new MemberVo( );
104                 String id=tId.getText( );
105                 String name=tName.getText( );
106                 int height=Integer.parseInt(tHeight.getText( ));
107                 int weight=Integer.parseInt(tWeight.getText( ));
108                 int age=Integer.parseInt(tAge.getText( ));
109
110                 mem.setId(id);
111                 mem.setName(name);
112                 mem.setHeight(height);
113                 mem.setWeight(weight);
114                 mem.setAge(age);
115                 //회원정보를 추가한다.
116                 memberController.insertMember(mem);
117                 //회원 정보를 추가한 후 데이터를 조회한다.
118                 init( );
```

```
119            }else if(e.getSource( )==btnUpdate){
120    System.out.println("수정 버튼 클릭");
121    //memberController.updateMember(mem);
122
123            }else if(e.getSource( )==btnDelete){
124    System.out.println("삭제 버튼 클릭");
125    //memberController.deleteMember(mem);
126        }
127        }
128    }
129 }
```

36~94행 : 프로그램 실행 시 설계한 대로 Swing과 AWT를 이용하여 화면을 구성하다.

96~128행 : MemberHandler라는 내부 클래스를 이용하여 버튼 클릭 시 이벤트를 처리한다.

[리스트 18.3] MemberController.java

```java
1    import java.util.ArrayList;
2    import java.awt.List;
3
4    public interface MemberController {
5      public ArrayList<MemberVo> listMember( );
6
7      public void insertMember(MemberVo memberVo);
8
9      public void updateMember(MemberVo memberVo);
10
11      public void deleteMember(MemberVo memberVo);
12
13    }
```

[리스트 18.4] MemberControllerImpl.java

```java
1    import java.awt.List;
2    import java.util.ArrayList;
3
4
5    public class MemberControllerImpl  implements MemberController{
6        public MemberDAO dao;
7        public ArrayList<MemberVo> listMember( ) {
8            ArrayList<MemberVo> lst = new ArrayList<MemberVo>( );
9            dao = new MemberDAOImpl( );
10           lst = dao.listMember( );
11           return lst;
12       }
13
14       public void insertMember(MemberVo memberVo) {
15           dao = new MemberDAOImpl( );
16           dao.insertMember(memberVo);
17       }
18
19       public void updateMember(MemberVo memberVo) {
20
21       }
22
23       public void deleteMember(MemberVo memberVo) {
24
25       }
26   }
```

[리스트 18.5] MemberDao.java

```java
1    import java.util.ArrayList;
2
3    public interface MemberDAO {
4
5        public ArrayList<MemberVo> listMember( );
6
7        public void insertMember(MemberVo mem);
8
```

```java
9        public void updateMember(MemberVo mem);
10
11       public void deleteMember(MemberVo mem);
12   }
```

[리스트 18.6] MemberDaoImpl.java

```java
1    import javax.sql.*;
2    import java.sql.*;
3    import javax.naming.*;
4    import java.util.*;
5
6    public class MemberDAOImpl implements MemberDAO{
7        private static final String driver="oracle.jdbc.driver.OracleDriver";
8        private static final String url ="jdbc:oracle:thin:@localhost:1521:XE";
9        private static final String user = "scott";
10       private static final String pwd="tiger";
11
12
13       private Connection con;
14       private Statement stmt;
15       private ResultSet rs;
16
17       public ArrayList<MemberVo> listMember( ){
18       ArrayList<MemberVo> list =  new ArrayList<MemberVo>( );
19       try{
20           connDB( );
21           String query="select * from Member order by id";
22           System.out.println(query);
23           ResultSet rs = stmt.executeQuery( query);
24
25           while( rs.next( ) ){
26               String id=rs.getString("id");
27               String name = rs.getString("name");
28               int height = rs.getInt("height");
29               int weight = rs.getInt("weight");
30               int age = rs.getInt("age");
31
32               MemberVo data = new MemberVo( );
```

```java
33              data.setId(id);
34              data.setName( name);
35              data.setHeight(height);
36              data.setWeight(weight);
37              data.setAge(age);
38
39              list.add( data);
40          } //end while
41          rs.close( );
42          stmt.close( );
43          con.close( );
44      }catch(Exception e){
45          e.printStackTrace( );
46      }
47
48      return list;
49   } //end list( )
50
51   public void insertMember(MemberVo mem){
52       String id=mem.getId( );
53       String name=mem.getName( );
54       int height= mem.getHeight( );
55       int weight = mem.getWeight( );
56       int age = mem.getAge( );
57       try{
58
59          connDB( );
60          String query = "insert into member(id,name,height,weight,age) ";
61          query=query +"values("+"'"+id+"','"+name+"',"+height+","+weight+","+age
62                          +")" ;
63          System.out.println(query);
64          stmt.executeUpdate(query);
65      }catch(Exception e){
66          e.printStackTrace( );
67      }
68   }
69
70   //회원 정보를 수정하는 메서드
71   public void updateMember(MemberVo mem){
72
```

```
73          }
74
75          //회원 정보 삭제하는 메서드
76          public void deleteMember(MemberVo mem){
77
78          }
79
80
82          public void connDB( ){
82              try{
83                  Class.forName(driver);
84                  System.out.println("Oracle 드라이버 로딩 성공");
85                  con = DriverManager.getConnection(url, user, pwd);
86                  System.out.println("Connection 생성 성공");
87
88                  stmt = con.createStatement( );
89                  System.out.println("Statement 생성 성공");
90              }catch(Exception e){
91                  e.printStackTrace( );
92              }
93          }
94      }//end class MemberDAO
```

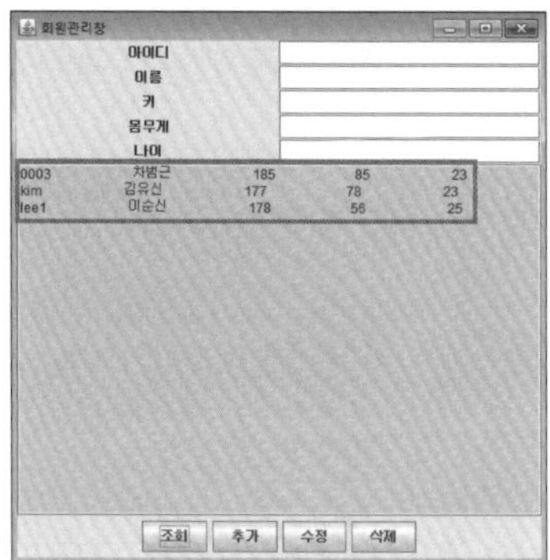

[그림 18-7] 최초 실행 시 메인 화면

❶ 회원 정보를 텍스트 박스에 입력한다.

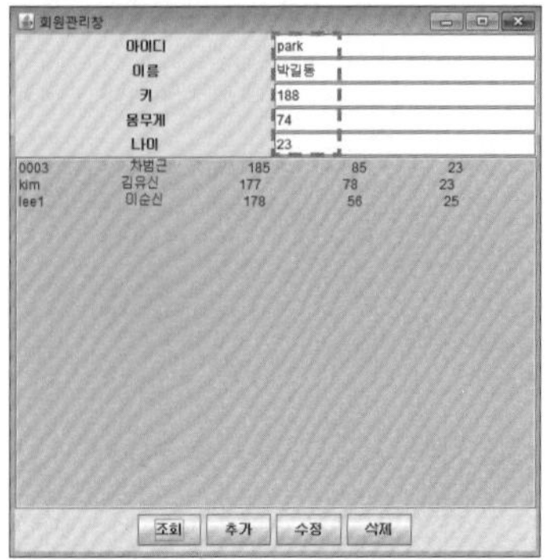

❷ [추가] 버튼을 눌러 테이블에 추가한 후 다시 리스트에 표시한다.

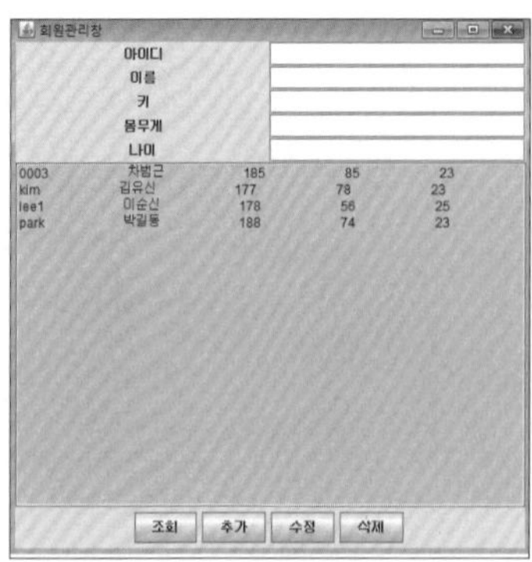

지금까지 회원 관리 기능에 대해 알아보았다. 그런데 실제 모든 애플리케이션에는 기본적으로 **"회원 관리"**와 **"게시판 기능"**이 존재한다. [그림 18-8]은 이 실습을 위하여 이클립스에 새로 만든 프로젝트의 패키지 구조다. prj 패키지에는 이 프로그램의 메인 화면이 존재한다. 그리고 "회원 관리" 기능은 **prj.member** 패키지에 존재한다. 프로그램을 실행하면 먼저 메인 화면이 나타나고, [회원 관리] 버튼을 누르면 **prj.membr** 패키지의 MemberWindow가 실행되어 나타난다. 따라서 prj.movie 패키지에 "영화 관리" 기능을 구현하면 이 프로젝트는 **"영화 관리"** 프로그램이 되는 것이다. 그런 다음, 메인 화면에서 [영화 관리] 버튼을 클릭하면 prj.movie 패키지가 만들어진 영화 관리 기능 화면에 표

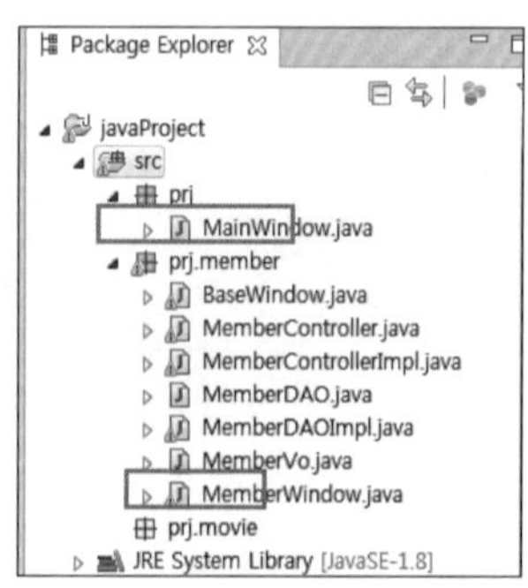

[그림 18-8] 프로젝트 패키지 구조

시된다. 앞의 회원 관리 기능 구현한 것과 카페의 동영상을 참고하여 실습해보기 바란다. 실제 개발하는 프로그램도 이러한 방식으로 패키지별로 기능을 나누어 개발한다.

[리스트 18.7] 메인 화면(MainWindow.java)

```java
1    import java.awt.FlowLayout;
2    import java.awt.event.ActionEvent;
3    import java.awt.event.ActionListener;
4
5    import javax.swing.*;
6
7    import prj.member.MemberWindow;
8
9    public class MainWindow {
10       private JFrame frame;
11       private JButton btnMember,btnBoard,btnMovie;
12
13       public MainWindow( ){
14          frame=new JFrame("메인 화면");
15          btnMember=new JButton("회원 관리");
16          btnBoard=new JButton("게시판 관리");
17          btnMovie=new  JButton("영화 관리");
18       }
19
20       public void startMain( ){
21          frame.setDefaultCloseOperation(JFrame.EXIT_ON_CLOSE);
22          frame.setLayout(new FlowLayout( ));
23          frame.add(btnMember);
24          frame.add(btnBoard);
25          frame.add(btnMovie);
26
27          //Listener연결하기
28          btnMember.addActionListener(new ActionListener( ){
29             public void actionPerformed(ActionEvent e) {
30             MemberWindow  memberWindow = new MemberWindow( );
31             memberWindow.startGUI( );
32             }
33          });
34
35          frame.setSize(500,500);
```

```
36              frame.setVisible(true);
37          }
38      public static void main(String args[]){
39          MainWindow main=new MainWindow( );
40          main.startMain( );
41      }
42  }
43
44
```

32~33행 : [회원 관리] 버튼 클릭 시 회원 관리 창이 나타난다.

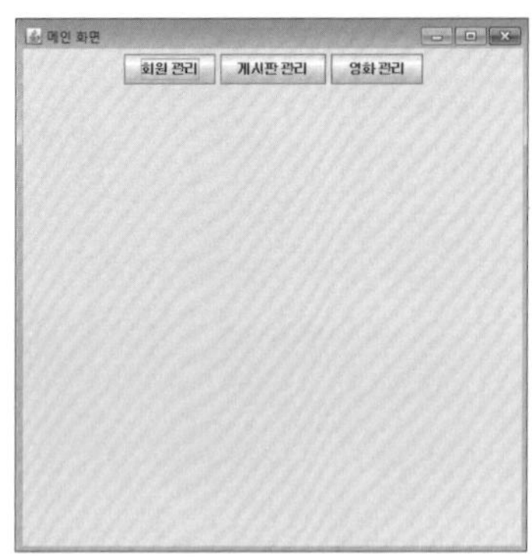

(a) 애플리케이션 최초 실행 시 메인 화면

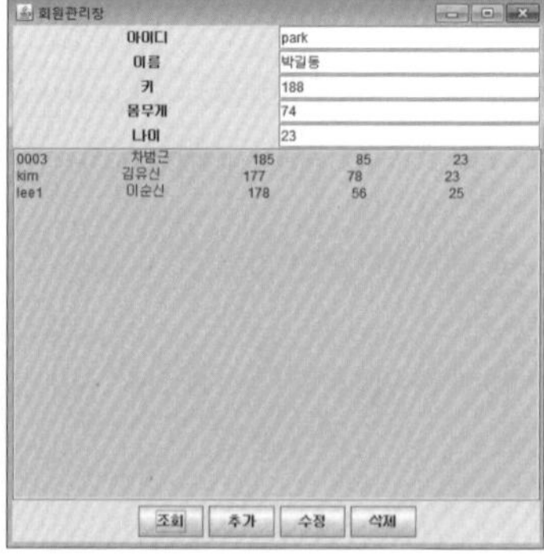

(b) [회원 관리] 버튼 클릭 시 회원 관리 화면

[그림 18-9] 메인 화면 실행 후 회원 관리 화면 나타나게 하기

우리가 실제로 사용하는 프로그램은 앞의 예제처럼 여러 가지 기능이 모여 패키지 형태로 만들어진다.

앞의 실습 프로젝트를 참고하여 여러분들이 만들고자 하는 기능을 패키지로 나누어 만들어 보면 더욱 좋다.

렌터카 예약 시스템 실습

이번 실습 예제는 각 장마다 실습한 렌터카 예약 시스템을 구현한 예제다. 다음 동영상을 참고하여 구현해보기 바란다.

[그림 18-10] 렌터카 예약 시스템 예제 위치

지금까지 현실의 자동차를 비롯한 여러 객체를 추출한 후 클래스로 변환하고 그 기능을 구현해봤다. 이와 같이 객체 지향 프로그래밍은 자신의 아이디어를 먼저 객체화하여 프로그램으로 만들 수 있다. 지금까지는 여러 가지 객체 지향 기능을 배우는 과정이었으므로 현실에 이미 존재하는 객체를 프로그래밍 해봤지만, 프로그래머에게 가장 중요한 것은 이미 존재하는 객체를 바탕으로 현실에 아직 없는 객체를 찾는 것이고, 또 그것을 프로그래밍화하는 것이 진정한 객체 지향 프로그래밍이다.

그리고 현실에서 새로운 객체를 찾는 가장 좋은 방법은 현재 주변에 있는 대상들에 대한 규칙성이나 패턴을 찾는 것이고, 기존에 발생하는 문제나 오류, 요구를 분석하고 이해한 후 아이디어화하는 것이다.

다음은 아직 구현되지 않은 아이디어다. 이를 구현해보기 바란다.

아~자

차~하